中国西部开发史

张 波 王双怀 著

陕西新华出版
陕西人民出版社

图书在版编目（CIP）数据

中国西部开发史 / 张波，王双怀著. —西安：陕西人民出版社，2023.11
ISBN 978-7-224-15005-6

Ⅰ.①中… Ⅱ.①张… ②王… Ⅲ.①区域开发—经济史—研究—西北地区 ②区域开发—经济史—研究—西南地区 Ⅳ.①F129

中国国家版本馆 CIP 数据核字（2023）第 132142 号

出 品 人：赵小峰
总 策 划：关　宁
责任编辑：韩　琳　武晓雨
封面设计：白　剑

中国西部开发史
ZHONGGUO XIBU KAIFA SHI

作　　者	张　波　王双怀
出版发行	陕西人民出版社
	（西安市北大街 147 号　邮编：710003）
印　　刷	西安市建明工贸有限责任公司
开　　本	787 毫米×1092 毫米　1/16
印　　张	44
字　　数	790 千字
版　　次	2023 年 11 月第 1 版
印　　次	2023 年 11 月第 1 次印刷
书　　号	ISBN 978-7-224-15005-6
定　　价	198.00 元

如有印装质量问题，请与本社联系调换。电话：029-87205094

张波 —

著名古农学与农业历史学家。西北农林科技大学教授，博士研究生导师。曾任西北农林科技大学副校长，及陕西省政府参事、中国农史学会副会长。出版各种著作20余种800余万字，代表作《西北农牧史》获中国图书奖，专著《农业灾害学》被编为全国高等农业院校教材。另著《农史研究法》《国学两谭》《中国当代农业改革发展史略》《农业科技史述略》《不可斋农史文集》《农言降帐集》《曲水兰亭诗文集》；校注整理古农书多种。研究学科跨度大，发表论文及各类文章200余篇。

王双怀 —

陕西师范大学历史学博士，西北农林科技大学生态学博士后，香港浸会大学、美国加州州立大学洛杉矶分校访问学者。现为陕师大历史文化学院教授、博士生导师，兼任央视《百家讲坛》主讲人、央视《中国地名大会》嘉宾。长期从事中国古代史、中国历史地理和中国文化史的教学与研究。出版史学著作40余部，在学术刊物上发表论文180余篇，被评为"陕西省教学名师""全国优秀社科普及专家"，获宝钢教育奖之"优秀教师奖"和明德奖。

序言

欣逢习近平总书记提出共建"一带一路"倡议十周年之际,《中国西部开发史》著述宜时刊行,课题团队谨向丝绸之路建设和西部开发战略、近年最新成就和大好愿景献礼致贺!新时代欧亚丝路开通区域和国际商贸交流,西部经济、科教文化、民生更发生突飞猛进翻天覆地之大变化,为著作《中国西部开发史》结题收官奠定了坚实基础。习近平总书记强调:"一个国家走向现代化,既要遵循现代化一般规律,更要符合本国实际,具有本国特色。中国式现代化既有各国现代化的共同特征,更有基于自己国情的鲜明特色。"中国自古就是统一的多民族国家,实现中国式现代化,必须以铸牢中华民族共同体意识为主线,不断推进中国式现代化汇聚各民族共识,凝聚全民族合力。"一带一路"建设正是实现这一宏伟目标的康庄大道。兹课题前后历时十余载,成书近八十万言;回读全书,不免感慨系之,而理性认识更为深切明晰。通览全书即见课题立项背景、研事阶段、难点突破、理论共识等,历历在目,不必提示。然关于西部大开发的核心价值观,序言撮要赘述如下,聊资读者参阅深思。

西部开发筚路蓝缕,为史尚矣。且勿论原始土地开垦,即考历史时期盛世王朝开疆略土,无不精心经营西部旷域。而新中国建设西部地区,从未停歇脚步;改革开放后,两度以中央号召和国家战略号令发动,大开发呈史无前例新态势。时在20世纪80年代中期,中央先提出"西北地区大开发",民间喻为"反弹琵琶,还林还草",拉开区域战略开发之序幕。90年代大张旗鼓,倾全党全国之力,方兴起气壮山河的西部全境大开发史业。不同于历史上农牧、工矿、国防等传统开发,新世纪是以修复西部生态环境为主旨,全方位振兴地区经济、社会达小康为战略宏图。西农自知身在其中责无旁贷,故勇毅奋进誓为开发先锋,早在80年代初即启动《西北农牧史》编研课题,时论称为"拓荒性"农史著作,获"中国图书奖"荣誉。新一轮大开发全面启动后,值双怀君在西农成就博士后研业,并率师大学子投身考察研究,在西南地区有更多探索创辟功绩。此诚为中国西部大开发战略，揭示出历史地理学的理论依据。

西部位于欧亚大陆腹地，以脆弱的水土生态环境，造成自然社会贫瘠之区。西北以极度干旱缺雨著称，风蚀沙化衍成土壤疏松流失；西南多山为充沛雨水融蚀，尽失土壤有机质，同样构成水土流失和石漠化灾害。南北气候迥异，而水土流失危及农业为害一也。明此深层次自然机理，西部贫穷落后的史地原因，理解区域开发战略统一性，当有过半之思。

修治西部史另一费思难题，在其复杂民族关系。中国少数民族，原始住地绝大部均属西部，历史时期少族部落更为繁炽复杂。民族部落的聚合分化乃至流离迁徙，虽演变而总有历史地理学规律，固受自然环境和农牧业生产条件影响。考其起源兴衰演变，有几个大的民族系统万变不离其宗，即蒙古高原匈奴—蒙古族系统；青藏高原西羌—藏族系统；新疆西域诸族—维吾尔族系统；西南高原少数民族众多，稳定沿革性更强。执领这四大部类系统，西部民族关系和大开发历史背景当了然于胸。

西部广袤而丝路绵长，治西部史既要有画地为牢的区域意识，更要有把握战略核心的史地形势观。仅以后者言之，一是黄河套南鄂尔多斯高原，乃蒙古高原游牧族与汉族王朝死生攸关的战略必争地。汉族失此必致长城塞防洞开，匈奴人计日可达长安；汉族拒守阴山河套，匈奴不得南下牧马躲避冬寒，牛羊畜群必死于冰天雪地。农牧两族生死攸关之地，数千年烽火狼烟不息，地理形势使然也。二是河西走廊要道，东接黄土高原，西逾西域高原，北有蒙古高原，南临青藏高原。中原政权、西域诸国、高原匈蒙、高寒羌藏，即西部最强势四方民族，战略凶险实不可测。设想汉王朝若无河西四郡之守，蒙古与青藏两大高原民族南北合兵东进中原，其危势何可思量？若东西丝路阻绝，中原政权何以与欧亚交通？三是四川盆地要区，历来是汉政权经略西南民族区的中枢，素称经略西南之"头脑"所在，战略大势一目了然。近年西南后发优势日益凸显，大有与西北平分秋色之态势，可见西部开发一处也不能少。

当然对西部开发史的理论认知还需要重温马克思唯物史观，领悟史家司马迁天人学说。从人类有限利用自然，到过度开发破坏环境，再到今日以生态建设为宗旨的科学大开发可见，自然辩证法的逻辑是何等鲜明，西部大开发和生态美景又何其令人神往！特别是进入新时代十多年来，中央提出《关于新时代推进西部大开发形成新格局的指导意见》，以"一带一路"引领西部大开发战略，促使地区经济高质量发展；在西部脱贫攻坚战中，取得决定性胜利；地区生态环境和绿色发展呈现出美丽前景，西部开发正在向决胜全面小康的目标踔厉奋进。

最可欣慰与王双怀教授合著《中国西部开发史》，同肩筚蓝研究课题，甚是荣耀惬意而欢喜！双怀是陕西师大历史地理学新生代中坚骨干，亿万观众常可在央视大型史地类节目和《百家讲坛》领略其学者风范。双怀勤勉硕学丰产，先后出版40多部高水平学术著作，深得国内外学界赞评盛誉，道德文章常载《大家》刊物而广扬四方。盖凡集成大著多有学缘世交，西北农大与陕西师大皆老牌名校，古农学和历史地理学分称两校传统强强学科，自20世纪50年代起先后有三次著名合作。先是西农辛树帜院长著《禹贡新解》，师大史念海教授嘤鸣唱酬，数读之后献言史地学观点，作《重读辛树帜先生禹贡新解后记》。再是70年代辛老主持《中国水土保持概论》项目，西农马宗申和师大朱士光两先生主力其事，两校参编诸君通力合作，创建富有中国历史特色的水土保持学说。今著为新世纪初立题之《中国西部开发史》研著，为两校第三次深度学术合作项目，与时俱进规模更大。课题在西农博士后流动站平台上打造推进，而双怀年富力强，为台柱主力，其所完成的专题博士后论文即为本书奠定了基础。博士后研学虽称教学相长，然双怀以坚实的历史地理学修养，与西农人文社会学科相互交叉融通，为农史输入史地学理论和研究方法，再现两校故老相传的学术合作优势传统。

《中国西部开发史》编写是项庞大事体，需要青年学子有生力量参与，使之从中得到学习历练，而后继往开来续修西部开发史志。双怀调动师大历史系研究生，结合各人自选课题参加力所能及的工作。诸君在资料搜集、统计厘清数据、调查分析研讨，以及文字处理等方面，付出极大辛劳，当为铭记，诸贤契是：梁克敏、吴小龙、屈蓉、宝乐尔、申新月、徐子淇、马倩、胡烨榕、李哲、朱晏慧等，在此特向这些研究生致以诚挚敬意谢忱！

张　波　于不可斋　癸卯夏

目录

第一章　西部地区的资源环境 / 001

第一节　西部地区的地形地貌 / 001
一、西北地区的地形地貌 / 002
二、西南地区的地形地貌 / 004

第二节　西部地区的气候 / 005
一、西北典型大陆气候 / 005
二、西南相对湿润的气候 / 006
三、西部气候的演变 / 008

第三节　西部地区的土壤 / 010
一、西北疏松宜耕的土壤 / 010
二、西南地区的土壤 / 012
三、西部土地荒漠化问题 / 013

第四节　西部地区的水文 / 017
一、西部地区的水环境 / 018
二、西部水环境的演变 / 020

第五节　西部地区的植物 / 029
一、西部地区的基本植被 / 030
二、先秦时期西部地区的森林与草原 / 031
三、秦汉以后西部森林和草原的变化 / 033

第六节　西部地区的动物 / 037
一、西部地区的动物资源 / 038
二、历史时期西部动物资源的演变 / 039

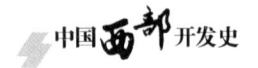

第二章　先秦时期的西部开发 / 040

第一节　西部地区史前人类活动 / 040
　　一、西部农牧业的起源 / 040
　　二、仰韶时期西部的农牧生产 / 049
　　三、龙山时期西部的农牧关系 / 052
　　四、丰富多彩的彩陶文化 / 057

第二节　炎黄时代西部地区的农牧文明 / 059
　　一、炎黄二帝与中国农业文明 / 059
　　二、炎黄时代西部各地联系的加强 / 060

第三节　夏商两代向西部的拓展 / 062
　　一、夏商两代对西部的经营 / 062
　　二、西部地区早期的中小城市 / 063

第四节　西周王朝对西部的经营 / 065
　　一、周人的崛起之路 / 065
　　二、西周时期关中农牧业的发展 / 068
　　三、传统农牧技术的出现 / 071
　　四、传统手工业的发展 / 072
　　五、传统畜牧兽医技术萌芽 / 078

第五节　春秋战国时期西部地区生产力的发展 / 082
　　一、秦人的崛起与迁徙 / 082
　　二、秦国发展农牧业的举措 / 086
　　三、传统农具和灌溉工程的发展 / 088
　　四、传统农业科学的萌芽与技术的进步 / 092
　　五、园圃蚕桑及农副业出现 / 096
　　六、传统农业技术的发展 / 100
　　七、农牧生产关系的变化 / 103

第六节　春秋战国时期西部生产关系的变革 / 104
　　一、奴隶制经济的衰落 / 104
　　二、封建制农业经济关系的形成 / 108

　　　　三、游牧民族的生产关系 / 111

　　第七节　春秋战国时期西部开发与政区演变 / 114

　　　　一、春秋战国时期的西部政区 / 114

　　　　二、秦人对西部的开发 / 116

第三章　秦汉时期的西部开发 / 132

　　第一节　秦帝国统治下的西部地区 / 132

　　　　一、秦王朝对西部地区的管理 / 132

　　　　二、秦王朝开发西部的措施 / 135

　　　　三、秦王朝统治下的社会经济 / 137

　　第二节　西汉时期对西部地区的开发 / 143

　　　　一、西汉时期西部的政区与民族关系 / 143

　　　　二、西汉西部城市与交通的发展 / 152

　　　　三、农牧业的高速发展 / 159

　　　　四、传统农牧经济关系的巩固 / 195

　　第三节　东汉时期对西部地区的开发 / 207

　　　　一、东汉时期西部地区的民族与疆域 / 207

　　　　二、政区设置与城市的发展 / 213

　　　　三、农牧业的发展 / 216

　　　　四、手工业与商业 / 223

　　第四节　秦汉时期西部地区的社会文化 / 225

　　　　一、文学艺术 / 226

　　　　二、宗教与民俗 / 227

　　　　三、本土文化的外传 / 231

　　　　四、对外来文化的吸收 / 233

第四章　魏晋南北朝时期的西部开发 / 234

　　第一节　三国鼎立对西部经济社会的影响 / 234

一、三国时期的西部政区与交通 / 234

二、三国时期的西部开发 / 237

三、曹魏战乱对农区经济的破坏 / 242

第二节 两晋时期西部农牧业的发展与衰败 / 244

一、西晋时期对西部地区的开发 / 244

二、东晋十六国时期的西部社会 / 246

三、两晋时期西部的民族迁徙与产业转型 / 252

第三节 南北朝时期西部地区经济社会的特点 / 255

一、南北朝时期在西部的政区 / 255

二、相关政权对西部的开发经营 / 256

第四节 传统农牧技术发展与农牧关系的变化 / 262

一、少数民族内迁与产业结构的转变 / 263

二、农牧区的变迁和农牧业的发展 / 265

三、农牧业消长对地区生态的影响 / 268

第五节 西部地区农牧科技的显著提升 / 271

一、耕具的改进和耕作体系的完善 / 271

二、栽培收获和农产加工技术的提高 / 272

第五章 隋唐五代时期的西部开发 / 274

第一节 隋代西部开发的新格局 / 274

一、隋文帝当政时期的西部农业形势 / 275

二、突厥与回纥在西部地区的活动 / 277

三、隋炀帝开发西部的重要措施 / 280

第二节 唐代西部经济社会的大繁荣 / 281

一、唐代西部地区的民族分布 / 281

二、唐代西部地区的行政区划 / 307

三、唐王朝对西部地区的经营 / 310

第三节 唐代西部地区的全面开发 / 315

一、城市与交通的发展 / 315

　　　　二、水利事业的进步 / 324

　　　　三、农业和畜牧业的发展 / 332

　　　　四、手工业和商业的发展 / 349

　　　　五、园艺蚕桑技术的发展 / 361

　　第五节　唐代西部文化的进步 / 366

　　　　一、学者的分布与文化重心所在 / 366

　　　　二、学术文化的发展 / 370

　　　　三、传统礼俗的发展 / 377

　　　　四、中外文化交流 / 409

　　第六节　五代时期西部形势的巨变 / 413

　　　　一、长安的毁灭及其对西部的影响 / 413

　　　　二、五代时期西部生态环境恶化 / 417

第六章　宋辽夏金元时期的西部开发 / 419

　　第一节　两宋王朝与西部开发 / 419

　　　　一、宋代在西部地区的统治 / 420

　　　　二、宋代对西部的开发 / 421

　　第二节　辽夏金三朝对西部的影响 / 423

　　　　一、金代在西部的统治 / 424

　　　　二、辽夏金对西部的开发 / 425

　　第三节　元朝统治下的西部地区 / 429

　　　　一、蒙古的西进与南征 / 430

　　　　二、元朝对西部地区的统治 / 432

　　　　三、元朝对西部地区的开发 / 433

第七章　明清时期的西部开发 / 439

　　第一节　明代西部农牧业的缓慢发展 / 439

　　　　一、明代的西部政区 / 440

　　　　二、明代西部地区的农业生产 / 441

　　　　三、明代西部的交通 / 446

　　第二节　清代西部经济社会的新动向 / 447

　　　　一、清代设在西部的政区 / 447

　　　　二、清代西部经济社会的发展 / 459

　　第三节　传统农牧科学技术继续发展 / 473

　　　　一、传统农业科学技术继续发展 / 473

　　　　二、传统畜牧兽医科学技术发展 / 503

　　第四节　封建生产关系缓慢发展和资本主义萌芽 / 516

　　　　一、封建土地所有制的高度发展 / 517

　　　　二、封建租佃赋役剥削的加强 / 519

　　　　三、商品经济发展及其对农牧业的影响 / 522

　　　　四、农牧业中资本主义因素的萌芽 / 526

第八章　近代的西部开发 / 530

　　第一节　近代西部社会状况 / 530

　　　　一、鸦片战争后的西部社会 / 530

　　　　二、辛亥革命前后西部社会的巨变 / 535

　　　　三、国民政府统治时期的西部社会 / 543

　　　　四、陕甘宁边区社会经济的发展 / 551

　　第二节　近代西部农业科技的发展 / 556

　　　　一、传统农业技术的传承与创新 / 556

　　　　二、现代农业技术的萌芽 / 562

　　　　三、农作物优良品种的引种与选育 / 567

　　　　四、农业科学教育的初步发展 / 572

　　第三节　近代畜牧兽医科学技术的发展 / 576

　　　　一、传统畜牧技术的传承 / 576

　　　　二、家畜品种改良和育种 / 581

　　　　三、畜牧兽医科学技术的初步发展 / 584

第四节　近代西部地区的农牧关系 / 586

　　一、封建专制生产关系对农牧民的迫害 / 587

　　二、帝国主义对西北农牧经济的控制和掠夺 / 592

　　三、农牧产品商品化趋势的加强 / 595

　　四、陕甘宁边区的新民主主义农业经济 / 600

第五节　中国近代西部地区的工商业 / 604

　　一、西北地区的工商业 / 604

　　二、西南地区的工商业 / 604

第九章　现代的西部开发 / 609

第一节　社会主义革命和建设时期的西部开发 / 609

　　一、西部地区建设的重点项目 / 610

　　二、西部进行的"三线建设" / 610

第二节　改革开放和社会主义现代化建设时期的西部开发 / 611

　　一、非均衡发展的理论与实践 / 612

　　二、"西部大开发"决策的实施 / 612

第三节　中国特色社会主义新时代的西部开发 / 615

　　一、"一带一路"倡议的提出与实施 / 615

　　二、"一带一路"背景下的西部开发 / 617

第十章　西部开发的启示 / 622

第一节　历史上开发西部的几种模式 / 622

　　一、关中平原等地的精细化开发 / 622

　　二、黄土高原等地的粗放式开发 / 624

第二节　历史上开发西部的经验教训 / 628

　　一、历史时期开发西部的主要经验 / 629

　　二、历史上开发西部的几点教训 / 632

第三节　破解西部开发瓶颈的对策 / 635
　　一、关于水资源短缺问题 / 635
　　二、关于土壤退化问题 / 643

附录　中国历代西部大开发战略论析 / 651

参考资料 / 671

中国西部分为西北和西南两大区域：西北包括陕西、甘肃、宁夏、青海、新疆、内蒙古等省区，西南则包括四川、云南、贵州、广西、重庆、西藏等省区。我国对西部的开发，可以上溯到先秦时期，距今已有5000多年的历史。在5000多年的历史岁月中，西部开发的活动基本上没有停止，但由于自然因素和人文因素的影响，有时出现高潮，有时停滞不前，有时甚至出现倒退的局面。大体说来，西部开发可以划分为王制时代、帝制时代和近现代三个大的阶段，每个阶段又可划分为若干小的时段，各个时段均有其特点。

第一章

西部地区的资源环境

我国的西部开发与西部地区的资源环境密切相关。一方面，西部地区的资源环境为西部开发创造了条件；另一方面，西部开发也受到西部地区资源环境的制约。因此，在论述西部开发史的时候，我们有必要首先探讨一下西部地区的资源环境。

第一节
西部地区的地形地貌

中国西部地域广阔，总面积为545.2万平方千米。耕地面积约22523.7千公顷，宜农荒地1766.9千公顷。其中西北地区总面积308.4万平方千米，耕地面积11401.3千公顷，宜农荒地1615.1千公顷；西南地区总面积236.8万平方千米，耕地面积11122.4千公顷，宜农荒地151.8千公顷。[①] 地形地貌十分复杂，有高山、高原，也有平原、盆地，还有其他类型的地貌。

[①] 鲁志强主编：《西部大开发指南·统计信息专辑》，北京：中国社会出版社，2000年，第21页。

一、西北地区的地形地貌

西北地区位于亚洲大陆中部，地跨北纬34°—45°和东经70°—111°，呈"西北—东南"走向的狭长地带，平均海拔500—5000米，除青海高原一部分居我国地形一级阶梯外，绝大部分地区均处二级阶梯之上。地势高峻，山河壮丽，境内横贯数条庞大山系，有我国最大的沙漠、最大的盆地、最长的内流河以及内陆湖泊。西北大地，经地质年代多次沧桑之变，其地形格外复杂，终其大端，可分四区以略观其概貌。

西北黄土高原区，南起秦岭，北迄四山，东界黄河山陕峡谷，西限青海日月山下，包括陕西中部和北部、甘肃大部，涉及青海、内蒙古小部分地区。西北黄土高原四围多山，特别是南界秦岭山脉，为海洋吸湿气流的屏障，是我国南北方的分界线。南界由于地质年代的新构造运动，黄土高原处于缓慢地向上隆起之中，加剧了流水的侵蚀下切，形成深谷高崖。地貌支离破碎，大部分为沟壑侵占，余为山、陵、梁、峁等地形。唯南部关中正处秦岭断陷盆地，渭河长期冲积，形成肥沃的河谷平原，海拔仅500米左右。盆地北缘顺次迭升有三级台塬，与高原吻接在一起。黄土高原最北部有鄂尔多斯高原，表现出向广袤无垠的蒙古高原过渡状地貌；丘陵沟壑减小，低矮黄土丘陵代之而出，地形略呈波浪状起伏。其北部与阴山之间，为河套平原，东西绵延600余里。河套西侧是著名的宁夏平原，均为黄河冲积而成。黄河蜿蜒蛇行，在黄土高原区最为曲折，高原河流大多入黄河，较大的有渭河、泾河、北洛河、无定河、葫芦河、清水河、祖厉河、洮河、湟水等，蕴藏着丰富的水利资源。西北黄土高原即属黄河中上游。

蒙西高原区，西起甘新边界，直达阴山东端，南部与黄土高原、祁连山分界，北至漠北外蒙古，主要包括内蒙古西部和甘肃河西走廊地区。蒙西高原多荒漠戈壁、草原绿洲，境内无明显的山脉谷地，地形平缓，广袤辽阔。河流稀少，多见盐沼碱滩，内流河常年干涸，因而河流侵蚀及水土流失微弱。然干燥多风，土地沙漠化过程剧烈，流动沙丘占有很大面积，其较大的沙漠有腾格里沙漠、巴丹吉林沙漠、乌兰布和沙漠。两条小山脉颇值一提。贺兰山海拔2000米以上，是我国江河内流区和外流区的分界线。山势南北走向，减弱了西来寒风侵袭，阻挡了腾格里沙漠长驱东移，构成黄河西套宁夏平原的天然屏障，山间缺口大武关正是古代东西交通的孔道。阴山东西走向，北坡平缓而南坡陡峭，利于北方民族攻防，宜其南下冬牧，为古代西北民族交兵地。著名的河西走廊夹处祁连山与北山之间，全长两千里，宽数里至一二百里。祁连山海拔4300米以上，山顶有冰川和永久性积雪，高山地带降水丰富，生长着大片林木。夏季冰雪融化流入走廊，冲积成片片平原绿洲，可农可牧，为古代中西"丝绸之路"的通道。

青海高原区，位于青藏高原东北部，今青海省除东部河湟谷地属于黄土高原之外，其余五分之四正是这高原盘踞之地。地势高峻，海拔3000米以上。地形由北至南列为三个部分，北有阿尔金山和祁连山地，高山为冰雪世界，唯低矮山坡、川谷盆地生长牧草。祁连山东段嵌有高原明珠青海湖，四旁有广阔的湖积平原，为农牧兼宜地区。南部为青南山区，昆仑山及其支脉在这里尽情发育，海拔多在5000米以上，构成高原的巨大骨架，素有"世界屋脊"之称。高山终年雪积冰封，有些常结成永冻层。黄河、长江、澜沧江等河流由此发源，冲切成险要的高山深谷；虽有平坦之处，却水流不畅，形成沼泽沮洳之地，唯适宜于牦牛放牧。黄河上游谷地和阶地土层深厚，可作牧场，亦可种植生长期短促的高寒作物。青海高原西北部斜夹面积20万平方千米的柴达木盆地，少雨干燥，地多沙漠戈壁，但仍有河流、湖泊散布其间；黄土覆盖的小块平原和盐渍化较轻的湖积平原，仰赖高山融雪，可行灌溉农业。

新疆地区，地形轮廓人称"三山夹两盆"，南有昆仑山，北有阿尔泰山，中间天山横贯东西，将全疆一分为二。南疆有塔里木盆地，北疆有准噶尔盆地。天山由无数东西平行的山脉组成，地质年代地壳几经升降断裂，形成一系列谷地盆地夹于山脉之间，吐鲁番盆地为陷落最深的一处，艾丁湖湖面比海平面低154.31米。天山海拔一般在3000—5000米，凡3600米以上的峰岭，终年积雪，或成巨大冰川，夏日消融，可资以灌溉，故有"固体水库"之称。雪线之下纵向分布着森林和草原，林地多处山涧，并向两侧延伸，草场常在山谷平地和地势突出的山坡。塔里木盆地海拔1000米左右，面积居新疆之半，是我国最大的内陆盆地。盆地呈一大椭圆形状，四周环山，河流下注，冲积成大小不等的平原，即所谓的农耕绿洲。河流有阿克苏河、喀什噶尔河、叶尔羌河、和田河等，而以塔里木河最为著名。此河全长2000多千米，尾入罗布泊，是我国最大的内流河。盆地中心是人迹罕至的塔克拉玛干大沙漠。北疆的阿尔泰山海拔3000米以上，山麓以阶梯状逐级升高，天然草场呈带状分布在各级阶地，山地牧业与天山牧场竞相发达。准噶尔盆地呈三角形，自东向西倾斜，海拔500米，南缘有广阔的冲积型平原，农牧皆宜。库尔班通古特大沙漠居盆中，北缘山脉缺口和河谷可通入大西洋水汽，故北疆降雨稍多，河流水量较为丰富，较大者有伊犁河和额尔齐斯河，后者是我国唯一流入北冰洋的外流河。

显然，大西北确实幅员辽阔，地形复杂多样，给农牧业同时提供了适宜环境，为多种经营创造了充足条件。关中平原、河套平原、宁夏平原、河湟谷地及各江河湖泊冲积平原，皆可引水溉田。河西走廊、新疆戈壁绿洲借雪水可滋养农田。蒙西、北疆和青海高原的各种牧场，或土地广大坦荡，或依山傍塬垂直分布，无不水草肥美，正好畜牧。博大深厚的黄土高原，农林牧业皆可因地制宜。起伏连绵的崇山峻岭，矿产丰富，土产奇绝，无数宝藏尚未发掘，正是发展工业，进行多种经营，支持农牧业发展的富宝之地。

二、西南地区的地形地貌

西南地区包括西藏自治区、四川省、贵州省、云南省和重庆市等省（区、市），广西壮族自治区也被纳入这一地区的范围之内。这一地区大体可划分为云贵高原、四川盆地和青藏高原三个大的板块，地形结构复杂，以高原、山地为主。位于西藏西南边缘地带的喜马拉雅山脉是著名的世界屋脊，受其影响，青藏高原的平均海拔在4000米以上，岭谷并列，湖泊众多。云贵高原一般海拔高度在1000—2000米，地面崎岖，岩溶地貌分布相当广泛。四川盆地海拔高度则在400—800米，平原、丘陵、岭谷布列其间。各地区的具体情况相当复杂，不可一概而论。

云贵高原系中国四大高原之一，位于东经100°—111°，北纬22°—30°，西起横断山、哀牢山，东到武陵山、雪峰山，北至大娄山，南到桂、滇边境的山岭，东西长约1000千米，南北宽400—800千米，总面积约50万平方千米，涵盖了云南东部、贵州全省、广西北部等地。云南地貌大致可以分为东西两大区域：滇东、滇中高原属云贵高原的西部，平均海拔在2000米上下，发育着各种类型的岩溶地貌。滇西为横断山脉纵谷区，高山与峡谷相间，地势雄奇险峻，其中以三江并流最为壮观。起伏纵横的高原山地之中，断陷盆地星罗棋布，地势较为平坦，有河流通过，土壤层较厚，多为经济发达区。贵州地形由北部山地、西部高原和中部山地高原组成，高原东南、东北部边缘多悬崖峭壁，纵横崎岖，交通不便。广西地貌以山地丘陵为主，包括桂西北山地丘陵、桂东南山地丘陵、桂东北山地和郁江平原，岩溶地貌占全自治区一半以上的面积，形成峰林平原、峰丛洼地和石林原野等地貌景观。这样的地形地貌对当地的生产生活有直接的影响。

四川盆地囊括四川省中东部和重庆市大部，由连接的山脉环绕而成，总面积约26万多平方千米，可分为川西高原山地和盆地底部两大部分。高原山地海拔多在1000—3000米，盆地底部地势低矮，海拔只有200—750米。盆地西部地势低平，土质肥沃，东部为低山丘陵，中部为方山丘陵，蕴藏煤、石油、天然气以及盐、磷灰石、硫磺等矿产资源。其中成都平原特别适宜于农耕，物产丰饶，素有"天府之国"的美誉。

青藏高原南起喜马拉雅山脉南缘，介于北纬26°00′—39°47′，东经73°19′—104°47′。北至昆仑山、阿尔金山脉和祁连山北缘，西部为帕米尔高原和喀喇昆仑山脉，东及东北部与秦岭山脉西段和黄土高原相接，东西长约 2800 千米，南北宽 300—1500 千米，总面积约 250 万平方千米。其中涉及西藏的部分主要是藏北高原和藏东高山峡谷。西藏虽有藏南谷地，但以高原为主。高原上又有高山、湖盆、峡谷和平川等地貌景观。

第二节
西部地区的气候

气候概括一地区天气的特征，同农牧业生产最为密切。它直接关系作物和牧草种类品种分布，影响复种制度和产量水平。气候由太阳辐射、大气环流和地形环境等因素相互作用所决定，非人力可以大幅度大面积加以改变，自古迄今的农牧业生产对气候只能因地制宜地适应。考察一地农牧业历史，应当特别注意气候因素。据统计，现代西部地区的平均气温在 13 ℃左右，年均降水量约 740 毫米，平均湿度 65%，日照时数则约为 1924 小时[①]。但由于西部地区地域广袤，特别是南北跨度很大，因而各地气候也存在很大差异。西北地区大部分干旱少雨，而西南地区大部分地区则相对湿润。

一、西北典型大陆气候

西北干旱半干旱区地处欧亚大陆心腹，远离各大海洋，属于典型的大陆性气候。其特点可概括为气温低，温差大；雨量少，蒸发大；日照长，辐射强。

西北纬度偏高，在我国属较为寒冷地带。每年冬春常有西伯利亚寒潮南下，本区受影响明显，常常引起大幅度降温，带来风雪天气。晚秋早春多有霜冻，无霜期较短，青海高原少数地区全年无霜日不足 30 天，然大部地区在此条件下均能栽培一两季作物，低温尚不至于限制农牧生产。西北气候典型特征在于温差现象。由于陆地吸热快放热也快，调节温度能力较差，气温乍热乍冷，冬夏之季或早晚时节温度差悬殊。新疆个别地区极端最低温度有零下 53 ℃，最高气温达到 47.6 ℃，青海西部日温差达 30 ℃。新疆谣谚所说"早穿皮袄午穿纱，围着火炉吃西瓜"，正是西北悬殊温差气候的写照。气温的急剧变化，会引起气流强烈回旋，常造成巨大风暴，西北因此普遍多风。秋、春、冬三季常有沙暴和暴风雪天气，夏季则多暴雨、冰雹等灾害。

[①] 《西部大开发指南·统计信息专辑》，第 20 页。

西北地形四周多山，来自太平洋和印度洋的夏季风受太行山和秦岭的阻碍，进入本区已成强弩之末。西北黄土高原多属季风区，年降水量多在400毫米左右；然河西、新疆以及青海大部属非季风区，任何方向的海洋性水汽均不易到达，年降水量一般在200毫米以下。准噶尔盆地西北边缘有一些缺口，大西洋水汽可以进入，新疆北部降水稍多。南疆的塔里木盆地和海西柴达木盆地年降水量多在100毫米以下，且末、若羌年降水量仅10毫米左右，有的地方甚至常年无雨雪。西北降水量如此稀少，蒸发量却非常之大。按我国干旱半干旱区的划分，只有黄土高原东南小部分地区属半湿润区。关中降雨最富，全年雨量也不过500—700毫米。西北全年降雨分布很不均衡，一般集中在八九月间，约占全年雨量的60%以上。少雨和降雨过分集中，容易引起春旱和夏涝，暴雨造成的山洪也是毁灭性的灾害。无雨旱灾，有雨涝灾，旱和涝是西北历史上经常发生的灾害。

西北地势高，大部分地区海拔在1000米以上。少阴雨，多晴天，空气稀薄，透明度好，因而太阳辐射强烈，日照时间长，光照资源可谓得天独厚。农业自然生产的本质是绿色植物通过光合作用产生有机物质的过程，日光照射的时间、辐射强度是影响作物生长的最基本因素，二者以年积温作为衡量农牧条件的基本指标。西北黄土高原东南和新疆南部积温在3400—4500℃，可以实行一年两熟或两年三熟制。新疆北部、宁夏、甘肃大部积温在1600—3400℃，多为一年一熟。即使在青海高原西部，积温亦可达2000℃左右，仍能满足一熟春播作物的需要。强烈的日照有利于提高地区性气温，根据积温状况，西北大部分划在中温带和暖温带。日照的优势再加温差特点，可以弥补少雨、干旱、霜期等不利因素，使作物和牧草在有限的生长期内进行旺盛的生理活动，高效率地制造、积累、储存有机质，作物家畜产品的营养全，品质好。

二、西南相对湿润的气候

受冬季风和夏季风的影响，西南地区的气候与西北地区的气候有很大差别。无论是气温还是雨量都是如此。在西南地区，青藏高原、云贵高原与四川盆地的地形复杂，高差悬殊，各地气候存在一定差异，但也有一些共同的特点。

气温高，温差较大。广西处于低纬度地带，又濒临海洋，属热带亚热带气候。气温由北向南逐渐递增。1月的平均气温在6—15℃，7月在23—28℃以上。云南处于南亚热带季风、东亚季风和青藏高寒气候的接合部，气候情况比较复杂。西北部的高山深谷区为山地立体气候区，"十里不同天"。而北回归线以南的西双版纳、普洱南部等地则属于热带雨林气候，全年高温如夏，雨季主要集中在夏秋。东北部的曲靖北部和昭通气候为亚热带季风气候，四季分明，夏热冬冷，雨热同季。全省其他大部分地域属于低纬高原气候，其大部分地区属于亚热带高原型季风气候，故呈现出"四季如春，一雨成冬（或秋）"的格局。1月平均气温0—8℃以上，7月平均在16℃以上[①]。四川具有春早、夏长、冬暖，年均气温较高的特点。1月平均气温盆地区为3—8℃，高原区为-9—-3℃，西昌则为8—13℃。7月平均气温盆地区为25—29℃，高原区为11—17℃，西昌为22—26℃。[②] 至于西藏，气候类型复杂，不一而足。总的特点是气温较低，空气稀薄，大气干爽，日照时间长，太阳辐射强。藏北高原1月平均气温为-20—-10℃，7月平均在10℃以下。

降雨多，水量丰富。广西年均降水量1300—2400毫米，多集中在4—8月。大部分地区雨热同期，既可种植双季稻，也可种植热带、亚热带经济作物。但旱、涝、寒潮、霜冻、台风等自然灾害对农业生产有一定的影响。贵州1月平均气温4—9℃，7月20—28℃。夏无酷暑，冬无严寒，大部分地区年均温度为14—16℃。年均降水量为900—1500毫米，相对比较丰富。热量比较充足，无霜期在270天以上。雨热同季，有利于农作物生长。贵州受地形和纬度的影响，气候类型较多，为多种经营创造了条件。但日照率不足25%~30%，春夏有冰雹，秋季有时会出现低温天气，对喜光作物生长不利。云南年均降水量为750—1750毫米。雨季多在5—10月，旱季在11月至翌年4月。受东南太平洋季风和西南印度洋季风的影响，年均降水量各区亦不相同。盆地区为1000毫米左右，高原区为500—700毫米，西昌为800—1200毫米。四川盆地内日照较少，西缘多雨，年降水有时年均达2400毫米。河流数量多，流域面积大，分属于长江、黄河两大水系。其中长江水系约占97%。由于降水多，加之境外来水较多，全省河川径流量高达4485亿立方米，水力资源丰富。西藏平均降水量在200毫米左右，比较干旱。而藏南、藏东谷地较湿润，1月平均气温在-2—8℃，7月在15—22℃，年均降水量则在438—1000毫米。墨脱地区为中国著名多雨之地，主要农牧区为半干旱气候。

在历史上，西南地区的气候也曾发生过一系列变化，其总的变化趋势与西北地区是同步的，但在个别地区也有自身的特点。

[①] 田松庆等编：《简明地理辞典》，武汉：湖北人民出版社，1984年，第137页。
[②] 《简明地理辞典》，第136页。

三、西部气候的演变

气候总是变化的。竺可桢曾对我国 5000 年来的气候进行过宏观研究,认为从史前到夏商时代,气候温暖湿润,气温比现在要高 2 ℃左右。西周时期气候一度变得较为寒冷,气温下降了 3 ℃左右。春秋战国至东汉为第二个温暖期,气温比现在高 1—2 ℃。三国至东晋时期为第二个寒冷期,气温下降了 2 ℃左右。南北朝至五代时期,是第三个温暖期,气温比现在高 1 ℃多。宋代以后气候再次变冷,特别是从明代开始进入"小冰期",气温比现在低 1—2 ℃。5000 年间,最低温度在公元前 1000 年、公元 400 年、1200 年和 1700 年;摆动范围为 1—2 ℃。每一个 400—800 年,可以分出以 50—100 年为周期的小循环,温度范围是 0.5—1 ℃。[①] 从文献资料和考古资料来看,在历史上,西部各地的气候确实曾经发生过一系列变化。西北地区的干旱环境,就是历史时期西北大陆性气候综合演变的结果。而西南地区的生态环境,也与气候变化密切相关。

据地质学家和古生物学研究,在 3700 万年前新生代渐新世,古鄂毕海退出新疆后,气候便趋向干旱;在人类出现的更新世,西北、西南地区的大陆面貌基本形成,气候始终沿干燥寒冷方向发展。在西北气候这种总的演进过程中,相对的温湿气候也间歇出现,造成干湿气候轮回交替的现象。100 万年以来,西北黄土区的气候曾有过三个干燥期与三个湿润期交替发展的过程;近 10 万年来的西北,可能正处在第三个湿润期间。距今 6000 多年的西安半坡遗址中有水獐和竹鼠骨骼,这些都是亚热带动物,可见当时气温比现在温暖潮湿。根据"半坡仰韶遗址孢粉谱"的分析,学者们也得出大致相同的结论。龙山文化中陶器外表有近似竹节的图形,有些遗址还发现有炭化的竹节,这些证明新石器时代中后期竹类植物曾广泛分布在黄河流域,可知当时气候不像今日寒冷。殷墟卜辞中间接反映出商代气候较今日温暖,年气温大约可高出 2 ℃。再从《诗经·邶风》所记物候现象看,陕西一带气候比现今严寒。但这一降温过程似乎不过长,后又复回升,所以到《秦风》诗中出现"终南何有? 有条有梅"的诗句,而今日的终南山是很难见到梅子的。到战国时期秦相吕不韦主编的《吕氏春秋》记有"冬至后五旬七日菖始生",西汉司马迁《史记·货殖列传》言"渭川千亩竹",气温显然稍高于今日。东汉至南北朝间,西北气候尚无直接有力的材料说明,但从曹魏时淮水结冰,南朝建业城筑建冰房,北魏华北四月杏花始开,便知黄河和长江流域均处低温时期,西北当不例外。唐朝时西北气候复暖,长

[①] 竺可桢:《中国近五千年来气候变迁的初步研究》,《考古学报》1972 年第 1 期。

安城在 7 世纪中期曾几度无雪无冰，梅树、柑橘在宫廷御苑种植，果实色味佳美。陕北鄜州地区唐时也曾长有梅树，距城 30 里的梅何岭因此得名。但是到宋代气候又变，再度转冷，故诗人苏轼的诗文中有"关中幸无梅"的感叹。苏诗中还可看出荔枝在蜀地的北限已经移至乐山，北宋时气温大概已降至与今日相当。南宋时气温继续下降。金朝太湖一次结冰，封冰坚实到可以行车程度，金都一带在重阳节落雪更是古今少见，从全国范围看，当时气温低于现今约 2 ℃。到元代初期，长安又恢复了"竹监司"，专门管理竹子生产，大概元时气温有所回升，但仍低于今日。根据竺可桢所做的深入研究，认为在十二三世纪时，我国西北天山的雪线似乎比现在低些，当时雪线可能比现在降低 200 米到 300 米①。明清 500 多年，在大量的方志文献中，有不少关于各地气候的记载，可以分析出这一时期气温较今始终偏低 1—2 ℃。

西南地区气候的演变大体与西北同步，但也有其区域性的特点。如唐朝时，西南地区气候温暖。唐人樊绰写的《蛮书》中说曲靖以南（北纬 24°45′、东经 103°50′），滇池以西，人民一年收获两季作物，9 月收稻，4 月收小麦或大麦。这说明当时作物生长期较长。明代西南的温暖时期从 1368 年开始，到 1499 年结束，大体上经历了 130 多年的时间。这一时期虽然偶尔也曾在某些地方出现过寒冷的天气，如景泰四年（1453）广西柳州曾下过大雪，但总的看来温暖湿润的气候一直居于主导地位。特别是 14 世纪末至 15 世纪中期的七八十年间，不仅霜雪等冷害极为罕见，就连雹灾也很少出现。由于气温较高，热带动植物大量繁殖，并且呈现出北移的趋势。洪武十八年（1385）广西太平府十万山象的出现便是极端的例子②。15 世纪中后期，冰雹逐渐增多，然而并没有改变气候比较温暖的基本格局。16 世纪初，西南地区的气候发生了很大变化，中纬度西风带南移，温暖的气候逐渐消失，气温随之下降，出现了寒冷的天气。从此进入了寒冷的时期。16 世纪前期，气候寒冷尤甚，寒害不断发生，有时候情况相当严重。如正德七年（1512）十一月，广西桂林大寒，"漓江冰合"③。嘉靖五年（1526）十二月，广西庆远府大霜，"池水皆冰"。16 世纪中期以后，西南气温有所回升，但与明朝前期相比，仍然显得相当寒冷。如万历十二年，广西武缘大雪。这说明，当时西南的气候并不温暖。只是严寒的年份及严寒的程度较 16 世纪前期稍有衰减而已。17 世纪 30 年代以降，西南气候的寒冷程度又有所增强，又进入严寒期。

---

① 竺可桢：《中国近五千年来气候变迁的初步研究》，《考古学报》1972 年第 1 期。
② 〔明〕黄佐撰：《广西通志》卷三。下引本书本卷时不再注释。明嘉靖刻本。
③ 〔明〕苏濬纂修：《广西通志》卷四十一。《学校》，万历二十七年初刻本。

上述历史时期气候的变化，资料不尽出自本区，但我国冬季气温因受西伯利亚冷高压的控制，各地温度升降比较统一，这规律古今基本一致。近数千年间气温较今有升有降，也不过1—2℃之差，但平均气温的微小差异，对动植物生长和农牧业有重大影响。

第三节
西部地区的土壤

地形地貌的差异对土壤有很大影响，故西北地区和西南地区的土壤也有所不同。这种情况在文献中有记载，通过实地考察也可以看得非常清楚。

一、西北疏松宜耕的土壤

土壤是陆地上能够生长植物的疏松表层，农作物和牧草赖此基础完成生命过程。西北地形复杂，土壤类型更是多种多样，然就其成因、性状和分布看，仍具有明显的共性。人们通常所说的"西北黄土"就是对本区最普遍、最有地区特征的土壤母质的概括称谓。黄土在西北地区的分布很广，陕甘高原几乎被黄土覆盖，新疆和内蒙古高原也有分布。黄土层极为深厚，一般都在数十米或百米以上，兰州附近黄土层厚至250米。西北黄土覆盖面积之大，土层之厚，超过世界上任何国家的黄土区。

关于西北黄土的成因，历来争论很大，先后出现过多种黄土形成理论，其中以"风成说"影响最大。风成理论认为，西北黄土是在更新世以来几度出现的干湿交替气候环境下形成的。当冰川物质随着冰水被搬运到荒漠性的平原后便堆积下来，其中缺少胶质的沙粒和沙尘，遇到干燥期的大风后起而飞扬。大的沙粒形成沙丘，细小的沙尘经涡旋气流运升到高空，遇到高山阻挡即降落下来，有的甚至飞到更远的地方才沉降落地，通过长期的沉积作用形成堆积层。在温湿多雨的时期，雨水、河水不断侵蚀冲刷堆积层，巨量的黄土又被搬迁到更远的地方，沉积在河谷或较低的平原地区，即所谓黄土的河湖相沉积。黄土风成说最有力的证据，一是黄土的矿质成分复杂，颗粒又非常相似匀称，唯有在风力的搬运堆积中，才能有这种高度均匀的混合。另一点，人们通过对风积黄土的实验观察，发现其颗粒呈棱角分明的多面体，这种形状与水力沉积作用的土粒多呈浑圆状迥然不同，这是风力卷扬下的土粒，相互碰撞力量极小的缘故。风成黄土也是西北地区今日常见的现象，每年冬春季节，西北经常出现黄尘蔽日的天气，有时数步之外人物不分，白昼之日如同夜幕降临一般。

西北黄土本色一般呈黄色或淡灰色，弱碱性。其化学组成主要有二氧化硅和二氧化铝，此外还有含钙、镁及碳酸盐之类的物质。黄土疏松多孔，透气透水性良好，颗粒均匀而细小。黄土堆积无层理，发育成为垂直的柱状节理，黄土区的人民很早就利用这一特性，挖洞穴居。黄土的风化程度较差，所含钙、镁等碳酸盐类物质丰富；这些易溶性盐分的存在也说明黄土确是干旱条件下形成的，风化极其微弱。西北各地严重的土壤盐碱化正是因灌溉或地下水上升后，黄土盐分溶解而在地面结晶，因此构成了黄土疏松易垦、肥沃宜禾等优良的农业特性，先秦时代成书的《禹贡》把古代全国土壤优劣分为九等，西北黄土列为"上上"。古代劳动人民很早就认识到西北土壤的优越，并加以开垦利用。经过数千年的耕作、放牧，西北区黄土结构、肥力得到不同程度的改良和培养，终于形成了今日西北复杂多样的土壤类型。

从农牧业角度看，西北土壤主要有以下几种类型：

褐土类型，陕西关中多有分布，经多年熟化已成为良好的耕作土壤。关中冲积平原上的土是高度熟化的古老的耕作土壤，长期的耕作施肥，形成50—100厘米垫土层。质地中壤至重壤，呈团块和粒状结构，疏松肥沃，保墒耐旱，通气性良好。熟化层下则为黏重的垆土层，具有极好的保水、保肥作用。

黑垆土类型，是经过长期耕种熟化而发育在黄土高原上的一种土壤。其分布规律是：由南向北，黏化作用由强变弱，质地逐渐增加沙性，熟化层变薄。典型的黑垆土是渭北以及陇东黄土台塬的古老耕作土壤，土体疏松，孔隙率高，保墒抗旱；腐殖质层较厚，近1米，含量在1%~1.5%，是黄土高原上最肥沃的土壤。陕北、陇东黄土沟壑区称黄绵土，熟化土层和腐殖质层薄，腐殖质少于1%，耕性和通透性良好，但结持力差，易受侵蚀，不易保墒。近长城沿线，沙性较大，保水抗旱能力更差，是尚处在边侵蚀边熟化阶段的土壤。

栗钙土类型，是鄂尔多斯高原南部毛乌素沙区的栗钙土，砂质占80%~90%，本是宜作牧场的土壤，但经耕垦现成宜行旱作的栗黄土。由于土壤水分不足，风蚀严重，耕作粗放，栗钙土熟化程度很低。

荒漠草原土类型，是干草原的栗钙土向荒漠土之间过渡性的土壤。贺兰山以东的蒙古西部、宁夏中部和北部、新疆准噶尔盆地西北部等地分布的称为棕钙土，腐殖质层厚15—25厘米。土壤质地差，结构很弱，极易风蚀沙化。但在宁夏平原、内蒙古河套平原，经长期引黄淤泄，形成有淀淤层的肥沃的耕作土壤，当地称为"澄土"。分布在兰州至河西走廊东段和伊犁谷地的称为灰钙土，大部属黄土母质，结构疏松，表层有机质含量0.5%~3%，水热条件比棕钙土稍好，适宜旱作农业。

荒漠土类型，是西北干旱荒漠气候下的土壤。分布在贺兰山以西的西套蒙古区和河西走廊部分地区，直至准噶尔盆地西部为灰棕色荒漠土；成土母质多为粗骨性石砾和砂，无腐殖质积累层，俗称戈壁滩。但河谷和山麓洪积平原上，仍以黄土状物质为主的细土层，可以发展灌溉农业。河西走廊和准噶尔盆地南部的绿洲，经灌溉和施肥耕作，表层形成10—20厘米疏松耕作层，熟化程度较高，称为灰板土。整个东疆和南疆在极端干燥炎热的条件下，形成棕色荒漠土，天然植物极少，土壤有机质只有0.1%~0.3%，地表有黑棕色漆皮的漠境砾石，并有石膏和易溶性盐类的淀积。分布在山麓和河流两岸的冲积平原，通过长期引灌，形成肥沃的灌溉淤积土层，为灌淤棕平土。

高山土壤类型，是发育在海拔3000米以上的高山上的土壤，青海高原南部便是典型的高山土壤。土壤中微生物活动极弱，成土过程以物理化学风化过程为主，养分含量不高。唯有青海高原东部偏湿润地区，草被较为茂密，是良好牧场，称之为高山草甸土。西部的干旱区因无草皮层，为亚高山草原土，而青海柴达木盆地则属于山地灰棕色荒漠土。

西北土壤是在自然作用和人类农牧活动的长期影响下逐渐形成的，是人类不断进行土壤改良的结果。另一方面，由于自然的作用以及人类不适当的利用，土壤出现了恶化的问题。西北黄土高原地区的水土流失，北部土壤沙漠化和各大灌区的盐渍化，给西北农牧业和整个生态环境造成了不良的影响。

二、西南地区的土壤

西南地区的土壤：四川、贵州一带较湿润，在氧化铁作用下，形成黄壤。云南南部等热带地区，土壤中生物及风化作用更为强烈，砖红壤发育明显。此外，广西、贵州省区还有土质黏重而富含钙质的黑色石灰土、红色石灰土。在四川盆地，紫红色的砂岩上，发育了较为肥沃的紫色土。

广西土壤类型繁多。在海拔1200米以上的地方，往往分布有山地草甸土。在800—1200米的山地中上部，分布有山地黄壤。在中亚热带低山丘陵区有红壤，在南亚热带丘陵区有赤红壤，在中亚热带喀斯特丘陵区有棕色石灰土、红色石灰土、黑色石灰土等。此外，还有紫色土、河流冲积土、滨海沙土和沼泽土等。

贵州土壤以地带性中亚热带常绿阔叶林红壤和黄壤为主，此外，喀斯特发育区的黄色、黑色石灰土分布也较为广泛。红壤、黄壤和黄棕壤等地带性土壤的分布由东向西升高，各地区的具体情况较为复杂。

云南大部分地区山川相间，垂直高差较大，导致土壤亦呈垂直分布状态。在海拔500—1000米的元江河谷地区分布有燥红土，在海拔1000—1600米的中山下部分布有赤红壤，在海拔1600—1900米的中山灌丛地区分布有红壤。在海拔1600—2400米的中山中下部分布有黄红壤，在海拔2000—2700米的中山中上部分布有黄棕壤，在海拔2700—3000米的中山上部分布有棕壤，在海拔3000米以上的亚高山则分布有棕毡土。

四川省主要属于亚热带常绿阔叶林地带，土壤类型较多，红壤、黄壤、紫色土、棕壤、褐色圭、草甸土、沼泽土均有分布。其东部地区以红壤、黄壤和紫色土为主，其中紫色土占67%左右，是我国紫色土最集中的地方。高原山地则主要分布着山地红褐土、褐色土及棕壤、草甸土等。平原及河流两岸则为冲积土。冲积土占四川耕地总面积的13%以上。经过长期改造，水稻土面积达到3300多万公顷。

至于西藏，则分布着东西向和南北向两组高大山脉，被称为"地球第三极"。这里冰川冻土发育，东南部泥石流活动频繁。

上述土壤性质不同，分布范围不同，对农牧生产的影响也不能一概而论，需要具体问题具体分析。

三、西部土地荒漠化问题

土地荒漠化是指干旱、半干旱和亚湿润干旱地区的土地退化现象。这种现象在世界各国是普遍存在的。作为土地荒漠化的重灾区，我国西部存在着大量荒漠化的土地[1]。从某种意义上讲，土地荒漠化已成为制约西部经济社会发展的重要因素。

（一）西部荒漠化土地的分布

根据国家林业局《第二次全国荒漠化监测》结果，1999年我国荒漠化土地面积达到267.4万平方千米，占全国土地总面积的27.9%。其中风蚀荒漠化面积187.3万平方千米，占荒漠化土地总面积的70%；水蚀荒漠化面积26.5万平方千米，占9.9%；土壤盐渍化面积17.3万平方千米，占6.5%；冻融荒漠化面积36.3万平方千米，占13.6%。[2]这些荒漠化的土地主要分布在18个省（区）的471个县（旗），而这些县（旗）大部分位于西部地区。

---

[1] 董光荣，吴波等：《我国荒漠化现状、成因与防治对策》，《中国沙漠》1999年第4期。
[2] 国家林业局：《第二次全国荒漠化监测报告（送审稿）》，2000年12月。

西北地区的土地荒漠化主要表现为农田和草场的沙化。我国西北地区有十几处面积较大的沙漠，它们是新疆的塔克拉玛干沙漠、古尔班通古特沙漠、库姆达格沙漠，青海的柴达木沙漠风蚀地，内蒙古的巴丹吉林沙漠、乌兰布和沙漠、雅玛利克沙漠、浑善达克沙地，内蒙古、甘肃的腾格里沙漠，内蒙古、宁夏、陕西的毛乌素沙地，等等。这些沙漠分布于东经75°—122°，北纬37°—47°的高原、盆地和平原之间，总面积达70多万平方千米①。除沙漠之外，西部地区还有将近60万平方千米的戈壁。如此广袤的沙漠、戈壁是中国西部独特的自然景观，也是西部土地荒漠化的重要表现。

在茫茫沙漠和漫漫戈壁的周边地区，土地荒漠化的情况随处可见，不少地方的耕地和草场已经完全沙化。内蒙古沙漠化土地最多，达80560平方千米；其次是新疆，沙化总面积为30471平方千米；陕北地区沙化面积21686平方千米；甘肃沙化面积10736平方千米；宁夏沙化面积10215平方千米；青海沙化面积亦达到4400多平方千米。其中正在沙漠化的土地面积约6.7万平方千米，强烈沙漠化的土地面积约6万平方千米，严重沙漠化的土地面积约3.5万平方千米。陕北地区和内蒙古鄂尔多斯地区，内蒙古科尔沁、西拉木伦河上游、锡林郭勒及察哈尔草原，宁夏中东部地区、贺兰山西麓山前平原，甘肃弱水流域、阿拉善中部及河西走廊绿洲边缘地带，沙漠不断向外扩展②，使大片农田、草场呈现出荒漠景观。据统计，陕西土地荒漠化率为15.96%，甘肃为50.62%，宁夏为75.98%，青海为33.06%，新疆为86.07%，内蒙古为59.27%③。情况之严重，于此可见一斑。

西南地区的土地荒漠化则主要表现为农田的石漠化。石漠化地区土层浅薄，植被稀少，生态环境脆弱。在地质历史时期，西南诸省区形成一些面积较大的岩溶地貌和石漠景观。如云南全省岩溶面积达11.1万平方千米，主要分布在滇东、滇东南和滇东北地区，占全省总面积的29%。贵州省石漠化土地在黔南、黔西南、黔东南、六盘水、安顺、毕节、铜仁、遵义等地均有分布，总面积达13.888万平方千米，占全省总面积的7.9%。在石漠化地区，岩石裸露率在70%以上者占石漠化面积的38.9%。有不少旱地还潜伏着石漠化的危机④。广西石漠化的情况更为严重，岩溶山区面积已占总面积的37.8%⑤。

除沙漠化和石漠化外，水土流失等原因引起的土地退化也相当普遍。20世纪末，全国水土流失面积为179万平方千米，西部地区水土流失面积约占全国水土流失总面积的

---

① 朱震达等：《中国沙漠概论（修订版）》，北京：科学出版社，1980年，第3页。
② 朱震达：《中国北方沙漠化现状及其发展趋势》，《中国沙漠》1985年第3期。
③ 姚建华主编：《西部资源潜力与可持续发展》，武汉：湖北科学技术出版社，2000年，第153页。
④ 罗中康：《贵州喀斯特地区荒漠化防治与生态环境建设浅议》，《贵州环保科技》2000年第1期。
⑤ 奚国金、张家桢主编：《西部生态》，北京：中共中央党校出版社，2001年，第336页。

三分之二。根据中国科学院可持续发展研究小组《1999年中国可持续发展战略报告》和陆大道等《1999年中国区域发展报告》，1999年西北各省区的水土流失面积为56.22万平方千米，西南各省区水土流失面积为45.99万平方千米，这还没有包括西藏的水土流失面积，如果加上西藏，数字就更大了。在西部各省区中，宁夏的水土流失率达69.94%，陕西达66.87%，四川达43.65%，贵州达43.55%，高出全国平均值的1—3倍。由于水土流失，地力不断下降，不少原本适宜农牧的地方也出现了荒漠化的倾向。

（二）西部土地荒漠化的历史过程

从历史地理学的角度来看，中国西部地区土地荒漠化并非一朝一夕之故。不论是西北地区的沙漠化现象，还是西南地区的石漠化现象，都是在"史前"时期和历史时期逐渐形成的。换言之，西部地区的土地荒漠化经历了一个发展变化的过程。

据地质资料、考古资料和文献资料，位于西部地区的塔克拉玛干沙漠、古尔班通古特沙漠、巴丹吉林沙漠、腾格里沙漠和浑善达克沙地在地质历史时期就已经存在。陕北黄土高原与鄂尔多斯高原之间的毛乌素沙地则是在第四纪以来逐渐形成的①。尽管这些沙漠形成的时间有先有后，但都经历了由小到大的变化。

翻开丰富的历史典籍，我们在先秦、秦汉时期的文献中已可看到"流沙"的记载。不过，那时的"流沙"只有三处：一处是指敦煌以西的沙漠，即今新疆境内白龙堆沙漠和塔克拉玛干大沙漠。一处是居延海一带的流沙，即今内蒙古的巴丹吉林沙漠和腾格里沙漠。还有一处是指阴山以北的沙漠，史书上称之为"大漠"或"大幕"。敦煌以西的沙漠位于丝绸之路沿线，当年张骞凿空、班超通西域、赵充国在西域屯田皆经过其地，故文献中对这一沙漠记载较多。《高僧传》载法显赴印度时，"发自长安，西渡流沙"。所谓"西渡流沙"就是向西穿过白龙堆的沙漠。居延是汉代重要的屯田区域，故居延以东以北的流沙多见于汉代史籍。《汉书》卷二八《地理志》载，弱水"余波入至流沙"。《后汉书·郡国志》解释说，居延又称"居延海"，是古代的流沙之地。至于阴山之北的流沙，则往往与匈奴相连。《说文解字》说："漠，北方流沙也。"《后汉书》卷二三载："遂陵高阙，下鸡鹿，经碛卤，绝大漠。"《晋书》卷九十七载："匈奴地南接燕赵，北暨沙漠。"当时对于陕北黄土高原上的毛乌素沙地并没有明确记载，说明那时毛乌素沙地明沙很少，尚未引起人们的注意。

---

① 吴波、慈龙骏：《毛乌素沙地荒漠化发展的阶段和成因》，《科学通报》1998年第22期。

魏晋南北朝时期，文献中对沙漠的记载明显增多。这一时期文献中记载的沙漠，仍主要是前面提到的流沙。如《博物志》卷八载："自敦煌西涉流沙往外国，沙石千余里。"《周书》卷五十载："鄯善，古楼兰国也……地多沙卤，少水草。北即白龙堆路……西北有流沙数百里。"①这些记载所说的流沙显然是指塔里木盆地中的沙漠。《晋书》卷二载："前者明公西征灵州，北临沙漠，榆中以西，望风震服。"②《魏书》卷九十九载："鲜卑秃发乌孤，八世祖匹孤自塞北迁于河西。其地东至麦田、牵屯，西至湿罗，南至浇河，北接大漠。"③这里所说的沙漠或大漠则是指甘肃以北内蒙古地区的沙漠。此外，这一时期的文献中还提到青海柴达木盆地的沙地。《洛阳伽蓝记》卷五载："发赤岭西行二十三日，渡流沙，至土谷浑国。路中甚寒，多饶风雪，飞沙走砾，举目皆满，唯土谷浑城左右暖于余处。"④这说明人类活动范围扩大，认识的沙漠较前增多。由于战争和动乱等因素的影响，有些地方已出现荒漠化的倾向。最典型的事例就是西汉时在河西走廊和"西域"开垦的一些"屯田"被迫放弃，沦为荒漠化的土地。时至今日，武威、张掖、敦煌等地的沙漠和戈壁上，仍然可以依稀地看出汉代城堡、烽燧和农田的遗迹。但此时的土地荒漠化是有限的。许多后来沙化非常严重的地方在当时生态环境仍然是较好的。如当时黄土高原北端的白于山南麓有茂密的森林，白于山北麓的芦河流域和红柳河流域则是灌木草原，间有乔木散生其间。公元5世纪初，匈奴首领赫连勃勃曾说"美哉斯阜！临广泽而带清流。吾行地多矣，未见若斯之美！"⑤并在此地修建了著名的"统万城"，作为大夏的国都。这说明此地生态环境很好，根本不存在荒漠化的问题⑥。

隋唐五代时期，文献中对西部地区的主要沙漠均有记载。由于人类活动的加强，西部荒漠化地区有所扩大。例如，唐代前期，统万城周围地区仍是有名的"卧马草地"。其后由于毛乌素南缘地区过度开垦和放牧，天然植被遭到严重破坏，毛乌素流沙不断南移。到唐代晚期，统万城一带已受到风沙的侵袭。河西走廊地区自汉代设郡以来，人口不断增加，土地开发的规模日益扩大。经过长期的经营，到唐代该地区显得相当富庶。但由

---

① [唐]令狐德棻等撰；中华书局编辑部点校：《周书》卷五十《列传第四十二》，北京：中华书局，1971年，第915—916页。
② [唐]房玄龄等撰；中华书局编辑部点校：《晋书》卷二《帝纪第二》，北京：中华书局，1974年，第42页。
③ [北齐]魏收撰；中华书局编辑部点校：《魏书》卷九十九《列传第八十七》，北京：中华书局，1974年，第2200页。
④ [北魏]杨衒之著；杨勇校笺：《洛阳伽蓝记校笺》卷五《城北·凝玄寺（崇立寺）》，北京：中华书局，2006年，第209页。
⑤ [北宋]李昉编纂；王晓天、钟隆林校点：《太平御览》第2册，石家庄：河北教育出版社，1994年，第563页。
⑥ 侯仁之：《从红柳河上的古城废墟看毛乌素沙漠的变迁》，《文物》1973年第1期。

于人们对绿洲水土资源过度利用，以及采取过度采伐等不良土地利用方式，在一定程度上破坏了绿洲的生态环境，从而导致了沙漠化的扩大。唐代以后，石羊河下游、黑河下游、马营河及摆浪河下游等地的汉唐绿洲都经历了沙漠化的过程①。由于昆仑山北麓河水的退缩，塔克拉玛干沙漠的南移，塔里木盆地南缘的大片绿洲变成荒漠，楼兰、精绝等西域古国被掩埋在沙漠之中，成为沙漠深处的废墟②，丝绸之路南道也随之衰落。

宋元明清时期，荒漠化的规模进一步扩大。在宋辽夏金对峙阶段，由于战争和动乱，北方地区人口逃亡情况严重，不少地方农田荒芜，水利失修，沦为荒漠。在辽、金和西夏统治的北方地区，荒漠化的情况特别突出。《辽史》卷三二载："辽国尽有大漠。"③《宋朝事实》卷二十载："自京、镇等处土田丰好，兵马强盛，地利物产颇有厚利，其他自中下州固已寂寥荒漠。"④《西夏书事》卷三三云："夏南境地仅存五六千里，居民皆散处沙漠、山谷间。"⑤显然，宋元之际是北方荒漠化扩大的重要阶段。明清之际，由于人口大量增加，西部地区再次掀起开垦土地的热潮，许多地方的天然植被遭到严重破坏，荒漠化不断扩大。在西域，绿洲面积急剧缩减，许多汉唐时期的遗迹都被淹没在黄沙之下。在鄂尔多斯高原南部，毛乌素沙地不断向东南地区推进。在黄土高原，水土流失的情况与日俱增。在西南四川、贵州等地，石漠化区域也在扩大。以毛乌素沙地南缘为例。毛乌素沙地南缘在明代出现大规模屯垦。清初长城沿线放垦，所留草地仅十之二三，结果出现"古沙翻新"或"就地起沙"的情况，形成"地拥黄沙草不生"的荒凉景观。民国时期，鄂尔多斯高原与黄土高原之间的天然植被继续遭到破坏，荒漠化随之不断扩大，最终形成了目前的状况。

第四节
西部地区的水文

目前中国西部水资源约为14272亿立方米，总量虽然不少，但分布不均。在中国西部，特别是西北地区，工农业生产缺水，生态环境建设缺水，人们的日常生活也缺水。

---

① 王福成、王震亚主编：《甘肃抗旱治沙史研究》，兰州：甘肃人民出版社，1995年，第79—144页。
② 景爱著：《沙漠考古》，天津：百花文艺出版社，2000年，第19—27页。
③ 〔元〕脱脱等撰；中华书局编辑部点校：《辽史》卷三二《志第二》，北京：中华书局，1974年，第373页。
④ 汤开建、刘建丽辑校：《宋代吐蕃史料集2》，成都：四川民族出版社，1989年，第641页。
⑤ 〔清〕吴广成撰；龚世俊等校证：《西夏书事校证》卷三三，兰州：甘肃文化出版社，1995年，第376页。

据估计，西北五省区 2030 年缺水 231—256 亿立方米。情况如此严峻，不能不引起人们的焦虑。从历史地理学的角度来看，西部缺水问题是在漫长的历史岁月中逐渐形成的。

一、西部地区的水环境

中国西部的水资源由地表水和地下水组成。地表水包括河流、湖泊、沼泽、冰川等，地下水包括孔隙水、溶岩水、裂隙水和黄土水等。这些水资源分属于黄河水系、长江水系、西南江河水系和西北内陆河水系。

西北地区比较干旱，水资源相对短缺，各地情况差别较大。

陕西是西北地区自然条件最好的区域，地势南北高、中间低。北部是著名的黄土高原，中部是关中盆地，南部则主要是陕南山地。受季风气候和大陆性气候的影响，从南到北具有亚热带湿润气候、暖温带半湿润气候和暖温带温带半干旱气候的特征。年降水量由南向北递减，秦岭以南年均降水量在 800 毫米以上，陕北的有些地方则少至 350 毫米。全省河流分属于黄河、长江两大水系。黄河干流中段纵贯晋陕之间，水流湍急，含沙量大。据统计，年均输入黄河的泥沙量达 7.9 亿吨以上，占黄河平均输沙量的半数。流经关中的渭河是黄河最大的支流。而流经汉中的汉水则是长江最大的支流。关中和汉中农业条件好，可修建河渠进行灌溉。

甘肃地貌以高原和山地为主，有陇南山地、陇中高原、甘南高原、祁连山地、河西走廊、北山山地等六类地形。河流皆发源于西南山塬，呈放射状向西北、正东和东南方向分流。内流区的河流主要有哈尔腾河、疏勒河、黑河及石羊河。外流河分属于长江、黄河两大水系。其中黄河横贯陇中，形成十大峡谷和九大盆地。全省年径流总量为 617.1 立方米，但地面水分布不均，季节变化大。冬春枯水期，小的河流往往断流。由于水土流失严重，河水含沙量大，年总输沙量达 6.51 亿吨。径流量在 1 亿立方米以上的河流共 30 条，可灌溉耕地 80 多万公顷。祁连山上有冰川，地下水资源较丰富。

宁夏属于温带大陆性半湿润—干旱气候，干旱少雨，年降水量在 180—680 毫米，由南向北递减。但贺兰山迎风坡降水约为银川市的两倍。降水多集中在 6—9 月，其余月份，干旱情况较为严重。另一方面，宁夏河流也很少，除黄河外，主要有清水河、苦水河及泾河等，平均年径流深 18.3 毫米，全区多年平均年径流量为 9.493 亿立方米[①]，水资源总量仅 10.5 亿立方米，为全国最少者。但黄河过境水量约 325 亿立方米，可进行引

---

① 宁夏回族自治区水利厅：《水资源基本情况与特点》，2022 年 4 月 2 日。

黄灌溉。

青海地处青藏高原东北部，地势高耸，地形复杂，境内河流分属于黄河、长江、澜沧江和内陆河四大水系，是我国大江大河的重要发源地。其外流水系主要是黄河、长江、澜沧江上游及其支流。黄河在境内流域面积15.25万平方千米，多年平均流量每秒714.3米，年总径流量225.3亿立方米。长江在省境干流长约1206千米。境内较大的河流还有黑河、北大河、柴达木河等。此外，省境内湖泊众多，青海湖面积4573平方千米，是我国第一大咸水湖。冰川面积达4621平方千米，冰雪融水为江河重要补充水源。其中有些河湖可资农牧生产之用。

新疆位于西北边疆，远离海洋，气候相当干旱。降水稀少，蒸发力强，温差极大。年降水量约145毫米，且多集中于南疆西部山区。河流数量多，但流程较短，水量少。但塔里木河全长2200千米，是我国干旱区最长的内流河。伊犁河是新疆流量最大的河流。博斯腾湖、乌伦古湖、艾比湖、赛里木湖、巴里坤湖及天池则是比较有名的湖泊。

西南地区水资源比较丰富，但分布也不均衡。

广西河流分属于西江水系、长江水系及桂南沿海诸水。全自治区流域面积在50平方千米以上的河流有937条，其中1000平方千米以上的河流69条。年径流总量约占全国的7.1%，主要河流有西江、郁江等。地下河流数量多，规模也大，地下水年补给量约占全国的5.6%。

贵州水系受地势的影响呈带状分布。乌江、北盘江、清水江、都柳江和涟江均由西、中部向北、东、南流去。高原峡谷导致水资源分布很不平衡。高原往往为河流上游，虽耕地集中，但水量不足。山地峡谷为河流中下游，水资源丰富，但很难利用。

四川境内河流众多，流域面积大于100平方千米的达1380余条。由于降水多，集中面积又广，加上来自境外的客水，河川径流总量达到4485亿立方米，平均径流深为533.8毫米。河流落差大，急弯多，峡谷长，水力资源丰富，蕴藏量达1.5亿千瓦。

云南境内的河流颇具季风性山区河流的特征，水位季节变化大，水流湍急，因而水力资源比较丰富。受山势影响，怒江、澜沧江、金沙江在境内呈由北向南流向。省内六大水系分别注入印度洋和太平洋。此外，境内断层湖泊较多，达40余处。滇池、洱海、泸沽湖就是其中比较著名的湖泊。

西藏河流分属内流与外流两个水系。雅鲁藏布江横贯西藏，金沙江、澜沧江、怒江构成藏东地区的主要河流。河流之外，西藏还有世界海拔最高的湖区，湖泊总面积达2.76万平方千米，其中纳木错、色林错等都是著名的大湖。湖泊之外，该地区还有大量的冰川。这与其他地区是很不相同的。

二、西部水环境的演变

历史时期中国西部水环境经历了一系列变化。这种变化主要表现为河流的演变、湖沼的盈缩和地下水的消长。

（一）先秦时期西部地区的水文环境

从文献资料和考古资料来看，在旧石器时代和新石器时代，西部的许多地方已经有人类活动的痕迹。大约在1万年以前，原始农业成为关中等地主要的经济部门。相传炎帝神农氏在这里发明耒耜，黄帝轩辕氏在这里树艺五谷，后稷在这里教民稼穑。考古工作者曾在西安半坡的母系氏族公社遗址中发现了粮食和蔬菜的种子，说明这些传说具有真实的社会背景。但那时人类活动的范围相对较小，因而对西部自然环境缺乏整体性的认识。先秦史籍中涉及的水体主要是黄河、泾河、渭河、洛河、长江、汉水等。西北内陆河与西南江河水系尚不见于史册。不过，从地质资料、考古资料来看，现在西部地区的大江大河、湖泊、池沼在那时都是存在的，而且水量较大，很少受到人为因素的影响，基本上都保持着自然的状态。

西周时期西部成为中国的经济文化中心。因而文献中对西部地区的水环境有了较多的记载。从这些记载来看，西部地区的水资源是相当丰富的。如都城所在的关中平原就是河湖池沼众多的地方，被称为"陆海"。西周王朝曾在关中等地实行井田制，在井田上必须修建沟洫。所谓沟洫，也就是井田上的排灌系统，由畎、遂、沟、洫、浍等大小渠道组成。积水渗入畎、遂，然后流入沟、洫，再从浍中排出大田。四川盆地的水资源也很丰富，长江水系分布在盆地上的干流和支流，形成纵横交错的河流网。相传在开明统治时期，这里曾展开过大规模的治水活动。

西周灭亡后，历史进入春秋战国时期，秦人在西部地区的历史舞台上扮演了重要的角色。秦人继承了周人重农的传统，所到之处，以务农为先。因此，疆域的扩大和耕地面积的扩大就意味着农业区域的扩大。而农业区域扩大的一个直接后果是耕地类型的多样化。旱地的大量存在，使农业生产中水分供需矛盾日益严重，对农田水利建设的发展提出了迫切要求，在客观上要求进行灌溉，以补偿农作物水分的不足。在这种背景下，以供应作物水分需要为主要内容的农田水利灌溉事业得到迅速发展。当时建成的都江堰和郑国渠等大型水利工程，代表了我国先秦时期水利建设的最高成就。

都江堰位于四川盆地的成都平原上。成都平原水资源丰富,但农田容易受到洪水的冲刷。自春秋以来,成都平原水患严重,农作物常常因此失收。秦昭王三十年(前277)前后,秦派李冰出任蜀守,李冰主持修建了都江堰。史载李冰"开成都二江,溉田万顷",按秦汉1亩合今0.69市亩折算,万顷农田约为今69万亩。都江堰的建成,奠定了成都平原灌区经济发展的基础,使整个地区的面貌发生了很大的改变①。此后成都平原的水利灌溉系统逐渐形成,并带来了显著的经济效益②。

郑国渠在关中平原的渭北地区。渭北地区地势高亢,有大片的"泽卤之地"。公元前246年,秦王政命郑国主持修建渭北水利。经过十多年的艰苦劳动,在成千上万的劳动者的共同努力下,我国古代最长的人工灌溉渠道(即郑国渠)终于建成了。郑国渠建成后,关中灌区由此定型,流域内大片农田成为亩产一钟的良田,渭北平原的"泽卤之地"变成"千里沃野"。据《史记·河渠书》载,当时灌溉的农田面积达4万顷,以秦亩1亩合今0.288亩计算,灌区面积达115万亩之多。郑国渠的建设对关中农区经济的发展产生了巨大的促进作用,同时,还收到了洗土放淤、改良盐碱土的功效,在一定程度上改善了关中地区的农业生态环境。

(二)汉唐时期西部水环境的演变

汉唐时期是西部开发的重要阶段。随着人类活动的增强,西部地区的水环境发生了一系列演变。秦汉之际,西部地区的水环境较为优越。据《三辅黄图》记载,当时关中地区河流水量丰沛,有"八水绕长安"之说。所谓"八水"即指泾水、渭水、灞水、浐水、沣水、滈水、潏水和涝水。除河流外,湖泊也很多。长安城中有太液池、百子池、唐中池、影娥池、飞外池、沧池、鱼池、酒池、琳池等,城外有鹤池、盘池、冰池、镐池、初池、麋池、蒯池、郎池、牛首池、积草池、东陂池、西陂池、当路池、洪池陂、曲江池、昆明池、韦埔、美陂、樵获泽等。这些河流与池沼的存在,在一定程度上起到了调节地表径流的作用。故当地很少有洪涝灾害的记录。另一方面,这些水体的存在,也为农田灌溉和渔猎创造了条件。汉武帝时,东方朔在一份奏章中曾说:长安一带是天下陆海之地,"其山出玉石、金、银、铜、铁、豫章、檀、柘异类之物……又有粳稻、梨、栗、桑、麻、竹箭之饶,土宜姜芋,水多蛙鱼,贫者得以人给家足,无饥寒之忧。故丰镐之间号

---

① 唐光沛:《都江堰的修建及其伟大成就》,《资料》1975年第4期。
② 据20世纪80年代在四川青川秦墓中发现的《为田律》记载,秦时都江堰灌区已经形成了"以万亿计"的沟渠灌溉网。详见《文物》1982年第1期。

为土膏,其贾亩一金"①。司马相如在《子虚赋》中对这种情况也有所描述。他说:"终始灞浐,出入泾渭,酆镐潦潏,纡余委蛇,经营其内。荡荡乎八川分流,相背异态,东西南北,驰骛往来。"②由此可见,先秦至秦汉时期关中地区的水环境是很优越的③。

到了唐代,关中地区的水环境依旧比较优越。唐代关中的许多河流仍处于水量稳定、水质清澈的状态。如高观谷水、太平谷水、檀谷水、耿谷水,都是如此。史载:"高观谷水,在县东南三十里,阔三步,深一尺,其底并碎沙石,北流入长安县界合丰水。"④河底若是泥质,说明这里的土壤侵蚀非常严重;若是由石块组成,说明洪水很严重,山地河流河床中的大石块,通常是由山洪冲下来的。这些河流的河床为碎石,清晰可见,说明河床稳定,河水较清。泾河、渭河、洛河的水量也比较大。这一点只要翻开唐人诗文,就可看得一清二楚。此外,当时关中还是许多池沼和园林。如《元和郡县志》载:户县有龙台泽、八部泽、美陂等,"龙台泽,在县东北三十里,周回二十五里。八部泽,在县东南五里,周回五十里。……美陂,在县西五里,周回十四里"⑤。其中八部泽面积比汉代的昆明池还要大。

当然,在秦汉至隋唐的千余年间,西部地区的水环境不是一成不变的,相反,有些地方的变化还相当剧烈。以黄河及其支流为例。黄河干流的变化主要是在黄土高原上的侧蚀与下切。黄河在黄土高原上的侧蚀,主要发生在晋陕峡谷、龙门以南河段及潼关与三门峡之间⑥。龙门的展宽,梁山的崩塌,均与黄河侧蚀有关。黄洛渭三河汇流区在北迄禹门口,南至秦岭,东接中条山,西到石川河的范围之内。历史时期三河汇流区时有变迁,隋唐五代时期,黄河在此向东侵蚀汾渭狭长地带,使其北部和南部都有所退缩⑦。洛、渭二河在汇流区积沙严重⑧。至明清时,此间变化得更为突出。至于黄河的流量,也经历了一个变化的过程。大体说来,先秦时期水量较大。汉唐之后,由于黄土高原森林植被的破坏,河水的含沙量增多,水量起伏较多,每逢大雨,则水量陡增;若有干旱,则水量锐减。

黄河有许多支流,位于西部地区的支流也不算少,但其中长度超过 300 千米的并不

---

① 《汉书》卷六五《东方朔传》,第 2849 页。
② 《汉书》卷五七上《司马相如传》,第 2547—2548 页。
③ 王守春:《汉唐长安城的水文环境》,《中国历史地理论丛》1999 年第 3 辑。
④ 〔宋〕宋敏求撰;辛德勇、郎洁点校:《长安志》卷十五,西安:三秦出版社,2013 年,第 468 页。
⑤ 〔唐〕李吉甫撰;贺次君点校:《元和郡县图志》卷二《关内道二》,北京:中华书局,1983 年,第 30 页。
⑥ 史念海:《历史时期黄河在中游的侧蚀》,刊《河山集》二集,北京:三联书店,1981 年,第 85—139 页。
⑦ 史念海:《历史时期黄河在中游的下切》,《陕西师大学报》1977 年第 3 期。
⑧ 王元林:《隋唐五代时期黄渭洛汇流区河道变迁》,《陕西师范大学学报》1997 年第 2 期。

多，主要有湟水、洮河、泾河、北洛河、渭河等，这些河流在历史上也发生过变化。如渭河在历史上称作"渭水"，周秦汉唐时期，渭水的流量很大。春秋战国之际，秦国曾通过渭水从雍城（今陕西凤翔县南）给晋国运去大批粮食。秦汉两代，奠都关中，曾通过渭水运输关东漕粮①。隋唐时期以长安为都，为了解决京师的物资供应问题，也曾大量漕运东南米粟。唐诗有云："秦地有吴洲，千樯渭曲头"②，可见当时渭河运务是相当繁忙的。唐代以后，长安失去首都地位，关中生态环境发生巨大变化，渭河水运迅速衰落。宋代以后，渭水流量继续减少，航运之事已属凤毛麟角，在历史上默默无闻了。除了流量的变化以外，渭河河道本身也曾发生过一些变化。根据文献记载、考古资料、实地勘察和卫星图片分析，近两千年来渭河在长安地区是一直侧蚀性北移的。"北移的幅度分别是：东渭桥附近渭河向北移动了2600米，中渭桥附近向北移动了3623米，西渭桥附近渭河北移了近3000米。"③晚清以来，渭河河道摆动的幅度明显加大。1897年渭河河道在高庙—西兴隆—草滩镇—贾家滩—南草店一线之北。1895年大水后，渭河主河槽大幅度北移，灞河入渭口向北延伸了将近4250米④。现在渭河南岸仍有若干古河道的遗迹。渭河两侧支流的发育很不对称，北侧长而少，南侧短而多；北侧河流多为树枝状或羽状，南侧支流在山区呈钓钩状，山外则呈羽状。因此，渭河在总体上虽有向北摆动的趋势，但各段情况不尽相同：从周至向东到高陵，秦汉到北宋只是在极小的范围内以可以忽略的速度向北移动，每年2厘米，北宋以后向北移动了4千米左右。耿镇以下到河口，由于北岸泾河、洛河三角洲发育较好，有向南摆动的趋势。这些属于总体性的移动现象，不包括弯曲河段的南北摆动。

除河流外，湖泊的变化也很明显。秦汉文献中所记载的池沼大部分不见于唐代文献。有些虽然有记载，但内容也有所不同。如曲江池原本是在历史时期逐渐形成的天然池沼，秦代曾在曲江西南部的台塬上修建宜春苑。汉武帝十分欣赏曲江一带的景色，对曲江池的水域进行了修整，挖凿了新的泉眼，以扩大曲江池的水源，使曲江池的水面增加到6里。据说汉武帝曾多次到曲江游幸，可见汉时曲江已经受到重视。魏晋南北朝时期，关中地区战乱频繁，曲江周围的自然环境遭到破坏，曲江池中的水也逐渐干涸。隋朝在修

---

① 〔西汉〕司马迁：《史记》卷二九《河渠书》，北京：中华书局，1973年，第1409页。
② 〔清〕曹寅等：《全唐诗》卷五八七，李频《东渭桥晚眺》，上海：上海古籍出版社，1986年，下册，第1499页。
③ 段清波、周昆叔：《长安附近河道变迁与古文化分布》，《环境考古研究》第一辑，北京：科学出版社，1991年，第48页。
④ 陕西师范大学地理系编：《西安市地理志》，西安：陕西人民出版社，1988年，第142页。

建大兴城（即长安城）时，把曲江池的大部分地方规划在了城内。由于曲江一带低洼潮湿，不宜兴建住宅，故宇文恺建议将曲江池辟为皇家园林。隋王朝动用大量的人力、物力对曲江池进行了修复改造，使曲江池中又有了水。当时，曲江池四周盛产莲花，隋文帝遂下令将曲江池改名为"芙蓉池"。经过隋代的经营，曲江池的自然景观和人文景观都有了改善，逐渐形成了曲江风景区。唐玄宗开元年间，对曲江池又进行了大规模的修凿。一方面，挖掘池边的淤泥，疏通曲江风景区各洼地间的水道。另一方面，开黄渠引南山义谷水流入池中，使曲江池的面积进一步扩大。此外，还在曲江周围修建了许多亭、台、楼、阁及其他游乐设施。这些人文景观和自然景观做到了和谐统一，彼此之间相得益彰，使曲江风景区成为长安地区最有名的游览"胜境"。安史之乱发生以后，曲江风景区遭到了很大的破坏。天宝十四载（755），叛军西入关中，唐玄宗逃往四川。曲江沿岸的宫殿亭阁多被烧毁。大历二年（767），鱼朝恩亦曾"奏坏曲江亭馆，以修章敬寺"[1]。安史之乱平息以后，唐王朝又对曲江风景区进行了修复[2]。通过这次修葺，曲江风景区又得到了复苏。唐末战乱之后，曲江风景区遭到极大破坏，迅速走向衰落。

（三）宋元以来西部水环境的逐渐恶化

唐朝灭亡后，关中地区的生态环境发生了巨大变化。池沼萎缩、消失，河流水量不稳，旱则干枯断流，涝则山洪暴至，已无昔日八川分流的盛况。五代时期，曲江生态环境也进一步遭到破坏。到北宋前期，曲江风景区已变得相当荒凉。宋人张礼在《游城南记》中描述了当时的情况。他说："（大雁）塔自兵火之余，止存七层……倚塔下瞰曲江宫殿，乐游燕喜之地，皆为野草，不觉有黍离麦秀之感。"[3]到了明代，文人学士来到曲江，无不为曲江的荒废而感叹。明人胡侍《曲江池》诗云："曲江旧是跃龙川，江上云霞媚远天……乐事胜游今不再，野风斜日草芊芊。"不过在遇到雨很多的年份，曲江池中偶尔也会积水。宋寿《曲江新水》诗云："废苑千年余瓦砾，濯潞重见是龙渊。"即便如此，池中的积水也不过是昙花一现，给人留下的依然是曲江风景区衰落的伤感。

除关中平原以外，其他地方也存在着类似的情况。如甘肃黄土高原在唐宋以前有玄蒲薮、彭池、华池、朝那湫、河池等湖泊、池塘。朝那湫"在安定朝那县，方四十里，冬

---

[1] 〔宋〕欧阳修、宋祁：《新唐书》卷二〇七《鱼朝恩传》，北京：中华书局，1975年，第5865页。
[2] 〔宋〕王溥：《唐会要》卷三十《杂记》，北京：中华书局，1955年，第563页；《旧唐书》卷一六九《郑注传》，第4401页。
[3] 〔宋〕张礼：《游城南记》，上海：上海古籍出版社，1993年，第4—5页。

夏不增减，不生草木……今周回七里，盖近代减耗"①。这些湖池，早已荡然无存。情况之严重，于此可见一斑。

宋元以后，由于大型灌溉工程衰落，凿井汲泉的情况更为普遍。史载清康熙二十八年（1689）陕西大旱，户县王丰川目睹救荒无术，而汲井灌田少获升斗之粟，遂著《井利说》，以为西安渭水以南诸县十五六皆可井，富平、蒲城二县井利颇盛，凤翔八属水利资源又多于西安，主张大力发展井灌。乾隆二年（1737），崔纪巡按陕西，于五月十日饬各县相地凿井。十一月二十八日奏报陕西共凿井六万八千九百八十余口，约可溉田二十万亩。由于当时督催过严，奉行的人有所粉饰，实际上并没有那么多井，也没有那么大的灌溉效益。乾隆三年（1738）三月，崔纪因"办理不善"而受到乾隆皇帝的批评。其后陈宏谋巡抚陕西，又令各州县查报井泉，故"井利有增无减"②。孔隙水始终是地下水的主体，占用面积较大；其次是黄土水和岩溶水，裂隙水、孔隙水所占比重较小。唐代和明代对黄土水的利用率较高，春秋战国时期对岩溶水的利用率较高。四种地下水开采由易到难的基本顺序为：孔隙水、岩溶水、裂隙水、黄土水。地下水丰度较大的地方多为孔隙水储运之地。其他类型依次是裂隙水、岩溶水、黄土水。由于对地下水长期的开采，特别是由于水环境的恶化及地表水的大量减少，给地下水的补给系统造成了困难，因而黄土高原地下水有大量减少的趋势。特别是最近50年，黄土高原地下水位下降的速度很快。据笔者调查，渭北地区的地下水位，一般都比50年前下降了20—30米。因此，许多地方人畜饮水相当困难。

民国以来，西部地区水环境的变迁呈现出加速的趋势。这主要表现在以下几个方面：一是河流的水量普遍减少。20世纪末以来，黄河断流的事时有发生，且断流的次数和断流的时间都有增加的趋势。据统计，目前黄河流域径流源地为：龙羊峡以上黄河干流入境水210.9亿立方米，龙羊峡—大柳树（宁夏）段134.2亿立方米，河口镇—龙门段67亿立方米，龙门—三门峡段133.5亿立方米，三门峡至花园口段62.6亿立方米。③ 黄河的支流更是如此，据咸阳水文站多年实测，近年平均径流量为53.8亿立方米，7—9月为丰水期，12月至翌年5月为枯水期。泾河水量也日益减少，据张家山水文站实测，泾河多年的平均径流量为19.405亿立方米，最大年流量42.06亿立方米（1964），最小8.475亿立方米，二者比值为5.0，较渭河南岸诸河为大。7—9月为洪汛期，12月至翌年1、2月

---

① 〔唐〕李吉甫撰；贺次君点校：《元和郡县图志》卷三《原州》，北京：中华书局，1983年，第58—59页。
② 吴廷锡编纂：《续陕西通志稿》卷六一《水利五》。
③ 吴传均主编：《中国经济地理》，北京：科学出版社，1998年，第313页。

为枯水期。地下水补给能力较强,故枯水月份流量较为稳定。泾河的洪水比较大,最大洪峰值为每秒 2730 立方米,最大洪峰流量达每秒 15800 立方米。同时,泾河的含沙量也比较高,年平均输沙 27366.82 万吨,可以说是一条多泥沙的河流。一般情况是 5—9 月泥沙逐渐增加,8 月最高,5—9 月输沙值占全年输沙量的 98%。而 7—9 月占 90.82%,10 月以后便逐渐减少。至于其他河流水量已经很小,已经不可与古代的情况同日而语了。二是含沙量大。由于上游流经黄土台塬,故渭河含沙量较大,咸阳段多年平均输沙量为 18146 万吨[1]。1955 年建成洛惠渠,灌溉面积达 5 万公顷以上。流域内有大中型水库多座,总库容达 15 亿立方米。1930 年开始修建泾渭渠,新中国成立后经过整修,灌溉面积始达到 9 万公顷。20 世纪末在流域内建成大中型水库 5 座,总库容 6.3 亿立方米。20 世纪中后期,在洮河下游地区修建了 4 座百万立方米以上的水库,还修建了几条灌溉面积在万亩以上的水渠。据多年统计数据,年径流量 53 亿立方米。

人类农牧业生产活动区域的扩大,必然对地下水资源的开采利用程度有所加大。其结果是造成地下水逐渐减少。历史时期人们对黄土高原地区地下水的开采和利用,主要是通过打井、凿泉等方法实现的。打井凿泉的目的,除了获得生活用水之外,更多的是为了灌溉。历史上黄土高原各地凿井灌溉的情况较为普遍。以关中地区为例,关中在先秦时期即有井泉。周秦汉唐时期,文献中都有凿井的记载,考古工作者也曾发现过一些井泉的遗迹。

通过以上研究,我们可以清楚地看出西部地区水环境变迁的趋势:一是地表水不断减少。许多地方的河流、湖泊水量很小,有些变为季节性河湖,有些甚至已经干涸。二是地下水位不断下降,汲引困难增加。三是陆地水的稳定性越来越差,雨季和旱季水量起伏增大。这种趋势是在漫长的历史岁月中逐渐形成的,是西部地区水环境逐渐恶化的结果。目前,由于水环境的恶化,黄土高原地区陆地水存在的问题有增无减,概括起来主要有以下三点:(1)水文状况严重恶化。这主要表现在水源锐减,泥沙激增,水位暴涨暴落。(2)水土流失日益严重。黄土高原水土流失的面积达 36 万平方千米,占土地总面积的 70% 以上,每年流失的土壤约 22 亿吨,按流失面积计算,平均侵蚀模数为每年每平方千米 6111 吨。其中陕北黄土丘陵沟壑区水土流失情况最为严重,侵蚀模数一般都在每年每平方千米 1 万吨以上,窟野河下游高达每年每平方千米 3 万吨[2]。无定河甚至创下了

---

[1] 陕西师范大学地理系编:《西安市地理志》,西安:陕西人民出版社,1988 年,第 141 页。
[2] 陕西省人民政府:《陕西省人民政府办公厅关于印发陕西省生态功能区划的通知》,2008 年 6 月。

每立方米水中含沙1390千克的纪录①。(3)水旱灾害频繁,几乎达到了无岁无灾的程度,因此造成的经济损失是相当惊人的。

如前所述,五千年来西部地区的水环境曾发生过一系列变化。那么究竟是什么原因促成了这种变化呢?或者说影响西部地区水环境变迁的主要因素是什么呢?这些问题值得我们进行深入探讨。从大量资料来看,影响西部地区陆地水变迁的因素很多,既有自然因素,也有社会因素。其中,气候震荡与自然灾害的影响、森林植被缩减和荒漠化的影响是相对较大的。

1. 自然因素的影响

西部各地的自然条件不尽相同,水环境也存在着一定的差异。而自然环境的变化,特别是气候振荡和自然灾害必然会对陆地水产生相应的影响。一般说来,陆地水的演变受地质、地貌、气候三大条件的制约,而来水、来沙及边界条件则会直接参与河流的演变活动。

据竺可桢研究,历史时期中国气候大致可分为四个温暖期和四个寒冷期:即公元前3000年到前1000年左右为第一个温暖期;公元前1000年左右到公元前850年为第一个寒冷期;公元前770年到公元初为第二个温暖期;公元初到600年为第二个寒冷期;公元600年到1000年为第三个温暖期;公元1000年到1200年为第三个寒冷期;公元1200年到1300年为第三个温暖期;公元1400年到1900年为第四个寒冷期②。据龚高法等人研究,仰韶温暖期亚热带北界位置比现在北移5—6个纬度,周初寒冷期比现在南移约1个纬度,春秋战国温暖期北移2个纬度,汉至南朝寒冷期南移近1个纬度,隋唐温暖期北移1个纬度,宋代寒冷期南移1个纬度以上,宋元之际温暖期与现代相似,明清小冰期南移2个纬度。在温暖期,气候趋于温热,水草增加;在寒冷期,气候趋于干凉,搬运活动加强。在由暖到寒和由寒到暖的过渡阶段,气候往往出现振荡,自然灾害频繁,陆地水的变化十分明显。文献记载流经或发源于黄土高原上的一些河流曾发生过清浊的变化。这种情况的出现,往往与气候的变化有关。

气候因素中的关键成分是降水,降水对西部的陆地水有直接的影响。历史文献中有许多资料显示了这方面的情况。如目前黄土高原降水年际和年内分配不均,变率较大。夏季降水集中,6—8月的降水占全年降水总量的50%~60%,9—10月占20%~30%,12

---

① 绥德县1966年6月11日记录。
② 竺可桢:《中国近五千年来气候变迁的初步研究》,《竺可桢文集》,北京:科学出版社,1979年,第475—498页。

月至翌年 2 月占 1%~3.5%，3—5 月占 13%~20%。降水的总趋势由东南向西北逐渐减少，山区降水大于平原。东南部多年平均降水量为 750 毫米，西北部仅为 150 毫米。降水的高值区在秦岭北坡，多年平均降水达 900 毫米以上；低值区在内蒙古临河及杭锦旗一带，仅为 138.4 毫米。400 毫米年降水量等值线从河口镇经榆林、靖边、环县以北、定西、兰州以南绕祁连山，至贵德把黄土高原分为干旱、湿润两大部分。按照多年平均降水量的多少，可将全区分为四个气候区域：(1) 湿润区。年降水量大于 800 毫米，气候湿润，大致相当于落叶和常绿阔叶混合林带，主要分布于秦岭石山林带和六盘山、太子山、五台山等山区。(2) 半湿润区。年降水量 400—800 毫米，气候半湿润、半干旱，相当于落叶阔叶和森林草原带。兰州会宁、靖边、河口镇以南均属此区范围。其中豫西北、晋东南、运城盆地、关中盆地、渭北塬区、陕北南部、陇东渭河谷地降水量在 600—800 毫米，具有旱作农业的条件，是黄土高原的主要粮、棉产区。(3) 半干旱区。年降水量 200—400 毫米，气候干燥，相当于草原和半荒漠地带，主要分布于兰州至河口镇区间，是黄土高原上的主要牧区。(4) 干旱区。年降水量小于 200 毫米，主要分布在祁连山和贺兰山之间，贺兰山与狼山之间。甘肃宁夏的景泰、永宁，内蒙古的乌海、巴彦高勒等地即属此类，牧草生长稀疏[①]。

2. 滥垦滥伐和过度开发的影响

水是生命之源，人类适应自然和改造自然的过程中，需要对水资源进行开发和利用。而人类对水资源的开发与利用，必然会改变水资源的时空分布，从而使生态环境发生相应的变化。人为因素是唐代以后关中水环境较汉代恶劣的主要原因，主要表现为对天然植被的破坏。汉代长安城以南、秦岭以北，东起宜春苑，西到周至的广大地区都属于上林苑的范围。上林苑之东，又有宜春苑、御宿苑、乐游苑，等等。这些苑囿，实际上就是自然保护区，里面都有良好的天然植被。与这些苑囿相连的秦岭北麓，尚未遭受人为破坏。西汉灭亡后，这些苑囿无人保护，渐被开发。到了唐代，由于人口的增加，加之其他原因，这些苑囿基本上被全部废除了。不仅如此，秦岭北麓的天然植被也遭受大量破坏。由于隋唐两大京城的土木工程，关中及秦岭北坡的大树几乎被砍伐殆尽。而次生植被也制成薪炭供应长安人口的消费，这种情况到唐代后期更为严重。

人为因素对水环境的影响也可从塔里木河的变迁中得到充分的印证。塔里木河是我国最大的内陆河，由西向东从塔克拉玛干沙漠北缘穿过塔里木盆地。其干流是典型的干

[①] 中国科学院黄土高原综合科学考察队：《黄土高原地区水资源问题及其对策》，北京：中国科学技术出版社，1991 年，第 6 页。

旱区内陆河，自身不产流，其水全部来自塔里木盆地周边向心聚流的九大水系，即开都—孔雀河水系、迪那河水系、渭干河—库车河水系、阿克苏河水系、喀什噶尔河水系、叶尔羌河水系、和田河水系、克里雅河水系、车尔臣河（且末河）水系。由于历史的变迁，特别是近代人类活动影响的加剧，塔里木河水系的部分源流脱离干流，从而导致塔里木水系逐渐被破坏，干流下游生态恶化，河道萎缩。塔里木河流域生态变化的趋势是沙漠化与绿洲化并存：一方面，人为活动使人工渠道代替天然河流，人工水库代替自然湖泊，人工耕作土壤代替自然土壤，人工栽培植被代替自然植被，人工生态代替自然生态，从而形成了一些以人工水系为支撑的，以栽培植物为主体的，包括农田、人工林、人工饲养畜禽和乡村聚落耦合在一起的人工绿洲生态系统。另一方面，人为的活动使地表径流减少，引起地下水位下降，土壤发生干旱，植被衰枯，地面失去保护，从而促进风蚀发展，风力蚀积加强，造成就地起沙，形成各类沙丘，导致荒漠化扩大。"水资源变化造成的环境演变结果可以概括为两扩大四缩小，即绿洲与沙漠同时扩大，而处于两者之间的林地、草地、自然水域和野生动物栖息地缩小。流域人工生态的建立，扩大了灌溉绿洲，提高了土地生产力，发挥了水资源利用的潜力，改善了绿洲小气候，从而大大提高了环境的人口容量。但随之而来的是水量的地域分布平衡、水盐平衡和生物多样性遭受破坏，扩大和加深了下游地区荒漠化，对人类的生存与发展又构成了一定的威胁。"[1]

第五节
西部地区的植物

植被是地区植物群落的总体，是地形、气候、土壤等自然因素的综合产物。历史时期西部地区的植被多种多样，但分布区域各不相同。人类早期的采集、狩猎完全依附于天然植被，农牧业出现后又不断地干预和改造着植被面貌。同时植被又直接影响地区生态，是自然环境优劣的标志，植被的荣枯与农牧业消长具有"一损俱损，一荣俱荣"的关系。天然植被的演化，也是一种极为缓慢的过程。

---

[1] 宋郁东、樊自立等：《中国塔里木河水资源与生态问题研究》，乌鲁木齐：新疆人民出版社，2000年，第15页。

一、西部地区的基本植被

西北的暖温带落叶阔叶林区，包括秦岭北坡、关中盆地、甘南盆地和陕北高原南部土石山区。秦岭山区海拔3200米以上多分布着灌丛、草甸植被；中部山地多为阔叶林、针叶林或混交林所覆盖；低山丘陵至渭河冲积平原以栽培植被为主。陕北高原南部植被呈现华北阔叶林带与内蒙古草原带过渡的特征，目前自然植被大多被破坏，仅在山区还保留着以辽东栎、山栒、白桦、油松、侧柏等为主群种的森林植被。黄土丘陵地区还有少数次生落叶林残存，本地称之为梢林。川塬、梁、峁已垦为农区，农作物种植多为两年三熟制。

温带草原区，包括陕甘黄土高原绝大部分，往北包括内蒙古西部高原并新疆阿尔泰山一带，代表性的草原群系为长芒草原。因农牧业开发历史悠久，大面积草原群落不多，保存少量草甸草原和沙生植被，使本区牧场仍保持一定比例。这一区带黄河干流两侧的河套平原、宁夏平原以及兰州盆地，植物种类贫乏，而荒漠草原植物成分比较显著。沿河有灌溉条件的地方，历史上早已开垦，是西北著名农业区。阿尔泰山山地草原区，其山麓属荒漠草原，山地植被则呈垂直分布，上部亦有森林带，是新疆的主要牧区和林业基地。

荒漠区，包括内蒙古西部、河西走廊、祁连山区、柴达木盆地及阿尔泰以外的新疆地区，占西北全区相当大部分面积。植被特点为：地带性荒漠植被以小乔木和半灌木荒漠为主，其中常出现春雨型矮生植物和类矮生植物层片。天山、祁连等山地有比较完整的植被垂直带谱，有山地草原和山地森林草甸带，也残留着局部的落叶阔叶野果林。

高寒植被区，主要在青海高原南部山区，这里海拔高、气候严寒，植被类型简单。除海拔3800米以下的峡谷分布有小块寒温带针叶林外，绝大部分无森林植被存在，只有适应高寒半湿润气候的灌丛和草甸。东部为排水畅通的宽谷缓坡，高寒草甸广泛发育，草场资源较为丰富，宜于牧业。

西南地区的地形、土壤等自然条件与西北地区有所不同，因而植被与西北地区存在一定差异。但总的说来，西南地区的植被比西北地区的植被种类更多，分布更广。

位于热带、亚热带的广西、云南、贵州三省，植物资源丰富。广西植物有280科，1670属，6000多种。桂西南有金花茶、金丝李、擎天树、蚬木、肥牛木等多种热带、亚热带珍稀树种。杉树、松树等用材林分布广泛。经济林木有300多种，药用植物有3600多种，还有不少热带、亚热带经济作物和果木如甘蔗、香蕉、菠萝、芒果等。云南植物丰茂，有274科，2076属，1.8万余种，素有"植物王国"之称。云南从南到北依次分布着热带雨林、季雨林、热带稀树草原旱生植被、亚热带常绿阔叶林、混交林和针叶林、温带、寒温带针叶林等。森林覆盖率达到24.9%。树种以针叶林为主，有云南松、思茅松、云杉等。滇西北阔叶林集中，滇南尚有第三纪留下的一些古老树种。此外，云南还盛产花卉，花卉中山茶花负有盛名，有"云南山茶甲天下"之说。贵州植物有1551属，6000多种。植被从东到西由湿性常绿阔叶林、亚热带马尾松林过渡为偏干性的常绿阔叶林和云南松针叶林。落叶与阔叶混杂，呈现出过渡性特征。

川藏地区地形变化较大，植物种类也相当繁多。四川省大部分地区为亚热带常绿阔叶林及亚高山针叶林地带。植被类型呈现出多样性特征，有阔叶林、针叶林、竹林、灌丛等，低山丘陵的马尾松、杉木、柏木，中山的华山松、云南松，高山的铁杉、高山松等分布广，种类多，居全国之冠。西藏的大部分地区虽然地势高峻，但植被也是比较丰富的，有高等植物5800多种，常见中草药400多种，具有独特风格的植物300多种。

二、先秦时期西部地区的森林与草原

据现代科学研究，早在5000万年前，西部广布着高大乔木，被子植物种类繁多，灌草植物较少，可谓森林密布，植被状况极好。大约到了2000万年前，西北原始乔木减少，草本植物种属繁多起来，森林不断缩小，草原逐步扩大。山地上部向耐寒的针叶林分化，天山、昆仑山、祁连山各地都发现过这一时期的松树、云杉、冷杉的花粉，可作为植被开始转化的证明。平原的植被基本类型变成旱生和盐生的灌木及草类，全区大致属于温带、暖温带疏林草原及荒漠草原，但森林覆盖率仍远远高于今日。第四纪以后，环境变化最为剧烈，西北地形、气候发生显著变化，干旱环境逐渐形成，植被状况大幅度改变。亚热带植物在秦岭以北基本绝迹，黄土高原的疏林草原逐渐成了草原景观，内蒙古、新疆地区草原一步步向半荒漠和荒漠草原转变。青海高原表现出高寒荒漠的景象，旱生的藜科成为主要的植物，青南高山森林已布满寒温带针叶林。

先秦时期西部地区森林、草原较多而耕地较少。但5000多年来随着人类活动的增加，特别是历代开垦、抛荒，乱砍滥伐，耕地增减不定，而森林和草原则在总体上呈现出不断减少的趋势，有些地方甚至成为不毛之地。这种情况在西北和西南各地都有所体现，其中在生态环境相对比较脆弱的西北地区，森林与草原的演变尤为剧烈。而黄土高原地区更具有一定的代表性。

黄土高原东起太行山，西到日月山，南界秦岭，北抵鄂尔多斯高原，包括山西省全部、陕西省中北部、甘肃省东南部、宁夏东南部、青海东北部、河南西北部、内蒙古南部三旗及河北省西北四县，涵盖 8 省 264 县之地，总面积为 51.7 万平方千米，是我国北方一个相对独立的地理单元，也是水资源比较短缺的地区。黄土高原的植被主要有三种类型：即落叶阔叶林区、森林草原区和草原区，呈东北—西南分布。落叶阔叶林区包括陕北南部、关中平原、晋南和甘南的部分地方，由于垦耕已久，天然植被基本上被栽培植被所代替，仅秦岭北坡和渭北的某些山区残存森林。森林草原分布于长城沿线，主要在同心、靖远、兰州一线以南。至于草原类型，则主要分布于黄土高原的西北部，略呈干旱草原与荒漠草原的特征。目前黄土高原地区森林和草原已经少得可怜，但在历史时期却并非如此。

20 世纪 60 年代，谭其骧在《何以黄河在东汉以后会出现一个长期安流的局面——从历史上论证黄河中游的土地合理利用是消弭下游水害的决定性因素》一文中指出：黄土高原地区的水土流失程度与这里的植被覆盖率直接相关，而植被情况如何主要取决于生活在这里人们的生产活动方式。如果人们以狩猎为主，天然植被就可以不受影响。畜牧与农耕两种生产活动则会改变植被的原始状况，其中农业对植被的影响尤为显著。人类利用天然草原从事畜牧，只要放牧不过度，草原就可以保持稳定；从事农耕则要彻底清除地面上的植被才能进行开垦。在黄土高原上从事农耕，山陕峡谷地带与泾、渭、洛河上游的黄土地区水土流失最为严重，因此，历史时期这些地区土地利用方式不同，进入黄河的泥沙量也不同。东汉以后，黄土高原地区特别是山陕峡谷与泾渭洛上游地带基本以畜牧业为主，大大减少了下游的泥沙量，致使下游出现长期安流的局面[1]。这篇文章首次论述了人为活动与黄土高原生态环境变迁的关系，因而引起了学术界的关注。20 世纪 70 年代初，著名历史地理学家史念海从黄河及其支流的下切与堆积现象入手，对黄土高原的历史地理进行了深入研究，撰写了《黄土高原森林与草原的变迁》、《历史时期黄河在中游的下切》、《历史时期黄河流域的侵蚀与堆积》（上、下）、《黄土高原及其农林牧分布地区的变迁》等一系列论著，进一步论证了植被变化对黄土高原水土流失的影响。

根据前代学者的研究成果，结合文献记载和考古资料，我们可以肯定历史时期黄土高原地区曾经存在过大片的森林和草原。这些森林和草原在数千年的岁月中曾发生过一系列变化。大体说来，先秦时期黄土高原地区森林和草原所占比重较大。在原始社会末期，黄土高原东南部、秦岭山脉、中条山、吕梁山、豫西诸山及渭河、涑汾河、伊洛河

---

[1] 谭其骧：《何以黄河在东汉以后会出现一个长期安流的局面——从历史上论证黄河中游的土地合理利用是消弭下游水害的决定性因素》，《学术月刊》1962 年第 2 期。

诸平原都属于森林地带，黄土高原西北部地区则属于草原地带或森林草原地带①。平原地区的森林多见于文献记载。关中地区即有平林、中林、棫林、桃林等，故《荀子·强国》中有"山林川谷美，天材之利多"的说法。考古工作者也曾在新石器时代的村落和墓葬遗址中发现过不少树木或树种。丘陵地区的森林以渭河中上游及洮河、祖厉河流域为多，吕梁山西南侧的森林也受到人们的称道。至于秦岭、崤山、中条山也是森林广布的地方，就连陕北的横山山脉也存在着森林。商周以来，特别是在春秋战国时期，由于人类在黄土高原地区活动的加强，黄土高原的平原河谷地带逐渐被开垦成农田，因此，平原河谷地带的森林随之缩减。

三、秦汉以后西部森林和草原的变化

秦汉魏晋南北朝时期，黄土高原地区的自然环境和人文环境变化较大。在这个过程中，森林和草原也曾发生过较大的变化。就森林而言，秦汉时期由于农业区的扩大，平原地区规模较大的森林逐渐消失，除关中地区的上林苑中尚有较多林木外，其他平原上已经很少有森林的记载。平原地区的森林消失以后，陇山以西、秦岭、晋西北诸山及阴山山脉的森林开始受到人们的重视。渭河上游之人，多以森木为板屋。秦岭等山区的大木，也往往被伐来作修建宫室、宅第之用。虽然这一时期的史籍对熊耳山、嵩山、王屋山、太行山和子午岭上的森林很少记载，但种种迹象表明，当时这些地方还是有森林的。在魏晋南北朝的数百年间，少数民族不断内迁，畜牧业受到前所未有的重视，黄土高原的许多地方成为牧场，因而农牧分界线内移，草原的面积有所扩大，就连河套等地的农耕区也变成畜牧区或半农半牧区。

唐宋时期，黄土高原地区的森林和草原继续缩小。唐代西北人口激增，加大了开发黄土高原的力度。当时关中等平原地带开垦殆尽，几乎已经没有什么森林可言，只是在关中西部还残存着一定规模的竹木②。当时渭河上游的陇山东北地区和黄河以东的晋西北地区是林木的主要产地。秦岭、岐山、中条、太行、吕梁诸山的森林，仍有较大的规模，因而往往见于唐人的诗文。至于陕北横山、神木等地的柏林和松林，也多见于宋人的记载。不过，由于长安、洛阳等城市建设和薪炭的需要，远程采伐日渐频繁，许多山区的森林已被采空。如盛唐时在长安城南开凿漕渠，又在宝鸡、眉县、周至、户县

---

① 史念海：《黄土高原历史地理研究》，郑州：黄河水利出版社，2001年，第434页。
② 当时在周至、户县有司竹园，内设司竹监。《新唐书》卷三七《地理志》。

等地设立监司,大量伐运秦岭北坡的木材①。胜州、岚州的森林也被砍伐。另一方面,唐宋时期黄土高原地区的农业区较前扩大,魏晋南北朝时期沦为牧场的许多地方又变成农业区。

影响中国西部森林和草原变迁的因素较多,大体上可以概括为自然因素和社会因素两个方面。自然因素对西部森林和草原的变迁是有影响的。从有关资料分析,远古时期西部地区森林和草原的变迁,主要与秦岭等山脉的隆起以及第四纪冰川的作用有关②,而近5000年来的环境变迁,则主要与气候有关,也就是说,气候震动对森林和草原的演变产生了巨大的影响。关于历史时期的气候状况,曾有不少学者进行过探索。20世纪初,竺可桢曾率先对中国古代的气候进行过研究,并对历史时期中国气候的冷暖期进行了划分③。其后龚高法等人以此为基础,研究了历史时期我国气候带的变迁及生物分布界限的推移④,认为仰韶温暖期亚热带北界位置比现在北移5—6个纬度,周初寒冷期比现在南移约1个纬度,春秋战国温暖期北移2个纬度,汉至南朝寒冷期南移近1个纬度,隋唐温暖期北移1个纬度,宋代寒冷期南移1个纬度以上,宋元之际温暖期与现代相似,明清小冰期南移2个纬度。气候条件的变化,对动植物及其生存的环境都会产生很大的影响。因为每种植物对自然环境都有一定的适应范围,在适宜生存的环境中形成分布区,在它的边缘形成分布线。动物也是如此。当环境发生变化,特别是气候发生变化时,植物的分布区就会随之变化,或扩大,或缩小。其分布界线也随之推移。决定农作物分布线位置的是环境中的限制因子。当限制因子发生明显变化时,农业作物分布界线就会做出相应的移动。"气候转冷对农作物具有杀伤性的破坏,偏北地带的农作物首先受到侵袭,而失去生存能力,生长界线自然同步后退;而气候转暖带来的结果正好相反,作为农作物种植区域操纵者的农民,需要根据自己的感觉与经验做出相应的反映。"⑤

与自然因素相比,人为因素对西部地区森林和草原的影响更为严重。人类在利用以及改造自然的斗争中,首先受到干预的便是植被。早在采猎时期,人类就开始有选择地利用某些可食植物,有意无意地传播着这些植物种子,改变着植物品种和植被的组合。

---

① 〔后晋〕刘昫:《旧唐书》卷四四《职官志》载:将作监所辖百工、就谷、库谷、斜谷等监,掌采伐材木(第1896页)。《新唐书》卷三七《地理志》:天宝二年,京兆尹韩朝宗引渭水入金光门,置潭西市,以贮材木(第962页)。
② 王新录:《陕西远古人类生活的自然环境》,《文博》1990年第4期。
③ 竺可桢:《中国近五千年来气候变迁的初步研究》,《中国科学》1973年第2期。
④ 龚高法、张丕远、张瑾瑢:《历史时期我国气候带的变迁及生物分布界限的推移》,《历史地理》1987年第5辑,第1—10页。
⑤ 韩茂莉:《2000年来我国人类活动与环境适应以及科学启示》,《地理研究》2000年第3期。

农牧业发明后，开辟了人工栽培植被的历史，大面积地改造着自然植被。人们培育了各种农植物品种，形成各式各样的栽培植物群落。又通过各种耕作制度，特别是以轮作、复种、间作、套种等手段，模拟天然植物群落的发展规律，最大限度地利用空间和时间，从而加强"人工植被"代谢过程。耕作、施肥、除草、灌溉、修剪等农艺也进一步改善着作物生长的环境，使得栽培植物成为高效能的景观奇异的植被。畜牧业对草原植被维系有着极大作用，合理的放牧有利于牧草的更新，起到改良草原植被的作用，而栽培牧草与农业生产对于植被建设有着同等重要的意义。至于现代大工业的出现更加强了人类干预植被与改造自然的能力，开始给天然植被带来深刻的影响。另一方面，人类活动对植被的破坏和各种消极影响也不可低估。从原始采猎起，自然植被便遭受到人类的践踏和损坏。人工取火是一项重大的发明，同时也增加了森林焚毁的机会。农牧业本来是对天然植被的改造和利用，但不合理的农业开发，过度的放牧，终年不断的植采，大面积的砍伐林木，无疑对天然植被都有着巨大的破坏作用。

此外，民族的分布、迁徙与生产生活方式的改变，对森林和草原有着直接的影响。例如，黄土高原的北部地区处于农牧交错地带，历史时期农牧业的伸缩变化无疑曾对这里的生态环境产生过影响。据文献记载，陕北秦汉时期的长城，就是一条农牧业的分界线："长城以南，多雨多暑，其人耕稼以食，桑麻以衣，宫室以居，城郭以治。大漠之间，多寒多风，畜牧畋渔以食，皮毛以衣，转徙随时，车马为家。此天时地利所以限南北也。"①战国以前，黄土高原北部地区为匈奴等游牧民族的牧区。秦汉之际，中原王朝战败匈奴，取得"新秦地"，移民从事农耕和畜牧业。汉武帝时，"上郡、朔方、西河、河西开田官，斥塞卒六十万人戍田之"②。此时匈奴的部分人士也开始从事农耕。在东汉末年以后的400多年间，黄土高原成了众多少数民族的舞台。这些民族大体上都是以畜牧业为主。故在这一时期河套及鄂尔多斯地区的游牧经济有了较大发展，但"决不能说这一地区在魏晋南北朝埋藏时期，农田都变成了牧场，恢复到原来的草原状况了"③。草原面积广大的蒙古高原，是我国最主要的牧场。生活在这里的各族人民大都长期从事牧业生产。游牧民族为调剂生活所需，间或从事原始种植业或狩猎。他们往往逐水草而居，畜养马牛驴骡驼等大型动物。汉人通常来自内地，多数生活在高原南部的农牧交错地带，最迟自秦汉之际开始，种植业已在这里发展起来，虽经长期战乱，但也没有荒废。

---

① 《辽史》卷三二《营卫志中》。
② 《汉书》卷二四下《食货志》。
③ 张泽咸：《汉唐间蒙古高原地区农牧生产述略》，《中国经济史研究》1998年第4期。

值得注意的是，人口增长太快，不断毁草毁林开荒，扩大耕地面积，是导致森林和草原锐减的直接原因[1]。鄂尔多斯高原包括内蒙古伊克昭盟和陕西省的定边、靖边、横山、榆林、神木、府谷等县的长城以北部分，总面积13万平方千米。这一地区在历史时期是典型的农牧交错地带，先秦、魏晋、西夏及元代以畜牧业为主，秦汉、隋唐和明清时期则以农业为主。在农业牧业更替的过程中，自然环境也相应发生变迁。总的趋势是由牧区变农垦区，逐渐发展为沙漠。这一变迁有着时代的顺序性，在毛乌素沙漠，从东南向西北，汉代遗迹向沙内延伸得最远，唐代次之，至明代就退到了沙漠的东南边缘。库布齐沙漠在历史时期由西到东发展较快，南北宽度也有明显增加。这些分布特点显然与人为的活动有着密切的关系[2]。西汉时曾在鄂尔多斯高原上设置过朔方、五原、云中、上郡、西河、北地6郡，辖57个县，并从内地迁来大批人口。史载：汉武帝元朔二年(前127)，"募民徙朔方十万口"。元狩四年(前119)，"关东贫民徙陇西、北地、西河、上郡、会稽凡七十二万五千口"[3]。元鼎六年(前111)，又遣60万人到上郡、朔方、西河、河西等地屯田。据《汉书·地理志》统计，有20多万户，将近110万人口。唐代在这个地区设有盐、夏、宥、胜、丰5州，凡11个县，据《新唐书·地理志》统计，有26225户，132924口。唐代曾在黄土高原地区屯田。如德宗建中三年(782)，宰相杨炎请置屯于丰州(受降城地)，发关辅民凿陵阳渠以增溉。宪宗元和中以韩重华为振武京西营田和籴使，募人为15屯，每屯30人，人耕百亩，就高为堡，东起振武，西愈云州，极于中受降城，凡600余里，列栅20，垦田3800余顷，岁收粟20万石，省度支钱2000余万缗。宋元以后，黄土高原地区的土地开发有增无减。在广种薄收的耕作方式之下，被开垦的耕地面积相当广大。这从明代黄土高原诸府交纳的税粮数量中就可看出一斑。

---

[1] 赵冈：《中国历史上生态环境之变迁》，北京：中国环境科学出版社，1996年，第1—18页。
[2] 王尚义：《历史时期鄂尔多斯高原农牧业的交替及其对自然环境的影响》，《历史地理》1987年第5辑，第11—24页。
[3] 《汉书》卷六《武帝本纪》，第178页。

明代黄土高原地区诸府交纳税粮数额统计表

府名	夏税(石)	秋粮(石)	全年合计(石)	占全省比例%
西安府	389245	451241	840501	49.2
延安府	33067	151402	184469	10.8
平凉府	35794	117857	153651	9.0
庆阳府	32318	63527	95846	5.6
临洮府	25575	17566	43041	2.5
巩昌府	48163	64298	112461	6.5

我国很早就有保护森林的法令，如《吕氏春秋》载："孟春之月……草木繁动……命祀山林川泽，牺牲毋用牝，禁止伐木"，"仲春之月……无竭川泽，无漉陂地，无焚山林"[1]。云梦睡虎地秦简《田律》规定："春二月，毋敢伐材木及雍隄水。不夏月，毋敢夜草为灰……到七月而纵之。唯不幸死者而伐棺椁者，是不用时。"[2]虽然如此，但长期以来并没有形成森林保护的机制。有时在保护，有时在破坏。而破坏比保护更加有力。何况西部某些地方还长期存在着刀耕火种的习俗。雍正《陕西通志》卷四十五《风俗》引王禹偁《小畜集》："上洛郡南属邑丰阳深山穷谷，不通辙迹，其民力(刀)耕火种。播种时酿黍稷、烹鸡豚，先约曰：'某家某日有事于畲田'，虽数百里如期而集，鉏斧随焉。至则行酒啖炙，鼓噪而作。援桴者有勉励督课之语，若歌曲然。更互力，人人自勉。"如此砍伐，林木、植被哪有不减之理。随着土地的开辟，森林和草场自然就越来越少了。森林和草原的破坏，必然会导致生态环境的恶化。

第六节
西部地区的动物

西部地区地域辽阔，既有宜农的农耕区，也有宜牧的畜牧区，因而动物资源也是比较丰富的。当然，由于西北地区和西南地区自然环境的差异，西部地区动物的分布是不平衡的，演变情况也存在一定的差异。

---

[1] 〔汉〕高诱注；〔清〕毕沅校：《吕氏春秋》卷一，上海：上海古籍出版社，1996年，第12页、第28页。
[2] 睡虎地秦墓竹简整理小组：《睡虎地秦墓竹简》，北京：文物出版社，1978年，第26页。

一、西部地区的动物资源

在西北的干旱半干旱地区，动物资源颇为丰富。

陕西的野生动物有大熊猫、羚牛和金丝猴等。大熊猫主要分布在宁陕、佛坪、太白诸县海拔1400—2300米的秦岭山区，被誉为"国宝"。羚牛在秦岭中广泛分布，为我国特产的珍贵动物。金丝猴分布区与大熊猫相同，活动于海拔1200—1700米的大山之中。至于鸟类则有朱鹮、黑鹳等珍贵品种。

甘肃地域狭长，气候变化大，植被、土壤类型复杂，草原面积较大，因而动物分布比较广泛。除野生动物外，主要家畜有牦牛、黄牛、犏牛及马、羊等，河曲马、欧拉羊为优良品种。河西及陇中北部地区为主要牧场。

宁夏的野生动物不少，畜牧业以养羊为主。绵羊品种较多，以滩羊为主，约占全国滩羊总数的三分之二，宁夏因而成为全国滩羊的主产区。盐池、同心一带所产滩羊"二毛皮"驰名中外。中卫的山羊也是我国最优良的裘皮山羊品种。除羊之外，猪、牛、马、驴、骆驼、鸡、兔等家畜家禽也是常见的动物。

青海珍稀动物有野骆驼、藏羚羊、野牦牛、野驴、盘羊、雪豹等。此外，还有梅花鹿、血雉、猞猁等野生禽兽数百种。畜牧以藏系绵羊和牦牛为主，还有山羊、马、驴等。

新疆有大山，有盆地，有沙漠戈壁，气候干旱，植被、土壤呈地带性分布与垂直变化，天然牧场辽阔。山地草场主要分布在各大山系的山坡和山间盆地，牧草丰茂，有利于畜牧生产。平原草场主要分布于大河两岸及沙漠边缘，多为荒漠半荒漠草场。畜牧以绵羊、山羊、牛马等家畜为主。伊犁马、焉耆马、福海大尾羊、库车羔皮羊均享有盛誉。

西南地区地理环境与西北地区差异较大，动物资源也存在一定差别。

广西的野生动物中列入国家重点保护的珍稀动物即有38种，而大瑶山的鳄蜥及桂西南的白头叶猴为世界独有动物。此外，环江香猪、环江菜牛、南丹牛都比较有名。

贵州处于华中与华南的过渡带，宜牧草山草坡较多，牧草产量高，质量好。大牲畜以牛、马为主，小牲畜则以猪为多。黔西南、黔西北山区马匹较多，黄牛则主要分布于黔西北旱作区域。山羊、绵羊主要分布于黔西、黔北山地，生猪则在广西全境均有分布。

云南动物种类众多，居全国之冠。淡水鱼类有366种，两栖类动物92种，爬行类动物145种，鸟类776种，哺乳类259种。滇金丝猴为世界所独有，亚洲象、野牛、白掌长臂猿、白眉长臂猿等也比较罕见。牲畜主要有黄牛、水牛、马、驴、骡、猪、山羊、绵羊等。

四川动物在区系上处于南北动物相互渗透最频繁之地。动物种类极多，属于国家保护的珍稀动物达59种之多，约占全国总数的一半。大熊猫、金丝猴、扭角羚、梅花鹿、白唇鹿、野牦牛、华南虎及黑颈鹤等都是国家一类珍稀保护动物，此外，小熊猫、短尾猴、毛冠鹿、雪豹、藏羚、盘羊、猕猴也是比较珍贵的野生动物。家畜家禽分布广泛。川西北高原畜牧区牧草丰茂，牲畜以牦牛、绵羊为主。

西藏动物凡731种，主要有白唇鹿、毛冠鹿、野牦牛、藏野驴、藏马鸡、藏雪鸡、黑颈鹤、藏羚羊、黑鹇、羚牛、雪豹、盘羊、马鹿、金钱豹、小熊猫等。畜牧业在传统农业中占有重要地位。天然草场面积广大，以高山草甸和高山草原为主。牲畜以牦牛、藏绵羊、藏山羊和黄牛为主。

二、历史时期西部动物资源的演变

由于自然环境的变化和人类活动的影响，历史上西部地区的动物资源也处于变化的状态。西南地区的动物繁多。一方面，家畜家禽的饲养十分普遍。明人黄佐在他的《粤会赋》中说当时的情况是"鸡豚散野，牛马量谷"。这种说法虽然不免有些夸张，但各地方志中有关"六畜"的记载极多。16世纪到过华南的外国人也说华南有大量的牛，有"很多鸡、鹅"，有"数不清的鸭"，有"无数的猪"，还有山羊，等等[1]。可见当时华南家畜家禽较多完全属于事实。另一方面，野生动物的种类数以千计，分布也很广泛。从各省通志的记载来看，鸟类主要有锦鸡、翡翠、雉鹳、斑鸠、鹧鸪、鹈鹕、鸳鸯、伯劳、喜鹊、鹦鹉、杜鹃、黄莺、白鹇、乌鸦、凫雁、啄木、布谷、画眉、吉了、白头、红娘、海鸥、海燕、天鹅、孔雀等。兽类主要有虎、豹、豺、狼、猿、猴、鹿、獐、兔、麂、鼠、麝、野猪、狐狸等，某些地方还有黑熊、大象。鱼类则有鳟鱼、鲫鱼、鲢鱼、鲤鱼、鲭鱼、鳊鱼、金鱼、银鱼等。至于鳞介虫类异常繁多，不胜枚举。大象只存在于广西南部地区。华南虎见于广西等地的山区地带，但比较少。鹦鹉在广西主要集中在南宁府，柳州等府只有零星分布。

---

[1] [英]C. R. 博克舍编；何高济译：《十六世纪中国南部行纪》，北京：中华书局，1990年，第92、206页。

第二章

先秦时期的西部开发

先秦时期是指以"王"为核心的夏、商、周三代,即所谓"王制时代",也就是史学界通常所说的"奴隶制时代"。从文献记载和考古资料来看,我国西部具有发达的史前文明,早在远古时代,就拉开了帷幕。最迟在王制时代的后期,关中文化区、甘青文化区、甘蒙新文化区、新疆南部文化区、西藏文化区、四川文化区和云贵文化区便形成了。居住在这些区域的各个民族,对当地进行了最早的开发。其中关中和四川两地的开发力度相对较大。

第一节
西部地区史前人类活动

西部开发的源头,可以追溯到遥远的石器时代。石器时代分为旧石器时期和新石器时期。不论是旧石器时期还是新石器时期,人类借以生存的工具都是石器。但旧石器时期的石器系打制而成,显得粗糙;新石器时期的石器则经过磨光处理,比旧石器更加精致。旧石器时期的人们往往以采集、狩猎为生,新石器时期的人们已能从事农牧生产。这是社会生产力发展的结果。在漫长的石器时代,中国西部的许多地方都有人类繁衍生息,因而留下了不少重要的文化遗存。

一、西部农牧业的起源

西部地区在100多万年前就有人类生活。1964年5月,考古工作者在陕西蓝田公王岭发现了猿人的头盖骨化石[1];1965年5月,又在云南省元谋县上那蚌村发现了猿人的

---

[1] 贾兰坡:《蓝田猿人头骨发现经过及地层概况》,《科学通报》1965年第6期。

牙齿化石①。经科学检测，蓝田猿人生活的时代距今90万年，元谋猿人距今170万年②。这说明中国西部是人类的发祥地之一。尽管元谋猿人和蓝田猿人使用的工具极为简陋，只是经过打制的尖状器、砍砸器、刮削器，"冬则居营窟，夏则居橧巢；……未有火化……食草木之实，鸟兽之肉，饮其血，茹其毛，未有麻丝，衣其羽皮"③，过着"原生相处"的群居生活，但他们已经能够直立行走，能够制造和使用工具，并用他们勤劳的双手揭开了西部历史的第一页。

在元谋猿人和蓝田猿人之后，经过数十万年的发展，生活在中国西部的先民逐渐进入"智人"阶段。智人阶段从25万年前开始，到1万年前后结束，西部先民的活动区域不断扩大。考古人员曾在陕西大荔、长武、梁山，甘肃镇原、庆阳、环县，宁夏水洞沟，内蒙古萨拉乌苏，青海小柴旦湖、霍霍西里，西藏珠洛勒、定日、聂拉木，四川资阳、富林、铜梁，贵州桐梓、草海、观音洞，云南丽江、呈贡，广西柳江、百色、灵山等地发现智人的文化遗存。其中"大荔人""河套人""柳江人"的文化遗存较为丰富④。智人所使用的打制石器已经有了比较明显的分类，狩猎和采集仍然是最主要的生产活动。但他们排除了兄妹之间的婚姻，发明了人工取火，还发明了弓箭，生产能力和生活水平较猿人有了一定的提高。

西部地区的农、牧业分别脱胎于原始的采集和狩猎经济，大约在新、旧石器时代交替之际，农、牧业在西北原始社会经济中基本上已取得独立地位，距今有1万年左右的历史。关于原始农业起源和早期历史，目前仍是一个不能详知的问题，只能综合各方面的研究加以推测。

在漫长的旧石器时代，人类在西北地区是如何生活和繁衍的呢？首先从旧石器本身来考察，工具既是生产力的标志，还可表现为人类生产及生活的方式。旧石器是把天然石块略加敲打而制成最简单、最原始的工具，人类就是依靠制造工具这一特殊的本领与动物有了根本的区别，成为"万物之灵"。蓝田人遗址中存在着大量石器，其制作简单而粗糙，一器多用，无太明确分工，带有较多的原始性。在河套人出没的水洞沟遗址中，旧石器定形程度较高，器形端正，对称明显，石核呈现多边形，石片短而宽，尖状器锐

---

① 胡承志：《云南元谋发现的猿人牙齿化石》，《地质学报》1973年第1期。
② 李普、钱方等：《用古地磁方法对元谋人化石年代的初步研究》，《中国科学》1976年第6期。
③ 李学勤主编：《十三经注疏·礼记正义》卷二十一《礼运第九》，北京：北京大学出版社，1999年，第668页。
④ 王永焱等：《陕西大荔人化石的发现及其初步研究》，《科学通报》1979年第7期；贾兰坡：《河套人及其文化》，《历史教学》1951年第3期；易光元：《柳江人》，《化石》1982年第2期。

利，有二次加工的痕迹。至旧石器晚期的"大窑文化"两处石场的器具，更显出一定的进步性，工具种类增多，有相当的分化分工，打制和修制有先后次序。但从所有旧石器种类看，主要工具仅有石核、石球、石片、砍砸器、尖状器、刮削器之类，显然不能耕翻土地，种植作物；只能用来削割野生植物枝叶，砍断茎秆，砸碎坚硬的种皮；或用来打击野兽，分解动物肢体、刮削皮肉。由此可以断定，在旧石器时代，西北先民无疑是依赖采集和狩猎生产才得以生存和发展的。其实在旧石器时代，还有一类制作更为省便、用途十分广泛的木质工具，它的发明肯定早于石器。所以有人设想人类历史上曾有一个先于石器的木器时代，可惜木具易腐朽，未能像石器一样埋藏到今天，但是木器在采猎经济中无疑是得心应手、大有作用的工具。例如，一支简单的木棒可以打落高树上的野果，能有效地防卫并猎击野兽，等于人类手臂的延长和臂力的增强。这些简陋至极的木石工具，促使"人猿相揖别"，使人类走上独自发展的道路。但旧石器征服自然的能力毕竟有限，人类在很大程度上仍依附自然，仅靠采猎天然动植物为生。

原始采猎经济还可以从人类早期遗迹中找到证明。西北旧石器遗址，大都出土有野生动物的骨骼和数目大小不等的灰坑，后者更可证明古人生活和狩猎已经进步到新的阶段。因为灰坑是用火的见证，火的使用是一项重大发明，在人类文明史上有划时代的意义。正如恩格斯所说，这是人类"第一次支配了一种自然力，从而最终把人同动物界分开"。北京人早在50万年前已经知道用火和保存火种，稍晚于此的西北黄土高原一些旧石器遗址也曾见到烧焦的兽骨，大荔沙苑遗址中大量兽骨被烧成碎片。用火烧烤熟食，可以增加营养，帮助消化，提高人类的体质和智力。同时火作为自然力，可以御寒取暖，改善人的生活条件。火对兽类有威慑作用，夜晚用火可以免遭兽害，点起熊熊大火还可以进行火猎，把野兽烧死或驱赶到预定区域。更重要的是火为原始农业的发生提供了"火耕"的动力，倘若没有火的力量，仅凭木石工具除掉荒地上的树木杂草，原始农业起步就更艰难了。

人类早期采集和渔猎生活的历史，还可参证于各种远古的传说。例如，"上古之世，人民少而禽兽众，人民不胜禽兽虫蛇；有圣人作，构木为巢，以避群害，而民悦之，使王天下，号曰有巢氏。民食果蓏蚌蛤，腥臊恶臭而伤害腹胃，民多疾病；有圣人作，钻燧取火，以化腥臊，而民说之，使王天下，号之曰燧人氏"①。有巢氏时代，即所谓"昼拾橡栗，暮栖木上"②，反映了人类初离动物界，从事采集时白天攀缘和夜晚栖息在树木

---

① 〔清〕王先慎撰；钟哲点校：《韩非子集解》卷十六《五蠹第十九》，北京：中华书局，1998年，第442页。
② 〔清〕郭庆藩撰；王孝鱼点校：《庄子集释》杂篇《盗跖第二十九》，北京：中华书局，1961年，第994页。

上的生活。燧人氏时代则明确地反映了上古人工取火的发明，及火烧熟食对人体进化的重大意义，标志着采猎经济进入到一个新的阶段。到了伏羲氏和神农氏时代，便属于新石器时代农牧经济社会了。

新石器时代的大量考古发现，完全证实在距今六七千年的仰韶文化时期，西北原始农牧业确实曾有过相当发达的阶段。农牧业由黄土高原东南部向西北全区扩展，星罗棋布的仰韶文化遗址再现了这一时期原始经济的繁荣景象，同时为人们认识当时农牧业的结构特征提供了较为真实的依据。综合西北仰韶文化关于农牧业的遗存情况，可以看出西北原始农牧业是以种植业为主体的，在农业定居条件下，人们从事着家畜饲养和其他手工生产，同时还兼营固有的采集和渔猎，以补济农牧经济的不足。作为主体经济的原始农业，生产工具是以磨制石器和刮削木器结合而成的，粗制简陋，只能进行刀耕火种。栽培植物主要是经过长期驯化而成的粟黍之类，生产过程极为简单，只有耕种收获，即古人所谓的"稼穑"而已。原始先民就是在如此低劣的生产水平下，依靠氏族公社集体组织，顽强地推进着西北原始农牧业的发展。

农牧业的发生，是以石器的进化，即新石器时代到来为前提的。新石器是在打制石器的基础上，加以琢磨精制而成的石器。人类使用旧石器的历史有200多万年，几乎占据了人类历史的绝大部分，然后才终于懂得将石器加以磨制，可见社会生产力的原始积累是何等的艰难！进入新石器时代，人类在西北的活动空前活跃起来，足迹遍及全区，今西北各省区都有新石器时代遗址。我国现发掘出的新石器遗址有7000多处，西北地区就占据近半数，仅甘肃一省就普查得1000多处。陕西中部、北部新石器文化遗址俯拾即是，在西北地区最为密集，即使在人迹罕至的青海高原以及蒙新高原的草原、荒漠沙区，也接连不断有所发现。新石器文化是以农牧经济为基础的，遗址之中出现了大量农业生产工具，如石耜、石锛、石镰、石斧等。伴随出土的还有粟、黍、菜籽等农作物的种子，以及狗、猪、羊、牛等饲养家畜的骸骨，表明西北地区已经成功地驯化出一些耐旱作物和多种家畜。另外从比较完善的居落营式和布局，以及各式各样精美的红、彩陶器来看，氏族部落日用器具齐全，人们定居程度颇高。定居生活完全以农业和饲养为基础，农牧业在西北原始经济中居于主导地位是确定无疑的。遗憾的是目前新石器早期发现遗址不多，关于农牧业起源的细节还缺少更多的直接证据，我们只能综合历史学、生物学、民族学等学科的研究成果，参考各种历史传说进行推论。

西北原始农牧业首先起源于本区东南部的渭河流域，这里气候温暖，土壤条件优越，分布着温带森林草原植被，可供采集狩猎，因而古人类活动比较频繁。在新旧石器时代相交之际，这里人口日渐繁炽，仅靠原有的采猎，生计就有了困难。尤其是在冬季，采集无物，狩猎不获，处境更为窘迫，于是人们不得不考虑改变原有的谋生方式。在长期依靠采集的活动中，人们不难注意到植物的生长现象。吃剩的果核或散落的草木种子无意入土后，来年能发苗，并长成新的植株，结出更多的果实。特别是居落附近草木较少的土地上，种子更容易发芽成长，所结果实采收非常方便，远比漫无边际地采集省力可靠。他们也会发现种子发芽关键在于要埋入土中，渭河两岸松软的黄土极易挖掘，一根木棒就能松土埋种，要是清理一下地上的草木再撒种复土，效果更好。辟土治田是件艰难事，必须用石制工具，还要磨得锋利一些。后来人们又用火来烧除树木荒草，于是就有了原始的垦辟和耕种。对于抛撒的植物，人们也慢慢有了选择，注意采用那些生长周期快、收获多、耐贮藏的植物作种子；年长日久，终于形成了原始的栽培作物。后经过一定的历史过程，渭河流域原始农业逐步传到黄土高原，以至于西北各地。关于西北农业起源于渭河流域，这个说法也可以从历史传说中得到印证。我国农业起源的传说，大都与这一区域有关。如炎帝神农发明耒耜，黄帝轩辕树艺五谷，周祖后稷教民稼穑等故事人物，均出于这一地区。

在农业起源的同时，西北畜牧业也随之发生。原始狩猎无根本保证，猎获多少常不均衡。当猎物多时人们自然会将伤兽和幼兽暂时存留起来；假如存放较久，就得采草喂食，这便是最初的饲养。在饲养过程中，人们看到怀孕野兽产仔和幼兽由小长大的现象，渐渐懂得动物经过人工饲养，同样可以生长繁育，且比单纯狩猎方便，收获就更有保证。饲养的动物，当然要有所选择，那些性格较温顺的动物自然首先为人饲养，经过长期喂养驯化，终于出现狗、猪、羊、牛等原始家畜种类。正因为家畜的驯化和早期的畜牧都是在圈养条件下进行的，所以西北新石器遗址中一般常见有围栏，即使在草原地区也不例外，可见当时畜牧尚未进入大规模的游牧阶段。

农业和畜牧起源的先后关系，是一个有争议的问题。一种观点认为，畜牧是在农业发生之后，即有了牧草和饲料后才有可能出现，所以农业是畜牧的祖先；另一种观点正相反，认为畜牧发生后，需要大量的牧草，于是便由牧草种植而引导出农业，说畜牧是农业之祖，认为人类历史上曾经有过一个先于农业的畜牧社会。其实如上文所述，农业和畜牧业分别起源于原始的采集和狩猎，二者可以同时发生，并行不悖。因为采集和狩猎分别是对植物和动物的利用，二者并无先后关系。那么由此分别脱生的农业和畜牧同样无必然的因果关系，因而也无所谓先后，更不应当以"祖孙"论称。二者之间仅是后者发展的条件略有不同，即畜牧要依赖农业创造定居环境，才能设圈饲养、驯化家畜、提高饲养技术。所以,如果硬要论二者关系,至多是一种"伯仲"关系,农业勉强可为"兄长"。从西北各地新石器文化看,绝大多数都是以农业为主的经济,同时也兼有着家畜的饲养。西北草原地区的新石器遗址,同样是以农业为定居条件,即使为草原地区特有细石器文化,也包含着狩猎和农业经济的遗存。

后来,随着社会生产力进一步发展,西北农牧业和整个社会经济亦有所变化。首先是农、牧业之间的分工分区,一部分地区的畜牧业完全摆脱农业,走上纯牧业的道路。另一部分适宜农业的地区,畜牧业地位也得到巩固,紧密与种植业结合在一起,成为同农业并生共存的大农业结构。农牧分化之后,西北地区内便形成两种颇有差别的经济区,即农业区和游牧区。

西部农牧业起源后,经历长期的生产实践,形成了与原始生产力相适应的较为固定的生产程序和方法,这就是原始农牧技术。尽管这种初级形态的农牧生产技术十分简单,今天人们想要认识清楚,仍感到有材料不足的困难。这里我们只能根据西北地区发掘的实物,结合各学科研究成果,粗略地窥知一些西北原始农牧技术的概况。

原始农业生产工具以木石材质为主,骨蚌工具间有发现。最富有代表性的原始农业工具叫耒耜。耒是一端削尖、略微弯曲的木棒,用于松土点播。木质易朽最难保存,陕西姜寨遗址还残留着一件木耒的遗迹,实为难得。耜由耒发展而成,为加宽拨土面,把耒的尖端尽量做成扁细形状,便成为形如矩头木桨似的木耜。后来把木耜粗刃部改用石制或骨制,定型为更加锋利的石耜和骨耜。据《周易·系辞》记载,耒耜是神农发明的:"斫木为耜,揉木为耒,耒耨之利,以教天下。"①《周易》一书和传说的神农均出关中西部。所说的"斫"是用刀砍削木棒,制成宽扁锋利的耜,西北方言现仍保留着"斫"这个古老的词汇。"揉"是用烟火熏烤,把木耒弯曲成所要求的形状。耒耜现已难以见世了,但这两种木制工具加工的基本方法在西北农村还沿用。

西部原始耕作工具还有石锛和石锄。前者形似斧,唯柄孔和装柄方向与斧头垂直。石锛木柄长,可以直立挥舞,挖土掘根砍断草木茎秆,颇有功效。将石锛加宽减薄,就成了石锄,虽不像石锛能攻坚,但作业面宽,提高松土效率。锛和锄主要用于翻土,作用与石耜相同,然石耜作业要手脚并用,是倒退式的翻土,锛、锄主要靠手臂之力,是前进式的挖地或刮土。另外还有石斧和石刀,在旧石器时代已经出现,内蒙古大窑文化工具场出土的石斧、石刀形状已很符合砍劈、切割原理。这两种多功能的旧石器,在原

---

① 《十三经注疏·周易正义》卷八《系辞下》,第298页。

始农业中仍旧占有重要的地位,且有了新的用途。在垦辟造田时,首先要砍倒树木,这是原始耕作中最艰巨的工程,必须靠石刀、石斧披荆斩棘,所以,有人把刀斧作为原始农业的标志,命名为"刀耕"农业。

原始收割和加工器具,在西北出土的主要有石镰和杵臼、磨盘。石镰多呈半月形,凿孔以装短把木柄,便于着力,形状与后世铁镰毫无二致,西北各新石器遗址几乎都可见到。除石制外,骨、蚌制成的镰刀偶尔亦有出现。原始加工器具以石磨盘、石磨棒最为精制,甘肃华林山、火烧沟遗址和马家窑类型文化都有出土。加工时把带壳谷物平摊在磨盘上,用石磨棒研磨或滚磨使谷物脱皮。原始磨盘、棒较小,只能少量加工,但后世大型石磨和石碾正是根据它的研滚原理发展而来的。杵臼是西北出土最多的粮食加工具,石杵、石臼的加工规模尽管有限,但是《周易·系辞》传说的"断木为杵,掘地为臼"①,其法虽更为原始粗劣,加工量却大多了。

西部原始农作物,随着考古不断发掘为人所知,最早驯化成功并得到广泛栽培的作物正是适宜干旱环境的谷子和黍子。这两种作物在本区新石器遗址中有十多处发现,分布在关中和黄土高原地区,著名的半坡遗址中的谷子和甘肃大地湾遗址中的黍子,年代都在六七千年前。据国内外植物学家研究,谷子是由狗尾草驯化而来的,野生狗尾草在西北、华北随处可见,因此,中国被举世公认是谷子的起源地。现代科学也从各个角度考察了谷子独得西北天时地利的各种优势。谷子为一年生禾本科植物,在西北春旱季节播种,稍得墒情,便能发芽自立,须根尽量向黄土深处延伸,吸收深层水分。它喜温好光,即使酷暑季节,也能利用多毛的茎叶,调动各部组织器官,减少水分蒸腾。西北土壤腐殖质贫乏,碱性强,但谷子对土壤肥力要求不高,在低温盐碱之地也照常生长。这种小粒谷物,有坚实的种皮,防潮防霉防虫蠹,是最耐贮藏的谷物,丰歉不均的年景下可调剂余缺,在农业不发达的原始时期,这一点显得非常重要。黍子与谷子同为小粒谷物,特性大同小异,耐旱性似乎比谷子更强,是五谷中最耐旱的作物。黍子生长期短,一般八九十天即可收获,适合在无霜期短的黄土高原北部和西部种植,西北地区农作物分布的北限因此向北大幅度推移;再加上黍子分蘖能力强,是新辟荒地上理想的先锋作物。在无锄草和田管措施的原始农业中,黍子抵抗荒草的特性,更显得可贵。黍子抗旱性强于任何作物,春种略得地墒即可发苗,久旱不雨,仍可小有收获,即使遇大旱之季,草木尽枯,萎蔫的黍子得雨便迅速恢复生机。一般认为黍子食用品质较差,不如谷子好

---

① 《十三经注疏·周易正义》卷八《系辞下》,第301页。

吃，但黍子黏性大，适合同野菜调和蒸煮，这正符合农业兼采集的原始社会的食物结构。从西北新石器时代谷黍出土情况看，黍子屈居第二，似乎种植地位不及谷子。但到商周之际，黍子地位就超过了谷子，可见其在原始农业时期一直处于发展之中。

麦子，在我国栽培较晚，早期引种仍以西北地区为先。大约在新石器后期，新疆、青海一带已开始种植麦子。新疆石人子遗址中发现的炭化麦粒与新石器文化共存，近年又在南疆孔雀河上游新石器晚期遗址发现距今4000多年前的小麦粒[1]。青海都兰县诺木洪遗址和共和县合洛寺遗址的陶罐上也有3700年左右的麦子的痕迹，迹象很像大麦[2]。小麦原产黑海南岸，大麦出于阿富汗，原始社会晚期自新疆向内地传播，大约夏代就传至关中，相传尧的农官后稷就已教种小麦，商代甲骨文中已有"麦"字，可知此时麦子已遍及中原、华北各地。

半坡陶器上的麻布印纹，甘肃东乡近5000年前的麻籽的出土，确证西北种植大麻已有悠久的历史。大麻的栽培在原始人的生活中有着多方面的作用，麻子可做粮食充饥，同时提供给人体一定的植物油脂。大麻纤维又是衣着原料，西北新石器遗址常见石、骨做成的纺轮和针锥，看来原始人已普遍开始纺麻制衣了。西北新石器遗址中，几处都有似属白菜和芥菜之类的菜籽出土，说明古时人不但栽培粮食，也种植些食叶、食根蔬菜。作物栽培本由采集而来，原始人既知食用果实，也知食用根茎。所以蔬菜栽培并不一定比粮食作物晚，只是粮食比蔬菜耐贮、耐饥、味美，才成为原始栽培的重点作物。而蔬菜生长期短，产量高，又别具其味，所以蔬菜也作为附带的栽培植物发展起来。

从上述工具和作物种类可知，西北原始农业技术非常简单，主要是耕种和收获过程，土地耕作一般可分为"刀耕"和"锄耕"两个阶段。刀耕，或称"刀耕火种"，用刀和斧砍倒高树灌木，放火连地面枯草一起烧掉，草木灰无意成了肥田的灰粪。早期人们在刀耕之后，就直接撒播种子，或者像近世西南地区某些少数民族那样，用树枝竹帚笼扫一番，任其自生自长。锄耕，或叫耙耕，是在火耕清理出的田地上，用锄、耙、锛等耕具把土壤加以翻耕疏松，然后再播种覆土，较单纯的刀耕种植前进一步。西北干旱，种子入土没有一定深度是很难萌发的。然西北土壤疏松易耕，锄耕的出现和发展比南方更有条件。

原始抛荒耕作制，在新石器时代中期已经有所萌芽。这一时期氏族村落遗址很多，相距亦不甚远，这种现象并非是当时人口发展到如此密集的程度的结果，而是抛荒迁居的遗迹。每一氏族辟地定居后，总是先种村落附近的土地，种过三五年后，土壤自然肥

---

[1] 陈文华：《简论农业考古》，《农业考古》1984年第2期。
[2] 闵宗殿、董凯忱、陈文华主编：《中国农业技术发展简史》，北京：农业出版社，1983年，第12页。

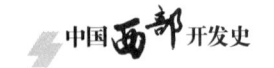

力减弱。当时无人工施肥，收获不断减少，于是人们只好重开新地。如此耕垦，耕地渐远，氏族只好迁居，在现耕土地附近营建新的村落。在耕作技术极为简单粗放的条件下，频繁地抛荒不失为聪明的办法。后来原始生产力有所提高，抛荒迁居似有减缓，所以到了新石器时代后期，西北各地氏族村落遗址反不甚稠密。

收获是原始农业生产又一重要过程，所用工具有石镰、石刀等，西北新石器遗址镰刀的类型较多，有的镰刀凿成锯齿形。收割作物有时连禾秆一齐割下，多数情况只割下禾穗，用小石刀削取禾穗极为方便，西北人称为"纤谷"。其实粟黍为须根作物，扎根疏松黄土层，稍微用力，就能连根拔起，今日陕北仍有这种拔禾收获的习惯，原始农业中可能使用更多。原始农业时期粮食储藏也积累了许多可贵的经验，西北新石器遗址中的窖仓和陶罐贮藏非常普遍。粮食装在窖、仓内，可有效防止鼠、鸟、虫类的侵害。窖仓多为地穴式和半地穴式，温度低而恒定，粮食在其中不易腐烂变质，能得到较长时间保存。今天之所以还能见到原始时期的粮食，正是这种窖仓的奇功。

原始畜牧形成后，驯养动物的种类逐渐趋于固定。至新石器晚期，西北饲养的家畜家禽已有猪、狗、牛、羊、马、鸡等，可以说六畜俱全了。狗是人类最早驯化的动物，西北出土狗骨的地区很多，时间偏早，秦安大地湾和西安半坡均有，表明六七千年前西北各地已经普遍养狗。根据动物学研究，狗是由狼驯化成的，分布于欧、亚、北美和北极地区的狼被认为是家狗的祖先种。最初人们驯狗、养狗是为肉食需要，后来狗兼做人的帮手，用于狩猎。狗与人的关系日益密切，还守护其他家畜不受侵害，有了看家本领。当然在食物缺乏时，狗仍被屠宰作为肉食。

猪由野猪驯化而成，西北各地都有野猪种，体形毛色与现代家猪非常相似。野猪行动不甚敏捷，容易被捕获，性情也不甚凶猛，对人类威胁较小，因而在新石器时代已被驯化。西北饲养家猪骨骼同样见于六七千年前的遗址，甘肃、陕西、青海、内蒙古各地均有出土。武威皇娘娘台一墓葬出土的猪骨有34块，永登县大河庄10座墓葬发现200块猪骨，从随葬猪骨的原始习俗也可看出猪在原始人生活中占有极为重要的地位。猪为杂食动物，粮食草食均能食用，进食粗，长肉快。猪又不大讲究环境条件，繁殖力强，故能成为西北原始家畜中人们饲养最多的一种。

羊是一种温顺的草食动物，可以想象由野羊驯化成家羊并不是十分困难的过程。西北新石器遗址发现的羊骨虽不及猪骨多，但羊也是普遍饲养的原始家畜。陕西姜寨遗址出土一羊头式陶塑器盖把钮，形态逼真可爱，可见6000多年前人们已十分喜欢这种性格温顺的动物了。

牛是长角的庞然大物，捕捉驯化均非容易事情，但在新石器时代已渐被驯服。半坡遗址即发现有牛齿，后来在西北新石器晚期遗址中大量出现。甘肃永靖大何庄出土一套母牛骨架，其腹内还怀有一未出生的牛仔。从这些材料推断，西北养牛最少亦有五六千年的历史了。

马的驯化稍晚一些，在内蒙古萨拉乌苏河的河套人遗址中发掘出蒙古野马的化石，甘肃几处旧石器遗址也有发现。学者们认为蒙古野马正是现代马的祖先，我国马很可能就是在西北最先驯化的。内蒙古包头市附近新石器遗址即有马骨出土，甘肃永靖马家湾新石器晚期遗址还出土一具马骨架，证实马的驯化大约5000多年。养马历史较晚，可能因这种动物善于奔跑，捕获和驯化均比较困难。

鸡为人类饲养最早的一种家禽，由古代野生原鸡驯化而成，古代原鸡在西北多有分布，西安半坡即有原鸡属鸟类遗骨。距今6500年前的宝鸡北首岭遗址，出土有大量的家鸡遗骨，鸡的驯化历史也颇为悠久。

原始畜牧经营的基本方式是人工圈养舍饲，这一细节通过地下考古亦可证实。西安半坡遗址已见专门圉畜的围栏，青海都兰新石器遗址也发现有同类设施。原始人在围栏的隔离下可以安全地舍饲，围栏也能抑制动物野性。当家畜驯化完成后，围栏更有防止其他野兽侵害的作用，同时可防家畜走失或糟践农作物。围栏圈养需要相对的定居，所以原始畜牧业最初依靠农业提供稳定的条件。当原始家畜驯化完成，家畜繁育不断扩大，畜牧便由圈养发展到放养。后来随着放牧技术提高，原始社会后期遂发生农、牧分化，西北部分畜牧走上了脱离农业独立发展的道路，从而出现了西北的游牧部族和游牧地区。

二、仰韶时期西部的农牧生产

到了新石器时代晚期，人类生活的范围不断扩大，陕西、甘肃、四川等不少地方都有了人类活动的足迹。生活在西部地区的氏族部落，在利用自然和改造自然的过程中，发明了原始农业，并逐渐定居下来。

仰韶文化是距今5000—7000年前黄河中上游地区的一种新石器文化，在西北地区发现最多，分布最为普遍，仅陕西一省就发现了900多处。甘肃普查得的新石器遗址大半属仰韶文化，其余各省区情况与此类似。西北仰韶文化因发展阶段和地区差异形成不同的类型。陕西仰韶文化有半坡和庙底沟两个主要类型，代表性遗址有西安半坡村、宝鸡北首岭、临潼姜寨、华县护泉村等。甘肃的仰韶文化又称马家窑文化，分为"马家窑—半山—马厂"三个连续发展的类型，带有浓郁的甘、青、宁地方特色；其分布以陇中为核心，向陇南地区、湟水流域、河西走廊以及宁夏、内蒙古一带深入散布。西北仰韶文化表现出各地以农牧业为基础的原始文化竞相发展的共同特征，同时也体现了各地文化相互影响、共同促进的特点。西北原始文化的昌盛，归根结底是原始经济的繁荣，即农牧业生产的发达。所以通过仰韶文化，我们可以领略原始盛世的生产力和生产关系，认识氏族公社组织和人们的生活状况。西北仰韶文化遗址一般位居河流两旁的山坡或台塬地带，这里便于生活饮水，又可避免洪水危害田舍。遗址附近自然环境优越宜耕，今日仍是村落相望，田畴纵横。遗址面积数千至数万平方米不等，然能显示出一定的布局。例如著名的半坡遗址，村落位于浐河岸边一块肥沃谷地上，占地约5万平方米，分居住区、墓葬区、陶窑场、工具制造场等部分。房合建筑有圆屋和方屋两种，构筑技术比较进步，房屋坐北朝南，内有东西两隔墙，中间设灶坑。室内日用器物种类颇多，定居生活显得井然有序，可以看出原始农业已经有相当丰厚的基础。各遗址都出土有大量的生产工具，半坡、姜寨、大地湾等遗址的工具均达万余件。同时还有数以百计的贮粮的窖仓，据报告，半坡遗址有窖仓200多个，姜寨有近500个，大地湾的窖仓群规模更大，窖内的碳化黍子仍然清晰可辨。仰韶时期，西北原始农业发展水平由此可见一斑。

畜牧业的遗存在西北仰韶文化遗址中也十分丰富，各处居落的周围，特别是室内的火坑旁，常弃有大大小小的动物骨骸，其中相当一部分系家畜的骨骼。从遗骨来看，当时家畜种类、体格、形态与今日饲养的家畜无甚差别，家畜饲养驯化程度已相当成熟。仰韶遗址中猪骨最多，狗骨次之，这反映出以猪、狗为主的原始畜牧结构。陕西、青海一些遗址还发现饲养家畜的圈栏，姜寨遗址有两处无栅栏的畜群夜宿场，面积约100平方米。[①] 可见当时畜牧在饲养的基础上，也有了规模不大的小群放养，畜牧方式又有新的发展。仰韶遗址中兽骨累累可见，渔猎用的鱼叉、鱼钩、网坠、大石球、小弹丸、石骨镞之类，在生产工具中仍占一定比例。再往西北牧区，狩猎工具出土还要多一些，渔猎和采集在仰韶时期仍是一个不可忽视的辅助性经济部门。从石、骨、镞的大量出土来看，当时狩猎技术得到了进步，石镞在沙苑文化中已经出现，可知在距今1万年左右的中石器时代，西北狩猎就使用了弓箭。这是人类又一巧妙的工具发明，大大增加了手臂的投掷距离和准确性，对提高狩猎效率、促进畜牧业的发生曾有过重要作用。仰韶文化中石镞、骨镞不仅数量多，磨制更为细致精巧，很能显示仰韶时代的游猎技术水平。

仰韶时期西北手工业以制陶最为称著，仰韶文化又称"彩陶文化"，陶坯用红、白、

---

① 西安半坡博物馆编：《姜寨——新石器时代遗址发掘报告》，北京：文物出版社，1988年，第50页。

黑等色矿粉为颜料画出图案或画像，在不加密闭的陶窑中煅烧成红色或红褐色的陶制品。各遗址中一般都设有陶窑区，在兰州白道沟坪有现今发现的规模最大的原始陶场。制陶手工业生产目的在于为农业定居生活服务，陶器多为日用器具，形式多种多样，用途各不相同。汲水尖底瓶体型美妙，设计原理异常精巧，可以自倒自立自动汲水。盛水和储存食物有大型的瓮、罐；饮食用具有碗、杯、盆、钵；炊具有鼎、釜、甑等。这些清楚地说明人们不仅知道烧烤食物，而且在利用沸水和蒸气烹饪熟食，饮食水平进入到新的阶段。陶器上的纹饰图画以及少量陶、石、骨、贝制作的工艺品古朴可爱，既美化装饰了原始人的生活，同时也体现了仰韶时期西北人的生产活动和社会意识形态。半坡陶器上有竖、横、斜、叉组成的20多种符号，大地湾也有以直线、曲线并列成的千余种符号，均不同于装饰性图案，似乎有记事的意义，很可能与古代数字和文字的起源有关系，表明原始科学技术也在孕育中。

纺织是原始手工业中的另一项重要内容，旧石器时代用粗制的锥、针缝纫兽皮，制作最原始的衣着。仰韶文化遗址出现有纺轮，用陶、石、骨等材料磨制而成，有的形似馒头，有的则如小圆板，轮上凿眼以装木棒，系上麻丝，使纺轮快速旋转，把乱麻拧成麻线。再把麻线经纬交错，就织成了麻布，然后可制作衣服。仰韶时的针、锥较前尖细，表明制衣手段有了进步。原始衣料主要为麻葛纤维，葛为野生植物，麻已有了栽培，甘肃东乡新石器遗址出土有栽培的麻籽。彩陶图案中往往印有多种形式的布纹，可以看出西北原始麻织技术的发展。人们衣着有厚实绵暖的毛皮，也有比较轻便美观的麻布。在马家窑文化墓葬中，女性身旁常随放纺轮和缝纫纺织器具，可知纺织多半由妇女担任。妇女心灵手巧，纺织缝纫等女红之事，在原始农业中就有了合理的安排。

仰韶文化遗址还提供了关于原始农牧生产关系的实证。原始社会是人类社会最初级形态，仰韶时期处于母系原始氏族制度鼎盛时代，当时社会组织以母系血缘关系结合成的氏族为单位，一个村落就是一个血缘较近的氏族。主要生产资料和财产均为氏族公社共同所有，人们共同劳动，共同享受集体劳动的成果，是种完全平等的关系。所以在各遗址中，贮粮的窖仓一般都在户外，牲畜围栏与居室分离，主要的农牧资料和产品为氏族公有。个人只有自用的生产工具和分得的日用器物，通常置于居室内，其种类和数量各室出土大同小异，无贫富不均的现象。氏族村落的中心建有大型房屋，是氏族成员集会议事和从事原始宗教活动的场所，半坡大房遗址有150平方米，可容全村大小400多口人共同商议氏族事务。组织氏族生产生活的主要是妇女，氏族首领由德高望重的妇女担任，妇女地位高于男子。因为当时婚姻是以妇女为主体的对偶婚制，只有母系血缘能区分各成员的关系，形成独立的氏族。同时妇女在早期的农业中一直发挥着重要的作用。手工缝织也是妇女独特的技巧，在生产中妇女占有比男子更重要地位，从而取得支配氏族组织的资格。从当时的葬式看，死者葬于公共墓地，随葬物无悬殊差别，妇女随葬品略多于男子。小孩有随母亲合葬者，而不与父亲合墓。母系血缘关系明确严格，显示出母系氏族崇拜女性的社会风尚。

当然，仰韶时代毕竟还处于原始社会，对当时的农牧业生产水平不能估计过高，对母系氏族的原始生产关系也不可做过分理想化的理解，仰韶时代生产力与后来的奴隶社会相比，仍然十分原始低下。新石器工具比旧石器工具大有进步，但这种木石农具也只是勉强可以破土，农牧业和各种手工业中的每一生产环节都要付出极为艰辛的劳动。唯靠全体氏族成员的集体努力，才能满足低水平的生活需要，此外亦无更多的农牧产品为少数人奢侈享受，由此构成了原始的公有与平等。人们征服自然能力很低，农牧生产对自然灾害的抗御更为有限，稍遇旱涝天灾，就会受饥挨饿，再加上各种疾病，死亡随时都在威胁着人们的生存。所以西北仰韶墓葬中的死者，一般寿命只不过二三十岁，儿童早夭的现象极为普遍。由此可见，仰韶时代西北农牧业和整个社会经济文化的发展，只是低级的相对的繁荣。

三、龙山时期西部的农牧关系

仰韶时期之后，我国原始社会渐入解体的末期，经过短暂的父系氏族阶段，黄河中下游即进入奴隶社会，相继出现夏、商两个奴隶制王朝共1000多年的统治。夏、商势力达于本区东南部，文化影响的范围还要大一些。但就整个西北社会形态看，各民族仍然处在原始氏族制度之下，即使是经济文化比较发达的周边民族也未能完全摆脱原始社会形态。至于农牧生产水平，包括夏、商直接统治地区，都没有脱离原始生产状态。但是随着原始社会后期社会生产力的发展和夏商文化的影响，西北农牧经济中的奴隶制因素在不断增加，固有的原始生产关系也发生了许多变化。总的说来，这千余年间，西北社会形态和农牧类型、生产力和生产关系都处在一种复杂的过渡状态中，处在一个充满矛盾斗争的历史阶段。

从考古文化看，继仰韶文化而兴的是黄河流域中下游以黑陶为特征的龙山文化，其范围一直延伸到西北边境。陕西龙山文化以西安客省庄为代表，分布遍及陕北和内蒙古部分地区，时代下限与周族文化相连续。而先周文化与夏、商文化相互有所交错，特别是商、周文化间的关联更为密切。甘肃龙山文化又称齐家文化，上承马家窑文化，下接火烧沟、寺洼、辛店等类型，构成完整系列，遍布甘宁青地区，时间一直贯穿到商、周之际。在上述文化中，铜器逐渐发展起来，标志着社会生产力有所进步。早在仰韶时期，姜寨、半坡遗址中就出现有铜片，似有使用金属铜的迹象。后来甘肃东乡的马家窑文化遗址出土一把铜刀，单范铸造，经鉴定主要成分为铜和锡，正是青铜金属。此后客省庄和齐家文化之中，还增加了以铜铅为主要成分的红铜。铜器种类数量逐步增多，有斧、镰、刀、锥、匕首等青铜工具。如玉门关火烧沟一批墓葬清理铜器200余件，农具有铜锸、铜斧等。至商代，陕甘可谓进入青铜时代，出土的既有具备西北地区特征的铜器，也有与殷商铜器风格相似或相同的类型。这种商铜器在陕西各地几乎都有，新中国成立后出土70多批。陕北地区发掘的鼎、簋、觚、尊、爵等，华丽典重与商器相酹。同出的马头刀和蛇形匕都具有浓郁的草原民族风味，铜饮器扁平且有系绳的耳环，便于游牧中随身携带。当然出土的生产工具仍以石器为主，不过磨制加工手段已达到炉火纯青的地步。锄、锛、耜掘土具增多，原始锄耕过程明显加强。收割工具中石镰出土最富，多半月形带柄石镰，制作细致，颇有一番改新，这是农业发展以后收获物丰产的必然结果。齐家文化中出现的玉斧、石铲等工艺品，生动体现人们对工具的热爱和制造水平的提高。与此同时，各地出土的家畜遗骨较仰韶时期有了成倍的增长。大概由于家畜有了多余，出现了用牲畜祭祀和随葬的风俗，甘肃、新疆墓葬中出土的畜骨更为普遍，骨制工具、器物、艺术品种类极多，大量畜骨随处可得，制骨业也兴旺起来。相反，出土的渔猎工具和兽骨则不断减少，预示辅助性的采猎经济在下降之中。这时期人口增长，村落遗址分布倒不如仰韶遗址稠密，村落面积较小，盖因农牧业基础加强，居民生活稳定，无须过分频繁地迁居。房屋出现"吕"字形双室结构，建筑技术相应提高。贮粮窖仓多置房舍附近，口小底大，仓壁规则整齐，能更长久地存储粮食，青海乐都柳湾发掘的马厂型墓中随葬粮食现象普遍，可见当时生产水平确实大有提高。

原始社会末期，村落遗址面积不大，这是因为氏族部落分化而转小的缘故。氏族内部组织也发生变化。婚姻关系转变为以男子为中心的对偶婚，男子大量由狩猎转入农牧业，并以生理的优势在生产中发挥出比女子更大的作用，从而在氏族中取得支配地位，代替女子组织氏族活动，建立起父系氏族制度。女子结婚后要到男方氏族中生活，死后夫妻往往同墓合葬。在齐家墓葬中，男子直肢仰卧居主体位置，女子屈肢侧向男子处于从属地位。在一男二女的合葬中，女体分居男体两旁，主从关系更为明显，仰韶时代男女各自成群分葬的形式基本淘汰了。青海柳湾出土的一件彩陶壶上塑有男性裸像，表现出对男性的崇拜。凡此说明，距今4000多年前，西北大部分地区已进入父系氏族社会。

原始社会末期农牧业的分化，是世界各民族历史上共见的现象，被称为第一次社会大分工，西北农牧业也不例外。农业和畜牧本来各有不同的起源和经营方式，当然会有各自独特的发展道路。家畜早期驯化圈养需要相应定居条件和部分饲料，对农业有所依赖。但到后来畜牧业发展后，小小的圈栏便容不下扩大着的畜群，牛、马类大家畜食量大，力量大，成群而居便不安于圈栏。羊、猪类小家畜繁殖能力强，又善于自觅草食，再加上人工长期的驯育，家畜已能够通晓人的指挥，于是畜牧业便越出围栏饲养，走上了放养的道路。畜群一出栏，随时都要人监护和驱赶，放牧人不可能再身兼农业生产，于是出现了专营畜牧的家庭和氏族，农牧业由此而发生分化。西北农牧业分工过程，在蒙古、青海、新疆的草原地区最为典型。这里原始农业基础薄弱，却有着发展畜牧的天然条件，广大的草原平垣无际，在充足的日照和独特温差条件下形成的优质牧草，尤其适宜大规模大范围的放牧。当一处牧草食尽或水源枯竭时，放牧者便驱赶畜群到另外的草场，如此不断转移放牧地点，居无常处，逐水草迁徙，从而形成了一种完全脱离农业的新的畜牧和生活方式，即所谓的游牧。游牧业的出现加快了西北畜牧业的专门化发展，形成了专事游牧的部落和民族。大约到中原商代，西北草原和宜牧高原便为游牧民族控制，据《卜辞》所见，殷之北方有鬼方，西有羌方。这里说的鬼、羌正是西北两支游牧民族。鬼方占有黄土高原中北部至内蒙古地区，羌方在青海高原东部和甘南一带，羌族可能以牧羊为主，自古有"西戎牧羊人"之称，与"羌"字的形音义极为贴合。甘肃火烧沟文化与羌族文化关系密切，遗址出土以羊骨最丰富。又据考古界研究，齐家文化后的几种甘青文化与游牧业都有密切关系，"火烧沟类型文化和辛店文化，可能是羌族的两个分支。寺洼文化早期遗存多见于甘肃西南部，或许是古代氏族的遗留，河西走廊秦汉以前为月氏、乌孙曾经活动过的地方，沙井文化和骟马类型文化分布于走廊的东部与西部，以其文化内涵分析，遗存时间较晚"[1]。正是由于西北农牧业分化才带来了农牧民族和农牧区域的分化，西北部分地区于原始社会末期建立了纯游牧经济体系，牧业走上了独立发展的道路。以关中为中心的西北农区，种植条件优越，农业基础雄厚，畜牧业始终未脱离农业的羁绊。由于农田限制，畜牧业基本上囿于圈栏中饲养，虽有部分羊、牛、猪走出放养，畜群规模却受农业的制约，经营方式与草原游牧有明显区别。农区畜牧依靠农业供给部分饲料，而农业尚未发展到需要牧业提供畜力和肥料的阶段，二者关系主要还是经济上互济，还没达到生产上的相互结合，或者说畜牧业还没有真正走上纳入农业

---

[1] 甘肃省博物馆：《甘肃省文物考古工作三十年》，文物编辑委员会：《文物考古工作三十年（1949—1979）》，北京：文物出版社，1979年，第139—154页。

而共同发展的道路。

手工业是从农业中分化出来的，是人类历史上第二次社会大分工。原始社会末期西北制陶工艺有了巨大进步，除原有的徒手制陶外，还出现用陶轮制作的新技术。陶轮是固定在直立短轴上、可以转动的圆盘，把调和好的陶土置于圆盘上面，依靠盘的转动拉扯陶土，两手同时按器形的凸凹开合，塑造出不同器形的陶坯。轮制法生产效率高，而且器物形状规范整齐，薄厚均匀，器面还留有一圈圈细密的弦纹和自然同心圆线条，非常美观。陶窑和烧窑技术也有很大革新，窑室空间扩大，火道延长，火眼增多，窑温提高，缩短了烧窑的周期。仰韶时代制陶不加严密封闭，陶土中的铁质成分在高温下发生氧化作用，制品多显红色。这时期制陶则严密封闭窑口，在缺氧条件下，使陶土矿质发生还原反应，并掺入碳素，制成灰色或黑色的陶器，故称其为"黑陶"。陶轮制坯和黑陶烧制是一种极其精细严密的工艺，生产者必须经过长期的训练，具备专门的素养，这样就导致了制陶业与农业分离并朝专业化方向发展。

半坡遗址、马家窑遗址都有公共的窑场，制陶是氏族的共同事业。然在这一时期，窑场变得分散，制陶作为技术性很强的行业，成为一些富有经验的家族专门掌握的生产部门了。西安客省庄一座陶窑就和一圆形房屋连在一起，很显然正是个以制陶为业的家族。这些家族已脱离或部分脱离农业，专门从事制陶业。铜器虽然出现较晚，但生产过程更带有专业性，开采和冶炼多在远离深山的农区，铸造和工艺加工技术难度更大，铜器生产业内部更要依照生产环节实行分工，形成有一定秩序、庞大复杂的生产部门。铜器制造业与农业界限清楚，分化就更明确了。氏族和家庭内部的分工也更加分明，在甘肃地区一些双人墓葬中，男子身旁多放置石刀、石斧等生产工具，女子身边多放置纺轮、骨针。"男耕女织"的两性生产分工，在原始社会末期已经完全确定下来了。农业、畜牧业、手工业分化以后，人们相互需要对方的产品，同时又有可能提供给对方产品，于是就有了产品的交换。原始交换极其简单，多用以物易物的方式进行，交换也只发生在临近的部落和较小的区域范围。后来，随着生产和交通的发展，交换领域不断扩大，西北与中原及沿海也有直接或间接的交换发生。玉门火烧沟墓葬普遍出现的松绿石珠、玛瑙珠、海贝和蚌饰等，大概就是从外地交换来的。墓葬中发现有大量的海贝贮藏在陶器之内，有的还含衔在死者口中，这些海贝可能已经被赋予了货币的职能。

随着西北原始农牧经济的不断发展，逐渐丰富起来的社会产品出现少量剩余产品，从而为私人占有公共财产创造了必要条件。同时，两次社会大分工引起了生产组织的变化，氏族集体劳动分化成以家族为单位的劳动，必然会导致生产资料私有。商品交换又引起了财产的集中，在诸种因素的作用下，私有剥削关系开始萌芽起来。龙山文化发现大量窖仓，有的窖与房室相连表明贮藏粮食属于本家族所有。齐家窖穴也是紧靠着住房，反映出强烈的私有观念。农牧手工产品随葬的现象已非常普遍，甘、青、新牧区墓葬中常见许多猪腭骨，可能是财产多寡的象征。

私有财产出现必然导致贫富的分化，青海贵南县尕马台齐家文化墓地发掘出40多座墓葬，居于中央的死者骨骼完整，随葬品很多，可以看出死者生前在氏族中地位较高。其余死者随葬品极少，以至于全无，有的甚或肢体不全，属一般成员或地位更低贱者。火烧沟墓葬贫富等级差别更是明显，随葬品少的仅有一两件陶器，多的达十二三件陶器，还伴有各种装饰品。这些地位较高的人，完全脱离或部分脱离劳动，可以随意占有氏族公共财产，贫富差别最终带来阶级的分化。为了财产，氏族内部也常发生仇杀争斗，氏族部落之间则出现械斗或战争，用于作战的兵器就出现在这个时期，多半用金属铜制成。火烧沟是甘肃发现早期铜器最多的地点，兵器有刀、匕首、矛镞，这里还出土有铸镞的石范。战争中的俘虏也成为私有财产，强迫参加劳动，供战胜者驱使，这些战俘就是最早的奴隶。奴隶阶级地位低贱，能像财物一样被出卖，也能像牲畜一样被任意宰割。氏族首领随葬品由器物、牲畜发展到以人殉葬，马厂遗址是现知最早的以人殉葬的遗址。后来的齐家坪发现有8人和13人同穴墓葬。其中一人是主人，其余全是殉葬奴隶，火烧沟人殉人祭墓葬也发现有20多座。另外在青海乐都柳湾齐家文化墓葬中，殉葬现象也极为普通，其中一墓"棺外有一侧身屈肢的青年女性奴隶，一根骨腿还压在棺下，此外还大量发现有头无身、有身无头和四肢不全的骨架"[①]。新疆乌鲁木齐南山矿区鱼儿沟也有类似发现："死者'丛葬'人骨架从数具、十数具至数十具不等，重重叠压，或至三、四层。仰身直肢、肢体不全者均见。有一些头骨、肢骨上，有显明刀砍的痕迹。"[②]这些血淋淋的事实标志着原始氏族公社的解体，代之而起的是一种人剥削人的生产关系。西北原始氏族部落虽然普遍出现奴隶制因素，但形成奴隶制的国家条件还不完全具备。这里地域广大，民族复杂，部落林立，无论用何种方式，采用何种手段，当时条件下，均难形成统一的国家。所以当内地先后出现夏、商两个奴隶制国家时，西北仍处于原始部落向奴隶制的过渡状态。

---

① 青海省文物管理处考古队：《青海省文物考古工作三十年》，《文物考古工作三十年（1949—1979）》，第160—168页。
② 新疆维吾尔自治区博物馆、新疆社会科学院考古研究所：《建国以来新疆考古的主要收获》，《文物考古工作三十年（1949—1979）》，北京：文物出版社，1979年，第172页。

四、丰富多彩的彩陶文化

在农牧业发展的同时，原始手工业也有了进步。这种情况可以从氏族公社文化遗址的考古发现中得到证明。西部地区的氏族公社文化遗址数以千计，遍布黄河中上游、长江中上游南北各地。西北地区的代表性文化主要有分布于陕西、甘肃、宁夏、内蒙古等地的仰韶文化、龙山文化、马家窑文化和齐家文化。西南地区的代表性文化则有分布于川、滇等地的大溪文化、马家窑文化等。由于数量众多，难以一概而论。兹以陕西为例加以说明。

陕西境内已经发现的新石器时代的文化遗址是相当多的，到目前已达4000余处。从这些遗址的具体情况来看，西部彩陶文化的分布是相当广泛的。新石器早期，西部的彩陶文化处于初级阶段。陕西彩陶文化遗址有60余处，主要是沙苑文化和老官台文化。沙苑文化距今1万年左右，是陕西最早的新石器时代文化。其遗存分布在大荔渭河与洛河交汇处的沙丘地带，在大量的石器中有制作精细的尖状器、刮削器和石镞①。老官台文化距今约七八千年，因首次发现于华县老官台而得名。其遗址主要分布在关中的渭水、泾水流域和陕南的汉水、丹江上游地区②。目前已经发掘的遗址有华县老官台、渭南北刘村、临潼白家、长武下孟村、宝鸡北首岭、南郑龙岗寺、西乡李家村等。这种文化的基本特点是聚落面积较小，房屋多为简单的圆形半地穴式。工具有打制石器和磨制石器两种类型，前者较多并含有少量细石器，后者有斧、刀、铲等，一般只磨刃部。陶器多为夹细砂粗陶，胎壁厚，火候低，硬度较小。从有关资料来看，当时的经济生活以粟作农业为主，渔猎和采集也占有较大的比重。

新石器时代中期，西部的彩陶文化迅速繁荣起来。这一时期的彩陶文化主要是仰韶文化。陕西是仰韶文化的主要分布区之一，全省已发现遗址2040余处。其中60%的遗址分布在关中地区，34%的遗址分布于陕北，其余6%分布于陕南各地。关中渭水流域和洛河中游一带遗址十分密集，遗迹遗物随处可见，应当是陕西仰韶文化的中心区域。陕北、陕南的文化层一般较薄，遗迹也不如关中丰富。目前已经发掘的具有代表性的遗址主要有西安半坡、临潼姜寨、渭南史家、华阴横阵村、华县元君庙、扶风案板村、岐山王家嘴等十余处。其中半坡遗址是最有代表性的。半坡遗址地处西安东郊6千米浐河东岸约800米的二级阶地上，面积约为5万平方米，是母系氏族公社的一个村落遗址。村落分为

---

① 安志敏、吴汝祚：《陕西朝邑大荔沙苑地区的石器时代遗存》，《考古学报》1957年第3期。
② 张宏彦：《渭水流域老官台文化分期与类型研究》，《考古学报》2007年第2期。

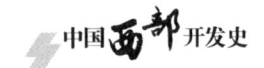

居住区、公共墓地和制陶区，规划有序。考古工作者曾在半坡等遗址中发现了粟、黍等粮食作物和一些蔬菜的种子。其生产工具多为用石、骨、角、蚌等磨制而成的斧、锄、刀等，还有网坠、鱼钩、箭镞等[1]，说明当时半坡先民们过着相对安定的定居生活，主要从事农业生产，种植粮食和蔬菜，同时也从事渔猎和采集，作为农业的补充。随着物质生活的改善和提高，半坡人的文化生活也丰富多彩起来，绘画、雕塑、刻画符号、装饰艺术都有发展。其中将彩绘图案与陶器造型相结合的彩陶艺术富有神韵，已达到了较高的水平[2]。

新石器时代晚期，彩陶文化的遗存也是十分丰富的。陕西新石器时代晚期的文化以龙山文化为主，迄今已发现各种遗址2200余处。陕西龙山文化的范围与仰韶文化基本相同，其中22%的遗存与仰韶文化遗址有所叠压，但具体分布有一定的差异。陕北龙山文化的遗址比仰韶文化遗址增加了2倍以上，约占遗址总数的64%，一跃成为文化分布最密集的地区。在关中，龙山文化遗址的数量仅为仰韶文化遗址的60%，约占当时遗址总数的34%。陕南最少，只占到2%，这种现象是前所未有的。从已发掘的长安客省庄、临潼姜寨、蓝田泄湖等具有代表性的遗址来看，这一时期的农业有了进一步的发展，打制石器已明显减少，磨制石器大量出现。农作物的种类也有了增加，除粟、黍外，还有稻、豆、油菜等。聚落的规模进一步扩大，房屋的结构也发生了变化，出现了排房和内外双室房。此外，还出现了版墙和瓦，彩陶的种类更加繁多。所有这些都说明彩陶文化达到了一个新的高度。

以上是关中地区彩陶文化分布的具体情况。陕北、陕南与关中的情况虽有一定的差异，但新石器时期的遗址很多，彩陶文化的分布也很相似。总的说来，陕西地区土壤肥沃，宜农宜牧，远在新石器时期，就成为先民居住的主要区域，因而彩陶文化遗存众多、分布广泛，比其他地区更为丰富。当然，甘肃等地的彩陶文化也相当发达，特别是大地湾遗址出土的彩陶，已经达到了较高的水平[3]。

---

[1] 西安半坡博物馆：《西安半坡》，北京：文物出版社，1982年，第2页。
[2] 程金城：《远古神韵：中国彩陶艺术论纲》，上海：上海文化出版社，2001年，第215页。郑为：《中国彩陶艺术》，上海：上海人民出版社，1985年，第6页。
[3] 文秋：《新石器考古的空前发现——大地湾遗址》，《兰州学刊》1986年第4期。

第二节
炎黄时代西部地区的农牧文明

炎黄时代是中国进入文明社会的重要时代。这一时期西部地区的农牧文明有了显著发展，华夏文明亦由此诞生。

一、炎黄二帝与中国农业文明

在氏族公社阶段，西部地区已经出现了农业与手工业、农业与畜牧业的分工。距今5000年前后，我国历史进入传说中的英雄时代，在伏羲、女娲之后，西部地区出了两位非常杰出的人物，那就是炎帝和黄帝。

相传炎帝生于陕西宝鸡天台山的蒙峪沟，后来做了姜氏部落的首领。《白虎通疏证》记载说："古之人民，皆食禽兽肉。至于神农，人民众多，禽兽不足。于是神农因天之时，分地之利，制耒耜，教民农作。神而化之，使民宜之，故谓之神农。"[1]因为他以火德而王，故人们又称之为炎帝。炎帝在发明农业之后，率部向东方发展，与蚩尤部落发生激烈冲突，遂求助黄帝，共战蚩尤。后来炎帝与黄帝又发生冲突，最终被融入黄帝的部落联盟。他教民制陶，始作耒耜，降牛耕田，教民耕稼，发明了原始农业。他还创立"日中为市"，发明了原始商业。为了给人们治病，他曾遍尝百草，研制医药，140岁时，上天台山采药，误尝了"火焰子"（断肠草），不幸逝世，长眠在宝鸡市渭滨区神龙镇的常羊山上。炎帝的活动为黄帝族后来的大发展奠定了基础[2]。

黄帝姓公孙，名轩辕，年轻时率游牧部落从陕北东渡黄河，定居在华北平原；联合炎帝部落，大败蚩尤于涿鹿之野；后来又战胜炎帝，成为部落联盟的最高首领。黄帝最大的贡献是实现了华夏族的统一。此外，他还有许多发明创造。相传他用玉制作兵器，造舟车弓矢。他的妻子发明了养蚕技术，史官仓颉创造了文字，大挠创造了干支历法，伶伦制作了乐器。黄帝在118岁的时候，被黄龙带着升天。当黄龙飞越桥山时，黎民百姓从四面八方赶来，拽住他的衣襟一再挽留。最后黄帝还是被带走了，只剩下了他的衣

---

[1] 〔清〕陈立撰；吴则虞点校：《白虎通疏证》卷一《号·三皇五帝三王五伯》，北京：中华书局，1994年，第51页。
[2] 石兴邦：《有关炎帝文化的几个问题》，《文博》2000年第1期。

冠。于是人们把黄帝的衣冠葬在桥山。

由于黄帝对中华民族的形成和发展做出了巨大贡献，因而受到炎黄子孙的一致爱戴，被尊为中华民族的共同祖先。秦代在桥山上修建了黄帝陵园。西汉前期在桥山西麓建"轩辕庙"。唐代宗大历五年至大历七年（770—772），对轩辕庙进行了重修扩建，并栽植柏树1140株。宋朝开宝二年（969）将轩辕庙由桥山西麓迁移桥山东麓黄帝行宫。元明清诸朝也对黄帝陵庙进行过多次修缮。改革开放以后，应海内外华人的要求，有关政府部门又对黄帝陵进行了大规模的扩建。历代歌咏黄帝的诗文甚多，祭祀活动连绵不断。从某种意义上讲，黄帝陵是中华民族的根基所在，是中华民族的精神家园。

二、炎黄时代西部各地联系的加强

原始社会末期，人类在西部地区的活动范围逐渐扩大，西部交通随之滥觞。当时，先民们"居住于河流的近旁，应当和交通问题有关。一苇之航远比翻山越岭为容易，就是不便于通行舟楫的河流，循河谷上下的来往，途径也是较为平坦的。古代的人们不仅注意到要在河流旁边选择住地，而且还特意选择到两河交汇的地方，正是这样的意思"[1]。特别是舟船在当时已经发明了，譬如属于仰韶文化半坡类型的宝鸡北首岭遗址也发现了舟型陶壶[2]，这说明当时已经出现了结构较为复杂的船型，半坡人不仅利用舟楫撒网捕鱼，也把舟楫作为水上交通工具。此外，从考古资料来看，早在原始社会的后期，西部地区就已出现了一些固定的道路。关中地区的渭河两岸分布着数百处新石器时代的文化遗址。如果把这些遗址连接起来，就可以清楚地看出，横穿关中的交通道路在五六千年以前即已形成[3]。炎黄时代，西部地区的交通又有了新的发展。《周易·系辞》中记载："神农氏没，黄帝、尧、舜氏作……刳木为舟，剡木为楫。舟楫之利，以济不通，致远以利天下，盖取诸涣。服牛乘马，引重致远，以利天下，盖取诸随。"[4]这种最简易的"刳木为舟，剡木为楫"的水上交通工具，正是在石器时代舟船的基础上发展而来的。黄帝时，还发明了车，《释名》曰："黄帝造车，故号轩辕氏。"[5]《史记·五帝本纪》记载，黄帝"披山通道，未尝宁居"，索隐云："披音如字，谓披山林草木而行以通道也。"[6]反映了远古

---

[1] 史念海：《河山集》（一），北京：生活·读书·新知三联书店，1963年，第12页。
[2] 中国社会科学院考古研究所：《宝鸡北首岭》，北京：文物出版社，1983年，第102、105页。
[3] 《古代的关中》，《河山集》（一），第43页。
[4] 《十三经注疏·周易正义》卷八《系辞下》，第301页。
[5] 《太平御览》卷七百二十二《车部一·叙车上》，第3421页。
[6] 〔西汉〕司马迁：《史记》卷一《五帝本纪》，北京：中华书局，1959年，第3、6页。

先民披荆斩棘开辟交通的状况。交通的发展，为西部各部族人们之间的交往提供了有利条件。

随着交通的发展，炎黄时代的先民之间越来越频繁地进行迁徙、交往，活动范围也越来越大。随着西部各部族先民的迁徙，不同区域的农作物也互有传播和交流。考古证实，水稻的种植主要起源于1万年前的长江流域。甘肃庆阳南佐遗址（发掘面积630平方米）中"发现有已炭化的水稻，经鉴定为栽培稻，这是我国已发现的新石器时代栽培水稻的北界"[1]；河南、山东龙山文化遗址也发现有炭化稻，这些说明了随着原始先民的交流，原始农作物也已有了互相传播。种桑养蚕、织丝制衣也是炎黄时代西部民族相互交流的结果，是黄帝之妻嫘祖发明了植桑养蚕。《史记·五帝本纪》记载，黄帝"娶于西陵之女，是为嫘祖"[2]，而"西陵"就在今四川省绵阳市东部的盐亭县金鸡镇嫘祖村，当地曾出土唐代所立的《嫘祖圣地》碑，碑文中记载："黄帝元妃嫘祖，生于本邑嫘祖山……创种桑养蚕之法，抽丝编绢之术；谏诤黄帝，旨定农桑，法制衣裳"[3]，嫘祖嫁给黄帝之后，将植桑养蚕、织丝制衣的技术从四川地区带到了中原地区。黄帝与嫘祖育有二子，一曰玄嚣，号青阳，"降居江水"，娶蜀山氏女；二曰昌意，"降居若水"，江水、若水皆在蜀地[4]。这些都反映了当时黄帝部落与蜀地之间密切的交往。考古发现证实，仰韶时期，黄河中游主要盛行彩陶文化，随着族群的交流和迁徙融合，到龙山文化时代，盛行于北方辽河流域、南方长江流域、东方海岱地区的玉礼器及其蕴含的玉礼文化体系，也开始在黄河流域盛行，玉礼器与陶礼器一起并行辉煌。仰韶时期，由于自然资源的开掘和高温制陶技术的发展，黄河中上游陕甘地区出现了冶铜技术的萌芽和少量铜器，出现了采用合范法冶铸的青铜制品[5]。随着部族的迁徙交流，到龙山时代，冶铜技术也随着部族之间的交流融合在黄河中下游地区得以普及，陶寺文化、王湾三期文化、王油坊类型遗存等多处遗址都发现有红铜或青铜制品。可见，炎黄时代，西部各部族之间的交流日益频繁，植桑养蚕、冶铜等技术的传播，促进了黄河中下游地区社会生产力的迅速发展，为黄河流域率先进入青铜文明时代奠定了重要的生产基础。

---

[1] 甘肃省文物考古研究所：《甘肃省文物考古工作五十年》，《新中国考古五十年（1949—1999）》，北京：文物出版社，1999年，第441页。
[2] 《史记》卷一《五帝本纪》，第10页。
[3] 王堂甲：《丝绸之源嫘祖故里盐亭（下）》，《四川蚕业》2018年第1期。
[4] 《史记》卷一《五帝本纪》，第10—11页。
[5] 中国社会科学院考古研究所：《中国考古学·新石器时代卷》，北京：中国社会科学出版社，2010年，第409页。

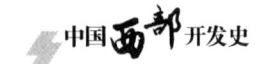

第三节
夏商两代向西部的拓展

炎黄肇造华夏文明，从此中华大地进入了一个崭新的时代。黄帝之后，经过尧、舜、禹时期的努力，我国最终进入文明社会。

一、夏商两代对西部的经营

据文献记载，我国在夏代进入王制时代。夏朝的社会结构实际上是一个以夏族为中心的由众多部落组成的政治联盟。相传大禹将天下划分为"九州"，委派"九牧"来进行治理。据《尚书·禹贡》，所谓"九州"，即指冀州、兖州、青州、徐州、扬州、荆州、豫州、梁州和雍州[1]。其中梁州和雍州属于西部地区，分别位于西南和西北。尽管有学者对"九州"之说表示怀疑，但先秦时期此说颇为流行，相信夏的势力范围已经到达渭河流域及汉水流域。

夏朝灭亡后，代之而起的是商。商是由商族首领汤建立起来的，下传17世，31王，在历史上存在了600多年时间，创造了相当发达的青铜文明。商代国家体制，有内服与外服之分。《尚书·酒诰》说："越在外服，侯、甸、男、卫邦伯；……越在内服，百僚、庶尹、惟亚、惟服、宗工……越百姓里居……罔敢湎于酒。"[2]王畿以内为内服，是商王直接统治的地区，设有各种官吏；王畿以外为外服，分布着众多的邦国。从内服来看，商朝与夏朝一样，又是一个宗族国家；就外服而言，商朝是一个以商族为主体的松散的方国联盟。方国一般是由古代的部族独立发展演变而来的，与商王国缺乏内在的联系。被征服的方国依附于商，奉商王为盟主，商王赐予其某种名号，其逐渐变为诸侯。同姓诸侯出自王室贵族，多为商王的子弟，他们被派往王畿以外的地区建邦立国，成为诸侯。商朝的统治中心虽在中原一带，但其势力范围已达到西部地区少数民族区域。《诗经·商颂·殷武》上说："昔有成汤，自彼氐羌，莫敢不来享，莫敢不来王，曰商是常。"[3]"氐

---

[1] 李学勤主编：《十三经注疏·尚书正义》卷六《禹贡第一》，北京：北京大学出版社，1999年，第132—159页。
[2] 《十三经注疏·尚书正义》卷十四《酒诰第十二》，第378页。
[3] 李学勤主编：《十三经注疏·毛诗正义》卷二十《商颂·殷武》，北京：北京大学出版社，1999年，第1462页。

羌"主要分布于青藏高原、蒙古高原与黄土高原的接合部。考古人员在陕西灞桥发现的老牛坡墓葬,甘肃西洮河、大夏河流域发现的辛店文化,在甘肃东部发现的寺洼文化,在青海湟水流域发现的卡窑文化,在四川境内发现的以三星堆遗址为代表的巴蜀文化,大部分是商代的文化遗存①。

二、西部地区早期的中小城市

西部城市的出现,最早可以追溯到新石器时代的晚期。随着氏族的繁衍,定居点不断扩大,形成了一个相对独立的聚落。这些聚落一般都划分为若干区域,并有房屋、窑场等原始建筑。如西安半坡一带的聚落由居住区、作坊区和墓葬区组成,有房基40多座,墓葬200多座,陶窑6座。临潼姜寨的聚落有100多座房屋基址,分为5个小区,每个小区都有一个大房子和若干小房子,5个小区围成一个大圈,中间是一个面积较大的广场。宝鸡北首岭的情况与此相似。值得注意的是,为了防止外来各种侵扰,这些聚落的外围地区一般都有壕沟和城墙的设置。于是,这些聚落就显现出城市的雏形②。

夏、商时期,随着奴隶制度的产生和发展,西部各地陆续形成了一些部族、方国、采邑和郡县城市。据文献记载,夏、商之际,西部地区曾出现过数十个部族和方国。如鬼方、井方、犬方、严允、羌、散、宜、媚、崇、莘、戈、鬲、周、虞、秦、吴、蜀、卢、巴、庸等。这些部族和方国大都过着定居的生活,在它们活动的区域内,照理都应当有一些城市。但是由于年代久远,加之文献有缺,其具体地望往往不能确指,能确定的只有扈、崇、周等少数方国所建立的城市。有扈氏建立的城邑在今户县甘亭一带,夏启曾伐有扈氏于甘。崇人的都邑在今沣河西岸的张家坡一带。周人在商代东迁,先后在豳、岐等地营建过城市。这些城市的修建,一般都是经过细心选择的。如《诗经·大雅·公刘》说公刘在选择豳作为都城的时候,曾经注意到山川形势、原隰高低、地势阴阳、水泉多寡、引水途径、交通道路等各个方面的情况,可以说是面面俱到,无有缺遗。但是公刘在豳的建树,却很少见于记载。对于一个城市来说,城墙是重要组成部分,特别是遇到外来的侵扰时,更显得城墙在防御方面的作用。除去这一点,城内的设置就显得更为重要,官署民居都需要做出安排,街道和道路也是不可或缺的。如果是都城所在,宫

---

① 宋新潮:《西安老牛坡遗址发掘的主要收获》,《西北大学学报》(哲学社会科学版)1987年第1期;蒲朝绂、南玉泉:《甘肃临夏莲花台辛店文化墓葬发掘报告》,《文物》1988年第3期;胡谦盈:《甘肃庄浪县徐家碾寺洼文化墓葬发掘纪要》,《考古》1982年第6期。
② 史念海:《先秦城市的规模及城市建置的增多》,《中国历史地理论丛》1997年第3辑。

殿的位置尤其应该做突出的显现。公刘在豳修建都邑时大概已经注意到了这些问题。后来古公迁都于周原，不仅立宗庙，作家室，而且修筑了应门和皋门，还建立了冢土。冢土据说是大社，应该就是社稷。社稷和宗庙在当时是并重的，有宗庙，也就有社稷。考古工作者曾在周原发现大量的文化遗存，包括价值连城的甲骨文和闻名世界的青铜器。这些文化遗存说明先周时期（即西周建立之前，处于商代纪年范围内）周人在周原兴建的都市已相当可观。西南地区的成都平原在史前城址的基础上也出现了一些方国都邑性质的城市。自1986年以来，考古工作者在四川省广汉市南兴镇三星村发现了四川地区时代最早、面积最大的"蜀文化"遗址——三星堆文化遗址，发现了数以万计的陶、石、玉、骨、青铜器、雕花漆木器等遗物。在三星堆遗址的东、西、南三面有三条高出地面"土埂"，通过对土埂进行的多次调查和横剖面的观察，发现这些"土埂"全系人工堆积而成的防御体系——城墙，其横断面呈梯形，分层夯筑而起，每层厚度为12—25厘米，现存高度2—7米，残宽5—30米，东墙残长1000多米，西墙残长600余米，南墙残长180余米。遗址的北部是宽大的鸭子河，是古城的一道天然屏障。这种以三面筑墙、一面环水的古城，在我国古代的城邑中是屡见不鲜的。在城墙内有功能不同的分区，包括宗教区、宫殿区、生活区、生产区，发现有大量的房屋、灰坑、墓葬、石料、制陶作坊、制玉作坊、青铜器制作作坊以及排水沟等遗迹。这些表明：三星堆遗址"可能是鱼凫——杜宇王朝时期的都城"，"三千多年前蜀国的政治、文化、军事、经济的中心"[1]。继三星堆遗址后，还在成都平原发现了"十二桥遗址群"和金沙遗址。"十二桥遗址群"包括青羊宫、十二桥、新一村、抚琴小区等，分布在今成都西门车站到新南门长达数千米的弧形地带，属故郫江及其支流的沿河地区。金沙遗址位于成都市西郊青羊区苏坡乡金沙村，现已探明的遗址面积约5平方千米，遗址范围地势平坦，遗址南面1.5千米处有清水河，摸底河在遗址内蜿蜒东流，将遗址分为南北两半。十二桥、金沙遗址已有明显的宗教祭祀区、宫殿区、居住区、墓葬区的分工。十二桥遗址东西长142米，南北宽133米，总面积1.5万平方米，以保存较为完好的商代大型宫殿式木结构建筑和小型干栏式木结构建筑群为显著特征[2]。金沙遗址发现大量的房址、陶窑、灰坑、墓葬、窖穴、象牙堆积坑等遗迹，以及金器、玉器、铜器、石器、象牙器和陶器等2000余件文物[3]。据推测，这里可能是古蜀国继三星堆遗址后第二个都邑，是商代晚期至西周杜宇王都，标志着成都城市史的

---

[1] 陈显丹：《论广汉三星堆遗址的性质》，《四川文物》1988年第4期。
[2] 赵殿增著：《三星堆文化与巴蜀文明》，南京：江苏教育出版社，2005年，第507—512页。
[3] 朱章义、张擎、王方：《成都金沙遗址的发现、发掘与意义》，《四川文物》2002年第2期。

开端①。

第四节
西周王朝对西部的经营

如果说夏、商两代都是相对松散的方国联盟,那么西周就是一个强大的王权制国家。西周是由周族建立的政权,其都城镐京,位于今陕西省西安市。因为它处于西部地区,进而加大了经营西部的力度。

一、周人的崛起之路

周族是中国西部的一个古老民族。相传姜嫄践巨人之履生下后稷,后稷长大后成为周族的首领。在尧当政时期,后稷被举为农师,封于邰(武功)。夏末,不窋失职,弃走戎狄之间。不窋孙公刘迁豳,发展农业,从此周族开始兴旺起来。《史记·周本纪》说:"周道之兴自此始。"②公刘下传九世,古公亶父迁至周原(在今陕西宝鸡地区),《诗经·鲁颂·閟宫》:"后稷之孙,实维太王。居岐之阳,实始翦商。"③太王孙姬昌继位后,迁都于丰,"笃仁,敬老,慈少,礼下贤者"④,为灭商做好了准备。武王姬发继位后,发动牧野之战,推翻商朝的统治,回师关中,建立西周,定都镐京。

西周建立前后在沣水两岸先后建立了丰京和镐京,丰、镐是周朝的首都,既是当时陕西地区最早、最大的都市,也是全国最大的城市。据文献记载,丰、镐的修建是从周文王开始的。周文王是周族杰出的领袖,他在即位之后继承了先辈"翦商"的事业。一方面,"笃仁,敬老,慈少",积善行德,在政治上逐渐取得优势;另一方面,调兵遣将,用武力征讨不愿臣服的诸侯,剪除商朝的羽翼。周文王二年伐犬戎,三年伐密须,四年伐耆国,五年伐于,六年灭崇,通过这些文治武功,扩大了周人的势力范围,出现了"三分天下有其二"的局面⑤。为了进一步向东方发展,实现灭商的理想,他决定把国都从岐山脚下的周原,迁到关中中部的沣河西岸,并在很短的时间内建成了丰邑,基本上做好

---

① 《三星堆文化与巴蜀文明》,第513—530页。
② 《史记》卷四《周本纪》,第112页。
③ 《十三经注疏·毛诗正义》卷二十《鲁颂·閟宫》,第1410页。
④ 《史记》卷四《周本纪》,第116页。
⑤ 李学勤主编:《十三经注疏·论语注疏》卷八《泰伯》,北京:北京大学出版社,1999年,第107页。

了灭商的准备。周文王死后，武王即位，很快把灭商的计划提上了议事日程。周武王在灭商之前，又对丰邑进行了拓展，在丰邑之东的沣水东岸营建了镐京，并以丰、镐为基地，最终完成了灭商的大业。

由于丰京是在周文王统治时期修建的，镐京是在周武王统治时期修建的，因此史书上有"文王作丰，武王治镐"①的说法。《诗经·大雅·文王有声》也有类似记载②，虽然文辞不一，但意思都是相同的。丰、镐两京在当时虽然分别命名，但后世往往把它们相提并论。这主要是因为丰、镐两地相距不远，联系紧密。周武王在营建镐京之后，并没有废弃丰邑，而是把丰邑作为与镐京同样重要的地方看待。史载武王居镐，也曾在丰京居住。成王时常在丰京发号施令。据说营建洛邑的命令就是他在丰京向他的太保召公发布的。成王之后，康王、穆王、恭王、懿王也常居住在丰京。康王和恭王还曾在丰京大会诸侯。因此，丰镐两京实际上可以看作是一座城市的两个区域③。

丰、镐两京修建的时间相距很近。这种情况在中国古代是罕见的。周武王之所以在丰京建成后不久另建镐京，主要有以下两个方面的原因：一是周王朝在营建丰京后，即在沣水东岸的镐池附近修建了一些离宫别馆，作为沣水东岸向东方发展的据点。周武王在克商的过程中，为了便于军事物资的东运，不断加强这个据点的力量，使这个据点的范围不断扩大。也就是说在这里建都不仅有一定的基础，而且有利于对东方的控制。二是沣水东岸自然条件优越，在许多方面超过了沣水西岸。丰京的地势较为低下，在沣河泛滥时容易遭受水患。丰京的范围也较为狭迫，东西北三面环水，南面接近终南山麓，发展受到限制。相比之下，镐京的地势较高，平原面积也较广大。从长远的观点来看，在沣水东岸建立镐京具有更大的发展潜力。可以说，镐京是丰京自然发展的结果，也是社会发展的客观需要。事实表明，镐京的兴建具有重要的意义。它与丰京一起构成了周王朝的统治中心。周天子就是在这个中心统治天下的。

丰、镐两京隔沣水相望，并且都具有较大的规模。这一点在文献中有不少记载，但数千年来由于自然和人为的破坏，地面建筑早已荡然无存。宋人宋敏求说丰京在户县境内，灵台、灵沼、灵囿皆其属地，"台、沼、囿，诗人皆尝颂其美(灵)矣，而不载其制，今无可考，独灵台遗址至正观([案]正观本当作贞观，避宋仁宗赵祯嫌名改。)尚在"④。

---

① 《史记》卷一二九《货殖列传》，第 3261 页。
② 《十三经注疏·毛诗正义》卷十六《大雅·文王有声》云："文王受命，有此武功。既伐于崇，作邑于丰。……考卜维王，宅是镐京。维龟正之，武王成之。"第 1050—1053 页。
③ 史念海、辛德勇：《西安》，陈桥驿主编：《中国七大古都》，北京：中国青年出版社 1991 年，第 79 页。
④ [宋]程大昌撰；黄永年点校：《雍录》卷一《丰》，北京：中华书局，2003 年，第 11 页。

镐京"自汉武帝穿昆明池于是地,(镐京)基构沦湑,今无可究"①。由此可见丰、镐被破坏的严重程度。好在21世纪以来,考古工作者对丰镐遗址进行了多次调查,现在已经基本上弄清了丰镐两京的大体情况。丰京遗址位于今长安县客省庄至张家坡一带,东边紧依沣水,西边至灵沼河,北迄眉户岭岗,南到石榴村,方圆大约6平方千米。丰京的中心区域大约在今客省庄至马王村一带。考古工作者曾对这里进行了大规模发掘,发现了十几处大型夯土基址,估计是一组有机关联的建筑群。其中有一座"T"字形建筑,东西长61.5米,南北宽33.5米,总面积近2000平方米。此外,还发现了三个完整的车马坑和许多鬲、豆、罐、盆之类的西周陶器②。镐京遗址位于沣水东边的高阳塬上,西邻沣水,东至丰镐村,南部为昆明池所毁,北部至达滮池一带,面积约4平方千米。今斗门镇、白家庄、花园村、落水村、普渡村等地均在其范围之内。考古工作者在这个遗址上也发现了不少西周建筑基址、车马坑、墓葬和遗物。其中斗门一带发现的夯土建筑基址规模很大,表明这一带很可能是镐京的重要场所③。

西周曾经是强盛的奴隶制国家,在"普天之下,莫非王土;率土之滨,莫非王臣"的年代,丰镐也曾写下了辉煌的一页。西周末年,王室衰微,在西方戎人的压迫下,不得不迁都洛邑。自公元前770年平王东迁之后,丰镐日益残破,经过数千年的风雨沧桑,已经变成历史的遗迹。尽管这些遗迹已少得可怜,距现在也已相当久远,但通过这些遗迹,我们仍然可以想见中国奴隶社会全盛时期的生活画面。

灭商后,武王回师镐京,正式建立了西周王朝。武王死,其子成王继位。成王年幼,周公旦摄政,引起了"三监"(武王之弟管叔鲜、蔡叔度、霍叔处)的不满,他们与纣子武庚及商朝在东方的残余势力联合起来,发动叛乱。在这种情况下,周公毅然率兵东征,经三年苦战,平定了叛乱,从而使西周王朝安定下来。周公是西周时期最杰出的政治家,他在东征之后,通过实行分封制、宗法制和乐礼制度,加强了王权,形成了"普天之下,莫非王土,率土之滨,莫非王臣"④的局面。但到厉王时,国家实行专制统治,结果引起了"国人暴动"。公元前841年,国人不堪忍受厉王的高压政策,纷纷暴动。厉王奔彘(今山西霍县),太子静逃至召公家中。这一年是我国有明确纪年的开始。国人暴动平息后,出现"共和行政"的局面,直到宣王即位才告结束。周宣王即位,整顿内政,稳定社

---

① [北魏]郦道元著;陈桥驿校证:《水经注校证》卷十九《渭水》,北京:中华书局,2007年,第449页。
② 中国科学院考古研究所:《沣西发掘报告:1955—1957年陕西长安县沣西乡考古发掘资料》,北京:文物出版社,1963年,第19—26页。
③ 胡谦盈:《1961—62年陕西长安沣东试掘简报》,《考古》1963年第8期。
④ 《十三经注疏·毛诗正义》卷十三之一《小雅·北山》,第797页。

会秩序，在对周边的少数民族的战争中取得了一系列的胜利，史称"宣王中兴"。宣王后期，对外战争陷于僵局。宣王死，其子幽王即位。幽王是历史上有名的暴君，奢侈腐朽，内政黑暗，加之严重的天灾人祸，周王朝的统治已无法继续下去了。公元前 771 年，申侯勾结犬戎和缯侯攻周，杀幽王于骊山之下。平王即位，迁都洛邑，西周结束。

此外，周公城和召公城在当时也比较有名。东周时，秦人崛起于西方，兴建了雍、栎阳、咸阳等通都大邑，还在频阳、蓝田、户、郑、高陵等地修建了县城。此外，戎、狄少数民族也修建了一些城市。特别是在战国时期，随着郡县制产生，又出现了一批新的城市。所以在春秋战国时期，西部的城市呈现出增多的趋势。

二、西周时期关中农牧业的发展

从大量资料来看，西北农区的开发始于周族，兴起于关中西部。关中自然环境佳于西北，关中西部土壤、气候条件更优于东部。原始农、牧分工后，善于种植的氏族部落便集聚于这一宜农地区，最大的一支是周族。周人是姬姓部族，因而自称为黄帝的后裔，周与夏关系颇亲密，或称夏族的分支。

周族始祖，《史记》直溯至后稷。后稷母亲姜嫄是渭水中游姜姓部落之女，据说这个部落为炎帝神农氏统领，亦属于农业部族。今宝鸡市姜水河一带尚有神农庙、姜嫄祠等纪念性古迹。关于后稷的诞生，《诗经》《史记》都记载了一个神话般的故事，说姜嫄在一次春野郊游中，见巨人留下的大脚印，不觉心驰神往，就踩着巨人脚印走，遂感到腹中蠕动有怀孕之感。妊娠数月果然生个儿子，起初被视为不祥之兆，多次被弃于隘巷、山林、冰河，屡遇人畜鸟兽保护未能致死，以为是神人便被抚养起来，还被起了个有趣的名字叫"弃"。如果揭开"履迹感孕"这块后人加上的遮羞面纱，抛去远古传说的神秘外衣，可知周族的形成正处在母系向父系氏族过渡的时期，后稷可能就是周族最早的男祖。据说后稷自小立有务农的宏伟志向，游戏时喜好植麻种谷，成人后更加好善农耕，能根据土壤状况，因地制宜种植各种作物。他热心传授农艺，周人追随他学习稼穑。尧得知后稷事迹，遂推举他为农官；舜嘉其农功，赐姓姬氏封地有邰（今陕西杨陵区）。今武功镇郊存有追念这位农祖的"教稼台"，后稷教民稼穑的故事在民间流传不衰。近年考古界在杨陵邰城遗址下，发掘出丰富的有邰时期的遗存。关中西部先周文化多叠夹在陕西龙山文化与西周文化之间，多处发掘近于二里头文化的先周遗址，隐约可见周夏民族之间的某种联系。伴随出土的有农具和规模惊人的窖仓群，足证周以农立族、发祥漆渭之会的传说不妄。

后稷子不窋末年，"夏后氏政衰，去稷不务，不窋以失其官而饹戎狄之间"①。这是周族为逃避与夏王朝之间矛盾冲突而向关中西北部豳地的一次大迁徙。豳土当时未开，为戎狄游牧之地，其农业条件远不及有邰。但迁豳不过三世，至后稷四世孙公刘时，又重振祖业，大兴农耕。公刘遍察邠地山水原隰，按阴阳寒暖和泉流分布规划农田，凭借日影测定土地方位，勘定田地之疆界。在他的率领下，周民"务耕种，行地宜，自漆、沮度渭，取材用，行者有资，居者有畜积，民赖其庆。百姓怀之，多徙而保归焉"②。周族居邠500余年，锐意垦拓，苦心经营，开辟了一个地广而财富、德行而民众的局面。但是，周族因农治豳的成就，引起北境熏育、戎狄等游牧族本能的抵抗，农牧争地矛盾愈益尖锐，终酿成战争。周族多次以财物羁縻息事，但始终不能满足异族的食欲，无奈在古公亶父时，举族南越梁山，再迁于岐山脚下。

岐山之下，"周原膴膴，堇荼如饴"③，确是一个宜农的所在，周人因祸得福，从此便找到发迹的根据地。古公亶父善抚同族，优待归附部落，四方民众争相入周境。古公全面治理周原，以农业振兴周族；周民筚路蓝缕披荆斩棘，荒芜周原尽辟成良田沃壤。《诗经》有追述周原大开发时的诗句："作之屏之，其菑其翳。修之平之，其灌其栵。启之辟之，其柽其椐。攘之剔之，其檿其柘。"④周民族又大兴土木，营建宫室、宗庙、大社，强化本族政教建设。在周原腹地岐山凤雏村，考古人员发掘了一组先周大型建筑群遗址。史学家认为，居岐时的周族已经建立起奴隶制政权，凤雏建筑遗址可能就是其政治机构的所在。周人后来多尊古公亶父为"太王"，伐商的基础正是太王时代奠定的。

文王昌系古公之孙，继承先祖传统，尚农勤俭，甚至穿普通人的衣服亲自下田劳作，并以更大的魄力拓疆开发。先是由北向南，扩展到"岐山之阳"，再推广到"渭水之物"，整个关中西部台塬和渭河谷地皆在垦辟之中。渭河谷地今称三道塬，系渭水长期冲淤而成。周人开发之前，沼泽遍布，灌草丛生，古称沮洳之地，《诗经》谓之"隰"。开发隰区关键在于排水，没有精良的工具和足够的导水知识，断不能在这里搞农业。文王时周族农业开发不仅由"原"下"隰"，而且沿着渭水两岸，自西徂东，节节推进。这表明周排水技术和生产力均达到一定水平，后来盛行于西周的沟洫排水设施，可能在这一时期就已经具有了相当的基础。

---

① 《史记》卷四《周本纪》，第112页。
② 《史记》卷四《周本纪》，第112页。
③ 《十三经注疏·毛诗正义》卷十六之二《大雅·绵》，第984页。
④ 《十三经注疏·毛诗正义》卷十六之四《大雅·皇矣》，第1021页。

文王威德并施,以坚实的农业为后盾,战败戎狄等族,翦灭附近敌国,其势力发展到江汉流域,史称"三分天下有其二"。文王威望很高,邻国间有事端常请他决断,地处今山西平陆的虞与今陕西大荔的芮争地,请文王评理,双方进入周境后,见周民耕地相互让畔,遂自惭形秽,从此不再争长竞短。由此看,周的农业经营已经达到关中东部地区。在伐崇(今陕西鄠邑)成功后,周族大本营再迁至渭河以南的沣水西岸的丰邑,后来周武王再迁于沣水东岸的镐京,丰镐共为周的政治中心。

武王克商,我国历史进入西周王朝统治时期,其强盛时势力南逾长江,北至辽东,西起甘肃,东达于海。西周王畿由周宗室直接统治,文武百官和大小贵族采邑多置于关中,自然全力经营,关中是全国政治、经济、文化中心。关中东部是通往成周洛邑,并达于东、北、南方的必经要道,农业开发在这时期日益深入。以镐京为中心的渭河两岸,地形开阔,为西周经济的主要基地。周初有鉴于商之教训,及时调整生产关系,"分土封侯",加强奴隶制统治,同时重视发展生产力,大力倡导农业。周公姬旦郑重告诫天下,"先知稼穑之艰难,乃逸,则知小人之依",不可"淫于观、于逸、于游、于田"①。周天子在关中王畿亲自"藉田",以示重农,并立为一种严格的礼制,每年春天要举行耤田典礼,动员诸侯百官率领农夫,不失时机地春耕播种。《诗经·周颂》保留成王耤田的乐歌:"噫嘻成王,既昭假尔,率时农夫,播厥百谷。骏发尔私,终三十里,亦服尔耕,十千维耦。"②再现了成千上万农奴在公私土地上,春耕大忙的热火朝天的劳动景象。成康之世,西周奴隶制度和农业经济达到高峰。在王朝政权机构中,有农师、农正、农大夫等职官专司农业。周代殉葬奴隶比商代减少,大量的战俘奴婢被迫从事农业生产。通过这种大规模集体劳动,西周奴隶制取得较前更为发达的生产力。铜器作农业生产工具,这种情况并不普遍,但少量的青铜农器和不断萌芽发生的传统耕作栽培技术的出现,对西周农业有极大的推进作用。农业生产率和产量较原始农业大大提高,《诗经·甫田》记周畿谷场粮仓堆垒的黍稷稻粱"如茨如梁""如坻如京"③。以山梁丘陵比喻粮食积蓄,这种丰收情景在以往的确是极为罕见的。井田制是西周奴隶制农业经济独具特色的创造,既是一种土地规划和利用形式,又是土地经营和剥削制度,集中体现了西周奴隶社会生产关系。它通过"公田"和"私田"的划分,调整规定了奴隶主对奴隶的剥削关系,解决了西周社会经济中的各种复杂问题,既维护强化了奴隶主的统治,又使奴隶能维持自身再

---

① 《十三经注疏·尚书正义》卷十六《无逸》,第 429、435 页。
② 《十三经注疏·毛诗正义》卷十九之二《周颂·噫嘻》,第 1318—1319 页。
③ 《十三经注疏·毛诗正义》卷十四之一《小雅·甫田》,第 844 页。

生产。井田制的贯彻在全国极不平衡，但在关中王畿之地推行最有力，《诗经》中很多篇章记载了奴隶在公私田地劳动的情形，西周井田在关中确实一度起到促进农业生产的作用。

自昭王起，周与西北各地少数民族关系紧张起来，多次发生战争。对周骚扰最多的是北狄和西戎，其二时常从陕北黄土高原和泾渭河谷长驱直入关中腹地，威胁周都镐京。凭借周初积蓄的国力，昭、穆王时代尚能保持主动地位，特别是周穆王更具实力。相传他屡次击败戎狄寇犯，还冒险远游西北各地，直达昆仑山西王母国。此事见于战国成书的《穆天子传》，其带有浓厚的小说意味，不可尽信为史。唯可说明西北与内地交通已辗转相通，彼此商业贸易在民间进行，各民族的文化在相互交流，从而演义出周穆王游历西北的各种奇异见闻。穆王以后，西周统治衰弱，奴隶主与奴隶间的矛盾日益尖锐，终于酿成厉王时国人暴动。后来虽有周、召二公共和支撑，复经宣王中兴，仍难扶持摇摇欲坠的西周政权。宣王功业主要是抵御外族入侵，特别是对黄土高原北部猃狁的多次战争。后来宣王派南仲领兵驱敌于河套，并在朔方筑城防御。《诗经·出车》记述了宣王和南仲的功绩："天子命我，城彼朔方。赫赫南仲，猃狁于襄"①，这是西周在西北较远的一次开拓。然而宣王在内政方面，特别是农业经营上却是失败的，连年用兵导致国力耗损殆尽，但宣王不敢对百工商贾加重剥削，便把沉重的军费转加在农夫身上，甚至采取赤裸裸的"料民"政策，不详细查点户口，加重农夫负担。这时井田制式微，宣王"不藉千亩"，连粉饰性的劝农仪式也懒得参加。农政的荒废，必然孕育着政治的危机。周幽王继位，更加昏庸暴虐，泾渭上游的犬戎乘虚而入，兵围骊山。幽王宠幸褒姒，失信于诸侯而得不到援助，被杀身死。平王承危继统，但实在无力反击犬戎，更无法继续在旧都主政，终于在公元前772年，由贵族和诸侯护驾，迁都洛邑。关中失都，不仅自身政治地位一落千丈，而且对西北各地经济文化都有影响。这种衰落局面，直到后来经秦人长期奋斗才得以扭转。

三、传统农牧技术的出现

随着农业的发展，传统的农牧技术逐渐出现。最迟在西周时，位于西部地区的关中平原上就出现了围绕井田的水利系统。从考古资料和文献记载来看，西部水利的兴起是与西部农业的发展息息相关的。西部农业起源于关中地区的渭河流域，这一地区气候温

---

① 《十三经注疏·毛诗正义》卷九之四《小雅·出车》，第600页。

暖，土壤肥沃，植被茂密，水源丰富，具有得天独厚的自然条件。

西部地区的农业在西周时期得到飞速发展，究其原因，一方面是由于统治者的重视，另一方面则与实行井田制有关。周族以农业而著称于世，自周文王以来，西周的统治者往往以重农为己任，每年春天都要举行耤田仪式，以督促农业生产。《诗经·周颂》生动地记载了周成王耤田的场面①。井田制是商周时期的一种土地制度。这种制度对水利问题有具体的规定，即在井田上必须修建沟洫。所谓沟洫，也就是井田上的排灌系统，由畎、遂、沟、洫、浍等大小渠道组成。积水渗入畎、遂，然后流入沟、洫，再从浍中排出大田。西周时期实行井田制的地方，主要是"宗周"王畿所在的关中西部以及"成周"所在的伊洛河平原。当时关中西部的周原一带是最主要的农业区，那里的水环境与现在迥然不同，不是干旱之地，而是沼泽众多、灌木丛生的"沮洳之地"。所以这里修建在井田上的沟洫主要用来排水，有时也用于引水灌溉②。排水与灌溉方法不同，但目标一致，都是为了调节水土矛盾，以提高粮食产量。由于资料缺乏，我们现在已经无法弄清西周时期在西部地区开辟了多少井田，修建了多少沟洫，但起码应当肯定，当时在关中西部地区修建了不少沟洫。这些沟洫的存在，在一定程度上保证了西周农业的发展和国力的强盛。

四、传统手工业的发展

西周是中国王制时代的鼎盛时期，创造了高度发达的青铜文明。从文献记载和考古资料来看，西周的手工业比商代有明显的进步。西周的手工业可分为官府手工业和民间手工业，官府手工业占据主导地位。官府手工业的工匠，称为"百工"，《国语·晋语》说："工商食官"③，表明工匠完全是隶属于官府的，都是官府的奴隶，这些专业工匠为奴隶主生产着各种产品。关于西周手工业所用工具，过去没有记载，1975年陕西宝鸡市茹家庄西周墓葬出土的青铜器，有铜斤6件，铜斧2件，铜凿1件，这些青铜器工具可能是手工业生产工具④。

西周时期，青铜的冶炼、制造在商代的基础上有了进一步的发展，比商代更加发达。武王灭商时，俘获了许多熟练技艺的手工业奴隶，这促进了周人青铜器手工业的快速发

---

① 《诗经·周颂·噫嘻》："噫嘻成王，既昭假尔，率时农夫，播厥百谷。骏发尔私，终三十里，亦服尔耕，十千维耦。"
② 张波：《西北农牧史》，西安：陕西科学技术出版社，1989年，第45页。
③ 上海师范大学古籍整理组校点：《国语》卷十《晋语四》，上海：上海古籍出版社，1978年，第371页。
④ 田培栋：《陕西通史·经济卷》，西安：陕西师范大学出版社，1997年，第6页。

展；到康王以后，西周的铜器才显示出自己的风格和特色。周天子和关中地区的诸侯乃至一般的贵族，都拥有数量不少的大小铜器制造作坊，分布在关中各地，西周时所制造的青铜器数量也远远超过商代。历来发现的西周礼器、用具、兵器、工具、饰物，数量也是十分可观的。1975年5月，陕西临潼零口公社南罗生产队在村南发现西周竖穴土坑墓一，取出一批器物，铜礼器十三件：鼎四件，鬲一件，中甗一件，弦纹簋二件，夔龙纹盉一件，贞盘一件，鸟纹提梁卣一件，窃曲纹盉一件，鸟纹尊一件；车马器三十六件：车軎二件，车辖二件，马冠四件，兽面饰一件，夔龙形饰两对，兽首络饰三件，凵形饰一件，山形饰六件，马镳一对，十字形节约五件，銮铃四件，铜铃一件，铜管一件①。1976年3月，考古工作者又在临潼县零口镇发现60件西周青铜器；同年12月，在扶风县的一个西周青铜器窖中发现103件青铜器；2003年1月，又在陕西眉县杨家村的一处窖藏中发现27件西周青铜器。从考古出土的实物来看，西周青铜器不仅数量多，分布地域广泛，而且与商代相比，西周青铜器具有明显的特色：一是青铜器的实用性增强，酒器减少，礼器、食器、兵器、工具等增多，器形也由华丽厚重趋向简单轻巧；二是青铜器的纪念性增强，器物上的铭文增多，且内容广泛，字数增多。

西周的丝织业也有了新的发展。我国是世界上最早饲养蚕和织造丝绸的国家，在4000多年以前就已经有了发达的蚕丝生产。到了西周时期，种桑养蚕在关中、四川等西部地区得到了蓬勃发展。关中平原已普遍种桑养蚕，桑林成片，养蚕织丝成了妇女的副业。西周初年，豳地(今彬县、旬邑一带)已普遍种桑养蚕和织帛，《诗经·豳风》中就有这样的记载："春日载阳，有鸣仓庚。女执懿筐，遵彼微行，爰求柔桑。春日迟迟，采蘩祁祁。……七月流火，八月萑苇。蚕月条桑，取彼斧斨，以伐远扬，猗彼女桑。七月鸣鵙，八月载绩；载玄载黄，我朱孔阳，为公子裳！"②这些诗句描写了关中地区的劳动人民从春天到八月整个采桑、育蚕、作茧、织丝、做衣的全过程，说明西周初关中蚕桑生产已达到一定的水平。在考古发掘中，人们也发现了不少西周时期的丝织品实物残迹，如岐山贺家村西周墓葬中，出土的红色丝织品残迹每平方厘米经纬分别为22和26根；出土的黄土色丝织品残迹，每平方厘米经纬各30根；还有白色丝织品残迹，每平方厘米经25根、纬30根。经鉴定这些丝织品属于家蚕吐丝，在清洗过程中加入碱性物质；又在此地发现刺绣，而且刺绣印痕上附着红、黄、褐、棕四种颜色，残痕中红、黄两种特别鲜艳，推测红色是涂上的辰砂，黄色是涂上的黄石，这些是现知最早的着色织物。除

---

① 赵康敏：《临潼南罗西周墓出土青铜器》，《文物》1982年第1期。
② 《十三经注疏·毛诗正义》卷八之一《豳风·七月》，第494—497页。

此之外，在凤雏西周房基内还出土了一件雕刻精美的玉石蚕蛾，在齐家西周墓葬中也出土了不少玉蚕。这些玉蚕蛾、玉蚕的雕刻，也反映了当时关中地区养蚕业的发达①。

西周时期的漆器制作也更为精致。我国漆器制作历史悠久，早在4000多年前的虞夏时代就已生产了②。西周时期，人们更加重视漆树和桐树的栽培。如《诗经·鄘风·定之方中》："椅桐梓漆，爰伐琴瑟"③，《考工记》："漆也者，以为受霜露也"④，这些记载说明西周时期已大量用漆涂饰车辆，兵器的把柄，日用几案、盘、奁，以及乐器、棺椁等物。1976年至1978年夏，考古工作者在岐山贺家村周围和齐家村等地发掘的百余座西周墓葬和车马坑中，出土了大量的漆器、漆片残迹，其中有棺椁上的漆皮、木器上的漆皮、车马饰上的漆皮等，这些西周漆器彩绘包括红、黄、蓝、白、黑五种基本颜色和各种复色，所用颜料大概是朱砂、黄石、雄黄、红土、白土等矿物性颜料和蓝靛等植物性染料；扶风黄堆云塘西墓葬出土有似盒、豆等的漆器，腹壁饰蚌泡，并绘有彩色的饕餮纹；长安张家坡西周墓地出土3件器形相同的漆豆和一件漆罍，漆罍红褐色的外壁有用小蚌片镶拼的图案，中央似为一大圆圈，周围有卷云纹等，可能是罍一类较大型的漆器⑤。从这些出土器物来看，西周时期的漆器多用木胎、皮胎和夹纻胎（用麻布）等胎型。

西周时，制陶业也比商代有了进一步的发展，还出现了原始瓷器的烧制。瓷器和陶器虽有本质上的区别，但烧制过程却是相似的，在一定程度上来说，制瓷工艺源于制陶工艺。早期一些敷釉的陶器在外观或成分等方面兼有陶和瓷的某些特点，故而被称为"釉陶"或"原始瓷器"。西周时，烧制的釉陶已接近于瓷器，在考古发掘的西周建筑遗址和墓葬中就发现有为数不少的原始瓷器。譬如，周原岐山凤雏村西周建筑基址中就曾出土了一批陶器，其中瓷豆有3件，均暗灰色胎，坚硬细腻，器物内外施黄灰色薄釉，晶莹明亮；瓷罍1件，质地与瓷豆同，器物内外施青灰色薄釉⑥，专家鉴定认为已具有瓷器的特点，这是周人在制陶技术不断发展的基础上创造的。另外，在扶风召陈西周建筑群基址也出土了2件原始瓷器，簋、罐各1件，其中簋直口，深腹微鼓，矮圈足，胎色青灰色，釉色青色，腹部釉下有拍印的麻布纹；罐敛口，无颈，长斜肩，折腹，矮圈足，

---

① 《陕西通史·经济卷》，第17—18页。
② 《韩非子·十过》中载有："尧禅天下，虞舜受之，作为食器……流漆墨其上。"《尚书·夏书》也记载："济河惟兖州……厥贡漆丝。"说明禹时已把漆列为贡品之一了。这些记载也已为各地的考古发掘所证实。
③ 《十三经注疏·毛诗正义》卷三之一《鄘风·定方之中》，第196页。
④ 《十三经注疏·周礼注疏》卷四十二《冬官考工记下·弓人》，第1172页。
⑤ 中国社会科学院考古研究所编著：《张家坡西周墓地》，北京：中国大百科全书出版社，1999年，第307—310页。
⑥ 陕西周原考古队：《陕西岐山凤雏村西周建筑基址发掘简报》，《文物》1979年第10期。

肩上有数道弦纹，胎色青白色，釉色青色，有裂纹①。1954年在陕西长安斗口镇普度村发现一座西周墓，随葬有22件陶器，4件豆，其中1件豆(19号)属于原始青瓷，浅盘，口沿微内敛，折肩，圈足，口沿有一道微突的弦纹，内外施青釉，并有细小开片，无剥落，表面不圆整②。1984年，长安沣西大原村发掘了18座西周墓葬，其中M304 馆内放置有原始瓷器③；长安张家坡西周井叔墓中出土了浅盘矮圈足豆形的原始瓷器④；岐山贺家西周墓出土了1件原始瓷豆，浅盘，沿微内敛，上有三周凹纹，喇叭形矮圈足，胎色为白色，除圈足内、通体内以外施浅灰绿色釉⑤。1980年，扶风黄堆老堡发现了3座西周时期的残墓，其中一座出土11件原始瓷器，包括8件豆，2件罍，1件碗，豆类器型较为相似，圆唇，盘壁外饰几道凹弦纹，短柄，喇叭形圈足，胎色青白色，釉色豆绿色，分布均匀，有玻璃质感，敲之有金属的清脆声⑥，该墓出土的原始瓷应是陕西地区出土数量较多的，器型也最为完整，制作水平较高。2004年10月至2005年5月，考古工作者对陕西岐山周公庙遗址凤凰岭陵坡墓地进行了发掘，其中在两座墓的盗洞中发现了数量较多的属于西周中期以后的原始瓷片，主要器型有豆、尊、罍等10余种，完整器10多件，其中1件原始瓷圈足器的外底刻有5字，可辨"白宫"二字，其意不明，年代约在西周中期以后⑦。1974年，在宝鸡发掘的西周弓鱼国墓葬，其中茹家庄一号墓出土3件原始瓷(1件罐，小敛口，沿外侈，短颈，腹中部圆鼓，下腹收，小平底，颈部有凸弦纹一周，肩部有两提系，腹部釉下有拍印方格纹，釉色青灰色，罐体部分釉层剥落，2件豆，均束腰、圈足，釉色青白色)、纸坊头一号墓出土1件原始瓷罐(敛口双唇，口沿内敛，腹中部圆鼓，下腹急收成尖圆形，加小平底，胎质密实，胎色青白色，通体施黄绿色青釉，釉层厚薄不均，釉下可见麻布纹痕)⑧。1994年，考古人员在阳平高庙村西周墓发现了2件原始瓷豆，一件胎色白中泛青，釉色豆绿，玻璃质感较强，另一件豆盘外壁饰弦纹⑨。2003—2004年，考古人员发掘了扶风庄李西周墓26座，其中M9二层台上出

---

① 陕西周原考古队：《扶风召陈西周建筑群基址发掘简报》，《文物》1981年第3期。
② 陕西省文物管理委员会：《长安普渡村西周墓的发掘》，《考古学报》1957年第1期。
③ 中国社会科学院考古研究所沣西发掘队：《1984年沣西大原村西周墓地发掘简报》，《考古》1986年第11期。
④ 中国社会科学院考古研究所沣西发掘队：《长安张家坡西周井叔墓发掘简报》，《考古》1986年第1期。
⑤ 陕西省博物馆等：《陕西岐山贺家村西周墓葬》，《考古》1976年第1期。
⑥ 罗红侠：《扶风黄堆老堡三座西周残墓清理简报》，《考古与文物》1994年第3期。
⑦ 徐天进：《周公庙遗址的考古所获及所思》，《文物》2006年第8期。
⑧ 卢连成、胡智生：《宝鸡弓鱼国墓地》，北京：文物出版社，1988年，第1—984页。
⑨ 宝鸡市考古工作队、宝鸡县博物馆：《宝鸡县阳平镇高庙村西周墓群》，《考古与文物》1996年第3期。

土 2 件原始瓷豆，形制、纹饰相似，沿外施凹弦纹，器表施青釉①。2011—2012 年，扶风姚家清理了 44 座西周墓，在一些中型墓中出土有原始瓷簋、觯、尊②。西周墓葬、建筑遗址中出土的大量原始瓷器表明，西周的陶器制造业已经有了巨大的发展，是我国陶瓷史上的一个重大进步。

车辆是重要的交通工具，先秦时期车还被用于战争。西周时的车辆制造业已十分复杂，分为许多道工序，是一项综合性的手工业。从许多西周时期墓葬中的车马坑来看，西周时车辆的结构虽承继了商制，但多少还是有所改进的。西周的车由辕、轮、衡、轭、舆几部分组成，各部分以木为主，以铜制配件，靠胶筋漆革加固，要求有很高的工艺水平。车辆的主要动力是马拉，不同等级身份的人所乘车辆的拉车马的数量也各不相同。《宋书》云："天子驾六，诸侯驾五，卿驾四，大夫三，士二，庶人一。"③根据《考工记》记载，车轮由轮人制造，车厢由舆人制造，车辕由辀人制造，其中车轮尤为重要，所谓"察车自轮始"④，车轮又由毂、辐、牙三部分构成，毂的作用在于"利转"，辐的作用在于"直指"，牙的作用在于"固抱"，其制造要求非常严格，所使用的木材都要经过精心挑选，牙要求极其圆，辐要求极其直，毂要求极其紧。工人从实践中了解到，木材的阳面纹理细密就坚固，木材的阴面纹理稀疏就柔软，因此伐木工人事先要标出木材的阴阳面，使用时要用火烤木材的阴面，使其坚硬度达到与阳面一样，这样可以避免以后柔软的那一面因风干而受损，从而影响皮革胶筋的加固作用；辐数 30，用同一间隔安装在毂与牙的中间，不但要求接榫坚牢，直接皆中绳，而且要求每一条辐的大小、轻重都一样，所谓"揉辐必齐，平沈必均"⑤，这无疑需要有高超的技术；牙用木板构成。车轮做成之后，不但要求其圆中规，而且要求"外不廉而内不挫，旁不肿"⑥。1975 年，宝鸡市茹家庄西周墓出土的文物中有铜制车马器 100 余件，其中有车軎和车辖（辖端键也）及其他轴饰⑦；长安县沣西张家坡发现西周时期的车马坑，有几座保存得比较完好，坑中埋有 1 辆车、2 匹马，最多的有埋 4 辆车的，每个车马坑大都有 1 名殉葬的舆夫。这些对于我们了解西周的车制和各种马具是重要的参考资料，由此可见西周时期关中地区车辆制造业的发达。

---

① 周原考古队：《陕西扶风县周原遗址庄李西周墓发掘简报》，《考古》2008 年第 12 期。
② 陕西省考古研究院：《2012 年陕西省考古研究院考古发掘新收获》，《考古与文物》2013 年第 2 期。
③ 〔南朝梁〕沈约：《宋书》卷十八《礼志五》，北京：中华书局，1974 年，第 495 页。
④ 《十三经注疏·周礼注疏》卷三十九《冬官考工记》，第 1067 页。
⑤ 《十三经注疏·周礼注疏》卷三十九《冬官考工记》，第 1075 页。
⑥ 《十三经注疏·周礼注疏》卷三十九《冬官考工记》，第 1077 页。
⑦ 宝鸡茹家庄西周墓发掘队：《陕西省宝鸡市茹家庄西周墓发掘简报》，《文物》1976 年第 4 期。

除了西北地区的关中平原之外，西南地区成都平原继三星堆文化之后，古蜀国又出现了以金沙遗址和十二桥遗址为代表的新文化，它们的年代正与中原地区的商代晚期到西周相吻合，绝对年代大约在公元前1200—公元前600年。2001年年初，成都金沙遗址发现有大型建筑基址、祭祀区、一般居住址、大型墓地等遗迹，并出土金器、铜器、玉器、石器、象牙器、漆器等珍贵文物5000余件，还有数以万计的陶片、数以吨计的象牙以及数以千计的野猪獠牙和鹿角，这些都是当时古蜀国手工业生产的产品或者原料。其中，仅青铜器就发现1200余件。金沙遗址已出土的铜器大多为小型器物，大型铜器仅存部分残片。根据初步观察，这些青铜器铸造工艺技术仍沿袭三星堆时期的传统技法，多为一次性浑铸，有些器物可能是先分段铸造，然后再浑铸为一体，或采用附件、主体分铸之法，然后再将附件插入主体焊铆固定而成形，多双面合范而成。然而铜器的铸后加工手段较为先进，许多范缝都经过打磨，有的器物表面甚至经过抛光处理。绝大部分小件铜器应是一次性铸造而成，都不能独立成器，应是其他器物的附件或立体的装饰，要与别的器物粘合在一起，还要通过铸接、焊接、预铸等技术与主体结合为一体来完成；在装饰技法上主要有墨绘、穿孔、立体装饰、铸纹、镶嵌等[①]。金沙遗址还出土了大量的尖底陶器，主要有尖底盏、尖底杯、尖底罐三大类。其中据不完全统计，各发掘地点介绍的尖底盏有96件，其形制可分为两类：一类为口沿外侈、束颈、上腹圆转折、下腹内收成尖底，一类为敛口、上腹圆转折、下腹内收成尖底。尖底杯大约有30件（一些仅存底部而不能确认为尖底杯者未统计在内），形制分为三种：一是大口外敞、腹部分为两部分、上部斜直、下部内收成为尖底，二是口微敛、腹部微弧逐渐内收成尖底，三是口微敛、上腹部微弧、靠近底部转折内收、形成下腹、折棱明显、有些转折处有明显的凸棱、呈尖底。尖底罐出土较少，仅12件，形制分为五型：(1)直口、矮直领、圆肩鼓腹、最大径在腹上部、下腹圆弧内收、近圜状不对称尖底，(2)口沿外卷、高领微曲、圆肩鼓腹、下腹斜向内收、小平底或圜状底、肩上有对称双耳，(3)口沿外卷、领比2型矮、圆肩鼓腹、下腹弧向内收、呈不对称乳突状尖底，(4)直口、直领较高、斜肩、鼓腹略下垂、下腹斜向内收成尖底或圜状底，(5)盘口矮领、圆肩圆腹、下腹急向内收成小平底[②]。这些反映出当时西南地区的青铜铸造、制陶等手工业也已有了较大的发展。

---

① 王方：《金沙遗址出土青铜器的初步研究》，《四川文物》2006年第6期。
② 宋治民：《蜀文化尖底陶器续论——兼谈成都金沙遗址的时代》，《四川文物》2005年6期。

五、传统畜牧兽医技术萌芽

西北传统畜牧兽医技术发生较为迟缓，其内容远不及农业技术丰富多样。但是必须看到，周代西北畜牧兽医技术也逐渐脱离原始形态，萌芽出具有传统因素的技术措施。在戎狄等族占据的广大牧区，游牧业普遍兴起，牛羊成群，马匹结队，其中必然有相应的技术措施。可惜当时游牧族自身"无文书"，周代文献所记异族事迹简略，畜牧兽医之法难以考知，后人从《史记》《汉书》追记匈奴族早期优良畜种等事，仅能大致窥知西北游牧业的技术水平。戎狄、匈奴之畜，马匹最为精良，周王朝因此马壮兵强。匈奴新驯育的畜种有驴、骡、骆驼、駃騠、牦牛等，其中骡和駃騠是马、驴种间杂交所生优良品种，在家畜育种史上具有令人惊异的地位，这些特殊畜种在农区尚不多见，故人们称之为"奇畜"。正是这些奇畜和原始时期驯化的六畜，构成西北地区家畜的基本种类。西北农区畜牧所占比重不大，却能与种植业紧密结合，经营方式日趋细致周密，传统畜牧兽医技术相继萌芽。《诗经》等先秦典籍对此虽无专门记载，但在零词散句中仍不时显露出畜牧的端倪。所以这一阶段记述以农区畜牧为主，至于牧区畜牧技术，有待下一个历史阶段有丰富资料后再做记述。

精细的饲养来源于人们对畜牧业的认识和重视，这是传统畜牧兽医技术的发展基础。周秦素重农耕，然从未放弃畜牧经营。相传后稷时的有邰之乡，常是牛场结群，出入隘巷，公刘在邠置槽筑圈，倡导圈养舍饲。周文公曾"乘鞭作牧"，对于放牧之事身体力行。西周之世，重牧爱畜风气益盛，周人不滥屠宰，祭祀用牲不过两三头；而殷人每祭少则几十头，多者可达数百头。西周完全进入"服牛乘马"时代，马牛两大家畜多用于精驮车载，战争、生产、生活均离不开畜力。《周礼》记载政府设有掌管畜牧的机构，马、牛、羊、鸡、犬五种家畜均立有专官，督导畜牧生产。可见，周代传统的重牧思想已经基本确立，牧政建设也有了一定基础。

周代畜牧仍是圈养和放养两种基本畜牧形式，与原始时期相比均有很大进步。畜圈不尽是简陋的露天围栏，随着农牧结合和畜牧的适度经营，大小家畜多数进入室内饲养。《诗经》中的"乘马在厩"①"执豕于牢"②，表明家畜已按类分圈，且畜圈各有专称，从"厩""牢""家"等字样也可看出，农区畜圈已是带屋顶的房舍，有的甚至直接养在家中，成了真正的"家畜"。家禽也多饲养在家院，且有专门栖居之所。西周的禽舍有"埘"和

---

① 《十三经注疏·毛诗正义》卷十四之二《小雅·鸳鸯》，第866页。
② 《十三经注疏·毛诗正义》卷十七之三《大雅·公刘》，第1116页。

"桀"两种，前者是凿挖墙洞筑成的鸡窝，至今沿用，后者是在墙角横架层层木棍，今关中人称为"鸡架"。其实"桀""架"二字形音义相近，"鸡架"就是古时的"鸡桀"。畜房禽舍为家畜提供温适干净的场所，可防止疾病传染，同时便于依照各类禽畜习性精心饲养。家畜饲养精细化集中体现在饲料的细加工和草料的搭配饲喂，因为这样可以合理提供给家畜所需的各种营养。周代有专门为牲畜采割的刍草，喂时必先把饲草切碎，附加以粟米之类的精料。如《小雅·鸳鸯》诗中所说的"摧之秣之"①，既有利于家畜对草料的消化吸收，又能获得比较全面的养料。难得的是此法先用于饲马，马原是草食动物，周人想到于马草中加入秣料，无疑是一个大胆的尝试和科学的发明创造，粗精饲料搭配喂养的马匹自然体态雄健，膘肥力壮，能负重致远。后来农区喂牛羊，甚至是猪的肥育也采用加饲精料的喂养方法。

放养在周秦畜牧业中占有一定比重，王室、诸侯以至于卿大夫们的兵戎、祭祀、饮食所用大量牲畜，大部分属于群畜放养。《周礼》职官有牛人、羊人、圉人，分别掌牛、羊、马的畜牧，牧人则兼牧六畜。畜牧诸官所统徒众牧人六十，牛人二百，圉人多达数千，可见王室、诸侯放养以大家畜为主，尤重养马。饲牛养马所需成本高，饲草量大，只有统治阶级才能大规模经营，而一般庶民圈养多为小畜，马牛极少。这时期郊野辟有专供放牧的"牛田"和"牧田"，草场面积广大，并有一定的更新管理措施。例如孟春之月的"焚牧"，就是在放牧之前，先由"牧师"率人烧荒，除去牲畜不宜食用的小树、灌木及前年的陈草，以免影响新草的萌发和成长。西周畜群的规模相当可观，《小雅·无羊》记："谁谓尔无羊？三百维群。谁谓尔无牛？九十其犉。"②羊以三百结群，牛以花色分类，仅黑唇黄牛就有90头，在当时畜牧中确实是不算小的群体了。同诗中还详细记述了周代牧人放牧的情景，在先秦文献中实属难得，不妨摘要释记如下：放牧人身披蓑衣，头戴竹笠。渴饮小溪流水，饥食自带干粮。困倦时和衣而睡。牧手训畜有方，手鞭一挥，牛羊招之即来，叫爬山就爬山，让下沟就下沟，能上山坳陡坡觅草，自找河谷泉池饮水。牛羊膘肥体壮，群无弱性病害，个个配得上祭祀。通过这段"放牧图"式的记述，可见周代放牧方式和后来农区放养牛羊的情形大体相同，西北传统放牧形式和技术在3000多年前就初具雏形。

畜牧本身是动物性生产过程，饲养技术直接关系家畜个体的发育，即畜产数量的增减；而繁育技术则决定着家畜品种的优劣和群类的兴衰，与畜产质量、数量都有密切关

---

① 《十三经注疏·毛诗正义》卷十四之二《小雅·鸳鸯》，第866页。
② 《十三经注疏·毛诗正义》卷十一之二《小雅·无羊》，第692页。

系。周代，西北传统的畜牧业能有一良好开端，新增加了许多重要的畜种及优良品种，究其原因，既得益于上述饲养措施，更得益于当时出现的许多独特有效的家畜繁育技术。其中最主要的就是颁马、执驹、攻特等重要措施。所谓"颁马"，即将公畜和母畜分开饲养。《无羊》诗中的"以雌以雄"①，就暗示着周人已注意到牝牡分群分舍，有利于家畜生长繁殖，特别是对孕畜和幼畜的保护。《周礼》中校人、庾人掌管执驹之职。因为幼畜气血未定，杂牧于牝马之间必然滥肆交配，因而需要严加隔离。周代重视执驹，每年举行隆重典礼。1956年陕西省眉县李家村出土的"驹尊"铭文便载有这一仪式，与《周礼》所记执驹之礼完全相同。所谓"攻特"，即对公马施行去势手术，对象自然是那些不宜留种的马；去势之后的公马更宜骑乘驭挽，且可免其不良性状在后代遗传。通过淘汰后选留下好的公马作种马，培养出优良的马匹品种。周代已有了"种马"的概念，《周礼》校人所分六等马中，"种马一物"位居第一②。同时还讲到公母存留定要"特居四之"，即牝牡马的存留比例为三比一。庾人之职还有"佚特"一说，要求公母配种役使均不能过度致其劳累，否则其所生后代品质低劣。攻特在周代同样用于其他家畜，《周易》中有"豮豕之牙"句③，这种猪即阉割之后的猪。阉猪不但能汰劣存优，而且使得豮猪性情温顺有利于肥育。上述传统畜牧技术的萌发，尤其是家畜选种繁育技术的出现，归根结底是畜牧者长期实践中对家畜性状认识不断深化的结果。早期人们从经验性的认知方式出发，通过观察家畜的外部形态，如毛色、体形、外部器官等，评价其高下优劣，逐渐积累起丰富的经验。这种观察已有了相当准确性，基本达到经验科学的高度，古人称之为"相畜术"，是我国最早的家畜外形学。相畜术发明于周代，《周礼》有"马质"之官，以分别马的优劣等级和评定马价为职；而分级定价标准，当时也只能以马的外形为依据。由此可见相畜作为西北传统畜牧科学技术中的独特领域，在周代曾得以充分发展。

兽医是防治家畜疾病、发展畜牧的重要保证。兽医的起源久远，据说最早的兽医是黄帝时代的马师皇，擅于医治牛马疾病，被尊为我国兽医始祖。但是说到底，兽医仍是劳动人民在长期畜牧生产中的创造。当神农"尝百草之滋味……一日而遇七十毒"，医方兴焉④，原始先民就积累起医学知识，保护自身健康。家畜既为人所饲养，同样也会得到原始"医学"的保护。正因有这个原始传统，在我国古代人医与兽医长期合而不分。

---

① 《十三经注疏·毛诗正义》卷十一之二《小雅·无羊》，第694页。
② 《十三经注疏·周礼注疏》卷三十三《地官·校人》，第859页。
③ 《十三经注疏·周易正义》卷三《大畜》，第121页。
④ 何宁撰：《淮南子集释》卷十九《修务训》，北京：中华书局，1998年，第1312页。

"兽医"一词最早的文献记载见之于《周礼·天官》，其职文说："兽医掌疗兽病，疗兽疡。凡疗兽病，灌而行之以节之，以动其气，观其所发而养之。凡疗兽疡，灌而劀之，以发其恶，然后药之，养之，食之。"[1]今用现代科学分析这一宝贵的资料，便可以清楚地看出当时兽医已有内外科之分。内科治疗畜病的方法是先灌药物，然后拉着病畜缓慢走动，使药力散布其全身，还要根据病情采用不同的养护措施。而外科畜病，同样先服药物，再动手术剜除烂肉脓血，涂敷外用药物；并要加以调治和合理饲养，这正是传统中兽医的基本治疗方法和护理原则。所以可以肯定地说，西周时传统中兽医已经在西北萌发并成长起来。中兽医的出现，必然带来兽医知识的普及，《无羊》诗记，当时普通牧人也能根据牛耳燥湿判断牛是否染病，《诗经》中所见病态畜和畜病的名称很多，如骞、崩、疹掺、瘤疗、虺陨、玄黄等。农夫牧民似乎都略有一些认识畜病的常识和简单的防治经验。周代兽医自然会逐步传入临近的少数民族地区，唯惜缺乏文字记录，尚不能尽知中兽医早期在西北牧区传播的详细经过。

最后附带谈谈周代时期渔猎技术。这时期狩猎在农区生产中的地位大为下降，甚至已不再具有社会经济的补充作用，只是作为一种古老的生产方式部分残留下来。一般人仅借以调剂衣食之需，统治者更以此作为娱乐和战事训练，所以有时田猎的规模也很宏大。周天子有四时之猎，称为春蒐、夏苗、秋狝、冬狩，均有隆重的仪式，国家军队和乡遂之民都要出动参加围猎。为此还发明了专用的"田车"，狩猎者使用戈矛、弓箭等武器，必要时焚林火攻，驱赶野兽。从文献中看，天子打猎有专门的围观，古地面积广大，禁绝耕牧樵采。囿苑动物多半为野生，而周文王在丰京附近囿苑中似乎还有人工饲养的鹿。《大雅·灵台》记"王在灵囿，麀鹿攸伏，麀鹿濯濯……"[2]这些体肥毛光的母鹿安闲地伏在地上，见人也不惊慌，显然经过驯化。同一诗中还记"王在灵沼，于牣鱼跃"，可见灵囿池塘还养鱼，供王室贵族观赏，这是关于我国人工养鱼的较早的文献记载。

原始人捕鱼遗迹广见于西北新石器遗址，半坡、姜寨等地出土的鱼叉、鱼钩和彩陶上的各种鱼形图案是最好的见证。西周人食鱼的兴趣更浓重，《诗经》中关于陕西一带鱼的种类就有鳝、鲔、鳟、鲂、鲤、鳢、鳖等。《小雅·六月》诗"饮御诸友，炰鳖脍鲤"[3]，可见当时人最喜欢吃的鱼是鲤鳖，以之为节日和宴宾佳肴，陕甘人现在多半还是偏爱食鲤鱼。上述灵囿中养鱼供人们观赏，在沣西西周遗址有玉鱼和蚌鱼出土的报告，可见周

---

[1]《十三经注疏·周礼注疏》卷五《天官·兽医》，第117页。
[2]《十三经注疏·毛诗正义》卷十六之五《大雅·灵台》，第1043页。
[3]《十三经注疏·毛诗正义》卷十之二《小雅·六月》，第640页。

人确是非常爱鱼。《诗经》中记有当时各式各样的捕鱼工具和机动巧妙的捕捉法：一种是成网捕鱼，见之于《豳风·九罭》"九罭之鱼鳟鲂"①。九罭是设置于河渠中带有多囊的网，今日称"百袋网"，是为防鱼漏网，把许多小网连在一起捕鱼。另一种是筑梁设笱，见于《小雅·小弁》"无逝我梁，无发我笱"②。根据朱熹的解释，梁即拦水堰，而堰石穿有孔道；笱则是竹制的鱼篓，安置在梁的通道口上，鱼顺水游过时便被活捉。还有一种叫设潜诱捕，见于《周颂·潜》"猗与漆沮，潜有多鱼"③。潜，按朱熹说就是椮，即将薪柴树枝置于水中，鱼性喜隐集柴草下，便可围而捕之。西周的潜正是后来人工鱼礁的雏形，二者捕鱼原理方式均无大别。3000多年前西北出现这么多捕鱼方法，证明在西周时期人们对鱼的生活习性已比较熟悉，对于这一水生资源开发利用能力的提高，为传统渔业奠定了初步技术基础。

第五节
春秋战国时期西部地区生产力的发展

西周灭亡后，历史进入东周。人们在习惯上把东周称作春秋战国。春秋战国时期是一个礼崩乐坏的变革时代。旧的制度废弃了，新的制度逐渐确立。在这个过程中，秦人在西部的历史舞台上充当了重要角色。

一、秦人的崛起与迁徙

周都东迁后，秦人入主关中，影响及于西北大部，历时560年之久，于本区农业畜牧均有建树。

秦人原是黄河下游一古老的游牧部落，帝舜赐封为"嬴"姓。传说其远祖大费曾辅助禹平治水土，想必还能兼营农业。嬴姓氏族与殷人同以"玄鸟"为图腾，当殷商统治时小部分嬴姓人随之迁入黄河中游地区。周初因参与殷人叛乱，周公东征平叛后迫其举族迁于渭水上游的"西垂"之地。周孝王时非子"好马及畜，善养息之"，受命替王室"主马于

---

① 《十三经注疏·毛诗正义》卷八之三《豳风·九罭》，第533页。
② 《十三经注疏·毛诗正义》卷十二之三《小雅·小弁》，第753页。
③ 《十三经注疏·毛诗正义》卷十九之三《周颂·潜》，第1332页。

汧渭之间，马大蕃息"，孝王嘉其功，"分土为附庸，邑之秦"①，"秦人"之称由此流行。秦地在今甘肃清水县东，商、周文字作𦥑，像持杵舂谷之形，是个宜农宜牧地区。秦地原始农业发达，著名的秦安大地湾遗址正在此地。后来西域的少数民族在这里长期游牧，"畜牧为天下饶"，秦人邑于这个兼宜耕牧的所在，奠定了向东发展的基础。

秦为西周附庸，政治地位不高，然地处边陲，为拱卫周室的藩蔽，再加上秦人勤劳善畜牧，因此很得周天子的宠用。传说周穆王西游，特由秦造父御车，长驱西北一日可行千里。周孝王之后，周朝军马大部由秦人供给。西周末年，秦仲祖孙三代奉天子命抵御戎狄，前仆后继，效死疆场。平王东迁洛邑，秦襄公率兵勤王护驾，立下汗马功劳，遂将襄公列为"诸侯"，封地在岐山西，秦由此才进入诸侯国之列。秦内部政治也摆脱了长期氏族公社制度，建立起奴隶制政权。经过文、宁、武、德诸公数代的步步东进，秦国扫荡了封地内的异族势力，由秦邑迁入汧渭之会，经平阳达于周原，奠都雍城（今陕西凤翔），真正控制了岐周之地。岐周本是周以农立族、立国的基地，秦人"收周余民有之"②，承袭周人先进的农耕文化和生产技术，逐渐由游牧转为以农业为主的经济，实力渐强。穆公时代国势大涨，疆土向东节节扩展。穆公十八年（前642），秦灭潼关附近的梁、芮二国，占据全部关中，后来因秦、晋崤之战失利，秦东霸中原的雄图受挫，转而大举向西扩张。穆公任用了熟知狄戎地形、兵势的由余，有策略地进兵西伐，"益国十二，开地千里，遂霸西戎"③，泾、渭上游从而尽归秦国势力范围。这里地属农牧交错区，秦人及其附庸的游牧民族杂居于此，养马畜牧，同时大力经营农业生产，陇南、陇东地区传统农业的基础，正是奠定于秦国称霸西戎时期。秦穆公又任用能臣百里奚，对内修明政治，奖励农业生产，秦国经济很快赶上东方诸侯国。当时晋国连年灾荒，秦国输粮救济，载粮的船只由秦雍城顺渭水东下，浩浩荡荡，史称"泛舟之役"。穆公之世正是秦国奴隶制高度发达时期。秦的经济实力大为增强，其军事力量足以与列国诸侯抗衡。

康公之后将近200年，时当春秋后期，正是我国奴隶制向封建制过渡的变革时期。秦国在东方各国的影响下，封建因素缓慢滋长，国内阶级矛盾日益复杂尖锐。奴隶身份的"野人"大量逃亡，国有土地荒芜不耕，奴隶起义不断发生。影响最大的是盗跖领导的奴隶暴动，沉重打击了秦国奴隶制政权，统治阶级内部关系也发生变化。秦国固有的"三年易居"的爰田制浸废，奴隶主和贵族私开私占土地愈来愈多。简公七年（前408），秦国

---

① 《史记》卷五《秦本纪》，第177页。
② 《史记》卷五《秦本纪》，第179页。
③ 《史记》卷五《秦本纪》，第194页。

始行"初租禾"①,按土地征收租税,正式承认私田的合法性,表明战国初期封建土地私有制在秦国初步确立。但是比之齐、鲁等国,秦国封建化进程则显得比较迟缓,经济、军事实力有积弱之势。东邻的魏国乘虚西渡黄河,占领渭北和陕北部分地区并置河西郡,沿北洛河筑起了一道长城防线,赵国势力也深入到河套地区。

秦献公即位,励精图治,推行适于社会变革的新政,废除残害劳动力的殉葬制,推行县制,户籍相伍。秦从历居二十公的雍城移都栎阳(今陕西临潼栎阳镇),占据这个"东通三晋,亦多大贾"②的经济、军事要地,表现出东伐魏国,"复穆公之故地"③的决心。秦孝公继承献公遗志,富国强兵,加快封建改革的步伐,秦之崛起,始自孝公。秦孝公为强国不遗余力广罗人才,招贤纳士且明令:"宾客群臣,有能出奇计强秦者,吾且尊官与之分土。"④由此导演出商鞅变法这一重大历史事件。商鞅新法基本思想在于奖励耕战,培植封建制生产关系。新法鼓励农业生产,粟帛多者免服徭役,懒惰贫困之人则罚为奴隶;规定成年男子必分家而居,从而切割户口,缩小生产单位,以利实行男耕女织的封建小农经济。新法重农抑商,限制商贾及贵族"不得坐食",把各种非农生产者趋之于农田之中。对军功奖爵,新法有极明确规定,论立功等级赐予土地和官爵。将士人人勇于公战,用兵连连获胜,遂收复河西部分失地。领土拓广后,商鞅以为"地大而不垦者与无地者同,民众而不同者与无民者同,故为国之数,务在垦草"⑤。垦辟需要大量劳力,商鞅提倡"招徕垦荒",吸引"土狭民众"的三晋人入境垦地。凡徕民居宅田地私有,三代不服兵役,十年免征田赋。大批外城贫民纷纷流入,招诱"作夫百万"⑥,秦国四境之内陵、阪、丘、隰地尽被开种。为了促进土地私有化,商鞅改一百方步的周亩为二百四十方步的秦亩,然后"初为赋"⑦,普遍推行田赋制;同时又改革旧有的爰田制度,"不复易居"⑧,承认个人对原国有土地的所有权,史称秦"开阡陌封疆"⑨,即关系到这一土地政策。商鞅变法20多年,终落杀身之祸,但"秦法未败"⑩,后继惠文王、武王、昭襄

---

① 《史记》卷十五《六国年表》,第708页。
② 《史记》卷一二九《货殖列传》,第3261页。
③ 《史记》卷五《秦本纪》,第202页。
④ 《史记》卷五《秦本纪》,第202页。
⑤ 蒋礼鸿:《商君书锥指》卷二《算地第六》,北京:中华书局,1986年,第44页。
⑥ 《商君书锥指》卷四《徕民第十五》,第86—91页。
⑦ 《史记》卷五《秦本纪》,第203页。
⑧ 《汉书》卷二十八下《地理志下》,第1642页。
⑨ 《史记》卷六十八《商君列传》,第2232页。
⑩ 〔清〕王先慎撰:《韩非子集解》卷十七《定法第四十三》,北京:中华书局,1998年,第398页。

王、孝文王、庄襄王继续实行新法基本政策，推动了秦国社会生产力的发展。这时期秦国比较普遍地使用了铁器和牛耕，农业生产技术也有较大进步，各诸侯国为之震动。赵国统治者认为秦国"以牛田，水通粮"[1]，经济力量雄厚，不可轻易交战。秦国既控制了黄河以西土地，又不断主动向东方攻击，欲消灭六国，兼并天下。

秦朝是我国第一个封建制统一王朝，采用中央集权的政治体制，秦王政自称始皇帝，皇帝有至高无上的权力。秦始皇采取各种措施统一政令，实行郡县制，分天下为36郡，设立从中央到地方的官制，加强封建统治。"车同轨，书同文字"[2]，统一币制和度量衡器，促进了全国的经济文化交流。秦朝建都咸阳，对关中和西北的经营特别用功。统一战争结束后，始皇迁徙天下豪富12万户于都城附近地区，稳定了政局，且繁荣了关中的经济文化。当时对秦西北边境威胁最大的要算匈奴。早在战国时期，匈奴即在大漠南北崛起，秦昭王曾沿边设陇西、北地、上郡，并修筑长城以抑其南下寇略之势。当秦兼并战争方炽时，匈奴单于头曼乘机越过秦、赵、燕长城，占领河南（今内蒙古鄂尔多斯），直窥秦之关中，成秦心腹之患。秦始皇开拓巩固了南部疆域后，便全力以赴经略西北边疆。始皇三十二年（前215），"使将军蒙恬发兵三十万人北击胡，略取河南地"；次年，又继续"西北斥逐匈奴，自榆中并河以东，属之阴山，以为四十四县，城河上为塞。又使蒙恬渡河，取高阙、山、北假中，筑亭障以逐戎人。徙谪实之初县"[3]。接着开始修筑长城，"因地形，用制险塞，起临洮，至辽东，延袤万余里"[4]。拒匈奴于长城之外。秦始皇同时命蒙恬修一条南北"直道"，从咸阳经云阳、上郡直达河套的九原[5]。始皇亲自由直道巡游陇西、北地等郡，仿效黄帝登鸡头山（甘肃泾源西），向匈奴耀武扬威。秦朝实行强有力的"实边"政策，西北边疆拓广到黄土高原的北缘。有数十万的兵民戍边、垦牧、筑城、修道，进行前所未有的大规模开发和建设；对西北黄土高原地区经济发展和社会进步有重要的历史意义，为后来两汉时期西北全面开发打下基础。但是由于秦朝政治苛暴，采用严刑峻法，迫使大量劳力从事征戍，修建各种大型工程，仅为始皇修阿房宫和陵墓征用的劳力就达140多万。广大人民实在无法承受这种奴役，于是揭竿而起，爆发了大规模的农民起义，终于推翻了秦王朝的残暴统治。

---

[1] 〔西汉〕刘向辑录：《战国策》卷十八《赵策一·秦王谓公子他》，上海：上海古籍出版社，1985年，第618页。
[2] 《史记》卷六《秦始皇本纪》，第239页。
[3] 《史记》卷六《秦始皇本纪》，第252—253页。
[4] 《史记》卷八十八《蒙恬列传》，第2565—2566页。
[5] 《史记》卷六《秦始皇本纪》，第256页。

二、秦国发展农牧业的举措

原始社会末期农牧业发生社会分工后，西北黄土高原及广大草原地区畜牧摆脱农业，走上独立发展的道路。这里氏族部落不再依赖农业提供定居条件，并且打破小圈饲养，适应畜类喜食鲜美水草的习性而转为成群放养，实行"逐水草而迁徙"的游牧经营。游牧民族居无定处，无复杂日用器物，畜群成为最主要的生产生活资料。他们食畜肉，饮乳酪，身穿革衣毛裘，行以马匹骆驼，住有毡制幕帐，衣食住行无不来自牲畜。西北草场资源富足，游牧发展有广阔天地，但自然环境多有不利因素，常给人畜以极大威胁，游牧生活以艰难辛苦称著。游牧民族终年奔驰在旷野，不避风暴酷暑雨雪寒冬，随时与伤害牲畜的豺狼野兽搏斗，遂养成强健的体魄、坚毅的性格和吃苦耐劳的精神。在自由而艰辛、散漫而又严峻的游牧活动中，游牧民产生了完全区别于农耕文化的生产生活方式及风俗习惯。至新石器时代末，这种独特的游牧文化已广泛出现在西北高原的草原地区。在此时，考古发掘中一般都缺乏农业生产工具，日用器物种类较少，无论陶器还是铜器，纹饰都带有草原和游牧的风格。石骨工具及艺术品简单小巧，伴随出土的还有大量畜骨和狩猎遗物。早期各游牧部落多半分散经营，不常相聚，再加上地理条件限制，语言隔阂，游牧部族自古种类繁多，系统复杂。随着生产发展和社会进步，部落部族间交流增多且不断加强，经过长期和平联合或争斗兼并，遂出现一些较大的部落联盟，进而形成有一定地域和共同语言习俗等文化要素的共同体，构成游牧区的各种民族，习惯上也笼统称为"西北少数民族"。

在无文字记载的史前时代，这些少数民族已活跃在西北各地，有些势力强大者，给关中农业民族不时构成威胁。传说唐虞时代就有山戎、猃狁、獯鬻居于黄土高原北部，"随畜牧而迁移"。西部羌人也是很有势力的民族，占地广大，"所居无常，依随水草。地少五谷，以产牧为业"[①]。夏商时西北游牧族畜牧发展，恃强常与中原王朝抗衡。獯鬻历来是夏的劲敌，西羌和鬼方构成殷商西北方面的最大威胁。周秦时期见于文献的西北少数民族名称繁杂，强支辈出，分合不定，据说有数百种，很难确知其种属关系。史书将其多统称为戎狄，或将居于河西圁洛之间者称为狄，居于泾渭上游及其以西者称为戎，所谓北狄西戎均含贬抑义。狄戎与周秦关系最密切，相互间战争不绝于书，友好交流融合则常见战争间隙，因而深刻地影响着这时期西北社会经济和历史发展。

---

① 《后汉书》卷八十七《西羌传》，第 2869 页。

狄戎绝大多数从事游牧，其内部"不立君臣，无相长一，强则分种为酋豪，弱则为人附落"①，仍系原始氏族组织。狄戎的畜牧业十分发达，六畜俱养，而马业最盛。与周秦交战时，动辄出兵成千上万骑，均为精选良马，长驱直入，对关中地区构成极大威胁。周秦讨伐缴获或交易最重狄戎马匹，常以此作为军马的重要来源，是周秦主要强兵之策。牛羊本是狄戎主要食畜，结队成群，即使不事稼，亦有足够的肉食。但从文献来看，狄戎相对定居时，也有少量的种植业，有些狄戎部族专门从事农业生产。这既是早期原始农牧结合的痕迹，也是周秦农耕文化影响所致。狄戎活动区域广大，长期以黄土高原为领地。然而当周秦势力衰弱之世，狄戎部落常直下关中，甚或在渭河两岸围地牧马，仿习当地人筑城设堡。周秦民族经过长期的自西向东的征伐，才逐步剪除了关中境内的狄戎部族。直到秦统一之后，游牧族才被拒于黄土高原最北缘。但是总观起来，周秦与狄戎等游牧族间已有基本分区，其界大致在关中盆地北边线。狄戎虽侵越区界进入农区，但因草场狭小，又屡遭反击，难图长期游牧，驻牧不久终是退出关中。周、秦强盛之世，也曾极力向牧区扩张，但并未进行认真的农业经营。例如周宣王筑城朔方，在河套南部防卫纯系军事设施；秦穆公称霸西戎，领域迁延至泾渭上游，但扩张区内仍归狄戎等族游牧地。农牧区分界线的出现是西北社会经济首次分化及各自独立发展的结果，从这条最早的农牧分界线看，农业区域狭小，牧区范围广大，说明周、秦刻意经营关中农业，然生产力还未达到向北开发黄土高原区的水平。同时可看出西北游牧业自立之后，颇具方兴未艾的势头，游牧民族活跃在广大的草原，同时还徘徊在气候温暖、土地未经垦发的黄土高原。特别是北狄戎部族，似乎更善于在丘陵沟壑间游牧，且注重与农区民族交往，故能与周秦同时发展，声名响于西北千余年。战国末期勃兴的西北匈奴，正是在狄戎部族及其游牧经济基础上崛起的。

周、秦时期活动在青海高原东部至河西走廊一带的还有西羌，据说是虞舜时由江、淮、荆州西迁的部族。周厉王与羌战争，俘获羌人强迫其参加农业劳动。羌俘无弋爰剑很能领会农耕树艺，掌握了关中先进农业经验。后来无弋爰剑逃回羌部，在河湟一带教羌人种植五谷，使这一地区从此有了农业的基础。后来羌族多兼营农业，并不断流入内地农区。内蒙古西部至新疆地区先秦文献记载不详，难以确知其民族经济状况。据《山海经》和《穆天子传》有关篇章透露出的消息看，这里少数民族主要从事畜牧，但"秋麦""祭米""膜稷"等词也有出现。清代学者考证，"膜稷"即"漠稷"，西漠之稷。可知西北沙漠

---

① 《后汉书》卷八十七《西羌传》，第2869页。

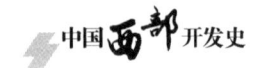

戈壁中已出现绿洲农业，这种情况与同时期考古发掘可以相互印证。西北少数民族的亲疏向背，直接关系周、秦政权的存亡兴衰。周、秦僻处西北，狭居关中，却后来居上而统治中国，很大程度得益于背后少数民族的支持，特别是游牧民族提供的军马和骑射技术。

  西北农牧业经历漫长的原始形态，周、秦时期逐步过渡进入传统农牧业发展阶段。传统农牧业的形态特点在农业方面表现得较为明显，如作为新的动力的牛马之类大家畜首先运用于犁耕；铁制农具开始代替简陋的石器和昂贵的铜具。较大规模的水利工程用于农田灌溉；以轮作复种和间作套种为中心的种植制度在萌芽形成，以抗旱保墒为目的的精耕细作技术内容在不断丰富，施肥、锄草及作物保护等田间管理措施已有所运用，在此基础上萌发了以《吕氏春秋·上农》等四篇为代表的经验性的农业科学著作，家畜饲养则纳入为种植业服务的轨道，形成农牧结合、农林牧副等业综合发展的大农业结构，整个农区种植和饲养技术由原始的粗放耕作，开始走入精细经营的道路。这种精耕细作农业与封建社会生产关系相适应，持续发展了2000多年，形成一整套严密的体系和优良传统，直至近代仍在生产中施行，故称为传统农业。牧区游牧尚未脱离原始的简单粗放的游牧方式，生产组织处于氏族部落关系。但是畜牧的规模和经营的基本方式已显现出传统游牧业的雏形，家畜品种、特点和优良性状正在形成。总之，这一时期西北传统农牧技术均在萌动之中。

  当然，西北传统农牧技术在周秦时的发生发展有其渐进的过程。早在先周时，西北农牧技术就有了向传统形态过渡的趋势，新的技术因素正在孕育。尤其在土地开发利用及规划性疆理中，经验和技术积累更为丰富，与原始的盲目垦辟迥然不同。西周时传统农牧技术进入萌发时期，特别是在农业生产中，从选籽播种到收获贮藏的各个环节，都零散地出现了一些传统的技术措施。尽管这些新技术还未配套形成体系，却表现出人工干预生产的过程不断加强的现象。从春秋秦人立国开始，西北传统农业技术即处于"量"的发展之中，同时开始酝酿"质"的转变，铁器和牛耕的出现预示着生产力的新飞跃。到战国时期随着铁具牛耕的推行，传统农业技术初现自己的特征，而封建私有制和小农个体经营出现，进一步保障并促进着这些技术的完善。至秦朝统一，传统农牧技术在西北作为一种新的技术体系已经基本确立了。

三、传统农具和灌溉工程的发展

  铁制农具和畜耕动力是传统农业的标志，代表传统农业生产力水平；农田水利灌溉工程是传统农业最重要的设施,决定农业生产的基本条件。二者在周、秦农业中的逐步出现,具有划时代的意义,表明西北农业进入传统农业阶段。

在铁器之前,西北也曾兴盛过一个铜器时代,陕甘新石器遗址中就可见冶炼而得的金属铜铸成的工具。先周和殷商时期,礼器、兵器、工具和日用器物均能以铜来铸造,制作工艺渐达炉火纯青的地步。西周铜器以典雅古朴独具一格,陕西地区出土最多,而关中西部素有"青铜之乡"的美称。青铜作为农业生产工具实不多见,西北各地偶尔有铜饼、铜铲、铜斧、铜刀等农具出土,但种类数量很有限,不足以代替木石工具。这种现象与我国乃至世界各国青铜时代的情形基本相同,史家解释是青铜冶制虽易,但铜毕竟属于重金属,古称为"美金",因而不可能大量用于农业,所以在历史上铜制农具未能像后来的铁器那样得到广泛应用。

西北铁矿埋藏丰富广泛,早在春秋时人们已开始冶炼铸器,时代并不比齐楚等国晚,且铁器一出现就多用于农业生产。在古人看来,铁的价值远低于铜,称铁为"恶金",只能用于"铸锄夷斤斸,试诸壤土"。陕西凤翔发掘的秦景公大墓出现了铁制农器,近年宝鸡地区一些县亦曾发现过春秋早期的铁农具。根据文献和考古资料可知,关中的岐周之地是用铁较早地区之一。《诗经·秦风》以"驷驖孔阜"诗句赞美秦襄公的乘马,"驖"即"铁"字,正是秦人崇尚的铁黑色[1],铁在秦国时期已是常见的金属了。战国是铁器普遍推广的时代,西北各地都程度不同地有所应用,某些少数民族也有自己的冶铁业。例如在公元前3世纪前后的匈奴墓葬发现有铁马嚼、铁镞、铁刀、铁镰等,同时出土的还有炼铁炉,匈奴族在战国后期也开始进入铁器时代。[2] 铁器大推广的主要地区仍在关中农区,秦国力主耕战,十分重视这一新兴的手工业。商鞅变法后,冶铁业突飞猛进,"盐铁之利,二十倍于古"[3],绝大部分用于农具制造,国家大力组织制造、推广铁农具,甚至直接借贷给农民使用,生产中破损不要赔偿。秦国后期考古发现也证明,铁器此时逐步代替了石器。石制耒耜被铁铲、铁锹代替,石锛改进成铁镈,其余镰、刀斧等小农具均改为铁制,原始的木石工具处于淘汰过程。

周秦时期西北农区新增加的农具主要有钱、镈、犁等。从文献来看钱出现在西周,《诗经·臣工》即有"庤乃钱镈"[4]之句,"钱类铲而镈类锄",它们都属锄草工器,镈工效

---

[1]《十三经注疏·毛诗正义》卷《秦风·驷驖》,第411页。
[2] 林干:《匈奴史》,呼和浩特:内蒙古人民出版社,2007年,第117—122页。
[3]《汉书》卷二十四上《食货志上》,第1137页。
[4]《十三经注疏·毛诗正义》卷十九之二《周颂·臣工》,第1316页。

较高，后来与锄并用以至合并，沿用至今。以钱铲草的效率远不如用锄锄草，古代用作除草的钱今不多见。耰，古称为"摩田器"，在《吕氏春秋》时代，西北农区已普遍使用。耰为木制工具，其头如鼓形，装有长柄，实为一大木榔头，今关中叫"胡基鼓斗"，用于粉碎土块，整地保墒。犁是农具史上划时代的发明，它改变耒、耜、铲、锹等翻土器那种倒退的间断式的作业，可以连续不断地前进翻耕，大大提高了耕地效率。早期犁的辕床框架等木制部分形状今无从考究，仅从考古发掘的大批秦国铁铧推测，秦犁形制与"二牛抬扛式"的汉犁基本相同，只是不能翻土起垡，只可破土开沟。这时期犁铧多呈 V 形，扁平状，近于耜头，可见犁与耜这两种农具之间有着某种联系。

犁的发明和牛耕也有关联，用犁耕地需要较大动力，人的力量难以胜任，于是便发明了畜力。大家畜以牛最为有力任劳，适于指犁。《山海经·大荒经》说周先祖叔均始为牛耕，被称为田祖[1]。有人说牛耕起于殷商，甲骨文犁作"物"或"牟"，像牛拉犁之形[2]。还有人说牛耕出在春秋，孔丘弟子司马耕，字子牛，冉耕，字伯牛，皆可为证[3]。同时《国语·晋语》中也说"宗庙之牺，为畎亩之勤"[4]，明确记载了农耕动力的大变革。其实牛耕这样的重大发明，绝非成于一时一地，必经历漫长的过程，比较普遍地使用当在战国时期。秦国牛耕比六国更为发达，这一点曾给赵国以很大威慑，使其不敢轻易对秦用兵。正如《战国策·赵策》所记赵豹对赵王的谏议所言："且秦以牛田，水通粮，其死士皆列之于上地，令严政行，不可与战。"[5]牲畜作动力困难在于不易调教役使，特别像牛这种六畜中的庞然大物，性情以"犟"著称，使起性子常使人无可奈何。但在秦国已普遍采用拴牛鼻的办法驯服耕牛，《吕氏春秋》记有一个人所习见的事例："使五尺竖子引其棬，而牛恣所以之，顺也。"[6]牛耕这场动力大革命的成功与小小牛鼻棬的发明不无关系。

周、秦时已注意到改善农业生产的基本条件，出现了以水利为中心的农田工程建设。周人长期在旱原垦辟，积累了一定的土地规划经验，能做较大范围的土地疆理。当后来人们进入渭水河谷开发低隰之地，便遇到了池沼积水。特别是关中东部，地处渭水下游，北洛河也在此入渭向归黄河。三河交汇之区，水道浸滥多变，汛期黄河暴涨，倒入渭洛，

---

[1] 袁珂校注：《山海经校注·海经新释》卷十一《大荒西经》，上海：上海古籍出版社，1980 年，第 393 页。
[2] 郭沫若：《郭沫若全集》第三卷《奴隶制时代》，北京：人民出版社，1984 年，第 21 页。
[3] 徐中舒：《论东亚大陆牛耕的起源》，徐中舒：《徐中舒历史论文选辑》，北京：中华书局，1998 年，第 100—127 页；齐思和：《牛耕之起源》，齐思和著：《中国史探研》，石家庄：河北教育出版社，2000 年，第 163—180 页。
[4] 〔吴〕韦昭注：《国语》卷十五，上海：上海书店出版社，1987 年，第 499 页。
[5] 何建章：《〈战国策〉注释》卷十八《赵策一》，北京：中华书局，1990 年，第 618 页。
[6] 许维遹撰；梁运华整理：《吕氏春秋集释》卷一《重己》，北京：中华书局，2009 年，第 22 页。

自古多沼泽苇塘，沮洳难治。故要经营隰地农业，必须有农田排水设施。上古时把排水设施称为沟洫，称夏禹"尽力乎沟洫"①，就是指大禹治水时很注重修建疏导排水的工程。周人则把这一成功的治水措施用于排水造田，西周时农田沟洫由畎、遂、沟、洫、浍等巨细不同的渠道组成。积水渗入细小的畎、遂，再流入沟、洫，最后流入浍中排出。这种排水渠道系统，又与西周井田制度及道路规划统为一体，所以又称"沟洫之制"。畎亩的出现与沟洫颇有联系，当田间开出一道道纵横交错的沟畎，便显示出一块块的田畴，从而出现了畎亩的概念，这也是一项重要的农田建设工程。古人很注意田亩的方向，南北走向的称为南亩，东西走向的称为东亩。结合沟洫系统因地制宜规划畎亩，有利于作物通风透光，便于田间作业，故周人很重视亩向，《诗经》中"南亩""东亩"之称已成习语。

西周沟洫是农田排水设施，与农田灌溉的目的正相反，但在因势导水的原理和沟渠系统建设方面，二者却有相通之处，故由沟洫之制很容易引导出农田灌溉工程来。《诗经·白华》有"滮池北流，浸彼稻田"②的记载，可知西周已出现小型农田灌溉。后人考证，滮池是滮水之源，位于今日秦岭之北、渭水之南的咸阳附近，周围地势南高北低，就势开渠引水，便成自流灌溉，是已知最早的西北水利灌溉工程。我国传统农业以旱耕为本，农业不大依赖灌溉，夏商西周的农田水利灌溉一直不发达，直到春秋战国时期相继出现芍陂、漳水十二渠、都江堰、郑国渠等大型水利工程。其中郑国渠正在本区范围，在秦的统一大业中发挥过重大历史作用。

郑国渠是秦国继昭襄王时蜀郡太守李冰主修都江堰后的又一项大型水利工程，兴工于始皇元年（前246），历时10余年，工程之浩大史无前例。郑国渠西起泾水池阳瓠口（今陕西泾阳县），干渠东延300余里，尾入北洛河。渠线设计大胆巧妙，横行于渭北高原二级阶地，居高临下，势如瓴屋引水，最大限度地照顾着流域灌溉面积。渠首利用瓠口的天然葫芦地形控制进水，分水堤依靠河床石柱为"骨架"。引水渠与河道斜交成一定角度，保证进水流量流速。同时总干渠还要横过北山各峪口中流出的南北向河构，其中较大的河流有冶峪、清峪、浊峪和洱漆诸水，工程难度之大可想而知。据后人研究，郑国渠采用"横绝"和"假道"技术，使干渠跨过了诸河，又利用这些客水增添了水源。这条大型引泾工程是韩国水工郑国建议、设计和指挥修建的，最初包藏着韩国企图阻挡秦国大举东进的政治阴谋。当时，秦国已攻占黄河以东，控制周王室在内的大片地区，东方

---

① 《十三经注疏·论语注疏》卷八《泰伯》，第109页。
② 《十三经注疏·毛诗正义》卷十五之二《小雅·白华》，第929页。

六国危如累卵,韩国则首当其冲。于是韩国派郑国说秦作引泾灌渠,耗费人力财力,使其不能东进,以此挽救危亡之局。在工程进行之中,秦国发觉了韩国的"疲秦之计",要杀掉郑国,同时导演出一场驱逐外国客卿的事件。郑国大义凛然地申明,他起初确是为破坏秦国战略进攻而来,修渠虽给了韩国数年苟延残喘之机,但渠成之后对秦却是造福万代的不朽功绩。秦王权衡利弊,继续让郑国主持完成了这项工程,后来便称名为"郑国渠"。郑国渠通水之后,溉渭北土地4万顷,亩产达到1钟(折合今200多斤)。泾水系一条多泥沙河流,经过数年淤灌,渭北东部碱卤之地尽成沃土良田,关中地区更成为旱涝"无凶年"的富区。

四、传统农业科学的萌芽与技术的进步

牛耕的出现,农业动力、器具、设施的进步,必然会促进农作技术的发展。周秦时西北农业生产技术也经历了一番不断革新的过程。作物品种、耕作栽培以及田间管理等方面,都有很多新的技术措施相继萌芽滋长,后来便逐渐形成一整套生产体系和技术规范,发展运用了2000多年,这就是人们所谓的传统农作技术。

考察古代农作物种类和品种情况,原始时期只能凭借有限的考古发现知其梗概,周秦时期已有文献可考。《诗经》就是现存较早而可靠的经典,有关周秦风情和农业的篇什最多,很能反映出当时西北作物的种类和品种。在《诗经》记述关中农事的诗句中,"百谷"一词多次出现,虽非专指100种谷物,但说明周秦时作物种类和品种均有所发展,特用"百谷"加以概括。这一时期,新增加的作物种类主要有水稻和大豆。水稻适宜于热带和亚热带环境,我国华南有野生稻分布。据今六七千年的浙江河姆渡遗址出土有栽培的稻谷,陕南汉水上游地区新石器遗址也发现有稻谷的痕迹。大约在夏商时期水稻扩展到中原,西周时已进入关中。《小雅·白华》中"彪池北流,浸彼稻田",既是关中始行灌溉的记录,也是关中种稻的最早文字证据。《邠风·七月》也有"十月获稻,为此春酒"之句[①],可见陕西种稻不限于关中,在气候较为寒冷的邠地,种稻酿酒也成为风习。《诗经》中稻、稌二字出现共6次,其中4次出自有关陕西地区的诗篇。不过可以肯定,水稻在周秦并非主要作物,原因在于受灌溉条件的限制。

周秦时期,西北主要的作物仍是黍稷,即粟子和谷子。黍子在新石器考古中似乎少于谷子,而在殷墟《卜辞》和《诗经》中却大量出现,远远超过其他作物,表明商周以黍子

---

① 《十三经注疏·毛诗正义》卷八之一《豳风·七月》,第503页。

为主要作物。到春秋战国，谷子种植又胜于黍子，先秦文献中"禾""稷""粟"之名也最多，周秦时黍稷种植地位变化，由此大体可以窥见。值得注意的是当时人们已经有了品种的概念，《大雅·生民》"诞降嘉种，维秬维秠"，生动表现出周民获得优良品种时欣喜若狂的心情。仅从诗文中看，黍子有秬和秠两个品种。根据毛亨传解，"秬，黑黍也。秠，一稃二米也"①。而稷的良种主要有穈、芑、粱。穈苗茎叶略带红色，称赤苗谷，芑苗基叶绿色较浅，又称白苗谷，粱是稷中上好品种的总称。当时以黍稷为主的各种作物都有晚熟、早熟及生长期不同的各类品种，从而形成重、穋、稙等概念。据古人解释："后熟曰重，先熟曰穋"②，"先种曰稙，后种曰稺"③。有了比较丰富的品种知识，就能因地因时选择种植。《生民》篇还记有关于选种的诗句："茀厥丰草，种之黄茂"，"实方实苞，实种实褎"④，选用的是肥大而饱满的种子，表明周人已知播前选种的重要性。

西北种麻起始，上章原始农业已有记述，西周时麻在农作物中的地位得以提高，其品种主要是桑科的大麻，茎秆韧皮经沤制后可纺织，麻籽可食用。随着社会的进化，人们衣着更加讲究，麻的需求量急剧增加，植麻面积扩大，麻籽收获愈多，于是人们普遍食用麻籽。《邠风·七月》中有"九月叔苴""食我农夫"⑤。苴，即麻籽，或指雌性的大麻，是古代食物中构成油脂的主要来源，古人食麻在此记载得最确切。同时可看出西周食物营养结构大致是：以禾谷作物提供碳水化合物，大豆供给蛋白质，大麻为油脂的主要来源，即使普通农夫的饮食也是如此。

综上所述，周秦主要农作物基本组成是：黍稷为主，大豆次之，水稻种植最少，麻为衣食两用故种植较多。传统作物结构在西周时基本确定，作物品种及有关知识日益丰富，选种技术也相随产生。下面将记述不断萌发的耕作栽培和田间管理技术。

原始的耜耕一直延续到西周，翻土浅薄，耕地粗放。周初兴起二耜相并的耦耕法，由两人各执一耜，结为一组，共同翻地。耦耕加宽了翻土面和耕地深度，特别适应开垦荒地，耦耕二人相互激励，大大提高了耕作效率，曾在周畿普遍推行，出现过"千耦其耘"的盛况。耦耕是以耜翻地技术的重要革新，后来在无条件运用牛耕的地区也常用耦耕。据调查，在西安附近的周畿故地，直到新中国成立初，仍可见到这一古老的耕

---

① 《十三经注疏·毛诗正义》卷十七之一《小雅·生民》，第1071页。
② 《十三经注疏·毛诗正义》卷八之一《豳风·七月》，第504页。
③ 《十三经注疏·毛诗正义》卷二十之二《鲁颂·閟宫》，第1407页。
④ 《十三经注疏·毛诗正义》卷十七之一《小雅·生民》，第1068页。
⑤ 《十三经注疏·毛诗正义》卷八之一《豳风·七月》，第503页。

作法①。

春秋战国推行牛耕后，便主张多耕深耕。《吕氏春秋》要求"五耕五耨，必审以尽。其深殖之度，阴土必得"②。耕之时还要随即将土块打碎，防止跑墒。同书中所强调的"疾""熟援"，就是要求这项工作要及时细致。少雨、多风、苦旱的西北地区，耕作中的保墒极为重要，实行耕极配合作业，充分体现了西北传统旱作的基本思想和特征。战国时出现的畎亩法，也是一项重要的抗旱耕作技术。其法是在田地开一尺宽的畎(沟)，用启土于畎旁作一尺多宽的亩(台)，据《吕氏春秋》所记，"畮欲广以平，甽欲小以清"③，即望台要宽而平，垄沟要窄而深。最忌做成"高而危"的垄。垄的内部上虚下实，以符合"稼欲生于尘而殖于坚"④的要求。这种宽平有度、虚实得宜的垄台能充分利用地力和光热，既排水又保墒。垄作栽培要以田地的高低燥湿而区别："上田弃亩，下田弃甽。"⑤高燥之田种沟不种垄，可以抗风抗旱，保墒保温；低湿之田种垄不种沟，可以排水防涝，通风采光，有利于作物发苗成长。

耕作制度在周秦时期连续发生许多重大变化。先周耕作制仍停留在原始抛荒阶段，至西周土地利用水平提高，出现了间歇休耕的"轮荒制"。《小雅·采芑》有"于彼新田，于彼菑亩"⑥，《周颂·臣工》有"如何新畲"⑦。这里的菑、新、畲正是轮荒制下三种不同的土地类型。菑(灾)声新即新，田地休耕两年便成灾祸，故其字从中田，为会意字，田地休耕三年，地力积蓄有余，灌木丛生之地，这三种轮荒中的田地休耕时间不见得正好分别为一至三年，主要根据植物群落再生状况和地力恢复程度，区分为三种等级，然后轮番开垦利用。西北地广土瘠的山区，至今仍保留着轮荒制。周秦时，一些生产水平较高的地区，在土壤肥沃的田地上也实行连种制。西周时期的"易田制"和"田莱制"、秦国"辕田制"等，即为连种和轮荒并存的耕作制，其中一部分土地要年年耕种，其余土地则分为两年或三年周期性轮荒。这时连种地面积虽然有限，却反映出耕作制的重大进步和土地利用率的提高。正是在连种的基础上，战国时期出现了轮作制，《吕氏春秋》所记的"今兹美禾，来兹美麦"⑧，就是谷子和麦子间的相互轮作倒茬，表明秦国的耕作制已发

---

① 张波：《周畿求耦——关于古代耦耕的实验、调查和研究报告》，《农业考古》1987年第1期。
② 《吕氏春秋集释》卷二十六《任地》，第688页。
③ 《吕氏春秋集释》卷二十六《辨土》，第693页。
④ 《吕氏春秋集释》卷二十六《辨土》，第694页。
⑤ 《吕氏春秋集释》卷二十六《任地》，第688页。
⑥ 《十三经注疏·毛诗正义》卷十之二《小雅·采芑》，第641页。
⑦ 《十三经注疏·毛诗正义》卷十九之二《周颂·臣工》，第1314页。
⑧ 《吕氏春秋集释》卷二十六《任地》，第688页。

展到新的水平。

播种技术逐步由原始的撒播发展到进步的条播。《吕氏春秋》指出撒播缺点是"既种而无行,耕而不长",实行条播优点在"茎生有行故遫长,弱不相害故遫大"。要求条播有一定行距和株距,使纵横成行,保证通风,大田中央也能保持新鲜空气。播种疏密讲究适度,"勿使数,亦无使疏"。尤其反对过分稠密造成苗"欺"苗现象,视为农田"三盗"之一的"苗窃",应与地窃、草窃并除。播种疏密主要看土地的肥瘠,"树肥无使扶疏,树磽不欲专生而族居"。即肥田要密植,勿使苗稀徒长,瘠田要稀播,勿使密聚相欺。疏密度的把握也有一定经验和原则,"苗其弱也欲孤,其长也欲相与居,其熟也欲相扶,是故三以为族,乃多粟"①。这种疏密标准完全合乎科学道理,幼苗孤立但要留出成长余地;株大后靠拢封行,而不影响分;成熟时相互支撑,播种技术如此讲究,可看出周秦农作在向精细化发展。

施肥是通过人工补充土壤肥分,防止地力衰竭的积极措施,在农业技术史上具有重要地位。西北地区土地施肥经历过一个漫长的过程,原始刀耕火种无意将草木灰施入土地,就有一定肥田效果。《诗经·良耜》"荼蓼朽止,黍稷茂止"②,也是农夫无意识发现的腐草的壮苗作用。春秋战国时,有目的施肥才逐步出现,时称"粪田"。先秦文献出现:"积力于田畴,必且粪溉"③,"多粪肥田,是农夫众庶之事"④,"可以粪田畴,可以美土疆"⑤,看来各国都重视农田施肥的作用。《周礼·地官》所记"草人掌土化之法以物地,相其宜而为之种"⑥,亦指施肥改土的农事活动。周秦土地均有连年耕种田块,正是依赖施肥补足地力。

除草和除虫两大田间管理措施皆起于西周。在无除草措施之前,杂草蔓延对作物的危害是不难想象的,《诗经》用"桀桀""骄骄"形容杂草的猖獗⑦。虽然整地时的火烧和粗耕可以除去荒草,但生长期的田间杂草不易清除,西周时人们逐渐找到了解决的办法,发明了钱和鎛,专用于除草作业。《小雅·甫田》诗记"今适南亩,或耘或耔,黍稷薿

---

① 《吕氏春秋集释》卷二十六《辨土》,第692—695页。
② 《十三经注疏·毛诗正义》卷十九之四《大雅·良耜》,第1362页。
③ 《韩非子集解》卷六《解老第二十》,第144页。
④ 〔清〕王先谦撰;沈啸寰、王星贤点校:《荀子集解》卷六《富国篇第十》,北京:中华书局,1988年,第183页。
⑤ 《十三经注疏·礼记正义》卷十六《月令》,第514页。
⑥ 《十三经注疏·周礼注疏》卷十六《地官·草人》,第410页。
⑦ 《十三经注疏·毛诗正义》卷五之二《齐风·甫田》,第346页。

蕠"①。耘就是除草，耔是培禾苗根部培土，结合除草同时进行，故称耘耔。当时危害最大的草有荼和蓼，这两种草多次见于诗中，要人们务必清除净尽。另外还有莠和稂，前者即狗尾草，极像稷苗，后者又名狼尾草，酷似黍苗，常伴生在黍稷田中，需要分别良莠，除草保苗。战国时人们对除草更加重视，提倡"五耨"。除草的同时还进行间苗，除去弱小之苗，保留强壮之苗，"长其兄而去其弟"②。

周秦时人们对作物虫害有了初步认识，还做出简单的分类："食心曰螟，食叶曰螣，食根曰蟊，食节曰贼"，除虫的办法是"秉畀炎火"③，即用手捉虫，放在火中烧死。《周礼·秋官》中设有掌除虫的职官，记有用莽草（毒八角）、嘉草（蘘荷）、牡蘜（野菊）等有毒植物为农药焚熏喷洒除虫的措施；还有用蜃灰干燥环境，防除病虫害的方法，原理与用石灰消毒作用完全相同。然而这些方法仅仅用于粮食的贮藏，还未能广泛用在大田虫害的防治上。《吕氏春秋》中讲述了深耕能除草灭虫的道理："其深殖之度，阴土必得，大草不生，又无螟蜮。"④这也是秦国农区大力提倡深耕的原因之一。同书中还总结了适时种植可防虫害的经验，如"得时之麻"可免蝗虫，"得时之麦"不生蠋蛆。

随着农作技术发展，周秦时物候、气象和历法知识逐渐丰富起来，《诗经》中有许多关于这方面的诗句。《豳风·七月》记载了大量物候知识，今人称其为"最早的有关物候的诗歌"。西周历法在夏商历的基础上增加了春、夏、秋、冬四季，立定出了春分、秋分和夏至、冬至四个最重要的节气。《豳风·七月》中的"一之日""二之日""三之日""四之日"相当于更历的十一月、十二月、正月、二月。这种历法一般称为"简历"，有人认为是"豳历"，总之是曾经流行于关中地区的历法。西北传统农作技术的发生发展，与历法和物候气象知识的正确指导是分不开的。

五、园圃蚕桑及农副业出现

园圃是专门种植蔬菜和果树的邻近住宅区的田地，是从广种谷物的大田之中分离而出的专业性生产，后世多称为园艺。半坡村等新石器遗址虽有栽培蔬菜，但无疑仍是大田式的粗放经营。直到先周时，瓜类作物仍与谷类相提并论，例如《大雅·生民》中追溯后稷时代五谷丰登的诗句，"荏菽旆旆，禾役穟穟，麻麦幪幪，瓜瓞唪唪"⑤，就看不出

---

① 《十三经注疏·毛诗正义》卷十四之一《小雅·甫田》，第832页。
② 《吕氏春秋集释》卷二十六《辩土》，第695页。
③ 《十三经注疏·毛诗正义》卷十四之一《小雅·大田》，第849页。
④ 《吕氏春秋集释》卷二十六《任地》，第688页。
⑤ 《十三经注疏·毛诗正义》卷十七之一《大雅·生民》，第1066—1067页。

园圃与大田分化的迹象。商代甲骨文有个别象形文字，通常解作"圃"字，终究缺乏翔实证据，令人疑信参半。园圃最早的文献记载见于《诗经·豳风·七月》篇："九月筑场圃，十月纳禾稼。"这里说的"场圃"，按《毛传》解："春夏为圃，秋冬为场。"《郑笺》的解释更清楚："场圃同地耳，物生之时，耕治之以种菜茹，至物尽成熟，筑坚以为场。"①可见早期园艺以场圃同地为特点，春夏作园圃栽培蔬菜，秋冬作场地碾打粮食。关中农村现今仍保留着这个古老的习惯，凡打谷场大都兼有菜地之用。西周以后，园圃已不限于场圃结合一种形式，专植果蔬的园圃不断扩大，园圃经营的专门化程度逐步提高。园圃二字从口，表示有所围栏，古人所说的"有蕃曰园"和"折柳樊圃"，就是用树枝做成篱笆，保护果蔬种植和经营。

最早进入园圃栽培的蔬菜有瓜、瓠、韭、葵等，《豳风》中记载"七月食瓜，八月断壶""七月亨葵及菽""四之日其蚤，献羔祭韭"②，说明这几种主要蔬菜已成时令性家常食菜。从《诗经》所看到的周代果树中的桃、枣、梅、李等，正是西北传统果树的重要种类。这些果树在园圃中栽培当是无疑的，《豳风》"八月剥枣"，与下句"十月获稻"对举，稻为按期收获的栽培作物，枣也列入月令农事中定期摘收，自属园中栽培果树。又如《大雅·抑》中"投我以桃，报之以李"③，桃李既为礼物相馈送，人工驯化栽培水平必不会很低。参看《国风》其他篇章，魏地已有专门种桃的桃园，由此推测当时关中植桃规模与近邻魏地亦不相上下。传统果树中的杏，《诗经》各篇未见，从先秦文献看，黄淮地区杏已有专园栽培，所以可以肯定地说，桃李枣杏四大果树，周秦时都进入园圃栽培，甚或还有专园种植。梅是一种食用价值极高的果树，古人喜梅之酸，与盐共作调味品用。梅原产长江流域，西周气候稍暖，梅的栽培也进入陕西地区。《秦风》诗"终南何有，有条有梅"④，可见秦岭山区当时有野生梅树分布。此外还有栗、棘、檖、桑葚等，多半仍系野生果树。总之，园圃出现是大田种植业内部分化的结果，有利于果蔬生产的专门发展。园圃地临近村落住宅，土地平整肥沃，灌园粪田条件优越，而且出工管理方便，适于集约经营，春秋战国新出现的某些精耕细作技术措施一般均可先行于园圃。所以，园圃经营自西周出现后发展很快，园艺在我国作物栽培技术进化过程中一直处于最前列。

蚕桑业在我国有着悠久的历史，传说黄帝之妻嫘祖发明养蚕治丝之法，蚕桑业遂兴。

---

① 《十三经注疏·毛诗正义》卷八之一《豳风·七月》，第504页。
② 《十三经注疏·毛诗正义》卷八之一《豳风·七月》，第503、506页。
③ 《十三经注疏·毛诗正义》卷十八之一《大雅·抑》，第1172页。
④ 《十三经注疏·毛诗正义》卷六之四《秦风·终南》，第425页。

考古发掘所见的蚕茧和丝质线带也可印证蚕桑源远流长。大约在新石器末期，野蚕驯育过程基本完成，人工饲养家蚕渐渐成为农副业一个门类。商周时期由于丝织物在人民生活中地位提高，出现了对"蚕神"的崇拜，商人祭蚕要用三头牛，随葬品常见玉雕的蚕，据说这种风俗"具有祈求死者复活的寓意"，可见人们非常熟悉家蚕生眠老死等一系列生活特性。周族中同样流行葬蚕习俗，在咸阳沣西和宝鸡茹家庄西周墓内发现为数更多的大小不等的玉蚕，周代养蚕似乎更为普遍。饲养家蚕必须种桑，因此桑树便成为具有重要经济价值的树木得到广泛栽培。《豳风·七月》记述了条桑、采桑、养蚕、纺织、制衣整个蚕桑副业的生产过程："蚕月条桑，取彼斧斨，以伐远扬，猗彼女桑。""春日载阳，有鸣仓庚。女执懿筐，遵彼微行，爰求柔桑。""八月载绩。载玄载黄，我朱孔阳，为公子裳。"①通过这些充满乡土气息的诗句，我们不难了解周代关中蚕桑业的盛况，据此简直可绘出一幅周人的蚕桑纺织图。从西周精美的丝织品，我们也可看出关中早期蚕桑业曾经相当发达。《小雅·巷伯》"萋兮斐兮，成是贝锦"②，是有关织锦的最早文献记载。根据纺织专家对茹家庄周墓丝织物的研究可见，这些织物工艺颇为复杂精致，除平纹织品外，还有斜纹提花织物以及刺绣花纹。绣法多采用辫子服的针法，线条舒卷自如，针脚均匀细密，可能就是诗中所说的贝锦之类的高级丝织品。秦国丝织业到战国末期也发展到较高的水平，出现了官营纺织作坊，手工工人世代相袭而永为专业，纺织技术更加专精。陕西各地出土的秦国丝、绸、绢、锦，较周代更为优美。

附带略提周、秦麻葛纺织。这时期植麻面积扩大，大麻成为大田栽培的重要作物。因为丝织物多"为公子裳"，供贵族穿戴，一般人用麻布，麻织技术随之提高。陕西泾阳县高家堡周代遗址出土的麻布，工艺精细，组织密度平均每平方厘米经纬线均在13根左右，证明周人麻布已不是原始的粗制滥造的布片了。考察地下发掘的周秦数百年间的布帛，高家堡麻布亦居于上乘。周秦时还有一类用野生植物葛为原料的纺织品，葛纤维一般比较粗糙，较精细者称为"絺"，粗劣者称为"绤"。野生葛极普遍，既可以制作葛布衣，也能编制葛履，与麻同为劳动人民的衣着资源。

周、秦时期，随着农田产量提高和园圃经营的兴起，农产品加工贮藏逐渐作为重要农事活动进入农家生产领域，贮藏的规模扩大，加工内容逐渐丰富。西周粮食加工工具仍以杵臼、磨盘为主，但其重量较原始时期增大，至战国时始有了新的粮食加工工具石磨盘。在陕西临潼县武屯秦栎阳故都遗址出土的转磨，凿有枣核形窝状磨齿，中央装置

---

① 《十三经注疏·毛诗正义》卷八之一《豳风·七月》，第494—497页。
② 《十三经注疏·毛诗正义》卷十二之三《小雅·巷伯》，第767页。

铁蕊，先秦文献称之为"硇"，陕西方言至今仍保留着这个古老的词汇。考察武屯转磨的重量和功用，足以将谷物磨压成粉，主要用于制粉，预示出西北饮食结构中，面食比重逐步开始增加。

酿酒和腌菜也是周秦农产品加工的重要项目。酿酒起源于原始社会后期，商周青铜器包含着种类多样的酒具，嗜酒已成风气。周人鉴于殷商灭亡的教训，自诫不沉湎于饮酒，但自古戒酒绝少成功，甚至适得其反。周初提倡的酒诫，反而刺激了人们饮酒的兴趣，促进了酿酒技术的进步。根据《诗经》雅颂诗篇中出现的酒类："为酒为醴，蒸畀祖妣"[1]，"釐尔圭瓒，秬鬯一卣"[2]，已明显分为酒、醴、鬯三大类。根据历代学者的考究，酒用黍类酿制，今人多称为"黄酒"；醴用稻米酿制，今常称为"甜酒"；鬯为黑黍加香草酿成，酒精含量较前两种高。酒品类如此分明，完全依靠自然发酵难以酿造不同种类的酒，必须分别加入含有不同酵母的酒曲。先秦文献有"曲"二字，就是大工制作的各种酒曲的总称。周人酿酒技术如此完善，制醋就非常容易。醋的发酵条件要求不甚严格，酒酸败后即可成醋，所以醋和酒的发明与食用有共同的历史，先秦文献就屡屡出现"酢"，就是调味道所用的醋。当然烹调食物所用的盐更不可缺少，周秦时人们已经开始腌制咸菜，这既是蔬菜的防腐储藏措施，同时也是蔬菜泡制的工艺。鲜菜包含水量过多，容易腐烂变质，加盐浸出水分，形成盐水保护层，便能防止微生物寄生腐蚀，是古人一项重大的发明。腌制而成的蔬菜别具味道，古人称之为"菹"，主要作为家常食用，有时还用以祭祀鬼神，腌菜种类以韭、瓜、瓠、葵最为常见。

周秦时粮食贮藏设施和方法有所改进，粮仓的建设表现出由地下向地面发展的趋势。原始式的地下袋状窖穴不占据地面和空间，而且有不受风雨鸟雀侵害等诸多优点，仍然受到人们的重视和利用。然而当农区扩展后，在一些地下水位较高的地区，地窖潮湿，贮粮最易霉烂，有些地区的土层属缺乏垂直节理的"卧土"，作袋状窖穴则更容易塌陷，于是出现了地面或半地下式的粮仓。据文献记载，周代除窖穴外，主要有仓、廩、庾三种贮粮设施，也是西北传统的基本贮藏形式。仓是通常的室屋贮粮，积藏的多是脱粒后的净粮。除大型公仓之外，一般人家的粮仓多在居室之内。《小雅·甫田》"乃求千斯仓，乃求万斯箱"[3]，指的就是这种仓贮。廩字上从广，下从禾，与郑玄注解的"所以藏粢盛之穗"相合。廩是积藏禾穗有待脱粒的建筑，廩屋开门较大，甚至敞开一壁，如《周礼·

---

[1]《十三经注疏·毛诗正义》卷十九之四《周颂·载芟》，第1359页。
[2]《十三经注疏·毛诗正义》卷十八之四《大雅·江汉》，第1245页。
[3]《十三经注疏·毛诗正义》卷十四之一《小雅·甫田》，第845页。

地官》所说的"敞屋藏穗",正是西北打谷场边常见的"场房"。《周颂·丰年》"亦有高廪,万亿及秭"①,指的就是这种廪贮。庾是一种临时性积贮形式,《大雅·甫田》云"曾孙之庾,如坻如京",这如山似丘的庾,到底是什么东西,郑玄解作"露积谷也"②,就是露天堆积的谷垛。西周实行"一熟制",多半为春播作物,收获常在九十月间,此时雨季已过,收割谷场后总是先垛积起来,到冬季农闲时才从容细致地"打冬场",陕北、甘肃、青海、宁夏、新疆各地至今仍保留着这种习惯。

冰室冷藏是周代贮藏技术的一项重要发明,《豳风·七月》保存下这一可贵的历史资料:"二之日凿冰冲冲,三之日纳于凌阴。"③凌阴就是冰室,隆冬十二月人们到近河面凿取冰块,正月间搬入冰室,用以冷藏食物,历春夏而不腐坏。古人把这项农事称为"颁冰",并举行隆重的仪式。考古工作者近年在凤翔县雍城遗址发掘出秦国的凌阴,其中有一处就可藏冰 190 多立方米④。陕北现代还可见到这种冷藏形式,仍然沿用"颁冰"一词。

综上所述,周秦时园圃、蚕桑业的出现和农产品加工贮藏技术的进步,扩大了农业经济的领域,丰富了农业生产的内容,对于传统农业技术体系的建立有着重要的意义。

六、传统农业技术的发展

农业生产的发展,特别是农业技术的进步,必然引导出农业科学的发生和发展。原始时期农业生产技术粗放简单,人们对农业的认识水平尚不足以称为"科学"。到春秋战国时期,在长期生产实践基础上人们对农业开始有了比较全面深入的认识,逐渐积累起了一定的农业知识和生产经验。当把这些知识和经验粗略地加以总结提高,用以指导农业生产后,就萌发了初级的农业科学。

这种农业科学始终建立在生产经验的基础上,其认识水平还不能达于作物内部,不能深入揭示农业生产的内部规律,因而属于经验农业科学。然而经验农业科学与我国 2000 多年来的社会生产力水平相一致,基本上能满足传统农业生产需要,所以一直发展沿袭到清代,通常被称为"传统农业科学"。

传统农业在这一时期萌发,也得益于春秋战国间的社会历史条件。时值我国由奴隶制走向封建制的社会变革时期,思想文化领域空前活跃,各种学说涌现不断,出现百家

---

① 《十三经注疏·毛诗正义》卷十九之三《周颂·丰年》,第 1325 页。
② 《十三经注疏·毛诗正义》卷十四之一《小雅·甫田》,第 844—845 页。
③ 《十三经注疏·毛诗正义》卷八之一《豳风·七月》,第 506 页。
④ 陕西省雍城考古队:《陕西凤翔春秋秦国凌阴遗址发掘简报》,《文物》1978 年第 3 期。

争鸣的局面。诸家之中有农家一流，以重农劝耕立言发论，赫然独树一帜。细审农家思想学说，似可分为两派：一为重农学派，成员"盖出于农稷之官"①，地位显达且多执农政，直接劝民勤于农事，教人重视农耕，重在农业政策，秦国商鞅、魏国李悝之类均属这一派。因为他们的重农说教常混杂在政治主张和农业政策中，因而未形成专门性的农业著作。另一为神农派，即孟子极力反对的以许行为代表的"为神农之言者"②，强调人人参加农业劳动，自身不脱离生产，故史书称"鄙者为之"③。此派君臣并耕而食的政治主张，排斥人类的社会大分工的思想，显然是行不通的，但其从实践出发，重视农业生产的思想，却有着重要的实际意义。正是在地位卑下的神农学派的影响和努力下，先秦以前积累的农业知识和经验才被总结提高到经验性科学的高度，并形成了以记载传统农业科学技术为主要内容，兼给重农学说少量篇幅的农学著作，即我国传统的古农书。

先秦农书绝少传于后世，《汉书·艺文志》著录的仅有出自六国的《神农》和《野老》，汉代以后散佚无存，难知其详细内容。根据秦汉文献中某些迹象，不少学者认为先秦时期还有一部以后稷为名的农书，成作和佚失的时间要比两部六国农书更早一些，然而它的内容还部分地保留在《吕氏春秋·上农》等四篇论著之中④。此说虽不无道理，终非一时可以论定。然问题重要性也不在"后稷"农书的有无，有意义的是《吕氏春秋·上农》四篇本身已构成一部完整而系统的农业文献，学术界一致认为它是现存最早的经验农业科学著作，并以此作为我国传统农业科学出现的标志。《吕氏春秋·上农》等四篇包括本书"士容论"中上农、任地、辩土、审时四篇专论农业的文字。全书是战国末年秦相吕不韦组织门客集体编写的一部大型子书，内容庞杂，共分八览、六论、十二纪，自称"上观上古，删拾春秋"，"备天地万物古今之事"⑤，显属杂家著作。然而《上农》等四篇"应当认为是吕氏门客中'农家'或'为神农之言者'的一个小组，集体创作的成果"⑥。它集中反映战国农家者流特别是神农学派的农学水平。《吕氏春秋》非地区性著作，《上农》等四篇代表当时全国农业生产水平，但它毕竟成书于秦国，所记农业的地理环境、节气物候和农耕方式等完全符合关中地区农业实际，所以人们总是首先把它作为关中的农史资料，或视为西北农区农业科学成就。

---

① 《汉书》卷三十《艺文志》，第1742页。
② 《十三经注疏·孟子注疏》卷五下《滕文公章句上》，第143页。
③ 《汉书》卷三十《艺文志》，第1743页。
④ 夏纬英：《吕氏春秋上农等四篇校释》序言，北京：农业出版社，1956年，第2页。
⑤ 《吕氏春秋集释·序》，第3页。
⑥ 石声汉：《中国古代农书评介》，北京：农业出版社，1980年，第12—13页。

《吕氏春秋》虽是杂家论著，但《上农》等四篇并非农业技术的简单描绘，而是总论农业生产的许多重大道理和原则，因而具有浓重的理论色彩和较高的农学水平。《上农》篇从农本思想出发，首论农业生产的重要性，实际起到导言和总论的作用。其余《任地》《辩土》《审时》三篇分别从土地利用、土壤耕作和适时种植等方面论证农作的原理原则，正与《上农》重农说教相呼应。三篇之间，前后关照，相互补充，概括地总结了先秦农业科学技术知识。尽管内容还未能涉及农作的各个方面，特别是对施肥灌溉两项重大技术不提不论，实在令人遗憾；但通观三篇，人们仍能得到关于当时农业生产的整体认识。《上农》等四篇结构紧凑，内容完整，今日人们常把它作为一部独立的农学著作看待。另一方面，《上农》等四篇又独自立篇，各成其论，分别论证了农业生产中四项重大问题，使这部先秦农学著作显得格外精辟透彻。

　　《上农》全篇大旨讲农业的重要性，论证崇尚农业的思想和一些基本的重农政策。重农目的不仅是为尽地利，而且要使民安土守法，本农末商，永远依附于土地。为此统治者遵从古制，耤田亲蚕以导民务耕织，并要敬授民时，制定一系列政治措施，保证农民及时从事农业生产。《上农》篇这一套重农政论，代表了战国时代的重农思潮，非专指秦国而言，但确实反映了秦国社会实际。秦自孝公时起即坚定了"奖励耕战""富国强兵"的国策，商鞅变法本质就是一场"重农"的社会改革，所以《上农》篇的宗旨与《商君书》的重农思想及有关政策大致相同。二者区别仅在商君从法家思想出发，主张以严刑峻法推行农政，而吕氏在这里则提倡用儒家礼仪教民崇尚"本真"，它们重视农业生产以成就王业的思想是一脉相承的。

　　从《任地》篇起，尽述农业技术知识，重在论证农作之道。"任地"，即土地的利用，开篇便引"后稷曰"，列出农业生产的十大重要问题，包括土地整理、合理利用、土壤改良、耕作保墒、中耕除草、正行通风，以及使作物茎秆坚实、穗粒丰大、品质优良等问题；指出农业生产的基本任务，就是以适当的技术措施运用于这些环节，保证农业生产；接着又论证了土壤性质中"力与柔""息与劳""棘与肥""急与缓""湿与燥"等五种重要矛盾及相互间转化的辩证关系，并以此作为"耕之大方"，即土壤耕作的基本原则。贯彻这些原则就必须适当地把握物候条件，实行精耕细作，"地可使肥，又可使棘"，关键在合理地耕作和利用。《辩土》篇讲辩土而耕，从耕作栽培技术措施进一步论证农作原理原则。首论不同土壤耕时顺序，强调"始垆后靷"的重要性，对于耕作不良造成的"地窃""苗窃""草窃"尤为注意，解决的办法主要是在修造田畴上下功夫。亩要做得广而平，畎要小而深，使作物"生于尘而殖于坚"，有个上虚下实的理想环境；同时要实行行播，合理控制作物密度，这种畎亩可以保墒保温，田中可以通风，苗间便于除草。只要除去"三盗"，作物自然苗壮丰茂。《审时》篇论证农时重要，故开篇便说："凡农之道，厚之为宝。"接着分别讨论了谷、黍、稻、麦、菽、麻六种作物在得时、先时及后时条件下的生长情况。得时而种作物健壮，收成多，质量好；失时种植，无论先后，对作物长势、籽实、品质均有影响。"审时"是农作的重要条件，还须和地宜、人力相配合，故在交代篇旨时便已审明，"夫稼，为之者人也，生之者地也，养之者天也"[①]。从而首次以天、地、人的"三才"理论认识农业生产，并把人的因素放在首位。经此理论概括，就把这部农学著作提高到一定的哲学高度。

七、农牧生产关系的变化

周秦时期，西北农牧经济经历了两次重大变化，先后出现三种不同社会形态的经济关系，情况较任何历史时期都要复杂。

当原始农牧生产力发展，传统农业因素相继首发之时，以氏族公有制为基础的农牧经济逐步解体，代之而起的是以奴隶主国有土地所有制为基础、对奴隶实行阶级压迫剥削的奴隶制农牧经济关系，并在西周时达于全盛。奴隶制促进了传统农牧业的萌发，但它并非是能与传统生产力始终相适应的生产关系。所以到春秋传统农牧业趋于成熟时，奴隶制不可避免地土崩瓦解了，这是西北农牧经济的第一次大变化。直到战国时期传统农牧业的动力、工具和生产技术体系基本确立，生产关系也终于完成了由奴隶制向封建制的变革，这是西北农牧经济的第二次大变化。封建制农牧经济是以地主所有制为基础，通过封建租赋制度剥削农民阶级，并以自给自足个体经济为特征的生产关系。它与传统农业生产力水平相互适应而同步发展，先后延续2000多年，在西北农牧史上占有极重要的地位。

原始公有制、奴隶制、封建制三种类型的农牧经济关系相继出现在这一历史时期，它们在西北各地发展又极不平衡，特别是游牧区长期处于原始的畜牧经济关系之下，只有匈奴等氏族在战国末期才步入奴隶社会。但是必须看到，封建制经济作为周秦时期生产关系最新形态，其因素始终伴随着传统农牧业的首发而滋长，主导着这一时期西北经济关系发展的方向。即使在三种经济关系参差发展、同时并存的状况下，农区的封建制经济关系仍有其支配作用，对整个地区社会的发展有着决定性的意义，所以应当把封建

[①] 《吕氏春秋集释》卷二十六《审时》，第696页。

农牧经济关系的确立，作为本节的主题。

第六节
春秋战国时期西部生产关系的变革

春秋战国时期由于社会生产力的发展，生产关系发生了很大变化。奴隶制经济迅速衰落，封建制经济关系得到确立。

一、奴隶制经济的衰落

周族农业发达从不让于东部诸族，但周人长期维持原始氏族公有关系，以致奴隶制的确立大大晚于夏、商，直到古公亶父时代才始见奴隶制政权的雏形，武王灭商后才作为第三个奴隶制王朝出现在我国历史上。正因为有雄厚的农业基础，同时承袭夏商奴隶社会制度积累的进步成果，西周农业经济在立国后百余年间一直处于前所未有的兴盛时代，周畿所在的关中农区最能体现这种登峰造极的奴隶制经济关系。

土地所有制是农业社会一切生产关系的基础，西周奴隶制农业经济是建立在土地国有制的基础之上的。《小雅·北山》所称"溥天之下，莫非王土；率土之滨，莫非王臣"[1]，集中体现了这种高度集权于周天子的土地国有制，即奴隶主国家所有制。这一点与商代的奴隶制基本相同，或者就是继商而来。所不同的是西周实行严格的"封建制"，天子通过"封诸侯，建藩卫"，把疆土封给诸侯，诸侯再把土地分赐给卿大夫以至于士。周王朝统治区远比夏商广大，通过层层分封制，实现了对全国的有效统治。虽然周天子也可收夺或重分这些封土领地，掌握着土地最高所有权，但事实上削爵夺地之事极少发生，封地一般都可世袭。可见这种土地国有制实质还是维护奴隶主阶级利益，诸侯、卿大夫、士都是既得利益阶级，周天子则是其意志的集中体现。农业生产是土地与劳动力结合的过程，周天子"授疆土"的同时连封地上的劳动者一起分赐，即所谓的"授臣民"。臣民名称繁多，如农夫、庶人、附庸、人徒等，社会地位略有不同，但他们既可被束缚土地之上随人赐授，显然属于失去人身自由的奴隶阶级。

西周土地国有制确定的生产关系，以及奴隶主阶级剥削的方式和特点，最集中地反

---

[1]《十三经注疏·毛诗正义》卷十三之一《小雅·北山》，第797页。

映在井田制度之中。井田作为田亩规则和土地利用方式在本章前两节均有记述，这里着重分析它的经营方式，即井田包含的剥削关系。《小雅·大田》记有"雨我公田，遂及我私"①，所说的公田和私田便是井田制两种基本土地形式。孟子对此曾解释为："方里而井，井九百亩，其中为公田。八家皆私百亩，同养公田。公事毕，然后敢治私事。"②这与《周礼》《礼记》有关井田的记载大体相同，古人显然把公私田的分布形式理想化了，以致引起后来人的盲从或怀疑。但是西周国有土地制及其公私两类田地确实是存在的。奴隶主为维持奴隶再生，分给奴隶少量的私田，仅供生活之用，然而数家（未必正好八家）奴隶在强制之下要替主人共耕所谓的公田，且必须优先耕种，正是西周井田制的基本思想。井田制的剥削方式是显而易见的，这种"借民力助耕公田"的剥削，古人美其名曰"助"，实际是一种劳役地租，是奴隶主对奴隶劳动的直接占有。事实上西周奴隶所受经济剥削不只助耕一种，此外还有"彻""贡"等名目，连私田上物产和井田外收获，也按比率等级缴纳供奴隶主享受，至于兵役、公差均是不可免的负担。《豳风·七月》诗中便可以看出奴隶承受着公田劳动以外的沉重剥削，妇女开春就采桑养蚕，七月纺织，辛苦制成的丝品衣物要献给奴隶主。男子农闲出猎获有稍大的猎物或珍贵兽皮，必先上交奴隶主，自己只能食用劣小的禽兽。冬季农事毕，先为主子修缮住宅，后补自己的漏屋，奴隶主宴庆和祭祀所用的酒肉也常由奴隶贡献。孟子说："周人百亩而彻，其实皆什一也。"③然而西周奴隶实际负担远不至"什一而税"（税率10%）的剥削量。

现在再来看西周奴隶制下，两大对立阶级在农业中的经济地位。奴隶主是奴隶和所有生产资料的占有者，属于不劳而获的阶级，但是为维护本阶级经济利益和统治地位，他们担负着督导和组织农业生产的任务，保持着周族固有的重视农业的传统。周王室每年春耕要举行耤田典礼，天子亲执耒耜象征性地耕作，诸侯以下也随之亲耕表示重视农耕，从而鼓励农夫不违农时，勤于稼穑。秋季还要举行"劳酒"等庆典，类似后世的庆丰收群众集会。奴隶社会以大规模奴隶劳动为特征，西周设置有各级管理农业的官吏来组织农业生产。《周礼》中的《地官》设职最多，有79职，绝大部分都是为管理农事而设，分掌农政、劝导、农具、土地、林木、园圃、畜牧、渔猎、考评、统计、储藏、赋征等方面职责。地方上还有田畯、田正之类的基层农官，深入到乡里田间督导生产。通过大批农官监督，统治者组织起大规模的奴隶集体劳动，把我国奴隶社会生产力水平提高到

---

① 《十三经注疏·毛诗正义》卷十四之一《小雅·大田》，第851页。
② 《十三经注疏·孟子注疏》卷五上《滕文公章句上》，第138页。
③ 《十三经注疏·孟子注疏》卷五上《滕文公章句上》，第134页。

前所未有的高度。西周奴隶作为政治上无人身自由的卑贱阶级，经济上也处于倍受剥夺的低下地位，这也是一切奴隶社会的共同特征。西周奴隶阶级成分复杂，有先周遗民，也有被征服的殷民等，其政治地位差别大，所受经济剥削方式也有所不同。在关中农区的奴隶多属于前者，称为农夫和庶人。他们在奴隶主强迫下劳动，和土地一起被赏赐，但一般不能被任意杀害，地位比殷商奴隶高。农夫对从奴隶主那里领分到的私田虽然没有任何支配权，却有一定期限使用权，因此他们拥有少量的生产工具和生产资料，有其狭小的家庭经济，《小雅·大田》"以我覃耜，俶载南亩"①，表明小农具确实为农夫自有。《豳风·七月》中"同我妇子，馌彼南亩"②，是说农夫妻小大忙季节送饭到田头。西周时农夫有其相对独立的家庭，妇女的蚕织和男子的渔猎基本上属于家庭经济，粗劣织物和小的猎物均可留作自家享用。在公田农事优先的原则下，可以自己安排私田农活，种植作物有一定灵活性，因而身为奴隶仍然能以月令吃到葵、豆、瓜、瓠、苴、枣、桃、李等自家种植的各种蔬菜和水果。故从《诗经》所记的农事活动看，农夫们对生产都表现出一定的积极性。

  以上是周代奴隶制高度发展时期的农业经济，到西周后期，奴隶制由鼎盛逐步衰落下来。以周天子为首的大小奴隶主凭借着政治势力聚敛起更多的财富，过着骄奢淫逸的生活。阶级矛盾日益尖锐，终于导致了周厉王时的"国人暴动"，奴隶大批逃亡，极力摆脱统治者的枷锁。所以到宣王时，无论是天子的籍田，还是诸侯的邦国，都难确知占有奴隶的数目，周宣王只好采用敷衍"料民"的办法统计户口，解决"贡赋之入"等经济问题。宣王还开创了"不籍千亩"的先例，这是西周奴隶主阶级对农业生产组织督导极度放任的表现。再加上戎狄民族接连不断入侵，主战场常在王畿土地之上，那种"天子籍田以为天下先"的隆重热烈的籍田礼仪也难以为继。后来周幽王继位，奴隶制积弊益深，天子更是荒淫无道，诸侯遂启轻视王室之心，以致尾大不掉。幽王为戎族所杀之后，即进入春秋诸侯称雄争霸的时期，奴隶制衰亡已是大势所趋，无可挽回了。

  自春秋起秦国逐步入主关中，称雄于西北。当其国势初张之时，秦国奴隶制曾有过一度发展，勉强维系了西周固有的奴隶制经济关系，只是在具体形式上略有不同。秦国初期继续实行土地国有制，但并未以宗法制将土地层层分封，土地利用和剥削也不同于西周和春秋诸侯国的井田制度。秦国田制称为"爰田"（或缘田）。爰田方法是将土地以质量划分为上、中、下三等，配给奴隶耕种。为调剂地力的肥瘠和收获的丰歉，"三年爰土

---

① 《十三经注疏·毛诗正义》卷十四之一《小雅·大田》，第847页。
② 《十三经注疏·毛诗正义》卷八之一《豳风·七月》，第491页。

易居"①，即每年将土地及住宅按等更换一次，三年遍行一轮。爰田制不同于"助"法，而采用"彻"法，奴隶们直接将产品按比例交给奴隶主，所谓"彻田为粮"②，仍然是奴隶主土地国有制的一种剥削形式，奴隶的地位和被剥削的程度并无减轻。奴隶制全面崩溃是春秋时代各国历史发展的总趋势，秦国奴隶制经历一番回光返照之后，自穆公去位便败落下来。穆公曾拓疆广土，称霸诸侯，在他死后用177人殉葬，却引起人民极大的不满，《秦风·黄鸟》诗就表达了国人对殉葬制的痛恨和抗议。后来秦国不断有奴隶的反抗斗争，即统治阶级所说的"盗"的大量出现。但是对奴隶制度打击最大、足以动摇奴隶主统治的，仍是土地国有制向私有制急剧转化的历史潮流。

春秋时期，周王既失去天下"共主"地位，以"溥天之下，莫非王土"为意义的土地国有制首先被打破。诸侯争霸的局面实质是领土兼并的战争，也是土地所有权再分配的斗争。在各诸侯国内，卿大夫和士阶层对土地的占有也产生了强烈的欲望，他们乘社会动乱之机招引逃亡奴隶，大批开垦各类荒地，占为私有田产。有些逃亡奴隶自匿山林，于人迹罕至之处私垦私种，建立起不受束缚的小生产者的"乐土"。民间私有土地的实际存在和大量出现，必然加剧土地的买卖和兼并。西周本来实行"田里不鬻"③，"死徙无出乡"④，禁止土地交易，田地与居民不相分离。但是贵族之间土地买卖和租让，私下自难禁绝。例如眉县出土西周大鼎铭文记王姜将三块土地连同田禾一起售卖给另外一家，岐山县董家发掘共王时期"卫鼎"和"卫禾"铭文，也载有奴隶主转让地产之事。春秋时土地买卖逐渐公开化，由此引起的争斗之事常见于史籍，结果总是权势贵族最终兼并得到大量的私有土地。

私有土地的大量出现，从根本上改变了奴隶社会的生产关系，各诸侯国不得不改变固有的剥削方式。原有的赋税制度，特别是井田的做法，已无法使奴隶主获得更多利益，也不利于鼓励农夫，调动其劳动积极性。于是各国相继改行"相地而衰征"⑤的新税法，由四家向各类土地占有者直接征收十分之一的土地税。对于赋税革新，齐鲁等国起步较早，而鲁国的"初税亩"⑥影响最大。秦国到春秋末期，即秦简公七年（前408）始行计亩

---

① 《汉书》卷二十八下《地理志下》注引孟康说，第1642页。
② 《十三经注疏·毛诗正义》卷十七之三《大雅·公刘》，第1118页。
③ 《十三经注疏·礼记正义》卷十二《王制》，第397页。
④ 《十三经注疏·孟子注疏》卷五上《滕文公章句上》，第137页。
⑤ 《国语》卷六《齐语》，第236页。
⑥ 《十三经注疏·春秋左传正义》卷二十四《宣公十五年》，第665页。

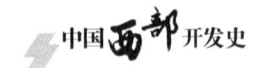

而税的"初租禾"①，宣布无论公田和私田一律取税，从而承认了长期存在的私田的合法性，从法律上肯定了土地私有制。所以"初租禾"在秦国历史上有着划时代的意义，标志着秦国奴隶制的覆灭和以土地私有制为基础的封建制的诞生。

二、封建制农业经济关系的形成

从春秋末到战国初，秦国处在新旧制度交替中，封建制因素普遍滋长，而奴隶主势力仍相当顽固。两种制度并存之下，政治经济障碍重重，秦国社会步履艰难，明显落后于东方诸国。秦孝公励精图治，用商鞅进行变法改革，大刀阔斧地调整生产关系，加快了秦国封建制发展的进程。

商鞅变法涉及面广，政令措施复杂，是整体性社会改革。但新法的中心问题直关土地制度，旗帜鲜明地提出"废井田，开阡陌"，就是要铲除奴隶主土地国有制，从根本上摧毁奴隶制经济关系的基础。这项总揽新法的改革，是在秦国传统爰田中进行的。奴隶制下的爰田是将土地按好坏分为上、中、下三等，而每等以一百亩、二百亩、三百亩作为耕种单位，依次采用连种、隔年轮种、三年轮种等不同耕作制度，故三等田分别称作"不易""一易""再易"。爰田没有固定的使用权，奴隶主们分别在上、中、下三种田地轮换耕种，三年递换一次，所以称"三年爰土易居"。商鞅改制后的爰田只保留原有的耕作制度，各等田地间不再轮换使用，即所谓"爰自在其田，不复易居也。"②这样就把原属于国家所有的土地变革成为个人私有，从根本上改变了爰田的性质。初租禾只是肯定了私有土地合法地位，而废井田的改革却建立起了土地私有制度。商鞅变法颁布的其他政令几乎都和土地问题联系在一起，直接或间接地加强着土地私有化的过程。例如奖励耕织，粮帛多者免除徭役，使得大批流散劳动力转入荒田垦辟，并且成为新垦土地所有者，《商君书》称之为"徕民"，就是由逃亡奴隶转化的一部分新生自耕农。秦奖战士以军功赏爵，以爵赐田，"赏爵级，益田一顷，益宅九亩"③。爵位分二十级，位越高，赐田越多。在分配和赏赐国有土地过程中，以占夺购买为主要形式的土地兼并也同时发展，于是在秦国出现了"强者规田以千数，弱者曾无立锥之居"④的现象，而"规田千数"的正是新兴的地主阶级。有了土地私有制的基础，又有了比较发达的地主经济，再加上新法建立的专

---

① 《史记》卷十五《六国年表》，第708页。
② 《汉书》卷二十八下《地理志下》注引孟康语，第1642页。
③ 《商君书锥指》卷五《境内第十九》，第119页。
④ 《汉书》卷九十九中《王莽传中》，第4110页。

制统治秩序，秦国封建制由此确立。因此说，秦国由商鞅变法正式进入封建社会，此后百余年，直到秦始皇建立封建王朝，"秦法未败"。秦国封建制一直处于新兴期的蓬勃发展阶段，从中可以完整领略到封建制下秦国的农业经济关系。

秦国封建制农业经济的主体是地主经济，在整个社会经济关系中起着主导和制约作用。虽然当时国家还直接控制相当部分土地，并以授田方式交给农民耕种，收取粮食及刍草，但也仅仅是奴隶制的残余而已。当时国家占有的多半是山泽荒原，边疆地区尚无戍卒屯田，谪徒罪囚垦边也仅仅是开始。秦时国家直接经营的公田和屯田极少，实不能与方兴未艾的地主经济相比较。秦国最初的封建地主，最先是从奴隶分化而成的大土地所有者，多是新的官僚、贵族、军士、商人等，通过特权、赏赐、买卖、占夺等方式据有土地成为地主。而中央集权制下的国君自然是最大地主和地主阶级利益的总代表。处于被统治地位的是农民，包括依附地主土地的佃农和拥有少量土地的自耕农。同受地主阶级的压迫剥削，佃农经济地位最低，所受的剥削最大，生活也最苦。佃农是通过租佃关系与地主经济联系在一起的，成为地主直接剥削的对象。秦国佃农多来自战乱中的流民，有的则是新兴地主原来役使的奴隶。佃农自己没有土地，只有极少量的简单工具和生产资料，耕种地主土地，所谓"耕豪民之田"。地主把土地租给佃农后，一般不再参与生产和管理，只收取一定比例的生产物作为"地租"，这就是地主经济赖以生存的租佃制度。因为地租剥削量不尽相同，所以秦国至商鞅变法后，通行"见税十五"的比例，即将收获的一半交给地主，几乎剥夺了全部的剩余劳动。可见租佃制形成之始，剥削就十分苛刻，佃农只能维持简单的再生产。封建制下地主要向国家交纳田赋，分去部分地租收入，这不过是地主与地主政权之间剩余劳动的再分配，目的是照顾地主阶级不同层次的利益，以保护地主阶级经济发展，维护整个封建剥削制度。尽管如此，地主总是设法利用政治特权免赋免役，或以各种非法手段把田赋强加在农民身上。地主租佃剥削比奴隶主的助法、彻法利于生产力发展，故有一定的历史进步性。因佃农具有人身自由，不像奴隶那样为人驱使，所以佃农可以自主地支配时间或安排农活；只要按时完租，便可获得所余的生产物，收获越多，自己所得也相应增多，自然对生产有更多的积极性。《吕氏春秋·审分览》曾以教言道出其中的奥秘："今以众地者，公作则迟，有所匿其力也。分地则速，无所匿迟也。"[①]这便是秦国封建经济初期迅速发展的根本原因。

自耕农经济是封建制农业经济的重要组成部分，秦国自耕农经济在发生之初就比较

[①]《吕氏春秋集释》卷十七《审分览第十七》，第431页。

发达。自耕农多半是废除井田时获得授田的农夫，有的则是在奖励垦辟中自立的徕民。自耕农比佃农有明显的优越性，他们有自己的生产和生活资料。秦国自耕农每户约占百亩左右土地，构成独立的私有经济。自耕农所受剥削主要是政府的课役，包括田赋、兵役、差徭等。田赋额一般维持在"十一而税"的比例，凡以户口计征的国家课役多半出于自耕农，其承受的经济剥削也极不轻松。为了保证赋税剥削，秦国重新编制户口法，全国人口按五家编为一"伍"，载入户籍册，成为征摊赋役的根据。每伍各家相互监督，否则全伍连坐，称之为"户籍相伍"。据《睡虎地秦墓竹简》载，秦民自17岁即行"傅籍"，被牢牢地束缚在小块土地上以便征收赋役。在地主政权盘剥下，自耕农一开始就处于脆弱状态，遇到天灾人祸，不免陷入破产境地。秦国后期土地兼并加剧，正是地主不断鲸吞破产自耕农的结果。但是自耕农赋役总是轻于地租，生活也比佃农略为宽裕，有一定的生产积极性。自耕农的剩余劳动除被国家剥削外，常略有所余，可以作为生产资料投入再生产过程，以促进农业生产力的发展。秦国封建经济的发展很大程度上得益于自耕农经济。

秦国封建制农业经济建立在土地私有制基础之上，其农业经济基本结构和土地经营方式必然形成一些特点。一般说来，其农业生产的规模狭小，多是在小块土地上实行单家独户的分散经营，生产的目的不在于交换，而是为自给自足，人们称之为"小农经济"。上述自耕农经济就是小农经济的典型形态，"一夫百亩"，其收入少则养五口之家，多则勉强养活大家九至十口。① 这样的负担对一夫之力已达极点，即使家中有充足劳力，按秦法"民有二男以上不分异者，倍其赋"②。所以"秦人家富子壮则出分，家贫子壮则出赘"③，欲扩大经营规模是不可能的。小农经济强调"男耕女织"，商鞅奖励农业的新法令中亦是耕织相提并重，《吕氏春秋·上农》还说"六畜皆在其中"④。这种耕桑树畜的综合经营能提供农家所需的绝大部分生产和生活资料，正常情况下可以维持一家温饱。其中富足者，还可以将多余财力和劳力再投入有限的小块土地经营上，改进耕作技术，采用施肥、除草、灌溉等措施，从而产生了传统的精耕细作技术。小农经济适应封建社会生产力水平，与整个封建生产关系协调统一，当其出现后，便不断巩固完善，成为我国2000多年封建社会经济结构的基本核心。自耕农如此，无地佃农更是依赖这种经营方式

---

① 《吕氏春秋集释》卷二十六《上农》，第684页。
② 《史记》卷六十八《商君列传》，第2230页。
③ 《汉书》卷四十八《贾谊传》，第2244页。
④ 《吕氏春秋集释》卷二十六《上农》，第684页。

维持简单再生产,即使是"田连阡陌"的地主经济,也从不组织与所占土地规模相同的大型生产经营。在多子继承制下,地主田产也有无限分割的趋势,而且地主土地无论多少,总是租给佃农耕种,分散为一家一户的小农经济来经营。

小农经济有其先天性的不足,如规模小、经营分散、基础薄弱、抗御灾祸能力差,这固然限制了自身进步,而耕织结合、多种经营、自给自足的自然经济特征也在排斥和阻碍着商品经济的发展。自原始社会末期,西北农牧业分化分区,专门性手工业从农业中相继分化独立,商品性生产和商业贸易活动相随出现。《易经》中有很多关于周人进行商品交换的记载。据说周代提倡"农功既毕,始率车牛,载其所有,求其所无,远行贾卖"①。《史记》对周人重视工商之事也有追述:"周人之俗,治产业,力工商,逐什二以为务。"②秦国时商品货币经济进一步发展,有了专门经商的"贾人"。秦穆公令贾人经营食盐买卖,"使人厚币迎蹇叔"③,均可引为史证。战国初,周人白圭观时达变,经商治生有专能,"人弃我取,人取我与","与用事僮仆同苦乐,趋时若猛兽鸷鸟之发"④,先秦商人无不效法白圭。秦相吕不韦亦曾是"贩贱卖贵,家累千金"⑤的大商人。秦献公"初行为市"⑥,进一步放宽商业政策,商人便由周代"工商食官"的奴隶地位,跃而提高到城市居民的地位。秦始皇时往来秦戎之间的乌氏倮,因经营丝缯马牛生意而成为豪富,畜牧以山谷量,始皇令倮位比封君,同大臣一样出入朝请⑦。但是在战国重农思想的排斥下,商业被置于"末位"。秦国抑商尤其严厉,从商鞅变法以后,"本农末商"制为口号,虽然秦国上层统治者有时对商业政策加以宽松,但也只是为了补充自然经济不足。商品经济一直处于为封建经济服务的地位,并被限制在其所允许的限度之内。

三、游牧民族的生产关系

当周秦在泾渭流域接力式地由原始社会经奴隶社会而进入封建社会时,西北广大牧区散布着的部类众多的游牧民族,仍然徘徊在原始社会和奴隶社会之间。这些民族以其军事实力从先周时起便与农区抗衡,常常给周人造成威胁,游牧经济显然有了一定基础,

---

① 《十三经注疏·尚书正义》卷十四《酒诰第十二》,第 376 页。
② 《史记》卷六十九《苏秦列传》,第 2241 页。
③ 《史记》卷五《秦本纪》,第 186 页。
④ 《史记》卷一二九《货殖列传》,第 3258—3259 页。
⑤ 《史记》卷八十五《吕不韦列传》,第 2505 页。
⑥ 《史记》卷六《秦始皇本纪》,第 289 页。
⑦ 《史记》卷一二九《货殖列传》,第 3260 页。

绝非原始农牧分化之初的落后状态。根据先秦文献，特别是战国时期典籍记载，西北牧区的游牧方式、生产规模和家畜的种类同后世并无太大差异，因此对西北游牧业在周秦时期的发展速度和生产力水平不可估计太低。西北少数民族大部分从事游牧业，逐水草迁徙的游牧生活，不大利于民族文化的集中和积累；居无常处、过于分散的部族间，难以形成比较大的稳固的部落联盟，因而不易建立起有绝对统治力量的奴隶制政权来全面推行奴隶制度。所以尽管西北游牧业已有较大进步，财产私有、掠夺奴隶、贫富分化、殉葬制度等阶级因素在游牧族中早已滋长，但西北牧区仍未能步入奴隶制社会。在秦末匈奴奴隶制国家建立之前，各部族始终处于原始氏族社会。西北社会形态由此呈现极不平衡的发展状态，游牧生产关系落后于其生产力、牧区社会制度落后于农区的现象一直延续了两三千年，直到中华人民共和国成立前，各种社会形态一直并存于西北少数民族地区。

这一时期，西北游牧民族种类繁多，统属多杂乱不可细究。考查与周秦长期交往的戎狄系统的部族，实际只是各不相统的氏族部落。秦穆公开地千里，势力达到泾渭上游，"遂霸西戎"。这时"西戎"包括绵诸、绲戎、翟、獂、义渠、大荔、乌氏、朐衍等分支，号称"西戎八国"，但也只是一些军事性质的部落联盟。诸戎的实际社会结构还是父系氏族制，生产活动仍然以氏族为单位，以公有制维系着氏族经济关系。若以氏族而论，西戎包含的氏族部落多不胜计，据《史记》所称："各分散居溪谷，自有君长，往往而聚者百有余戎，然莫能相一。"①戎狄地近关中，与周秦时战时和，叛服无常，有时侵入农区，筑城设堡长期杂居，颇受农业文化的影响。西周之初，戎狄因曾随征伐商，"天子爵之，以为藩服"，但终未改变其氏族社会性质。又如诸戎本无君长，战国时期，义渠、大荔两部开始称王，但"及其衰亡，余种皆反旧为酋豪云"。戎狄尚且如此，"藩服"之外的游牧族更难脱离原始生产关系。周秦时分布在青藏高原、河西走廊以至南疆一带的羌族，史称"得西方金行之气"，坚刚勇猛，种类繁多，却始终未能形成统一部族政权，改变原始的氏族制度。正如《后汉书·西羌列传》追记，"其俗氏族无定，或以父名母姓为种号"，"不立君臣，无相长一，强则分种为豪酋，弱则为人附落，更相抄暴，以力为雄。杀人偿死，无它禁令"②。说到底，羌人没有脱离原始氏族关系，强支豪族也仅是武力维持下的氏族部落军事联盟。曾为秦厉公拘执为奴隶的无弋爰剑，逃返河湟后被羌人推为豪酋，

---

① 《史记》卷一百一十《匈奴列传》，第2883页。
② 《后汉书》卷八十七《西羌传》，第2869—2875页。

便属这类部落联盟首领。同书随文解释："羌人谓奴为无弋，以爱剑尝为奴隶，故因名之。"①不以奴隶为贱，可见羌人阶级分化不甚明显，无主奴的严格区别。无弋爱剑以后子孙"世世为豪"，颇违于原始社会推举和禅让制度，然爱剑族内分化更为剧烈，在河湟蔓延成繁多种族，或更西迁河源，遍及青藏高原。部族名号有白马种、牦牛种、参狼种等，系原始动物图腾崇拜，羌人文化显然落后于戎狄。周秦时期新疆地区民族状况文献记载极少，从考古资料看，北疆有游牧民族遗迹，分布地区非常广泛。南疆农业和畜牧文化共存，然农业为主的经济结构在当时已很显然。据说新疆部族中就有羌戎部落，古时羌人在甘、青、新、藏地区几乎都有分布，原居河西敦煌的允戎受月氏排挤曾西迁南疆，也正在这一历史时期。考古资料还表明，当时新疆各部族均处在原始社会阶级，各族农牧生产和经济关系互有差异，有些部族有向奴隶社会过渡的趋势。

在当时的西北诸游牧民族中，奴隶制发展最快最成功的唯有匈奴族。匈奴兴起于蒙古高原中部的匈奴河（今蒙古鄂尔浑河），因而得名。其始祖可上溯至淳维，据说是夏后氏之苗裔。"自淳维以至头曼，千有余岁，时大时小，别散分离，尚矣。"②同夏时的獯鬻，商时鬼方，周时猃狁和犬戎，都有一定关系。这种大小不定、分合无常的部族组织，正是氏族部落联盟形式。匈奴族曾经历漫长的原始氏族社会，直到公元前3世纪，匈奴族日渐强大，游牧漠南阴山脚下，由此向四周扩张。时当中原战国时期，匈奴常乘机南下攻掠，与赵、燕、秦交兵交往渐多，名声遂载于史册。同时受内地各国文化影响，匈奴族也开始生产铁器，经济军事力量不断增强，社会制度也出现剧烈的变化。氏族公有制在匈奴族中开始瓦解，随之出现财产私有、占有奴隶和阶级剥削等奴隶制现象。游牧经济本身就适宜分散经营，牲畜最易被占为私有财富。当大量畜群和剩余的畜产品出现后，权势家族便将之夺为己有，放牧的一般氏族成员随同供其驱使。这些家族正是新生的奴隶主阶级"牧主"。起初牧主并未完全脱离畜牧生产，对牧场还不能实行家族占有，所以有人说"牧场和游牧地的公有制与牲畜的私有制的结合，是这个时期匈奴人氏族公社的特征之一"③。促使匈奴氏族解体和奴隶制发展的另一重要因素是频繁的掠夺战争，根据《史记》所载，匈奴素以"攻战为事"，"儿能骑羊，引弓射鸟鼠；少长则射狐兔，用为食。士力能毌弓，尽为甲骑。其俗，宽则随畜，因射猎禽兽为生业，急则人习战攻以侵

---

① 《后汉书》卷八十七《西羌传》，第2875页。
② 《史记》卷一百一十《匈奴列传》，第2890页。
③ 《匈奴史》，第8页。

伐，其天性也。其长兵则弓矢，短兵则刀铤。利则进，不利则退，不羞遁走。"①凭借这种军事优势，匈奴积累起大量财富，为扩大剩余产品和私人占有财物提供了条件。通过战争俘获大量奴隶，供奴役剥削，直接发展出了奴隶阶级，促进奴隶制的形成。与此同时，匈奴社会组织为适应战争的需要，形成一种建立在地域基础上的具有生产和军事结合性质的组织形式，而不再是建立在血缘基础上的亲族单位，从而为奴隶制政权建立奠定了基础。

战国末期，匈奴族基本上完成了由原始氏族向奴隶制过渡的历史任务。当时，匈奴族首领头曼成为单于，是匈奴史上第一个大单于。单于首府在头曼城（今内蒙古五原县），是匈奴族政治经济中心。所控地域，北及大漠；南取河南地（今内蒙古鄂尔多斯市），屡攻秦赵边境，使其"不得田畜"，东接东胡，与其平分内蒙古高原；西境直达河西走廊，与居于敦煌祁连之间的月氏为邻。匈奴族此时已成为地域性的奴隶制色彩浓厚的军事部落联盟。秦朝灭亡不久，即楚汉相争之际，杀父自立的头曼之子冒顿单于，东并东胡，西逐月氏，对内全面实行奴隶制政治，终于建立起一个东控辽河、西至葱岭、南起长城、北抵贝加尔湖的空前庞大的奴隶制政权。

第七节
春秋战国时期西部开发与政区演变

春秋战国时期是一个风雷激荡的变革时代。旧的奴隶制度正在解体，新的封建生产关系正在形成。在这个过程中，西部地区也发生了较大的变化。

一、春秋战国时期的西部政区

春秋战国之际，北狄形成"赤狄""白狄""众狄"等不同的部落集团。这些部族集团与秦、晋诸国都有一定的关系。北狄衰落之后迅速崛起的匈奴，成为蒙古草原上的霸主，并对北方的秦、赵诸国形成一定的威胁。"西戎"主要有氐、羌和西域诸族。氐、羌起源于西方，早在商周时代即已存在。氐族主要分布在甘南西汉水、白龙江和涪水上游等地。羌族则分布于以青海黄河、湟水、赐支河为中心的甘、青地区。西域诸族主要分布于新

---

① 《史记》卷一百一十《匈奴列传》，第2879页。

疆塔里木盆地周边地区，或从事游牧狩猎、或从事原始农耕，其民族成分相当复杂，很难一一确定。"西南夷"由百越、氐羌和百濮等不同民族演化而来，主要分布在川、黔、滇等地，部落支系繁多，风俗不一，与中原王朝亦有一定联系。而在中原地区，则逐渐出现了郡县制度。

郡县的设置始于春秋时期。当时最先设县的是楚国，楚国灭掉一些邻国，就以新得到的土地设县①。秦国也和楚国一样，在灭掉若干小部落之后，就接着设起县来②。不过秦国比楚又更进了一步，它把许多小的乡聚并到一块改设成县。商鞅佐秦孝公变法，一次就用这种办法设了31个县。当时不仅有县，而且有郡。据说在秦穆公时秦国已经有郡了，郡县和采邑乃是两种不同的制度，秦国合并乡聚所设的县也未再作为食邑。这显示出采邑制度的逐渐解体，也显示出其正逐渐向中央集权的郡县制方向发展。在郡县制初创的时候，郡和县究竟各有多大的规模，这是难以确定的问题。晋公子夷吾对秦使者公子絷说："君实有郡县。"③这里先言郡而后言县。按照这样的次序来说，春秋初期秦国的郡要比县大，和后来的秦汉时期相仿佛。这和晋国的制度颇不相同。春秋后期，赵简子誓，说是"克敌者，上大夫受县，下大夫受郡"④，则郡不如县大。春秋时期虽有设郡的说法，具体设的什么郡却很少见于记载，战国时期郡的设置就很多了。最初的郡和县可能没有什么关系。因为一些国家设县比较早些，设县的时候还没有郡的设置⑤。春秋末年有些人认为郡不如县⑥。这可能是郡设在边远的地方，不如县富庶的缘故。由于郡设在边远地方，面积自然大些。最初的县一般较大，但由于一析再析，也就不免逐渐缩小。因此后来在内地设立的郡就把县包括在内，从而形成了以郡统县的局面⑦。

最早在今陕西境内设郡的是魏、楚两国。魏国设立的上郡，大致在洛河下游的东西两侧。楚国设立的汉中郡，顾名思义，应在汉江的中游。秦国也置上郡，主要是在今陕北，可能包括魏国上郡的一部分，秦上郡治所为肤施县，在今榆林市南。秦国夺取楚汉中郡的西部，加上汉江的上游，另置汉中郡，治所为南郑县，即今汉中市。

---

① 《左传》宣公十一年，楚子县陈，即其一例。
② 《史记》卷五《秦本纪》，第182页。
③ 《国语·晋语二》载，公子夷吾对秦使者曰："君实有郡县。"此事在鲁僖公九年，亦即秦穆公九年。《史记·秦本纪》载："秦武公十年，伐邦、冀戎，初县之。十一年，初县杜、郑。"此为秦国设县之始。秦武公十年为鲁庄公六年。其时上距鲁僖公九年为37年，其间未闻秦国设郡，疑《晋语》所载未尽其实。
④ 《十三经注疏·春秋左传正义》卷五十七《哀公二年》，第1618页。
⑤ 《左传》哀公二年："简子誓曰：'……克敌者，上大夫受县，下大夫受郡，土田十万，庶人工商遂，人臣隶圉免。'"即其明证。
⑥ 《左传》哀公二年载，赵简子说"克敌者上大夫受县，下大夫受郡"。如此则郡不如县。
⑦ 史念海：《中国历史地理纲要》下册，太原：山西人民出版社，1992年，第52页。

二、秦人对西部的开发

关中是西部开发最早的区域，周人和秦人先后生活在这里，并以关中平原为中心，建立了统一多民族的国家。四川在先秦时期主要居住着巴人和蜀人，他们以农业为主，将青铜文化发展到了较高的水平。先秦时期的西部开发，在一定程度上促进了西部地区的发展，加强了各地之间的联系和交流，为秦汉时期的统一奠定了基础①。

（一）秦人的崛起

嬴秦兴于夏②。公元前771年，周幽王死于骊山脚下，西周宣告灭亡。次年，周平王迁都洛邑，历史进入东周时期。东周包括春秋和战国两个阶段。春秋时期，秦人在西部逐渐崛起。公元前628年，晋文公死，秦穆公欲趁机向东方发展。在此之前，秦穆公曾以百里奚、蹇叔、由余为谋臣，先后击败晋国，俘晋惠公，并灭掉了梁、芮二国。公元前627年，秦穆公命秦军挺进中原，远袭郑国。不料作战计划被郑国商人弦高破坏，无功而返，至崤，又为晋军所败。东进受阻之后，改变发展方向，全力经营西部，"益国十二，开地千里，遂霸西戎"③，成为"春秋五霸"之一。春秋结束以后，历史进入战国时期。战国时期，秦人发奋图强，最终跻身"七雄"之列。

秦人的崛起与秦国改革是息息相关的。史载秦国地处西陲，起初是个较为落后的诸侯国，其国力远远比不上东方六国。当时，秦国的统治中心尚在雍城。雍城在今凤翔县城南，是秦人在关中地区兴建的第一座规模较大的城池。这座城池是秦德公创建的，《史记·秦本纪》载："德公元年（前677），初居雍城大郑宫。"④在此后的294年间，雍城一直是秦人的首都。雍城位于关中西去陇坻和南下巴蜀的咽喉要道，土壤肥沃，商业繁荣，交通发达，地理位置相当重要。在秦穆公时代，雍城是西北地区最有名的城市之一。秦穆公在此开拓疆土，独霸西戎，跻身"春秋五霸"的行列，在当时产生了重大的影响。后来秦人迁都栎阳、咸阳，但对雍城依然十分重视，一些重要的礼仪活动都是在雍城进行的。直到秦始皇统一中国后，雍城作为秦人的故都，在秦代的城市中仍占有重要的地位。由于秦人在500年间始终比较重视雍城，雍城的建筑规模和建筑水平都达到了惊人的程

---

① 周伟洲：《我国西部最早的开发》，《西部大开发》2001年第3期。
② 徐日辉：《秦早期发展史》，北京：中国科学文化出版社，2003年，第43页。
③ 《史记》卷五《秦本纪》，第194页。
④ 《史记》卷五《秦本纪》，第184页。

度，超出了常人的想象。虽然雍城的各种建筑已经不复存在，但经过考古工作者十多年的勘查和发掘，已经弄清了雍城遗址的基本面貌。雍城遗址四周有围墙相连，东西长度约3300米，南北宽度约3200米，总面积达10.56平方千米。城市平面略呈方形，供水河流穿城而过。雍水绕城东南，凤凰泉在城之北，西面则有人工城壕。整个城市防卫严密，环境也相当优美。城中有不少大型建筑。其中一号宗庙建筑群由大门、中庭、祖庙、昭庙、穆庙、围墙等建筑物组成，土木结构、大屋顶、四面坡、双楹柱，总面积近7000平方米，是迄今发现的我国先秦宗庙建筑中规模最大、保存最好的建筑群。三号建筑群则是迄今发现的先秦时代最完整的朝寝遗址，总面积2.18万平方米，规模也是很大的①。值得注意的是，雍城一带有较为浓厚的文化气息。唐代曾在此地发现过10个刻有铭文的石鼓。这些石鼓所撰写的秦籀诗文，反映了狩猎方面的内容，是存世最早的石刻文字。此外，在雍城南郊还有13座诸侯陵园，占地面积达数十平方千米。经过1976年以来的钻探和发掘，共计发现10座中字形大墓，两座甲字形大墓，12座长方形的车马坑。每个陵园都相当广阔，但分布的大墓和葬坑则多寡不一。其中坐落在南指挥村附近的1号陵园面积最大，达20万平方米。陵园中有两座中字形大墓和一座甲字形大墓②，位于南端的中字形墓最大，东西长59.4米，南北宽38.45米，墓道长240.6米，是迄今我国发现的最大的木椁墓。

秦献公励精图治，废除了野蛮残酷的人殉制度，将国都自雍迁至栎阳，大力推广县制，并鼓励商业活动。献公死后，秦孝公即位，"振孤寡，招战士，明功赏"③，继续献公的改革，以高官厚禄为条件，征召治国人才。于是，商鞅从魏国来到秦国，成为秦国改革的主将。

（二）商鞅变法

商鞅本名卫鞅、公孙鞅，因后来在秦国受封于商，故称商鞅。商鞅"少好刑名之学"，对法家学说尤感兴趣。到秦国后，经景监引荐，他先后四次求见秦孝公。前三次分别说以"帝道"（尧舜之道）、"王道"（夏商周之道）和"霸道"（齐桓晋文之道），均未引起孝公的重视。第四次说以"强国之术"，孝公大悦，竟至"语数日不厌"④。秦孝公很赞赏

---

① 刘德岑：《古都篇》，重庆：西南师范大学出版社，1986年，第55页。
② 韩伟：《略论陕西春秋战国秦墓》，《考古与文物》1981年第1期。
③ 《史记》卷五《秦本纪》，第202页。
④ 《史记》卷六十八《商君列传》，第2228页。

商鞅的治国主张，准备进行变法。由于秦国旧贵族势力很大，孝公又疑虑重重，担心变法会招来非议。公元前359年，秦孝公召集君臣于朝廷，就是否变法进行辩论。经过这场辩论，孝公打消了疑虑，坚定了变法的信心，任命商鞅为左庶长，"卒定变法之令"①。

商鞅变法经历了两个阶段。第一阶段开始于公元前359年，主要内容有四：(1) 颁布法律，制定连坐法。百姓之间有彼此相互告发"奸人"的责任。告发者与斩敌者同赏，不告者处以腰斩。一家藏奸，什、伍连坐。(2) 奖励军功，禁止私斗，建立军功爵制度。"有军功者，各以率受上爵；为私斗者，各以轻重被刑大小"②。重新规定了20等爵制③，废除奴隶主世袭特权，按军功大小确定政治、经济地位，授予不同的爵位和田宅。(3) 重农抑商，鼓励耕织。"僇力本业，耕织致粟帛多者复其身；事末利及怠而贫者，举以为收孥。"④凡是努力经营农业生产，多缴纳租税的，免去其本身的徭役；凡是弃农经商或怠惰以致贫穷而交不起租税者，收为官府的奴婢。(4) 焚烧诗书，申明法令。燔诗书而明法令，塞私门之请而遂公家之劳，禁游宦之民而显耕战之士。打击复古思潮，加强思想统治；整顿吏治，禁绝私门请托和游说求官的政治钻营活动。这次变法取得了成效，"行之十年，秦民大悦，道不拾遗，山无盗贼，家给人足。民勇于公战，怯于私斗，乡邑大治"⑤。对外战争也连连获胜，显示了秦军的威力。公元前352年，商鞅因变法之功被提升为大良造，全面主持秦国的军政事务。第二阶段开始于公元前350年，内容包括六个方面：(1) 改革土地制度。"开阡陌封疆"，授土于民，允许买卖，承认土地私有；新设置田界，扩大亩积，改100步一亩为240步一亩。(2) 普遍推行县制。每县设县令、县丞、县尉，县令是一县之长，县丞掌管民政，县尉掌管军事。(3) 迁都咸阳。把咸阳作为政治经济中心。(4) 统一度量衡。下令"平斗桶权衡丈尺"⑥，在全国范围内推广使用标准的度量衡。(5) 改革赋税制度。"舍地而税人"⑦，按户口征收户赋和口赋。男子成年而不分家立户的，要加倍征收户赋。(6) 革除戎狄风俗，用华夏族的风尚教化秦人。商鞅完成变法后，将注意力转向对外战争。公元前340年，商鞅大破魏军，斩魏将公子卬，迫使魏国割让河西之土求和。商鞅凯旋，受封商（今陕西丹凤县西）、于（今河南内乡县东）之

---

① 《史记》卷六十八《商君列传》，第2229页。
② 《史记》卷六十八《商君列传》，第2230页。
③ 《汉书》卷十九上《百官公卿表上》，第739—740页。
④ 《史记》卷六十八《商君列传》，第2230页。
⑤ 《史记》卷六十八《商君列传》，第2231页。
⑥ 《史记》卷六十八《商君列传》，第2232页。
⑦ 〔唐〕杜佑撰；王文锦等点校：《通典》卷四《食货四·赋税上》，北京：中华书局，1988年，第77页。

地十五邑，号为商君，商鞅的权势达到了顶点。

商鞅变法是相当成功的。他在历时10年的变法活动中，吸取了魏、楚等国变法的经验，结合秦国的具体情况，制订出宏伟而细密的变法计划，涉及政治、经济、军事、思想文化乃至风俗习惯等各个领域，对秦国的社会进行了全面的改革，将新法推行到社会的各个角落，并使之深入人心，以致"秦妇人婴儿皆言商君之法"①。商鞅变法的范围之广，内容之多，时间之长，力度之强，收效之巨，影响之大，是其他任何一个国家的变法或改革都无法比拟的。虽然，商鞅变法损害了旧贵族的利益，他本人最后被处以车裂之刑，但变法从根本上改变了秦国的面貌，使秦国后来居上，成为七雄中实力最强的国家。

（三）西部经济的发展

为了征服东方六国，秦国实行重农政策，加强了对西部地区的经济开发。因此，西部地区的社会经济得到了显著发展。

封建土地所有制的特点是土地国有制和私有制并存，而私有土地由皇室土地、地主土地和自耕农土地三个部分组成。当时的地主大部分是由官僚、贵族、商人或富有的自耕农转化而来。而当时的农民，大部分是由在井田制下从事农业的庶人转化而来的。尽管他们都受到地主的剥削，但与奴隶制时代的奴隶相比，他们的人身束缚明显减轻，因而在生产劳动方面具有较高的积极性。当时的最高统治者对发展农业也表现出较高的热情，多次举行隆重的"藉田""亲蚕"仪式，经常对关心农事的官员予以表彰，对擅兴劳役、侵夺农时的官员查明申斥，采取颁发农书、推广农耕技术等手段，具体指导农业生产②。政府还制定了优惠政策，鼓励农民大量垦荒，也在一定程度上调动了农民开发土地的积极性。另一方面，铁农具的使用和牛耕的推广，为垦荒提供了很大的方便，使更大面积的土地开发成为可能。史载秦孝公任商鞅，"诱三晋之人，利其田宅，复三代无知兵事……废井田，制阡陌，任其所耕，不限多少"③。在这种情况下，大片的荒地被逐渐开垦出来，成为农田，为农业生产的发展提供了广阔的空间。

西部地区是秦人的发祥地。秦自穆公之后，不断向外开拓疆土，势力范围逐渐扩大到巴蜀等地。秦人继承了周人重农的传统，所到之处，以务农为先。因此，疆域的扩大

---

① 《战国策》卷三《秦策一·卫鞅亡魏入秦》，第71页。
② 《吕氏春秋》列《上农》等四篇农学内容，向农民传授生产技术和生产经验。
③ 《通典》卷一《食货一·田制上》，第6页。

和耕地面积的扩大就意味着农业区域的扩大。而农业区域扩大的一个直接后果是耕地类型的多样化。旱地的大量存在，在客观上要求进行灌溉，以补偿农作物水分的不足，使农业生产灌溉用水的供需矛盾日益严重，这对农田水利建设的发展提出了迫切要求。在这种背景下，以供应作物水分需要为主要内容的农田水利灌溉事业得到迅速发展。当时建成的都江堰和郑国渠等大型水利工程，代表了我国先秦时期水利建设的最高成就。

都江堰是战国时期在四川盆地修建的大型水利工程。四川位于我国西南腹地，地势西高东低。长江由西而东穿过川西高原的丘陵和群山，进入成都平原，与南北汇流的岷江、沱江、涪江、嘉陵江、渠江、乌江构成不对称的向心状水系。故成都平原水资源丰富，但农田容易受到洪水的冲刷。自春秋以来，成都平原水患严重，农作物常常因此失收。为了解决这个问题，蜀人曾在灌县城南开凿过一个人工渠道，将岷江的部分水流引入沱江，以减轻岷江泛滥所造成的损失。《华阳国志·蜀志》有"开明决玉垒山以除水害"[1]的传说。《水经注》也说："江水又东别为沱，开明之所凿也。"[2]开明是战国时楚人，入蜀后因治水有功受到蜀王的重用，后又继承王位，号曰丛帝。经过开明时代的治理，岷江水利建设已有了一定基础。公元前247年秦王政即位后，秦国统一战争步伐加快，构成席卷天下之势。秦军依靠黄土高原中部地区畜养的充足军马，组成强大的兵阵，今临潼兵马俑博物馆还可再见秦军的威风。秦国占据全国最富庶的关中和巴蜀两大农区，保证军用粮草兵饷。公元前316年，秦惠文王命张仪、司马错等人率军翻越秦岭攻灭巴、蜀，在当地推行郡县制，设置巴郡和蜀郡，派官员进行封建统治。之后，秦国开始向巴蜀地区大量迁入秦民，《华阳国志》中记载："戎伯尚强，乃移秦民万家实之"[3]，其中大多数就扎根安居在当地，这些人带去了大量中原地区先进的农业生产工具和技术，促进了巴蜀地区农业生产的发展。秦政权还在巴蜀之地兴建封建城市和推行封建制度。秦国灭巴蜀后，张仪兴建成都城，"周回十二里，高七丈"，郫城"周回六里，高六丈"，临邛城"周回六里，高五丈"[4]，形成以成都为中心，包括郫城、临邛等郡县治所城市在内的早期城市体系，从而带动了整个巴蜀地区经济文化的繁荣发展。此外，秦国在巴蜀地区还兴建水利工程。秦昭王三十年（前277）前后，李冰出任蜀守[5]。李冰是战国时期最杰出

---

[1] 〔晋〕常璩撰；刘琳校注：《华阳国志校注》卷三《蜀志》，成都：巴蜀书社，1984年，第182页。
[2] 《水经注校证》卷三十三《江水》，第766页。
[3] 《华阳国志校注》卷三《蜀志》，第194页。
[4] 《华阳国志校注》卷三《蜀志》，第196页。
[5] 关于李冰守蜀的时间，文献记载不一。童恩正曾对此做过考证。见童恩正《古代的巴蜀》，成都：四川人民出版社，1979年，第168页。

的水利专家之一。到任后，他对成都平原及其周围地区的环境进行了考察，认为岷江对平原有很大的影响。岷江穿行于川西平原，其源头在四川松潘县境内海拔4000余米的岷山南麓，流至宜宾，汇入长江，全长700余千米。岷江流至灌县后，进入成都平原，江面宽阔，江水奔腾而下，水势凶猛。每当进入夏秋雨季，水量大增，极易泛滥成灾。雨水不足又影响农业生产的发展，干旱成灾。因此岷江水流成为成都平原开发的关键所在。为彻底解决成都平原的水患，发展四川地区的农业生产，李冰主持修建了都江堰。

都江堰是商周以来西部地区最早修建的大型水利工程。司马迁在《史记·河渠书》中记载："蜀守冰凿离碓，辟沫水之害，穿二江成都之中。此渠皆可行舟，有余则用溉浸，百姓飨其利。"①东汉应劭在《风俗通》中说："（秦昭王）遣李冰为蜀郡太守，开成都两江，溉田万顷。"②晋代常璩在《华阳国志·蜀志》中说："冰乃壅江作堋，穿郫江、检江，别支流双过郡下，以行舟船……又溉灌三郡，开稻田……乃自湔堰上分穿羊摩江，灌江西。"③北魏郦道元在《水经注·江水注》中说："江水又历都安县，县有桃关、汉武帝祠，李冰作大堰于此，壅江作堋、堋有左右口，谓之湔堋。江入郫江、捡江以行舟……俗谓之都安大堰，亦曰湔堰，又谓之金堤。"④从这些记载来看，都江堰是一个综合性的水利工程。它的主要功能是导引岷江水流，在分流泄洪的同时，起到灌溉农田的作用，从而有效控制水旱灾害的发生。

由于李冰是著名的水利专家，加之他曾对成都平原进行了考察，因此他所设计的都江堰工程是相当科学的。整个工程由水利枢纽和灌区渠堰两部分组成。

都江堰水利枢纽工程包括都江鱼嘴、飞沙堰、宝瓶口、百丈堤、金刚堤、人字堤等等。其中都江鱼嘴、飞沙堰和宝瓶口是都江堰的三大主体工程，其他部分为附属设施。都江鱼嘴又叫大鱼嘴、分水鱼嘴，是建在岷江中心天然洲渚上的分水堰，由装满卵石的竹笼堆砌而成，将岷江水分为内、外二江，外江泄洪，内江溉田。这一工程实际上就是李冰"壅江作堋"的堋⑤，形似鱼嘴，故得此名。飞沙堰是内江泄洪排沙工程，由竹笼装石修筑而成，位于内江右岸。堰长240米，上距鱼嘴700米，下离宝瓶口200米，比内江河床高2米。当内江水流过大时，就从飞沙堰溢出倾入外江，洪水越大，溢出的水量也越大，如遇特大洪水，则冲毁堰堤，直泄外江，反过来又保障了内江灌区的安全；当

---

① 《史记》卷二十九《河渠书》，第1407页。
② 〔东汉〕应劭撰；王利器校注：《风俗通义校注》卷十《山泽》，北京：中华书局，1981年，第583页。
③ 《华阳国志校注》卷三《蜀志》，第202页。
④ 《水经注校证》卷三十三《江水》，第766页。
⑤ 《水经注校证》卷三十三《江水》，堋，就是堰。《太平寰宇记》卷七十三："蜀人谓堰为堋。"

水量较小时，则束水内江灌区，以收灌溉之利。此堰还有排沙功能，水流在内江右侧飞沙堰附近形成变道环流，激沙入堰排进外江，从而避免了宝瓶口前的泥沙淤积，达到"正面取水，侧面排沙"的良好效果。宝瓶口系内江灌区的咽喉，调控内江进水流量。宝瓶口左岸是玉垒山，右岸是离堆，现宽20米，高40米，长80米，劈山建成，坚不可摧。岷江水流增大时，则限制进水流量，确保了内江灌区的安全。三大主体工程布局合理，联合运用，调节内江水量，加上人字堤、百丈堤、金刚堤等附属设施的导流、分洪、溢流作用，使都江堰成为一个结构合理、功能多样、效益显著的水利枢纽工程。古代有"分四六"的说法，意即洪水时内外江水量之比为4∶6，而在枯水时则引大部分水流入内江灌溉农田，过水量为6∶4。这种调节作用，也为现代实测资料所证实。古代还曾在江水中分别立三石人，以测量水位高低。《华阳国志·蜀志》记李冰"于玉女房下白沙邮作三石人，立三水中。刻要江神：水竭不至足，盛不没肩"①。1974年3月，分水鱼嘴附近发掘出一个东汉建宁元年(168)所立李冰石像，其高3.9米，肩宽0.96米，上刻"故蜀郡李府君讳冰"，"造三神石人珍水万世"。1975年又出土一个石人。东汉所立三神石人与李冰造三石人可能具有同样作用②。修建都江堰的主要建筑材料为岷江流域出产的卵石、竹木。修建堤堰时，用竹子编成竹笼，装满卵石。《元和郡县图志》载："破竹为笼，圆径三尺，长十丈，以石实中，累而壅水。"③千百年来人们一直沿用这种方法建堤筑堰。施工截流的杩杈主要用竹木绑扎。竹笼法和杩杈法是都江堰工程在施工技术上的特殊发明。此外，都江堰工程性能优良，有人喻为"重而不陷""击而不反""硬而不刚""散而不乱"。有学者认为李冰时代不可能创建如此完善的水利工程，其中有后人改进增补的成分。但无论如何，都江鱼嘴、飞沙堰、宝瓶口这三大主体工程当时都已建成。

都江堰的排灌渠堰工程的干渠有八条，另有若干小型渠道，构成了一个扇形渠道灌溉网络。每条干渠引水渠口都采用鱼嘴分水，湃水坝溢流的构局。内江下游有三大干渠，仰天窝鱼嘴将内江分为走马河和蒲阳总河，太平鱼嘴又将蒲阳总河分为蒲阳河和柏条河。外江则有沙沟河、黑石河、羊马河、江安河和杨柳河五条干渠。这八条干渠均为天然河道，其下灌溉支渠则多为人工开凿。渠道连绵伸延，纵横交错，既有灌溉功能，又起到防洪排水的作用，为成都平原灌溉农区的形成和发展奠定了基础。这样一个结构复杂、范围广大的灌溉网络，是历代人民不断增建、扩充后形成的。但可以肯定的是，在李冰

---

① 《华阳国志校注》卷三《蜀志》，第202页。
② 王文才：《东汉李冰石像与都江堰"水则"》，《文物》1974年第7期，第29—32、112页。
③ 《元和郡县图志》卷三十一《剑南道上》，第774页。

那个时代，都江堰灌溉农区已有一定规模。《水经注·江水注》载：李冰"开成都两江，溉田万顷"①，使成都平原上出现了"沟洫脉散，疆里绮错。黍稷油油，粳稻莫莫"②的壮丽景观。

除了都江堰，李冰还是现今官渠堰灌区和沱江灌区的开创者。据《华阳国志·蜀志》和《水经注》等文献记载：李冰"穿郫江、检江"，"又导洛通山洛水，或出瀑口，经什邡，与郫别江会新都大渡。又有绵水，出紫岩山，经绵竹入洛。东流过资中，会江江阳，皆溉灌稻田，膏润稼穑。是以蜀川人称郫、繁曰膏腴，绵、洛为浸沃也。"③洛水即今石亭江，绵水即今绵远河，洛水支流经什邡与郫江会合，洛水正流即今郫江的分支，绵水在绵竹入洛。李冰通过治理洛水等河流，开发利用当地水资源进行农田灌溉，又发展了一个新的高产农区。史料还记载有李冰的多种事迹，其中开挖岩石的创造性方法在后代广为流传。李冰在宜宾清除险滩施工时"其崖崭峻不可凿，乃积薪烧之"，用火烧岩石，趁热浇水或醋以使岩石炸裂的方法，在古代单纯依靠简单的铁农具无力进行坚硬的岩体开挖工程时，确是很大的技术进步，它充分说明了我国古代劳动人民在与大自然斗争的过程中积累了丰富的知识，进而创造了高超的技能。

李冰不仅在蜀地主持修建了水利工程，而且破除了蜀人的迷信观念，增强了他们对水利事业的认识。唐人李泰在《括地志》中说："秦昭王使李冰为蜀守，开成都县两江，溉田万顷。（江）神须（岁）取女二人以为妇。冰自以女与神为婚。径自祠劝神酒，酒杯澹澹，（因）厉声责之，因忽不见。良久，有两苍牛斗于江岸，有间，辄还，流汗谓官属曰：'吾斗疲极，不当相助耶？南向腰中正白者，我绶也。'主簿刺杀北面者，江神遂死。"④这则故事说明，在修建都江堰之前，当地贵族也曾用"江神娶妇"的迷信欺骗百姓。李冰破除了这一迷信，为此后蜀地水利的发展排除了一大阻力。

都江堰水利工程，通过分水堤、宝瓶口和飞沙堰一系列精巧工程设施，引岷江水灌溉成都平原肥沃土地，巴蜀之地由此成为"天府之国"。战国末期，都江堰灌区已有相当规模。史载李冰"开成都二江，溉田万顷"⑤，按秦汉1亩合今0.69亩折算，万顷农田约为今69万亩。西汉景帝时，蜀守文翁又穿凿湔江口，沟通蒲阳、清白二江，灌溉新繁一带农田1700顷，使都江堰灌区向东北方向大面积扩展。都江堰是我国古代水利史上的著

---

① 《水经注校证》卷三十三《江水》，第767页。
② 〔南朝梁〕萧统编；〔唐〕李善注：《文选》卷四《蜀都赋》，上海：上海古籍出版社，1986年，第181页。
③ 《华阳国志校注》卷三《蜀志》，第210页。
④ 〔唐〕李泰等著；贺次君辑校：《括地志辑校》卷四，北京：中华书局，1980年，第203—204页。
⑤ 〔东汉〕应劭撰；王利器校注：《风通通义校正》卷十《山泽》，北京：中华书局，1981年，第583页。

名工程。整个工程设计巧妙、布局合理。这项工程的建成，奠定了成都平原灌区经济发展的基础，使整个地区的面貌发生了很大的改变①。此后成都平原的水利灌溉系统逐渐形成，并带来了显著的经济效益。②《华阳国志》载，及都江堰建成，"灌溉三郡，开稻田。于是蜀沃野千里，号为'陆海'。旱则引水浸润，雨则杜塞水门。故记曰：'水旱从人，不知饥馑，时无荒年，天下谓之天府也。'"③这时所说的三郡是指东晋时的蜀郡、广汉郡及犍为郡，秦时皆为蜀郡辖区。从上述记载可以清楚地看出，都江堰是大型的排灌工程。"旱则引水浸润"说明它是自流灌溉，能够补给农作物所需要的水分。"雨则杜塞水门"说明它具有排涝的功能，可以有效地防止江水泛涨引起的水灾。"水旱从人，不知饥馑，时无荒年"说明它具有重大的经济效益和社会效益。而"天下谓之天府"则说明四川后来被称为"天府之国"④，与都江堰的兴修有直接的关系。

在都江堰修成后不久，秦国又在关中地区修建了郑国渠。关中平原是秦国统治的核心地带。平王东迁洛邑之后，秦受封西岐之地，经过几代人的苦心经营，终于把关中地区建成为秦的政治、经济、文化中心。到战国末期，秦国已在七雄中脱颖而出，大有吞灭六国之势。但当时秦国的经济还不够发达，综合国力还不够强大，急需发展生产。

关中平原位于黄土高原南缘，海拔500米左右，东西长约300千米，南北宽40—50千米，西窄东宽，面积3.4万平方千米，土壤肥沃，疏松易垦，是发展农业生产的理想地区。先秦时期关中渭河流域水源充沛，物产丰富，被称作"天府"或"天府之国"⑤。但渭北地区地势高亢，有大片的"泽卤之地"⑥。受季风和地形的影响，关中平原的降水有南多北少，西多东少的特点。其中秦岭北麓是多年平均降水量最大的地区，最多达1000多毫米。到平原中部，只有500—600毫米。年均降水较多的地方是岐山、眉县、西安等地，较少的地方是大荔、潼关等县。在一年中，降水多集中在6—9月，占全年降水总量的60%左右；11—2月降水很少，占比不到10%。渭河南岸及西部地区是相对径流高值区，农业水分条件好，而咸阳及渭南的大部分地区为相对径流低值区，干旱较为突出。

---

① 唐光沛：《都江堰的修建及其伟大成就》，《资料》1975年第4期。
② 据20世纪80年代在四川青川秦墓中发现的《为田律》记载，秦时都江堰灌区已经形成了"以万亿计"的沟渠灌溉网。详见《文物》1982年第1期。
③《华阳国志校注》卷三《蜀志》，第202页。
④《华阳国志校注》卷三《蜀志》，第202页。
⑤《战国策·秦策一》载，苏秦曾对秦惠王说："大王之国，西有巴、蜀、汉中之利，北有胡貉、代马之用，南有巫山、黔中之限，东有肴、函之固。田肥美，民殷富，战车万乘，奋击百万，沃野千里，蓄积饶多，地势形便，此所谓天府，天下之雄国也。"（第78页）
⑥《史记》卷二十九《河渠书》，第1408页。

同时，关中平原径流的年际变化与气候的年际变化规律对应，具有一定的周期性。由于平原地表径流在空间和时间上的分布极不均匀，故只能通过人工调节才能使渭北等干旱区获得农业生产所必需的水分。因此，秦王政在紧张的战争中，仍不惜人力物力开发关中农田水利。他采纳韩国水工郑国的建议，开凿引泾灌溉工程郑国渠，将渭北碱卤不毛之地变为肥沃良田。

正当秦国考虑如何进一步壮大经济实力的时候，韩国水工郑国来到秦国，并提出了在渭北地区兴建大型水利工程的建议。秦王政采纳了郑国的建议，于公元前246年调动大量的人力物力，命郑国主持修建渭北水利。实际上郑国是韩国派来搞破坏的间谍。当时，秦国势力日益强大，秦东进而一统六国的趋势已经形成。在强秦的威胁下，韩国国势日蹙，不得已而用疲秦之计，选派水工郑国入秦，劝说秦王大兴水利工程，旨在耗费秦国财力，拖延秦东进时日。在工程进行中，秦国发觉了韩国的阴谋，欲杀郑国。郑国临危不惧，慷慨陈词："始臣为间，然渠成亦秦之利也。臣为韩延数岁之命，而为秦建万世之功"[1]。秦王认为郑国言之有理，派他继续组织施工，经过十多年的艰苦劳动，在成千上万的劳动者的共同努力下，终于建成了我国古代最长的人工灌溉渠道。因这个水利工程是由郑国主持修建的，故称为郑国渠。

郑国渠是先秦时期规模最大的水利工程。《史记·河渠书》载：郑国率秦人"凿泾水自中山西邸瓠口为渠，并北山东注洛三百余里，欲以溉田……渠就，用注填阏之水，溉泽卤之地四万余顷，收皆亩一钟。于是关中为沃野，无凶年，秦以富强，卒并诸侯"[2]。《水经注·沮水注》对郑国渠的行经路线叙述较为具体："凿泾引水，谓之郑渠。渠首上承泾水于中山西邸瓠口……渠渎东迳宜秋城北，又东迳中山南……又东迳舍车宫南……又东迳巀嶭山南，池阳县故城北……又东迳北塬下，浊水注焉……又东历原，迳曲梁城北，又东迳太上陵南塬下，北屈迳塬东与沮水合……沮循郑渠，东迳当道城南……又东迳莲芍县故城北……又东迳粟邑县故城北……其水又东北流，注于洛水也。"[3]从这些记载来看，郑国渠西起泾水池阳瓠口（今陕西泾阳县）干渠东行，横穿冶水、清水，汇江纳浊水，再穿漆沮水（石川河），循沮水分支河道，经富平县南，东北注入洛水，穿行于渭北高原二级阶地上。20世纪70年代，有关单位对郑国渠干线进行了全面勘查，实测渠长

---

[1]《汉书》卷二十九《沟洫志》，第1678页。
[2]《史记》卷二十九《河渠书》，第1408页。
[3]《水经注校证》卷十六《沮水》，第406—407页。

126.03 千米①。而秦制 1 里为 414 米，300 里则合今制 124 千米，实测结果与文献记载大致相符。

郑国渠渠线布置合理，施工技术达到了很高水平。据测算，当年郑国渠干渠平均坡降约为 1.64%，在长达一百多千米的渠道上，要保证水量畅通是工程成败的关键。为此，郑国渠建设时采用了川泽结合和利用客水的措施，把泾阳县西北的瓠口（即焦获泽）作为蓄泄机构，先引泾水入焦获泽，再从焦获泽开渠引水东流，调控水量，同时，利用流域内各种天然河道水流，对沮水、浊水等水流多方汇聚，扩充水源，从而解决了长途供水输水问题。渠首选择峡口下游，河身较窄，水流平缓，泾水粗沙逐渐沉积，减少了渠水中泥沙的含量，建设引流坝也较便利，无须建高坝长坝，即可实现引流效果。干渠选址于灌区地势较高的北山山麓，居高临下，有高屋建瓴之势，使大片农田处于郑国渠灌溉流域之内，最大限度地发挥了灌溉效能。郑国渠西引泾水，东注洛水，在泾、洛之间，横穿而过的河流有冶水、清水、浊水、沮水。郑国渠与这些天然河流之间又发生了一定的交汇关系，郦道元总结为"绝""注""合"三种形式。"绝"即架设渡槽，使郑国渠由冶、清二水上横空而过，渠水河水各行其道，互不干涉，保证畅通，这就是现在水工技术中的"立交"法。"注"是注入、灌入的意思。"合"是两水相汇聚。郑国渠在东流过程中，直接汇纳浊水水流，作为补充水源，而与沮水汇聚后，循沮水分支渠道东流入洛，洪水流量则通过郑国渠南岸的退水渠道入原河道。总之，实现最充分地汇集泾洛之间所有水源与最大限度地灌溉渭北平原这双重目标的有机结合，是郑国渠的真正创意。正如著名历史学家孙达人所说："如此巨大的水利工程在当时以及此后很长历史时期的中国和世界都是仅见的，确实堪称传统时代水利史上之一绝。"②

郑国渠的兴建，是关中水利史上的里程碑，也是西部水利史上的伟大创举。大史学家司马迁在评价郑国渠的作用和意义时说："渠成……关中为沃野，无凶年，秦以富强，卒并诸侯。"③班固也认为，郑国渠的建成使关中之地成为秦国的重要粮仓，"衣食京师，亿万之口"④，并促进了秦统一六国的历史进程："秦开郑国渠以富国强兵"⑤，"汧陇以

---

① 秦中行：《秦郑国渠渠首遗址调查记》，《文物》1974 年第 7 期。
② 孙达人：《郑国渠布线及其变迁考》，黄留珠、魏全瑞主编：《周秦汉唐文化研究》（第一辑），西安：三秦出版社，2002 年，第 12 页。
③ 《史记》卷二十九《河渠书》，第 1408 页。
④ 《汉书》卷二十九《沟洫志》，第 1685 页。
⑤ 《汉书》卷四十五《蒯伍江息夫传》，第 2182 页。

东，商雒以西，厥壤肥饶……此所谓天下陆海之地，秦之所以虏西戎兼山东者也"①。这些评价是比较切合实际的。因为郑国渠建成后，关中灌区由此定型，流域内大片农田成为亩产一钟的良田，渭北平原的"泽卤之地"变成"千里沃野"。据《史记·河渠书》载，当时灌溉的农田面积达 4 万顷，以秦亩 1 亩合今 0.288 亩计算，灌区面积达 115 万亩之多。在当时的条件下，完成这样大的灌溉任务是很不容易的。郑国渠的建设对关中农区经济的发展产生了巨大的促进作用，作物产量大增，单产达到 6 石 4 斗（亩产 1 钟）。郑国渠的修成促进了关中地区农业生产的发展，增强了秦国的国力，在渠成 10 年后，秦国先后灭掉韩、赵、魏、楚、燕、齐等国，完成了统一大业。不仅如此，建成后的郑国渠，还改善了关中地区的农业生态环境。关中东部地区地势低洼，地下水位较高，土壤盐碱化问题比较突出，是所谓的"泽卤之地"。引泾灌溉，收到了洗土放淤、改良盐碱土的功效，这对优化关中生态环境是具有重要意义的。

关于秦汉之际的水利管理机构，史书记载得比较简略。秦代在太常、少府及三辅设有都水长丞，掌管陂塘灌溉及保守河渠之事。汉承秦制，且有所发展，在中央设司空一人，"掌水土事。凡营城起邑、浚沟洫、修坟防之事，则议其利，建其功。凡四方水土功课，岁尽则奏其殿最而行赏罚"②。司空之下，设长史一人，掾属二十九人，令史及御属四十二人，又有都水长丞，其职与秦代相仿。汉武帝时，为了适应水利建设的需要，又专门设置了水衡都尉，秩比二千石，设都水使者，统领都水之官。东汉时，罢都水官属，另设河隄谒者，其职掌与都水使者相近，形成了比较完善的水利管理的体系。

当时农业生产的发展主要表现在以下几个方面：（1）农田面积的扩大。政府制定优惠政策，鼓励农民大量垦荒，这在一定程度上调动了农民开发土地的积极性。铁农具的使用和牛耕的推广，也为垦荒提供了很大的方便，使更大面积的土地开发成为可能。虽然文献中对当时的耕地面积没有明确记载，但耕地面积的扩大当是毋庸置疑的事。（2）农业科技的进步。与农业生产密切相关的天文、历法、物候、气象、地理和生物学得到发展。土壤耕作技术有所提高，水利灌溉技术日新月异。如都江堰的主体工程由鱼嘴、宝瓶口和飞沙堰三部分组成，进水、溢洪、排沙等设施安排得十分合理，达到前所未有的水平。（3）农业产品的丰富。当时西部的粮食作物主要有粟（小米）、稻、小麦、大麦、黍（黄米）、高粱及豆类。经济作物有芋、葵（冬苋菜）、芥菜、薏苡、甜瓜、葫芦、生姜、藕、

---

① 《汉书》卷六十五《东方朔传》，第 2849 页。
② 《后汉书》志二十四《百官一》，第 3561—3562 页。

笋、桃、李、杏、梨、枣、梅、栗子、杨梅、橄榄以及大麻等。畜牧产品有马、牛、羊、猪、狗、鸡等，水产品则有鱼、虾、鳖、蟹及海错之属。(4)主要农业区的形成。关中传统农业区得到进一步开发，农业生产知识向系统化和理论化的方向发展①。中原百姓陆续入川，带去先进的铁制农具和牛耕技术，在四川地区掀起了农业开发的高潮。因此关中平原和成都平原等地的农业迅猛发展，成为全国著名的农业区域。而西北草原地带则以畜牧业见称，成为全国主要的畜牧区。

手工业的发展主要表现在私营手工业的兴起和手工部门的多样化方面。当时西部地区有作为农民副业的家庭小手工业，有独立经营的个体手工业，有"豪民"经营的大手工业，还有政府部门经营的官营手工业。家庭小手工业的存在与"男耕女织"的经济形态有关。由于政府的赋税，除"粟米之征"外，还有"布缕之征"②。因此，"农夫蚤出暮入，耕稼树艺……妇人夙兴夜寐，纺绩织纴"③的情况比较普遍。此类手工业的特点是与农业相结合，规模小，与市场的联系不太紧密。个体手工业者或来自官府的手工作坊，或来自农村，有专门的生产场所，他们分布在不同的手工制造行业，从事生产生活用品的制造，能够"一日作而五日食"④，行动也比较自由。"豪民"有钱有势，主要经营采矿、冶铁、煮盐等手工行业，生产规模相对较大。至于官府手工业则主要制造国家行政用品、战争用品和统治者所需要的奢侈品。

随着农业、手工业的发展，社会分工日益扩大，迫切要求扩大商品的交换范围。与此同时，当时奴隶主阶级无力控制商业。于是，原来那些微弱的民间商业也冲破了官商的藩篱。随着私商的增加，官府无法禁止，乃以"收税"的办法承认其合法存在。从此，私营商业便迅速发展起来。战国时期的商人很多，大体可分为两类：一类是小商小贩，一类是富商大贾。富商大贾有一定的政治地位，拥有雄厚的财富。以伙计、佣保、奴隶为劳动力，进行大规模的商业贸易。有的囤积居奇，操纵市场，有的周游诸侯，长途贩运，往往富比王侯。当时的商人已经具有"唯利是图"⑤的特性。尽管他们获利多少不同，但都是通过不等价交换实现的。即凭其经济优势，利用时间或空间上供需失调的机会，使商品价格大幅度脱离价值，或贱买，或贵卖，或贱买贵卖，从而既剥削小生产者，又榨取消费者，尽量从中获得高额利润。在一定程度上满足了人民生产和生活需要。有市

---

① 樊志民著：《秦农业历史研究》，西安：三秦出版社，1997年，第53—85页。
② 《十三经注疏·孟子注疏》卷十四下《尽心章句下》，第396页。
③ 吴毓江撰；孙启治点校：《墨子校注》卷八《非乐上第三十二》，北京：中华书局，1993年，第382页。
④ 黎翔凤撰；梁运华整理：《管子校注》卷十五《治国第四十八》，北京：中华书局，2004年，第924页。
⑤ 详见《荀子·荣辱篇》《史记·货殖列传》。

则民便,"无市则民乏"①。贸易使"泽人足乎木,山人足乎鱼,农夫不斫削、不陶冶而足械用,工贾不耕田而足菽粟"②。当时谚语略云:"用贫求富,农不如工,工不如商。"③说明人们对商业已经有了较为深刻的认识。

此外,西部地区的交通也有所发展。秦国的统治者出于争霸天下的需要,在不断修筑通往中原的道路的同时,也发展了通往西南和西北的交通。如秦惠王为了伐蜀,决定开辟秦蜀之间的交通。相传"秦惠王欲伐蜀而不知道,作五石牛,以金置尾下,言能屎金。蜀王负力,令五丁引之成道。秦使张仪、司马错寻路灭蜀,因曰石牛道"④。秦昭王时,秦国在蜀秦之间修筑了褒斜道,使褒斜道和石牛道成为西南地区的交通干线。此外,秦国还修筑了通往西北的通道。秦昭王消灭义渠,在其故地设置上郡(今陕西榆林市东南)、北地郡(今甘肃镇原县东)和陇西郡(今甘肃临洮县),并开辟道路将此三郡与关中连为一片。这一切都为此后西部交通的发展奠定了基础。

(四)秦的统一

秦孝公死后,秦惠王凭借雄厚的军事力量向东方发展,多次击败强大的魏国,并粉碎了东方六国的"合纵"计划,将汉中等地纳入秦国的版图。秦昭王时期,势力能与秦国匹敌的只有齐国。公元前285年,秦昭王派蒙武大举伐齐,夺取齐国九城之地。次年,又与韩、赵等国联合,大破齐兵于济西,使齐失去了强国的地位。公元前280年以后,秦将司马错和白起等又屡次挫败楚、赵两国的大军。到庄襄王时,秦国已经具备了统一全国的实力。

庄襄王是秦始皇的父亲。公元前259年正月,秦始皇生于赵国首都邯郸,称为"赵政"。公元前251年,孝文王即位,立"赵政"之父为太子。赵国为了缓和与秦国之间的关系,把"赵政"送回秦国。"赵政"回到秦国后,改姓为"嬴",改名为"嬴政"。孝文王不久死了,嬴政的父亲继位,是为庄襄王。庄襄王让吕不韦掌握秦国相权。嬴政因父母的关系,受吕不韦影响颇深。庄襄王只当了三年的国君就死了。公元前246年,嬴政即位,从此开始了他的政治生涯。史书上把嬴政称作"秦王政",史学家通常称之为"秦始皇"。当时秦始皇年仅13岁,不能亲自处理朝政,故委托太后(就是他的母亲)临朝听

---

① 《管子校注》卷一《乘马第五》,第89页。
② 《荀子集解》卷五《王制篇第九》,第162页。
③ 《史记》卷一百二十九《货殖列传》,第3274页。
④ 《水经注校证》卷二十七《沔水》注引《本蜀论》,第645页。

政，仍由吕不韦执掌秦国大权。太后宠信嫪毐，形成后党，吕不韦亦与秦始皇不协。公元前238年，年满22岁的秦始皇，在雍城加冕，开始亲政。他首先以铁腕手段诛杀后党，平定嫪毐的叛乱。其后又罢免吕不韦的相位，把大权牢牢握在自己手中。在此基础上，秦国立足于中国西部，"奋六世之余烈，振长策而御宇内"①，秦始皇抓住千载难逢的时机，整顿内政，发愤图强，重用尉缭、李斯等智能之士和王翦、蒙武等能征善战的将领，重新部署对付六国的战略和策略，为统一全国进行了充分的准备。

秦始皇统一中国的事业是从公元前230年开始的。这一年，秦始皇首先向韩国开刀，派内史腾灭了韩国。前229年，秦派王翦向赵国发动进攻。前228年，秦军进入赵都邯郸，赵王迁被迫献出地图降秦，公子嘉逃到代郡。前227年，秦派王翦等领兵在易水之西击溃燕军主力。次年，攻下燕都蓟，燕王喜逃往辽东。前225年，王贲率兵10万攻打魏国，水灌大梁，魏王假投降。前224年，王翦率60万大军进攻楚国，次年占领寿春，俘获楚王负刍。前222年，又平定了楚国的江南地。同年，王贲俘虏了燕王喜和代王嘉，燕赵二国彻底灭亡。前221年，秦始皇命王贲挥师南下，很快打进齐都临淄，齐王建投降，齐国灭亡。至此，经过十年的征战，秦始皇终于灭掉六国，完成了统一中国的大业。

从历史的角度来看，秦始皇之所以能够统一中国，首先是因为他拥有秦人开发西部的成果。秦自商鞅变法开始，奖励耕战，长期致力于西部的开发。北有苑马之利，南有巴蜀、汉中之饶，国力日渐强大。司马迁在《史记·货殖列传》中说："关中之地，于天下三分之一，而人众不过什三，然量其富，什居其六。"②荀子在《强国篇》中说："秦南乃有沙羡与俱，是乃江南也，北与胡、貉为邻，西有巴、戎，东在楚者乃界于齐，在韩者踰常山乃有临虑，在魏者乃据圉津……其在赵者剡然有苓而据松柏之塞，负西海而固常山，是地遍天下也。"③国力之强，已非其他国家可比。

其次，秦始皇为统一全国做了充分的准备。他抓住秦国强大、六国衰落的有利时机，积极为统一全国的事业做准备。一方面，采取奖励耕战的措施，努力提升秦国的经济力量和军事实力。具体来说，即以刑赏为杠杆，调动人们的积极性，鼓励人们从事生产、参加战耕。另一方面，大力招揽人才，凡是具有治国用兵之术，且愿为秦国效力的人才，都安排在重要的岗位，让他们各显神通。在这种政策的影响下，秦人创造了统一战争所必需的物质财富，并且养成了吃苦耐劳、不怕牺牲、勇于公战的尚武精神。与此同时，

---

① 《文选》卷五十一贾谊《过秦论》，第2235页。
② 《史记》卷一百二十九《货殖列传》，第3262页。
③ 《荀子集解》卷十一《强国篇第十六》，第301页。

秦国出现了一大批运筹帷幄的忠臣和能征善战的良将，如尉缭、李斯、王翦、王贲、蒙武、蒙恬等。这为秦国在统一六国的战争中获胜奠定了坚实的基础。

再者，秦始皇采取了正确的战略战术。他派人刺探各国情报，从宏观上准确地把握了天下大势。在此基础上，制定了远交近攻、各个击破的战略战术。在统一全国的过程中，又根据形势的变化，针对特定的战役制订了比较具体的作战方案。远交近攻对东方六国起到了分化瓦解的作用，杜绝了六国结盟反秦的可能性，使各国陷于相对孤立的状态。在这种情况下，秦国集中优势兵力，分别向各国进军。结果，东方六国被各个击破。此外，"金间政策"在秦统一全国的过程中也发挥过不小的作用。所谓"金间政策"就是用金钱施行反间之计，使敌方自毁长城，丧失战机。

其四，秦军作战勇敢，所向无敌。秦自商鞅变法以来，实行军功爵制，用"封赏"和"刑罚"激励人民参加公战，英勇杀敌。在长期的兼并战争中，秦国形成了一支庞大的精锐之师。这支军队英勇善战，所向无敌，在统一前的130年间，参加过数十次重大战役，杀敌170余万。在统一全国的过程中，秦军往往以一当十，以少胜多，"左挈人头，右挟生虏"[①]，表现出很强的战斗力。时人荀子曾说："齐之技击不可以遇魏氏之武卒，魏氏之武卒不可以遇秦之锐士！"李斯也说："秦四世有胜，兵强海内，威行诸侯。"[②]由此可见，当时东方六国的军队都比不上秦军，秦军的战斗力是相当强大的。

秦始皇统一中国，结束了中国长期分裂割据的局面，避免了攻城略地的屠杀，化解了"以邻为壑"的纠纷，破除了交通往来的障碍，以及文字、制度不同所造成的隔膜，克服了分裂时期形成的种种弊端，为统一的多民族的中央集权的封建国家的确立创造了极为有利的条件。从此，中国社会走上了良性发展的轨道。以后的两千多年间，虽然也曾出现过魏晋南北朝时期的分裂和五代辽宋夏金时期的分裂，但在分裂之后便会出现大的统一，统一成为历史发展的主流。秦的统一也为封建社会的飞速发展创造了条件。在中世纪，原来被列入四大文明古国的埃及、印度和巴比伦，有的消失在历史舞台上，有的地位一落千丈。就连代表欧洲文明的罗马和希腊，也失去了昔日的荣光。唯独中国社会持续发展，不但能够有效抵御外来侵略，保持国家的独立，而且以高度发达的经济和文化，屹立于世界文明的前列，为人类的进步做出了较大的贡献。

[①]《战国策》卷二十六《韩策一·张仪为秦连横说韩王》，第934页。
[②]《荀子集解》卷十《议兵篇第十五》，第274、280页。

第三章

秦汉时期的西部开发

秦汉时期包括秦、西汉、东汉三个朝代,历时 440 多年。这一时期,中国的政治、经济、军事重心主要在西部地区,因此统治者非常重视对西部的经营,特别是秦皇汉武,掀起了西部开发的第一个高潮。

第一节
秦帝国统治下的西部地区

秦灭六国,统一天下,是中国历史上的重大事件。在统一全国后,秦始皇改变了中国的政体,建成了统一的多民族的中央集权的封建国家,为西部开发创造了新的条件。

一、秦王朝对西部地区的管理

秦都咸阳位于函谷道和渭北道的交会处,北依高原,南临渭水,地理条件十分优越。秦人从秦孝公十二年(前350)开始兴建咸阳。经过 140 多年的苦心经营,到秦王政即位时,咸阳城已经具备了相当大的规模。不仅有为数众多的宫殿官署,而且有规模相当可观的手工作坊和商业市场。秦始皇就是在这样的都市中"奋六世之余烈,振长策而御宇内",兼并六国,统一天下的。

(一)秦都咸阳的扩建

统一中国后,秦始皇又对咸阳城进行了大规模的扩建。他不仅在咸阳北塬上仿造六国宫殿，使咸阳城出现"南临渭，自雍门以东至泾、渭，殿屋复道周阁相属"的局面①，而且在渭水之南修建了举世闻名的阿房宫。阿房宫前殿"东西五百步，南北五十丈，上可以坐万人，下可以建五丈旗"②，据说殿中能容纳10万人，"车行酒，骑行炙，千人唱，万人和，销锋镝以为金人十二，立于宫门"，规模之大，无与伦比③，显示了秦都咸阳的宏伟气势。

阿房宫的修建，标志着咸阳城从渭河之北向渭河之南的发展。这个过程是从秦惠王时期开始的。《三辅黄图·序》载：惠文王"取岐、雍巨材，新作宫室。南临渭，北逾泾，至于离宫三百。复起阿房，未成而亡"④。秦始皇二十七年（前220），作信宫于渭南。"已而更命信宫为极庙，象天极。"⑤三十五年，始皇复修阿房宫，使渭河以南地区得到较大的开发，成为咸阳城的重要组成部分。这样，咸阳城就出现了渭北和渭南两个区域，渭河从咸阳城中穿过，渭桥成为连接两个区域的纽带。正因为如此，文献中有"渭水贯都，以象天汉；横桥南渡，以法牵牛"⑥的记载。这种记载在客观上概括了咸阳城的基本特点。

在秦始皇统一全国后，咸阳城是全国政治、经济、文化的中心。经过秦始皇的扩建，咸阳城宫殿林立，楼阁相属，规模空前，呈现出一种崭新的面貌，反映了秦王朝的伟大气魄。遗憾的是，这座宏伟壮丽的城市在秦末被项羽烧毁了。史载"项羽引兵西屠咸阳，杀秦降王子婴，烧秦宫室，火三月不灭"⑦，咸阳城最后被烧成了一片灰烬。由于咸阳城在秦末遭受了毁灭性的破坏，加之此后渭河河道不断北徙，因而咸阳古城遗址已经很难寻找。考古勘察证实，咸阳古城南半部因被渭河冲毁，全貌已不可考；渭河北岸的宫殿区地势较高，遗址尚存。在西起毛王沟，东至柏家嘴，北自高干渠，南至咸铜铁路的十多平方千米的范围内，分布着相当密集的大型夯土建筑遗址。其中聂家沟至山家沟一线分布最多，规模也最大，推测是"咸阳宫"的所在地⑧。从这些遗址中，或多或少还可以看出咸阳城辉煌的过去。

---

① 《史记》卷六《秦始皇本纪》，第239页。
② 《史记》卷六《秦始皇本纪》，第256页。
③ 王双怀：《"十二金人"考》，《陕西师范大学学报》（哲学社会科学版）1996年第3期。
④ 何清谷撰：《三辅黄图校释》，北京：中华书局，2005年，第2页。
⑤ 《史记》卷六《秦始皇本纪》，第241页。
⑥ 《三辅黄图校释》卷一《咸阳故城》，第22页。
⑦ 《史记》卷七《项羽本纪》，第315页。
⑧ 陕西省社会科学院考古研究所渭水队：《秦都咸阳故城遗址的调查和试掘》，《考古》1962年第6期。

（二）秦王朝在西部的政区设置

在秦统一全国前，秦与东方六国均有郡的设置。秦始皇统一全国后，继续将这些郡保留下来，另外又在首都咸阳周围即所谓畿辅之地设立了一个内史。内史的设置本来与其他各郡不同，但由于它的辖区实际上与郡相似，因此一般把它当郡看待。① 秦代各郡之下均设有县。其中内史辖42县：杜县在今西安市长安区南，芷阳在今西安市东，咸阳在今咸阳市东，栎阳在今西安市临潼区渭河之北，蓝田在今蓝田县西，下邽在今渭南东北，频阳在今富平县东北，武城在今华县东北，宁秦在今潼关西北，临晋在今大荔县东，北征在今澄城县西南，郃阳在今合阳县境内，夏阳在今韩城市南，白水在今白水县境内，重泉在今蒲城县东南，高陵在今高陵县城，弋阳在今咸阳市东，云阳在今淳化县西北，池阳在今三原一带，废邱在今兴平县东南，谷口在今礼泉县东北，好畤在今乾县之东，鄠县在今西安市鄠邑区，美阳在今武功县西北，斄县在今武功县西，武功隔渭水与斄县相对，亦在今武功县之西。雍县在今宝鸡市东，郿县在今眉县之东，虢县在今凤翔之南，陈仓在今宝鸡县东，平阳在今宝鸡市之北，汧县在今陇县之南，杜阳在今凤翔县与彬县之间，栒邑在今旬邑县东北，漆县在今彬县一带，商县在今丹凤县，华阳在今洛南县一带。上郡所辖肤施在今榆林市东南，高奴在今延安市北，阳周在今绥德县之西，雕阴在今甘泉县之南，定阳在今甘泉县之东，鄜县在今洛川县东南。北地郡所辖马岭在今定边县、靖边县一带，鹑觚在长武县附近。汉中郡所辖南郑在今汉中市，褒县在今汉中市之北，城固在今城固县西侧，西城在今安康市北，洵阳在今旬阳县一带，锡县在今白河县之东。陇西郡所辖故道在今凤县东北，葭萌在今宁强县、略阳县一带。

（三）秦代西部地区的主要少数民族

秦代，西部地区的少数民族主要有匈奴、氐羌和西南夷。

匈奴属于"北狄"，是古代北方蒙古草原上的游牧民族。这个民族的历史大致可分为三个阶段：上古到公元前3世纪末，是匈奴人从氏族到部落联盟的发展阶段。公元前3世纪末到公元1世纪中叶，是匈奴奴隶制国家的建立阶段。公元2世纪到5世纪，是匈奴作为国内少数民族之一，其社会从奴隶制向封建社会转化的阶段。起初，匈奴部落联盟分布在阴山南北包括河套在内的地理范围，势力还不算大，其经济生活以狩猎、畜牧

---

① 《汉书》卷二十八上《地理志》，第1543—1547页。

为主，有时也从事农业生产。战国末期，匈奴逐渐强大起来，控制着从里海到长城的广大地域。赵国名将李牧大破匈奴十余万骑。在秦灭六国的过程中，匈奴乘机向南扩张。秦统一后，匈奴成为北方最强大的民族。秦始皇于公元前215年巡视北边，亲至上郡，派大将蒙恬率30万大军北击匈奴，收复了被匈奴占领的"河南地"（今河套地区），并夺取了高阙（今内蒙古杭锦后旗东北）、阳山（今内蒙古狼山）等战略要地，在榆中（今内蒙古伊金霍洛旗）至阴山（今内蒙古包头市北）的广大地区设置了44个县。此外，蒙恬筑万里长城，并修筑直道，建成北方漫长的防御线，将匈奴的活动范围限制在万里长城之外。秦二世元年（前209），冒顿单于继位后，匈奴开始对外扩张，夺取河套以南，势力达到朝那（今宁夏固原县东南）、肤施（今陕西榆林市东南）等郡县。秦汉之际，中原楚汉争霸，无暇北顾，匈奴趁机崛起，并不断向外扩张，侵扰汉之燕、代等地，向西进攻月氏，丁零、浑庚、屈射、鬲昆、薪犁等部族先后臣服于匈奴，匈奴势力东至朝鲜，西达葱岭（帕米尔高原），北迄北海（贝加尔湖），南至黄土高原北部。

氐羌在秦代也相当活跃，特别是羌族，扩展速度较快，分布于今甘肃、青海、四川等省。其中影响较大的部落有先零羌、烧当羌、且冻羌、钟羌、发羌及牦牛、白马等羌。

二、秦王朝开发西部的措施

秦始皇统一全国后，摆在他面前的首要任务是如何巩固统一的成果。因为当时社会上还存在着许多不利于统一的因素。一方面，经过长期的战乱，特别是战国末年大规模的战争，人口锐减，土地荒芜，城乡凋敝，社会经济遭到极大的破坏，到处是残破、荒凉的景象，满目疮痍，百废待兴；另一方面，东方六国遗留下来的思想、文化、制度与秦国的情况存在着较大的差异，彼此之间不易沟通，甚至相互排斥，急需进行调整改革。针对这些情况，秦始皇以政治家的远见卓识，先后统一了全国的行政区划、法律、道路、度量衡、货币、文字，建立了统一的多民族的中央集权的封建国家，在政治、军事、经济、文化等方面进行了一系列改革，采取切合实际、行之有效的措施，从根本上巩固了统一的成果，使大秦帝国声威远播。

（一）政治措施

秦始皇十分注意政治改革。他在统一之后首先总结了各国统治的经验教训，决定按照法家的政治理念实行中央集权。为此，他破天荒地创立了皇帝制度，赋予皇帝至高无上的权力。他在中央设置"三公九卿"，使之相互配合，相互监督，分别掌管全国的各类事务。在地方上废除分封制，实行郡县制度。从中央到地方形成一种严密的信息传递系统和"金字塔"式的政治架构。同时制定严密的法律，以保证这个政治制度的实行，加强对全国的统治，把行政大权牢牢掌握在中央，掌握在皇帝手中。

(二) 经济措施

对秦始皇来说，要巩固统一的多民族的中央集权的封建国家，光靠政治改革和军事改革是不够的，还必须进行经济改革，努力发展社会经济。因为在统一之初，各地的经济制度不同，发展水平也存在着一定的差异，在经济方面还带有分裂时期留下的特征。这种状况对维护统一局面是不利的。如果不进行调整和改革，社会经济秩序就会混乱。针对这种情况，秦始皇制定了新的土地制度和赋税制度，实行了重农抑商政策，统一了货币和度量衡。这些改革是符合实际、切实可行的。通过这些改革，秦朝基本上理顺了自身的经济关系，为社会经济的发展创造了有利的条件。

(三) 军事措施

秦始皇灭六国依靠的主要是军队，所以他对军事的重要性有足够的认识。统一全国后，他继续把军队作为政权的一大支柱，在进行政治改革的同时，保留了一支阵容强大、威武雄壮的武装，并且把它建设成为继承秦国军事传统、吸收六国军事经验、具有较高军事水平的正规军。在此基础上，秦始皇调兵遣将，巩固统一成果。一方面，北击匈奴，修筑长城，南开五岭，平定百越。另一方面，收缴天下兵器，防止各种反抗活动。通过这些措施，不仅在一定程度上维护了社会的安定，而且开拓了秦朝的疆域，扩大了秦朝的影响，使秦朝成为威名远播的大国。

在秦始皇统一全国后，中原地区的形势趋于稳定，但边疆地区并不安宁，生活在蒙古高原上的匈奴人不断南侵。为了解除匈奴的威胁，秦始皇于公元前215年巡视北边，亲至上郡，派大将蒙恬率30万大军北击匈奴，收复了被匈奴占领的"河南地"。接着秦始皇派兵越过黄河，夺取了高阙 (在今内蒙古杭锦后旗东北)、阳山 (即今内蒙古狼山)、北假 (在河套以北、阴山以南，大青山以西) 等战略要地，在榆中 (内蒙古伊金霍洛旗) 至阴山 (今内蒙古包头市北) 的广大地区设置了42个县，并重新设置了九原郡。公元前214年开始，秦始皇派蒙恬和杨翁子督修长城。用了不到六年的时间，秦朝筑成西起陇西郡的临洮 (甘肃临洮县三十里墩)，东至辽东，长达1万余里的城防。公元前211年，秦始皇又迁民3万户，到这里垦荒屯田，从事农业生产。这些措施有力地扼制了匈奴贵族的侵扰，促进了河套南北地区的开发。

在北击匈奴之前，秦始皇即决定南开五岭。所谓五岭，指位于湖南、江西、广东、广西等省境内的越城岭、都庞岭、萌渚岭、骑田岭和大庾岭。五岭以南的地方被称作"岭南"。战国末期在这个地区生活的民族主要是刚刚进入奴隶社会的"百越"人。为了把岭南地区纳入秦王朝的版图，秦始皇于公元前219年派尉屠睢率50万大军分五路南下，对居住在两广地区的南越和西瓯进行大规模的战争。双方相持达三年之久，秦军因运粮困难不能获胜。为了解决秦军的粮草供给，秦始皇令史禄开凿灵渠。秦军得到增援，很快打败了越人。公元前214年，越族军队夜半偷袭，杀死了尉屠睢。秦始皇又派援军，最后终于获得全胜，在岭南设置了南海郡、桂林郡和象郡，把岭南正式纳入秦王朝的版图，并向岭南大量移民，使落后、闭塞的岭南逐渐得到开发。

（四）文化措施

文化与政治、经济、军事有一定的联系，也是社会生活的重要组成部分。春秋战国以来，国家由于长期分裂，文化交流受到限制，形成了极为鲜明的区域特色。各地的思想观念存在着一定的差异，甚至连文字也不尽相同。全国统一后，形势发生了很大的变化，迫切需要加强各地之间的文化联系。在这种情况下，秦始皇也对文化进行了改革。他下令统一全国的文字，通过宣扬天命和焚书坑儒的办法统一人们的思想认识，还采取了一些端正风俗的措施。这些改革，与政治、经济等方面的改革相辅相成，既促进了各地间的文化交流，又起到了加强中央集权的作用。

（五）交通措施

春秋战国时期，各诸侯国为了进行自我保护，在交通线上修筑了许多关塞堡垒，设置了不少人为的障碍，各国道路的宽窄也不一致。这种状况对统一是不利的。秦始皇灭六国后，为了加强中央与地方、内地与边疆的联系，把政治、经济、军事、文化等方面的改革推广到全国各地，实施有效的行政管理，更好地巩固统一的成果，在交通方面也进行了一些改革。他下令拆除全国各地阻碍交通的关塞、堡垒，统一道路系统，修驰道、直道、五尺道，统一车轨。经过几年的努力，国家建成了以首都咸阳为中心的四通八达的交通网。这些措施对多民族封建国家的统一和发展同样发挥了十分积极的作用。

三、秦王朝统治下的社会经济

虽然秦王朝统治时间短暂，但是由于其统一全国后战争结束，社会相对稳定，为社会经济的恢复和发展创造了有利的条件，农业、手工业和商业等均有一定的发展。

统一后，耕牛、铁农具等先进生产工具在西部地区农业生产中使用得更加普遍。春秋战国时期，秦国在农业生产中使用牛力耕作的现象已经出现。统一后，统治者对耕牛的喂养和繁殖仍然十分重视，国家订有专门法律进行奖惩，出土的云梦秦简《秦律》中就有专门的法律条文记载了秦代使用耕牛的情况。《秦律十八种·厩苑律》规定："以四月、七月、十月、正月肤田牛。卒岁，以正月大课之，最，赐田啬夫壶酉（酒）束脯，为旱（皂）除一更，赐牛长日三旬；殿者，谇田啬夫，罚冗皂者二月。其以牛田，牛减絜，治（笞）主者寸十。有（又）里课之，最者，赐田典日旬，殿，治（笞）卅。"①可见，秦对耕牛是非常重视的，每年对耕牛进行四次检查，而正月举行大考核，还在乡里进行考核，并根据耕牛饲养的好坏分别给予赏赐与惩罚；如果用牛耕田，牛的腰围每减瘦一寸就笞打主事者十下。随着牛耕在农业生产中的推广，以及驯服牛于耕地，使其听任调遣的需要，穿鼻术得以发明。战国末期成书的《吕氏春秋》曰："使五尺竖子引其棬，而牛恣所以之，顺也"②，反映了童稚以牛棬牵引牛，因牛的鼻镜中隔为黏膜神经敏感区，穿鼻带棬之后，牛性趋于温顺，从另一侧面反映了秦牛耕技术的发展。同时，铁农具也得到了更广泛的应用，尤其是铁犁得到了进一步应用。1970年，临潼毛家村在秦始皇陵园内城北门外200米处平整土地时发现"V"字形铁铧，长25厘米，翅距25厘米，两翅交叉处正面有峰脊，长5厘米，高不到1厘米；另在临潼郑庄秦石料加工场遗址出土"U"形铁铧一种，则为中原农区所未见，该铧铧尖呈双面三角形，铧体呈弧形筒状，高17厘米、宽8—14.5厘米，在鐴土这一翻土部件尚未出现的情况下，"U"形铁铧利用弧形铧面的部分翻土功能，克服了"V"形铧的某些弊端。这些铁铧种类的增多和器形的进步，表明了秦统一后在牛耕方面的领先水平③。铁制农具的使用促进了农业劳动生产力和农业劳动生产率的显著提高，牛耕的推广则标志着农业生产已突破人类体力限制，转而利用新的动力源，牛耕和铁农具的进一步推广应用是秦代西部地区农业生产发展的重要标志。而且《吕氏春秋》之《上农》《任地》《辩土》《审时》等文献中记载的传统农业生产技术知识在秦代农业生产中的传承和应用，奠定了秦代西部精耕细作农业的基础。譬如，《吕氏春秋·任地》提出"耕道"的概念，曰："凡耕之大方：力者欲柔，柔者欲力；息者欲劳，劳者欲

---

① 睡虎地秦墓竹简整理小组编：《睡虎地秦墓竹简·释文·秦律十八种》，北京：文物出版社，1990年，第22页。
② 《吕氏春秋集释》卷一《重己》，第22页。
③ 樊志民：《秦农业历史研究》，西安：三秦出版社，1997年，第154页。

息；棘者欲肥，肥者欲棘；急者欲缓，缓者欲急；湿者欲燥，燥者欲湿。"具体的耕作方法是："上田弃亩，下田弃甽。五耕五耨，必审以尽。其深殖之度，阴土必得，大草不生，又无螟蜮。"①关中地区气候干燥，蒸发量大，降水量低，季节不均，《任地》中论述了水旱地利用、盐碱地改良、耕作保墒、杂草防除、株距行距、植株健壮、产量和出米率、食用品质等内容以及作为措施的技术说明，这些技术的应用无疑能起到蓄水保墒的效果，对西北地区粮食亩产的提高有很大作用。秦代，关中地区的主要粮食作物仍为麦、禾（即粟）等。《吕氏春秋》记载有"今兹美禾，来兹美麦。"《辨土》则记载："凡耕之道……无与三盗任地。夫四序参发，大甽小亩，为青鱼脄，苗若直猎，地窃之也；既种而无行，耕而不长，则苗相窃也；弗除则芜，除之则虚，则草窃之也。故去此三盗者，而后粟可多也。"②在秦都咸阳第三号宫殿建筑遗址的第八间东壁和第六间西壁各有一幅《麦穗图》，刘庆柱在对壁画上的农作物进行考释时，认为："除麦穗外，都与壁画所绘作物穗相去较远。""今北方小麦麦穗直立，子粒较大，卵形，穗为棍棒状。壁画上的作物穗子与此相同，因此名为麦穗图。"③秦都咸阳宫殿的墙壁上出现的麦穗形象，既反映出秦代统治阶级对农业较为重视，也说明小麦在当时的农作物中的地位已经比较重要了。农业繁荣最直接的表现就是粮食储备的富足。1975年湖北省云梦出土的秦墓竹简，记载了当时的秦国境内到处都有"万石之积"的粮食仓库，在栎阳还建有"二万石一积"的粮仓，咸阳的粮仓竟达"十万石一积"④。"囷"是古代的一种储粮设施。十几年来，秦代墓葬出土的随葬陶囷模型屡有所见。陶囷模型作为随葬器物出现于关中地区的秦墓，无疑也是"事死如生"的古代丧葬思想的直接反映，随葬陶囷模型则是拥有财富的象征或者是这种美好愿望的表达，是具有强烈的世俗性的。在已发现并发掘的秦墓中，随葬有陶囷模型的墓葬达数十座之多，分别发现于陕西凤翔、铜川、咸阳、临潼、长武等地。墓葬年代自春秋中期始，至秦统一后，其中秦代有四座。这些出土的陶囷模型源于当时所使用的贮粮设施，反映了秦代农业的发展。在陕西凤翔高庄秦墓中，开始发现用粮食随葬的现象，以后这种情况日渐普遍，有的盛粮于明器内，有的撒粮于棺椁外，有的专辟小仓以存放粮食⑤。

---

① 《吕氏春秋集释》卷二十六《士容论·上农》，第688页。
② 《吕氏春秋集释》卷二十六《士容论·上农》，第688、692页。
③ 刘庆柱：《秦都咸阳第三号宫殿建筑遗址壁画考释》，《人文杂志》1980年第6期。
④ 《睡虎地秦墓竹简·释文·秦律十八种》，第25页。
⑤ 叶晔：《秦农业图景的考古学观察》，秦始皇帝陵博物院编：《秦始皇帝陵博物院》（第八辑），西安：西北大学出版社，2018年，第155页。

秦代，西部地区的金属铸造业全面升级，尤其是青铜器制造技术更加发达，甚至可以铸造巨大的金属器物。秦政府隶属下的冶铜作坊规模相当可观，咸阳宫殿区附近的一处冶铜作坊，南北长 150 米，东西宽 60 米。十二金人就是其代表作。秦始皇统一中国后，曾经在首都咸阳铸造过 12 个巨大的铜人，史书上称之为"十二金人"。《史记》卷六《秦始皇本纪》载：二十六年（前 221），"收天下兵，聚之咸阳，销以为钟鐻，金人十二，重各千石，置廷宫中"①。同书卷八十七《李斯列传》载：秦既并天下，以李斯为相，"夷郡县城，销其兵刃，示不复用"②。卷九十九《叔孙通列传》载："天下合为一家，毁郡县城，铄其兵，示天下不复用。"③卷一百一十二《平津侯主父列传》载严安上书云："及至秦王，蚕食天下，并吞战国，称号曰皇帝，主海内之政，坏诸侯之城，销其兵，铸以为钟虡，示不复用。元元黎民得免于战国，逢明天子，人人自以为更生。"④《汉书》卷六十四上《吾丘寿王传》亦有类似记载。这些记载说明，十二金人是秦始皇在统一全国后用所收的天下兵器铸成的。

十二金人并不是用黄金铸成的，而是用青铜兵器铸成的，因其表面略呈黄色，故被称作"十二金人"。十二金人是秦代最大的青铜艺术品，具有很高的研究价值。但遗憾的是我们现在已经看不到实物，文献中也没有它们的图像，只能根据史书的记载，探讨十二金人的相貌、姿态和大小。关于十二金人的相貌，文献中没有具体的描述。但《汉书·五行志》载，十二金人"皆夷狄服"⑤。另外，据张衡《西京赋》《水经注·河水注》《后汉书·方术传》记载，秦汉魏晋时期，人们常常把十二金人称为"金狄"或"铜狄"。这些称谓与金人身上的铭文和《汉书·五行志》的记载相互印证，说明十二金人是"夷狄"而不是汉人。这些金人至少在相貌和服饰上带有当时西北少数民族的某些特征。十二金人铸成之初，被安放在咸阳西南的"钟宫"。阿房宫前殿修成后，被移至阿房宫。

此外，秦代的武器大部分也是青铜制造，从许多秦国的墓葬中发现的武器都是如此。又如在秦始皇陵东侧大型陶俑陪葬坑中发现的兵器，如剑、矛、镞等皆为青铜制造，制造工艺极为精致。经测定，剑的硬度为 HRB106 度，约相当于中碳钢调质后的硬度；镞的含锡量比剑低，硬度也相应较剑为弱，但镞的含铅量较大，当系有意配料，铅有毒性，可以提高镞的使用性能，增强杀伤力。根据兵器的不同性能，配料的比例也相应地变化，

---

① 《史记》卷六《秦始皇本纪》，第 239 页。
② 《史记》卷八十七《李斯列传》，第 2546 页。
③ 《史记》卷九十九《刘敬叔孙通列传》，第 2720 页。
④ 《史记》卷一百一十二《平津侯主父列传》，第 2958 页。
⑤ 《汉书》卷二十七下之上《五行志第七下之上》，第 1472 页。

说明了秦代军事科学技术的进步。这些出土的铜剑和铜镞，原系铸造，再经打磨、抛光，剑、镞加工面的光洁度在6—8花之间。剑身磨纹垂直于纵轴线，纹理平行。三角形铜镞的3个棱脊的长度，用0.02精度卡尺测量，差距不超过1/10毫米，说明加工工艺的精密[1]。而且不少兵器还经过铬化处理，使兵器表面形成10微米的氧化层，可以防腐蚀生锈，堪称世界冶金史上的奇迹[2]，所以这些兵器虽在泥土中埋藏了两千年之久，仍然光耀夺目，锋利如新。秦始皇陵出土的两乘青铜马车，每乘都由近3000个零部件组成，使用了多种连接工艺将整车装配成型，通过对青铜马车中的多种活性连接工艺进行研究，发现活性连接工艺分为可活动的连接工艺与可拆卸的连接工艺两大类，每一类又可细分为子母扣、活铰、钮环等类型，这些工艺在青铜马车中共计使用逾千次，极大地丰富了青铜时代金属连接的类型，更加全面地展示了秦时精湛的金属工艺[3]。这些充分说明了秦代青铜铸造技术的发达。

秦统一全国后，制陶业也有了巨大的发展，这从秦始皇帝陵兵马俑坑内出土的8000余件陶制兵马俑可见一斑。这些陶俑都是用黏土烧制的，火候高，质地硬，形体与真人真马相似，形象优美逼真，已被誉为"世界第八大奇迹"。通过选取63个秦始皇陵2、3号坑的兵马俑样品和20个秦陵附近的黏土样品进行中子活化分析，检测每个样品中32种微量元素的质量分数，结果表明2号坑和3号坑兵马俑原料与秦陵附近的垆土样品关系密切，其原料来源可能在秦陵附近，由此推断烧制2、3号坑兵马俑的窑址也可能在秦陵附近[4]。自20世纪70年代以来，在秦陵附近共发掘清理砖瓦窑址10座[5]。这些陶窑是"排列密集、具有规模效应、规范化、标准化程度极高的一批窑群"[6]。

秦帝国统治时期，也是西部交通发展的重要阶段。秦始皇统一中国后，建立了我国历史上第一个统一的多民族的中央集权的封建国家。为了对全国各地进行有效的统治，秦始皇加强交通道路建设，在战国交通设施的基础上，"决通川防，夷去险阻"[7]，修建从咸阳到各地的驰道。秦始皇二十七年（前220），"治驰道。"[8]三十五年（前212），"除

---

[1] 秦鸣：《秦俑坑兵马俑军阵内容及兵器试探》，《文物》1975年第11期。
[2] 张占民：《试论秦兵器铸造管理制度》，《文博》1985年第6期。
[3] 杨欢：《秦始皇陵出土青铜马车活性连接工艺研究》，《自然科学史研究》2020年第4期。
[4] 赵维娟等：《秦始皇陵2、3号坑兵马俑原料来源和研制工程的初步分析》，《北京师范大学学报》（自然科学版）2004年第3期。
[5] 秦俑考古队：《秦代陶窑遗址调查清理简报》，《考古与文物》1985年第5期；始皇陵考古队：《秦始皇陵区发现陶窑遗址及修陵人乱葬坑》，《中国文物报》2003年5月7日第1版。
[6] 王望生：《秦兵马俑陶窑形制初探》，《文博》2003年第6期。
[7] 《史记》卷六《秦始皇本纪》，第252页。
[8] 《史记》卷六《秦始皇本纪》，第241页。

道，道九原抵云阳，堑山堙谷，直通之。"①《汉书》曰："（秦）为驰道于天下，东穷燕齐，南极吴楚，江湖之上，濒海之观毕至。道广五十步，三丈而树，厚筑其外，隐以金椎，树以青松。"②同时，秦始皇还施行"车同轨"，统一了全国的车轨，"数以六为纪……舆六尺，六尺为步，乘六马。"③当时，从咸阳向东的通道有所谓的"三川东海道"，由关中东向直指海滨，其所联系地区经济地位重要，人口亦较密集，因此成为秦代西部与东部地区运输量最大的交通干线；出武关东南向的南阳南郡道，经南阳至于南郡，使关中平原与江汉平原得以沟通，又通过水陆交错的形式"南极吴、楚"，与长江中下游衡山、会稽地区相联系，秦始皇东巡曾三次经行此道，秦末刘邦经这条道路先项羽入关，这条道路汉时又称"武关道"；向东北的邯郸广阳道，经河东、上党，或由河内北上至邯郸、广阳、右北平，通达燕赵，这条大道战国时已具有重要地位，史念海曾经指出："太行山东边有一条主要道路，与太行山平行，纵贯南北，赵国都城邯郸和燕国都城蓟都是在这条交通线上。"④向西的陇西北地道，由关中通向西北，即为著名的"丝绸之路"的东段，秦始皇二十七年第一次出巡即经此道西行，"始皇巡陇西、北地，出鸡头山，过回中"⑤；翻越秦岭通向西南的汉中巴蜀道，当年秦征服巴、蜀，曾对其进行多次拓修完善，形成故道、褒斜道、傥骆道、子午道数条南逾秦岭的路线。蜀道南段诸线路中，较为艰险者又有著名的阴平道。从而形成了以咸阳为中心、纵横交错的全国交通干线，联通了西部地区与关东、河北、江南地区的交通，"陆路交通网的形成，不仅对于当时政治、经济、军事和文化的发展，起到了积极的作用，而且为后世交通道路的规划和建设，奠定了大致的格局。"⑥此外，秦代还在广西兴安开凿了连接湘江和漓江的灵渠，从而加强了关中与全国各地特别是西部地区的联系⑦。

但令人遗憾的是，秦王朝在历史上只存在了 15 年时间，仅仅二世就灭亡了。秦都咸阳在秦亡后也被项羽烧毁。史载"项羽引兵西屠咸阳，杀秦降王子婴，烧秦宫室，火三月不灭"⑧，最后宫室被烧成了一片灰烬。为什么秦王朝如此短命？究其原因，主要是秦始

---

① 《史记》卷六《秦始皇本纪》，第 256 页。
② 《汉书》卷五十一《贾邹枚路传》，第 2328 页。
③ 《史记》卷六《秦始皇本纪》，第 237—238 页。
④ 史念海：《释〈史记·货殖列传〉所说的"陶为天下之中"兼论战国时代的经济都会》，《河山集》（一），北京：生活·读书·新知三联书店，1963 年，第 124 页。
⑤ 《史记》卷六《秦始皇本纪》，第 241 页。
⑥ 王子今：《秦汉交通史稿》，北京：中共中央党校出版社，1994 年，第 28—32 页。
⑦ 林剑鸣：《秦汉史》上册，上海：上海人民出版社，1989 年，第 152 页。
⑧ 《史记》卷七《项羽本纪》，第 315 页。

皇在统一全国后施行急政，不给老百姓休养生息的机会，想用十几年时间做完几十年才能做完的事情。为了施行急政，不断向老百姓征发徭役，增收赋税，结果使赋役的数量远远超过了人民所能承受的限度，引起了人民的不满。为了防止人民的反抗，他又采取了严刑峻法的措施，钳制思想，焚书坑儒，在社会上造成了恐怖气氛，影响了学术文化的发展。在秦始皇死后，秦二世继承了他的缺点，宠信赵高，指鹿为马，倒行逆施，引发了农民起义，加速了秦朝的灭亡。

第二节
西汉时期对西部地区的开发

秦朝灭亡后，刘邦和项羽进行了长达四年的楚汉战争，最终刘邦打败项羽，建立了西汉。西汉时期，中央集权的封建制度呈现出勃勃生机，西部地区的开发也呈现出前所未有的局面。

一、西汉时期西部的政区与民族关系

（一）行政区划

到了汉代，郡县的数目又有了很大的增加。西汉时，仍因秦制，西汉的郡（国）在今陕西省境内的有京兆尹、左冯翊、右扶风、上郡、汉中郡全部等郡；另外，还有与现在邻省有关的部分郡县，其一是位于今内蒙古和山、陕两省间的西河郡，上郡以东、沿黄河各县就是属于西河郡的；还有位于今陕、甘两省间的北地郡和武都郡，今富县和黄陵县西部及长武县属于北地郡，陕南的凤县和略阳县属武都郡；豫、陕之间的弘农郡，今商洛市大部分属弘农郡；川、陕之间的广汉郡，今汉中市宁强县属广汉郡。关中平原在秦代本来只有一个内史，到汉时分为京兆尹、左冯翊和右扶风三个部分，称为"三辅"。三辅在西汉时同治于长安城中，京兆尹和左冯翊分治长安以东渭水南北各地，右扶风则管辖长安以西的渭水中上游地区。京兆尹领12县。其中高祖五年（前202）在今西安市西部设长安县，文帝九年（前171）在今西安市东部设霸陵县；景帝二年（前155）在今西安市东南部的秦杜县境内设南陵县，平帝元始四年（前4）并入杜陵县；宣帝元康元年（前65）在西安东北部设奉明县，平帝元始四年并入长安县；同年，在秦杜县东塬上修建杜陵，因此把杜县改为杜陵县；成帝鸿嘉元年（前20）在新丰戏乡设立昌陵县，永始元年

(前16）撤销。另外，高祖八年（前199）还将秦宁秦县改为华阴县，后来又在今潼关一带设置船司空县。左冯翊领24县。其中高祖十二年（前195）在今咸阳市东北部设置长陵县；在今临潼区渭河以北地区设万年县；景帝五年（前152）改秦弋阳县为阳陵县；昭帝始元二年（前85）在淳化县北设云陵县，平帝时并入云阳。西汉还在渭河以北地区设莲勺县；在大荔县东部设临晋县；在白水县东部设衙县；在白水县西部设粟邑县。右扶风辖21县。高祖元年（前206）在今咸阳市南设新城县，七年以后并入长安县，武帝元鼎三年（前114）析置渭城县，惠帝时在咸阳市北部设安陵县；武帝时在今周至县境内设盩厔县；昭帝在今咸阳市西北部设平陵县；宣帝时在今兴平县北部茂陵邑设置茂陵县；西汉还将秦废邱县改为槐里县；将秦武功县改为汉光县；另在宝鸡以西设置郁夷县；在今千阳一带设隃麋县。弘农郡属辖诸县属于陕西的有两县，元鼎四年（前113）在今商州市一带设置上洛县，另有商县为秦代故县。北地郡辖县在今陕西境内的有四县，其中直路、归德、昫衍为西汉所设。上郡领23县，属于陕西的共有九县，其中属于西汉设置的有龟兹、白土、奢延、高奴和漆垣五县。西河郡辖36县，涉及今陕西的有五县，即富昌、平定、圜阳、圜阴、鸿门，均为西汉所设。汉中郡领12县，在陕西者9县。西汉时改褒县为褒中县，在今勉县外坝河以西设沔阳县，在石泉、汉阴二县之间设安阳县，在平利、镇坪二县之间设长利县。此外，武都郡所辖故道县和沮县也在今陕西境内，故道为秦旧县，沮县则为西汉所设。广汉郡所辖葭萌、白水也属于陕西，后者为秦代所置。

  汉武帝时全国有102个郡国。这么多的郡国都由中央政府直接统辖，难免会出现指挥不灵或者穷于应付的现象。因而在郡国之上再设一套行政机构就有必要了。这样一来，州的制度也就应运而生。州制产生的思想基础是《尚书·禹贡》和《周礼·职方》中有关"九州"的记载。当时全国共设了13个州，置刺史以执掌其事，称为十三刺史部。在十三刺史部以外，汉又设了一个司隶校尉部，管理三辅、三河和弘农郡。其中三辅就是设在关中地区的京兆尹、左冯翊和右扶风。当时是以州统郡，以郡辖县。由于州的刺史仅司监察各郡，并非行政官吏，故州与郡县为虚三级制。后来东汉末年改刺史为州牧，州的重要性有了很大的提高。于是虚三级制也就成为三级制。今陕西一省，汉时涉及三个州。京兆尹、左冯翊和右扶风所谓三辅，隶属于司隶校尉部，这是和州同级的区划。汉中郡隶属于益州刺史部。现在的陕北，那时属于朔方刺史部。西汉诸州刺史无治所。东汉司隶校尉治洛阳，今河南洛阳市；益州刺史治成都，今四川成都市；并州刺史治晋阳，今山西太原市西南。

第三章 秦汉时期的西部开发

（二）[...]民族关系

秦末汉[初]，匈奴正当冒顿单于全盛时期。控弦之士数十万众，乘中原农民起义方炽和楚汉相争混战之际，突破秦长城，驱逐实边移民，直入塞内畜牧，并不断南下寇掠，威胁着汉之心腹[京]城长安。汉高祖刘邦即位不久，亲率32万大军抗御，结果在平城白登山（今山西大同市）[为]匈奴40万骑围困七日，后用陈平计才得解脱。始知"天下初定，士卒罢于兵"①，国[力尚]不足抗拒匈奴。于是他构想出"和亲"政策，遣嫁公主配单于为阏氏，结为婚姻，每年[送]匈奴絮、缯、酒、米等用物，同时开放关市，听凭胡汉通货贸易，遂与匈奴结为兄弟，相约以长城为界，北为匈奴游牧的"引弓之国"，南为汉族农耕的"冠带[之室]"②。随后[惠帝]、吕后、文帝、景帝继统60多年间，汉王朝一直忍受着巨大牺牲，秉[持]着这种屈辱的[和亲]政策。但和亲之约加强了农牧区经济文化交流，缓和了民族矛盾，[汉]朝暂时获得了"[匈]奴无入塞"的安宁环境③，符合汉初"无为而治"的政治思想和"与[民]休息"的基本方针，[有]利于封建政权的巩固和经济的振兴。正是在这一时期，汉廷采[取]一系列恢复农业生产[措]施，发展社会经济，同时削平诸侯王国的割据势力，实行各[种]维护封建制度的政策，[巩]固了新兴的封建王朝的统治，从政治、经济、军事上为反击[匈奴]做好准备。事实上，[文帝]之世就开始向塞下移民输粟，暗暗效法秦时实边方略，以待时[机北]驱匈奴。

汉经["文景之治"]，至武帝时[国力]大增，汉初"天子不能具醇驷，而将相或乘牛车"的艰危时期[已过]，代之而来的是国富[民]强的升平景象。据《汉书》所记："七十年间，国家亡事，非遇[水]旱，则民人给家足，都鄙廪庾尽满，而府库余财。京师之钱累百巨万，贯朽而不可校；[太仓]之粟陈陈相因，充溢露积于外，腐败不可食。"④武帝承升平之世而兼雄才大略，锐意广[开]边境，根[除]西北边患，倾其国力反击匈奴。在元朔六年（前123）至元狩四年（前119）十年间[三]次大决战中，匈奴兵马死伤惨重，从此元气大衰。特别是公元前121年的汉匈大战，汉骠骑将军霍去病率数万骑，出陇西、北地，深入匈奴腹地2000余里，占据祁连山北河西走廊要道，武帝遂设酒泉、武威、张掖、敦煌四郡，实现了对西北的战略控制。河西四郡的设置，隔断匈奴与西部羌人的联系，使二者不能合兵

---

① 《史记》卷九十九《刘敬叔孙通列传》，第2719页。
② 《史记》卷一百一十《匈奴列传》，第2902页。
③ 《史记》卷一百一十《匈奴列传》，第2903页。
④ 《汉书》卷二十四上《食货志》，第1135页。

南下。汉朝又于湟水流域置护羌校尉,后复设西海郡,扼制住了西羌。同时武帝又欲从走廊西进,通好结盟西域诸国,构成对匈奴东西夹攻之势,所谓"断匈奴右臂"①。早在汉匈之战前,汉武帝即派张骞出使西域,联合原来驻牧河西且不堪匈奴攻掠蹂躏而西迁的大月氏及西域等国。张骞历尽艰险,先后到达大宛、康居、月氏、大夏等国,访知西域的地理、物产、风俗、民族等风土人情,历时十三载,首次凿空西域。后张骞奉命二出西域,远交乌孙,结为同盟。随行副使分别访问西域主要国家,最远者曾达到安息(伊朗)、身毒(印度)等国。西域诸国从此交好汉朝,相继派遣使臣来长安,汉与西域及中亚、西亚间经济文化交流的"丝绸之路"由此开通。汉武帝对西域经营煞费苦心,既怀之以德,拯救诸国脱离匈奴奴役而归心于汉,又威之以兵,严迫诸国不为匈奴挑唆而背叛于汉。武帝太初元年(前104),贰师将军李广利率军伐大宛,是一次较大的武力威慑,使西域各国大为震惧。汉始置使者校尉,"自敦煌西至盐泽往往起亭,而轮台、渠犁皆有田卒数百人"②,为过往使者商旅提供食宿给养。武帝经营西北付出"海内虚耗,户口减半"③的巨大代价,以致晚年追悔莫及。然经数十年的征伐,汉朝基本解除了匈奴的侵扰,为整个西北地区统一扫除了障碍。汉昭帝、宣帝略能继武帝余威,"边塞烽火相望",匈奴不敢南下牧马。特别是在宣帝时,匈奴统治集团内讧,五单于争立,分裂为南北二部。随后南匈奴呼韩邪单于主动归附称臣,借助汉朝的力量抗衡北匈奴。汉廷准其南迁塞下驻牧,实成捍卫边塞的藩蔽,汉遂得以专力经营西域。宣帝曾经多次联合南匈奴攻伐西域境内的北匈奴势力。本始二年(前72)汉兵五路出击,北匈奴处处溃败,无奈主动对汉表示亲善,南北匈奴出现合一的趋势,西域诸国纷纷摆脱北匈奴统治。地节二年(前68)汉宣帝诏命郑吉为西域都护,于乌垒城设置都护府。都护是汉王朝派驻西域的最高地方长官,都护府是历史上中央王朝在西北边陲设立的第一个行政机构。从此,天山南北及巴尔喀什湖东南广大地区归入汉王朝版图,"汉之号令班西域矣"④。西域的所谓三十六国,数以百计的农牧部族首次统于中华民族的大家庭。宣帝时汉在河湟羌族地区经营也有了新的建树。时羌人先零种曾向汉朝提出"愿得度湟水,逐人所不田处,以为畜牧"⑤,遭汉拒绝后,先零种联盟诸羌寇犯西边,直逼汉之金城。宣帝调兵遣将全力反击,后由将军赵充国策略用兵,威德兼施,平息了羌人的大举进犯。赵充国遂罢散骑兵,

---

① 《史记》卷一百二十三《大宛列传》,第3168页。
② 《汉书》卷九十六上《西域传上》,第3873页。
③ 《汉书》卷七《昭帝纪》,第233页。
④ 《汉书》卷七十《傅常郑甘陈段传》,第3006页。
⑤ 《后汉书》卷八十七《西羌传》,第2877页。

使解甲屯田，维护了边界安宁，又开发了边疆农业，传为历史经验。由此汉羌和睦相处，大批羌部内附。经武帝的开拓和宣帝善后经营，汉与匈奴西羌及西域各族矛盾冲突大为缓和，西北全区尽归汉王朝统辖，打破了远古以来西北各族不相统一的局面。

自汉元帝起，历成、哀、平帝，西汉统治逐渐衰落，唯赖前代经营基础，勉强维持全区平定局面，无大边警。然至王莽篡位及改制，为缓和统治阶级内部矛盾转而向少数民族炫耀威武，无理干涉各民族内部事务。他索回宣帝颁给呼韩邪黄金质的"匈奴单于玺"印绶，改发给"新匈奴单于章"，又把"匈奴单于"之号改称为"降奴服于"，蓄意歧视少数民族。遂募兵30万，遣12大将进击匈奴，划分匈奴居地为15部分，从而破坏了长期以来与匈奴的和睦关系。王莽将西域诸国王号一律改称为"侯"，驻西域的戊己校尉执行民族压迫政策，引起诸国上下反抗，连汉族士兵也不堪官吏虐待发动兵变。匈奴贵族势力乘虚复入，西域形势重新陷入动荡。对于西羌，王莽迫使其贡献西海之地，沿海立五县，开设西海郡，而亭燧相望，守备森严，高压之下西边祸患暂息①。

当王莽新朝在农民战争中灭亡后，代表地主阶级利益的刘秀以光复汉室为旗帜在洛阳称帝。东汉历时近200年，考其西北经营，虽不能与西汉相比，却基本上维持了前朝的局面，尤其是东汉前、中期的经营颇为用心。光武帝立国之初，西域再次绝通，匈奴、西羌蠢动，东汉王朝意在稳定政局，对外族采取妥协政策，于西北尚无全面的经略。适值匈奴屡失天时，连年遭逢旱蝗，牧草尽枯赤地千里，人畜饥疫死耗大半；更因内失人和，再度分裂为南北两部。南匈奴重新臣服于汉而入居塞内，北匈奴则却地千里，多在河西、西域滋扰。东汉之初，羌人频频入寇，金城属县多被侵占。光武帝任马援为陇西太守，率步骑三四千人反击，迫使羌人西退。马援在金城、破羌以西缮城起坞，召集逃亡客民各还旧邑，陇右地区得一时晏清。汉明帝经营西北战略遂转强硬，效法武帝反击匈奴，开通西域。永平十六年(73)分兵四路出击，其中窦固、耿忠领12000骑，深入天山东部。匈奴呼衍王遁逃蒲类海(今巴里坤湖)，汉收伊吾卢地，分兵就地屯田，置宜禾都尉。第二年再出敦煌，平定车师前后部，重新设立西域都护和戊己校尉，并以此为根据地，派出班超为首的使团折冲诸国间，与北匈奴展开争夺西域的斗争。

章帝继位，边境稍平静，不愿因战事役劳国家，朝议撤销都护和戊己校尉，放弃西域。故章帝时西北经营无大进展，唯班超上书获准留居西域，仅带从兵千人纵横诸国，仍然控制着西域局势。班超首倡"以夷狄攻夷狄"策略，利用西域之兵，食西域之粮，

---

① 《汉书》卷九十九中《王莽传》，第4114—4121页。

"不动中国，不烦戎士"，先后定莎车、却月氏、降龟兹、平焉耆等，功绩可当派遣数十万大军。班超在西域共30年，使汉朝威恩遍及西域各国。班超都护期间，特派遣甘英出使罗马帝国(大秦)，至波斯西北(条子)遇临波斯湾，因安息西界船人劝阻，未渡而返。然计程已达亚洲西境，通道之远，超过张骞时代。故后人论开拓西域之功，多以张骞和班超相提并论。

和帝初，北匈奴又遇天灾内乱，危机四起，东汉朝廷遂趁机对北匈奴发动军事远征。时窦太后临朝，派窦宪、耿秉率军与南匈奴联兵出征，永元元年(89)，大破北匈奴于稽落山(今额布根山)，穷追至燕然山(今杭爱山)，刻石记功而还。后经连年追击，终于在公元91年，经过金微山(今阿尔泰山)一战，北匈奴顽固势力被最后摧毁。北单于仅带少数人众逃亡乌孙，后转徙康居，称霸大漠南北300年之久的匈奴奴隶制政权从此彻底瓦解。北匈奴残余部族仿效南匈奴，纷纷归附汉朝，不断入居边境，与汉民一起杂居共处，只有残留西域的少数北匈奴贵族常挟制西域诸国叛乱。安、顺时期，班超子班勇出任西域长史。班勇饶有父风，带五百弛刑之士，出屯柳中(今新疆鄯善县西南)，遂定车师、焉耆等部，扼守住天山南北及河西要冲地，西域山南诸国不复见匈奴残部踪迹，后因朝廷不明，班勇无故被召还下狱，汉朝经营西域大业一蹶不振。东汉自桓帝进入衰期，统治阶级内宦官和外戚斗争更激烈，政治腐败，阶级矛盾激化，人民起义风起云涌。在西北，入居关中和陇右的羌人因不堪官吏豪强压迫剥削发动长达数十年的起义。公元184年声势浩大的黄巾起义爆发，沉重打击东汉王朝的反动统治，后来在镇压黄巾起义过程中，豪强地主势力不断地扩张割据，东汉王朝在分裂混战中名存实亡。西汉苦心经营数百年的西北地区又出现民族分裂的局面，西域与内地关系基本绝通。

西汉时期，在今天的四川、贵州二省西南部和广西西部以及云南全省等西南地区分布着众多的少数民族，他们在汉族文献中被统称为"西南夷"。司马迁在《史记·西南夷列传》中最早对其进行记载，曰："西南夷君长以什数，夜郎最大；其西靡莫之属以什数，滇最大；自滇以北君长以什数，邛都最大；此皆魋结，耕田，有邑聚。其外西自同师以东，北至楪榆，名为嶲、昆明，皆编发，随畜迁徙，毋常处，毋君长，地方可数千里。自嶲以东北，君长以什数，徙、筰都最大；自筰以东北，君长以什数，冉駹最大。其俗或土著，或移徙，在蜀之西。自冉駹以东北，君长以什数，白马最大，皆氐类也。此皆巴蜀西南外蛮夷也。"①可见，秦汉时期西南地区分布着数十个大小不一、互不统属、

---

① 《史记》卷一百一十六《西南夷列传》，第2991页。

经济生活和社会形态各异的民族和部族。有的处于"耕田，有邑聚"的农耕定居状态，有"君长"，形成了初步的政治组织，如夜郎、滇、劳浸、靡莫、邛都、漏卧、句町等；有的处于"随畜迁徙，毋常处"的半农半牧居无定所的状态，尚无政治组织形态，如冉、駹、徙、筰、巂、昆明、白狼、槃木、唐蕞等；甚至有的还停留在原始氏族部落社会，正向阶级社会转化。在距今3700—3200年的夏末商初时以剑川海门口为始，西南夷各地先后进入青铜时代①，其生产时开始使用青铜工具，经济有显著的发展。譬如农业较为发达的滇池地区，考古出土有许多铜铲、铜锄、铜镰、铜斧等铜制工具，还有未定名的镂孔铜器和竹木的点种棒；作物以水稻为主，属于滇文化的多处遗址出土有陶制水田模型，其中一个极为精美的模型向我们展示了当时最理想的耕作环境，一半是池塘一半是水田，中间以沟壑相连，上架小桥，池塘里有莲花、青蛙、鱼等动物，这说明当时已有相当先进的灌溉技术；有的青铜器上刻画了丰收的场面，说明当时农业的产量也是很大的。从事农业生产的主要是女性，生产方式应该是集体劳作为主，铜鼓上描绘了许多妇女把粮食归仓的场面。畜牧业也较为发达，出土文物中有很多动物形象，其中有一部分是家禽和家畜，有的放养，有的圈养，常见的有牛、马、猪、狗、羊、鸡，其中牛最多，当时还没有牛耕，故牛以食用为主，因而牛也成为财富的象征，马用于骑乘，亦用于交换，史载滇池地区出良马，被称为"滇池驹"，从事放牧的是男子，青铜器中有驯马、医牛的场面，说明当时畜牧业亦有一定的水平。滇人的手工业也较为发达，部门较多，生产技术较高，如出土的一个贮贝器上描绘有纺织的场面，一个贵族妇女坐在中间，监督许多奴隶纺织，纺织工具使用腰机，纺线用纺轮，主要原料是麻类。而从出土的大量青铜器可以看出当时滇池地区冶金业的发达，主要有青铜、金、银、铜等金属的冶炼加工，滇人已较好地掌握了青铜的铸造工艺，能够根据不同的器物采用不同的合金比例。铸造使用的是范模铸造方法，其技术有金银错、镶嵌、彩绘、线刻等。手工业中还有漆器、陶器、玉器、竹器、木器、角器等器物制造，它们都需要一定的专业技术，显示出较高的艺术水平。此外，滇池地区处于交通要道，东通番禺，北到巴蜀，正当南方丝绸之路的要冲，很早就与内地有经济交往，滇人与东南亚、南亚、西亚地区也较早有了联系②。如《史记·西南夷列传》中就记载："巴蜀民或窃出商贾，取其筰马、僰僮、髦牛，以此巴蜀殷富。"唐蒙在南越见到蜀地出产的"枸酱"，多是由蜀地商人"持窃出市夜郎"③。张

---

① 秦树才、高颖：《西南民族形成问题探究：以"西南夷"为中心》，《思想战线》2018年第2期。
② 杨文顺：《从〈西南夷列传〉和考古资料看两汉时期的滇国社会》，《楚雄师范学院学报》2003年第1期。
③ 《史记》卷一百一十六《西南夷列传》，第2993—2994页。

骞出使大夏时，在当地见到西南地区出产的蜀布、邛竹杖等，就是通过西南夷地区转道身毒国道而销往大夏的①。尽管如此，由于地理偏远，交通不便，西南夷长期未能进入中原王朝的视野。

秦朝统一全国后，虽开凿了通向西南的交通要道——五尺道，在一些地方"置吏"②，但秦朝国祚短暂，并未真正对西南夷进行有效的统治。西汉初期，王朝统治者致力于国内经济的恢复与发展，未遑对西南地区有所留意，与西南夷没有建立政治联系，只有邻近的巴蜀地区与之有暗中民间贸易。至汉武帝时，随着经济的繁荣和统治者对边疆的开拓，特别是唐蒙在南越发现枸酱和张骞出访大夏时得知其地理位置的重要性后，西南夷才引起西汉王朝最高统治者的重视。从汉武帝时开始，西汉王朝派遣唐蒙、司马相如等人多次出使西南夷，开始了中原王朝对西南夷的经略。建元六年（前135），汉军征服东越后，唐蒙出使南越，在番禺初见"蒟酱"，并得知枸酱这种珍奇美味由蜀郡生产后，经夜郎的牂柯江运送至南越，于是唐蒙遂上书汉武帝，"以汉之强，巴蜀之饶，通夜郎道，为置吏，易甚"，然后凭借夜郎的兵力、沿牂柯江以制服南越；汉武帝遂命唐蒙为中郎将，出使夜郎，拜见夜郎侯多同③；唐蒙奏请朝廷开凿道路，朝廷批准动用巴、蜀二郡千余人，但唐蒙又擅自多征士兵万余人以进行水路运输补给，并以军法处死违令的首领，使得巴、蜀二郡人心中惊恐，酿起大骚乱。汉武帝得知此事后，便派司马相如为特使，谴责唐蒙的过激处罚，司马相如作《喻巴蜀檄》，"喻告巴蜀民以非上意"④，对巴蜀民众进行安抚，稳定民心；司马相如回到长安后，汉武帝又任其为中郎将，"建节往使"西南夷，"略定西夷，邛、笮、冉、駹、斯榆之君皆请为内臣。除边关，关益斥，西至沫、若水，南至牂柯为徼"⑤；当时，由于北方与匈奴的战事吃紧，于是汉武帝下令"罢西夷"；直到元狩元年（前122），张骞出使大夏归来，"盛言大夏在汉西南，慕中国，患匈奴隔其道，诚通蜀，身毒国道便近，有利无害"，于是汉武帝再次派王然于、柏始昌、吕越人等出使西夷西，"求身毒国"⑥。随着汉朝不断派遣使者前往西南夷，其日益认识到西南夷地区的重要地位，汉王朝通过政治劝说、军事威胁等手段，使西南夷诸部族臣服，逐渐在西南夷地区开疆拓土，设置郡县，派官吏进行治理。唐蒙出使夜郎时，与夜郎侯多同

---

① 《史记》卷一百一十六《西南夷列传》，第2995页。
② 《史记》卷一百一十六《西南夷列传》，第2993页。
③ 《史记》卷一百一十六《西南夷列传》，第2993—2994页。
④ 《史记》卷一百一十七《司马相如列传》，第3044页。
⑤ 《史记》卷一百一十七《司马相如列传》，第3046—3047页。
⑥ 《史记》卷一百一十六《西南夷列传》，第2995—2996页。

"约为置吏，使其子为令"，并将夜郎周边的"小邑"置吏，在此设立犍为郡①；在司马相如出使邛、筰等地后，汉朝在当地"如南夷，为置一都尉，十余县，属蜀"②；后来，南越反叛，汉朝欲从犍为发南夷兵，且兰君"恐远行，旁国虏其老弱"，因此率众叛乱，"杀使者及犍为太守"，汉朝又发八校尉之兵平乱，平定叛乱之后，遂以南夷为牂柯郡、邛都为越巂郡、筰都为沈黎郡、冉駹为汶山郡、广汉西白马为武都郡；元封二年（前109），汉武帝又发巴蜀兵击灭劳浸、靡莫等，以兵临滇，滇王举国降，请置吏入朝，于是以其地为益州郡③。在设置郡县的同时，汉王朝还投入了大量的人力和物力，加大对西南夷地区的开发，先后修筑多条道路。唐蒙出使西南夷，设置犍为郡之后，汉王朝征调巴蜀郡的士兵"治道，自僰道指牂柯江"④，开通了通往夜郎的道路。当唐蒙打通僰道到牂柯江的道路后，汉王朝便着手继续开通西南夷的道路；元光二年（前133），司马相如出使，略定西夷后"通零关道，桥孙水以通邛都"⑤，打通了成都到邛都（今四川西昌市）的道路，这条"零关道"的具体路线据《华阳国志》的记载应是从今四川成都出发经临邛（今四川邛崃市）、青衣（今四川芦山县）、严道（今四川荥经县）、旄牛（今四川汉源县）四县，沿青衣江、大渡河、鲜水河，过甘洛、冕宁经安宁河至西昌⑥；元光五年（前130）夏，汉又征发巴蜀兵民"治南夷道"⑦；至东汉明帝时，汉又修通永昌道。经过两汉几代人的努力，西南夷地区的古道得以全线贯通，这不仅促进了西南地区社会经济的发展，而且还加强了西南夷与中原地区的经济文化交流，巩固了中原王朝对西南地区的统治。

在设置郡县、开通道路的同时，汉王朝还不断向西南夷地区进行移民。西汉在经略西南夷前期，付出了相当大的人力、物力，"当是时，汉通西南夷道，作者数万人，千里负担馈粮，率十余钟致一石，散币于邛僰以集之……悉巴蜀租赋不足以更之"⑧，给当时巴蜀地区军民造成了沉重的赋役负担，于是汉朝统治者"募豪民田南夷，入粟县官"⑨，

---

① 《史记》卷一百一十六《西南夷列传》，第2994页。
② 《史记》卷一百一十六《西南夷列传》，第2994页。
③ 《史记》卷一百一十六《西南夷列传》，第2996—2997页。
④ 《史记》卷一百一十六《西南夷列传》，第2994页。
⑤ 《史记》卷一百一十七《司马相如列传》，第3047页。
⑥ 罗亭：《论汉武帝时期对西南夷道路的开发》，《河南科技学院学报》2012年第5期。
⑦ 《汉书》卷六《武帝纪》，第164页。
⑧ 《史记》卷三十《平准书》。
⑨ 《史记》卷三十《平准书》，第1421页。

同时"汉乃募徙死罪奸豪实之"①。这些迁徙的汉族移民，大多数是农民，他们带去了许多先进的生产工具和生产技术，对于推动西南夷社会经济的发展发挥了重要作用。如新中国成立以来，考古工作者在今四川的西昌、越西、喜德、普格飞木里，贵州的清镇、平坝、兴义、兴仁、威宁、赫章、黔西，云南的晋宁、江川、昭通、大关、大理、呈贡、丽江等汉代"西南夷"地区出土了大量的汉代铁器，这些铁器既有长剑、环首刀、大刀、矛、卜字戟等武器，又有很多各类生产工具，如铁制的斧、锛、削、锤、凿、锥、剪、插、钁、犁、锄、镰等，以及釜、勺、镫、三脚架等生活用具，这些铁器在形制上与成都平原汉墓中出土者完全相同，有些铁器上还铸有"蜀郡""成都"铭文。②

整体来看，汉王朝在西南夷地区的统治并不是一味地依靠武力，汉朝统治者在设置郡县、开通道路的同时，还因俗而治，"以其故俗治，毋赋税"③，减轻赋税，施恩布德，并不断传播中原生产技术和文化知识、移民屯垦，凿渠修路，促进了西南地区经济和文化的发展，同时也推进了汉、夷民族的进一步融合。

二、西汉西部城市与交通的发展

城市和交通的发展对于经济社会和人民生活具有重要意义。西汉时期，西部地区出现了一些规模较大的城市，交通状况较前也有了明显的改善。

（一）城市

西汉之初，刘邦拟建都洛阳，但娄敬、张良等人以为不妥，建议定都关中。刘邦对长安和洛阳的立都条件进行了认真的比较，认为长安的确是"金城千里"的"天府之国"，遂改变决策，西入关中。鉴于咸阳已成废墟，无法修复，便暂住栎阳，命萧何在咸阳东南的渭河南岸即今西安市西北5千米处修建新都，定名"长安"。

汉代的长安城坐落在龙首塬西北部较为低平的地方。这座城市从肇建到定型，经历了较长的时间。汉高祖在其统治时期，只是在秦兴乐宫的基础上营建了长乐宫，在秦章台故址上修建了未央宫，在长乐宫和未央宫之间修建了武库等设施，尚未修建城郭。汉惠帝即位后，三次大兴土木，动用30余万劳力，修建了长安城的城池。到汉武帝时，汉王朝又在城内修建了桂宫和明光宫，在城外修建了著名的建章宫，从而最终奠定了长安

---

① 《华阳国志校注》卷四《南中志·晋宁郡》，第393—394页。
② 刘弘：《汉代铁器在西南夷的传播》，《四川文物》1991年第6期。
③ 《史记》卷三十《平准书》，第1440页。

城的基本格局。

从总体上看，汉长安城略呈方形。由于汉长安城修建的时间较长，事先又未进行总体规划，施工带有一定的随意性，加之北临渭水，受到自然条件的制约，因而平面布局不够规则。古人认为汉"长安城南为南斗城，北为北斗城"①，所以往往把它称作"斗城"。事实上，汉长安城的东墙是相当平直的，北墙受渭河和地形的影响曲折六处，西墙和南墙为迁就宫殿的布局也有所曲折，但这似乎与"北斗""南斗"无涉。可以肯定，汉长安城的平面布局并不是刻意按照天象设计的，而是西汉前期多次修建的结果。

汉长安城的规模相当宏大。《三辅黄图》说汉长安城"周围六十五里"，约合今 27027 米②。《汉旧仪》说"周围六十三里"③，合今 26195 米。考古实测，汉长安城东面城墙约 5940 米，南面城墙约 6250 米，西面城墙约 4550 米，北面城墙约 5950 米，全城周长约 25100 米，合汉代六十里强，这个数字与文献记载比较接近，总面积达 36 平方千米④。汉长安城的城墙全部用黄土夯筑而成，虽然没有使用青砖和石料，但仍然是相当坚固的。《三辅黄图》载"城高三丈五尺，下阔一丈五尺，上阔九尺"⑤。也就是说，城墙高 8.08 米，墙根厚 3.46 米，顶厚 2.08 米。这些数字与实际情况有一定的差距。经考古工作者实测，城墙的高度在 12 米以上，下部宽度在 12 米至 16 米之间，上部宽度也远在 2.08 米以上⑥。城墙的外侧，还有宽约 8 米、深约 3 米的壕沟围绕。这样的规模在当时是绝无仅有的。可以说汉长安城在当时是世界上第一流的大都市。

汉长安城的城门和街道是经过统一设计的。全城共 12 座门，东西南北每面各开三门：东面由南向北依次为霸城门（又称青门）、清明门（又称籍田门）、宣平门（又称东都门）；北面由东向西为洛城门（又称高门）、厨城门、横门（又称便门）；西面由北向南为雍门（又称西城门）、直城门（又称直门）、章城门（又称光华门）；南面由西向东为西安门（又称平门）、安门（又称鼎路门）、复盎门（又称杜门或端门）。每座城门都有三个宽 6 米的门道。城中的大街正好与城门相对。由于霸城门、西安门、章城门与长乐、未央二宫相通，城中实际上只有前街、蒿街、太常、尚冠、夕阴、章台、香室、华阳八条大街，故《三辅旧事》《汉旧仪》等文献中有"八街九陌"的说法。其中安门大街最长，约 5500 米，

---

① 〔清〕张澍辑：《三辅旧事》，北京：中华书局，1985 年。
② 汉代一里为 1800 尺，一尺合今 0.231 米。
③ 《史记》卷九《吕太后本纪》，第 399 页。
④ 王仲殊：《汉长安城考古工作初步收获》，《考古通讯》1957 年第 5 期。
⑤ 《三辅黄图校释》卷一，第 64 页。
⑥ 王仲殊：《汉代考古学概说》，北京：中华书局，1984 年，第 4 页。

洛城门大街最短，凡850米，其余都在3000米左右。尽管大街的长度不同，但宽度是相同的，都在45米左右。每条大街均分为三条并行的道路：中间一条为驰道，宽20米，专供皇帝行走；驰道两侧的道路各宽12米，供官吏和平民行走。这些大街或呈东西走向，或呈南北走向，"皆通达九逵，以相经纬。衢路平正，可并列车轨。十二门三途洞辟，隐以金椎，周以林木，左右出入，为往来之径。行者升降，有上下之别"①。所有大街均经过绿化，平直宽畅，管理也相当严格。

汉长安城布局最大的特点是"前朝后市"，与《周礼·考工记》所载都城制度有相似之处，宫殿和官署主要分布在城市的中部和南部，民居和市场则分布于城市的北部；尽管还没有把官署和民居截然分开，但是宫城、官署和民居的分布大体上被限定在一定的区域。宫殿是当时长安城中的主体建筑。长乐宫、未央宫、明光宫、桂宫和北宫占去了城内三分之二以上的地方。民居被划分为宣明、建阳、昌阴、修成、黄棘、北焕、南平、大昌、陵里、戚里、函里等160个闾里，因缺乏资料，详细情况已不得而知。四市、柳市、直市等"九市"主要集中在长安城西北部；"九市"之外，还有一些固定的交易市场。城外有豪华的建章宫，庄严的明堂，秀丽的昆明池和辽阔的护城河，当然也有一些百姓的住宅。整个城市建筑鳞次栉比，错落有致。其中，长乐宫、未央宫和建章宫是最重要的建筑。

长乐宫又称"东宫"，位于长安城的东南部，是汉初帝后寝居和处理朝政的地方，遗址在今西安市西北的阁老门村一带。在长安诸宫中，长乐宫修建最早。全宫由长乐前殿、宣德殿等14个宫殿台阁组成，面积达6平方千米，约占长安总面积的六分之一。显然，这座宫殿的范围是很大的。由于长乐宫是在秦代离宫的基础上改建而成的，全宫缺乏系统的规划，因此其平面形状很不规整②。在兴建此宫时，长安城尚无城墙，为了皇帝的安全，在宫外修建了全长约1.06万米的围墙。因而长乐宫实际上是一个相对封闭的区域。文献记载长乐宫四面各有一门，称作"司马门"。主要建筑是长乐前殿，该殿"东西近五十丈，进深约十二丈"，显得高大雄伟。据说刘邦初次登上此殿，接受群臣朝贺，才体会到皇帝的尊贵。刘邦在位时经常居住在长乐宫中，所以长乐宫是汉初的政治中心。刘邦死后，长乐宫成了太后的寝居之地。历朝太后居住的宫殿主要是长乐宫中的长信宫、长秋殿、永寿殿和永宁殿等。

未央宫，坐落在长安城的西南部，因在长乐宫之西，所以当时也被称作"西宫"。遗

---

① 〔汉〕赵岐等：《三辅决录》，西安：三秦出版社，2006年，第80页。
② 中国科学院考古研究所：《新中国的考古发现与研究》，北京：文物出版社，1984年，第395页。

址在今马寨村一带，夯土台基犹存，清晰可辨。未央宫是萧何在汉高祖七年(前200)主持修建的，全宫平面方正，规划整齐，建筑比长乐宫更加宏伟。未央宫也有围墙，全长8800米，面积5平方千米，相当于长安城总面积的七分之一①。未央宫由承明、清凉、宣室等40多个殿阁楼台组成，其中未央前殿最为著名。该殿"东西五十丈，进深十五丈"，高35丈，是未央宫中最早动工兴建的殿堂。刘邦看到未央宫前殿的修建情况后曾指责萧何"治宫室过度"，说明未央前殿的壮丽程度一开始就远远超过了长乐前殿。汉武帝时，又对未央前殿进行了翻修，以木兰为栋，文杏为梁，金铺玉户，重轩镂槛，把未央前殿建成了金碧辉煌的朝会之所。除未央前殿外，椒房殿、温室殿和清凉殿也很有特点。椒房殿共14座，是皇后和妃嫔寝居的地方，殿壁均用椒泥涂抹，殿内弥漫着温馨和芬芳。温室殿是皇帝冬季避寒的"夏宫"，全部用保暖材料制成，墙上围挂文绣壁毯，地上铺垫着地毯，室内摆设用火齐宝石制作的屏风，悬挂用鸿雁羽毛织成的幔帐，严冬时居于殿中，一点也不会觉得寒冷。清凉殿则是皇帝夏季避暑的"冬宫"，全部用清凉之物制成，室内以画石为床，琉璃为帐，紫玉为盘，并储备冰块，以备消暑之用。未央宫中还有石渠、天禄二阁，是专门储藏皇家图书的地方。这两个建筑的存在，又给未央宫增加了文化方面的内涵。从汉惠帝开始，皇帝皆居未央宫，因而未央宫在长安诸宫中占有十分重要的地位。

建章宫在未央宫西侧的上林苑中，是汉武帝时修建的一座离宫。遗址包括今三桥镇、高堡子、好汉庙等村。太初元年(前104)，汉武帝嫌城中地方狭小，遂以柏梁台遭受火灾为借口，在直城门外大兴土木，修建了一组庞大的宫殿群，命名为"建章宫"。建章宫与未央宫隔城相对，并有飞阁相连。其规模比长乐、未央二宫都大。建章宫的前殿很高，站在殿上可俯视未央宫。宫城"南有玉堂，壁门三层，台高三十丈。玉堂内殿十二门，阶陛皆玉为之。铸铜凤高五尺，饰黄金栖屋上。下有转枢，向风若翔"②。宫内殿阁林立，号称"千门万户"③。建章宫虽在城外，但皇帝可乘车辇从阁道往来于两宫之间，实际上与在城中没有什么区别。汉武帝时，建章宫曾一度成为政治中心。

除宫殿、官署、民居外，昆明池也是长安城的重要设施。汉武帝元狩三年(前120)，为训练水军和用兵昆明，汉王朝在长安城西南部的上林苑中开凿了昆明池。昆明池"周围四十里，地三百三十二顷"，实际上是一个大型的人工湖泊。池中有用巨石刻成的鲸鱼，

---

① 《汉代考古学概说》，第6页。
② 《三辅黄图校释》卷二《汉宫·建章宫》，第131页。
③ 《汉书》卷六十五《东方朔传》，第2858页。

东西两侧各有一个石人,"左牵牛而右织女"①。池边建有楼台亭阁。在2000多年后的今天,昆明池的遗迹依然存在。从有关史料来看,建成之后,昆明池在训练水军方面并未发挥多大作用,但它却改善了长安城的自然环境,在一定程度上解决了长安城的用水问题。昆明池就像一个大水库,它储存了大量的河水,使长安城的西南部很快成为远近闻名的风景区。同时,它还为长安城提供了充足的生活用水,大大改善了长安城的水上交通。可以说,昆明池对长安城的发展起到了积极的作用。

汉代的长安城是当时全国的政治中心、经济中心,也是国际性的大都会。汉朝的历代皇帝均以长安城为依托,实施对全国的统治。从长安城向外辐射的道路四通八达,把各个郡国与长安城紧紧地联系在一起。当汉朝极盛之时,长安城积聚了大量财富。《汉书·食货志》描写当时的情况说:"京师之钱累百巨万,贯朽而不可校。太仓之粟陈陈相因,充溢露积于外,腐败不可食。"②长安城人口众多,商业相当发达。班固在《西都赋》中说:"街衢洞达,闾阎且千,九市开场,货别隧分,人不得顾,车不得旋,阗城溢郭,旁流百廛。红尘四合,烟云相连。"③由此不难想见当时长安城的热闹场面。自从张骞开通丝绸之路以后,中外经济文化交流便频繁起来。博大雄沉的华夏文化从长安逐渐传入中亚、欧洲、非洲;古老发达的埃及文化、印度文化、巴比伦文化和希腊罗马文化也逐渐传入长安。长安成了中外文化交流的热点。

汉武帝以后,长安城再未进行过扩建,一直维持着原来的规模。西汉末年,汉王朝逐渐衰落,长安城随之出现混乱。王莽代汉不久,长安城沦为战场。在王莽、绿林、赤眉争夺长安的过程中,长安城遭受了很大的破坏。东汉定都洛阳,长安城地位急剧下降。在东汉末年发生董卓之乱的时候,长安城再次遭受严重的摧残。经过董卓、李傕、郭汜的烧杀劫掠,长安城中"白骨委积,臭秽满路"④,已毫无繁华可言。到西晋末年,仍然是"街里萧条,邑居散逸"⑤的衰败景象。永嘉之乱以后,天下分崩离析,长安城衰败到了极点。虽然前赵、前秦等王朝或政权以长安为都,但他们都未能恢复其西汉时期的面貌。

除长安城外,西汉时期西部还出现了不少郡县城市。如陕西关中一带出现的城市除

---

① 《文选》卷一班固《西都赋》,第21页。
② 《汉书》卷二十四上《食货志》,第1135页。
③ 〔清〕严可均校辑:《全上古三代秦汉三国六朝文·全后汉文》卷二十四,北京:中华书局,1958年,第602页。
④ 《后汉书》卷七十二《董卓列传》,第2336页。
⑤ 〔西晋〕潘岳:《西征赋》,见《全上古三代秦汉三国六朝文·全晋文》卷九十,第1982页。

咸阳和长安以外，还有郡县城市和其他城市 50 多座。这些城市主要分布在渭河中下游地区，自西向东有陈仓、郁夷、虢、杜阳、鹑觚、漆、美阳、武功、鳌屋、好畤、云阳、谷口、茂陵、槐里、云陵、池阳、安陵、平陵、渭城、长陵、阳陵、弋阳、汤社、池阳、芷阳、奉明、霸陵、南陵、杜陵、新丰、万年、重泉、莲勺、郑、武城、华阴、临晋、合阳、夏阳、怀德、船司空、潼关等。陕南的城市主要有故道、沮、沔阳、褒、南郑、城固、安阳、西乐、黄沙、石马、武兴、定远、长利、上洛、王陵、西城、洵阳、商等，还有曹操城和汉王城。陕北的城市也较前增加，共计有肤施、龟兹、鸿门、圜阴、圜阳、阳周、高奴、雕阴、定阳、白土、富昌、朔方、奢延、沃野、临戎、翟道等。甘肃出现的郡城有天水、安定、金城、陇西、西海、武威、张掖、酒泉、敦煌等，川滇黔地区出现的郡城有广汉、巴郡、蜀郡、犍为郡、越嶲、益州、牂牁、交趾、九真、郁林等。内蒙古、宁夏有西河、云中、五原、朔方等。至于县级城市就更多了。值得注意的是，这一时期西域的城市也大量涌现，有"西域三十六国之称"，形成了所谓"国家"城市群[①]。只有青海和西藏地区当时尚无具备一定规模的城市可言。

（二）交通

历史上西部地区的交通干线，基本上都是以大城市为中心向外辐射的。由于长安(今西安)一带在历史上曾经是国都的所在地，也是西部地区政治、经济、文化的中心，因而交通干线的辐射情况表现得最为明显。长安附近的交通结构由水陆两种运输方式构成[②]。其中陆路方面一直占据着主导地位，主要交通干线有下列几条：(1)函谷道，从长安出发，沿渭河南岸向东，经函谷关(或潼关)至洛阳以东地区；(2)武关道，自长安东南行，经蓝田、峣关、商州、武关至南阳及东南各地；(3)子午道，由长安向南，进子午谷，翻越秦岭，至陕南等地；(4)傥骆道，自长安向西，至周至折向西南，穿越秦岭，经汉中入川；(5)褒斜道，由长安向西，至眉县折向西南，沿褒、斜二谷穿秦岭，至汉中等地；(6)陈仓道，由长安西行，至宝鸡折向西南，经散关进入陕南、四川；(7)渭北道，由长安经咸阳沿渭河北岸西行至安夷关以西地区；(8)回中道，沿渭北道至凤翔折向西北；(9)邠州道，自长安经咸阳、礼泉、彬县至平凉以西；(10)直道，由淳化甘泉宫经子午岭直通塞外；(11)延州道，自长安向北经铜川、延安等地至东、西受降城；(12)蒲关道，

---

① 石培基、李鸣骥：《历史时期西北城市发展简论》，《人文地理》2000 年第 3 期。
② 辛德勇：《西汉至北周时期长安附近的陆路交通——汉唐长安交通地理研究之一》，《中国历史地理论丛》1988 年第 3 辑。

自长安经同州至山西等地。水路运输线主要有三条,即渭河、漕渠和成国渠。

在西部地区的交通网络中,横向交通的主干道是以长安为中心的东西大道。这条道路的东段是前面提到的函谷道,西段则是著名的丝绸之路。函谷道是从长安通往东方的要道。这条道路在先秦时期即已开通,成为连接东部和西部地区的纽带。秦始皇统一中国后,对这条道路进行了开拓加固,使之成为驰道的重要组成部分。此后在汉、唐、宋、元、明、清诸代,均对此道进行过维修,说明此道在东西部的交通方面具有重要意义。丝绸之路是西汉时期开辟的一条通往中亚、东欧、北非的交通要道。西汉时期,丝绸之路在西域主要分为南北二道:南道由敦煌出阳关西南行,经鄯善(今新疆若羌县附近),且末(今新疆且末县附近)、精绝(今新疆民丰县北尼雅遗址一带)、扜弥(今新疆于田县北)、于阗(今新疆和田附近)、皮山、莎车,由塔什库尔干翻越葱岭(帕米尔高原),抵今阿富汗北部地区。北道由敦煌出玉门关西北行,绕过三陇沙(今疏勒河西端沙漠)之北,越过白龙堆(罗布泊东北岸盐碛地),经楼兰(罗布泊北岸)折而向北至车师前王庭(今新疆吐鲁番市附近),再转向西南,沿塔里木河河谷,取道焉耆(今新疆焉耆县附近)、龟兹(今新疆库车县附近)、姑墨(今新疆阿克苏市附近),折向西南,经疏勒越过葱岭至大宛(今费尔干纳地区)等国。魏晋南北朝时期,丝绸之路有所变化:"出自玉门,渡流沙,西行二千里至鄯善为一道;自玉门渡流沙,北行二千二百里至车师为一道;从莎车西行一百里至葱岭,葱岭西一千三百里至伽倍(阿富汗阿姆河上游瓦汗附近)为一道;自莎车西南五百里,葱岭西南一千三百里至波路(巴基斯坦克什米尔)为一道。"[1]

在秦汉之际从长安向北的最主要的道路是直道。直道是西部地区的快车道。这条道路从关中地区的云阳出发,循子午岭北上,穿过鄂尔多斯草原,直达九原郡的治所,全长1800里,成为黄土高原上一条重要的南北大动脉[2]。

由长安向南的道路主要是秦以来形成的栈道。栈道又名阁道、复道,是沿着悬崖峭壁修建的一种道路。这种道路在陕、甘、川、滇等省的大山之间多有分布。西南地区著名的栈道主要有褒斜道、陈仓道、故道、阴平道、白水江栈道、南栈道以及川西栈道等。褒斜道是影响最大的栈道,自陕西褒城县的褒谷至眉县的斜谷,全长200多千米。陈仓道从褒城县鸡头关开始,经马道、留坝、南星、凤县至宝鸡的益门,全长近300千米。故道从两当经徽县、青泥岭、白水关、略阳、勉县,至广元。阴平道自岷县开始,经武都、临江关、篙子店、阴平(文县)、平武至江油马栈坝,全长300多千米。白水江栈道

---

[1]《魏书》卷一○二《西域传》,1974年,第2261页。
[2] 史念海:《秦始皇直道遗迹的探索》,《文物》1975年第10期。

从四川南坪经紫门关、甘肃文县至玉垒关,与白龙江栈道会合,至碧口,全长100余千米。南栈道从四川剑门,经昭化、广元,陕西宁强,至勉县西南的金堆铺,全长约250千米。至于川西栈道则自四川灌县经汶川、茂县至松潘等地。这些道路在历史上并不完全是同时存在的。战国秦汉时期,联系川陕交通的驿道主要是褒斜道和金牛道。褒斜道大致是从长安沿渭河平原而西,至眉县西南15千米的斜谷关进入秦岭山区,沿斜水河谷与褒河河谷到达汉中。金牛道从汉中向西,沿汉水上游谷道而行,逾嘉陵江,顺白水河谷南下,过剑门关,经绵阳进入成都平原。隋唐时期,从长安通往剑南的驿道,是经凤翔府、凤州、兴州直接入川,或折经汉中入川。在长安与汉中之间,褒斜道、傥骆道、子午道和文川道先后被开辟为国家驿道。汉中以南有米仓道和荔枝道,但其重要性不能与金牛道相比。汉平帝元始五年(5),王莽兴工开通子午道。东汉明帝永平六年至九年(63—66),汉中太守鄐君奉命率广汉、蜀郡、巴郡徒2690人,经过三年努力开通褒斜道。东汉安帝延光四年(125),在镇压羌人起义后,诏罢子午道,通褒斜路。汉桓帝建和二年(148),汉中太守王升又修褒斜道。桓帝永寿元年(155),右扶风丞李寿修褒斜道。

三、农牧业的高速发展

汉代是西北传统农牧业全面开发的时代。就农业而言,传统农艺萌芽滋长经历了近千年,却始终局限于以关中为中心的泾渭流域,汉代的兵民以这些先进的技术措施和经营方法进行全区性开发,凡西北适宜农业或农牧皆宜地区都留下了各民族拓荒者的足迹。河套地区、河湟谷地、河西走廊、天山南部等地区传统农业无不开辟于汉代,并与关中地区一起构成西北五大基本农区,2000多年来无大增减,汉代开发基本上确定了西北传统农业规模和布局。就畜牧而言,蒙古高原至天山北部一线及青海高原游牧族畜牧区固属富饶,农区汉民的畜牧业也随之发展;西北黄土高原中北部农牧交错区建有国家牧苑,散布着汉民的畜群,朝廷的养马业尤其发达,建立了完备的马政;游牧族畜群庞大,优良家畜品种不断内传;农区畜养技术更加精细,兽医有所进步,相畜术则达到了极高水平。传统农牧业同时大发展。

（一）传统农业的全面开发

汉代在全力开拓西北疆域时,紧随其后的是传统农业的全面开发。汉代农业开发的深度和广度都是史无前例的,大体上展现出本区传统农业的规模和格局,显示出当地农业生产力的基本水平,是西北传统农业决定性的发展时期。

关中作为西北传统农业的策源地，此时土地大多得以开垦利用，到汉代，开发主要是向传统农业的深度进行。立都长安的西汉，也继承了秦朝强干弱枝、充实关中的政策，仿效秦始皇迁六国贵族入居关中的故事，汉初亦徙齐楚大姓田、昭、屈、景等诸功臣居于长陵。后来西汉世世有高官、富贾及豪杰并兼之家迁徙于三辅居住。关中人文荟萃，户口剧增，官民衣食供给渐成为严重问题。经汉初恢复生产，关中荒芜土地大多开尽，所产粮食也难以自给，只有靠漕输山东粟米。然路途通远，转输耗费巨大，且逆水漕粮，极为艰难，黄河有砥柱等处险阻，渭水河道迂曲费时。于是挖掘关中农区生产潜力，就近供应京师粮食物资，便成为自然之势。关中农田水利和农业生产技术因此大兴。汉武帝相继开泾、洛、渭三河水利，建郑白渠、六辅渠、龙首渠、成国渠、漕渠等大型农田灌溉工程。同时并开南、北山入渭小河上的小型灌渠，构成纵横交错的水利网络，使许多旱田成为灌溉之地，渭河南岸的长安附近还出现大片的稻作区。这样从根本上改变了农业生产条件，关中有了相当面积的旱涝可收的稳产区，农业生产水平大幅度提高。促使关中农业向深度进发的另一重要动力，是牛耕以及先进工具、农艺措施的推广运用，这种技术性的农业开发先后在武帝和成帝时出现两次高潮。武帝晚年罢征休战，推行力农富民之策，以精通农艺的赵过为搜粟都尉，大力推广牛耕，采用革新后的巧便田器，实行耐风耐旱的代田耕作法，风气均起于关中农区。贤良文学之士董仲舒上书武帝，诏令关中多种越冬小麦，使整个农作制度发生革命性的变化，引导出丰富多样的轮作、间作和复种方式。至汉成帝时，农业技术更讲究精细，著名农学家氾胜之革新而成的区田法，是汉代精耕细作的典型范例。这种集中水肥和集约经营的耕作栽培技术，一直成为两千多年来传统农业高额丰产最有效的手段。氾胜之全面总结北方旱地农业的生产经验，加以概括提高，写成一部具有理论体系并包含丰富生产技术知识的农业著作——《氾胜之书》。成帝曾命氾胜之教田三辅，"好田者"争相仿习[1]，精耕细作技术广泛传播，单位面积产量和劳动生产率大大提高。关中成为全国经济最繁荣的富区，根据《史记》所记武帝时期的情形："关中之地，于天下三分之一，而人众不过什三，然量其富，什居其六。"[2]《汉书》在总括关中经济状况时同样"号称陆海，为九州膏腴"[3]，是富甲天下的最主要经济区。立都洛阳的东汉，对关中农业无暇深入开发，只是仰赖西汉经营的雄厚基础。关中未尽失经济重点地位，丰富的农产东运，供都城权贵享用，西输给边地为戍兵军需。

---

[1]《汉书》卷三十《艺文志》，第1743页。
[2]《史记》卷一百二十九《货殖列传》，第3262页。
[3]《汉书》卷二十八下《地理志》，第1642页。

关中还是西北边疆战略腹地和国际丝绸之路的东方起点，商业贸易以及文化事业尤为发达，长安当时仍有"西都"之称。

汉代西北传统农业的广泛开发，波及包括西域在内的全区范围，其重点是黄土高原区。如前章所述，西北黄土高原在先秦时尽为游牧民族占据，秦始皇北击匈奴，沿河修筑长城，行移民实边之策，打破以泾渭上游及关中盆地北山为界的农牧分区线。终秦不过十余年，较大规模移民就有三批，置于沿河内外新设郡县及上郡地区，实为黄土高原大开发的前奏。汉继秦遗策伟业，伺机将农垦推向边塞。自汉文帝采晁错建议，募民迁居塞下起，汉代在黄土高原区大规模开发便逐步开始。到武帝时随着武力拓疆，移民开发越出黄土高原，走向河西走廊及大漠南部地区。根据《史记》《汉书》记载，武帝在位的数十年间，大批量向西北移民共有七次，总计人口超过200万以上。此后各代也时有移民之举，多是征伐异族成功后在政府组织下进行的，也有少数内郡贫民自发流落实边地区。汉代移民有招募的罪囚、奴婢及奸猾吏民，迁边后可以释免原刑获得平民身份。募民实边在文、景、武帝时均有实行，晁错《募民徙塞下书》对招募政策办法的统筹安排最为周详。大多数移民则是被强制迁徙的贫民，或来自中原"地狭民众"郡县及河患频繁地区。汉代正值黄河泛滥的历史阶段，黄泛区成了灾民滋生地，不难动员众多移民。例如武帝元狩三年(前120)，山东遭特大水害，灾民多至无法救济，倾尽仓储或募富人借贷均不足相救，于是政府迁贫民70万口于关西及朔方等地，同收救灾实边之效。汉代为国防大计，给移民以优厚待遇，使其安居乐业。迁边者由政府分给农具、种子，甚或还有牛、犁等生产资料。初来乍到还为其建室屋，供衣食，至"能自给而止"。安置细致入微，以至于连移民婚姻家庭都有所考虑，责令地方官有所关照，以为"人情非有匹敌，不能久安其处，塞下之民禄利不厚，不可使久居危难之地"[①]。在这种切实优厚的移民政策鼓励下，数百万汉民克服了创业艰难，终于安居于黄土高原地区。汉族本是农业民族，一旦走上黄土高原，便极尽垦辟耕种之能事。汉政府常以最新的工具、动力和农业技术大力支持垦区农业，考古工作者在河套地区发现的汉代灌渠，米脂、绥德等地汉墓中发现的画像石刻的牛耕、收获等农事图，均是利用先进传统农艺开发黄土高原的真实记录。西北黄土高原早期原始农业群体仅是零星散布，像汉代这样大规模的开发是前所未有的。高原上多半是未耕未入的处女地，土地异常肥沃。汉民初垦种植，无不大获成功。移民衣食既可丰足，还可就地供给出征和戍边士卒的军需，省去内地郡县转输之苦。经过长

---

① 《汉书》卷四十九《爰盎晁错传》，第2286页。

期开发，垦区人口繁衍，经济文化逐步发达起来，整个西北黄土高原中部郡县相望，炊烟缭绕，农田牧场随处可见。毛乌素沙漠以北的河套内外，是西汉垦区最繁盛的地区，名曰"新秦中"[1]，人称其富庶可与关中媲美，东汉也很注重这一战略要冲的建设。两汉易代之间，匈奴入居塞内，汉民开始减少；安帝时，羌胡入侵，地方官吏怯于战守，个个逃命避寇，汉民纷纷内迁，逃亡道死者大半，河套至陕北郡县多半残破荒芜。顺帝初，虞诩上疏请求复置朔方、上郡、西河三郡，遂保留住部分汉民。后来匈奴、西羌部族不断内附，出现汉胡杂居，共同耕牧的局面。

戍军屯垦是汉代西北农业开发的又一重要组成部分，河湟和河西农区的开辟多借重屯兵的力量。根据《汉书·食货志》记载，武帝设置张掖、酒泉郡后，即在河西至朔方、上郡、西河一线，布置60万守卒"戍田之"[2]，开始大规模的屯田实边。后来随着疆域的拓展，直把屯田引导到天山南部。屯田以宣帝时风气最盛，当时赵充国击破西羌，散骑兵，择要地，开田2000顷，将传统农业技术引入河湟地区，使这里的农业生产从羌人的原始经营中解脱出来。赵充国从战略上总结了兵屯的重大意义，提出"留田便宜"的12条经验，是汉代兵屯的理论根据。考察我国屯田史，关于秦以前的情形文献中语焉不详。似乎并无多大的规模，集中大量军队经营屯田实际始于汉代。戍兵们"平时操耒耜为农夫，遇惊执干戈为战士"，这种"亦农亦兵""劳武结合"的形式，对保卫和建设边疆有着极为重要的作用。屯兵是一种理想的劳动力资源，身强力壮的健儿们，多是内地农家子弟，有娴熟的农艺，有吃苦耐劳的品质和习惯，最能适应在艰苦边疆从事农业生产。新垦区建设一般先由士卒屯戍，开创和平环境和一定生产条件，随后再迁入大批移民耕种，屯兵是开发西北的先锋和生力军。另外，在荒僻远阔的西北屯兵，最大困难莫过于粮食及运输；筹粮难于筹兵，转输难于筹粮饷。王莽曾拟以30万大军追逐匈奴，每卒备粮以18斛计，若以牛运，一头牛途中饲料就需30斛，由此可知西北粮草转输之难。且劳师袭远，敌方又是惯于骑射游击的游牧民族，即便以多胜少，敌兵或败或逃，远征大军撤离后照来侵犯边疆。汉代实行屯田，不烦国家长途运粮，军队自食其力，且可供给远征军及往来使者、商旅的粮草用度，这是汉代所以能开拓边疆，又能建设和保卫边疆的重要历史经验。

西域诸国农业在汉王朝经营时期也有新的发展。张骞通西域，武帝建立河西四郡，汉与西域交往渐密，相互派使者以至和亲联姻。武帝太初元年(前104)，贰师将军李广

---

[1]《史记》卷三十《平准书》，第1425页。
[2]《汉书》卷二十四下《食货志》，第1173页。

利征服大宛，诸国臣属于汉朝。汉政府在西域设使者校尉，汉军始常驻士卒，同时在轮台、渠犁一带屯田，供给保护内外使者。后来大司农桑弘羊提出在轮台一带大兴屯田的宏大计划，因武帝晚年开拓雄心锐减而未能实现。然经昭、宣二帝时期的相继经营，在轮台大兴屯田一事不但实现，且远远超过原有规划，从轮台东往车师前部以及伊吾（今新疆哈密市）都分布着汉兵屯田，甚至连伊循（今新疆若羌县）及莎车也被辟为屯垦要地。东汉仍然以兵屯为经营西域的根本，除车师前、后部及伊吾主要屯区外，沿丝绸之路重要城郭，无不为兵屯之地。汉代丝绸之路经西域诸国分南、北两条。南道，出阳关由若羌沿昆仑山北麓到达莎车，越帕米尔高原至大月氏、波斯等国；北道，出玉门关经车师前部，沿天山南麓至疏勒，再登帕米尔高原到大宛、康居等国。考古工作者在民丰尼雅遗址发现的"司禾府印"，正是东汉屯田机构的遗物。尼雅地处塔里木盆地南部，至今交通不便，东汉时曾在此置府屯兵，汉代在西域屯田分布之广可想而知。屯田士卒所用工具多由内地带来，开渠种植完全采用内地先进农艺，传统农业技术必然会为西域土著仿效学习，从而推动着西域民族农业的进步。

经两汉持续开发，西北农区范围空前扩大，农牧区分界线几乎推向黄土高原西北边缘，并与河西走廊和天山南部农区连为一体，唯有极为干旱的荒漠和草原区还保留为畜牧地。除关中以外的河套、河湟、河西、南疆等农区，都是在汉代通过传统农业技术开发，建成为西北基本农业区的。

（二）传统畜牧业的兴起

汉代又是西北畜牧业大发展的时期，正如后代学者所论："汉唐之所以能张者，皆唯畜牧之盛也。"①然在汉代畜牧业中，朝廷的养马业尤为兴盛。汉初朝野深为"天子不能具钧驷，而将相或乘牛车"②的乏马局面苦恼，更为国防大计考虑，朝廷遂立政养马，并由政府直接经营军马畜养。文、景时期，汉代曾在西北边境先后设立六牧师苑：北地郡灵州（今甘肃灵武市境）有河奇苑、号非苑，同郡归德（今甘肃庆阳市东北）有堵苑、白马苑；西河郡鸿门（今陕西神木市西南）有天封苑，北地郁郅（今甘肃庆阳市）亦有一牧师苑。每苑又分若干牧场，称之为"所"，六牧师苑共计36所，养马30余万匹。苑监多以郎官担任，放收守护士卒约3万人。例如文献所记，景帝中元六年（前144），匈奴入塞击上郡，欲夺天封苑马，吏卒保护军马死者有2000余人。武帝后，各代马苑虽有增减，

---

① 〔清〕王夫之、王伯祥校点：《船山遗书》卷三十二《噩梦》，北京：中华书局，1956年，第14页。
② 《史记》卷三十《平准书》，第1417页。

苑所仍多分在河西六郡，西河、上郡、北地、安定、天水、陇西等郡，正在黄土高原中部一线。东汉光武初，国营马苑减少，唯汉阳（今甘肃天水市）有流马苑，后来汉代有扩展，军马多出凉州诸苑，可知东汉因南匈奴入塞，将牧苑集中在甘肃境内。汉代另有专为天子和皇室贵族所设的马苑，称为"家马"，一厩常多达万匹，原置西北边地，后来为避边乱，分置于太原郡。朝廷同时扶持民间养马业，规定"长吏各以秩养马，亭有牝马"①，法定各种督导公私养马的政策。《汉书·百官公卿表》载，政府专设马业机构，分职细密明确，掌管全国的养马业。② 汉朝的马政，一般由皇帝亲自下诏，违者要受免官以至腰斩之罪。元鼎五年（前112），武帝巡视郡国，随队数万骑。行至新秦中，见边地无防敌报警设施，民不安畜牧，养马成绩不佳，当即诛杀北地太守以下官吏。并下令将苑所官马借贷给边民作马种，三年归还，利率每贷十匹，仅还官一驹，所谓"息什一"③。新秦中亭燧相望，边民田牧不警，地区经济自给有余，无须政府征收赋钱输送边地。由于汉代马政完备严肃，朝廷和地方全力推行，汉初"马至匹百金"④的乏马危机逐步解除。武帝初，汉代不仅官马满苑，而且民间私马亦大量繁殖，"众庶街巷有马，阡陌之间成群"⑤，"天下亭，亭有畜字马"⑥。因而从此之后，将相不再乘牛车，一般吏卒都讲究用公马、乘母马者为人贱视，常常摈而不得聚会。出征战马身高有规定尺度，马齿未平，不合军用马龄，严格禁止出关。但是在武帝之世，征战过分频繁，马匹耗损极大。仅元朔六年和元狩三年（前120）两次汉匈大战，汉朝战马死伤计20万以上，以致武帝晚年虽全力征调仍难济困乏，于是不得不修"马复令"，以优惠政策激励养马业。昭帝继续劝令地方豢养母马，放宽征马标准，养马业逐渐平复。东汉对外用兵较少，军马畜养无大起落，略能保持马业兴盛的局面。

随着秦皇、汉武大力拓疆，汉民族进入西北宜农宜牧区。他们保持以农为本的传统，尽力垦辟种植，但既处优越畜牧区，又受到临近畜牧民族的影响，自然兼营畜牧业，正如《史记·货殖列传》所记："天水、陇西、北地、上郡与关中同俗，然西有羌中之利，

---

① 《汉书》卷九十六下《西域传》孟康注，第3916页。
② 即太仆，《汉书》卷十九上《百官公卿表》记载："太仆，秦官，掌舆马，有两丞。属官有大厩、未央、家马三令，各五丞一尉。又车府、路軨、骑马、骏马四令丞；又龙马、闲驹、橐泉、騊駼、承华五监长丞；又边郡六牧师苑令各三丞；又牧橐、昆蹏令丞皆属焉。中太仆掌皇太后舆马，不常置也。武帝太初元年更名家马为挏马，初置路軨。"（第729页）
③ 《汉书》卷二十四下《食货志》，第1172页。
④ 《汉书》卷二十四《食货志》，第1153页。
⑤ 《汉书》卷二十四上《食货志》，第1135页。
⑥ 《汉书》卷二十四下《食货志》，第1173页。

北有戎翟之畜，畜牧为天下饶。"①边郡先后出现一些以畜牧扬名天下的人物。据《汉书·叙传》载："始皇之末，班壹避地于楼烦，致马牛羊数千群。值汉初定，与民无禁，当孝惠、高后时，以财雄边，出入弋猎，旌旗鼓吹，年百余岁，以寿终，故北方多以'壹'为字者。"②汉初还有个叫桥桃的人，长期在边塞经营农牧，"已致马千匹，牛倍之，羊万头，粟以万钟计"③。东汉马援当初亡命北地，曾经营畜牧业，"宾客多归附者，遂役属数百家"，后来又"因处田牧，至有牛马羊数千头，谷数万斛"④。边郡养畜致富风气也流传到渭水流域，再加上汉朝采取鼓励畜牧的政策，关中农区较前更重畜牧。汉民中也有大批养牲畜的家户，《史记》所载的"陆地牧马二百蹄，牛蹄角千，千足羊，泽中千足彘"及"马蹄躈千，牛千足，羊彘千双，僮手指千，筋角、丹沙千斤""皮革千石"，其富可比"千户侯"或者"千乘之家"⑤，正是指这类以养畜为主的人家。

汉代农区畜养马牛最多，养马主要为军队提供战马，国家每年要向民间征集马匹，百姓和地方官吏均不能免课。西汉马政规定"封君以下至三百石以上吏，以差出牝马。"⑥东汉在地方设置录骥厩丞，专门领受郡国调马。汉代征调军马数量极大，尤其在临战之前，总要大肆搜刮。例如，武帝元朔六年征伐匈奴之前，仅长安集中的民马多至数万匹，关中马夫一时不够调用，只好从临近郡国调遣。养牛主在农用，汉代全力推广牛耕，又因马用于征战，一般运输多用牛车，再如牛具有多种功用，故养牛在汉代畜牧业中已占有重要地位。人们渐知牛不仅为农耕之本，既关民生，又关国势强弱。汉继承秦保护耕牛政策，劝民爱牛，《居延汉简》中金塔县破城子出土的木简，有禁杀牛马的召令⑦，是我国禁宰史较早的一项文献。东汉禁令有时更为严厉，偷牛者治以重罪；杀牛者，无论自家或他人所养，一律处以死刑。汉章帝时，民间发生牛疫，天子亲自下诏过问缘故。其余大家畜中，以驼、驴饲养发展较快。骆驼本属西北游牧族的奇畜，早在汉以前燕代地区华族已开始引入饲养。汉代经营西北，要不断向沙漠戈壁地区输送军需，丝绸之路长途货运都需要这独特的运输工具。汉朝职官设有牧驼令掌管其事，养驼者多为边疆民户；武帝时没收奴婢，其中一部分分给太仆养骆驼。河西为汉朝重要的骆驼产地，李广

---

① 《史记》卷一百二十九《货殖列传》，第 3262 页。
② 《汉书》卷一百上《叙传》，第 4198 页。
③ 《史记》卷一百二十九《货殖列传》，第 3280 页。
④ 《后汉书》卷二十四《马援列传》，第 828 页。
⑤ 《史记》卷一百二十九《货殖列传》，第 3272、3274 页。
⑥ 《史记》卷三十《平准书》，第 1439 页。
⑦ 劳干《居延汉简考释》（一一六）一七〇·三号简云："府移使者□所诏书，毋得屠杀牛马。"

利二次伐大宛，就在这里大量征集骆驼随军运粮。驴子的驰名正在汉代，据明清学者顾炎武考证，驴在秦以前虽有畜养，但仍系非常见家畜，自汉代才被重视。汉武帝曾令人在上林苑中饲养这种珍奇家畜。东汉灵帝曾驾四匹白驴，躬自操辔，驱驰周旋，以为大乐，于是公卿贵威转相仿效，驴子从此贵幸，价钱遂与马相等。东汉以后驴子由西北被大量引入中原，渐至江南，其用已不为玩乐，而是用于生产和交通。

农区种植业的发展，给养殖猪羊创造了条件。由于牛马大畜用于耕战，只有猪羊可以屠宰充为肉食。猪羊粪溺已广泛用于肥田，畜养猪羊关系农业生产和百姓生活，所以家家都置栏饲养。汉代出土的陶圈形式多样，可以看出其实际建造十分考究，一般猪圈多和厕所统一于一体，以便堆积人粪猪粪相混合的"澜中熟粪"。农家养猪经验较前丰富，关中农区普遍使用农副产品和残汤剩饭作为猪食料。猪羊除饲养外，猪多者还进行放牧，苦读成名的后汉儒生梁鸿，因家贫半牧半读，"学毕乃牧豕于上林"①，是关中时兴放猪的例证。至于放羊，不仅关中有之，边塞垦区更适于牧羊。武帝时著名的牧羊能手卜式正出在河套南部地区，《史记·平准书》详细记载了卜式的事迹：卜式自幼以耕田畜牧为能事，后自让田产给少弟，仅取羊百余足入山放牧。十年之后羊致千余只，复置田产，周济不善经营而破产的兄弟。在汉匈战争中，卜式将家产之半献官助边。汉武帝诏封卜式为郎，于上林苑内为天子牧羊。因一年之后羊肥群旺，卜式很得武帝赞赏。卜式曾以养羊喻治民之法："以时起居，恶者辄斥去，毋令败群。"卜式后被封为关内侯、御史大夫，以畜牧侧于权贵之列②。世传卜式著有《养羊法》《养猪法》，后尽佚亡，仅从某些古籍征引所存的只言片语看，其畜养羊猪技术确实精湛，显然是其对汉代农区畜牧经验全面总结和创新的结果。

汉时养殖业也有所进步。西北水塘较少，农家以养鸡为主，然鸭鹅也很常见。鸡的品种似有增加。其他郡国和地区优良鸡种相继被引入关中。如汉成帝时交趾越嶲（今四川西部）贡献的长鸣鸡，便是一种贵奇品种。《西京杂记》说长鸣鸡"伺晨鸡，即下漏验之，晷刻无差。鸡长鸣则一食顷不绝，长距善斗"③。京师及近郊湖泊陂塘常用作繁养鱼类，武帝时修建的昆明池就兼作鱼池，除供陵庙祭祀和富贵食用，多余者"长安市卖之"。

西汉时，西北游牧族畜牧业也处兴盛时期，其规模实不亚于汉族农区畜牧。势力最强大的匈奴族，有胜兵三四十万，皆为引弓骑卒，可见其畜牧经济实力的雄厚。匈奴畜

---

① 《后汉书》卷八十三《逸民列传·梁鸿传》，第 2765 页。
② 《史记》卷三十《平准书》，第 1432—1440 页。
③ 〔晋〕葛洪撰；周天游校注：《西京杂记》卷四《长鸣鸡》，西安：三秦出版社，2006 年，第 203 页。

牧之盛，从汉对匈奴战争掠获的畜群即可见一斑。公元前127年汉将军卫青出击匈奴，仅在河套南就掠获牛羊达百万余头。三年之后，卫青再出兵朔方，在狼山口击败右贤王，获其牲畜数百万头。公元前71年汉与乌孙联兵击匈奴，校尉常惠等获敌畜70余万头。公元89年东汉窦宪大破北单于，于私渠比提海（今蒙古乌布苏湖）一带获匈奴马、牛、羊、驼计百余万头。当时匈奴奴隶制正值鼎盛期，奴隶主贵族占有庞大的畜群，史书计匈奴王公的畜产常以"山"论，或以"谷"量。西域月氏、乌孙、大宛等均系畜牧强国，月氏有骑卒一二十万，常与匈奴相抗衡。乌孙人口约65万，骑兵则多达12万，乌孙富者一家养马达四五千匹之多，畜牧基础更胜于月氏。精良的马种是畜牧技术乃至整个畜牧业水平的集中体现，游牧族驯育的良马已远远超过汉族马种。汉御史大夫晁错就很为匈奴马优良的骑乘性能而感叹，盛赞其"上下山阪，出入溪涧，中国之马弗与也。"[①]乌孙马，汉人称为"西极马"，与后世哈萨克马和现代伊犁马有血缘关系。大宛马比乌孙马"益壮"，汉人夸张说大宛马"汗血露濡，流沫如赭"，故名汗血马，被汉武帝神化为"天马"。据《史记·大宛传》记载："初，天子发书易，云'神马当从西北来'。得乌孙马好，名曰'天马'。及得大宛汗血马，益壮，更名乌孙马曰'西极'，名大宛马曰'天马'云。"乌孙国王曾以千匹马聘汉室公主，李广利伐大宛胜归，引回"善马数十匹，中马以下牡牝三千余匹"[②]。西域使者入朝，时常有献良马者，西域优良马种由此大批传入内地。

（三）农田水利兴修与农牧科技的进步

西北农田水利，自从秦始皇开通郑国渠，已开启良好开端。汉代农业开发多与水利灌溉相伴进行，尤其是在河套、河湟、河西、西域等农区，都是以兴建农田水利为先导而辟建的灌溉农业区。故农田水利的兴修，当属汉代西北大开发的重要组成部分。汉代西北水利开发声势极大，可资引灌的河流皆因地修建大型灌溉工程，连天山和祁连等高山融雪也被导引入雨量奇缺的荒漠戈壁。汉时开辟的灌溉农区及其渠系工程的基本布局，成为西北农田水利的规范，在2000多年的传统农业时期未变其格局。更值得注意的是，如此宏伟的水利大业，基本上是在汉武帝一朝期间勃然兴成，同时代的《史记》和百余年后的《汉书》均设专篇详记其事，有关资料极为丰富。故本章辟专节记述西北农田水利开发盛况，后来历代西北灌溉多是在汉代基础上的修复和增益，因而不再设立专节，而分别在各时期农业发展概况中加以记述。

[①]《汉书》卷四十九《爰盎晁错传》，第2281页。
[②]《史记》卷一百二十三《大宛列传》，第3170—3177页。

西汉初功臣权贵和富豪之家移置于关中腹地,再加上齐楚旧国大姓和各地流民大批迁入,关中人口迅速增加。长安密集着皇室贵族、文武重臣、卫戍士卒和众多的浮食之民,仅以关中物产远不足补充京师所需,必依赖关东的黄河下游地区补齐,每年仅漕粮即达百余万石。筹措这么多粮食是山东郡国之民的沉重负担,漕运至长安更是一项巨大的烦费。漕粮溯河、渭西上,逆水行船极为艰难,且要经砥柱等处险阻,入渭漕道曲折不畅,航期长达半年以上,因此关中食粮供给成为汉政府最难解决的问题。在武帝元光年间,郑当时为大司农,建言自长安至黄河宜开一渠,引渭水通漕兼行灌溉,既省漕运时间,又以水利直接增谷于关中,他说:"异时关东漕粟从渭中上,度六月而罢,而漕水道九百余里,时有难处。引渭穿渠起长安,并南山下,至河三百余里,径,易漕,度可令三月罢;而渠下民田万余顷,又可得以溉田,此损漕省卒,而益肥关中之地,得谷。"①武帝采纳开凿漕渠建议,命著名水工齐人徐伯勘测,动员数万士卒,用三年时间完成了这项工程。通漕以后,可引长五至十丈、载粮七百斛的船只,"大船万艘,转漕相过;东综沧海,西纲流沙"②,大大便利关中漕运,沿渠两岸的农田并得灌溉之利。这一漕灌同兴的水利工程,引起汉人极大的兴趣,此后十多年言水利者多半是从省漕和灌溉两方面来构思方案。

  漕渠的修建缩短了运输时间,但黄河砥柱险道仍然是通往长安的障碍,此处常发生船毁、粮散、人死的"败亡"事故,造成极大损失。河东郡守番系建议:"穿渠引汾溉皮氏、汾阴下,引河溉汾阴、蒲坂下,度可得五千顷。五千顷故尽河壖弃地,民茭收其中耳,今溉田之,度可得谷二百万石以上。谷从渭上,与关中无异,而砥柱之东可无复漕。"③这一溉河东以济关中,罢省关东漕运的万全方案,后因黄河迁道无法引灌,徒费数万士卒的数年劳动。开种土地收获不能偿种,成为废田给予北迁越人,由少府收取微量租赋,才了却了这一工程。后来有人提出更为大胆的设想,即通褒斜工程:"褒水通沔,斜水通渭,皆可以行船漕。漕从南阳上沔入褒,褒之绝水至斜,间百余里,以车转,从斜下下渭。如此,汉中之谷可致,山东从沔无限,便于砥柱之漕。且褒斜材木竹箭之饶,拟于巴蜀。"④显然,褒斜道是一个沟通江河两大流域的宏伟工程,武帝命汉中守张卬主持其事,发卒亦数万人。为辟石开道,使用火烧醋激施工方法,终于开通了全部水

---

① 《史记》卷二十九《河渠书》,第 1409—1410 页。
② 《后汉书》卷八十上《文苑列传·杜笃传》,第 2603 页。
③ 《史记》卷二十九《河渠书》,第 1410 页。
④ 《史记》卷二十九《河渠书》,第 1411 页。

陆运道。但是褒斜俱出秦岭，水流湍急，仍然不能安全通漕。经此两大失败，汉人始知回避砥柱的漕道难以行通，只有兴修关中水利就地产粮，稍减关东漕粮，才是唯一可行之策，于是由庄熊罴建言的龙首渠工程开修。

龙首渠是首次开发的引洛水利工程。关中渭北古为碱卤地，郑国渠开灌后部分盐碱地得到改良，其利仍不及于重泉（今蒲城县东南）、临晋（今大荔县）以东的重碱区。汉武帝命发卒万人，自徵（今澄城县）为渠首开凿。修至商颜山（大荔县北铁镰山）下，遇到松散黄土层，渠岸崩塌不止，遂将明渠改为暗渠，凿十余里长的地下隧道使渠水通过商颜山黄沙土地带。在施工中为了增加作业面，按渠道走向间隔凿了许多竖井，深者达40余丈，再使井下相通为渠，故有"井渠"之称。全部工程历时十余年，因开渠中掘出"龙骨"，所以命为"龙首渠"①。龙首渠创造了历史上著名的"井渠法"，后来传到西域地区，近代新疆推广的"坎儿井"与汉代井渠正是一脉相承。

但是，武帝前期修建的漕渠、龙首渠灌溉面积有限，八百里关中平原大部分农田"犹未得其饶"。又因黄河决口于瓠子河后一直未得治理，下游水旱灾害连年不断，堵塞河堤已是不容延缓之事。武帝亲临瓠子决口沉白马玉璧，命群臣从官自将军以下都背运薪柴，与治河军民一起堵塞决堤，场面极为壮观，东郡所有柴草几乎用尽，只好砍伐淇园的竹林。泛流23年的瓠子决口终于堵塞住了，黄河沿传说的"禹迹"安澜东流，梁、楚等地长期的水患得到治理。这场胜利极大鼓舞了全国上下兴修水利的热情，大大小小的水利工程在各地轰轰烈烈发展起来，关中农田水利建设此时达到了高潮。首先开工的是元鼎六年（前111）左内史倪宽奏开的六辅渠，是郑国渠的一项扩建工程。郑国渠修成已历130多年，因修浚失时，灌溉面积在不断缩小。六辅渠是在郑国渠南岸开的六道辅渠，引灌干渠旁大片高仰之地。汉武帝极力支持六辅渠工程，渠成之后更是感慨不已："农，天下之本也。泉流灌寖，所以育五谷也。左、右内史地，名山川塬甚众，细民未知其利，故为通沟渎，畜陂泽，所以备旱也。"②倪宽还借六辅灌渠"定水令以广溉田"③，在我国历史上首创了灌溉用水制度。后来各种水令行于关中诸灌区，哀帝曾命息夫躬持节行护三辅，督察水利政令的施行。

六辅渠修后16年关中又起一引泾灌渠，是由赵中大夫白公奏准修建的，故称为"白渠"。据《汉书·沟洫志》记载，这项工程"穿渠，引泾水，首起谷口，尾入栎阳，注渭

---

① 《史记》卷二十九《河渠书》，第1412页。
② 《汉书》卷二十九《沟洫志》，第1685页。
③ 《汉书》卷五十八《公孙弘卜式儿宽传》，第2630页。

中，袤二百里，溉田四千五百余顷"①。可见白渠与郑国渠引水口同在谷口，唯郑国渠在北，走原上300余里入北洛河，而白渠在南，行原下200余里，由池阳入清水，灌溉渭北农田，所以汉代人常把二渠合一，统称"郑白渠"。郑白渠合计灌溉面积可达百万亩，是汉代最大的灌溉农区。该灌溉农区提供给京师大量粮物，缓和了汉朝漕粮供应的紧张状态。正如当时海区流传的歌谣所赞："田于何所？池阳、谷口。郑国在前，白渠起后。举臿为云，决渠为雨。泾水一石，其泥数斗。且溉且粪，长我禾黍。衣食京师，亿万之口。"②后来东汉人班固曾作《西都赋》，其中对于郑白工程及灌区的富饶依然颂词有加："郑白之沃，衣食之源。提封五万，疆场绮纷。沟塍刻镂，原隰龙麟。决渠降雨，荷插成云。五谷垂颖，桑麻铺棻。"③可见至东汉，郑白渠仍在发挥着巨大的经济效益。

这一时期，渭水及其支流的灌溉之利也得到开发。渠线最长的是成国渠，约200余里。自眉县引渭水东流，溉眉县、扶风、武功、兴平等县地，至咸阳附近归蒙芜渠，同溉上林苑土地后入渭水，其起迄走向与今渭惠渠基本一致。成国渠在三国时由卫臻主持扩修，干渠向西延伸至陈仓，全长300余里，引汧水灌溉，规模之大近于今日宝鸡峡灌溉工程。渭水南岸今鄠邑、周至地与长安相接，各地均有数道秦岭峪口流出小河，武帝时开辟成为关中的稻米之乡。为了扶植关中稻作区，武帝亲议减稻田过重的租挈，使其与一般郡县持平，并"令吏民勉农，尽地利，平繇行水，勿使失时"④。关中稻作地区除有成国渠、漕渠外，还分布着灵轵渠、蒙茏渠和漳渠等，溉田面积均不甚大，却非常适于稻田漫灌。据西汉《氾胜之书》所记，关中稻田灌溉技术已达到相当高的水平，稻农通过改变流水进、出口来控制水的温度，适应水稻不同生长期对水温的要求。重要的经验有，"种稻区不欲大，大则水深浅不适"，水温也极不一致。控制水温的办法是，"始种稻欲温，温者缺其塍，令水道相直；夏至后大热，令水道错。"⑤就是说在稻苗初长时，灌水温度不可太低，可把进出水口相对开在一条直线上，水只从田边通过，田内水保持时间长，故水温较高。夏至以后，田间水经曝晒温度太高，把进出口设在田块对角，相互错开，让水流斜穿稻田，热水能及时退出，水温就能较快下降。不仅稻田灌溉技术如此先进，关中水稻栽培的技术也同样处于领先水平。秦川稻作繁荣至东汉时仍昌盛不衰，京兆杜陵人杜笃《论都赋》极赞西都长安稻区富庶："滨据南山，带以泾、渭，号曰陆海，

---

① 《汉书》卷二十九《沟洫志》，第1685页。
② 《汉书》卷二十九《沟洫志》，第1685页。
③ 《文选》卷一《西都赋》，第9页。
④ 《汉书》卷二十九《沟洫志》，第1685页。
⑤ 万国鼎辑释：《氾胜之书辑释》八《稻》，北京：农业出版社，1980年，第121页。

蠢生万类。梗楠檀柘，蔬果成实。畎渎润淤，水泉灌溉，渐泽成川，粳稻陶遂。厥土之膏，亩价一金。"①对比班固赋赞郑白灌区，二者正可相映同辉。

东汉于关中水利无大建设，只是坐享西汉遗业而略有修浚。因建都洛阳后，东汉经济上不便过分依赖关中，水利建设的重点转移到南阳、汝南两郡以及淮水、汉水流域。唯顺帝年间在泾水下游阳陵县(今陕西咸阳市东)有小型引泾灌渠，因由京兆尹樊陵主持，名曰"樊惠渠"。大文学家蔡邕曾作《京兆樊惠渠颂》，详记了工程设施，据说分水堰为堆石结构，下有桩基，堰体十分牢固；引水渠附设沉沙池，支渠立有闸门、涵洞等分水建筑。渠成之后，"清流浸润，泥潦浮游，曩之卤田，化为甘壤"②，溉田淤地，均有良好效果。樊惠渠工程不大，但布局紧凑，配套完备，工程坚固，效果显著，是东汉小型农田灌溉工程的范例。

汉代关中农田水利建设，使泾、渭、洛三大河流和某些川沟潮泉的水利被一一开用。狭长的渭川和开阔的渭北高原，分别有大型的成国、漕渠和郑国、白渠横贯其间，再加上六辅、灵轵、龙首、樊惠、蒙茏、𣲖渠等中小型工程相辅，关中平原大小渠道纵横交错，形成完备发达的灌溉网络。观察各大工程的引水口和主干渠的走向，无不处于最佳地理位置，凡适宜灌溉区域都尽可能引渠浇灌。唯惜汉代奠定的良好基础，后世未能保持和发展，除盛唐时略有扩展，其余各朝均未再现汉时关中的水利规模。

关中以外西北地区的农田灌溉可分为两部分。一是黄土高原以黄河及其支流为水源的灌溉，河套、河湟是其主要灌区；另一是以祁连、天山融雪形成的内流河谷为水源的灌溉，河西、西域是其主要灌区。这些灌区均处干旱和半干旱地带，农业依赖灌水维持，多数地区属于无灌溉即无农业的纯灌溉农业区。所以自武帝拓边和移民兴屯起，就同时进行水利开发。元狩四年(前119)当汉匈战争告捷，汉即渡河，"自朔方(今内蒙古杭锦旗北)以西至令居(今甘肃永登县西北)，往往通渠置田，官吏卒五六万人。"③正是指在黄土高原河套至河湟一线垦区开创水利灌溉。越十年，黄河瓠子决口堵塞成功，激发起全国上下除弊兴利的信心和热情，黄河中下游出现了穿渠灌溉田的高潮，同时西北垦区农田水利建设应时勃兴。正如《史记·河渠书》中所记："自是之后，用事者争言水利，朔方、西河、河西、酒泉皆引河及川谷以溉田。"④西北水利开发已越出黄土高原，引向河

---

① 《后汉书》卷八十上《文苑列传·杜笃传》，第2603页。
② 〔清〕严可均辑：《全上古三代秦汉三国六朝文·全后汉文》卷七十四，石家庄：河北教育出版社，1997年，第696页。
③ 《史记》卷一百一十《匈奴列传》，第2911页。
④ 《史记》卷二十九《河渠书》，第1414页。

西垦区,后又渐入西域屯区,终于形成以上四大灌溉农区。这里先记述河套、河湟灌区的开发。

黄河自青藏高原东流入西部黄土高原,皆行于崇山峻岭和黄土冲切峡谷之中,高岸低水,难得灌溉之利。河至宁夏平原后,被东面鄂尔多斯高原所阻,转而从贺兰山左侧北上,复遇阴山东折,行800余里,入山跳峡谷南下,至潼关再东奔入海。如此几番曲折,绕成一个"几"字大弯,明代在弯内筑长城,长城以北大弯内外地统称为河套。黄河入河套后,特别是在西套宁夏境,河谷开阔,水流平稳,泥沙沉积成一片平畴,灌溉之利甲于全流域,谚语所谓"天下黄河富宁夏"。黄河入内蒙古境在阴山下成为两支,安澜漫流,中间夹一冲积平原,名曰"后套",上下逢源最宜引灌,故有"塞上江南之称"。世人常赞"黄河百害,唯富一套",下义而言,指后套平原,广义而论,应同时包括前套土默川和西套宁夏平原。本书主广义,因为历史上通常把西套和前后套区的灌溉农业视为一体。然而独得地利的河套灌溉最先起于何时,史籍记载并不明确。秦始皇当年设塞置郡有无农田水利,无从考究。或言今宁夏秦渠"创始于秦"①,终究缺乏确切文献根据,至今只有武帝通渠朔方可为首开河套水利的信史。

《史记·河渠书》记武帝开发边郡水利文字十分简略,朔方灌渠的名称、渠系布局和灌溉规模均无详细说明。从汉时农业的发达和社会经济文化繁昌程度,后人仍可推知农田灌溉盛况。而且历代朔方水利建设大都是因袭修复前代工程,其灌溉系统的基础还是汉代奠定的,故从今日河套水利网络来看,也能部分反映开发之初的痕迹。就宁夏平原灌区来看,现今几条大型骨干渠道几乎都是汉代开凿,有的名称仍留"汉"字或反映着汉代的史迹。如汉渠,据说就是武帝元狩四年首先开成的渠道,经过历代的扩修,现可溉田"二十万亩"。汉延渠灌溉今青铜峡、吴忠、永宁、贺兰等县土地"四十万亩",多为东汉郭璜所开,若此说可信,其修建时间当在顺帝永建初年。当时河套已为胡羌攻陷,朔方、西河、上郡残碎不整,虞诩上书请复三郡旧置。顺帝听准后,使谒者郭璜督促内迁者各归旧县,并于富平境(今宁夏吴忠市)激河浚渠为屯田,每年省内郡输边费用以亿计,《后汉书·南匈奴传》记述颇详。光禄渠,自古迄今为贺兰山东第一道大渠,现今灌田"一百万亩"以上,自青铜峡口引水经银川西罗至上宝闸口入西河。据说是汉光禄勋徐自为开凿,因以为名。另外宁夏中卫的美丽、七星等渠,历史均可追溯到汉代。御史、尚书等汉渠虽湮没,但直到新中国成立前有些渠道旧貌仍依稀可见。汉代引黄干渠多而

---

① 马福祥、陈必淮主修:《朔方道志》卷六《水利志上·河渠建置·秦渠》,台北:成文出版社,1926年影印本,第334页。

密集，与河略微斜交，平行排列，这正是无坝引水工程的特点。无坝工程完全依靠黄河自然水势引流，进水量有限，只有多开渠口，多口引水，多渠输送，才能保证较大灌溉面积。无坝引水以今日眼光看，自然属极不科学的落后技术，但却简便易行，在古代不失为引导大河灌溉的有效之法。时至今日，宁夏部分渠道仍然采用这种古老的措施引黄。阴山之下的后套，水系尤为发达，而土壤碱性极强，引河淤灌，泥沙积为沃土良田；若失灌溉之利，土壤返碱变硬而成石田白壤。这种现象在西北各地，乃至关中渭北都极为普遍，后套地区更为典型。汉代于此设置郡县，同时兴修水利，可惜汉时渠道因河道变迁和历代淤泄，今已隐而不显。但在紧邻后套的乌兰布和、库布齐沙漠中，考古工作者却发掘出大量汉代拓荒者的村居、墓葬和灌渠。水系密集的后套平原当年灌溉之发达可想而知。据《汉书·食货志》记，武帝曾于后套规划一个耗资巨万的大型灌溉工程，规模与关中诸渠可以并提，"作者各数万人，历二三期而功未就"[1]，失败原因很可能是过于贪大，未考虑黄河多口无坝引水的限制因素。因为秦汉盛行尚大之风，武帝更是好大喜功，故汉代水利工程以大型化为特征。前言通褒斜工程企图连系长江与黄河两大流域以济关中漕运，在河套更有人提出河出胡中的方案："是时方事匈奴，兴功利，言便宜者甚众。齐人延年上书言：'河出昆仑，经中国，注渤海，是其地势西北高而东南下也。'可案图书，观地形，令水工准高下，开大河上领，出之胡中，东注之海。如此，关东长无水灾，北边不忧匈奴。"[2]今观延年方略，实在幼稚，不切实际，但两千多年前有此奇想，确是受到当时大兴水利之风的影响。汉人管水利均作百年大计之想，故不惜一切代价，以求一劳永逸。正如清代学者章汝愚评论时所说："不计地利之广狭，不论费役之多事。不一劳者不永逸，不暂费者不永宁，此汉人得享灌溉之利也。"

黄河在青海东部水流尚小，河谷坦荡处往往可引灌为利，其北支流湟水河谷更为开阔，灌溉之利尤其突出，故将青海东部称为河湟农区。河湟交汇于甘肃兰州西，同时有大夏、洮河、庄浪等河也于此归黄，亦各有若干川谷灌溉之地，与河湟农区接连为一片，农牧业同步消长，历史上统为一区。武帝元狩四年开发黄土高原北部水利，通渠灌溉已及于令居，即今日庄浪河谷的永登一带，河湟传统水利建设，始开其端。至汉宣帝时，赵充国西征，羌人退出湟中，河湟农业和水利才得以全面开发。开渠先锋即伐羌后解甲的骑卒，他们修桥道，浚沟渠，开田两千顷，在湟水两岸大兴屯田水利，奠定了河湟灌溉农业的基础。东汉初西羌多次入侵，河湟地区颇不平静，朝廷以其地僻路远，欲放弃

---

[1] 《汉书》卷二十四下《食货志》，第1161页。
[2] 《汉书》卷二十九《沟洫志》，第1686页。

破羌(今青海海东市乐都区东)等地。陇西太守马援上疏极力反对弃让,以为"破羌以西城多完牢,易可依固;其田土肥壤,灌溉流通。"当奏请获准之后,马援召抚流亡民,"缮城郭,起坞候,开导水田,劝以耕牧,郡中乐业"①。东汉和帝时,河湟水利屯田进一步扩展,为金城郡(治在今甘肃兰州市)西部都尉的曹凤,曾在龙耆(今青海民和县)建成屯田。其后金城长吏上官鸿在归义、建成(今青海贵德县北)屯田27部,侯霸在东西邯(今青海化隆县南)也曾经兴屯。当时河湟地区分布屯田多达30多处,均在川谷可以引灌之处,以水兴屯必也无疑。这些屯地也正是今河湟农区主要灌区,所以说河湟灌溉农区实由两汉屯兵郡民开成。

自河西走廊而西,降雨愈益稀缺,至天山南部年雨量多不足50毫米,不施灌溉绝无可能种植,如当地民族谚语所言:"水是命,树有根,没有水来地不生。"奇妙的是,此地如此干旱,却有着丰富的水源,平均海拔4000米以上的天山和祁连山,因高山地形影响,冬季多雪,年降水量可达600—800毫米,冻结成一个巨大的高山固体水库。夏日消融,雪水携大量泥沙越出山谷,横溢成沼泽湖泊,或沉积成大片的荒漠戈壁。凡经漫流冲积浸润的土地,均成良田沃壤,滋生各种天然草木,生机盎然,本地人谓之"绿洲"。若加以开种并引流灌溉,便能发挥得天独厚的光热优势,宜生各种优质高产的农作物,故称"绿洲农业"。原始绿洲农业自然不具备发达的渠灌系统,人们只是把种子春播在低洼的湖沼河旁地,利用夏季河湖漫流或地下水维持作物生长,今日塔里木河谷偶尔还可见到这种原始的种植方法,称之为"漫滩种植"。因为河滩为田,时常有被洪水淹没的危险,所以有人又称其为"撞田"。原始绿洲农业早期也可能出现简单的人工疏导,如同今日漫滩种田有时也作简易导水沟堤,或只修一段引水渠道,然后任凭漫流;但早期不可能具有系统的水利灌溉工程。大约在汉代以前,河西走廊和西域诸国的绿洲农业即处于这种原始状态。直到武帝拓边成功,内地传统农田水利技术随之传入,绿洲农田灌溉才进入新的历史时期。

河西四郡包括武威、张掖、酒泉、敦煌,为西北交通咽喉要道,又是汉代经营西域的军事和经济重地,自设郡起即行屯兵移民政策,同时开发水利。武帝以后直至东汉各帝,无论国势盛衰,基本上都未放弃此四郡的建置和经营,故河西水利在两汉时期能够稳定发展,各郡均形成自己的大型骨干工程。例如《汉书·地理志》所记张掖郡千金渠,引羌谷(今黑河)水,溉乐得(今甘肃张掖县西北)等县土地,干渠全长二百余里②。2000

---

① 《后汉书》卷二十四《马援列传》,第835—836页。
② 《汉书》卷二十八下《地理志》,第1613页。

多年前边郡修建规模如此之大的水利工程，实属不易。又如位于走廊西端的疏勒河，古名籍端水，源出祁连山，水量较为丰富，汉时疏勒河的农田水利已得到开掘，成为安西为中心的绿洲灌溉农区的根本命脉。《汉书·地理志》中所记"（敦煌郡）冥安（今甘肃瓜州县东南），南籍端水出南羌中，西北入其泽，溉民田"，即指这项工程。今敦煌市西南的党河，古名氐置水，引灌极为便利，"东北入泽，溉民田。"当时敦煌东北有一新置的效谷县，就是因得灌溉之利，"勤效得谷，因立为县名。"①其实，汉代河西灌渠远不止史籍所记，今河西各地主要农业区几乎都有汉代渠道的遗迹，直至河西以北居延海，已经深入大漠之内，考古工作者也发现汉代屯田遗址，其中有大干渠和支渠纵横密布的灌溉农田遗存，其规模之宏大，布局之整严，令考察者无不为之惊叹。

当传统农田水利灌溉工程技术随屯兵传入西域时，当地少数民族初见很感惊异，看到人工坝堰工程拦河断流，河水依次沿各级灌渠分流进入方正的田块，"胡人称神"②。汉兵屯田水利初行于塔里木河中游的轮台和渠犁，从太初到征和的十多年间，这里已建成西域最完备的农田灌溉中心。据桑弘羊给武帝的奏章所计，轮台至渠犁已"有溉田五千顷以上"③。此后西域灌溉由此中心向三方延伸："一路向西发展经龟兹，到疏勒，转莎车、于阗；一路向东南发展到罗布泊地区的楼兰；一路向东北到吐鲁番的车师。东汉又向东增加一个伊吾即哈密地区。"④这三路与汉兵屯垦发展的路线完全一致，但所兴建的水利工程并不纯由屯兵修建或独用，因为西域少数民族也逐步领会了内地水利技术，仿习着开凿较大的灌溉渠道。最常见的情形是由汉兵作为技术骨干，征集西域诸国兵民共同开修，于是传统灌溉工程技术在西域传播开来，逐步改善了当地原始的灌溉农业。北魏郦道元的《水经注·河水篇》中记有一个汉代屯兵与西域兵同修楼兰灌渠的遗闻，很能说明这一段历史。汉将索励率敦煌、酒泉一带士兵千余人出屯楼兰，为兴水利特召鄯善、焉耆、龟兹三国兵各千人，开修车尔臣河大型水利工程。大坝合龙之日，河水暴涨，各族官兵奋力抢险，大战三日，拦河成功，后来浸灌沃野，每年得租粟百万石⑤。这一经历风险而效益卓著的灌溉工程，很使西域人惊奇敬佩，其事一直流传到北魏。

西域汉代古渠遗址在南疆各地不断有所发现。早在20世纪20年代，黄文弼在沙雅县境内，曾经发现长达200里的古渠，在遗址中同时发现了汉代五铢钱和陶片等物。维

---

① 《汉书》卷二十八下《地理志》，第1614—1615页。
② 《水经注校证》卷二《河水》，第37页。
③ 《汉书》卷九十六下《西域传》，第3912页。
④ 黄盛璋：《新疆水利技术的传播和发展》，《农业考古》1984年第1期。
⑤ 《水经注校证》卷二《河水》，第37页。

族人称此渠为"黑太也拉克",即"汉人渠"。渠宽6米,沙积土淤,渠道高出地表,宛若一道土堤。渠堤附近分布着若干古城,其中有一城即名"黑太沁",维吾尔语意为"汉人城"。在位于汉代兵屯中心的轮台地区,发现有多处汉代城市和村堡遗址,在村址的周围几乎可找到当年渠道残迹。经2000多年沧桑之变,古屯区一片盐碱,沙渍泥淖遍地,然古时沟渠田界仍依稀可辨。新中国成立后,新疆科技人员饶瑞符发现的完整的米兰古渠工程更为可观。古渠位于米兰古堡附近,即汉伊循都尉所在地。渠系与米兰河连通,导水渠全长8.5千米,宽10—20米,高3—10米。大型支渠七条,沿地形脊岭均匀分布,采用双向灌溉,干、支、斗渠全部沿着最大坡度垂直地形高线布置,有效地控制着整个灌区,构成一个整体、完备、因地制宜的灌溉系统,体现出汉代西域水利工程已达到极高的水平。

这时期地下水作为农田灌溉资源得到开发。古时水井只为生活饮水所用,至汉代开始用井水灌溉农田。井灌出现以关中为最早,《氾胜之书》已总结并记录了许多井灌的经验。此时凿井和井灌技术也由关中传入西北新垦农区,据《居延汉简》所记,当时屯区还有每隔50步开凿一井的群井灌溉。西北少数民族长期不知凿井,汉武帝时,卫律曾在匈奴"为单于谋穿井筑城,治楼以藏谷"[1]。李广利攻伐大宛,"宛王城中无井,皆汲城外流水,于是乃遣水工徙其城下水空以空其城"[2]。后来得知城中有被俘获的"秦人"帮助凿井,就随机应变,接受大宛归降,这是凿井技术初入西域时的情形。时至东汉,西域凿井仍不普遍,《后汉书·耿恭传》有一段有趣的记载:"恭以疏勒城傍有涧水可固,五月,乃引兵据之",后为匈奴所围,并"于城下拥绝涧水。恭于城中穿井十五丈不得水……有倾,水泉奔出,众皆称万岁。乃令吏士扬水以示虏。虏出不意,以为神明,遂引去"[3]。从以上史料中,我们大体可以看出汉时地下水在西北各地的利用尚处于极不平衡的状况。

(四)传统农牧技术的全面发展

汉代又是西北农牧技术大开发的时期。周秦时初现的传统农牧技术在汉代进一步精良完善,相互协调配套,从而形成了完整的技术体系。后来的2000多年里,西北农牧业一直采用着此种方式生产,始终没有脱离这一传统技术规范。这一历史时期,各项农牧技术全面发展,涌现出许多重要发明创造。如联合式的大型条播农具耧车,具有翻土起

---

[1]《汉书》卷九十四上《匈奴传》,第3782页。
[2]《史记》卷一百二十三《大宛列传》,第3176页。
[3]《后汉书》卷十九《耿恭传》,第721页。

垄功能的犁壁，配入冬麦的多种形式的轮作复种制，耐风耐旱的代田法，集约水肥高额丰产的区种法，温泉庑屋类保护栽培，包含整套农业技术和经验农学知识的《氾胜之书》，优良作物和家畜品种传播，相畜术中名马式的树立，家畜阉割的水削法及日益精密的中兽医技术等，十分生动具体地表现出汉代传统农牧业的技术水平。汉朝政府曾在民间大力倡导推广先进技艺，农牧民争相仿习传示，极大促进了农牧业发展，故汉代西北地区以"多谷饶畜"驰名于世。

1. 牛耕的推广和农具的革新

牛耕是以牛马等大家畜为动力的一种重要生产力，但在古代不是所有农家和地区都便于使用的。牛马的价格昂贵，犁具打造和操作均比耒耕复杂，所以牛耕自春秋战国出现以来，在自发流传过程中，发展一直比较缓慢。直到西汉初年，牛群在西北多半局限于关中的富裕之家，一般农夫仍旧是"耒耜而耕"。特别是经秦末战乱，家畜死亡严重，牛耕之户随之锐减。由于汉初采取休养民力恢复生产的政策，大家畜又再度繁息，为牛耕全面发展创造了条件。汉武帝任用了赵过为搜粟都尉后，更把推广牛耕作为发展农业的重要措施加以倡导，牛耕逐渐普及于西北各地。赵过首先在关中劝民实行牛耕，并进行配套耕具的改革试验，然后推广至附近郡县及边远地区，效果十分显著，牛耕遍行各地。这次推广影响深远，后来人常把赵过作为牛耕的创始者来崇拜，就连《齐民要术·序》也说："赵过始为牛耕，实胜耒耜之利。"[1]当时西北边地"民或苦少牛，亡以趋泽"，平都令建议赵过在无牛贫民中推行人挽犁，待其家略有积蓄后，再投资买牛置犁[2]。赵过重视人挽犁的提议，奏请将平都令擢升为丞，专门组织教授边民相互协作挽犁。昭帝至平帝间，汉朝廷重视在西北垦区发展牛耕，官府有时还向移民借贷耕牛。从此之后，牛耕在西北各地各民族中亦不再是罕见的事物了。

今从考古实物和画像我们可看出两汉在西北推广牛耕的范围和规模。关中出土的汉代犁铧最多，不仅种类、数量较战国时增多，而且多于后来的各个朝代。证明这里实不愧为倡行牛耕的中心地区。牛耕在关中不仅极为普及，且得到深入发展。属于汉代形制的犁铧在陕北、宁夏、内蒙古、甘肃均有出土，并且不断有新的发现。在陕北绥德、米脂东汉墓画像石及内蒙古和林格尔的东汉壁画上，都发现了造型逼真的牛耕图，成为汉时上郡、朔方地区推广牛耕的最好见证。甘肃武威磨嘴子西汉末年墓出土的木牛和木犁模型，以及河西走廊多处发现的汉铧，均可作为河西推广牛耕的实证。更值得注意的是，

---

[1] 〔东魏〕贾思勰撰；缪启愉校释：《齐民要术校释（第二版）》序，北京：中国农业出版社，1998年，第7页。
[2] 《汉书》卷二十四上《食货志》，第1139页。

今新疆伊犁州昭苏县一座西汉时期的乌孙墓出土的舌形大铁铧，形制与关中汉铧完全相同。这个重大的发现说明，汉代犁具和牛耕技术已由内地屯兵引入西域地区，并传授给了西域少数民族。乌孙是居于天山北部的游牧族，农业经营实在微不足道，然对牛耕也如此有兴趣，而天山南部以农为主的城郭诸国，与兵屯之地同处一区，仿效牛耕者必定更多。

古代牛耕方式和犁具形状，以往无以考知。汉代出土的牛耕画像石才揭示出其真面目，而绥德、米脂汉墓出土的"牛耕图"最为清晰真切。汉代犁多为平底长辕犁，犁床水平着地，前套犁铧，后竖手把，中有犁柱，上有犁辕，并与柱把、犁床构成方框，犁辕长且直，前接横木，作为牛轭，以"二牛抬杠"形式牵引。据《汉书·食货志》记耕作时要"二牛三人"[1]结组，大概由一人扶犁，另外两人各牵一牛。然而从画像石看，只有一人边扶犁，边吆牛，大概东汉时役牛和操作水平提高，无须两人在前牵牛了。

西北各地出土的汉代铁铧形式多样，规格不尽一致，大体说来可归为两类。一类是舌形大铧，全长和底宽都在 30 厘米左右，底面板平，上面突起，后留一等腰三角形的銎，正可套在犁床木头上。另一类是舌形小铧，长 20 厘米，后部宽为 15—20 厘米，又可分为两式：一式前端为钝角，上面逐渐隆起，成前低后高状，尾部有扁圆形的銎；另一式前端成钝圆形，两侧有弧度，其余部分同于前式。同时汉代还有一种带有冠头的犁铧，这种铧冠在陕西蒲城、礼泉、长安、陇县等地均有发现。铧冠的铁质明显优于铧体，可套在铧的前端，入土锐利，磨损之后还可更换。仅从犁铧形制看汉铧与战国铧并无太大差异，汉代犁具的重大改革在于犁壁的发明。陕西咸阳、西安、长安、礼泉等地均有汉代犁壁出土。犁壁是个长方形的铁件，略带一定弧度，近似"耳朵"，安装在犁件后上方，故又称"犁耳"。有了犁壁，耕地开启的土堡，就能按一定方向翻转，耕犁只有在这时才具备了有效的"翻耕"作用。陕西出土的汉代犁壁有单壁，也有双壁，既能向一面翻土，又能向两面翻土，同时具有期土、灭茬、开沟、作垄等多种功能。可见犁壁虽系一个小小部件，却不失为耕犁发展史上一个重大的发明创造。另外从出土犁铧还可看出，耕地时人们还有意识将犁铧中棱凸起一面着地，以凸面作工作面，再配上耳形犁壁，即构成连续的曲面。这样的改进，操作更为灵活，减小了破土和前进的阻力，增强了切土、碎土、翻土、移土的性能，大大提高了耕地速度和质量。近代的铧式犁就是在此基础上创造成的。

---

[1]《汉书》卷二十四上《食货志》，第 1139 页。

第三章　秦汉时期的西部开发

汉代农具改革有多方面的成果，最能体现当时农具发展水平的是耧车的应用。耧车是一种大型畜力条播器，也是赵过任搜粟都尉时的一项发明。《汉书·食货志》对此记述过于简略，仅说"其耕耘下种田器，皆有便巧"①。东汉崔寔《政论》则把耧车发明原委追述得清清楚楚："武帝以赵过为搜粟都尉，教民耕殖。其法三犁共一牛，一人将之，下种，挽耧，皆取备焉。日种一顷。至今三辅犹赖其利。"②考古工作者在陕西富平汉代遗址中发现耧车专用的小铁铧，正可与上述文献记述相印证。另外在内蒙古居延西汉遗址发现一只耧车足，说明耧车发明不久，西北边远垦区已引入使用。

耧车构造精妙至极，可谓巧夺天工。它的中央有一耧斗，盛载种子。耧斗下面有带闸板的出口，可控制下种速度，斗上附有小重物，摆耧时即左右振荡，防止种子滞塞。耧斗下有三条中空的耧腿（足），下装小铁铧。耧车与畜力连动部分是由耧辕、耧柄做成的耧架，耧斗置于耧架的后方。播种前先要调节好耧斗闸板，以控制下种速度和播种量。播种时，一面由牲畜架耧前进，操耧者手扶耧柄不停地左右摇耧，种子通过耧脚管道从小铁铧后方播入土壤。耧车后面通常还拖拉一木块，随即便将土层荡平压实。采用耧车可以提高播种效率，提高播种质量，具有多方面的效益：其一，耧车实行条播，保证庄稼有适当的行距，利于通风透光，便于进行中耕、除草等田间管理，比旧有的漫种大为进步。其二，耧车播种较漫田撒种节约种子，同时下种深浅一致，幼苗出土整齐，便于统一管理、收获。其三，种子随铧入土，及时覆盖，保持墒情，避免种子暴露失水，可以正常萌发。总之，耧车是把开沟、下种、条播、覆盖统于一机的综合性的播种器，在世界农具史上占有重要地位。东汉时期，耧车有向大型化发展的趋势，除一般二脚、三脚耧外，还有四脚、六脚耧出现。许慎《说文解字》收一"樺"字，说解为"六叉犁"③，据后世人考释，就是六脚耧的专名。这样庞大的耧车，依靠畜力牵引，也只能在黄土高原砂土地中使用。大概因为耧脚太多，操耧摇摆及转弯回耧较为困难，后来六脚耧未能流传下来。但是直到元代西北还在使用四脚耧，根据王祯《农书》记载："关以西有四脚耧，但添一牛，功又速也。"④然而增加一牛，又需增加牵牛之人，田间回牛极不方便，所以今日世传耧车，仍以三脚为常见。

---

① 《汉书》卷二十四上《食货志》，第1139页。
② 《齐民要术校释》卷一《耕田第一》，第50页。
③ 〔汉〕许慎撰；〔清〕段玉裁注：《说文解字注》六篇上《木部》，上海：上海古籍出版社，1981年，第259上页。
④ 〔元〕王祯：《农书》卷十二《车耧》，上海：商务印书馆，1937年，第169页。

2. 农作制和耕作法的创新

由一年一熟发展到两年三熟和一年两熟,是西北农作制的重大进步。这固然是汉代农具动力和各项技术全面发展的结果,然与冬麦的推广亦有直接联系。黄河流域是古代麦子产区,汉以前种麦多以春麦为主,播种时节与粟、黍、豆类完全相同,彼此间倒换不开茬口,当年内无法实行轮作复种。汉武帝元狩三年(前120)因各地广被水害,武帝号召灾区种植"宿麦",以避洪水季节,且补来年青黄不接。这里所说的"宿麦",就是冬小麦"秋冬种之,经岁乃熟,故云宿麦。"① 后来董仲舒针对关中轻视宿麦陋习上书武帝说:"《春秋》它谷不书,至于麦禾不成则书之,以此见圣人于五谷最重麦与禾也。今关中俗不好种麦,是岁失《春秋》之所重,而损生民之具也。……使关中民益种宿麦,令毋后时。"② 从此冬麦进一步受到重视,在关中的种植面积逐步扩大。由于冬麦正好利用晚秋至早春农田空闲期间,完成发苗、越春、返青等生长过程。至夏收后仍可再种一茬秋作,给实行复种制创造了条件,关中遂出现了一年两熟以及两年三熟的轮作复种制。汉成帝继续在关中推广冬麦,令著名农学家氾胜之督导种植,农业生产效率大为提高。后来《晋书·食货志》高度评价了这次推广冬小麦的历史功绩,把它与地区经济发展联系起来,认为因氾胜之"督三辅种麦,而关中遂穰"③。根据《氾胜之书》的记载,在其所推行的冬小麦为主的各种复种制中,麦、谷轮作复种最普遍,一般是在谷子收割之后,作区田以播种冬麦,最能获得高产。

间作、混种的出现也极大丰富了汉代农作制的内容。例如,在种瓜时,周围间种上韭菜,瓜熟摘收后,韭菜便可以连续割食。或者在瓜区间点种小豆,瓜蔓生,豆苗长,同种同收,互不影响。同时豆科作物根瘤有固氮作用,可以给瓜苗提供肥力,只是当时人们尚未有自觉的认识。汉代关中农区还实行经济树木与农作物混种的方法,其种法是:"每亩以黍、椹子各三升合种之。黍、桑当俱生,锄之,桑令稀疏调适。黍熟获之。"④ 这样看来传统农作制的各种基本形式在汉代均已出现。

土壤耕作技术在汉代有很大发展,出现了以适时宜地和抗旱保墒为目的的各种耕作方法和技术。西北农区特别注意把握适当的耕期,强调"趣时、和土"的重要原则。《氾胜之书》对这方面的群众经验有详细的记载和分析。春耕适期在"春冻解,地气始通"之

---

① 《汉书》卷六《武帝纪》颜师古注,第177页。
② 《汉书》卷二十四上《食货志》,第1137页。
③ 《晋书》卷二十六《食货志》,第791页。
④ 《氾胜之书辑释》一七《桑》,第166页。

时，夏耕宜在"夏至，天气始暑，阴气始盛，土复解"之时，秋耕宜在"夏至后九十日，昼夜分，天地气和"①之时。认为掌握各季适耕期，耕一遍抵上其他时间耕三遍。不然就会破坏土壤结构，甚至耕后有许多大土块，这样耕五遍抵不上一遍。春季适耕期短，稍纵即逝，氾胜之提出一个把握春耕期的办法。把一根一尺二寸长的木桩埋入地下一尺，冒出地面二寸。立春后消解后的冻土逐渐隆起，木桩地面部分尽被松土覆盖，另外田间上年的陈根能随手拔起，表明"地气"已经通顺，可以开始春耕。耕作后保墒措施由先秦时的耰，发展到更为细致有效的耱地。《氾胜之书》还强调及时耱地，耕地之后"辄平摩其块"②，防止土壤水分散失，书中还提到用"蹯"的办法镇压耕地，就是通过人畜踩踏，使耕层土壤紧密，或使土与种子更加切实。土壤耕翻后是耱还是蹯，要根据土壤性质区别对待，如果是"强土"，即质地紧密的黑垆土，一般用耱，若是土壤松散的"轻土""弱土"之类，则要及时用脚踩蹯或"以牛羊践之"③。不仅如此，汉代西北还出现了包含多种抗旱耕作技术的耕作法，即代田和区种。

关于代田法，《汉书·食货志》中曾有明确的记载："一亩三甽。岁代处，故曰代田。""播种于甽中，苗生叶以上，稍耨垄草，因隤其土以附苗根……苗稍壮，每耨辄附根，比盛暑，垄尽而根深，能风与旱。"④其所记代田要领用今日话解释就是：在播种之前，先作成亩，再于亩中开沟起垄。沟深宽各一尺，垄高宽亦一尺，沟垄相间。下种时，种子播在沟底。在幼苗成长期间，要进行多次中耕，以除去苗间杂草，同时把垄上土逐次锄下沟，培壅到禾苗根部。到盛夏季节，垄上的土逐渐削平，沟中禾苗根系也扎得很深了。第二年整地时，再把上年作垄的地方开成沟，原来的沟再修成垄。这样沟垄易位相互替代，所以称为"代田"。代田是适宜西北干旱地区的耕作方法，把作物播种在深沟里，沟底风小水分散失少，利于种子萌发。幼苗出土后生长在沟中，少受风吹减少蒸发，保证作物苗期生长健壮。中耕时除去田间杂草，随即用垄土把杂草埋在沟中，腐烂之后还可增加土壤肥力。培土壅苗有固根防倒伏作用，作物根系发达，能吸收更多的地下水分。西北苦旱，代田法的各种抗旱作用显得特别宝贵，增产效果非常显著，比一般田地增产二至五成。所以《汉书》肯定代田法是"用力少而得谷多"⑤。后世提到代田，总是和赵过名字联系在一起，它是赵过在总结战国以来畎亩耕作经验的基础上进一步发明而成。班

---

① 《氾胜之书辑释》一《耕田》，第 21 页。
② 《氾胜之书辑释》一《耕田》，第 23 页。
③ 《氾胜之书辑释》一《耕田》，第 25 页。
④ 《汉书》卷二十四上《食货志》，第 1138—1139 页。
⑤ 《汉书》卷二十四上《食货志》，第 1139 页。

固在记述汉武帝"以赵过为搜粟都尉"时,接下即说"过能为代田",大概他善作代田早已名扬天下,才被武帝任用为农官,以推行效田力农的新国策。赵过任职间确以极大努力推行代田法,他曾亲自在关中公田上进行实验、示范,并先做好技术培训,然后再向民间推广。代田法一直发展到西北边远地区,甚至在内蒙古高原居延海一带也有使用。代田法丰富了我国精耕细作传统,今日农村仍注意采用"深沟播种""根基培土"等措施。有些中耕作物和蔬菜,如玉米、大葱等,仍有采用代田法作业的。

区田法又叫区种法,传说是在商汤七年大旱时由伊尹发明,自然是假托圣贤的姑妄之言,实际上是干旱区劳动人民长期抗旱耕作的产物。氾胜之教田三辅时,曾加以改进提高,在西北大力推广。据《氾胜之书》记载和注家研究,汉代的区田有两种布局形式:一种是带状区田,主要适用于平原地区,先把田地按一定长宽度分成长方形小町,町内按竖直方向再做成几条宽深各一尺的沟。掘出的土先置于沟旁,再把开沟时上面的熟土填在沟中,町中便形成一道浅沟,沟间保持一尺距离。种子要按一定的行距和株距点播在沟中,不同作物株行距离有所区别。另一种是小方形区田,做法是先挖深约六寸小区,大小可按土地好坏做成六寸见方成九寸见方。区间距离也与因地条件有所区别,一般上等地区距为六寸,中等为二尺,下等为三尺,然后把种子点播到区中。这种小方形区田适合山区,即氾胜之所宣传:"诸山陵近邑高危倾阪及丘城上,皆可为区田。"①在西北黄土高原丘陵沟壑区,现今还保留着小方形区田,当地群众称"陶钵种"。区田形式虽不尽相同,尺寸大小也因时因地有所变通,但其耕作栽培原则、技术措施以及综合性丰产作用却是相同的。《氾胜之书》说,"区田不耕旁地,庶尽地力",道出区田采用局部深耕,挖掘区内土地潜力的基本原理。又说"区田以粪气为美,非必须良田也","天旱常溉之,一亩常收百斛"②,正是区田能集中肥水,集约经营,从而创造高额丰产的基本原因。区田不仅在汉代西北农业大开发时期发挥了重要作用,而且一直是传统农业最为有效的高产措施,历代每逢灾荒之年,几乎都有人倡议开种区田,用以御旱抗灾救荒。

3. 传统作物栽培和管理技术体系的形成

关于西北作物基本种类,汉代并无大改变。广泛栽培的仍是周秦时已遍种的禾(谷子)、黍、麦、稻、麻、菽、苏等作物。然作物栽培的比例结构却有变化,其中主要是麦子种植面积迅速扩大,特别是冬小麦被大力推广。冬麦扩种的社会原因已见前述,另外与汉代碾硙加工技术提高,人们普遍食用面食有极大的关系。因为小麦在栽培和饮食结

---

① 《氾胜之书辑释》四《区田法》,第63页。
② 《氾胜之书辑释》四《区田法》,第63、68页。

构中地位提高,所以汉代文献涉及西北作物时,常以粟麦并提,已不再是先秦时"黍稷"同称了。豆类品种和种植面积也有很大发展,周秦时仅见菽(大豆),汉代则有了大豆、小豆之称,而且这里说的小豆也是一种泛称,其中还包括不同的种类和品种。汉代广种大豆的原因,《氾胜之书》记述得非常明确可信:"大豆保岁易为,宜古之所以备凶年也。谨计家口数,种大豆,率人五亩,此田之本也。"①人均五亩大豆,是古代历朝极为罕见的。其实古人喜食大豆,还因其有丰富的营养,大量食用正可弥补农区肉食不足之弊。对大豆富含植物蛋白的价值,古人自然无法认识,只是看到大豆特殊的救荒作用才大力种植。同样为救荒保岁起见,产量低、品质差的稗子也进入大田栽培。汉时人们对农业生产已有整体性认识,作物从种到收期间一系列传统的栽培和管理技术均已形成,而且每个环节都有许多基本的技术措施。

首先是选种和贮种的进步。《诗经》时代,人们只知选择肥大饱满的籽粒作种子,能够丰产。汉代西北农区开始在田间集中选种,据《氾胜之书》记载的选法:"取麦种,候熟可获,择穗大强者,斩束立场中之高燥处,曝使极燥,无令有白鱼,有辄扬治之。""取禾种,择高大者,斩一节下。"②葫芦留种方法是一定要把最初结的三个果实去掉,使营养物质都集中在第四、五、六个果实上,结成的葫芦硕大丰满,适宜作种子。这些正是株选、穗选的最早纪录,都是在作物生长期间,通过观察作物个体长势,把植株高大、穗大粒多、籽食饱满,以及成熟早晚作为标准。年年如此留选,单收单打,从而选育出品性优良的种子。贮藏种子也别有良法,注意从湿度、温度、通风、防虫四个方面采取各种保存措施。当时人们已知"种伤、湿、郁、热则生虫也"③。因而很注意通风干燥,最方便的办法是将谷子穗"把悬高燥处";麦种则"藏以瓦器竹器。顺时种之,则收常倍"④。防治种子虫害也是不可忽视的农事,如麦种的白鱼,谷子的蚼蛄,都要设法驱除,其中也不乏一些简易有效的好办法。麦仓中杂放艾叶的除虫法就是一例,因为艾中含有挥发性芳香烃物质,散发后有一定的杀虫灭菌作用。

播种前先将种子用骨汁、粪肥、药物等作拌种处理,汉时叫作溲种。《氾胜之书》中关于溲种记载最为详细,所用原料种类极多,计有蚕、羊、鹿、麋等粪肥,还要加入附子。调制所用的骨汁有马、牛、羊、猪、麋、鹿等动物骨骼汁,无动物骨汁时或用缲丝

---

① 《氾胜之书辑释》十《大豆》,第129页。
② 《氾胜之书辑释》二《收种》,第40页。
③ 《氾胜之书辑释》二《收种》,第40页。
④ 《氾胜之书辑释》二《收种》,第40页。

汤、雪水代替。把这些原料按一定比例调和成糊状后，拌和在种子上。拌和常常需要六七次，每次要随时晒干，最后种子外便包裹上一层厚厚的含有多种养料的种子衣。"治种如此，则收常倍"，"终岁不失于获"①。其实溲种增产的道理今日很容易认识，因为溲种使用的以蚕矢为主的各种粪肥，本身含有丰富的氮、磷、钾生长素和维生素等养料，且蚕矢颗粒吸湿性强，下种后能集聚土壤水分，有利于种子萌发。动物骨汁和缫丝汤作调合剂，给粪土中的微生物提供了最理想的培养基。至于雪水，相对盐分高的井河水来说，可称为天然蒸馏水，能免除一般水中的钠镁离子对微生物的抑制作用。这样，种子周围就形成一个水肥充足，微生物活动旺盛的良好环境，种子萌发之后便能稳扎幼根，健壮生长。现代科学工作者经实验也证明："溲种法可以增加小麦吸水力，对西北旱农制地区似有实践意义。它能使幼苗健长，对于抗雪抗旱力，以及产量似有提高可能。"②汉代播种最重农时，特别注意适时播种。人们深知播种时机对作物生长和收成好坏影响极大。例如："种麦得时无不善。夏至后七十日，可种宿麦。早种则虫而有节，晚种则穗小而少实。"③由于秦汉之际二十四节气和七十二物候齐备，更能通过节气和物候把握播种的适期，各种作物都有明确的播种期。汉代使用耧车后，有条件控制种子的用量，播种量观念较前增强。人们对稻、麦、黍、大豆、瓠、瓜等作物均定有通常情况下的播种量，同时强调依据实际情况适当调整播种量。

肥料种类和施肥方式在秦汉时又有新的发展，人粪和兽粪均被作为主要肥源，且常将二者混合一起充分发酵后加以堆制使用，时谓"溷中熟粪"。动物骨骼、缫丝汤等也作肥料，可见农家肥源开发范围逐渐扩大。另外绿肥也开始使用，不过此时尚无人工栽培的绿肥作物，仅是依靠田间杂草来肥田。一般是利用休闲土地尽量让杂草滋长，甚至还要将闲田中的土块糖平，以利大草萌生。草生之后加以深翻，并进行糖压，使得"草秽烂，皆成良田"④。其中运用嫩绿植物肥田的目的十分明确，为后来沤制绿肥和种植绿肥作物做好了必要的技术准备。田间施肥方法以基肥为主，几乎所有的作物种植前都要结合整地施基肥，培植补充地力，供给作物生长所需的养分。然追肥也见于《氾胜之书》中，当麻"树高一尺，以蚕矢粪之，树三升；无蚕矢，以溷中熟粪粪之亦善，树一升。天

---

① 《氾胜之书辑释》三《溲种法》，第45、49页。
② 南京农学院植物生理教研组：《二千年前有机物溲种法的试验报告》，中国农业科学院、南京农学院、中国农业遗产研究室编：《农业遗产研究集刊》（第二册），北京：中华书局，1958年，第77—84页。
③ 《氾胜之书辑释》七《麦》，第109—110页。
④ 《氾胜之书辑释》一《耕田》，第25页。

旱，以流水浇之，树五升；无流水，曝井水，杀其寒气以浇之。雨泽时适，勿浇"①。这里追施的是具有速效性的农家肥，施于麻苗生长关键时节，又十分注意配合追肥进行灌溉，看来追肥技术很有进步。至于种肥，前述溲种法即是种肥的一种形式，《氾胜之书》还记载有专用以拌种并随种而播施的种肥，如以"原蚕矢杂禾种种之"，有的则是"取雪汁以渍原蚕矢五六日，待释，手援之，和谷种之"②。总之汉代施肥技术已具有相当的水平，氾胜之对此做出了正确的分析和总结。

锄地包含除草和中耕两种目的。汉代人极重早锄，大麻苗刚长叶子就要锄，锄大豆最迟到生出五六个叶片时就要开锄。冬麦在幼苗期要进行秋锄，保证安全越冬，过于稠密的麦田结合秋锄来间苗："麦生黄色，伤于太稠。稠者锄而稀之。"③有时还要配合以壅土，办法是用酸枣树枝扎成棘束，在麦田如耱地一样来回进行，将土壤推壅到麦根旁。汉时有句谚语，"子欲富，黄金覆"④，生动地表达了锄地壅土的效果。春天解冻后先用棘束耙掉干枯的麦叶，再开始春锄。到榆树结荚，麦子即将返青，还要再锄一次。汉代不仅讲究早锄，同时还要实行多锄，所谓"有草锄之，不厌数多"⑤。正是在不厌其烦地锄治过程中，对土壤多次中耕，收到抗旱保墒的效果，其意义之大，并不在除草之下。

关于汉代农田灌溉技术，如淤灌肥田压碱，稻田水道错直以控制水温，曝晒井水以煞其寒，以及合理的用水制度等，已分别见于前述。田间管理值得提及的是农作物保护中的防霜措施。西北地区气候高寒，无霜期短，春秋季节庄稼易受霜害，汉代已有主动防霜的办法。据《氾胜之书》记，每年霜冻季节，时时留心起霜。半夜如果发现有霜或白露下来，在天快亮时，由两人拉起一条长索，从庄稼上面掠过，扫荡掉积霜，庄稼即免霜冻。这种牵索赶霜法是我国最古老的防霜技术。

关于收获技术，汉代强调"早获"，有"收获如寇盗之至"⑥之说，因而要及时抢收。氾胜之也说"获不可不速，常以急疾为务"⑦，还特别提到大豆早获时机，"获豆之法，荚黑而茎苍，辄收无疑。其实将落，反失之。故曰，豆熟于场。于场获豆，即青荚在上，黑荚在下"⑧。看来汉代人已深知作物的后熟作用，并加以利用，提早收获，减少损失。

---

① 《氾胜之书辑释》一三《麻》，第149—150页。
② 《氾胜之书辑释》三《溲种法》，第46页。
③ 《氾胜之书辑释》七《麦》，第110页。
④ 《氾胜之书辑释》七《麦》，第110页。
⑤ 《氾胜之书辑释》十六《芋》，第164页。
⑥ 《通典》卷二《食货二·水利田》，第33页。
⑦ 《氾胜之书辑释》五《禾》，第102页。
⑧ 《氾胜之书辑释》十《大豆》，第130页。

又如谷子在芒张叶黄或只要成熟过半，即可收割，也是合理利用后熟作用实现早获。

4. 园圃技术的重大成就

汉代西北园圃面积扩大，园艺作物品种较周秦时有所增加。新增的蔬菜种类计有葱、蒜、姜、芥、苏、蓼、豌豆、芜菁、襄荷、芫荽、胡瓜、胡豆等，其中香辛调味类占相当大的比重，长安附近时有种姜千畦的农户。果树种类和品种同时大幅度增加。据《上林赋》《西京杂记》记上林苑初建时，时"群臣远方，各献名果异树"，其中李有十五个品种、梨十个品种、桃十、枣七、栗四、棠四、楂三、稗三、杏二，此外有林檎、安石榴、枇杷、橙等①。上述新增加的果蔬品种，有的来自东南郡国，有的则引自西域及其以外的远方。虽然有些名贵果蔬始终囿于上林苑或关中地区，但多数渐在西北各地传播。汉代兴起我国外引植物的第一次高潮，外引植物主要是经西北丝绸之路，首先进入关中，经适应性栽培，再推及中原等地。可惜古代文献于丝绸之路引入植物的经过记载极少，后人多笼统归之为张骞从西域带回，这里仅就西域传入的九种园艺作物加以记述。

引入果树主要以葡萄、石榴、胡桃传播最广。葡萄原产地在欧洲高加索和里海一带，公元前 20 世纪开始人工栽培，后逐步传至西亚、中亚，直至西域地区。据《史记》所记：大宛"俗嗜酒"，酒以葡萄酿造，"富人藏酒至万余石，久者数十年不败"②，可见汉时西域葡萄种植、加工业十分发达。张骞开通西域交通后，汉使出行西域者频繁如梭，有使者采葡萄种带回长安，《汉书·西域传》对此已有明确记载。葡萄引入之后，在西北各地传播极快，河套至河西地区气候等自然条件与西域接近，这一带很快成为葡萄产区，所以汉魏之际的药物学著作《神农本草经》记：葡萄"生陇西、五原、敦煌"③。石榴，古时又叫"涂林"，原产印度和波斯，汉代经西域传入关中，长安附近的临潼成为传统产地。东汉时中原栽培渐多，三国曹植《弃妻诗》即有"石榴植前庭，绿叶摇缥青"④，可知石榴已成常见果树。后来洛阳成为又一个石榴产地，北魏时白马寺浮屠前的石榴个重有达七斤者。秋熟之后皇帝以石榴赐送宫人，得者又相互传送，辗转数家视为珍奇，不肯轻易自食。洛阳城中有这样的谣语："白马甜榴，一实直牛。"⑤胡桃，即核桃，原产欧洲东南

---

① 《西京杂记》卷一《上林名果异树》，第 52—53 页。
② 《史记》卷一百二十三《大宛列传》，第 3173 页。
③ 〔曹魏〕吴普等述；〔清〕孙星衍、孙冯翼撰，戴铭、黄梓健、余知影、曹云点校：《神农本草经》卷一《上经·葡萄》，南宁：广西科学技术出版社，2016 年，第 62 页。
④ 〔曹魏〕曹植：《曹植集校注》卷一《弃妇篇》，北京：人民文学出版社，1984 年，第 33 页。
⑤ 〔东魏〕杨衒之撰，周祖谟校释：《洛阳伽蓝记校释》卷四《城西·白马寺》，北京：中华书局，2010 年，第 135 页。

及波斯地区，汉时传入内地，西北关陇一带最宜种植，遂形成颇负盛名的地方品种。西晋郭义恭《广志》记录："陈仓(今陕西宝鸡市)胡桃，皮薄多肌；阴平(今甘肃文县)胡桃，大而皮脆，急纸则破。"①至今这两地还是优质核桃的产地。

引入蔬菜有大蒜、胡萝卜、胡豆、胡瓜等，从名字即知系外来蔬菜，古代凡经西域引进植物，命名多冠以"胡"字。大蒜原产欧洲南部。黄河流域原来就有野生小蒜。据《齐民要术》引王逸说："张骞周流绝域，始得大蒜、葡萄、苜蓿。"②王逸是汉顺帝时人，虽说张骞始引只是推测之言，但大蒜在东汉内地普遍种植则无疑问。胡瓜，即黄瓜，原产印度，喜马拉雅山南麓仍有野生近缘种。传入时间无据可考，从名称看大约也是这一时期经阿富汗传入中国。"隋大业四年避讳，改胡瓜为黄瓜。"③胡豆之名是西域传入的豆类的泛称，通常包括豇豆、蚕豆、豌豆，它们分别产于非洲、中亚、里海等地，在汉代以后陆续进入中原，作为多种同名异物出现在文献中。

传入的经济作物有胡麻、红兰花等。胡麻即油用亚麻，原产高加索地区，后传到印度，《本草经》载："张骞使外国，得胡麻、胡豆。"④可见胡麻在魏晋之前，便入口内地，黄土高原地区历代就有种植，甘、宁、青及陕北地区至今有喜食胡麻油传统。红兰花色素可提取胭脂，为妇女面色装饰品。甘肃河西及宁夏一带古时多有，而以燕支山(今甘肃山丹县)所产最为驰名。汉武帝逐匈奴出河西，匈奴人因失此山以歌当哭："亡我祁连山，使我六畜不蕃息；失我燕支山，使我妇女无颜色。"⑤中原从此开始引栽红兰花，妇女们不再喜用朱砂(氧化铁)装饰，时常用红兰花做化妆品和染料。

园圃栽培技术汉代有很多杰出的成就，仅列数例，即可反映出当时西北的园艺水平。

葫芦摘心。古代称葫芦为瓠，本是一种栽培历史极为悠久的蔬菜。至汉代，西北植瓠经验已很丰富，常常施以人工，以控制其生长。据《氾胜之书》记载，当时人已经懂得瓠蔓长实多，果实则瘦小，不能做大器用。于是在瓠结出三个果实后，就用马鞭打掉蔓心，抑制其徒长，使营养水分集中在少数几个果实上，保证瓠个大，产量高。准备作瓢的瓠，要把秸秆垫在瓠下，不使其直接触地，免生疮痕。估量长至可以作瓢时，用手从上蒂到底，抹掉果皮表面的细毛，瓠便不再长大，而果皮则更厚实坚硬，适合做瓢和各种器具。

---

① 《太平御览》卷九百七十一《果部八·胡桃》，第4306页。
② 《齐民要术校释》卷三《种蒜第十九》，第191页。
③ 〔明〕李时珍：《本草纲目》(五)卷二十八《菜部三·胡瓜》，北京：商务印书馆，2016年，第13页。
④ 《太平御览》卷八百四十一《百谷部五·豆》，第3760页。
⑤ 《史记》卷一百一十《匈奴列传》，第2909页。

多根一茎。这是最早的蔬菜嫁接技术，它同样先行于瓠。方法是在一个区内种植下十粒瓠子，出苗后长至二尺多长时，可把十条茎集合在一起用布缠扎五寸多长，再以泥土涂封。过几天，缠扎处则合为一根茎。然后把前端的茎掐掉九条，仅留一条最强壮的，这样就使十株瓠根系吸收的营养集中于一株之上，能结出特别大的葫芦。

温泉栽培。骊山脚下有温泉，水温可达42℃°，自古以来当地群众就有用温泉灌溉，在冬季栽培蔬菜的传统。据说这里的保护地栽培起于秦朝，且与秦始皇的焚书坑儒有关系。据汉人撰写的《诏定古文官书序》记："秦既焚书，患苦天下不从所改更法，而诸生到者拜为郎，前后七百人。乃密令冬种瓜于骊山坑谷中温处。瓜实成，诏博士诸生说之，人人不同，乃命就视之。为伏机，诸生贤儒皆至焉，方相难不决，因发机，从上填之以土，皆压，终乃无声。"①无论此说有无出入，汉代骊山已从事温泉保护地栽培，当为事实。

屋庑种菜。汉昭帝时有"温韭"，栽培方法无以考知，汉元帝时确有温室栽培，时称屋庑。据《汉书》记："太官园种冬生葱韭菜茹，覆以屋庑。昼夜燃蕴火，待温气乃生。"②此可知汉代屋庑就是在一座比较保温的房子里，昼夜保持不断燃烧着的蕴火，将房内空气控制在适当温度。在这种条件下栽培各类蔬菜，保证皇室贵族冬日也可吃到各种鲜菜。我国是世界上最早进行温室栽培的国家，直到18世纪以后欧洲才出现"绿色的屋子""纸屋"等形式的温室，比汉代长安屋庑晚出1700多年。

东陵种瓜。东陵瓜是西汉时长安东郊一大名产，据《史记》记载，由种瓜能手召平培育而成。"召平者，故秦东陵侯。秦破，为布衣，贫，种瓜于长安城东，瓜美，故世俗谓之'东陵瓜'，从召平以为名也。"③东陵瓜是瓜类蔬菜中何属何种，文献语焉不详，后代说法不一，只能肯定它是一种香甜的夏令解渴消暑的优良品种。经历两汉，其仍负盛名，至魏晋时还在关中栽培，深为人们赞赏："昔闻东陵瓜，近在青门外，连畛拒阡陌，子母相钩带。"④

地桑培育。汉代西北园圃多种植桑树，桑树经营的精细程度并不亚于果树。周秦时桑树多为干高枝大的树桑，汉代开始发展低矮地桑，其叶多而嫩润，且便于采集桑叶。树桑至少要三年才可采叶，地桑次年就可摘叶饲蚕。《氾胜之书》详细记载汉代地桑培育

---

① 《汉书》卷八十八《儒林传》，第3592页。
② 《汉书》卷八十九《循吏·召信臣传》，第3642—3643页。
③ 《史记》卷五十三《萧相国世家》，第2017页。
④ 《水经注校证》卷十九《渭水》，第453页。

的方法："每亩以黍、椹子各三升合种之。黍、桑当俱生，锄之，桑令稀稠调适。黍熟获之。桑生正与黍高平，因以利镰摩地刈之，曝令燥；后有风调，放火烧之，常逆风起火。桑至春生。一亩食三箔蚕。"①植桑技术进步，促进了桑业的发达。从西汉扬雄《方言》看关西地区，其养蚕设备齐全，有大批地区性蚕具名称，如槌、䥫、佥、薄等。考古工作者在古丝绸之路长安至西域段，沿途发现大量汉代各种精美的丝绸及织品，也反映出西北蚕桑业的巨大发展。

5. 传统畜牧兽医技术的初步发展

汉代西北畜牧与农业同兴并张，然畜牧兽医技术因古籍缺乏记载，显得不及农业技术丰富，仅从有限的史料中仍可看出，汉代传统畜牧兽医技术比周秦时有很大进步。

关于这一时期西北游牧区的家畜种类和优良品种，本章首节已做概述。其中骡子、䮫杂交畜种育成推广，驴子、骆驼、牦牛等"奇畜"大量繁殖并用于农耕和运输，名马中乌孙马、大宛马、匈奴马等地方优良马种培育内传，集中体现出游牧民族精绝独特的家畜繁育技术，同时可知牧区民族畜养、管理技术有很大进步，因为优良畜种的繁育基础仍在于放牧和饲养。关于少数民族丰富的放牧技术，历代古籍记载极为笼统，仅从"逐水草迁徙"和"随时转移"之类的片言只语，很难了解其中丰富多彩的游牧技术。近年在内蒙古、新疆牧区发现的大批古代岩画，传达出游牧民族社会生活的消息，从画中可以略微窥见一些古代游牧技术性的问题，从而对西北传统的季节性倒场轮牧方式及多种多样放牧方法有一定的历史认识。

根据内蒙古西部阴山地区畜牧岩画的研究报告②，被发现的1万多幅岩画分属于各个历史时期，当是古代游牧民族生活的真实写照。但从画面风蚀程度和刻画风格可以认定，"绝大多数的畜牧岩画是青铜时代或更早时代的作品"，所反映的基本的畜牧技术起码在汉代前已形成，所以研究者常常将岩画与《史记》和《汉书》中有关匈奴畜牧业的描述相互比较印证。岩画中常见有众多的牲畜排成一列长队，鱼贯行进，正是牧区倒场时的壮观情景。西北传统游牧业常把牧场以季节划分为两季牧场或四季牧场，内蒙古西部一般采用两季牧场。冬春牧场选在山前阳坡或谷地沙窝地带，以免冬季和早春风寒，夏秋牧场则在山顶、阴坡及高燥草场，以便牲口度过盛暑，在青草季节尽量长膘。这样一来每年都要按季节转换牧场，恰如《汉书·匈奴传》所说的"随时转移"。匈奴所以极力据守阴山与河套地，秋冬时不顾一切地南下牧马，正是为倒场越冬。传统放牧时惯用的"一条

---

① 《氾胜之书辑释》一七《桑》，第166—167页。
② 盖山林等：《内蒙古西部畜牧岩画初探》，《中国农史》1984年第4期。

鞭"和"满天星"两种基本的布群方式,早期岩画中均已出现。"一条鞭"式放牧将畜群列成一线,只有一只头羊居前,引导畜群边食草边前进,保证每头牲畜都能吃到新鲜牧草,牧场利用比较充分。"满天星"式放牧使牲畜均匀地分布在草场上,不分首尾,每头牲口可在一定范围内采食。从画面上还可看出,无论何种布群方式,一般都有牧人在前面"领牧"或在后"赶牧",有效地控制牲畜采食、游走以及卧息的时间,使草场得到合理的使用。

西北农区畜牧技术的发展状况,从汉王朝推广牛耕、保护耕牛以及总括公私马业的完备马政状况推测,马、牛等大牲畜的饲养和群牧技术发展最快,猪、羊、鸡、鸭等小禽畜随着小农经济巩固,饲喂的规模和技术水平也大有提高。人们一般认为汉代是西北畜牧技术极为重要的发展阶段,即周秦时萌芽的以精细饲养为特征的传统畜牧技术在不断丰富进步,精饲细养的农区畜牧技术体系正处于完善过程。正是这一历史时期牧草苜蓿开始被引入西北农区种植,极大地提高了家畜的营养水平,在西北畜牧史上有着极为重要的意义。苜蓿是一种多年生豆科牧草,原产自中亚地区,波斯语意为"最好的草",在汉代以前西域地区已开始种植,张骞曾见大宛以苜蓿养马,归汉后向武帝极赞大宛"天马"和美草苜蓿,成为武帝派遣张骞再次出使的动机之一。后来"汉使取其实来,于是天子始种苜蓿"[1]。随着丝路开通,引进良马渐多,外使来者甚众,长安离宫别馆旁也尽种苜蓿,以照顾西北名马的嗜草习惯。苜蓿既是牧草,又是很好的蔬菜,且可入药,甚至还可作为耐旱的绿化观赏植物种于上林苑,东汉都城洛阳还特辟建一"苜蓿园"。据《西京杂记》载:"乐游苑自生玫瑰树,树下多苜蓿。苜蓿一名怀风,时人或谓之光风。风在其间,常萧萧然,日照其花有光彩,故名苜蓿为怀风。茂陵人谓之连枝草。"[2]这是关中珍重和广种苜蓿的情形。苜蓿耐寒耐旱,对土壤适应性较强,很快遍及西北边郡农村和牧苑,最先成为农区栽培的饲料作物。苜蓿不但产量高,而且含大量可消化蛋白质和多种维生素,营养丰富,适应性强,为家畜生长、发育、繁殖和健康提供了物质基础,从根本上提高了饲养水平。后来农区各类家畜优良品种大量出现,其中历史性的原因,就在汉代以来引进并大量推广了苜蓿这种优质牧草。

传统的相畜术在汉代发展到了高峰。随着畜牧业的兴盛,牲畜的交易日益频繁。汉政府经常性地征调马匹,都需要通过相畜术选择出不同用途的优良家畜。畜养技术的不断精细,外来优良家畜的引种和繁育,也为家畜外形观察提供了新的根据和标准,古老

---

[1]《史记》卷一百二十三《大宛列传》,第3173页。
[2]《西京杂记》卷一《乐游苑》,第21—22页。

的相畜术从而达到了历史最高水平。汉代以相畜立名天下的专家层出不穷，西北相畜家更是人才济济。其中成就卓著者，西汉有东门京，始创铜马模型，汉武帝诏令立于鲁班门外，作为官定的相马标准，时称"马式"。东汉时马援总结历代经验，博取众家之长，相马成就最高。马援是扶风茂陵（今陕西兴平县）人，自小便立志赴边郡田牧，后来罹罪逃亡北地，以成功的农牧经营而致富。马援曾任陇西太守，屯戍河湟地区，征伐、折冲于游牧民族间，积累了丰富的畜牧经验。马援好骑射，也善于相马。据说他受学于著名相马家杨子阿，继承四代名师（子舆、仪长孺、丁君都、杨子阿）的相马之法，兼采仪氏、中帛氏、丁氏数家之长，创造了独特的相马法。其要点："水火欲分明。水火在鼻两孔间也。上唇欲急而方，口中欲红而有光，此马千里。颔下欲深，下唇欲缓。牙欲前向。牙去齿一寸，则四百里；牙剑锋，则千里。目欲满而泽。腹欲充，鬑欲小，季肋欲长，悬薄欲厚而缓。悬薄，股也。腹下欲平满，汗沟欲深而长，膝本欲起，肘腋欲开，膝欲方，蹄欲厚三寸，坚如石。"①综合这些原则，马援用征伐交趾（今两广地区）所得骆越铜鼓，铸成高三尺五寸、围四尺五寸的"名马式"。这种马式改变了东门京一种马立一式的做法，将各种名马的优点集于一式，便于相察比较。相畜术可算古代的家畜外形学，名马式类似于近代马匹外形学中的良马标准型。然西方国家直到 19 世纪才有铜质良马模型，较马援名马式晚出近 2000 年。

传统的家畜阉割术，因耕战需要大批去势牛马有新的发展。先秦去势用火骟法，即以烧红的烙铁截断血管，摘除睾丸。火骟虽可靠能止血，却容易造成手术部位组织烧伤性坏死，且伤口愈合慢，影响征战役使，极易发生感染。汉代发明了水骟法，即切断精索血管之后，用冷水冲洗血污，使血管因受冷水刺激而收缩，从而达到止血目的。最后以炒盐和植物油注于创口内，防止发炎化脓。相传水骟法是汉将韩信始创，其说不一定可靠，但水骟法曾在韩信军马中施行是可能的，此法在西北农牧区最为普行。

汉代中兽医学的重大进步在于中草药的开发利用，这自然是与本草学的发展密切相关的。秦汉之际，本草学已发其端，各地先后出现精于药用植物采集和研究的专家。平帝元始五年（5）诏令郡国"征天下通……《本草》……教授者……遣诣京师"②，大约就是为汇总中草药成果，或集中专才进行中草药研究。东汉成书的《神农本草经》汇总了两汉及其以前中草药的知识经验，集成一部系统医药著作。汉代本草学主旨在于医治人病，同时也兼顾兽病的治疗，《本草经》著录药品有些还特别指出适用于牛马。汉代兽医和草

---

① 《后汉书》卷二十四《马援列传》，第 841 页。
② 《汉书》卷十二《平帝纪》，第 359 页。

药盛行于关中是毫无疑义的,同时西北出土的汉简表明,中兽医及草药的先进成果也传播于边郡和牧区,在已整理编印出的《流沙坠简》《居延汉简》中就有十几片记载牛马病药方。如用石南草涂敷医治鞍疮,石南有消毒、杀虫、止痛作用,至今仍作外用药。又如伤水症是因马饮过多冷水引起腹痛而起卧不宁,当时已知用止腹痛和整肠理气的药物治疗。除此之外,汉简中还有"治马头涕出方"等经验性民间药方①,这些均是出自公元前一个多世纪的西北古老的兽医处方。汉代马的修蹄、装蹄已很普遍,时有用皮革做成的"根"包裹马蹄。《盐铁论》中说到富家之马"烦尾务掌",这里说的务掌,极可能就是铁掌,即给马装蹄铁。无论革还是蹄铁均可保护马蹄不受磨损,同时可防治蹄病。

6. 传统农学的杰作《氾胜之书》

西北传统农业技术的全面开发和推广,自然需要对这些技术知识做出系统的总结提高,于是便促进了传统经验农业科学的发展,农学著作在西北相继出现。根据《汉书·艺文志》农家类著录记载,汉代农书有七种,其中《董安国》《尹都尉》《赵氏》《蔡癸》《氾胜之书》五书作者均系内史、三辅长官,所记农艺多与关中及西北相关。这些农学著作不再像《吕氏春秋·上农》等四篇那样以篇章形式附于子书中,而是独立成著的专书,其内容也不像《商君书》那样重在农政议论,而是旨在农业生产经验和技术知识的记述,完全属于传统经验性农业科学专著。这几种早期农书后来大都佚亡,但是各书高下优劣,古人却早已论定:"汉时农书有数家,氾胜为上。"②因此,其余几种农书的内容,甚至连作者也无从考知,只有《氾胜之书》的部分重要内容,赖他书征引而流传1000多年,基本上可以反映汉代的农艺水平,因而显得特别宝贵。

《氾胜之书》的作者即氾胜之,汉成帝时人,根据《广韵》对氾姓的考释:"出敦煌、济北二望。皇甫谧云,本姓凡氏,遭秦乱,避地于氾水,因改焉。汉有氾胜之。"③氾水在今山东曹县北40里,所以后人多以山东曹县为氾胜之籍贯。其子氾辑后任敦煌太守,子孙遂以敦煌为家,而氾胜之又是以"敦睦九族"④称著的人,据此人或推测他晚年居家于敦煌。《汉书》未为其立传,生平事迹后世史书追记又极为简略,《汉书·艺文志》注说

---

① 中国社会科学院考古研究所编:《居延汉简:甲乙编》肆《释文》一五五·八简,北京:中华书局,1980年,第108页。
② 《十三经注疏·周礼注疏》卷十六《地官·草人》贾公彦疏,第410页。
③ 〔宋〕陈彭年编:《宋本广韵》卷二《凡二十九·氾》,北京:北京市中国书店,1982年,第211页。
④ 《文选》卷四十任彦昇《奏弹刘整》李善注引王隐《晋书》,第1807页。

他"成帝时为议郎"①,《晋书·食货志》称其为"轻车使者"②,《通志·氏族略》又称"黄门侍郎"③。唯有刘向所著《别录》记氾胜之事最为可靠,说汉成帝曾"使教田三辅,有好田者师之,徙为御史"④。氾胜之既以教田有功而擢升,也以高超的农艺享誉后代。东汉著名学者郑玄曾赞:"土化之法,化之使美,若氾胜之术。"⑤刘向与氾胜之为同时代人,郑玄距其也不过200年左右,其说必有根据,也符合氾胜之所处时代及其著作所见业绩。氾胜之生当西汉重农之世,倾心于农业生产,精通农业技术,故能为世重用。作为高级农官,其必然深入民间了解农业生产。汉代的关中农区,生产力发达,经济文化繁荣,新的农业生产技术不断涌现,氾胜之长期活动于这一农业技术策源地,从而集中起丰富的先进的农业生产经验。同时作为以教田为职的官吏,还要设法向农夫传授示范农业知识,研究各项重要的农业技术,总结方法步骤,尽可能概括出一些规律性原理原则,才能向农夫介绍推广。正是在这样的历史条件下,氾胜之这位杰出的古代农业科学家诞生了,同时又因氾胜之个人的农学才能,方产生了《氾胜之书》这部伟大的古代农书。

《氾胜之书》原书有18篇,隋唐书经籍志著录为2卷,是否保持原来篇幅无从考知。两宋时期氾书时隐时现,有的类书、政书和目录书还在征引收录,有的则不见其名,至《宋史·艺文志》便再无注录,可见宋末元初,氾书便已失传。幸而宋代以前的古籍,主要是《齐民要术》,征引了氾书中的重要文段,使其精华部分得以保存。清人洪颐煊、宋葆淳、马国翰先后为氾书辑佚,除搜辑《齐民要术》征引部分外,还拣拾了《艺文类聚》《文选注》《太平御览》等书引用的有关文字,作成辑佚本。新中国成立后石声汉、万国鼎分别在清人辑本的基础上重新排列材料,从现代科学的高度加以校注和翻译,如今行世的就是石声汉《氾胜之书今释》和万国鼎《氾胜之书辑释》两种排印本。总计辑佚本《氾胜之书》仅得3500多字,内容却相当广泛,包括土壤耕作、种子选留、溲种处理、播获贮藏、区田方法,以及禾、黍、麦、稻、大豆、小豆、麻、瓜、瓠、芋、桑、苏等十多种作物栽培的部分内容,可以看出当时农业生产的基本知识和关键性的技术措施。同时由于作者具有极高的农学修养,记述农业技术既有统一体系,又往往加以技术原理原则的分析,从而使氾书达到经验农学的高度。

---

① 《汉书》卷三十《艺文志》,第1743页。
② 《晋书》卷二十六《食货志》,第791页。
③ 〔宋〕郑樵:《通志》卷二十七《氏族略第三·以邑为氏》,北京:中华书局,1987年,第80页。
④ 《汉书》卷三十《艺文志》,第1743页。
⑤ 《十三经注疏·周礼注疏》卷十六《地官·草人》,第410页。

氾书在土壤耕作部分开始便道："凡耕之本，在于趣时，和土，务粪泽，早锄早获。"①这里提出的是土壤耕作的法则，然推而广之也是农业生产必须遵循的基本原则。正如石声汉所论"《吕氏春秋·士容论》中用三篇文字讨论着的、耕作上必须解决的具体问题，氾胜之用七个字做了全面的概括和总结"②，"趣时"，就是赶上合适的耕地时间，不可贻误耕期，广义而论之，就是时令或天时问题。"和土"，指耕、锄、耱平土地，使其保持松软细密状态，是土宜或曰地利问题。"务粪泽"，是通过一整套的人工田间管理，保持土壤肥沃和水足，属于人功的因素。"早锄早获"也属于人事范畴，主要强调了中耕除草，同时兼涉种植的最后环节收获。氾书把这三者有机联系在一起，作为指导土壤耕作以至从种到收整个农业生产的重要原理。从而把春秋战国以来形成的天、地、人合为一统的哲学思想正确运用到农业生产中，使之与耕作这一根本性农业技术问题结合起来，增加了氾书自身的理论性。仅存的数千字，反映着丰富的农业技术和生产经验，其中精彩部分本节一些段落已做了记述。后世也多是从氾书的这些记载，了解当时西北农业生产的实际状况，认识古代传统农业技术长期积累至汉代时所达到的水平，氾书在我国农业史上的价值也正在这里。这些农作经验和技术措施，无疑以劳动人民长期生产实践为基础，多半属于千百万农夫的发明；然而对这些农艺和实际经验进行调查搜集，并按照一定理论和体系加以总结提高，却是农学家创造性的贡献，氾胜之正是这样一位伟大的古代农学家。从氾书字里行间我们还可看出他长期深入民间，躬亲农作的身影，因而能对农事有全面深入的了解，大至耕种收藏，小到积雪驱虫，无不详加考察研究。凡是在民间推广的重要技术，氾胜之似乎都亲自操作试行，总结出明确切实的方法步骤，以便农夫仿行传习。例如区田法创自民间，而对区的尺寸大小、区间距高、每亩区数、区田施肥浇水次数、各种区种作物产量等，一般农夫未必有精确计算，而在氾书中都有定量的记述，若不自己动手作区试种，绝对总结不出各种因地制宜的区田法。至于溲种法，简直就是氾胜之本人种子处理的实验记录，故对粪肥和骨汁的选择，各种原料的用量和比例，制剂的程序和时间，处理种子的步骤，以及溲种的效果等，均记述得井井有条，通俗明白，农夫依方便可实行。

氾书原作是一部整体性的农学著作，主旨在于向全国传播农业技术，非局于一区的地方性农书。但是氾书收录技术材料主要来源于关中地区，记述农业的地理环境为黄土

---

① 《氾胜之书辑释》卷一《耕田》，第21页。
② 石声汉：《氾胜之书今释》，北京：科学出版社，1956年，第57—65页。

高原，因此也有理由作为西北古代农学著作看待，在反映汉代农业最高技术成就这一点上，它的地方性和普遍性是统一的。同时就氾书反映的农业科学系统看，完全是以西北旱农耕作为中心的技术体系，抗旱保墒是本书根本的技术思想，基本技术措施始终围绕着这个中心目的。正因为如此，这部古农书对西北农业生产有针对性，同时于黄河流域乃至北方旱农区均有指导意义。

当然作为我国现存最早的农学专著，氾书因受历史局限，有其不完善之处，以今日现代科学亦不难认识和评价。至于氾书受西汉谶纬之学影响，掺入少量带有迷信色彩的内容，如各种作物种植的忌日，烧黍秸会伤葫芦之类的无稽之谈，人们自会作为糟粕加以批判抛弃。

四、传统农牧经济关系的巩固

汉代西北农牧生产力的全面发展，促进了生产关系的进步，使得周秦时奠定的农牧经济基础更加巩固。在汉族经营的广大农区，封建统治全面加强，强盛的汉王朝代表着封建地主阶级的利益，对广大劳动人民实行政治压迫和经济剥削。地主土地所有制在封建生产关系中占据绝对的支配地位，通过租税赋役等手段盘剥农民，滋养了各种形式的地主经济，促使封建社会经济达到了空前繁荣。同时统治阶级为缓和阶级矛盾，维持农业生产力，也给自耕农经济一定社会地位，激发农民阶级的生产积极性，即使是无地的农民，也能以租佃和受雇形式参与到社会经济关系中来。就农业经营的规模看，小农自给自足的自然经济愈趋稳固，成为封建农业经营的基本方式。但是，随着西北疆域的开拓和国内外经济交流的加强，尽管汉朝廷屡次采取严厉的抑商政策，西北商品经济这时期仍有长足的发展。

在西北少数民族地区，由于汉王朝政令有所颁行，封建制经济关系也有一定程度的渗透和影响；不过从总体看，西北少数民族社会绝大部分还处于奴隶制的初步发展阶段，有的部落甚至还未完全脱离原始氏族社会关系。匈奴奴隶制这时已进入鼎盛时期，所统治的区域范围广大，包括的民族和部落众多，因此认识匈奴社会生产关系对汉代西北少数民族地区，特别是对游牧区的经济关系，具有一定代表意义。

（一）封建制农业经济关系加强

秦始皇首先建立的中央集权制的封建王朝历时仅十多年，却从政治制度上奠定了封建统治的基础。汉王朝全面因袭秦朝政治体制，又从经济上巩固加强新兴的封建制度，使封建生产关系不断地强化完善。西北农区封建经济关系也正是在这一历史条件下得以发展，封建制性质更加浓厚鲜明。

地主土地所有制是封建经济关系的基础，这时期西北地区地主占有土地的状况较秦朝时有更充分的发展，皇室地主、官僚地主、贵族地主、豪强地主、商人地主纷纷涌现，他们作为统治阶级，分别利用政治特权和经济势力占取大量的土地，贪婪地广置田产。封建皇帝首先是最大的地主，天子富甲天下，按理不当以个人名义再占土地。但自汉成帝"置私田于民间，畜私奴车马于北宫"①，便开启了皇帝私占土地的风气。而像上林苑等地面广大的苑囿名为国有，实际只为天子和皇室私有。上行下效，皇室成员，尤其是王侯封君也在封国之内侵夺民田财货，并蓄养奴婢，田地宫室多至无限。政府赋税收入因而颇受影响，故朝廷多次提出限田之议。官僚地主最先多出自开国功臣，汉初保留着秦的军功爵制度，有功将士多半被封为官吏，同时分赐给大量土地。后来各朝官僚成分不断变化，而官僚地主队伍却有增无减，且基本上以官职大小决定占地的多少。除封赐所得土地外，官僚地主还通过政治权力和种种非法手段兼并民田。如汉初萧何即在关中"贱买"民田千万亩，借以消除高祖刘邦的怀疑而自污。汉成帝时，丞相张禹在泾渭置膏腴可溉之地多至400顷，几乎占有全灌区大部分上好土地。汉代西北多贵族和豪强地主，关中可称贵族和豪强的大本营，皇族贵戚多半聚集于此，子孙广得庇荫绵绵不绝，均为强有力的土地兼并者。六国豪族自始皇时就有12万户徙居咸阳。汉高祖继迁齐楚大族中昭、屈、景、怀、田五大姓氏于关中，武帝又多次移郡国豪杰于茂陵，使西北豪族地主势力不断壮大。豪族地主除分享上好田宅外，还利用宗族和各种社会势力武断乡里，肆无忌惮占民田，"或至数百千顷，富过王侯"②。由于关中人众地狭，贵族豪强后来不断向西北边地扩张，朔方至河西一带新置郡县多被贵族豪强地主所控制，特别是富庶的河西走廊在东汉后期出现"大姓雄张"的局面，并世代继承为世族。汉代商人也注意把交易中积聚的商业资本投入田产中，遂成为"连栋数百，膏田满野"③的商人地主。尤其是在广大宜农宜牧的西北新垦地区，崛起了一批"以财雄边"的商人地主，田地畜产之富常使内郡地主黯然失色。

除上述各类地主土地占有形式外，汉代国家占有土地也有相当大的比重，并且在西北分布最广。这些土地名为国有，然就其剥削形式与地主土地所有制并无区别。首先当

---

① 《汉书》卷二十七中之上《五行志》，第1368页。
② 〔东汉〕荀悦撰；张烈点校：《两汉纪·汉纪》卷八《孝文皇帝纪下》，北京：中华书局，2002年，第120页。
③ 《后汉书》卷四十九《王充王符仲长统列传》，第1648页。

西北公田在新辟之时或久荒之后，政府便有组织地分配给移民，或由皇帝赐给王公贵族，地方官吏和戍边将领也乘势侵吞，凡此都使公田处于私有化的过程。国家实际掌握的大量公田主要是边防士卒的屯田，此外尚有盐铁材用之利的山泽、京师苑囿及离宫近旁之地。汉代西北屯地面积广大，从三辅到西域几乎各地都有分布，形式以军屯为主，但也有相当的民屯。如北假（今河套地区）一带即由国家设立田官经营，"假与民收其税入"。国有屯田中无论直接榨取士卒的无赏劳役或间接剥取边民假税，本质同地主土地所有制下的剥削完全相同。认识这一实质后，再看汉代私有土地另一重要组成部分，即自耕农土地所有制的发展；同样受制于封建剥削关系，也起着维护封建经济基础的作用。秦始皇倡导"上农除末，黔首是富"①，极力扶植自耕农。汉初为恢复生产，更是借重于自耕农经济。汉代各朝接二连三地向西北旷土移民实边，基本政策就是分给移民土地，使其安居乐业。自耕农户占耕地面积远不及地主广大，但由于移民人户众多，故能在西北构成一定经济势力，在守卫边防、繁荣边地经济的过程中发挥了重要的历史作用。

租佃和赋役制度与土地占有密切相关，是封建地主阶级剥削农民的基本手段，最集中地体现出封建制农业经济关系。租佃制指无地或少地农民佃种地主土地，按一定租率向地主缴纳粮食的剥削方式。租佃制度早在封建关系确立时已经出现，秦国自商鞅变法后，"或耕豪民之田，见税什五"②，明确记载在当时地租率高达百分之五十。汉代租佃制在西北进一步发展，不仅在地主经济中普遍实行，而且国家公田有的也采用租佃方式经营。西汉北假公田徙民耕垦，田官收取的"假税"，实际就是政府所得的田租，每年收入相当可观，故汉儒议政常将北假公田之入与郡国盐铁、常平仓相提并论。《汉书·沟洫志》记汉武帝曾过问内史（关中）稻田租挈过重的问题，据颜师古注释正是指内史公田收租高于郡国田租，因而引起武帝的关注。东汉时，假民田苑和荒地的诏令各代均有所见，假税之率也相当于农产的百分之五十，与地主租率完全相同，耕种假田的农民实际成为国家佃农。汉代西北地主的租税一般维持秦时"见税十五"的水平，例如马援在苑川（今甘肃天水市）经营垦种水田沃土，用中分法与佃户分租，就是后世所称的"财分制"。当然也有些"暴酷于亡秦"，不顾佃民死活收取高额地租的地主，王莽时豪强地主有的竟收"太半之赋"，租率达百分之六七十以上。

赋役制度反映封建国家对人民的经济剥削。汉代赋税名目较前繁多，最主要的是田赋，即土地税。西汉初年汉高祖惩秦之弊，约法省禁，变秦十一而税的旧制，为十五而

---

① 《史记》卷六《秦始皇本纪》，第245页。
② 《汉书》卷二十四上《食货志》，第1137页。

税一的新制，把田赋税率由十分之一降低至十五分之一。汉文帝用晁错重农贵粟之策，"赐民田租之半"，以"三十而税一"之率减半收取田赋，至汉景帝时渐成定制，终西汉未曾改变。东汉某些时期偶尔破例，多数情况下却遵行不易，于是三十税一被视为汉代田赋率的标准，后世论田赋常以此为规范。田赋计亩而征，即地主阶级依法也不能脱免。但地主以租佃方式经营，田赋均来自地租，国家增加田赋，地主便增收地租，将过重负担转嫁给佃农。贵族豪强地主与地方官勾结，通过隐瞒土地等不法手段，偷漏田赋。真正守法缴税的只能是大批田产有限的自耕农，虽说税额不多，其承税能力更有限。田赋增减对自耕农经济发展影响极大，由于汉代实行较低土地税率，自耕农稍能维持基本再生产，所以保持着一定生产积极性。另外还有口赋和算赋，即人口税。其起始时代尚难考定，推行于汉代却毫无疑问。《汉书》载高帝四年(前203)八月"初为算赋"[①]，同书《昭帝纪》也提到口赋，据如淳注引《汉仪注》释，算赋指民十五以上至五十六出赋钱，每人一百二十钱称一算，为国家治库兵车马之用。口赋指民年七岁至十四岁所出赋钱，人二十三钱，其中二十钱供养天子，另三钱为补车骑之费。可见从七岁少年起到老年，均要承担国家口算；而郡国之民还要以户向封君缴纳赋税，称为"户赋"。这种人口税和户口税，对于贫民来说实在又是一笔沉重的负担。然而最苛暴的封建削削还要算各种徭役之征，强占大量劳动力和农时，直接妨碍农业生产，是农民无偿供给国家的剩余劳动的自然形态。汉代徭役主要有兵役和力役，兵役分正卒和戍卒两种，年二十均得服役。正卒每年到郡县当兵一月，不服役者可交二千钱雇贫民来代役。戍卒规定守边三日，实则一年更换一次，多数人家只交三百钱为戍守代价。因汉代辅行代戍之法，地近边防的西北农民充当戍卒机率更大，虽说超役戍卒可取得一定数量的过更报酬，实际官守很少按规定如期如数地予以支付。力役项目时间极不固定，摊派极为频繁，从中央到地方官府，凡转输粮饷军需，开修大型水利，兴建宫殿围苑，修竣地方城堡桥道，以及郡县乡里杂事，无不征调农民，地主阶级一般均不直接负担。汉政府通过皇帝"赐复"多给予特权阶级徭赋的豁免权，农民一身既种田谋生，又要支差徭役，常有难以喘息之苦。

汉代西北地区除上述通行的依靠土地占有进行租税赋役剥削的封建关系外，同时存在着奴隶制剥削的残余。西北边塞的公田即有大量宽赦罪囚和没官奴婢，各类大地主均畜养着一定数量童仆、奴婢，多者以千万计，其身份多属于农奴性质的劳动者。汉代奴婢、童仆虽受法律保护不可任意杀戮，但可买卖和赏赐，丧失人格自由，除维持个人生

[①]《汉书》卷一上《高帝纪》，第46页。

活外，劳动成果全部归主人所有。汉朝征服匈奴后，有些少数民族部落内附而渐入西北农区，长期维系着旧有的生产关系，其农牧经营中的奴隶制因素更为浓厚。

（二）少数民族地区奴隶制的发展

当汉朝封建制农业经济关系在西北主要农区巩固发展时，少数民族地区方逐步进入奴隶制社会。尽管汉朝封建政权曾一度统辖了这些地区，甚至设官置守，颁行某些政令，但各少数民族内部生产关系仍然落后一步，基本上还处于奴隶制或向奴隶制过渡的状态。

匈奴是当时西北少数民族中奴隶制进程最快的民族，入汉之际便完完全全建立起一个以漠北为中心的庞大的地方性奴隶制政权，盛期曾控制了长城以外的整个北中国。统治的民族除匈奴外还有部分东胡、西伯、月氏、楼烦、白羊、浑瘐、屈射、丁令、鬲昆、薪犁、乌孙、羌、汉及西域诸国民族，所以匈奴政权大范围地带动了少数民族奴隶制的进程，在西北边远地区社会形态进化中起到促进作用。匈奴奴隶制政权最高首领是单于，总揽军政大权，由贵族氏族出身的左右骨都侯辅政。左右贤王是最高地方长官，分领匈奴东西两部地。左贤王位比右贤王尊贵，是单于候补人选，常由太子出任，原始氏族禅让制已不复存在。左、右贤王以下长官谷蠡王、大物将、大都尉、大当户等，位分左右，依次相统。各自有驻守的"分地"，并分别在辖区组建统领甲骑，在单于的指挥下对内实行镇压，对外发动侵略。显然这是个军事性极强的奴隶制政权，战争成为国家"正常职能"，因而匈奴本族一般不脱离甲骑，平时逐水草游牧，战时跃马挽弓，即使匈奴贵族阶级也被编入军队。受压迫奴隶多半来自战争中的俘虏和掠夺来的各族人口，匈奴人犯罪后被没收的家口也要沦为奴隶。汉代匈奴所有奴隶通常不下数十万口，其中来自农区的汉人约在十余万口以上，成为匈奴的耕奴和工奴。被俘的其他游牧民族则仍操旧业，驱使为牧奴。奴隶和牲口一样，成为匈奴奴隶主阶级的两大财产，奴畜占有的多寡，决定主人的社会地位；各类奴隶创造的剩余产品，又为奴隶主增殖着财富。工奴多被集中起来从事劳动，在阴山和河西即有大型的手工工场。耕奴和牧奴多分属各奴隶主，从事畜牧和少量农业生产。奴隶可以被作为祭品，或用以殉葬。据《史记·匈奴列传》所记匈奴葬俗，奴隶主死后，所幸臣妾（奴婢）从死者常多至数十、百人。诺颜山匈奴贵族墓发现殉葬奴隶中有辫发者17人，正是残酷奴隶制罪恶的证据。奴隶反抗斗争时有发生，东汉建武时期十数万"资虏"的集体逃亡，就是一次规模较大的奴隶抗争。

匈奴政权除直接榨取奴隶劳动外，还通过每年的"课校人畜计"，对内征收牧民、牲畜和财物，其税法和征法在《史记·匈奴列传》中略有反映。每年春、夏、秋各首长都要分别会于单于庭、茏城、蹛林三地，而以秋会最为隆重。因秋季正值牲畜肥壮之时，单于与会向各部首长课校人畜，稽查户口增减和牲畜繁殖情况。一方面督察各地行政和畜牧生产；另一方面为核实人畜数目，征收赋税。冒顿之子老上单于时，汉人中行说教习单于左右官员采用精确的登记和计算方法稽征人畜财税，大大改进了匈奴税法。各部各级首长对本族成员主要通过私占游牧地进行经济剥夺。匈奴奴隶社会在所有制方面，长期保持牧场公有和牲畜畜产私有相结合的制度，但随着奴隶制的充分发展，各首长和权势贵族借口部族利益，利用政治权力把公共牧场化为私有财产，迫使牧民接受经济剥削。

在匈奴征服区的大量异族人畜，自然不可能全部征发到漠南地，特别是远在天山南部以农为主的西域各族更不宜迁徙。但匈奴奴隶主并未放弃对这些民族的统治和剥削，单于令驻牧西边的日逐王在西域设置僮仆都尉，长年驻节焉耆、危须、尉犁等地之间，统治整个西域地区。匈奴毫不掩饰地把西域民族称之为僮仆(即奴隶)来奴役，并以苛刻繁重的赋税手段横加剥削，史书所说"赋税诸国，取富给焉"①，正是指匈奴奴隶主对西域大肆进行的经济掠夺。匈奴与汉朝长期抗衡，大军所需粮草多取于西域农区。每当西域与汉绝通，匈奴便重新侵入诸国，责令补偿所欠租税，无限度地提高税额，因此经常激起西域各民族的强烈反抗。汉朝使者正是利用这种民族矛盾，采取羁縻政策使西域内附，合兵进击匈奴。东部的乌桓鲜卑和北部丁零等民族同样遭受匈奴的奴役和经济勒索，在匈奴虚弱之时便从东、北两面出击，配合汉朝和西域民族，对匈奴形成四面围攻之势。匈奴在西北各民族的联合进攻之下，逐渐众叛亲离，分崩离析。后来南匈奴归降汉朝，北匈奴西迁而离开漠北，活跃数百年之久的匈奴奴隶制政权便由盛而衰，由衰而渐亡。

西域民族北部有发达的游牧业，南部有兴旺的绿洲农业，秦汉时其社会生产力有一定的发展，多数已进入奴隶制社会。诸国均有其一定的奴隶制政权形式，大月氏在阿姆河流域建立的贵霜王朝，就是西域奴隶制政权盛期的一例。西域各国均建有相当可观的维护国家政权的武装力量，如乌孙、月氏、大宛等国胜兵分别有一二十万众。匈奴势力的入侵，僮仆都尉的设置，进一步加强了西域诸国的奴隶制性质。据《史记》《汉书》记载，乌孙贵族之家养马均达四五千匹。大宛富人贮葡萄酒多至万余石，陈酒蓄藏十多年。西域奴隶制关系，在新疆出土的汉代佉卢文简牍中表现得极为清楚。简文中"奴隶"一词屡见，其中还有"诸奴隶""一切奴隶"之类的用语，奴隶显然已成为一个人数众多的阶级。奴隶地位低下，可与马、牛、骆驼、布绢等财物一样论价购买，如有些买卖奴隶的

---

① 《汉书》卷九十六上《西域传》，第3872页。

简牍记载：一个女奴价值绢四十匹；一小女奴值为低价骆驼一峰，于阗粗毯一条及其他一点杂物。一个男奴价值五龄的骆驼和马各一匹，或另加一些杂物。奴隶买卖常立有契约，立约一般是奉官吏之命，受法律保护。契约中多写明买主对奴隶的所有权，可以随意打骂，以致弄瞎眼睛；也可以随时出卖、赠送、交换、抵押给别的主人。契约有效期长达一百年，或与生命等同，奴隶身份终生不变。现代新疆出土少数民族墓葬所见，同法卢文简所记奴隶制完全吻合，墓中随葬品多寡悬殊，奴隶主和奴隶身份差别非常清楚。奴隶陪葬令人惊悚，生殉现象普遍，从死人数众多，还有将奴隶肢解后殉葬的，西域奴隶制的野蛮令人触目惊心。诸国国王是奴隶主阶级的总代表，对国民有生杀予夺之权，以国家名义对包括奴隶在内的人民实行压迫剥削。西域人民除受本国奴隶主以奴隶制方式进行残酷剥削之外，还要受匈奴族的"税赋"掠夺。同时在汉朝政府统治西域期间，戍征的军队和往来使者数量增加，戍卒屯田供不应求，不免取粮于诸国之民。据《汉书·西域传》所载："敦煌酒泉小郡及南道八国，给使者往来人马驴橐驼食，皆苦之。"①小国或承受不了这些粮草赋敛，每当汉军汉使经过，便闻风逃避。在多重政权统治和多种经济剥削之下，西域人民的处境是极为艰难的。

河湟以西青海高原地区的羌族，因山谷阻隔，部族分散不易合聚，至汉时仍分为数十种。《后汉书·西羌传》记其"不立君臣，无相长一"②，显然还处在原始游牧部族状态，未能建立起统一的奴隶制政权。然河湟地区羌人与汉族或匈奴杂居相处，不少部落举族附汉内迁，其社会形态进化快于日月山以西的羌族部落，大约奴隶制关系在这些氏族中已经出现，有的甚至还杂有部分封建经济的因素。

（三）自然经济的稳定发展

汉代西北农牧经济的结构形态，始终是一种自给自足的自然经济形态，而且在400余年间，自然经济的因素稳定增长，逐步成为地区社会经济结构的基本核心。这种性质的经济无论是在封建制下的农区，还是在奴隶制的游牧区均占有绝对的统治地位，而在农区经济结构中表现得最为典型。

农区自然经济即小农经济，早在周秦时代已在形成中，当封建制在西北农业生产关系中确立之时便有了一定规制。小农经济的根本特点在于生产不是为了商品交换，目的主要是为满足生产者自家生活需要，其生产规模很小，再生产基础薄弱，经营形式封闭，

---

① 《汉书》卷九十六上《西域传》，第3893页。
② 《后汉书》卷八十七《西羌传》，第2869页。

然而却自有一套低水平的内部循环和调节机制，保证经济体系具有一定稳定性，与封建社会生产力水平相一致。到了汉代，随着封建制的巩固，小农经济进一步表现出活力，上述优劣因素也充分地显示出来。首先是在自耕农中小农经济具有最充分的发展条件，小农体制显得非常精干完善。《汉书·食货志》所记，一般五口之家，耕田最高限额不过百亩，土地规模同前代相比并无大增，但汉时水利大兴，牛耕和铁具推广，施肥、耕作、栽培及各项田间管理技术有很大进步，小农生产效率自然超过前代。据统计西汉后期户均土地约六七十亩，东汉略增到七八十亩[①]。自耕农不过百亩土地，正接近户均亩数，其经营规模是适度的。全年所获产品除了提供国家赋役外，剩余部分基本上可以维持五口之家的生活，再以极少量的农产换取自家所无的生产和生活必需品，勉强维系着再生产。这种小农"好稼穑，重五谷"的习俗，充分体现出以种植业为主，而种植又以粮食生产为主的传统。同时又是一个"农牧结合""耕织结合"的综合经营体系，主要的农业生产和生活资料均为自产自用。西北农区自古兼重畜牧，愈近牧区兼营畜牧的比重愈大。汉代大力推广牛耕，政府常课征民马，小农家务养大家畜者颇多，既解决耕作动力，又积攒了粪肥。猪、羊、鸡、鸭之类小畜禽所食不过米糠麦麸之类的农产脚料，所产肉、蛋、皮、毛为重要农副收入。边塞农家田畜并重，而以牧养农或以畜致富者颇多，农牧业在西北小农经济结构中已成为推动其良性循环的重要产业。男子主要耕牧，服任徭役公差；妇女则承担一切家务，凡采桑、养蚕、织麻、织布、制衣、舂米、磨面、炊事等均为女工之事。这种男女分工形式上愈来愈趋分明，实质上正是小农经济内部耕织两业更加紧密结合的体现。因为这些家务主要服务于家人日常生活和男子农耕活动，所以妇女农事的规模和安排，总是由农田生产需要决定的。农闲之余，农家也以月令、节俗举行祭祀纪念活动，起到丰富和活跃小农文化生活的作用。

汉代地主经济同样表现出自然经济的性质，尽管地主经营土地的规模远远超过自耕农，甚至有地跨数县的大地主。但是各类地主经营的基本形式仍不外乎租佃制，再多的土地分租给佃农之后，随即变成单家独户的小农经济，经营的规模、方式大体同于自耕农。因为佃农无独立的经济地位，缺乏大牲畜和精良农具，承租土地只能量力而定，一般也不超过百亩。佃农只要保证向地主完租，主要粮食作物以外的经营和具体的生产安排，不甚受限制。他们同样要从事少量的畜牧、纺织等多种经营，自给最必需的生活用品。所以地主租佃土地上的农业经济结构形态，仍然是一种小农经营。汉代也确实出

---

① 梁方仲：《中国历代户口、田地、田赋统计》，上海：上海人民出版社，1980年，第5页。

了许多地主使用奴婢、僮仆和雇工等直接经营农业生产的现象，在西北关陇豪强和边郡地主之家更为普遍，后来有史家称其为"地主庄园经济"。地主庄园经营面积多少不等，少者数千多则数万亩。经营规模取决于奴婢和雇工的众寡，朝廷对蓄奴一般限制在数十至二百之间，所以地主庄园显比农民家业广大，经营门类更为繁多，但它的生产规模毕竟还是有所限制的。而且地主直接经营的庄园一般只占其田产的极少部分，大部分土地仍采取租佃经营。庄园经营项目多，内部生产也有一定的分工。然而生产的目的主要在于地主之家的享用和挥霍，商品生产的成分极少。庄园内的分工也只是在狭小的、封闭的条件下进行，丝毫不带有社会化分工生产的意义。所以说，从生产结构的性质看，汉代兴起的地主庄园经济仍然属于自然经济。东汉崔寔的《四民月令》可谓汉代地主庄园经济的真实记录，而新中国成立后西北各地出土的有关汉代地主生活的壁画和像石，正是当时庄园经济的写真。陕北绥德、米脂等地几座汉代地主墓葬出土了许多幅画像石刻，其中有牛耕图、收谷图等农事图，也有放牧图、狩猎图、出行图等，反映了边郡地主经营确是以农为主，兼营畜牧，并以狩猎自娱。内蒙古和林格尔东汉墓大型壁画对地主庄园经济描绘得更为具体生动。据考证墓主曾任乌桓校尉，系官僚地主，因而庄园产业颇为宏大。在墓葬后室主体壁画中心是庄园宅区，鳞次栉比，极为豪华。东北方向为一片广大田地，农夫扶犁吆牛忙于耕种。宅区附近有一园圃，种植着各种蔬菜，为防止禽畜侵入园圃，园四周筑建围墙；还可以看到一二老圃手执锄头，在园中精耕细作。宅区近旁设有马厩、牛圈、羊圈，饲养有壮畜，也有幼畜，象征牛羊肥壮，且繁殖不息。围栏外散放着猪群和鸡群，体现了农区畜牧的特点和风格。庄园宅区附近还有一片桑林，妇女们手拿绳索、长钩和网子正在采桑；树旁画出桑筐、蚕箔等用具，表明庄园经营着蚕织生产。距宅区较远处有三个方坑，表示无数麻池，有人忙着沤麻。麻坑正南有一大型车库，专门存放马车。墓前室的壁画，可见到收获成堆的粮食、运粮的牛车和贮粮的囷困，奴婢们还在捣舂粮食。中室壁画有一酿造图，表明庄园用自产谷物，酿制酒、醋等类的副食品。小农经济的自给自足性以及以农为主、农牧结合、耕织结合、多种经营等特征在地主庄园中充分表现出来。

　　奴隶制下的西北牧区的社会形态虽与农区封建制有所区别，但经济结构也属于自然经济。奴隶主组织畜牧生产主要为了自己生活所需，饮食用的肉乳和衣着用的毛皮、骑行用的马驼、居住用的毡帐等无不来自畜牧，自给自足经济特点非常明显。奴隶主虽可以无限度地占有奴隶，然而粗放的游牧业只能进行极度分散的经营，加之西北广大荒漠和草原载畜量低下，畜群包含牲畜数量常常受草场的限制，所以每一个游牧单位仍然采取小规模的经营方式。游牧经济并非纯而又纯,其中也包含少量的种植业和必要的手工业以及狩猎生产。特别是匈奴奴隶主,常利用俘获的汉人种植粮食,把各族的能工巧匠分编到各种工坊,从事铜铁冶炼、陶器制作、木器打造、皮革鞣制、毡毯制造等手工业生产。至于狩猎则常与游牧相随而行,骑马赶牧之中,便可射鸟鼠、猎狐兔。游牧生产是自由的,游牧自然经济内容同样丰富多彩,既保障了牧民的日常所需,又活跃了牧民的文化生活。

(四)商品经济初步发展及对农牧业的影响

自然经济的基本结构和特征在汉代西北农牧业中取得绝对的统治地位,情态尽见上文。但是在此前提下,西北商品经济也在急剧发展,出现了一个小小的高潮。西北商品经济萌芽于原始社会末期,西周时商业活动已初见规制。到了春秋战国,商品经济实力蓄积,颇有一股勃兴猛进的势头。统一之后,秦朝完全打破诸侯割据的局面,商品交换不再受到国疆边界限制。秦始皇又开通全国驰道,"东穷燕齐,南极吴楚"①。在西北境之内则"堑山堙谷"②,修成自咸阳抵阴山的千八百里直道,把边塞与全国各地连在一起。秦驰道宽坦坚实,本来为集权统治和边防建设统一交通所修,实际上也开通了西北及全国的商路,便利了地区内外的货物流通。只是秦朝历时短促,所开创的交通实为汉代商品经济发展创造了条件。

西汉初期已经形成比较发达的全国商业流通市场,根据《史记·货殖列传》载:"汉兴,海内为一,开关梁,弛山泽之禁,是以富商大贾周流天下,交易之物莫不通。"③汉武帝又凿空西域交通,开辟了贯通西北、直达西亚的丝绸之路,把国内市场与国际贸易联系起来。这个广阔的国内外贸易市场以长安为中心向北沿秦直道通往匈奴地,向东北越黄河可至太原、雁门直达东胡,两路均可深入内蒙古高原。向西经凉州至西域,再越葱岭,穿中亚,可通往欧洲大陆。长安东有洛阳,水陆无阻,为商贸的又一聚散中心。其东水路可通东郡、济南至东南沿海;其东北陆路通魏赵,直抵辽东、乐浪(朝鲜境内);其南一路经南阳由水道进入沛、九江、豫章,越大庾岭至南海,另一路由陆路经南阳至汉水,再从水道辗转达西南。在这四通八达的商道之上,"十里一置,五里一候"④,

---

① 《汉书》卷五十一《贾邹枚路传》,第 2328 页。
② 《史记》卷六《秦始皇本纪》,第 256 页。
③ 《史记》卷一百二十九《货殖列传》,第 3261 页。
④ 《后汉书》卷四《孝和孝殇帝纪》,第 194 页。

既是驿站歇点，又是零散的货物交换地，而在要道处，既是地方政治中心，又是商业都会。活跃在交通道站和都会市肆的有行商，也有坐贾，汉代商贾们如雨后春笋般地涌现出来，形成具有一定势力的社会阶层。正如司马迁在《史记》中所说："天下熙熙，皆为利来；天下攘攘，皆为利往。"①商人以追求市场间价格差额为目的，有"通货财，相美恶，辨贵贱"的专能。在贱买贵卖、追利乘羡的贸易中，商人们相互竞争，常常是"巧者有余，拙者不足""能者辐辏，不肖者瓦解"②。这样便出现一些资本雄厚的商人。个别富商大贾资财常以"千金""巨万"计，如关中的田氏、栗氏、杜氏等，皆是号为"素封"的彰彰巨贾。在郡县以及西北边地也有许多商人，由于汉代边塞地区可鬻爵买官，边商常由此进入仕途。商人政治地位不高，颇受政府歧视，然商贾以其富厚财力交通王侯，无视地方官吏，照样可以乘坚策肥，履丝曳缟。诚如晁错所言，"今法律贱商人，商人已富贵矣"③。从商致富的便宜亦为人所认识，如《史记·货殖列传》所说的："夫用贫求富，农不如工，工不如商；刺绣文不如倚市门。"④这很能表达商品经济初步发展时期的社会思潮。

在私营商业蓬勃发展的同时，国家经营的商业在汉代也达到全盛，对西北商品经济发展也很有影响。汉代国营商业既不是西周地官、质人单纯主持交易的形式，也不是春秋工商食官之制，政府仅掌握少数小工商业者的产销税收等事务。汉代国家商业规模空前，完全纳入政府财政的轨道之中，成为国家经济的重要组成部分。汉武帝实行盐铁官营，掌握了直接关系国计民生的两大物资的生产和销售权，全由大司农主持经营。同时实行"榷酒"政策，酒由国家专卖，禁止民间私卖。诸如此类国营工商业均有强烈的垄断性质，往往在不等价条件下进行交换，甚至用行政手段强行认购摊派商品。如《盐铁论·水旱篇》记载："今县官作铁器，多苦恶，用费不省"，但百姓不能挑拣选择，"民用钝弊，割草不痛，是以农夫作剧，得获者少，百姓苦之矣"⑤。国家为谋取暴利，不惜损伤农业，残害农民，最可看出汉代国营商业的掠夺性。汉代国营商业又具有明显的封建性，所得收入作为国家财政，补济赋入之不足而成为朝廷经济的重要基础。尤其是西北军事和边防所需，常要仰赖盐铁专营收入，商业起到维护封建统治的作用。另外国营商业直接服务于封建统治者，无论京师皇室和诸官府中达官贵族所用货物，还是郡国王侯和地

---

① 《史记》卷一百二十九《货殖列传》，第3256页。
② 《史记》卷一百二十九《货殖列传》，第3255、3282页。
③ 《汉书》卷二十四上《食货志》，第1133页。
④ 《史记》卷一百二十九《货殖列传》，第3274页。
⑤ 〔汉〕桓宽撰；王利器校注：《盐铁论校注》，天津：天津古籍出版社，1983年，第429页。

方官员所需商品，大部分由国营商业专门供应。少数需从地方征调或购于民间的物品，也由官府商人强行征购或以均输平准的方式调拨，从而使大量商品绕过了市场，满足了官僚地主阶级对各种生活用品的需要。大农和各级商官趁机中饱私囊，利益均在封建统治阶级。

汉代商业的兴隆，不仅直接繁荣了西北地区经济，而且深刻地影响着农牧业，商品经济因素也渗透到了农牧业的产销过程中。首先是土地买卖比以往历史时期更为流行，商人获利或暴发后总是要把手中的资本转换成田产，亏损或破产之时又要变卖田地再转换成商业资本，由此加速了土地交换易主的过程。尽管土地属性不同于一般的商品，然而大量土地频繁进入市场流通交易，自然会影响到农业生产。而土地买卖又总是和土地兼并结合在一起，常起到加剧土地兼并的作用。其次是粮食、丝绸等农产品和手工产品用于商品交换的部分大量增加，农家为换取不能自产的生产和生活资料，必须出卖少量产品，主要是布帛丝绸之类的纺织品。这种交换虽然远不足以改变农家自然经济的性质，但是千家万户的农产品进入商品市场，必然汇集成大宗的商品，对市场和商品经济繁荣衰败有着决定的意义。另外，在城市周边和交通要道以及个别经济区，有些农产品生产出现了商品化的因素。仅以关中为例，著名的经济作物就有"渭川千亩竹""秦千树栗"①"鄠、杜竹林""南山檀柘"②长安"东陵瓜"③，等等，史书言其经济收入可比千户侯。像这样规模的林、木、瓜、果类生产，显然是为销售而进行的，有特殊的生产目的，因而具有一定的商品生产的性质。经营这么大面积的经济农作物，必是一种需要特别技术和经营才能的专业性的生产，其效率人人高于一般小农生产。其经营方式及家庭经济结构形态不同于一般的小农经济，明显具有商品经济的色彩。至于那些由工商地主经办的纺织及其他农产加工业，在汉代也大量出现。私人作坊用工有成百上千者，产品优胜于一般家庭手工业产品，除在国内市场销售，还通过"丝绸之路"远销于国外。像这类独立于农业之外的农产加工则完全是一种商品生产了，只是在当时社会经济中所占比重还是微不足道的。汉代商品经济受西北畜牧业影响同样非常显著，《史记》载"戎翟之畜，畜牧为天下饶"④，整个龙门、碣石以北的农牧交错区，马、牛、裘、筋、角等畜产品流通全国各地。关中为必经商道控制西北牧区的商情，每年都有大量驼队衔尾入关。匈奴西羌

---

① 《史记》卷一百二十九《货殖列传》，第 3272 页。
② 《汉书》卷二十八下《地理志》，第 1642 页。
③ 《史记》卷五十三《萧相国传》，第 2017 页。
④ 《史记》卷一百二十九《货殖列传》，第 3262 页。

等游牧民族很注意用畜与汉族贸易，换取铜器、铁、粮食和织物等。边塞交通之地均设有贸易关市，即使在战争状态下，有的关市仍然明断暗通。由于大量牲畜和物产进入交换，游牧族便一再扩大畜牧以售于关市，这样就改变了单纯自给性的畜牧结构。这种现象虽古已有之，至汉代则更为明显。边塞地区的汉民受肉品经济影响，渐晓畜牧之利，不断加大养畜的比重，有的甚至以畜牧为主业进行商品性的畜牧生产，如卜式、桥桃、马援等，均是追逐畜利暴富于边塞的农牧主。

但是商品经济与自然性的小农经济终究是不相容的，商业资本与封建土地所有制存在不可调和的矛盾。作为封建社会经济基础的自然经济必然会受到封建政治制度的保护，而商品经济则处于被贱视和排斥的地位。早在秦国统治时期就提出重农轻商、强本抑末的政策。汉代封建制度日益巩固强盛，便采取更为严厉的抑商政策。朝廷开办国营工商业的目的之一，就是为了打击私商，限制商品经济。盐铁专卖和酒榷等垄断性的国营工商业，既打击了富商巨贾，也剥夺了小商贩的利益，汉武帝推行的"均输平准"，王莽进而发展的"五均六筦"，虽控制了市场，但同时堵塞了商路，虽对豪商有所制约，起到保证国家财政收入的作用，但却完全违背商业平等原则和竞争精神，阻碍了西北经济的发展。西汉抑商政策，在历史上有着严重的消极作用，东汉时期，商品经济即见由盛转衰之势，汉末大乱及三国分裂时，西北商品经济便处于萧条境地，在极度低下的水平下缓慢地发展着。

第三节
东汉时期对西部地区的开发

东汉王朝定都洛阳，政治中心东移，国力也不及西汉，因而在西部边疆的政策改汉武帝时的积极开拓进取为消极防御，因而对西北地区尤其是西域的经略上有所收缩，与西域的关系"三通三绝"，但是东汉王朝在西南地区的统治却不断巩固且范围有所扩大，因而东汉时期对西部的开发在前代的基础上仍有所发展。

一、东汉时期西部地区的民族与疆域

东汉时期，北部边疆主要是匈奴和鲜卑两大族群。两汉之际，中原长期战乱，人口死亡流散，社会经济凋敝，北部的匈奴势力趁机恢复，遂重新称雄北疆。为了尽快恢复

经济，巩固政权，光武帝采取与民休息的政策，对匈奴采取"闭玉门以谢西域之质，卑词币以礼匈奴之使"①的和平对外政策，迁徙边民居内地；建武二十四年（48），匈奴贵族因争权夺利发生内讧，分裂为南、北二部，南匈奴呼韩邪单于（日逐王比沿袭其祖父的称号）归附汉朝，"愿永为藩蔽，捍御北虏"②，东汉遂帮助他设王庭于五原西部塞80里处，不久又入居云中，并置"使南匈奴中郎将"一员，"将兵卫护之"③；南匈奴在东汉的支持下逐渐稳定下来，成为东汉与北匈奴之间的缓冲，从而使北部边疆地区日益安宁，一些内迁边民又陆续回到边地。而留在漠北的北匈奴时常侵扰东汉北部边境，于是东汉政府联合南匈奴共同抗击北匈奴。永平十六年（73），东汉派窦固等四路大军出击，北击北匈奴，占据伊吾卢城；永元元年（89），汉和帝派遣大将军窦宪与南匈奴联合击败北匈奴；永元三年（91），东汉又派大将军左校尉耿夔出击金微山大败北匈奴军。在东汉和南匈奴的联合打击下，北匈奴逐渐衰落，大部分西迁至伊犁河流域的乌孙国，后来再迁于更西的康居以至于迁至中亚地区和东欧地区，至此东汉的北部边境获得安宁。建武二十五年（49），东汉招抚乌桓，封其渠帅为侯王君长，使居于漠南空地及塞内各郡，并设置"乌桓校尉"于上谷宁城对其进行监领管理，共同抗击北匈奴，北匈奴不得不向西迁徙，于是乌桓又大量西迁至朔方等郡。鲜卑属东胡的分支，东汉初年匈奴强盛，鲜卑主要依附于匈奴，时常抄掠汉朝边境，南匈奴归附东汉以后"北虏孤弱"，鲜卑与东汉"始通驿使"，之后在东汉的支持下连年袭击北匈奴，至永平元年（58）"鲜卑大人皆来归附"④。随着移民的大量迁入，北部边疆地区重新得到开发，社会生产也逐渐恢复，史载："时南单于及乌桓来降，边境无事，百姓新去兵革，岁仍有年，家给人足。"⑤

河湟地区是羌人所生活栖居的地方，东汉时期主要有先零种、牢姐种、烧当种、卑湳种、参狼种、封养种、累姐种、烧何种、当阗种、巩唐种等诸羌数十支。两汉之际，中原动乱，羌人遂寇掠金城、陇西等边郡。建武九年（33），东汉击败隗嚣，统一陇西地区后，班彪上言认为：凉州诸羌与汉人杂处，习俗各异，言语不通，多次"为小吏黠人所见侵夺，穷恚无聊"，招致反叛，因此建议恢复设置护羌校尉，"凉州部置护羌校尉，皆持节领护，理其怨结，岁时循行，问所疾苦。又数遣使驿通动静，使塞外羌夷为吏耳目，

---

① 《后汉书》卷十八《吴盖陈臧列传》，第697页。
② 《后汉书》卷八十九《南匈奴列传》，第2942页。
③ 《后汉书》卷一下《光武帝纪》，第78页。
④ 《后汉书》卷九十《乌桓鲜卑列传》，第2985—2986页。
⑤ 《后汉书》卷三十五《张曹郑列传》，第1196页。

州郡因此可得儆备",光武听从他的建议,任命牛邯为护羌校尉①,持节如旧,但是到牛邯去世后此职又省,因而后来先零种、参狼种、烧当种、牢姐种等诸羌相率抄掠陇西、金城、天水等边郡地区,东汉王朝遂派兵进行防御围剿,但是这些羌人忽散忽聚,皆不能根除;永平元年(58),东汉派遣中郎将窦固、捕虏将军马武等在西邯大破滇吾,滇吾远逃,部众散降,东汉将其7000口迁徙安置在三辅地区,并以谒者窦林任领护羌校尉,居狄道,窦林"为诸羌所信",滇岸、滇吾先后投降,后窦林因"臧罪,遂下狱死",又派谒者郭襄领校尉事,但是郭襄到陇西后,听闻凉州羌盛,因害怕又回到洛阳,被治罪,于是东汉又"省校尉官",滇吾之子东吾"入居塞内,谨愿自守",但其弟迷吾等仍为寇盗②。诸羌人之所以叛乱,与东汉政府派遣的边吏欺压、盘剥百姓有密切的关系。建初元年(76),安夷县吏欲强娶卑湳种羌妇人,为其丈夫所杀,安夷县长宗延追其出塞,羌人害怕被诛,于是合谋杀宗延,"与勒姐及吾良二种相结为寇"③,进行反叛;为了平定叛乱,东汉政府任命故度辽将军吴棠领护羌校尉,居安夷,但迷吾等诸种及属国卢水胡等仍不断寇掠陇西、汉阳等地,于是东汉政府再次派遣行车骑将军马防、长水校尉耿恭等征讨击破之,临洮、索西、迷吾等悉降,马防于是修筑索西城,徙陇西南部都尉戍之,并恢复诸亭侯④。至元和三年(86),迷吾与其弟号吾又率诸羌反叛;章和元年(87),护羌校尉傅育发陇西、张掖、酒泉各5000人,自领汉阳、金城5000人,共击迷吾,不想中迷吾伏兵,傅育战死;之后,东汉以陇西太守张纡为护羌校尉,领兵万人屯临羌。东汉一代,由于朝廷对羌人政策的失当和边吏的侵渔,"朝规失绥御之和,戎帅骞然诸之信",西部羌患不断,"群种蜂起,遂解仇嫌。结盟诅,招引山豪,转相啸聚,揭木为兵,负柴为械。毂马扬埃,陆梁于三辅;建号称制,恣睢于北地。东犯赵、魏之郊,南入汉、蜀之鄙,塞湟中,断陇道,烧陵园,剽城市,伤败踵系,羽书日闻","边难渐大",东汉政府虽多次派兵征剿,但皆未奏效,反而"摇动数州之境,日耗千金之资。至于假人增赋,借奉侯王,引金钱缣彩之珍,征粮粟盐铁之积。所以赈遗购赏,转输劳来之费,前后数十巨万"⑤。耗费大量民力、财力,加重百姓负担,损耗了东汉的国力,加速了东汉王朝的衰落。

自张骞出使之后,西域地区与中原王朝的政治、经济联系日益密切。西汉宣帝神爵

---

① 《后汉书》卷八十七《西羌列传》,第2878页。
② 《后汉书》卷八十七《西羌列传》,第2880—2881页。
③ 《后汉书》卷八十七《西羌列传》,第2881页。
④ 《后汉书》卷八十七《西羌列传》,第2881页。
⑤ 《后汉书》卷八十七《西羌列传》,第2899—2901页。

二年(前60),汉朝始置西域都护府作为中央派驻西域的最高军政机构,以郑吉为首任都护,府治乌垒,又将原驻西域的使者校尉改为戊己校尉,设于高昌,专司屯田,直属中央,从政治、军事和经济上巩固了汉王朝对西域的统治;新莽时期,贬易西域侯王,引起"西域怨叛,与中国遂绝",西域再次役属匈奴。东汉初,光武帝以天下初定,专注于恢复发展经济,"未遑外事";经光武帝、明帝和章帝的励精图治,社会经济得到恢复和发展,东汉王朝国力日益增强,同时北匈奴也屡屡寇掠西、北边地,中西交通为之阻断,西域诸国也不堪忍受匈奴贵族的"敛税重刻",均"遣使求内属,愿请都护"①,请求东汉政府再派都护。永平十六年(73),汉明帝命将帅北征匈奴,取伊吾卢地,在当地置宜禾都尉,东汉与西域的交通再次开通,于阗等国遣子入侍,次年东汉政府在西域置都护、戊己校尉;及明帝驾崩,焉耆、龟兹攻没都护陈睦,北匈奴、车师又围攻戊己校尉,汉章帝"不欲疲敝中国以事夷狄",于是迎回戊己校尉,不复派遣西域都护,并罢伊吾屯田,北匈奴派兵重新占领伊吾地②,但当时班超留在了于阗;和帝永元元年(89),大将军窦宪大破北匈奴,遣副校尉阎槃将二千余骑重新占领伊吾;三年(91)班超平定西域,东汉政府任命班超为西域都护,居龟兹,重置戊己校尉,领兵五百人,居车师前部高昌壁,又置戊部侯,居车师后部候城,二者相距五百里,互为犄角;六年(94),班超又击破焉耆,于是西域"五十余国悉纳质内属。其条支、安息诸国至于海濒四万里外,皆重译贡献";九年(97),班超派遣甘英出使大秦,甘英西海而还。之后,远国蒙奇、兜勒等西域国家皆来归服,遣使贡献③;汉和帝晏驾之后,西域诸国再次反叛,"频攻围都护",朝廷"以其险远,难相应赴"④而罢都护,北匈奴又征服诸国,为边寇十余年。元初六年(119)敦煌太守曹宗遣行长史索班率千余人屯伊吾招抚西域诸国,车师前王及鄯善王来降,北匈奴则率车师后王共攻索班等,击走车师前王,鄯善向曹宗求救,曹宗上书请求朝廷出兵击北匈奴,收复西域,朝廷虽未同意曹宗建议,但令置护西域副校尉,居敦煌,复部营兵3000人,羁縻西域;但是北匈奴与车师屡次入寇河西,朝廷不能禁,延光二年(123)敦煌太守张珰上书陈三策,汉安帝采纳他的中策,以班勇为西域长史,将弛刑士五百人,西屯柳中;班勇破车师,西域遂又通,"自建武至于延光,西域三绝三通"⑤;顺帝永建二年(127),班勇又击降焉耆,龟兹、疏勒、于阗、莎车等17国也都来服从;六

---

① 《后汉书》卷八十八《西域列传》,第2909页。
② 《后汉书》卷八十八《西域列传》,第2909—2910页。
③ 《后汉书》卷八十八《西域列传》,第2910页。
④ 《后汉书》卷八十八《西域列传》,第2911页。
⑤ 《后汉书》卷八十八《西域列传》,第2912页。

年(131),东汉政府又在伊吾开设屯田,置伊吾司马一人;然自阳嘉(132—135)以后,东汉国力衰退,"朝威稍损,诸国骄放,转相陵伐"①;元嘉二年(152),西域长史王敬被于阗攻陷;永兴元年(153),车师后王又攻东汉在西域的屯营,"自此浸以疏慢矣"②,东汉在西域的统治逐渐瓦解。东汉王朝在西域地区的开拓和统治虽然不是非常稳固,经历了"三通三绝",但是它进一步巩固了中原王朝对西域的主权,加强了西域与中原的政治、经济和文化交流,促进了西域地区的开发和发展。

西南地区巴、蜀之外的少数民族统称西南夷,主要有夜郎、滇、邛都、巂、昆明、同师、叶榆、莋都、冉駹、白马、牢哀、栋蚕等诸多小国、部族,西汉时已在当地设立郡县进行统治;及王莽之时乱,益州郡西部的栋蚕、若豆等起兵杀郡守,越巂姑复夷人大牟反叛杀略吏人,王莽遣将发兵击之,但"连年不能克"③。东汉光武帝时,夜郎国遣使奉贡,光武嘉之,并加褒赏。建武十八年(42),夷渠率栋蚕与姑复、楪榆、梇栋、连然、滇池、建伶、昆明诸种反叛,益州太守繁胜与战而败,退保朱提;次年,东汉再遣武威将军刘尚等发广汉、犍为、蜀郡人及朱提夷共万三千人击之,"群夷闻大兵至,皆弃垒奔走,尚获其羸弱、谷畜"④,刘尚继续进兵与栋蚕等连战数月,追至不韦,斩栋蚕帅,俘获甚众,诸夷暂时悉平。汉章帝元和时(84—87),王追为蜀郡太守,他为政宽仁,兴建学校,在夷人中间移风易俗,取得良好效果;灵帝熹平五年(176),诸夷再次反叛,执益州郡太守雍陟,东汉政府不得不派遣御史中丞朱龟征讨,但不能完克,于是朝廷中有人认为"郡在边外,蛮夷喜叛,劳师远役",主张放弃此地,而太尉掾李颙献策讨伐,乃任命李颙为益州太守,与刺史庞芝发板楯蛮击破平之;但李颙去世后,夷人再次反叛,东汉朝廷又以景毅为太守。景毅初到郡时,郡内只有米斛万钱,他"渐以仁恩",没过几年"米至数十云"⑤。牢哀夷居牢山,散在溪谷,建武末,哀牢王贤栗两次遣兵侵附塞夷鹿茤,均遭失败,损失惨重,贤栗惶恐,认为是:"今攻鹿茤,辄被天诛,中国其有圣帝乎?天祐助之,何其明也!"于是贤栗于建武二十七年(51)率种人诣越巂太守郑鸿降,求内属,光武帝册封贤栗等为君长,自后哀牢年年前往洛阳朝贡;直到建初元年(76),哀牢王类牢因与永昌郡太守王寻发生纷争,杀太守而反叛,攻巂唐城、博南,燔烧民舍,章帝发越巂、益州、永昌夷汉九千人讨之,大破斩之,传首洛阳;永元六年(94),有敦

---

① 《后汉书》卷八十八《西域列传》,第2912页。
② 《后汉书》卷八十八《西域列传》,第2912页。
③ 《后汉书》卷八十六《南蛮西南夷列传》,第2845页。
④ 《后汉书》卷八十六《南蛮西南夷列传》,第2846—2847页。
⑤ 《后汉书》卷八十六《南蛮西南夷列传》,第2847页。

忍乙王莫延遣使献犀牛、大象；九年(97)，又有西南外蛮及掸国王雍由调遣使奉珍宝，汉和帝赐其首领金印紫绶，小君长皆加印绶、钱帛①；邛都夷，两汉之际邛人长贵攻杀郡守，自立为邛谷王，东汉统一巴蜀地区后，光武帝封长贵为邛谷王；建武十四年(38)，长贵遣使上计，光武帝授其越嶲太守印绶；之后，外夷大羊等八种相继内属②。莋都夷，汉武帝时以其地为沈黎郡，东汉永平中(58—75)，益州刺史梁国朱辅，"在州数岁，宣示汉德，威怀远夷。自汶山以西，前世所不至，正朔所未加。白狼、槃木等百余国，户百三十余万，口六百万以上，举种奉贡，称为臣仆"③，白狼王、唐菆等慕化归义，作诗三章。其《远夷乐德歌诗》曰：

大汉是治，堤官隗构。与天合意，魏冒逾糟。吏译平端，冈驿刘脾。不从我来。旁莫支留。闻风向化，徵衣随旅。所见奇异，知唐桑艾。多赐缯布，邪毗继缛。甘美酒食，推潭仆远。昌乐肉飞，拓拒苏便。屈申悉备，局后仍离。蛮夷贫薄，偻让龙洞。无所报嗣，莫支度由。愿主长寿，阳雒僧鳞。子孙昌炽。莫稚角存。

《远夷慕德歌诗》曰：

蛮夷所处，偻让皮尼。日入之部，且交陵悟。慕义向化，绳动随旅。归日出主，路旦拣雒。圣德深恩，圣德渡诺。与人富厚，魏菌度洗。冬多霜雪，综邪流藩。夏多和雨，莋邪寻螺，寒温时适，藐浔沪漓。部人多有，菌补邪推。涉危历险，辟危归险，不远万里，莫受万柳。去俗归德，术叠附德。心归慈母，仍路孳摸。

《远夷怀德歌》曰：

荒服之外，荒服之仪。土地墝埆，犁籍怜怜。食肉衣皮，阻苏邪犁。不见盐谷，莫砀粗沐。吏译传风，冈译传微。大汉安乐，是汉夜拒。携负归仁，踪

---

① 《后汉书》卷八十六《南蛮西南夷列传》，第2848—2851页。
② 《后汉书》卷八十六《南蛮西南夷列传》，第2852—2854页。
③ 《后汉书》卷八十六《南蛮西南夷列传》，第2855—2857页。

优路仁。触冒险陕,雷折险龙。高山岐峻,伦狼藏幢。缘崖磻石,扶路侧禄。木薄发家,息落服淫。百宿到洛,理历髭雒。父子同赐,捕菹菌毗。怀抱匹帛。怀稿匹漏。传告种人,传室呼敕。长愿臣仆,陵阳臣仆。

汉明帝下诏嘉奖,并命史官录其歌。直到汉安帝永初初,蜀郡三襄种夷、青衣道夷、旄牛夷等相继反叛,杀略吏民,灵帝时遂以蜀郡属国为汉嘉郡①。冉駹夷自汉武帝始一直归附汉朝,白马氏东汉初降汉,陇西太守马援上奏朝廷封其王侯君长,赐以印绶,之后其时为寇盗,郡县皆讨破之②。

整体来看,东汉光武、明帝、章帝、和帝时期,汉朝政治稳定,国力强盛,在北部、西北和西南边疆都有所开拓,这一时期东汉的民族政策也相对开明,因而民族关系比较融洽;东汉中后期,特别是安、顺以降,因皇帝年幼,外戚和宦官交替掌权,吏治腐败,国力衰退,民族关系恶化,少数民族叛附无常,东汉王朝已渐渐不能控制西部各少数民族了。

二、政区设置与城市的发展

随着王朝国家的统一和巩固以及疆域的扩展,东汉王朝逐渐将西部地区划分为若干不同的行政区划进行治理和开发。东汉的行政区划制度在光武帝时确定,基本沿用西汉的郡国并行制,同时也置州刺史部作为监察区划,将全国分为13个州刺史部,并正式将司隶校尉部与其余12州并列,而且随着州刺史固定治所的出现,州也逐渐具有了一些行政区划的特征;至东汉末年,地方多事,朝廷选重臣出任刺史,称州牧,掌管一州军民,州从监察区变成郡之上的一级行政区,地方行政由原本的郡、县两级制度变为州、郡、县三级制。同时,列侯以县为封地则称侯国,侯国置相一人,相当于县令或县长,负责为列侯征收租税,但不管理民政。在少数民族聚居地设道,隶属于郡,以少数民族部落首领为道的长官。

东汉时期,关中地区隶属于司隶校尉部,主要设有京兆尹、左冯翊、右扶风三个郡级单位。京兆尹,下辖长安、霸陵、杜陵、郑、新丰、蓝田、长陵、商、上雒、阳陵十县;左冯翊,领高陵、池阳、云阳、祋祤、频阳、万年、莲勺、重泉、临晋、郃阳、夏阳、衙、粟邑十三县;右扶风,有槐里、安陵、平陵、茂陵、鄠、郿、武功、陈仓、汧、

---

① 《后汉书》卷八十六《南蛮西南夷列传》,第 2854—2857 页。
② 《后汉书》卷八十六《南蛮西南夷列传》,第 2859—2860 页。

渝麋、雍、旬邑、美阳、漆、杜阳十五县。中平六年(189),省扶风都尉置汉安郡,镇雍、渝麋、杜阳、陈仓、汧五县。①

今天的陕北地区、宁夏和内蒙古河套地区,东汉时属并州刺史部,主要有上郡、西河、云中、五原、朔方等郡。上郡,领有肤施、白土、漆垣、奢延、雕阴、桢林、定阳、高奴、龟兹属国、候官十县;西河郡,全郡共十三县,位于黄河西岸属于西部地区的有平定、美稷、圜阴、圜阳、广衍五县;五原郡,有九原、五原、临沃、文国、河阴、武都、宜梁、曼柏、成宜、西安十县;云中郡,下辖云中、咸阳、箕陵、沙陵、沙南、北舆、武泉、原阳、定襄、成乐、武进十一个县;朔方郡,下属有临戎、三封、朔方、沃野、广牧、大城六县。

在今天甘肃省河西走廊地区,属凉州刺史部,东汉在此地设有陇西、汉阳、武都、金城、安定、北地、武威、张掖、酒泉、敦煌郡和张掖属国、张掖居延属国等。陇西郡,领有狄道、安故、氐道、首阳、大夏、襄武、临洮、枹罕、白石、鄣、河关十一县;汉阳郡,本为天水郡,永平十七年(74)更名,下辖有冀、望恒、阿阳、略阳、勇士、成纪、陇、豲道、兰干、平襄、显亲、上邽、西十三县,《秦州记》记载:中平五年(188),又从汉阳郡中"分置南安郡",《献帝起居注》则记载:初平四年(193)十二月,又分汉阳、上郡部分合为永阳郡,以乡亭为属县②;武都郡,下领下辨、武都道、上禄、故道、河池、沮、羌道七县;金城郡,下辖允吾、浩亹、令居、枝阳、金城、榆中、临羌、破羌、安夷、允街十县;安定郡,有临泾、高平、朝那、乌枝、三水、阴盘、彭阳、鹑觚八县;北地郡,领富平、泥阳、弋居、廉、参䜌、灵州六县;武威郡,领属有姑臧、张掖、武威、休屠、揟次、鸾鸟、朴𠟃、媪围、宣威、仓松、鹯阴、租厉、显美、左骑千人官十四个县;张掖郡,本匈奴昆邪王属地,汉武帝时置郡,下辖觻得、昭武、删丹、氐池、屋兰、日勒、骊靬、番和八县,汉献帝时又分出西郡;酒泉郡,领福禄、表氏、乐涫、玉门、会水、沙头、安弥、干齐、延寿九县;敦煌郡,领敦煌、冥安、效谷、拼泉、广至、龙勒六县;张掖属国,汉武帝时置属国都尉,以主蛮夷降者,东汉安帝时又别领候官、左骑、千人、司马官、千人官五城;张掖居延属国,故属郡都尉,安帝时别领一城,献帝建安末,居延改立为西海郡。

在西域,东汉时有鄯善、拘弥、莎车、于阗、伊吾等诸小国,东汉王朝沿用西汉的政策,设置西域都护府,驻柳中,作为中央派驻西域的最高军政机构,又设戊己校尉,

---

① 《后汉书》志十九《郡国一》,第3408页。
② 《后汉书》志二十三《郡国志五》,第3517页。

驻高昌，专司屯田，直属中央。同时，对西域原有诸国则派长史、主簿等官，封任诸国，《后汉书·西域传》记有拘弥王成国主簿秦牧[①]；拜城县刻石《刘平国作亭诵》载有龟兹左将刘平国的业绩。但是，东汉在西域的统治并不稳固，有"三通三绝"之说，其设置的管理机构也时存时断。

东汉时，西南地区属益州刺史部，新设三个属国，文山郡和武都郡合并到其他郡县，新增永昌郡，主要有汉中、巴郡、广汉、蜀郡、犍为、牂牁、越嶲、益州、永昌郡和广汉属国、蜀郡属国、犍为属国，一共九郡三属国。汉中郡，治南郑（今陕西汉中市南郑区），领有九县，除南郑外，还有成固、西城、褒中、沔阳、安阳、锡、上庸、房陵八县；巴郡，治江州（今重庆市），领有江州、宕渠、朐忍、阆中、鱼复、临江、枳、涪陵、垫江、安汉、平都、充国、宣汉、汉昌十四县，初平元年（190）赵颖分巴为二郡，以垫江为郡治，安汉以下为永宁郡，建安六年（201），刘璋又分巴郡，改永宁郡为巴东郡，垫江为巴西郡；广汉郡，治雒（今四川广汉市），管辖雒、新都、绵竹、什邡、涪、梓潼、白水、葭萌、郪、广汉、德阳十一县；蜀郡，治成都（今四川成都市），领辖成都、郫、江原、繁、广都、临邛、湔氐道、汶江道、八陵、广柔、绵虒道十一县；犍为郡，治僰道（今四川眉山市彭山区），辖武阳、资中、牛鞞、南安、僰道、江阳、符节、南广、汉安九县；牂牁郡，治且兰（今贵州贵阳市附近），属县有故且兰、平夷、鳖、毋敛、谈指、夜郎、同并、谈稿、漏江、毋单、宛温、镡封、漏卧、句町、进乘、西随十六县；越嶲郡，治邛都（今四川西昌市），辖县有邛都、遂久、灵关道、台登、青蛉、卑水、三缝、会无、定筰、阐、苏示、大筰、筰秦、姑复十四县；益州郡，治滇池（今云南昆明市晋宁区东），领县有滇、胜休、俞元、律高、贲古、毋棳、建伶、谷昌、牧靡、味、昆泽、同濑、同劳、双柏、连然、梇栋、秦臧十七县；永昌郡，治不韦（今云南云龙县），明帝永平十二年（69）分益州置，以哀牢夷之地置哀牢、博南二县，割益州郡西部都尉所领六县，合为永昌郡，下有不韦、巂唐、比苏、楪榆、邪龙、云南、哀牢、博南八县；广汉属国，治阴平道（今甘肃文县西北），故为北部都尉，属广汉郡，安帝时以为属国都尉，领阴平道、甸氐道、刚氐道三城；蜀郡属国，治汉嘉县（今四川芦山县），故属西部都尉，延光元年（122）以为属国都尉，领汉嘉、严道、徙、旄牛四城；犍为属国，治朱提（今云南昭通市），故属郡南部都尉，永初元年（107）以为属国都尉，领朱提、汉阳二城。

[①]《后汉书》卷八十八《西域列传》，第2916页。

东汉时期，在西北、西南广大地区广泛划分州、郡、县、道等行政区划，设置管理机构，将广大西部地区纳入王朝国家的统一治理体系之中，进行开发。随着郡县制在西部地区的设置，郡、县治所逐渐形成一方都会，成为当地政治、经济中心。譬如，东汉时期，长安仍为王朝的"西都"，"五都货殖，既迁既引。……商旅联槅，隐隐展展。冠带交错，方辕接轸"①，人口众多，商业繁荣，是当时关中，乃至整个西部地区最大的中心城市；蜀郡郡治成都"水陆所凑，兼六合而交会焉"，水陆交通极为便利，其城郊"封域之内，则有原隰坟衍……黍稷油油，粳稻莫莫"，"桑梓接连。家有盐井之泉，户有橘柚之园"，农业经济发达，城内"辟二九之通门，画方轨之广塗"，"市廛所会，万商之渊。列隧百重，罗肆巨千。贿货山积，纤丽星繁。都人士女，袨服靓妆。贾贸墆鬻，舛错纵横。异物崛诡，奇于八方"②，是西南地区最大的商业都市；河西走廊西端的敦煌郡城，是丝绸之路上的重要中转站，中外商人、使者云集，"华戎所交，一都会也"③。郡县的设置，使西部地区形成了一大批郡县治所城市，极大地促进了西部地区的经济发展。

三、农牧业的发展

东汉时期，东汉政府对西部地区的开发有了新的进展，农牧业、手工业和商业交通也都有了进一步的发展。

（一）东汉时期西部地区的农业

东汉时期，为了发展西北地区的农业，满足驻军的生活需要，东汉政府采取了移民屯田的政策，大力发展西北地区的农业生产。东汉沿袭西汉在边地屯田的政策，首先在河西地区进行屯田。建武八年(32)，光武帝征隗嚣后，拜窦腾为酒泉典农都尉，在河西地区进行屯田④；后来，因"边陲萧条，靡有孑遗，障塞破坏，亭隧绝灭"，建武二十一年(45)，光武帝命中郎将马援、谒者等前往河西地区"分筑烽候，堡壁稍兴，立郡县十余万户"，置太守、令、长"招还人民"，"立三营，屯田殖谷，弛刑谪徒以充实之"⑤。章和年间(87—88)，邓训任护羌校尉，"置弛刑徒二千余人，分以屯田，为贫人耕种"⑥；

---

① 〔梁〕萧统编；〔唐〕李善注《文选》卷二《西京赋》，北京：中华书局，第63页。
② 《文选》卷四《蜀都赋》，第181—184页。
③ 《后汉书》志二十三《郡国志五》，第3521页。
④ 《后汉书》卷三十四《梁统列传》，第1166页。
⑤ 《后汉书》志二十三《郡国志五》，第3533页。
⑥ 《后汉书》卷十六《邓寇列传第六·邓训》，第611页。

傅燮为汉阳郡守"广开屯田,列置四十余营"①;和帝时,以曹凤为金城西部都尉,"将徙士屯龙耆",后金城郡长史上官鸿又"开置归义、建威屯田二十七部",侯霸则"置东西邯屯田五部,增留、逢二部",各部屯田"列屯夹河,合三十四部"②;顺帝永建四年(129),韩皓任护羌校尉,将"湟中屯田,置两河闲,以逼群羌",后张掖太守马续代为校尉,又"移屯田还湟中",至阳嘉元年(132),又在湟中"增置屯田五部,并为十部"③。随着东汉势力在西域地区的扩张,出于满足驻军粮食供应的需要,东汉政府在西域地区也开始了大规模的屯田。永平十六年(73),汉明帝在命将帅北征匈奴之后,夺取了伊吾卢地,遂在当地"置宜禾都尉以屯田"④,这是东汉在西域屯田之始;然明帝崩后,焉耆、龟兹攻没都护陈睦,匈奴、车师围戊己校尉,汉章帝"不欲疲敝中国以事夷狄",迎还戊己校尉,不再遣派西域都护,并罢废伊吾屯田;和帝永元元年(89),大将军窦宪大破北匈奴,收复伊吾,班超再定西域,东汉朝廷任命班超为西域都护,居龟兹,并重置戊己校尉,领兵500人,居车师前部高昌壁,又置戊部侯,居车师后部候城,再置屯田;汉和帝、安帝时,西域诸国反叛,频繁攻围都护任尚、段禧等,朝廷不得不下诏罢都护,屯田也再次荒废;延光二年(123),敦煌太守张珰上书建议朝廷在西域"置军司马,将士五百人,四郡供其犁牛、谷食,出据柳中",朝廷采纳他的意见,次年以班勇为西域长史,"将弛刑士五百人,西屯柳中";永建六年(131),汉顺帝以"伊吾旧膏腴之地,傍近西域",下令在当地"开设屯田如永元时事,置伊吾司马一人"⑤。自永平以来,东汉先后在西域伊吾、楼兰、车师、柳中等地先后开展屯田。1959年,民丰县尼雅遗址发现东汉管理屯田的"司禾府印"印范⑥,说明这里曾设屯田机构;今轮台东克孜尔河畔柯克确尔故城红泥滩沟渠田界,沙雅县东哈拉哈塘发现了汉代古渠、城垒、田埂和汉五铢钱;若羌县发现了米兰汉代灌溉系统及汉代文物,沿古米兰河,修筑有总闸、分水闸、干渠、支渠。这些考古发现的汉代屯田遗址再次证明了东汉在西域开展的屯田活动。在开展屯田的同时,由于西北地区人口稀少,屯田生产劳动力不足,从明帝时开始东汉政府先后多次向西北地区移民。永平八年(65),汉明帝下诏"三公募郡国中都官死罪系囚,减罪一等,勿笞,诣度辽将军营,屯朔方、五原之边县;妻子自随,便占著边县……凡徙者,

---

① 《后汉书》卷五十八《虞傅盖臧列传第四十八·傅燮》,第1877页。
② 《后汉书》卷八十七《西羌传》,第2885页。
③ 《后汉书》卷八十七《西羌传》,第2894页。
④ 《后汉书》卷八十八《西域传》,第2909页。
⑤ 《后汉书》卷八十八《西域传》,第2912页。
⑥ 贾应逸:《新疆尼雅遗址出土"司禾府印"》,《文物》1984年第9期。

赐弓弩衣粮"①。建初七年(82),汉和帝下诏"天下系囚减死一等,勿笞,诣边戍;妻子自随,占著所在;父母同产欲相从者,恣听之;有不到者,皆以乏军兴论";元和元年(84),再次下诏"郡国中都官系囚减死一等,勿笞,诣边县;妻子自随,占著在所"。章和元年(87),"令郡国中都官系囚减死一等,诣金城戍"②。永元八年(96),朝廷再次下诏"郡国中都官系囚减死一等,诣敦煌戍"③。延光三年(124),汉安帝下诏"郡国中都官系囚减罪一等,诣敦煌、陇西及度辽营"④;永建五年(130),汉顺帝又诏令"郡国中都官系囚皆减罪一等,诣北地、上郡、安定戍"⑤。汉桓帝时,先后于建和元年(147)、和平元年(150)、永兴元年(153)、永兴二年(154),四次下诏"减天下死罪一等,徙边戍"⑥。大量移民的到来,不仅增加了西北地区屯田的劳动力,而且带来了大量中原地区先进的生产工具,主要为铁农具。政府将铁农具发给屯田卒,逐渐推广到屯田区,中原地区的牛耕、代田法、适时耕作、因地制宜、中耕除草等一系列先进耕作技术均已传播到西北地区。罗布泊汉简载有:"因主簿奉谨,遣大侯究犁与牛诣,营下受试。"⑦可见,楼兰屯区已推行牛耕技术,并建立了考核制。拜城克孜尔千佛洞的75窟就发现有二牛抬杠图。在推广先进农业技术的同时,东汉屯田还注意兴修水利工程,进行农业灌溉。建武九年(33),朝臣以金城位于破羌之西,路远多寇,朝议欲弃之,马援上言,破羌以西"田土肥壤,灌溉流通",主张不能放弃,马援为金城郡"开导水田,劝以耕牧,郡中乐业"⑧;建武中,任延任为武威太守,以"河西旧少雨泽",乃为郡"置水官吏,修理沟渠,皆蒙其利"⑨;索励将兵至楼兰屯田,"召鄯善、焉耆、龟兹三国兵各千,横断注滨河。河断之日,水奋势激,波凌冒堤……大战三日,水乃回灭,灌浸沃衍,胡人称神"⑩。这是在楼兰兴修的筑坝拦河灌溉工程。正是因为这些措施,东汉时期西北地区的农业生产获得了巨大的发展,特别是春小麦的种植。《后汉书·郡国志五》汉阳郡陇县"有坂名陇坻"注引郭仲产《秦中记》记载:"渡汧、陇,无蚕桑,八月乃麦,五月乃冻解。"⑪这是陇西地区

---

① 《后汉书》卷二《显宗孝明帝纪》,第111页。
② 《后汉书》卷三《肃宗孝章帝纪》,第143、147、156页。
③ 《后汉书》卷四《孝和孝殇帝纪》,第182页。
④ 《后汉书》卷五《孝安帝纪》,第240页。
⑤ 《后汉书》卷六《孝顺孝冲孝质帝纪》,第257页。
⑥ 《后汉书》卷七《孝桓帝纪》,第291、296、298、300页。
⑦ 罗振玉、王国维编著:《流沙坠简》,北京:中华书局,1993年,第117页。
⑧ 《后汉书》卷二十四《马援列传》,第835—836页。
⑨ 《后汉书》卷七十六《循吏列传·任延》,第2463页。
⑩ 《水经注校证》卷二《河水》,第37页。
⑪ 《后汉书》志二十三《郡国志五》,第3518页。

八月收获春小麦的情况；和帝时，护羌校尉征讨烧当羌种迷唐时，一次就缴获"麦数万斛"①，可见当地小麦种植的规模之大。史载西域诸国多是"大率土著，有城郭田畜"②，利用高山融雪之水灌溉发展绿洲农业。譬如且末国"种五谷，其俗略与汉同"，索劢在楼兰屯田，"大田三年，积粟百万"③。阳嘉以后，东汉国力衰退，对西北的控制力减弱，东汉在西域的屯田"浸以疏慢"④，逐渐废弛。

与西汉相比，东汉时向巴蜀地区移民更多，而且分布更广泛，"除川北渠江流域和川东的部分地区为板楯蛮之外，汉人的分布已遍及四川盆地内和汉水谷地中。"⑤这些移民在巴蜀地区也开展大规模的屯田。1976 年，四川省凉山州昭觉县四开乡发现一个东汉末至蜀汉时期的屯田遗址，发掘者即认为遗址的性质为军屯遗址⑥；20 世纪 80 年代，在该乡又发现东汉初平三年(192)的石表，表上文字有"百人以为常屯"⑦等内容；1986 年，又在该遗址东南一人工黄土坡附近发现 17 枚铜印，其中"军司马"印 1 枚、"军假侯"印 3 枚、"军假司马"印 13 枚，这一人工土堆推测很可能也为当时军屯地废弃后留下的遗存⑧。这些移民在进行屯田时，铁制工具也在巴蜀地区进一步推广，从出土铁农具的地点来看，遍及四川、重庆的大部分地区。1957 年，四川省博物馆在牧马山灌溉渠发掘出了东汉岩墓，其中在新津县白云渡附近的牧马山的一座单室墓中发现有铁钁 4 件、铁斧 1 件、铁刀 3 件，在双流区黄水乡陶家渡九倒拐附近牧马山的多室墓中发现铁钁 2 件、铁镰刀 3 件、铁斧 2 件、铁凿 1 件、铁刀 2 件⑨；1981 年，四川省考古训练班在荥经县水井坎沟清理的 5 座东汉初期到中期的岩墓中发现 4 件铁器，可辨别器形的有铁锄 1 件、曲柄刀 1 件、削刀 1 件、铁钱币 23 枚⑩；2002 年，郑州市文物考古研究所在对重庆市云阳县双江镇的马粪沱墓地进行考古发掘时，在东汉时期的墓葬中发现铁制的削、锄等工具⑪；四川彰明佛儿崖东汉墓中出土铁镰一柄⑫。这些铁农具种类多，分布范围广，说明

---

① 《后汉书》卷八十七《西羌传》，第 2883 页。
② 《汉书》卷九十六上《西域传》，第 3872 页。
③ 《水经注校证》卷二《河水》，第 37 页。
④ 《后汉书》卷八十八《西域传》，第 2909—2912 页。
⑤ 罗二虎：《秦汉时期的中国西南》，成都：天地出版社，2000 年，第 76 页。
⑥ 王家祐：《四川军屯遗址调查记》，《凉山彝族奴隶制研究》1980 年第 1 期。
⑦ 昭觉县文管所：《四川凉山州昭觉县好谷乡发现的东汉石表》，《四川文物》2007 年第 5 期。
⑧ 俄解放：《昭觉县四开乡出土十七方铜印》，《四川文物》1990 年第 1 期。
⑨ 四川省博物馆：《四川牧马山灌溉渠古墓清理简报》，《考古》1959 年第 8 期。
⑩ 赵殿增、陈显双：《四川荥经水井坎沟岩墓》，《文物》1985 年第 5 期。
⑪ 郑州市文物考古研究所：《重庆市云阳县马粪沱墓地 2002 年发掘简报》，《文物》2004 年第 11 期。
⑫ 石光明、沈仲常、张彦煌：《四川彰明佛儿崖墓葬清理简报》，《考古通讯》1955 年第 6 期。

东汉时期铁农具在巴蜀地区的推广范围扩大,在整个巴蜀地区已经普及,有可能已经完全取代传统的石、铜农具而居主导地位。东汉时期,巴蜀地区的水利工程事业进一步发展,农田灌溉用水得到了保障。《续汉志》广都县下刘昭注引任豫《益州记》记载:东汉时,蜀郡广都县"有望川源,凿石二十里,引取郫江水灌广都田,云后汉所穿凿者也"①。这是一条在山崖上开凿的长达10千米的沟渠,这样的大型水利工程,应该是由地方官吏组织进行的;又据《广汉太守沈子琚绵竹江堰碑》载:"广汉太守……开渠□成……又破截崖足……水田池中通利便好,水末□田即到下□□□消散,五稼丰茂。"②从今四川、重庆等地发现的东汉时期的水田陶模型,我们可以看到所有的稻田都与水塘相连,大量的稻田紧邻着鱼塘,反映出当时稻田水利技术的完备和稻作农业生产的状况。通过观察模型,再结合汉代画像砖和传世文献的记载,可以大致推断出水稻栽培过程:(1)秋天以后整田修路筑渠。四川青川郝家坪秦人墓地出土的《为田律》中有"以秋八月,倏封埒,正疆畔,及芟阡陌之大草,九月大除道及阪险,十月为桥,修陂堤,利津隘"的文字记载。(2)冬季蓄水泡田。从众多出土水田模型中所见陶鱼的情况可以推测,四川地区已经普遍实施蓄水泡田制度,尤其是在水资源短缺的山地、丘陵区,冬季蓄水十分必要。(3)施肥。在四川新津市、峨眉山市出土的汉代水田陶模型中我们发现有半圆形的小堆,这些小堆是肥料堆积而成。(4)整地。插秧时需要平整土地,从出土的水田模型来看,水田插秧之前应该经过人工平整。(5)插秧。在四川德阳出土的汉代画像砖上,秧坑纵向排列有序,目的是为了使秧苗均匀采光,均衡吸收养料,以提高单位面积产量。(6)除草。从四川新都东汉马家山汉墓出土的画像砖上可以清楚地看到农夫在除草。(7)收获。到了收获季节,农夫用镰刀割断稻穗,整理成捆,然后以人力挑运③。

东汉时期,西南夷地区的农业也有了进一步的发展,主要表现在大量移民的迁入,充实了西南夷地区的人口,增加了农业生产的劳动力,也带来中原先进的农业生产技术;而且西南夷地区也开始自产铁器,据《后汉书·郡国志》记载:在越嶲台登、会无、益州滇池、永昌不韦等地"出铁",并已开始自产铁器。东汉时期,铁农具在西南夷地区的推广使用,已经全面普及,考古出土铁器的地点增多,分布范围扩大,铁农具已经成为十分重要的生产工具,种类主要有铲、锄、镰、犁等。在今云南的江川李家山、呈贡天子

---

① 《后汉书》志二十三《郡国志五》,第3509页。
② 〔清〕倪涛:《六艺之一录》卷五十三,台北故宫博物院藏文渊阁四库全书本。
③ 刘志远、余德章:《四川汉代陂塘水川模型考述》,《农业考古》1982年第2期;赵殿增:《四川峨眉县发现东汉石俑》,《文物资料丛刊》(第4辑),文物出版社,1981年。

庙、晋宁石寨山、贵州赫章、清镇以及广西的桂林、合浦、贵港、贺州等地的东汉墓葬中出土了许多铁农具，主要器型有铁锸、铁镬、铁锄以及其他铁农具的形制①。东汉时期，铁器在西南夷已取代铜石器具，广泛应用于农业生产，铁农具的使用提高了垦荒能力，增加了耕地面积，同时犁耕与牛耕、播种和田间管理、谷物收获等技术都得到了极大的提高，这些无疑大大促进了西南夷农业的发展。此外，边郡官吏也积极兴修水利，西南夷地区的农田水利灌溉系统也逐渐完善。据《华阳国志·南中志》记载：文齐"初为属国（今昭通），穿龙池，溉稻田，为民兴利"②，后来文齐调任益州郡太守，又《后汉书·南蛮西南夷列传》"造起陂池，开通溉灌，垦田二千余顷"，大力推广水利灌溉设施建设；其他郡县也有兴修水利工程的记载，《太平御览》引《永昌郡传》曰：朱提郡朱提县"川中纵广五六十里，有大泉池水千顷，梗名千顷池。又有龙池，以灌溉种稻"③；此外，考古工作者在今云南呈贡、嵩明梨花村及贵州兴仁、兴义等地区都出土了多件东汉水田模型器具④，这些水田模型真实地再现了东汉时期云、贵两地完备的农田水利系统，它们"田、塘、渠配套，水塘有闸或进出水口，可以起到蓄水、排水、过流等协调渠系灌溉的作用，初具塘堰性质"，它们也"可用来蓄积雨水、泉水，以备灌溉，兼可养殖水产，为水源不太充分的高亢地带发展水田农业创造了一定的条件"⑤。《后汉书·南蛮西南夷传》记载：滇池地区"河土平敞，多出鹦鹉、孔雀，有盐池田渔之饶，金银畜产之富"；哀牢地区"土地沃美，宜五谷、蚕桑"⑥；邛都夷地区"土地平原，有稻田"⑦；《华阳国志·南中志》也记载：云南郡"土地有稻田畜牧"，朱提郡亦"穿龙池，溉稻田"⑧。《永昌郡传》记载：越嶲郡"平地东西南北八千余里，郡特好桑蚕，宜黍稷麻稻粱"⑨。这些记载都反映出东汉时期西南夷地区农业的发展状况。

东汉时期，由于政府在西部地区大规模屯田，开展移民实边，大力推广铁农具、牛耕技术，积极兴修水利工程等措施，有效推动了西部地区农业的发展。

---

① 黎高波：《广西出土的汉代铁农具初论》，《自然与文化遗产研究》2019年第11期。
② 《华阳国志校注》卷四《南中志·朱提郡》，第414页。
③ 《太平御览》卷七九一《四夷部十二·南蛮中》，第3509页。
④ 云南省文物考古所：《云南嵩明梨花村东汉墓》，《云南文物》1957年第26期；云南省文物工作队：《云南呈贡七步场东汉墓》，《考古》1982年第1期；贵州省博物馆考古组：《贵州兴义、兴仁汉墓》，《文物》1979年第5期。
⑤ 郭声波、陈铁军：《秦汉时代四川的农业开发》，《西南师范大学学报》（哲学社会科学版）1993年第4期。
⑥ 《后汉书》卷八十六《南蛮西南夷列传》，第2846、2849页。
⑦ 《后汉书》卷八十六《南蛮西南夷列传》，第2852页。
⑧ 《华阳国志校注》卷四《南中志》，第443、414页。
⑨ 《太平御览》卷七百九十一《四夷部十二·南蛮中》，第3506页。

（二）东汉时期西部地区的畜牧业

西部地区地广人稀，草原广布，非常适宜畜牧业的发展，尤其是西北的匈奴、乌孙、乌桓等游牧民族更是以畜牧为主要产业，因而东汉时期西部地区的畜牧业也有了较大的发展。《汉书·地理志》记载："自武威以西……地广民稀，水草宜畜牧，故凉州之畜为天下饶。"①羌人"所居无常，依随水草。地少五谷，以产牧为业。"②同时，东汉时期的畜牧技术也有了明显进步。政府在西部地区设有马苑，设置官吏，专门为朝廷饲养马匹，从官员的配置到选马、喂马、用马、医马都做出了详细的规定。出土的居延汉简中记载：驿马的口粮为"驿马一匹，用食三石六斗"③，还记载有"马无夜草不肥"的饲养方法，"食用茭四百九十二束，夜用三百五十束"④。甚至出现了专门的兽医，《后汉书》记载：黄宪"父为牛医"⑤，可知东汉时已有专以牛医为业者。出土的汉代竹简记载了西北马苑中的"相马法"，还记载了边塞障隧中一些治疗牲畜常见疾病的医方，如"治马伤水方""治马头涕出方"⑥，这些记载表明，东汉时兽医已专业化，兽医技术已在生产中广泛运用。汉代相畜术亦有一定的发展，特别是相马术和相牛术，《流沙坠简》收录有西北马苑中的"相马法"⑦。东汉西北畜牧业饲养牲畜种类繁多，包括马、牛、羊、驴、骡、骆驼等，最主要的要数马和牛。东汉初，马援亡命北地郡，"因留牧畜"，后又在陇、汉之间，"因处田牧，至有牛马羊数千头"⑧；顺帝永建四年（129），尚书仆射虞诩在上疏中提到：龟兹"水草丰美，土宜产牧，牛马衔尾，群羊塞道"⑨。在东汉与西部少数民族的战争中，常见动辄俘获数万头，甚至数十万头牲畜的记载。如和帝永元九年（97），征西将军刘尚等征讨烧当羌种迷唐"得牛马羊万余头"⑩；永初七年（113），骑都尉马贤与侯霸击零昌别部牢羌于安定，"得驴骡骆驼马牛羊二万余头"⑪；元初三年（116），任尚击零昌于

---

① 《汉书》卷二十八下《地理志》，第1644—1645页。
② 《后汉书》卷八十七《西羌传》，第2869页。
③ 《居延汉简甲乙编·释文》一九二·二四，第130页。
④ 《居延汉简甲乙编·释文》五六〇·二五A，第281页。
⑤ 《后汉书》卷五十三《周黄徐姜申屠列传第四十三·黄宪》，第1744页。
⑥ 《居延汉简甲乙编·释文》一五五·八，第108页。
⑦ 《流沙坠简》，第95页。
⑧ 《后汉书》卷二十四《马援列传》，第828页。
⑨ 《后汉书》卷八十七《西羌传》，第2893页。
⑩ 《后汉书》卷八十七《西羌传》，第2884页。
⑪ 《后汉书》卷八十七《西羌传》，第2888页。

北地,"得牛马羊二万头",四年任尚击狼莫,得"牛马驴羊骆驼十余万头"①;永宁元年(120),马贤与上郡沈氏种羌战,获"马牛羊以万数",建光元年(121)马贤再击之,"掠马牛羊十万头"②;阳嘉四年(135),马贤发陇西吏士及羌胡兵击钟羌"获马牛羊五万余头",马贤将湟中义从兵及羌胡万余骑掩击那离等,"得马骡羊十万余头"③;汉安三年(144),武威太守赵冲与汉阳太守张贡征讨"得牛羊驴十八万头";建康元年(144),领护羌校尉追击叛逃的诸羌,"得牛马羊二十余万头"④。这些仅在战争中俘获的牲畜就达数万,甚至数十万,可见羌人实际拥有的牲畜会更多,其畜牧业之发达由此可见一斑。

关于西南夷畜牧业的发展状况,《后汉书·南蛮西南夷列传》多有记载。如益州郡徼外夷内附的有"大羊种";蜀郡西部笮都夷地有"旄牛"县,又有"旄牛夷";又冉駹之地"宜畜牧。有旄牛,无角,一名童牛,肉重千斤,毛可为毦。出名马。有灵羊,可疗毒。又有食药鹿,鹿麑有胎者,其肠中粪亦疗毒疾。又有五角羊、麝香、轻毛毦鸡、牲牲。其人能作旄毡、班罽、青顿、毞毲、羊羖之属。特多杂药。地有咸土,煮以为盐,麢羊牛马食之皆肥"⑤。又武都郡的白马氐地"出名马、牛、羊。"⑥由此可见,在西南夷地区,除个别为农耕区外,大部分地区仍以畜牧为业。

四、手工业与商业

东汉时期,随着农业和畜牧业的发展,西部地区的手工业和商业也有了进一步的发展。

纺织业是汉代最普遍、最主要的一个手工业门类,西北地区最主要的是以动物毛为纺织原料的毛纺织业;至东汉末期,新疆地区已开始植棉,并利用棉花纤维⑦纺织。从纺织技术来看,在褐、棉、麻织造等方面,西北工匠也有许多精妙专长。1959年,新疆民丰县汉墓中发现的丝织物和彩色毛毯,其织造技法已和今天的完全相同。其中几件组织细密的花毛织物已经使用了纬线起花织法,是我国西北少数民族的发明。

汉代中国人已经发明了纸,在蔡伦改进造纸术之前早期的纸已经过一段漫长的发展

---

① 《后汉书》卷八十七《西羌传》,第2890、2891页。
② 《后汉书》卷八十七《西羌传》,第2892页。
③ 《后汉书》卷八十七《西羌传》,第2894—2895页。
④ 《后汉书》卷八十七《西羌传》,第2896—2897页。
⑤ 《后汉书》卷八十六《南蛮西南夷列传》,第2858页。
⑥ 《后汉书》卷八十六《南蛮西南夷列传》,第2859页。
⑦ 黄留珠:《周秦汉唐文明》,陕西人民出版社,1999年,第139页。

过程。新疆的罗布泊、甘肃天水的放马滩、陕西扶风县等西部地区都发现有早期的纸。1974年,甘肃武威旱滩坡东汉墓发现了东汉后期带字的纸,这离蔡伦生时不远,说明蔡伦改进造纸术不久后纸就传到西北,因而西北地区已经制造和使用书写纸了。

西北地区是我国考古发现铜器最早的地方,两汉时期西北的冶铜技术领先全国。1969年,武威雷台发现的一座东汉晚期砖石墓出土了99件铸造精致的铜车马仪仗俑,其中一件铜奔马,比例均匀,丰满矫健,三足腾空,昂首嘶鸣,似欲追风逐电,充分反映出当时西北冶铜业达到的高超水平。西北地区的冶铁业同样有了较大发展,今库车附近发现两处汉代冶矿遗址,出土有铁矿石、灰陶三耳罐及陶瓴鼓风通道,此陶瓴与汉代关中"霸陵过氏瓶"形制相同;尼雅遗址出土有烧结铁、石凿、铁铲、铁锛、铁镰等[1]。

东汉时期,西部地区的交通也有了一些进步。为了巩固西北边防,东汉政府不断加强西部交通建设,修筑了很多道路以及亭障和烽燧。建武八年(32),来歙征略阳,"伐山开道,从番须、回中径至略阳"[2],这条新开之路使汉武帝时开凿的回中道又多了一条支道,便利了凉州地区的交通。建武十三年(37),光武帝又派王霸"将弛刑徒六千余人,与杜茂治飞狐道,堆石布土,筑起亭障,自代至平城三百余里。"[3]东汉时期,西部交通业最主要的成就是丝绸之路"北新道"的开拓。自张骞通西域之后,丝绸之路正式开通,从长安出发西行,至陇东地区的安定郡、天水郡、陇西郡,这一地区交通较为发达、路线颇多,因而"丝绸之路"陇西段有南、中、北三条路线,三线过黄河后,分别从扁都口、乌鞘岭、腾格里沙漠南缘向河西走廊靠拢;"丝绸之路"在河西走廊的主干道,与今天的兰新铁路走向基本一致,主要沿着祁连山北麓而西行,即经武威、张掖、酒泉,最后到达走廊最西端、西域门户——敦煌;从敦煌开始,"丝绸之路"又分为南、北两条大道。《汉书·西域传》载:"自玉门、阳关出西域有两道。从鄯善傍南山北,波河西行至莎车,为南道;南道西逾葱岭则出大月氏、安息。自车师前王廷随北山,波河西行至疏勒,为北道;北道西逾葱岭则出大宛、康居、奄蔡焉。"[4]东汉初年,汉朝大败北匈奴,迫使其西迁,占领了伊吾,从而开通了由敦煌北上伊吾的"北新道"。这条新道路位于天山以北,较之南道、中道,开辟时间较晚,它从敦煌西北行至伊吾,折西经蒲类(今新疆巴里坤县)、庭州(今新疆吉木萨尔县)、轮台(今新疆乌鲁木齐市)、张保守捉(今新疆昌

---

[1] 周泓:《从考古资料看汉唐两朝对古代新疆的管辖经营》,《新疆师范大学学报》(哲学社会科学版)2000年第4期。
[2] 《后汉书》卷十五《李王邓来列传第五·来歙》,第587页。
[3] 《后汉书》卷二十《铫期王霸祭遵列传第十·王霸》,第737页。
[4] 《汉书》卷九十六上《西域传》,第3872页。

吉市）、石漆河（今新疆精河）、阿力麻里（今新疆伊宁市）、弓月城（今新疆霍城县），渡伊犁河往碎叶（今吉尔吉斯斯坦托克玛克市）西去，到达里海一带。

随着农业、手工业和交通的发展，西部的商业也开始繁荣起来，尤其是西北地区内部贸易较为发达。从出土的居延汉简记载可知，居延县居民常去河西诸边城做买卖，如，"私市张掖、酒泉""私市居延""买骑马酒泉、敦煌、张掖"①。西部诸多边城遗址和城周围的墓葬，有铸币出土，这也反映了当时边城货币在商业交易中的大量使用，城内居民也普遍使用货币进行交易，说明了当时商业较为发达。与内地的贸易也较为频繁，武威磨咀子汉墓出土的鎏金铜扣耳杯、大量丝织品，宁夏平吉堡汉墓出土的丝织品、竹编等皆被认为来自中原或巴蜀。西南地区的商业也更加繁荣，左思《蜀都赋》记载：成都"市廛所会，万商之渊。列隧百重，罗肆巨千。贿货山积，纤丽星繁。都人士女，袨服靓妆。贾贸墆鬻，舛错纵横。异物崛诡，奇于八方。布有橦华，面有桄榔。邛杖传节于大夏之邑，蒟酱流味于番禺之乡。……阛阓之里，伎巧之家。百室离房，机杼相和。贝锦斐成，濯色江波。"②可见，当时成都城工商业极为繁荣，而且与大夏、番禺之间的区域贸易也非常频繁。

第四节
秦汉时期西部地区的社会文化

秦汉时期，随着社会的变迁，主流社会思潮发生了一系列变化。秦人以法治国，汉杂王霸之道，皆能推陈出新，与时俱进。其中西汉前期哲学思想的变化对后世产生了深远的影响。汉初崇尚道家的黄老无为思想，促成"文景之治"。汉武帝时，董仲舒提出"天人感应"学说，上"天人三策"，提出"崇儒更化"的主张，并在《春秋繁露》一书中系统地阐述了他的哲学思想。汉武帝接受了他的建议，采取了"罢黜百家，独尊儒术"的措施。于是儒家地位不断提高，经学越来越受到重视，儒家思想成为占统治地位的思想。两汉之际，经过今古文之争，经学趋于繁荣。东汉时期，刘向、刘歆、贾逵、马融、李育、赵岐等人成为西部地区著名的经学家。其中马融的研究范围已经打破了今古文人界线，甚至超出了儒家经学的范围，开了魏晋清谈的先声。

---

① 谢桂华、李均明：《居延汉简释文合校》，北京：文物出版社，1987年，第57、89、271页。
② 《文选》卷四《蜀都赋》，第184—185页。

一、文学艺术

西部文学起步很早,《诗经》中就收集了不少西部的诗篇。两汉文学的最高成就是"赋"。赋有骚体赋和散体大赋之分,其代表作有贾谊的《吊屈原赋》,枚乘的《七发》,司马相如的《子虚赋》和《上林赋》,班固的《两都赋》、杜笃的《论都赋》等。而这些赋的作者大都出生或生活在西部地区,从而为西部文学奠定了较好的基础。

西部史学素称发达。早在西汉时期,出生在陕西韩城的大史学家司马迁就写出了《史记》。《史记》大约在公元前94年前后完成,是我国第一部纪传体通史,开创了我国"正史"的先河。这部名著由十二本纪、十表、八书、三十世家、七十列传组成,记载了上起黄帝下至"本朝"(汉武帝时)的历史。作为伟大的历史学家,司马迁不仅为各方面、各阶层的代表人物立传,而且对天文、历法、礼乐、经济、地理、少数民族有专章论述,生动地反映了中华民族早期发展的面貌。《史记》是我国史学的典范,被称为"史家之绝唱,无韵之《离骚》"。东汉时期,陕西扶风又出了个史学世家,那就是班氏家族。班固对西汉的历史进行了深入全面的研究,潜心撰述20余年,写出了我国第一部纪传体断代史《汉书》的纪、传和大部分志,其妹班昭和马续补写了八表和天文志,完成了《汉书》的写作任务。《汉书》凡100卷,80万字,详细记载了西汉一代的历史,从政治、经济、军事、文化、民族等各个方面,反映了西汉230年间的社会状况。

众多的西部地区民族,在多元文化的影响下,形成了不少优秀的艺术成果。这在书法、绘画、音乐、舞蹈诸方面都有充分的表现。

书法是中国独有的一门艺术。西部书法艺术的发展可追溯到西周时期的金石文字。秦代李斯作小篆、程邈创隶书,为书法艺术的发展开辟了广阔的天地。汉魏时期西部虽无著名的书法家,但汉中的"石门十三品"和耀州区的"姚伯多造像碑"被认为是这一时期重要的书法作品。

西部绘画的历史比书法更为悠久。考古工作者曾在内蒙古、甘肃、青海、新疆、西藏、广西、云南、贵州、四川等省的山岩上发现先秦时期或史前时期的岩画。秦汉时期,西部各地也有绘画存在。我们现在能看到的主要是分布于陕北、四川、云南、重庆等地的画像砖、画像石,以及陕西千阳县汉墓壁画、内蒙古和林格尔汉墓壁画、甘肃嘉峪关汉墓壁画。

西部音乐兴于周而盛于唐。周公制礼作乐,推动了礼乐的发展。20世纪以来,考古工作者在西部发现不少西周时代的青铜乐器,由此可以想见当时音乐在贵族中普及的情况。自从张骞开通丝绸之路以后,中原王朝与西部各族及西域诸国的联系日益加强。频繁的交往过程,实现了乐舞文化的大交流,促使西域地区的音乐不断传入中国西部。

音乐与舞蹈是孪生姊妹。在西部音乐发展的过程中,舞蹈也得到发展。虽然周秦汉魏时期的舞文献记载较少,但是我们可从出土文物中找到少量图像资料。

西部地区在历史上是多元文化交汇的大舞台。在漫长的岁月中,西部各地都形成了一些相对独特的风俗习惯,其中长安礼俗和尚武风气是颇有特色的。

二、宗教与民俗

西部地区是宗教文化的渊薮。不同历史时期,佛教、道教、基督教、伊斯兰教等不同宗教都曾在西部传播。佛教是由古印度思想家乔达摩·悉达多在公元前6世纪创立的宗教,东汉前期通过丝绸之路传入中国。道教是中国土生土长的宗教。陕西汉中的五斗米道是道教的重要渊源之一。陕西华山、甘肃崆峒山和四川青城山都是道教名山。至于关中的楼观台、重阳宫,四川的青羊宫则是闻名遐迩的道教文化场所。道教在东汉末年形成之后,在魏晋南北朝时期逐渐走上了贵族化的道路。隋唐两代,道教获得巨大发展。

长安是中国历史上最著名的古都,历史文化积淀十分丰厚。在周秦汉唐数千年漫长的历史岁月中,长安始终是中国文化的中心。城中的文化氛围自不待言,城郊的文化空间也相当广泛。本部分拟透过迎春、祓禊、折柳等习俗,探讨历史时期长安城东郊的文化意象,希望有助于对长安文化的认识。

长安城东郊蕴藏着丰富的传统文化,其中最有特点的当数迎春习俗。这种习俗在一定程度上显示了中国古代的礼乐文明,值得我们进行深入研究。

从现有文献来看,长安东郊的迎春习俗可能出现于西周时期。因为《礼记·月令》云:"立春之日,天子亲率三公、九卿、诸侯、大夫,以迎春于东郊。"[1]《吕氏春秋·孟春纪》等也有类似的记载。自从汉武帝"罢黜百家,独尊儒术"之后,"五郊迎气"渐成定制,其中东郊迎气即指东郊迎春。到了唐代,迎春活动越来越受到人们的重视。《旧唐书》记载:"武德、贞观之制,神祇大享之外,每岁立春之日,祀青帝于东郊,帝宓羲配,勾芒、岁星、三辰、七宿从祀。"[2]《全唐诗》和《全唐文》所收录的迎春诗文,生动地反映了唐代迎春活动的盛况。

在长安东郊的传统文化中,祓禊也很有特点。祓禊,又称祓除、修禊、祓斋,这一

---

[1]《十三经注疏·礼记正义》卷十四《月令第六》,第2935页。
[2]《旧唐书》卷二十四《礼仪四》,第909页。

习俗兴于西周,盛于汉唐,在历史上颇有影响。

《周礼·春官》载:"女巫掌岁时祓除、衅浴。"①这是关于祓禊的最早记载。西汉时期,祓禊得到统治阶级的高度关注,常由皇族主持祓禊仪式。《史记》载:"武帝祓霸上……"②《汉书》载:平帝时,太后王政君率皇后、列侯夫人"遵霸水而祓除"③。可见,西汉祓禊活动是在京城东边的灞河边上举行的。汉代祓禊绝大多数遵循三月上巳之礼,但是这一时期祓禊的具体时间没有明确的规定。自魏晋始,祓禊开始固定在每年的三月举行。长安祓禊水域甚多,有渭水、灞水、曲江、勤政楼、望江亭、禁园、乐游园、定昆池、龙池等。其中长安东郊的浐灞地区成为最著名的祓禊胜地。

祓禊的原生文化蕴意是祛疾除邪、求子祈福。《风俗通义·祀典》云:"禊者,洁也。春者,蠢也,蠢蠢摇动也。……疗生疾之时,故于水上釁洁之也。"④《说文》曰:"祓,除恶祭也。"⑤古人认为春天万物复苏,阴阳交替,因而容易滋生疾病。通过洗浴不仅可以洗去积垢,也可以达到祛疾除邪的目的。《汉书·外戚传》载:"武帝即位,数年无子。平阳主求良家女十余人饰置家。帝祓霸上,还过平阳主。主见所侍美人,帝不悦。既饮,讴者进,帝独说子夫。"⑥后来人们在祓禊过程中往往举行求子仪式,甚至形成浮素卵的风俗。晋张协《禊赋》有"浮素卵以蔽水,洒玄醑于中河"⑦的名句。

折柳也是长安传统文化的重要内容。施肩吾《折柳枝》:"伤见路边杨柳春,一重折尽一重新。今年还折去年处,不送去年离别人。"⑧孟郊《古离别》:"杨柳织别愁,千条万条丝。"⑨依依柳条,漫漫柳絮,勾起漂泊在外独在异乡的人们的断肠思绪。

"折柳赠别"的礼俗始于汉朝。据《三辅黄图》载:"灞桥,在长安东,跨水作桥。汉人送客至此桥,折柳赠别。王莽时灞桥灾,数千人以水沃救不灭。"⑩灞桥连接着古代长安以东的各主要交通干线。宋程大昌《雍录》载:"此地最为长安冲要,凡自西东两方而

---

① 《十三经注疏·周礼注疏》卷二十六《春官·女巫》,第1763页。
② 《史记》卷四十九《外戚世家》第十九,第1978页。
③ 《汉书》卷九十八《元后传》第六十八,第4030页。
④ 《风俗通义校注》卷八《祀典·禊》,第382页。
⑤ 《说文解字注》第一篇上《示部》,第6页。
⑥ 《汉书》卷九十七上《外戚传》第六十七,第3949页。
⑦ 〔唐〕欧阳询撰;汪绍楹校:《艺文类聚》卷四《岁时部中·三月三日·赋》,上海:上海古籍出版社,1982年,第70页。
⑧ 〔清〕彭定求等编:《全唐诗》卷四百九十四《折柳枝》,北京:中华书局,1960年,第5601页。
⑨ 《全唐诗》卷三百七十二《古离别》,北京:中华书局,1960年,第4178页。
⑩ 《三辅黄图校释》卷六《桥·灞桥》,第356页。

入出崤、潼两关者，路必由之。"①可以看出灞桥战略位置是何等的重要。由于灞桥位踞汉唐等朝历代政治文化中心东向的交通要道上，人们往往在这里送别远行的亲友。同时《雍录》又载："汉世凡东出函、潼，必自霸陵始，故赠行者于此折柳为别也。"②而灞桥因为长久成为礼送行旅之人时抒发别离感伤情怀的处所，又被称为"销魂桥"。

秦汉时期有一句流行的俗谚，说是"山东出相，山西出将"③，或者说"关西出将，关东出相"④。所谓山是指崤山，关乃是指函谷关。崤山在今河南灵宝市，函谷关就在崤山之侧。因而两种说法虽不相同，但意思是完全一致的。这两句俗谚是说当时国内东西之间的习尚存在着一定的差异。这种差异也就是崇文和尚武的差异⑤。按照这两句俗语的说法，秦汉以来，以陕西为主体的关西地区存在着一种尚武的风气。这种风气从一个重要的侧面反映了陕西文化的某些特点。

尚武是习于鞍马骑射，崇文则是讲经治学。远在战国之时，百家并起，邹鲁儒学所被渐广，洙泗之间弦歌因而不辍。及汉武帝尊崇儒术，治学之风更盛极一时，遍于函谷关或崤山以东各地。儒学有成往往能取得高位，甚至可至卿相，因而社会上就流传着关东出相或山东出相的俗谚，以之与关西或山西的出将相媲美。事实上，儒学的发展，逐渐冲破了崤山和函谷关这样的东西分界。《汉书·儒林传》所载的儒生，虽然大部分都是隶籍关东，可是崤山以西也并不是就没有好学之士。平陵士孙张以治《易》，吴章、张山拊、李寻、郑宽中以治《书》，重泉王吉亦以治《书》，皆能侧身与关东诸儒同列。平陵在今陕西咸阳市西北，重泉在今陕西蒲城县东，固皆在崤函之西。到了东汉，儒术所被更广，几乎已遍及关西各处。东汉初年，华阴杨震以治《尚书》，明经博览，无不穷究，被诸儒尊称为关西孔子⑥。其后茂陵马融，号称通儒，教养诸生，常以千数；授徒时，常坐高堂，施绛纱帐，为当世所称道⑦；今陕西扶风县南绛帐镇，为陇海铁路的一站，据说就是马融当年的授徒处。而有凉州三明之称的皇甫规和张奂，虽以武功彪炳，名重一时，却皆研经重道，与儒师并称。皇甫规所著有赋、铭、碑、赞、祷文、吊、章表、教

---

① 〔宋〕程大昌撰；黄永年点校：《雍录》卷七《霸水杂名一》，北京：中华书局，2002年，第142页。
② 《雍录》卷七《渭城》，第146页。
③ 《汉书》卷六十九《赵充国辛庆忌传》，第2998页。
④ 《后汉书》卷五十八《虞傅盖臧列传》，第1866页。
⑤ 史念海：《论中国古都文化与当代文化的融通》，《中国古都研究》(第十一辑)，太原：山西人民出版社，1994年，第1—96页。
⑥ 《后汉书》卷五十四《杨震列传》，第1759页。
⑦ 《后汉书》卷六十上《马融列传》，第1972页。

令、书、檄、笺记，凡二十七篇①。据说还有文集五卷。张奂曾经养徒千人，著《尚书记难》三十余万言②。如果仅凭这样的著作，我们很难想象这两位原来是驰骋鞍马，转战万里的将军。皇甫规为朝那人，朝那在今宁夏回族自治区固原市东南；张奂的故居在今甘肃瓜州县西。皇甫规所居还在六盘山东，张奂的家乡却已在凉州的最西端。

虽然如此，关西地区的尚武风气确实也是存在的。《诗传》称："秦人之俗，大抵尚气概，先勇力，忘生轻死"③。秦汉时期的将帅籍贯，以六郡为多。所谓六郡乃是陇西（治所在今甘肃临洮县）、天水（治所在今甘肃通渭县）、安定（治所在今宁夏固原市）、北地（治所在今甘肃环县）、上郡（治所在今陕西榆林市之南）、西河（治所在今内蒙古准格尔旗西南）。用现在的地理概念来说，就是陇东、宁南和陕北。为什么能够形成这样的风气？据汉时人的解释，这些地方皆"迫近戎狄，修习战备，高上气力，以射猎为先"④。这样的解释是有一定的道理的。秦汉以前的猃狁、昆戎，秦汉时期的匈奴，都曾经不断南下侵扰，当地人为了自卫，不得不崇尚武力。这里自古以来又是著名的产马地区，因而鞍马射猎自然就成为风气。长安附近，周秦以来就是都城的所在，在这些游牧民族的压力下，都城也不能不重视防御侵扰。显然，秦汉时期这里形成尚武风气，是有来由的，而且也在都城之中有所显现。其中有些人就是自幼生长在都城的附近。秦时将军王翦就是频阳人，频阳在今陕西富平县，与秦都咸阳相去不远。王翦自幼喜欢兵法，用兵与白起齐名。秦王政十一年（前236）率军攻赵，拔九城而归。秦王政十九年（前228）再次大破赵军，俘赵王迁，占有赵地。二十年（前229），与辛胜伐燕，大破燕代联军于易水之西。二十三年（前232）率六十万大军攻灭楚国，为秦始皇统一全国立下了大功。西汉时的将军苏建及出使匈奴的苏武父子，又皆是杜陵人⑤。杜陵在今陕西长安区东北，距西汉都城仅有三四十里，可以说是近郊了。苏建元朔二年（前127）苏建从卫青击匈奴有功，封平陵侯，不久，晋升将军，率十万大军修筑朔方城。其后曾多次随卫青出征。苏武天汉元年（前100）以中郎将的身份出使匈奴，被匈奴拘留，迁至北海，威武不屈，坚持抗争19年，受到世人的称颂。这几位将军都是关西人物，他们在都城中的影响力，应该是不言而喻的。

东汉迁都洛阳，长安就退而为故都。东汉初年，称雄河西的窦融及其侄窦固，曾孙

---

① 《后汉书》卷六十五《皇甫张段列传》，第2137页。
② 《后汉书》卷六十五《皇甫张段列传·张奂传》，第2142页。
③ 〔宋〕朱熹集撰；赵长征点校：《诗集传》卷六《无衣》，北京：中华书局，2017年，第120页。
④ 《汉书》卷二十八下《地理志》，第1644页。
⑤ 《汉书》卷五十四《李广苏建传》，第2459页。

窦宪，皆为平陵人。平陵在今陕西咸阳市西北。窦固、窦宪皆曾远征匈奴，窦宪的功勋尤为巨大，且曾勒铭于燕然山上，彪炳武功。燕然山据说就是现在的杭爱山，已远在蒙古境内。深受光武帝器重的大将耿弇、以伏波将军见誉于当时和后世的马援，皆是茂陵人①。耿弇从小习骑射，有大志。西汉末年他追随刘秀南征北战，平郡四十六，屠城三百座，未尝挫折。马援自西汉末年归附刘秀，率军西灭隗嚣。建武十一年(35)任陇西太守，破先零羌。以功拜虎贲中郎将。后拜伏波将军，平交趾，成为一代名将。茂陵在今陕西兴平市东北，其距长安的路程较平陵远，却还在长安的近旁。可见都城虽已他迁，其流风余韵却并未因之稍稍消失。前面所说的凉州三明，为朝那皇甫规、瓜州张奂、再加上姑臧殷颖，并称凉州三明(皇甫规字威明，张奂字然明，殷颖字纪明)。当时都城已在洛阳，故三明的功绩都显现于洛阳，和长安的关系并不很大。两汉时有个规定，说是边民不能迁徙到内地来。张奂由于立了很大的军功，可以破例内迁，被允许迁到华阴。华阴就是今陕西华阴市。当时华阴隶弘农郡，弘农郡治所在今河南灵宝市，不隶属长安所在的京兆尹，不过距长安不是很远，就在崤函之西。张奂的迁徙虽说是他一家的私事，可是这样一位具有尚武精神的人物迁到长安的附近，就不能说对于这种风尚没有产生过影响了。

西部地区各民族都有自己的节日。节日包括年节和宗教节日。汉族人多重视年节，也过一些宗教节日。在众多的节日中，尤重春节、元宵节、清明节、浴佛节、端午节、七夕节、中秋节、重阳节、冬至节、腊八节、灶王节和除夕。每当这些节日来临的时候，都要举行一系列的活动。

西部地区虽深处内陆，但在相当长的历史时期里曾经是首都的所在地，与全国各地乃至海外诸国都保持着密切的联系。特别是在周秦汉唐时期，中外文化的交流十分频繁。这种交流主要表现在两个方面：一是对自身文化的传播，一是对外来文化的吸收。文化交流的直接结果是各种文化的融合，促进了西部文化的发展，使西部文化成为中国文化宝库中的瑰宝。

三、本土文化的外传

从有关资料来看，西部文化曾几度在我国甚至在世界上处于领先的地位。在漫长的历史岁月中，陕西无私地传播着自己的文化。西部文化的传播，主要是通过大城市和交

---

① 《后汉书》卷十九《耿弇列传》，第703页；卷二十四《马援列传》第十四，第827页。

通线来进行的。作为周秦汉唐等十几个王朝的统治中心，丰镐、咸阳和长安是国际性的大都市，也是文化繁荣的首善之区。西汉设立博士弟子员，不论其为博士弟子员或为科举登第的人物，不一定都能久留在都城。他们既然受到都城文化的影响，也就可以把都城的文化传播到全国各处去。除了这些文人，从全国各地来到都城的其他人物更多，而生活在都城中的人士不免也会到全国各地去，他们当然也是传播本土文化的重要媒体。此外，从外国来到长安或从长安到外国去的人也不在少数，他们对本土文化的外传也起到了积极的作用。

西部文化的传播在西周以前就已开始。不过，由于自然条件的限制和社会因素的制约，传播的范围是极其有限的。西周时，随着奴隶制国家的建立和强盛，以丰镐为中心的陕西地区与外地的联系日益加强，文化得到了迅速传播。秦始皇建立统一的多民族的中央集权的封建国家以后，在全国修建了以首都咸阳为中心的驰道、直道、五尺道，不仅大大加速了秦文化的传播，而且对世界产生了重大的影响。到了汉代，国内各地与首都长安的联系进一步加强，周边诸国与汉朝的往来也很频繁。特别是张骞开通丝绸之路之后，中外经济文化的交流就更加频繁了。作为丝绸之路的起点，长安是各国使节、学者、商人的驻足地，也是文化向外传播的窗口。

朝鲜与中国接壤，是中国东部的近邻。相传在商周之际，箕子就曾率众移居朝鲜北部，开始了两国之间的交往。汉武帝时，汉朝曾在朝鲜半岛设置真番、临屯、玄菟、乐浪四郡。

日本是中国一衣带水的邻邦，早在西汉时期，日本就与中国有了直接交往。《汉书·地理志》说："乐浪海中有倭人，分为百余国，以岁时来献见云"①。这种交往在汉武帝统治时期更为密切，每年都有不少日本使节来到长安。

中亚、西亚诸国与西部交往的历史很早。丝绸之路开通以后，这种交往就更加频繁了。在西汉时，汉王朝赴西域的使者、商队"相望于道"，多者数百人，少者百余人②。西域各国的使节、商人也络绎不绝，纷纷东来。中国的丝绸、铁器、漆器以及凿井技术和铸铁技术都传到了西域，丰富了西域文化的内容。此外，西部文化对东南亚各国也有一定的影响。秦汉时，中原王朝的统治区域达到了越南北部一带。

---

① 《汉书》卷二十八下《地理志》，第1658页。
② 《史记》卷一百二十三《大宛列传》，第3170页。

四、对外来文化的吸收

在传播自身文化的同时,西部又以博大的胸怀,吸收外来文化。早在西周时期,中国就对外来文化采取了兼容并蓄的政策。西周时,九州之外荒裔之地被称为荒服。荒服之地和西周的丰镐即有往来,不过往来并不很多。据说周穆王征犬戎,得四白狼、四白鹿而归,自是荒服者不至①。自汉武帝开辟河西四郡及张骞凿空西域之后,西域和长安的交往就日益频繁。史载,由于西域的开通,"明珠、文甲、通犀、翠羽之珍盈于后宫,蒲梢、龙文、鱼目、汗血之马充于黄门,钜象、师子、猛犬、大雀之群食于外囿。殊方异物,四面而至"②。当时传入的还有葡萄和苜蓿。天马和那些珍禽异兽,由于水土和气候的不同,难于长期生存下去,明珠、文甲、通犀、翠羽之珍,易代之际也都遗失罄尽,不易复得。葡萄和苜蓿,因为在长安城内外普遍种植,种植地区不断扩大,最终成为各地习见的植物,就不再限于长安了。随着域外物产的输入和交往的频繁,各国使节和商贾也就相随而来。西汉时,长安城中有一条街,是所谓"蛮夷邸"③的所在地。

在中外文化交流的过程中,域外的音乐也传到了陕西。域外音乐的传入可以追溯到张骞凿空西域。西域之人多喜欢乐舞,道路既已开通,这种习尚也就因之内传。

---

① 上海师范大学古籍整理组校点:《国语》卷一《周语上·祭公谏穆王征犬戎》,上海:上海古籍出版社,1978年,第8页。
② 《汉书》卷九十六下《西域传》,第3928页。
③ 《汉书》卷七十《傅常郑甘陈段传》,第3015页。

第四章

魏晋南北朝时期的西部开发

魏晋南北朝时期，西部地区尽管战乱多于安定，乱世长于盛世，但从总的趋势看，西北农牧业仍在深入发展之中。这其中的原因，"似乎可以归结为农业养活着战争，战争吞噬了农业，被吞噬的农业饿死了战争后，农业逐渐恢复过来又孕育着新的战争这么一个规律……战争并没有在全国范围内把农业消灭干净。农业生产，像一棵根深蒂固的大树一样，砍断一个大枝，几年后便由另一个新生的大枝代替，不仅依然绿荫满地，而且更加繁盛"[①]。特别是西北地区，农牧时有迁移，民族各有进退，各地生产发展极不平衡。即使在十六国动乱时期，有些寡民小国仍自守其土，执农不弃，何况西北封建制和传统农牧业正处于上升时期，自然要按照生产力的规律继续深入发展。当然，这种发展在魏晋时期的历史条件下，只能是曲折不平的前进。

第一节
三国鼎立对西部经济社会的影响

赤壁之战以后，三国鼎立的局面逐渐形成。在三国时期，西部地区经济社会的发展曾经受到过战乱的影响。

一、三国时期的西部政区与交通

（一）三国时期的西部政区

魏、蜀、吴三国地方行政区划实行州、郡、县三级制。州设刺史或州牧，魏文帝曹

---

① 石声汉：《中国农学遗产要略》，北京：农业出版社，1981年，第12页。

丕即位后，分境内为12州：司隶、豫、冀、兖、徐、青、荆、扬、雍、凉、并、幽。黄初二年(221)，孙权遣使称藩，魏封以吴王。次年，魏以荆、扬江南八郡为荆州，孙权领荆州牧，荆州江北诸郡为郢州。当年孙权叛魏，魏复改郢州为荆州。黄初中(220—226)，分陇右置秦州，不久省入雍州。于西域设西域长史府，治海头(今新疆罗布泊西)和戊己校尉，治高昌。蜀于境内仅设益州，又于益州南部设庲降都督，治味县(今云南曲靖)，统辖南中建宁、朱提、越巂、牂牁、永昌、兴古、云南七郡，但仍隶属于益州。

其一，郡设太守。魏制，河南郡治洛阳，为京师所在，则称河南尹；又设王国，置相，与郡同等。蜀汉蜀郡治成都，为国都所在；东吴丹阳郡治建业(建康)，为国都所在，仍称为郡。蜀、吴两国州统郡，唯吴设毗陵典农校尉，治毗陵(今江苏常州)，领三县，比郡。吴在一些辖境辽阔的郡，分设都尉，冠以东、西、南、北部之名，并有驻所和领县，而仍隶属于郡，如：会稽郡东部都尉治章安(今浙江临海东南章安)，领六县；西部都尉治长山(今浙江金华)，领八县；零陵郡南部都尉治始安(今广西桂林)，领七县；北部都尉治昭陵(今湖南邵阳)，领六县；等等。

其二，县大者置令，小者置长。魏末，又有公国、侯国、伯国、子国、男国之封，相当于县。蜀、吴两国郡所辖为县和侯国，吴又在丹阳郡设溧阳屯田都尉(今江苏高淳东固城)、湖熟典农都尉(今江苏江宁东南湖熟)、江乘典农都尉(今江苏句容西北)、于湖督农校尉(今当涂)，相当于县。

三国时期，西部地区为魏、蜀所有。其中雍州、荆州和益州面积相当辽阔。魏雍州治所在长安，原来属于司隶校尉部诸郡，这时改隶雍州。今石泉县以东的陕南各地那时属于魏荆州，荆州治所在今河南新野县。今陕西西部那时属于蜀的益州，益州治所仍在成都。至于今陕北各处，那时已成为羌胡各族的游牧地区。西部政区的划分具体如下：

雍州：分置京兆、冯翊、扶风、北地、新平、陇西、天水、南安、广魏、安定、武都、阴平12郡，下辖70县，属魏地。位于今陕西省、甘肃省东部。

凉州：分置金城、西平、武威、张掖、酒泉、敦煌、西海7郡，下辖44县，属魏地。大致位于今甘肃省，占据我国的西北地区。

荆州：南阳、南乡、江夏、襄阳4郡65县属魏地；南郡、武陵、长沙、零陵、桂阳5郡102县属吴地。基本位于今湖南、湖北、广西北境、贵州东北部、四川东部以及广东连州等地，腹地很大。

益州：分置蜀郡、犍为、朱提、越巂、牂牁、建宁、永昌、汉中、广汉、梓潼、巴郡、巴西、巴东13郡，下辖146县，属蜀地统辖。相当于今四川、贵州、云南及陕西汉

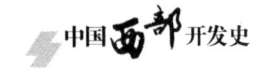

中盆地,涉及我国的西北、西南等地区。

(二)三国时期的西部交通

在魏、蜀、吴三国鼎立的年代,魏蜀两国斗争激烈,虽然当时两国都曾留意川陕之间的栈道,但道路上始终设立关卡,关中与西南之间实际上处于隔绝或半隔绝的状态。西晋王朝实现了短期的统一,但并没有能够在实质上解决问题。其后相继出现了东晋与十六国的对立和南朝与北朝的对立,中国社会陷入大分裂,西部地区形成了不少政权,丝绸之路时断时续。不过在局部地区,交通还是有发展的。如北魏宣武帝统治时期,曾对褒斜道南段进行了大规模的扩建。梁武帝时,曾对子午道进行过改筑。这些活动曾使西部某些地方的交通状况得到改善。

具体而言,魏蜀吴三足鼎立时,孙吴与蜀汉通过长江航道进行着频繁的交往;孙吴与曹魏之间,东过合肥北上,西过南郡北上,与许昌、邺下之间,商旅使节不绝于道。曹魏和蜀汉之间,主要通道在三秦与汉中之间,子午道、傥骆道、褒斜道、剑阁栈道,依然如两汉时一样发挥作用。三国之间的水陆干线大体都是秦汉时开辟的,但经东汉末年军阀混战遭受惨重破坏之后,魏蜀吴三家都曾为了政治军事和经济活动的需要进行艰巨的恢复与重建工作,并在各自的统治区内,多少不等地有所发展、有所开拓。在陆路交通方面,曹魏的努力最为突出;蜀国偏处西南,在开发云贵川等地颇有成效;在水运方面,则要数孙吴的贡献最大。

当曹操统一黄河中下游地区时,他所面对的是一幅残破凋零的局面。当时,西部交通中心长安,中原交通枢纽洛阳,都被军阀董卓及其余党焚掠残毁成瓦砾场。直到曹魏政权平定战乱,稳定政局,才得以集中精力建设交通。在交通管理体制上,曹操本人十分熟悉汉家交通管理方式,故沿用了汉家模式。曹魏景元四年(263),荡寇将军李苞率宫中石工、木工两千余人,修通褒斜阁道。北魏正始四年至永平二年(507—509),梁、秦二州刺史羊祉令左校令贾三德率徒一万人、石师百人,凿修褒斜道南段二百里。栈道面宽四尺,土石路面宽六尺。南朝梁武帝天监六年(507)梁将军王神念以旧子午道缘山避水,桥梁百数,多有毁坏,另开乾路,更名子午道,以避水害。另外,中原与西域的交通也有很大的发展。为了确保与西域的交通,大将军曹真还率队开通了"新北道"。这条路从内蒙古阴山南麓开始西去河套,穿过居延泽绿地西行,进入今新疆天山北麓,直指中亚,进抵里海之滨,为古代中国与古罗马帝国之间的陆上交往提供了可能。

蜀汉在交通方面的贡献是经营大西南。建国之后,蜀一面重建与中原的联系,一面发展与东吴的联系，一面又致力于开发蜀地，特别是西南少数民族地区。诸葛亮治蜀，很重视"官府、次舍、桥梁、道路"的修齐整肃，仅从成都到白水关(今四川广元北)就建有亭舍400余座。张嶷任越嶲太守时，重新开通了成都至西昌的"牦牛道"，沟通了大西南与内地的联系。上文提到诸葛亮还创制了一种新型交通运输工具，即木牛流马，运输效率很高，这在战时运输物资方面发挥了重要作用。此外，诸葛亮进军南中的路线，是秦汉时早已开辟的道路，经过蜀汉的经营，道路不再像前代那样受阻于地方豪强，南中财富源源不断地输入成都，支持了蜀汉对曹魏的战争。可以想见，成都—宜宾—会理—昆明之间的运输线，在当时是十分繁忙的。

孙吴对长江中下游江南地区的开发贡献很大。孙吴政权经营江东，开发长江一带，尤其在吴郡、会稽郡、豫章郡等地，大力推广经验，普遍组织军屯、民屯，使江南经济迅速发展起来。水陆交通网密布于州郡之间，纵横交错，陆路、水运交通十分便利。北人乘马，南人操舟，孙吴人民造船驾舟的技术有了很突出的发展。内河、海上都有大量船舶往来。内河里多为小叶扁舟，江海中则是较为庞大的楼船，其中大舶长达二十余丈，高出水面两三丈，可载六七百人，运货一百余斛。孙吴还经常派船队北航，与据有辽东的地方势力公孙渊相往返，又派船队去朝鲜半岛和日本列岛，倭人也不断从日本来到吴地，海上往来较为频繁。西方的大秦国(罗马帝国)使者与商团远赴中国，与东吴建立起紧密的贸易关系。因而，在魏蜀吴三国中，吴国凭借优越的水域条件，在海外贸易中得利最多，水路交通也最为发达。

二、三国时期的西部开发

三国时期，曹魏控制西北地区，蜀汉占据西南地区，因而两国之争主要集中在西部一带，那么粮草供应则成为决定双方胜负的关键因素，为此双方都采取了恢复和发展粮食生产的措施。曹魏以关中西部和甘肃东南部为战略要地，在一些适宜农耕的地区大兴屯田、开发关陇、稳定河西，每年收获大量谷物供给军粮，以守为攻，迎战蜀军。蜀汉一方占据西南，以永安(奉节)、城固、汉中、阳平关(勉县西)、阴平(文县)等为边防重镇。丞相诸葛亮则注意处理好民族关系，发挥当地的农业资源优势，劝农积谷。为了解决北伐过程中运粮的困难，蜀国亦在汉中及渭水南岸等一些地区设置少量屯田。

就社会经济条件而言，曹魏统辖的西北地区，因长期战乱，人口大量外逃，经济凋敝，农业生产几乎处于停滞状态。巴蜀一带，自然条件优越，农业生产发达，有"天府之国"之称，汉末战乱也未受多大影响。曹魏为解决当前困难，根据西北地区的实际情况，在陕甘战略要地，大量开辟屯田，恢复和发展农业生产，用所产的粮食来供应军队，安定百姓。相对于西北地区，蜀汉在陕南地区的屯田十分有限，其需要的军粮主要依赖巴蜀一带的农业区供给。所以，魏蜀两国对立之际，因地制宜，采取了不同的农业开发手段和措施，如此一来，农业经济状况就有了一定差异，这也决定了双方国力和军力的强弱之差。

（一）曹魏的屯田与农业开发

1. 关陇屯田

先来看屯田措施，屯田是由封建官府组织并强制劳动者进行垦种的一种耕作方式，其中曹魏屯田在我国屯垦史上发挥了重要作用。汉末军阀混战，中原和西北农区人口大量流失死亡，耕地荒废，农业生产停顿，所谓"土业无主，皆为公田"①，即是当时现状。那些割地称雄的军阀，处境也十分艰难，许多军队不攻自破。《资治通鉴》记载："中平以来，天下乱离，民弃农业，诸军并起，率乏粮谷，无终岁之计。"②在这种情况下，只有安排军民从事农耕，屯田积谷才能挽救危亡，使军队免于颠沛流离。曹操曾说："夫定国之术，在于强兵足食，秦人以急农兼天下，孝武以屯田定西域，此先代之良式也。"③前代屯田的经验和当时面临的政治、经济等问题，促使曹魏大力推行屯田制，同时大量流民和无主荒地也为推行屯田创造了条件，屯田成为曹魏政权的主要土地制度和农业开发策略，关陇地区的屯田由此兴盛起来，并取得了显著效果。

三国时期，西北的一些战略要地都有屯田，关陇一带是屯田的重点地区。至于曹魏屯田，大致可分为军屯和民屯两种形式，两种屯田有着一定的管理机构，以强制手段将兵士和民众有效组织起来，固定在土地上，集合兵力与民力，扩大劳动力，开荒种粮，以促进农业生产。《三国志·郑浑传》载："天下未定，民皆剽轻，不念产殖；其生子无以相活，率皆不举。浑所在夺其渔猎之具，课使耕桑，又兼开稻田，重去子之法。民初畏罪，后稍丰给，无不举赡；所育男女，多以郑为字。辟为丞相掾属，迁左冯翊。"④曹操出征张鲁时，京兆尹郑浑大力发展种植业、渔业，使得老百姓安分守己，农业获得长足发展，因而郑浑得以升迁，受到曹操嘉奖。早在汉末大乱时，大量关中民众逃亡至荆

---

① 〔晋〕陈寿：《三国志》卷一五《司马朗传》，北京：中华书局，1982年，第468页。
② 〔宋〕司马光：《资治通鉴》卷六二，汉献帝建安元年十月，北京：中华书局，1956年，第1990页。
③ 《三国志》卷一《魏武帝纪》，第14页。
④ 《三国志》卷一六《魏书·郑浑传》，第509页。

州等地，其后不少老百姓返回故地，曹魏给他们提供犁牛，安排他们垦田耕种。曹魏时关中屯田地区的水利工程也有修整。如汉成国渠自今眉县引水，时因战乱失修而淤废，卫臻主持了修浚工程，并将原干渠向西扩展 100 多里，是一项贯通关中西部的大型水利工程。屯田还推动了地区农田水利事业的发展。除关中以外，陇右、河西以及西域也有屯田分布。河西和西域的屯田在有关文献和出土简牍中有所反映，比如楼兰、高昌、尼雅等西域地区出土的大量木简及纸文书皆证明魏晋时期已经实行过屯田，而且屯田中人们也已开始使用牛耕技术，播种和灌溉也有着严格的管理办法。

2. 河西的农业开发

曹魏政权建立后，平定叛乱，理顺民族关系，集中精力开发河西，进而经营西域，其目的是为了扩大疆域范围，增强自身实力，以便全力对付吴蜀两国，打破三国鼎立格局。当时的曹魏在治理河西时涌现出了不少功臣，像徐邈、仓慈、皇甫隆等，他们曾对河西地区的开发做出了突出贡献，很大程度上促进了河西地区农业的发展与稳定。

在魏明帝统治时期，徐邈任凉州刺史持节令护羌校尉。当时河西一带，"河右少雨，常苦乏谷，邈上修武威、酒泉盐池以收虏谷，又广开水田，募贫民佃之，家家丰足，仓库盈溢"[①]。由于此地干旱少雨，自然条件较为恶劣，农业发展受阻，粮食一直处于缺乏状态。针对此情况，徐邈通过广开水田，招募农民租佃，又大力修整武威、酒泉等地的盐池，以盐换取羌人的粮食，颇有成效。这说明河西羌人当时已在从事农耕。河西一带并未因降雨匮乏而放弃农业，而是依赖高山融雪，开辟水田，促进农业生产。产出的粮食不仅可以保证百姓口粮、供应当地驻军，还有盈余换取钱财，供给通商费用。除此之外，徐邈还同时在境内兴办学校，禁断淫祀，减轻刑法，很受羌胡族信任。

敦煌是丝绸之路的交通枢纽，也是河西走廊沿线的重要城市。西汉时这里商业兴盛，经济繁荣。魏明帝时，仓慈曾出任敦煌太守。他针对当时大姓雄张、贫富悬殊的社会状况，果断地采取扶持贫弱和抑制豪强大族的政策，按人口占地多少，分等交税，清理大姓望族强加在百姓头上的重额税赋，减轻贫苦农民的负担，促进了当地的农业开发。他不畏豪强，秉公执法，从宽处理属县的狱讼案件以解民困；他注意保护少数民族贸易，胡人如愿去内地洛阳，一律发给过往证明，并派兵护送，使西域胡商不再遭受豪族的阻挠与欺侮。仓慈在任期间革除积弊，政绩显著，很受胡汉人民拥戴和怀念。

皇甫隆接任敦煌太守时，注意到敦煌农业生产落后，于是积极推广中原地区先进的

---

① 《三国志》卷二七《魏书·徐邈传》，第 739—740 页。

农业生产技术与经验。他教农民把高低不平的大片田地修整为低而平的小块地，改掉过去的淹灌法，采用过水漫灌的方法浇地。这样既节约用水，又可以均匀地浇透整个地块。皇甫隆还指导农民使用耧车播种，改撒播为条播。这样省力省时省籽种，又便于中耕锄草。敦煌的农业技术经过这些变革，农业劳动生产率显著提高，粮食产量大幅度增加。所以皇甫隆在任期间，敦煌的社会经济和文化习俗才有了新的起色，他的功绩主要在农业方面。

总之，曹魏十分注重发展西北农业，实行屯田，开发河西农业，促进地区经济繁荣和社会秩序稳定，以守为攻，在与蜀汉的对抗中，取得了军事上的主动权。

（二）西南地区的治理与边防屯田

1. 蜀汉对西南地区的治理

赤壁之战后，刘备乘机进驻益州，又与孙权中分荆州，并北取汉中，不久便建立蜀汉政权。汉代的益州相当于今西南地区，自战国秦汉以来，益州以蜀郡为主的成都平原地区，农业生产相当发达，诸葛亮在《隆中对》中称："益州险塞，沃野千里，天府之土。"[①]刘备另一谋士庞统也说"益州国富民强，户口百万"[②]。富庶的益州为蜀汉立国奠定了基础，并为以后诸葛亮北征提供了大量粮草和兵员。但同时这里民族众多，矛盾错综复杂，各个地区的经济发展极不平衡，给蜀汉治理增加了许多困难，使其有效统治区域长期局限于成都平原一带，势必导致蜀汉的经济及军事力量不够强大。

从《魏书·地理志》记载来看，秦汉时期，益州所在的西南地区民族杂居，土地肥美，物产丰饶，民食稻鱼，无凶年之忧，只是许多地区的农业开发很有限。汉武帝平西南夷，在这里设立郡县，移民屯垦种粮，益州的人口逐渐增加，经济有了新的发展。蜀汉时期，益州曾新置六郡，加上过去已有的郡治，益州已有郡22个，但除了成都平原以外，其他地区的经济还比较落后，地处云贵的南中诸郡尤为突出。诸葛亮平定南中，当时南中地区民族众多，农业生产落后，但仍然要向蜀汉政权交纳赋税，负担自然不轻，民族反抗时有发生。地处四川南部的江阳郡，四川北部的巴西郡，重庆市所在的涪陵、巴东和巴郡等，虽然存在若干"大姓"，但多民族杂居，可耕荒地多未开发，社会矛盾错综复杂，难于管辖。帝武三年（223），刘备身死，诸葛亮为益州牧，南中各郡叛乱，声势浩大。但诸葛亮却种植粮食、休养生息，一年后方出兵。当时主要采取"南抚夷越"的方

[①] 《三国志》卷三五《诸葛亮传》，第912页。
[②] 《三国志》卷三七《庞统传》，第955页。

针，不留兵，不运粮，利用当地大姓豪强治理南中，以便稳定后方，出兵北伐。可见蜀汉政权对成都平原以外的广大民族地区缺乏有效的统辖和治理，这些地区提供的赋税不会太多，并且没有什么保证。

当时蜀汉的经济中心在成都平原。前256年，蜀守李冰主持兴修的都江堰水利工程，使成都平原农业经济面貌大为改观，与关中平原并称为陆海。汉代的时候，山东、江南有灾，往往运送巴蜀的粮食救济。中原有乱，就有大批人口迁徙入蜀，从未听说过人满粮缺的情况。与关中平原相比，成都平原自然条件更为优越，又未遭汉末关中战乱的厄运，农业生产主要采取租佃经营的方式，相对强制性的屯田经营来说，农民生产积极性较高，故农业生产水平长期不衰。刘备占据成都平原，为蜀汉立国奠定了基础。但这里四面大山阻隔，对外交通很不方便，容易滋生割据，难以北进，统一中原陷入困境。而蜀汉的中心任务一直是北击曹魏，统一天下，其农业生产也主要是为军事服务的。

2. 西南地区的边防屯田

征服南中后，蜀汉基本解除了北伐后顾之忧。后经过发展农业生产，充实军备物资，其获得了一定的人力、物力及财力支持。于是蜀汉丞相诸葛亮曾六出祁山（今甘肃礼县东）攻打曹魏。蜀汉进驻攻战之地大致在今甘肃东南和陕西南部，即汉水与嘉陵江上游地带，那里距汉中和成都平原已比较遥远，而且沿途崇山峻岭，交通极为不便。成都平原农业十分发达，筹措粮草并非难事，蜀汉后备物资较为丰富。据说刘禅投降后，蜀国"百姓布野，余粮栖亩"，国库尚有米四十余万斛[①]。所以，蜀汉遇到的困难，即是因秦岭等大山阻隔，大批粮草难以及时运送到军中。另外，粮草运输负担相当繁重，比如运输粮草需要牛拉车载，人力肩挑背负，也就是说，一人作战，往往需要几人甚至十几人转运粮食，如此一来，人力财力耗费巨大。为了解决运粮问题，据说诸葛亮为便于长途运粮，减轻人力负担，曾发明木牛流马，这在一定程度上减少了长途运粮时蜀汉的沉重负担。诸葛亮还曾亲自率领将帅去割小麦，可见虽然成都平原农业发达，但由于交通不便，当时蜀汉仍面临着缺粮的现状。据司马懿说："亮每以粮少为恨，归必积谷，以吾料之，非三稔不能动矣。"[②]魏国也很清楚诸葛亮前线军粮供应短缺。于是，诸葛亮想到一个办法，即在北方实施屯田，以就近解决军粮供给问题。

建兴五年（227），诸葛亮进驻汉中时，已命赵子龙在赤崖屯田，以储备军粮，时间虽短暂，却为蜀国积累了一些屯田经验。建兴十二年（234），蜀汉10万大军自斜谷出兵武

---

① 《三国志》卷三三《蜀书三·后主传第三》，第900—901页。
② 《晋书》卷一《宣帝纪》，第7页。

功,开始利用流马运粮,占据五丈原,与司马懿相持。当时"亮每患粮不继,使己志不申。是以分兵屯田,为久驻之基。耕者杂于渭滨居民之间,而百姓安堵,军无私焉"①。屯田地点大约在渭水南岸五丈原以北。蜀汉屯兵与当地居民融洽相处,屯田似乎比较顺利。只是自蜀汉二月出兵,八月诸葛亮身死退兵,时间不过半年,屯田成果较为有限。等到曹魏大军进攻蜀汉,后主刘禅投降。又因蜀汉长期对外用兵,不断运粮和筹粮,老百姓的赋役负担十分沉重,没有休养生息的机会,这必然会严重影响西南地区的农业开发和社会经济发展,使蜀汉有限的国力越来越衰弱,最终归于灭亡。

三、曹魏战乱对农区经济的破坏

在东汉末年镇压黄巾军为首的农民起义中,地方官僚和豪强地主各自培植武装,纷纷独立割据,导致东汉名存实亡。西北军阀势力以董卓最为强大。董卓控制关陇地区,以杀立威,关中旧族多被诛杀。董卓曾率军攻入洛阳,扶持汉献帝还都长安,将战火引入关内,关陇之地遂无宁日。各路军阀相互攻杀,纵兵虐民,抢夺财物,仅董卓掠存在眉坞的粮食即够其军食30年。董卓以改变币制转嫁危机,对关陇人民进行经济剥夺。他废除汉代五铢钱,铸用小钱,结果货轻物贵,导致通货膨胀,谷子一斛价至数十万钱,造成社会经济的极度混乱。董卓死后,其部众相互残杀,军阀间战争此起彼伏,人民锋镝余生,四散而逃。据计关陇百姓流落荆州者十余万家,逃亡益州者数万家,徙入汉中人数亦万家。《三国志》记载经汉末和董卓时期动乱后,关陇地区"强者四散,羸者相食,二三年间,关中无复人迹"②。西北主要农区生产遭到毁灭性的大破坏,秦汉数百年来繁荣昌盛的关中地区经济由此萧条下来。

经官渡之役,曹魏统占中原;赤壁之战,魏、蜀、吴三国鼎立。于是曹操转而挥师西进潼关,扫平关陇割据势力,统一西北心腹地区。曹丕称帝时,魏并河西四郡,疏通了西北交通,进而经营西域。魏承汉制,派戊己校尉进驻西域,册封诸国首领,颁发印绶。西域龟兹、于阗、康居、乌孙、大宛、疏勒、月氏、鄯善、车师等均与曹魏保持密切关系,"无岁不奉朝贡,略如汉氏故事"③。曹魏关注西北,目的为除后顾之忧,以便全力对吴蜀作战。其所经营的并非西北全部,控辖的只是关陇、河西至西域的战略要区。后来蜀国攻占汉中,诸葛亮六出祁山,寻机与曹魏决战,关陇又变成蜀魏抗争之地。面

---

① 《三国志》卷三五《蜀书·诸葛亮传》,第925页。
② 《后汉书》卷七二《董卓列传》,第2341页。
③ 《三国志》卷三〇《魏书·乌丸鲜卑东夷传》,第840页。

对关陇破败的经济局面，曹魏大力推行许下屯田的成功经验，募兵在渭河流域列置屯田。长安附近和天水一带就兵置两大屯区，每年收获大量谷物贮为军粮，以守为攻，迎战蜀军。蜀相诸葛亮以10万大军入关后亦在渭水南岸经营屯田，史称"耕者杂于渭滨居民之间，而百姓安堵，军无私焉"①。曹魏戍将和官吏率领兵民修建了一些水利工程。汉成国渠原自今眉县引水，时因战乱失修而淤废，卫臻主持了修整工程，并将原干渠向西扩展100多里，自今宝鸡引千水，构成贯通关中西部的一项大型水利工程。同州（今大荔）境内的引洛工程临晋陂，效益也比较显著。《晋书·食货志》特别记载了这两项灌溉工程："青龙元年，开成国渠自陈仓至槐里筑临晋陂，引汧洛溉舄卤之地三千余顷，国以充实焉。"②河西地区亦有开渠溉田的史迹，魏太和二年（228），魏将徐邈在凉州"广开水利"，引灌屯田。后敦煌太守皇甫隆领本地郡民开修水利，改进灌溉技术，大兴绿洲农业。皇甫隆还劝导郡民使用耧车，使这一先进的条播技术在边地得以推广，农业生产取得了"庸力过半，得谷加五"的好效果。在曹魏统治时期的西北农区，其农业生产较汉末略有起色。

魏嘉平元年（249），权臣司马懿发动宫廷政变，曹氏政权旁落司马家族手中。通过剪灭曹氏势力，灭蜀伐吴，至司马炎擅位称帝，司马家族建立了晋朝，是为西晋。后15年东吴告亡，西晋统一南北。魏晋易代之际，西北地区幸无大乱，关陇、河西一带较平静地转为晋统，西域均能归顺臣服，戊己校尉和西域长史监护制度一如汉魏，故晋初农牧生产水平实不减曹魏。西晋政权为进一步加强农业，毅然废除"屯田制"，改行"占田法"。当时曹魏屯田制已行80余年，法久弊生，军政官吏利用屯田的半军事性质，以强制手段对佃兵、田客加重剥夺。屯田租率由原来的官私"六四分"，渐成"七三分"或"八二分"。过度剥削迫使兵民重新流亡，留耕者广种薄收，所获得常不足以偿种。屯田制发展到这一步，政府亦无利可图。再说鼎立战争状态下的屯田，实在不适宜承平之世的农业生产秩序，故在晋泰始二年（266），晋武帝诏令"罢农官为郡县"，把屯地尽行分配给田客和佃兵，恢复其编户齐民身份，使其地位略与小自耕农相同，这就是西晋"占田制"的基本精神。"占田制"将大批兵民由屯田超额剥削下解脱出来，社会生产力由此得以解放。晋武帝还实行了"免税省徭""禁绝游食商贩""设常平仓稳定谷价"等配套政策，调整"占田制"下的各种生产关系。同时鼓励开垦荒地，兴修农田水利，大力发展农业生产。这些政策在西北地区也收到极好的效果。从西北各地考古所见的晋初的生产工具、石窟

---

① 《三国志》卷三五《诸葛亮传》，第925页。
② 《晋书》卷二六《食货志》，第785页。

壁画、墓道砖画和简牍帛书均可看出,这时西北地区生产力水平又有所提高。西域诸国的农业工具动力也有所改进,类似于"坎土镘"的耕锄工具,与内地完全相同的牛耕方法,可以真切地见于反映西域风俗的壁画中。西晋社会经济兴盛期在晋武帝太康时的十年间,后世称为"太康盛世",溢美者或夸大其词,说"于时有天下无穷人之谚",大约是魏晋间最好的一段时光。

可惜好景不长,晋初安宁并未维持多久,由于民族矛盾和阶级矛盾加剧,统治阶级内部斗争不可开交,终于酿成"八王之乱"。晋室内部相互残杀达16年之久,再加上疫病流行,人民遭受的痛苦和死亡惨不堪言。内迁少数民族所受的官吏奴役歧视更为严重,纷纷起义反抗西晋统治。然而这种阶级斗争,又被本族上层贵族所利用,转变成民族间攻杀和觊觎晋朝统治的战争。晋怀帝永嘉五年(311)匈奴贵族刘曜攻破洛阳,晋人在长安拥立秦王司马邺为帝,进一步加重了西北战祸。关中早自惠帝时起,即因战乱饥荒,人民无奈而流亡梁益等地就食,八百里秦川白骨遍野,蒿棘成林,存留者不到十之一二。"永嘉之乱"爆发,刘曜军掳走遗民8万余户。愍帝四年(316),刘曜二次攻陷长安,俘获愍帝及随从文武官员,导致西晋灭亡。当时长安城中"米斗金二两,人相食,死者太半"①。西北经济再次遭受惨重破坏,而北方的战乱并未因西晋灭亡而停止,反而进入一个更加混乱的时期。

第二节
两晋时期西部农牧业的发展与衰败

两晋南北朝时期是一个大分裂的时期,政权更迭频繁,战争动乱时有发生,对西部地区的农牧业生产有一定的影响。

一、西晋时期对西部地区的开发

西晋时大致和三国相仿佛,只是今商洛地区改隶司州,今凤县、略阳等县改隶雍州。西晋灭吴后,全国的州增加到19个之多。当时设在陕西的州两个,即雍州和梁州。雍州本辖东汉司隶校尉部的西半部地方,西晋时治长安,辖七郡国,范围已扩大到泾水流域

---

① 《晋书》卷五《愍帝记》,第130页。

乃至六盘山以西地区。梁州由东汉时期的益州分出，西晋时治南郑，即今天的汉中市，辖八郡，其范围亦超出了陕南的界限，达到四川东部的嘉陵江流域。当时各州辖诸县多依两汉之旧，但也曾发生过若干变化。

曹魏时，雍州领六郡，京兆郡领十一县。撤销好畤县，将其辖地并入美阳；撤销鄃麋侯国，并入汧县；迁泥阳县于祋祤，去掉祋祤之名。改左冯翊为冯翊郡，设治所于临晋，领十县。将京兆郡的下邽县划归冯翊郡，将云阳并入池阳。改右扶风为扶风郡，设治所于槐里，亦领十县。改平陵县为始平县，撤销茂陵县，以其地来归。北地、新平、弘农所辖诸县在陕西者基本上都是秦汉旧县。魏兴郡系由汉末西城郡改名而来，治所设在西城，辖四县。分锡县北部设平阳县，在锡县中兼设锡郡，不久即予撤销。蜀汉时，益州领三郡，汉中郡领八县。分城固县东部设立兴势县，分城固县南部设南乡县；分安阳县设黄金县，又分黄金县设蒲池县。武都郡所领二县皆汉代旧县。新置梓潼郡于广汉郡中，所辖白水、汉寿二县，均属于陕西。西晋时，雍州领七郡。京兆郡仍治长安，领九县。改杜县为杜城县，临晋县为大荔县。将衙县并入粟邑县。其余皆仍汉魏之旧。扶风郡治所迁至池阳，太康八年(287)一度改为秦国，不久复故，共领七县。分美阳县地重设好畤县。在雍县南部设蒯县，在汧县西部设陇关县，旋即撤销。始平郡辖槐里等四县，汉魏旧置。北地郡移富平县于频阳县怀德城。新平郡领二县，改旬邑为邠邑。安定郡领鹑觚，为汉魏故县。司州所领诸郡在陕者有两个。上洛郡设于泰始二年(266)，领三县。分商县南部和平阳县北部置丰阳县。又曾一度分上洛县北部设拒阳县。弘农郡辖陕西华阴，为旧县。秦州管下的武都郡辖故道、沮县，今属陕西。梁州诸郡在陕西者有汉中郡和梓潼郡，前者领八县，改南乡为西乡；后者领陕西两县，改汉寿为晋昌。荆州所辖魏兴、上庸二郡在陕西。魏兴郡复设洵阳，改安阳为安康，又分锡县地重设长利县。上庸郡辖县中有上廉，在今平利县东，亦为西晋时所设。至于陕北一带当时为少数民族所居，尚未重设郡县。

魏晋南北朝时期是一个大分裂的时代，西部地区先后经历了十几个王朝或政权的统治，情况相当复杂。三国时期，蜀汉据川、滇全部及贵州、陕西局部，曹魏据陕西关中、甘肃河西走廊及新疆。灭吴后，西晋实现了对全国的短期统一。西部地区除青藏高原、内蒙古高原及鄂尔多斯高原分别为诸羌及鲜卑控制外，其余地方均被纳入中原王朝的直接统治之下。西晋末年，生活在边疆地区的匈奴、鲜卑、羯、氐、羌、巴等"五胡六夷"纷纷内迁，对西部开发及西部历史产生了重大影响。

匈奴是中国北方最古老的民族之一，战国时期不断入侵，迫使秦、赵、燕等国不得不动用大量的人力物力修筑长城。秦汉之际，匈奴迅速崛起，汉高祖无力抵抗匈奴，推行"和亲"政策。汉武帝执政时，西汉政府已积聚起强大的力量，于是开始了反击匈奴的大规模战争，并取得了重大胜利。公元前33年，匈奴呼韩邪到长安，汉元帝将宫人王嫱（字昭君）嫁给他，号"宁胡阏氏"，这就是历史上著名的"昭君出塞"。此后汉匈40多年未发生战争，双方有互市关系，促进了民族关系的发展。东汉前期，匈奴贵族内部矛盾趋于尖锐，又遇上严重的自然灾害，分裂为南北二部。南匈奴归附汉室，被安置在北地、朔方、五原、云中、定襄、雁门、代、西河等缘边八郡。北匈奴虽然一度"遣侍子，修旧约"①，表示愿意归顺，但事实上并无诚意。永平十六年(73)，东汉政府派窦固讨伐北匈奴，单于逃往北方，下落不明。此后，北匈奴在漠北难以立足，逐渐向西方迁徙。南匈奴基本上与东汉保持了和睦相处的臣属关系。

二、东晋十六国时期的西部社会

东晋十六国时期是一个混乱时期，变化最为频繁。其初期，前赵割据今关中和商洛地区，陕北归后赵所有。成国据今汉江上游。嘉陵江流域今略阳县附近，则为仇池所据。东晋仅有今石泉县以东一隅之地。后来前秦统治了今关中和陕北，东晋则收复了成国的汉江上游，到前秦强盛时，就据有了现在的陕西一省。后秦继承了前秦旧基，东晋却收复了今陕南和商洛各地。东晋以后的南北朝时期，变化较为缓慢。北魏据有今陕西省绝大部分，南朝的宋、齐、梁三朝仅有秦岭以南，不过今商洛地区和略阳县附近却始终没有到手。南朝梁时，北魏分为东西，西魏据有关陇各地，与东魏相抗衡，及其末年，南并梁益，汉江上游皆为所有。此后由北周至隋，再没有新的变化。

东晋南北朝时期，国家分裂，战争频繁，行政制度也相当混乱。北魏政区涉及陕西者凡十四州、四十七郡。雍州领五郡，中期一度领六郡，京兆郡领八县。冯翊郡治所在北魏时迁至高陆，领六县。扶风郡治所北魏时迁至好畤，领四县。北雍州永安三年(530)设，领三郡；北地郡北魏初属雍州，永安元年(528)改属北雍州，领七县，后降至四县。宜君郡永安三年(530)设，领三县。建忠郡永安元年(528)设于三原，领一县。华州设于北魏太和十一年(487)，领雍州东部三郡：华山郡初设于郑县，后迁于临晋，改名武乡，领五县。澄城郡太平真君七年(446)设于澄城，领五县。白水郡太和二年(478)分澄城郡设，领三县。岐州北魏太和十一年(487)分雍州设，治所雍城，领三郡；平秦郡太延二年

---

① 《后汉书》卷八九《南匈奴列传》，第2943页。

(436)分扶风县地设，领三县。武功郡太和十一年(487)分扶风县地设，治所美阳，领二县。武都郡太延二年设于苑川，领三县。东秦州北魏太延二年(436)初设，后几经改易，所领陇东郡在今陕西境内。泾州北魏神䴥三年(430)设，辖地涉及陕西者凡二郡。新平郡治白土，领二县。赵平郡治鹑觚，领二县，其中陕西一县。洛州北魏太和十一年(487)设于上洛，领四郡，后增领三个侨郡：上庸郡北魏永平四年(511)设于丰阳，领二县。魏兴郡太延五年(439)侨置于阳亭，领一县。苌和郡北魏景明元年(500)设于南商，领一县。北华州，北魏正平元年(451)设于杏城镇，初称北雍州，后改东秦州、北华州，领四郡：中部郡治中部，领四县。敷城郡北魏太和十五年(491)设，治洛川，领三县。义川郡太和十八年(494)设，领一县。乐川郡太和十八年设，领一县。东夏州北魏延昌二年(513)设，治所广武，领四郡：遍城郡北魏太和元年(477)设，领二县。定阳郡北魏太安二年(456)设，治所临戎，领二县。朔方郡北魏灭夏后建立，治所魏平，领五县。上郡北魏太和三年(479)设于因城，领二县。夏州北魏太和十二年(488)设于统万镇，领四郡，属于陕西者三郡：化政郡太和十二年设于岩绿，领二县。阐熙郡太和十二年设于山鹿，领二县。金明郡北魏太平真君十二年(451)设于广洛，领三县。梁州宋、齐、梁设于南郑，后为北魏所得领四郡，永平四年(511)后领五郡。汉中郡治光义，领三县。褒中郡北魏永平四年(511)分汉中郡设，治褒中，领三县。华阳郡东晋末年刘裕所设，领三县。丰宁郡北魏正始二年(505)设于西乡县西的丰宁戍，领一县。晋昌郡东晋元帝时设，治所屡迁，北魏时治龙亭，领四县。东益州南朝刘宋设于武兴(今略阳)，所辖与陕西有关者凡三郡：武兴郡北魏正始三年(506)设，领四县。槃头郡与武兴同年设立，辖区涉及陕西者一县。落丛郡北魏太平真君九年(448)设，有一县在今陕西境内。南岐州北魏孝昌二年(526)设，所辖固道县属陕西。益州所辖诸郡中亦有二郡涉及陕西。东梁州所辖金城、魏明、安康诸郡，梁州之魏兴、吉阳、洵阳、南上洛诸郡也都有少数县份在今陕西境内。至于各县的兴废变迁则相当复杂，不是三言两语能说清楚的。西魏、北周之时，郡县亦时有改易，就不在这里一一叙述了。

西晋后期，发生了"八王之乱"，晋惠帝永兴元年(304)，河间王司马颙将惠帝劫来长安。永兴三年(306)，东海王司马越劫惠帝东返洛阳。残留在蒙古草原上的南匈奴大举迁往晋北，入塞者20余万。匈奴人刘渊乘机在山西建立了匈奴汉国。晋怀帝永嘉五年(311)，匈奴汉国大将刘曜等攻陷长安。关中饥困，白骨遍野。永嘉六年(312)，晋雍州刺史贾疋等击败刘曜，秦王司马邺入长安。建兴元年(313)，司马邺即位于长安，是为晋愍帝。晋愍帝建兴三年(315)，盗发霸陵、杜陵及薄太后陵。建兴四年(316)，刘曜攻陷长安，愍帝出降，西晋灭亡。晋元帝大兴二年(319)，刘曜迁都长安，改国号为赵，史称前赵。晋成帝咸和四年(329)，后赵石勒攻克长安，前赵灭亡。咸和八年(333)，后赵石虎克长安，徙关中十万户于关东。

公元407年，赫连勃勃自称大夏天王、大单于，年号升龙。他采用游击战术，不断蚕食后秦疆土。为了向外扩张，他首先击溃前来讨伐的后秦军队，俘其将士2万余人，战马万匹。然后攻取定阳(今陕西宜川县西北)、安定(今甘肃泾川县交)、杏城(今陕西黄陵县西南)、上邽(今甘肃天水)，坑杀俘获后秦军士数万人，占领了后秦岭北地区的大部分郡县，并南下夺取长安。418年，赫连勃勃在灞上即皇帝位，其军事势力超过了后秦。当时大夏的疆域南阻秦岭，东达蒲津，西收秦、陇，北薄于河，俨然成为黄河中游的"大国"。不久，赫连勃勃回到陕北，在今横山县北红柳河畔修筑著名的"统万城"，作为大夏的国都①，而在长安置南台，以太子赫连璝录南台尚书事，镇守长安。后来赫连勃勃欲废太子而另立少子赫连伦。结果，赫连璝杀了赫连伦，赫连昌又杀赫连璝。公元425年，赫连勃勃病死，赫连昌即位，次年北魏拓跋焘派大将奚斤率兵5万进据长安，自率精兵2万袭击统万城。428年，大夏为北魏所灭。至此，匈奴人才退出了历史舞台。

1. 大夏国的统万城

统万城曾经是大夏国的都城，故址在今靖边县东北55千米的沙漠地带。大夏国是由匈奴人赫连勃勃在公元407年建立的国家。夏国建立之初，没有固定疆界，在北魏、北凉和后秦的夹缝中游荡。赫连勃勃采用流动作战的方式，巧妙地与三国周旋，夺取后秦陕北大部地区，成为十六国时期一支不容忽视的力量。公元413年，赫连勃勃行至靖边东北百余里，见该处地势开阔，水草丰美，风景秀丽，是建都立国的理想场所，遂以叱干阿利为将作大匠，发岭北各族10余万人，"于朔方水北，黑水之南，营起都城"，并命名为"统万城"，表示自己将统一天下，君临万邦。叱干阿利性工巧，擅长土木工程，但残忍刻薄，督工极严。筑城之土，皆经筛选蒸煮。所筑之城，务求坚实。"锥入一寸，即杀作者，而并筑之"。因而统万城不仅高大雄伟，而且坚实牢固。公元416年，赫连勃勃率兵南下，攻克长安，凯旋。时值统万城修建竣工，赫连勃勃即命刻石颂德，"名其南门曰朝宋门，东门曰招魏门，西门曰服凉门，北门曰平朔门"②。425年，赫连勃勃病死。

2. 西部地区的中小城市

东晋十六国时期，国家分裂，社会动荡，战争连绵不断，政权更替十分频繁，这种

---

① 《晋书》卷一三〇《赫连勃勃载记》，第3205页。
② 《晋书》卷一三〇《赫连勃勃载记》，第3213页。

状况，对西部的城市产生了很大的影响。一方面，一些著名的城市在自然的破坏和人为的破坏下衰落了。如长安城失去了西汉时的风采，规模缩小，殿宇颓坏，甚至连城市的结构也发生了变化，在大城之中出现了"小城""子城"和"皇城"。陕北、内蒙古、宁夏和西域地区的许多城市在战乱中不断萎缩、消失，特别是塔克拉玛干沙漠南北两缘的一些城市，变化情况尤为剧烈。就连关中地区一些在先秦、秦汉时期颇有影响的城市如栎阳、雍等也逐渐沦为废墟。但另一方面，河西地区的一些城市因"五凉"的建立而有较大的发展，特别是凉州也就是汉代的武威，规模较前显著扩大①。陕南、巴蜀等地也出现了一些新的郡级城市，如阴平郡、梓潼郡等，一大批新的县级城市也在动荡中涌现出来。如当时分布在关中的有霸城、咸宁、山北、南新丰、中原、灵源、甘泉、广阳、鄗、阴槃、白鹿、玉山、峱柳、青泥、香城、沙苑、宫城、三门、五泉、薄城、姚谷、白水、美原、土门、泥阳、零武、始平、马嵬、终南、仓城、温汤、三原、永安、黄白、宜和、礼泉、甘泉、温秀、永寿、三水、新平、漠西、白土、长武、东阴槃、陈仓、虢县、南由、吴山、长蛇、平阳、蒯城、石鼻、三交、黄水、周城、斜城、汧阳、汧原等50余城。分布在陕北的有宁朔、绥德、开光、银城、中乡、政和、开疆、抚宁、安宁、安民、上县、良乡、魏平、大斌、山鹿、长泽、统万、丰林、临真、真川、三城、黑城、金明、永丰、启宁、城平、文安、安民、广安、义乡、门山、义川、丹州、云岩、汾川、咸宁、石门、敷政、三川、利仁、中部、贰县、杏城、和宁、洛川等40余城。分布在陕南的有武乡、万石、廉水、汉阴、蟠冢、华阳、长举、明水、仇池、汉曲、白云、兴势、龙亭、拒阳、洛南、南商、丰阳、阳亭、漫川、直城、魏宁、上廉、兴安、吉挹、广城、汉阳、安阳、长乐等30余城。这一时期城市出现的特点是陕南、陕北城市迅速增多，在数量上超过了以往所有朝代。还有一个特点，就是城市的兴建和废弃都很频繁。如西魏在今渭南市西部设中源县，北周建立后就撤销了它。北周明帝在蓝田县西筑白鹿县城，武帝时即被废弃。

两年以后，统万城被北魏攻陷。统万城作为大夏国都的时间并不很长，只有十几年。但统万城规模较大，是陕北地区屈指可数的大城市，大夏灭亡后，还存在了很长时间。史载北魏初，改统万城为统万镇。太武帝太平真君七年(446)设岩绿县。孝文帝太和十一年(487)设夏州及化政郡。西魏时改设宏化郡。隋设朔方郡。隋末为梁师都所据。唐初复置夏州于其地。后在北宋和西夏的战争中被毁。宋代以后，统万城逐渐被沙漠淹没。到

---

① 杨平林：《历史时期河西地区城市地理初探》，《历史地理》第8辑，上海：上海人民出版社，1990年，第133—141页。

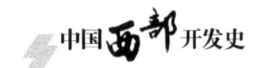

清朝道光年间，统万城一带已相当荒凉：三道城内，鼓楼仅存基址，白土墩高五六丈，无基可乘。钟楼尚堪登眺，高十余丈。又有白土筑成的鸡笼顶式大厦一间，半已倾圮。"南面列土墩七，坚硬如石，似系台楼之基，北头有白土坡，似系宫殿之基。"①时至今日，统万城遗址犹在。考古工作者曾在统万城发现驸马都尉铜印、铜镜、铜壶形押、瓷狮、箭镞、花方砖、铜佛像等夏国遗物。人们站在统万城白色的墩台之上，仍然可以想见统万城繁盛时期的状况。

在大夏政权被灭之后，氐羌在陕西扮演了重要角色。氐羌为西北少数民族，原本生活在川陕甘三省毗连的青藏高原东部地区。公元333年，后赵石虎徙关中豪杰及氐、羌于关东，以氐族酋长苻洪为流民都督，率氐、汉各族百姓徙居枋头（今河南卫辉市东北）。石虎死，苻洪遣使降晋，接受东晋官爵。350年，冉闵诛胡羯，关陇流民相率西归。此时苻洪拥众十余万，自称大都督、大将军、大单于、三秦王，欲率众还关中，尚未成行，被人毒死。洪子苻健继领其众，称晋征西大将军，自枋头西入潼关。关中氐人纷起响应，苻健遂攻占长安，据有关陇。351年，苻健自称大秦天王，国号大秦，史称前秦，任用汉人王猛为丞相。352年苻健改称皇帝，都长安。354年，东晋桓温率军攻秦，苻健坚壁清野，晋军攻入潼关后，因粮食不继而退兵。355年苻健死，子苻生继位。357年苻生堂兄苻坚杀苻生自立。苻坚是一位很有作为的政治家，他任用汉人王猛，励精图治，抑制氐族贵族势力，强化中央权力，兴修水利，发展生产，为统一黄河流域奠定了基础。在治秦取得成效之后，苻坚集中氐族武装力量，开始了统一黄河流域的征战。苻坚370年灭前燕，371年灭仇池（今甘肃威县西北）氐族杨氏，373年攻取东晋的梁、益二州，376年灭前凉，同年乘鲜卑拓跋氏衰乱灭代，382年命吕光率军进驻西域。至此，前秦统一整个北方，与东晋形成南北对峙局面，其版图东极沧海，西至龟兹，南包襄阳，北尽沙漠。东北的新罗、肃慎，西北的大宛、康居、于阗，以及天竺等60国，都遣使和苻秦建立友好关系。晋孝武帝太元八年（383），前秦伐晋，由于骄傲轻敌，大败于淝水。太元十一年（386），姚苌称帝于长安，国号大秦，史称后秦。晋安帝义熙十三年（417），东晋大将王镇恶攻入长安，后秦亡。

3. 姑臧与敦煌

姑臧本匈奴所筑，南北七里，东西三里，因"地有龙形"，所以历史上也称之为"卧

---

① 〔清〕张穆：《蒙古游牧记》卷六，同治四年祁氏刊本。

龙城"①。东汉末年天下大乱，河西相对比较安定，"姑臧称为富邑"②。三国时，姑臧为凉州治所。到十六国，前凉、后凉均建都于此，从而使此城的重要性显著上升。姑臧由于成了割据政权的都城，因而受到前所未有的重视。前凉张轨至张骏时，都曾对姑臧进行过大规模的改造。史载张轨"大城姑臧"，在旧城（中城）之外，又修了四个城厢，并将五城连在一起③，"东城植园果，命曰讲武场；北城植园果，命曰元武圃，皆有宫殿。中城内作四时宫随节游幸……街衢相通，二十二门"④。其结构与中原城市相类。至张骏时，"又于姑臧城南筑城，起谦光殿，画以五色，饰以金玉，穷尽珍巧。殿之四面各起一殿：东曰宜阳青殿，以春三月居之，章服器物皆依方色；南曰朱阳赤殿，夏三月居之；西曰政刑白殿，秋三月居之；北曰玄武黑殿，冬三月居之。其傍皆有直省内官寺署，一同方色"⑤。经过张氏的改造与扩建，姑臧城的五城二苑连在一起，成为当时河西地区的中心。其城市的布局，对后来中原地区的城市建设也有一定的影响⑥。北魏以后，凉州人口大量内迁，姑臧趋于衰落。至唐代复出现繁荣的盛况。正如唐人沈亚之所说："唐之盛时，河西、陇右三十三州，凉州最大，土沃物繁而人富乐。"⑦但安史之乱以后，由于战乱的影响，姑臧就像河西地区的其他城市一样，"自唐中叶以后，一沦异域，顿化为龙荒沙漠之区，无复昔之殷富繁华矣"⑧。

敦煌城位于河西走廊的西端，西境与新疆毗连，是古代丝绸之路的必经之地。西汉时期敦煌郡和敦煌县治都在敦煌，东汉时曾在此地设置"护西域副校尉"。据考古工作者实测，汉城残存范围东西宽约718米，南北长1132米，规模相当可观。十六国时期，因河西安定，敦煌渐趋繁荣。前秦时，苻坚"徙江汉之人万余户于敦煌，中州之人有田畴不辟者，亦徙七千余户"⑨，从而使敦煌人口大增。西凉时，李暠曾一度建都敦煌，对敦煌的城市建设起了一定的推动作用。但为时不久，敦煌为北凉所屠，迅速衰落。不过，北魏太平真君三年（442），李暠孙李宝从伊吾带两千人入据敦煌，"缮修城府，安集故民"，敦煌城又逐渐恢复。此后敦煌的地位日趋重要。隋朝大臣裴矩在《西域图记》中说："伊

---

① 《晋书》卷八六《列传·张轨传》，第2222页。
② 《后汉书》卷三一《郭杜孔张廉王苏羊贾陆列传·孔奋传》，第1098页。
③ 杜瑜：《汉唐河西城市初探》，《历史地理》第7辑，上海：上海人民出版社，1990年，第43—53页。
④ 〔北魏〕郦道元：《水经注》卷四〇《都野泽》引《晋地道记》，上海：上海古籍出版社，1990年，第765页。
⑤ 《晋书》卷八六《列传·张轨传附张骏传》，第2237—2238页。
⑥ 陈寅恪：《隋唐制度渊源略论稿》，北京：中华书局，1963年，第68—70页。
⑦ 〔宋〕欧阳修：《新五代史》卷七四《四夷附录》第三，北京：中华书局，1974年，第913页。
⑧ 〔元〕马端临《文献通考》卷三二二《舆地考八·古雍州》，北京：中华书局，2011年，第8839页。
⑨ 《晋书》卷八七《列传·凉武昭王李玄盛》，第2263页。

吾、高昌、鄯善，并西域之门户也。总凑敦煌，是其咽喉之地。"①由于敦煌是丝绸之路上的咽喉，又比较富庶，因而发展成为丝路重镇。唐高祖武德二年(619)设沙州于此。安史之乱以后，敦煌一度陷于吐蕃。后虽被张议潮收复，但还是走向了衰落。现在沙州有雄伟的白马塔和沙州故城遗址，有神奇的鸣沙山和月牙泉，有著名的阳关和玉门关，有艺术宝库莫高窟，它们都是著名的旅游胜地。

三、两晋时期西部的民族迁徙与产业转型

西晋灭亡后，我国社会再度出现严重的分裂割据状态。逃亡江南的世家大族，继续拥立司马氏重建晋朝，划江而治，史称东晋。在黄河流域同东晋对峙的是由匈奴、羯、氐、羌、鲜卑五民族先后建立的十多个政权，史称"十六国"。在这150多年的历史时期，北方政局动荡不安，对农业生产破坏惨重。西北因地域辽阔，民族关系复杂，全区农牧虽处于极度衰败时期，但各民族各地区情况仍很不平衡。根据有关割据政权统治兴替的大致次序，兹将西北农牧业衰败情景分为三个阶段记述。

前后赵和前凉时期，农牧业处于极度衰败的境地。前赵系匈奴族刘氏建立的政权，早期称"汉"，国都平阳(今山西汾阳)。后在刘曜时期迁都长安，改国号曰"赵"。前赵统治的中心地区在中原，然向西延伸至关陇一带。鉴于晋末关中人口大减，这一重要经济区生产力极其虚弱，前赵采用大量移民加以充实，迁上郡民20余万口，陇右万余口及秦州大姓杨姜诸族入居长安。前赵全盛时期拥兵28万，关陇少数民族无不臣服。然而在农业生产上，前赵政权并无建树。后来羯人石勒势力崛起，石赵相互攻杀，在关陇大肆抢夺，人称为"胡蝗"②。结果，石勒的后赵承替前赵的统治。石勒早年曾参加过反抗西晋政权的马牧起义军，颇知百姓艰辛。执政后，他在后赵采取一些兴农措施，派遣官吏巡视州郡，核定户口劝课耕织，"农桑最修者赐爵五大夫"③。同时还在后赵调整田租户调，减轻编户齐民的负担。为了节约粮食，石勒禁止酿酒，据《晋书》记载：石勒"以百姓始复业，资储未丰，于是重制禁酿，郊祀宗庙皆以醴酒，行之数年，无复酿者"④。所有这些措施在战乱频仍的十六国时期，多少有利于生产恢复。石勒死后，石虎总摄朝政，后直称皇帝。石虎是十六国时期最残暴的统治者，人民兵役力役负担超过任何一代。朔、

---

① 〔唐〕魏徵、令狐德棻：《隋书》卷六十七《列传·裴矩传》，北京：中华书局，1973年，第1580页。
② 《晋书》卷五《帝纪第五·孝愍帝》，第131页。
③ 《晋书》卷一〇五《载记石勒下》，第2741页。
④ 《晋书》卷一〇五《载记石勒下》，第2739页。

秦、雍等地壮劳力几乎全部征入军队。石虎骄淫残忍，不顾人民死活，在各地广修宫室，充实美姬，于长安城建未央宫，工匠民夫达数十万人。百姓不堪这种残酷的压迫，民族矛盾和阶级矛盾不继激化，各地农民纷纷起义，其中以梁犊率领的义军影响最大。梁犊军行至雍城(陕西凤翔)，关中各族人民纷纷响应，及进长安众至数十万。关中南山地区侯子光为首的农民起义，始平(今咸阳西北)人马勖聚众起义，其矛头直指石赵统治。石虎愁恐病死，诸子争位相杀，后赵终为冉闵建立的魏国所取代。

在西北同两赵并存的还有河西走廊的前凉政权。西晋永嘉之乱后，中原士民多逃往江南，部分人避乱于西北，逃至河西走廊地区。凉州刺史张轨增置郡县，安置中原避难者，他任用河西千才之士为股肱，修明本州政治，行五铢钱，活跃地方经济。同时他还组织军民抗击寇犯的鲜卑军队，威名遂震于西州。西晋灭亡后，张民在凉实际已割据自立。前赵和后赵先后动用数十万大军征伐，前凉以富庶的河西为根据地，坚壁抵扰，遂固守住了凉州，与两赵并存，立国共70年。张骏、张重华父子统治时，是前凉的盛期，其疆域"南逾河、湟，东至秦、陇，西包葱岭，北暨居延"①。为了加强对西域统治，前凉全部接管了西晋的都护机构，同时在高昌设立郡县，使郡县制度行于西域地区，西域行政机构首次与内地趋于一致。前凉统治时期，河西和西域政局稳定，"刑清国富"，保护了地区农牧业生产未受大的破坏，中原流亡西北的人民能够安居乐业。晋乱之后，前凉成为保存发展汉族文化的重要据点。

前秦时期，西北农牧业有所回升。继冉闵政权之后，前秦与前燕平分黄河流域，前秦系氐族苻氏所建，都城长安。关陇为其统治中心地区。苻坚即位后，任用平民知识分子王猛辅政，从而兵强国富，垂及升平。前秦重视本地区经济建设，组织官吏劝课农桑，采取了有利农业生产的政策。当时关中水旱不时，苻坚力主重开汉代郑白渠灌溉之利，曾调发王侯及关中豪室僮隶约3万人，"开泾水上源，凿山起堤，通渠引渎，以溉冈卤之田。及春而成，百姓赖其利"②。苻坚还鼓励农民采用区种之法，推广抗旱耕作技术。经过数十年的建设，关陇地区经济遂呈现出短时的"小康"景象，史称"关陇清晏，百姓丰乐，自长安至于诸州，皆夹路树槐柳，二十里一亭，四十里一驿，旅行者取给于途，工商贸贩于道"③。正是在这种社会背景下，苻坚灭掉东部的前燕统一了黄河流域。在西

---

① 〔清〕顾祖禹撰；贺次君、施和金点校：《读史方舆纪要》卷三《历代州域形势三·晋附十六国》，北京：中华书局，2005年，第126页。
② 《晋书》卷一一三《载记苻坚上》，第2899页。
③ 《晋书》卷一一三《载记苻坚上》，第2895页。

北，前秦调步兵 13 万人攻破前凉，取得了西域交通要道。苻坚派吕光为持节都督率军 7 万讨定西域，西域各国首领纷纷臣属。鄯善、车师、于阗、大宛、康居等王分别亲自或派使者来长安朝见苻坚，西域地区重新归于关中政权之下，西北全境得到短暂的统一。前秦统一北方的第二年，苻坚调动 90 万大军欲灭东晋；结果淝水之战，前秦风声鹤唳，不战自溃，国势从此一蹶不振，十余年后即分裂而亡。

后秦和诸凉政权统治下的西北地区，农牧又一次陷于衰败。淝水之战后，在黄河流域和西北地区，因诸族割据势力重新抬头，北方又陷于混战之中。羌人贵族姚苌乘苻秦之衰，在关中发展羌人势力。当西燕大破苻坚残余力量，迫使其放弃长安逃往河东后，姚苌轻而易举地取得长安，建立后秦。其版图"南至汉川，东逾汝、颖，西控西河，北守上郡"①。然而范围远不及前秦，农牧业经营更不如前秦用功。唯姚兴在位时比较留心政治，重视文化。其后王室内部骨肉相残，内外叛离，东晋大军乘机西进，攻克洛阳，长驱入关，后秦告亡。但东晋讨伐将军并无统一南北方的决心，不久退回江南，这时赫连勃勃的大夏国乘虚进入长安。

赫连勃勃本匈奴南单于后裔，曾出仕后秦王朝为骁骑将军，后来叛离姚兴，通过流动游击战略蚕食后秦疆土，自立为大夏。赫连勃勃发 10 万人于无定河上游筑"其坚可以砺斧"的统万城，以陕西礼泉九嵕山以北地区为根据地。大夏兼营农业，畜牧更为发达，后来北魏大军攻占统万城后，掠获其马匹达 30 万，牛羊数千万头。

十六国后期，原来前凉统辖的河西河湟地区先后或并立出现了后凉、西凉、北凉、南凉及西秦等国。这些割据政权，企图扩展自己的疆土，掠夺别国的畜产和粮食，相互进行战争。农业和畜牧业遭到严重破坏，人民大批死亡，上层贵族却愈加腐化。各国经济不断衰落，割据政权相继衰败，终于被新兴起的北魏政权各个击败。这时西域地区与内地关系比较松弛，唯后凉和西凉仍对西域行使都护权力，后凉主吕光和西凉王李嵩都派儿子作为校尉、太守，制御诸国。北凉国建立后，与西凉发生争斗，矛盾引伸到西域各地。北凉灭掉西凉，原来臣服西凉的鄯善改朝于北凉，诸国也纷纷向北凉称臣纳贡。在整个十六国时期，内地政权对西域的干预较少，北方诸国各民族受到的奴役较轻，在这种相对安定环境下，西域农牧业略得发展。

---

① 〔清〕顾祖禹：《读史方舆纪要》卷三《历代州域形势三·晋附十六国》，第 133 页。

第三节
南北朝时期西部地区经济社会的特点

东晋灭亡之后，南方地区相继出现了宋、齐、梁、陈四个朝代，北方则出现了北魏、东西魏、北齐、北周等王朝，历史学家将这一时期称作南北朝时期。南北朝时期仍然处于分裂状态，西部开发也受到战乱的影响。

一、南北朝时期在西部的政区

南北朝时期，地方区划相当混乱。在其初期，已经有人慨叹：州郡"名号骤易，境土屡分，或一郡一县，割成四五，四五之中，亟有离合，千回百记，巧历不算，寻校推求，未易精悉"[1]。后来"州名浸多，废置离合，不可胜纪，魏朝亦然"[2]。隋时经过并省与陕西省有关的还有17郡，其辖地全部或主要在今陕西省内的有京兆（雍州，治所在今西安市）、冯翊（同州，今大荔县）、扶风（岐州，今凤翔县）、上郡（鄜州，今富县）、雕阴（上州，今绥德县）、延安（延州，今延安市）、上洛（商州，今商县）、汉川（梁州，今汉中市）、西城（金州，今安康县）九郡；其辖地部分在今陕西省的榆林（胜州，今内蒙古准格尔旗）、朔方（夏州，今靖边县北）、盐川（盐州，今定边县）、弘化（庆州，今甘肃庆阳市）、北地（幽州，今甘肃宁县）、河池（凤州，今凤县）、顺政（兴州，今略阳县）、义城（利州，今四川广元市）八郡。

京兆郡，隋初改称雍州，大业三年（607）复名，治所设在大兴，辖二十二县。冯翊郡大业三年（607）废同州置，领八县。扶风郡大业三年废岐州置，领十一县。上郡大业三年设于五交城（在今富县境内），领五县。雕阴郡大业三年废上州立，领十一县。延安郡大业三年废延州立，领十一县。上洛郡大业三年废商州立，领五县。汉川郡大业三年废梁州立，领八县。西城郡大业三年废金州立，领六县。北地郡所辖新平、三水二县在今陕西。安定郡所辖鹑觚在陕西。朔方郡大业三年废夏州立，领四县。河池郡大业三年废凤州立，所辖梁泉县在今陕西凤县一带。顺政郡所辖顺政、鸣水、长举三县在陕西境内。义城郡所辖绵谷、景谷二县也在陕西。

---

[1] 〔梁〕沈约：《宋书》卷三五《州郡一》，中华书局，1974年，第1028页。
[2] 《资治通鉴》卷一四七，梁武帝天监十年，第4601页。

州制自西汉中期确立之后,沿袭了很长时间,成为凌驾于郡之上的一级地方制度。它的演变过程,曾表现出中央与地方的矛盾。西汉中叶创立州制之时,即有加强中央集权之意,如州刺史可以监察郡太守,但他的职位反而在郡太守之下①。后来以刺史权轻位卑,不能应变,而改之为州牧,使之一跃而成为封疆大吏②。这种变化相当巨大,使州最终失去了它的监察功能,而变为与郡相似的机构,这是南北朝时期滥置州郡的结果。南北朝以来州郡极多,叠床架屋,十羊九牧,到隋初情况已相当严重。所有这些,都说明州和郡已经没有什么区别了。

二、相关政权对西部的开发经营

南北朝时期对西部产生重大影响的少数民族是鲜卑。鲜卑原来生活在东北的大兴安岭一带,两汉时期受匈奴奴役,对汉室颇有好感。建武三十年(54),鲜卑大人于仇贲率族人谒阙朝贡,被封为王。但安帝以后,鲜卑反复无常。东汉末年,檀石槐被立为鲜卑大人,立庭于弹汗山啜仇水,兵马甚厉。南钞汉边,比幽、并二州无岁不被其毒。直到檀石死后,钞略才有所收敛。西晋后,鲜卑分为几支,其中拓跋部迁于代郡及云中一带,秃发部和乞伏部迁于陇西。北魏是由鲜卑拓跋部建立的政权,其前身是338年由什翼犍建立的代国。代国在376年为前秦所灭;386年,什翼犍之孙拓跋珪恢复代国;398年拓跋珪称帝,改国号为魏,迁都平城,史称北魏。建国之后,北魏不断向外扩张,其第三代皇帝拓跋焘于431年攻占大夏国都统万城,俘获夏王赫连昌,灭夏后尽有关中之地。后来北魏分裂为东魏和西魏。西魏文帝大统元年(535),宇文泰立元宝炬为西魏文帝,都长安。大统二年,东魏高欢攻长安,关中大饥,出现人相食的惨剧。北周明帝元年(557),宇文觉废魏帝自立,建立北周,仍都长安。北周武帝建德六年(577),北周灭北齐,徙并州民4万户于关中。

值得注意的是,在"五胡六夷"入主中原的南北朝时期,西部地区多次遭受战争的摧残。但时人在谈到关中时依然称之为"天府之国"。如西晋时,淳于定对南阳王模说:"关中天府之国,霸王之地"③,建议他镇抚关中。十六国时,古成诜对姚苌说:"三秦天府之国,主上十分已有其八。"④北魏末年,柳庆对孝武帝元修说"关中金城千里,天下之

---

① 《汉书》卷一九上《百官公卿表上》,北京:中华书局,1964年,第741—742页。
② 《汉书》卷一〇《成帝纪第十》,第329页。
③ 《晋书》卷三七《列传·宗室·南阳王模传》,第1097—1098页。
④ 《晋书》卷一一六《列传·姚苌传》,第2969页。

强国也"①,建议他前往关中投靠宇文泰。北周时,于谨对北周太祖也有类似的说法。这说明陕西地区,特别是陕西的关中地区,在人们的心目中仍具有重要的地位。

这一时期,在西部水利建设总体衰落的情况下,关中地区的水利建设也呈现出衰落的景象,不能与秦汉时期同日而语。但与同期西部其他地区相比,关中地区还算是水利发达的地区。西魏大统十三年(547)置六门堰以节水。此外,大统十六年(550)泾州刺史贺兰祥修富平堰,开渠引水,东注洛水②。同年,郑白渠再度引起人们的关注。史载大统十三年(547)春正月,"开白渠以溉田"③。这里所说的"开白渠"并不是开挖新的渠道,而是对白渠进行疏浚,清理渠道中的淤泥,使渠道重新畅通。也就是说,这次兴修的水利工程不是创新工程,而是复旧工程。至于工程的具体情况文献中没有记载,故详细情况已经不得而知。可以肯定的是,三年后,也就是大统十六年(550),西魏对郑白渠进行的改造规模较大,是有明显成效的:"周文以泾、渭溉灌之处,渠堰废毁,乃令(贺兰)祥修造富平堰,开渠引(北白渠)水,东注于洛。功用既毕,人获其利。"④

在东汉中期以后的300年间,由于战乱等因素的影响,河套附近的水利事业基本上处于停滞的状态。直到北魏太平真君五年(444)刁雍出任薄骨律镇镇将,引黄灌溉的问题才重新提出。当时刁雍考察了银川平原黄河两岸前代的水利设施,发现古渠"高于河水二丈三尺",因河水浸射,往往崩颓,"渠溉高悬,水不得上",于是在河西高渠之北另凿新渠,"溉官私田四万余顷"⑤。

东汉后期,河西地区遭受匈奴的入侵和征羌战争的困扰,农业失时,人口"虚耗"⑥。在东晋十六国时期,国家陷于分裂状态。河西地区先后出现由汉、氐、匈奴、鲜卑等民族成员建立的五个政权,即前凉、后凉、南凉、西凉、北凉。在前凉统治时期,关中等地许多富有农耕经验的农民为避战乱纷纷逃至河西,于是河西再度出现开垦土地、兴修水利的热潮。据敦煌石室本《沙州都督府图经残卷》,前凉时,曾在今敦煌地区修建过"阳开渠""北府渠""阴安渠"等,其中北府渠系前凉刺史"杨宣以家粟万斛买石修理"的,到唐朝时仍在继续使用,"其斗门垒石作,长四十步,阔三丈,高三丈"(《敦煌地理文书汇辑校注》)。

---

① 〔唐〕令狐德棻等:《周书》卷二二《列传·柳庆传》,中华书局,1971年,第369页。
② 《周书》卷二〇《列传·贺兰祥传》,第337页。
③ 〔唐〕李延寿:《北史》卷五《魏本纪·西魏文帝》,中华书局,1974年,第180页。
④ 《北史》卷六一《列传·贺兰祥传》,第2180页。
⑤ 《魏书》卷三八《列传·刁雍传》,第867—868页。
⑥ 《后汉书》卷八七《西羌传》,第2891页。

总而言之，魏晋南北朝时期，虽然有西晋的短期统一，但总的说来，中国陷于大分裂的状态。在这种状态之下，西部地区的开发缺乏统一的组织，呈现出零散化的倾向，因而处于低潮。特别是关中地区，因为长期战乱，受到很大的影响。西域地区的开发因"丝绸之路"的阻隔和局部战争的干扰也时断时续，不能持续进行。不过，即便在这种情况下，在某些时段、某些地区，开发事业还是有一定成绩的。比如，在前秦统治时期，关中地区的社会经济曾一度得到恢复和发展，在蜀汉和巴氏统治时期，四川盆地的开发也有所进展。

魏晋南北朝时期，西部长期遭受战争的摧残，关中经济区一度衰落，所出人物数量明显下降，见于文献记载的且有籍可考的人物只有60余人，还不到秦汉人物数量的一半。这一时期陕西人物分布的情况与秦汉时期大体相仿，即大部分人物仍集中于关中，陕南人物只是少数。所不同的是，陕北地区开始有了籍贯可考的人物。隶籍关中的人物计有京兆(今西安市西)的脂习、隗禧、韦诞、王育、韦浤、王洛儿、韦佑，长安(今西安市西)的挚虞，万年(今临潼区北)的杨沛，新丰(今临潼)的贾洪，高陵的张既，杜陵的杜畿、杜恕、杜宽、杜预、杜锡、杜骥、韦叡、韦粲、韦阆、韦珍、韦崇、王子直、韦孝宽，茂陵的马超，平陵的窦炽，霸城(今西安市东)的王黑，蓝田的康绚、王悦，三原的毛遐、毛鸿宾，华阴的杨播，宁夷(今礼泉县)的杨荐，莲勺(今渭南东北)的吉挹，始平(今兴平市北)的窦允，泥阳(今耀州区南部)的傅干、傅元、傅咸、傅祇、傅宏之、梁祚，池阳(今泾阳县西)的吉茂、吉翰，武功的苏则、苏绰，扶风的射援、马钧、庞迪，郿县(今眉县)的法正、鲁芝等。隶籍于陕南的有梁州(治汉中)的张威，略阳的垣护之、垣崇祖、垣荣祖、垣闳，安康的李迁哲等。隶籍于陕北者仅秦族一人，秦族系北周洛川人，以孝行著称。与秦汉时期相比，魏晋南北朝时期陕西人物趋于分散，咸阳一带的人物大量减少，只有杜氏、韦氏、泥阳傅氏脱颖而出，并保持了发展的势头。

魏晋南北朝时期，谶纬神学与道教结合，形成玄学思潮。这种思潮的代表人物虽然大都分布在东部地区，但它对西部社会也产生了重要影响。另一方面，西部地区的一些学者依然保持着经学研究的传统。出生在关中地区的杜预和傅玄就是西晋时期著名的经学大家。杜预的哲学思想集中保存在他所撰写的《春秋左氏传集解》一书中。他总结了刘歆、贾逵等人治《左传》的得失，提出了一些新的思想。傅玄著有《傅子》一书，强调"正心"的重要性，并把"去私"作为正心的最高境界。他还主张通过教育的方法改变社会风气①。

北朝指十六国后统一黄河流域的北魏，以及北魏分裂相继出现的东、西二魏和北齐、北周，社会较前安宁稳定。其中北魏、西魏和北周在西北先后行政经营，农牧业生产处于逐步恢复发展的过程。

北魏是鲜卑族拓跋氏建立的较为稳固的政权，拓跋氏部落原居大兴安岭北部的大鲜卑山，以畜牧射猎为业，是个文化落后的民族。东汉以后，北方少数游牧民族接踵入居中原，拓跋鲜卑逐渐在北方崛起，凭借武功逐个征服邻近部落，向西、南扩张势力，控制大漠南北，取匈奴而代之。拓跋氏在向中原步步扩张的过程中，不断接受着汉族文化的影响，因而其势锐不可当。北魏立国之前曾称为代国，建都盛乐（今内蒙古和林格尔），开始大力发展定居农业，种植的作物以黍子为主。至道武帝拓跋珪正式立魏称帝，建都平城（今山西大同），鲜卑族进一步向农耕文化转变。道武帝效法古代帝王亲耕藉田之礼，为百姓做表率。朝廷派出地方官，劝课农耕，以此作为内政的第一要务，并按农业成绩奖功升职。农业有很大发展。后燕攻掠北魏国获胜后，一次就获得祭米达百余斛，说明北魏农业规模相当可观。北魏重新修复河套水利，平原公拓跋仪在五原至稒阳的黄河北岸屯田，自临沃县（今包头西）至稒阳开渠引河水，全长70里，溉利始开。太平真君五年（444），刁雍为薄骨律镇将，有鉴于"官渠乏水，不得广殖。……此土乏雨，正以引河为用"②。观旧渠乃是上古所制，于是开渠道，引河溉田1000余顷。北魏太和十二年（488）后，刁雍又"诏六镇、云中、河西及关内六郡，各修水田，通渠溉灌"③。北魏起自游牧，畜牧异常发达，自称"控弦之士数十万，马百万匹"④。前秦苻坚不以为信，前秦出使鲜卑使者以其所见情形，证明鲜卑畜牧确实发达："云中川自东山至西河二百里，北山至南山百有余里，每岁孟秋，马常大集，略为满川。以此推之，使人之言，犹当未尽。"⑤北魏在攻灭西北诸小国的战争中，俘获大量的牲畜和广大牧场，如道武帝登国六年（391）魏破卫辰，得其名马30余万，牛羊400余万，依此"渐增国用"。北魏利用西北宜牧之地建立国营马苑事，《魏书·食货志》记载颇详尽："世祖之平统万，定秦陇，以河西水草善，乃以为牧地。畜产滋息，马至二百余万匹，橐驼将半之，牛羊则无数。高祖即位之后，复以河阳为牧场，恒置戎马十万匹，以拟京师军警之备。每岁自河西徙牧

---

① 《晋书》卷四七《列传·傅玄传》，第1320页。
② 《魏书》卷三八《列传·刁雍传》，第867页。
③ 《魏书》卷七下《帝纪·高祖孝文帝纪》，第164页。
④ 《魏书》卷二四《列传·燕凤传》，第609页。
⑤ 《魏书》卷二四《列传·燕凤传》，第610页。

于并州，以渐南转，欲其习水土而无死伤也，而河西之牧弥滋矣。"①北魏惯以牲畜颁赐群臣将士，动辄赐马牛杂畜数千头，可知其畜牧基础雄厚。西北柔然和敕勒几乎与拓跋鲜卑同起于大漠南北，以畜牧之盛抗衡于北魏。柔然强盛之时，控地东起朝鲜以西，西达焉耆之北，北渡沙漠，南临大碛。每出兵少则数万骑，多则数十万。唯因远离中原，汉化程度不及北魏，故常败北，被截获牛羊动辄数万或数百万头。柔然献给北魏及南朝梁、齐贡物，多是马匹和各种毛皮制品。由于柔然军事经济屡屡受挫折损，北朝末期遂被后起的突厥所灭。敕勒族世居贝加尔湖，北方人称其为丁零；为适应漠北高原游牧生活，敕勒人创制了巨轮大车，以便迁徙，故南方人称其为"高车"。魏太武帝拓跋焘征服敕勒族后，将其部民迁至漠南，散居东至濡源、西至五原的阴山南部，人们便称这一带为"敕勒川"。时传一首脍炙人口的敕勒民歌，很能表达敕勒畜牧业的兴旺景象："敕勒川，阴山下，天似穹庐，笼盖四野。天苍苍，野茫茫，风吹草低见牛羊。"北魏收附了这些善牧的民族，"由是国家马及牛羊遂至于贱，毡皮委积"②。可见北魏畜牧兴盛，很大程度借助着西北游牧族的支持。

自从农业成为北魏社会主体经济，土地制度就成了亟待解决的重要问题。太武帝时部分地区曾实行过"计口授田"的政策，"一夫制治田四十亩，中男二十亩"③。魏孝文帝在此基础上，综合了我国古代井田制和西晋占田制的思想，进一步发展形成"均田制度"，是我国封建土地所有制的一项具有历史意义的改革。均田制在孝文帝太和九年（485）时颁布，规定15岁以上男子及妇人都有权获取授田。均田的土地所有权属于国家，分为露田和桑田，桑田少而露田多，桑田皆为世业，身终不还，授予农民露田，其人年老免课或身死露田土地要归还国家。均田制实行后，安置了大量无地贫民，北方地区自西晋大乱造成的地广人稀、千里无人烟的萧条景象有所改变。通过均田授土，农民被束缚在土地之上，劳动力的迁徙流亡被限制，无疑有利于农业生产和社会经济的发展。新制实行不久，垦地面积便大为增加，政府编户齐民达到500余万户，"百姓殷富，年登俗乐，鳏寡不闻犬豕之食，茕独不见牛羊之衣"④。均田制规定奴婢和耕牛也可以授露田，奴40亩，婢20亩，丁牛1头受田30亩。在奴隶制残余形态严重的北魏，鲜卑贵族拥有大量奴婢和耕畜，他们通过奴、牛同样可得大量土地。均田制并没有触犯大地主的利益，

---

① 《魏书》卷一一〇《食货志》，第2857页。
② 《魏书》卷一〇三《列传·高车传》，第2309页。
③ 《魏书》卷七上《帝纪·高祖孝文帝纪》，第144页。
④ 〔北魏〕杨衒之撰；范祥雍校注：《洛阳伽蓝记校注》卷四《城西》，上海：上海古籍出版社，1978年，第206页。

例如孝文帝之弟咸阳王有奴婢千数,所得土地仍田连阡陌,均田制自始就是不平均的。同时规定桑田作为世业,"盈者得卖其盈,不足者得买所不足"①,为土地买卖网开一面,从根本上保护了鲜卑贵族和汉族世家的利益,受奴役被剥削的仍是平民百姓。西北地处边镇,山高皇帝远,人民承受的剥削压迫就更为苛重。据《魏书》所记:"景明以来,北蕃(六镇)连年灾旱,高原陆野,不任营殖,唯有水田,少可菑亩。"②而六镇的主将、参僚擅掠膏腴田地,瘠土荒畴分给百姓,致使镇户困敝,不堪生计。即使在薄骨律镇灌区,"念彼农夫,虽复布野,官渠乏水,不得广殖。乘前以来,功不充课,兵人口累,率皆饥俭"③。

均田之制是在北魏政权由盛转衰的时期提出来的,借助于北魏王权势力和魏孝文帝的政治才能取得成功。魏孝文帝同时还从租调制度以及文化风俗等方面,实行一系列综合性的改革。然而这些措施并没有从根本上解决北魏社会复杂的民族矛盾和阶级矛盾,魏孝文帝后,各族人民大起义此起彼伏。在西北最先是六镇(有四镇设于河套一带)镇民起义,后有关陇人民的起义,前后延续近七年之久,波及自河套以南整个黄土高原地区。统治北方150年之久的鲜卑北魏,在各族人民起义的暴风骤雨袭击之下土崩瓦解了。

再看北魏时期西域地区的状况。北魏盛世时期,车师部、鄯善、焉耆常派使者入朝纳贡。太武帝拓跋焘对西域十分关切,派出王恩生、许纲等12人的使团出访乌孙,受到乌孙王的欢迎。西域各国,包括葱岭以西地区许多部族相继与北魏交好,遣使到平城表示臣属。后来北魏委派韩拔领西域校尉,驻守鄯善,"赋役其人,比之郡县"④。迁都洛阳后,都城还设有专供边疆地区官员、商旅停息居住的馆舍,名之为"崦嵫馆"。然而在这一时期,游牧民族柔然已雄峙于西北,其地以河西走廊以北为中心,东起朝鲜半岛,西接伊犁河流域,直接妨害北魏在西域的利益。拓跋焘先后数次用兵柔然,他还曾携带皇太子,亲率大军练兵讨伐,使柔然一度退移,不敢轻举妄动。当北魏衰颓之际,柔然重新统治了西域许多地区,同时扶持傀儡阚伯周建立高昌国。大约在突厥崛起之前,柔然对西域一直保持相当强的控制力。

北魏末年,朝政已归于匈奴尔朱氏和鲜卑高氏。二氏相斗,北魏分裂为东、西二魏,对峙于黄河流域。西魏定都长安,关中经乱之后民贫兵弱,实力远不能与"王四渎之三,

---

① 《魏书》卷一一〇《食货志》,第2854页。
② 《魏书》卷四一《列传·源贺传子怀附传》,第926页。
③ 《魏书》卷三八《列传·刁雍传》,第867页。
④ 《魏书》卷一〇二《列传·鄯善传》,第2262页。

统九州之五"的东魏相提并论。但是独摄西魏军政的宇文泰利用魏孝武帝这一傀儡,不仅在政治上长期与高欢柄政的东魏抗衡,而且在军事上也不让于东魏。凭借宇文泰原有军事才能,二魏交兵之时,西魏以少胜多,略高一等。宇文泰又重用苏绰革新内政,兴利除弊。农业方面,主张"尽地力,均赋役",并行屯田制以补充军资。因西北土地广大,一向属于宽乡,地主经济发展比较缓慢,均田制因而得到巩固。有关西魏均田制的具体情况,因敦煌石室发现的《邓延天富等户户籍计帐残卷》,给今人提供了一些更为具体的资料。中外学者通过对这一资料分析,证明西魏施行均田分配存在着"实受田"与"应受田"不完全相等的矛盾,这种受田不足额的现象,即便在河西这样的富区也普遍存在着。然政府却要以足额的授田亩数向农民征田租、户调和力役,暴露了均田制虚伪的一面。宇文泰为了加强内部统治,纠集组合关陇集团,大肆为关陇集团赐赏掠夺婢奴,以供关陇世族的驱使和剥削,从而给关陇集团打下了雄厚的经济基础。西魏时期,关陇地区豪族地主的庄园经济因此有了进一步的发展,在政治、军事、经济各方面都积蓄了雄厚的潜力,为宇文氏直接称帝,建立北周政权做了充分的准备。北周兴亡前后只有25年,但对西北经济发展和北方及全国统一事业却做出极大贡献。北周武帝是一个摆脱了鲜卑旧俗、真正接受汉文化的皇帝。史书说他本人生活俭朴,勤政爱民,亲政期间解决了关系经济发展的两大政治问题。一是释放奴婢、杂户,打击奴隶制残余势力,对社会生产力无疑又是一次解放;二是废止佛教,把关陇梁益等州寺院所占土地全部没收,将近百万僧侣和僧侣户、佛图户编为均田户,从而调整了人民的租役,减轻了百姓负担,增加了国家的收入。周武帝还吸收均田地上广大汉族农民充当府兵,加强了军事力量。他整军练武,养精蓄锐,在此基础之上,周武帝灭掉北齐,重新统一了黄河流域。正当周武帝打算"平突厥,定江南"以统一中国时,他却因病而死。其后继位的宣帝、静帝均昏弱无能,北周大权旁落于杨坚,统一大业后来至隋朝实现。

第四节
传统农牧技术发展与农牧关系的变化

在魏晋南北朝民族迁徙融合的大背景下,传统农牧技术和农牧关系也发生了一系列变化。

一、少数民族内迁与产业结构的转变

西北少数民族内迁实始于东汉后期，当时汉室式微，无力像秦皇汉武时驱逐匈奴于阴山之北，或大量迁移汉民充实边塞。适逢匈奴再度分裂，南匈奴以5000余落投诚归附，东汉听凭入居五原塞下，不久便逾河游牧于西河美稷（今鄂尔多斯的纳林）一带，与汉民杂居相处。朝廷每年耗资亿万加以安抚，唯图边境相安无事。后来鲜卑势力日益西渐，深入漠南匈奴故地，且不时向阴山南部进逼，迫使南匈奴深入晋陕高原，立都在山西离石的古左国城。在汉末黄巾起义中，因部分入居匈奴兵锋南下攻城略地，曹魏时便养成势力，曹操只能举荐利用或迁移控制，十六国时的前后赵政权便是这部分匈奴所建。散居在陕北陇东高原的匈奴部族与西部流入羌族，也构成相当大的势力，时称"羌胡地"。晋初国势稍涨，匈奴散部相继归附。据《晋书》所记，太康五年（284）有匈奴部落二万九千人归化；太康七年（286）前来归附匈奴族多至十万口；太康八年（287）又有大批率部并畜群车庐归降的匈奴部落，晋武帝特派雍州刺史扶风王加以安置。同书中还记载："北狄以部落为类，其入居塞者有屠各种，鲜支种……凡十九种，皆有部落，不相杂错。"[1]可见这时进入黄土高原的匈奴还尽可能保留着本民族的习惯，维持以畜牧为主的经济。但后来情况逐渐发生变化，入居匈奴受汉族农业文化的影响，再加之丘陵沟壑区亦不能像蒙古高原那样大规模地游牧，于是便仿效汉民开田种地，逐步地改营农业生产。到十六国时期，就连以牧立国的匈奴族大夏，也遣使到关中地区学习种田。大夏在今陕西绥德西北境筑建吴儿城，把攻掠关中抢劫的汉人妥善安置，让他们在这里经营农业，向夏人传授农耕方法。北魏统治时期，少数民族极力推行汉族文化，积极引导入居民族从事农业经营。北魏在陕北曾增设大斌县，据《元和郡县志》对"大斌"的注解，"取稽胡怀化，文武杂半之义"[2]。这里所说的稽胡，又称山胡，或部落胡，是南匈奴后裔与其他少数民族部落的混合体。稽胡人口繁衍很快，北朝后期几乎遍布于陕北高原中南部。据《周书·异域传》所记："自离石以西，安定以东，方七八百里，居山谷间，种落繁炽。其俗土著，亦知种田。"[3]在由牧转农的过程之中，稽胡人凡居住平坦川原者，多半"勤于稼穑"，至于"山谷阻深者，多事畜牧"，经营方式颇有"农牧兼营""因地制宜"的意味。稽胡人此时已列于编户，分统于郡县，但徭赋较轻，历代政权有所优待，有利于其经农

---

[1] 《晋书》卷九七《列传·北狄传》，第2549—2550页。
[2] 〔唐〕李吉甫：《元和郡县图志》卷四《关内道四》，北京：中华书局，1983年，第104页。
[3] 《周书》卷四九《列传·异域上·稽胡传》，第896页。

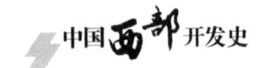

汉化。至隋唐时期，入居的匈奴族和汉族基本上融为一体，稽胡人逐渐成为晋陕黄土高原区的主要农业力量，与汉族无甚差异了。

汉魏以来内迁的西北少数民族还有氐族和羌族部落。东汉为解除西部边患，曾三次强行迁入羌人。一次是在马援击败先零羌后，遂徙其部民迁天水、陇西、扶风三郡；另一次是徙烧当羌人7000口于关中三辅地；后来击败烧当羌，再次迁其族人6000余口于汉阳(今甘肃甘谷县南)、安定(今甘肃镇原县南)、陇西郡，强迫羌人解散原部落，从事农业生产，与汉民同业同俗。这部分羌人接受汉族文化后，很快在农区繁衍起来。到西晋初关陇各地遍布羌人，冯朗、北地、新平、安定等地羌人更为密集，有的羌人还成为豪门大族。十六国时出自南安赤亭(甘肃陇西县西)的烧当羌人姚氏，以豪势到集族人，在关中建后秦国。后秦时羌人政治地位提高，大量进入关中，渐与汉人融合。氐人祖居川北、陕南、甘南交接地区，西汉在此置武都郡(今甘肃成县)，氐人即成为汉王朝编户齐民。此后虽然畜养牛、马、驴、骡，但却不再是主业，大部分氐人从事农耕，"善田种"，成为以农为主的民族。氐人居室为"板屋土墙"，并能在高山地区种麻，"俗能织布"，喜穿青绛色衣服，汉人称其"青氐"。氐人汉化较快，又是大汉编民，汉时他们就开始自由地向内移殖，"或在福禄(今甘肃成县西南)，或在汧、陇(陕西陇县界)左右"①，不过仍保持着本民族村落，首长多部落贵族。三国时，氐人农业已相当发达，建安十八年(213)曹操西征马超，遣夏侯渊击败氐人部落，收谷10万余斛；又命徐晃多次进击，扫平分布在今陕西汧陇地区的氐族势力。后曹操进攻汉中张鲁，武都氐人塞道，操破氐人收其麦粮以给军食，并迁武都氐人5万余落移居天水、扶风地界。魏黄初元年(220)武都氐王杨仆率部众内附。正始元年(240)郭淮又徙氐3000余落于关中。到西晋初年，氐人几乎遍布关陇地区，天水、南安、扶风、始平、京兆等渭水中游区最集中。正如江统《徙戎论》所说："关中之人百余万口，率其少多，戎狄居半。"②十六国时，刘曜都长安，前后迁上邽氐羌20万口，陇西民万余户，及秦州大姓杨姜2000余户到长安。后氐族苻氏建立前秦国，氐人处于统治地位，各郡县多以氐人为长官，政治势力颇大。总之，魏晋南北朝是少数民族入居内地规模的最大时期，据晋时累计，各族入内者多达870余万，延至北朝之末，总数已在千万以上。内居少数民族的分布，大抵在匈奴居晋陕高原，氐羌居关陇腹地，鲜卑人足迹已遍及黄河流域。鲜卑族统治北方长达一个半世纪，汉化程度最高；通过鲜卑人的北魏政权推行汉族农业文化，少数民族更容易接受。

---

① 《三国志》卷三〇《魏略·西戎传》，第858页。
② 《晋书》卷五六《江统传》，第1533页。

入居民族自觉地由牧业转为农业，对补充关陇以至于中原地区农业劳动力，恢复发展北方农业生产有着承乏继绝的重要意义。因为连年战争，农区原有汉民大半逃亡长江流域，其中多数便长期留居南方，战后虽有少部分流亡者返归故土，北方农区人口仍需要依靠少数民族补充。如果把关陇地区出逃的汉人口数也加以累计，就会发现其总数和入居的西北异族大体相当。

二、农牧区的变迁和农牧业的发展

历史时期，西北农业区和畜牧区间因民族、经济、文化形态的差别，二者形成一种明显的界限。青海高原和蒙古高原地区，世为游牧族领地。新疆高原以天山为界，南部以农为主，北部纯为游牧，这种自然区划即使在汉唐统治西北全境时也未能改变。然西北黄土高原地区，由于气候、土壤、植被等条件既适于畜牧，也能从事农业，农牧业的布局、结构和相互关系，受社会历史的影响极大。农牧区界时常发生迭移交错的现象，农牧关系比其他地区复杂得多。一般说，当少数民族居于黄土高原时期，畜牧业成分随之增大，特别是高原北部几乎纯为畜牧之地。相反汉族政权统治西北时期，便迁移汉民，极力进行农业开发，形成种植业为主的经济结构。仅从传统农业时期起，大约战国前，西北农区主要在以关中为中心的泾渭流域，以关中盆地北缘土石山脉为界，向西一直延伸到泾、渭河谷地带，构成一条历时长久的早期农牧分界线。秦汉时期，这条分界线首次被打破，汉武帝拓疆直把农区扩张到整个黄土高原，游牧民族退居于阴山以北。故秦汉时农牧分界线一般以黄土高原北部和西部边缘为界，河西走廊四郡亦归入农区范围。尽管秦汉时期某些阶段农牧区界也有移动或交叉，但这条基本界线却无根本突破。

魏晋南北朝时期，西北黄土高原地区农牧关系出现历史上最为复杂的状况：一方面由于游牧民族持续不断地进入高原，畜牧业成分随之加重；另一方面因入居民族又不同程度地弃牧经农，高原并未回归到秦汉以前那种以牧为主的状态。同时随着少数族汉化过程的发展，农业开发一直处于不断加深的趋势，农牧业相互交织在一起，这样就很难使人确定出魏晋南北朝之间黄土高原的农牧分界线，而只能粗略地分为三个阶段，笼统地记述农牧结构和比重的变化过程。

魏晋至十六国的200余年，可以视为"以牧为主"的时期。从东汉末年起，以阴山为界的农牧线被彻底打破，南匈奴和部分羌族部落一步步地向黄土高原推进，先由北部移居中部，然后再转居南部。与此同时，北起朔方、南至上那一带的汉民纷纷弃田内逃，重返中原或南迁江左，黄土高原农业衰败。曹魏和西晋政权虽然经营西北，但注意力仅在关陇、河西一线，并未顾及沟壑纵横的黄土高原区。十六国时西北地区小国林立，割据高原西部至河西地区的五凉政权，很注意继承汉族文化。但立国高原腹地的赫连夏国，仍是一个匈奴游牧部落，始终未脱离游牧习气，实不可能兴复汉时黄土高原农业生产的规模，从而决定了这一时期以牧业为主的经济结构。从事农业的主要是少数留居高原的汉民，多半分布在南部丘塬地区。少数民族改营农业者，多是早期入居的南匈奴部落，主要分布在中部沟壑区，且尚处于初步的汉化阶段，农业经营的规模和水平均十分有限。然而在鄂尔多斯高原以北，完全是为少数民族驰骋的游牧地区。所以总的说来，整个西北黄土高原区，此时出现一种"牧盛农衰"的局面。

北朝200多年，大致可视为"农牧并重"的时期。黄土高原北部区仍旧属游牧部落和北魏马苑所在地，因而畜牧比重较大，其余高原中、南部随着入居民族汉化过程的加强，由畜牧改营农业的风气兴盛一时。稽胡人逐步汉化成为一支重要的农业生产力，同留居的汉人共同恢复高原农业，从而加重了农业的比重，使得陷于游牧民族之地的黄土高原又恢复农耕。但是，稽胡人不同于汉人之处在于具有畜牧传统，改营农业之后仍能因地制宜地发展畜牧，在川谷原峁平坦之处多开田种植，山沟陡坡等无法耕种之地则尽用于经营畜牧，从而形成一种农牧结合的经济结构。从整个黄土高原看，北部畜牧胜于农业，南部农业优于畜牧，中部农牧比重相当。这种差别完全顺适各部自然条件，因此说这一阶段黄土高原地区处于"半农半牧"或"农牧结合"的状态。

少数民族大举进入黄土高原以至关中农区，给西北农牧业间的关系以深刻影响。从积极方面看，促进了农牧业的结合，一定程度上削弱了二者各自单纯发展的趋势。游牧民族向来居无常处，到了黄土高原后便向相对稳定的生活和生产方式过渡。特别是进入沟壑区之后，他们基本上定居下来，其放牧多以居落所在地为中心，很少远距离地出牧，更不再长途跋涉地转换牧场。除了过去单纯的放牧方式外，他们又不断增加着舍饲喂养。而且随着兼营农业比重增大，舍饲规模随之扩大，并普遍筑建起比较讲究的圈栏等设施。原在草原游牧时最重牧马，数量巨大，进入沟壑畜牧，牛羊渐成为主体，出现"重牛轻马"风气，所有这些变化显然是受农区环境和农业生产方式的影响。入居关中农区的少数民族更难以摆脱农业传统和农业文化的巨大影响力，少数民族无论原来经营牧业水平如何，入关中后毫无例外地改营农业，生活习惯随之被"汉化"。他们虽然征服了关中汉族政权，不久征服者却被汉族文化所征服，融进民族的大家庭中。入居民族同样给农区生产和文化以积极影响，他们有养畜传统和丰富经验，从农之后仍保持着"重畜"的习惯，自然就增加了大农业中畜牧部分的比重。农区畜牧扩大发展，农业所需粪肥有了充足来源，故晋唐时期西北农区作物普遍使用以人畜类为主的农家肥料，而且提倡多施与重施，农家崇尚"粪大"。由于畜牧发展，关中农区食肉增加。从长安的都市生活中，我们还可看出奶制品和动物油脂制品的种类显著增多，皮毛料衣物及用品更丰富，畜产品大量进入汉民生活和文化领域。

西北少数民族内迁给农区生产也带来某些消极影响。他们长期习惯于逐水草游牧，改营农业后虽仿习汉人耕播收藏，终究缺乏农耕传统，农艺水平低下，对各种精耕细作技术难免隔膜；且不重视水利兴修、农田建设和农具配置等农业基础工作，因而农业生产效率和产量一般较低。政府不得不减免其田赋数额，直到唐代对"蕃胡内附者"仍实行"皆从半输""下户免之"等宽免赋徭的规定。由于游牧方式积习既久，粗放耕作的习气也被带进农业生产中，经营农业一味贪图开垦，广种薄收，这种风气一直影响着后来这些地区的农业生产。稍经考察就可看出，晋唐700多年间，凡是少数民族入居并长期聚集之处，大都是粗放耕作长期流行、精耕细作程度低下的地区。黄土高原沟壑区的粗放耕作与少数民族农业经营的关系显而易见，不必详论，即使传统农业发达的关中西部同样可见粗放经营的历史遗迹。这一带农业发祥最早，农耕却不及关中东部细致。特别在少数民族频入的千、陇、富、长、邠一线，至近代其耕作仍以轮荒和抛荒制为主，大田之中很少施肥，田间管理技术极为简单，全年农事一般只有排种和收藏两项。个别深山区甚至还有近于刀耕火种式的原始经营，农业生产的技术水平异常低劣。陕西千阳县距宝鸡市仅40千米，新中国成立之初这里尚存一种流动式的农业经营方式。农户开地多而分散，有的土地远在村庄数十里之外，播获季节，农民就地挖窑搭棚暂栖，美其名曰"山庄"。种收完毕又搬回村庄家中，有的农家还设数处山庄，四处轮流种田收获。农史家称之为"流耕"或"游农"，认为是一种独特类型的原始农业的残留，实际完全是少数民族将游牧经营混用于农业所形成的特殊生产形式，是由牧转农过程偶生的一种变态农业类型。流动式农业经营的沿袭，影响这些地区精耕细作的推广，所以尽管这里条件很好，农业基础却十分薄弱。正如关西民谚所说："千阳陇州，十料九收，一料不收，搬家溜走。"黄土高原北部地区更可见到许多游牧族特点的农业生产技术，例如收获前筑建场圃，不用碌碡滚压，而是赶着羊群在场地中走动，以踩踏出坚实的场地。有时还用这种办法来代替打场，通过牛羊践踏使谷物脱粒。又如当秋季气温过高时，为了抑制冬小麦徒长，人民却很少使用石辊镇压，而是放出大小牲畜啃食麦苗。凡此种种粗放简单的生产手段，明显带有游牧业特征，溯其历史，大多是晋唐间少数民族改营农业中出现的特殊技术措施。总之，在晋唐时期游牧民族入居对农业影响极为深刻，从耕作制度到经营方式，乃至某些细小的技术措施，往往可见游牧的历史痕迹。

三、农牧业消长对地区生态的影响

西北地区生态环境受制于自然和社会两大因素，后者在农牧业问世来的近万年间，制约作用更显突出，对地区生态影响更加深刻。西北原始农牧发生之后，就以采猎经济无法比拟的威力干预起生态环境。然而原始时期人口毕竟为数稀少，木石工具开发力终究有限，畜牧业尚未发展到大规模游牧，故原始农牧业生产并未危及地区生态平衡。显然这是自然的调节作用，缓解了早期农牧活动对生态的干预，使原始社会经济与自然环境间继续维持协调发展的关系。因此说，在原始农牧时期，西北基本上不存在引人关注的生态问题。但是进入传统农牧业时期的两三千年来，西北生态环境伴随着不合理的农牧开发急剧发展，以致失去原有的平衡关系；而在新的平衡尚未重建之前，便出现生态环境恶化的现象。西北生态失调是一个极为复杂的问题，从传统农牧历史考察来看，确实可见人类社会活动对其的巨大影响。秦汉和隋唐是西北传统农牧业全面开发的时期，地区生态随之经历了深刻的演变；特别是晋唐700余年，西北农牧业之间的关系错综复杂，给生态环境也带来微妙的影响。故将传统农牧业与地区生态环境关系置于这一时期加以讨论和记述。

周秦时期西北农牧区已有明确分划，牧区人口少而占地广，游牧部族散布在西北各大高原，载畜量远未超越草被负荷水平，这种低度的畜牧有助于草场更新，西北牧区因此无生态之忧。关中为中心的泾渭流域情况则有所不同，经周秦相继开发，土地尽辟为农田，生态忧患与之俱来。尽管关中地区土地较为平整，非隰即原，然水土流失此时已见加重，并且开始危及农业生产，因而迫使人们有所对策。传说"禹平水土""尽力乎沟洫"，即属于所谓"水土保持"的措施。传为夏禹时代，显然为时过早，"平水土"之说始见于周穆王所作《吕刑》中，倒完全符合当时农业历史实际。平水土的具体内容，就是对已垦为农田的原和隰的治理，《小雅·黍苗》经传说得极为明白，"原隰既平，泉流既清""土治曰平，水治曰清"。即通过平整土地，防止土壤侵蚀流失，从而减少泉泽河流的泥沙，使静水流水均变得清澈，完全符合"水土保持"的概念，这当是我国水土保持的滥觞。周秦强盛期总是不断向泾渭上游扩张，从而把农牧经营推进到黄土高原的腹地。泾渭上游畜牧集，又不断扩大农业，必然导致这一带水土流失加重，古人争辩不休的泾渭清浊论题，正是这里生态变化的标志。其公正的结论应当是，泾渭二水从周秦时起已同时变得混浊，在后来不同历史时期混浊程度常有差别。若就周秦时期而言，渭水上游农牧较为发达，水土流失比泾水上游严重，故《诗经·谷风》诗中明载"泾以渭浊"，即"泾以有渭，故见渭浊"。显然是将二水混浊比较，才得到泾水清于渭水的结论。渭挟带泥沙入黄河后，河水亦变成"浊河"，春秋时所见的逸诗中出现"俟河之清，人寿几何"的疑问，凡此迹象均透露着泾渭农区生态渐失协调的消息。

秦汉农业开发遍及整个黄土高原，汉代全盛时期农垦一直延伸到河西和西域，对发展地区经济文化具有重要的历史功绩。但这时全面的农业开发，也同时开垦了许多不当垦耕之地，以致引起全区性生态问题。黄土高原区生态平衡极为脆弱，最薄弱的环节正在黄土本身的结构之中。黄土组织疏松，组成中含有一半以上的粉砂物质，且富含钙质，遇到风吹雨淋，势必发生溶解、冲刷等侵蚀现象。虽说黄土侵蚀本是自古以来就有的自然过程，但是在有地表植被覆盖的情况下，侵蚀过程比较缓慢，一般不会引起严重的生态失调。然而农业开发是以打破天然植被并不断地耕翻土地为前提，人工栽培的农作植被覆盖面积和季节都有限度，唯有在气候降水等条件优越和地势平坦的黄土地带，农耕才能勉强保持水土而与自然环境维持一定的平衡；但是在黄土高原的中部沟壑地区和北部风沙区情况则大不相同，天然植被一旦被打破，在没有水利灌溉和林带保护的条件下长期进行耕作，必然引起严重的水土流失和土地沙漠化。

秦汉开发西北的目的完全在于战略实边，经营重点恰在地近边塞的黄土高原北部及中部，总计秦汉在这一地区屯兵和移民多时达到 200 万以上，新设郡县原都是少数民族世代游牧的草原，大规模开发的正是森林覆盖最低的生态脆弱地区。汉代黄土高原生态环境恶化主要表现还是水土流失，而水土流失在古代也只能依据有关河流泥沙量的变化做考察。上文曾做过周秦时泾清渭浊的分析，汉代情况却正相反。由于秦汉两朝在泾河上游肆牧滥耕，泾水变成一条有名的多泥沙的河流，人称"填阏之水"，以淤灌改良斥卤之地。关中民谣说得十分明确，"泾水一石，其泥数斗"。今日马连河是泾水的一个重要支流，在历史上数易其名，汉代因泥沙含量特大，所以当时竟以"泥水"为名。流经黄土高原的其他河流泥沙含量大约都有增大趋势，故入河后，河水愈加混浊，以致呈现黄色，"黄河"之名于西汉始见文献。西汉亦是黄河泛滥频繁时期，由于巨量泥沙入河，在下游开阔水缓处不断沉淀，河床随之升高，于是出现决口和改道。西汉末年黄河在魏郡（今濮阳境）决口改道后，自由泛滥达 60 年之久，如此严重的水患固然与下游河防有直接关系，然而上游过度开发造成的水土流失毕竟是根本原因。黄土高原北部至河西、西域一线正是汉代农垦区域，就连蒙西高原也有数处汉卒的屯区。这些地区降水量少，生态恶化，明显不以水土流失的形式出现。考古工作者在乌兰布和沙漠东部即发现有汉代农田渠道，深埋滚滚的黄沙之下。居延地区沙漠淹没古屯田面积更大，沙丘之下常可挖掘出汉代的竹、木简牍。土地沙漠化加剧了风沙灾害，同时还导致出现以干旱、暴风雪为主的各种灾害性天气，致人畜大量死亡。汉代以来西北游牧民族天灾不绝于书，匈奴政权的几次分裂和最后灭亡都是在毁灭性的自然灾害之后，在西域地区各民族兴衰变化中，也常伴随着灾害加重和生态恶化等自然因素。汉代大规模的开发与地区生态平衡的矛盾是不可调和的，农业在日益恶化的环境下也难以持久发展。假若没有魏晋北朝间西北民族融合带来的"退耕还牧"过程，使得西北农牧布局在客观上重新调整，那么全区生态恶化的进程和严重后果不难想知。

魏晋北朝间西北农牧的成就虽然远不及汉代，但在西北生态环境变迁史上却是至关重要的历史时期。西北少数民族的相继崛起，迫使农区大幅度地向内地退缩。汉代垦辟的农区再度为游牧族占据，农田弃耕后逐渐又转变成牧地。陕北黄土高原以北地区的生态问题最为严重，所幸这里畜牧业复兴较早，在东汉后期南匈奴便入居河南，以游牧扼制了农耕加深。魏晋十六国时期，西北少数民族全面南下，黄土高原各地复现以"畜牧为主"的局面。畜牧对天然植被破坏通常较农业轻微，古代游牧经营的规模一般不至于引起草场的严重退化。经过这200多年的还牧过程，黄土高原和整个西北地区植被面貌有了一定恢复。北朝200年间，西北地区基本上维持着农牧业兼营并重的局面，对调节生态均有重要的历史作用。仍以上述几条河流对比而论，泾水在北朝时泥沙减少，出现较清澈的面貌；那条著名的支流泥水，据《水经注》的记载，已改名"白马水"。可知其流域变为畜马牧地，而流水亦不是往日浑浊如泥的状况。黄河泥沙含量似有减小，魏晋南北朝间很少有人议论黄河泥沙严重之事。由于河床淤沙导致的河泛相应减少，黄河处于较长时期的安澜阶段，前后800多年间下游未发生过大的改道。西北草原荒漠地区的沙漠化也有所遏止，仅以十六国时赫连夏国统万城为例，此城地处毛乌素沙漠南部，经汉代以后的农牧迭移变化，在夏国建都时，这里又恢复到草肥水美的草原景观，未引起毛乌素沙漠的大面积南侵。据《十六国春秋》记载的大夏国择都时的情景，赫连勃勃北游到此，惊叹道："美哉斯阜，临广泽而带清流。吾行地多矣，自马领以北，大河以南，未之有也。"[①]毛乌素沙漠区气温、降雨和地下水等条件较好，沙粒也比较细小，故农牧关系调整后，生态环境即可得以恢复，然而在其他沙漠荒漠区汉代弃耕土地上的植被却很难重现。总而言之，在畜牧业占有相对统治地位的魏晋南北朝时期，西北黄土高原区生态仍

[①]〔宋〕李昉：《太平御览》卷五十《地部·契吾山》，四部丛刊三编景宋本。

处于相对平衡的状态之中。

第五节
西部地区农牧科技的显著提升

西部传统农牧技术从汉代以来一直处于上升发展过程，西晋时期虽经无数战乱，终不能遏止这种生产力因素不断进步的趋势。在战争间隔或太平盛世期间，农牧业技术便显示出蓄积的活力，以更快速度和更大效益发挥作用，农业自身也在提高和完善，这是西晋时期西北农牧技术得以深入发展的根本原因。考察这一历史时期西北农牧技术的成就，主要表现在"耕—耙—耱"抗旱耕作体系的完善、大田和园艺栽培技术的丰富、蚕桑及农产品加工水平的提高、畜牧和兽医技术的全面发展，以及农业科学技术知识的广泛传播等方面。

一、耕具的改进和耕作体系的完善

作为传统农业动力和耕具标志的牛耕，经汉代推广，在黄土高原和河西农区已经普及，但少数民族地区尚未广泛运用，到魏晋时期牛耕在西北少数民族中才有了进一步推广。新疆罗布淖尔出土的魏晋《流沙坠简》中，"犁""牛"等字样大量见之于简文，拜城克孜尔千佛洞所见晋代风俗壁画中的"二牛抬杠"耕作图，耕者胡服胡饰，扶犁挥鞭，操作自如，同内地牛耕图并无二致。值得注意的是敦煌莫高窟所见的牦牛耕作图，耕牛与内地黄牛不同，牛毛极长，显属青藏高原的牦牛。这一座石窟系吐蕃控制西北时所建，表明牛耕为高寒牧区的吐蕃接受，可知魏晋时西北牛耕推广更加深入，给游牧民族也带来深刻影响。

耙和耙地技术也是这一历史时期的产物。汉时无耙的记载，但在甘肃嘉峪关出土的魏晋墓壁画中有畜力挽耙作业的图画。壁画中的耙为长方形，耙齿明显，与今日耙同。耙可有效粉碎土块，除去田间蔓草残茬，唐人谓之"散坡去芟"。然而耙的最大作用还在于浅耕保墒，即通过切断土壤毛管来减少土壤水分散失。所以北朝时期人们就有了"地白背时，速耕，耙、劳频烦令熟"[①]的经验。

---

① 〔北魏〕贾思勰著；缪启愉、缪桂龙译注：《齐民要术译注上》卷二《旱稻第十二》，济南：齐鲁书社，2009年，第144页。

耱地是西北干旱半干旱农业极重要的保墒措施，秦汉时已经普行。从敦煌石窟和河西等地墓葬发现的耕作图画，我们可以看出魏晋以来耱地技术有很大发展，此时的耱已如后世所见形式，即用柔韧藤条或荆枝编扎在长方形木框上，长宽比例与现代耱相同。从壁画中可清楚看出耱地操作方法有耱上无人和有人两种基本形式，耱地技术已相当完善。隋唐人对耱地更为重视，强调多耱、细耱、及时耱、纵横耱。同时还主张早春耱地，"一入正月初未，开阳气上，即更盖所耕得地一遍"①。这项早春防旱措施在西北地区一直沿用至今，并在实践上有所改进。

耕、耙、耱并非毫无联系的单项作业，而是围绕抗旱这个中心技术思想配套的耕作体系。一般的配合方式是，用铁犁耕过土地之后，选择适当时机，耙碎田间的大土块，除去死草残茬，然后再用耱将土壤耙得更为细致，同时起到适度镇压的作用。这样既调理疏松了土壤结构和肥力，又保持土壤水分不致散失过多，有利于下轮作物的播种和生长。所以"耕—耙—耱"耕作体系的建立，是西北旱农技术趋于成熟的标志，是旧农业技术在魏晋时期深入发展的明证和结果。

二、栽培收获和农产加工技术的提高

魏晋时期，西北大田栽培作物种类并无大的变化，唯关中冬麦种植经过汉代倡导推广，播种面积日益扩大。河套、河湟及西域地区的魏晋考古亦表明，这些西北寒冷地区也是糜子盛于谷子。加入西北大田的还有荞麦这一救灾小杂粮。荞麦耐旱耐瘠，着地即生，生长期短促，最适于救荒。荞麦产量不高，但因魏晋以来西北多战乱灾荒，广种荞麦可增加复种面积，有抗旱保岁的特殊作用。

河套河西一线始引种水稻，虽栽种面积有限，却使我国水稻栽培的北限大幅度推向高纬度区。这些地区光照充足，有引渠灌溉条件。魏晋简牍和晋唐墓葬中时常看到种稻的信息。《魏书》对高昌、焉耆、龟兹、疏勒、于阗等国家及地区的种食稻之事，也有明文记载。

棉花在西域地区的出现，是我国作物栽培历史上一个重大事件。据《梁书·高昌传》记，当地有种叫"白叠子"的草，结实如蚕茧，中有很细的丝，可用来织布，质软而色白，显然正是草本的棉花。② 棉花早先栽培于印度、中亚、西亚等地，汉代开通丝绸之路，棉布织品开始传入中国，魏晋以后棉花渐入西域。今河西、新疆地区常有晋唐时期

---

① 《齐民要术译注上·杂说》，第 21 页。
② 《梁书》卷五四《西北诸戎·高昌传》，第 811 页。

的棉籽出土，从敦煌、乌鲁木齐博物馆收藏的棉籽看，籽粒较小却饱满坚实，籽上短绒尚清晰可见，显然属于中亚传入的非洲棉类。

嘉峪关魏晋墓砖画有扬场图，图中堆积着一大堆碾打之后的谷物，一农夫执木权将谷物高高地扬起，旁有觅食家鸡，以示事在麦场之上，这正是后代借风扬场的情景。庄稼在收割脱粒后，利用比重差，并靠风力将秕粒、颖壳与籽粒分离开来。秦汉以前都是用簸箕，如《诗经·小雅·大东》载有"维南有箕，不可以簸扬"，到了西汉，武帝与群臣联句的《柏梁诗》仍是"陈粟万屯扬以箕"。簸扬以手臂之力，古代图画中亦有把簸箕高举头顶或站在高凳上将谷物撒下，借风力除去谷糠。而魏晋扬场却用木锨代替了簸箕，直接把谷物抛撒在空中，完全利用自然风力分离粒糠，效率可提高几十倍。

粮食加工技术深入发展，表现在大型碾磨的出现和家庭饮食品种的丰富多样。自西汉广种麦，面食品类增加，唐的规模和机制都在扩大改进。从出土所见晋唐石磨较前代厚大，一般是用花岗岩类石料做成，下盘中央竖立铁轴，上盘凿有中孔，正好相会。网盘相对面凿满斜纹，以增加摩擦力。上盘另有一孔可通有谷物，转动后谷物由孔进入两盘间，上盘重力压磨成粉，旋转产生的离心作用把谷粉从两盘缝间排出盘外，这是一般石磨构造和加工的原理。晋代长安人杜预发明了"连磨"，同时转动八个磨盘，故又名"八磨"。魏晋以后，八盘连磨仍为后世所用。除用畜力外，魏晋西北各地出现了以河渠流水为动力的"水磨"，这种水力机械后来一直传播到西域地区。西北地区谷物精制加工常用的设备还有碾，即以石碾在大磨盘上转动，可以舂糠，亦可制粉。磨子普行后，碾子主要用于舂米，故通常总是碾磨并称；豪门贵族之家多用水力，殷实小康之家用畜力，而穷家小户则以人力推碾转磨。

魏晋农家副食加工，仍以发酵酿造为主。当时酒无须蒸馏，酿酒方法家喻户晓，饮酒为人之嗜好。制曲实是酿酒的关键，时人常给曲加桑叶、苍耳、艾、茱萸等，增加特殊风味，从而形成多种佳曲美酒。和颐曲酿成的酒是当时驰名的西北名酒。醋和酱均是主要的调味品。酱的种类，除豆制酱外，还有肉酱、鱼酱、麦酱以及虾酱等，种类繁多。在北朝时期民间已普遍制作豆豉，以作为佐食品，有的还用麦制豉，叫作麦豉。

第五章
隋唐五代时期的西部开发

隋唐时期是我国西部开发史上的辉煌时代。最能代表其开发成就的成果当数京师长安。因为隋唐长安不仅是政治中心，也是人文荟萃之区和财富集中之地，对世界文明曾产生过重大影响。长安分为宫城、皇城和外郭城三个部分。宫城系皇帝寝居及处理朝政之地，实际上还包括东宫和掖庭宫在内。皇城在宫城之南，为官衙和宗庙的所在地。大部分政府机关都集中在这里，宗庙和社稷也分布在皇城南垣的东西两侧。外郭城则以宫城和皇城为中心，位于东西南三面，共25街和109坊，是民居、肆市、寺观的分布区域。此外，永安渠、清明渠、龙首渠等水渠流贯于外郭城、皇城和宫城。城北有大兴苑，城南有曲江池。全城官署与民居分离，平面整齐对称，街衢笔直宽广，充分显示了当时城市建设的最高成就。令人痛心的是，这座国际化的大都市在唐末被人为破坏了。从大量资料分析，唐都长安的盛衰都对西部历史产生了重大影响[①]。

第一节
隋代西部开发的新格局

公元581年，总揽北周大权的勋臣杨坚叛周自立，建立起隋朝，称文帝。隋文帝在开皇九年（589）再灭南陈，自两晋以来300年的南北对立、四分五裂的割据局面重归统一。隋文帝是颇得民心的开国皇帝，他提倡节俭，并能身体躬行，积久成为风习，这是其修明政治革新典制的基本条件。隋文帝奖励良吏，恢复、完善汉魏官制，修订了隋朝刑律、礼乐、兵制、科举及度量衡制度，正像汉以后各代遵循秦制一样，隋文帝创立的

[①] 王双怀：《历史地理论稿》，长春：吉林文史出版社，2008年，第218—224页。

隋制，亦为唐以后各朝所沿袭。隋都原在长安，隋文帝改定的各项制度在关中地区先得推行，对稳定整个西北地区的政治局势起到拨乱反正的作用。

一、隋文帝当政时期的西部农业形势

为了发展农业，隋文帝也采取了许多重农措施。开皇十二年(592)，隋朝曾派出大批使官，到全国各地推行均田法。民众按人口授田，对豪强兼并土地有所限制，贫民也得到喘息机会。在地狭人众的关中地区，贫苦农民通过均田得到一定土地，经济状况便得以改善。文帝在租调徭役诸方面，均实行宽政。隋初沿用较为轻缓的北齐课役法，后来又一再减免，刺激了农业的发展，垦田数目增加，人口恢复到东汉时的水平。隋文帝广设仓廪，积谷备荒，关中地区时闹灾荒，粮食远不足京城消费，漕运常为砥柱险阻，遂在洛阳至长安建置黎阳、常平、广通等特大官仓，由陆路逐次转运。有时连年灾歉，仓谷无法应急，便率领关中饥民到洛阳就食。文帝创行民间集体存粮的仓贮制度，称为义仓。一般义仓设在乡间，西北各地则在州县。收获时节，民以贫富三等出粮若干入仓，逢灾即开仓赈济。设官仓可防大灾，从而减少灾年贫民流散，保证农业生产和社会的安定。杨坚在位24年，人民得到一些喘息机会，社会经济力量大幅度增强。据史书记载，当时"户口滋盛，中外仓库，无不盈积。所有赍给，不踰经费，京司帑屋既充，积于廊庑之下"①。直到唐初，隋西京府库存仍未耗尽。据唐太宗估计，隋在长安时储积得供五六十年。

隋朝第二代皇帝炀帝杨广，是历史上有名的暴君，以荒淫奢侈和残虐苛暴昭著后世。他凭借着文帝积聚的巨量财富，营都洛阳，四处建行宫、堂殿、苑囿，穷极华丽。又广置后宫，整日声色犬马，骄奢淫逸。隋炀帝无限制地征用民力，修筑长城，开凿运河，每年常役多达一二百万，且役期严急。他任性妄为，挥霍财物，向异族夸显耀武，极力向四邻扩张。为使少数民族畏服，隋炀帝发动大规模对外战争，前后三次出兵进攻高丽，征兵百余万，结果"举国就役"，"天下死于役而家伤于财"，对西北农牧业也有极大破坏。仅以畜牧为例，隋初鉴于天下乏畜，即在陇右、沙苑等地设置牧监，隋文帝曾将官牛5000头分赐给贫民，以示重视农牧；并派遣屈突通到陇右检覆群牧，以严肃牧政。然隋炀帝时，虽在边塞内地多处增置牧场，却因其东西连年用兵，马匹远不足军需。隋炀帝效颦汉武帝的规制，"课天下富室，益市武马，匹直十余万，富强坐是冻馁者十家而

---

① 〔唐〕魏徵、令狐德棻：《隋书》卷二四《食货志》，第672页。

九"①。大业九年(613),"诏又课关中富人,计其赀产出驴,往伊吾、河源、且末运粮。多者至数百头,每头价至万余"②。同样在辽东战场也因为"马少不充八驮,而许为六驮;又不足,听半以驴充"③,窘迫到以驴出任军差,可见炀帝不义之战对畜牧业的破坏。当然其结果不仅伤害牧业,也妨碍了农业。隋炀帝统治前期也做过一些利国益民的事,特别是对西北地区的开发和经营,也有一定的建树。隋文帝已久蓄安定西北为疆的远虑,曾粉碎了突厥的进攻,使其一度"屈膝稽桑",入朝纳贡。隋炀帝继续对西北进行全面开拓,使隋朝复为领土广阔的大帝国。炀帝先派遣裴矩经略西域,当时西域诸国多到河西一带互市,裴矩诱使西域商人,尽述诸国山川风俗及王公世人仪形服饰,遂一一记录,撰成《西域图记》一书。同时附造地图,纵横所画将近2万里,自敦煌至西海(地中海),分南、北、中三道详记各国情况。隋炀帝得此图书,遂令裴矩为黄门侍郎,再通西域,劝说诸国入朝。隋炀帝大业四年(608),薛世雄和裴矩率军进驻伊吾城,后又别筑一新城,留卒千余人戍守,并置伊吾郡,行政体制与内地化一。

青海地区自十六国时即为一支东来的鲜卑族建立的吐谷浑国掠占,其部落有城郭而不居,逐水草以畜牧。隋朝两次出兵西击吐谷浑,大业五年(609)隋炀帝亲率大军征至大通河,击破吐谷浑,自临羌(今青海湟源县)以西,且末以东,广袤4000里皆为隋有。于是置西海、河源、鄯善、且末四郡,请迁天下罪人为戍卒,大开屯田。隋炀帝几度出塞巡察新筑长城,曾在榆林塞游行突厥牧地。破吐谷浑后,隋炀帝游至张掖,重利诱使高昌王麹伯稚及西域诸国使者谒见,东还时途经大斗拔谷山(今甘肃武威县西),遇大风雪,士卒冻死者过半,马骡死十之八九。自隋炀帝重开西域,中西贸易复通。炀帝欲得西域宝物,曾令裴矩常驻张掖,监护中外互市,招诱胡商入朝,丝绸之路熙来攘往,商旅络绎不绝。隋唐中外贸易发达,实从隋炀帝时起。隋炀帝经营西域的志略颇为宏远,然而不出十年,隋朝因炀帝暴虐统治而灭亡,经营西域的事业只能让唐王朝来发扬。

至于川西南地区,自斯叟迁走后不久,几支来自滇东北的乌蛮陆续渡过金沙江,挺进凉山地区。乌蛮的强势涌入,与原住汉人之间发生冲突。乌蛮凭借武力将原住居民驱逐出境,占据了他们在凉山腹地的地盘。而乌蛮以畜牧业为主,畜养牛、马、羊、猪等,这与素以农业为主的凉山相悖。毋庸置疑,这对凉山原有的农业类型造成了一定破坏。加之魏晋南北朝的长期战乱,对四川农业的破坏相当之大。

---

① 《隋书》卷四《隋炀帝纪》,第94页。
② 《隋书》卷二四《食货志》,第688页。
③ 《隋书》卷二四《食货志》,第688页。

公元589年，全国基本结束了长达400年的战乱分裂时代，重新走上统一和安定的发展道路。隋代时期，政府推行均田制，此制在北魏时就已实行，是一种有助于推动农业发展的生产关系。隋文帝开皇年间，为了确实推行均田制，首先针对长期形成的人口脱籍现象进行严格"检籍"，定出户等，还把府兵户口、垦田帐籍编入州县。经过一番整顿过后，据说"自是奸无所容矣"[①]。开皇十二年(592)，"帝乃发使四出，均天下之田"，隋文帝在全国推行均田制。到隋炀帝大业五年(609)，又"诏天下均田"[②]。所以，四川亦在实行均田制的范围之内。据《隋书·地理志》记载："蜀郡、临邛、眉山、隆山、资阳、泸川、巴东、遂宁、巴西、新城、金山、普安、犍为、越嶲、牂柯、黔安，得蜀之旧域。其地四塞，山川重阻，水陆所凑，货殖所萃，盖一都之会也。"[③]可知，蜀郡到黔安郡这15郡为农业区；再有"汉阳、临洮、宕昌、武都、同昌、河池、顺政、义城、平武、汶山，皆连杂氐羌。人尤劲悍，性多质直。皆务于农事，工习猎射、于书计非其长矣"[④]，又说明汉阳、临洮、宕昌、武郡等10郡擅长农业耕作，狩猎、书计较弱；而"汉中之人，质朴无文，不甚趋利，性嗜口腹，多事田渔，虽蓬室柴门，食必兼肉。……傍南山杂有獠户，富室者颇参夏人为婚，衣服居处言语，殆与华不别。西城、房陵、清化、通川、宕渠，地皆连接，风俗颇同"[⑤]，表明西城、房陵、清化等5地与汉中类同，属于半农半渔猎区。由此看来，蜀地的农业区面积较为广大。据学者研究，从总耕地数来看，隋代四川农业虽较东汉犹尚不及，但已大体上恢复到西汉时代的规模，粮食已有较多积蓄。[⑥]四川凭借其优越的自然条件，其农业逐步得以恢复和发展。

二、突厥与回纥在西部地区的活动

突厥是由古代匈奴的一个部落发展而来的。这个部落以狼为图腾，原在叶尼塞河上游一带过着"随水草迁徙"的游牧生活，后因受到其他部族的威胁，迁至吐鲁番西北的博格达山，加入了铁勒部落联盟。大约在公元5世纪中期，柔然占领了吐鲁番地区，这个部落被柔然征服，从此徙居金山(今阿尔泰山)南麓，给柔然充当铁工，被柔然视为"锻奴"。金山形似兜鍪(头盔)，当地人称之为"突厥"。这个部落遂以突厥为名，并在遭受

[①]《隋书》卷二四《食货志》，第681页。
[②]《隋书》卷三《炀帝本纪上》，第72页。
[③]《隋书》卷二九《地理志上》，第830页。
[④]《隋书》卷二九《地理志上》，第830页。
[⑤]《隋书》卷二九《地理志上》，第829页。
[⑥] 郭声波：《四川历史农业地理》，成都：四川人民出版社，1993年，第44页。

奴役的过程中发展了自身的特点，逐渐形成了一个新的民族——突厥族。

突厥族首领复姓阿史那，族人以毡帐为居室，衣裘著褐，食肉饮酪，披发左衽，有自己独特的语言、文字和生活习惯。婚俗一般是在死者会葬之处选择配偶，仍保留着原始社会末期烝母、报嫂的遗风。丧仪与汉人迥然不同，一般是先将死者停于帐中，由子孙杀羊马供祭，亲属骑马绕帐七圈，一人至帐门以刀剺面痛哭，血泪交流，以表达对死者的哀悼。然后择日火化下葬，葬毕，在墓前立石，以表示平生杀人之数。宗教信仰颇为庞杂，以萨满教为主，还有祆教、景教和佛教等。经济生活的基础是畜牧业，也从事狩猎业和手工业，尤其擅长铸造业。与周围各族有一定的贸易往来。6世纪以前，突厥族的势力较小。6世纪中叶，突厥族出了一位名叫阿史那土门的杰出首领。在他的带领下，突厥族迅速兴起，不仅发扬了"善于骑射"的传统，而且养成了"重兵死而耻病终"的风尚，开始向外扩张。西魏文帝大统十二年(546)，突厥吞并铁勒5万余落。不久，又向柔然汗国发起了进攻。公元552年，阿史那土门率兵击败柔然，自称伊利可汗，建立了突厥政权。

突厥政权是奴隶制政权。在这个政权中，其最高统治者称为"可汗"，相当于古代匈奴的"单于"。其设置"设""特勤""叶护""吐屯""俟斤""阿波""达干""屈律啜""俟利发""闫洪达""颉利发"等28个等级的职官，分别由各级突厥贵族世袭担任。为了扩大自己的势力，突厥贵族组建了庞大的军队，作为自己统治的支柱。这支军队大抵由侍卫之士、控弦之士和柘羯三部分组成。侍卫之士称作"附离"，是突厥创业功臣的子弟，享有较高的地位。控弦之士大部分来自突厥的普通牧民，是突厥军队的主体。至于柘羯，则是由依附突厥的中亚胡人组成的精兵。这三部分人马又分为左中右三部，以十进位法加以编制，设官具体统领。因骑射技术很高，作战方法十分灵活："见利即前，知难便走，风驰电卷，不恒其陈。以弓矢为爪牙，以甲胄为常服。队不列行，营无定所。逐水草为居室，以羊马为军粮，胜止求财，败无惭色。无警夜巡昼之劳，无构垒馈粮之费。"[1]战斗能力很强。为了加强对奴隶的统治，保护自身的利益，他们还制定了一系列不成文的法律。如继位法、婚姻法等。"其刑法：反叛、杀人及奸人之妇，盗马绊者皆死；奸人女者，重责财物，即以其女妻之；斗伤人者，随轻重输物；盗马及杂物者，各十余倍征之。"[2]这些法律，在很大程度上保证了可汗为首的、以等级制和世袭制为特征的突厥军

---

[1]〔唐〕温大雅撰；李季平、李锡厚点校：《大唐创业起居注》卷一，上海：上海古籍出版社，1983年，第2页。
[2]〔唐〕令狐德棻等：《周书》卷五〇《异域下·突厥》，北京：中华书局，1971年，第910页。

事行政体制的运转。建立之初,突厥政权加强了与中原王朝的联系,很快呈现出一派前所未有的勃勃生机。伊利可汗死后,其子木杆可汗继位,建牙于都斤山(又名乌德鞬山,即今蒙古杭爱山脉之北山),树立"金狼头"(绣有金色狼头的大旗),在西魏、北周等国的支持下,大肆向外扩张。十余年间,"西破嚈哒,东走契丹,北并契骨,威服塞外诸国。其地东自辽海以西,西至西海(里海)万里,南自沙漠以北,北至北海(贝加尔湖)五六千里"①,使突厥成为我国北方占地面积最大的少数民族。到佗钵可汗时(527—581),突厥势力进一步增长,"控弦数十万",就连北齐、北周的统治者也都向他称臣纳贡。佗钵可汗见北齐、北周统治者每年送去大量财物,曾得意地说:"我在南两儿常孝顺,何患贫也!"②俨然成了塞上霸主。

但是,靠军事征服建立起来的庞大汗国缺乏共同的经济基础。被征服的北方诸族不满突厥的统治,常怀异心;即以突厥自身而言,游牧经济也是分散的、不稳定的,一旦遇到旱蝗雪灾,生产就会受到很大的影响,加之各部迁徙无常,缺乏密切的经济联系,易于形成各自为政的局面,缺乏应有的内聚性。因此,庞大的突厥汗国刚形成不久,就出现了分裂的因素。隋文帝开皇元年(581),佗钵可汗死,突厥统治集团发生内讧,"昆季争长,父叔相猜"③,钩心斗角,一片混乱。结果,在突厥境内出现了五个可汗:即沙钵略可汗、阿波可汗、第二可汗、突利可汗和达头可汗。沙钵略可汗在名义上是佗钵可汗的继承者,也是当时最大的可汗,第二可汗庵罗、阿波可汗大罗以及突利可汗处罗侯分别管辖土拉河流域、阿尔泰山东部及奚、契丹、靺鞨地区,都受沙钵略可汗的册封;达头可汗玷厥则不然。他是土门第室点密的儿子,率"十姓部落",驻牧于伊犁河上游的乌孙故地,公然与沙钵略可汗分庭抗礼。隋文帝采纳大臣长孙晟"远交近攻,离强合弱"的建议,激化了五可汗之间的矛盾。公元583年,达头可汗联合阿波可汗等各部势力在西部宣布独立,共同反对沙钵略。沙钵略亦组织突厥等与之抗衡。从此,突厥汗国正式分裂为东、西二部。

东突厥控制着东起兴安岭,西到阿尔泰山的突厥东部地区。沙钵略可汗根据西突厥不断侵扰,自身力量削弱的形势,主动向隋王朝称臣纳贡。启民可汗在位时,也表示"赤心归服","千万世长与大隋典羊马"④。隋末天下大乱,始毕可汗乘机发展实力,使东突

---

① 《周书》卷五〇《异域下·突厥》,第909页。
② 《隋书》卷八四《北狄·突厥》,第1865页。
③ 《隋书》卷八四《北狄·突厥》,第1866页。
④ 《隋书》卷八四《北狄·突厥》,第1873页。

厥很快强盛起来，不断南下骚乱。公元615年，东突厥甚至围困隋炀帝于雁门。由于东突厥"控弦且百万"，薛举、李轨、刘武周、梁师都等封建割据势力为了达到称王称帝的目的，都把它当作靠山，"皆北面称臣，受其可汗之号"①。

三、隋炀帝开发西部的重要措施

隋唐时期是中国帝制时代的黄金阶段，也是西部开发的黄金阶段。公元589年，隋朝实现了全国统一，结束了魏晋南北朝长期分裂的局面。其疆域东到大海，西至罗布泊，南迄海南岛，北逾河套。到唐高宗时，疆域进一步扩大，东至朝鲜半岛，西至两河流域，南至越南中部，北至贝加尔湖以北。除青藏高原为吐蕃所据之处，北部、东北部、西北部和西部的疆域都大大超出了现在的范围。为了巩固空前辽阔的疆域，隋唐王朝加大了治理边疆的力度。在这种情况下，西部开发呈现出蓬勃发展的态势。

统一全国后，隋文帝感到汉代以来的长安城残破狭小，不足以展示帝王气象，即令著名建筑家宇文恺另择新址，重建皇都。宇文恺经过详细比较，决定在今西安一带兴建规模空前的大兴城，作为隋王朝的首都。宇文恺"有巧思"，为建好新都，曾到洛阳和邺都参观考察，吸取北魏洛阳城和高齐邺都的优点，结合龙首原南麓"六坡"的自然条件进行了周密的设计。开皇二年（582）六月，隋文帝下诏动工营建新都，以左仆射高颎总领其事。全部工程分三期进行：第一期修建宫城，第二期修建皇城，第三期修建外郭城②。由于设计合理，组织得当，工程进展十分迅速。开皇二年年底，第一、二期工程相继竣工。隋文帝很高兴，以其在北周时曾受封为"大兴郡公"，当即将新都定名为"大兴"。同时，他把宫城称为大兴宫，把宫城正殿称为大兴殿，把大兴殿外正门称为大兴门，把万年县称为大兴县，把禁苑称为大兴苑③。开皇三年三月，正式迁入大兴城。到炀帝大业九年（613）三月，隋朝又征调十余万民夫修筑外郭城，从而完成了大兴城的全部工程④。

大兴城是在全新的土地上建起的规模空前的新型都市。过去有人用大兴城中的"六坡"附会《易经》乾卦之数，说宇文恺特意"于九二置宫阙，以当帝之居。九三立百司，以应君子之数。九五贵位，不欲常人居之，故置元都观兴善寺以镇之"⑤。事实上，宇文恺

---

① 《隋书》卷八四《北狄·突厥》，第1876页。
② 〔元〕李好文撰；辛德勇、郎洁点校：《长安志图》卷上，西安：三秦出版社，2013年。
③ 《隋书》卷一《高祖纪》，第18页。
④ 〔宋〕司马光等：《资治通鉴》卷一八二，大业九年三月丁丑，中华书局，1956年，第5669页。
⑤ 〔宋〕王溥等：《唐会要》卷五〇《观》，中华书局，1955年，第876页。

是完全把整个城市作为一个平面来考虑的①。整个大兴城近乎方形。全城分为宫城、皇城和外郭城三个部分。宫城即大兴宫,系皇帝寝居及处理朝政之地,实际上还包括东宫和掖庭宫在内。皇城在宫城之南,为官衙和宗庙的所在地。大部分政府机关都集中在这里;宗庙和社稷也分布在皇城南垣的东西两侧。外郭城则以宫城和皇城为中心,位于东西南三面,共25街和109坊,是民居、肆市、寺观的分布区域。此外,永安渠、清明渠、龙首渠等水渠流贯于外郭城、皇城和宫城。城北有大兴苑,城南有曲江池。全城官署与民居分离,平面整齐对称,街衢笔直宽广,充分显示了隋代城市建设的成就。

第二节
唐代西部经济社会的大繁荣

隋朝灭亡之后,唐朝代之而起。唐朝是一个强大的封建王朝,使中国封建社会进入黄金时代,也使西部经济社会出现了较大的繁荣。

一、唐代西部地区的民族分布

(一)突厥

李渊父子为了建立唐朝,在太原起兵的时候,也曾卑躬屈膝,对突厥请和。因此东突厥虎视中原,气焰日益嚣张,"言辞悖傲,求请无厌",勒索和掠夺财物的欲望越来越强。唐朝初年,东突厥贵族多次举兵南下,深入内地,烧杀抢掠,公开干涉唐朝内政。以李渊为首的唐朝统治者"以中原初定,不遑外略,每优容之",甚至想用迁都的办法逃避东突厥的威胁。武德九年(626)八月,唐太宗即位后,唐朝对东突厥的态度才强硬起来。当时,颉利可汗和突利可汗进兵至渭水北岸,企图一举颠覆唐朝中央政权;唐太宗身先士卒,亲到渭桥,向突厥表达了自己抵抗的决心。颉利、突利二可汗见无机可乘,遂请和而去。贞观三年(629),唐朝的国力有所增强。唐太宗调兵遣将,命李靖率李勣、柴绍等大将,带兵十余万,向东突厥发动进攻。贞观四年(630),东突厥遇到回纥等部的反抗和自然灾害的袭击,在唐军压境的情况下显得软弱无力,被唐军击溃,突利可汗投

---

① 陈桥驿主编:《中国七大古都》,北京:中国青年出版社,1991年,第104页。

降,颉利可汗被俘,东突厥政权也随之宣告灭亡①。

东突厥政权灭亡后,唐太宗对东突厥人采取了民族怀柔政策,将部分突厥人迁至塞内和长安,在东突厥故地设置州府,大量吸引东突厥人做官。高宗时,唐朝又设单于、瀚海二都护府,提拔东突厥大小首领为都督刺史,以加强对东突厥地区的管理。在以后的 30 多年中,东突厥地区一直处于和平发展状态,但是,一些突厥贵族改不了野蛮的侵扰习性。从高宗末年到睿宗时,温博、奉职、骨咄禄、默啜相继反叛,历史上称之为北突厥或后突厥。其中默啜自恃强大,时叛时降,反复无常,为祸甚烈。默啜被杀后,蒙古草原又安定下来。玄宗时,毗伽可汗默棘连多次入贡请婚。但此时的后突厥已经衰落。天宝四载(745),其地尽入回纥。

西突厥活动在阿尔泰山以西的突厥西部地区。自达头可汗宣布西突厥独立以后,西突厥即与东突厥处于敌对状态。隋炀帝时,处罗可汗入隋,其族人立其叔为射匮可汗。公元 619 年,射匮死,其子统叶护继位,西突厥实力大振。统叶护率众北并铁勒,控弦数十万,建北牙于中亚塔什干北之千泉,作为统治的中心,又把缚喝国(今阿富汗北部巴尔赫)、吐火罗和碎叶变成重要的军事据点。玄奘取经时,曾在碎叶城看到统叶护可汗游猎的威武雄壮场面。西突厥原有 10 个主要部落,通称为十姓,贞观十二年(638),沙钵罗咥利失可汗对十姓部落进行了整顿,在左厢五咄陆即处木昆律、胡禄屋阙、摄舍提敦、突骑施贺逻施、鼠尼施处半五个部落设五大"啜",在右厢五弩失毕即阿悉结阙、哥舒阙、拔塞幹暾沙钵、阿悉结泥孰、阿舒虚半五个部落设五大"俟斤"予以统领。对十姓之外的其他部落如处月部等也加强了管辖②。西突厥实力进一步增长,其疆域伸展到了阿姆河以南、印度河以西极远的地方。贞观十四年,唐军灭高昌,西突厥纳降。但为时不久,西突厥内乱,力量有所削弱。唐太宗死后,投降唐朝的西突厥叶护阿史那贺鲁拥众西走,击破乙毗射匮可汗,建牙于双河(今新疆博东西博罗塔拉河)及千泉,自号沙钵罗可汗,尽有十姓之众,控制西突厥全境,并率兵入侵。唐高宗立即派兵讨之。显庆二年(657),唐将苏定方击败西突厥 10 万之众,沙钵罗可汗逃至石国之苏咄城而被擒,西突厥政权灭亡。

西突厥政权灭亡后,唐王朝统一了西突厥全境。唐王朝在于阗以西、波斯以东设置了 9 个都督府、78 州、110 县和 126 个军府。又以碎叶川(今巴尔喀什湖南之楚河)为界,

---

① 《新唐书》卷二一五上《突厥上》,第 6035—6038 页。
② 《资治通鉴》卷一九五,贞观十二年十二月,第 6142 页。

在东部设昆陵都护府，西部设濛池都护府，以西突厥贵族阿史那弥射为左卫大将军、昆陵都护、兴昔亡可汗，统领五咄陆部落；以阿史那步真为右卫大将军、濛池都护、继往绝可汗，统领五弩失毕部落。授权根据归附各部首领的位望高低，分别授予刺史以下的官位。又规定昆陵都护府和濛池都护府并隶安西大都护府管辖。武则天在长寿元年（692），派大将王孝杰收复安西四镇以后，为了加强对西域的统治，于长安二年（702）特置北庭大都护府，把昆陵、濛池二都护府所辖的天山以北、巴尔喀什湖以东以南地区划归北庭都护府管辖，从而进一步巩固了西北边疆。此后，西北地区相对安定，但西突厥贵族与唐王朝及其他少数民族仍有一定的矛盾，内部也存在着斗争，其部落逐渐亡散。唐玄宗天宝元年（742），十姓可汗阿史那昕为突骑施莫贺达干所杀，至此，西突厥阿史那氏绝统。

突厥族自6世纪中叶兴起，到8世纪中叶衰落，在历史舞台上活跃了200余年。但他们在中国历史上和世界历史上都写下了重要的一页。

（二）回纥

据文献记载，回纥族的历史颇为悠久，其族源可以追溯到汉代的匈奴。南北朝时回纥是铁勒族中的一支，称作"袁纥""乌护"或"乌纥"，活动在独洛河（即今蒙古土拉河）一带，"无君长，居无恒所，随水草流移"[①]。突厥兴起后臣于突厥，"突厥资其财力雄北荒"[②]。隋时称"韦纥"，隋炀帝大业元年（605）因不满突厥的压迫，联合仆固、同罗、拔野古等部奋起反抗，组成部落联盟，摆脱突厥统治，始以"回纥"为名，有"众十万，胜兵半之"。唐太宗贞观初年，菩萨被立为回纥首领。此人"有胆气，善筹策，每对敌临阵，必身先士卒，以少制众，常以战阵射猎为务"，曾以5000之众击败突厥10万骑兵，回纥族自此兴起。

贞观四年（630）东突厥政权覆亡，蒙古草原上的少数民族只有薛延陀能够与回纥抗衡。贞观末，薛延陀反叛，回纥首领吐迷度率部配合唐军作战。薛延陀政权垮台后，回纥"并其部曲，奄有其地"。贞观二十年（646），吐迷度越过贺兰山阙，遣使入贡，表示归顺唐朝政府，并且"请置唐官""通管北方"。唐太宗立即答应了吐迷度的请求，在回纥地区设置六府七州；又置都督、刺史、长史、司马等官，封吐迷度为怀化大将军，瀚海

[①]《旧唐书》卷一九五《回纥传》，第5195页。
[②]《新唐书》卷二一七上《回鹘上》，第6111页。

都督①。盛唐时期，回纥族得到了进一步发展，曾一度进攻凉州，隔断西域各国使者前往长安的道路。天宝三载(744)，回纥又趁后突厥内乱之机向外扩张，在首领骨力裴罗的率领下，攻占了突厥故土。同年，骨力裴罗自立为骨咄禄阙毗伽可汗，置牙帐于乌德山，创立回纥政权，并遣使入唐。唐玄宗大喜，册封骨力裴罗为怀仁可汗。天宝四载(745)正月，怀仁可汗杀掉突厥的最后一位可汗，"斥地愈广，东极室韦(今额尔吉纳河一带)，西金山(即阿尔泰山)，南控大漠，尽得古匈奴地"②，使回纥成为继突厥之后又一个强大的少数民族政权。回纥政权建立之初，受突厥文化的影响很深，"署官号皆如突厥故事"。可汗的子弟及孙称"特勒"，典兵的大将称"设""叶护""颉利发""阿波""俟斤"等，大臣皆世袭，无固定员额，后因与唐朝中央政府来往密切，逐渐采用了唐朝官制，设置外宰相六人、内宰相三人，还借用了"都督""将军""司马"等官号。这个政权的基础是回纥九姓部落，即药罗葛、胡咄葛、咄罗勿、貊歌息讫、阿勿嘀、葛萨、斛素、药勿葛、奚耶勿，其中药罗葛部落是各部的核心，回纥可汗多出此部。此外，被征服的拔悉蜜、葛逻禄也占有较为重要的地位，回纥"每行止斗战，常以二客部落为军锋"③，与九姓合称11部落，每部各置都督一人，至于仆固、浑、拔野古、同罗、思结、契苾等铁勒诸部亦受其管辖。在这个政权的统治之下，各级贵族都享有特权，占有大量的份地、牲畜和战争中掠夺来的奴隶，强迫奴隶从事各种劳役。

回纥人起初使用突厥文字，后来逐渐发明了本民族的文字。经济生活以畜牧为主，"多大足羊"、养马业十分发达；狩猎在其社会经济中也占有一定的地位。此外，其还与唐朝政府及其他少数民族建立了贸易关系。

公元755年冬，安史之乱爆发。安禄山率领15万叛军从范阳(今北京)南下，河北残破，两京沦陷；唐玄宗逃往四川，肃宗在灵武(今宁夏灵武西北)即位，组织力量进行抵抗。回纥葛勒可汗(怀仁可汗之子)遣使至唐，请求帮助唐军讨叛。唐肃宗喜出望外，马上派敦煌郡王李承与之相约："克城之日，土地、士庶归唐，金帛、子女皆归回纥。"④因此，回纥派兵参加了平定安史之乱的战斗。至德二载(757)秋收复京师长安，宝应元年(762)收复东都洛阳，回纥皆有成功。至代宗广德元年(763)，安史之乱被彻底平定，回纥助唐平叛，对唐王朝、对中原人民来说，是有贡献的。但在平叛中及平叛后，回纥也

---

① 《旧唐书》卷一九五《回纥传》，第5196页。
② 《新唐书》卷二一七上《回鹘上》，第6115页。
③ 《旧唐书》卷一九五《回纥传》，第5198页。
④ 《资治通鉴》卷二百二十，至德二载九月，第7034页。

有许多不好的表现,尤其是抢掠和勒索。史载收复东都后,回纥入城,大掠三日,不仅把府库储藏洗劫一空,而且肆行杀略,"死者万计,火累旬不灭",致使"比屋荡尽",剩余的百姓不得不用纸衣遮体①。唐王朝为了酬谢回纥首领,如至德二载(757)冬封其太子叶护为司空,忠义王"岁给绢二万匹"。乾元元年(758),又将宁国公主嫁给葛勒可汗,并册封他为英武威远毗伽可汗。广德元年(763)又册封其子牟羽可汗为颉咄登里骨啜密施合俱录英义建功毗伽可汗(即登里可汗),宰相以下大臣并加封赏。但回纥贵族并不满足,还经常以售马为名,进行敲诈勒索。史载:"回纥自乾元(758—760)以来,岁求和市,每一马易四十缣,动至数万匹,马皆弩瘵无用。"②仅据《册府元龟》卷999"外臣部·互市"条统计,肃宗至文宗数朝,回纥用病马换去的绢帛至少在二三百万匹以上。唐德宗建中三年(782),回纥可汗曾说唐朝欠他马价绢180万匹,由此可想见其数量之大。这样大宗的财富流入回纥,势必要加重中原人民的负担。所以《旧唐书》的作者在论述回纥时说:"于国之功最大,为民之害亦深。"③

安史之乱平息以后,回纥颉咄登里骨啜密施合俱录英义建功毗伽可汗居功自傲,不可一世,在九姓胡人的唆使下企图趁代宗新丧之机,大举发兵南下,进行掠劫。宰相顿莫贺达干认为这不是明智的做法,极力进行谏阻。但登里可汗刚愎自用,一意孤行。顿莫贺"乘人心之不欲南寇"④,举兵杀死登里,自立为合骨咄禄毗伽可汗,遣大臣聿达干入唐。唐德宗册拜顿莫贺为武义成功可汗。这一事件,是回纥历史的一个转折点,标志着唐与回纥关系的进一步加强和改善。合骨咄禄伽可汗执政后,请求与唐和亲,唐德宗提出了回纥可汗对唐帝称臣等五个条件,合骨咄禄伽可汗表示答应,遣使称"儿"称"臣"。德宗决定把咸安公主嫁给合骨咄禄伽,并偿所欠马价绢5万匹。贞元四年,即公元788年9月,合骨咄禄伽可汗遣其妹及大臣千余人入唐请亲。十月,上表请改回纥为"回鹘","回旋轻捷如鹘"之意。唐宪宗元和十五年(820),回鹘再次遣使求婚。次年,穆宗即位,册保河可汗之子为登罗设密施句主毗伽崇德可汗,以其妹太和公主嫁之。吐蕃对此不满,发兵进攻清塞堡,企图破坏太和公主成亲。穆宗以左金吾卫大将军胡证、光禄卿李宪持节护送公主北上;回鹘亦"以万骑出北庭,万骑出安西,拒吐蕃以迎公主"⑤。太和公主至回鹘牙帐,按照回纥习俗举行了隆重的婚礼,进一步发展了唐与回鹘

---

① 《资治通鉴》卷二二二,宝应元年十月,第7135页。
② 《资治通鉴》卷二二四,大历八年五月,第7221页。
③ 《旧唐书》卷一九五《回纥传》,第5216页。
④ 《资治通鉴》卷二二六,建中元年六月,第7282页。
⑤ 《资治通鉴》卷二四一,长庆元年六月,第7791—7792页。

之间的友好关系。

在与中原民族长期频繁交往的过程中,回鹘人受到了唐朝文化的巨大影响,《资治通鉴》记载:"初,回纥风俗朴厚,君臣之等不甚异,故众志专一,劲健无敌。及有功于唐,唐赐遗甚厚,登里可汗始自尊大,筑宫殿以居,妇人有粉黛文绣之饰,中国为之虚耗,而虏俗亦坏。"①宋人邵伯温在《邵氏见闻录》中也有类似记载。在唐朝文化的影响下,回鹘人开始修建城市,过上了半定居的生活,学会了汉族的一些礼节,爱上了唐人的服饰,甚至养成了饮茶风俗。唐人封演在《封氏闻见记》中说:"往年回鹘入朝,大驱名马,市茶而归。"另一方面,唐人也受到了回鹘风俗的影响,特别是回鹘的乐舞和服装,多为唐人所模仿。唐人元稹在《法曲》中说:"自从胡骑起烟尘,毛毳腥膻满咸洛。女为胡妇学胡妆,伎进胡音务胡乐。火凤声沉多咽绝,春莺啭罢长萧索。胡音胡骑与胡妆,五十年来竞纷泊。"②花蕊夫人在《宫词》中也说:"明朝腊日官家出,随驾先须点内人。回鹘衣装回鹘马,就中偏称小腰身。"这些诗句,基本上反映了当时唐人仿习回鹘文化的情况。

唐文宗大和六年(832),回鹘爱登里啰汩没蜜施合毗伽昭礼可汗为其部下所杀,唐政府册封其子胡特勒为爱登里啰汩没蜜施合句录毗伽彰信可汗。开成四年(839),回鹘宰相安允合阴谋篡位,被彰信可汗杀死。另一位宰相掘罗勿是安允合的死党,借沙陀骑兵向彰信可汗发动进攻,彰信可汗兵败自杀。掘罗勿乃立磑馺特勤为可汗。这时回鹘境内发生了饥荒和瘟疫,"又大雪,羊、马多死"③。在内乱和灾荒的影响下,回鹘政权摇摇欲坠,地位一落千丈。开成五年(840)秋,回鹘将军句录末贺引黠戛斯十万骑兵向掘罗勿发动进攻。黠戛斯是铁勒族的一支,驻牧在回鹘西北的叶尼塞河上游,很会作战,在句录末贺的引导下,一举攻破回鹘汗庭,将繁华的回鹘城变成废墟。回鹘政权从此解体,回鹘民族也从此走向衰落。

回鹘政权在历史上存在了100多年,对回纥民族的发展起了很大的作用。回鹘政权灭亡后,部落"散奔诸蕃"。有三支人数较多的部落辗转西迁,两支人数较少的部落"南来附汉"。南下的两支在民族融合的浪潮中逐渐绝迹。西迁的三支分别集中于甘州(今甘肃张掖一带)、西州(今新疆吐鲁番盆地)和葱岭(今帕米尔高原)以西,建立了黑汗、西州、甘州三个回鹘政权。在后来的历史岁月中,这三个政权都有了很大的演变,但回鹘人一直在繁衍生息。其中进入今新疆地区的回鹘人发展最快,在与当地各民族融合的过

---

① 《资治通鉴》卷二二六,建中元年六月,第7282页。
② 〔唐〕元稹:《元氏长庆集》卷二四《法曲》,上海:上海古籍出版社,1994年,第129页。
③ 《新唐书》卷二一七下《回鹘下》,第6130页。

程中保留了自身的特点,形成了现在的维吾尔族。"维吾尔"一词就是从"回纥""回鹘"演变而来的。1935 年"维吾尔"被定为该族的族名,一直延续至今。

(三)吐蕃

吐蕃人是藏族的前身。从大量的考古资料来看,青藏高原自古就有人类居住。《新唐书》作者认为:"吐蕃本西羌属,盖百有五十种,散处河、湟、江、岷间。"[1]公元 6 世纪时,今西藏山南市泽当、琼结一带的雅隆部藏族先民,由部落联盟发展成为奴隶制政权。其领袖人物达布聂赛、囊日论赞父子,逐渐将势力扩展到拉萨河流域。

公元 7 世纪前期,囊日论赞的儿子松赞干布先后征服青藏高原上的苏毗、羊同、白兰、党项、附国、嘉良夷等部落,以及属于鲜卑人的吐谷浑部,将它们变为吐蕃的属部。唐太宗贞观七年(633),松赞干布将山南匹播城(今西藏琼结县)迁都逻些(今西藏自治区拉萨市),正式建立吐蕃王朝。从此,逻些成为西藏政治、经济和文化的中心。松赞干布参照唐朝的官制和兵制,建立了从中央到地方的政治军事制度。为了适应经济和政治的需要,吐蕃开始采用历法,统一度量衡,依据于阗、天竺等文字创造吐蕃文,并制定了残酷的法律。

松赞干布以后,吐蕃在与唐朝角逐的过程中日益强大。670 年,吐蕃灭吐谷浑,侵入西域。675 年唐军控制西域,687—689 年吐蕃再占西域。692 年,武威军总管王孝杰大破吐蕃,复收西域,重置安西四镇。唐玄宗开元、天宝年间,唐将皇甫惟明、王忠嗣、高仙芝、哥舒翰、封常清等皆曾率军大破吐蕃。安史之乱以后,吐蕃趁机扩张,夺取了唐朝在西域的大片土地。8 世纪末至 9 世纪初,吐蕃的疆域达到极盛,西起葱岭(今帕米尔高原)与大食(即阿拉伯帝国)接壤,东至甘肃陇山及四川盆地西缘,北起天山山脉,南至青藏高原南麓与天竺(今印度)接壤。但频繁的战争也削弱了吐蕃的国力,唐将李晟、韦皋等多次重创吐蕃军。9 世纪以后,吐蕃由盛转衰。长庆元年(821),黎可足赞普派专使到唐朝请求会盟,得到唐朝的响应。会盟仪式先后在长安和逻些举行,盟文强调要永远和好相处。823 年,吐蕃在拉萨树立了唐蕃会盟碑。

8 世纪末叶以后,吐蕃王室内部互相争夺,将领之间又发生混战,给人民带来了更大的灾难。大中二年(848),沙州(甘肃敦煌)人张议潮发动起义,占领了沙、瓜、伊、西、甘、肃、兰、鄯、河、岷、廓(以上地区在今甘肃、新疆、青海境内)11 州。大中五

---

[1]《新唐书》卷二一六上《吐蕃上》,第 6071 页。

年(851),张议潮遣其兄张议潭奉沙、瓜等 11 州地图入朝,唐宣宗在沙州置归义军,以张议潮为节度使,河陇地区又重新为唐朝所控制。10 世纪时,今青海地区的吐蕃族被称为脱思麻,原吐蕃中心地区的被称为乌思,其东为波窝、敢,其西为藏,今阿里地区、克什米尔地区(喀喇昆仑山脉以南)分为纳里、古格、布让、日托、麻域等部。

西部边陲自古是中国的领土,故自秦汉以来,历代王朝都很重视巩固边疆的问题。从大量资料来看,历代王朝处理民族关系、巩固边疆的措施很多,归纳起来主要有以下三点。

其一,降则抚之。

历代中原王朝对边疆少数民族并非完全排斥,只要周边国家或民族承认中原王朝,或者归顺,都会采取和善的抚慰政策。在这方面,唐代的统治者表现得尤为突出。唐代前期,以太宗李世民为首的统治者从维护封建王朝的长远利益和边疆安全考虑问题,懂得以仁义取信于各民族的重要,不轻易诉诸暴力镇压。唐太宗说:"自古皆贵中华,贱夷狄,朕独爱之如一,故其种落皆依朕如父母。"①对少数民族采取了"降则抚之"的策略,从而促成"胡、越一家,自古未有"②的和睦局面。后来唐高宗和武则天继承了唐太宗的这种政策,并有所发展。以武则天统治时期为例。武则天在她统治的 21 年(684—705)中,继续推行唐太宗的民族怀柔政策,以及降则抚之、叛则讨之的策略。主要表现在以下几个方面:

第一,广泛吸收少数民族成员参与武周政权。《朝野佥载》卷四记载:"周则天朝蕃人上封事,多加官赏。"③这是蕃人做官,因而当时少数民族成员在中央政府任职者甚多,尤其是任武职者很多。如铁勒人契苾明为镇军大将军、行左鹰扬卫大将军兼贺兰都督,突厥人沙忠义为右武威卫将军,阿史那忠节为左武卫大将军,靺鞨人李多祚为右羽林大将军。又如,西突厥阿史那元庆为镇国大将军,袭父兴昔亡可汗之号,子阿史那献长安三年召回后,累授右骁卫大将军、安抚招慰十姓大使、北庭大都护。继往绝可汗之子斛瑟罗为右玉钤卫将军,后又因率六七万人入居内地。拜右卫大将军,改号竭忠事主可汗,久视元年(700)又被委任为平西大总管,镇守边陲重镇碎叶(今吉尔吉斯斯坦首都比什凯克以东,楚河流域的托克马克附近,当时属安西都护府管辖)。

第二,重用少数民族降将。这方面的事例也很多。如吐蕃大将论赞婆曾侵扰陇右,

---

① 《资治通鉴》卷一九八,贞观二十一年五月庚辰,第 6247 页。
② 《资治通鉴》卷一九四,贞观七年十二月甲寅,第 6104 页。
③ 〔唐〕张鷟撰;赵守俨点校:《朝野佥载》卷四,北京:中华书局,1979 年,第 87 页。

后率所部千余人入降,武则天授以辅国大将军之职,封为归德郡王。契丹族将领李楷固、骆务整,原随孙万荣等叛变,屡败武周官军。孙万荣败死后,二人投降,有人奏请杀头。狄仁杰说:"楷固等并骁勇绝伦,能尽力于所事,必能尽力于我,若抚之以德,皆为我用矣。"①奏请赦免。武则天批准了狄仁杰的建议,不仅既往不咎,而且任命李楷固为左钤卫将军,骆务整为右武威卫将军。

第三,允许少数民族酋长改过。延载元年(694)突厥默啜自立为可汗,侵扰灵州(治所在今宁夏灵武之南),杀掠居民。武则天遣薛怀义为代北道行军大总管,率18将军前去讨伐,不遇而至。天册万岁元年(695),默啜遣使入朝,"则天大悦,册授左卫大将军,封归国公,赐物五千段"。翌年又被加封"迁善可汗"②。

第四,帮助少数民族政权发展经济。最明显的例子是对突厥的帮助。史载,神功元年(697),武则天答应突厥默啜的请求,给谷种四万斛,杂彩五万段,农器三千件,铁四万斤,从而促进了突厥地区社会经济的发展,"默啜由是益强"③。

第五,妥善安置内附降户。史载,长寿元年(692)二月,吐蕃党项部落万余人内附,武则天将其"分置十州"。五月,吐蕃酋长曷苏率部落请内附,武则天以右玉钤卫将军张玄遇为安抚使,率精兵2万人前去迎接。六月,军至大渡水西,曷苏事泄,为国人所擒。别部酋长昝捶率羌蛮8000余人内附,玄遇以其部落设置莱川州。延载元年(694)六月,姚州(治所在今云南姚安)境内的永昌蛮在酋长董期率领下内附,达20余万户。神功元年(697)七月,昆明(西南少数民族之一)内附,为其设置窦州。圣历二年(699)七月,吐谷浑部落1400帐内附。武则天对这些内附归顺的少数民族,皆指定区域居住,设置州县,予以安抚。

显然,武则天同唐太宗一样,改变了以往帝王那种"贵中华、贱夷狄"的民族偏见,因而她的民族怀柔政策,也取得了一定的成效,赢得了许多少数民族酋长的拥戴。天授元年(690)九月,洛阳的"百官及帝室宗戚、远近百姓、四夷酋长、沙门道士合六万余人"④,上表请求武则天登基称帝,改唐为周。可见武则天当皇帝是受到"四夷酋长"拥护的。她即位后,十年之内又有那么多少数民族内附,进一步证明她是甚得"四夷"之心的。延载元年(694)八月,"四夷酋长"又请铸铜铁造"天枢","诸朝聚钱百万亿",立

---

① 《资治通鉴》卷二○六,久视元年六月,第6547页。
② 《旧唐书》卷一九四上《突厥上》,第5168页。
③ 《资治通鉴》卷二○六,神功元年三月,第6516页。
④ 《资治通鉴》卷二四○,天授二年九月,第6467页。

"天枢"于洛阳皇城端门之外,以颂扬武周功德,上刻百官及"四夷酋长"姓名,武则天自书"大周万国颂德天枢"。这进一步说明武则天的政策得到了不少"四夷酋长"的支持。

其二,叛则讨之。

但是,历代王朝对边疆少数民族的怀柔抚慰政策,不是在什么情况下都奏效的。由于有时在推行怀柔政策时存在一些问题,以及少数民族贵族常欲纵兵掳掠,扩大地盘,因而民族战争时有发生。如果附属国或周边民族反叛入侵,历代王朝则一般都会采取打击措施。秦皇、汉武如此,唐太宗、武则天、康熙、乾隆也是如此。在这里,仍以女皇帝武则天为例。武则天为了保障边疆的安定和国家的统一,在实行怀柔抚慰政策的同时,也采取了包括严加防范或武力镇压在内的许多措施。

第一,收复安西四镇。安西四镇是唐王朝设在西域的四个军事重镇。初为龟兹(今新疆库车)、于阗(今新疆和田)、焉耆(今新疆焉耆)、疏勒(今新疆喀什),后以碎叶代替焉耆。安西四镇主要统辖天山以南的广大地区,对丝绸之路的畅通和巩固西北边防具有重要意义。高宗以后,由于吐蕃的强大,安西四镇几度沦陷。武则天临朝之初,安西四镇为吐蕃所据。永昌元年(689),武则天即命文昌右相韦待价为安西道大总管,安西大都督阎温古为副总管讨伐吐蕃。韦待价等至寅识迦水(今伊宁西南),逗留不进,败于吐蕃,加之遇上大雪,"士卒冻馁,死亡甚众"。武则天闻知大怒,"待价坐流绣州,温古处斩"①。安西都护唐休璟收其余众,安抚西域,武则天即任休璟为西州都督。垂拱中年(685—688),西州都督唐休璟"上表请复取四镇"②。武则天鉴于前几次军事上的失利,在统帅人选上特别慎重。她任命王孝杰为武威军总管,唐休璟和左武卫大将军阿史那忠节为副总管,率军挺进西域。长寿元年(692)十月,经过激烈的战斗,唐王朝终于驱逐了吐蕃入侵者,收复龟兹、于阗、疏勒、碎叶四镇,取得了辉煌战绩。捷报传到洛阳,武则天极为高兴,对侍臣说:"昔贞观中贝绫得此蕃城,其后西陲不守,并陷吐蕃。今既尽复于旧,边境自然无事。孝杰建斯功效,竭此款诚,遂能裹足徒行,身与士卒齐力。如此忠恳,深是可嘉。"③遂拜孝杰为左卫大将军,明年,迁夏官尚书、同凤阁鸾台三品,荣任宰相。武则天收复安西四镇,对于巩固中原王朝在西域的统治,畅通丝绸之路,维护国家的统一,都有着十分重要的意义。

第二,派兵驻守边疆。对包括西域在内的边疆地区,要不要派兵驻守,自唐初以来

---

① 《旧唐书》卷一九六《吐蕃上》,第5225页。
② 《旧唐书》卷九三《唐休璟传》,第2978页。
③ 《旧唐书》卷九三《王孝杰传》,第2977页。

一直存在着争论。贞观时名相魏徵曾以边疆是无补于国的不毛之地为理由，反对在高昌设置州县、派兵驻守。一向以纳谏著称的唐太宗，不顾魏徵等人的谏净，于平定高昌之后，设置西州，留兵镇守。王孝杰收复安西四镇以后，鸾台侍郎狄仁杰上书认为"近者，国家频岁出帅，所费滋广"，若图"荒外"领土，"竭资财以骋欲，非但不爱人力，亦所以失天心"①，请罢四镇而不守。当时右史崔融立刻上书表示反对，认为"今若拔之，是弃已成之功，忘久安之策"②。武则天与唐太宗一样，毅然决然采纳了崔融的正确主张，保留安西四镇，移安西都护府于龟兹，"发兵以镇守之"③。除了派兵镇守西域以外，武则天在即位后，还派遣监察御史裴怀古安抚西南各民族。董期率领20余万户内附后，武则天便在姚州设七镇，派兵驻守。神功元年(697)，蜀州刺史张柬之上书，要求罢掉姚州都督府和在云南的一切军事设施。"于泸北(金沙江以北)置关，百姓自非奉使入蕃，不许交通往来。"④武则天断然拒绝了这种错误意见，从而维持了武周政权对"南中"的统治。武则天为了选拔良将，镇守边疆，在所撰《臣轨》一书中专列"良将"一章，对那些英谋冠代、雄略过人、武艺超群的将领，予以破格提拔。所拔的娄师德、唐休璟、张仁愿、郭元振等人，都成为镇守边关、驰骋疆场的一代名将。此外，为了选拔能征善战之士，武则天还在洛阳创设了武举。考试内容有射长垛、骑射、马枪、步射、材貌、言语、举重等七项。次年，武则天又令天下诸州教人武艺，每年准明经进士申奏，使武举成为科举制度的一个重要组成部分。派兵长期驻守边疆，便需要大批军粮。为了减轻百姓千里运粮之苦和当地民族的负担，武则天极力提倡在边陲推行屯田、营田，军队自己解决供给。娄师德曾兼任河源军(今青海西宁)司马，并知营田事。天授初，兼检校丰州(治所在今内蒙古五原)都督，仍依旧知营田事，成绩卓著。武则天表彰他说："自卿受委北陲，总司军任，往还灵、夏，检校屯田，收率既多，京坻遽积。不烦和籴之费，无复转输之艰。两军及北镇兵数年咸得支给。"⑤郭元振于大足元年(701)任凉州(治今甘肃武威)都督、陇右诸军州大使，一面筑城设军防御突厥、吐蕃侵扰，一面又令甘州(治所在今甘肃张掖)刺史李汉通开设屯田，"尽其水陆之利"，收效很大，"旧凉州粟麦斛至数千(文)，及汉通收率之后，数年丰稔，乃至一匹绢籴数十斛，积军粮支数十年"⑥。因此郭元振"在

---

① 《唐会要》卷七三《安西都护府》，第1326页。
② 〔清〕董诰编：《全唐文》卷二一九《拔四镇议》，上海：上海古籍出版社，1990年，第978页。
③ 《旧唐书》卷一九六上《吐蕃上》，第5225页。
④ 《旧唐书》卷九一《张柬之传》，第2941页。
⑤ 《旧唐书》卷九三《娄师德传》，第2975页。
⑥ 《旧唐书》卷九七《郭元振传》，第3044页。

凉州五年，夷夏畏慕，令行禁止，牛羊被野，路不拾遗"①。

第三，设置北庭都护府。武则天掌权后，继续发挥各都护府的作用。各都护府的都护、副都护，大都由名将任职，抚慰当地少数民族，镇守边疆。在她登基之初，安东、单于、安北、安西等都护府依然存在，只是安东治所由平壤迁至辽东，各府辖境略有变化而已。及收复安西四镇，西域大震。武则天乘机对都护府加以整顿。圣历元年(698)五月，合并安北、单于二都护府为安北都护府。长安二年(702)十二月，分安西都护北境，置北庭都护府于庭州(今新疆吉木萨尔北破城子)。史载，唐代北庭都护府掌管天山北路西至楚河流域的特伽、鸡洛二州，濛池、昆陵二都护府和23个都督府；而安西都护府则掌管安西四镇及天山南路西至波斯(今伊朗)的20个都督府(葱岭以东4个，以西16个)，其中"波斯国王居疾凌城，置波斯都督府"②。北庭、安西两个都护府管辖包括巴尔喀什湖、楚河流域和帕米尔高原在内的西域广大地区，使唐王朝的疆域在西部一直达到波斯湾。

武则天的怀柔政策和治边措施，对于维护国家的统一和边疆的安定，曾起了重要的作用。但并不能完全使各民族和睦相处，同心归顺武周。某些少数民族贵族出于谋取自身利益的目的，或者侵扰武周疆域，或者发动军事叛乱。对此，武则天果断地予以还击。其中对吐蕃、契丹、突厥的战争最为重要。

长寿元年(692)王孝杰率兵收复安西四镇以后，吐蕃在西域的势力大为削弱。延载元年(694)二月，吐蕃首领勃论赞与突厥可汗阿史那俀子入侵冷泉、大岭谷，被武威道总管王孝杰打败，死伤6万余人，仓皇而退。碎叶镇守使韩思忠趁机攻破泥熟没斯城。证圣元年(695)七月，吐蕃论钦陵、论赞婆兄弟率大军侵扰临洮(今属甘肃)，武则天即刻任命王孝杰为肃边道行军大总管率军讨伐。次年一月，复遣娄师德为副总管助讨。三月，双方激战于洮州素罗汗山(在今甘肃)，官军惨败。王孝杰被免为庶人，娄师德被贬为原州员外司马。随后吐蕃论钦陵遣使请和，条件是武周撤去安西四镇守兵，归还西域"十姓之地"。武则天闻言大怒，坚决拒绝。史载，"钦陵兄弟用事，皆有勇略"，"钦陵居中秉政，诸弟握兵分据方面，赞婆常居东边，为中国患者三十余年"③。圣历二年(699)，吐蕃赞普器弩悉弄密图钦陵、赞婆等，杀其亲党2000余人，钦陵自尽，赞婆率部千余人来降。武则天遣羽林飞骑迎接，并"授赞婆辅国大将军，行右卫大将军，封归德郡王，优赐

---

① 《旧唐书》卷九七《郭元振传》，第3044页。
② 《唐会要》卷七三《安西都护府》，第1325页。
③ 《资治通鉴》卷二○六，圣历二年二月，第6539页。

甚厚，仍令领其部兵于洪源谷讨击。寻卒，赠特进，安西大都护"①。赞婆投唐后，钦陵的儿子论弓仁亦率吐谷浑7000帐来降，武则天甚为高兴，"朝嘉大勋，授左玉铃卫将军，封酒泉郡开国公，食邑二千户"②。久视元年（700），吐蕃将曲莽布支攻凉州，围昌松，陇右诸军大使唐休璟与曲莽布支战于洪源谷，六战皆捷，吐蕃军队大败。长安二年（702）九月，吐蕃遣使臣论弥萨等入朝求和。

突厥在武则天掌权之后，仍分东、西两部。西突厥衰败后，愿意归顺唐朝，武则天采取了抚慰政策。而此时的东突厥，亦称北突厥或后突厥，自恃强大，时叛时降。武则天采取"降则抚之，叛则讨之"的策略，坚决捍卫北部疆域的完整。延载元年（694），东突厥可汗骨笃禄死，诸子年幼，其弟默啜自立为可汗。此人有勇略，反复无常。"负胜轻中国（指中原王朝），有骄志，大抵兵与颉利（唐初东突厥强盛时期可汗）时略等。地纵广万里。"③默啜率军入侵灵州，"杀掠人吏"。武则天以薛怀义为朔方道行军大总管，宰相李昭德为行军长史，苏味道为司马，率军前去讨伐，不遇，故而归。默啜慑于官兵势大，暂收敛其野心，天册万岁元年（695）十月遣使请降。武则天既往不咎，册授默啜为左卫大将军、归国公。但默啜的归顺，并无诚意。圣历元年（698）三月，默啜遣使为其女求婚。六月，武则天命淮阳王武延秀入突厥，纳默啜女为妃，遣豹韬卫大将军阎知微等送行。八月，武延秀一行刚到突厥黑沙南庭，默啜便拘留延秀，立阎知微为南面可汗，以"武氏小姓，门户不敌"为借口，拒绝和亲，并自率10万骑兵南下侵扰。武则天以司属卿武重规为天兵西道总管，幽州都督张仁愿为天兵东道总管，率兵30万迎击。这时默啜已攻破飞狐、定州，进围赵州。九月，武则天又命太子李显为河北道元帅以讨突厥。武则天又以宰相狄仁杰为河北道行军副元帅，知元帅事，并亲自为之送行。看来，武则天是下决心要击败东突厥的。但默啜探知狄仁杰大军将至，"尽杀所掠赵、定等州男女万余人，自五回道去，所过杀掠不可胜纪"。狄仁杰统10万大军追击不及。默啜还漠北，"拥兵四十万，据地万里，西北诸夷皆附之，甚有轻中国之心"④，伺机再次南下。武则天知默啜势众，不可能一举消灭，"仍高选魏元忠检校并州长史，为天兵军大总管，娄师德副之，按屯以待"。默啜见东部壁垒森严，便西向剽掠陇右牧马万匹而去。武则天诏魏元忠为灵武道大总管以防备默啜。次年，默啜复侵盐、夏诸州，掠夺羊马10万。武则天再次调兵遣

---

① 《旧唐书》卷一九六上《吐蕃上》，第5226页。
② 〔唐〕张说：《张燕公集》卷十九《拨川郡王碑奉敕撰》，上海：上海古籍出版社，1992年，第164页。
③ 《新唐书》卷二一五上《突厥上》，第6046页。
④ 《资治通鉴》卷二〇六，圣历元年九月，第6535页。

将,"以雍州长史薛季昶为持节山东防御大使,节度沧、瀛、幽、易、恒、定、妫、檀、平等九州之军,以瀛州都督张仁亶统诸州及清夷、障塞军之兵,与季昶掎角,又以相王(李旦)为安北道行军元帅,监诸将"①。默啜见武则天严阵以待,大军云集,无隙可乘,被迫撤退。长安三年(703)六月,武则天在长安,默啜遣使复请和亲,终武则天之世,不再侵扰。就这样,武则天经过多年的斗争,才能使北部疆域得以安定。

上述情况表明,武则天确实是一位善于处理民族关系的女政治家和军事战略家。唐贞观后期疆域,"东极海,西至焉耆,南尽林州南境,北接薛延陀"。唐高宗和武则天统治时期的疆域东起辽东,西至咸海,北越贝加尔湖,南迄北部湾。而"开元、天宝之际,东至安东,西至安西,南至日南,北至单于府"②。可见武则天在统治时期,确实较好地处理了各民族之间的关系,不仅保持了唐王朝的强盛局面,而且使帝国的疆域达到了历史上最辽阔的程度。也是中华民族历史上辉煌的一页,这是女皇武则天最值得肯定的功绩之一。

其三,"和亲"怀柔。

值得注意的是,中原王朝与西部少数民族的"和亲"也是中原王朝处理民族关系的重要措施之一。"和亲"始于西汉前期,最初是被迫的,后来成为中原王朝治理边疆常用的重要手段。如唐王朝与周边诸族的"和亲"就相当频繁。在唐代289年间,周边民族向唐朝皇室求婚的活动达40余次之多③,而唐王朝则确定用20位公主与10个不同的民族进行和亲,其次数之多,范围之广,影响之大,都超过了前代。

史载,唐与周边诸族的"和亲"是从唐高祖统治时期开始的,经过太宗、高宗诸帝,到唐僖宗时基本结束。据文献记载,唐代的和亲有高潮,也有低潮,大体上可以划分为五个阶段。

第一阶段是唐高祖和唐太宗时期的和亲。唐朝建立之初,唐高祖就比较注意处理民族关系,准备与少数民族和亲。唐太宗即位后,为了增强唐王朝的凝聚力,使各民族和睦相处,抛弃了以往帝王"贵中华而贱夷狄"④的民族偏见,将和亲确定为唐王朝处理民族关系的一项重要政策。周边诸族拥护这种政策,纷纷向唐王朝请婚。这一时期与唐和亲的民族有突厥、吐谷浑、吐蕃和薛延陀等。

---

① 《新唐书》卷二一五上《突厥上》,第6047页。
② 《新唐书》卷三七《地理一》,第960页。
③ 周佳荣:《唐代"和亲"考略》,《陕西师范大学学报》(哲学社会科学版)2000年第1期。
④ 《资治通鉴》卷一九八,贞观二十一年五月,第6247页。唐太宗认为"夷狄亦人耳,其情与中夏不殊。人主患德泽不加,不必猜忌异类。盖德泽洽,则四夷可使如一家"(第6215—6216页)。

突厥位于北方草原和沙漠地带，隋时分为东、西二部。隋末唐初，东突厥强大，不断南下抢掠。武德五年(622)，西突厥叶护可汗遣使请婚。武德八年(625)，复来请婚。唐高祖许之，令高平王李道立至西突厥宣谕。叶护可汗大喜，但因东突厥频繁入寇，道路阻隔，未有结果。① 太宗时突厥族发生了很大的变化：唐太宗派李靖等率兵消灭了东突厥；西突厥内部也出现了分裂。贞观二十年(646)六月，西突厥乙毗射遗可汗遣使朝贡、求婚，唐太宗"优抚至甚"，但不准和亲。

唐太宗同意和亲的第一个民族是吐谷浑。吐谷浑位于"甘松之南，洮水之西"，是西部地区比较重要的民族之一。太宗即位初，吐谷浑王慕容伏允自恃强大，称疾不朝，而为其子尊王求婚。太宗令尊王来长安迎亲，尊王又称疾不来。于是太宗下诏停婚；伏允侵扰兰、廓等州。贞观九年(635)，吐谷浑为唐军所败，伏允长子慕容顺率残部内附。不久，慕容顺为其臣下所杀，其子慕容诺曷钵继位，唐与吐谷浑的关系明显好转。贞观十年(636)三月，吐谷浑王慕容诺曷钵遣使请颁唐历，行唐年号，派弟子入侍。唐太宗册封他为河源郡王、乌地也拔勤豆可汗②。同年十二月，诺曷钵来朝，并亲自请婚。唐太宗决定以弘化公主妻之。贞观十三年(639)十二月，诺曷钵来长安迎娶公主。十四年(640)二月十三日，弘化公主前往吐谷浑成亲③。这是唐代历史上第一次正式以公主进行的和亲，所以在当时影响很大。

继吐谷浑之后与唐和亲的民族是吐蕃。吐蕃地处青藏高原，在唐朝前期逐渐强大起来。贞观八年(634)，吐蕃弄赞(即松赞干布)遣使朝贡，唐太宗派冯德遐前往抚慰。弄赞听说突厥及吐谷浑皆尚公主，"乃遣使随德遐入朝，多赍金宝，奉表求婚"④。太宗没有答应，弄赞认为是吐谷浑从中作梗，发兵进攻吐谷浑，并向唐朝挑战。唐太宗命侯君集等率5万大军打败吐蕃。赞普大惧，遣使谢罪，再次请婚，得到唐太宗的应允，遂遣其相禄东赞献金5000两，宝玩数百事。唐太宗决定把文成公主嫁给松赞干布。贞观十五年(641)，文成公主到达吐蕃，与松赞干布结婚⑤。

---

① 〔宋〕王钦若等：《册府元龟》卷九七八《外臣部·和亲》，北京：中华书局，1960年，第11495页。
② 《资治通鉴》卷一九四，贞观十年三月，第6119页。"勤豆"《旧唐书》卷一九八《西戎·吐谷浑》等作"勒豆"。据《大周故弘化公主李氏赐姓曰武改封西平大长公主墓铭并序》，当以《通鉴》所载为是。
③ 《旧唐书》卷三《太宗纪下》，第50—51页。同书卷一九八《西戎·吐谷浑传》，第5297—5300页；《新唐书》卷七八《宗室·李道玄附李道明》所载略同。
④ 《册府元龟》卷九七八《外臣部·和亲》，第11495页。案，突厥在贞观五年、六年、八年均曾遣使求婚，吐谷浑也有求婚之举，但此时唐王朝尚未将公主嫁于突厥或吐谷浑。
⑤ 《册府元龟》卷九七八《外臣部·和亲》，第11495—11496页；《旧唐书》卷一九六上《吐蕃上》及《新唐书》卷二一六上《吐蕃传》上所载略同。

吐蕃与唐和亲不久，薛延陀又来请求和亲。薛延陀本为铁勒诸部之一。贞观二年（628）唐太宗册封其首领夷男为真珠毗伽可汗。东突厥灭亡后，薛延陀迅速崛起，有"胜兵二十万"。唐太宗"以其强盛，恐为后患"，遂立李思摩为突厥可汗进行牵制。夷男对思摩心怀不满，贞观十五年，趁唐太宗东封泰山之机进攻思摩。思摩向唐求救，唐军大败薛延陀。夷男遣使谢罪。贞观十六年（642），夷男遣其叔父沙钵罗泥熟俟斤来唐请婚。唐太宗权衡利弊，"遂许以新兴公主妻之。因征夷男备迎亲之礼，仍发诏将幸灵州与之会"。夷男十分高兴，但准备聘礼困难，最终误了日期。唐太宗决定停幸灵州。后来夷男虽送来了聘礼羊马，但损失过半。"议者以为夷狄不可礼义畜，若聘财未备而与之婚，或轻中国，当须要其备礼。"于是，太宗"下诏绝其婚"①。

第二阶段是唐高宗至唐睿宗时期的和亲。经过唐太宗的"贞观之治"，到唐高宗和武则天当政时，唐王朝疆域辽阔，国力强大，诸族酋长多来唐廷任职。在这种情况下，和亲活动仍在进行，但次数相对减少。

史书记载，唐高宗时西突厥衰微，而北突厥兴起。武则天长安二年（702）六月，突厥默啜遣使请求把他的女儿嫁给皇太子，武则天表示同意。默啜又遣其大臣移力贪汗入朝，献良马及方物以谢许亲之意。中宗即位后，默啜入寇鸣沙县，乃下诏停婚。睿宗景云二年（711）十一月，默啜再次遣使请求和亲，睿宗以金山公主许嫁。默啜遂遣其子杨我支入朝，诏授右骁卫员外大将军。太极元年（712）正月，唐睿宗御安福门，设宴招待杨我支，但不久睿宗传位给玄宗，和亲之事被再度搁置起来②。

与突厥情况不同的是，吐蕃与唐实现了第二次联姻。吐蕃在松赞干布死后由大相禄东赞控制朝纲。禄东赞实行扩张政策，进攻吐谷浑，打败前来增援的唐军，使唐蕃关系一度恶化，后经文成公主斡旋得到缓和。永隆元年（680）文成公主去世，唐蕃关系再度紧张。长安二年（702）唐军在悉州打败了吐蕃军队，吐蕃赞普遣论弥萨等人求和；次年，又遣使献马千匹、金2000两以求婚，武则天在原则上同意了吐蕃的请求，但不久赞普在讨伐泥婆罗门时死于军中。弃隶缩赞（藏文史籍称之为墀德祖赞，汉文或译作尺带珠丹）继位后，其祖母遣大臣悉熏热来献方物，并为弃隶缩赞求婚。景龙元年（707）四月十四日，"中宗以所养雍王守礼女为金城公主许嫁之"。景龙三年（709）十一月，弃隶缩赞遣其大臣尚赞吐来唐迎娶公主。景龙四年（710）正月二十七日，金城公主前往吐蕃，与弃隶缩赞

---

① 《旧唐书》卷一九九下《北狄·铁勒》，第5345—5346页；《册府元龟》卷九七八《外臣部·和亲一》，第11496页；《新唐书》卷二一七下《回鹘下》及《资治通鉴》卷一九六贞观十六年十月条所载略同。
② 《册府元龟》卷九七九《外臣部·和亲二》，第11498—11499页；《旧唐书》卷一九四上《突厥上》略同。

成亲①。

第三阶段是玄宗统治时期的和亲。唐玄宗统治时期是唐王朝的黄金时代,封建史学家称之为"开元天宝盛世"。这一时期与唐王朝和亲的民族有突厥、突骑施、奚、契丹等。

玄宗即位之初,默啜为其子杨我支求婚,玄宗以南和县主妻之。开元二年(714),默啜遣使上表为自己求婚,自称"乾和永清大驸马、天上得果报天男、突厥圣天骨咄禄可汗",玄宗不予理睬。十月,默啜又遣使求婚,唐玄宗表示愿以公主下嫁,但要求默啜遣一王子来长安宿卫。不久,默啜病死,默棘连继位,称毗伽可汗。开元九年(721),毗伽可汗遣使请和,"乞与帝为子",仍请尚公主,玄宗但厚赐遣之。开元十三年(725),唐玄宗拟去泰山封禅,派袁振往突厥宣谕。突厥默啜小杀问道:"吐蕃狗种,唐国与之为婚。奚及契丹,旧是突厥之奴,亦尚唐家公主。突厥前后请结和亲,独不蒙许。何也?"袁振回答说:"可汗既与皇帝为子,父子岂合婚姻!"小杀又说:"两蕃(奚、契丹)亦蒙赐姓,犹得尚主,但依此例,有何不可。且入蕃公主皆非天子之女。今之所求,岂问真假?频请不得,实亦羞见诸蕃。"袁振答应为其奏请。小杀遣其大臣阿史得(德)颉利发入朝贡献,扈从东封。封禅既回,玄宗以突厥衰弱,为颉利发设宴,厚赐而遣之,终不许其和亲。②

开元年间首先与唐实现和亲的是西北地区的突骑施。突骑施原为西突厥十姓部落之一,属左厢五咄陆部。武则天统治时,西突厥衰落,西域无主,突骑施首领乌质勒趁机发展势力,建牙帐于中亚碎叶。神龙二年(706)正月,唐中宗封乌质勒为怀德郡王。乌质勒死后,其长子娑葛继位,突骑施日渐强大,有兵丁30余万。景龙三年(709),唐中宗给娑葛赐名"守忠",并册封为归化可汗。睿宗景云二年(711),娑葛为突厥默啜所杀③,其部将苏禄担任酋长之职。苏禄颇善绥抚,十姓部落渐归附之,众至20万,遂雄踞西域之地,且遣使来朝。开元三年(715),唐玄宗任命苏禄为左羽林大将军、金方道经略大使,晋封为特勤,册封为忠顺可汗。"自是每年遣使朝献,上(玄宗)乃立史怀道女为金河公主以妻之。"④

---

① 《旧唐书》卷七《中宗》,第149页;《册府元龟》卷九七九《外臣部·和亲二》,第11499页。
② 《册府元龟》卷九七九《外臣部·和亲二》,第11499—11501页。
③ 《旧唐书》卷一九四下载娑葛战死于景龙三年(709),但据《阙特勤碑》,娑葛死亡的时间应为景云二年。《阙特勤碑》译文见林幹《突厥史》附录。
④ 《旧唐书》卷一九四下《突厥下·突骑施》,第5191页;《通典》卷一九九略同。《唐会要》卷六及《新唐书》卷二一五下载嫁苏禄者为"交河公主"。据《唐大诏令集》卷四二《册交河公主文》,交河公主为阿史那昕之妻。故当以《旧唐书》所载为是。详见岑仲勉《唐史余沈》卷二,上海:上海古籍出版社,1979年,第90—91页。

这一时期还发生了与宁远国的和亲。宁远国本名拔汗那,在长安之西8000余里。玄宗开元二十七年(739),其王阿悉烂达干助平吐火仙有功,被册拜为奉化王。由于他"志慕朝化,誓为边捍,渐声教而有孚,勤奋职贡而无阙,诚深内附,礼异殊邻",受到唐玄宗的赏识,天宝三载(744)改其国号为"宁远",赐姓曰"窦",以和义公主降之①。

第四阶段是唐肃宗到唐穆宗时期的和亲。唐玄宗天宝末年发生了安史之乱,从此唐王朝由盛转衰,民族关系也随之发生了很大的变化。这一时期唐王朝主要是与帮助唐朝平息安史之乱有功的回纥进行和亲。

回纥是北方地区重要的少数民族之一。东突厥灭亡后,回纥势力迅速扩展,贞观二十年(646),其首领吐迷度与唐军联合打败薛延陀,并与其他铁勒部落尊唐太宗为"天可汗"②。贞观二十一年(647),唐在回纥设置瀚海都督府,任命吐迷度为怀化大将军兼瀚海都督。开元末年(741),骨力裴罗率回纥打败后突厥,使回纥势力进一步扩大。天宝三载(744),骨力裴罗自称"骨咄禄毗伽阙可汗",率众南迁于突厥故地,并"遣使上状",被唐玄宗先后封为奉义王、怀仁可汗。从此,唐与回纥的关系进一步发展。天宝六载(747),骨力裴罗去世,其子磨延啜继位,是为"葛勒可汗"。天宝十四载(755)十一月,安史之乱发生,唐肃宗借回纥兵镇压叛乱。至德元载(756)十一月,葛勒可汗亲率回纥军队南下,与郭子仪合力"讨同罗诸蕃,破之河上"。至德二载(757)九月,葛勒可汗又遣其子叶护及将军帝德等率精兵四千助唐平叛,与唐军一起收复长安和洛阳。

乾元元年(758)初,回纥向唐请婚。唐肃宗以宁国公主许嫁。七月,唐肃宗派宗室大臣送公主前往回纥,册封葛勒可汗为英武威远毗伽阙可汗。葛勒可汗则立宁国公主为回纥可敦。乾元二年(759)四月,葛勒可汗死,次子移地健继位,是为牟羽可汗,又称登里可汗。同年八月,宁国公主回国,回纥以荣王李琬之女继为可敦,称之为"少宁国公主"③。安史之乱平定后,唐王朝封登里可汗为英义建功毗伽可汗,封其妻(仆固怀恩女)为婆墨光亲丽华毗伽可敦。

大历三年(768),光亲可敦去世,代宗遣右散骑常侍萧昕持节吊唁。回纥又请和亲。

---

① 《新唐书》卷二二一下《西域下·宁远》,第6250页;《全唐文》卷四二《封和义公主出降宁远国王制》略同,记玄宗外家姓窦,故赐姓窦以示尊宠。
② 《资治通鉴》卷一九八,贞观二十年九月,第6240页。
③ 《新唐书》卷二一七上《回鹘上》,第6125页。少宁国公主或作"小宁国公主",因未得到唐朝封号,故不计在和亲公主之列。

大历四年(769)以崇徽公主为回纥可汗继室，册为可敦①。唐德宗即位，英义建功可汗移地健欲举国南侵，为宰相顿莫达干所杀。顿莫达干自立为合骨咄禄毗伽可汗，遣使来朝，被封为武义成功可汗。贞元三年(787)，武义成功可汗遣首领墨啜达干等来贡方物，且请和亲。次年十月，回纥使者至长安纳聘，迎接公主，请改族名为"回鹘"。德宗遂以咸安公主妻之②，并册封可汗为汩咄禄长寿天亲毗伽可汗，册公主为智慧端正长寿孝顺可敦。元和三年(808)，唐朝册封新立的九姓回鹘可汗为保义可汗。元和十五年(820)，保义可汗遣使"求昏(婚)尤切"。穆宗即位，封其第九妹为永安公主，将以降嫁。长庆元年(821)，保义可汗卒，崇德可汗立，遣使来迎永安公主。穆宗改以其第五妹太和公主降崇德可汗。回鹘固请永安公主，穆宗不许，让中书舍人王起到鸿胪寺向回纥使者进行解释，其事遂寝③。

第五阶段是唐朝末期的和亲。唐自懿宗之后，朝纲紊乱，政事日非，国力衰微，已失去了对周边民族的凝聚力。这一时期唐王朝只与南诏商议过和亲。

南诏位于苍山洱海之间，是唐代西南地区最重要的少数民族。唐代后期，南诏与唐关系紧张。乾符四年(877)南诏隆舜即位后，改弦更张，遣使请和，次年又遣使请求和亲④。对此，朝廷中意见不一。中和元年(881)，黄巢攻陷长安，僖宗奔蜀，以宗室女安化订公主许婚。隆舜"遣宰相赵隆眉、杨奇混、段义宗朝行在，迎公主"。唐僖宗用高骈之计，毒死赵隆眉等人⑤。中和元年(881)南诏"复遣使者来迎主……帝以方议公主车服为解。后二年，又遣布燮杨奇肱来迎，诏检校国子祭酒张谯为礼会五礼使，徐云虔副之，宗正少卿嗣虢王约为婚使"⑥。未行，黄巢被杀，僖宗还京，遣返使者，更不言和亲之事。

从上述情况来看，唐代的和亲主要发生在初唐时期、盛唐时期和中唐时期，晚唐时期很少有和亲之举。在唐代280多年间，唐王朝虽确定要以新兴公主与薛延陀和亲，以金山公主与突厥和亲，以永安公主与回鹘和亲，以安化长公主与南诏和亲，但由于种种原因，和亲之事最终并未实现。所以实际上与唐实现和亲的少数民族是7个，真正嫁到

---

① 〔宋〕宋敏求：《唐大诏令集》卷四二《公主·和蕃册文·册崇徽公主文》，北京：中华书局，2008年，第207页。
② 《旧唐书》卷一九五《回纥传》，第5208页；《新唐书》卷二一七上《回鹘上》，第6123—6124页。
③ 《唐会要》卷六《和蕃公主·杂录》，第77页；《新唐书》卷八三《诸帝公主·永安公主》，第3668页。
④ 王吉林：《唐代南诏与李唐关系之研究》，台北：台湾中华书局，1976年，第367页。
⑤ 《新唐书》卷二二二中《南蛮中·南诏下》，第6292—6293页。
⑥ 《新唐书》卷二二二中《南蛮中·南诏下》，第6292—6293页。

少数民族地区去的公主有 16 位。具体情况是：嫁到吐谷浑的 1 位是弘化公主；嫁到吐蕃的 2 位是文成公主、金城公主；嫁到突骑施的 1 位是金河公主；与奚和亲者 3 位是固安公主、东光公主、宜芳公主；与契丹和亲者 4 位是永乐公主、燕郡公主、东华公主、静乐公主；与宁远和亲者 1 位是和义公主；与回纥和亲者 4 位是宁国公主、崇徽公主、咸安公主、太和公主。尽管实际和亲的范围比确定和亲的范围要小，实际和亲的公主比确定和亲的公主要少，但若与其他朝代相比，仍然可以说唐代的和亲是相当频繁的，和亲的地域范围也相当广泛。这种情况在中国古代是很突出的①。

唐代和亲的基本形式，是唐朝皇帝把自己的"公主"嫁给少数民族酋长。由于当时周边地区比较落后，皇帝们往往舍不得把亲生女儿嫁到少数民族中去，不愿让自己的亲生骨肉与"四夷酋长"成亲②。所以在唐王朝确定的 20 位和亲公主中，真正出自皇家者只有六位，其余都是用宗室女、宗室外甥女及功臣女冒名顶替的。也就是说，唐代的和亲公主多半不是皇帝的亲生女，而是皇亲国戚或功臣的女儿。

从史书记载情况来看，和亲公主出自皇家者包括皇女和皇妹两种。皇女 3 人：新兴公主、宁国公主、咸安公主。皇妹 3 人：永安长公主、太和长公主和安化长公主。这些皇妹实际上也是皇女，只不过是先皇之女，以皇妹（长公主）的身份出嫁罢了。和亲公主出自宗室者包括亲王女、宗室近亲女和宗室外甥女 3 类。亲王在宗室中的地位是第一等，爵位、食封都高于其他宗室成员。唐代的和亲公主出身于亲王之家的有金城公主和金山公主。除亲王以外，其他同姓宗室成员即所谓"宗室近亲"。唐代的和亲公主出身于宗室近亲家庭的有 3 位即弘化公主、义成公主及和义公主。皇帝的外甥虽是异姓，但与皇室也有密切的关系。唐代的和亲公主之为宗室外甥女者较多，凡 7 位，即永乐公主、固安公主、燕郡公主、东光公主、东华公主、静乐公主和宜芳公主。和亲公主出自大臣之家者甚少，仅有金河公主和崇徽公主 2 位。金河公主是阿史那怀道的女儿③。

虽然唐代的和亲公主大部分都不是皇帝的亲生女儿，但绝大部分都和皇室有一定的血缘关系。唐王朝对这些公主是相当重视的，往往在物质上和精神上都予以优待。所以，

---

① 唐代以前，西汉的和亲是最有代表性的。在西汉 200 多年间，曾有 14 个和亲公主，但和亲的民族只有匈奴和乌孙，和亲的范围仅限于北部和西北一隅。详见崔明德《汉唐和亲研究》，青岛：中国海洋大学出版社，1990 年，第 32—33 页。
② 《新唐书》卷八三《诸帝公主·太平公主传》载："太平公主，则天皇后所生，后爱之倾诸女……仪凤（676—678）中，吐蕃请主下嫁，后不欲弃之夷，乃真筑宫（道观），如方士薰戒，以拒和亲事。"（第 3650 页）。
③ 《册府元龟》卷九七九《外臣部·和亲二》，第 11500 页。有的文献以阿史那怀道之女为交河公主，误。见岑仲勉《唐史余沈》第 90—92 页。

即便是"冒名顶替"的"假公主",其身份地位与"真公主"并没有太大的差别。这些公主除新兴公主、金山公主、永安长公主和安化长公主外,都不远万里,嫁到了番邦。她们辞违父母,告别故乡,生活在陌生的地方。因而她们的婚姻生活与一般公主的婚姻生活有所不同,无论是结婚礼仪还是婚后生活,都具有特殊性,情况是比较复杂的。

从有关文献来看,唐代和亲公主的婚礼,打破了普通公主婚姻的常规,具有"胡汉婚姻"的色彩。唐代普通公主的婚礼,一般要经过"册公主""公主受册""纳采""问名""纳吉""纳征""请期""亲迎""同牢""见舅姑"等一系列过程①。其中"纳采"至"亲迎"即所谓传统的"六礼"。这"六礼"在普通公主的婚姻中是不可缺少的。和亲公主的婚礼也要经过"册公主"等过程,但由于和亲双方相距甚远,千里迢迢,往来不便,因而"六礼"不能尽备。又由于和亲双方的文化传统不同,因而婚礼中要增加一些普通公主婚礼中没有的东西,特别是与番邦有关的东西。

文献记载,唐王朝对和亲公主的婚礼是相当重视的。在确定和亲关系以后,和亲双方即着手准备婚礼。唐王朝要求和亲的另外一方在公主出嫁前夕备礼迎娶,而当事的外蕃酋长一般也把这当作是自己的荣幸,往往乐于备礼亲迎。贞观十六年(642),唐太宗决定将新兴公主嫁给薛延陀真珠可汗夷男,要求夷男"备亲迎之礼",并与他在灵州相会。真珠可汗"大悦,谓其国中曰:'我本铁勒之小帅也,蒙大国圣人树立我为可汗,今复嫁我以公主,车驾亲至灵州,斯亦足矣!'于是税诸部羊马以为聘财。"②德宗决定以咸安公主降回纥,贞元四年(788)十月,回纥可汗即遣宰相等率众千余及其妹骨咄禄毗伽公主、姨妹迷外骨咄禄公主及职使大首领等妻妾凡五十六妇人来迎可敦。"时回纥可汗喜于和亲,其礼甚恭。乃上言:'昔为兄弟,今即子婿。子婿,半子也。彼犹父,此犹子也。父若患于西戎,子当遣兵除之。'"③穆宗长庆元年(821)五月,回纥都督、宰相、公主、摩尼等573人入朝迎接太和公主。六月,回鹘奏:"以一万骑出北庭,一万骑出安西,柘(拒)吐蕃以迎太和长公主归国。"七月,太和长公主向回鹘进发。十月,回鹘五百骑至丰州迎太和长公主,七百六十人至黄卢泉迎太和长公主。④

和亲公主出嫁时,唐王朝要派王公大臣充使护送公主。弘化公主出嫁,由左骁卫将军、淮阳王李道明护送。文成公主出嫁,由礼部尚书、江夏王李道宗护送。金城公主出

---

① 《通典》卷一二九《礼》八十九开元礼纂类二十四《嘉礼八》,第3318—3325页。
② 《册府元龟》卷九七八《外臣部·和亲一》,第11496页。
③ 《唐会要》卷六《和蕃公主·杂录》,第76—77页;《新唐书》卷二一七上《回鹘上》略同。
④ 《册府元龟》卷九七九《外臣部·和亲二》,第11506—11507页。

嫁，以骁卫大将军杨矩为使①。宁国公主出嫁，肃宗令汉中郡王(李瑀)充使。咸安公主出嫁，以刑部尚书关播加检校右仆射兼御史大夫、持节送咸安公主及册可汗使。长庆元年(821)太和公主出降，"以左金吾卫大将军胡证检校户部尚书，持节充送公主入回鹘及加册可汗使；光禄寺卿李宪加兼御史中丞，充副使；太常博士殷侑改殿中侍御史，充判官，以前曹州刺史李锐为太府卿兼御史大夫，持节赴回鹘充婚礼使；宗正少卿嗣宁王子鸿兼御史中丞，充副使；以虞部员外郎陈鸿为判官"②。这些使者或为王公，或为将相，都是在朝廷中较有影响的重臣。有的时候，皇帝还要亲自率文武百官送出国都。如景龙四年(710)正月二十七日，金城公主出嫁吐蕃，唐中宗亲自送到始平县，"设帐殿于百顷，洎则引王公宰臣及吐蕃使人入宴。中坐酒阑，命吐蕃使进前，谕以公主孩幼，割慈远嫁之(日)意。帝悲泣歔欷久之，因命从臣赋诗钱别，改始平为金城，又改其地为凤池乡怆别里"③。大历四年(769)六月，崇徽公主辞赴回纥，"宰臣已下百僚送到至中渭桥"④。长庆元年(821)七月，太和长公主发赴回鹘。"帝以半仗御通化门临送，百僚章敬寺前立班，仪卫颇盛，士女倾城观焉。"⑤

和亲公主一般都是怀着复杂的心情踏上和亲之路的。一方面，她们要承受与亲人生离死别的痛苦；另一方面，她们也会为自己的前途和命运担忧。但为了国家的利益，她们是义无反顾的。宁国公主在临别时对唐肃宗说："国家事重，死且无恨。"⑥这句话在一定程度上反映了和亲公主的心声。但和亲的路毕竟是漫长的。在漫长的出嫁旅途上，和亲的人难免有时也会有所悲伤。护送和亲公主的使者在和亲途中起着保护公主、维护汉仪的重要作用。胡证送太和长公主前往回纥，"行及漠南，虏骑继至，狼心犬态，一日千状，欲以戎服变革华服，又欲以王姬疾驱径路。证抗志不拔，守汉仪，黜夷法，竟不辱君命"⑦。当快到目的地时，和亲公主一般都会受到番邦的热烈欢迎。如文成公主一行到达河源时，松赞干布亲自率众迎接。也有个别和亲蕃酋自恃强大，比较傲慢，但这只是少数。

和亲公主到达番邦，都要举行一定的结婚仪式。有些结婚的仪式是按汉族的习俗进

---

① 《唐会要》卷六《和蕃公主·杂录》，第75页。
② 《册府元龟》卷九七九《外臣部·和亲二》，第11506页。
③ 《册府元龟》卷九七九《外臣部·和亲二》，第11499页；《唐会要》卷六《和蕃公主·杂录》，第75—76页。《唐书·地理志》亦有为纪念此事而改地名的记载。
④ 《册府元龟》卷九七九《外臣部·和亲二》，第11505页。
⑤ 《册府元龟》卷九七九《外臣部·和亲二》，第11507页。
⑥ 《旧唐书》卷一九五《回纥传》，第5200页。
⑦ 《旧唐书》卷一六三《胡证传》，第4259页。

行，有些则是按少数民族的习俗进行。如开元五年（717）八月，永乐公主出降契丹李失活，诏"婚之夜，遣诸亲高品及两蕃大守（首）领观花烛"①。太和长公主到达回鹘汗廷后，"乃择吉日册公主为回鹘可敦。可汗先升楼，东向坐，设毡罽于楼下以居公主。使群胡主教公主以胡法。公主始解唐服而衣胡衣，以一姬侍出楼前，西向拜，可汗坐而视，公主再俯拜讫，复入毡罽中，解前所服而被可敦服，通裾大襦，皆茜色，金饰冠如角前指，复出楼前俯拜可汗如初礼。庑先设大舆曲扆，扆前设小座。相者引出，公主升舆，回鹘九相分负其舆，随日右转于廷者九。公主乃降舆升楼，与可汗俱东向坐。自是臣下朝拜谒并拜可敦"②。

婚礼结束以后，和亲公主即正式成为番邦中的一员。由于和亲不是一般的男婚女嫁之事，要牵涉两个不同的民族，故应符合双方各自的利益。从唐朝方面来说，想通过和亲来加强与少数民族上层人士之间的联系，借以羁縻笼络少数民族，扩大自己的影响，安定边防。而少数民族的当政者之所以积极与唐联姻，则是要借唐之国威来提高自己的威望，巩固自己的政权。同时由于唐是当时世界上最富庶、最文明的大国，一些民族便企图借和亲加强与唐朝的经济联系，吸收先进的文化，以促进本部族社会经济和文化的发展。③ 由于和亲公主具有特殊的历史使命，因而和亲公主必然要在少数民族地区进行一系列的活动。虽然文献中有关这方面的资料不多，但仍对某些和亲公主的活动留下了可信的记载。从这些记载来看，和亲作为一种政治交易，受到和亲双方政治、经济、军事、综合国力和外交关系的影响。当唐王朝强盛时，公主下嫁是"天可汗"对蕃臣的恩宠，和亲公主的日子就比较好过；反之，当唐王朝出现内乱或国力衰弱的时候，和亲公主的日子就不好过了。所以，和亲公主的生活状况是不尽相同的。有些带有喜剧的色彩，有些则是一种悲剧。

和亲公主一旦嫁到番邦，就很少再有机会返回故乡。在实际嫁到番邦的16位和亲公主中，弘化公主所嫁的吐谷浑距长安最近，故她在吐谷浑生活的50年间，曾几度返京朝谒。但像她这样的情况是很少见的。开元十二年（724），东光公主和燕郡公主请求朝觐，唐玄宗并未批准。他在写给两位公主的诏书中说："公主出降蕃王，本拟安养部落，请入朝谒，深虑劳烦。朕固割恩，抑而未许。因加殊惠，以慰远心。奚有五部落，宜赐物三万段，先给征行游奕兵及百姓，余一万段，与东光公主、饶乐王、衙官、刺史、县令。

---

① 《册府元龟》卷九七九《外臣部·和亲二》，第11500页。
② 《册府元龟》卷九七九《外臣部·和亲二》，第11507页。
③ 牛志平、姚兆女：《唐代婚丧》，西安：西北大学出版社，1996年，第120—121页。

契丹有八部落，宜赐物五万段，其中取四万段先给征行有游奕兵士及百姓，余一万段与燕郡公主、松漠王、衙官、刺史、县令。其物杂以绢布，务令均平，给讫奏闻。"①显然，唐朝的统治者，特别是唐玄宗并不主张公主朝谒。这样一来，和亲公主能够回国的可能性就更小了。尽管如此，大多数的和亲公主都能以乐观的态度来面对社会现实，致力于胡汉友好的活动。如文成公主在吐蕃生活了将近40年，她和松赞干布致力于唐蕃友好和吐蕃的开发，在吐蕃人的心目中树立了较高的威望。永隆元年(680)，文成公主在吐蕃去世，唐高宗遣使吊祭。吐蕃人一直怀念她的功绩，至今藏族民间仍流传着关于她的佳话。金城公主在吐蕃生活了34年。在此期间，唐蕃关系一度紧张，金城公主曾多次写信给唐玄宗，从中斡旋，使唐蕃关系好转②。咸安公主在回鹘生活了21年，从胡法先后嫁天亲可汗、忠贞可汗、奉诚可汗及怀信可汗，于元和三年(808)二月二十六日死于回纥③，对于发展唐与回纥的友好关系也发挥了重要的作用。

虽然和亲公主致力于民族间的友好事业，但少数民族的生活习惯对和亲公主来说，是一个很大的难题。比如割腥啖膻、烝母报嫂及殉葬等。如果遇上反复无常的蕃酋，或者是民族关系倒退的情况，和亲公主的命运就相当悲惨。宁国公主嫁给回纥毗伽阙可汗才一年，可汗就死了。可汗初死时，"其牙官、都督等欲以宁国公主殉葬，公主曰：'我中国法，婿死，即持丧，朝夕哭临，三年行服。今回纥娶妇，须慕中国礼。若今依本国法，何须万里结婚。'然公主亦依回纥法，劙面大哭，竟以无子得归"④。要不是宁国公主机智沉着，恐怕当时难免一死。太和长公主在回鹘出现乱离后辗转回到长安，虽说是保住了性命，也受到唐室的关怀和同情，但与从前的情况已经大不相同了。

和亲在唐代不失为一种成功的外交政策，通过和亲在主观上和客观上对当时的民族关系和社会发展都产生了积极的作用。从这个意义上讲，唐代的和亲对唐朝历史的发展是有贡献的。

首先，和亲改善了唐王朝与周边少数民族之间的关系。唐代的和亲公主远嫁外蕃，都负有重要的使命。主要是加强唐王朝与这些少数民族之间的友好关系，维护边疆的安

---

① 《册府元龟》卷九七九《外臣部·和亲二》，第11501页；《唐大诏令集》卷四二《公主·和蕃·止和蕃公主入朝制》所载内容较少。
② 参见《册府元龟》卷九七九《外臣部·和亲二》，第11501页。唐玄宗亦曾多次让张九龄写信给金城公主，见《全唐文》卷二八七《敕金城公主书》。
③ 《旧唐书》卷一四《宪宗纪上》，第425页；《唐会要》卷六《和蕃公主·杂录》，第77页。咸安公主死后，被唐宪宗追赠为燕国大长公主，赐谥号曰襄穆。
④ 《旧唐书》卷一九五《回纥传》，第5202页。

定和国家的安全，促进民族地区的发展。比如，弘化公主在嫁到吐谷浑后，十分注意加强吐谷浑与唐王朝之间的联系。唐高宗永徽三年(652)，她以长公主的身份，与诺曷钵来到长安探望高宗。①高宗大喜，拜其长子苏度摸末为左领军卫大将军，并把宗室女金城县主相许。苏度摸末死后，她与次子右武卫大将军梁汉王闼卢摸末来唐请婚，唐高宗又以宗室女金明县主妻之。后来吐谷浑为吐蕃所破，她与诺曷钵率残部徙居灵州②。武则天长寿三年(694)二月，她以西平大长公主的身份来到中原，不久又回到灵州，直到圣历元年(698)五月去世。50多年间，她始终与唐王朝保持着密切的关系。又如，唐初吐蕃经常侵扰西北边陲。文成公主出降吐蕃后，吐蕃以"子婿之礼"臣服于唐，"数十年间，一方清静"③。贞观十九年(645)太宗伐高丽，文成公主和松赞干布献金鹅一只④。贞观二十二年(648)，唐将王玄策出使天竺(今印度)，途中为叛军所掠。吐蕃发精兵1200，又调泥婆罗(今尼泊尔)骑兵7000，助王玄策平息了叛乱，为中印友好做出了贡献⑤。贞观二十三年(649)，唐太宗去世，松赞干布遣使到长安吊祭，"并献金银珠宝十五种，请置太宗灵座前"。唐高宗封松赞干布为驸马都尉、西海郡王，并将他雕成石像，立于昭陵献殿前。文成公主去世，唐蕃关系一度恶化。而金城公主入藏，友好关系渐次恢复。开元十八年(730)，吐蕃赞普向玄宗上书说："外甥是先皇帝舅宿亲，又蒙降金城公主，遂和同为一家，天下百姓，普皆安乐。……伏望皇帝舅远察赤心，许依旧好，长令百姓快乐。"⑥开元二十一年(733)九月，金城公主请树碑于赤岭，以定蕃汉之界。唐玄宗令大臣与吐蕃使者莽布支同往树碑，碑"既树，而吐蕃遣其臣随汉使人分往剑南及河西碛，历告边州曰：'两国和好，无相侵掠'。汉使告亦如之"⑦。经过金城公主的努力，唐蕃关系得到改善。双方之间的摩擦和冲突明显减少。故可以说文成公主开唐蕃友好之端，金城公主又予以发扬光大⑧。

其次，和亲加强了中原与周边少数民族地区的经济文化交流。如文成公主与松赞干布的和亲，对吐蕃的经济文化就产生了明显的影响。史载文成公主入藏时，不仅带去了

---

① 唐制：皇帝之女称为公主，皇帝之姐妹称为长公主，皇帝之姑称为大长公主。弘化公主虽系太宗族妹，但她是以太宗之女的身份出嫁的，出嫁时称为公主，故在高宗时升为长公主。
② 《旧唐书》卷一九八《西戎·吐谷浑传》，第5300页。
③ 《唐大诏令集》卷四二《公主·和蕃·金城公主降吐蕃制》，第205页。
④ 《新唐书》卷二一六上《吐蕃传上》，第6074页。
⑤ 《资治通鉴》卷一九九，贞观二十二年五月，第6257页。
⑥ 《旧唐书》卷一九六上《吐蕃传上》，第5231页。
⑦ 《唐会要》卷六《和蕃公主·杂录》，第76页。
⑧ 黄嫣梨：《妆台与妆台以外：中国妇女史研究论集》，香港：牛津大学出版社，1999年，第68页。

许多金珠宝贝、绫罗绸缎和日常生活用品，带去了佛像和佛经，而且还带去了许多医学和生产技术方面的书籍。松赞干布在河源见了江夏王李道宗率领的送亲队伍之后，就立即被唐朝的先进文化吸引住了。他感叹唐朝服饰礼仪之美，俯仰有愧沮之色。及与公主归国，对他所亲信的人讲："我祖父未有通婚上国者，今我得尚大唐公主，为幸实多，(当)为公主筑一城，以夸示后代。"于是筑城邑，立栋宇，让文成公主居住。文成公主不喜欢吐蕃人的"赭面"，松赞干布就"令国中权且罢之"。不久，松赞干布"释毡裘，袭纨绮，渐慕华风，猜犷日革，至遣子弟入国学而习业焉"[1]。在文成公主的帮助下，松赞干布兴建了大昭寺，并把唐朝的历法传播到吐蕃统治的地区。高宗即位，先后赐给松赞干布杂彩 5000 段。松赞干布"因请蚕种及造酒、碾、硙、纸、墨之匠"，也得到唐高宗的批准。金城公主在吐蕃的数十年间，吐蕃赞普和金城公主都曾多次遣使朝贡，而唐玄宗曾多次赏赐财物。开元二十一年(733)，唐玄宗"命工部尚书李暠持节于吐蕃。以国信物一万匹，私觌物二千匹，皆杂以五采，遣之"[2]。金城公主还曾向玄宗"请毛诗、礼记、左传、文选各一部"，玄宗也让秘书省抄写送去[3]。此后，双方的经济文化交流仍在进行。唐与回纥的经济文化交流也很频繁。唐与回纥先后多次和亲，每次婚礼陪嫁的费用都在 500 万缗以上。不同民族之间的通婚，本身就意味着民族的同化。随着和亲的发展，各民族的往来日益频繁，民族融合的趋势不可避免。从某种意义上讲，唐代出现的胡化和汉化倾向，就是各民族联系加强的结果。

再者，和亲促进了边疆少数民族地区的开发。以吐蕃为例。吐蕃立国后，经济文化都很落后。但自从与唐和亲之后，情况就发生了很大的变化。这种变化在西藏地区还留传下来的民间歌谣中也有所反映。其中歌颂文成公主的歌谣说："文成公主带来不同粮食共有三千八百类，给西藏的粮食仓库打下坚实的基础"；"带来不同手工艺的工匠五千五百人，给西藏的工艺打开了发展的大门"；"带来不同的牲畜五千五百种，使西藏的乳酪酥油从此年年丰收"[4]。歌词中的数字虽然有所夸张，但说明文成公主入藏，带去大量的手工工匠和动植物种子，确实在一定程度上促进了西藏地区的开发。回纥、奚、契丹等地区的情况也是如此。因篇幅有限，这里就不一一列举了。

王寿南在《唐代的和亲政策》一文中说："唐代的和亲已达成国家外交、军事两方面

---

[1]《册府元龟》卷九七八《外臣部·和亲一》，第 11496 页；《唐会要》卷六《和蕃公主》所载略同。《旧唐书》卷一九六上《吐蕃传上》在遣弟子入国学后载："又请中国识文之人典其表疏"(第 5222 页)。
[2]《唐会要》卷六《和蕃公主·杂录》，第 76 页。
[3]《旧唐书》卷一九六上《吐蕃传上》，第 5232 页；《新唐书》卷一〇四《于志宁传》，第 4007 页。
[4] 子元：《文成公主与汉藏友谊》，《民族研究》1960 年第 3 期。

的策略，和亲公主也许牺牲了个人的幸福，但却为国家做了相当大的贡献。"①高世瑜在《唐代妇女》一书中也说："和亲在唐代不失为一种成功的外交政策，它维持了边境和平，促进了各族人民的交往，从这点说，和亲公主们是对历史做出了贡献的。"②从上述情况来看，这些评价一点也不过分。可以说，唐代的和亲公主是唐代民族友好的使者。她们将自己的荣辱置之度外，抛弃了民族偏见，以自己的实际行动，发展唐王朝与周边各族的友好关系，加强了中原与周边地区的经济文化交流，促进了边疆地区的开发，加速了民族融合。因此，对唐代的和亲公主，在总体上我们应当予以充分的肯定。

二、唐代西部地区的行政区划

唐代是我国西部开发的重要阶段，也是西部政区变化较大的时期。在唐代289年间，我国西部地区包括"关内""陇右""剑南"三道之全部，及"岭南""山南""江南"之一部③。唐代在道以下设有府、州和县。据两《唐书·地理志》及其他文献记载统计，属于今西部地区的一级政区凡153个。其中关内道2府22州，陇右道18州，剑南道1府36州，岭南道45州，山南道22州，江南道7州。各以府、州又辖若干县。如关内道的京兆府即隋京兆郡，武德元年（618）改为雍州，开元元年（713）设府，治长安，领长安、万年、蓝田、昭应、渭南、富平、美原、华原、同官、咸阳、高陵、三原、兴平、泾阳、云阳、礼泉、奉天、好畤、武功、鄠（户）县20县。这些政区在有唐289年间曾发生过一些变化。从文献记载来看，唐代西部政区的变化，主要表现在州县的增置、省废、改隶，州县名称的更改、治所的迁徙，以及州县等级的升降等方面。

据两《唐书·地理志》《唐会要》《唐六典》《通典》《元和郡县志》《资治通鉴》等书的记载统计，唐代西部地区的州县，约有80%是隋代旧州旧县或前代废州废县，其余则是唐代新设的州县。唐初为了完成统一全国的战争，奖励有功将士，安抚各方英豪，曾在西部地区设置过数十个州县。如武德二年（619），唐代在关内设北武州，置金明、开远、全义、崇德、永安、定义6县；设基州、南平州以招抚稽胡；设永州，辖洛盘、新昌、土硴3县；置西和州，辖延水、修文、桑原3县。贞观二年（628），唐代在关内分灵州置丰州④；贞观三年（629），置云州。贞观四年（630），置回州。贞观七年（633），置长州。

---

① 王寿南：《唐代的和亲政策》，载《唐代研究论集》第四辑，台北：新文丰出版社，1992年，第141—175页。
② 高世瑜：《唐代妇女》，西安：三秦出版社，1988年，第40页。
③ 景云二年，曾从陇右道中划出河西道，但其后不久即并入陇右道。
④ 《唐会要》卷七〇《州县改置》上，第1246页。

伊州本隋之伊吾郡，隋末为"杂胡"所据，贞观四年（630）"归化"，置西伊州，六年，去"西"字，称为伊州。西州本高昌国，贞观十三年（639）平高昌，置西州都督府。贞观二十年（646）西突厥叶护阿史那贺鲁率众内附，置庭州①。唐高宗曾在关内京兆府置明堂、干封2县，在凤翔府置岐阳县，在丰州置永丰县、九原县、丰安县，在剑南成都府置广都县，在邛州置大邑县，又置静、始、悉3州。武则天天授二年（691），唐王朝以关内之武功为稷州，割奉天、始平、盩厔、好畤4县隶之；以云阳为鼎州，割三原、泾阳、醴泉等县隶之；在零口置鸿州，以鸿门、庆山、高陵、栎阳、渭南5县隶之；以永安县置宜州，以同官、富平、美原等4县隶之②。在剑南置彭州、蜀州、姚州、黎州，又在成都府置东阳县。唐玄宗开元天宝年间，安史之乱以后，唐王朝由盛转衰，西部地区局势不稳。即使在这种情况下，唐王朝仍在西部增置过一些州县。如元和九年（814），在关内道北部地复置宥州。大历二年（767）五月十一日置武州，不久陷于吐蕃，至大中三年（849）七月，邠州节度使张君绪奏收复萧关，复置武州。沙州"天宝末，陷西戎。大中五年（851）七月，刺史张议潮遣兄议潭，将天宝陇西道图经户籍来献，举州归顺"③。又如，雟州，先废，代宗大历四年（769），割邛州蒲江、临溪两县复置之。

另一方面，唐代在西部地区也省废过一些州县。这种情况在《唐书·地理志》及《唐会要》等文献中也有明确的记载。西部地区州县政区的省废，在唐代前期较为频繁。唐初为配合统一战争而新设的州县，存在的时间一般都比较短，大部分在武德、贞观年间即被废省。史载，武德四年（621）废关内之含州及南平州，省并南由、义门、魏平诸县。武德八年（625）废陇右之文州、伏州。贞观元年（627），废稷州、彭州、林州、麟州、泉州及其所属诸县。贞观二年（628），废东夏州、北连州、北武州、西和州、吉州、罗州、匡州、云州、龙州、魏州，省并开远、全义、崇德、永安、定义、归义、洛阳、石罗、关善、万福、安定、源泉、绥德、信义、淳义、凤乡、义良、安放、安泉等县。贞观六年（632），废会州。八年，废北基州。十三年，废回州、长州。十七年，废宜州。甚至连沿用隋代的部分州县也予以省并。此后终唐之世，省废州县的事断断续续仍有发生。如武则天在久视元年（700）宣布废鸿、鼎2州，大足元年（701），废宜、稷2州，其所领各县，并隶雍州。长安二年（702），废明堂、乾封2县④。唐玄宗开元十四年（726），废麟

---

① 《旧唐书》卷四〇《地理志三》，第1645页。
② 《唐会要》卷七〇《州县改置上》，第1242—1243页。
③ 《唐会要》卷七一《州县改置下》，第1269页。
④ 《唐会要》卷七〇《州县改置上》，第1243页。

州。开元二十七年（739）四月十六日，废陇右之临州为洮州。秦州旧陷吐蕃，大中三年（849）二月割隶凤翔。鄯州在上元二年（761）九月，"为吐蕃所陷，遂废"①。

此外，唐代州县改隶的情况也时有发生。州县的改隶是与州县的增置、省废情况密切相关的。因为无论是增设州县还是省废州县，都意味着要对当地的政区进行重新划分：把某州所属的某些县或某些县的某些部分划出来组成新州新县，或并入某州某县。由于州县的改置与废弃，唐代诸州的辖区范围往往也随之发生变化。如秦州在唐高祖武德二年（619）领上邽、成纪、秦岭、清水4县。武德四年，分清水置邽州。六年，邽州废，以清水来属，恢复武德二年的格局。但武德八年，文、伏2州被废，以陇城县、伏羌来属。武德九年于伏羌废城置盐泉县。于是秦州辖县由4个变为6个。唐太宗贞观元年（627），改盐泉为夷宾，二年省之，秦州辖县又减为5个。成州在武德元年（618）领上禄、长道、潭水3县。贞观元年（627），以潭水隶宕州，又割废康州之同谷县来属。虽然县的数量相同，但辖区实际上已发生了很大的变化。安史之乱以后，陇右道辖区变化尤为剧烈。《新唐书·地理志》载："自禄山之乱，河右暨西平、武都、合川、怀道等郡皆没于吐蕃，宝应元年又陷秦、渭、洮、临，广德元年复陷河、兰、岷、廓，贞元三年陷安西、北廷（庭），陇右州县尽矣。大中后，吐蕃微弱，秦、武二州渐复故地，置官守。五年，张义潮以瓜、沙、伊、肃、鄯、甘、河、西、兰、岷、廓十一州来归，而宣、懿德微，不暇疆理，惟名存有司而已。"②

在有唐一代，羁縻府州也曾发生过较大的变化。羁縻府州是唐朝在周边少数民族地区创建的一种特殊的行政区划，包括羁縻都护府、羁縻都督府、羁縻州、羁縻县四级，唐人或称之为"蕃州"。《新唐书·地理志》载："唐兴，初未暇于四夷，自太宗平突厥，西北诸蕃及蛮夷稍稍内属，即其部落列置州县。其大者为都督府，以其首领为都督、刺史，皆得世袭。虽贡赋版籍，多不上户部，然声教所暨，皆边州都督、都护所领，著于令式……突厥、回纥、党项、吐谷浑隶关内道者，为府二十九，州九十。突厥之别部及奚、契丹、靺鞨、降胡、高丽隶河北者，为府十四，州四十六。突厥、回纥、党项、吐谷浑之别部及龟兹、于阗、焉耆、疏勒、河西内属诸胡、西域十六国隶陇右者，为府五十一，州百九十八。羌、蛮隶剑南者，为州二百六十一。蛮隶江南者，为州五十一，隶岭南者，为州九十二。又有党项州二十四，不知其隶属。大凡府州八百五十六，号为羁

---

① 《旧唐书》卷四〇《地理志三》，第1633页。
② 《新唐书》卷四〇《地理志四》，第1040页。

縻云。"①唐代在西部地区设置羁縻府州最早可以追溯到唐高祖武德年间，而大量设置羁縻府州则是在唐太宗、唐高宗和武则天统治时期。贞观四年（630）平东突厥，少数民族纷纷内附，唐太宗下令在东突厥故地置顺、祐、化、长4州都督府，定襄都督府及云中都督府。以此为契机，唐代开了在"正州"之外大规模设置羁縻府州的先河，其后太宗、高宗曾多次在西部地区大规模地设置羁縻府州。如贞观二十年（646）平薛延陀，唐太宗北至灵武，会见内附诸蕃酋长。贞观二十一年（647）正月丙申，"诏以回纥部为瀚海府，仆骨为金微府，多滥葛为燕然府，拔野古为幽陵府，同罗为龟林府，思结为庐山府，浑为皋兰州，斛薛为高阙州，奚结为鸡鹿州，阿跌为鸡田州，契苾为榆溪州，思结别部为蹛林州，白霫为置颜州；各以其酋长为都督、刺史"②。唐高宗显庆四年（659），唐代又在石、米、史、大安、小安、曹、拔汗那、悒怛、疏勒、朱驹半等国置州县府127个③。有唐一代，西部地区的羁縻府州也曾发生过较大变化。关内、陇右二道所辖羁縻府州的变化尤为明显。分布于关内、陇右二道的羁縻府州皆因突厥、回纥、党项等少数民族而设，这些民族在唐代多以游牧为生，往往居无定所，故羁縻府州也常常没有固定的驻地。此外，唐王朝根据区域形势的需要，有时也对羁縻府州进行有意识的增置、废弃或迁徙，从而加速了羁縻府州的演变。史载，唐高宗即对西部诸道的羁縻府州进行过调整。如龙朔三年（663）二月，"徙燕然都护府于回纥，更名瀚海都护；徙故瀚海都护于云中古城，更名云中都护。以碛为境，碛北州府皆隶瀚海，碛南隶云中"④。麟德元年（664），又"改云中都护府为单于大都护府"⑤。总章二年（669），"改瀚海都护府为安北都护府"⑥。调露元年（679），突厥贵族阿史那德温傅等在单于都护府造反，24州皆叛，打乱了唐王朝设置在漠北地区的统治体系，造成了关内羁縻府州的重大变化。

三、唐王朝对西部地区的经营

唐初鉴于隋末农民起义的威力，采用缓和阶级矛盾的办法，尽量宽舒民力。武德六年（623），唐高祖李渊颁布劝农诏，提出"安辑遗民，期于宁济，劝农务本，蠲其力

---

① 《新唐书》卷四三下《地理志七下》，第1119—1120页。
② 《资治通鉴》卷一九八，贞观二十一年正月，第6244—6245页。
③ 《资治通鉴》卷二〇〇，显庆四年九月，第6317页。
④ 《资治通鉴》卷二〇一，龙朔三年二月，第6333页。
⑤ 《资治通鉴》卷二〇一，麟德元年正月，第6339页。
⑥ 《资治通鉴》卷二〇一，总章二年八月，第6359页。

役"①。次年唐代又颁布均田令，计口授田，加速荒地开辟。同时改革租役制度，创行了租庸调制。这些措施减轻了人民负担，有利于发展农业生产，所以能在全国顺利通行，后来还被推广到西北边远地区，甚或在西域少数民族中也得以实行。唐太宗袭位后继续推行以上政策，同时他更清醒地认识到人民群众的力量，对农业生产更为重视。后来武则天、唐玄宗等，也大体维护了这些制度，保持了唐前期200多年的繁荣昌盛。唐都长安，既是全国政治中心，也是中外经济文化交流的都会。唐政府采取充实关中、捍卫京师的基本战略，为增强关中经济实力，唐初各朝非常重视复兴关中地区水利。唐高祖武德七年(624)，云德臣自龙门引黄河灌溉韩城县田6000余万顷，是有史以来首次在渭北地区兴修的引黄灌溉工程，反映了唐时水利技术较前代确有进步。关中原有水利灌溉工程，经长期的战乱，多半失修淤废；经过唐前期的不断修复，关中泾、渭、洛、汧四水旧渠基本恢复，且有所改进或创新，渠系较汉代更为密集，灌溉面积有相当程度的扩展。汉成国渠在曹魏时引伸到陈仓(今宝鸡市)，成为一项引千灌渠。唐代对此古渠重新修建，以虢界西北(今宝鸡市陈仓区境内)引汧水至咸阳，全长300多里，名为昇原渠。昇原渠引水量大，武则天时曾顺渠运输岐陇两州的木材到长安。西汉原引渭成国渠在唐代也得到复修，增设六个水门，号称"六门堰"，同时扩纳苇川、莫谷、香谷、武安四水源，灌溉面积增至200万亩。西汉引泾白渠，唐代发展为南、北、中三支，称"三白渠"。中渠在唐宝历二年(826)增设彭城堰，又分疏四条支渠，灌溉面积亦近200万亩。汉引洛龙首渠在唐代增加通灵陂，效益大为提高。关中水利网复建后，政府和地方官府还设置专官管理水事，每渠及斗门，各置斗长一人，以合理地管理和分配用水，做到先远后近，先稻后陆。由于水利复兴，唐代关中仍不失为全国重要的粮食产区。

西北黄土高原农牧业在唐代又有新的开发，丘陵沟壑区的开垦更为深入。这一地区自东汉时便不断迁入大批少数民族，史称稽胡人。经过长期的汉化，稽胡改变游牧习惯，逐渐成为以农为主兼营畜牧的民族。汉族与稽胡等少数民族杂处共耕，不断垦荒造田，使得黄土高原中部农业比重再度超过畜牧业。而黄土高原北部，地接突厥、薛延陀、回鹘等部族，唐初对待少数民族比较优待，时有部落南下归附，唐朝都给予妥善的安置，黄土高原地区人口不断扩大。唐与黄土高原西北部回鹘、吐谷浑、突厥等民族修复互市关系，对唐初内地农牧生产发展起到促进作用。根据《唐会要》记，"先是中国丧乱，民乏耕牛，至是资于戎狄，杂畜被野"，指的就是这类史实。西北少数民族中对唐威胁最大

---

① 《册府元龟》卷七十《帝王部·务农》，第788页。

的是突厥。击灭柔然后,突厥一度控辖了东自辽河、西至里海、南起大漠、北达贝加尔湖的广大地区。畜牧是突厥的主要经济,游牧兴旺发达,杀牲畜祀天地鬼神成为习俗。启民可汗称其羊马多不胜计,史称"突厥兴亡,唯以羊马为准"①。突厥各部拥有骑兵少则10万,多则40万,总计战马可达百万骑,不时对唐朝发动侵略。唐高祖武德九年(626),突厥发兵40万,直逼渭水桥北。唐朝长期不能解除突厥侵犯,直到唐太宗称帝才六路出师讨伐,东突厥政权首先覆亡。大漠南北尽入唐朝统治之下。唐分其土为六部,置定襄、云中二都督府,由突厥贵族袭任都督,尊重其原来的生活习惯和统治方式,民族关系颇为融洽。突厥贵族迁入长安者1万多家,有的还被任命为各等官员,待遇和汉官相当。但是唐对"降人"难免有种族歧视和压迫,附唐突厥人多被征发为骑兵,军马畜车的负担繁重,少数突厥贵族常利用本族反唐情绪,复辟奴隶制,重新建立突厥政权。通过掠夺突厥及其他部落,东突厥东山再起,常发兵侵扰唐北部地区。当中宗景龙二年(708),唐朝方道大总管张仁愿沿黄河北岸筑东、中、西三受降城,相距各400里,置烽候1800所,控制了阴山以南,同时徙民开发。唐韩愈《送水陆运使韩侍御归所治序》记:"出入河山之际六百余里,屯堡相望,寇来不得为暴,人得肆耕其中。"这道有效的防线,保护了河套内外农牧业生产,唐朝的官私牧场均置于受降城防线以南。西套宁夏平原农业又恢复到汉时景况,不仅废弃故渠得以修复,并重修一批新渠。其中唐徕渠的规模浩大,是历史上宁夏最大的灌溉工程。在大唐经济和军事实力的威慑之下,后突厥的反叛未能得逞,且内部矛盾重重,最终导致分裂而亡。

  西域地区在唐初为西突厥势力范围,南道诸国为其役属。唐平东突厥,西域震恐,反唐势力竭力顽抗。唐利用西突厥内部斗争之机,采用讨伐和招抚并用的策略。先后略平高昌,归服伊吾,平定焉耆,攻伐龟兹,招服于阗等国,南道诸国次第归于大唐版图。西突厥既失东面屏障,又失南面藩篱,唇亡齿寒。唐联合西北诸族,经太宗、高宗朝数次大举出兵,西突厥汗国灭亡,其部纷纷归降,大唐终于统一了西域。葱岭以西各国慑于大唐威德,相继纳贡臣服。唐朝统一西域后,按全国划一的行政机构列置府州,分官设职。在东部地区设伊、西、庭3普通州。州下设县、乡、里制,各有会长,同于内地州县设置。西部置羁縻州,即将内附诸国置为府、州,其首领为督都和刺史,皆为世袭,赋税不必上于户部,有民族区域自治的性质。縻府州有名可考者共40多府,100余州。唐朝西域最高机关为都护府,既是行政管理首府,又是军事指挥机关。唐朝设有安西都

---

① 《旧唐书》卷六二《郑元璹传》,第2380页。

护府和北庭都护府，分管天山南北两路。通过这种与内地统一的行政机构，朝廷政令得到广泛的贯彻，唐均田制、屯田、水利、畜牧等政策在这里均获推行，西域农牧业处于空前的发达阶段。

以上记述盛唐时期的西北政局，兼涉农业生产，接下来我们考察唐时西北畜牧业的情况。唐朝全力经营的养马业与王朝的兴盛同步。据《新唐书·兵志》记："唐之初起，得突厥马二千匹，又得隋马三千于赤岸泽，徙之陇右，监牧之制始于此。"[1]朝廷设太仆寺主管全国畜牧，下置一整套畜牧机构。唐太宗时特命太仆卿张万岁修葺马政。张万岁本是驰名当时的畜牧专家，"三代典群牧"，恩信遍行陇右地区。西北牧人论马龄，只言"齿"而不称"岁"，就是为避张氏讳。他主持唐朝养马业数十年，监马由数千匹增至70余万匹，马场扩增到8坊48监，分布于岐、邠、泾、宁之间，后来仍觉马多地狭，遂析置出8监，迁移到河西水草丰旷之野。马价由此低落，"天下以一缣易一马"，军旅出征调拨军马，必择强壮马匹充任。后张万岁去职，马政一度混乱，监马死失严重。例如在唐高宗永隆年间，夏州牧场即丧马18万匹。开元间重修马政，监马逐年恢复，至开元十三年（725）即达43万匹。唐开放朔方西受降城与突厥互市，补充陇右、朔方、河东的监马。同时朝廷重开48监，牧场横跨陇右、金城、平凉、天水四郡。自长安至陇右又置七马坊，岐陇间水草丰茂地尽归马坊。除官马之外，王侯、贵戚和地方豪富所置私家牧场各地皆有，民间百姓养马畜牧风气也极兴盛，总数远过于国家监牧。正如《新唐书》所估计的那样，"王侯将相外戚牛驼羊马之牧布诸道，百倍于县官"。后世史家们公认，"秦汉以来，唐马最盛"[2]。我国马政在秦汉时已初具规模，至唐代更加完善，中央到地方畜牧机构相当完备。朝廷有太仆寺、驾部、尚乘局和闲厩使，制定全国牧政及厩牧车舆事项。州郡地方各设监苑，形成严密的监牧制度，凡军旅备马、畜牧经营和牧政功绩皆有明细规定。因此，《新唐书·兵志》首开马政篇，唐以后各朝正史均沿用这一体例。唐朝重农耕，因而重养耕牛。正像张廷珪书谏武后时所论："君所恃在民，民所恃在食，食所资在耕；耕所资在牛，牛废则耕废，耕废则食去，食去则民亡，民亡则何恃为君？"[3]可见统治阶级把畜牛提到巩固政权的高度，唐各代皇帝几乎都有保护牛马等役畜的诏令。虽然晋时官牛不供耕驾以至老死不穿牛鼻，但唐政府则从河东、振武、灵夏等州买牛分给长安附近的贫民，正是为加强京畿的农业生产。

---

[1]《新唐书》卷五〇《兵志》，第1337页。
[2]《新唐书》卷五〇《兵志》，第1338页。
[3]《新唐书》卷一一八《张廷珪传》，第4262页。

唐玄宗天宝间，大唐盛极而衰，转折点正在安史之乱。史称唐玄宗是个半明半昏的皇帝，他曾开创"开元盛世"，把唐代繁荣推到了巅峰。开元盛世之后，唐玄宗自恃富强，骄奢思想膨胀，纵情享乐，不理国政，朝廷腐败，以致养成边镇叛乱。天宝十四载（755），安禄山、史思明起兵河北，次年叛军破关入京，战火遍荧关西。叛军方面嗜杀贪，大掳掠；而讨叛官军也乘机搜括财物，殃害百姓。唐朝为平叛，联合回纥、西域兵15万攻夺长安城，约定克城之后，土地士庶归唐，金帛子女归回纥；人民历尽各方军士的掠掳，饱尝战乱的艰苦。安史之乱历时8年，西北农牧业和社会经济复受严重破坏，唯盛唐的政治余威和人民向往国家统一的愿望，以及江南地区在经济上的支撑，唐政权苟延残喘又维持了100多年。宪宗时政治比较良好，利用江南财赋，借用各方力量，强使弱小藩镇畏威归顺，形式上获得全国暂时的统一，社会经济出现唐中期后未曾有过的气象。但宪宗并未从根本上拨除地方割据的基础，也不可能彻底战胜朝廷的各种腐朽势力，当其身遭宦官杀害后，唐朝从此便进入宦官专政时期。朝官与宦官之间，以及朝官朋党之间的争斗无休无止，愈演愈烈，无论哪方得胜，无不贪婪地加紧压迫剥削劳动人民，从而进一步加剧了阶级矛盾。唐后期的争斗延续了80多年，人民一步步被逼到死亡线上，以黄巢为首的农民起义，终于推翻了唐王朝的统治。

当唐朝走向衰亡时，西北少数民族地区形势亦发生变动，影响局势最大的便是吐蕃。早在隋末唐初，吐蕃在青藏高原兴起，唐太宗之世，吐蕃已深入西北青海地区，东犯陇右，西吞吐谷浑，攻陷祁连山南四镇，势与唐争夺西域。唐太宗以文成公主和亲，使两国交好，民族和睦相处数十年。但后来吐蕃屡与唐冲突，时叛时和，吐蕃兵常直入陇右，多次抢掠唐朝廷的监牧马匹，成为唐西部最大的边患。玄宗天宝十二载（753），唐发兵大破吐蕃，才遏其锋芒，使吐蕃向关中和西域扩张的野心暂时收敛。安史乱起，吐蕃趁机入侵，举兵连陷陇右州县，河湟、河西尽为占有，阻绝了西域交通。吐蕃野心勃勃，不断向东、南、西三方扩张。唐代宗时，吐蕃联兵数十万，由大震关长驱直入关中，攻破长安，将唐都焚掠一空。随后退守关陇形胜地，自凤翔以西、邠州以北数十州均为吐蕃地。后来吐蕃兵锋西转，进入西域地区，攻陷北庭、安西二镇，天山南北大部地区为吐蕃控制。在吐蕃野蛮统治下，西北各族不断反抗，唐朝亦乘机出师收复陇右、河湟州县，当地人民欢呼雀跃，解去蕃服，重袭冠带。唐向这里募迁垦民，遣送流犯，开营田，修道路，置堡栅，使农牧复见生机。此时河西沙州有汉族英雄张议潮乘吐蕃内乱，集聚各族豪杰揭竿而起，唐人纷纷响应，吐蕃守将大败而逃，沙州光复。张议潮又发兵略定近旁11州，西大道复通，时在宣宗时期。宣宗曾诏令这一地区"地腴衍者，听民垦艺，贷五岁赋;温池委度支榷其盐,以赡边;四道兵能营田者为给牛种,成者倍其资饷"①,河湟河西区农业始有恢复。在唐兵和各族人民的反击之下,吐蕃侵略势力终于退出西域,并应此衰落。吐蕃的盛衰大致与唐代的兴亡相始相终。

中唐后,西北较为强大的还有回鹘政权。回鹘本是铁勒族的一支。起初依附薛延陀,贞观二十年(646),曾配合大唐灭薛延陀并依附于唐朝。后突厥灭亡后,回鹘据其旧地,雄踞大汉之北。回鹘人以游牧为生,"居无恒所,随水草流移"②,在与关中区交往之中,回鹘经济文化进步很快,8世纪中叶,开始建筑城市、官舍,进入半定居社会,全盛时期有80多年。9世纪30年代末,由于内部分裂,又连遭自然灾害,疾疫流行,牲畜大量死亡,其西北部黠戛斯人乘机侵攻,可汗被杀,回鹘政权瓦解。部众分迁于葱岭、河西等地,小部内迁归附于唐。

第三节
唐代西部地区的全面开发

据文献记载,唐代在西部地区完善行政管理体系,任用汉族官员和当地少数民族首领共同进行统治,保证西部边疆的巩固和社会的安定。在这方面,唐太宗和武则天做了大量工作,收到了良好的效果。唐太宗是杰出的政治家,特别善于处理民族关系和国际关系。他在位期间,抛弃了以往帝王"贵中华而贱夷狄"的民族偏见,确定降则抚之、叛则讨之的原则,通过"和亲"来加强民族关系,以自己的人格魅力,赢得了周边各族的信赖,被尊为"天可汗"。武则天继承了唐太宗的既定方针,并在实践中发扬光大,对少数民族实行怀柔政策,坚决打击分裂势力,为维护祖国的辽阔边疆做出了贡献③。

一、城市与交通的发展

(一)唐代的西部城市

1. 宏伟的唐都长安

隋朝末年,大兴城落入李渊之手。大业十四年(618),李渊建立唐朝,仍以大兴为

---

① 《新唐书》卷二一六下《吐蕃传下》,第6107页。
② 《旧唐书》卷一九五《回纥传》,第5195页。
③ 王双怀:《古史新探》,西安:陕西人民出版社,2013年,第103—112页。

都,改名"长安"。唐初长安城的建置基本上因袭了隋朝之旧,没有进行大的改作,只是把大兴宫、大兴殿、大兴门、大兴县、大兴苑的名称分别改成了太极宫、太极殿、太极门、万年县和禁苑。从唐太宗时开始,唐王朝才对长安城进行了一系列的维修和扩建。太宗贞观八年(634),唐王朝在宫城东侧北郭墙外增修了大明宫[1]。高宗永徽五年(654)唐王朝重新修筑了长安城郭[2]。玄宗开元二年(714)唐王朝修建了兴庆宫[3]。十八年(730),唐王朝再次对长安城进行了修葺和扩建[4],使长安城比大兴城更加宏伟壮丽。经过唐初以来的不断维修与扩建,特别是随着唐代前期社会经济的飞速发展,唐都长安日益繁荣,成为当时世界上最著名的国际性大都市。

唐都长安是在隋都大兴城的基础上形成的。《大唐六典》卷七载:"京城(长安)左河、华,右陇坻,前终南,后九嵕。南面三门:中曰明德,左曰启夏,右曰安化。东面三门:中曰春明,北曰通化,南曰延兴。西面三门:中曰金光,北曰开远,南曰延平。皇城在京城之中。南面三门:中曰朱雀,左曰安上,右曰含光。东面二门:北曰延喜,南曰景风。西面二门:北曰安福,南曰顺义。其中左宗庙,右社稷,百僚廨署列乎其间,凡省六、寺九、台一、监四、卫十有八,东宫官属凡府一、坊三、寺三、率府十。宫城在皇城之北。南面三门:中曰承天,东曰长乐,西曰永安。"该书的作者在记载这段文字时注释说:"今京城,隋文帝开皇二年六月诏左仆射高颎所置,南直终南山子午谷,北据渭水,东临浐川,西次沣水。"[5]可见唐都长安与隋都大兴实际上是同一座城市。

唐都长安的规模很大。撇开大明宫的面积不计,其外郭城垣"东西一十八里一百一十五步,南北一十五里一百七十五步,周六十七里"[6]。折合今制,东西9694.65米,南北8195.25米,周长35474米。考古实测东西9721米,南北8651.7米,周长36744米[7]。尽管二者略有差异,但都说明了一个问题,那就是唐长安城的面积达到了80平方千米以上。这个数字约相当于同期巴格达的6倍,拜占庭的7倍,比其他城市也要大得多[8]。不仅如此,唐代长安还是当时世界上结构最好的城市。唐代长安城的结构与隋代大兴城基

---

[1]《资治通鉴》卷一九四,贞观八年十月,第6107页。
[2]《旧唐书》卷四《高宗本纪》载:"冬十一月癸酉,筑京师罗郭,和雇京兆百姓四万一千人,板筑三十日而罢,九门各施观。"(第73页)
[3]〔宋〕程大昌:《雍录》卷四《兴庆宫说》,西安:陕西师范大学出版社,1996年,第83页。
[4]《旧唐书》卷八《玄宗本上》载:"夏四月乙卯,筑京师外郭城,凡十月而功毕。"(第194页)
[5]〔唐〕李林甫等撰,陈仲夫点校:《唐六典》卷七《尚书工部》,北京:中华书局,1992年,第216页。
[6] 宋敏求《长安志》卷一所载相同。
[7] 杭德州、雒忠如、田醒农:《唐长安城地基初步探测》,《考古学报》1958年第3期;马得志:《唐代长安城考古纪略》,《考古》1963年第11期。
[8] 张永禄:《唐都长安》,西安:西北大学出版社,1987年,第20—21页。

本相同：城垣方正，街道平直，城内建筑以宫阙为主，呈东西对称状态。太极宫坐落在全城北部正中，体现出帝王至高无上的地位。皇太子居住的东宫和后妃居住的掖庭宫分布东西两侧，如同太极宫的两翼，反映了太子、后妃与帝王之间的特殊关系。皇城位于宫城之南，与太极宫紧紧相连，是帮助帝王治理天下的权力中心。外郭城则是官吏和百姓的生活区域。显然，宫城、皇城和外郭城的分布包含着深刻的哲学思想。宫城南面正中的承天门，皇城南面正中的朱雀门和外郭城南面正中的明德门恰成一条南北垂线，以承天门街和朱雀大街为中轴，将长安城分为东、西两半。东部和西部各有一个县衙，一个肆市和若干坊里。由于突出了对称的原则，因而各种建筑排列整齐有序，给人一种美的感受。

唐长安城的城门和街道也很有特点。城门分布在外郭城的四面，每面各有三座城门。南面三门：正中明德门，东为启夏门，西为安化门；东面三门：北通化门，中春明门，南延兴门；北面三门：东芳林门，中景曜门，西光化门；西面三门：北开远门，中金光门，南延平门。12座城门分东西南北遥相对应，除北面三门与禁苑相通，规模较小外，东西南三面九门均有高大的城门楼。明德门是长安城的正门，位于今西安市南郊杨家村西南。据考古实测，这座城门东西52.5米，南北16.5米，面积866.25平方米，是长安诸门中规模最大的[①]。其他各门面积大小不等，一般都在400平方米以上。城内街道很多。皇城中有5条南北向大街，7条东西向大街，纵横交错，将皇城划分为若干网格状地段。外郭城中有东西向大街14条，南北向大街11条。25条大街呈东西南北垂直分布，将外郭城划分为若干坊里。无论是皇城中的街道还是外郭城中的街道，都是宽广平直的大街。丹凤门街宽170多米，朱雀门大街宽150米，其他与城门相通的大街，宽度也都在100米以上，最狭窄的顺城街，宽度也有20多米[②]。街道两侧均有排水设施，并且进行了统一的绿化。所有这些，在中国古代都城中都是极为罕见的。

唐都长安城的建筑种类极其繁多，无论是宫城、皇城还是外郭城，都有不少著名的建筑。太极宫、大明宫和兴庆宫是唐长安的三大宫殿群，被称为"三大内"。太极宫修建于隋朝，唐初被列为京师正宫，有"京大内"之称，因位置在大明宫西，又被称作"西内"，是唐高祖李渊和唐太宗李世民处理天下大事的地方。该宫位于宫城中部，故址在今

[①] 中国科学院考古研究所西安工作队：《唐代长安城明德门遗址发掘简报》，《考古》1974年第1期。
[②] 中国社会科学院考古研究所编：《新中国的考古发现和研究》，北京：文物出版社，1984年，第574—575页。

西安市北部，其面积史书上没有明确的记载，考古实测东西 2820 米，南北 1492 米。① 宫中有太极殿、两仪殿、甘露殿、凌烟阁等殿阁亭院 30 余所。大明宫在长安宫城的东北部，被称作"东内"，是唐初新建的宫殿区。自高宗之后，历代皇帝多在此听政。该宫南宽北窄，略呈楔形，总面积约 3.3 平方千米，在三大宫殿群中规模最大②。建筑布局以丹凤门、含元殿、宣政殿、紫宸殿和玄武门构成南北轴线，有四省、七阁、十院、二十六门、四十殿，以及为数众多的楼台亭观，总计数量多达 100 余处。含元殿异常高大、雄伟、豪华，是长安城中最杰出的建筑。含元殿前宽阔的广场和壮观的"龙尾道"，常常是举行国家大典的地方。王维有"九天阊阖开宫殿，万国衣冠拜冕旒"③的诗句，可见含元殿的确规模宏大，气势非凡。宣政殿及其附属建筑是皇帝听政和百官办公的行政中心。至于紫宸殿和延英殿也多与政治活动有关。兴庆宫在春明门内，因位于大明宫之南，被称作"南内"。此宫营建于盛唐时期，是唐玄宗开元天宝年间的政治中心。宫的平面呈长方形，东西宽 1080 米，南北长 1250 米④，面积也比较大。兴庆宫的建筑有殿、楼、亭、阁 20 多所，亦多巧夺天工，雄伟壮丽。宫殿多集中于北部，著名的宫殿有兴庆殿、大同殿、南薰殿等。南部为园林区，有勤政务本楼、花萼相辉楼和沉香亭等，此外，还有被称作"龙池"的小湖。可以说，"三大内"是唐长安城中最有代表性的建筑，都在一定程度上反映了唐代高超的建筑水平。

唐长安城不仅有高大雄伟的建筑，而且还有不少景色宜人的园林。这些园林大体上可以分为官方园林、私人园林和寺院园林三种类型。官方园林除东内苑、西内苑和禁苑外，主要还有曲江池和昆明池。曲江池位于长安城的东南隅，一半在城内，另一半在城外，面积约 70 万平方米，是唐代最有名的游览胜地。池中碧水荡漾，烟波明媚，岸上楼亭相望，垂柳成荫。每当春和景明或秋高气爽，都人游赏，络绎不绝，画舫彩舟，"倾动皇州"。进士及第，则设宴于曲江亭子，"曲江流饮""雁塔题名"，往往在朝野引起轰动⑤。昆明池在汉代既享有盛誉，到了唐代经过重新整治，烟波浩渺，水天一色，景色更加优美。上自达官贵人，下至平民百姓，多喜来此观光。唐中宗时，安乐公主欲将昆

---

① 参《新中国的考古发现和研究》，第 575 页。秦浩：《隋唐考古》，（南京：南京大学出版社，1992 年）第 19 页所列数据与之相同。马得志、马洪路：《唐代长安宫廷史话》，（北京：新华出版社，1994 年）第 1 页说东西长度为 1968 米。
② 马得志：《唐大明宫发掘简报》，《考古》1959 年第 6 期。
③〔清〕彭定求等编：《全唐诗》卷一二八《王维·和贾舍人早朝大明宫之作》，北京：中华书局，1960 年，第 1296 页。
④ 马得志：《唐长安兴庆宫发掘记》，《考古》1959 年第 10 期。
⑤《雍录》卷六《唐曲江》，第 132 页。

明池据为己有，结果未能如愿，遂在昆明池东边开凿定昆池。定昆池"累石为山，以象华岳；引水为涧，以象天津"，广袤十余里，"穷天下之壮丽"。①安乐公主被杀后，该池也成为"仕女游观，车马喧嚣"的风景区。私人修建的园林景点很多，郭子仪、李晟、裴度等许多名人都在城内建有园林。这些园林规模相对较小，但小巧精美，结构奇特，往往以"山水"取胜。寺观中也多有园林，其中大慈恩寺、大荐福寺、兴福寺和玄贞观之中的园林影响最大。尽管这些园林并非都是开放园林，但都在一定程度上起到了美化城市的作用②。

令人遗憾的是，宏伟的唐都长安并没有能够保持长期的繁荣，到唐朝末年便被人为毁灭了。唐都长安的毁灭与战乱有很大的关系。据文献记载，在安史之乱以后的100多年间，宏伟壮丽的长安城虽遭到多次破坏，尚能及时修复。但到了唐末，长安城被破坏得日益严重。中和三年（883），黄巢与唐军在长安一带激战。黄巢离开长安时，曾放火焚烧宫室③。而诸道兵入城后，藩镇兵对长安城的破坏尤为严重。《新唐书·黄巢传》载："自禄山陷长安，宫阙完雄，吐蕃所燔，唯衢弄庐舍；朱泚乱定百余年，治缮神丽如开元时。至巢败，方镇兵互入掳掠，火大内，惟含元殿独存，火所不及者，止西内、南内及光启宫而已。"④《旧唐书·僖宗本纪》亦载："初，黄巢据京师，九衢三内，宫室宛然。及诸道兵破贼，争货相攻，纵火焚剽，宫室居市闾里，十焚六七"⑤，以致出现"荆棘满城，狐兔纵横"的凄凉景象⑥。唐僖宗逃到四川后，令王徽充任大明宫留守京畿安抚制置修奉使，修复长安宫殿。"徽外调兵食，内抚绥流亡，逾年，稍稍完聚。兴复殿寝，裁制有宜"⑦，取得了一定的成绩。但两年以后，王重荣、李克用与田令孜大战于沙苑，令孜败归，下令焚烧坊市及宫城，导致"宫阙萧条，鞠为茂草"⑧，"唯昭阳、蓬莱三宫仅存"⑨。其后虽有修复，但不久又遭战火焚烧。唐昭宗乾宁三年（896），李茂贞自岐攻入长安，杀人放火，于是"宫室廛闾，鞠为灰烬，自中和以来葺构之功，扫地尽矣"⑩。这些战争都在一定程度上对长安城造成了破坏。而八年以后，朱全忠在长安的暴行，则造成了更为

---

① 〔唐〕张鷟撰；赵守俨点校：《朝野佥载》卷三，北京：中华书局，1979年，第70—71页。
② 史念海：《唐长安的池沼与园林》，《中国历史地理论丛》1999年增刊，第3—41页。
③ 《资治通鉴》卷二五五，中和三年四月，第8293页。
④ 《新唐书》卷二二五下《黄巢传》，第6462页。
⑤ 《旧唐书》卷一九下《僖宗本纪》，第722页。
⑥ 《资治通鉴》卷二五六，光启元年三月，第8320页。
⑦ 《新唐书》卷一八五《王徽传》，第5409页。
⑧ 《旧唐书》卷一九下《僖宗本纪》，第722页。
⑨ 《新唐书》卷二〇八《田令孜传》，第5888页。
⑩ 《旧唐书》卷二〇上《昭宗本纪》，第759页。

严重的后果,甚至导致了长安城的毁灭①。

唐昭宗天祐元年(904)正月,军阀朱温强迫唐昭宗迁都洛阳,对长安城进行了彻底的破坏。关于朱温破坏长安城的情况,文献有明确的记载。《旧唐书·昭宗纪》载:天祐元年正月十三日,"(朱)全忠率师屯河中,遣牙将寇彦卿奉表请车驾迁都洛阳。全忠令长安居人按籍迁居,撤屋木,自渭浮河而下,连甍号哭,月余不息。秦人大骂于路曰'国贼崔胤,召朱温倾覆社稷,俾我及此,天乎!天乎!'"②《资治通鉴》载:朱全忠引兵屯河中,"丁巳,上御延喜楼,朱全忠遣牙将寇彦卿奉表,称邠、岐兵逼畿甸,请上迁都洛阳;及下楼,裴枢已得全忠移书,促百官东行。戊午,驱徙士民。号哭满路,骂曰:'贼臣崔胤召朱温来倾覆社稷,使我曹流离至此!'老幼襁属,月余不绝。壬戌,车驾发长安,全忠以其将张廷范为御营使,毁长安宫室百司及民间庐舍,取其材,浮渭河而下,长安自此遂丘墟矣"③。五代人刘从义也回忆说:"昔唐之季也,四维幅裂,九鼎毛轻。长庚袭月以腾芒,大盗寻戈而移国。帝车薄狩,夜逐流萤;民屋俱焚,林巢归燕。银阙绮都之庄丽,顿变丘墟;螺宫雁塔之精严,仅余灰烬。"④经过这次浩劫,宏伟的长安城被毁灭了,一代名城,化为灰烬。关中地区也遭受了巨大的创伤,到处是残破的景象。

从历史的角度看,唐都长安的兴盛与毁灭,都曾对中国历史特别是西部历史产生过重大的影响。具体些说,唐都长安的兴盛,对中国经济社会的发展有积极的作用。而唐都长安的毁灭,则对中国历史特别是中国西部地区的历史产生了消极的影响。

唐都长安的兴盛在一定程度上推动了唐朝社会的进步。在唐代的鼎盛时期,长安城物华天宝,人文荟萃,呈现出欣欣向荣的景象。这种繁荣景象不仅表现在城市建设方面,而且表现在城市经济文化生活和城市管理方面。唐代长安人口众多,总数达到100多万⑤,这在历史上是并不多见的。由于人口众多,唐代长安的经济生活十分丰富。手工业规模宏大,门类齐全,技术先进,而商业贸易尤为发达。东、西二市各占两坊之地,是长安城中的商业中心。东市"货财二百二十行,四面立邸。四方珍奇,皆所积集"⑥。

---

① 马正林:《丰镐—长安—西安》,西安:陕西人民出版社,1978年,第83—84页。
② 《旧唐书》卷二〇上《昭宗本纪》,第778页。
③ 《资治通鉴》卷二六四,天祐元年正月,第8626页。
④ 〔清〕王昶:《金石萃编》卷一二三《重修开元寺行廊功德碑》,北京:中国书店,1985年影印本。
⑤ 关于唐代长安的人口数量,学术界一直存在着争论。目前有50万说、70万说、80万说、100万说、170余万说。日本学者外山军治在1947年提出唐都人口百万说,其后平冈武夫、日野开三郎、佐藤武敏、武伯纶等学者在各自的研究中也得出相同或相似的结论。笔者认为,这种说法的根据比较充分。在唐代289年间,长安人口不是一成不变的,有时候较多,有时候则要少一些,但一般都保持在100万左右。
⑥ 〔宋〕宋敏求:《长安志》卷八《唐京城二》,上海:上海古籍出版社,1993年,第134页。

西市也有220行，其中衣肆、坟典肆、药材肆、绢行、帛行相当有名。这两个商业中心集中了全国乃至世界各地的产品，商贾云集，货物山积，交贸往还，充满生机。唐代长安的文化生活也是十分丰富的。长安城既是全国教育最发达的地方，同时也集中了一大批思想家、文学家、艺术家、科学家和宗教界人士。诗歌、散文、书法、绘画、音乐、舞蹈、杂技、体育各有名家，呈现出百花齐放的动人局面，创造了令人惊叹的精神文明。长安城还是中外文化交流的中心。在唐代约290年间，世界上许多国家都曾派遣使者来长安学习中国文化。朝鲜、日本在这方面表现得最为突出。在频繁的文化交流的过程中，以长安为代表的中国文化得到了广泛传播，对东西方诸国产生了深远的影响。同时，有关国家的文化也传入中国，丰富了中国文化的内容。此外，长安城的管理水平也是很高的。从这个角度来讲，当时世界上没有第二座城市能与长安相比。可以毫不夸张地说，唐都长安是当时世界上最宏大、最繁华、最文明的城市。[①]

唐都长安的繁荣带动了关中地区的发展。据史书记载，在唐之盛时，京兆、凤翔二府及同、华二州辖41县，有户515522，口2972969。其中京兆府辖万年、长安、咸阳等20县，有户362921，口1960188。同州领冯翊、朝邑等8县，有户60928，口408705。华州领郑、华阴等4县，有户33187，口223613。凤翔府辖天兴、岐山等9县，有户58486，口380463[②]，各县所辖村落极多，今西安市所辖7区6县在唐中期即有193乡[③]。特别是关中地区的水利事业相当发达。除修复和扩建旧有渠道外，盛唐还兴建了一些新的水利工程。如武则天垂拱年间开凿了昇原渠，开元二年(714)在华州修建了敷水渠，七年(719)又在同州兴修水利。"于朝邑、河西二县界，就古通灵陂，择地引洛水及堰黄河灌之，以种稻田，凡二千余顷。"[④]当时，关中地区有名的渠道还有龙首渠、清明渠、永安渠和黄渠等。龙首渠引浐水，清明渠引潏水，永安渠引交水，以供长安之用。至于黄渠则主要供给曲江[⑤]。由于水利发达，粮食作物组合科学，种植面积很大，产量可观。因此，关中地区也显得相当富庶。

唐都长安的毁灭，则在一定程度上改变了中国历史特别是西部历史的命运。由于长安城的毁灭，加之唐末战乱的影响，五代时期关中的生态环境迅速恶化，人文景观和自然景观都呈现出与前代截然不同的景象。这种变化，在城市规模、郊区村落和水文林木

[①] 史念海：《中国古都和文化》，北京：中华书局，1998年，第289—329页。
[②] 《新唐书》卷三七《地理一》，第961—968页。
[③] 文献中无明确记载，此据宋敏求《长安志》卷一一至一七所载乡数统计。
[④] 《旧唐书》卷一八五下《姜师度传》，第4816页。
[⑤] 史念海：《环绕长安的河流及有关的渠道》，见《中国历史地理论丛》1996年第1辑，第1—38页。

方面表现得最为突出。

2. 西部地区的中小城市

在唐代 289 年间，我国西部地区包括"关内""陇右""剑南"三道①，各道的州县政区都曾发生过一系列变化，城市的布局也因之有所变化。总的说来，隋唐时期西部地区的政区在增加，城市也在不断增加。如这一时期关中出现的新城市主要有大兴（长安）、鸿门、昭应、潼津、河西、河滨、临沮、韩城、奉先、华原、鹿苑、石门、上宜、奉天、宜禄、宝鸡、苑川、天兴、岐山、苑川、凤泉、郁州、黄花、威武、普润、麟游、永信等。陕南出现的有顺政、金牛、三泉、嘉牟、真府、华阳、洋州、洋源、商洛、安业、汉阴、平利等。陕北出现的有乌延城、宥州、云州、信义、淳义、龙州、德静、连谷、新秦、铁麟、府谷、真乡、罗州、巨州、榆林、延昌、云中、龙泉、洛源、修文、桑原、义门、洛盘、新昌、伏陆、洛交、直罗、升平等。虽说这一时期新建城市的数量较前一时期为少，但各地城市普遍比前代繁荣。长安城是当时世界上最大的城市，长安周围的同、华等州治所都具备了较大的规模。陕南的兴元、金州，陕北的延州等府州治城有了较大的发展。就连青藏高原也出现了一些规模较大的城市。

（二）西部地区的交通

在隋唐时期，西部交通出现了第二个发展的高峰，达到极盛阶段。这一时期，隋唐王朝根据各地对交通的实际需要，对旧路进行维修或扩建，同时又不断开辟新的道路，从而形成了四通八达的道路网。这个交通网以首都长安为中心向外辐射。交通干线上的一些大城市也有向外辐射的道路，形成一个个交通辐射圈。史载，隋文帝开皇四年（584），宇文恺率水工开凿了长达 300 余里的广通渠（即通济渠，又名富民渠），引渭水自大兴城（长安城）东至潼关，改善了关中东部地区的水陆交通。隋炀帝时，隋朝在更大的范围内进行交通建设，"凿通渠，开驰道，树以柳杞，隐以金槌。西出玉门，东踰碣石，堑山堙谷，浮河达海"②。唐王朝不仅从中央到地方设置了交通管理机构，完善了交通管理系统，而且还采取了不少发展交通的措施，在道路的维修、扩建、创新和保护方面不遗余力。当时首都长安附近的水陆交通相当发达③，设在全国各地的陆驿、水驿和

---

① 景云二年，曾从陇右道中划出河西道，但其后不久即并入陇右道。
② 《隋书》卷七〇《李密传》，第 1635 页。
③ 辛德勇：《汉唐期间长安附近的水路交通——汉唐长安交通地理研究之三》，《中国历史地理论丛》1989 年第 1 辑。

水陆兼办的驿站多达1639处，大大超过了前代。其中西部地区的交通路线也比前代有明显的增加。长安向西行2100里可达松州，向西北行5590里至安西都护府，向西南2670里至戎州；各州、县之间，皆有道路相连；陕北与鄂尔多斯地区的交通"基本上构成了一个较为完整和便捷的地区性交通网"①。就连唐与吐蕃、回纥之间，也出现了固定的道路，即所谓"唐蕃古道"和"参天可汗道"②。

"参天可汗道"是唐太宗贞观年间形成的从长安通往突厥以北、回纥以南的大道。唐太宗抛弃"贵中华而贱夷狄"的民族偏见，实行开明的民族政策，赢得了西部少数民族的爱戴，被尊为"天可汗"。为了加强与唐室的联系，回纥等族专门修筑了"参天可汗道"，并"请回鹘已南置邮递，通管北方"③。唐王朝曾在这条道路上设置了68个驿站，以保证道路的畅通。

"唐蕃古道"是唐与吐蕃之间的道路。唐王朝与吐蕃的关系密切，往来频繁，因而形成了这条道路。此道有南北两条进入青海：南路从临洮西行，经河州（今临夏市）、凤林津（今炳灵寺一带）、龙支县（今民和）、湟水（今乐都）至鄯城县（今西宁）；北路从临洮北行，至兰州渡过黄河，经龙支、湟水至于鄯城。两路至鄯城相会后继续通向西南方向，直抵吐蕃首府逻些（今拉萨）。道路全长4200多里，要经过草原、雪山、戈壁、沼泽等不同的地理单元，是西藏与内地经济文化交流的主要通道。文成公主和金城公主都是经过这条道路进入西藏的。

唐人岑参在《初过陇山途中呈宇文判官》中写道："一驿过一驿，驿骑如星流。平明发咸阳，暮及陇山头。"由此可见唐代西部陆路交通之一斑。唐代西部的水路交通在前代的基础上也有很大的发展。黄河、长江上游的部分主河道及其某些重要支流上常有船只往来④。这些水上通道与陆上通道相辅相成，使西部交通呈现出前所未有的景象。

隋朝统一全国后，丝绸之路"发自敦煌，至于西海，凡为三道，各有襟带。北道从伊吾，经蒲类海铁勒部，突厥可汗庭，度北流河水，至拂菻国，达于西海。其中道从高昌、焉耆、龟兹、疏勒，度葱岭，又经铍汗，苏对沙那国，康国，曹国，何国，大、小安国，穆国，至波斯，达于西海。其南道从鄯善、于阗、朱俱波、喝槃陀，度葱岭，又经护密、

---

① 李辅斌：《唐代陕北和鄂尔多斯地区的交通》，见《中国历史地理论丛》1990年第1辑，第135—152页。
② 《唐会要》卷七三《安北督护府》，第1314页；《资治通鉴》卷一九八，唐纪十四贞观二十一年正月，第6245页。
③ 《旧唐书》卷一九五《回纥传》，第5196页。
④ 史念海：《隋唐时期的交通与都会》，刊《唐史论丛》第六辑，西安：陕西人民教育出版社，1995年，第1—57页。

吐火罗、挹怛、忛延、漕国，至北婆罗门，达于西海。其三道诸国，亦各自有路，南北交通。"①到了唐代，天山之北又形成了一条道路。这条道路从庭州(今吉木萨尔之北)至中亚碎叶(今托克马克)，史书上称之为"碎叶路"。从天山之南的库车出发，经拔达岭(今别迭里山口)、热海(今伊塞克湖)亦可到达碎叶。从碎叶往西可达怛罗斯城，再往西可抵西海，往西南则可经石、康等国到达波斯。

隋唐时期的金牛道，改由三泉县(今陕西宁强县)阳平关附近南下利州，西南经益昌入剑门关。从利州向南，当时还开辟了沿嘉陵江东侧山区去阆州(今阆中)，复折西南经盐亭到东川节度使治梓州(今三台)的支线。北宋时期，联系川陕交通的主要驿道仍然是故道和金牛道。汉魏褒斜道和子午道皆被废罢失去了国家驿道的地位。傥骆道在北宋时期还曾被利用。至于连云栈道，虽也曾一度被定为代替故道的大驿道，但不过四五年时间，又被改移至故道线上去了。

唐太宗贞观二十二年(648)，唐代开斜谷道水路，运米至京师。唐德宗贞元七年(791)，商州刺史李西华广修商州旧道，由蓝田至内乡，在700多里途中，别开偏路，并修桥道，起官舍，人不留滞，行者为便。唐宪宗元和元年(806)复置斜谷路馆驿。元和八年，修商州路，并建桥置驿。唐敬宗宝历二年(826)，裴度奏修斜谷路及馆驿。唐文宗开成四年(839)，归荣修散关褒斜道。唐宣宗大中元年(847)修商州路，建置桥梁、驿舍。唐宣宗大中三年，郑涯新开文川道。四年，封敖修斜谷旧路及馆驿。唐僖宗光启二年(886)，晋晖修斜谷阁道。后唐明宗天成三年(928)，修斜谷阁道。

二、水利事业的进步

唐代的水部隶属于尚书省的工部，有水部郎中、员外郎及主事等官。水部郎中员外郎之职，"掌天下川渎陂池之政令，以导达沟洫，堰决河渠，凡舟楫灌溉之利，咸总而举之"②。渠梁、堤堰、沟、渔捕、漕运、碾等方面的大政，负责全国农田水利、水路交通及其相关事宜。都水监是尚书省外专门管理水利的机构，有使者、丞等专职官员。都水使者"掌川泽津梁之政令"，总舟楫、河渠、诸津三署官属；舟楫令"掌公私舟船及运漕之事"；河渠令"掌供川泽鱼醢之事"；诸津令"掌其津济渡舟梁之事"③。其职责也是相

---

① 《隋书》卷六七《裴矩传》，第1579—1580页。
② [唐]张说等：《大唐六典》卷七《尚书工部》，[日]广池学园事业部，昭和四十八年(1973)广池千九郎训点本，第168页。
③ 《大唐六典》卷二三《都水监》，第427—429页。

当明确的。水部与都水监同为水利管理部门,但二者的性质是不同的。水部是主管"水流立法及水流行政"的政务部门,都水监则是"监督巡视水流行政"的事务部门。两者相辅相成,共同构成国家管理水利事业的核心。地方上刺史、县令均有兼领水利之事的使命,"诸州堤堰,刺史、县令以时检行,而莅其决筑"①。凡是重要的河渠,均设渠长、堰头、专当官以理其事,"每渠及斗门置长各一人……至溉田时,及令节其水之多少,均其灌溉焉。每岁府县差官一人以督察之,岁终录其功以为考课"②。有时还设"水运使""沟渠堤堰使"以督察或主持各地的水利建设③。

唐代颁布了我国第一部水利法典《水部式》④。这部法典虽在唐朝以后失传,但20世纪初法国汉学家伯希和在敦煌莫高窟发现了它的残卷⑤。从残卷内容来看,它对农田水利和水路交通的政策都进行了具体的论述。

对农田水利,《水部式》阐明了农田用水的主要原则:(1)凡是有灌溉条件的地方,都要修建、保护各种水利设施,不得随意破坏。"诸大渠用水溉灌之处,皆安斗门,并须累石及安木傍壁,仰使牢固,不得当渠造堰。"对于重要的水利工程,各州县官要派专人"分番看守,开闭节水。所有损坏,随即修理。如破多人少,任县申州,差夫相助"⑥。(2)灌溉须本着节约用水、均匀受益的精神按顺序进行,不得抢先我灌,盗废水力。"凡浇田,皆预知亩,依次取用,水遍即令闭塞,务使均普,不得偏并";"诸渠长及斗门长至浇田之进专知节水多少。其州县每年各差一官检校。长官及都水官司时加巡察"。(3)如果碾硙用水矛盾或影响灌溉,必须停毁碾硙,以保证农田用水。"诸水碾硙,若拥水质泥塞渠,不自疏导,致令水溢渠坏,于公私有妨者,碾硙即令毁破。"只有在保证或者不影响农田灌溉的前提之下,才能使用碾硙,碾硙不得与灌溉争利。

对水路交通,《水部式》也做出了一系列重要的规定。(1)凡有航运条件的河流渠道,都要派专人负责,妥善管理,尽量发展水上交通。航运所需水手从民间勋官及白丁中检选。若是海运,则"置海师贰人,拖师肆人,隶蓬莱镇,令候风调海晏,并运镇粮"。

---

① 《新唐书》卷四六《百官一》,第1202页。
② 《大唐六典》卷二三《都水监》,第427页。
③ 《资治通鉴》卷二一三,开元十六年正月丙寅,第6782页。
④ 周魁一:《〈水部式〉与唐代的农田水利管理》,刊《历史地理》第4辑,上海:上海人民出版社,1986年,第88—101页。
⑤ 《水部式》残卷原件藏法国国立图书馆,编号伯2507。
⑥ 《水部式》残卷。下同,不注。该残卷录文见 Tunhuang and Turfan Documents concerning social and Economic History (1978)、《魏晋南北朝隋唐史资料》第四期(1982)、《敦煌吐鲁番文献研究论集》第三辑(1986)及郑炳林《敦煌地理文书汇辑校注》(兰州:甘肃教育出版社,1989)等。

(2)津渡桥梁为交通咽喉,均由官府派专人经营。凡无桥梁的大渡口,皆配备渡船和水手。属于军事性质的渡口,则派兵巡逻防守,凡有桥梁的渡口,亦根据具体情况配备水手及工匠,来维修桥梁,护理航运,保证航道的畅通。

很显然,唐代的水政是积极的,是值得肯定的。特别是,这一时期的水政得到了较好的实施。水利管理机构的运转情况在文献中有很多记载。至于《水部式》,史书记载虽然较少,但无疑也在社会上发挥过它的作用。因为白居易曾在他的著作中引用过《水部式》的部分文字[①]。高陵县令刘仁师还曾根据《水部式》上告泾阳县违背水法,并打赢了官司。此外敦煌吐鲁番文书中的《沙州敦煌县行用水细则》中对水官职责、行水路线、用水日期、浇田遍数的规定与《水部式》的有关规定在原则上也是相同的[②]。隋唐时期的水政由于比较进步,而且得到了较好的推行,因此必然会对汉唐时期水利事业的发展产生积极的作用。

唐代为了开发四川盆地的水资源,曾在盆地内修建过许多水利工程。这些工程大致可以分为三种情况:一是扩建都江堰灌区,增加益州和鼓州的溉田面积;二是在成都平原北部和涪江冲积平原上兴建水渠,以灌溉绵州和汉州境内的农田;三是在成都平原南面的岷江冲积平原上兴建堤堰,以灌溉眉州境内的农田。史载太宗贞观元年(627),高士廉在益州大规模扩建都江堰,"于故渠外别更疏决",使蜀中"大获其利"[③]。盘石县北70里有一个周回60里的百枝池,水源丰富。贞观六年(632),薛万彻决池引水东流。高宗永徽五年(654),白大信在罗江县北5里筑茫江堰,引射水溉田并供县城使用。龙朔三年(663),刘凤仪在阴平县西北2里开利人渠,引马阁水入县溉田。大体与此同时,导江县也修建了侍郎堰和百文堰等水利工程,引江水灌溉彭益等处田地。武则天当政时期,刘易从决县的沲江,凿渠引水,灌溉九陇、唐昌等处田地。唐玄宗开元年间,剑南道采访使章仇兼琼在彭山县筑通济大堰及10条小堰,自新津中江口引渠南下120里,溉田1600余顷。在温江县因蜀王故渠开新源水,以漕西山竹木。又在新津县西南2里筑远济堰,"分四筒穿渠,溉眉州通义、彭山之田"[④]。此外,还在成都北18里筑堤成万岁池,积水溉田。唐德宗时,龙安县人在县东南23里修云门堰,决茶川水溉田。雒县人也筑堤堰溉田四百余顷,这些工程均见于《新唐书·地理志》或《元和郡县志》。可见唐代四川地区的

---

① 参见〔唐〕白居易:《白氏六帖事类集》第二三卷,第22条,北京:文物出版社,1987年影印南宋绍兴刻本。
② 唐耕耦、陆宏基:《敦煌社会经济文献真迹释录》第1辑,北京:书目文献出版社,1986年,第394—399页。
③ 《旧唐书》卷六五《高士廉传》,第2442页。
④ 《新唐书》卷四二《地理志六》,第1080—1081页。

第五章 隋唐五代时期的西部开发

水利事业亦有所发展。当然，说四川地区的水利发达，主要是指成都平原而言。四川盆地中部的丘陵地带引水灌溉的情况较少，由于地形的限制，一般是用潴水和陂池之水灌溉农田，工程规模小，数量少，溉田数量也不是很多。

到了唐代，宁夏河套一带的水利事业又有大的发展。贞观七年（633），朔方开延化渠，引乌水入库狄泽，溉田200余顷。开元七年（719），安敬忠在会宁县筑堰以捍黄河。唐代中期以后，灵州是朔方节度使的驻所。朔方作为北方重镇，"管兵六万四千七百人"①。从解决军粮的实际需要出发，当时宁夏境内设置了71屯，从事农业生产。唐德宗贞元年间，李晟在灵州开决光禄旧渠，溉田1000余顷；李景略在九原开咸应、永清等渠，溉田数百顷。此外，宁夏回乐县有薄骨律渠，溉田1000余顷；特进渠，溉田600顷。灵武县有御史、百家等八渠，溉田500顷。②有人估计，盛唐时期，宁夏引黄灌区灌溉面积当超过100万亩，农田灌溉达到空前水平。③

唐代河西地区的水利事业有了突飞猛进的发展。《沙州图经》记载说："州城四面水渠……五谷皆饶。"现存沙州敦煌县的户籍、田册残卷中提到的灌溉渠道就有两支渠、无穷渠、神龙渠等50余条。④由此可见敦煌水利之一斑。当时唐王朝在河西大量屯田，这些屯田也是"皆因水利，浊河灌溉，良沃不待天时"⑤。

唐代西域地区也形成了一些灌溉网络。考古工作者曾在新疆的许多地方发现过汉唐时期的水利工程遗迹。就连罗布泊西南地区也是如此。"1964年、1965年在对米兰水系和罗布泊（南罗布泊）南岸的查勘中，发现了米兰汉唐时代屯田水利工程的遗址和屯田区域范围。虽然其荒芜已逾千年，整个灌区已被风砂砾石所覆盖，但仔细考查，古灌溉渠道系统尚历历在目，而且基本配套完整。屯田畦埂阡陌纵横尚一一可见，而且灌区面积集中连片。"⑥

隋唐时期国家统一，经济发展，社会安定，各级政府都比较重视水利建设，从而再度为水利事业的发展创造了有利条件。据两《唐书》《元和郡县志》《通典》《唐会要》《册府

---

① 《旧唐书》卷三八《地理志一》，第1386页。
② 〔唐〕李吉甫，贺次君点校：《元和郡县图志》卷四《关内道四》，北京：中华书局，1983年，第94页；《旧唐书》卷一三三《李晟传附李听传》所载略同。
③ 杨新才：《关于古代宁夏引黄灌区灌溉面积的推算》，《中国农史》1999年第3期。
④ 〔日〕池田温、龚泽铣译：《中国古代籍帐研究》录文，北京：中华书局，2007年，第561—564页。
⑤ 〔唐〕陈子昂撰；徐鹏校点：《陈子昂集》卷八《上西蕃边州安危事》，上海：上海古籍出版社，2013年，第214页。
⑥ 饶瑞符：《汉唐时代米兰屯田水利初探》，刊中国水利史研究会编《水利史研究会成立大会论文集》，北京：水利电力出版社，1984年，第53—65页。

元龟》等文献统计，唐代共修建了350余项较大的水利工程①，其中有确切年代可考的有310项。在这310项水利工程中，唐代每一朝都有修建，其中高祖朝10项，太宗朝30项，高宗朝47项，则天朝22项，中宗朝6项，睿宗朝2项，玄宗朝63项，肃宗朝2项，代宗朝12项，德宗朝34项，宪宗朝19项，穆宗朝14项，敬宗朝9项，文宗朝24项，武宗朝3项，宣宗朝2项，懿宗朝11项，其余诸朝未见记载。由此来看，玄宗统治的盛唐时期所修建的水利工程超过了太宗、高宗和武则天时期，也超过了德宗、宪宗、文宗时期，达到了唐代的最高峰。盛唐时期年均所修工程数量虽少于穆宗、敬宗、文宗三朝，但穆宗、敬宗、文宗在位时间较短，修建的工程总数也相对较少，在唐代水利史上并未产生重大影响。因此，可以说盛唐时期修建水利工程的速度也是很快的。毫无疑问，盛唐时期是唐代水利建设的极盛时期②。唐代修建的这些水利工程虽然遍布全国各地，但西部地区占有较大的比重，显示出西部水利建设已经发展到了较高的程度。

唐代西部地区的水利工程以灌溉工程为多。灌溉工程又以开渠筑堰，引用河川径流为主。通常所说的大中小型水利工程大体上都是如此。事实上，除这些载入史册的大中小型工程之外，这一时期人们还广泛采用了井灌的方式。只是此类工程规模较小，史书很少记载罢了。考古工作者曾在成都平原等地发现了大量的汉唐古井，有些地方还发现了古井群，墓葬中也有陶井模型出土。这些井大多远离居住地，主要用于农田灌溉③。水井的普遍增多，为农田灌溉开辟了新的水源，在一定程度上促进了农业的发展。

唐代关中水利发展很快，引泾的郑白渠灌溉系统日臻完备。这一时期泾河水系灌溉以白渠为主，有郑白、三辅、三白渠等不同名称。有唐一代，曾多次对郑白渠进行过修复或扩建。如唐高祖武德二年(619)曾引白渠灌溉华州下邽县东南20里的金氏陂，在那里设置屯田。永徽六年(655)，有富商大贾在郑白渠上造碾硙，致使郑白渠"堰遏费水，渠流梗涩，止溉一万许顷"。唐高宗接受雍州长史长孙祥和太尉长孙无忌的建议，下令将

---

① 关于唐代水利工程的数量，目前学术界有八种说法：即冀朝鼎的254项说（朱诗鳌译《中国历史上的基本经济区与水利事业的发展》，北京：中国社会科学出版社，1981年）、邹逸麟的264项说（《从唐代水利建设看与当时社会经济有关的两个问题》，《历史教学》1959年第12期）、韩国磐的269项说（《隋唐五代史纲》，北京：人民出版社，1979年，第155页）、宋锡民的275项说（《唐代的水利建设》，《山东大学文科论文集刊》，1981年第2期）、钮海燕的314项说（《唐代水利发展的因素及影响》，《历史地理》第10辑，上海：上海人民出版社，1992年）、《中国史稿》的200余项说（第四册，北京：人民出版社，1982年，第220页）和《中国农学史（初稿）》的1172项说（下册，北京：科学出版社，1984年）。笔者据两《唐书》《唐会要》《通典》《册府元龟》等文献粗略统计，其总数在350项以上。
② 王双怀：《论盛唐时期的水利建设》，《陕西师范大学学报》（哲学社会科学版）1995年第3期。
③ 雷玉华：《考古所见川西先秦两汉水利》，《古今农业》1992年第1期。

碾硙全产部拆毁①。唐玄宗开元九年(721)，唐朝又出现了"王公之家，缘渠立硙，以害水功"②的情况。京兆少尹李元纮曾"疏决三辅渠"，分灌渠下田，使"百姓大获其利"③。开元二十五年(737)，唐玄宗又令"泾渭白渠及诸大渠，用水灌溉之处，皆安斗门"④。安史之乱以后，唐王朝由盛转衰，但对郑白渠依然比较重视。史载唐代宗广德二年(764)，根据户部侍郎李栖筠等人建议拆掉北白渠上的碾硙70余所，以广水田之利。其后大历八年(773)，京兆少尹黎干复奏毁碾硙，开郑白支渠，复秦汉故道⑤。宝历元年(825)，刘仁师自高陵改筑渠道，修刘公渠与彭城堰。直到唐灭亡前夕，水利工程仍有修复郑白渠之举。

从有关资料来看，汉唐时期的水利工程按性质可分为三种类型，即复旧工程、扩建工程和创修工程。

复旧工程是指维修恢复前代旧渠的工程。这类工程数量很大，规模大小不等。大型的复旧工程史书记载较多，比如修复都江堰、郑白渠、灵渠等。至于小型的复旧工程，史书上一般说得比较笼统，往往语焉不详。扩建工程是指在原有河渠的基础上扩大已修建的水利工程。如新源水在成都府温江县，开元二十三年(735)成都府长史章仇兼琼"因蜀王秀故渠开，通漕西山竹木"⑥。当然，汉唐水利工程的最大成就还是新型水利工程的创修。其中影响较大的有汉武帝时期在关中地区修建的水利工程，唐代的引洛堰黄工程等。⑦ 此外，三门新河也是一项规模很大的创修工程。该河位于陕州峡石县境，因始凿于开元二十九年(741)，又称为"开元新河"。《旧唐书》卷四九《食货志下》载："二十九年，陕郡太守李济物，凿三门山以通运，辟三门巅，逾岩险之地，俾负索引舰，升于安流，自齐物始也。"⑧开元新河的遗址已被发现⑨，成为研究隋唐水利工程的重要依据。

从用途上看，唐代的水利工程也可划分为灌溉工程、排水工程和航运工程三类。灌溉工程是汉唐水利工程的主体。关于此类工程的具体情况，《新唐书·地理志》多有记

---

① 《通典》卷二《食货二·水利田》，第39页。
② 《唐会要》卷八九《硙碾》，第1622页。
③ 《旧唐书》卷九八《李元纮传》，第3073—3074页。
④ 《水部式》残卷，见[日]冈野诚：《敦煌发见唐水部式の书式について》，刊《东洋史研究》第46卷，1987年。
⑤ 《册府元龟》卷四九七《邦计部·河渠二》，第5952页。
⑥ 《新唐书》卷四二《地理志六》，第1080页。
⑦ 《旧唐书》卷一八五下《姜师度传》，第4816页。
⑧ 《旧唐书》卷四九《食货下》，第2116页。
⑨ 中国科学院考古研究所黄河水库考古队：《三门峡漕运遗迹》《中国田野考古报告集》丁种8号，北京：科学出版社，1959年。

载，不必在这里一一列举。大体说来，唐代的水利工程不是孤立存在的，一般都由主渠、干渠、分渠、支渠构成灌溉系统。在农业生产比较发达的关中地区和成都平原等地，灌溉系统往往交织成网络状态，形成规模很大的灌区，发挥大片灌溉农田的作用。排水工程是以排除水患为目的的水利工程，与灌溉工程在某种意义上有异曲同工的作用。以泄水为主的排涝工程主要有关中的敷水渠等，以防御河水侵袭为主的堤防工程主要有宁夏河套的黄河堰。敷水渠在华阴县西20里，唐代姜师度凿，"以泄水害"①。而黄河堰是唐会州刺史安敬忠修建的抵御黄河水患的排水工程。航运工程是以漕运为主要目的的水利工程。汉代开发灌溉工程的同时，比较重视航运工程的开发。这方面最突出的成绩是开发渭河水运。渭河作为关中地区最大的河流，不仅具有灌溉的功能，而且具有漕运的功能。早在春秋战国时期，渭河就曾发挥过航运的作用。史载，僖公十三年"秦于是乎输粟于晋。自雍及绛相继，命之曰'泛舟之役'"②。在秦汉之际的楚汉战争中，萧何曾将大量的军粮通过渭河送至前线③。在唐代所修航运工程中，比较重要的有关内道的广运渠和广运潭等。广运渠是隋文帝开皇四年(584)在汉代漕渠的基础上开凿而成的，"东发潼关，西引渭水"，长三百余里④。广运潭是开宝初年在关中地区修建的航运工程。《册府元龟》卷497《邦计部·河渠二》载："天宝元年，命陕郡太守韦坚引灌水，开广运于望春亭之东以通河、渭。……三载，韦坚开漕河，自苑西引渭水，因古渠至华阴入渭，引永丰仓及三门仓米以给京师，名曰'广运潭'。"⑤可见广运潭主要是用来漕运粮食的。值得注意的是，某些航运工程还具有灌溉的功能。

从水利工程的类型来看，汉唐时期的水利事业既有继承性，又有创新性。复旧、扩建工程的存在，说明汉唐时期的水利建设是在前代的基础上发展的，吸收了前代水利建设的成果。而创新工程的大量出现，则说明汉唐时期的水利建设又有新的成果，是汉唐水利事业发展的重要标志。在汉唐时期所修建的水利工程中，以航运为目的的水利工程只占少数。换句话说，汉唐时期修建的大部分水利工程都是排灌工程，也就是农田水利工程。这种情况是与当时农业的发展相适应的。事实上，水资源的开发和水利事业的进

---

① 《新唐书》卷三七《地理一》，第964页。
② 〔春秋〕左丘明撰，顾馨、徐明校点：《春秋左传》僖公十三年，沈阳：辽宁教育出版社，2000年，第69页。
③ 据黄盛璋认为，渭河水运的历史大略可分为五个时期：先秦是萌芽期，秦汉是兴盛期，魏晋六朝为中衰期，隋唐为再盛时期，五代以后为衰弱时期。(见《历史上的渭河水运》，《西北大学学报》1958年第2期。)
④ 《隋书》卷二四《食货志》载："(开皇四年)诏曰：'……渭川水力，大小无常，流浅沙深，即成阻阂……故东发潼关，西引渭水，因藉人力，开通漕渠，量事计功，易可成就'……于是命宇文恺率水工凿渠，引渭水，自大兴城东至潼关，三百余里，名曰广通渠。转运通利，关内赖之。"(第683—684页)
⑤ 《册府元龟》卷四九七《邦计部·河渠二》，第5951—5952页。

步，直接促进了汉唐农业的发展。而农业的发展正是汉唐社会文明的重要因素。

首先，扩大了水田面积，提高了粮食产量。如前所述，西部地区修建的水利工程大部分都是灌溉工程。这些工程都有一定的灌溉能力，多则数千顷，少则数百顷。不言而喻，这些工程的出现会扩大水田的面积。西汉时期，关中地区流传着一首民谣："举臿为云，决渠为雨，泾水一石，其泥数斗，既溉且粪，长我禾黍，衣食京师，亿万之口。"这首歌谣在一定程度上反映了这种情况。一般说来，水田的产量要高于旱地。唐代旱地粟麦作物的亩产量大约在一石半[1]，水田稻作的亩产量则在4石以上[2]，有的地方甚至高达10石。盛唐时期的粮食亩产量略高于唐代的平均数字，水田作物的产量与旱地作物产量同样保持着较大的差距。因此，水田面积的扩大也就意味着粮食产量的提高。正因为灌溉给国家和百姓带来了好处，所以史书在记载当时的水利工程时，才会有"公私俱获其利""百姓大获其利""百姓赖之"等说法。毋庸置疑，水利灌溉系统，促进了农业的繁荣。

其次，改造了部分土地，减少了水灾所造成的损失。汉唐时期西部地区曾多次发生自然灾害，水旱灾害尤为严重，常常给社会经济造成重大的损失。灌溉工程的修建，在一定程度上减轻了旱灾，而排水工程则具有防洪排涝的功能，有效地防止了洪水的侵袭或排除了农田中多余的水分，保障了农田的安全，使许多长期遭受水灾的地方"无复水患"，成为稳产高产的"腴田"。此外，排灌工程还可以御咸蓄淡，使土壤得到改善。如果说灌溉工程提高了粮食产量，是农业发展的一大支柱，那么排水工程减轻了灾害，对农业经济的发展同样具有重要的意义。

再者，促进了航运，加强了各地区的相互联系。水路交通是西部交通的重要组成部分，汉唐时期的水路交通本身较为发达，江、河、淮、济、渭、洛、汾、漳、淇、汉诸水皆通济，大运河更是南北交通的大动脉。但那时的水运航道有时会出现故障，水运设施还存在一些问题。汉唐时期修建的航运工程在一定程度上完善了水运设施，弥补了当时水上交通的缺陷，保障了水道的畅通，扩大了水运的范围，促进了漕运的发展和经济文化的交流，对社会经济的发展也起到了积极的作用。

---

[1] 余也非认为亩产1石[《中国历代粮食平均亩产量考略》，《重庆师院学报》(哲学社会科学版)1980年第3期]，蒙古文通认为亩产1.4石(《中国历代农产量的扩大和赋役制度及学术思想的演变》，《四川大学学报》1957年第2期)，胡戟认为平均亩产量不少于1石，新开荒地和贫瘠地要少一二斗，较好的收成可达到2石，最高为一钟(《唐代粮食亩产量——唐代农业经济述论之一》，《西北大学学报》1980年第3期)。笔者比勘有关资料，认为一般产量大约在一石半。
[2] 李伯重：《唐代江南地区粮食亩产量与农户耕田数》，《中国社会经济史研究》1982年第2期。

三、农业和畜牧业的发展

秦汉之后,中国社会进入魏晋南北朝时期,数百年间,政权林立,分裂割据,战乱频仍,对西部地区经济社会发展产生了一些消极的影响。尽管某些地方依然保持了发展的势头,但总的看来发展是缓慢的,有些地方甚至出现了倒退。到了唐代,情况发生了很大变化。统治者比较重视经济发展,在调整、改革、完善政治制度的同时,深入经济领域,制定、完善并推行了一系列重要的经济政策,对西部社会经济的发展起到了很好的推动作用。在隋唐两代300多年间,西部地区的农业、畜牧业、手工业和商业都在一定程度上得到了发展。

(一)农业的发展

从大量资料来看,唐代西部地区的农业经济较前有了很大的发展。这在农业人口、垦田面积、耕作技术和粮食产量等方面都有了充分的表现。

1. 农业人口的增加

唐代西部农业的发展,首先表现为农业人口的增加。关于隋唐时期西部地区的人口,史书中记载较少。为便于比较,兹据《旧唐书·地理志》表列唐代前期关内、陇右、剑南3道相关府州人口数据如下[①]:

关内道人口一览表

府州名	户数 贞观	户数 天宝	户数 增减	口数 贞观	口数 天宝	口数 增减
京兆府	207650	362921	+155271	923320	1967100	+1043780
华州	18823	33187	+14364	88830	213613	+124783
同州	53315	60926	+7611	232016	408705	+176689
坊州	7507	22458	+14951	11671	120208	+108537
丹州	3194	15105	+11911	17020	87625	+70605
凤翔府	27282	58486	+31204	108324	380463	+272139

---

① "贞观户口"即《旧唐书·地理志》所谓"旧领",系贞观十三年户口数据。"天宝户口"指天宝十三载户口数据。"贞观户口"或"天宝户口"缺者未列入表中。

续表

府州名	户数			口数		
	贞观	天宝	增减	贞观	天宝	增减
邠州	15534	22977	+7443	64819	135250	+70431
泾州	8773	31365	+22592	35921	186849	+150928
陇州	4571	24652	+20081	18603	100148	+81545
宁州	15491	37121	+21630	66135	224837	+158702
原州	2443	7349	+4906	10512	33146	+22634
庆州	7917	23949	+16032	35019	124336	+89317
鄜州	1703	23483	+21780	51216	153740	+102524
延州中都督府	9304	18954	+9650	14176	100040	+85864
绥州	3163	10867	+7704	16129	89111	+72982
银州	1495	7602	+6107	7702	45527	+37825
夏州都督府	2323	9213	+6890	10286	53104	+42818
灵州大都督府	4640	11456	+6816	21462	53163	+31701
盐州	932	2929	+1997	3969	16665	+12696

陇右道(含河西道)人口一览表

府州名	户数			口数		
	贞观	天宝	增减	贞观	天宝	增减
秦州中都督府	5724	24827	+19103	25073	109700	+84627
成州	1546	4727	+3181	7259	21508	+14249
渭州	1989	6425	+4436	9028	24520	+15492
鄯州下都督府	1875	5389	+3514	9582	27019	+17437
兰州	1675	2889	+1214	7305	14226	+6921
河州	3391	5782	+2391	12655	30886	+18231
武州	1152	2923	+1771	5381	15312	+9931
洮州	2363	3700	+1337	8260	15060	+6800
岷州	4583	4325	−258	19239	23441	+4202

续表

府州名	户数 贞观	户数 天宝	户数 增减	口数 贞观	口数 天宝	口数 增减
廓州	2020	4261	+2241	9732	24400	+14668
叠州	1830	1275	-555	4069	7674	+3605
宕州	140	1190	+1050	1461	7199	+5738
凉州中都督府	8231	22462	+14231	33030	120281	+87251
甘州	2926	6284	+3358	11680	22092	+10412
肃州	1731	2330	+599	7118	8476	+1358
瓜州下都督府	1164	477	-687	4322	4987	+665
伊州	1332	2467	+1135	6778	10167	+3389

剑南道人口一览表

府州名	户数 贞观	户数 天宝	户数 增减	口数 贞观	口数 天宝	口数 增减
成都府	117889	160950	+43061	740312	928199	+187887
眉州	36009	43529	+7520	169755	175256	+5501
绵州	43904	65066	+21162	195563	263352	+67789
剑州	36714	23510	-13204	190096	100450	-89646
梓州	45929	61824	+15895	248394	246652	-1742
阆州	38949	25588	-13361	273543	132192	-141351
果州	13510	33904	+20394	75811	89225	+13414
遂州	12977	35632	+22655	66469	107716	+41247
普州	25840	25693	-147	67320	74692	+7372
陵州	17441	34728	+17287	80110	100128	+20018
资州	29347	29635	+288	152139	104775	-37364
荣州	12262	5639	-6623	56614	18024	-38590
简州	13805	23066	+9261	75133	143190	+68057
嘉州	25085	34289	+9204	75391	99591	+24200
邛州	15886	42107	+26221	72859	190327	+117468

续表

府州名	户数			口数		
	贞观	天宝	增减	贞观	天宝	增减
雅州下都督府	10362	10892	+530	41723	54419	+12696
泸州下都督府	19116	16594	-2522	66828	65711	-1117
茂州都督府	3386	2510	-876	53761	13242	-40519
翼州	1602	711	-891	3898	3618	-280
戎州中都督府	31670	4359	-27311	61026	16375	-44651
巂州中都督府	23054	40721	+17667	53618	175280	+121662
松州下都督府	612	1076	+464	6305	5742	-563
文州	1908	1686	-222	8147	9205	+1058
扶州	1928	2418	+490	8556	14285	+5729
龙州	1017	2992	+1975	6149	4228	-1921

从上表来看，在唐代前期，关内道户口均呈现出增长的态势。陇右道个别府州的户数有所下降，但口数都是增加的。只有剑南道的情况较复杂，有些府州人口增长的幅度相当大，其中成都府的人口密度在全国居于前列[1]，有些府州人口则明显下降。究其原因主要与天宝末年与南诏发生的战争有关。战争造成了人口的迁徙和逃亡，这属于特殊情况。在当时的历史条件下，人力资源是生产力中最活跃的因素。隋唐时期，农业人口的增长状况，在一定程度上反映了农业生产的发展。

2. 垦田面积的扩大

唐代农业的发展，还表现在垦田面积的扩大。唐代的统治者非常重视土地开发，往往把"田畴垦辟"[2]作为考核地方官的重要标准。这种政策性的导向，在一定程度上调动了老百姓垦田的积极性。到盛唐时期，耕者益力，出现了"高山绝壑，耒耜亦满"的情况，说明土地开发的力度超过了以往任何时代。可以看出，史入隋唐，我国农田垦辟又达到了一个新的高潮。

从全国范围看，"四海之内，高山绝壑，耒耜亦满"，土地开发日渐深入，"田尽而地，地尽而山"。唐代在西北的经营也是以农业为主，以土地垦辟为先导，农业开发的深

---

[1] 费省：《唐代人口地理》，西安：西北大学出版社，1996年，第94页。
[2] 《唐大诏令集》卷一〇〇《政事·官制上·诫励诸州刺史敕》，第508页。

度和广度基本达到了秦汉时的水平。开垦最为深入的是黄土高原南部和中部丘陵沟壑区。这一区域北朝时已成为内附民族稽胡全力经营的农业区,唐代更有大批趋还免租之利的汉民流入,极尽掏挖垦种之能事。正如德宗朝臣陆贽所指出的情形:"贵田野垦辟,率民殖荒田,限年免租,新亩虽辟,旧畬芜矣。人以免租年满,复为污莱,有稼穑不增之病。"①像这样的滥肆垦辟,必然再度引起水土流失。唐人屡赞"渭清",显示出泾水泥沙增大,复现出浑浊状态。流经黄土高原沟壑区的无定河,汉时名奢延水,北朝时改称朔方水,唐时因汉城水土流失加重,泥沙沉积使河道摆动不定,所以在唐人编纂的《元和郡县志》中径以"无定河"名之。其名一直沿用至今,而无定河现在仍然是挟沙量最大的黄河支流。西北土地沙漠化在唐代较汉代更加严重,唐人李益《登长城》诗如实记录了鄂尔多斯地区风沙景象:"汉家今上郡,秦塞古长城。有日云常惨,无风沙自惊。"②当年那个"临广泽而带清流"的统万城,到唐后期却成了"茫茫沙漠广,渐远赫连城"。又据《新唐书·五行志》:穆宗长庆二年(822)"十月,夏州大风,飞沙为堆,高及城堞"③。延至五代,这个历代国营马场所在地竟至野无刍牧,宋代以后则"深在沙漠",沦为废墟。唐代毛乌素边缘沙化南侵,严重恶化这一带的自然环境,导致了各种自然灾害的发生,破坏了地区的生态平衡。据史书记载,唐高宗永淳元年(682),这一地区兔多成灾,人力无法抑制,田禾野草被兔子吃尽,最后兔子无草可食,亦全部被饿死,这正是生态平衡失调后常见的"怪异"现象。西北各地广大的草原、沙地、荒漠、戈壁区,土地的沙漠化和荒漠化从唐代起都有不断加重的趋势,历明清至近代,更是愈演愈烈,今日西北常见的沦落于荒漠戈壁的古代城堡村落遗址,便是最好的历史见证。

关于唐代西部的垦田面积,文献缺乏具体的统计数据。但当时国家实行均田制,西部地区也是如此。我们可以从均田制的实施情况进行推测。敦煌石窟和吐鲁番古墓却保存有当时推行均田制的原始材料,有些还保存得相当完整。《大足元年(701)沙州敦煌县效榖乡籍》便是其中之一。现录部分内容如下:

  户主邯寿寿　(年)伍拾陆岁　白丁　课户见输
  女娘子　(年)拾叁岁　小女
  亡弟妻孙　(年)叁拾陆岁　寡

---

① 《新唐书》卷五二《食货志二》,第1356页。
② 《全唐诗》卷二八二《登长城》,第3203页。
③ 《新唐书》卷三五《五行志二》,第901页。

肆拾肆亩已受　廿亩永业

合应受田　壹顷叁拾壹亩廿三亩口分

八十七亩未受　一亩居住园宅　八十七亩未受

一段陆亩永业　城东卅里两支渠　东宋孝行　西邟婆　南张善贵　北荒

一段伍亩永业　城东卅里两支渠　东刘相　西曹石生　南自田　北索仲谦

一段伍亩永业　城东卅里两支渠　东荒　西自田　南索仲谦　北刘海相

一段伍亩(四亩永业，一亩口分)　城东卅里两支渠　东树生　西屯屯　南索仲谦　北索仲谦

一段贰亩口分　城东卅里两支渠　东自田　西场　南渠　北渠

一段壹亩口分　城东卅里两支渠　东自田　西自田　南渠　北自田

一段贰亩口分　城东卅里两支渠　东索善住　西道　南自田　北道

一段贰亩口分　城东卅里两支渠　东自田　西邟文相　南道　北菌

一段拾伍亩口分　城东卅里两支渠　东康才　西宋君才　南渠　北渠

一段壹亩　居住园宅

户主索　才(年)伍拾岁　卫士　课户见不输

母白　(年)伍拾陆岁　寡

拾捌亩已受　十七亩　永业田　一亩居住园宅

合应受田壹倾叁拾壹亩

一顷一十三亩未受

□段柒亩永业　城东卅里两支渠　东文强　西薛惠　南自田　北自田

□段贰亩永业　城东卅里两支渠　东自田　西孙保义　南宋贵粲　北孙万寿

□段伍亩永业　城东卅里两支渠　东粲子　西荒　南张高　北坑

□段叁亩永业　城北廿里无穷渠　东杨寄生　西泽　南贺洪达　北自田

□段壹亩　居住园宅

[以下略]

[此籍缝背注记为]

……[沙州]……[敦煌县]……[效穀乡]……[大足元　籍]……

[凡四印，第一为沙州之印，后三者为敦煌县之印]①

唐制："凡民始生为黄，四岁为小，十六为中，二十一为丁，六十为老。授田之制，丁及男年十八以上者，人一顷，其八十亩为口分，二十亩为永业；老及笃疾、废疾者，人四十亩，寡妻妾三十亩，当户者增二十亩，皆以二十亩为永业，其余为口分。"②从上录户籍来看，所谓"合应受田"，正是均田制规定的受田之数。邯寿寿一家三口为一白、一小女、一寡妻。丁应受一百亩，小女不受，寡妻应受三十亩，合应受一百三十亩，加宅地，应受一百三十一亩，与籍正合。索家的情况也是如此。这说明当时敦煌授田是以均田制为依据的。换言之，是按均田制办事的。从录文中，我们还可以看出，当时的授田工作是相当细致的。户主家的姓名、年龄、身份、应受田数、已受田数、未受田数及已受田性质方位都写得清清楚楚，应受田数和已受田数均用大写。这说明，均田制度确实得到了实施。

从录文来看，当时敦煌一带的永业田基本上业已全受，口分田则不然，存在着受田不足的情况。这是敦煌人口多而垦田面积少的矛盾造成的。唐初定均田之制，不仅规定丁男百亩，老废疾四十亩，寡妻妾三十亩，而且规定皇亲勋贵可广占永业田，多者一百顷，少者六十亩；内外官有职分田，多者十二顷，少者八十亩；内外官司又有公廨田，多者四十顷，少者一百亩。这本来就是一个庞大的数字。尽管当时户不满三百万，还有受田不足的情况。吐鲁番籍帐中有《贞观十四年（640）九月安苦蜘延手实》，手实中就有"合受田八十亩，六亩半已受，七十三亩半未受"③的记载。从这一记载来看，实受田才是应受田的 8%。唐太宗本人在实际访问时，也曾得知受田不足的事实。这说明均田制所规定的数字只是"应"受数字，与实际的垦地面积本身有一定差距。后来经过几十年的发展，人口迅速增加，而垦田面积有限，窄乡受田不足的情况自然会更加严重。大约在唐高宗后期，雍州"少地者三万三千户，全无地者五千五百人。每经申请，无地可给"④。这种情况当然不只存在于雍州，大抵窄乡皆是如此。武周时期敦煌县百姓口分田虽不足，但总还是按均田制得到了一些。从贞观初到武周中期，全国的人口几乎翻了一番，而敦煌一带的实际受田仍能达到应受田的 26% 以上，说明当时的垦田面积较前有了明显的

---

① 《中国古代籍帐研究》录文，第 167—168 页。
② 《新唐书》卷五一《食货一》，第 1342 页；《通典》卷二《食货二·田制下》所载略同。
③ 《中国古代籍帐研究》录文，第 234 页。
④ 《中国古代籍帐研究》录文，第 114 页。

扩大。

此外，唐代曾在西部地区大量屯田。从屯田情况也可以看出西部地区土地开垦的一些情况。垦田屯田是秦汉以来的一种国有土地。"自汉武创制，置吏卒五六万人；充国上状，条便宜十有二事。新莽伪政，则立田禾将军；东汉永平，亦命宜禾都尉。魏晋而下，无代无之。"①其作用主要在于解决军粮问题。唐自武德初年即有部分屯田。武则天执政时期，娄师德、郭元振屯田西北，威名大震。②但总的说来，开元以前屯田较少。开元时，玄宗君臣努力扩大屯田，表现颇为突出。《大唐六典》卷七记载，开元年间，尚书工部设屯田郎中员外郎之职，"掌天下屯田之政令。凡军州边防镇守，转运不给，则设屯田，以益军储。其水陆腴瘠，播植地宜，功庸烦省，收率等级，咸取决焉。诸屯分田役力，各有程数"。"凡屯皆有屯官屯副"。可见当时有一套屯田机构和制度。《唐会要》卷六十九《判司》条云："开元十五年四月十三日，朔方五城各置田曹参军一员，阶品奉料一事已上，同军家判司，专知营田"，反映出对边疆屯田的高度重视。唐代前期在推行扩大屯田政策的过程中做出贡献的人不在少数。如陇右监牧大使王毛仲在监牧之余，"垦田给食，粮不外资，以劝农却挽"③。北庭副都护和守阳为"专知仓库支度营田使，始终十年，储蓄巨亿。持兵绝境，疆场无虞"④。

由于统治者重视屯田，唐代的屯田面积较前有了明显的扩大。据笔者推算，其总额当在1300万顷左右⑤。由于唐代文献中没有留下各府州具体的垦田数据，我们已经无法确切地弄清当时西部各地的垦田面积。但由于全国的垦田面积较前扩大，西部地区当然也不能例外。这一点也可从屯田方面得到印证。隋唐之际，西部地区屯田得到发展。到唐玄宗开元年间，西部屯田达到极盛，"凡天下诸军州管屯总九百九十有二"，大部分分布在西部地区，其中："关内道北使二屯，盐州监特四屯，太原一屯，长春一十屯，单于三十一屯，定远四十屯，东城四十五屯，西城二十五屯，胜州一十四屯，中城四十一屯。……河西道赤水三十六屯，甘州一十九屯，大斗一十六屯，建康一十五屯，萧州七屯，玉门五屯，安西二十屯，疏勒七屯，焉耆七屯，北庭三屯，伊吾一屯，天山一屯。陇右道渭州四屯，秦州四屯，成州三屯，武州一屯，武州一屯，岷州二屯，军器四屯，莫门军六屯，临洮军三十屯，河原二十八屯，岷州二屯，军器四屯，莫门军六屯，临洮军三

---

① 《册府元龟》卷五〇三《邦计部·屯田》，第6026页。
② 《旧唐书》卷九三《娄师德传》，第2975—2976页；《旧唐书》卷九七《郭元振传》，第3044页。
③ 《全唐文》卷二二六《大唐开元十三年陇右监牧颂德碑》，第1007—1008页。
④ 河南省文物研究所等：《千唐志斋藏志下》，北京：文物出版社，1984年，第824页。
⑤ 王双怀：《试论开元时期农业的发展》，《中国历史地理论丛》1995年第4辑，第129页。

十屯,河原二十八屯,安人一十一屯,白水十屯,积石一十二屯,富平四屯,平夷八屯,绥和三屯,平戎一屯,河州六屯,鄯州六屯,廓州四屯,兰州四屯,南使六屯,威武一十五屯,静塞二十屯,平三十四屯,土(平)卢三十五屯,安东一十二屯,长阳使六屯,渝关一十屯。剑面道州八屯,松州一屯。"①每屯面积不等,大者50顷,小者20顷,"发闲人以耕弃地,省馈运以实军粮",其意义是十分明显的。诚如《册府元龟》的作者在《邦计部·屯田》序中所说:"因戍营田,因田积谷,兼兵民之力,省飞挽之劳,比之负海转输,率三十钟而致一石者,其利岂不博哉!"

尽管西部各地发展很不平衡,但大部分地方垦田面积都呈现出扩大的趋势,有些地方垦田增加的幅度比较大。这种情况在陕西、四川、甘肃等地表现尤为突出。据估计,四川地区在隋大业二年的耕地数约折今制24万顷,到唐天宝年间已经扩大到38万顷。②土地是最基本的生产资料,农业生产对土地具有特殊的依赖性。在不破坏生态平衡的前提下扩大耕种面积,对农业生产的发展具有重要的意义。可以说,垦田面积的扩大,是当时农业发展的一个标志。

3. 耕作技术的进步

唐代不仅农业劳动力有了增加,垦田面积有了扩大,而且耕作技术也发生了一定的变化。

其一,对农业特点的认识。农业生产有两个显著的特点:一是自然生产过程与经济再生产过程相互交错,一是对土地具有很强的依赖性。这两个特点又决定了农业生产的季节性和地域性。而农业生产的季节性和地域性在客观上要求把握农时,因地制宜。从李林甫的《唐月令注》及中唐人韩鄂的《岁华纪丽》《四时纂要》来看,时人对土壤和气候的关系以及一般农作物的生长规律都有了比较深刻的了解。大抵春耕、夏耘、秋收、冬藏,皆有严格的时间界线。此外,《通典》卷二《食货二·田制下》载开元二十五年令,诸永业田,"每亩课种桑五十根以上,榆枣各十根以上,三年种毕。乡土不宜者,任以所宜树充"。同书同卷《屯田》条载"诸屯田应用牛之处,山原川泽上有硬软,至于耕垦用力不同"。此类记载甚多,说明当时也比较注意"因地制宜"的问题。而这一切,都反映出时人对农业生产的特点具有比较正确的认识。

其二,生产工具和耕作方式。唐代的农具有多少种类,已不可考知。据现存资料分析,似乎在种类方面没有多大突破。但值得注意的是曲辕犁及其配套农具的推广。曲辕

---

① 《大唐六典》卷七《尚书工部》,第171页。此段文字存于宋版《唐六典》。
② 郭声波:《四川历史农业地理》,成都:四川人民出版社,1993年,第43—57页。

犁产生于何时，史书上没有明确记载。从《朝野佥载》的记载和李寿墓壁画来看①，它最迟在唐初已经出现，史家对此评价很高，视为盛唐农业生产力高度发达的标志。据唐人陆龟蒙讲，曲辕犁为铁木结构，"冶金而为之者，曰犁镵，曰犁壁。斫木而为之者曰犁底，曰压镵，曰策额，曰犁箭，曰犁辕，曰犁梢，曰犁评，曰犁建，曰犁槃。木与金凡十有一事"②。与秦汉以来的二牛扛犁及二牛一人直辕犁相比，曲辕犁在犁底、犁镵、犁壁、犁辕等方面都有了较大变化，轻便灵活，可运用自如，是相当进步的。与曲辕犁配套的农具有耙疎、砺礋、礰礋等，"耕而后有爬，渠疏之义也，散坡去芟者焉。爬而后有砺礋焉，有礰礋焉。自爬至砺礋，皆有齿。礰礋，觚棱而已。咸以木为之，坚而重者良"③。可见配套工具也是比较先进的。开元时期，十分重视牛耕。随着垦田面积的扩大，曲辕犁及其配套工具必然日渐推广，以至于边境屯田。开元时期耕作方式也有所演变。我国古代耕作方式大体上有三种，即"刀耕火种"式的原始经营主要存在于边疆和内地的某些山区；在地广人稀的"宽乡"，广种薄收式的粗放经营比较普遍；至于人多地少的狭乡，则多采用精耕细作式的集约经营。由于狭乡增加、曲辕犁推广和屯田的扩大，开元时期耕作方式中的集约成分进一步加强。据中外学者研究，当时在黄淮流域和江南许多地方，已开始盛行粟麦复种制。除此以外，水稻的一年二熟三熟制也比较突出④。

利用比较复杂的机械原理创制新的耕具，除曲辕犁外，在西北还有一项更神奇的发明，即唐代王方翼创造的"人耕之法"的耕地机，也是我国农业机械史上引人注目的重大事件，新旧《唐书》均有记载。据《旧唐书·王方翼传》记载，唐永淳年间夏州（今陕西靖边境内）都督王方翼"造人耕之法，施关键，使人推之，百姓赖焉"。《新唐书·王方翼传》则说，方翼"为耦耕法，张机键，力省而见功多，百姓顺赖"。这些简略记载，虽不足考知其构造和耕法，但是能施关键，力省功多，必是利用机械作用而以人力代耕的较复杂的机器。根据我国农史学家的看法：这种人耕之法的耕地机，很可能与后来明代出现的由绳索牵引的"耕架代牛"相似，也可能明代的耕架代牛就是在唐代的基础上逐渐改进而成的。根据这种分析，王方翼的发明很可能就是一种用人力绞动绳索牵引耕犁的耕

---

① 《朝野佥载》卷一，第6页；陕西省博物馆，文物管理委员会：《唐李寿墓发掘简报》，《文物》1974年第9期。
② 〔唐〕陆龟蒙：《耒耜经》丛书集成初编第1468册，北京：中华书局，1985年。参阅文儒、阎万石：《唐陆龟蒙〈耒耜经〉注释》，《中国历史博物馆馆刊》1980年第2期；宋兆麟：《唐代曲辕犁研究》，《中国历史博物馆馆刊》1979年第1期。
③ 出自《耒耜经》。
④ 林立平：《唐代主粮生产的轮作复种制》，《暨南学报》1984年第1期。

地机,与现代电犁的原理基本相同。然而较欧洲电犁早1000多年。人力耕地机出现在夏州是有地宜条件的,这里地处毛乌素沙漠南缘地带,土质异常疏松,依靠人挽就能耕垦,借助机械更易成功。汉代教民挽犁即起于这一带,历来的代耕机具大都出现在这一地区。

其三,水土的利用与防治。唐人十分注意水土的利用和防治。除深耕、除草、碎土、整地保墒以外,唐人还广泛施用肥料,以维持、提高地力。水利的兴修更为突出。如开元二年(714),姜师度于华阴县西20里凿敷水渠,"以泄水害"。文水县令戴谦凿甘泉渠、灵长渠、千亩渠,"溉田数千顷"。河南尹李杰滩梁公堰,"以便漕运"。开元七年(719),会州刺史安敬忠筑黄河堰,"以捍河流"。同州刺史姜师度引洛堰黄,"以种稻田,凡二千余顷"①。开元十年(722),会稽县令李俊之增修防海塘,"自上虞江抵山阴百余里,以畜水溉田"。开元二十八年剑南采访使章仇兼琼开远济堰,"分四筒穿渠,溉眉州通义、彭山之田"②。大抵从开元初到开元末,皆有水利工程的修筑。不仅如此,有些州县修筑的工程还相当多。如河北道沧州清县在开元年间修建的水利工程就有衡漳东堤、无棣河、阳通河、浮河堤、阳通堤、永济北堤等③。据笔者统计,开元时新修、复旧、增复的水利工程至少有53项,分布于关内、河南、河东、河北、山南、淮南、江南、剑南八道④。此外,《大唐六典》卷七《屯田郎中员外郎》条载:"诸屯分田役力,各有程数。"李林甫等注云:"凡营稻一顷,将单功九百四十八日。禾二百八十三日。大豆一百九十二日。小豆一百九十六日。乌麻一百九十一日。麻四百八直九日。糜(穄)一百八十日。麦一百七十七日。乔(荞)麦一百六十日。蓝五百七十日。蒜七百二十日。葱一千一百五十六日。瓜八百一十六日。蔓菁七百一十八日。苜蓿二百二十八日。"由此看来,当时还进行过农业方面的科学实验。以上情况表明:唐代的耕作技术有了较大的提高。耕作技术的提高,当然是农业发展的又一个重要标志。

4. 粮食产量的提高

粮食产量的提高,也是唐代农业发展的重要表现。关于唐代的粮食产量,没有直接的文献记载。开元十八年(730),裴耀卿在奏疏中说:"其浮户,请任其亲戚乡里相就。每十户已上,共作一坊。每户给五亩充宅。……丁别量给五十亩已上为私田,任其自营种。率其户于近坊更供给一顷以为公田,共令营种。每丁一月役功三日,计十丁一年,

---

① 《旧唐书》卷一八五下《姜师度传》,第4816页。
② 以上未注出处者均见《新唐书·地理志》有关道、府、州、县的记载。
③ 《新唐书》卷三九《地理志三》,第1017页。
④ 开元时期的道曾发生过变化。有十道、十五道之分,今以十道统计。

共得三百六十日。营公田一顷,不啻得计早收一年,不减一百石。"①可是此数较低,约当80来斤,笔者殊以为不然。从唐代一般亩产量,以及当时的官田租额、基本消费、和籴情况推测,当时的年平均亩产量决不会低到1石。综合估计,当在2石左右,约合今160斤。当然,这只是一个总体估计。如前所述,当时的农业生产存在着较大的地区差别,各地采用的耕作方式不尽相同,种植的植物也因地而异。因此,产量并不一致。一般说来,采取原始经营的地区产量最低,采取粗放经营的产量居中,采取集约经营的产量较高。以作物品种而论,稻作产量最高,粟次之,麦又次之。水利发达的地方产量又高出一等。

总之,唐代农业生产领域发生了一系列重大变化。农业人口迅速增长,垦田面积逐渐扩大,耕作技术得到改进,人均粮食产量有所提高。这充分表明,当时的农业有了较大的发展。

(二) 畜牧业的发展

唐王朝采取了一系列因地制宜的措施大力发展畜牧业。在适合农业生产的地区,唐王朝大力推行屯田制度,兴修水利,大规模地进行农作物的栽培;在适合畜牧的地区,则设置群牧监,整饬马政,鼓励民间牧马放羊;此外,还大力发展贸易事业。在隋唐两代的300多年间,中国西部地区的农业生产有了长足的发展:西南农业呈现出前所未有的盛况,西北地区的农牧经济也出现了空前的繁荣,手工业和商业之繁盛亦为史家所艳称。如《资治通鉴》载:"自安远门西尽唐境万二千里,闾阎相望,桑麻翳野,天下称富庶者无如陇右。"②这一记载虽不免过于夸张,但当时陇右地区比较富庶则是不争的事实③。

在唐代,西北仍然是优良马种的渊源之地,良马品种代有出现,并不断地引入内地。在魏晋以来的战乱中,割据政权多通过战争掠夺游牧民族的优良马匹,和平安定时则通过关市和纳贡等途径大批引进。北魏政府自设马苑育种,然后采取辗转移苑的办法,将西北良马迁入中原。隋唐盛世,各国名马贡入中国,监苑以不同的马印区别品种,仅以《唐会要》中各种蕃马印记估算,即有近40种,其中以大宛、康居、波斯、骨利干马最为驰名。隋文帝时,大宛献一种千里马,健跑如飞,号称"狮子骢",直到唐初还有五驹,

---

① 《唐会要》卷八五《逃户》,第1563页。
② 《资治通鉴》卷二一六,天宝十二年八月,第6919页。
③ 史念海:《唐代历史地理研究》,北京:中国社会科学出版社,1998年,第146—233页。

据说个个都是"千里足"。唐初武德年间，康居国一次就献马 4000 匹，唐作为良种繁育。据《唐会要》所载，唐朝的官马大都是康居种。朝廷国营牧监主要在陇右地区，后来被吐蕃、突厥掠散，所畜优良马种也随之传至今青海、甘南及川北等地，据说青海河曲马种，就有康居国马的成分。波斯马系古代阿拉伯马，北魏朝廷曾向波斯求得十余匹。早在隋时，波斯马已名噪中国，游牧于青海一带的吐谷浑族也引种到青海湖带繁育。《隋书·吐谷浑传》记："青海周回千余里，中有小山，其俗至冬辄放牝马于其上，言得龙种。吐谷浑尝得波斯草马，放入海，因生骢驹，能日行千里，故时称青海骢焉。"[1]青海骢就是阿拉伯马引入青海后选育成的良种，可知我国马与阿拉伯马在这时有了血缘关系。骨利干地在贝加尔湖一带，贞观二十一年(647)遣使贡良马百匹，唐太宗精选 10 匹，为之一一命名，并亲自撰文叙记骨利干马的形态和特性。"骨利干献马十匹，特异常伦。观其骨大丛粗，鬃高意阔。眼如悬镜，头若侧博，腿象鹿而差圆，颈比凤而增细。后桥之下，促骨起而成峰；侧鞯之间，长筋密而如瓣。耳根铁勒，杉材难方；尾本高丽，掘博非拟。腹平赚少，自劲驱驰大方，鼻大喘疏，不乏往来之气。殊毛共枥，状花蕊之交林，异色同群，似云霞之间彩。仰轮乌而竞逐，顺绪气而争追，喷沫则千里飞红，流汗则三条振血。尘不及起，影不暇生。顾见弯弓，逾劲羽而先及，遥瞻伏兽，占人目而前知。骨法异而应图，工艺奇而绝象，方驰大宛，因其弩骞者与？"[2]突厥马种亦颇有名，唐玄宗时为此曾厚抚突厥，在朔方郡西受降城(今内蒙古河套北部)开关互市，以大量金帛换买突厥马，牧养在河东、朔方、陇右一带。突厥马系蒙古马种，唐代引入后，通过杂交，育成适于西北农区生产和运输的优良马种。正如史书所论，"既杂胡种，马乃益壮"[3]，改良后的西北马更适于力挽。牛、羊、猪等家畜优良品种此时文献记载尚少，仅据《元和郡县志》同州朝邑下所载："苦泉，在县西北三十里许原下，其水咸苦，羊饮之，肥而美。今于泉侧置羊牧，故谚云：'苦泉羊，洛水浆。'"[4]这里所说的苦泉羊即西北著名的同羊，后人总结其特点是：耳薄透亮如蚕茧，脂尾庞大如扇，角小形如板栗，肋骨纤细如竹筷，肉味鲜美而不膻。同羊选育大约在北朝后期至唐代间。西魏文帝为宫室食用牛羊，选择水草丰美的同州沙苑为牧场。唐时又从陇右牧监引入大量羊种，加上如浆的水质和"青青寒不死"的牧草，终于选育成这一优良的地方羊种。

---

[1]《隋书》卷八三《西域·吐谷浑传》，第 1842 页。
[2]《唐会要》卷七十二《马》，第 1303 页。
[3]《新唐书》卷五〇《兵志》，第 1338 页。
[4]《元和郡县图志》卷二《关内道二》，第 38 页。

唐代放牧、饲养和管理日益精细合理。《陇右群牧颂德碑序文》即反映了国营马苑整套的牧养原则，对掌握放牧和收牧的时间，适时烧野和清厩，以及因性剽善和调教等事宜均有议论。朝廷还专设掌管畜群繁殖考课的官吏，凡监苑各类牲畜交配季节，母畜繁育和课驹比率均有明文规定，并且赫然载入"唐律"之中。为加强监马的繁育和管理，便于征调、课税、考牧等，唐代监苑普遍推行马籍制，使春秋时已经萌芽的马籍完善成马匹档案制度。据《新唐书·百官志》记载："马之驽、良皆著籍，良马称左，驽马称右。每岁孟秋，群牧使以诸监之籍合为一，以仲秋上于寺。"①可见这是一种全国统一的监马管理制度，牧监分别登记，全国汇总造册。与马籍相配合的还有马印制度，根据马的品种、牝牡、年龄、良驽等项目登记入籍后，再以烙铁在马的不同部位烙以不同的印记，形成明显的长久的标志，放养、繁育和管理不致发生混乱。唐代不仅官马烙有印记，私家苑马也"皆以封色号为印自别"，汰劣存优，为选取优良马种提供了条件。唐马籍制度在后来还传入国外，如日本的马籍就是仿唐制而建立的；英国在19世纪始行马籍，且只限于良种马；而我国在1000多年前的唐代，便在全国官私马场内普遍推行了。大家畜中牛的管理似乎也有相应的牛籍制度，据考古工作者1957年在吐鲁番发掘的唐墓群所见到的牛籍残件看，登记内容有牝牡、发齿、毛色等项目。每只牛均烙以州印为记，牛籍登记保存设有专职管理。隋唐时农区役牛喂养讲究"食有三刍""饮有三时"。所谓"三刍"，是按草料成分和舍饲的粗细分善刍、中刍、恶刍三等。以先恶后善的顺序和原则，牲畜饥时恶刍，继则中刍，饱则善刍，诱使牲畜吃饱，并合理使用草料。所谓"三时"，指早、昼、夜的饮水要有区别。早晨天气凉爽，且未役使，牛体没有太多水分消耗，多饮腹胀，倒不利劳役，白昼劳作时的饮水则适可而止；夜晚牛体水分耗尽，多饮水才能保证采食。刍饮之后，还要适当活动，帮助消化。

唐代养羊的技术经验更加丰富。放羊强调"缓行勿停"，因为缓慢地边走边吃，可吃饱增膘。驱赶太快，羊子常来不及吃草，太慢则停息不食，都会使羊消瘦。因此要选用年长且心性婉顺的人，才能行动顺羊性，出牧以天时。放牧时宜，春夏气候温暖，宜早放牧；秋冬多霜露风雪，应晚出牧。但要注意春夏晨有露水时，牧草湿嫩适口，羊子贪吃而常得腹胀病。但对泌乳母羊则不必过分顾忌，吃了露水草反而膘肥奶多。西北有些地区现仍沿用着赶羊吃"露水草"的习惯。农家饲养羊子少者，则采用更为细致的管理饲养办法。羊性怯弱，畏热好洁喜干燥，所以羊舍多半与人居相连，常"架北墙为厂""作

---

① 《新唐书》卷四八《百官志三》，第1255页。

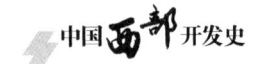

台开窦",以免受热生藓或因潮秽而挟蹄腹胀。喂养用"积荄之法",即于高燥处竖木做成圆栅,菱草积放于其中,任羊围栅抽食。一可避免羊子践踏干草,造成浪费;二可保证口口尝得新草,增加食欲;三可节省劳力,无须经常添草。这时期,人们已经很注意羊子繁育的时间,选留种羊多留腊月或正月羔,而以二月生羔为不时。因为前者母羊怀胎必在秋季,正值秋草时节,母羊颜肥乳大,生羔后虽无青草,仍有强壮体质和乳汁供养羔羊,到小羊长大断奶时,春草已经长出,便可健壮发育成长。如此代代选留,自然可得优良羊种。

牧草和饲料是畜牧的物质基础,唐代西北畜牧兴旺,与牧草饲料广泛种植很有关系。汉代引入优质牧草苜蓿后在内地大量栽培,《齐民要术·杂说》称"此物长生,种者一劳永逸。都邑负郭,所宜种之"[①]。唐诗人李商隐有《茂陵》诗,赞赏关中"苜蓿榴花遍近郊"的景象。值得注意的是这种多年生牧草此时已纳入农作制中,施行耕耘浇灌等大田栽培措施,使苜蓿产量品质不断提高,更加宜牧益人。除苜蓿之外,根据《酉阳杂俎》记载,瓜州饲马以冀草,沙州以茨萁,凉州以悖突浑,安北饲马以沙蓬根针,均属西北地区的优良野生牧草,农民牧人常就地取用。国营牧监还将茼蒿等野生牧草与苜蓿、麦类混合栽培,收割以后蓄荄御冬。《陇右群牧颂德碑序文》所说"焚原燎牧",就是一种牧场和草田的整治措施。入冬之后,牧草食尽,放火烧掉平时难以根除的灌木和牲畜不能食用的杂草,草木之灰可以肥田,来年牧草更加茂盛。这种措施西北又称"烧野",大约是游牧民族的经验,隋唐各大牧监争相仿效,农区还把烧苜蓿地安排在十二月或正月的农事日程中。

农区畜牧以舍饲为主,尤其是入冬枯草期,大小家畜的饲料贮备是一项重要的活路。必须筹备足够的荄草越冬,否则家畜就会出现"夏饱、秋肥、冬瘦、春死"的现象,当时民间就有"赢牛劣马寒食下"的谚语。各地越冬的饲料还有青贮料,时称"青荄",常以大豆和大麦、小谷之类配种收贮,牲口喜食且容易上膘。唐代的政书之中对各类草料贮备的数量、搭配比例都有一定的标准,并按牲畜种类、性别、年龄、孕畜、泌乳等情况,有区别地配给。所有这些均可见隋唐畜牧技术在深入发展,畜牧经营管理日益精细。

(三)中兽医学全面发展

畜牧业在唐代的兴旺发达,不仅因为"牧养有方",同时还因为"医疗有法",传统中

---

① 《齐民要术译注》卷三《种苜蓿第二十九》,第226页。

兽医学在此时全面发展，对西北畜牧业的兴盛起到重要的保障作用。在漫长的历史时期，中兽医一直作为我国医学的组成部分不断发展，并完全走上独立发展的道路，通过长期的实践，终于形成了自己的医治和预防体系，跻身于古代传统经验科学之列。《司牧安骥集》的出现，可视为传统中兽医学形成的标志。

《司牧安骥集》又名《安骥集》，原刊四卷。《宋史·艺文志》称李石撰，《陕西经籍志》进而说明是唐宗室司马李石撰。现代畜牧兽医史专家谢成侠根据本书记载与唐代医学内容有很多相仿之处，绘图亦有唐画风格，考订当是唐代作品。农史学家还有人推论，本书也可能是在隋唐太仆寺兽医博士所编教材的基础上，由李石改编成著的；因为本书收集多人著作，后来的朝代也曾以此作为兽医教材，"师以是而教，弟子以是而学"。《安骥集》既出自唐宗室子弟门下，其流传京师兽医界，在关中及西北牧区广泛传播是毫无疑义的。唐李石的《安骥集》是我国现存最古老的一部中兽医专著，而此前的兽医书据《隋书·经籍志》著录曾经有九部，大约因年久或不及《安骥集》全面精当，未能久传。今日可见的兽医论著只有东晋《肘后备方》中的治牛马六畜水谷疫疠等病的13医方，以及北魏《齐民要术》卷六养马、牛、猪、羊篇的48种方药和治法。这些既非兽医专书，选方均是应急易取的简单药物，自然不能与《安骥集》相比。

从《安骥集》我们可以看出唐代中兽医在病因病理方面的理论成就。秦汉以前，人们对人畜致病原因虽有一定的认识，但终究非常肤浅，然而《安骥集》中收集的四篇"五脏论"却已经从家畜生理病理角度提出许多重要的论点，后来人称其为脏腑学说。五脏论的基本观点是把畜体作为统一整体，脏腑经络等组织器官间密切联系，相互依存，相互制约，犹如一个"小宇宙"。畜体的各种生理作用相辅相成，综合组成新陈代谢。五脏论还引入"阴阳五行"哲学思想，把畜体基本矛盾用阴阳表示，认为阴阳过盛和不及等失调现象是家畜致病的根本原因。同时对心肝脾肺肾五脏相互关系及活动规律，都有一些正确的论证，所以五脏论既是躯体结构论，又是脏腑辩证、认识疾病和治疗疾病的基本理论。

畜病诊断水平在晋唐有所发展，初步形成根据症状病候认识疾病的症候学。在唐代，症候学已能分辨各种细微的症候，从而把一些类似的畜病区分开来。例如畜吐涎病，涎呈泡沫状为肺热，涎呈水液状为胃寒；又如"冷筋腿"和"掠草痛"表现症状均为后肢僵直的拖脚行，但前者强行后即可自行复位，后者走动只会加重病情。症候学的中心就是这样的一些类症鉴别，在临床诊断上很有价值，唐代流行的马病症候专论主要有《造父八十一难经》。中兽医认识诊断疾病手段是望、闻、问、切，称"四诊法"：望是观形察色，闻是听声嗅味，问是询问病情和病史，切是触诊脉搏。四法之外，还有直肠触诊和打结。

各种诊法中以切脉最使人感到玄妙，这种方法大约在春秋战国时期已为兽医采用。到了晋代，脉诊有了很大改进，王叔和所作的《脉经》，记述24种脉象及其病理变化，改进手腕寸关尺三指诊法。中兽医也采用王氏理论，把诊脉点由人腕移至马体胸前的胸颈部双凫处，寸关尺则改为上、中、下三部和风、气、命三关。但那时尚未出现关于家畜脉诊的专著。至于中兽医治疗，主要依靠针灸和药物两大武器。晋唐时，针灸已有畜体解剖知识作为基础，专著有《马经孔穴图》，《司牧安骥集》有马体《骨名图》附于《伯乐针经》之前。由此可见针灸学已与骨骼关节的畜体解剖结合在一起，更能取得准确的穴位。《伯乐针经》提出穴名有77个，针刺点170个，这些穴点至今仍在应用。针灸手法，已提出"看病浅深，补泻相应"的原则，据以采用不同的用针方法。

兽医的药物治疗在中药学的推动之下，医疗水平大进。古代称中药学为本草学，汉唐之间是我国本草学一个重要的发展时期。从东汉《神农本草经》问世到隋以前，本草书见于书目的就有30余种，其中以陶弘景《本草经集注》最为出色，著录药物达700多种。唐高宗时命苏敬等22人整理本草学，终于在显庆四年(659)撰成《新修本草》54卷。收录药物844种，图论并茂，由朝廷颁行于全国，后世称《唐本草》。晋唐时本草学的发展促进了西北医学事业的发展，出现了像孙思邈这样伟大的医学家，后人称之为"药王"，新中国成立前关中几乎村村都有"药王庙"。可知孙思邈以药物治疗见长，世传《千金要方》就是他的药物治疗著作。本草学和医学发展促进兽医和兽药的进步，《安骥集》收录的中兽医药方多达140多个，并按治疗功能分为15大类。有些药方采用外来药物，如舶上茴香、诃黎勒、乳香、没药、沙萝等，吸收了国外医药学的成果。

晋唐时兽医外科已有"焊药疗法"和"冷热敷理疗法"。焊法多用于蹄病，用快刀修削蹄甲，清除坏死组织，将紫矿、血余、黄丹、黄腊混合成"硬膏"，填入伤洞之中；再用烧红的烙铁烙熔，使药膏紧紧地粘附在蹄伤处，其法方便牢固疗效好。冷敷理疗是用黄泥浆涂敷无菌性炎肿，如用微烧烙铁轻轻熨烫，则是热敷理疗。此外，这一时期对疝痛和黄类等畜病均有些特殊的治疗经验。畜病预防也引起人们的重视，特别是对于家畜传染病和寄生虫病，西北农牧民特别警惕。因为灾荒之年，常伴随人畜疫病流行，导致牲畜大量死亡。北魏时有一次牛疫，死牛十之八九。监苑发生马疫马疥，常使马群败绝，羊癣流传，同样可以绝群。史书关于西北牲畜疫病造成死亡之事，常令人触目惊心。在与各种畜疫长期的斗争中，人们渐知对付疫病只有设法预防；发现染病牲畜，便立即清除。国家大型监苑中，特别重视剔除"害群之马"，明确指出"害之不去，马之所亡"。疫病传染快，常不易察觉，但民间有一些检查病畜的办法。如农书所记："羊有病，辄相污,欲令别病法,当栏前作渎,深二尺,广四尺,往还皆跳过者无病。不能过者,入渎中行过,便别之。"这种办法在古代不失为简便易行的检查隔离病畜的有效措施。今日西北有经验的羊倌仍很注意观察羊群跳越沟渠,分析有无发生疫病的可能。当然,预防牲畜传染病和寄生虫病的最重要措施,还在于讲究牲畜的饮食和卫生,这一点古人似乎也有所认识,所以无论农区还是牧区,监苑还是民厩,无不强调打扫围栏厩舍,对家畜沾染的脏物随时加以清除。

当兽医与人医分离后,兽医学地位和技术水平逐步提高,从事兽医人员随之增多。至唐代,中兽医队伍不断壮大,中央政府和各地监坊牧场,分别设有行政的畜牧兽医官员和专业的兽医师。太仆寺内配置专职兽医600名,尚乘局也有兽医70人,而分散民间的知名和无名兽医更是多不胜计。唐朝兽医不仅做兽病的防治工作,同时还兼任畜牧饲养技术的指导,对军马、耕牛及各类家畜家禽饲养起到积极的保护和促进作用。兽医队伍发展后,兽医教育也成为一项重要事业。兽医自古出自民间,通过父子相传或师徒相授等方式传授医道。自隋朝国家开始设兽医博士,教授生徒,《隋书·百官志》记"太仆寺又有兽医博士员一百二人"[①];唐代太仆寺设兽医博士4人,教授生徒百人。这些兽医博士多是通过推举和选拔入学,选用医术高明的兽医人员任教。据说《司牧安骥集》就是太仆寺博士授徒的兽医教材,因此有人认为,太仆寺应该是我国最早的兽医学院。

四、手工业和商业的发展

除农牧业外,手工业和商业也是西部地区重要的生产部门。在数千年的历史岁月中,西部地区的手工业和商业也经历了一个发展变化的过程。

(一)手工业的进步

自西周以来,西部地区的手工业逐渐发展起来,其中丝织业、制瓷业和金属铸造业的发展相当迅速。

1. 丝织业

丝织业和人们的日常生活有密切的关系。据专家研究,先秦时代,我国就已经出现了纺车、织机和提花机。秦汉以后,在培育桑树、制备蚕种、防治蚕病方面,人们积累

[①]《隋书》卷二八《百官志下》,第776页。

了丰富的经验。① 与前代相比，隋唐时期丝织业的分布区域进一步扩大。传统产丝的关内、剑南诸道自不必说，就连昔日鲜有蚕桑的陇右地区也出产丝绸。《通鉴》载："是时中国盛强，自安远门西尽唐境凡万二千里，间阎相望，桑麻翳野，天下称富庶者无如陇右。"②这种说法虽不免有所夸大，但在一定程度上反映了西部地区蚕桑业的盛况。当时丝织技术在西部中国已得到广泛传播③，并逐渐形成了西州、庭州、于阗3个小型的丝织业中心④。这一情况表明，盛唐时期的丝织业的分布区域已远远超过了秦汉时期。

从有关资料看，盛唐时期的丝织业有官营和私营两种形式。官营丝织业以京师织锦坊为代表。织锦坊隶属于少府监，由织染署具体管辖。每坊按照定制有绫锦巧儿365人，内作使绫匠83人，掖庭绫匠150人，内作巧儿42人。实际人员恐怕要多于此数。官营丝织作坊的主要任务，是为皇帝、后妃、公卿大臣制作冠冕礼服及寝室用品，因而所选工匠都是训练有素的能工巧匠。据《大唐六典》卷二二记载，当时官营丝织作坊的分工很细。织丝之作有八：绢、絁、纱、绫、罗、绵、绮、䌷。练染之作有六：青、绛、黄、白、皂、紫。所制丝料今已无存，但《唐会要》卷三一《章服品第》条载开元十九年敕云："应诸服袴褶者，五品以上，通用细、绫及罗，六品以下小绫"，"凡裥色衣不得过十二破，浑色衣不过六破"⑤。当时文武三品以上服紫，四品服深绯，五品服浅绯，六品服深绿。品级不同，章服就有差异。这些都从不同的侧面说明，官营丝织业的花色品种是复杂多样的。私营丝织业一般是以农民家庭副业的形式出现的，亦有专以丝织为业者。政府对私营丝织业的产品规格有一定的要求："罗、锦、绫、段（缎）、纱、縠、絁绸之属，以四丈为匹"⑥，"好不得过精，恶不得至滥"⑦。各地私营丝织业的生产水平颇有差异。唐玄宗曾组织专家对各地的绢进行过评议，结果被划分为八等。据《大唐六典》卷二〇《太府寺》条所载，山南、剑南两道出绢的地方不少。当然，私营丝织业并非仅仅生产绢帛，还生产绫、锦等。《大唐六典》所载诸州贡赋中的绫就有文绫、方纹绫、仙文绫、樗蒲绫、镜花绫、范阳绫、两窠细绫、鱼纹绫、花纹绫、绯绫、交梭绫等十几种。日本龙

---

① 汪子春：《中国养蚕科学技术的发展和传播》，见自然科学研究所编《中国古代科技成就》，北京：中国青年出版社，1978年，第382—391页。
② 《资治通鉴》卷二一六，天宝十二载八月，第6919页。
③ 唐长孺：《吐鲁番文书中所见丝织手工业技术在西域各地的传播》，刊《出土文献研究》，北京：文物出版社，1985年。
④ 孔祥星：《唐代"丝绸之路"上的纺织品贸易中心西州》，《文物》1982年第4期。
⑤ 《唐会要》卷三一《章服品第》，第570页。
⑥ 〔唐〕李林甫等撰；陈仲夫点校：《唐六典》，北京：中华书局，1992年。
⑦ 《通典》卷六《食货六·赋税下》，第107页。

谷大学收藏的开元天宝间西州物价表上提到的丝织品名，亦有绫、纱、锦、罗、晕繝、练、绢、缦、绵等十余种。此外，20世纪50年代以来，新疆社会科学院考古研究所和自治区博物馆在吐鲁番阿斯塔那—哈拉和卓等地唐代墓葬中发现的盛唐丝织品中，能辨明的也有锦、绫、纱等数种。这说明，私营丝织业的花色品种也是丰富多彩的，甚至超过了官营丝织业。

无论是官营丝织业还是私营丝织业，在制作工艺方面都有一定的创新。最明显的成就是经锦的成熟和纬锦的发展。开元以前，纬锦流行。到盛唐时，花样翻新，出现了生产工序十分繁复的纬锦。经锦也已成熟，实物已在阿斯塔那唐代墓葬出土。其次，蜡缬法进一步传播。蜡缬又称夹结。《唐语林·贤媛》载：玄宗柳婕好妹性巧慧，"因使工镂板为杂花象之，而为夹结。……后渐出，遍于天下"①。阿斯塔那108号墓所出绛地花云、棕地散花、黄地花云蜡缬绢，皆绘工精致，浸染均匀，显示出蜡缬法已达到了较高的水准。当时还出现了"锦上添花""浮地小花"等多种新产品。"锦上添花"锦目前发现的实物，是一件晕繝提花裙。锦用黄、白、绿、粉红、茶褐五色经线织成。小团花用金黄色细纬线织出，显得十分和谐。"浮地小花"锦作法与"绵上添花"基本相同，只是小花浮现在锦面上，立体感很强。此外，丝织色谱进一步丰富。据有人分析，不同色阶的红有银红、水红、猩红、绛红、绛紫五色；黄有鹅黄、菊黄、杏黄、金黄、土黄、茶褐六色；青蓝有胥青、天青、翠蓝、赤青、藏青五色；绿有葫绿、豆绿、叶绿、果绿、墨绿五色；加上黑、白等，共达二十三色之多。② 因此，当时的丝织品比前代更加绚丽多彩。

值得注意的是，隋唐时期丝织业的产量也是惊人的。如天宝时，益州一次贡春缣十万匹。③ 显然，作为贡品的丝织物也不在少数。李肇《唐国史补》卷下载："凡货贿之物，侈于用者不可胜纪。丝布为衣，麻布为裹……天下无贵贱通用之。"④这就是说，丝织品作为衣物，在社会上是普遍现象。《南部新书》卷辛载："玄皇尝召王元宝，问其家财多少。对曰：'臣请以绢一匹系陛下南山树，树尽，臣绢未穷。'"⑤《资治通鉴》卷二一六载，杨国忠"积缣至三千万匹"⑥。这两条记载虽有夸张，但仍能说明这方面的问题。总

---

① 〔宋〕王谠：《唐语林》卷四《贤媛》，古典文学出版社，1957年，第149页。
② 新疆维吾尔自治区博物馆展览工作组："丝绸之路"上新发现的汉唐织物，《文物》1972年第3期。武敏：《新疆出土汉唐丝织品初探》，《文物》1962年第7、8期；武敏：《吐鲁番出土汉唐丝织物中的唐代印染》，《文物》1973年第10期。
③ 《旧唐书》卷九《玄宗纪下》，第233页。
④ 〔唐〕李肇撰：《唐国史补》卷下，上海：上海古籍出版社，1957年，第60页。
⑤ 〔宋〕钱易撰；黄寿成点校：《南部新书》卷辛，北京：中华书局，2002年，第125页。
⑥ 《资治通鉴》卷二一六，天宝十二年十月，第6920页。

之，盛唐时期的西部丝织业在产地分布、专业化程度、花色品种、产品数量等方面都超过了前代，并对后世的影响至为深远。

唐代以后，西部地区的丝织业中心逐渐转移到四川成都。宋元明清时期，成都的丝织业规模大，水平也比较高，可与苏杭一带的丝织业相媲美。其他地区的丝织业则相对落后。

除丝织业外，历史时期西部地区的毛纺业、麻织业和棉织业也比较发达。特别是毛织业，在牧区占有非常重要的地位。

2. 制瓷业

制瓷业是隋唐两代重要的手工业之一。考古资料表明：我国早在4000年以前就发明了瓷器。汉魏以降，造瓷业渐趋成熟，但产量较低，质量也不太高，并未在社会上造成重大的影响。到了唐代，政府限制用铜制造器物，王公庶民需要瓷器以充当必需的餐具、茶具、酒具、玩偶、明器和装饰品；另一方面，陶瓷工匠经过长期的摸索，也已积累了丰富的生产经验。这就为制瓷业的发展提供了良好的条件。

唐代造瓷窑场显著地增加。陆羽《茶经》中提到的窑场计有越州窑、鼎州窑、婺州窑、岳州窑、寿州窑、洪州窑六所[1]，其中的鼎州窑即属于西部地区。杜甫《又于韦处乞大邑瓷碗》诗云："大邑烧瓷轻且坚，扣如哀玉锦城传。"[2]大邑属邛州，亦在西部。20世纪以来，考古工作者在西部的陕西、广西、四川等省、自治区都曾发现过唐代瓷窑遗址。尽管西部瓷窑的数量和规模都比不上东部地区，但就西部而言，比前代有了很大发展。另一方面，唐代制作陶瓷的工艺水平明显提高。瓷器的制造要经过原料洗练、胎釉配合、成形上釉、烧结加采等一系列工序。[3] 据陶瓷学家研究，唐代的瓷器都是以高岭土为原料的。邢窑的胎料经过充分的选择、淘练和陈腐，结构致密；越窑的情况也是如此。在制胎方面，唐代已能塑造出各种各样的产品。考古学家在唐代墓葬、城市遗址和瓷窑遗址中发现的盛唐瓷器，计有碗、盘、杯、盅、碟、壶、罐、钵、盒、洗等生活用品，还有狮、象、牛、羊、猪、狗、马、鸡等动物玩具。瓷器"造型的总倾向，是浑圆饱满。不论大件器物还是小件器皿都不例外，在质量上要求更高，小中见大，精巧而有气魄，单纯而有变化"[4]。当时的陶瓷工匠，已经精确地掌握了一些矿物质的性能，能够调制出

---

[1] 〔唐〕陆羽：《茶经》卷中，见《古今图书集成》第八十七册，台北：台湾文星书店，1964年影印本，第137页。
[2] 《全唐诗》卷二二六《又于韦处乞大邑瓷碗》，第2448页。
[3] 周仁：《我国传统制瓷工艺述略》，《文物参考资料》1958年第2期。
[4] 中国硅酸盐学会主编：《中国陶瓷史》，北京：文物出版社，1982年，第219页。

青、白、黄、黑、酱、绿、灰、褐等多种釉色，从而保证瓷色的稳定性。① 从已发现的实物来看，盛唐瓷器多为青、白二色。当时西部地区烧造青瓷的窑场，主要有鼎州窑、青羊官窑、邛崃窑等。烧造白瓷的窑场，主要有耀州窑等。

瓷器的制作工艺颇为复杂，形成一件美好的陶瓷器，要经过原料的精选加工，制作者的精工细作和恰到好处的炉火温度②。现在我们发现的盛唐瓷器都是相当精美的。这些精美的瓷器正好体现了盛唐时期高超的制瓷水平。

唐代以后，西部地区的制瓷业亦有所发展，尤其是关中地区的耀州窑，在宋代名闻遐迩，影响较大。当然，宋元明清时期制瓷业的中心是在东部地区，无论从数量还是质量上讲，西部地区的制瓷业都不如以景德镇为中心的东部窑场。

3. 金属铸造业

铸造业与人们生活的关系也很密切。从文献记载和考古资料来看，西部地区铸造业起源甚早，素称发达。早在西周时期，关中一带就能铸造非常精美的青铜器。20世纪以来，考古工作者在周原地区发现了大量青铜器。这些青铜器或为礼器，或为乐器，或为炊具，或为兵器，种类繁多，造型优美。不少青铜器还有重要的铭文。除关中地区外，甘肃等地也有先秦时期的青铜器出土，三星堆也出土了令人震惊的青铜器。

隋唐时期，铸造业已成为一个不可或缺的手工业部门。当时，中央设少府监，辖金银等作坊院，以铸官金，造金银器；辖掌冶署，以理"熔铸铜铁器物之事"；又有诸冶监，"掌熔铸铜铁之事，以供少府监"；军器监"掌善造甲弩之属"，"以时纳于武库"；诸铸钱监，设炉以铸铜钱。③ 因而官营铸造业规模颇大。与此同时，对于天下诸州出铜铁之所，采取了"听人私采、官收其税"的政策，除西北边缘诸州以外，冶金铸造皆不限制。所以私营铸造业也日趋发达。官营铸造业与私营铸造业异曲同工，使铸造业呈现出空前繁荣的局面。这在金银、铜铁的铸造方面，都有突出的表现。

金银为稀有金属，本无货币职能，亦往往不通时用，但具有一定的价值，作为财富的象征，为历代所重。开元初年，唐玄宗为了提倡节俭，曾下令将御用金银器物销毁，"铸为铤""以供军国"④。同时限制百官的金银装饰，凡百官所服带及酒器、马衔、马镫所饰，四品以金，五品以银，"自余皆禁之"⑤。但这只是临时的措施，对金银冶铸并没

---

① 李知宴：《西安地区隋唐墓葬出土陶瓷的初步研究》，《考古与文物》1981年第1期。
② [新西兰]路易·艾黎：《瓷国游历记》，北京：轻工业出版社，1985年。
③ 《大唐六典》卷二二《少府·军器监》，第411—413页。
④ 《唐大诏令集》卷一〇八《禁约上·禁珠玉锦绣敕》，第562页。
⑤ 《资治通鉴》卷二一一，开元二年七月戊戌，第6702页。

有造成重大影响。开元天宝之际，随着社会经济的恢复和发展，上流社会喜爱重金银制作的食器、饮器、装饰品、日用品和殉葬品，从而对金银铸造业形成很大的刺激。《大唐六典》和《元和郡县志》对盛唐时期的金银产地皆有记载。所载产地相同者凡15处，不同者27处，总计42处。关于唐代金银器的生产情况，我们在史书上几乎看不到什么记载。好在考古界发现了许多金银器物。如1970年，西安南郊何家村出土270多件窖藏金银器[1]。其中包括刻花赤金碗、素面赤金碗、乐工八棱金杯、舞伎八棱金杯、掐丝团花金杯、金锅、金盆、金钗、金腰带、宝相花纹银盖碗、素面银碟、翼牛纹六瓣银盘、狩猎纹高足银杯、舞马衔杯纹仿皮囊银壶、线雕双凤银盒、镂空银熏球等。这些器物都是唐代的作品，为我们探讨当时的金银工艺提供了重要的依据[2]。通过观察，我们可知当时器物成型以钣金浇铸为主。切削、抛光、焊接、铆、镀、刻凿等手法普遍使用。焊接有大焊、小焊、两次焊、掐丝焊等，皆能做到焊口平直，不露焊缝。切削起刀、落刀点显著。各种物件，很少有轴心摆动的现象。装饰富丽繁缛，花形不同，鸟状各异，富于变化，新颖可喜。"工艺水平之高，超出了一般人的想象。"[3]临潼庆山寺遗址出土的金棺银椁等器物都是盛唐时期的作品[4]。据《临潼唐庆山寺舍利塔基精室清理记》，该遗址出土的金银类器皿有：金莲花二、鎏金管状器一、鎏金高足杯一、银勺二、银筷四、鎏银宝瓶一、鎏银钵一、鎏银虎腿兽面衔环熏炉一、铸首金杖一、金银棺具一。其中金银棺具由鎏金珍珠工字须弥座和镶宝银椁金棺组成。金棺置于椁内，椁置于须弥座上。座下有壶门，上有栏杆，四周嵌珍珠六圈。椁下为方开镂空座，上为弧形椁盖。盖顶中央饰鎏金宝装莲花，以白玉为蕊，玛瑙为心。周有小团花四朵。四角用珍珠粘成梅花。前档錾门，门上垂环。扉上各粘一鎏金浮雕菩萨。后档粘浮雕金摩尼宝珠。棺下为长方形镂空座。上有弧形盖。盖中粘缠枝鎏宝相花。盖两侧及后档皆粘珍珠团花。前档粘团花宝珠，下粘两只浮雕鎏金护法狮子。可谓造型精美，工艺绝伦。

铜铁是需求量最大，使用最普遍的金属。铜主要用来铸造钱、造像、作日常用品；铁则主要用来铸造农具、兵器和其他物品。文献中对铜铁冶铸情况的记载较少。《大唐六典》载："掌冶署令掌熔铸铜铁器物之事；丞为之贰。凡天下诸州出铜铁之所，听人私采，官收其税。若白蜡（当作镴），则官为市之。其西边、北边诸州禁人无置铁冶及采

---

[1] 陕西省博物馆、文物管理委员会写作组：《西安南郊何家村发现唐代窖藏文物》，《文物》1972年第1期。
[2] 齐东方：《唐代金银器研究》，北京：中国社会科学出版社，1999年，第10—20页。
[3] 中国社会科学院考古研究所编：《新中国的考古发现与研究》，北京：文物出版社，1984年，第594页。
[4] 临潼县博物馆：《临潼唐庆山寺舍利塔基精室清理记》，《文博》1985年第5期。

铆，若器用所须，则其名数移于所由，官供之；私者，私市之。凡诸冶所造器物，皆上于少府监，然后给之。其兴农冶监所造者，唯供陇右诸牧监及诸牧使。"①以此观之，似乎除西边北边诸州外，天下产铜的冶监也为数不少。但究竟哪些州府出产铜铁，到底设置了多少冶监，《唐六典》只字未提。1955年至1961年中国社会科学院考古研究所在西安西郊张家坡216号、东郊郭家滩414号、韩森寨546号盛唐墓葬中出土的铜铁器，就有铜镜、铜钗、铜洗、铜钱、铁剪等②。1983年山西平陆县出土的59件佛道铜像，1984年临潼县武屯乡出土的300余件鎏金铜造像，1985年临潼庆山寺故址出土的铜盒、铜剪刀、铜凤头人面壶、铁锁等器物，亦有盛唐时期的作品。③ 这些实物大体上反映了当时铸造铜铁的技术水平。在唐代的铸造业中，铜镜的铸造达到了炉火纯青的地步。1963年，陕西省博物馆收集到一件金银平脱天马鸾凤镜。其后，又在西安东郊长乐坡基建工地发现一面鸾鸟绶带纹金银平脱镜。这些镜子被许多学者认作是盛唐的遗物，工艺水平无不高超。金银平脱天马鸾凤镜径30厘米，重2450克。正面：跃马与翔凤各自相对，饰以麻雀、天鹅、牡丹。背面：凤翅马鬃，银白如雪，在褐色漆底衬托下闪闪发光④。宝相花透光镜背面有7朵怒放的花朵，如以镜面对准太阳，花纹会被折光显现出来⑤。鸾鸟绶带纹金银平脱铜镜圆形薄身，金花鸾鸟作展翅飞翔之状，别有一番情趣⑥。沈从文在《唐宋铜镜》一书中说，唐镜中比较精美的鸾衔长绶镜、飞龙镜和特别是加工精制的金银平脱镜、螺钿镜，大多完成于开元天宝年间。陕西文物考古工作者在对西安地区隋唐墓出土的铜镜进行认真研究之后说："开元天宝时期，铜镜的工艺技术有重大发展……采用了平脱、螺钿、鎏金、鎏银、捶金、捶银以及嵌镶松石等工艺。"⑦从考古资料来看，这些说法都是比较切合实际的。

(二) 商业的发展

从两《唐书》《通典》等文献记载和考古资料来看，唐代西部地区的商业较前又有新的

---

① 《大唐六典》卷二十二《少府军器监》，第577页。
② 中国科学院考古研究所编著：《西安郊区隋唐墓》(中国田野考古报告集，考古学专刊，丁种第18号)，北京：科学出版社，1966年，第83—92页。
③ 平陆县博物馆：《山西平陆县出土一批隋唐佛道铜造像》，《考古》1987年第1期；丁明夷：《关于临潼邢家村出土鎏金铜佛像的若干问题》，《文物》1985年第4期。
④ 刘向群：《唐金银平脱天马鸾凤镜》，《文物》1966年第1期。
⑤ 王铠：《新发现一面唐代透光镜》，《中原文物》1981年第2期。
⑥ 珠葆：《唐鸾鸟绶带纹金银平脱铜镜》，《考古与文物》1981年第3期。
⑦ 文物编辑委员会：《文物考古工作三十年》，北京：文物出版社，1980年，第133—134页。

发展。

1. 营商环境的演变

商业是经济生活的重要环节，对社会经济的发展有直接的影响。唐初的统治者已经认识到了"通财鬻货"是"生民恒业"①，并没有完全采用传统的抑商政策。因此在武则天年间，长安已经出现了"弘舸巨舰，千轴万艘，交贸往还，昧旦永日"②的景象。开元年间，玄宗君臣十分"重农"，但并不怎么"抑末"，只是反对弃农从商和富商大贾的不法作为，至于正常的中外贸易，并没有受到限制。朝廷有时对所谓"末作"甚至采取了支持的态度，如进一步健全商业机构，加强市场管理。当时主管商业的机构主要是太府寺、两京诸市署和各地市衙。"太府卿之职，掌邦国财货之政令，总京都四市、平准、左右藏、常平八署之官属，举其纲目，修其职务。少卿为之贰。""京、都诸市令，掌百族交易之事。"③地方州、府、县市令也是具体管理商品市场的官吏。这样，从中央到地方便形成了一整套商业管理体系。为了稳定市场秩序，保证商品交换的正常进行，维护商人和消费者的权益，还制定了市场管理办法，并对有关交易问题做出明确的规定："凡建标立候，陈肆辨物"，须用法定的度量衡具。秤以格，斗以概，"以二物平市"。商品按质论价，分为三等：精为上贾，次为中贾，粗为下贾，"以三贾均市"。凡与官交易，及悬平赋，并用中贾。严禁假冒伪劣商品上市，严禁交易过程中的各种不正之风。"以伪滥之物交易者没官，短狭不中量者还主。……凡卖买不和而榷固（榷谓专略其利，固谓鄣固其市），及更出开闭，共限一价（谓卖物以贱为贵，买物以贵为贱），若参市而规自入者，并禁之（谓在傍高下其价，以相惑乱也）。"市场启闭有固定的时间："凡市以日午击鼓三百声而众以会，日入前七刻，击钲三百声而众以散。"交易必须在指定的时间内进行。④大抵于开市时间、物价、交易原则都做了明确的规定，可谓严而不苛。此外，对商人实行三十税一的轻税政策，不搞商品专卖，不收盐、酒、茶等税。"凡关呵而不征。"⑤由于以唐玄宗为首的统治者认识到了商业的重要性，不抑制商业的发展，不仅听任正常的商业活动，而且有扶商之意，因此，各地的官员亦有扶持商业之举，如张说在幽州，"命卝人采铜于黄山，使兴鼓铸之利；命柠人斩木于燕岳，使通林麓之财；命圉人市骏于两蕃，

---

① 《唐大诏令集》卷一〇八《禁约上·废潼关以东缘河诸关不禁金银绫绮诏》，第562页。
② 《旧唐书》卷九四《崔融传》，第2998页。
③ 《大唐六典》卷二〇《太府寺》，第382页。
④ 《大唐六典》卷二〇《太府寺》，第385—386页。
⑤ 《大唐六典》卷六《尚书刑部》，第153页。

使颁质马之政；命廪人搜粟于塞下，使循平籴之法"①。又如，宋庆礼在营州"招辑胡商，为立店肆"②。像这样的例子还有很多。毫无疑问，这些措施是有利于商业发展的，可以说它为商业的发展开辟了广阔的道路，是商业发展的重要保证。

从城市方面来看，盛唐时期的城市建设有很大的进展。据史书记载，开元、天宝年间，唐王朝曾对京师长安进行过多次维修和扩建。其他地方的城市建设也呈现出前所未有的局面。因而，全国范围内已经形成了许多规模宏大的城市。首都长安周长70余里，人口在百万以上③，是当时全国政治、经济、军事、文化的中心，也是当时世界上最大的都市。西南地区的益州和西北地区的沙州、西州、庭州、安西等，都是当时较大的都市。由于这些城市聚集了大量的人口，因而对商品的需求量大大增加。这就在客观上为商业的发展创造了条件。换言之，城市人口的增加，客观上为商业的发展开辟了广阔的天地，提出了更高的要求。

就交通而言，盛唐时期国力强盛，十分注意道路建设。盛唐不但改造了过去的旧道，而且修建了不少新道，来加强全国各地的联系。如开元四年（716）十一月，玄宗令左拾遗内供奉张九龄开大庾岭，"革其坂险之故"，使"转输以之化劳"④。甚至为了保证行人安全，还颁布了对付猛兽的法令。据研究，当时已经形成了以首都长安为中心，联系各地的交通网。特别是西汉以来形成的丝绸之路，成为东西交通的大动脉。交通的发达，把城市和城市，城市和乡村连成了整体，形成了更大的市场，为商业的繁荣提供了很大的方便。

此外，盛唐时期社会十分安定。经过唐初以来100多年的经营，唐朝的农业生产呈现出蒸蒸日上的势头。农业人口迅速增长，垦田面积逐渐扩大，耕作技术得到改进，粮食产量有所提高。⑤ 与此同时，手工业领域也发生了很大的变化，丝织业、制瓷业、铸造业和其他手工业都得到了长足的发展。农业和手工业的发展，也为商业的发展提供了可靠的物质保证。

---

① 《全唐文》卷三一二，孙逖《唐故幽州都督河北节度使燕国文贞公遗爱颂并序》，第3173页。
② 《旧唐书》卷一八五下《良吏·宋庆礼传》，第4814页。
③ ［日］参外山军治：《唐长安的人口》，《学海》4—5，1964年；［日］平冈武夫：《唐长安城之事》，《东洋史研究》11—4，1952年；［日］日野开三郎：《唐代大城邑的户数规模——以首都长安为中心》，《东洋史学》1964年第27辑。
④ 《全唐文》卷二九一，张九龄《开大庾岭路记》，第2950页。
⑤ 王双怀：《试论开元时期农业的发展》，《中国历史地理论丛》1995年第4辑，第123—135页。

2. 商人与商品交换

隋唐时期的商人有官商和私商之分。官商代表政府从事商业活动，具有雄厚的资本。当时官商主要从事的是和籴、和市及与少数民族间的互市。和籴是官民间的粮食贸易。和市则是官民间的货物交贸。为了搞好和市和和籴，政府在太府寺下设置了平准署和常平署。"平准令掌供官市易之事，丞为之贰。凡百司不在用之物，则以时出货。其没官物者亦如之。""常平令掌平籴仓储之事，丞为之贰。凡岁丰穰，谷贱人有余则籴之。岁饥馑，谷贵人不足则粜之。"①据史书记载，唐代和市、和籴的次数很多，规模也很大。如开元七年（719）六月，令关内、陇右、河南、河北四道及荆、扬、襄、夔、绵、益、彭、蜀、汉、剑、茂等州置常平仓，各州广设本钱，进行大规模的和籴②。开元二十五年（737）九月，"令户部郎中郑昉、殿中侍御史郑章于都畿据时价外每斗加三两钱和籴粟三四百万石，所在贮掌"。"其关辅委度支郎中兼侍御史王翼准此和籴粟三四百万石。"③至于互市，则主要是政府与周边少数民族或邻国之间的贸易。如开元十九年（731）"吐蕃遣其相论尚它硅入见，请于赤岭为互市；许之"④。从大量材料来看，官商经营规模很大，但经营范围有限，远远比不上当时的私商。

私商即私营商人。隋唐时期，私商大量出现。一般说来，私商的资本不是很多。但当时也有不少拥有巨额财富的商贾。王元宝、任令方、杨崇义等人就是其中的佼佼者。"王元宝，都中巨豪也。常以金银叠为屋，壁上以红泥泥之。于宅中置一礼贤堂，以沉香为轩槛，以碱砆甃地面，以锦文石为柱础，又以铜线穿钱甃于后园花径中，贵其泥而不滑也。四方宾客，所至如归。故时人呼为王家富窟。"⑤唐玄宗见王元宝，"问其家私多少。对曰：'臣请以绢一匹，系陛下南山树，南山树尽，臣绢未穷。'"玄宗听后十分惊讶，说"朕天下之贵，元宝天下之富"⑥。杨崇义"家富数世，服玩之属，僭于王公"⑦，任令方的资财也达六十余万贯⑧。这些富商大贾，不仅拥有雄厚的资本，而且还冲破了

---

① 《大唐六典》卷二〇《太府寺》，第390页。
② 《唐会要》卷八八《仓及常平仓》，第1613页。
③ 《册府元龟》卷五〇二《邦计部·平籴》，第6012页。
④ 《资治通鉴》卷二一三，开元十九年九月，第6796页。
⑤ 〔五代〕王仁裕等撰；丁如明等点校：《开元天宝遗事（外七种）》卷下，"富库"条，上海：上海古籍出版社，2012年，第18页。
⑥ 〔宋〕李昉等：《太平广记》卷四九五《邹凤炽》，上海：上海古籍出版社，1990年，第596页。
⑦ 《开元天宝遗事》卷上，"鹦鹉告事"条，第17页。
⑧ 《旧唐书》卷八《玄宗纪上》，第200页。

"工商杂类,不得预于士伍"①的禁令,"多与官吏往还,递相凭嘱"②,求减赋役,或谋图仕进。五代王仁裕《开元天宝遗事》载:"长安富民王元宝、杨崇义、郭万金等,国中巨豪也,各以延纳四方多士,竞于供送。朝之名寮往往出于门下,每科场文士集于数家,时人目之为豪友。"③受其影响,不少达官贵人改变了对商业和商贾的看法,竞相利用职权,逐利其间④,以致引起了唐玄宗的不满。《全唐文》卷三二载玄宗《禁赁店干利诏》云:"南北卫百官等,为闻昭应县两市及近场处,广造店铺,出货于人,干利商贾,莫甚于此。自今已后,其所货店铺,每间月估不得过五百文。其清资官准法不可置者,容其出卖。如有违犯,具名录奏。"⑤连"清资官"也热衷于此事,情况于此可见一斑。富商大贾虽然势力较大,但毕竟是少数,最活跃的还是小商小贩。由于人口的增加,特别是城市人口的增加,许多无地少地的农民和没有职业的城市居民投入商业领域。唐玄宗即位前夕,睿宗欲招募关西数千高户赴东都洛阳。徐坚上《请停募关西户口疏》云:"若神都须人,雍同等州先有工商户在洛者甚众,令检括兼简,乐住之人,微有资财,情愿在洛城者,并酬其宅铺之地,令渐修立,则洛城不少于邑户,黎庶得安于本业。"⑥由此可见,当时分布于两京的小商小贩是很多的。两京之外,各地亦有商贩。这些小商小贩,整日往返于道路,叫卖于市场,或就业于肆市,服务于邸店,和富商大贾很不相同。无论是经营方式,还是社会地位都是如此。值得注意的是,隋唐时期来华经商的"胡商"也不在少数。史载,当时"海外诸国,日以通商",关西诸邦,也"兴贩往来不绝"⑦。无论是长安、洛阳,还是扬州、广州,都有许多胡商。长安东西两市是胡商云集的地方。他们殖赀产,开第舍,十分活跃。不少胡商在唐境开店立邸,娶妻生子,长期经营商业。有的甚至终身不返⑧。官私商贾活跃如此,这在先前是罕见的。很显然,这是当时商业繁荣的突出表现。

隋唐时期的商品市场,比以前也有了明显的扩大。这首先表现在"市"的增加上。当时,两京都有规模宏大的市。长安有东、西二市。东市东西南北各600步,四面各开一

---

① 《旧唐书》卷四八《食货志上》,第2089页。
② 《唐会要》卷八五《定户等第》,第1557页。
③ 《开元天宝遗事》卷上,"豪友"条,第17页。
④ 王灵善:《唐代官员经商问题浅析》,《山西大学学报》(哲学社会科学版)1989年第3期。
⑤ 《全唐文》卷三二,元宗皇帝《禁赁店干利诏》,第363页。
⑥ 《全唐文》卷二七二,徐坚《请停募关西户口疏》,第2765页。
⑦ 《唐会要》卷八六《关市》,第1579页。
⑧ 《太平广记》卷四○二《李勉》,第3240页。

门。西市大小与东市等，皆占两坊之地。① 洛阳有南市、北市、西市，其中南市规模最大，居两坊之地。除了两京市外，各大都督府和主要州县，也都设有相当规模的市。一些离州县较远的交通要道和人口密集之地，还有许多草市、行市和庙会。其次，反映在"行"的增加上。"行"是同业商店和商人的组织，负责本行的重大事宜，帮助政府管理市场。盛唐时，长安东、西二市皆达220行。这是前所未有的。此外，还反映在店肆的增加上。所谓店，即指邸店。《唐律疏议》卷四讲："居物之处为邸，沽卖之所为店。"②其作用主要是供客商住宿，寄存货物，帮助他们买卖物品。邸店分布很广，不限于市。但市中确有邸店。长安二市，"四面立邸"即是明证③。所谓肆，即具体出卖货物的店铺。洛阳南市有"一百二十行，三千余肆"，即有120行货物，分3000余肆经营。《唐令拾遗》二十六《关市令》云："诸市每肆立标，题行名。"由此看来，当时的行肆都是比较正规的。行、肆在各地的"市"中是普遍存在的。如当时地处西陲的西州，也有果子行、丝帛行、帛练行、米面行、谷麦行等④。当然，行肆最完备的要数两京五市。史书中常常提到五市的行即有铁行、油行、笔行、大衣行、鞭辔行、药行、秤行、绢行、鱼店、酒肆、帛肆、衣肆等。无论如何，市、行、肆的大量出现，无疑是当时商业发展的又一表现。

隋唐时期商业的发展，还表现在商品的增加上。行的增加和肆的增加，本身就是商品增加的反映。因为如果商品极少，市场萧条，就没有增加行肆的必要；只有当商品种类增加，数量扩大的时候，行、肆的增加才有可能。据史书记载，当时商品名目繁多，涉及人们生活的各个方面。衣物类有帛、绫、罗、绵、锦、丝、绸、棉布、麻布、葛布、白衫、布鞋、大衣、靴子等；食物类有橘、柑、枣、橙、桃、李、栗、柿、瓜、荔枝、樱桃、葱、姜、鱼、虾、鳖、蟹、油、盐、酱、醋、茶、酒、糖、牛肉、猪肉、羊肉、胡饼、蒸饼、煎饼、鸡蛋等；用品有锅、碗、盆、盘、杯、壶、瓶、镜、紫、草、锄、铲、镢、镰、斧、笔、墨、纸、砚、牛、马等，可谓应有尽有。这一点在现存吐鲁番物价表中也有所反映。吐鲁番出土物价表，原件藏龙谷大学，据《中国古代籍帐研究·录文》，该物价残表所载有大练、河南府生绢、缦绯、梓州小练、蒲陕州漫紫、常州布、火麻布、大绵、维州布、小水布、小绵、紫熟绵绫、杂色隔纱、绯熟绵、夹绿绫、丝割等。日本学者池田温说，现存物品名目完整的有175个，不完整者23个，两者相加近200

---

① 《长安志》卷八，第291页。卷十，第337页。
② 刘俊文撰：《唐律疏议笺解》卷第四《名例》，北京：中华书局，1996年，第333页。
③ 《长安志》卷八，第291页。
④ 李鸿宾：《唐代西州市场商品初考——兼论西州市场的三种职能》，《敦煌学辑刊》1988年第1、2期；孔祥星：《唐代"丝绸之路"上的纺织品贸易中心西州——吐鲁番文书研究》，《文物》1982年第4期。

个，但这个数字大约只是全部物品名目的六分之一到五分之一。① 又从这些商品的名称来看，其中有不少来自内地，足见当时商业贸易的广泛和发达。

此外，隋唐商业的发展，在货币流通领域也有所反映。唐初铸开元通宝，"得大小轻重之中"。但当时商品交换很不发达，铸钱数量甚少，与绢帛相间，而以绢帛为主。也就是说，绢帛是当时主要的流通媒介。作为货币的绢帛，用途十分广泛，可以作为赋税，可以上贡、进献、赏赐，可以当作军费，可以当作赁费，可以放债，可以支付物价，还可以作为礼品②。唐初虽于少府监下置铸钱监，但铸钱既少，"钱重物轻"，盗铸叠起，防不胜防。开元九年（721），唐玄宗有放铸私钱之意③，大臣或有赞同，但多数人皆以为不可。崔沔《禁私铸议》说："钱之为物，贵以通货，利不在多，何待私铸然后足用也？"④故遂罢其议。为了适应社会上对钱币的需要，开元十七年（729），唐玄宗下诏说："令所在加铸，委按察使申明格文，禁断私卖铜锡，仍禁造铜器。"⑤当时共铸了多少铜钱，史书上没有明文记载。《新唐书》卷五四《食货志》载：天宝时，铸钱炉有99个，每炉役丁匠30人，"每炉岁铸钱三千三百缗"，年铸钱已达到32万多贯。这一规模已相当可观，但仍然供不应求。究其原因，主要是随着商品经济的发展，绢帛的货币职能显得越来越差，人们重钱币而轻绢帛。唐玄宗虽然一再要求钱帛兼行，但钱币在流通领域的作用仍在日益上升。甚至有些场合，出现了只收铜钱，不收绢帛的情况，以致使唐玄宗不得不下诏重申："绫罗绢布杂货等交易，皆合通用。如闻市肆必须见钱，深非通理。自今后，与钱货兼用。违者准法罪之。"⑥这也在一定程度上表明了当时商品经济的发展。

五、园艺蚕桑技术的发展

唐代西北地区受丝绸之路商业风气的影响，以及为满足以京师长安为中心的都市生活所需，蔬菜、水果、丝帛等农副产品大量进入集市交易，从而促进了园艺蚕桑技术的深入发展。这一时期西北蔬菜种类总计有30多种：葵、瓜、冬瓜、越瓜、黄瓜、茄、瓠、芋、芜菁、菘、芦菔、蒜、小蒜、葱、韭、蜀芥、芥、芸苔、胡荽、兰香、荏、蓼、姜、蘘荷、芹、马芹、堇、胡葱、苜蓿、藕、莲、菠菜、莴苣、菌、百合、黄精、茂

---

① [日]池田温：《中国古代物价之考察》，《史学杂志》77编第1、2号。
② [日]加藤繁著；付安华译：《唐代绢帛之货币的用途》，《食货》半月刊第1卷第2期，1934年12月。
③ 《唐大诏令集》卷一一二《议放私铸钱敕》，第582页。
④ 《全唐文》卷二七三，崔沔《禁私铸议》，第2772页。
⑤ 《唐大诏令集》卷一一二《禁铸造铜器诏》，第582页。
⑥ 《唐会要》卷八八《杂录》，第1618页。

等。相较于汉代，唐代的菜类明显增多，其中既有本土新开发的菜种，也有引自外地外国者，菠菜、茄子、莴苣几种重要蔬菜的引入尚有明确的文献记载。据《唐会要》记，菠菜是在唐贞观十二年（638），由尼泊尔传入。当时唐帝国威震欧亚大陆，夷国远方贡物络绎不断地进入长安，朝廷规定凡草木杂物种类异乎寻常者，主管部门必须详细记录。《唐会要》据此明确记载菠菜的形态和食用事宜，"泥婆罗（即尼泊尔）国献菠薐菜，类红兰花，实似蒺藜，火熟之，能益食味"①。由唐代人刘禹锡《嘉话录》亦可知，菠菜富含铁质，具多种维生素，自唐代传入后，丰富了我国蔬菜的营养结构。莴苣栽培起源地在中东地区，由公元前 4500 年的埃及古墓发掘即可证实。公元 6 世纪，波斯便有关于莴苣的文字记载，后经丝绸之路传入西北，时间大约在隋唐时期。成书于北宋初的《清异录》记："高国使者来汉，隋人求得菜种，酬之甚厚，因名千金菜，今莴苣菜。"②唐代大诗人杜甫曾作诗专记莴苣种植事。茄子原产印度，史前已经驯栽，晋唐时期亦自西而来，至唐代《本草拾遗》已有著录。唐代人增入的《齐民要术·杂说》中还有提倡种茄的文字："去城郭近，务须多种瓜、菜、茄子等，且得供家，有余出卖。"③唐人将茄子与瓜、菜并提，可知茄子时已入重要蔬菜之列。

西瓜的引进，也有比较确切的文献根据。这种多汁味甜的佳种，原产非洲，经埃及而入印度，大约隋唐时由天山南路传入西北，当时的回纥即在西北干燥地区种植西瓜。后来东北契丹民族打败回纥，引种到辽朝统辖区。五代后周时合阳令胡峤引种到中原地区。据《新五代史》四夷附录所记，胡峤居辽国七年，在后周广顺三年（953）亡归中国，略能道其所见："自上京东去四十里，至真珠寨，始食菜。明日东行，地势渐高，西望平地，松林郁然数十里，遂入平川，多草木，始食西瓜。云契丹破回纥得此种，以牛粪复棚而种，大如中国冬瓜而味甘。"④考察西瓜在我国的传播路线，自西北入东北，辗转再入中原，但毕竟自西而来，故仍名为"西瓜"。晋唐蔬菜栽培技术更加精细，菜圃之地一般都实行轮作复种和间作套种等方式，实行集约经营。尤其是长安四周专为都市提供蔬菜的园圃，一般都实行小畦作业，讲究粪大水勤。骊山、终南山一线的温泉地热继续用于蔬菜栽培，由朝廷设立的温汤监统管，较秦汉更有规制，其栽培技术水平不断提高，皇室和贵族食菜时令大大提前。唐人王建刻画宫廷琐事的《宫前早春》有诗赞美："酒幔

---

① 《唐会要》卷一百《杂录》，第 1796 页。
② 〔宋〕陶穀撰；孔一校点：《清异录》卷上《蔬菜门》，上海：上海古籍出版社，2021 年，第 44 页。
③ 《齐民要术·杂说》，第 25 页。
④ 〔宋〕欧阳修：《新五代史》卷七三《四夷附录·兀欲》，北京：中华书局，1974 年，第 906 页。

高楼一百家,宫前杨柳寺前花。内园分得温汤水,二月中旬已进瓜。"①《齐民要术》一书记载并传播了多种巧妙的种菜技术,如用大豆为瓜启土的办法便是一例。种瓜籽四粒,大豆三粒,萌芽之后,大豆子叶首先顶破坚硬的土皮,幼弱的瓜芽随之顺利地出苗;然后掐断豆苗,瓜苗便独立生长。又如种蒜用条中籽(即蒜薹籽),头年为独瓣蒜,第二年埋种后即成多瓣大蒜,其大如拳,超过普通蒜。选择瓜种也有许多值得注意的经验:选用本母籽,开花结实快且成熟早;瓜种取中央籽,结瓜大而甜;若取近蒂籽,结瓜曲而细;取近头籽,结瓜短而歪;等等。

人工培育食用菌是这一时期蔬菜生产的重要技术成就,诸如蘑菇、木耳之类的野生可食菌,起码在北魏前就已被人们认识和利用。到了唐代,人们便开始人工培育。《四时纂要》将其列入农家月令,可想菌类栽培已非罕见之事。通常培育法是:"取烂构木及叶,于地埋之。以泔浇令湿,两三日即生。又法:畦中下烂粪。取构木可长六尺,截断捶碎。如种菜法,于畦中匀布,土盖。水浇常令润,如初有小菌子,仰耙推之。明旦又出,亦推之。三度后出者甚大,即收食之。"②看来古人已初步懂得食用菌生长需要一定的温度、湿度,并能确知用哪些树木作培养基,且用"仰耙推之",以帮助菌种扩散,从而掌握了食用菌生产的基本要领。

唐代西北广泛栽培的果树种类仍是传统的枣、桃、李、梅、杏有核五果,及柿、梨、栗、核桃、葡萄等传统果树。然新引入的果树种类和品种也不在少数,其中文献可考且价值较高的新种有扁桃、齐果、阿月浑子等。扁桃又名巴旦杏,原产中亚地区,经丝路传入后广泛栽培于西北干燥温暖地区。古代文献的著录是:"偏桃出波斯国……叶似桃而阔大。三月开花,白色。花落结实,状如桃子而形偏,故谓之偏桃。其肉苦涩,不可啖。核中仁甘甜,西域诸国并珍之。"③齐果系木樨科常绿乔木,其果实好吃,可用盐腌制贮藏,果肉和种子含有优质的橄榄油,故名油橄榄,原产地中海地区,远古时已开始栽培,唐代传入我国。《酉阳杂俎》记载:齐墩树(即齐果)出波斯国,亦出拂林国,"子似杨桃,五月熟。西域人压为油以煮饼果"④。阿月浑子是漆树科落叶小乔木,果实呈房状,种仁绿色,富含脂肪和蛋白质,可烤制高级干果做糕点原料,种仁可榨取油精做香料。适宜气候干燥地区,原产土耳其山地,引入后多种植于西域地区,故唐代《本草拾遗》著录:

---

① 《全唐诗》卷三〇一《宫前早春》,第3426页。
② 〔唐〕韩鄂编,缪启愉选译:《四时纂要选读》春令卷之二《三月》,北京:农业出版社,1984年,第45—46页。
③ 〔唐〕段成式撰;许逸民、许桁点校:《酉阳杂俎》卷十八《广动植之三》,北京:中华书局,2018年,第372页。
④ 《酉阳杂俎》卷十八《广动植之三》,第373页。

"阿月浑子生西国诸番,与胡榛子同树,一岁胡榛子,二岁阿月浑子也。"这一时期新开发的西北野生果树以猕猴桃最为著名。猕猴桃原产我国,唐代秦岭北麓农家已有栽培。诗人岑参诗云"中庭井栏上,一架猕猴桃"。这里说的猕猴桃就是现代植物分类学上"中华猕猴桃"。古代文献对其形态特性亦有过记述,"藤生著树,叶圆有毛,其实形似鸡卵大,其皮褐色,经霜始甘美可食。"唐人用猕猴桃酿酒,杜甫诗题"谢严中丞送青山道士乳酒一瓶",即猕猴桃酒,因汁液混浊故名"乳酒"。隋唐北方气候处相对温暖期,南方常绿果树北限明显北移,陕西南郑在唐时成为著名的枇杷产区,长安宫廷栽培的柑橘果实累累,与"江南及蜀道所进无别",气候条件也是西北果类增加的原因之一。

果树栽培技术进步,表现在移栽的普遍运用上。人们已经注意到实生苗结果迟,且容易发生变异,果树成苗后即易地移栽。唐时长安丰乐乡郭橐驼善于种树,移栽果树硕茂多实。著名文学家柳宗元曾为之作传,并记载了这位民间植树能手的经验:"凡植木之性,其本欲舒,其培欲平,其土欲故,其筑欲密。既然已,勿动勿虑,去不复顾。其莳也若子,甚置也若弃,则其天者全,而其性得矣。"[1]晋唐还出现扦插、压条、分根、嫁接等果树繁殖技术,尤其是嫁接技术的发展,对提高果实品质有极大作用,成为古代果树育种和品种改良的基本方法。西汉时西北出现对草本植物瓠的靠接,北朝已经发展到木本嫁接,并且总结出整套果树嫁接技术。从接穗的选择、接树的时宜到嫁接的方法,唐代均有一定的经验。葡萄自汉代传入内地,直至北朝时仍采用种子繁殖,唐代开始用扦插的方法。《酉阳杂俎》对此记载极为详尽:"天宝中,沙门昙霄,因游诸岳,至此谷(指葡萄谷),得葡萄食之。又见枯蔓堪为杖,大如指,五尺余,持还本寺,植之遂活。"[2]此外有关果树的疏花、疏果及防霜等措施都已广泛运用。

观赏花卉栽培也萌芽于此一时期,隋唐宫室生活豪华奢侈,富有阶级为了赏心悦目,眼光自然倾注于奇花异草之上。花中之王牡丹的栽培即始于唐代。牡丹原产北方,秦岭和陕北山地尚多野生牡丹,初不为人重视,"与荆棘无异,土人皆取以为薪。自唐则天以后,洛阳牡丹始盛"[3]。盆花盆景也始于唐宫廷。陕西乾陵章怀太子墓的壁画中,就有侍女捧盆花的形象。唐代大画家阎立本在《职贡图》中已有将山石置浅盆的记载,正是后代山水盆景的端倪。

---

[1]《全唐文》卷五百九十二,柳宗元《种树郭橐驼传》,第5983页。
[2]〔唐〕段成式撰;许逸民、许桁点校:《酉阳杂俎》卷十八《广动植之三》,北京:中华书局,2018年,第366页。
[3]〔宋〕欧阳修撰;王云校:《洛阳牡丹记(外十三种)》,花释名第二,上海:上海书店出版社,2017年,第6页。

西北蚕桑业自丝绸之路开通后，一直处于发展之中。到了唐代，这一带蚕桑业盛况空前，从唐人诗文中即可略见一斑。诗人许浑《途经敷水》等诗描写关中东部蚕桑业发达景象："修蛾颦翠倚柔桑"，"正值蚕眠未采桑"。杜甫、白居易的诗句"杜曲幸有桑麻田""典桑卖地纳官租"，反映长安附近广植蚕桑的情形。骆宾王的《帝京篇》直以垂杨道和采桑路相媲美。权德舆、温庭筠的诗曾反映了咸阳附近的桑田美景，"漠漠桑柘烟""沃田桑景晚"。至于关中西部地区种桑养蚕的情景，可见关邰诗"桑林摇落渭川西"；耿湋在乾县做客时见"广川桑遍绿"，李峤赴麟游九成宫途中看到的则是"郁郁桑柘繁"。整个关中从东到西到处可见大片桑田。唐朝实行租庸调制，收纳锦绢特别重视兆、同、华、岐等州织品，可见关中丝织水平之高。长安的东市有织绵行，各种高级织物的织染买卖均在这里，唐政府还设立少府监，专门管理官营丝织品生产，以满足皇室成员和达官贵族的衣着之需。唐晋时期我国桑树品种有所谓"女桑""荆桑""黄鲁""黑鲁"等树种，西北大约仍是以传统的"女桑"为主。树形直立，枝条直长，发条多而无侧枝。桑树栽培此时普遍采用了压条繁殖法，先年二、三月压条，本年正月移栽。栽植的桑树生长迅速，第三年即可正式采桑。养蚕技术有了更多的积累，人们已经掌握以不同的温度感应蚕卵，从而得到不同时节的幼蚕。饲养注意控制蚕室的温度、湿度、采光、用桑条件，管理日益细致，对蚕病害和虫害也有了一定的防治措施。蚕桑技术当时以河北地区最为发达，是全国丝织中心，不过关中地区蚕桑种养技术仍有相当雄厚的基础。

大约从魏晋起，蚕桑丝织技术经关陇全面传入河套、河西、西域。1959 年考古工作者从吐鲁番火焰山公社四百多座晋唐墓葬中清理出大量的织物和文书，可以充分地反映西域蚕桑纺织业的历史面貌。出土丝织品有锦、绣、绮、绫、绢、缣、纱、罗轻容等，印染品则有绞缬和缬，染色几乎应有尽有。其中南北朝时期织物多沿袭汉锦成行排列的花纹传统，到唐代则吸收了西方各国的风格。例如连珠圈内多半有对禽、对兽、猪头、熊头纹样，显然是受波斯萨珊王朝文化的影响。锦中有楚氏高昌时期的丝绵混织品，当时我国也只有西域种棉，这些织物无疑是当地出产的。从新疆各地出土的文书看，西域确有相当规模的棉纺织业。西域给内地的贡品常有叠布，檐布纺织已不限高昌处。文书还记载有丘兹锦、疏勒锦等，似乎都是西域地方名产，而于阗更以工纺丝绸闻名当时。毛纺毛织在西域纺织业中一直占有很大比例，西销中亚，东销内地，享誉遐迩。随着纤维纺织业的发展，造纸便有了基础，因此造纸技术在唐代也传入西域。唐时西州即出现了纸坊，可见丝、棉、毛织直接关乎西域经济，同时关系着边地文化的发展。

第五节
唐代西部文化的进步

在唐代,西部地区不仅经济资源得到开发,文化事业也得到了发展。这是唐代西部开发的重要成果。

一、学者的分布与文化重心所在

在唐代,长安是全国的首都。太行山东和长江下游原来齐陈故地的人物,陆续相继西来,卜地定居,为后来唐初人物的增多奠立了若干基础。而渭河下游的关中地区,本来就是相当富庶的地区,这一时期也得到了恢复和发展,自然也就有助于当地人物的长成。在这种情况下,西部人物大量出现,其数量远远超过了秦汉时期,当然也超过了魏晋南北朝时期。这种情况在两《唐书》里就有明确的反映。两《唐书》记载了全国1868人的确切籍贯,其中关内道为526人,河南道398人,河东道208人,河北道406人,山南道46人,淮南道58人,江南道151人,陇右道44人,剑南道18人,岭南道13人,另有周边各地的30人。① 显然,关内道的人数最多。唐代关内道的范围比陕西要大,但上述入传人物大部分都在陕西境内。其具体分布情况如下:京兆府凡418人,其中府属72人,长安县76人,万年县127人,蓝田县5人,昭应县(新丰县)5人,三原县14人,栎阳县2人,咸阳县9人,高陵县6人,泾阳县5人,富平县4人,醴泉县3人,云阳县1人,兴平县32人,鄠县7人,武功县17人,周至县1人,奉先(蒲城)县1人,奉天县(乾县)7人,华原县22人,同官县2人。华州50人,其中郑县17人,华阴县26人,下邽县7人。同州9人,其中州属1人,冯翊7人,韩城1人。凤翔府(岐州)21人,其中府属6人,天兴县(雍县)2人,扶风县4人,岐山县3人,眉县6人。邠州(豳州)4人,其中州属2人,三水县1人,永寿县1人。陇州5人,均隶千阳县。延州1人,属肤施县。夏州5人,州属1人,朔方4人。

唐初人物荟萃于岐、华两州之间,也就是今凤翔和华县之间,限于秦岭,而北不越豳州和同官,也就是今彬县和铜川一线,实际上是长安及其周围较近地区的一些州县,

---

① 史念海:《河山集》第五辑,太原:山西人民出版社,1991年,第405页。

地区并不十分广大。当时关内道其他有人物的地区,仅有延州(治所在今陕西延安市)和夏州(治所在今陕西靖边县北)、灵州(治所在今宁夏灵武)。夏州和灵州各有二人,延州却只有一人。在唐初的30年间,长安及其周围较近地区虽已为人物荟萃之地,但人物数量并不是很多,若干当地土著中,还夹杂着一些从外地迁来的人物。如萧瑀、陈叔达、高士廉诸人,就是梁、陈、北齐诸王朝的后裔。他们在故国倾覆之后,先后迁居长安,历史较久,遂与土著无殊。又如长孙无忌,本是鲜卑拓跋氏的后裔。至如殷峤、姚思廉、颜师古、袁朗、钱九龙等,其父辈亦皆陈齐旧臣,也因政权更迭,辗转西来,隶籍关中。长安本西汉旧都,西汉灭亡后迭经破坏,至西魏时始有恢复,又经周隋两代经营,到唐时渐趋繁荣。一些世族也先后定居下来,在风云交会之际逐渐显露出头角。始平(今陕西兴平市)窦氏以唐室的姻戚,累世居于高位。长安宇文氏、华阴(今陕西华阴市)杨氏又皆以前朝王室后裔,相继显达。宇文士及的后嗣不甚显著,杨恭仁的子孙却可以说得上是"世代簪缨"了。其他如万年(今陕西西安市)的韦云起,咸阳(今陕西咸阳市东)的薛万彻,皆能以父子兄弟递相攀附,得居较高的地位。最为显著的是杜陵(今陕西长安区)的杜氏。杜如晦、杜淹并列于武德功臣之中①。杜如晦更居于十八学士的首位。② 像杜如晦及杜淹这样的人物,还可以再举出几个。首先应该提到的是刘文静。这个系出彭城(今江苏徐州市)而籍隶武功(今陕西武功县)的人物,与裴寂皆为唐高祖太原起兵时的元谋功臣。其次还应该提到高士廉和李靖。高士廉如前所说,自是北齐王室后裔;而李靖则是祖籍于三原(今陕西三原县)的世族。这两个人未遇太原起兵,后来却皆图形于凌烟阁上。当然,还可以再提到若干人,不过总数并不是太多。

高祖在太原起兵时,曾集合了一班所谓元谋人物。唐朝建立之后,太宗当时尚为秦王,也曾开府延贤,收罗文学之士。这两次风云际会,实与唐朝的奠基有重大的关系。武德初年所定的太原元谋功臣,除秦王及裴寂、刘文静而外,尚有长孙顺德等十四人。③其中籍隶长安及周围各县的只有刘文静和池阳(今陕西三原县西北)刘弘基、始平窦琮、鄠县(今陕西户县)殷开山、岐山(今陕西岐山县)李高迁,以及更远的延州张平高。秦府十八学士的选择与太原元谋功臣不同。这时长安早已成为唐朝的都城,而且也在太宗既平寇乱之后,所以这十八学士是更具有一定的代表性的。在这18位学士之中,籍隶长安及其周围各县的,有杜陵杜如晦、高陵(今陕西高陵区)于志宁、武功苏世长和苏勖、万

---

① 《旧唐书》卷五七《刘文静传》,第2294—2295页。
② 《旧唐书》卷七二《褚亮传》,第2582页。
③ 《旧唐书》卷五七《刘文静传》,第2294页。

年姚思廉和颜相时六人。这显示出长安及其周围各县的人物在当时有一定的重要性。不过这些人都是文人学士，不能反映各方面的人物。武德九年（626），唐朝又定了一次功臣等第。这时高祖已经逊位，所以这一次功臣等第，兼包括原来秦府所有人物在内。论数目共有43人，也是历来最多的。长安及其周围各县以及包括整个关内道在内的共有18人。他们是杜陵杜如晦和杜淹，云阳（今陕西泾阳县北）罗艺，三水（今陕西旬邑县）侯君集，池阳刘弘基，长安高士廉、宇文士及、屈突通、萧瑀、钱九陇、樊兴、马三宝，始平窦轨，栎阳（今陕西临潼区北）公孙武达、张长逊，三原的李靖，蒲城（今陕西蒲城县）李子和，延州张平高，夏州李安远。另外还有唐室帝胄的李孝恭。如果加上长孙无忌和长孙顺德，那就更多了。在总类之中这些人物已超过了三分之一了。再后来到了贞观十七年（643），唐代又做了一次沙汰增补，于是有24位功臣图形于凌烟阁上。就长安周围各县的人物而论，共有长孙无忌、杜如晦、高士廉、李靖、萧瑀、刘弘基、殷开山、长孙顺德、侯君集九人，仍然超过了总数的三分之一。当然，这里所说的只是一些在当时最为有名而政治地位又较高的人物。如果泛及当时见于两《唐书》列传的人物，则总数当在200上下，全国各地与长安及关内、陇西两道的比例，大约在3∶1之间。这样多的人物按其社会关系和在政府中的职掌，就不一定都是会集在都城长安。总之，长安和关陇等处的人物，实际上是以长安及其周围各县为最多。关内道其他各处和陇右道都是寥寥可数的。这里所说的长安及其周围各县，实际上就是现在的陕西中部渭河下游的关中地区。虽说是畿辅之地，但和全国比较起来，是相当狭小的地区，却出了这样多的人物，应该是有它的道理的。当然，能够受到当世甚至后世称道的人物是有他的聪明才智和社会际遇的。这是人各不同，难得强求一律的。不过作为都城，长安也自有其较为方便的条件。

唐朝后期，陕西各地人物仍以关中地区为多，首都长安仍然是人物荟萃之地。如果说后期人物的分布和前期有所不同的话，那就是陇州有了较为著名的人物，各州县人物数量不尽一致，而世族数量较前增多。这应当是唐王朝长期统治的结果。当然，像韦、杜那样的世族仍然是世代簪缨。长安萧氏和始平窦氏也没有什么明显的变迁。从令狐德棻以来的华原令狐氏，由郭子仪始建基业的华阴郭氏，这一时期都先后有了若干人物。而长安韩氏和华原柳氏则分别自韩休和柳公绰以后也为当世所称道。在一些外州的世族，如陇西李氏、范阳卢氏等也有迁至长安者。世族人物的增加，显示出一般人物的减少。所以总的说来，唐代后期陕西人物有减少的趋势。

唐王朝为便于管理，曾先后将天下划分为"十道"，其中属于西部地区的有关内、陇右、剑南三道及岭南、山南二道之部分地区。

关内道为古雍州之地,辖23府、州,92县,以今陕西中部、北部为主,包括今宁夏、内蒙古河套地区和甘肃省东部地区。有唐一代,关内道共出现过109位著名学者。其中影响较大的有孙思邈、姚思廉、颜师古、高士廉、李淳风、王方庆、韦述、杜佑等。这些学者都曾取得过杰出的学术成就。如著名的医学家京兆华原人孙思邈,"七岁就学,日诵千余言。弱冠,善谈庄、老及百家之说,兼好释典。……自注《老子》《庄子》,撰《千金方》三十卷,行于代。又撰《福禄论》三卷,《摄生真录》及《枕中素书》《会三教论》各一卷"①。又如著名的史学家韦述,"嗜学著书……勒成《国史》一百一十二卷,并《史例》一卷。……事简而记详,雅有良史之才"②。萧颖士将他比作谯周、陈寿之流。"述早以儒术进,当代宗仰。"张说重词学之士,述与张九龄、许景先、袁晖、赵冬曦、孙逖、王翰常游其门。韦述好谱学,撰有《开元谱》二十卷。"议者云自唐已来,氏族之盛,无逾于韦氏。其孝友词学,承庆、嗣立为最;明于音律,则万石为最,达于礼义,则叔夏为最;史才博识,以述为最。所撰《唐职仪》三十卷、《高宗实录》三十卷、《御史台记》十卷、《两京新记》五卷,凡著书二百余卷,皆行于代。"③杜佑,唐中叶宰相、杰出政治家、著名史学家,"虽位极将相,手不释卷",撰《通典》二百卷,"其书大传于时,礼乐刑政之源,千载如指诸掌,大为士君子所称"④。其孙杜牧为晚唐著名诗人,曾任史馆修撰、兼史职,"牧好读书,工诗为文……注曹公所定《孙武十三篇》行于代。……有集二十卷,曰《杜氏樊川集》,行于代"⑤。纵观关内道,世族高门的学术活动占到很大比重,尤以京兆韦、杜,陇西李氏、弘农杨氏文化造诣为高,家学源远流长,泽被子孙,多有创见。

陇右道在唐代辖20州、府,57县。《唐六典》卷三载其辖境"东接秦州,西逾流沙,南连蜀及吐蕃,北界朔漠",相当于今甘肃陇山六盘山以西,青海省青海湖以东及新疆东部。陇右道的学者相对较少,知名的有赵武孟、赵彦昭父子。赵彦昭,中宗时进士。《全唐诗》收诗一卷。赵武孟、赵彦昭是唐代张掖籍的父子诗人。赵武孟博通经史,举进士,官至右台侍御史,著《河西人物志》10卷。赵彦昭进士出身,因唐陇右道地接沙漠,自然条件恶劣,文化萧条,畜牧业发达,地方大族也并不重视发展文化,所以有才之士只有通过科举一途,寻求显达。

---

① 《旧唐书》卷一九一《孙思邈传》,第5094—5097页。
② 《旧唐书》卷一百二《韦述传》,第3184页。
③ 《旧唐书》卷一百二《韦述传》,第3185页。
④ 《旧唐书》卷一四七《杜佑传》,第3983页。
⑤ 《旧唐书》卷一四七《杜牧传》,第3986—3987页。

剑南道的主体部分在四川盆地,治所益州,即今四川成都。该道在唐代辖38州,128县。著名学者有陈子昂、李白、袁天罡等。陈子昂,梓州射洪人,进士,文学家,"家世富豪,子昂独苦节读书,尤善属文。初为《感遇诗》三十首"而成名,数次上疏陈事,词皆典美,"文词宏丽,甚为当时所重"①。子昂是初唐诗文革新人物之一,有文集十卷。他反对齐梁以来适应颓靡的贵族之风,主张诗歌要有现实意义,要有明朗刚健的风骨。天文学家益州人袁天罡,精通相面之术,曾为朝廷重臣及武则天相面,无不应验。著有《相书》七卷,《要诀》三卷。

如果我们把上述三道的情况加以比较,就可以看出关内道学者众多,其他诸道则相对较少。这是因为关内道是都城长安所在,物华天宝,人文荟萃,自汉代以来,"陕西的学术活动长期高度集中于关中地区"②,其文化积淀比其他地方更为丰厚。正如向达所说:"第七世纪以降之长安,几乎为一国际都会,各族人民,各种宗教,无不可于长安得之。……开元、天宝之际,天下升平……异族入居长安者多,于是长安胡化盛极一时。"③

二、学术文化的发展

(一) 学术

到了唐代,统治者对儒学十分重视,认为儒学的兴衰与国家的兴亡密切相关,就像鱼之与水,鸟之与羽,"失之则死,不可暂无"④。在这种思想的指导下,以唐太宗为首的统治者为儒学的统一做了大量工作。贞观四年(630),唐太宗诏颜师古在秘书省考定五经,写成《五经定本》,又令国子祭酒孔颖达撰定五经疏义,写成《五经正义》。正如马宗霍在《中国经学史》一书中所说:"自《五经定本》出,而后经义无异文;自《五经正义》出,而后经义无异说。每年明经依此考试,天下士民,奉为圭臬。"这种统一,进一步巩固了儒学在中国思想界的崇高地位。唐代中后期,韩愈和李翱的思想令人耳目一新。韩愈是唐代著名的文学家,同时也是著名的思想家。他长期生活在长安等地,治学以儒为主,对佛、道思想采取吸收与排斥相结合的态度,使南北朝以来的"夷夏之辩"有了理论的深度。李翱是陇西成纪(今甘肃秦安)人,受韩愈影响很深。他丰富了韩愈的人性学说,提

---

① 《旧唐书》卷一九○中《文苑中》,第5018—5024页。
② 张晓虹:《文化区域的分异与整合:陕西历史地理文化研究》,上海:上海书店出版社,2004年,第88页。
③ 向达:《唐代长安与西域文明》,重庆:重庆出版社,2009年,第30页。
④ 《资治通鉴》卷一九二,贞观二年六月辛卯,第6054页。

出了"复性"的概念，对后来"关学"的形成产生了积极的影响。

（二）宗教

佛教是由古印度思想家乔达摩·悉达多在公元前6世纪创立的宗教。隋唐两代，佛教大兴，达到鼎盛。佛教在唐代的传播呈现出以下几个特点：一是统治阶级大力提倡和宣扬佛教，二是佛教宗派竞相出现，三是译经的数量和质量大为提高。宋代以后，禅宗在社会上广为流传。直到现在，在广大的西部地区，我们仍可以看到众多的佛教文化遗存。

从佛教典籍、世俗文献和考古资料来看，历史时期西部地区特别是西北地区曾经出现过许多佛教文化场所。魏晋南北朝时期，西北地区见于记载的寺院有40余处，主要分布在丝绸之路沿线。隋唐两代，西北地区见于记载的佛寺凡153座，其中关内道145座，陇右道5座，山南道3座。可见当时佛寺的数量增加，而且分布区域进一步扩大。京兆府是"唐代西北地区佛教寺院分布最为密集的府（州）"，其数量达到123所，"占唐代西北地区佛寺总数的80%"。而"京兆府的佛寺又集中分布在唐长安城"，佛寺数量达到90所[1]。西南地区也有一些寺院，其中分布在四川成都等城市中的寺院较多，但其数量是不能与西北的情况相比的。因此，我们可以说唐都长安是西部佛教文化的中心。

古代兴建的佛寺多为土木建筑，经过千百年的风风雨雨，保存到现在的犹如凤毛麟角，但一些石窟寺却较好地保存下来。西部地区的石窟寺开凿于3—16世纪。如今保存下来的石窟仍以西北居多，西南地区除四川外，石窟寺相对较少。西北地区著名的石窟寺40余处，主要分布在西域、河西、陇中、陇南、陇东、宁南和渭北七大区[2]。其中影响较大的有敦煌莫高窟、天水麦积山石窟、永靖炳灵寺石窟、固原须弥山石窟、拜城克孜尔石窟等。

隋文帝和隋炀帝虽以佞佛而著称，但对道教表现出友好的姿态。史载隋文帝曾对道教圣地楼观台进行过大规模的修葺。隋炀帝曾拜茅山道士王远知为师。这说明，隋代的统治者在崇佛的同时也是扶植道教的。

唐代帝王姓李，为了提高门第，自称是道教之主老子的后裔。因此从高祖李渊时起，唐代就开始大力提倡道教。武德八年（625）唐代宣布道教为其第一宗教。太宗贞观年间，更明确宣布：老子为李氏之祖，其名位在释迦之上，道士女冠居僧尼之前。于是，道教

---

[1] 介永强：《西北佛教历史文化地理研究》，北京：人民出版社，2008年，第51页。
[2] 《西北佛教历史文化地理研究》，第112—128页。

声名大震，第一次超过了佛教。唐高宗乾封元年追尊老子为玄元皇帝，规定科举考试者必习道经《老子》。唐玄宗在推崇道教方面不遗余力。其一，他给老子不断追加尊号，从"大圣祖玄元皇帝"一直加到"大圣高上大道金阙玄元皇帝"。其二，设崇玄署，加强对道教的管理。开元二十四年（736），"诏道士、女冠隶宗正寺"。其三，在崇贤馆立玄学博士学士，诸州置玄学士；将《老子》《庄子》作为科举考试的内容，称之为"道举"。改天下崇玄学为通道学。其四，整理道经。先后编成《一切道经音义》140 卷，《三洞琼纲》3944 卷。其五，造观雕像。开元二十九年（741）玄宗梦见老子，画像分发天下道观。又令长安、洛阳修建"玄元皇帝庙"，雕刻自身石像侍立于老子像旁。此外，玄宗还封庄子为南华真人，文子为通玄真人，列子为冲虚真人，庚桑子为洞灵真人。规定道士犯法，地方官不得过问。因此，信道者日益增加，连原先佞佛的一些士大夫如贺知章也开始弃佛崇道。时道士张果者深得宠爱，被请进长安，奉若神仙。唐代中期以后，武宗对道教也是推崇备至，他认为玄元皇帝永生常在，改其生日为"降神圣节"。每至生日，即在太清宫举行朝谒仪式，像给活人祝寿一样。此外，还把赵归真等81人请进大明宫，在宫内含元、宣政、紫宸三大殿造起九天道场，为他本人举行受箓活动。《唐会要》卷五〇《尊崇道教》条云："武宗志学神仙，归真乘间排毁释氏，言非中国之教，宜尽去之"。武宗甚以为然，会昌法难就是在这种情况下出现的。

除佛道二教之外，唐代以来在西部开发区流传的宗教还有从中亚传入我国的基督教、伊斯兰教、火祆教、摩尼教等。其中基督教和伊斯兰教影响传播较为广泛。据《大秦景教流行中国碑》的记载，基督教是唐太宗贞观十二年（638）传入长安的。武宗灭佛时，基督教也被禁止在内地传播。到了元代，也里可温（基督教）再度从边疆传入内地。伊斯兰教也是唐代前期传入中国的。蒙古西征之后，大批信仰伊斯兰教的回族人迁入中国，其中不少人在西部地区繁衍生息。因此，伊斯兰教在西部得到推广，成为西部地区的重要宗教之一。

（三）文学

隋唐时期，诗人辈出，群星灿烂，诗篇众多，内容丰富，诗歌艺术空前发达。据统计，有近3000位诗人的5万首作品流传至今。其中有不少诗人都曾在西部活动，他们的一些诗篇也与西部有关。著名的诗人如李白、杜甫、王维、贾至、王之涣、孟浩然、王昌龄、储光羲、綦母潜、萧颖士等都曾经到过长安，有的还在长安居住了较长的时间。因此，打开《全唐诗》，我们可以看到不少描写长安的诗篇。贾至《早朝大明宫呈两省僚友》云："银烛熏天紫陌长,禁城春色晓苍苍。千条弱柳垂青锁,百转流莺绕建章。"[1]韦应物《长安道》云："汉家宫殿含云烟,两宫十里相连延。……归来甲第拱皇居,朱门峨峨临九衢。"[2]储光羲《长安道》云："鸣鞭过酒肆,袨服游倡门。百万一时尽,含情无片言。"[3]由此我们不难想见长安城的壮丽,也不难想见长安人的经济生活。对于长安的文化生活,诗人也多有涉及。如郭利贞《上元》诗云："九陌连灯影,千门度月华。倾城出宝骑,匝路转香车。烂漫惟愁晓,周游不问家。更逢清管发,处处落梅花。"[4]家家花灯高擎,处处如同白昼,游人乐而忘归的辉煌场面和喧闹气氛,跃然纸上。人们的游赏也不一定就在节日时分,平时也有如同节日的盛况。百戏在这一时代已很盛行,其中拔河游戏曾是诗人特为属意的。张说《奉和圣制观拔河俗戏应制》诗:"今岁好拖钩,横街敞御楼。长绳系日住,贯索挽河流。斗力频催鼓,争都更上筹。春来百种戏,天意在宜秋。"[5]诗人对这种文化生活做了细致生动的描写。当时人们在万物萌发的春天,拔河游戏,生气勃勃的精神,历历如绘。除长安城外,西部的许多自然景观和人文景观也是诗人描写的对象。特别是唐人所写的边塞诗,往往涉及西部地区的自然环境和历史文化,具有重要的参考价值。

唐代中后期,文坛出现了"古文运动"。古文运动实际上是一场散文革新运动。陈子昂、张说、苏颋是古文运动的奠基者,韩愈是古文运动的主将,而柳宗元和刘禹锡亦对古文运动做出过巨大贡献。

（四）史学

到唐代,西部地区也有一些著名的史学家。宜州华原人（今陕西铜川耀州区）令狐德棻在贞观年间奏请修纂梁、陈、周、齐、隋五史,得到唐太宗的批准。他主修的《周书》就是"唐八史"之一。他还参与了《五代史志》《大唐礼仪》《太宗实录》《高宗实录》的编写,著有《凌烟阁功臣故事》《皇帝封禅仪》等书。京兆人姚思廉也是唐代前期著名的史学家,著有《梁书》50卷、《陈书》30卷。唐代中后期,长安史学家杜佑又编纂了著名的《通典》。此书是我国第一部记载典章制度的通史著作,共200卷,共分食货、选举、职官、礼、乐、兵、刑、州郡、边防等9类,对上起传说时代的黄帝到唐代宗时期的每一个典章制

---

[1] 《全唐诗》卷二三五《早朝大明宫呈两省僚友》,第2596页。
[2] 《全唐诗》卷一九四《长安道》,第1998页。
[3] 《全唐诗》卷一三九《长安道》,第1418页。
[4] 《全唐诗》卷一〇一《上元》,第1079页。
[5] 《全唐诗》卷八七《奉和圣制观拔河俗戏应制》,第944页。

度都追根溯源，记载详备，具有重要的史料价值。

(五) 艺术

在唐代，统治者提倡"二王"书法，书学日益繁荣。在唐代289年间，欧阳询、虞世南、褚遂良、薛稷、怀素、张旭、颜真卿、李邕、李阳冰、柳公权、沈传师等大书法家都曾在西部活动。其中怀素、颜真卿和柳公权即出身于西部地区。怀素原籍长沙，徙居长安，以草书著称。李白在《草书歌行》中说："少年上人号怀素，草书天下称独步。"《宣和书谱》说怀素的草书，似"惊蛇走虺，骤雨狂风"，在艺术上有较高的成就。颜真卿是京兆万年(今西安市)人，"忠贯白日，识高天下"，"善正、草书、笔力遒婉，世宝传之"[①]。《续书品》称："颜真卿书，锋绝剑摧，惊飞逸势。"苏轼说："颜鲁公书，雄秀独出，一变古法"，"后之作者，殆难措手"[②]。其特点是"点如坠石，划如夏云，钩如屈金，戈如发弩"。他的代表作有《中兴颂》《颜氏家庙碑》《麻姑仙坛记》《觉仙坛记》《争座位帖》《告身》等。柳公权祖籍耀州华原(今铜川市耀州区)，是位全能的书法家，"当时公卿大臣家碑板，不得公权手笔者，人以为不孝。外夷入贡，皆别署货贝，曰：'此购柳书。'上都西明寺《金刚经碑》，备有钟、王、欧、虞、褚、陆之体，尤为得意"[③]。《宣和书谱》云："公权之学，出于颜真卿，加以盘结遒劲，为时所重。议者以谓……其风骨峻极。"

在唐代以后的千余年间，西部地区也曾出现过一些书法家，如宋朝的范宽，近代的于右任等。但总的看来，书法家较少，成果也不是很大，已经不能与唐代西部书法同日而语了。

隋唐两代，绘画艺术迅猛发展，人物画趋于成熟，山水画后来居上，花鸟画亦应运而生。唐人张彦远撰写的《历代名画记》，记载了唐初至会昌年间的画家共207人。[④] 其中不少人是名副其实的西部画家。如太宗贞观年间，阎立德、阎立本兄弟以善画人物著名。而立本的画名，尤在立德之上。所画《秦府十八学士图》《凌烟阁功臣图》《昭陵列像图》《永徽朝臣图》《外国图》《西域图》《历代帝王像》和《步辇图》具有重要的史料价值和艺

---

① 《新唐书》卷一五三《颜真卿传》，第4861页。
② 〔宋〕苏轼：《东坡七集》卷二十三，清光绪三十四年重刊明成化本。
③ 《旧唐书》卷一六五《柳公绰传弟公权附传》，第4311—4312页。
④ 《历代名画记》共十卷。据《目录》所列，第九卷《唐朝上一百二十八人》，第十卷《唐朝下七十九人》，合共二百零七人。然卷一《自古画人名》所列，唐朝才得二百零六人。此二百零六人的排列亦非按时代次序，且与后面正文不尽相应，实际上属于开元天宝时期的为一百零一人。

术价值。与阎氏兄弟同时出名的还有来自于阗（今新疆和田县）的尉迟跋质那和尉迟乙僧，人们称之为"大小尉迟"。大尉迟的画风，"洒落而有气概"；小尉迟"用笔紧劲如屈铁盘丝"。他们都善画佛像和西域的风俗人物画，画面上有所谓凹凸花，带有明显的西域风格。

盛唐时期，吴道子横空出世，成为画坛上的领军人物。史载吴道子又名吴道玄，"年未弱冠，穷丹青之妙"①。人物、台阁、鸟兽、草木、山水，无所不能。他的人物画，"落笔雄劲，而傅彩简淡"。"其傅彩，于焦墨痕中，略施微染，自然超出缣素。"前后画寺院墙壁三面余间，人像、鬼状，无一要相同，达到很高的艺术水平。除了发展晕染法以外，对传统的线条画法也有很大的发展。他在长安平康坊菩萨寺食堂前画的礼佛仙人，"天衣飞扬，满壁风动"，在赵景公寺壁上"画龙及刷天王须，笔迹如铁"。显然，屈铁盘丝的线条画法已经达到了炉火纯青的程度。与吴道子同时的画家还有"大小李将军"、王维、张萱、周昉等人。大小李将军即指李思训、李昭道父子。李思训的画，品格高奇，用笔劲挺而细密，"其画山水树石笔格遒劲"，"金碧辉映，为一家法，后人所画著色山往往多宗之"。其子李昭道继承了他的画风，并有所发展。王维，不仅是田园诗的大家，同时也是山水画的名手。他的"破墨山水，笔迹劲爽"。《唐画断》云："画山水松石，踪似吴生（道子），而风标特出。"《旧唐书·文苑传》谓其"山水平远，云峰石色，绝踪天机，非绘者之所及"。张萱为京兆人，善画人物。"尝画贵公子鞍马屏帷宫苑子女等，名冠于时，善起草点簇位置亭台竹树花鸟仆使，皆极其态。画《长门怨》，约词撼思，曲尽其旨，即金井梧桐秋叶黄也。"其流传"粉本，画《贵公子夜游图》《宫中七夕乞巧图》《望月图》，皆绡上幽闲多思，意逾于象。"代表作有《明皇纳凉图》《整妆图》《捣练图》《执炬宫骑图》《挟弹宫骑图》《按羯鼓图》《虢国夫人游春图》等，现在流传下来的，只有宋人临摹的《捣练图》和《虢国夫人游春图》等。周昉字景玄，长安人，"画穷丹青之妙"。《唐画断》称周昉画仕女，"为古今之冠"。他的画，国际闻名，罗国使臣在扬州等地曾高价收买他的画作。

唐代中后期，花鸟画和动物绘画兴起。唐代德宗时，花鸟画方面边鸾最为知名。边鸾，京兆长安人，少"攻丹青，最长于花鸟折枝之妙，古所未有"②。他不仅"善画花鸟，精妙之极，至于山花园蔬，无不遍写"，都达到很高水平。在动物画方面，唐玄宗时人有曹霸，工鞍马。曹霸的学生陈闳、韩幹亦善画马。陈闳恪守传统画法，画马着重筋骨，

---

① 《太平广记》卷二一二《吴道玄》，第1622页。
② 《太平广记》卷二一三《边鸾》，第1633页。

画出来都是瘦马。而韩幹则不守旧法，以御厩真马为写真对象，使人能够感到盛唐气象。韩滉"牛马尤工。"他画的《五牛图》流传至今，的确是艺术作品中的瑰宝。戴嵩亦善画牛。史载"世之所传画牛者，嵩为独步"，"至于田家川原，皆臻其妙。"①

隋唐时期，长安与西域的乐舞文化交流进一步加强，少数民族和邻国的音乐对中原音乐产生了重大影响。据《唐会要》等书记载，唐代音乐流派较多，有雅乐、凯乐、燕乐、散乐、夷乐之分。雅乐是帝王祭天地、祀祖先、朝群臣、宴百僚等大典时所用的音乐，以"典雅纯正"而得名。凯乐是"鼓吹之歌曲"。太宗平东都，破宋金刚，苏定方执阿史那贺鲁，李勣平高丽，皆备军容，凯旋入京。中唐以后，凯歌有《破阵乐》《应圣期》《贺朝欢》等。燕乐是帝王宴享所用的音乐，由汉族传统音乐、少数民族音乐和外国音乐组成，计有燕乐、清商、西凉、高丽、天竺、龟兹、疏勒、安国、康国、高昌10种音乐。唐玄宗开元年间，燕乐分为立部伎和坐部伎。立部伎立于堂下演奏，人数较多，规模较大，少则数十人，多则数百人。坐部伎坐于堂下演奏，规模相对较小，多则十余人，少则二三人。散乐相当于戏曲、杂技。"非部伍之声，俳优歌舞杂奏，总谓之百戏。"②有跳铃、掷剑、透梯、戏绳、缘杆、弄枕珠、大面拔、夏育扛鼎、神龟负岳等节目。夷乐系少数民族及邻国音乐，有东夷乐、西戎乐、南蛮乐、北狄乐之分。东夷乐有高丽乐和百济乐，西戎乐有高昌乐、龟兹乐、疏勒乐、康国乐、安国乐，北狄乐有鲜卑乐、吐谷浑乐、部落稽乐等，而南蛮乐则有扶南乐、天竺乐、南诏乐、骠国乐等。由此可见，当时音乐文化的交流是相当普遍的。

隋唐时期，宫廷舞蹈、民间舞蹈和表演性舞蹈均有发展，并达到很高的艺术水平。史载，自唐初起，庙堂之上就已制定了一些舞蹈，而以《七德舞》《九功舞》和《上元舞》最为重要，足为其他各种舞蹈的代表。《七德舞》本为《秦王破阵乐》，乃是用太宗为秦王时民间歌谣的乐曲，杂以龟兹，改制歌辞并另赐新名而成的，这是一种显示武功的舞蹈。《九功舞》本是《功成庆善乐》，后改成《九功舞》，这是一种显示文德的舞蹈，是和《七德舞》偕奏的。《上元舞》制作较晚，是用于圆丘、方泽、太庙祠享的。这三大舞是用于庙堂的舞蹈，其他场所是不能轻易举行的。像《七德舞》那样每次要用舞者120人，也是难得在一般场所举行的。除了这些宫廷舞蹈，当时还有许多表演性的舞蹈。表演性的舞蹈有"健舞"和"软舞"之分。据《教坊记》和《乐府杂录》所录，当时有名的健舞有11种，以

---

① 〔宋〕佚名著；王群栗点校：《宣和画谱》卷一三《畜兽一·唐·戴嵩》，杭州：浙江人民美术出版社，2019年，第149—150页。
② 《唐会要》卷三十三《散乐》，第611页。

《胡旋》《胡腾》《柘枝》《剑器》最为著名；软舞有 13 种，主要有《绿腰》《春莺啭》《回波曲》《乌夜啼》《兰陵王》《凉州》《甘州》等。此外，民间舞蹈也很兴盛。民间舞蹈主要有节日踏歌、风俗舞蹈、祭祀舞蹈和寺院舞蹈等。其内容丰富多彩，令人眼花缭乱。

唐代以后，正史对西部舞蹈缺乏记载，但地方志对各地舞蹈有所涉及，特别是对少数民族舞蹈，记载得比较详细。由此我们可以对宋元明清时期的西部舞蹈有所了解。

三、传统礼俗的发展

（一）礼俗活动

1. 迎春

唐代，迎春活动越来越受到人们的重视。《旧唐书》记载："武德、贞观之制，神祇大享之外，每岁立春之日，祀青帝于东郊，帝宓羲配，勾芒、岁星、三辰、七宿从祀。"[1]《全唐诗》和《全唐文》所收录的迎春诗文，生动地反映了唐代迎春活动的盛况。

唐代长安东郊的迎春礼仪主要是由中央政府主持的。据《大唐开元礼》卷十二记载，唐代的迎春礼仪如下：（1）斋戒。活动前的七天，太尉在尚书省召集百官宣布：某月某日皇帝将亲于东郊迎春，祭祀青帝，百官都须谨守职责。凡参祀官员应从即日起开始斋戒，散斋四天，致斋三天。（2）陈设。活动前三天，掌管殿庭铺陈的尚舍直长在外"壝"东门之内面南铺设御座，负责保卫工作的卫尉在近壝东门之内向北设置帐幔。前两天，负责音乐的太乐令准备宫悬的音乐于南壝之内。前一天，设置皇帝的御座及迎春所需要的一切礼器。（3）省牲器。把贡物敬献给上天。方圆 200 步范围内禁止任何人走动。郊社令率领府吏二人及斋郎带着尊、罍、洗、篚等器物进入祭坛范围，引导皇帝在旁净手。随后，皇帝回到自己的位置，礼官令人用鸾刀割牲取血，令男巫以豆盛之，并把它们放在特定的地方，等待被祭祀的诸神享用。（4）奠玉帛。祭祀的官员都穿上和自己品阶相匹配的华丽礼服，郊社令和良酝令各自率领自己的下属献上美酒、青圭等祭祀用品。太官令率领侍从在内壝东门的馔幔里放置各种食物。……皇帝穿全套礼服而出，在礼官的引导下举行一系列的祭神仪式。（5）进熟。太官令率领他的下属官吏把各种食物放在内壝门外，司徒随后捧青帝之俎进入。皇帝从南面的阶梯上祭坛，把酒、食献给青帝，祝史在青帝的神座前诵读祭文，曰："维某年岁次月嗣天子臣某昭告于青帝灵威仰……"皇帝再到作为陪祀的太昊神座之前，同样的进熟、读祀文再进行一次；随后，太尉在礼官的引导下

---

[1]《旧唐书》卷二四《礼仪志四》，第 909 页。

到燎，向南而立，东西两面各有六个人用火炬烘烤燎坛。礼毕，群臣三拜。皇帝赏赐群臣并大开筵席，丝竹伴奏，美人歌舞，尽兴而还。

《唐四时宝镜》载："立春之日，食芦、春饼、生菜，号春盘。"①唐人习惯吃春盘，贴春贴，佩戴春幡，过一个喜庆热闹祥和的节日。唐人的迎春热情还在诗文中有所展现，大诗人元稹就曾把"鞭牛"这种习俗写入诗歌之中，全诗如下："何处生春早，春生野墅中。病翁间向日，征妇懒成风。研笔天虽暖，穿区冻未融。鞭牛县门外，争土盖蚕丛。"②大量资料表明，人们举行迎春活动，目的是表达一个美好的愿望：希冀风调雨顺，五谷丰登。而位于权力金字塔最顶端的皇帝和皇后以身作则的亲耕亲桑活动，对天下的垂范作用还是非常明显的，客观上促进了我国中古时期农业的发展。

2. 祓禊

隋唐时代，祓禊活动仍然保留着前代的一些传统。如人们在迎春之日，往往攀折柳枝，插于屋檐下和门窗上，或者扎成柳圈，戴在头上，以此来辟邪除灾。有时，皇帝还将柳圈赏给近臣，以供驱邪。再如唐中宗时，浮蛋乞子之俗逐渐被"曲水浮绛枣"所代替，但枣与卵同样具有"祈求多子多福"的意象。

秦汉以来，特别是在隋唐时期，祓禊活动的娱乐成分越来越多。（1）踏青。暮春三月，百草始盛，香花袭人，正是游目骋怀的好季节，人们多于此时出门领略自然气息。隋代卢思道《上巳禊饮》："山泉好风光，城市厌尘嚣。聊持一樽酒，千里共寻春。"上巳俨然成了人们踏青寻春的好日子。更有甚者，每逢上巳，长安城内万人空巷，因而有"倾都祓禊晨"③之说。其中最为热闹的要数曲江池畔，万众云集，盛况空前："上巳曲江滨，喧于市朝路。相寻不相见，此地皆相遇。日光去此远，翠幕张如雾。何事欢娱中，易觉春城暮。"④（2）禊饮。隋唐两代，携酒食出游已蔚然成风。卢思道诗曰："聊持一樽酒，千里共寻春。"文人墨客们更是凭借对兰亭盛会的无限感怀，纷纷仿效行曲水流觞之乐。无论是否流杯取乐，文人的聚会总是格外风雅。他们以酒会友，以诗会友，狂欢不已，由此催生了许多的祓禊诗。卢纶《上巳陪齐相公花楼宴》："钟陵暮春月，飞观延群英。晨霞耀中轩，满席罗金琼。……徒记山阴兴，祓禊乃为荣。"⑤杨凝《上巳》："帝京元巳足

---

① 参见〔宋〕陈元靓撰；许逸民点校：《岁时广记》卷八引《唐四时宝镜》，中华书局，2020年。
② 《全唐诗》卷四百一十元稹《生春二十首》，第4556页。
③ 《全唐诗》卷一百三十崔颢《上巳》，第1327页。
④ 《全唐诗》卷五百八十五刘驾《上巳日》，第6775页。
⑤ 《全唐诗》卷二百八十卢纶《上巳陪齐相公花楼宴》，第3187页。

繁华，细管清弦七贵家。此日风光谁不共，纷纷皆是掖垣花。"①两诗不仅反映了上巳极尽豪奢的庆贺场面，也道出了诗人们欢快、轻松的心境。文人骚客的禊饮尚且能够如此逍遥，官僚士绅、王公贵族的聚饮更是别开生面，尤其是上巳赐宴胜游，成为唐人生活中的一件盛事。"乘春祓禊逐风光，扈跸陪銮渭渚傍"②，"中原花柳暮春时，元巳陪游乐在兹"。两联充分显示出陪游者洋洋得意之态。"彩仗连宵合，琼楼拂曙通。"③可见当年盛宴的情景。(3) 泛舟。隋唐时期文人骚客在祓禊时喜欢水中泛舟，"尽风光之赏，极游泛之娱乐"。常建《三日寻李九庄》云："雨歇杨林东渡头，永河三日荡轻舟。故人家在桃花岸，直到门前溪水流。"④(4) 竞渡。上巳竞渡是唐人的创举。薛逢的《观竞渡》云："三月三日天清明，杨花绕江啼晓莺。……鼓声三下红旗开，两龙跃出浮水来。……竿头彩挂虹霓晕。前船抢水已得标，后船失控空挥桡。"⑤竞渡多用龙形之舟，赛时鼓声震天，船员奋力挥桡，岸边民声沸腾，气氛热烈欢快。

祓禊由最初的怯病除邪、祈福求子，发展成为具有多种文化元素的活动，是与汉代以来社会变化息息相关的。隋朝统一全国后，中原与边疆地区的联系日益加强，南北文化得以充分交流。到了唐代，国家强盛，文化繁荣，社会风气开放，祓禊的内容不断增加，逐渐成为人们的狂欢节。显然，这对丰富时人的精神生活具有积极的作用。

3. 折柳

折柳也是长安传统文化的重要内容。施肩吾《折柳枝》："伤见路边杨柳春，一重折尽一重新。今年还折去年处，不送去年离别人。"⑥孟郊《古离别》："杨柳织别愁，千条万条丝。"⑦依依柳条，漫漫柳絮，勾起漂泊在外的人们的断肠思绪。

《开元天宝遗事》载："长安东灞陵有桥，来迎去送，皆至此桥，为离别之地，故人呼之销魂桥。"⑧人们常常送别于此，折柳相赠，天长日久，折柳送别便形成一种风俗。

折柳送别的风俗在唐代最为盛行。唐代灞桥两岸，筑堤五里，栽柳万株，游人肩摩毂击，为长安之壮观。堆烟杨柳，似雪飞絮，形成了一道独特的风景——"灞柳风雪"。灞水岸边依依披拂的垂柳，从古至今不知凝聚了多少人生离死别的声音和隐隐约约的哽

---

① 《全唐诗》卷二百九十杨凝《上巳》，第3301页。
② 《全唐诗》卷九十一韦嗣立《上巳日祓禊渭滨应制》，第988页。
③ 《全唐诗》卷一百二十七王维《三月三日勤政楼侍宴应制》，第1286页。
④ 《全唐诗》卷一百四十四常建《三日寻李九庄》，第1463页。
⑤ 《全唐诗》卷五百四十八薛逢《观竞渡》，第6322页。
⑥ 《全唐诗》卷四百九十四施肩吾《折柳枝》，第5601页。
⑦ 《全唐诗》卷三百七十二孟郊《古离别》，第4178页。
⑧ 《开元天宝遗事》卷下《销魂桥》，第45页。

咽，亦曾得到多少泪水的浸润。罗隐《柳》："灞岸晴来送别频，相偎相倚不胜春。自家飞絮犹无定，争解垂丝绊路人。"①如今为之流泪的人早已杳然而去，可柳却依旧固守着曾有的那份离别愁绪。在《全唐诗》中，专门咏柳的诗就有400多首。这里略举数例以见其概。李白《忆秦娥》："箫声咽，秦娥梦断秦楼月。秦楼月，年年柳色，灞陵伤别。乐游原上清秋节，咸阳古道音尘绝。音尘绝，西风残照，汉家陵阙。"②写尽了唐人折柳以赠游人的离别惆怅，其中"年年柳色，灞陵伤别"点明了唐人在灞桥折柳送别的场景。李白的另一首诗《春夜洛城闻笛》："谁家玉笛暗飞声，散入春风满洛城。此夜曲中闻折柳，何人不起故园情。"③诗人发出了思乡的幽思。他的《劳劳亭》："天下伤心处，劳劳送客亭。春风知别苦，不遣杨柳青。"④天下伤心之处莫过于送客亭，送别即须折柳，祈盼那知离别之苦的春风，莫要使杨柳发青了，其诗真可谓妙语精伦。白居易《忆江柳》："曾栽杨柳江南岸，一别江南两度春。遥忆青青江岸上，不知攀折是何人？"⑤写柳引发了游子对家乡的思念。他的《杨柳枝词八首》写道："人言柳叶似愁眉，更有愁肠似柳丝。柳丝挽断肠牵断，彼此应无续得期。"⑥柳丝挽断之时也正是肠牵断之时。可见，"折柳"之情深意切。王维《送元二使安西》写道："渭城朝雨浥轻尘，客舍青青柳色新。劝君更尽一杯酒，西出阳关无故人。"⑦流露出折柳相送的别情离恨。《雍录》认为："（王）维诗随地纪别，而曰渭城阳关，其实用灞桥折柳故事也。"⑧清初朱集义有感于"灞柳风雪"，诗题道："古桥石路半倾欹，柳色青青尽扫眉。浅水平沙深客恨，轻盈飞絮欲题诗。"⑨仅在上述的引例中，我们可以看出折柳风俗在唐代的巨大影响，既有朋友别离，又有情人相思；而送别地域既有灞桥边，又有大江南北岸。折柳送别无处不在，亭前桥边的万千柳树，成了有唐一代文人士大夫送别亲朋表达惜别的一种文化符号，那柔软绵长的柳条，日夜萦绕着天涯游子的心。折柳送别作为吉祥礼俗，在有唐一代最终尘埃落定达到辉煌的顶峰，凝铸成了一种民俗心理文化。

古人折柳相赠，与柳自身的特点以及从柳本身所挖掘出的意义有关。"多情自古伤别

---

① 《全唐诗》卷六百五十七罗隐《柳》，第7553页。
② 《全唐诗》卷八百九十李白《忆秦娥》，第10051页。
③ 《全唐诗》卷一百八十四李白《春夜洛城闻笛》，第1877页。
④ 《全唐诗》卷一百八十四李白《劳劳亭》，第1874页。
⑤ 《全唐诗》卷四百四十一白居易《忆江柳》，第4929页。
⑥ 《全唐诗》卷四百五十四白居易《杨柳枝词八首》，第5149页。
⑦ 《全唐诗》卷一百二十八王维《渭城曲》，第1307页。
⑧ 《雍录》卷七《霸上鸿门霸浐图·渭城》，第146页。
⑨ 关中八景碑，现存碑林博物馆。

离",重情重义的中国人从"柳"与"留"的谐音中,发掘了柳的留别、留情、挽留的意象,且柳絮之"絮"与情绪之"绪"谐音,柳丝之"丝"与相思之"思"谐音。于是古人将依依惜别的情怀寄托于娇柔细柳。赠柳、咏柳也就常常带有希望离别之人能够留下来的美好心愿。"青青河畔草,郁郁园中柳。""回首望君柳丝下,挥手别君泪难休。"古人用柳枝的随风飘摇表示别情的依依,真的是恰如其分。

柳具有驱祸辟邪的作用。中国古人具有根深蒂固的"出行遇凶"心理,且古代交通不便,古人远游便多带有生离死别的成分。远行的人们在告别亲友前往陌生之地时,都会带上亲友赠送的象征惜别的吉祥物——柳条。柳在此不仅具有深切挽留之意,更重要的是它具有驱祸辟邪的作用。同时柳又富有药性,因此被古人视为长寿祛邪的吉祥物。北魏贾思勰《齐民要术》载:"正月旦,取柳枝著户上,百鬼不入家。"①唐段成式《酉阳杂俎》记载:"三月三日,赐侍臣细柳圈,言带之免虿毒。"②这些均能印证折柳赠别的辟邪寓意——行人带上它,可以使鬼魅望而生畏,远远地躲开,来确保旅程的平安。值得注意的是,中古民众信仰佛教,对佛教中的形象具有深深的敬畏和崇尚心理,佛教故事中南海观世音菩萨的形象,即为一手托净水瓶,一手拿柳枝,为人间遍洒甘露,祛邪消灾。因此,柳在一般民众的心里也都被视为吉祥物,所以,离别赠柳可以使亲人远离鬼怪的骚扰。这些虽然迷信,但它的确寄托了人们祝福平安的美好心愿,也在一定程度上推动了折柳赠别习俗的发展。

此外,柳是极易成活的植物,具有强大的生命力。一般来说,柳条插土就活,插到哪里,活到哪里,年年插柳,处处成荫。因此,人们折柳送别不仅有留恋之意,还有祝福之意。异乡随处可见杨柳的倩影,是亲友们送别之时折下的,游子们亲手插上的家乡柳,寄托了多少离愁和思念。李商隐《杨柳枝》"为报行人休尽折,半留相送半迎归。"③离别之时将柳条折为两截,一截赠送游人,表祝福;一截留下来,盼游人早归。柳是春天的标志,在春天摇曳的杨柳,总是给人以欣欣向荣之感。"折柳赠别"也就蕴含着"春意常在"的美好愿望。

(二)尚武风气的发展

长安在隋唐时期又复建为都城。隋唐长安与汉时长安虽非一处,但相距只在咫尺之

---

① 《齐民要术译注》卷五《种柳》,第356页。
② 《酉阳杂俎》卷一《忠志》,第3页。
③ 《全唐诗》卷二十八李商隐《杨柳枝》,第399页。

间。隋朝定鼎关中,秣马厉兵,奋其武功,数年之间,荡平陈朝,统一中国,其崇尚武力,自不待言。当时关中之人以武功见称者有杨素、杜整、史万岁等。杨素弘农华阴人,北周时历任车骑大将军,隋文帝开皇八年(588)与韩擒虎等率军灭陈,以功封越国公。其后扫平江南各地的反隋势力,两次击退突厥的进攻,被称为名将。杜整,杜陵人,骁勇有力,喜读《孙子兵法》。从北周武帝灭齐,隋时密上平陈之策,受到隋文帝的称赞,升为行军总管,镇守襄阳。史万岁亦杜陵人,"少英武,善骑射,骁捷若飞,好读兵书,兼精占候"[1]。隋初从击尉迟迥,拜大将军。参加平陈之役,以功加上柱国、开府仪同三司。后多次率军进攻西南西北少数民族的反隋势力,屡建战功。这是隋朝的大体情况。继隋后建立的唐朝得力于关陇集团,这是近人的论断,验诸两《唐书》的纪传,也是确有所本。唐初建树功勋的将军们,都是隶籍于关中和陇上,这是西魏北周以及隋代所蕴聚的地方武力,也是和秦汉时期的关西名将相似的出身途径。关陇集团的形成和显示其力量的所在,只是唐代初年的事,与后来无关。但其形势并没有很大的变化。唐时边庭将帅有些是出于周边各族,但隶籍于关西的仍是大有人在。如李靖为雍州三原人,侯君集为豳州三水人,唐休璟是雍州始平人,张仁愿是雍州下邽人,张俭和王孝杰是新丰人。此外,唐代前期府兵的驻地,以关内道最为繁多,计有261府,超过全国总府数634的三分之一[2]。长安城周围地区更为特殊,亦有131府[3]。府兵来自全国各地,出身于关内道的应该独居前列,这就使关西尚武之风历久不坠。其后府兵改为彍骑,彍骑12万人,京兆独居6.6万人[4],亦为其他各地所少有。安史之乱及其以后较长的一段时期,维护李唐社稷的还有赖于朔方军以及与朔方军有渊源瓜葛的将帅。朔方军本来驻在今宁夏回族自治区灵武县,也就是当时的灵州。唐代后期,郭子仪、李晟犹先后为一代名将。郭子仪就是出身于朔方军,郭子仪为华州郑县人[5]。郑县在长安之东,这和秦时王翦的隶籍频阳、白起的隶籍眉县相仿佛。李晟为陇右临洮人,临洮今仍为甘肃临洮县,亦在洮河中游[6]。则郭、李二人皆是隶籍关陇地区,堪为当地尚武风气的代表。

---

[1]《隋书》卷五三《史万岁传》,第1353页。
[2]《新唐书》卷五〇《兵志》,第1325页。
[3]《新唐书》卷三七《地理志》,第961页。
[4]《新唐书》卷五〇《兵志》,第1327页。
[5]《旧唐书》卷一二〇《郭子仪传》载:郭子仪为华州郑县人。《新唐书》卷一三七《郭子仪传》同。《新唐书》卷七四上《宰相世系表》,谓郭氏曾自太原徙华阴,华阴即在华县之东。
[6]《旧唐书》卷一三三《李晟传》谓晟为陇右临洮人,此据《新唐书》卷一五四《李晟传》。

（三）婚嫁礼俗

从文献资料和考古资料来看，在漫长的历史岁月中，中国西部居民的婚姻也经历了群婚、对偶婚和一夫一妻制三个主要阶段。前二者发生在原始社会，后者则发生在奴隶社会和封建社会。

1. 婚姻制度

现存中国古代最完整的婚姻法首推《唐律》中的《户婚律》。该律凡40条，实际上吸收了先秦两汉婚姻法规15条，两晋南北朝婚姻法10条。也就是说，唐代婚姻法沿用了不少前代的婚姻法规。同样，宋明以来的婚姻法也沿用了不少唐代婚姻法的内容。就是说，中国古代的婚姻法尽管有多种，但内容有不少相同的地方。在维护统治阶级利益、维护宗法制度、维护夫权中心等方面，它们基本上都是一致的。

出于等级观念的考虑，中国古代婚姻法规定良贱不婚。所谓"人各有耦，色类须同。良贱既殊，何宜配合！"也就是说，"良人"与"贱人"之间不能通婚。这方面的限制是很严格的，如有违反，将受到法律的制裁。如《唐律》规定："诸与奴娶良人女为妻者，徒一年半，女家减一等"[①]，"诸杂户不得与良人为婚，违者杖一百。官户娶良人女者，亦如之"[②]。出于宗族观念的考虑，规定同姓不婚。这种规定在周代较严格，凡是同姓，不问远近亲疏，均不能通婚。其目的主要在于"重人伦，防淫佚"。到了唐代，这种极端的做法开始改变，规定同宗共姓的近亲不能结婚，为宋元明清各代所承袭。此外，还有官民不婚，奸逃不婚，违时不婚，居丧不婚，等等。这些制度在地方各地都是通行的。

为了促进人口的增长，保证国家的兵源和税源，历代政府都比较重视婚姻问题，要求各级官吏关注百姓的婚姻状况，要求百姓按时婚嫁。史载周公制礼作乐，设置媒氏之职，专掌男女联婚之事。西周时规定男子30岁娶，女子20岁嫁。战国由于人口锐减，把结婚年龄降低。越王勾践规定，男子20岁不娶，女子17岁不嫁，就要罪及父母。汉代又把女子结婚的年龄提前到15岁，如果15岁不嫁，要交五倍以上的赋税。西晋时规定，如果女子17岁不嫁，则由地方官择配。南北朝时少数民族长期统治西部，大力提倡早婚，甚至要求男子15岁、女子13岁就要结婚。北朝皇子早娶的习俗非常严重。"魏道武帝十五岁生明元帝，景穆太子十三岁生文成帝，文成十五岁生献文帝，献文十三岁生

[①] 〔唐〕长孙无忌等撰；岳纯之点校：《唐律疏议》卷十四《户婚》，上海：上海古籍出版社，2013年，第225页。
[②] 《唐律疏议》卷十四《户婚》，第226页。

孝文帝。北齐后主纬十四岁生子恒，纬弟俨被诛时年十四，已有遗腹子四人。"①《魏书·高允传》说高允上表文成帝讲："今诸王十五，便赐妻别居。"又说"然所配者，或长少差舛，或罪入掖庭，而作合宗王，妃嫔藩懿。"②到唐代结婚的年龄有所放宽，结婚的法定年龄是男子20岁，女子15岁。玄宗时改为男子15岁，女子13岁。宋代以后，一般结婚年龄都在男子16岁，女子14岁左右。丧偶之人在行礼已满的情况下亦应再婚。

为此，历代曾颁发过不少诏谕。如唐太宗时曾下诏说："朕恭承天命，为之父母，永怀亭育，周切于怀。若不申之以婚姻，明之以顾复，便恐中馈之礼斯废，绝嗣之衅方深，既生怨旷之情，或致淫奔之辱。宪章典故，实所庶几。宜令有司，所在劝免。其庶人男女无室家者，并仰州县官人，以礼聘娶。皆任其同类相求，不得抑取。男年二十、女年十五已上，及妻丧达制之后，孀居服纪已除，并须申以婚媾，令其好合。若贫窭之徒，将迎匮乏，仰于亲近乡里、富有之家，哀多益寡，使得资送。其鳏夫年六十，寡妇年五十已上，及妇虽尚少，而有男女，及守志贞洁，并任其情，无劳抑以嫁娶。刺史县令以下官人，若能婚姻及时，鳏寡数少，量准户口增多，以进考第。如导劝乖方，失于配偶，准户减少附殿。"③当时西部城乡居民的婚姻也是在这种政策的指导下进行的。

2. 婚姻观念

在长期的婚姻实践中，中国古代西部城乡居民形成了一系列婚姻观念。如"男大当婚，女大当嫁""门当户对，郎才女貌""父母之命，媒妁之言""姻缘天定""买卖婚姻"等。这些观念在黄河流域的汉族人士中是根深蒂固的。

古代西部城乡居民很少有"独身"观念。因为除了宗教信仰而出家的人士以外，这种观念是不合"理"也不合"法"的。所以在一般人看来，"男大当婚，女大当嫁"是天经地义的事。人们要通婚姻调理阴阳，生儿育女，传宗接代，享受天伦之乐。这种观念经久不衰，十分普遍，毋须赘言。

古人一般认为，婚姻的成立要靠"父母之命，媒妁之言"，这是包办婚姻盛行的思想基础。父母之命即家长的意见，子女没有决定自己婚姻大事的权力。甚至还有子女尚未出生，就被父母"指腹为婚"的。唐代对父母和祖父母的主婚权给予法律上的保证，《疏议》曰："妇人夫丧服除，誓心守志，唯祖父母、父母得夺而嫁之。"④意思是说，丈夫死

---

① 〔清〕赵翼：《廿二史劄记》卷一五《魏齐诸帝皆早生子》，北京：中国书店1987年，第196页。
② 《魏书》卷四八《高允传》，第1074页。
③ 《唐会要》卷八十三《嫁娶》，第1527页。
④ 《唐律疏议》卷十四《户婚》，第221页。

后，妇人守志的决心再大，只要祖父母、父母让她再嫁，她也必须服从。《唐律》有"媒娉"一词。《唐律疏议》说："为婚之法，必有行媒。"①《唐律》卷一四：违律嫁娶，媒人也得治罪。卷一三《疏议》云："父母丧内，为应嫁娶人媒合，从'不应为重'，杖八十；夫丧从轻，合答四十。"②这说明媒妁与主婚人对违律结婚的事，同负法律上的责任。

值得注意的是，由于特定的历史条件，古代西部亦有男女自由择偶的情况。《开元天宝遗事》载云："郭元振少时美丰姿，有才艺，宰相张嘉贞欲纳为婿。元振曰：'知公门下有女五人，未知孰陋，事不可仓卒，更待视之。'张曰：'吾女各有姿色，即不知谁是匹偶。以子风骨奇秀，非常人也。吾欲令五女各持一丝幔前，使子取便牵之，得者为婿。'元振欣然从命，遂牵一红丝线，得第三女，大有姿色，后果然随夫贵达也。"③"李林甫有女六人，各有姿色。雨露之家，求之不允。林甫厅事壁间，开一横窗，饰以杂珠，幔以绛纱。常日使六女戏于窗下，每有贵族子弟入谒，林甫即使女于窗中自选可意者事之。"④《旧五代史·罗隐传》载："(隐)为唐宰相郑畋、李蔚所知，隐虽负文称，然貌古而陋。畋女幼有文性，尝览隐诗卷，讽诵不已。畋疑其女有慕才之意。一日，隐至第，郑女垂帘而窥之。自是绝不咏其诗。"⑤

此外，古代西部在"一夫一妻"阶段，也存在着多妻或多妾多媵的现象。先秦时期自不必论。在两汉时期，男子在正妻之外，往往即有小妾。史载枚乘曾娶小妻⑥，张彭祖为其小妻所毒⑦，窦融女弟为大司空王邑小妻⑧。此类事例甚多，不胜枚举。魏晋以后鲜卑人多妻，《魏书·皇后传》记自神元至昭成"妃嫱嫔御，率多阙焉，惟以次第为称。而章、平、思、昭、穆、惠、炀、烈八帝，妃后无闻。太祖(道武)追尊祖妣，皆从帝谥为皇后"⑨。他们女宠虽多，但都是妻，都是"皇后"，是一种多妻制。西部汉人也存在多妻的现象。《北史·崔亮传》载，崔僧深"元妻房氏生子伯麟、伯骥。后薄房氏，纳平原杜氏，与俱徙，生四子，伯凤、祖龙、祖螭、祖虬"⑩。房、杜二氏都是妻，以致祖龙竟与伯骥"讼嫡庶"。《魏书·李洪之传》载，李洪之"微时，妻张氏助洪之经营资产，自贫至

---

① 《唐律疏议》卷十三《户婚》，第 214 页。
② 《唐律疏议》卷十三《户婚》，第 218 页。
③ 《开元天宝遗事》卷上"牵红丝娶妇"条，第 10 页。
④ 《开元天宝遗事》卷上"选婿窗"条，第 16 页。
⑤ 〔宋〕薛居正等撰：《旧五代史》卷二四《梁书·罗隐传》，北京：中华书局，1976 年，第 326 页。
⑥ 《汉书》卷五一《枚乘传》，第 2366 页。
⑦ 《汉书》卷九三《佞幸传》，第 3721 页。
⑧ 《后汉书》卷二三《窦融传》，第 795 页。
⑨ 《魏书》卷一三《皇后列传》，第 321 页。
⑩ 〔唐〕李延寿：《北史》卷四四《崔亮传》，北京：中华书局，1974 年，第 1640 页。

贵，多所补益"。后来李洪之又娶刘芳的从妹"而疏薄张氏，为两宅别居，偏厚刘室。由是二妻妒竞，互相讼诅，两宅母子，往来如仇"①。崔僧深、李洪之娶二妻，无疑也是受到鲜卑习俗的影响。颜之推说到河北婚姻风俗时，曾经慨叹地说："河北鄙于侧出，不预人流，是以必须重娶，至于三四，母年有少于子者。后母之弟与前妇之兄，衣服饮食，爰及婚宦，至于士庶贵贱之隔，俗以为常。身没之后，辞讼盈公门，谤辱彰道路，子诬母为妾，弟黜兄为佣，播扬先人之辞迹，暴露祖考之短长，以求直已者，往往而有。悲夫！"②宋元以后，理学兴起，士大夫娶三妻四妾乃是常事，直到民国时期，这种情况才受到谴责。

3. 婚姻习俗

在民间，"六礼"的实行并不是十分严格。通俗点讲，婚礼一般分为"订婚""结婚"和"归宁"三个阶段。

（1）订婚

订婚即确定婚姻关系。新中国成立前实行包办婚姻，男女青年为"礼数"所隔，不能自由结合。因此，在结婚之前，男女双方必须举行订婚仪式。

订婚的关键人物是媒妁。媒妁又称媒人、红娘、月下老人或介绍人，在订婚的过程中，起着穿针引线的作用，对婚姻的成败有着举足轻重的影响。订婚的仪式，大体上依《周礼》行事，包括纳采、问名、纳吉、纳征、请期等过程。

纳采俗称求婚。男家选中意中人后，首先备酒菜"央媒"，请媒人至家宴饮，托媒人向女家提亲。媒人带着男家的酒肉，择日前往女家，用三寸不烂之舌说媒。女家如果允亲，即留下媒人所带礼物；媒人返回男家，汇报女家的具体要求。男方家长若认为要求合理，派遣媒人通知女家，并择吉日备四色、八色或十二色礼物，与媒人同往女家。女家妆女出拜，与未来的公公相见。午间用酒馔面条招待来宾，称之为"带汤"，表示两家初步确立亲戚关系。关于"婚书"，《唐律疏议》说："许嫁女已报婚书者，谓男家致书礼请，女氏答书许讫。"③"婚书"也称"通婚书"，这是婚事既定之后的一种形式上的礼节。据刘复《敦煌掇琐》"婚事程式各件"所说，婚书共两幅，一幅是男方家长给女方家长问候的客套短函；婚书的主体另附别纸。其格式大抵如下："（某）自第几男（原注：或第［弟］

---

① 《魏书》卷八九《酷吏·李洪之传》，第1919页。
② 夏家善主编；夏家善、夏春田注释：《颜氏家训》卷一《后娶第四》，天津：天津古籍出版社，2016年，第18页。
③ 《唐律疏议》卷十三《户婚》，第213页。

或侄，任言之），年已成立，未有昏媾。承贤第某女（原注：或妹、侄女），令淑有闻，四德兼备，愿结高援。谨同媒人某氏某乙，敢以礼请。脱若不遗，伫听嘉命。某自。"①婚书放入特制木函，函处以五色线分三道缠绕，函盖上写受、致函者的官衔姓名。选亲族中体面伶俐的青年二人作为"函使"送达。

求婚成功后，男家再次委托媒人询问女方的姓名和出生时间，称之为"问名"，接着请星命家做合婚人，告诉男女年庚，占问吉凶祸福。星命家根据男女双方的"生辰八字"②进行合算。如果命相与日不犯刑、冲、破、害、天罡、河魁诸煞，即可决定成婚，如果天、月二德相合，则更为吉利。若问名卜得吉兆，男家便择吉日下帖，请媒人及女家族亲来家宴饮，称之为"纳吉"。届时准备丰盛的酒宴，并将聘金及布帛等置于案上，称之为"送礼"。财礼多用偶数，以取吉祥之意。酒过三巡，男家令未来的"新郎官"出来"谢媒""拜丈人"。礼毕，媒人陪同女方家长从所陈列的聘礼中退出若干，称之为"回礼"。这样，双方就算正式缔结了婚约。

纳吉后，男家须在短期内"纳征"，即将所陈列的聘礼如数送往女家。为了郑重起见，男家常将财礼装入箱子，在媒人的监押下，派人抬至女家。女家设筵答谢，称之为"接礼"。接了礼，女家便对人说，已经把女儿"给了人"，以免别人再来提亲。纳征礼物种类繁多，且寓意深远。从先秦至后汉，纳征礼物多至30种，均为较贵重物品。杜佑《通典》卷五八载："[后汉纳征]礼物，按以玄纁、羊、雁、清酒、白酒、粳米、稷米、蒲、苇、卷柏、嘉禾、长命缕、胶、漆、五色丝、合欢铃、九子墨、金钱、禄得香草、凤皇、舍利兽、鸳鸯、受福兽、鱼、鹿、乌、九子妇、阳燧，总言物之所众者。玄象天、纁法地，羊者祥也，群而不党、雁则随阳，清酒降福，白酒欢之由，粳米养食，稷米粢盛，蒲众多性柔，苇柔忉之久，卷柏屈卷附生，嘉禾颁禄，长命缕缝衣延寿，胶能合异类，漆内外光好，五色丝章彩屈伸不穷，合欢铃音声和谐，九子墨长生子孙，金钱和明不止，禄得香草为吉祥，凤皇雌雄伉合，舍利兽廉而谦，鸳鸯飞止须匹，鸣则相和，受福兽体恭心慈，鱼处渊无射，鹿者禄也，乌知反哺，孝于父母，九子妇有四德，阳燧成明安身。又有丹为五色之荣，青为色首，东方始。"③南北朝、隋唐之际，聘礼已大为减少，与后汉"三十物"相比，仅剩9种，段成式《酉阳杂俎》释当代纳征礼物说："婚礼纳

---

① 刘复辑：《敦煌掇琐》卷七四《通婚书》，国立中央研究院历史语言研究所专刊之二，中华民国十四年，第293页。
② 古代以干支纪年、纪月、纪日、纪时。人出生的年、月、日、时每项用两个字代替，四项正好八字，故称为"生辰八字"。术数家认为，生辰八字关系到人一生的命运，对婚姻有重大影响。
③ 《通典》卷五八《沿革十八·嘉礼三》，第1650页。

采,有合欢、嘉禾、阿胶、九子蒲、朱苇、双石、绵絮、长命缕、干漆。九事皆有词:胶漆,取其固;绵絮,取其调柔;蒲、苇,取其为心可屈可伸也;嘉禾,分福也;双石,义在两固也。"①男家向女家"过了礼",即占卜吉日以定婚期,然后托媒人拿着皇历到女家征求意见,以表示谦和,女家大都按阳倡阴和的原则推让一番,表示一切由男家做主。于是,男家把选好的结婚日期写在红纸上或用口头的形式告诉女家。接下来的事就是等待结婚了。

(2)结婚

订婚的目的是为了结婚。换句话说,结婚是订婚发展的必然结果。因此,在整个婚礼中,结婚仪式最隆重,场面最盛大,气氛最热烈。在包办婚姻时代,各地结婚仪式均颇有特色。

一般而言,结婚前夕,男女两家都要通知亲朋好友,并进行充分的准备。尤其是男家,不仅要磨面蒸馍,杀猪宰羊,买酒买菜,筹备筵席,而且还要添购家具,布置新房,为新娘缝制结婚时穿的红色礼服,显得异常忙碌。准备工作基本就绪,男家派人送新娘礼服,问明来客多少及妆奁件数,立即根据实际情况,布置迎亲事宜。古时迎亲多在黄昏以后,故《释名》给婚姻下定义说:"妇之父曰婚,言壻亲迎用昏,又恒以昏夜成礼也。婿之父曰姻,姻,因也,女往因媒也。"②大约从秦汉时期开始,迎亲即改在白天举行。

结婚之日,男家的大人小孩黎明起床,在乡邻的帮助下,打扫卫生,张贴婚联,布置礼堂。同时派几名身强力壮的青年,在一位年纪较大的"全命"③人带领下,前往女家搬运嫁妆。天亮以后,傧相带领鼓吹仪仗,抬着花轿,前往女家迎亲。新郎出发之前,按照传统须先祭祖,宣读祭文,把婚事"敬告先灵"。迎亲队伍进入女家所在村庄,即敲锣打鼓,把唢呐吹得特响。女家知道来意,立即接回家中,用酒食热情招待。新郎到女家迎亲,用雁作贽(即见面的礼物),叫"奠雁"。新郎在女家要受到女方亲友们的一番戏弄,叫作"下婿"。这种风俗在北朝称为"弄女婿"。所谓"弄"者,包括口头调笑以至杖打。有时竟把新婿搞到狼狈不堪的境地。《酉阳杂俎》卷一说:"北朝婚礼……壻拜阁日,妇家亲宾妇女毕集,各以竹杖打婿为戏乐,至有大委顿者。"④到了唐代,这种习俗有加无已,居然有闹出人命官司的事。在女家的上述仪注结束后,新妇即准备出堂登车。此

---

① 《酉阳杂俎》卷一《礼异》,第15页。
② 〔清〕王先谦:《释名疏证补》卷三《释亲属第十一》,上海:上海古籍出版社,1984年,第163—164页。
③ 此处"全命"人指有原配夫人的男子。
④ 《酉阳杂俎》卷一《礼异》,第13页。

时新娘须梳妆打扮,贵族新妇更要浓妆艳抹,花费好长时间。即使打扮完毕,也迟迟不出。不知是舍不得离开娘家,还是故意拖延,表示娇贵。新娘须经多次催促,才肯出阁登车。

饭后,搬运嫁妆的人抬上事先准备好的嫁妆先行。然后,新娘穿上男家送来的红衣,戴上精巧的凤冠,盖上特制的"盖头"①。其用意一是遮脸,一是避邪。《酉阳杂俎》云:"女将上车,以蔽膝覆面。"②此俗始自东汉魏晋之际。杜佑《通典》曰:自东汉魏晋以来,时属艰虞,岁遇良吉,急于嫁娶,乃"以纱蒙女氏之首,而夫氏发之,因拜舅姑,便成妇道"③。新妇所蒙盖头,需到夫家举行婚礼时,由新郎亲手揭去,让亲友们一睹新妇的风采,此礼俗称"挑盖头"。这是2000多年来西部地区通行的礼俗。新娘打扮好后,由伴娘扶出,行至轿前;女家近亲一人持火把烘烤轿内,并绕轿三圈,然后将新娘抱入轿中,鸣炮启程。轿子一动,诸乐齐奏。女家派一人骑马,在前压"黄表绺"④,派二人守在轿子两边"帮轿",其余诸亲跟在轿后,"送女"出嫁。一路上唢呐声声,笑语不断,路口上往往挤着看热闹的人。启程之时,还有"障车"一关,就是女家人或亲友挡住车子,不让新娘动身。睿宗太极元年(712),唐绍奏请禁断障车,表云:"往者下里庸鄙,时有障车,邀其酒食,以为戏乐。近日此风转盛,上及王公,乃广奏音乐,多集徒侣,遮拥道路,留滞淹时,邀致财物,动逾万计。遂使障车礼觋,过于聘财,歌舞喧哗,殊非助感。"⑤

当迎亲的队伍返回男家所在村庄的时候,男家顿时被强烈的喜庆气氛所笼罩。前往男家祝贺的宾客早已吃过"饸饹宴",纷纷到村口观看。男家大门两旁树立草捆,用红布盖好。新郎披红戴花,在门前恭候。轿至,鞭炮齐鸣,男家遣两位少妇在茶壶嘴上插上鲜花,前去"接轿",并将红纸喜封交给新娘。同时,男家派一位族亲持火把燎轿周围,左右各转三圈。女家伴娘扶新娘出轿入门。新娘下车,不能履地,据说古人认为新娘的脚与地接触会冲犯鬼神,故须踏着特备的毡席入户。因席短路长,须一路转移接铺,故称"转席"或"转毡"。转席后,男家复遣一人向新娘撒谷草节和黄表纸,以免妖怪随新娘进入男家。

举行婚礼的场所叫"青庐",又称"百子帐"。《封氏闻见记》卷五说:"近代婚嫁……

---

① 盖头又叫盖巾。新娘出嫁时用以遮羞避邪,一般呈方形,色彩嫣红,取吉祥喜庆之意。
② 《酉阳杂俎》卷一《礼异》,第14页。
③ 《通典》卷五九《沿革十九·嘉礼四》,第1682页。
④ 黄表绺系用黄色丝线制成的镇邪物。
⑤ 《唐会要》卷八三《嫁娶》,第1811页。

又有卜地、安帐,并拜堂之礼。"唐人对青庐另有专名,称作"百子帐"①。据宋代程大昌讲:"唐人昏礼多用百子帐,特贵其名与昏宜,而其制度,则非有子孙众多之义。盖其制本出塞外,特穹庐、拂庐之具体而微者耳。卷柳为圈,以相连琐,可张可阖。为其圈之多也,故以百子总之,亦非真有百圈也。其施张既成,大抵如今尖顶圆亭子,而用青毡通冒四隅上下,便于移置耳。白乐天有青毡帐诗,其规模可考也。"②

新郎新娘在乐队伴奏下到达正堂,婚礼即进入高潮。行礼场所被围得水泄不通,人们怀着喜悦的心情观看新郎新娘的一举一动。新郎新娘在傧相的引导下开始拜堂。先拜天神地祇,次拜二老高堂,最后夫妻对拜,皆行四拜之礼。礼毕,傧相将糖果抛向人群,趁众人抢拾之机,引导新郎新娘前往洞房。新郎新娘至洞房门口停下。新郎先进,踏炕(床)四角,转身出门,然后与新娘并排"挤门"而入。新娘坐帐③后,其他人员全部退出,只留新郎在内。新郎用从新娘家带来的红筷子挑去新娘盖头,始得一睹新娘芳容,并与之促膝相谈。一会儿,嫂子们端来事先包好的、有些馅内夹杂着铜钱、盐、辣面等物的饺子,请新娘用膳,观其难堪之状,以为戏笑之资。

撒帐是婚礼上最热闹的节目之一。据《东京梦华录》载:"对拜毕,就床,女向左,男向右坐,妇女以金钱彩果散掷,谓之'撒帐'。"④此时,宾客无论长幼,都争拾钱、果,相为戏谑。撒帐时须诵祝词。据《婚事程式》,祝愿文大体为:"今夜吉辰,宇文氏女与氏儿结亲。伏愿成纳之后,千秋万岁,保守吉昌。五男二女,奴婢成行。男愿总为卿相,女郎尽聘公王。从兹祝愿,已后夫妻,寿命延长。"婚礼的高潮是新婚夫妇的同牢与合卺。同牢,又称共牢,指新婚夫妇同食一牲的仪式,表示共同生活的开始。牢者,牲也。据说古人宴会,猪、牛、羊等,都是每人一份,而夫妻则两人合一份,是谓同牢。合卺,是指新婚夫妇在新房内共饮合欢酒的意思。后世通称饮"交杯酒",以示新婚夫妇自此已结永好。卺是将一个瓢破而为二,以线连柄端,新婚夫妇各执其半(谓卺),以为酒器,是为全卺。合卺等仪节之后,又有去花、却扇的节目。据《婚事程式》所载,合卺之后:"则女婿起,侧近脱礼衣冠,请剑履等,具襕笏入。男东坐,女西坐。女以花遮面。傧相帐前咏除花、去扇诗三五首。去扇讫,女婿即以笏约女花叙于傧相,夹侍俱出。去烛礼成。"敦煌写本《下女夫词》中专门有"去花诗",作为新妇卸标志。诗云:"一花却去一花

---

① 〔唐〕封演撰;李成申校点:《封氏闻见记》卷五《花烛》,沈阳:辽宁教育出版社,1998年,第24页。
② 〔宋〕程大昌撰;许逸民校证:《演繁露校证》卷十三《百子帐》,北京:中华书局,2018年,第940页。
③ 男家事先请两位全福人把洞房床(炕)铺好。新娘进入洞房后,盘腿坐于帐中,俗称坐帐,又称"坐福"。
④ 〔宋〕孟元老等撰;周峰点校:《东京梦华录(外四种)》卷五《娶妇》,北京:文化艺术出版社,1998年,第33页。

新,前花是价(假)后花真。假花上有衔花鸟,真花更有彩(采)花人。"①

午间主人大开酒筵,往往摆至二三十桌。富家多上炒菜,一般人家则多上"装碗"②。无论炒菜还是装碗,都比较丰盛。等客人入席后,主人向门外奠酒三杯,告奠天地,接着傧相请老小外家披红插花。新郎新娘来到席间,按照亲疏关系分别向舅姨姑姊行礼。受礼者给新郎披红布或红缎,给新娘插上头花,并赠送钱布等物作为回礼。礼毕,新郎新娘到每桌前"转圈"向来客敬酒。直到酒足饭饱,客人们才极欢而归。观看人家的婚礼,叫"看花烛"或"看新妇"。《陔余丛考》卷三一云:"世俗新婚三日内,不问亲故,皆可看新妇。固系陋习,然自六朝来已然。"③有的地方也称"破酒"。《新唐书·韦宙传》说:"初,(永州)俚民婚,出财会宾客,号'破酒',昼夜集,多至数百人,贫者犹数十。"④"看新妇"也兼有"闹房"之意。杨树达在《汉代婚丧礼俗考》中说:"婚日,夫家受宾客之贺,飨客以酒肉。而为之宾客者,往往饮酒欢笑,言行无忌,如近世闹新房之所为者。"⑤仲长统《昌言》云:"今嫁娶之会,捶杖以督之戏谑,酒醴以趣情欲,宣淫佚于广众之中,显阴私于族亲之间",甚至有"以缚捶之故至于杀人者"。些种陋习至唐代似有增无减。闹房时或让新郎新娘吃枣子、花生和糖块。枣子与"早子"音谐,意为早生贵子。花生意思是岔开生育,既要生男,又要生女。吃糖块则是祝愿新郎新娘生活幸福、甜美。闹房往往不拘礼节,主要是让新郎新娘唱情歌、说笑话、出洋相,或做"捞鱼""折花"等游戏。新郎新娘若羞羞答答,不肯合作,则闹房时间会延长到午夜。此即《酉阳杂俎》中所说的"娶妇之家弄新妇"。恰同新郎在女家所受的"下婿"礼遇相映成趣。

次日清晨,女家送馄饨至男家,称之为"开门汤"。新郎新娘起床后先拜祖先神主,再拜亲友翁姑。受拜者各赠以首饰或钱币,作为对新人的贺礼。新妇拜见舅姑,在婚礼的第二天举行。朱庆馀《近试上张籍水部》诗有"洞房昨夜停红烛,待晓堂前拜舅姑"⑥之句。李涪《刊误》中也说:"婚礼来日,妇于庭拜舅姑,次谒夫之长属及中外故旧,通谓之拜客。"至此,结婚仪式才宣告结束。

在整个结婚过程中,主人忌马前三煞,如申年忌鸡、牛、蛇,酉年忌虎、马、狗等

---

① 李正宇:《〈下女夫词〉研究》,《敦煌研究》1987年第2期。
② 装碗又叫翻碗。其做法是先将切好的肉片排列整齐,放在碗底,然后装上土豆或红薯块,撒上各种调料,放进笼中蒸熟,再扣上新碗,翻转过来,把肉片翻到上面。
③ 〔清〕赵翼著;栾保群、吕宗力校点:《陔余丛考》卷三一《初婚看新妇》,石家庄:河北人民出版社,1990年,第535页。
④ 《新唐书》卷一九七《循吏·韦丹附韦宙传》,第5631页。
⑤ 杨树达:《汉代婚丧礼俗考》,南昌:江西教育出版社,2018年,第14页。
⑥ 《全唐诗》卷五一五《近试上张籍水部》,第5892页。

属相的人，凡在鸡、牛等年出生的人皆自知趋避，不来结婚场地。此外，孕妇、寡妇及再婚之人也不能参加结婚仪式。

（3）归宁

结婚只是完成了"过门"的过程，并不意味着婚礼的结束。因为结婚是新生活的开始，所以在新婚之初，当事人还要进行一些必要的活动。过去，结婚第二天，女家在午饭后下帖，请女婿及女儿"回门"。次日，新婚夫妇一同前往女家请安。这对新娘来说叫作"归宁"。岳父设宴款待女婿，家眷全部出来"认亲"。邻居亦备酒肉来"看女婿"。晚饭后夫妇必须返回男家。

新娘"归宁"后在家住五日，每天黎明即起，打扫院庭卫生，入厨生火，然后返回新房梳洗化妆。若有邻居邀请饮宴，须"出告反面"，即饭后拜辞公婆，回家后往堂上拜见。从第六日（即结婚第九日）开始，新娘须返回娘家居住八日，人称"邀娘家"，又称"邀十"。邀十期满，即转入正常的家庭生活。

此后，夫妇往往"一竿子到底"，即使男的极贫，女的极丑，也要各安天命，长相厮守，很少有离异的事发生。一旦发生变故，亦可再嫁再娶。但礼节有所不同。续弦若取闺女，婚仪略同初婚。若取再醮之妇①，婚仪极为简单，交过聘金，即行娶归，不论昼夜。再醮妇不得复坐喜轿，只能骑驴或乘马，但不骑骡②。离家前先为前夫烧纸，然后上马，抛撒分灵钱，哭泣而去。到男家时，再婚男先在门口为亡妇烧纸，然后与新妇入室拜堂。

以上是古代西部婚姻的一般情况。事实上，除了上述一夫一妻多妾制外，还存在过多种婚姻形式。从构成婚姻的双方关系来看，婚姻形式有表亲婚、转房婚、入赘婚、冥婚、私奔婚、劫夺婚、服役婚等。表亲婚是指兄弟子女与姊妹的子女之间的婚姻关系，即通常所谓的姑表婚与舅表婚。转房婚，又称收继婚或逆缘婚，是指丈夫死后，寡妇改嫁给原夫亲属的婚姻现象。入赘婚，又称招养婚、招赘婚或赘婚，是指男嫁女娶、男子就婚于女家从妻居的婚姻式。冥婚，又名嫁殇婚，就是为已死的男女结鬼夫妻。凡男女生前未婚，或已订婚未完婚而死，两家父母、亲友为之举行婚礼，使死者在阴间结为夫妇。这是一种古老的封建迷信的婚俗，由于古人对灵魂不灭的迷信。冥婚之俗在历史上流行时间很长。私奔婚，系指未经"父母之命，媒妁之言"而私自结为夫妇的一种婚姻。这是男女冲破封建礼教自由恋爱结合的一种方式。汉代卓文君与司马相如的结合，为历

---

① 古代称父母给新郎、新娘酌酒的仪式为"醮"，故将妇女再嫁称再醮或改醮。
② 人们认为骡不生育，骑之不吉。

史上私奔的典型。据《太平广记》卷一九三"虬髯客"载,唐代李靖与红拂妓张氏的结合,也堪称佳话。张氏本为杨素之妾,慕李靖之才,深夜主动来奔,曰:"妾侍杨司空久,阅天下之人多矣,未有如公者。丝萝非独生,愿托乔木,故来奔耳。"又说:"彼(杨素)尸居余气,不足畏也。诸妓知其无成,去者众矣。"①于是与李靖结为夫妇。不过,私奔毕竟是不为礼教所容的。劫夺婚,又叫掠夺婚,伴战婚、抢婚。它是以强行"掠夺"的方式达到成婚目的的一种婚姻仪式。隋唐时期,某些少数民族地区,仍盛行着劫夺婚。据《隋书·室韦传》说,室韦族的南室韦,"婚嫁之法,二家相许,婿辄盗妇将去,然后送牛马为聘,更将归家。待有娠,乃相随还舍。妇人不再嫁,以为死人之妻难以共居"②。服役婚是远古时代颇为普遍的一种婚俗。它是男子赴女家以服劳役为结婚条件的,通常有一定期限。服役婚的事例以室韦族最为典型:"婚嫁之法,男先就女舍,三年役力,因得亲迎其妇。役日已满,女家分其财物,夫妇同车而载,鼓舞共归。"③至于有些少数民族的婚俗更为奇特,如妻后母、纳寡嫂、娶弟妇。史书记载:突厥、回纥"父兄死,子弟妻其群母及嫂"④。党项羌"妻其庶母及伯叔母、嫂、子弟之妇,淫秽蒸袭,诸夷中最为甚,然不婚同姓"⑤。吐谷浑"父卒,妻其庶母;兄亡,妻其诸嫂"⑥。

由于西部地区民族众多,各民族间多杂居相处,彼此通婚也是常见的事。如同吕思勉所说:"唐代异族,入处内地者甚多,安能禁其婚娶,此势所不行也。昏媾则匪寇矣,此亦外族易于同化之一端欤?"⑦《资治通鉴》代宗大历十四年(779)诏曰:"先是,回纥留京师者常千人,商胡伪服而杂居者又倍之……或衣华服,诱取妻妾。"⑧同书贞元三年(787)云:"胡客留长安久者,或四十余年,皆有妻子……安居不欲归,命检括胡客有田宅者……凡得四千人。"⑨难怪陈鸿祖在《东城老父传》中记述宪宗时事曰:"今北胡与京师杂处,娶妻生子;长安中少年有胡心矣。"⑩《朝野佥载》卷五还有一则"白马活胡儿"的故事,非常典型地反映了蕃汉数代通婚的情形。"广平宋察娶同郡游昌女。察先代胡人也,

---

① 《太平广记》卷一九三《虬髯客》,第1446页。
② 《隋书》卷八四《室韦传》,第1882页。
③ 《旧唐书》卷一九九下《室韦传》,第5357页。
④ 《隋书》卷八四《突厥传》,第1864页。
⑤ 《旧唐书》卷一九八《党项羌传》,第5291页。
⑥ 《旧唐书》卷一九八《吐谷浑传》,第5297页。
⑦ 吕思勉:《隋唐五代史》第十六章《隋唐五代社会组织·婚制》,北京:北京理工大学出版社,2016年,第740页。
⑧ 《资治通鉴》卷二二五,大历十四年七月,第7265页。
⑨ 《资治通鉴》卷二三二,贞元三年七月,第7493页。
⑩ 《太平广记》卷四八五,陈鸿《东城老父传》,第3995页。

归汉三世矣。忽生一子，深目而高鼻，疑其非嗣，将不举。须臾赤草马生一白驹，察悟曰：'我家先有白马，种绝已二十五年，今又复生。吾曾祖貌胡，今此子复其先也。'遂养之。"①在中国古代的民族婚姻中，最高统治者之间的"和亲"是影响最大的。从西汉与匈奴和亲开始，经过魏晋南北朝到宋元明清，中原历代王朝都曾与周边少数民族特别是西部少数民族发生过"和亲"关系。这方面已有专著问世，兹不详述。

（四）丧葬礼俗

丧葬与婚嫁一样，是生活中常见的现象。西部人尊敬老者，提倡孝道，因而重视养老送终。在一般家庭，老人上了年纪，即为老人准备棺木寿衣。老人去世以后，更要为其举行葬礼。过去葬礼比较讲究，从初丧到葬后要举行很多仪式。

1. 墓葬形制

关中地区有18座唐代帝王陵墓，人们在习惯上称之为"关中十八陵"。关中十八陵的范围大小不一：昭陵和贞陵最大，周长60千米。其次是乾陵，周长40千米；泰陵，周长38千米。再次是章陵，周长20.25千米；定、桥、建、元、崇、丰、景、光、庄、端、简、靖各周长20千米。献陵最小，仅周长10千米。尽管这些陵墓的大小有所不同，但其地面建筑基本上是相似的。大体说来，关中唐陵是按照唐代帝王生前的生活环境设计的，所以每座陵墓在封域之内都有两重城郭。第一重城郭是地宫（阴宅）和寝殿的所在地，相当于皇帝居住的宫城。第二重城郭是朝仪的所在，相当于国家机关所在的皇城。皇城之外，封域之内的大片地方为陪葬墓区，相当于外郭城或天下百姓居住的地方。陵墓的布局均坐北而朝南。这种布局一方面是帝王统治思想的体现，另一方面也体现了中国古代传统的丧葬观念②。由于年代久远，加之自然的破坏和人为的破坏，关中唐陵的地面建筑已不存在，但建筑遗迹仍依稀可辨。从文献记载和考古资料来看，关中唐陵的建筑布局是以神道为南北中轴线来安排的，地面建筑主要有城阙、封丘、寝宫、下宫、游殿、祭坛和陵署等。

陵内修筑围墙，主要是为了保障陵寝的安全。关中十八陵均有围墙。墙垣原来都比较高大，墙基宽约3米，往上层层收分，至顶部宽度约为2米，墙高则在5米以上，8米以下。但由于这些墙垣都是用夯土筑成的，经过1000多年的风吹雨打和人为的破坏，到

---

① 《朝野佥载》卷五，第121页。
② 朱熹《山陵议状》：古之葬者，必坐北而南，盖南阳而北阴，孝子之心，不忍死其亲，故虽葬之于墓，犹欲其负阴而抱阳也。

现在绝大部分都已夷平，只有少数墙垣若断若续，尚能体现昔日的盛况。20世纪以来，考古工作者曾对部分唐陵的墙垣进行过探测，得到了一些比较可靠的数据，城垣四面中部各开一门。门的名称均以"四像"而定，即南朱雀、北玄武、东青龙、西白虎。人们在习惯上把青龙门和白虎门分别称作"东华门"和"西华门"。堆土为陵者东门与西门、南门与北门两两相对；而因山为陵者则很少能够做到各门完全对称。唐陵四门外往往有土阙一对，土阙上建有土木结构的楼阁。此外，唐陵城墙四角均筑有角阙，上建楼阁，有如城墙四角的角楼。鹊台和乳台上也有阙。无论是门阙、角阙还是台阙，都是十分醒目的建筑，造型独特，雄壮美观。可以说阙的大量存在，是关中唐陵建筑的一大特点，不仅烘托了陵墓的气氛，而且增加了陵墓的气势。

封丘即通常所说的墓冢，也就是建在地宫上边的封土堆。考古学家习惯上称之为"陵台"。称"陵台"比较形象，但却易与文献中所说的"陵台"相混。文献中所说的陵台实际上是相对"陵署"而言。为了避免混乱，这里姑称之为"封丘"。关中唐陵的封丘可以分为两种类型：一种是堆土为陵，一种是因山为陵。堆土为陵即在平地上开挖墓室，修筑地宫，上面堆土，建成覆斗形的陵台。这种陵墓在唐代以前十分流行。秦汉以来的帝王陵墓多是如此。因山为陵就是把自然的山峰作为陵丘，在南面山腰开凿地宫，修建陵园。这种类型的陵墓出现于汉代，汉文帝霸陵就是这样修建的。贞观九年（635），唐高祖李渊病死，遗制陵园制度，"斟酌汉魏，以为规矩"①。汉魏时期流行堆土成陵。唐高祖生前对汉高祖的长陵比较推崇，而长陵就是堆土为陵的。因此，在给李渊修建陵墓时，太宗下诏"山陵依汉长陵故事"。当时大臣虞世南曾建议效仿汉霸陵故事，因山为陵，太宗未予采纳。但这种陵墓工程浩大，需要大量的人力物力，且安全性较差，因此，唐太宗在给他和文德皇后修建陵墓时，采用了因山为陵的形式。这种陵墓利用了自然山岳，看上去高大、雄伟，很能体现帝王的宏大气派，而且还可在一定的程度上防止盗掘。所以，后来的乾陵、定陵、桥陵、泰陵、建陵、元陵、崇陵、丰陵、景陵、光陵、章陵、贞陵、简陵都模仿昭陵，采用了因山为陵的形式。只有庄陵、端陵和靖陵，仿效献陵，采用了堆土为陵的形式。

文献记载关中唐陵内城中有献殿、寝殿等建筑。这一点也已为考古工作者所证实。献殿等建筑群落即位于封丘之南，则封丘所处的位置自然要偏北一些。否则，陵园布局就显得不够合理。此外，封丘东西居中而偏北，也符合中国古代的"坐北朝南"的"尊君"

---

① 《全唐文》卷三高祖皇帝《遗诰》，第42页。

思想。唐代帝王生前居住的宫殿是"坐北朝南"的。陵寝既是帝王生前生活的象征，自然也应当体现出这样的观念。事实上，关中唐陵在布局上都是"坐北朝南"的。堆土为陵者封丘在陵园中的位置是东西居中而偏北，因山为陵者的"山"也是如此。因此，可以说"封丘"东西居中而偏北是唐陵中的通则。寝宫又称上宫，位于朱雀门内正对山陵之处，象征帝王生前临朝和居住的宫殿，也是上陵朝拜和举行隆重祭祀礼仪的地方。寝殿在献殿之北，是寝宫中最重要的建筑。唐人颜师古说："寝者，陵上正殿，若平生露寝矣。"① 也就是说寝殿象征帝王生前居住的大殿，里边彩塑死者的真容或树立死者神主，安放死者的各种遗物，供养如平生之仪。凡帝王拜陵，在献殿行礼之后，都要到寝殿来献食，并瞻仰遗物。寝殿有东西二廊；殿中有神位，陈设一如帝王生前所居，床帐、冠冕、衣服，应有尽有。由于寝殿相当于生前居住的宫室，所以只有皇帝、皇室成员和近臣才能入室祭祀。下宫即后宫，为守陵宫人所居，以供奉帝王日常饮食起居。史载"汉唐以来，诸帝升遐，宫人无子者悉遣诣山陵供奉朝夕，具盥栉，治衾枕，事死如事生。"②。杜甫《桥陵诗三十韵因呈县内诸官》诗中所说的"宫女晚知曙，祠官早见星"，正是对唐陵"下宫"生活的真实写照。

　　除了上述建筑，关中唐陵中还有一些设置。比如祭坛、栈道、神游殿、陵署等。祭坛和栈道仅见于昭陵。昭陵祭坛在九山北坡。这里地形南高北低，略呈三角形。祭坛建筑早已毁坏，详细情况已不得而知。遗址范围东西53.5米、南北86.5米，有大量唐代砖瓦，有些唐砖上戳印有工官或工匠的姓氏，如"官罗通""官匠张""工匠郑"等。祭坛遗址上现在还有明、清祭陵时所立的石碑，以及十四蕃酋石像之部分石座。由这些遗迹可知当年祭坛一带的建筑物是很多的。至于昭陵栈道的来龙去脉，《唐会要》卷二十有明确记载，略云：昭陵凿九山南面为元宫，缘山傍岩筑栈道，悬绝百仞，绕山二百三十步，始达元宫门。文德皇后下葬后，在门外于双栈道上修建房舍，宫人供养如平常。及太宗山陵毕，宫人欲依故事留栈道，山陵使阎立德上书说："无宫栈道，本留拟有今日，今既始终永毕，与前事不同。谨按故事，惟有寝宫安供养奉之法，而无陵上侍卫之仪，望除栈道，固同山岳。"③唐高宗不许。后来长孙无忌等人又上表要求拆除栈道，唐高宗最后同意了他们的请求，在贞观二十三年(649)八月下令将栈道拆除。神游殿见于昭陵和乾陵。《唐会要》卷二十载：昭陵顶上有神游殿。开元十七年(729)十一月十六日唐玄宗拜

---

① 《汉书》卷七三《韦玄成传》注，第3116页。
② 《资治通鉴》卷二四九，大中十二年二月胡注，第8068页。
③ 《唐会要》卷二十《陵议》，第395页。

昭陵时，"掌事者仿像遥观，太宗立神游殿前"①。乾陵神游殿在梁山之巅，仿神宫建筑，供死者魂游。陵署是管理陵园的机构，在关中十八陵中普遍存在。唐玄宗天宝十三（754）载二月下令："献、昭、乾、定、桥五署，改为台令，各升一阶。自后诸陵，例皆称台。"②乾陵陵署在陵南六里，过去当地人称之为"看墓司"，其余诸陵陵署遗址多未发现。关中唐陵的地面建筑在唐代是十分宏伟壮观的，整个陵园仿佛是一座城池，"城内檐宇栉比"，"宫阙台阁，既峻且丽"③，充分显示了大唐帝国的物质文明。

唐代帝王陵墓不仅有宏伟的地面建筑，而且还有宏丽的地下宫殿。唐陵的"地宫"很神秘。不知有多少人梦寐以求，想弄清其中的奥秘。但是由于缺乏文字记载和考古资料，时至今日，人们对它的具体情况仍然知之甚少。根据现在的研究成果，我们知道唐陵地宫中有墓门、羡道和地下宫殿。

羡道也叫"埏道"，就是通常所说的墓道。唐代盛行斜坡墓道，帝王陵墓也不例外。在"堆土成陵"的场合，一般是从土冢之南百余米处下斜凿隧，至于墓室。"因山为陵"的场合，则是从山峰南腰斜凿而下，直入山腹。乾陵即属于后一种情况。20世纪60年代，考古工作者曾对乾陵墓道进行过探测。乾陵墓道开凿在南部山腰的青石山脊上，有隧道通往墓门。墓门在隧道的北端，"隧道呈斜坡形，正南北向，全长约65米，东西宽3.87米，墓门外隧道北端宽2.75米，深度只勘查出2.75米，由于道内全为铁细腰拴板石条所堵塞，无法继续勘查。墓门及隧道内全用石条叠砌，并用铁细腰嵌住，再用铁浆灌注在石条与铁细腰之间。其上部全为夯土，也相当坚硬。夯土每层厚16—23米，石条最长1.25米，铁细腰长18—27厘米、厚5—8厘米，重10—20斤。隧道内石条上凿有嵌铁细腰的凹槽，有的槽内填满石灰代替细腰，有的凹槽内既不填石灰也不嵌细腰，有的石条上有数个凹槽。石条由南而北顺坡一层一层筑上，夯土亦顺山坡一层层打上去。有的石条上刻'莱常口'三字。隧道的中腰南部两边石墙上残存石灰及壁画痕迹，道内夯土中夹杂着小砖瓦块、石灰块、小石片，部分地方是一层土、一层小石渣。隧道由南到北至墓门口，石条的迭砌可以看出约四十二层。如把四十二层作为十五层平方计算，那么这个隧道就要迭砌二千五百多块，全部的砌筑是够坚固的"④。

唐陵羡道迄今尚未发掘，所以没有确切的数据。从有关资料分析，乾陵羡道的长度

---

① 《唐会要》卷二十《亲谒陵》，第401页。
② 《唐会要》卷二十《陵议》，第397页。
③ 〔唐〕张读撰；萧逸校点：《宣室志》卷三，上海：上海古籍出版社，2012年，第22页。
④ 陕西省文物管理委员会：《唐乾陵勘查记》，《文物》1960年第4期。

应与昭陵羡道相近。《唐会要》卷二十记载，昭陵羡道长75丈，合今232.5米。① 因梁山较九山为小，乾陵的羡道可能要短一些。至于羡道的宽度，据考古工作者实测，为3.9米。② 史载，上元二年(675)，皇太子李弘死于合璧宫，唐高宗和武则天十分悲痛，将他追谥为孝敬皇帝，诏"其葬事威仪及山陵制度，皆准天子之礼"③，即按天子的规格操办丧事，同时派蒲州刺史李仲寂修造陵墓。李仲寂所修地宫较小，不能容纳送终之具。又派司农卿韦机续成其功。"机始于隧道左右、开便房四所，以贮明器。"④由此看来，唐初献、昭二陵，似无"便房"，乾陵则或许有之。在已发掘的唐代皇室、贵臣墓道中，如在"号墓为陵"的懿德太子墓和永泰公主墓的墓道中，我们能看到不少壁画⑤。可以推测，壁画在帝王陵墓的羡道中也是存在的。事实上，考古工作者在乾陵羡道口外的石墙上已发现了石灰和壁画的痕迹。这说明，乾陵羡道经过粉刷，且绘有精美的壁画。此外，羡道内口与墓室之间，很可能有较长的过洞，过洞中有石门。五代时期的军阀温韬在盗掘昭陵时发现，昭陵的石门达5吨重之多。至于羡道的外口，则以石条封之。可以说，羡道是乾陵地宫的一个重要组成部分。

经过羡道，即可进入墓室。墓室是地宫的主体。唐代常常以墓室多寡区分墓主人地位的高下，一般官吏为单室墓，重要的文武大臣和宗室密戚为二室墓，因而，皇帝陵墓当为三室，因为皇帝的规格不可能与臣下相等。这一点，我们可以从五代十国时的帝王陵墓中找到旁证：目前已发掘的前蜀王建永陵和南唐二陵都是三室墓⑥。但是，乾陵是否三室？现在还不能肯定。从《五代史》所载温韬进入昭陵地宫时所见到的情况及《大唐元陵仪注》所反映的情况分析，乾陵也可能是巨人的单室墓。不过，即使是大型单室墓，也可能象征性地分为前中后三个部分。关于乾陵墓室的形状，从唐人的宇宙观念和已发掘的王公大臣、皇亲国戚及六朝五代帝王陵墓来分析，当是上圆下方，顶部为穹隆式，底部呈四方形。至于墓室的大小，虽然目前尚无具体材料可供说明，但肯定不是"足容一棺"而已，相反，比我们看到的永泰公主墓、懿德太子墓及南唐二陵的墓室都要大得多。乾陵封域为80里，地面气派如此宏大，地下规模绝不可能低矮窄小，这是可想而知的。

---

① 《唐会要》卷二十《陵议》，第395页。
② 贺梓城、王仁波：《乾陵》，《文物》1982年第3期。
③ 《全唐文》卷十五，高宗皇帝《孝敬皇帝睿德纪》，第186页。
④ 《唐会要》卷二十一《诸陵杂录》，第417页。
⑤ 王仁波：《唐懿德太子墓壁画题材的分析》，《考古》1973年第6期。
⑥ 李志嘉：《王建墓》，《文物》1980年第6期。

《新五代史·温韬传》载，温韬入昭陵地宫，见"宫室制度宏丽，不异人间"[1]。

在地宫的中室或中部，有所谓"棺床"。棺床上分别停放着唐高宗和武则天的"梓宫"，也就是棺椁。棺材的底部有防潮材料及珍宝之类，上加"七星板"。板上有席、褥，旁置衣物及璋、璧、琥、璜等"六玉"。唐高宗、武则天穿120套大敛之衣，口含贝玉，仰卧于褥上，面对棺盖。棺盖内侧镶有黄帛，帛上画着日月星辰及龙鱼等物。地宫的后室或后部设有石床，石床及其周围放置着衣冠、剑佩、千味食及死者生前的玩好之物。前室或前部则设有"宝帐"。账内设有神座。神座之西，放着玉制的"宝绶""谥册"和"哀册"。神座之东，放着一些"玉币"。周围置有"白佩""素幡""明器"等[2]。此外，乾陵地宫中还藏有许多书画古籍[3]。在众多的殉葬品中，数量最大的要数明器。从《大汉原陵秘葬经》《宋会要辑稿》《宋朝事实》及有关考古发掘报告所提供的材料推测，乾陵地宫中有数以千计的陶质、瓷质、木质明器。这些明器大都经过锦绣金银装饰，极为精美。此外，金银珠宝也是重要的殉葬品。尽管唐代帝王临终时都对他们的子孙说"园陵制度，务从俭约"[4]，"勿以金银锦防缘饰"[5]，但他们的子孙的所作所为正好与此相反。如唐高祖去世后，太宗令依长陵故事，务存崇厚。大臣虞世南认为不可以这样铺张浪费，太宗还是固执己见："朕既为子，卿等为臣，爱敬罔极，义犹一体，无容固陈节俭，陷朕于不义也。"[6]德宗在埋葬代宗时，甚至下诏说："应缘山陵监护卤簿等事……不得节减。尽库藏之所有，成迁厝之大仪。"[7]后来唐僖宗曾自供说："累朝遗制，毕及山陵，以汉文簿葬之词，为列圣循常之命。约锦绣金银之饰，禁奢华雕丽之工，皆例作空文，而并违先旨。"[8]因此，乾陵地宫中也可能存放着金玉宝器。

通过唐代帝王陵墓，我们可以了解到中国古代帝陵的大概情况。至于官员与百姓之墓，种类繁多，不一而足。其一般情况是：都有墓穴。墓穴也称墓圹，有竖穴、横穴之分。竖穴是从地面一直往下挖掘而成的土坑。横穴是先向下挖掘一定深度，再横向挖掘而成的室。墓室便是墓穴中安放棺木和随葬品的空间，它是坟墓的地下部分。就结构而言，墓室除土室外，还有砖室、石室、木椁室等。其形制和规模，随时代和墓主身份的差异

---

[1] 〔宋〕欧阳修撰：《新五代史》卷四〇《温韬传》，北京：中华书局，1974年，第441页。
[2] 《通典》卷八六《礼四十六·凶礼八》，第2349页。
[3] 武则天在《述圣纪》中说：乾陵不藏金宝，唯藏所习之书。
[4] 《唐大诏令集》卷一一《遗诏上·太宗遗诏》，第67页。
[5] 《唐大诏令集》卷一二《遗诏下·文宗遗诏》，第71页。
[6] 《通典》卷七九《礼三十九·凶礼一》，第2147页。
[7] 《唐大诏令集》卷七六《陵寝上·厚奉建陵诏》，第431页。
[8] 《唐大诏令集》卷一二《遗诏下·僖宗遗诏》，第72页。

而不同。土洞墓的墓室有方形、长方形、带耳室的长方形、刀形单室、凸字形洞室几种。土洞墓盛行于隋代和唐初,高级官僚的大墓亦不在例外。砖室墓有方形、长方形、方底圆顶形、覆斗形、椭圆形、穹顶形几种。砖室墓在陕西西安和河南禹县等地特别盛行。无论土洞墓还是砖墓,多有墓道。墓道可分为长斜坡式、阶梯斜坡式和长方竖井式三种。因情况复杂,这里就不多讲了。

2. 丧葬礼仪

古代西部城乡居民的葬仪因时代和地区不同有一定的差异,但有许多共同之处。丧葬礼仪是处理死者殓殡祭奠的仪式,也是亲属友人等哀悼、纪念、评价死者的礼节。古代的葬仪程序,从初丧到终丧,一般为停尸、招魂、殓殡、吊丧、服丧、送葬、居丧、墓祭等几个主要仪节。下面择其要者略加论述。

(1) 初丧

死者临终,守护在身边的儿女将一缕新棉放在老人鼻上,看是否还在呼吸[①],称之为属纩。《新唐书·礼乐志》云:"疾困,去衣,加新衣,彻药,清扫内外。四人坐而持手足,遗言则书之,为属纩。气绝,寝于地。"[②]后来人们渐渐地把属纩作为人临终的代称。属纩之后,有些地方还要举行招魂仪式。招魂在周代已盛行,在古代典礼中的正式名称叫"复",是指人已死,亲属召唤死者灵魂回复到身体,希望起死回生的一种仪式。唐代人死后,仍行招魂之俗。《新唐书·礼乐志》云:"复于正寝。复者三人,以死者之上服左荷之,升自前东霤,当屋履危,北面西上,左执领,右执腰,招以左。每招,长声呼'某复',三呼止,投衣于前,承以箧,升自阼阶,入以覆尸。"[③]招魂无果,证明老人已经"咽气",于是号啕大哭,推摇死者,千呼万唤,希望死者复活。亲邻闻讯赶来,亦恸哭失声,继而搀扶其子女,谕以人死不能复生,劝其节哀自重,然后急招其叔伯或村中有关人员,共同操办丧葬之事。招魂之后下一个仪节便是沐浴。"沐"是洗头,"浴"是洗身。人死后要给死者洗头和身体,表示洁净反本,称为"沐浴"。还包括栉发、整容和修剪指甲等。在给死者沐浴后,将珠玉米饭等物放入死者口中,称为"饭含"。接着,给死者穿寿衣。寿衣又叫"老衣",由衬衣袍褂及鞋袜礼帽组成,因死者的身份地位不同而略有差异。服色尚黑,质量较高。男性寿衣多到七套,女性则在五套以下。穿寿衣就是进行"小殓"。寿衣穿好后,在炕(床)下烧纸,用酒食祭奠死者,称为"小殓奠"。小殓

---

① 此俗古已有之,称为"属纩",由同性别的人承担。
② 《新唐书》卷二〇《礼乐志十》,第446页。
③ 《新唐书》卷二〇《礼乐志十》,第447页。

奠毕，在正堂中支起灵床，铺上干草，将尸体抬到床上放好，并给死者脸上盖上"苦脸纸"①。然后派人报丧，把死者去世的消息尽快通知各地的亲友。报丧者受托，火速出发，不论遇到多大困难，都要把消息传到，以便死者的亲友听到消息后，略做安排，马上奔丧。并请"龟子"，收拾棺材。"献饭"是献给死者的饭食，除各色糕点外，主要是各种别致精美的面花。人们相信死者也会饥饿，所以在"小殓"后，就着手做饭。"献饭"难度较大，多请"巧媳妇"帮忙。在做饭的同时，常请"龟子"临丧。"龟子"本是唢呐的别称。唢呐是吹鼓乐的主奏乐器，人们在习惯上把吹鼓乐称作"龟子"，把吹鼓手也称作"龟子"。"龟子"少则四五个人，多则十几个不等。请"龟子"的目的有二：一是为了配合葬仪，二是为了调节气氛。如果棺材尚未做好，亦加紧赶制。棺材多用柏木、松木，并漆为黑色，力求坚固。此外，还要派人磨面买菜，另起炉灶，烧水做饭，以供帮忙的人和来客之用。死者的近亲抚尸擗踊（捶胸顿足）痛哭，尽哀而止。是夜，于庭中彻夜燃灯。

(2) 大殓

在"小殓"后的前两天，一直把死者放在灵床上，不入殓，也不开吊。人们全力筹办有关葬礼的具体事务，只有孝子守在灵床前不动。据说这主要是等待死者的灵魂重新附体，使死者复生。另一方面，也是为了等待远方的亲戚，使他们能够再见上死者一面。第三天下午，奔丧的人陆续赶到，该办的事情大体上已经办妥，人们确认死者已不能复活，便开始举行"大殓"。

所谓"大殓"就是将已"小殓"的死者放入棺材并且盖棺的仪式。大殓前，先在正屋或院中搭起"灵堂"，把棺材靠墙放好，并在棺材底部铺上一层黄土，黄土上再铺上红褥，两边用香末或柏叶纸垫实。铺黄土是为了让死者永远接受大地的元气，铺红褥是为了给死者避邪，垫香末则是为了让死者睡得更稳。

大殓时，由一位孝子扶死者的头部，帮葬者抬起死者，慢慢放入棺中。孝子们往往牵衣顿足，哭踊不已。"龟子"反复吹奏哀婉忧伤的《柳青娘》。在哀乐声中，死者的兄弟或姐妹为死者盖上红色被单，在其身旁放置衣服、布帛及死者平生所爱之物，并用新棉蘸酒为死者擦脸，孝子及亲朋好友依次伏棺瞻仰死者遗容，哭喊死者的称谓。瞻仰完毕，即行盖棺，在场者因幽明永隔，无不痛哭流涕。

大殓后，在棺前挂上白帐，帐前摆起供桌，供桌中央树立死者的牌位②，两边点蜡

---

① 苦脸纸即通常所说的覆面纸。
② 牌位即神主。木质，宽三四寸，高二尺左右，上题"××之位"。

或油灯,周围陈列"献饭"和其他祭品。同时,在灵堂前方悬挂"铭旌",即按死者的身份,用绛色布帛做成一面旗幡,在旗幡上用白色书写死者称谓,用同样长度的竹竿或木棍挑起,悬在灵堂之前。孝子在柩前举行"大殓奠","龟子"吹奏《大赐福》,直到傍晚。

大殓之后,死者亲属需穿戴丧服,叫"成服"。"五服"之制,自周朝以后,历代沿袭,其内容大体依据《仪礼·丧服》规定的基本精神,只不过在具体服用对象及服期的长短方面略有调整。斩衰(即缞)是丧服中最重要的一种,其意思是用剪刀直接把粗麻布斩断做成服装。"不言裁割而言斩者,取痛甚之意。"①斩衰服是用极粗的生麻布做成的,边不缝纫,断茬外露。衣缝向外,裳缝向内。裳前三幅,后四幅,每幅又作三辄。背后负一个一尺八寸的版,胸前胸口处缀一块长六寸、宽四寸的布条,称为"衰"。用厚纸做成冠,宽三寸,长过头顶。再用麻绳缠在额头下,称"武"。多余部分从两耳垂下,称"缨"。头和腰各缠以单股和双股的黑麻,称"绖"。并持手杖。穿草鞋或麻鞋。妇女则大袖、长裙、用麻布作盖头等。凡属儿子和未出嫁的女儿对父母、媳对公婆、承重孙(即嫡孙)对祖父母、妻对夫,皆服"斩衰"。服期为3年,实际是25个月。

(3) 开吊

大殓后,丧家用白纸糊门,张贴挽联②。把素纸剪成长绺,贴在竹竿上,竖于大门之外。又在门前树立"丧牌"。请风水先生前往祖坟,选择墓地。次日,即丧后的第四天,派人前往墓地"打墓"③。同时举行隆重的吊唁仪式,称之为"开吊"。

开吊前,丧家男女俱衣孝服,并给来吊的亲友"散孝"。孝服就是丧服,有几种不同的规格。头上戴孝帽,鞋面也蒙上白布,表示为居丧守孝之人。发给死者近亲的孝服是孝帽和一件较长的上衣。用白布做成,相对比较精致。发给死者远亲及朋友的孝服一般只有一顶孝帽。

开吊时,孝子全部跪在灵堂两侧的草装席上④,"龟子"立于供桌两侧。桌前置香案,以供吊客使用。祭品按亲疏关系依次进行。凡吊唁者献礼⑤,进香,行跪拜礼,"龟子"皆奏乐,守在两旁的孝子必须举哀,直到吊唁活动结束。

开吊后,立即进行占卜,选择下葬日期。其方法是用化命(死者之八字)和长子命相

---

① [唐]孔颖达疏;崔高维校点:《仪礼·卷二八·丧服第十一》,北京:中华书局,1997年,第65页。
② 挽联用白纸书写。内容多为追忆死者的恩典并对死者表示哀悼。
③ 打墓即挖掘墓室,修建阴宅。
④ 这种礼节俗称"坐草",取寝苫枕块之意。
⑤ 吊唁者所献礼品不尽相同。本家近亲献大饼(献碟)、冥资及牺牲,外家则备祭饭十碗,远亲献小饼(礼馍)、朋友献幔帐或钱币。

与山家(坟墓方向)相配，以不犯刑冲为吉。也有不择吉日，定于死后七日下葬的。下葬前一天傍晚，再次举行祭奠。丧家多请傧相六人，备酒馔在灵堂开奠，行朱子家祭之礼。① 亲属前往奠酒，乡邻亦前往观看。

奠礼一开始，先由期功之亲各行一奠献礼②，接着由孝子进行"三献"，"龟子"吹奏《柳青娘》《西方先赞》《青天歌》和《哭长城》等曲，场面十分庄严。"三献"之后，孝子归位，远亲及邻里复往奠祭。奠毕已至凌晨，孝子守灵。"龟子"出至外庭稍事休息，即坐下来表演一些较为轻松的曲子，或以唢呐双吹，或以双唢呐单吹，以改变悲哀沉闷的气氛。有的甚至请来皮影戏或傀儡戏，以娱吊客。

(4) 出殡

埋葬之日，行出殡礼。出殡是指将灵柩送至墓所的仪式。丧家亲朋及邻里天亮即起，前往灵堂送葬。起柩礼毕，"龟子"奏乐作为前导，孝子一人捧起纸盆，顶在头上，在路旁摔碎③，然后执绋而行④，其余孝子与众人一起跟在棺后。一路上吹吹打打，哭哭啼啼，极尽哀苦之能事。有的还高唱挽歌，渲染凄凉的氛围，以表达对死者的哀悼。

到达墓地后，孝子跪于墓前，小声哭泣，近亲邻里中的青壮年男子协力下葬。先将棺材放入墓道，再推入墓室，并在"墓室"放上用竹、木、陶、石等做成的各种各样的明器⑤，如白幡、陶人、木马、陶屋、纸衣、糕点、酒壶等。最后，由一位年高德昭的近亲点亮用清油制成的"长明灯"，送入墓室，放在棺盖之上。据说只有这样，死者在阴间地府才能像正常人一样过得舒适，死者的灵魂才能与子孙永远沟通。

棺材和明器安置妥当，即行封墓之仪。帮助下葬的人在悲凉的哀乐和一片哭声之中用砖头、石条或土坯将墓室口封死，村邻一齐上手，将墓道填实，并堆成土冢，在冢墓上插上铭旌、花圈、纸柜、素幡等。接着，傧相主持"祀土""题主"之礼。"龟子"吹奏《小开门》和《柳青娘》。傧相代替孝子在坟前烧火纸、冥币、金箔、大锞及金银山，孝子和送葬者放声举哀。礼毕，在墓前立碑。孝子抱死者神主回家，行"安主"礼，其余人员至丧家用餐。餐罢，安慰孝子，各回本家。

---

① 朱子即宋代大理学家朱熹。
② 期功之亲指五服以内近亲。
③ 纸盆即用来烧纸的瓦盆。摔纸盆是长子或长孙的任务。据说纸盆是死者吃饭用的锅，摔碎了才能带到阴间去。
④ 古代灵柩放在车上，送葬者挽着牵引灵车的绳索而行，称为"执绋"，后来灵柩用人抬，但仍保留了执绋的遗风。
⑤ 明器即冥器。

(5)居丧

中国古代是十分讲究孝道的。孟子说："大孝终身慕父母。"因为"事死如事生，事亡如事存"，故服丧期间越是依古礼尾事，越算是尽孝。

为直系亲属(父母或祖父母)服丧，称之为居丧。换句话说，凡父母或祖父母死后，子与承重孙(嫡长孙)自闻丧之日起，不得任官、应考、嫁娶、娱乐等。要按居丧礼制的规定，在家守孝三年。居丧之俗规定的礼节很多，很烦琐。庐墓，或称"庐"，即孝子等人在居丧期间临时搭盖小屋居住，守护坟墓。这是至痛至哀的一种表示。埋葬死者后继续举行的祭祀、追悼仪式，谓之"墓祭"(或称扫墓、拜扫、上墓等)。墓祭主要包括葬后墓祭和岁时墓祭两个方面。

葬后孝子要为死者守制[1]，不能嫁娶、娱乐，而且要举行各种祭祀活动。下葬第三天，丧家人员全部要到墓地去祭献。去时长妇必须提上馄饨。到墓所后先把冢墓整理一遍，称之为"全山"，再烧纸奠献。此后三七、五七、尽七[2]、百日、一年、二年、三年，也都要进行祭祀。仲春、孟冬、元旦也要进行祭祀。其中一周年、两周年和三周年的祭祀比较重要。

一周年的祭礼称作"小祥"，是服丧期内一次较大的祭祀。按照《仪礼》的说法，小祥后，孝子可稍改善生活并解除部分丧服，所以人们比较重视"小祥"。孝子多于此日赴坟祭祀。富者持猪羊面食，贫者持斗酒只鸡。焚香烧纸，嚎泣而归。

二周年的祭祀称作"大祥"。大祥之前，丧家预选备好酒肉香火及面食。忌日至死者神位前或墓地哭祭尽哀。其仪式与小祥略同。回家后往往将所用酒肉分赠亲友，称之为"馈祥肉"。大祥之后，孝子的行动就比较随便了。

三年为从吉之期，孝子守制期满，可以脱去丧服，像正常人一样娱乐。故丧家大摆宴席，请亲戚朋友来家为死者"过三年"。过三年依然要进行墓祭，但已没有悲哀的气氛。丧家往往在大门两侧贴上红色对联，并请人来家唱戏，显得十分热闹。"三年"之后，除了四时享祭以外，便不再举行祭祀活动。

（五）节日风俗

西部地区各民族都有自己的节日。节日包括年节和宗教节日。汉族人多重视年节，

---

[1] 守制意为按礼守孝三年。
[2] 尽七又称七七。人死后每隔七天为忌日，直到四十九天，共为七七。七七之后，不再七日一祭，故称七七为尽七。

也过一些宗教节日。在众多的节日中，尤重春节、元宵节、清明节、浴佛节、端午节、七夕节、中秋节、重阳节、冬至节、腊八节、灶王节和除夕。每当这些节日来临的时候，人们都要举行一系列的活动。

1. 春节

春节是一年的开始，也是一年中最重要的节日。因此，守岁的人们从零点左右就开始在院中鸣放大量的鞭炮、礼花，以驱除山魈恶鬼，烘托喜庆气氛；在家中祭祀祖先和五神①，以求在新的一年里合家平安，万事如意。祭祖活动只由男子参加，一般在堂屋进行。主要内容是给祖先烧纸，请列祖列宗来拾纸钱、吃年饭。大人小孩皆行跪拜之礼。祝祭活动结束，才上炕(床)入睡。正月初一，全家人黎明即起，换上预先准备好的新衣。小伙修整得干净利落，姑娘打扮得花枝招展，孩子兴高采烈，大人也表现出崭新的姿态。不担水，不劈柴，不扫地。晚辈先给长辈祝福，然后尽情玩耍。主妇则生火烧水，收拾年饭。年饭比平时的饭菜要丰盛得多。即使较贫困的人家，也要备一些酒肉。早餐以"匾食"②为主，配以糕点、凉菜和炒菜。午餐多为十全炒菜或八碗火锅。饭前以酒馔敬祖。饭间儿女向父母敬酒。一家人吃吃喝喝，说说笑笑，显得异常快乐。吃罢年饭便开始拜年。拜年也叫"走亲戚"，是人们相互拜访，祝贺新年，联络感情的一种形式。拜年活动大体上有个顺序，一般是初一只拜本家近亲，初二、初三五服内亲互拜，初四、初五拜亲戚朋友。拜年时须带礼品，礼品主要是各种精致的礼饼③，如油包子、花献碟等。此外，还要带上一些"果子"④。受拜之家招待客人，常用糖果、馄饨、荞面饸饹等。谈论话题多为老人、小孩、收成和趣闻。由于拜年时间比较集中，因而人来人往，相当热闹。拜年一般都在初五以内进行。初八以后，只有舅家给外甥送茧⑤、送灯笼的活动。

2. 元宵节

正月十五闹元宵，是一年中最热闹的日子。清晨，家家户户焚香放炮，用酒果祭祀祖先。早饭后，人们带着新年的喜悦和对幸福生活的憧憬，从四面八方涌向市镇，敲锣打鼓"耍社火"，载歌载舞，纵情狂欢。直到日落西海，才尽欢而散。晚上，吃罢"元宵茶"，各家燃放烟花，然后点长明灯⑥，称为"明十五"。孩子们挑着舅家送来的灯笼满村

---

① 五神指灶神、门神、土地、财神和火神。
② 匾食即饺子。以大肉或牛羊肉为馅。
③ 凡为行礼而特制的馍皆称为礼饼。
④ 果子即糕点，系对副食的通称。
⑤ 茧又名嘴巴子、茧儿饼，用精白粉制成，有鸡、鱼、龙等多种形状，好吃又好看。
⑥ 因该灯一夜不熄，故称"长明灯"。若灯不够，则以面馎饦代替。谚云："十五灯，不要空。"

转,灯火此起彼伏,星星点点,煞是好看。大人们则给每个屋子都点上几盏"长明灯",并在灯旁放置各种"伴灯馍"。整个夜晚,灯火通明,与平日迥然不同,给人一种新奇、祥和的感觉。次日收灯,妇女结队出游,此谓"走百病"。又用红布条系饼,掷于房上,此谓"补天"。此后,便进入春耕大忙阶段。

3. 清明节

清明节时值寒食之后①,春和景明,百花盛开,人们多于此日扫墓祭祖。新丧之家,先至坟哭祭,并植松柏于墓侧,然后与寻常人家一样,备酒菜、糕点及凉面等物到祖先坟茔拜扫献新。拜祭前,先修剪坟地树木,清除柴草。拜祭时,只烧纸、奠酒,说一些安慰祝福的话,而不再哭泣。拜祭后,将五色纸剪成长绺,悬挂树上,以驱妖娱神。清明时节,天蓝云白,百花烂漫,碧草如茵。扫墓之余,人们往往成群结队,走出村庄插柳踏青,前往山峦水滨或平畴绿野,尽情欣赏大自然的美景。不去踏青的男男女女,多聚集在村头树下荡秋千,相互竞赛取乐,每个人都显示出兴致勃勃的样子。

4. 浴佛节

浴佛节又称四月初八,是纪念释迦牟尼诞生的节日。西部为佛教圣地,故西部人特重此节。每当浴佛节来临之际,西部人都要举行盛大的庙会,庆祝"佛"的诞生。在这个庙会上,人们首先观看僧尼供养花卉,用香水灌洗释迦像,行香祷告,祈福祈子,布施僧尼,然后参加各种经贸或文娱活动。庙会规模极大,也很热闹,一般要持续几天才宣告结束。

5. 端午节

五月五日端午节,又叫"天中节",是吊祭楚国诗人屈原殉国的日子。人们多在此日吃粽子,以表示对屈原的怀念。此外,各家均悬艾虎、戴艾叶以镇妖驱邪;饮雄黄菖蒲酒来御瘟病。新婚之家,岳父给女儿及女婿送裹肚(元气袋)、香囊、香包、粽子(角黍)、麻花及果品。外家给外甥所送与此略同。大人往往给小孩系上五色花线,称之为"续命缕"。又给小孩手掌脚心涂上雄黄酒,以防蝎螫虫咬。还有人在门扇上贴"钟馗捉鬼像",据说钟馗为护家福神,可以驱妖逐邪。

6. 七夕节

七夕即七月初七夜。相传七月初七夜为牛郎织女鹊桥相会之时,民间多于此乞巧,故又称为"乞巧节"。"七夕节"是妇女的节日。男人不过仰望天河,谈谈牛郎织女的故事

---

① 寒食在清明前一日。

而已。妇女(主要是少女)则要为"乞巧"而忙碌。白天,用各种花布做成偶人,称为"巧姑娘"。夜幕降临之时,把"巧姑娘"放在院中的供桌上,旁边放上用面蒸成的剪刀、尺子和各种面花,焚香奠酒,向织女星乞求巧慧。礼毕,把预先泡好的豆芽放在"巧姑娘"面前,端来一碗清水,放在"巧姑娘"身边,然后请姐妹儿童将掐断的豆芽投入水中,根据水波形状,判断人的巧拙,称为"掐巧"。"掐巧"后比赛穿针,每人俱结彩线,穿花针七孔,以先好者为胜。已婚女子还用蜡做成婴儿形状,放入水中,做浮水游戏,据说这样对生子有利。

7. 中秋节

八月十五中秋节①,天高气爽,花好月圆。时值秋收之后,人们常常祭神祀祖,团圆赏月。祭祀神灵时,献月饼及各种水果。入夜,陈瓜果月饼,焚香拜月,然后在庭院或野外聚饮,一边吃月饼水果,一边等月亮露面。月出之后,老年人往往指月谈天,向孩子们讲述嫦娥奔月、吴刚伐桂的故事,并表达对远方亲人的思念。如果中秋天夜有云,人们便以为不祥,断定来年下雪。故谚语中有"八月十五云遮月,来年元宵雪打灯"的说法。

8. 重阳节

九月初九重阳节②,各家皆蒸枣糕,赠送亲友,又多选名山胜景,登高戏游,插茱萸,食烧饼,饮菊花酒。在登高时,人们希望早点下雨。谚云:"重阳不下看十三,十三不下一冬干",认为如果重阳下雨,则冬季多雪,来年小麦可以获得好的收成。

9. 冬至节

冬至又称"日南至",太阳直射南回归线,是冬季的开始。西部人多于此日吃水饺,并在黄昏时分焚楮奠酒,祭祀祖先亡灵,礼仪与春节略同。冬至夜,有的人家煮排骨或羊头,谓之"熬寒"。

10. 腊八节

腊八节即十二月初八。相传此日为释迦牟尼成佛之时③,寺院皆煮七宝五味粥以供斋众。民间则在天亮前煮大小米、豆腐、粉条、蔬菜为"腊八粥",祀祖先、送邻里,然后自食。

---

① 八月十五为秋季之中,故称"中秋"。
② 按照易卦,九为阳数,月、日皆为阳数,故称重阳。
③ 据说释迦成佛之前,曾修苦行多年,饿得骨瘦如柴。正准备放弃苦行时,有位牧羊女送来一碗乳糜,食后体力恢复,端坐菩提树下沉思,遂于十二月初八"成道"。

11. 灶王节

灶王节为腊月二十三。俗谓"灶王"是玉帝派来的天使，常在暗中察人善恶，至腊月二十三上天奏事。为了使"灶王""上天言好事，回宫降吉祥"，人们皆于此祭灶。白天烙饼满盘，称之为"灶火"，全家焚香祷告。礼毕，以软糖涂灶王之口，以防灶王在玉帝面前说坏话。因祭灶之后，年关已近，人们开始打扫卫生，杀猪宰羊，购置年货。故又将祭灶称为"过小年"。

12. 除夕

除夕是一年的最后一天，俗称"大年三十"。此日上午，为春节做最后的蒸馍①、煮肉、洗菜、担水……并将屋舍全部刷新。下午，在各门边贴上表示吉祥和喜庆的春联。②又在两扇大门上张贴门神、挂桃符。③ 薄暮，全家人依礼祭神祀祖。晚上合家团聚，饮酒欢宴。饭后女性包饺子，准备春节饭菜；男性则猜谜、下棋、说笑取乐。将近子夜，长辈上坐，受儿女礼拜。礼毕，给儿童散压岁钱。④ 然后全家团坐守岁，迎接新年的到来。

以上是西部汉人过节的大概情形。在一般节日中，有些活动比较有趣。如正月初五过"破五"，吃饱馄饨，称之为"补五窊"；剪纸人掷于门外，称之为"送五穷"。正月初十灭灯早寝，说是"老鼠嫁女"，怕老鼠受惊，把女留在家中繁衍生子。又如称二月初二为"龙抬头"，妇女停针一日，以防伤害龙目；炸麻花食之，以"咬蝎子尾"。谷雨日贴"压蝎符"于壁，书写"谷雨日，谷雨晨，奉请谷雨大将军。茶三盏，酒三巡，逆蝎千里化为尘"⑤等咒语。六月初六家家晒衣，认为这样可避虫害。凡此种种，不一而足。虽然其中颇有迷信成份，但都充满了乡土气息。

(六) 其他礼俗

除了年节之外，西部人在历史时期还形成了一些其他方面的礼俗。少数民族的情况十分复杂，不能一概而论，这里只说说汉人的情况。

---

① 馍为春节主食。春节期间不蒸馍，故须在年前蒸好。一般家庭都要蒸几锅。此外，还要蒸包子、花卷和礼馍等。
② 春联俗称"对子"，要用大红色的纸和黑亮的墨书写。
③ 门神为两个武将。桃符用桃木刻成。据说桃为仙木，可以驱鬼。
④ 压岁钱俗称"曳魂钱"，据说给压岁钱是为了拴住孩子的魂魄。
⑤ 有的"压蝎符"上写道："谷雨三月中，蝎子到门庭。手执七星剑，先斩蝎子虫。吾奉老君命，急急如律令。"

1. 寿诞

婴儿诞生，无人祝贺。产妇端坐，以防血潮。第三日，外家送童衣、裹肚、挂面、酱菜和干饼，邻里始备果物前去道喜。此后部分亲朋聚饮"吃喜"。婴儿满月时剃头取名，主人下帖请客，大摆宴席，作"汤饼会"，称之为"过满月"。亲戚朋友皆来贺喜，馈赠礼饼、玩具、鞋帽、衣料及各种果品。席间产妇抱婴儿出示来客，众人引逗取乐，少不了一番夸赞，主客皆大欢喜。孩子周岁时，再次宴请亲朋，称之为"过岁"，礼仪与"满月"大体相同。老人60岁才开始"过生日"。过生日比较隆重，大门及老人寝室之门均贴寿联。寿联多写祝福祝寿的内容，如"福如东海长流水，寿比南山不老松"等。筵席规模很大，与婚宴相差无几。过去，寿星在午饭前，穿寿衣，戴寿帽①，坐于正庭，受诸子诸孙及来贺者跪拜。跪拜者在行礼时往往高声祝寿。现在跪拜者已不多见，一般都是在席间举杯祝福。60岁以后，年年"过生日"，逢五逢十，祝寿活动尤为隆重，直到寿星去世为止。

2. 乔迁

乔迁也是人生中的一件大事。西部人安土重迁，若必须迁居，则有盖房之举。盖新房先看风水。上梁时，张贴表示吉利的对联，或将红绸系于梁上，请工匠，赏以红花，然后动工。竣工后，复宴泥木匠。迁居之日，先祭房屋，杀公鸡，用鸡血洒房四周。亲邻鸣放鞭炮，持酒前往祝贺。

四、中外文化交流

西部地区虽深处内陆，但在相当长的历史时期内曾经是我国首都的所在地，与全国各地乃至海外诸国都保持着密切的联系。特别是在周秦汉唐时期，中外文化的交流十分频繁。这种交流主要表现在两个方面：一是对自身文化的传播，一是对外来文化的吸收。文化交流的直接后果是造成了各种文化的融合，促进了西部文化的发展，使西部文化成为中国文化宝库中的瑰宝。

（一）本土文化的外传

隋唐两代及其以后各王朝的科举取士制度，都使相应的人才荟萃到都城来。西汉末

---

① 寿衣寿帽本为殓服。此时穿戴取寿考绵长之意。

年，博士弟子最多达到 3000 千人。唐时有人估计，"乡贡"岁不下 3000 人①。这样众多的人员群集于都城之中，自然会受到都城文化的影响。不论其为博士弟子员或为科举登第的人物，不一定都能久留在都城。他们既然受到都城文化的影响，也就可以把都城的文化传播到全国各处去。除了这些文人，从全国各地来到都城的其他人物更多，而生活在都城中的人士不免也会到全国各地去，他们当然也是传播陕西文化的重要媒介。此外，从外国来到长安或从长安到外国去的人也不在少数，他们对陕西文化的外传也起到了积极的作用。

到了隋唐，我国封建社会进入鼎盛时期，秦文化也发展到了相当高的阶段。当时，以唐都长安为中心的交通道路向外辐射，四通八达，极大地便利了秦文化的推广。经过 300 多年的交流，陕西文化传遍了神州，并对朝鲜、日本和西域诸国文化产生了重大的影响。

朝鲜与中国接壤，是中国东部的近邻。相传在商周之际，箕子就曾率众移居朝鲜北部，开始了两国之间的交往。汉武帝时，曾在朝鲜半岛设置真番、临屯、玄菟、乐浪四郡。唐朝前期，朝鲜半岛上的高丽、新罗、百济三国都与唐王朝保持着较为密切的联系。据统计，高丽曾先后 7 次遣使来到长安，百济 8 次遣使来到长安，新罗遣使更多达 26 次。唐朝也曾多次遣使回访，去高丽 5 次，百济 3 次，新罗 16 次。新罗统一朝鲜后，与唐朝的往来就更多了。为此，唐王朝专门在长安城中设置了"新罗馆"，以接待新罗的客人。当时来长安学习的朝鲜留学生数以千计，其中不少人在长安参加科举考试，成为"宾贡进士"②。来长安一带居住的朝鲜人也不在少数。在频繁的交往过程中，朝鲜在许多方面接受了唐朝的文化。不仅仿照唐制在中央设置了相当于尚书省的执事省，在地方上设置了郡、县、乡等基层组织，而且还按照科举制兴办学校，选官用人。此外还直接诵习中国的文化典籍。史载"新罗号为君子之国，颇知书记，有类中华"③。百济"书籍有五经、子、史，又表疏并依中华之法"④。高丽的情况大体上也是如此。

在唐代，日本曾先后 19 次向长安派出了以"遣唐使"为主的代表团，人数最多时达到 600 人。代表团中的成员除使节以外，还有许多留学生和留学僧。他们在长安如饥似渴地学习中国文化，学习陕西文化，并通过各种途径，把包括秦文化在内的中国文化传回

---

① 〔唐〕韩愈著；马其昶校：《韩昌黎文集校注》卷四《赠张童子序》载："天下之以明二经举于礼部者，岁至三千人……谓之乡贡。"
② 阎文儒：《唐代贡举制度》，西安：陕西人民出版社，1989 年，第 84—85 页。
③ 《旧唐书》卷一九九上《东夷·新罗传》，第 5337 页。
④ 《旧唐书》卷一九九上《东夷·百济传》，第 5329 页。

日本。如曾在长安学习的日本留学生高向玄理等人回到日本后，促成了著名的"大化改新"，把唐朝的许多重要的政治制度传到了日本。道昭、园行、最澄等人在长安学佛，回国后把佛教传到了日本。空海和吉备真备回到日本后则根据汉字的偏旁部首创造了日本文字。此外，唐朝的经济制度、法律制度以及书法、绘画、音乐、舞蹈、体育和许多风俗习惯也从长安等地传到了日本，对当时日本社会的发展起到了积极的作用。

中亚、西亚诸国与陕西交往的历史很早。丝绸之路开通以后，这种交往就更加频繁了。唐朝时西域诸国与长安的往来十分密切。中亚昭武九姓胡人来长安者极多。西亚波斯、大食几度遣使来唐。波斯王卑路斯和他的儿子泥涅斯也曾长期留居长安。中国的丝织品、瓷器、金银器、药材大量运往西域，造纸术、建筑艺术和绘画艺术也在中亚、西亚广泛流传，深受西域诸国的喜爱。通过中亚、西亚，中国文化也与欧洲和非洲发生了一定的联系。

此外，西部文化对东南亚各国也有一定的影响。秦汉时，中原王朝的统治区域达到了越南北部一带。隋唐时期，随着海陆交通的发达，东南亚的林邑、真腊、骠国和印度诸国与长安的联系日益增多。林邑位于今越南中部，曾15次遣使来到长安。唐代的典章制度、法律思想和宗教相继传入林邑。真腊就是现在的柬埔寨。唐初真腊使者即至长安，后真腊王、真腊副王也都曾到过长安。骠国即现在的缅甸，中唐以后与长安多有往来。受唐代诗歌和音乐的影响，缅甸音乐用五声、六声和七声音阶，歌词亦多为五言和七言。印度当时称为天竺，仰慕中国文化，"东望已久"。唐初玄奘到达印度达迦摩缕波国时，拘摩罗王就曾对他说："今印度诸国多有歌颂摩诃至那国(中国)《秦王破阵乐》者，闻之久矣。"[1]盛唐以后，中国的造纸术和雕版印刷术传到了印度，促进了印度文化的发展。

（二）对外来文化的吸收

隋初在北周武帝毁灭佛法之后，改弦更张，普诏天下，大兴释教，任听出家，仍令计口出钱，营造经像[2]。至于建造寺院，就更不在话下。唐代因隋氏旧规，间有改置损益。据《长安志》记载，长安111坊共有寺院112所，其中仅有少半的坊未有建置。建寺最多的坊计有5所[3]。隋时兴建大兴善寺，尽一坊之地，在诸寺中规模最大[4]。而唐时所

---

[1] 〔唐〕玄奘、辩机著；季羡林校：《大唐西域记校注》卷一〇《十七国》，北京：中华书局，1985年，第797页。
[2] 《隋书》卷三五《经籍志》，第1099页。
[3] 据徐松《唐两京城坊考》卷四，布政坊有法海寺、济法寺、明觉寺、波若寺、善果寺。
[4] 《长安志》卷七《唐京城》，第259页。

建慈恩寺凡十余院，总1897间，占晋昌坊东部一半的地方。荐福寺也占开化坊南部一半的地方。慈恩、荐福二寺均有浮屠，就是通常所说的大雁塔和小雁塔。佛寺壁上通常皆有图画。所画的图画多与佛事有关，这当然也是受到域外的影响。当时因佛寺的建筑所受到的外来影响，不仅佛寺中的壁画，甚至雕刻塑像也是其中的巨擘。

在中外文化交流的过程中，域外的音乐也传到了陕西。域外音乐的传入可以追溯到张骞凿空。西域之人率多喜欢乐舞。道路既已开通，这种习尚也就因之内传。北周时，西域龟兹、疏勒、安国、康国之乐聚于长安①。隋因北周之旧，有九部乐，其中高丽伎、天竺伎、安国伎、龟兹伎，都是从国外传入的②。唐承隋后，太宗平高昌，得其乐部，遂益为十部乐。这十部乐为《燕乐》《清乐》《西凉乐》《天竺乐》《高丽乐》《龟兹乐》《安国乐》《疏勒乐》《高昌乐》及《康国乐》，较之隋时的九部乐，不仅增加了《高昌乐》，还去掉了原来的《礼毕乐》而增加了《燕乐》，其中西域乐仍占多数。随着西域音乐的内传，西域的琵琶、箜篌等乐器也传入陕西。《隋书·音乐志》说："今曲项琵琶，竖头箜篌之徒，并出自西域，非华夏旧器。"③琵琶出胡中，以龟兹为盛，故历齐、周、隋、唐之世，龟兹乐工在长安者均有弹琵琶的名手。唐代诗人白居易在《琵琶行》中所称道的弹琵琶的女子即长在长安城，居于蛤蟆岭。蛤蟆岭地近平康里，平康里为伎女聚居之地，尤其工于琵琶。箜篌有卧箜篌和竖箜篌，似皆为西域旧乐。唐人有诗句说："下帘弹箜篌，不忍见秋月。"可见箜篌在当时已成为长安城中习用的乐器。羯鼓也本是域外乐器，唐玄宗擅长击羯鼓，时人南卓撰有《羯鼓录》，可见当时盛行之一斑。这里还可以提及筚篥和胡琴。《旧唐书·音乐志》说："筚篥，本名悲篥，出于胡中，其声悲。亦云胡人吹之以惊中国马云。"④这无疑也是从域外传入的乐器。琴而冠以胡琴，其来自域外，亦是无可置疑的。

总而言之，历史时期的陕西文化不是封闭性的文化，而是开放型的文化。在陕西文化的发展过程中，交流曾经起了很大的作用。这里所说的交流，包含着两个方面的内容：一方面是陕西文化不断向外传播，并对全国各地乃至海外诸国产生了深远的影响。另一方面，是陕西文化不断地吸收着外来文化的新鲜血液，从而极大地丰富了陕西文化的内容。通过长期的传播、吸收和融合，陕西文化不断发展，具有了博大精深的特点。陕西文化是中国文化的重要组成部分。在周秦汉唐时期，陕西文化处于领先的地位。在改革

---

① 《旧唐书》卷二九《音乐志》，第1069页。
② 《隋书》卷一五《音乐志》，第377页。
③ 《隋书》卷一五《音乐志》，第378页。
④ 《旧唐书》卷二九《音乐志》，第1075页。

开放的今天，陕西的传统文化是值得继承、发扬和光大的。

第六节
五代时期西部形势的巨变

唐朝灭亡后，历史进入五代。在五代十国时期，国家再度陷于分裂状态，西部地区的开发遭受挫折。

一、长安的毁灭及其对西部的影响

五代时期，在后梁、后唐、后晋、后汉、后周诸王朝更替的过程中，关中一带又发生了一系列的战争。如后梁开平二年（908），蜀主王建与岐王李茂贞联兵5万攻入关中腹地，与后梁大将刘知俊、王重师大战于幕谷[1]。开平三年（909），刘知俊叛梁，在同州归附岐王，进攻华州、长安。梁太祖令杨师厚讨伐刘知俊；刘知俊则引岐兵据长安与之对抗。刘鄩、牛存节等围长安，久攻不克。后杨师厚出奇兵攻破长安西门，迫使刘知俊大败而归。[2] 后梁均王乾化元年（911），岐王以温韬为节度使，进攻长安，与后梁同、华、河中之兵大战于长安附近。[3] 后唐闵帝应顺元年（934），潞王李从珂反于凤翔，西京留守王思同率兵讨之。[4] 后晋开运初，以贪官赵在礼为晋昌节度使，关中之人多受其害。后汉乾祐元年（948），赵思绾夺取长安，"集城中丁壮，得四千余人，浚池隍，修楼橹"，与后汉军队对抗。后汉遣诸将进讨。这些战争都曾造成大量伤亡。如赵思绾入城时，有丁口十余万。"及开城，惟余万人而已，其饿莩之数可知矣。"[5]关中地区在唐末久经战乱，本来已经残破不堪，加上五代时期的这些战乱，就更加残破了[6]。

五代时期，宏伟壮丽的长安城已不复存在，代之而起的是所谓"新城"。"新城"是五代前夕由佑国军节度使韩建主持修建的。唐昭宗天祐元年（904）三月，朱温以唐昭宗的名义，命佑国军节度使韩建镇守关中。韩建至长安，见长安城千疮百孔，残破不堪，已无

---

[1]《资治通鉴》卷二六六，开平二年六月丙辰，第8701页。
[2]《资治通鉴》卷二六七，开平三年六月乙卯，第8712页。
[3]《资治通鉴》卷二六八，乾化元年三月，第8741页。
[4]《资治通鉴》卷二七九，清泰元年二月，第9105—9107页。
[5]〔宋〕薛居正等：《旧五代史》卷一〇九《赵思绾传》，北京：中华书局，1997年，第1444页。
[6] 杨德泉：《试谈宋代的长安》，《陕西师范大学学报》（哲学社会科学版）1983年第4期。

法据守,遂对长安城进行了改建,筑成了"新城"。李好文《长安志图》卷上载:"时朱全忠迁昭宗于洛,毁长安宫室百司及民庐舍,长安遂墟。建遂去宫城,又去外郭城,重修子城(即皇城也),南闭朱雀门,又闭延喜门、安福门,北开玄武门,是为新城……城之制,内外二重四门,门各三重……东西又有小城二,以为长安、咸宁县治所。"①也就是说,韩建到长安后,去掉原来的宫城和外郭城,重新修建子城,封闭朱雀门、延喜门和安福门,在皇城的基础上建成"新城",作为佑国军的治所,另在"新城"的东西两侧各建一座小城,作为长安、咸宁二县的治所。至此,长安城的惨景才有了一点改变。韩建所修的"新城",比唐都长安要小得多。而五代时期的"新城"仅仅与长安宫城相同。考古实测东西宽 2820.3 米,南北长 1843.6 米,周长 9327.8 米,面积约 5.2 平方千米,仅及当年长安城的十六分之一②。这样的面积,不仅不能与汉代的长安城相比,而且也不能与拜占庭等国际性的都会相比。也就是说,唐朝末年,长安城失去了昔日宏伟壮观的场面,规模较前大大缩小,已经根本算不上国际性的大城市。另一方面,唐末以来长安城的内部建筑也不能与盛唐时期相比。唐末"新城"共有五座城门,即东边的景风门、北边的玄武门、西边的顺义门、南边的含光门和安上门。城中有官署、学校、市肆、寺观及民居等建筑,文献中提到的有数十处,目前能够确定方位的只有黄街、含光门街、朱雀门街、安上街、草场街、景风街、府衙、府学、文庙、北市、菜市、草场、秦川驿、大社坛、太庙院、通城巷、樗里庙、真武庙、迎祥观、天宁寺、开元寺、香城寺、资圣院、杜祁公庙、显圣侯庙等。③ 城外建筑极少,除东边的万年县和西边的长安县外,没有什么新的设置。太极宫早已荡然无存。兴庆宫周围也已辟为农田,长安百姓地契中还有"某处至花萼楼,某处至含元殿者"④。大明宫"旧迹悉废,唯复道洎含元、蓬莱殿、蓬莱山遗址略存"⑤。曲江池、昆明池等地建筑被毁,池水干涸,"宫殿乐游燕嬉之地,皆为野草"⑥。至于"新城"的人口,最多时不过十余万,也是无法与唐都长安相提并论的。此时"新城"周围仍然是满目疮痍。正如诗人荆叔在《题慈恩寺塔》诗中所说:"汉国山河在,秦陵草木深。暮云千里色,无处不伤心。"⑦

---

① 《长安志图》卷上,第 20 页。
② 马得志:《唐代长安城考古纪略》,《考古》1963 年第 11 期。
③ 史念海主编:《西安历史地图集》,西安:西安地图出版社,1996 年,第 108—109 页。
④ 〔宋〕陆游撰;李剑雄点校:《老学庵笔记》卷二,中华书局,1979 年,第 23 页。
⑤ 《长安志》卷一一《万年县》,第 371 页。
⑥ 〔宋〕张礼:《游城南记校注》,西安:三秦出版社,2006 年,第 42 页。
⑦ 〔清〕雍正:《陕西通志》卷九七,兰州古籍书店,中国西北文献丛书本,第 455 页。

经过唐末五代的战乱，长安郊区也急剧衰落。这首先表现在各县人口大量流失。有些人被迫离开故土，流落他乡；有些人则在战争中死亡。《重修文宣王庙记》载："昔唐之季也，大盗寻戈，权臣窃命，四维绝纽。八銮迁胥于东周，天邑成墟，三辅悉奔于南雍。"①这说的是唐末朱温毁坏长安，胁迫唐昭宗及长安居民迁往洛阳，而关中百姓为避战乱大量南迁的事。《资治通鉴》卷二八九载：乾祐三年（950）正月二十八日，"遣使赴河中、凤翔收瘗战死及饿殍遗骸，时有僧已聚二十万矣"。胡三省注释说："已聚二十万，史言其未聚者尚多。大兵攻围积久，其祸如此。"此类记载则是说在唐末五代的战争中，留在关中的百姓中大量的人死于非命。迁徙和死亡导致关中人口急剧下降。到北宋初年，京兆府人口降至52720户②，全部关中户数相加，才十几万，口数更少，根本不能与唐朝时期的情况相比。与此同时，地方基层组织也大量减少。今西安辖区内的基层组织，到五代初仅存47乡。③ 由于人口锐减，土地大片荒芜，因而到处是一派残破荒凉。在动乱的日子里，关中地区的许多名胜古迹都遭到了破坏，就连地处渭北的唐代帝王陵墓也未能幸免。后周时人覃用之《再游韦曲山寺》诗中写道："六街晴色动秋光，雨雾凭高只自伤。一曲晚烟浮渭水，半桥斜日照咸阳。休将世路悲尘事，莫指云山认故乡。回顾汉宫楼阁暮，数声钟鼓自微茫。"④这种荒凉的情形直到北宋初尚无多大改变。宋人张礼在城南樊川一带"寻所谓何将军山林而不可得"。岑参的杜陵别业、郎士元的吴村别业、段觉的杜村闲居、元稹的终南别业、梁升卿的安定庄皆已湮没，"漫不可寻，盖不特何将军山林而已"⑤。尚友康诗云："长安宫阙半蓬蒿，尘暗红梁羯鼓滔。"方回诗云："客从函谷过南州，略说长安旧日愁。仙隐有峰存紫阁，僧居无寺问红楼。兰亭古瘗藏狐貉，椒壁遗迹牧马牛。万古不随人事改，独余清渭向东流。"⑥

在人文景观发生变化的同时，关中一带的自然景观也发生了很大的变化。关中位于黄土高原的南端，自然景观本来是很好的。据文献记载，历史时期关中气候虽有变化，但总的说来还是温暖宜人的。这里地势平衍，号称"八百里秦川"，又有白鹿、少陵、神禾、铜人、细柳、洪渎等塬，土质肥美。《禹贡》定之为"上上"等，荣居全国之首。司马

---

① 《金石萃编》卷一二三《重修文宣王庙记》。
② 《长安志》卷一《官县》，第136页。
③ 《长安志》卷一一至一七，参各县旧志。
④ 〔清〕雍正：《陕西通志》卷九六，中国西北文献丛书本，第434页。
⑤ 〔宋〕张礼：《游城南记》，丛书集成初编，第1086册，第2—3页。
⑥ 《陕西通志》卷九六，第436页。

迁在《史记》中也说："关中自汧、雍以东至河、华，膏壤沃野千里，自虞夏之贡以为上田。"①这里河湖众多，水源丰富，有泾、渭、灞、浐、沣、滈、潏、涝八水。八水之中，渭水为大，自西而东，奔流不息，其他诸水多汇流入渭，纵横交错，形成"八水绕长安"的格局。这里植被丰富，古称"陆海"，非常适宜农作物的生长……但经过长期的战乱，这里的自然环境恶化，已不能和从前相比。一则树木植被大量减少。这种情况在唐末即已相当严重。唐人韦庄在《秦妇吟》中写道："长安寂寂今何有，废市荒街麦苗秀。采樵斫尽杏园花，修寨诛残御沟柳。华轩绣毂皆销散，甲第朱门无一半。含元殿上狐兔行，花萼楼前荆棘满。昔时繁盛皆埋没，举目凄凉无故物。内库烧为锦绣灰，天街踏尽公卿骨。……破落园田但有蒿，摧残竹树皆无主。"②再则水资源变得相当短缺。由于乱砍滥伐，森林减少，唐末以来，水资源明显减少。泾、渭、灞、浐等水流量变小，龙首、清明等人工渠道相继干涸，居民生活主要依靠井水。但由于城市污染，长安一带已变为舄卤之地，"井水焦咸，凡阙膳羞烹饪，皆失其味，求其甘者，略无一二"③。三则耕地质量大幅度下降。由于人口锐减，水利失修，不少地方又走上了粗放经营的老路。上述情况表明，五代时期关中的人文景观和自然景观与唐代相去甚远，关中地区的生态环境已趋于恶化。

值得注意的是，五代以前，关中是古代王朝建国立都的理想场所。据统计，中国古代统一王朝、割据政权和周边少数民族政权共建立过 217 处都城。其中立都时间最长的地方就是长安。五代以前先后有 11 个王朝、3 位流亡皇帝和 3 位农民起义领袖把国都建在这里。他们是西周、秦、西汉、新、绿林、赤眉、东汉献帝、西晋惠帝和愍帝、前赵、前秦、后秦、西魏、北周、隋、唐以及黄巢的大齐，总计历时长达 1077 年，这在中国古代都城史中是绝无仅有的。④ 此外，长安作为国都，其规模之大，在中国古代都城中也是少见的。盛唐时期的长安城更是首屈一指的。它的面积比隋唐洛阳城大 1.8 倍，比明代南京城大 1.9 倍，比清代北京城大 1.4 倍，比安阳、开封、杭州就更大了。这说明，长安一带在五代之前是最适宜建都的地方。但是，从五代到清朝灭亡，除农民领袖李自成外，再也没有人把国都建在长安。国都的位置逐渐由西向东转移。五代时，后梁、后唐、后晋、后汉、后周分别以开封和洛阳为都。其后，两宋分别以开封、杭州为都。元

---

① 《史记》卷一二九《货殖列传》，1959 年，第 3261 页。
② 徐俊纂辑：《敦煌诗集残卷辑考》，北京：中华书局，2000 年，第 237 页。
③ 《善感禅院新井记碑》，藏碑林博物馆。
④ 史念海：《中国古都和文化》，北京：中华书局，1998 年，第 136—148 页。

建大都，明朝先居南京，后徙北京，清朝亦以北京为都。定都立制乃国之大事，都是经过深思熟虑才做出的决定。在唐末以后的千余年间，所有王朝都不再选择长安一带作为国都，这一事实本身就说明了一个问题，那就是关中已不再是理想的建都之地。很显然，五代时期是关中历史的转折点。

二、五代时期西部生态环境恶化

为什么从五代开始，长安丧失了首都的地位？一种观点认为，长安之所以失去首都地位，主要是由于长安的地理位置不太适中。从中国古代都城的地理分布情况来看，这种观点是比较片面的。地理位置固然重要，但都城的确立是由多种因素决定的，并不是简单地取决于地理位置。如果我们全面考察一下中国古代的都城，就会发现地理位置适中的都城是很少的。即以"七大古都"而言，南京、杭州地处江南，开封偏东，安阳偏北，北京更靠近东北，都不能说是"适中"。另一种观点认为，长安丧失国都地位，是经济方面的原因。具体些说，是由于唐朝中期以后，经济重心南移，关中距江南过于悬远，漕运不便。这种观点是有一定道理的，但似乎也不够全面。唐宋之际中国经济重心逐渐南移是客观的事实，但这并不意味着政治中心也必须移到江南去。明清之际江南经济的发展超过了以往任何时期。此时的都城就不是在江南，而是在北京。至于漕运的问题，则是任何一个统一王朝都不可避免的，不论都城设在哪里，都需要得到漕粮的接济，只是漕粮所占的比重不同而已。关中地区本来就是一个经济区。这个经济区面积不大，但当关中经济繁荣之时，漕运并不占有重要的地位；当关中经济区遭受破坏后，漕运才显得重要起来。所以我认为经济并不是长安失去国都地位的唯一原因。

从五代以后的历史状况来看，长安之所以失去国都地位，主要还是长安城被彻底毁灭、关中生态环境恶化的结果。关中生态环境的恶化不是一朝一夕之故。隋唐两代300余年，关中地区人口大量增加，黄土高原开发过度，森林急剧消失，天然植被大量减少，水土流失严重，土壤肥力下降，环境污染，水旱灾害不断出现，所有这些，都在一定程度上破坏了关中地区的生态环境。但总的来看，影响最大的还是唐末以来的战乱。唐末以来的战乱毁灭了举世闻名的长安城，也使往日富庶的关中地区变得千疮百孔。这样一来，长安已不如洛阳、开封，关中也不如中原。五代时期是多事之秋，不可能进行大规模的城市建设。长安城既已毁灭，关中又如此残破，当然不如定鼎中原，在洛阳或开封建都。正因为如此，五代时长安失去了首都的地位，下降为一般性的地方都会。五代以后，中国的政治、经济、军事形势发生了很大变化，东部地区成为历代关心的重点。另一方面，关中地区恢复的速度很慢，到宋元时，依然是残破的景象。宋代西北用兵，关中之民"畜产荡尽"，"十室九空"。① 可见宋时关中尚未复苏。及金人占据关中，长安一带再遭兵燹。时人李献甫在《长安行》诗中写道："长安道，无行人，黄尘不起生榛荆。高山有峰不复险，大河有浪亦已平。"在这种情况下，统治者自然就不会在关中建都了。

虽然唐朝末年以后长安不再是国都，但比较而言，长安一带毕竟是周秦汉唐诸朝的中心所在，地理位置仍然是相当重要的。因而无论是哪一个王朝，都不得不重视长安一带的问题。如后梁开平元年(907)四月，改京兆府为大安府，以长安县为大安县，改万年县为大年县。开平三年(909)七月，改佑国军为永平军。后唐同光元年(923)十一月，废永平军，复以大安府为西京京兆府，以大安县为长安县，大年县为万年县。后晋天福三年(938)十月，废西京，在京兆府设晋昌军。后汉乾祐元年(948)三月，改晋昌军为永兴军。后周仍以京兆府永兴军为管理关中地区事务的重要机构。北宋仁宗时，范雍知永兴军，为防止西夏入侵，曾对永兴军城即韩建所筑新城进行修葺加固。城内以安上门街为界，东西各划分为若干"厢"。政府机关主要集中在东西门大街和安上门街交会处。官署、民居参差分布，已不存在什么特别的限制。寺观多达六七十处，散布各地。吕大防主持漕运时，奠定了碑林的基础。

---

① 《宋史》卷二七七《张鉴传》，北京：中华书局，1977年，第9416页。同书卷三二〇《余靖传》，第10408页。

第六章

宋辽夏金元时期的西部开发

五代以后的 300 年，是历史上宋、辽、金、西夏几个主要政权的并立时期。宋太祖结束了五代十国的割据局面，但并未能统一大西北。在北宋立国之先，辽河流域契丹族便已兴起，建立大辽国，控制了东自大海，西至流沙，南越长城，北绝大漠的广大疆域，雄视北部中国。北宋建立之后，西北党项族叛离宋廷而自立为西夏，地方万余里，与辽国结成掎角之势以图北宋。后来，东北女真族的金国突起，灭掉了辽国，又迫使宋室南迁，与南宋划淮而治。西北局面此时更为零碎，在北宋、西夏、辽金统治时，先后还有回鹘、吐蕃族建立的许多政权，以及辽朝覆亡时迁徙而来的西辽。国家分裂，政局动荡，战争频繁，对西部地区的开发造成了严重的负面影响。一方面，由于中原王朝积贫积弱，失去了控制边疆地区的能力，无暇制订统一的开发方案。另一方面，由于中国的政治中心东移，经济中心南移，也在一定程度上影响了西部开发。这一时期，西部地区的人口锐减，土地荒芜，不少农田沦为牧场或沙地。当然，在个别时段或个别地区，开发工作也并非一无是处，比如北宋农牧经营仍具有较高水平，对西北全区也不无影响。为抗御边疆民族政权，北宋在今甘肃陕西地区推行屯田，但其畜牧业不甚发达，主要集中于辽夏控制的北部广大牧区。在西夏的统治中心宁夏平原，农牧业的开发就超过了前代。另外，在云南大理的苍山洱海之间，开发工作也是有一定成效的。

第一节
两宋王朝与西部开发

北宋王朝结束了五代十国的历史，但未能实现全国的统一。在北宋 167 年间，中国一直处于宋、辽、西夏、回鹘、黑汗、吐蕃、大理等几个政权并存的状况。西部地区的情况错综复杂：北宋王朝控制着今川、黔、桂全部，陕西大部及甘肃局部地区；辽控制着内蒙古、新疆局部地区；西夏控制着宁夏全部及陕西北部、内蒙古西南部、甘肃西部；黄头回鹘和西州回鹘控制着青海西北部及新疆东部；黑汗控制着新疆西部及帕米尔高原一带；吐蕃诸部继续控制着青藏高原；大理则据有云南等地。各个政权之间经常发生战争，特别是北宋与西夏之间的军事对抗比较严重，西域地区汉唐以来形成的农业区多沦为牧场。因此，西部地区的开发受到了一定影响。

一、宋代在西部地区的统治

有宋初年，因袭唐朝的办法，全国分为若干道。太宗淳化五年（994）宋朝才正式废去道的名称，将全国划分为23个路。西部地区有永兴军路、秦凤路、利州路、成都府路、梓州路、夔州路和广南西路。各路设置府、县，多因袭唐末五代之旧。

今陕西省的绝大部分当时为永兴军路。宋代西部的永兴军路（治京兆府长安县，今陕西省西安市），辖二府、十五州、一军，主要是在今陕西省的关中和陕北，兼有今山西省西南部和河南省三门峡市、卢氏县以及今甘肃省庆城、环县等处。

秦凤路（治秦州成纪县，今甘肃省天水市），辖一府、十一州、三军，主要是在今除马莲河流域以外的甘肃省东南部和青海省的东部、宁夏回族自治区的南部，还兼有今陕西省凤翔县和凤县及其附近地。这两县是宋时凤翔府和凤州的治所。

永兴军路和秦凤路在宋代初设路时，本来都属于陕西路，后来才分成这两路，但习惯上仍以陕西路相称。

今陕南佛坪、镇巴两县以西属利州路。利州路（治兴元府南郑县），辖一府、九州，主要是在汉水的上游和嘉陵江的上游，也就是今陕西省的西南部和四川省的西北部。利州路最北的府州在今陕西省的兴元府和兴州（治所在今略阳县）、洋州（治所在今洋县），最南的州在今四川省的阆州（治所在今阆中市）和蓬州（治所在今仪陇县南）。

宋代陕西在路之下所设置的府、县多因袭隋唐五代之旧，但兴废变化的情况也时有发生。京兆府治长安，领十一县。宣和七年（1125）改万年县为樊川县。大中祥符八年（1015）改昭应县为临潼县。华州治郑县，领华阴等五县。开宝四年（971）改奉先县为蒲城县。熙宁五年（1072）将渭南并入郑县，元丰元年（1078）复设渭南县，改属华州。同州治所仍在冯翊，领六县。熙宁三年（1070）又将夏阳县并入郃县。耀州治华原，领六县，辖区一如前代，无所更改。醴州即五代时期的乾州，熙宁五年（1072）撤销，政和七年（1117）复置，八年改称醴州，其治所仍在奉天，领六县。熙宁五年，奉天县改属京兆，好畤县改属凤翔，永寿县改属邠州。至政和七年，这些县均归乾州，八年属醴州。邠州宋初被撤销，其后复置，所领新平、三水、淳化、宜禄四县在今陕西。泾州治保定，所辖长武县设于咸平四年（1001），今属陕西。商州所领诸县如故。坊州治所设在中部，熙宁元年（1068）将升平县并入宜君县。鄜（富）州治洛交，领四县。熙宁元年将三川县并入洛交县。丹州治宜川，初领三县，后改为一县。宜川本唐义川县，太平兴国元年（976）为避宋太宗讳改为宜川。三年（978），以咸宁来归。其后又将汾川、云岩并入宜川。延安府本为延州，后升为府，领七县。熙宁五年将丰林、金明二县并入肤施县。此外，宋代还设有清平、定边、保安、绥德等军，军之下亦设有县。河东路所辖诸州在陕西者有二州。麟州领新秦县。政和四年（1114）将银城、连谷两县并入新秦。府州领府谷县。秦凤路辖区在陕西境内的有一府二州。凤翔府领九县，陇州领四县，皆为五代故县。凤州所领梁泉县，在今陕西境内。利州路辖区在陕西境内的也有一府二州。兴元府治所南郑，领四县。洋州治所兴道，领三县。兴州治所设在顺政，领二县。这些县多为后蜀故县。京西南路所辖在陕西的有一州，即金州。金州领五县。北宋州、县改易情况大体如此。

京西南路兼有今河南、湖北两省地，治所在今襄阳市。今神木、府谷、佳县属河东路。河东路兼有今山西省地，治所在今太原市，今榆林、横山、靖边、定边诸县则为西夏所据有。至于青藏高原等地则为吐蕃诸部所有。

整体来看，五代以后，国家再度陷于分裂，关中已失去全国首都的地位，长安变成一般性的地方都会，已远远不能和盛唐时期相比。由于"百司之盛，空余坏垣；三辅之雄，宛若列郡"[①]，关中地区的情况也是今非昔比。西部其他地区人口的大量减少，经济的急剧衰退，使得许多州县城市都被废弃了。宋元之际，西部地区城市萧条，除西夏的首都兴庆、前后蜀的都城成都及南诏国的都城大理以外，没有发展较快的城市。当时关中、陕南很少兴建新的城市，陕北地区的情况则与此不同，由于军事斗争的需要，修建了保安、锁地、金汤、顺宁、镇安、通庆、五谷、安定、丹头、御谋、制戎等十余座规模较小的城池和为数众多的堡寨。

二、宋代对西部的开发

北宋素称软弱，在西北的地位与堂堂大国极不相称，仅占有以关中为核心的泾、渭、北洛流域。好在此区正是西北的精华地区，北宋毕竟还是占有先进汉族文化遗产的政权，

[①]《金石萃编》卷一二七《永兴军文宣王庙大门记》，第14页。

宋境区的农牧经营仍具有较高水平，对西北全区也不无影响。北宋前期比较注意恢复发展生产，颁行了不少重农的政令措施，安置了五代以来的流散农民。罢除苛捐杂税，精减徭役，奖励开荒，倡导农桑的诏书颇多，对陕西地区农业有督导作用。陕西处北宋的西北边防区，又是宋对西夏用兵的最前线，迫于这种形势，宋廷在陕边也有些特别经营。北宋大政治家司马光、范仲淹、沈括等先后主持过陕西边防地区的军政，各自均有建树；著名宋将种世衡、杨满堂等驻防陕北时，也注意了当地的经济建设，以充实边防。北宋时，西北农牧业在水利、屯垦、畜牧这三个方面成效较大。

关中三白渠至唐末渐已失修，入宋时多所毁坏，灌区人民为求水利，自用梢穰、笆篱、栈木截河做简易拦水堰，壅水入渠，并度其岸势，别开渠口，以通水道。民众还上书朝廷请修叠石䃮重建三白渠工程。到宋神宗时，王安石变法提倡农田水利法，"时人人争言水利"。神宗皇帝曾对陕西水利特别谕示："灌溉之利，农事大本，但陕西、河东民素不习此，苟享其利，后必乐趋。三白渠为利尤大，有旧迹，可极力修治。"[1]北宋在西部边境的河湟地区亦有水利之举，《宋史》记载，何灌"知岷州，引邈川（今青海乐都南）水溉田千顷，湟人号广利渠"[2]。何灌还考寻今西宁、化隆一带河湟两岸汉唐故渠遗迹，召募7400多名弓箭手（地方兵）修葺引灌，得良田26000多顷，解决了军饷费用，成为北宋戍军在西北开渠屯田的典范。发展中小型水利是北宋农田灌溉的特点，这一风气也影响到西北地区。陕北丘陵沟壑区内的大型水利难以发展，但川谷溪水和山泉细流所在均有。自北宋起，陕北各地出现小型的引水灌渠，且见于后来的地方文献，例如《陕西通志》就记有一条很可贵的史料，司马光为麟州（今陕西神木境）通判，凿引入城。这一水利工程当时称"延利渠"。

北宋为抗御西夏，在今甘肃陕西地区都设有大量屯田。特别是陕北地区，经唐末五代战乱和宋夏战争的破坏，沿边经济"凋耗殆尽"，出现大量荒地旷土，屯田势在必行。史书关于陕北屯田记载很多，据《宋史》所记，赵卨曾在绥州"规度大理河川，建堡砦，画稼穑之地三十里"[3]。宋神宗时吕惠卿上呈《营田疏》，言葭芦、米脂良田一二万顷，宜尽垦辟以赡民用，并在元丰七年（1084）获准实行。可见北宋既有军屯，也有民营。屯营的范围颇为广泛，陕北方志和民间传说中都可找到宋代屯田遗迹。如绥德县有满堂川镇，州志注为"世传宋将杨满堂屯兵于此"。陕甘各地几乎都有"营田堡""开荒川"之类的村

---

[1]《宋史》卷九五《河渠志》，第2369页。
[2]《宋史》卷三五七《何灌传》，第11226页。
[3]《宋史》卷三三二《赵卨传》，第10684页。

镇，大都是宋时得名而流传下来的。

北宋畜牧业不甚发达，辽夏控制北部广大牧区，朝廷只能在华北、中原等地开设牧场，陕甘地区宜牧地自然尽可能被利用。同州的沙苑即为北宋朝廷十四牧监之一，《宋史》称"沙苑最号多马"，"占牧田九千余顷"。① 除了直接用作军马外，还拨发补充山西、河北、河南等地新辟牧场。地处西夏边界泰、渭、泾、延、庆、富、文等州，均有州办的牧场，亦设专官主持牧政。朝廷特别提倡边州少数民族养马畜牧，以为"蕃部地宜马，且以畜牧为生，诚为便利"②。大约战事所迫，蕃部无不遵诏大批养马，听命国家调遣，称之为"户马"。事实上宋对外用兵，主要还是依靠民间养马。陕甘地区还承担直接或间接为朝廷"市马"的特殊作用。北宋为了获得西夏、回鹘、吐蕃等西北少数民族的良马，经常用盐、茶、布帛等物作交易，在四川、陕西、山西一带都设有关市。其中陕西市场居于中心，其最为重要，来自四川方面的马匹欲运往京师，一般先暂留陕西苑，以防路遥马病死，陕西为此特设立了蕃马驿。总之，北宋这个王朝的软弱无力，在畜牧方面也表现出来，它的军马生产只能依靠统治区内有限的农牧交错地区，所以《宋史》记载的大部分马政问题，几乎都涉及陕甘地区。

从文献记载来看，这一时期西域地区经济社会发展受到很大制约，出现倒退的局面，而在北宋和西夏控制的西部地区，情况相对要好一些。关中、成都等发达的农业区在唐末五代曾遭受战乱的创伤，元气大伤。北宋王朝为了提高与辽、夏抗衡的能力，曾有意发展西部经济。西夏为了自身的存在，也比较注意发展农牧业生产。但因战乱频繁，加之自然灾害的影响，发展的速度有限，大部分地区均未恢复到唐代的状态。

第二节
辽夏金三朝对西部的影响

唐朝灭亡之后，中国社会再次陷入大分裂的局面。在宋代，虽然契丹、女真等族都在不同程度上对西部历史产生过一定的影响，但分布于西部地区的少数民族则主要是党项、吐蕃和南诏等。党项由西羌吸收氐等民族发展而来，故文献中又称之为"党项羌"。这个民族早期居住在析支河（今青海河曲）一带，唐代分布范围扩大，"东至松州，西接

---

① 《宋史》卷一九八《兵志》，第 4945 页。
② 《宋史》卷一九八《兵志》，第 4949 页。

叶护，南杂春桑、迷桑等羌，北连吐谷浑，处山谷间，亘三千里"①。唐末迁至陕北。1038年，元昊正式称帝，国号大夏，建都兴庆府（今宁夏银川），史称西夏。西夏存在了345年，统辖西北夏、绥、银等22州，疆域相当于今宁夏、甘肃、青海之大部及四川一部分地区。从康定元年（1040）开始，西夏与北宋不断发生战争，多数战役都以宋军的失败而告终。长期的战争严重地影响了西夏内部的生产和生活，加之灾荒不断，物资缺乏，人民厌战，西夏最终向北宋妥协，订立"庆历和议"。后西夏为蒙古帝国所灭，党项人或依附于吐蕃，或投靠蒙古，但大部分仍生活在以宁夏银川为中心的西北地区。吐蕃在唐代后期分裂为诸多部族，仍生活在以青藏高原为中心的西部地区。南诏国在公元902年被郑买嗣灭掉。后晋天福二年（937）白族（旧称白蛮）首领段思平联合滇东37部起兵，建立以南大理为中心的大理国。彝族（旧称乌蛮）、哈尼族（旧称和蛮）、纳西族（旧称么些蛮）均为大理国重要的民族成员，并在10世纪以后有所发展。

一、金代在西部的统治

女真族建立的金国，北灭辽国，南驱宋朝，与南宋、西夏鼎足120多年。金的政治经济重心本是东北、华北，在西北仅承袭了北宋统治区域，农牧业的经营亦未出北宋的规模。女真族是长期生活在东北"白山黑水"一带的落后游牧民族，受契丹和汉族的影响，很快由原始状态进入奴隶制社会。统治中原后，金全面地接受汉文化，迅速地向封建制转化。金熙宗进一步改革，采用历代王朝袭用的中央集权制，袭用一套颇为完整的封建官僚机构，在户籍、土地、赋税、徭役等方面都建立起相应的封建管理制度。金章宗时鼓励官吏重视生产：凡能劝农者，猛安谋克赏银绢，县官升级；连续三年不怠惰农事，可按等级升官；若荒田十分之一，官受笞罚；荒田严重，判刑一年；连续三年，猛安谋克降一官，县官降一级。金在扩张中曾与宋、辽、夏长期混战，不少平民流离失所，被迫沦为奴隶，这种情况在陕西一带也很严重。金初多次下诏，严禁权势之家买贫民为奴，并由官府出绢赎免，使奴隶复为平民，起到解放生产力的作用。金朝还将大量的女真人和东北民族内迁，使其"棋布星罗，散居四方"，以加强民族之间的融合。

西北边境是女真迁居的重要地区，陕西、陇右也分布着许多猛安谋克户，他们和西北当地的"百姓杂处，计其户口，给赐以官田，使自播种，以充口食"②。金朝政府采取

---

① 《旧唐书》卷一九八《西戎传·党项羌》，第5290页。
② 〔宋〕宇文懋昭；崔文印校正：《大金国志》卷三六《屯田》，北京：中华书局，1986年，第520页。

这种移民、屯田、戍边三结合的政策，维护了女真族的统治，对发展西北经济也起到促进作用。女真族起于畜牧，夏则逐水草迁徙，冬则穴居野处，君临中原后仍保持重畜传统。金朝多次下令保护耕牛军马，世宗大定年间诏书说："马者，军旅所用，牛者，农耕之资，杀牛有禁，马亦何殊？其令禁之。"[①]根据章宗明昌三年(1192)统计，陕西路开辟的牧场占地36000余顷。

金政府还通过陕西与西北各族易马，例如"大定二年(1162)六日戊辰，命御史大夫白彦敬西北路市马"[②]。每遇战争就在民间征调马匹，同时还包括骆驼、驴、骡，用作运输或者与军马参用。

金时仍用路制。和今陕西省有关的路较多，完全设在今陕西省境内的有京兆府和鄜延两路，兼及邻省的有凤翔、庆原、河东北、利州西、利州东五路。京兆府包括今铜川市和韩城市以南，乾县和武功以东，镇安、山阳、终南以北各县市，治所在今西安市。鄜延路在京兆府路之北，北至今志丹、米脂各县，治所在今延安市。京兆府路以西属凤翔路，治所在今凤翔县。今淳化、永寿诸县西北属庆原路，治所在今甘肃庆城县。今神木、佳县、吴堡诸县属河东北路，治所在今山西太原市。今凤县、留坝、略阳诸县属利州西路，治所在今略阳县。利州西路以东，京兆府路以南诸县属利州东路，治所在今汉中市。西夏仍然统治今榆林、横山、靖边、定边诸县。金和南宋时期，陕西各地的县仍多前代之旧，改易之处也有，限于篇幅，不再赘述。

总之，金朝统治时期，西北局势较北宋时相对稳定，金统区辖地小而巩固，所以后来蒙古族入侵时，金兵曾在陕甘地区全力抵抗蒙古，著名的关陕大战、延富之战、凤翔大战先后都给蒙古与西夏联军以沉重打击，使蒙古太师、南下总指挥木华黎也深感无能为力。然而，金朝遇到的阶级矛盾和民族矛盾是不可克服的，女真族内部的宗室、贵族和猛安谋克上层分子相继转化成大地主阶级，剥削统治一般的汉民和女真农牧民。汉族地主势力也同时发展起来，参与金朝统治，强占平民土地。再加上各级官吏横征各种苛捐杂税，人民走投无路，不断发动起义，从而动摇了金朝统治基础。在强大的蒙古族军队进攻下，金朝覆灭了。

二、辽夏金对西部的开发

在辽和北宋相继灭亡后，南宋与金的对抗出现了。在南宋153年间，中国依然处于

---

① 《金史》卷六《世宗本纪》，北京：中华书局，1975年，第127页。
② 《金史》卷六《世宗本纪》，北京：中华书局，1975年，第127页。

分裂状态。西部地区分属于南宋、金、西夏、西辽、吐蕃、大理等政权。

从大量资料来看，由于金人的南侵，吐蕃的东扩，南宋在西部的疆域较北宋大为缩减，失去了关中、陕北、甘肃东部、四川西部及云南大部。其实际控制区为陕西南部、四川大部、贵州全部、广西全部。所辖一级行政区有五个路，即利州路、成都府路、潼川府路、夔州路和广南西路。区域经济与北宋相似，没有多大起色。金在西部的实力超过了辽，据有陕西大部及甘肃之一部，仍采用路制进行管理。设在这些地方的一级行政区有鄜延路、庆原路、熙秦路等。宋金之间为争夺关中发生了著名的富平之战，造成重大的人员损伤，对关中经济也造成很大破坏。

西夏是党项族政权。党项本属羌族部，8世纪初，遭吐蕃压迫，迁居今甘肃、宁夏和陕北一带，政治上归附唐朝，长期与唐保持着臣属关系。北宋初，党项人夹处于辽、宋、吐蕃、回鹘之间，在错综复杂的民族对抗中常首鼠两端，对宋、辽时叛时服，不断蚕食扩张，对吐蕃、回鹘则大肆攻掠抢夺，不断强化着党项奴隶主的力量。元昊继位后，党项人毅然摆脱大国控制，建立起夏国。西夏统治领域，"东尽黄河，西界玉门，南接萧关，北控大漠"①，辖夏、宥、银、绥、灵、盐、胜、威、定、永、甘、凉、瓜、沙、肃等州的广大区域，所统民族包括党项、汉、回鹘、吐蕃等族。西夏统治集团有不少汉人贵族，基本是党项与汉贵族的联合统治。西夏军事编制，保存着党项人的传统。政治制度，特别是官制，"多与宋同"。这样就形成了"蕃汉合礼"，奴隶制与封建制并存的现象。随着历史的前进，西夏封建制不断发展，并最终取得统治地位。西夏仁宗颁行《新法》，确定了封建土地所有制。皇室可以依法占有国家所有的牧场和屯田，贵族地主通过领受国家赐田方式占有大量土地。仁宗天盛年间，又修订《天盛律令》，规定生荒地归开垦者所有，并有权出卖，这样就为自耕农的发展和土地兼并提供了保护。新法新律还对地租赋税制做出了规定，封建经济关系从此完全确立。西夏的政治制度、文化教育也进一步在汉族化和封建化，这些对西夏农牧生产均有一定的推动作用。

西夏统治区内有西北最富饶的游牧地，畜牧条件非常优越，早在立国之前，党项族就对边区蕃部进行利诱威胁，使贺兰山以西、陇山以内、黄河以东地区的十余万帐游牧部族归服。同时党项族又西掠吐蕃健马，北收回鹘畜牧，从而奠定了畜牧业的基础。立国后，元昊仍坚持畜牧为主的经济政策，认为"衣皮毛，事畜牧，蕃性所便"②，继续让党项人、吐蕃人、回鹘人、塔塔人等少数民族从事畜牧，尽可能扩大牧业。河西走廊的

---

① 〔清〕吴广成：《西夏书事》卷十二，清道光五年小岘山刻本，上海古籍出版社藏。
② 《宋史》卷四八五《夏国上》，第13993页。

甘州、凉州等地，其水草丰美，被划为西夏畜牧重地。今陕北长城风沙线上的银、夏、宥、绥等州及其以北的鄂尔多斯高原，直至额济纳、阿拉善一带，土地瘠薄，且间有沙漠、荒丘、丛林，颇不利于农耕，西夏便在这些地区广辟牧地，大力发展畜牧。西夏牲畜以马、驼、牛、羊为主，此外还有驴、骡、猪等。马羊品质最为优良，阿拉善半荒漠草原上的骆驼品种尤其著名，因此常大量被宋辽金等国引入，《元朝秘史》和《马可波罗游记》都极为称道，成吉思汗也曾从西夏得到大批骆驼良种，并在蒙古高原上广泛繁殖。西夏游牧人同时还兼营狩猎，境内多山丘、沙漠、半荒漠地，有很多禽兽可供猎取。西夏军在战争闲隙，常进行大规模围猎，既为练兵，也是一种狩猎生产。西夏对宋辽的贡品中有大批量的猎物，史载继迁时一次向契丹进贡沙狐皮1000张，可见其狩猎之盛。正如乾顺时御史大夫谋宁克任所称："吾朝立国西陲，射猎为务。"[1]狩猎是西夏畜牧业重要的辅助。

农业是西夏另一重要经济部门，经营农业的主要是汉人。唐宋五代战乱中，就有汉人不断外流。西夏立国后继续扩张，占领北宋边地许多以农为业的州县。西夏将俘虏的大量汉兵，"勇者为前军"，"脆怯无他伎者迁河外耕作"。[2] 继迁扩地至灵州，即令"籍夏、银、宥州民之丁壮者徙于河外"。另外党项族中也有部分部族，长期处在汉蕃沿边区，逐渐熟悉农业技术，后来转牧经农，"耕稼为事，略于汉同"。例如长期处于"土山柏林"的洪、宥山区的党项野利部人，就以经营农业为主，时称"南山野利"，"每岁资粮，取足洪宥"。西夏兵民常在宋边境进行掠夺性的垦荒，宋麟州窟野河一带田胰利厚，元昊时开始插木置民寨30余所，发民开垦寨旁之田。后来西夏索性发动几十万人用耕牛越界垦种，耕获时派军队保护，便耕有时深入到绥德一带。西夏本土农业亦有相当的优势，宁夏平原、河套平原水利淮源事业在汉唐时已经开辟，西夏统治者很重视农耕和水利，役使大量民工整修旧有渠道，形成以兴州为中心的灌溉网。根据周春《西夏书》所记，当时这里共有68条大小渠道，灌溉农田9万顷。修复汉源渠长达250里，唐徕渠320里。位于黄河东岸的灵州"地饶五谷，尤宜稻麦"[3]，西夏在这里修复的渠道有秦家、汉伯、艾山、七级、特进等五渠。正如《西夏书事》所赞，兴灵一带，"国中无水旱之虞"[4]。西夏还在河西甘、凉、沙、瓜等州及河湟地区，利用祁连山雪水和河流灌溉，这

---

[1]〔清〕周春：《西夏书校补》卷八，北京：中华书局，2014年，第1353页。
[2]《宋史》卷四八六《夏国下》，第14029页。
[3]《西夏书校补》附录一，第1768页。同书卷五，第429页。同书卷十，第1551页。
[4]《西夏书事》卷三九"开禧二年、夏天庆十三年"条，江苏广陵古籍刻印社。

些地区正是前代人长期经营过的西北半干旱区的主要灌溉农区，西夏均一一复兴利用。西夏文《天盛年改新定律令》还载有夏国灌溉制度，严格规定了有关水利设施和使用水的规则，可见西夏农田灌溉事业颇为发达。

西夏农业人口以汉族为主，以灌溉农业为主，生产技术与西北宋朝统辖区略同。《蕃汉合时掌中珠》记载的西夏农具有犁、耧、镰、锄、钁、锹、碌碡、车、碾、碓、硙等，均系西北旱农的传统农具。西夏长期使用宋朝颁发的农历，并参照当地气候安排农事。西夏文类书《圣立文海》中有关于月令农事的记载，例如八月桃、葡萄熟时可收割大麻，安排烤麻子和榨油等活动；又如在腊月底，要为来年备耕修好农具等。种植作物有水稻、大小麦，但主要是耐旱的谷子、糜子、豌豆、黑豆、荜豆、青麻子等。西夏国人除了从事畜牧业的蕃部外，一般均以农产品为主食。西夏常靠农业提供给牧民粮食和牲畜的冬储饲料，从而加强了畜牧业发展。西夏国农业与畜牧业之间的结合密切而合理，故能保持较强的经济实力。后期，随着金人的强大，西夏开始依附于金，疆域虽然基本未变，仍然统治今陕北局部、宁夏全部及甘肃局部地区，但其国力已较前大为衰落。

辽朝灭亡后，其残部在耶律大石的率领下向西迁移，兼并回鹘及黑汗，建立西辽政权，其统治范围相当广大，东起沙州，西到咸海，南界昆仑，北逾阿尔泰山。我国新疆及中亚东部的不少地方都在其统治之下。与西辽、西夏为邻的吐蕃基本保持了北宋时期的状态，只是向东略有扩张。至于大理，仍统治着云南等地。这些政权多以畜牧立国，故畜牧业在经济生活中占有较大的比重。

在宋、辽、金对峙的300多年间，活动在今新疆地区的民族主要是回鹘族。早在公元840年，回鹘在鄂尔浑河流域即因内部分裂和外遭黠戛斯攻击，被迫迁徙到河西至天山之间。西迁回鹘大约分为三支：一支居于以甘州为中心的河西走廊地区，称为河西回鹘或甘州回鹘，西夏向西扩张占领河西后，这一支回鹘并入西夏。另一支远迁到葱岭，并在此建立了辖地广大的哈喇汗王朝。这时伊斯兰教东传到了葱岭，哈喇汗朝首先接受伊斯兰教义，从此阿拉伯半岛的伊斯兰文化传入我国，在西北民族中有广大信仰者。西迁回鹘的主力迁至吐鲁番一带的西州，并建立了著名的高昌王朝，人称高昌回鹘或西州回鹘，其对西域地区经济文化的发展贡献最大。回鹘分裂的过程正是本族游牧经济分化的过程，西迁之后大量兼营农业，逐渐形成以农为主畜牧为辅的经济结构，社会形态亦由奴隶制进入封建制。回鹘由此成为河西和西域的主体民族，后世新疆维吾尔族正是由回鹘发展而成的。

回鹘在西域获得丰富的自然资源和生产资料，又占据了东西交通要地，社会经济发展很快，最突出的还是农业生产。根据这时期的文献记载，回鹘在生产中已经大量使用了铁器，水力的碓碾代替人力加工。"以骆驼耕而种"，更是一个农业动力的特殊创造，在西北农业史上，驼耕大约是力量最大的耕作动力。高昌回鹘的农业尤其发达，史称高昌"地产五谷"，"厥土良沃，麦一岁再熟"，完全继承了西域地区以灌溉为前提的所谓"绿洲农业"。北宋王延德出使高昌国所作的游记称其地"有水，源出金岭，导之周围国城，以溉田园，作水碓"①。同书中还记其"地有野蚕，生苦参上，可为绵帛"。但是大宗的农副业还是棉花和蚕桑种养纺织。对高昌国的农桑及畜牧生产，王延德也有细致的考察和记载。如高昌狮子王和王后、王子各占有大群的马匹，"养马放牧平川中，弥亘百余里，以毛色分别为群，莫知其数"②。可见当时在西域水草肥美的绿洲，其牧业规模亦相当壮观。

在辽国灭亡后，其部族西迁天山之北，并不断向西扩展，复立西辽王朝，统治达80多年。辽曾经统治华北，受汉族文化影响深刻，逃亡时又掳掠大批汉人，至西域后仍重视农业，遂使天山北部这一传统牧区出现少量农业经营。种大小麦、谷子、黍子等，在今额敏至博乐一带，"所种皆麦稻"。西域城镇及其手工业、商业也随之发展。城郊菜园与果园相交，并有流水浇灌。郁糊、石榴、瓜果遍置城中店铺。西辽对边疆农业起到重大的促进作用。

吐蕃族在这300年中，一直居于青海地区，仍以畜牧为业，与汉族及西北其他民族的战争较少，生活比较稳定。

第三节
元朝统治下的西部地区

在蒙古帝国时代，成吉思汗制订了南进和西征的战略计划。经过南进，蒙古帝国灭掉了西夏和金朝，夺取了整个北方地区。通过西征，它又攻占了中亚、西亚、东欧大片领土，建立了四大汗国，即钦察汗国、察合台汗国、窝阔台汗国和伊利汗国。忽必烈当政后建立元朝，并灭掉南宋，再次完成了中国的统一大业。

---

① 曾枣庄、刘琳主编：《全宋文》（第四册）卷六二《王延德：西州程记》，上海：上海辞书出版社，2006年，第13页。
② 《全宋文》（第四册）卷六二《王延德：西州程记》，第14页。

一、蒙古的西进与南征

元朝是由蒙古族建立的大帝国,其疆域空前辽阔。虽然元王朝将全国居民分为蒙古、色目、汉人和南人,实行民族压迫政策,但民族融合的步伐明显加快,少数民族新格局逐渐形成。有元一代,蒙古族的势力不断向包括西部在内的全国各地扩展,而西部地区的重要民族除汉人外,主要有"回回人"①、畏吾儿人(今维吾尔族人旧称)、唐兀人、吐蕃人和西南地区的白蛮、乌蛮等。"回回人"包括信奉伊斯兰教的突厥人(如哈剌鲁、阿儿浑、康里、钦察等)、波斯人、阿拉伯人和信奉伊斯兰教的其他各族人②,这些人随着蒙古帝国的西征而大量东迁,留在中国西部的回回主要分布在西北甘、凉诸州和西南地区的云南等地。畏吾儿是唐代后期迁入新疆吐鲁番的回鹘人发展而来的。唐兀是元代对党项遗民的称呼,他们大部分仍居住在西夏故地。吐蕃在元朝正式纳入中央王朝的版图。元在中央设置了宣政院,将吐蕃划分为三个宣慰使司都元帅府进行具体管理,同时扶植吐蕃的佛教势力,使佛教萨迦派领袖八思巴成为西藏地区的实际统治者。至于云南等地的少数民族,变化不大,其居住区域大体如旧。

"蒙古"本来只是蒙古草原上一个部落的名称,自从铁木真统一蒙古各部之后,才成为蒙古各部的共同称谓。蒙古民族也是在铁木真统一后形成的。蒙古族的形成虽然是13世纪初叶的事,但蒙古部在唐朝时即见于记载。相传蒙古部是苍狼和白鹿的后代,《旧唐书》称之为"蒙兀室韦"。这个部落曾隶属于室韦、突厥、回纥和鞑靼。到12世纪初期,蒙古部分为一些小的部落。成吉思汗的曾祖合不勒在统一尼伦部后成为部落酋长。蒙古部很快地发展起来。

最初,蒙古人也过着原始社会的生活,后来逐渐地进入奴隶社会。他们的经济生活仍然是以狩猎和游牧为主,直到11—12世纪时仍然过着"黑车白帐,随水草放牧"的生活。不过,阶级分化很明显,那颜是统治者,包括"汗""额毡""那颜""别乞"等是奴隶主,"合兰"则是奴隶。12世纪蒙古社会开始向封建制过渡,出现了那可儿和合剌除的对立,诸部之间战争频繁,社会动荡不安。在部落战争中,蒙古部出现了一位杰出的人物,那就是铁木真。铁木真出生在孛儿只斤氏的一个贵族家庭,他的父亲也速该被塔塔儿部杀害。铁木真联合克烈部王罕和札答兰部的札木合击败塔塔儿等部,又与王罕击败札木合,1203年又击败王罕,统一了蒙古各部。

---

① 明清两代文献中主要以此指回族即回回民族。见《辞海》第七版。
② 邱树森:《元代中国少数民族新格局研究》,海口:南方出版社,2002年,第45页。

1206 年，蒙古各部在斡难河召开忽里勒台。忽里勒台亦作"忽邻勒塔""忽烈尔台"，蒙古语"聚会""会议"的意思，原为氏族部落内部的会议。蒙古兴起后，"忽里勒台"成为选举大汗和决定军国大事的贵族代表会议。会上各部首领共推铁木真为成吉思汗。为了加强统治，他首先设置了护卫军，称之为"怯薛"，"怯薛"为蒙古语"番直宿卫"之意，由宿卫、侍卫、环卫三队组成，各有队长统率，总隶于怯薛长。怯薛驻成吉思汗帐殿周围，分四班，仅在成吉思汗亲征时参战。军士除蒙古族外，还从广大牧民中挑选。与此同时，他健全政治军事制度，按十户、百户、千户、万户的方式把军队编制起来，在此基础上实行领户分封制。其次制定法律，他把蒙古习惯法编成"大札撒"，把他的训令编为"必里克"，加强法制，维护统治。

加强统治后，成吉思汗立即向外扩张，他把矛头对准了西夏、金和宋。首先他要灭金，但怕西夏增援，所以在 1209 年先向西夏发动了进攻，挫了它的锐气。1211 年派哲别攻金，迫使金主求和。成吉思汗夺取了金的黄河以北地区，派木华黎管辖。成吉思汗攻金时，以蒙古所属诸部札剌儿、弘吉剌、亦乞列思、兀鲁兀惕、忙兀惕五部，组成探马赤军，由按扎儿、孛罗、笑乃台、阔王不恙、不里会拔都儿五人分领，而总领于木华黎，在攻金战争中探马赤军出力甚多。平金后，即镇抚中原，其后并驻防各地。其人员仍以上述五部为主，但是有汉人及色目人参加。这支军队在历史上曾发挥过重要作用。

1226 年，成吉思汗向西夏发动了全面进攻，经过一年多苦战，对夏都形成包围。1227 年成吉思汗病死，不久，西夏灭亡。西夏灭亡后，金朝完全孤立，新即位的窝阔台汗按照成吉思汗的遗嘱，联合南宋向金发动进攻，1234 年灭金，占领了金朝的大部分领土。蒙古军在南进的同时，也先后发动了三次大规模的西征：第一次是成吉思汗的西征。1219 年，成吉思汗攻入花剌子模，1222 年占领整个中亚，兵锋所及，达到俄罗斯、乌克兰境内。第二次是拔都西征。1234 年窝阔台决定远征欧洲，派拔都率军西进。从 1236 年到 1241 年的五年间，蒙古军横扫今保加利亚、波兰、匈牙利等许多欧洲国家。第三次是旭烈兀的西征。窝阔台死后，贵由、蒙哥相继为汗，蒙哥于 1252 年派旭烈兀西征，目的是要征服伊朗。到 1257 年蒙古军征服了今伊拉克、伊朗、叙利亚等地。经过三次西征，蒙古军几乎征服了半个世界，在"兀鲁思"的基础上，建立了四大汗国：即钦察汗国、察合台汗国、窝阔台汗国和伊利汗国。

二、元朝对西部地区的统治

元朝的疆域空前辽阔,"历代无与之伦比者也"①。其地方行政制度与前代颇不相同,在宋金诸路上更设行省,而将原来的路降到次一级的地位。元代中枢称中书省。中书省在各地分设机构,称为行中书省。如果说宋朝的路的制度是在财政经济方面实行中央集权的具体表现,那么元朝的行省制度就是全面的对地方的控制。因为元朝的行省和以前各王朝的地方一级区划的性质不同,它不是一个监察性质的区划,也不是纯粹地方行政的区划。按它的机构来说,行省是中央政府的一个缩影②,是中央王朝的派出机构。元朝不仅用这种办法集权于中央,行省的职权也几乎完全代替了一些地方政府。就是中央政府也直接辖有若干路府州县,也就是所谓的腹里③。这样说来,中书省或尚书省与行中书省或行尚书省只是其所在的地区不同而已。元朝的行省区划在元初时就时有变易,到文宗至顺元年(1330),黄河、长江和珠江三大流域共有一中书省及河南、陕西、四川、甘肃、云南、江浙、江西、湖广等行中书省。如果加上蒙古旧地的岭北行省,辽水流域、黑龙江流域及长白山周围并东至大海的辽阳行省,以及设于朝鲜境内的征东行省,则当时共有11行中书省④。中书省和行中书省各统辖路和直隶府、州。当时设府、州不少,有的府、州仅属于路,有的则直隶于行省。不论直隶府、州或仅属于路的散府、散州,都是可以统县的。

元朝西部各地分属陕西、甘肃、四川、云南4个行省管理。元代陕西行省所辖多为金、宋故县,县的数量较前有所减少。陕西行省(治所西安)共有四路、五府、二十七州、十二属州,据有今陕西全省,今甘肃省兰州市以东各地,兼有今宁夏回族自治区清水河上游各地。⑤ 甘肃行省(治所张掖)辖区为甘肃黄河以西,宁夏大部,青海黄河以北、日月山以东地区。四川行省(治所成都)管辖今四川邛崃山、大凉山以东地区。云南行省(治所昆明)管辖今云南全部、贵州西部、四川西南部及缅甸东北部地区。有元一代,陕西、四川、云南等地的社会经济有了明显的恢复,特别是云南,发展速度较快。这一时期,"回回人"大量迁入中国境内,蒙古族、藏族等民族也有不少人离开故土,迁居他

---

① 顾颉刚、史念海:《中国疆域沿革史》,北京:商务印书馆,1999年,第180页。
② 〔明〕宋濂等:《元史》卷九一《百官七》,北京:中华书局,1976年,第2305页。
③ 《元史》卷五八《地理志》,第1347页。
④ 《元史》卷五八《地理志》,第1346页。
⑤ 据《元史》载,陕西行省所属的开成州(治所在今原州区),为这一行省在今宁夏回族自治区最北的一州,详见卷六〇《地理志》,第1423页。

处，从而在一定程度上促进了民族融合，形成了少数民族的新格局。这种新格局在经济上具有互补性，在文化上具有多元性①，"增强了各民族的向心力"②。

自公元960年北宋建立以来，因西北地区有西夏政权，北宋与卫藏等地藏族各部联系交往较少，但与邻近川、滇等地的藏族各部则相对密切。北宋初年，吐蕃后裔唃厮啰在以邈川（今乐都）、青唐（今西宁）为中心的青海省湟水流域建立了政权，并多次遣使向宋朝皇帝纳贡。明道元年（1032），宋仁宗封唃厮啰为宁远大将军、爱州团练使，并给予优厚的俸禄。康定二年（1041），又封唃厮啰为检校太保充保顺、河西等军节度使。此后，唃厮啰的子孙董毡、阿里骨、瞎征等均由宋封官。为了抗击西夏，北宋还向藏族部落拨发弓箭及其他武器，招纳30多万藏人从事垦种。

到了元朝，藏族地区已被纳入我国版图，成为中国领土不可分割的一部分。史载，元世祖忽必烈封萨迦派领袖八思巴为国师，又任命其为总制院（后更名宣政院）长官，"掌释教僧徒及吐蕃之境"，管理全国佛教僧徒及藏族地区的事务。同时在西藏设立地方机构，中央多次派员到西藏统计土地、清查人口、建立驿站、厘定赋税、拟定差役制度，将刑法颁行藏区，使西藏正式成为中央政府直接管辖的地方区域。

三、元朝对西部地区的开发

公元10世纪蒙古族在漠北兴起，东起黑龙江上游，西迄阿尔泰山一线的蒙古高原上，分布着蒙古族大小上百个部落。他们先后臣属辽朝和金朝，在贡赐交往过程中，也接受了辽、金文化的影响，生产力迅速发展。铁制工具和武器逐渐普遍，同时畜牧业技术水平不断提高，狩猎经济明显缩小。少数部族出现定居的寨子，学会"种秋稷"的农业技术，出现了"田禾"，使用起舂碓加工粮食。蒙古旧部落奴隶制受到很大冲击，内部斗争分化愈加激烈，部落间的联合和兼并十分频繁。在长期的战争中，铁木真利用各部之间的矛盾，征服许多敌对部落，统一了蒙古各部，建立起军事奴隶制的蒙古大汗国。蒙古统一后，立即发动了对外战争，成吉思汗及其子孙先后三次西征，攻占了中亚到欧洲的大部分地区。

---

① 周伟洲先生认为："古代西北少数民族及其多元文化，经过一千多年的发展、演变，而基本定型。其间，吐蕃的北上和蒙古的西征及南下，奠定了近现代西北少数民族分布格局。而汉族传统文化，中亚、印度的佛教文化，伊斯兰文化，北方游牧文化均从四周不断浸润着、影响着西北少数民族多元文化，促使其发生了两次重大的变异，而最终定型。"见《西北少数民族多元文化与西部大开发》，北京：人民出版社，2009年，第12页。

② 《元代中国少数民族新格局研究》，第375页。

与此同时，蒙古军队对西北各地大举用兵，西域地区畏兀儿人，慑于蒙古的强大兵威，遣使贡物自请归顺。畏兀儿周邻的西域属国纷纷降附，这样使蒙古打通了向西进军的西辽道路，大军向东直逼西夏。公元1219年成吉思汗派兵2万攻打西辽，辗转追击，西辽亡。西征凯旋的成吉思汗随即率军东征西夏和金朝，经过两年多的战争，统治西北腹地190多年，与宋辽金长期抗衡的西夏终于被蒙古征服。就在西夏王即将出降之际，戎马一生的成吉思汗终以老病交加死于军营之中。继承汗位的窝阔台继续对金用兵，又经过五年战争，终于灭亡了金朝而占领淮河以北的广大地区，至此西北全境皆入蒙古汗国。后来忽必烈继承汗位，早先他曾主管过漠南汉地，颇有统治汉人的经验，即位后便推行汉制，进行政治和经济改革，并与守旧派贵族间展开了长期的斗争，为蒙古从奴隶制社会全面进入封建制社会创造了条件。公元1271年，忽必烈仿效中原王朝，建立起一个多民族中央集权的大一统的封建制国家，定国号为"大元"，迁都大都（今北京）。公元1277年随着元朝灭亡南宋，中国终于结束了自五代以来宋辽金夏并立300多年的混乱局面，复归于统一。元帝国"舆国之广，历古所无"，其地北逾阴山，西极流沙，东尽辽左，南越海表。正如《元史·地理志》所说："自封建变为郡县，有天下者，汉、隋、唐、宋为盛，然幅员之广，咸不逮元。"①

蒙古奴隶主攻占畏兀尔农区，进而入主中原后，同以农业生产为主的封建社会必然发生矛盾，这种矛盾同样也反映到蒙古统治阶级内部。蒙古军南下途中大肆杀掠汉人，夺得人口财物尽为己有，农业生产遭受严重破坏。大军所过，田禾被践踏，耕牛被掠走，堤堰也被捣毁。汗国大臣中更有人提出"汉人无补于国，可以悉空其人以为牧地"②。在蒙古宗室、贵族驻留地区，大片的土地常被圈为牧场，这种狭隘的排汉排农思想，显然不利于蒙古人的统治。窝阔台为汗时，重用耶律楚材等金汉地主阶级代表人物，对农业生产采取保护的方针，并建立赋税制度，恢复促进农业生产。忽必烈建立大元前后，全面采用汉制，推行切实的重农政策，确定了以农业为主的经济基础。元初重农诏令频频颁行，朝中还设立司农司官，掌管农桑水利，设大司农卿督导各地方官劝农。元政府在农村实行村社制度，50家为一社，选年高通晓农事者为社长，督促农民耕作；农户田旁要立牌署名以便社长检查。为了在各民族中传播农业生产经验，司农司主持编写了大型官颁农书《农桑辑要》，印发1万部，后一再重印，从技术方面对农业生产进行深入指导。元初这样自上而下严密督导农桑，对西北农业有很大的促进作用。

---

① 《元史》卷五八《地理志》，第1345页。
② 《元史》卷一四六《耶律楚材传》，第3458页。

元朝在西北屯田面积很大，陕西、甘肃行省主要通过军屯和民屯以助军饷，据武宗至大元年(1308)统计，两省有屯田120万亩。西域地区军屯主要在哈密、和田和别失八里等军队驻地。另外还在河西、天山南北动员畏兀儿、柯尔克孜等少数民族屯田，由政府拨给屯民牛种。别失八里还设立冶铁厂铸炼铁器，专供军民屯田使用。在西北农业史上，大凡军队屯田的高潮时期，也是民户垦辟发展的时期，屯田面积的扩大标志着西北农业的复兴和发展。

元政府同时提倡发展农田水利，在西北也曾修复了一些前代的灌溉工程。著名天文学家兼水利家郭守敬主持修复扩建的西夏故地的水利工程，灌田9万多顷，常为史家所称道。陕西的泾水三白灌渠也有所修葺，在农业生产中仍发挥着作用。此外还有河西走廊的水利修复，西凉、甘、沙等州许多旱田也改为水田。西域灌溉与农业命脉相连，各屯区都有较大的灌溉渠道。常德曾于公元1259年经阿力麻里城，"亲见当地市井流水交贯，所过亦堵两山间，也是土平民夥，沟洫映带"①。在准噶尔盆地适于农耕区，迁移去的汉民还种植水稻。天山南部农区景象较北部更为繁荣，根据《马可波罗行纪》所载：喀什噶尔地区，"有甚美之园林，有葡萄园，有大产业，出产棉花甚饶"②。叶尔羌万物丰饶，而和田产棉甚富。旅居西域的全真道道士丘处机也曾赞赏西域棉花"鲜洁细软，可为线、为绳、为帛、为绵"③。吐鲁番盆地向为畏兀儿人的中心区，农业历史悠久，元朝时农业工具显著增多，种植作物种类较前世丰富，说明聪明的畏兀儿人已经具有较高的农业技术水平。

元朝养马业尤其发达，规模超过了宋代。据《元史·兵志》马政篇称："元起朔方，俗善骑射，因以弓马之利取天下，古或未之有。盖其沙漠万里，牧养蕃息，太仆之马，殆不可以数计。"④这里说的太仆之马即朝廷的养马，元朝牧监不仅遍设北方，同时置苑于西南地区。西北甘肃一带，便是太仆最重要的养马基地。而蒙古王室贵族及散居在西北的各游牧区马匹更是无法计数。北方农区人民同样承担着养马这项特殊的义务，朝廷经常以军事需马为名在农区无偿搜刮；各地官府也严禁用马耕地、拉车、曳碾，以免失去军用的特性；有些地区还禁止秋后翻地，以便于牧马。元朝在京都附近养有大量马驼，草料均出自民间。朝廷在"劝农"诏令中，时常规定各村、社"布种苜蓿"，"喂养马匹"。

---

① 蔡美彪等，《中国通史》(第七册)，北京：人民出版社，1983年，第345页。
② [法]色伽兰、郭鲁柏著；冯承钧译：《马可波罗行纪》，上海：上海古籍出版社，2014年，第73页。
③ 〔元〕李志常：《长春真人西游记》，见张星烺编注：《中西交通史料汇编》(第三册)，北京：中华书局，2003年，第1699页。
④ 《元史》卷一〇〇《兵志》，第2553页。

每年征收刍草十分严急,陕西农民在秋后要将刍粮输送京都牧监,是一项沉重的赋役。蒙古贵族既以畜牧之盛立为汗国,进而统一了中国,故对于畜牧自然保持着特别的爱好,欲将中原农区变为牧地的设想虽未实现,但蒙古人畜牧的兴趣和对牧政的重视却从未稍减。诸王、宗室、贵卿圈地畜牧,实际是绝难禁止的,据赵天麟《太平金镜·策略》所说:"今王公大人之家或占民田近于千顷,不耕不稼,谓之草场,专用牧放孳畜。"①而元朝统治者一向采取宽待蒙古族,优惠畜牧的政策;大元帝国更以雄厚的农业基础全力支持畜牧业发展,畜牧生产水平提高较快。西北传统牧区畜牧更为发达,特别是蒙古人集中的河套区,"垦耕牧养,军民相参",呈现出农牧兴旺景象,正如元人诗文所记,"朔方戎马最,刍牧万群肥"②。在西北偏远地区,元代农牧经营也有一定成绩,特别是河西至西域地区,元朝政府在这里特别设立了行中书省、行枢密院、行御史台等行政机构,同时还设置了元帅府等高级军事机构,对农牧业生产起到了组织领导和保护发展的作用。元朝还修复了从大都通往天山南北直至西亚的各路交通。沿途设驿站、水驿,促进了西北农牧业和手工业产品的贸易交流,大大活跃了西北地区的经济和文化。

最后再简单提及元代青海高原区的农牧经营。忽必烈即位后即同吐蕃上层建立联系,继续任用吐蕃高僧八思巴为"国师""帝师",专门管理吐蕃政事,并设相应的地方行政机构。元代在青海置贵德州,设宣抚使司,主管地方事务。各级官职均由吐蕃人担任,实行"因其俗而柔其人"的统治,在雅鲁藏布江的吐蕃政治经济中心区以农业为主,青海高原则以畜牧为主。吐蕃族经常在陕甘毗邻地区用各种畜产与汉族交易,其游牧有时也深入到陇右、河西、西域等地区,与西北各族交往频繁。

文化方面,西部地区受战乱影响,文化领域逐步衰减。以陕西历史人物为例,自五代以后,长安失去了全国首都的地位,陕西人物迅速减少。宋辽金元时期,虽有恢复,但见于史籍的人物仍不很多。400多年间,出现的较为著名的人物还不足200人。这种情况是不能和隋唐时期相比的。有人曾对宋代全国各地人物进行过统计,共整理出有宋一代的人物5834人。其中有籍贯可考的为5354人。其中陕西所在的永兴军路共有人物133人,密度每平方千米0.00094人,占人物总数的2.31%,在全国诸路中名列11,次于两浙路、福建路、江南西路、江南东路、京畿路、成都府路、河北西路、京东西路、河北东路、河东路。在上述5834人中,史籍注明为进士的有2838人,占人才总数的49%,其中有籍贯可考的为2738人,占进士总数的96%,其中陕西进士46人,著作流传者7人,

---

① 〔元〕赵天麟:《太平金镜》卷四,元刻本,北京图书馆藏。
② 杨镰主编:《全元诗》第四十册《周伯琦·纪行诗》,北京:中华书局,2013年,第392页。

在当时全国进士总数中所占比率较小①。显然，宋代陕西人物较前大量减少，已由人物较多的地方变为人物较少的地方。陕西人才锐减与首都地位的丧失有关，与战争也有很大的关系。史载自元昊寇边以来，"骨肉流离，田园荡尽。陕西之民，比屋凋残，至今二十余年终不复旧"②。"陕西上户多弃产而居京师，河东富人多弃产而入川蜀。"③金元之时，陕西人物进一步衰减。这种势头到元末也未能扭转。宋金元时期的陕西人物的分布，也以关中地区为多。所不同的主要是陕北人物有所增加。关中人物长安县有杜汉微、韩溥、梁延嗣、宋堤、元守全，万年县有张保续、崔翰、李若拙、李仲容，京兆有王凯、史序、李建中、惠从顺、李士衡，奉元有周恕、杨恭懿、第五居仁、侯均、刘德，咸宁有陈求道，户县有杨砺、甄婆儿、贺仁杰、贺胜，渭南县有宋珰、张佶，下邽县有寇准、李好义，周至有赵瞻，蓝田有吕大忠、吕大防、吕大钧、吕大临，咸阳有萧贡，耀州有刘化源、刘长孺，三原有杨达夫、李子敬，临潼有李邦瑞，兴平有萧道寿，眉县有张载、张戬，虢县有刘兴哥，扶风有赵荣。陕北人物则有金明的李继周，保安军的刘绍难、刘延庆、杨忠武，延安的韩世忠、韩彦直、张宗颜、庞迪，安塞的王思聪，延长的张闰。陕南名人很少，只有三四个而已。

到了元代，随着国家的再度统一，交通状况又得到改善。统治者在从西夏手中夺取河西走廊之后，即着手置张掖、酒泉，至玉关，通道西域。元代疆域空前辽阔，西部的许多地方已由边疆变成腹地。元政府在西部地区设置了许多驿站，称之为"站赤"，将西部地区完全纳入了元王朝庞大的交通体系，其规模远远超过了汉唐时期。据元人所撰《经世大典》记载，当时中国境内有站赤1496处，"凡在属国，皆置驿传，星罗棋布，脉络通达，朝令夕至，声闻毕达"④。当时内地通往西域的交通道路，主要分布在天山以北地区。由中原北上，至漠北和林，向西经金山（今阿尔泰山），折而南下，至别失八里哈拉火州，然后沿阴山（今天山）北麓至达阿力麻里，如果继续西行，即可到达欧洲。⑤ 在西南地区，元朝统一大理后，云南的政治中心由洱海地区转移到滇池地区，交通枢纽也随之转移。当时云南的驿道主要有中庆（今昆明）至建都（今西昌）、中庆至哈剌章（今大理）、大理至丽江、大理至金齿等九条。与此同时，贵州的政治中心也逐渐由黔州转移到

---

① 肖华忠：《宋代人才的地域分布及其规律》，《中国历史地理论丛》1993年第3辑。
② 〔明〕陈邦瞻：《宋史纪事本末》卷三五《刺义勇》，北京：中华书局，1977年，第308页。
③ 《宋史》卷一七九《食货志·会计》，第4362页。
④ 〔元〕赵世延等撰；周少川等校：《经世大典辑校》第八《政典》，北京：中华书局，2020年，第440页。
⑤ 元代李志常《长春真人西游记》及刘郁《西使记》中皆有相关记载，参见张星烺《中西交通史料汇编》第五册，第70—166页。

了长官司(今贵阳)。于是贵阳逐渐发展成为贵州的交通枢纽。

除上述陆上干道外,历史时期西部地区还存在过一些水上交通干线。黄河中上游某些地方(如渭水流域)的水上交通已如前述,长江上游地区也具有一定的航运条件。据文献记载,金沙江下游、岷江、横江、乌江(涪陵江)、沱江、嘉陵江、綦江、涪江等江河均有航运之利。宋代曾在金沙江的下游马湖江设有573里的水驿路。[①] 綦江在唐宋时代可直行200余里至南平军以南。元代曾在此设置水驿站,可行20石的大船。清代经过整修,可航至贵州桐梓,航程缩短将近一半。嘉陵江在宋代可从渔关(今白水镇东北虞关)下至恭州,航程达2000余里。当然,水路交通干线较少,在西部交通中所占的地位是不能与陆路交通相比的。

[①]〔宋〕李心传:《建炎以来朝野杂记》乙集,卷二〇《边防》,南京:江苏广陵古籍刻印社,1981年。

第七章

明清时期的西部开发

明清时期是我国统一的多民族国家最终形成的时期。这一时期,经过长期的民族融合、交往,民族间的联系越来越紧密,尤其是清朝统治者,在入关后虽然曾经短暂地推行过民族压迫和民族歧视政策,但在汉族人民的反抗下进行了调整。清朝前期,采取各种军事和政治措施,完成了国家的统一,形成了疆域辽阔、空前统一的局面,奠定了中国的版图。在鸦片战争之前,西部地区整体呈现发展态势。

第一节
明代西部农牧业的缓慢发展

元帝国统治不到百年,终因阶级矛盾和民族矛盾的激化,不可收拾,覆灭于农民大起义的风暴之中。以朱元璋为首的统治集团,篡夺农民战争的成果,建立了明王朝。鉴于元灭亡的历史教训,明初采取宽疏民力恢复发展生产的措施。如释放奴婢,解放生产力;削免赋税,减轻农民负担;奖励农垦,劝勉棉桑,确实收到了休养生息的社会效果。据《明史》所记,至洪武末年"宇内富庶,赋入盈羡。米粟自输京师数百万石外,府县仓廪蓄积甚丰,至红腐不可食"。"洪、永、熙、宣之际,百姓充实,府藏衍溢。"[①]指的正是明前期经济复兴的盛况,明王朝统治长达270多年,其基础正在这一时期。明中叶以后,政治腐败,严重的土地兼并和繁重的赋税,迫使农民和市民不断反抗起义。东部沿海倭寇,北部蒙古贵族复辟势力,东北新兴的满族,先后都给明朝巨大的威胁。总的看来,明朝是个文弱朝代,始终处于内外交困、无大作为的地位,它在西北的处境正是这

---

① 〔清〕张廷玉等撰:《明史》卷七八《食货志·赋役》,卷七七《食货志》,北京:中华书局,1974年,第1895、1877页。

种状况的缩影。

一、明代的西部政区

元代灭亡，明朝继起，行省的模式仍大体沿袭旧观，不过亦有所改变。明朝不设中书省，京都附近地区就直隶中枢六部，即以直隶为名。明初都于应天府，就是后来的南京。于是今安徽、江苏两省在当时就称为直隶。后来迁都顺天府，也就是北京。因而今河北省当时也称为直隶。其后加以区分，就分别称为南、北直隶。两直隶之外，明朝于元代各行省皆另派承宣布政使，因而所在的行省就称为承宣布政使司。由于行省名称已经沿用很久，一般也就习以为常了。虽仍以行省相称，实际成为地方一级的区划，和元朝那样作为中央分驻到地方的机构，直接控制地方的情形完全不同。明朝设置承宣布政使司，始于太祖洪武初年。其时所设置者为北平、山东、山西、河南、陕西、四川、江西、湖广、浙江、福建、广东、广西、云南13处。陕西承宣布政使司[①]，领8府、21属州，它辖有今陕西省和宁夏回族自治区，兼有今甘肃省黄河东南各地，其西部至今青海省的贵德、贵南等县。

四川、贵州、云南、广西诸布政使司也领有不少府县，情况比较复杂。如广西布政使司既有由流官管辖的府、州、县，也有由当地民族人物管辖的土府、土州、土县。这与福建、广东的情况是很不相同的。《明史·地理志》载，明代广西布政使司"领府十一，州四十有八，县五十，长官司四"[②]。《明会典》卷十六载，广西领"府十（内土官知府二），州四十七（内土官知州三十六），县五十二（内土官知县六），军民府一，长官司四"。二书均未交代统计这些数字的具体年代。据笔者统计，洪武二十六年（1393），明王朝在广西设置了12个府，9个直隶州，32个州，51个县，3个长官司。弘治四年（1491），广西布政使司统辖12个府，9个直隶州，33个州，50个县，3个长官司。万历六年（1578），其辖11个府，9个直隶州，37个州，52个县，5个长官司。各个时期也存在着政区变化的问题。桂林府明初领临桂、兴安、灵川、阳朔、荔浦、修仁、古田、永福、义宁、灌阳等县[③]。洪武十四年（1381）改古县为古田县。洪武二十七年（1394）以全州来属，领灌阳县。弘治四年（1491）将荔浦、修仁2县划归平乐府。隆庆五年（1571），

[①] 各承宣布政使司的治所与元代相应的行省相同者不再注出。
[②] 《明史》卷四五《地理志》，第1148页。
[③] 〔明〕李贤等撰：《大明一统志》卷八三《广西·桂林府》，西安：三秦出版社，1990年，第1265—1266页。

升古田县为永宁州,领永福、义宁 2 县①。浔州府初领桂平、贵、平南 3 个县。成化三年(1467)增置武靖州;万历末年又将该州废弃。梧州府初领苍梧、藤、容、岑溪、怀集 5 个县,又领郁林州,郁林州辖博白、北流、陆川、兴业 4 个县②。太平府初领左、思同、太平、结伦、结安、思城、上下冻、全茗、龙英、都结、茗盈、镇远、万承、安平、养利 15 州及崇善、陀陵、罗阳、永康 4 县。万历十六年(1588)以思明州来属。二十八年(1600)升永康县为永康州。三十八年(1610)又以上石西州来属。田州府初领上隆、恩城、归德、果化 4 州和上林县。弘治十八年(1505)以后,归德、果化二州相继划归南宁府。嘉靖七年(1528)改田州府为直隶州,仅领上林县而已。思明府初领上思、忠、禄、西平、思明、上石西、下石西 7 州及凭祥县。宣德元年(1426)将禄州和西平州划归安南。成化十八年(1482)升凭祥县为州,直隶布政司③。弘治十八年(1505)将上思州划归南宁府。庆远府初领南丹、那地、东兰 3 州及宜山、天河、思恩、荔波、忻城 5 县。弘治五年置永顺、永定二长官司,九年,又置永安长官司。十七年,置河池州。平乐府初领平乐、恭城、贺、富川 4 县。弘治四年(1491)以桂林府的荔浦、修仁 2 县来属。五年(1492),以永安州来属。万历四年(1576),增置昭平县。南宁府初领武缘、宣化 2 县。洪武十年(1377)五月以横县来属,十三年(1381)升为州。嘉靖十二年(1533)增设隆安县。柳州府初领象州、宾州及马平、洛容、柳城、来宾、武仙、迁江、上林等县。洪武十年以融州之罗城、怀远、融县来属。镇安府和思恩军民府无所领属,泗城州领程县,江州领罗白县,与都康州、思陵州、龙州、利州、奉议州、向武州、凭祥州直隶于广西布政使司④。

二、明代西部地区的农业生产

在五代辽宋夏金时期,中国社会再次呈现出大分裂的状态。尽管北宋王朝曾经试图统一全国,但最终未能实现。在唐朝灭亡之后的 370 多年间,由于政治经济重心的转移,西部地区在全国的地位不断下降,大部分地区经济社会的发展相对缓慢。其后经过元朝的大一统,到明清时期,情况才有所好转。

---

① 〔明〕申时行等修:《明会典》卷一六《州县》,北京:中华书局,1989 年,第 105 页。
② 〔明〕解缙等撰:《永乐大典》卷二三三七《梧州府》,北京:中华书局,1986 年,第 943—944 页。
③ 〔清〕龙文彬:《明会要》卷三四《职官》,北京:中华书局,1956 年,第 582 页。《明史》卷四五《地理志》成化十八年,第 1166 页。
④ 《明史》卷四五《地理志》,第 1166 页;〔清〕傅维鳞:《明书》卷四〇《方域志》,江苏广陵古籍刻印社,1988 年。

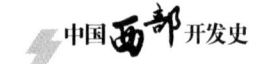

（一）明代的西部开发

明朝是由朱元璋在元朝的基础上建立的统一王朝。这个王朝将"高筑墙"和"广积粮"奉为治国的法宝，在边疆问题上采取守势，因而显得比较被动。元朝灭亡后，其残部退回到蒙古高原，鞑靼、瓦剌二部长期威胁明朝北疆。明王朝为了应对其入侵，动用大量的人力、物力修筑长城，并在长城沿线设置了九边重镇。另一方面，中亚的察合台汗国分裂，东察合台国王歪思率部迁入新疆一带，建立了亦力把里政权，明朝在西部的版图亦被缩减至罗布泊以东地区。为了防止亦力把里东侵，明朝在河西走廊修建了著名的嘉峪关。

虽然明朝的西部边疆较前大为缩减，但明朝在西部仍据有大片疆土。为了加强对地方的管理，明朝在全国设置了13个布政使司（相当于省），其中位于西部的有陕西、四川、贵州、云南和广西。其中陕西承宣布政使司领8府、21属州，辖有今陕西省和宁夏回族自治区，兼有今甘肃省黄河东南各地。云南布政使司包括缅甸北部。其余各布政使司的范围与今略同。在青藏高原地区，明朝设乌思藏都司和朵甘都司进行管理。同时，明朝还在西部设立了赤斤蒙古卫、沙州卫等管理机构，以畏兀儿、蒙古贵族或首领担任各卫指挥。这些措施对于维护西部地区的稳定和发展起到了一定的积极作用。因此，在明代276年间，西部大部分地方的经济得到了复苏。

明代中后期，天灾人祸严重，阶级矛盾和民族矛盾都很尖锐，从而引发了农民起义。广西大藤峡等地的民族冲突，给明朝造成了很大的困扰，不得不动用狼兵进行镇压[①]。明末西部的不少地方再次受到战争的创伤，就连物产丰饶的关中平原和成都平原，也都在不同程度上衰落。特别是关中平原，已经失去了昔日的风采。人们在谈到关中时，不再称之为"天府之国"，只称之为"八百里秦川了"[②]。

（二）明代西部的土地开发与农业生产

明朝建立后，比较重视对西部地区的经营。为了应对残元势力的威胁，加强对边疆地区的统治，在北方及西北方修"边墙"，筑堡寨，设"九边"重镇，委派巡抚、总兵、参将等提兵屯防。另一方面，明朝设陕西、四川、广西、云南、贵州等布政使司对广大的西部地区进行管理。这些措施，在一定程度上为西部地区的农业生产提供了较为安定的环境。

土地是重要的农业资源。明朝在经营西部的过程中，比较注重土地开发。明代西部

[①] 王双怀：《明清"狼兵"新探》，《中国边疆史地研究》2013年第3期。
[②] 王双怀：《"天府之国"的演变》，《中国经济史研究》2009年第1期。

的土地开发经历了一个曲折的过程，大体上可分为三个阶段。明代前期，以朱元璋为首的统治者对农业非常重视，采取许多措施鼓励垦荒，故西部地区的土地开发力度较大，发展迅猛。明代中期，社会动荡，开荒与撂荒交替出现，情况较为复杂。到明代后期，政治腐败，土地兼并剧烈，经济发展受到阻碍，不少地方耕地呈现出锐减的趋势。兹据《明万历会典》卷一七《户部四·土田》、卷一八《户部五·屯田》、卷一九《户部六·户口一·户口总数》，本书将明代前后期西部各布政使司人口、田地数列表如下：

明代西部各布政使司人口田地一览表

布政使司	洪武二十六年(1393)			万历六年(1578)		
	人口数	田地数	人均(亩)	人口数	田地数	人均(亩)
陕西	2316569	31525175	13.61	4502067	29292385	6.55
四川	1466778	11203256	7.64	3102073	13482767	4.35
广西	1482671	10240390	6.91	1186179	9402075	7.93
云南	259270			1476692	1799359	1.22
贵州				290972	516686①	1.78

明代西部各都司卫所屯田升降表

都司卫所名称	永乐后屯田数(亩)	万历初屯田数(亩)	增减状况(亩)
陕西都司并行都司	4245672	16840404	+12594732
四川都司并行都司	65954527	4880410	-61074117
广西都司	51340	461035②	+409695
云南都司	1037743	1117154	+29411
贵州都司	933929	392112	-541817

明代西部各布政使司人口密度与垦田指数变化表

布政使司	面积(平方千米)	前期(洪武二十六年)		后期(万历六年)	
		人口密度	垦田率	人口密度	垦田率
陕西	475164	5.07	4.22%	9.85	4.11%

---

① 这个数字不包括思南、石阡、铜仁、黎平等府及贵州宣慰司、清平凯里安抚司土田。
② 广西万历屯田数原注"内除民里征收及荒铲停征田，实在屯田二千九百一十三顷三十七亩零。"

续表

布政使司	面积（平方千米）	前期(洪武二十六年) 人口密度	前期(洪武二十六年) 垦田率	后期(万历六年) 人口密度	后期(万历六年) 垦田率
四川	419580	3.50	1.78%	7.39	2.14%
广西	217382	7.00	3.14%	5.60	2.88%
云南	373396	0.69		3.95	0.32%
贵州	123768			2.35	0.28%

由上表可以看出，在明代前期，西部地区人口最多的地方是陕西，其次是广西，四川居于第三位，云南人口较少。就耕地数量而言，陕西、四川耕地较多，其次是广西。就垦田率而言，陕西是最高的，其次是广西、四川。陕西、四川人多，耕地多，垦殖率相对高，是西部农业最发达的省份。到了明代后期，除广西外，西部各地的人口都有了较大的增长，特别是四川，人口翻了一番，陕西人口也几乎增加了一倍，但耕地却并非如此，除四川略有增加外，陕西、广西等地的耕田数量都有所下降。陕西的人均耕地由原来的13.61亩下降到6.55亩，人地关系发生很大变化。

当然，明代西部各地经济状况是不平衡的，这在各布政使司内部也有充分的表现。以嘉靖时期陕西的情况为例。据〔明〕赵廷瑞修，马理、吕柟纂《陕西通志》卷三十三《民物一·户口》、卷三十四《民物二·田赋》，当时陕西布政使司所辖各府共有户363027，口3526064，军卫户150554，口352936，夏秋地31533165亩，夏地17301229亩，秋地14231925亩，屯地12230563亩①。具体分布如下表所示：

明嘉靖二十一年(1542)陕西各府人口田地统计表

行政单位	百姓户口 户数	百姓户口 口数	军人户口 户数	军人户口 口数	田地数量(亩) 夏地	田地数量(亩) 秋地	田地数量(亩) 屯田
西安府	181902	1579116	15768	39901	9696540	4492564	2723997
凤翔府	28604	289693	826	2120	1967593	1791932	109351
汉中府	28876	190166	926	3067	255135	230096	107513
平凉府	21790	206061	1840	3251	1475536	2804547	411366

---

① 〔明〕马理等纂：《陕西通志》卷三十三《户口》载："户屯丁五千五，口百七十三"，董健桥等校注，西安：三秦出版社，2006年，第1822—1847页。各地数字相加与总数略有出入。

续表

行政单位	百姓户口 户数	百姓户口 口数	军人户口 户数	军人户口 口数	田地数量(亩) 夏地	田地数量(亩) 秋地	田地数量(亩) 屯田
巩昌府	30412	356897	1633	3120	1349958	936634	429400
临洮府	11145	159295	1803	4210	522260	179739	838242
庆阳府	14443	153134	1520	15593	956646	1117621	346350
延安府	45865	591702	2781	4340	1077559	2678798	305383
榆林卫			5005	5178*			2796500
宁夏前左等五卫			27267	49324			1163438
中卫			1923	4069			188044
后卫			1020	1860			
灵州守御千户所			2009	3152			91227
韦州群牧所			412	673			
兴武营			1235	3450			
广武营			1300	8100			
鸣沙州城			307	785			58700
甘州五卫			15434	30883			575121
肃州卫			8762	10830			204921
西宁卫			7479	12260			202552
庄浪卫			5583	15096			96185
镇番卫			2255	4899			222346
永昌卫			2761	5624			99210
山丹卫			5286	13410			127986
凉州卫			3965	6464			265200
镇夷守御千户所			1236	4533			50896
古浪守御千户所			826	1120			62229
高台守御千户所			1020	7010			80943

上表显示，明代中后期，陕西布政使司人口最多的是西安府，其次是延安、巩昌、凤翔、平凉、汉中、庆阳、临洮。耕地也是西安府最多，但处于第二位的是平凉府，其

次是延安、凤翔、巩昌、庆阳、临洮、汉中诸府。人均耕地平凉府最多，为 22.41 亩，其次是庆阳府 14.35 亩，凤翔府 13.26 亩，西安府 10.45 亩，临洮府 9.42 亩，巩昌府 7.54 亩，延安府 6.81 亩，汉中府 3.07 亩。至于卫所人口与屯田则主要分布在今陕西榆林、宁夏银川及甘肃河西走廊东北部地区，这种情况与当时陕西地区的军事形势有一定关系。

三、明代西部的交通

明代西部疆域虽然较前代有所缩小，西部的交通状况较前却有了改善。尤其是驿传系统，成为西部交通的主要干线。史载明初曾派朝廷大员前往西部修路置驿：明太祖洪武元年（1368），置各处水马驿站、递运所、急递铺。洪武二十三年（1390）正月，"遣凤翔侯张龙等往云南置驿传"①。洪武二十四年十二月，"命景川侯曹震往四川治道路"②。洪武二十五年七月，又"命普定侯陈桓往陕西修连云栈入四川；都督王成往贵州平险阻，沿沟涧架桥梁以通道路"③。孝宗弘治年间（1488—1505），自褒城鸡头关至凤州接界处，明代重修栈桥 25 处。明世宗嘉靖七年（1528），在连云栈火烧碥以北石梯一段路上，易木梯为石梯。嘉靖二十三年（1544）褒城县令张赓，在连云栈独架桥一带砌石修碥路。邑人李瓒在连云栈马道驿南一里处凿石为碥路。另一方面，明朝亦曾多次让地方官修治道路。如宣德七年（1432）五月，命陕西参政杨善"复开平凉府开城县迭烈孙道路"④。成化十二年（1476）陕西巡抚余子俊"通南山道，直抵汉中，以便行旅"⑤。此外，明王朝还鼓励少数民族首领修治边疆地区的道路。

明代西部交通的发展主要表现在两个方面：一是修复了许多前代开凿的道路，使路面的质量有所提高。如陕西凤县与褒城县之间的连云栈道自元末失修，极难行走。洪武二十五年，普定侯（陈桓）监督军民"增损历代旧路"，使之成为可以并行二轿四马的"通衢"⑥。对于前代形成的一些道路的路面，明代还进行了硬化处理。如川北保宁（治所在今四川阆中）、顺宁（治所在今四川南充）二府道路，咸"甃以石"⑦。二是在西部边疆地

---

① 《明会要》卷七五《方域五·驿传》，第 1471 页。
② 《明太祖洪武实录》卷二一四"洪武二十四年十二月己未"，北京大学图书馆馆藏原北平国立图书馆藏"红格钞本"，第 3162 页。
③ 《明太祖洪武实录》卷二一九"洪武二十五年七月"，第 3216 页。
④ 《明会要》卷七五《方域五·道路》，第 1455 页。
⑤ 《明史》卷一七八《余子俊传》，第 4738 页。
⑥ 〔明〕王士性撰；吕景琳点校：《广志绎》卷五《西南诸省》，北京：中华书局，1981 年，第 341 页。
⑦ 《明史》卷二八一《徐九思传》，第 7214 页。

区开辟了一些新的道路，使边疆地区交通闭塞的状态有了改善。如广西多山，官路较少。明万历年间，韩绍仪招商伐木，在广西平乐至庞冲之间修建道路1200余里，"凿石五千二百五十二丈，为桥梁四百七十有五，铺亭一百三十有三，渡船十有三"①，从而大大改善了广西中部地区的交通。清圣祖康熙三年（1664），陕西巡抚贾汉复，自玉鸡煎茶坪至褒城县鸡头关，开新路于诸岭上，改木栈为碥路。由此可见，历史时期西部地区的交通干线也同样经历了变化的过程，情况是相当复杂的。

第二节
清代西部经济社会的新动向

17世纪初，努尔哈赤在东北地区以武力统一了女真各部，于金国天命元年（1616）在赫图阿拉称金国汗。崇德元年（1636）皇太极改国号为"清"。从建州女真到满族共同体的形成，再到清朝的建立，标志着一个新的民族政权在东北地区的诞生和发展。顺治元年（1644），清军入关。随着清朝政治局势的稳定，清朝建立起从中央到地方的军政体制，通过一系列军事手段加强了对边疆的控制。为了恢复和发展生产，清朝明确禁止八旗勋贵的圈地，奖励垦荒，推行"滋生人丁，永不加赋"的政策，社会经济有了很大的发展，还出现了"康乾盛世"的局面。在这样的形势下，西部地区经济社会也有了较大发展，但是随着清政府的衰败，到鸦片战争前后，这种局面已不复存在。

一、清代设在西部的政区

清代仍沿明时旧制，虽继续设置承宣布政使司，但却一般以省②或行省相称③。入关之初，即改南直隶为江南省，盖清人以北京为京师，南京废不为都，直隶之名无所承受。康熙初年，以15省区划过大，因分江南为江苏、安徽两省，陕西为陕西、甘肃两省。嘉

---

① 《广志绎》卷五《西南诸省》，第116页。
② 〔清〕穆彰阿；潘锡恩等纂修：嘉庆重修《大清一统志》卷七二《江苏统部》："本朝改置江南省，……康熙六年，改为江苏省"；又卷一六一《山东统部》："（明）山东承宣布政使司……本朝因之，为山东省。"上海：上海古籍出版社，2008年。《清史稿》卷六〇《地理志七》载"山西……清初沿明制为省"，北京：中华书局，1977年，第2021页。
③ 〔民国〕赵尔巽等：《清史稿》卷五五《地理志二》载"奉天……光绪三十三年三月，罢将军，置东三省总督、奉天巡抚，改为行省"，第1925页。

庆时全国有 18 省，后又建置新疆和东北三省，共有 22 省。清初陕西省仍辖今甘肃和宁夏回族自治区。清圣祖康熙二年(1663)以陕西布政使驻巩昌(今甘肃陇西县)，五年改为甘肃布政使，移驻兰州。自此陕甘两省分治，陕西省的区划才确定下来。陕西省，辖 7 府、5 直隶州，另有 7 厅、5 州。辖境略同于现在，所异者仅北部限于长城，未再向北发展。清代陕西省所辖诸县多为明代旧县，西安府领长安、咸宁、临潼、蓝田、渭南、富平、咸阳、高陵、三原、泾阳、兴平、醴泉、户县、周至、同官 15 县和耀州以及孝义、宁陕 2 厅。乾州直隶州领永寿、武功 2 县。鄜州直隶州领洛川、中部、宜君 3 县。同州府领大荔、朝邑、合阳、韩城、澄城、蒲城、白水、华阴 8 县和华州及潼关厅。商州直隶州领商县、洛南、山阳、镇安 4 县。凤翔府领凤翔、岐山、扶风、眉县、麟游、汧阳、宝鸡 7 县和陇州。邠州直隶州领淳化、三水、长武 3 县。榆林府领榆林、怀远、神木、府谷 4 县和葭州。延安府领肤施、甘泉、安塞、保安、安定、延川、延长、宜川、靖边、定边 10 县。绥德直隶州领米脂、清涧、吴堡 3 县。汉中府领南郑、褒城、沔县、城固、洋县、西乡、略阳、凤县 8 县和宁羌州及佛坪、留坝、定远 3 厅。兴安府领安康、紫阳、平利、洵阳、石泉、白河 6 县和汉阴、砖坪 2 厅。这些建置基本上奠定了后来陕西行政区划的基础。甘肃、青海、四川、云南、贵州、广西、新疆、西藏等省政区较前亦有变化。

(一) 清王朝巩固西部边疆的措施

清朝是一个大一统的、据有辽阔地域的国家。其各方向边疆安全的保障任务繁巨。为稳定和保卫边疆，清朝统治者根据边疆各方向的不同状况和治理的实际需要，因地制宜地建立了行之有效的边疆制度。通过军事、政治、移民等手段，清朝将西部边疆有效地置于自己的管辖之内。

清代前期，西部边疆不够稳定，出现了一些分裂势力。针对这种情况，清王朝采取果断措施，坚决予以打击。康熙时平定"三藩"之乱，挫败蒙古准噶尔部噶尔丹及其侄策妄阿拉布坦的叛乱，在科布多(今蒙古国科布多)和乌里雅苏台等重镇设官驻军，加强对喀尔喀蒙古地区的管理。雍正时，平定青海和硕特部罗卜藏丹津发动的叛乱，在西藏设置驻藏大臣，以监督西藏地方事务。乾隆时，平定了准部贵族达瓦齐、阿睦尔撒纳发动的叛乱，设立伊犁将军、参赞大臣、领队大臣等，率兵分驻要地，加强了对天山北路的统治；镇压西藏朱尔墨特叛乱后，废除藏王制，在达赖之下设置噶厦，具体管理西藏地方政事；平定大小和卓木(博罗尼都和霍集占)在天山南路地区发动的叛乱，在喀什噶尔等地设置参赞大臣、办事大臣等,加强了对当地的管理;驱逐廓尔喀侵略军。此外,清朝还颁布《钦定西藏章程》。嘉庆时,清朝又平定了张格尔在新疆的叛乱,从而奠定了北到西伯利亚,南到南沙群岛,西起巴尔喀什湖,东到太平洋的辽阔版图。此外,清朝还在西部边疆实行了"改土归流"政策。雍正时,云南总督鄂尔泰建议在西南地区改土归流,于是便在云南、贵州等省推行这种制度。此后政府陆续收缴土司印信,设置府、厅、州、县,委派有任期的官员统治,实行与汉族地区相同的政治制度,加强了中央对少数民族地区的统治。

清朝在打击分裂势力,维护辽阔边疆的过程中,对某些民族的分布进行了局部调整,如将部分蒙古人迁入新疆等。而晚清时期的回民起义也在一定程度上影响了该族的布局。据《清史稿》及清代方志记载,有清一代,西部各省均有少数民族分布。陕西有蒙古族、回族等民族。甘肃有回族、东乡族、裕固族、藏族。青海有撒拉族、藏族、土族。宁夏有回族、蒙古族。新疆有维吾尔族、蒙古族、哈萨克族、塔吉克族、柯尔克孜族、乌孜别克族、俄罗斯族、塔塔尔族。西藏有藏族、门巴族等。四川有藏族、羌族、彝族、白族、苗族、土家族。云南有回族、哈尼族、白族、拉祜族、傈僳族、景颇族、纳西族等。贵州有苗族、侗族、布依族、水族等。广西则有壮族、瑶族、仫佬族、毛南族、水族等。此外,西部还有一些人数较少的民族,部类繁多,不能一一列举。

通过这些措施,清政府在边疆地区确立了其统治地位,为边疆地区的进一步开发创造了良好的条件。此后,清政府在边疆地区实行了"修其教不易其俗,齐其政不易其官"的政策,尊重少数民族的宗教信仰和风俗习惯,根据各地的不同情况,采取灵活的方式进行管理。清朝在西北等地采取多种方式屯田垦荒,兴修水利,发展农业生产;还利用西部地区的资源优势,大力发展畜牧业和采矿业。这些措施对于解决军粮、维护边防、促进边疆发展等方面都起到了积极的作用。西南少数民族地区,根据云南总督鄂尔泰的建议,进一步实行"改土归流"政策[1],进而废除土司制度。将大批"湖广"人迁入四川等地[2],丈量土地,鼓励开荒,兴修水利,轻徭薄赋,大力发展以冶矿为主的手工业,改善水陆交通,发展商品经济。

到乾隆时期,西部地区人口增加,经济文化迅速发展,东西部的差距明显缩小,而民族凝聚力也进一步增强[3]。近代以来,民族融合进一步加强。民国时期,一些规模较

---

[1] 〔清〕贺长龄辑:《皇朝经世文编》卷八六《兵政·蛮防》,上海:上海广百宋斋校印。
[2] 郭声波:《四川历史农业地理》,成都:四川人民出版社,1993年,第100—101页。
[3] 戴逸:《清代开发西部的历史借鉴》,《新疆技术监督》2000年第5期。

小的民族逐渐消失，融入其他民族之中。到中华人民共和国成立后，最终形成了56个民族。现在，各个民族在西部地区均有分布。

然而，清朝后期，由于西方列强的入侵，中国社会的性质发生了很大变化，中国由封建社会转变为半殖民地半封建社会。在这种情况下，西部开发受到很大的影响。当时，西北地区44万平方千米的土地沦入沙俄之手，西藏地区受到英国侵略者的武装侵略。中国的领土完整遭到破坏，中国的资源和财富大量外流。西部地区经济与东部一样，遭受了很大的破坏，陷于停滞和倒退的状态。

（二）清代西部地区的中小城市

到了明清时期，西部经济逐渐复苏，西部的一些城市也出现了繁荣的景象。这一时期陕西各地很少修建新的城市，主要是对当时的府、县治所进行扩建、加固和维修。在当时西安城是西北地区最著名的军事重镇，同时也是经济中心。关中东部的同州府，西部的凤翔府，陕北的延安府、榆林府，陕南的汉中府都呈现出发展的势头。关中地区的有些县城商业发达，贸易兴旺。甘肃的兰州、宁夏的银川、四川的成都、贵州的贵阳、云南的昆明、广西的桂林、青海的西宁、西藏的拉萨、新疆的伊犁和迪化等城市都有较大的发展。[①] 所有这些，都为当代西部城市的发展奠定了基础。文献中对清代西部城市的分布情况记载较多，兹据《嘉庆重修一统志》列表如下：

清代西部各省城市统计表

陕西

府州名	城池	故城	出处	府州名	城池	故城	出处
西安府	17	78	卷227、228	同州府	10	55	卷243、244
延安府	10	32	卷233、234	商州直隶州	5	14	卷246
凤翔府	8	34	卷235、236	乾州直隶州	3	12	卷247
汉中府	11	50	卷237、238	邠州直隶州	4	11	卷248
榆林府	5	27	卷239	鄜州直隶州	4	15	卷249
兴安府	7	18	卷241、242	绥德直隶州	4	22	卷250

---

① 详见《明史·地理志》《大清一统志》及明清西部各省方志。

甘肃

府州名	城池	故城	出处	府州名	城池	故城	出处
兰州府	6	67	卷252、253	镇西府	2		卷271
巩昌府	10	45	卷255、256	泾州直隶州	4	21	卷272
平凉府	5	26	卷258、259	秦州直隶州	6	32	卷274、275
庆阳府	5	34	卷261、262	阶州直隶州	3	32	卷276、277
宁夏府	4	29	卷264	肃州直隶州	2	12	卷278
甘州府	2	12	卷266	安西直隶州	3	18	卷279
凉州府	5	33	卷267	迪化直隶州	4		卷280
西宁府	3	26	卷269、270				

四川

府州名	城池	故城	出处	府州名	城池	故城	出处
成都府	15	42	卷384、385	邛州直隶州	3	7	卷411
重庆府	14	31	卷387、388	泸州直隶州	4	11	卷412
保宁府	9	58	卷390、391	资州直隶州	5	13	卷413
顺庆府	8	18	卷393、394	绵州直隶州	6	16	卷414
叙州府	13	37	卷395、396	茂州直隶州	2	8	卷415
夔州府	6	21	卷397、398	忠州直隶州	4	8	卷416
龙安府	3	10	卷399	酉阳直隶州	3	15	卷417
宁远府	4	37	卷400、401	叙永直隶厅	1	5	卷418
雅州府	7	36	卷402、403	松潘直隶厅	1	22	卷419
嘉定府	8	20	卷404、405	石砫直隶厅			卷420
潼川府	8	27	卷406、407	杂谷直隶厅	1	14	卷421
绥定府	5	19	卷408、409	太平直隶厅	1	3	卷422
眉州直隶州	4	8	卷410	懋功屯务厅	1	2	卷423

贵州

府州名	城池	故城	出处	府州名	城池	故城	出处
贵阳府	7	18	卷500	黎平府	3	10	卷508
安顺府	5	10	卷501	大定府	5	10	卷509
都匀府	5	7	卷502	兴义府	5	5	卷510
镇远府	4	20	卷503	遵义府	5	27	卷511
思南府	3	23	卷504	平越直隶州	4	7	卷512
石阡府	2	12	卷505	松桃直隶厅	1	1	卷513
思州府	3	9	卷506	普安直隶厅	1	3	卷514
铜仁府	1	7	卷507	仁怀直隶厅	1	1	卷515

云南

府州名	城池	故城	出处	府州名	城池	故城	出处
云南府	11	28	卷476	开化府	1	10	卷488
大理府	7	20	卷478	东川府	1	2	卷489
临安府	8	14	卷479	昭通府	5	4	卷490
楚雄府	10	17	卷480	广西直隶州	4	1	卷491
澂江府	4	17	卷481	武定直隶州	3	5	卷492
广南府	2	5	卷482	元江直隶州	2	1	卷493
顺宁府	3	4	卷483	镇沅直隶州	2	2	卷494
曲靖府	8	24	卷484	景东直隶厅	1	2	卷495
丽江府	5	9	卷485	蒙化直隶厅	1	4	卷496
普洱府	4	4	卷486	永北直隶厅	1	8	卷497
永昌府	2	9	卷487	腾越直隶厅	1	8	卷498

广西

府州名	城池	故城	出处	府州名	城池	故城	出处
桂林府	10	22	卷461	梧州府	5	16	卷469
柳州府	8	24	卷463	浔州府	4	27	卷470

续表

府州名	城池	故城	出处	府州名	城池	故城	出处
庆远府	10	36	卷464	南宁府	9	25	卷471
思恩府	10	26	卷465	太平府	23	25	卷472
泗城府	4	5	卷466	镇安府	8	9	卷473
平乐府	8	25	卷467、468	郁林直隶州	5	19	卷474

新疆

府州名	城池	故城	出处	府州名	城池	故城	出处
伊犁	9	11	卷517	左哈萨克	1	3	卷529
库尔喀喇乌苏	3		卷518	右哈萨克	1	4	卷529
塔尔巴哈台	2		卷519	东布鲁特	1	2	卷529
乌噜木齐	1		卷520	西布鲁特	1	2	卷529
古城	1		卷520	霍罕	1	3	卷530
巴里坤	1		卷521	安集延	1		卷530
哈密	2	2	卷521	玛尔噶朗	1		卷530
吐鲁番	1	8	卷522	那木干	1		卷530
喀喇沙尔	1	7	卷523	塔什罕	1		卷530
库车	1	3	卷524	拔达克山	1	4	卷531
阿克苏	1	3	卷524	博洛尔	1		卷531
乌什	1	1	卷525	布哈尔	1	1	卷531
喀什噶尔	1	6	卷526	爱乌罕	1	3	卷531
叶尔羌	1	3	卷527	痕都斯坦	1	5	卷531
和阗	1	3	卷528	巴勒提	1		卷531
乌里雅苏台	1		卷532	科布多	1		卷533
库伦	1		卷533				

蒙古

府州名	城池	故城	出处	府州名	城池	故城	出处
土默特	1	4	卷535	克什克腾	1	1	卷539

续表

府州名	城池	故城	出处	府州名	城池	故城	出处
敖汉	1		卷535	喀尔喀左翼	1		卷540
奈曼	1		卷535	乌珠穆沁	1		卷540
巴林	1	3	卷536	浩齐特	1		卷540
扎噜特	1		卷536	苏尼特	1		卷540
阿噜科尔沁	1		卷536	阿巴噶	1		卷541
科尔沁	1	3	卷537	阿巴哈纳尔	1		卷541
扎赉特	1	1	卷537	四子部落	1	1	卷541
杜尔伯特	1		卷537	茂明安	1		卷541
郭尔罗斯	1	4	卷538	乌喇特	1	17	卷542
喀喇沁	1	13	卷538	喀尔喀右翼	1		卷543
翁牛特	1	1	卷539	鄂尔多斯	1	19	卷543

青海、西藏等地

府州名	城池	故城	出处	府州名	城池	故城	出处
喀尔喀	1	4	卷544	归化城土默特	3		卷548
阿拉善厄鲁特			卷545				
青海厄鲁特		16	卷546				
西藏	60	1	卷547				

以上是历史时期西部城市形成及分布的大体情况。显然，西部城市的发展有起有落，汉唐明清基本上是发展的，而魏晋六朝及宋辽夏金时期在总体上则处于衰落的状态。由此可见，西部历代城市的兴衰与自然环境有关，与当时的政治、经济、军事状况也有极为密切的关系。可以说，气候的冷暖变化，水资源的增减盈缩，政区的设置与废弃，土地的开发与荒芜，军事斗争的胜利与失败，都在一定程度上决定着城市的命运。西部城市多是沿着河流和交通线修建。换句话说，城市一般建在水源比较丰富的河流近旁或其他自然条件比较优越的地方。这种情况在河西地区表现得尤为明显。关中和蜀中具有得天独厚的自然条件，因而是城市最多的地区，也是城市分布最密集的地区。其他地方因自然条件和历史文化不同，城市相对较少，特别是青藏地区，城市更少。因此，西部城

市略呈树枝或串珠状分布，区域差别很大。这是西部城市分布的基本特征。

历史时期西部城市数以百计，但多数城市规模不大。其中最重要的是西安，也就是古代的丰、镐、咸阳、长安。其次是曾经作为分裂政权首都的统万城、凉州、大理和兴庆(银川)。再次便是作为现代西部各省省会的府城，以及在历史上较有影响的雍城、栎阳城、延安府城、榆林府城、同州府城、凤翔府城、汉中府城等。下面仅就陕西地区的栎阳、凤翔、同州、汉中、延安、榆林等城略加论述，从中大体上也可以看出西部同类城市的基本面貌。

栎阳城在今西安市临潼区栎阳镇东武屯、官庄、东西党家一带，是秦人在徙居咸阳之前建立的又一座都城。春秋时，栎阳为晋之栎邑。晋悼公十一年(前562)被纳入秦国版图。战国初年，魏国强大，占据了关中东北部的河西地区。秦人要独自控制关中，进而向东方发展，但雍都远在关中西部，大有鞭长莫及之势。为了便于同魏人作战，秦灵公即把都城迁到渭河北岸泾河近旁的泾阳。秦献公为了争夺天下霸权，又把都城东迁到了栎阳。栎阳城地处关中东部的交通要冲，是"北却戎翟，东通三晋"的大城市，不仅政治地位重要，而且商业也相当发达[①]。秦人定都栎阳的时间共34年。秦朝灭亡后，项羽封司马欣为塞王，定都栎阳。公元前206年八月，塞王降汉。次年，刘邦以栎阳为都，令关中的诸侯子弟前往栎阳宿卫。五年以后，迁都长安。因汉时曾置万年县于栎阳城中，栎阳又被称作万年。魏王泰《括地志》称："栎阳故城，亦曰万年城。"李吉甫《元和郡县志》称："栎阳本秦旧县，高祖既葬太上皇于栎阳之万年陵，遂分栎阳置万年县，理栎阳城中，故栎阳城亦名万年城。"尽管栎阳作为国都的时间并不是很长，但毫无疑问，栎阳曾经是关中东部的通都大邑。现在，栎阳城的遗址已被发掘出来。遗址呈长方形，东西宽1801米，南北长2232米，总面积在4平方千米以上。城内有并行的东西街道2条，南北街道1条，还有9座城门[②]。可见栎阳城也具有一定的规模。只是因为现在栎阳一带的大部分地方已辟为农田，且远离交通要道，要不是有文献记载和考古发掘，很难想象这里曾经是一座规模较大的城市的所在地。

凤翔府城在今凤翔县城一带，与雍城相去不远，地理环境与雍城基本相似。凤翔一带在春秋战国时是秦人的都畿所在。汉属右扶风，北魏属平秦郡，隋改置扶风郡。唐初在其地置岐州，天宝元年(742)改扶风郡。至德元年(756)根据"有周之兴，凤鸣岐山，翔而南"的传说，改名为凤翔郡。至德二年升为西京凤翔府，始对城垣进行大规模扩建。

[①] 《史记》卷一二九《货殖列传》，第3261页。
[②] 田醒农、雒忠如：《秦都栎阳遗址初步勘探记》，《文物》1966年第1期。

唐末李茂贞对城池进行了加固和维修。于是，凤翔府城成为关中西部少有的一座城市。上元二年(761)虽然去掉了"西京"的称号，但凤翔府直隶于关内道。说明它的地位依然相当重要。明景泰、正统、万历年间又对该城进行了三次翻修。全城周长超过12里，城高3丈，厚亦称之，女墙用砖砌成。① 清乾隆十七年(1752)重修，基本上维持了原有的规模②。当时凤翔府四面各置一门：东门迎恩，南门景明，西门金巩，北门宁远。城外有护城河，凤凰泉水绕城四周。城中人口较多，商业也比较发达。

同州府城为清代所筑，故址在今大荔县城一带。同州府城的前身，最早可以追溯到南北朝时期。北魏太和十一年(487)在今大荔县南1千米处设置华阴县。永平三年(510)，华州刺史王熶上表认为："州治李润堡……居冈饮涧，井谷秽杂……未若冯翊，面华渭，包原泽，井浅池平，樵牧饶广"③，请求将华州治所从李润堡迁至大荔。北魏宣武帝批准了他的请求。王熶即在大荔一带的华阴县筑城，作为华州的治所。孝明帝正光五年(524)，穆弼出任同州刺史，扩建了华州城的东半部。西魏文帝大统元年(535)，刺史王罴又在华州增修了外城。所以顾祖禹在《读史方舆纪要》中说，同州所理城即"后魏永平三年刺史安定王元熶筑。其东城，正光五年刺史穆弼筑，西城与大城通。其外城，西魏大统元年刺史王罴所筑也。"④大统六年(540)，改华州为武乡县，西魏废帝三年(554)，兼设同州。隋炀帝大业三年(607)罢同州，设冯翊郡，改武乡县为冯翊县。唐仍设同州及冯翊县。元至元六年(1269)撤销冯翊县，将其辖地纳入同州。清雍正十三年(1735)升州为府，并在府城中设立大荔县。府城周长九里有奇，高三丈，池深丈余，规模虽然不及凤翔，但仍不失为关中东部的重要城市。⑤

延安府城在今延安市内。延安一带在春秋时为白翟所居，战国初属魏。秦置高奴县，属上郡。两汉因之。十六国属赫连勃勃。北魏孝文帝太和元年(477)置偏城郡。宣武帝延昌二年(513)置东夏州，西魏废帝三年(554)改为延州。隋大业三年(607)，将延州的治所改到肤施县，即今延安市内。唐时为延州或延安郡。宋哲宗元祐四年(1089)其升为延安府。金亦为延安府，元为延安路，明清两代亦为延安府的治所。据文献记载，延安府

---

① 〔清〕达灵阿修；〔清〕周方炯纂：《重修凤翔府志》卷二《建置·城池》，影印清乾隆三十一年刻道光元年补刻本。
② 〔清〕穆障阿等：《嘉庆重修一统志》(第14册)，北京：中华书局影印本，1986年，第11622页。
③ 《魏书》卷十九下《安定王休传》，第518页。
④ 〔清〕顾祖禹：《读史方舆纪要》卷五四《陕西三·同州》，北京：中华书局，2005年，第2601页。
⑤ 〔清〕刘于义修；〔清〕沈青崖纂：《敕修陕西通志》卷一四《城池》，影印雍正十三年(1735)序本，西安：三秦出版社，2014年。

城的前身为赫连勃勃所筑，其基本形制则确立于唐玄宗天宝初年。北宋时期，范仲淹经营陕北，曾对延安城进行过较大规模的修建。明孝宗弘治年间又在唐城的基础上增建。城周九里有奇，高三丈，护城河深两丈。全城有3座城门：东曰东胜，南曰顺阳，北曰安定，又有小东门，称作津阳，城门上均建有重楼。西面依山，山上建有镇西楼。由于城在延河之滨，因而经常遭受水患。清顺治十二年(1655)重建，康熙十八年(1679)，乾隆元年(1736)、二十八年、二十九年、五十二年，嘉庆元年(1796)进行过多次维修，垣堞女墙，巍然聿新，城外沿堤，悉种杨柳，使延安府城成为陕北重镇。[1] 延安府城地处"五路襟喉""四面甚险"，具有"襟带关陕，控制灵夏"的重要作用[2]。

榆林府城位于今陕北榆林市内，算是修建较晚的一座城池。明代以前榆林一带尚无行政建制。从明代前期开始，随着军事形势的变化，地处河套南端交通要道上的榆林显得越来越重要。明成祖永乐八年(1410)在榆林城一带初设榆林寨。英宗正统(1436—1449)以后，蒙古河套部不断南侵。驻扎在绥德城的明军离前线过于悬远，不能及时应敌。明王朝遂命镇守总兵巡抚内外官员率军马赴榆林常驻，同时节制东西二路军马，"以为久远御备之计"[3]。宪宗成化六年(1470)，巡抚余子俊在原有旧城的基础上创修北城，改设榆林卫，作为延绥镇的治所。成化二十二年(1486)，黄黻出任榆林巡抚，对北城进行了扩展。孝宗弘治五年(1492)，巡抚熊绣拓展南城，使榆林城的周长达到13里314步。其后邓璋、王遴、张守中、张珩、郜光先、宋守约等人在镇守榆林时，都曾对榆林城进行过维修或扩建，不仅给榆林修筑了罗城，而且用青砖把榆林城包起来，称之为"驼城"，使榆林城成为一座坚固的军事堡垒。从此，榆林成为著名的"九边重镇"之一。到明朝末年，榆林城的规模已很可观。城垣长31里358步，城上有7座城门和74座墩台。城中有15座大楼，47座腰铺，分布在南城大街、中城大街和北城大街上。城中的人口也与日俱增。清朝雍正八年(1730)改设榆林县及榆林府。清代的榆林城基本上维持了明代的规模，但军事地位已大大下降，逐渐演变成塞上重要的经济都会。从有关资料来看，清代榆林的商业相当繁荣，与关中、内蒙古、宁夏、山西等地都有密切的贸易关系。榆林城在清代曾受到过毛乌素沙漠的威胁。过去社会上有"榆林三迁"的说法，这种说法是错误的。但沙漠的南侵无疑在一定程度上制约了榆林城的发展。

---

[1] 〔清〕洪蕙纂修：《延安府志》卷一二《建置》，影印清嘉庆七年刻本。
[2] 《嘉庆重修一统志》卷二三三《延安府》(第14册)，第11529页。
[3] 〔民国〕裴世廉，贾路云监修；张立德等纂修：《榆林县志》卷二二《食志》，上海：上海古籍出版社，2016年，第215页。

汉中府城修建于唐代,"前瞰三秦,后蔽四川",是陕南地区的一大都会。此城最早修建于战国时期,称作南郑县,故址在今汉中市东北 1 千米处。《史记·六国年表》记载:秦厉共公二十六年(前 451),"左庶长城南郑"。秦躁公二年(前 441)南郑反叛,其地为蜀所有。① 秦惠公十三年(前 387)灭蜀,设立南郑县及汉中郡。秦朝灭亡后,项羽封刘邦为汉王,令其"王巴蜀汉中,都南郑"。刘邦到汉中后积极准备东山再起。为了掩人耳目,乃大兴土木,在南郑修建新都,表示无北上东归之意。经过这次扩建,南郑城具备了较大规模。《水经注》载:"南郑大城周四十二里,城内有小城,南凭津流,北结环雉,金墉漆井,皆汉所修筑。"② 现在汉中城内还有许多当年留下的遗迹,如汉台、拜将台等。汉台高 7 米,面积约 1 万平方米。全台分为三级,由南至北逐渐升高。据说汉台是汉王宫殿的遗址,故宋人张少愚曾有"留此一抔土,犹是汉家基"的诗句。拜将台系刘邦为拜韩信为大将而筑,由南北两坛构成,坛高约 3 米,总面积为 1000 平方米。如果把文献记载和这些遗址结合起来考察,可以想见,楚汉之际,南郑已经成为陕南地区的通都大邑。东汉末,张鲁据汉中,改为汉宁郡。建安二十年(前 215)曹操击张鲁,入汉中,又改为汉中郡。不久,刘备打败曹操,称汉中王。其后,列国纷争,汉中归属不一,隋开皇三年(583)复名南郑,设汉川郡。唐初改设梁州,兴元元年(784)升为兴元府。宋嘉定十二年(1219)迁至今汉中市。明初对汉中府城进行了重新修整。城高 3 丈,上阔 1.5 丈,下阔 2.5 丈,周长 9 里 80 步,有朝阳、振武、望江、拱辰四座城门。城内街巷东西南北垂直分布,构成井田式街区,基本上形成了汉中城区的格局。明代中期以后,又多次对汉中城进行了维修。万历三十年(1602)在城外开凿了宽 10 丈,深 8.8 丈的护城河。清康熙年间,又重修了四面城楼。其后又修建了月城和炮楼等。现在的汉中市就是在明清汉中府城的基础上发展而来的。

(三)清代西部的交通

清代的道路网系有"官马大路""大路"和"小路"之分。官马大路是指由北京通往各省城的大道,大路是各省通往各个州县的道路,小路是各县修建的交通支线。在长安失去国都地位之后,全国的政治、经济中心逐渐东移。宋元明清时期,东部通往西部的大道,还有两条:一是从北京经河南郑州、湖北荆州、湖南常德进入贵州、云南,一是从北京经河南开封、湖北武昌、湖南永州进入广西。

---

① 《史记》卷十五《六国年表第三》,第 697、700 页。
② 《水经注校证》卷二七《沔水》,第 645 页。

除长安以外，历史时期西部地区的大城市还有四川的益州（今成都）、云南的大理、广西的桂林、甘肃的金城（今兰州）、宁夏的兴庆（今银川），等等。这些城市既处于从长安向外辐射的交通干线上，又分别形成一个个相对较小的交通辐射圈。如明清陕西境内的驿路有六条：西安经延安、榆林至黄甫川；西安经庆阳至宁夏镇（今银川）；西安经平凉至固原；西安至汉中；巩昌府（今甘肃陇西县）至洮州卫；巩昌府至兰州。四川境内的驿道有六条：成都至松潘（今四川松潘县）；成都沿水路至重庆、夔州；成都至龙安府及陕西文县；成都至会川卫（今四川会理县）；成都陆路至重庆；重庆至潼州（今四川三台县）。云南境内的驿路有七条：昆明至金齿卫（今云南保山市南）；昆明至元江府（今云南元江县）；昆明至广西府（今云南泸西县）；昆明至曲靖府接贵州；上川等地的驿路；赵州（今云南凤仪镇）至景东府（今云南景东县）；大理府至丽江府。广西境内的驿路有七条：桂林至思明府（今广西宁明）；桂林至柳州、庆远；桂林至丹、横州；桂林至南宁府；柳州经田州至泗城州；浔州府经郁林至广东高州府；浔州府经象州至庆远。贵州境内的驿路则有四条：贵阳向东至镇远府及思州府，与湖州之沅州相接；贵阳向东南至黎平县，以通湖广靖州；贵阳向西至普安州平夷所，通云南曲靖；贵阳向西北至毕节卫，以通四川驿路①。这些道路大体上也都是以各省的省会为中心，呈现出向外辐射的状态。

西部地区在原有道路的基础上，开辟出了一条通往欧洲的新路：由新疆塔尔巴哈台经古斯河、帖萨克河、图尔盖河、伊尔吉兹河，越过穆戈鲁扎尔山，渡过恩巴河、多拉尔河，进入伏尔加河流域。当时，青藏之间的道路相对比较稳定，除西宁至拉萨之间的驿道外，又在唐蕃古道的基础上开辟了郭田山口、查午拉山口等，使两地之间的交通更加方便。

民国以来，随着社会经济的发展和科学技术的进步，西部交通的面貌发生了很大的变化。不仅有了公路，有了铁路，而且在一些大城市之间还通了飞机。由于自然的原因、历史的原因和现实的原因，现在的西部交通仍与历史时期的西部交通存在着千丝万缕的联系。

二、清代西部经济社会的发展

这一历史阶段记述至公元1840年，即鸦片战争前的200年间，清朝经营之下的西北农牧业概况。由东北满族建立的清朝是中国历史上又一个疆域辽阔的大帝国，大概是数

---

① 〔明〕黄汴：《天下水陆路程》卷一至卷八，参见杨正泰《明代国内交通路线初探》，刊《历史地理》第七辑年版，第96—108页。

千年封建制的回光返照,清朝百余年间,我国封建经济发展到又一高度繁荣时期。凭借国势,清政府对西北进行大规模开拓和经营,文治武功,实不逊于汉唐。

(一)清代西北地区的农牧业

陕甘农区和河套河西农牧区,自清世祖立国之初即隶属清朝行政区域,农牧业生产恢复和发展较为迅速。明清易代之际,陕甘地区曾是官军大肆围剿农民义军的主要战场,连年兵燹灾荒,农业生产遭到严重破坏,人口减少大半,田畴大面积抛荒,出现了"官虽设而无户可治,地虽荒而无力可耕"的凋敝景象。清政府不得不采取一系列休养生息的政策,缓和阶级矛盾和民族矛盾。从顺治、康熙以至乾隆时期,清廷持续不断地蠲租减税,特别是康熙五十一年(1712)施行"盛世滋生人丁永不加赋"的政策,对人口的增殖和劳动力增加有着重大的影响。在免赋的同时,清政府鼓励流民定垦归业,凡无主荒田,听民开种,由州县官府发其印信执照,准为永业。散处在陕甘地区的明代藩王的庄田,政府没收为"更名田",划给原来佃户耕种或分别生熟作价卖给农民。河套内外广大地区,清初百年间逐步得以重新开发。清军入关以后曾在京畿周围实行掠夺性"圈地政策",河北民众常被"扫地出门",不少人流落到时已臣服清王朝的漠南蒙古地区,在河套内外开发种植。至康熙年间陕北汉蒙界区弛禁放垦,大批山陕贫民越过边墙进入内蒙古开种,出现了星罗棋布的"伙盘农业",即"民人出口种地,定例春出冬归,暂时伙聚盘居,故谓之伙盘"。由于开发不断向北伸展,"所垦愈广,距边愈远,父老子弟长于斯,聚族于斯,几若忘其为边地也者"[①]。阴山至长城风沙线间的广大牧区,从此演变成以农为主的农牧区。

复兴农业的过程中,清廷注意抑制农田滥派,给地方以兴利除弊的机动权力,各地官吏相机治水,小型水利工程比较发达。观陕甘宁青各方志,小渠灌溉州县皆有。清代渭河南岸小渠纵横交错,形成了以眉县、西安、华阴为中心的小型水利灌溉系统。渭北地区仍以引泾引洛灌溉为主,渠有龙洞渠、同峪渠、永润渠、怀德渠、广惠渠等,均在前代基础上整修而成,灌溉面积一般不大。在清政府直接关注和扶植下,陕西井灌运动蓬勃兴起,有声有色,给西北水利注入活力。宁夏的引黄灌溉此时又现高潮,原有的"汉延""唐徕"等大型工程均得以复修和扩建,同时开大清渠、惠农渠、昌润渠、泰宁渠、羚羊寿渠、羚羊夹渠等。清代宁夏计有正渠12道,依次与黄河斜交,乘势自引河水,支

[①] 陕西省地方志编纂委员会编:《陕西省志》卷一一《农牧志》,西安:陕西人民出版社,1993年,第132页。

渠有1500多道,可灌田100多万亩。河西走廊、河湟等传统农区的水利灌溉,在地方官府主持或民众自发组织下均有所恢复,并新兴了许多小型工程,大大地促进了农业生产的发展。以西宁地区而言,自雍正开办屯务兴水利,至乾隆时期,"四属仓粮几二十万,而城乡皆有社仓"[1]。贮粮丰裕,经济繁荣,人口增长,为近代青海地区全面开发奠定了基础。由于农业对畜牧的支持,陕甘农区畜牧业在清代取得显著成绩。康雍乾三朝对西北用兵,故马政较为缜密,陕西立苑马寺七监,统于兵部。后来河西甘、凉、肃及西宁特设马厂,专门繁育军马,陕甘绿营军马尽取于新疆等地。牛、驴、骡等大牲畜多养之于民间,随着农业的复兴,农区家畜家禽也有所发展。

再看天山南北、蒙古高原西部和青海高原一带的农业情况,清王朝经营西北于此用力最勤,所花代价极大,同时也是其开拓经营最为成功的地区。明末清初,天山之北以准噶尔部势力最强。噶尔丹称汗后统一周围同族各部,继而征服了天山南路回部,统治了今新疆及青海地区,同时向北威逼漠北蒙古族迫其臣服,向南又控制了西藏地区。因此清与准噶尔的战争,关系着我国西部和北部各民族的统一,地域超过大半个中国。康熙帝曾三次御驾亲征,终于打败准噶尔军,噶尔丹走投无路之下饮药而死,天山以北地区首先摆脱准噶尔部奴役统一于大清。康熙后期,清军又平定噶尔丹之侄策妄阿拉布坦汗在西藏的扩张,西藏统一于大清。雍正初期清政府出兵粉碎了准噶尔部支持的罗卜藏丹津叛乱,统一了青海,使准噶尔陷于孤立境地。乾隆时,彻底征服准噶尔的时机完全成熟,清军分两路出师,犁庭扫穴,平定天山北路,就地设立将军、都统、领队大臣,驻兵镇守。接着清兵平息天山南路回部叛乱,统一了天山南北。西北全局经康雍乾三朝70多年的征伐,终于归于清朝统治之下。

西北大局既定,清政府随即驻军设治,全力守边善后。在设置地方军政机构时,清政府充分注意到西北民族关系的复杂性,在民族地区采用灵活多变的行政方式,设立不同类型的职官,以便中央统治和民族自治。国防军事与地方行政分治,戍兵分驻要地,隶属将军大臣,兵额无定,随年代略有增减。然大量设官驻军之后,俸禄兵饷浩繁,如不设法就地解决,依靠内地转运,耗中事边,必使国力疲敝,势难持久。高宗很快意识到武定功成后宜大力发展边疆农业,于是敕命施行广泛驻兵与大规模屯垦相辅而行的政策。乾隆二十一年(1756),清政府首先派兵200名在哈密试垦,结果大获成功,遂在军民之中推行各种形式的屯田,把农垦引导到新疆各地。清代新疆屯垦组织形式颇多,其

---

[1] 〔清〕杨应琚编纂:《西宁府新志》卷一二《建置·社仓》,西宁:青海人民出版社,1988年,第432页。

中有兵屯，即绿营屯田，可携眷永屯，一兵授田20亩，官给籽种牛具，每岁视地肥瘠纳粮12—18石。另有旗屯，系八旗兵耕垦之田。嘉庆时，将军松筠曾在惠远城东之伊犁河北岸开大渠一道，逶迤170里，名通惠渠。后又屡引山泉筑渠，大兴水利，旗屯愈加兴盛，八旗的满、蒙古、锡伯、索伦等族人渐扎根当地。犯屯是将囚犯发配到新疆强制进行的屯田，此辈有强悍不屈的性格和赦罪求新生的愿望，是屯垦中的一支重要力量。回屯是组织回部维吾尔族农民屯田，初行于伊犁，专为戍卫绿营兵和本族大小伯克提供赡养口粮。回屯计籽种不计地亩。税粮计户不计口，故回屯区域虽小，但人丁繁衍十分迅速。此外还有户屯，即招内地汉民前往开垦，户屯多在有清军驻防的地区，其屯地大多为无碍兵犯屯种的空隙地。这批汉民中有贫苦农民，也有少数商人。贫民编为民户，每户授田30亩，借贷给口粮、农具、籽种、马牛等，荒地垦熟之后照例升科。有钱富商承领土地后，多转租给贫苦农民，收取地租，或者出资雇工，尽力开种，成为已业，屯田中由此产生一批新的大土地主。

　　通过各种形式的屯田经营，天山南北土地进一步开发，据乾隆四十二年(1777)统计，新疆初开屯田约50万亩。此后开发速度似乎更快，至嘉庆十三年(1808)统计，仅北疆民屯就达到68万亩。这说明边疆安宁太平，久居当地的兵民繁衍旺盛，同时也说明西去拓荒者日益增多。陕西巡抚文绶曾代表朝廷行令新疆，在给乾隆皇帝的述职公文中报告了途经哈密、巴里坤、乌鲁木齐等地所见的屯区景象，极言屯区土地肥沃，庄稼丰美茂盛。自春入夏，近山积雪消融，水利随处可兴，田地辽阔，粮价低贱，谋生极为容易。佣工一月便可得银一二两，稍做积蓄，就能携眷带家。所以内地汉民常偕侣邀朋，成群结伴前来生聚。凡城郭屯堡商贾毕集，烟户铺面鳞次栉比，屯区经济繁荣兴盛；屯民们安居乐业，兵备巩固，为内地过剩人口辟一新天地。

　　清朝在新疆畜牧经营亦是历代各朝望尘莫及的。天山北路，自古水草丰美，以畜牧著称，天马奇畜自古驰名天下；唯因地处西陲，汉以来各朝只作间接贡取，从未直接经营，历代国家牧监未越出河西走廊。清代对新疆统治比较有力，故能在这里直接设厂畜牧。伊犁牧厂创办于乾隆二十五年(1760)，马驼牛羊四厂相继设立，各厂又分专门繁殖新畜的孳生厂和储存牲畜以供给官用的备差厂。各厂不另派官兵放牧，交旗营代为牧放，公家按章程收取牲畜，多孳部分作为酬劳费归于放牧人。乌鲁木齐、巴里坤等处亦设牧厂，皆处于水草茂盛之地。乾嘉时畜群日益蕃孳，原牧厂不能容纳，牧厂地一再迁移扩大。此后牧政渐衰，弊窦百出，道咸间竟连陕甘绿营所需疆马亦不能保证。新疆牧厂自不能代表本区畜牧业全部，实际上西北畜牧业仍是以蒙古、藏、哈萨克等游牧民族为根本。新疆各备差厂，牲畜多购自哈萨克、柯尔克孜等新疆游牧民族。清代后期军马及牛羊等畜产多是通过粮食、食盐、茶叶等交换手段，购自新疆、青海、内蒙古等地的少数民族。

（二）清代西部各省的经济状况

明朝灭亡后，清王朝加强了对西部地区特别是西部边疆地区的治理。清初青海、新疆、内蒙古、西藏等地尚无府州建置，陕西等省共有 50 个府、8 个土府、17 个直隶土州、3 个土州。改土归流后，新疆、西藏等地的开发速度大大超过了前代，陕西、甘肃、四川、广西、云南、贵州等省的经济开发也有了一些起色。到清代末年，西部地区形成了 73 府、29 直隶州、21 直隶厅、30 旗、10 土司的格局。兹据《嘉庆重修一统志》表列嘉庆二十五年(1820)西部各地人口田地如下：

西部各省人口田地总表[①]

省名	户口（口）总数	户口（口）府县	户口（口）屯田	田地（亩）田地总数	田地（亩）民田	田地（亩）屯田	田地（亩）更名田	出处（卷）
陕西	11976079	11976079		27037949	25833886	400281	803782	226
甘肃	15523019	11145352	4377667	24661098	24661098			251
四川	28048795	28048795	8544 户	46566212	46381939	184273		383
广西	7429120	7429120		8956366	8956366			460
云南	6048116	4499489	1548627	93177	93177			475
贵州	5351551	5292998	58553	2767032	2703167	63865		499

由上表可知，到清代中期，陕甘分省而治，西部地区的人口分布和田地布局与明代相比又发生了较大变化。一是各省人口大幅度增加。嘉庆二十五年(1820)陕甘人口比万历六年(1578)增加了 22897031 口，四川增加了 24946722 口，广西增加了 6242941 口，云南增加了 4571924 口，贵州增加了 5060579 口。二是各省的耕地也多呈现出增加的趋势。如陕甘地区增加了 25202880 亩，四川地区增加了 33063445 亩，贵州地区增加了 2250346 亩。但人均耕地大幅下降，陕西地区人均降至 1.99 亩，四川为 1.66 亩，广西为

---

① 四川省的屯田人口数为户数而非口数。甘肃有"番地" 225800 段未计入其田地总数。云南有"夷田" 883 段，亦未计入。

1.21亩，贵州为0.52亩。这说明，到清代中期，由于人口的增长，西部地区的人地矛盾已经尖锐起来。这种情况无疑会对西部农业产生消极的影响。

陕西人口田地一览表①

府州名	人口（口）	田地（亩）②	出处	府州名	人口（口）	田地（亩）	出处
西安府	2962547	12878074	卷227	同州府	1805219	7413552	卷243
延安府	638352	440157	卷233	商州直隶州	752483	272795	卷246
凤翔府	1348428	4352707	卷235	乾州直隶州	342642	2080629	卷247
汉中府	1541634	1112974	卷237	邠州直隶州	257719	928204	卷248
榆林府	515264	424071	卷239	鄜州直隶州	313840	285307	卷249
兴安府	1214239	180857	卷241	绥德直隶州	283712	220663	卷250

在清代，陕西依然是西部地区最重要的农业区。明末清初的天灾人祸曾对陕西的农业经济造成沉重打击，关中、陕北和陕南都出现了人口锐减、土地荒芜的情况，正如时人孟乔芳所说："民化青燐，田鞠茂草，盖无处不有荒田，无户不有绝丁也。"③尽管康熙、雍正两朝都采取了奖励垦荒的措施，使陕西的60多万亩荒土得到开垦，但撂荒的田地依然很多。究其原因，主要是清初陕西战乱再起，自然灾害频繁，打乱了陕西土地开发的步伐，劳动力短缺也影响了农业生产④。乾嘉以后，随着外地人口的大量迁入，陕西地区出现了大规模的垦荒热潮，大片荒地被开垦出来。自然条件较好的关中地区自不待言，就连昔日陕西地区的一些深山老林也被开垦，兴安府甚至出现了"深山邃谷，到处有人，寸地皆耕，尺水可灌"⑤的场景。同治年间，陕西发生了回民大起义，兵连祸结，对社会生产造成很大破坏。其后招徕山东等地农民入陕，农业才逐渐得到恢复和发展。清代陕西的农作物以粮食作物为主，大麦、小麦、黍粟等传统作物广泛种植，玉米、番薯、马铃薯等外来作物也得到推广。经济作物则有蚕桑、棉花、苎麻、花生、油菜等等⑥。

---

① 《嘉庆重修一统志》卷226《陕西统部》，第14—15册。
② 除邠、鄜二直隶州外，本省各府州的田地数中均包含屯田土地和更名田土地。
③ 故宫档案《孟乔芳揭帖》，顺治七年（1650）八月初一日。
④ 耿占军：《清代陕西农业地理研究》，西安：西北大学出版社，1996年，第25—27页。
⑤ 〔清〕叶世倬：《续兴安府志》卷二《食货志·土产》，嘉庆十七年（1812）刻本。
⑥ 〔清〕刘于义修；沈青崖纂：《敕修陕西通志》卷四三《物产》，影印雍正十三年（1735）序本；杨虎城修，宋伯鲁、吴廷锡纂：《续修陕西通志稿》卷五七，影印民国二十三年（1934）版。

甘肃人口田地一览表

府州名	人口（口）	田地（亩）	出处	府州名	人口（口）	田地（亩）	出处
兰州府	2694991	2313112①	卷252	镇西府	35759	256001	卷271
巩昌府	1895260	1603411	卷255	泾州直隶州	837730	1595203	卷272
平凉府	2340323	3824612	卷258	秦州直隶州	868948	4776602	卷274
庆阳府	1272823	1552710	卷261	阶州直隶州	379206	259708	卷276
宁夏府	1392815	2331706	卷264	肃州直隶州	452063	375308	卷278
甘州府	813615	1267903	卷266	安西直隶州	77873	275704	卷279
凉州府	1504498	2912606	卷267	迪化直隶州	103052	697200	卷280
西宁府	708829	619306	卷269				

甘肃在清代辖区较广，包括宁夏大部分地方在内。因清政府实行重农政策，甘肃地方当局对农业也颇为重视。一方面大力发展水利，修建了一些水利工程，如在宁夏府修建了大清渠、惠农渠、昌润渠，溉田4300余顷②。另一方面，采取优惠政策，引导农民开垦荒地。不少地主的耕地较前都有增加。如在河西走廊东北部地区，大片荒地被开辟出来，成为屯耕的良田。有些地方土地开发速度很快，如宁夏南部山区各州县的民田几乎达到明末的2.8倍③。虽然畜牧业在当地的经济生活中仍占有一定比重，但由于农耕地的不断扩展，其原有的农牧结构已经发生了明显的变化。如宁夏南部在明代是以畜牧为主的半农半牧区，到清代则发展成为以农业为主的半农半牧区域。这种变化说明种植业在一些半农半牧区受到重视，已经占据了畜牧业的空间。

四川人口田地一览表

府州名	人口（口）	田地（亩）	出处	府州名	人口（口）	田地（亩）	出处
成都府	5484272	6818827	卷384	邛州直隶州	612046	1463163	卷411
重庆府	3017957	11200205	卷387	泸州直隶州	446055	1535217	卷412
保宁府	962702	2514713	卷390	资州直隶州	953738	3052634	卷413

---

① 除镇西府及安西、迪化二直隶州外，其他府州人口中含有屯田人口。兰州府另有番田49029段，凉州府另有番田639亩，西宁府另有番田161373段，阶州直隶州另有番地15398段，均未计入田地数中。
② 陈明猷：《十八世纪宁夏经济的勃兴》，《宁夏社会科学》1986年第5期。
③ 张维慎：《宁夏农牧业发展与环境变迁研究》，北京：文物出版社，2012年，第190页。

续表

府州名	人口(口)	田地(亩)	出处	府州名	人口(口)	田地(亩)	出处
顺庆府	2055493	2452728	卷393	绵州直隶州	1103625	2892225	卷414
叙州府	1735814	2810065	卷395	茂州直隶州	396999	3519	卷415
夔州府	861059	840987	卷397	忠州直隶州	496648	1582639	卷416
龙安府	833168	562061	卷399	酉阳直隶州	461579	496220	卷417
宁远府	1266273	79333	卷400	叙永直隶厅	203088	257844	卷418
雅州府	857044	379674	卷402	松潘直隶厅	79258	6118	卷419
嘉定府	2065421	1522627	卷404	石砫直隶厅	93569	1880	卷420
潼川府	1801863	2607785	卷406	杂谷直隶厅	261437		卷421
绥定府	1124850	2246860	卷408	太平直隶厅	82196	52805	卷422
眉州直隶州	763518	1034393	卷410	懋功屯务厅	7282	184273	卷423

明代曾发生过"湖广填四川"的事，但自明末张献忠"屠蜀"到清军入川，四川人口伤亡过半，田地大量抛荒，"一目荒凉，萧条百里……伤心蒿目，无过此者"①。康熙三年（1664），四川巡抚张德地在川东考察，"舟行竟日，寂无人声，仅存空山远麓，深林密箐而已。……寥寥孑遗，俨然空谷"。经济凋敝，于此可见一斑。其后蜀地趋于稳定，湖北、湖南、广东、江西等地百姓陆续入川，对此，清政府采取了支持的态度："各省入川民人，每户酌给水田三十亩，或旱田五十亩。"②"各省贫民携带妻妇入蜀开垦者，准其入籍。"③于是出现了第二次"湖广填四川"④运动。这次移民运动规模空前，为该地带来了新的劳动力。到康熙、雍正年间，四川地区便出现"续垦"的热潮，开垦出来的土地已经大大超过了明代。水田扩展到盆地南部和东部，成都、重庆、嘉定、顺庆、叙州、绥定、眉州、忠州、泸州、邛州水田连成一片，成为水稻的主产区。旱地则向丘陵、山区推进。资州、潼川、保宁、龙安、绵州等地成为著名的旱作区。到乾隆时期，四川地区的粮食就已经比较充裕了。乾隆四十年（1775）上谕云："川省产米素称饶裕，向由湖广一带贩运而下，东南各省均赖其利。"⑤由此可见当时四川农业之发达。

---

① 〔清〕蔡毓荣等修；钱受祺等纂：《四川总志》卷一〇《贡赋》，康熙十二年（1673）原刻本。
② 〔清〕常明修；杨芳灿纂：《四川通志》卷六二《食货志》，嘉庆二十年（1815）刻本。
③ 〔清〕昆冈、李鸿章：《大清会典事例》卷一五八《户部·户口·流寓异地》，光绪朝版本。
④ 郭声波：《四川历史农业地理》，成都：四川人民出版社，1993年，第83—87页、第100—102页。
⑤ 《清高宗实录》卷九九五"乾隆四十年闰十月己巳"条。

贵州人口田地一览表

府州名	人口(口)	田地(亩)	出处	府州名	人口(口)	田地(亩)	出处
贵阳府	741009	267602	卷500	黎平府	286157	155520	卷508
安顺府	769775	252738	卷501	大定府	552791	230591	卷509
都匀府	143011①	99184	卷502	兴义府	309481	86525	卷510
镇远府	573300	206146	卷503	遵义府	591598	896873	卷511
思南府	335882	104367	卷504	平越直隶州	367608	210022	卷512
石阡府	95164	59494	卷505	松桃直隶厅	113823	21592	卷513
思州府	126191	57202	卷506	普安直隶厅	74705	39111	卷514
铜仁府	131261	55786	卷507	仁怀直隶厅	34281	23566	卷515

贵州省于顺治十六年(1659)设置巡抚，康熙元年(1662)改设总督，三年后兼理云南，称"云贵总督"，辖贵阳、安顺、都匀等12府及1个直隶州和3个直隶厅。贵州的自然条件不如四川，民族结构较为复杂，"苗疆四围几三千余里，千三百余寨，古州踞其中，群寨环其外，左有清江可北达楚，右有都江可南通粤，蟠据梗隔，遂成化外"②。针对这种情况，清政府以武力为后盾，进行"改土归流"，继而招民垦荒，进行经济开发。因此，贵州人口逐渐增加。顺治十八年(1661)，该省仅有60万人，到雍正十年(1732)增加到136万人。在这个过程中，农业生产也缓慢地发展起来，贵阳、遵义、安顺、镇远、大定等府成为贵州相对发达的地方。

云南人口田地一览表

府州名	人口(口)	田地(亩)	出处	府州名	人口(口)	田地(亩)	出处
云南府	1334005③	1031652	卷476	开化府	259216	81268	卷488
大理府	748304	1089677	卷478	东川府	未编户	224045	卷489
临安府	532430	993429	卷479	昭通府	未编户	561379	卷490
楚雄府	514440	873632	卷480	广西直隶州	122943	813071	卷491
澂江府	565349	612177	卷481	武定直隶州	119042	406000	卷492

① 都匀、镇远、黎平三府人口数中包含屯田人口，田地数中包含屯田在内。
② 《清史稿》卷二八八《鄂尔泰传》，第10231页。
③ 除开化府外，其他各府州人口中含有屯田人口。

续表

府州名	人口(口)	田地(亩)	出处	府州名	人口(口)	田地(亩)	出处
广南府	未编户	6142	卷482	元江直隶州	未编户	36156	卷493
顺宁府	114165	246054	卷483	镇沅直隶州	未编户	55931	卷494
曲靖府	582198	861689	卷484	景东直隶厅	63200	60320	卷495
丽江府	350636	449565	卷485	蒙化直隶厅	155197	295830	卷496
普洱府	未编户	176071	卷486	永北直隶厅	83028	194014	卷497
永昌府	251557	249525	卷487	腾越直隶厅	268210	158672	卷498

顺治十八年(1661)，清廷平定云南，设10府、3土府、1直隶土州、3土州。康熙时，云贵总督赵廷臣上奏："滇黔田土荒芜，当亟开垦。将有主荒田令本主开垦，无主荒田招民垦种，俱三年起科，该州县给以印票，永为已业。"康熙帝当即批准了他的请求。① 云南的自然环境优于贵州，随着区域形势的基本稳定，人口有所增长，不少荒地被开垦出来。到雍正二年(1724)，全省的耕地达到7217624亩，比康熙年间增加了70多万亩。雍正四年(1726)，云南总督鄂尔泰奏请改土归流，"剪除夷官，清查田土，以增赋税，以靖地方事"②。这个建议得到朝廷批准并付诸实施。改土归流后，云南领云南、大理、临安等15府，广西、武定、元江等8个直隶州，农业生产逐渐得到恢复和发展，云南、大理、曲靖等府成为该省的粮食主产区。与农业相比，云南的手工业更为发达。史载云南的采铜矿场达300余家，其规模"以汤丹、碌碌、大水、茂麓、狮子山、大功为最，宁台、金钗、义都、发古山、九度、万象次之。"③。"大厂动则十数万人，小厂也不下数万。"④

广西人口田地一览表

府州名	人口(口)	田地(亩)	出处	府州名	人口(口)	田地(亩)	出处
桂林府	1040573	1868669	卷461	梧州府	687308	1175936	卷469
柳州府	939399	598381	卷463	浔州府	640754	930230	卷470

---

① 《清圣祖实录》卷一"顺治十八年二月乙未"条。
② 《皇朝经世文编》卷八六《兵政·蛮防》。
③ 《清史稿》卷一二四《食货志五》，第3666页。
④ 〔清〕贺长龄辑：《皇朝经世文续编》卷四九《户政》，岑毓英：《奏陈整顿滇省铜政事宜》，上海广百宋斋校印。

续表

府州名	人口(口)	田地(亩)	出处	府州名	人口(口)	田地(亩)	出处
庆远府	480856	325827	卷464	南宁府	795214	1104226	卷471
思恩府	496928	889252	卷465	太平府	301544	72876	卷472
泗城府	326617	29238	卷466	镇安府	287421	122578	卷473
平乐府	858238	739223	卷467	郁林直隶州	561435	1099924	卷474

广西山多地少，民族成分复杂。在明代，由于民族矛盾较为尖锐，广西是西部发展较为缓慢的省份之一。到了清代，广西的情况较前有了明显的好转。清初广西领桂林、浔州、柳州、庆远、南宁、太平、思恩等9府，镇安、思明2土府，思陵等9土州，安隆等2长官司。改土归流后，政区有所变化，到清末，广西领桂林、平乐、梧州、柳州、庆远、浔州、思恩、南宁、泗城、镇安、太平11府，郁林、归顺2直隶州，及百色、上思等2直隶厅①。有清一代，广西水利事业有了发展，不仅多次修复兴安灵渠和临桂县的相思埭，而且还修建了不少中小型水利工程。各府州的人口和田地数基本上都处于上升的状态，就连与越南接壤的边地，也得到开发。据《清史稿》记载，乾隆十三年(1748)，广西积谷凡20万石，到乾隆三十一年(1766)，积谷凡183万石②，十年之间，粮储增加了9倍，可见其农业发展是相当迅速的。

新疆人口田地一览表

府州名	人口	田地	出处	府州名	人口	田地	出处
伊犁	40165	57107	卷517	左哈萨克			卷529
库尔喀喇乌苏	576	6996	卷518	右哈萨克			卷529
塔尔巴哈台	36061	17000	卷519	东布鲁特			卷529
乌鲁木齐			卷520	西布鲁特			卷529
古城			卷520	霍罕			卷530
巴里坤			卷521	安集延			卷530
哈密	13563	11300	卷521	玛尔噶朗			卷530

---

① 〔清〕伊桑阿等纂：《大清会典(康熙朝)》卷一九《户部·州县》，台北：文海出版社，1993年，第769—783页；〔清〕胡虔纂；谢启昆修：《广西通志》卷三，影印同治四年补刊本。
② 《清史稿》卷一二一《食货志二》，第3558页。

续表

府州名	人口	田地	出处	府州名	人口	田地	出处
吐鲁番	8709	14700	卷522	那木干			卷530
喀喇沙尔	28373	7440	卷523	塔什罕			卷530
库车	12148		卷524	拔达克山			卷531
阿克苏	34622		卷524	博洛尔			卷531
乌什	6213	8000	卷525	布哈尔			卷531
喀什噶尔	66413		卷526	爱乌罕			卷531
叶尔羌	65495		卷527	痕都斯坦			卷531
和阗	44603		卷528	巴勒提			卷531

清代前期，新疆一带围绕着统一与分裂问题发生了一系列战争。经过100多年的努力，清王朝最终平定了准噶尔部和回部的叛乱，并在新疆划分了行政区划，对西北边疆地区进行了有效的经营。由于统一局面的形成，西北边疆趋于安定，这在客观上为内地人口迁居新疆创造了有利条件。此后，约有50万移民迁入新疆各地，促进了新疆的开发。正如乾隆皇帝所说："西陲平定，疆宇式廓，辟展、乌鲁木齐等处在屯田，而客民之力作、贸易于彼者日渐加增。"①文献对新疆垦荒情况的记载有颇多缺漏。从现有资料来看，伊犁、塔尔巴哈台、吐鲁番、哈密等地的绿洲耕地较多，是新疆重要的农业区。其中伊犁等地的经济开发力度较大，成效显著。史载，乾隆时，伊犁"耕种百谷，屡岁丰收，牲畜滋生蕃息，其谷价较之内地颇减。……在此置产者既多，而于城市开铺、乡村耕种者亦复不少。较之从前，富裕数倍，实与内地无异"②。

（三）鸦片种植对西部农业的影响

"鸦片"本来是从罂粟中提炼出来的一种毒品。19世纪初叶，以英国为首的西方殖民者不断向中国输入鸦片，经营鸦片的利润非常可观。于是，中国西南和东南沿海的一些不法之徒利欲熏心，开始种植罂粟，生产鸦片。据文献记载，鸦片战争前，中国境内最早种植鸦片的地方是云南③。道光十八年（1838）十二月，御史郭伯荫奏："广西、四川、

---

① 《清高宗实录》卷六〇四"乾隆二十四年十二月庚申"条。
② 〔清〕爱新觉罗·弘历：《乾隆御制诗》五集《伊犁将军保宁奏伊犁各城户口耕牧情形·诗以志慰》，北京：中国人民大学出版社，2013年，影印乐善堂全集定本。
③ 《宣宗成皇帝实录》卷四六"道光二年十二月戊申"条，北京：中华书局，1986年，第810页。

云南、贵州等省……民田遍栽罂粟,熬炼成土,地利、民生两受其害。"①道光十九年(1839)正月,贺长龄奏:"黔省民、苗杂处,多有栽种罂粟、熬膏售卖之事。"②

鸦片战争后,英、美等国对中国的鸦片走私比鸦片战争前更为猖獗,导致白银继续外流。在这种情况下,有人建议在国内广种鸦片,用国内生产的鸦片取代进口的鸦片。③于是,中国各地迅速掀起了种植鸦片的狂潮。甘肃、陕西、四川、云南、贵州等省都有鸦片生产。19世纪后半期,鸦片贸易完全"合法化",大大调动了英美鸦片贩子的积极性,同时也大大刺激了中国的鸦片生产。史载:"自咸、同以后,烟禁已宽,各省种植罂粟者,连阡接畛,农家习为故常,官吏亦以倍利而听之。"④19世纪80年代以后,四川、云南、贵州成为土烟的主产区,其产量占全国土烟的一半以上。山西、陕西、甘肃次之,占五分之一。⑤

晚清时期,中国西部的云南、贵州、四川、陕西、甘肃等省种植鸦片很多。云南的鸦片种植相当普遍,鸦片的主产地在南部的临安府、普洱府,西部的蒙化厅、大理府,东部的曲靖府。贵州的鸦片产地主要是贵阳附近的大定府。四川除省城所在的成都平原外,全省一切适宜罂粟生长的地方都在不同的程度上种植了罂粟,甚至连彝族地区和羌族地区也有了鸦片的生产⑥。到道光末年,"百四十余县,除边厅者,向资罂粟为生计"⑦。出产鸦片较多的地方有涪州、忠州、酆都、梁山、垫江、邻水、大竹、新宁、绥定、东乡、巴县、永川、荣昌、隆平、富顺、大足、遂远、永宁、松潘等。其中涪州不仅产烟极多,而且成为中国西南土烟的贸易中心,"罂粟用抵印度土,岁入数百万,竞趋之。而两湖、江西、广东商人汇银至川东收买,以涪为聚处,川、黔土多在涪成庄。大吏移土厘局于涪,以道员督理税收,每年数十万两"⑧。陕西关中的兴平、武功、周至、户县(今鄠邑区)、渭南、华县、大荔,陕北的延川、宜君,陕南的南郑等县都成为著名的鸦片产地。光绪三十二年(1906)种植鸦片"五十三万一千九百九十余亩"⑨。甘肃鸦片

---

① 《宣宗成皇帝实录》卷三一七"道光十八年十二月己巳"条,第868页。
② 《宣宗成皇帝实录》卷三一八"道光十九年正月辛酉"条,第886页。
③ 〔清〕陈忠倚辑:《皇朝经世文三编》卷三五《时务》,杨毓辉《禁栽罂粟策》,光绪丁酉午月扫叶山房校印本。
④ 中国史学会编:《鸦片战争》,上海:上海人民出版社,2006年,第300页。
⑤ 李文治编:《中国近代农业史资料》第1辑,北京:三联出版社,1957年,第457页。
⑥ 四川省编辑组:《四川省凉山彝族社会历史调查》,成都:四川省社会科学院出版社,1985年,第15页;《中国少数民族社会历史调查资料丛刊》修订编辑委员会编:《羌族社会历史调查》,北京:民族出版社,2009年,第202页。
⑦ 〔清〕何嗣焜撰:《入蜀记程》,见《存悔斋文稿》,上海:上海古籍出版社,2010年,第15页。
⑧ 〔清〕王应元等纂:《重修涪州志》卷一八,清同治八年(1869)刻本。
⑨ 〔清〕宋伯鲁、王廷锡等修:《续陕西通志稿》卷三五《征榷·土药税》,民国二十三年(1934)。

亦复不少。宁夏将军台布曾上奏说："甘肃一省，种烟最多，至今尚无禁种消息。……家家烟火，彻夜开灯。"①由此可见，问题是多么严重。

19世纪末，帝国主义掀起了瓜分中国的狂潮，中国的市场完全被打开，而外国鸦片逐渐被中国土产的鸦片所取代。当时种植鸦片较多的省份是贵州、云南、四川、山东、河南、陕西、山西。有人估计，贵州的鸦片种植面积占全省耕地面积的75%，云南占33%，四川占6%，河南占6%，陕西占20%②。据《清朝续文献通考》记载，1909年，西部各省出产鸦片情况如下：陕西10779担，甘肃6403担，新疆166担，四川54299担，云南7351担，贵州12241担。

辛亥革命后，孙中山在就任临时大总统时，曾明令查禁鸦片，但从1918年开始，烟禁渐废，各地军阀以鸦片为利薮，操纵鸦片生产，巧立名目，征收烟税，作为财政的主要来源，迫使农民种烟。于是，鸦片又重新泛滥起来。当时复种最猖狂的省份计有云南、贵州、安徽、湖南、河北、河南、山西、陕西等省。1920年后，云南每年种烟90万亩左右，产量达250万千克。四川军阀加重鸦片税，规定不种烟的家庭，也要照例缴纳，从而进一步刺激了四川盆地的鸦片生产。"于是向日农产品之种植，转而为鸦片种植，四五月间，试散步田野，常见阿芙蓉与野草闲花争艳。"③据估计，1920年，鸦片种植面积更高达8万顷④。云贵川的鸦片大部分运往外地销售。1935年6月，国民政府裁撤禁烟委员会，废止禁烟法，特设禁烟总监，颁布新的禁烟条例，制订六年禁烟计划，以办理全国的禁烟事宜。禁烟工作都取得了显著的成绩，但烟毒仍未能禁绝⑤。

中国近代的鸦片种植对当时中国的农业有很大的影响。正如清人所说：种植鸦片"既妨农业，复戕身命"⑥，"既妨农田，并坏风俗"⑦。从有关资料来看，鸦片种植对中国近代农业的影响主要表现在以下几个方面：首先，它侵占了耕地，减少了粮食作物的种植面积。"多一亩种罂粟之田，即减一亩稻麦之产。"⑧在鸦片的主产区，由于鸦片种植面积很大，往往无地可以种粮。如四川涪陵地区"农田多广种鸦片"，导致农产减退，"成群

---

① 《宣统政纪》卷二八"宣统元年十二月癸巳"条，北京：中华书局，1987年，第504页。
② William Hector Park (ed)：Opinions of Over One Hundred Physicians on the Use of Opium in China, Shanghai, 1899.
③ 裴荣：《军人割据下的四川农民》，《新创造》第2卷第12期，1932年。
④ 郭声波：《四川历史农业地理》第二篇（上）《五业的嬗替——种植业》，第215—216页。
⑤ 敖文蔚：《革命根据地治理社会问题的成就与经验》，《武汉大学学报》（社会科学版）1991年第3期。
⑥ 《宣宗实录》卷三一七"道光十八年十二月己巳"条，第941页。
⑦ 《德宗实录》卷三三六"光绪十一年七月戊子"条，北京：中华书局，1987年，第973页。
⑧ 《皇朝经世文编》卷三四《户政》。

的饥民，到处抢劫粮食"①。像这样的事在当时屡见不鲜。其次，它对农村劳动力造成了很大的伤害。由于农村广种鸦片，吸食鸦片的人呈现出不断上升的趋势。如四川三台县在道光年间吸烟者尚少，到咸丰、同治以后，"吸食日众，始犹富者嗜之，既乃贫者恋之，不但男子困之，更有妇女染之"②。吸食鸦片的农民逐渐失去劳动能力，"黄槁奄奄，不任操作"③。"昔之上农夫，浸假变而为惰农矣"，有些人甚至变成"萎弱无能的废人"。此外，它还在一定程度上打乱了中国近代的农业结构，加剧了中国近代的农业危机。如陕西的关中是中国北方重要的粮食产区，由于遍种鸦片，粮食不能自给，反而要靠贫瘠的渭北供给④。

第三节
传统农牧科学技术继续发展

明清时期，我国经济发展稳定，西北地区农牧经济也有了较大的发展，农牧兼营也成为传统农村经济的一个显著特点。明清地方志对重视"耕牧"多有记载，《宁夏新志》记载宁夏风俗"重耕牧"；《重修肃州新志》载："大都以织毛褐，勤耕牧为本业……中产之家，颇富孳牧"；《兰州府志》载："致耕之外，惟资于牧，而牧以羊为盛"；《朔方道志》载："耕植而外，多务畜牧。"牧畜与农业相辅相成，成为农村经济的重要部门⑤。农牧科学技术在这种情况下也在持续发展，尤其是科学技术和农牧业典籍编著达到一个鼎盛时期，以下对这一时期的农业和牧业分作论述。

一、传统农业科学技术继续发展

西北传统农业技术在战国至秦汉期间体系基本完备，此后，各种技术措施仍在不断地丰富和发展。明清时期，南方农业技术蓬勃发展，给我国古代农业技术增加了新的内容和生机；相较而言，西北地区农业技术则步履缓慢，甚或有所稽滞。然而它确是走在

---

① 《四川农产日趋减退》，《中国农村》第1卷第8期。
② 〔民国〕谢勤、陶梦云、甘梯云编纂：《三台县志》卷十二《食货志》，民国二十年（1931）潼川新民印刷公司出版。
③ 李文治编：《中国近代农业史资料》第一辑，第460页。
④ 〔清〕曾国荃：《曾忠襄公奏议》卷八，光绪二十九年（1903）雕印。
⑤ 黄正林：《农村经济史研究——以近代黄河上游区域为中心》，北京：商务印书馆，2015年，第118页。

渐臻完善、愈趋成熟的道路上，许多方面出现了一些新的技术措施，丰富着传统农业技术。例如作物种类和优良品种在不断增加，农田水利和农业机械也出现了一些新的特点，抗旱耕作的技术措施更加细致，蔬菜果树园艺技术亦是精益求精，植棉和棉织业迅速传播，桑蚕种养技术有了新的提高，凡此表明，西北传统农业技术仍在继续发展中。与此同时，西北传统农业科学也发展到了高峰，本区数千年的农业生产经验和技术知识有了较全面的总结和提高，从而使我国经验农业科学上升到新的理论高度。

（一）农田水利灌溉设施的建设、修整

我国自古以农业为本，对封建国家来说，农业更是关系着人民安居乐业、国库粮仓充盈。农业发展可使内无粮荒之虞，外无侵扰之虑。农业生产与水利工程关系密切。明万历年间的巡关都御史苏郶曾指出："水利与农田相济，未有不治水而田可垦者。"①兴修水利可以防旱防涝，旱时可引河川之水灌溉田地，水涨可以沟渠分散水流，防止溃决。在传统农业生产中，这在很大程度上改变了旱涝听命于天的状况。明清时期，人民在充分有效利用水资源方面也取得了很大的进步。

1. 关中地区的水利建设

明清时期，关中地区仍是西部水利建设的重点区域。当时关中最主要的水利工程仍旧是引泾灌溉工程。泾渠在明代有广惠渠、通济渠，在清代有龙洞渠。据明清正史和地方志记载，明清两代对泾渠进行了20余次修整。

广惠渠是明代著名的引泾工程。据文献记载，明代整治引泾工程至少进行了六次。第一次兴工整治引泾工程是明太祖洪武八年（1375），洪渠堰因年久失修，堰圮渠塞，已经到了不通灌溉的程度，明廷遂命长兴侯耿炳文督工疏浚，致使泾阳、高陵等五县之田大获其利②。太祖洪武三十一年（1398），又因洪渠堰东西堤岸圮毁，再由长兴侯耿炳文与工部主事丁富等人主持修筑，大约用了五个月时间，堰渠103668丈③，是为第二次。明成祖永乐九年（1411），由于洪渠堰数次经受洪水的冲击，多处渠段被毁坏，地方官以实情呈报中央，明廷遂命人加以修葺，以恢复灌溉之利，是为第三次。第四次整治引泾工程是在明宣宗时，宣德二年（1427），明廷调集泾阳、三原等五县民工及西安等处卫所的士兵，对洪堰工程进行了大规模的整修。40年后，泾渠"堤堰摧决，沟洫壅潴，民弗

---

① 马宗申：《营田辑要校释》，北京：中国农业出版社，1984年，第111页。
② 《明太祖实录》卷一〇一"洪武八年十月丙辰"条，中央研究院历史语言研究所缩印本，第1714—1715页。
③ 《明太祖实录》卷二五六"洪武三十一年二月辛亥"条，第3704页。

蒙利"①，朝廷令有司对泾渠进行第五次整修。到了明宪宗成化年间，又调礼泉、泾阳、三原、高陵等县民夫，在右副都御史、陕西巡抚项忠和余子俊等人的主持下，前后用了17年时间，对泾渠进行了营修，并改名为"广惠渠"。广惠渠的渠道系统与唐代以来的白渠相似。这是明代历次治泾工程中用工最多，历时最长，规模最大的一次整修。经过这次修整，泾渠的灌溉面积扩大到8300余顷。② 由于此次整治较为彻底，因而效益也比较明显。曾经主持过此项工作的项忠在《泾阳县广惠渠碑》中说：广惠渠成，"虽天不雨而有蒙雨之休，虽地不利而有得利之美。随所意用而自无不足，溉厥田，灌厥园，泽彼桑麻，润彼禾黍，而畎亩获收加于常年之蓰，则吾军民之仰赖何可慨邪！"③通济渠是在成化年间由陕西参政谢绥主持开凿的。此渠于宝鸡东20里的阎家营作堰，凿渠导渭水东流，全长200余里，溉岐山、眉县、扶风、武功等县农田1100余顷。④

龙洞渠是乾隆二年(1737)由杨必主持修建的。在此之前，从顺治、康熙到雍正年间，金汉鼎、王际有、岳钟琪等人曾对广惠渠进行过多次修补，但成效并不十分显著。自修了龙洞渠之后，情况始有所好转。清代中后期，陕西地方官吏亦比较注意水利建设。如光绪二十一年(1895)，张汝梅出任陕西布政使之后，即留意关中水利，并请在陕西设局专办水利。他说："秦汉以还，关中水利以郑白渠为最著，即今之龙洞渠也。余凡滨临河、汉、泾、渭及所汇支流各处，可以通舟楫、资灌溉者不一而足。顾水性靡常，其为利为害，大率因人事为转移。从前各属河渠以时疏浚，所以利赖攸远。今则半就湮废，食利无多，甚至壅遏迁徙，泛滥冲激。"⑤此后，魏光焘督陕，亦奏请兴修水利。他说："自同治初年兵燹之后，继以旱荒，挑浚失时，渠道湮塞。小民无力修复，遂日甚一日。以故山水骤发，动辄冲决为患，亢旱偶形，则又引溉无从，以致频年灾祲迭见……又泾阳县属之龙洞渠，系郑白渠故道。国朝雍正五年，发库款复修，引泾水并凿山泉，由该县以达礼泉、三原、高陵，并及临潼北境，沾被甚溥。嗣因泾流日下，水低岸高，不能引灌，遂专引琼珠、节珠二洞山泉以注之。水利甚微。复以年久失修，渠水既淤，泉眼亦塞，其石洞渠底渗漏尤多。下流各属因不能沾其利，既亦不肯兴修。是以近年渠水仅灌泾阳，略及三原西境。其东境及高陵诸属县百数十里，膏腴沃壤，灌溉无资，遇旱辄

---

① 〔清〕张廷玉：《明史》卷八八《河渠六·直省水利》，北京：中华书局，1974年，第2158页。
② 〔明〕赵廷瑞修，马理、吕柟编纂：《陕西通志》卷三八《政事二·水利》，嘉靖二十一年(1542)刻本。
③ 〔清〕贾汉复修；李楷等纂：《陕西通志》卷三二《艺文》，康熙七年(1668)刻本。
④ 〔清〕刘于义等编纂：《陕西通志》卷四〇《水利》，雍正十三年(1735)刻本。
⑤ 〔清〕王延熙、王树敏辑：《皇朝道咸同光奏议》卷六三《陕省设局试办水利疏》，光绪二十八年(1902)上海久敬斋印。

致歉收，殊非国家轸念民依之意。"①

除地方官吏外，一些乡绅也积极为地方官献计献策，主张兴修水利。在这方面，道光时期的张鹏飞是最有代表性的。他在给陕西巡抚林则徐所上的《关中水利议》中详细地论述了关中水利的现状与对策。他说："关中据百川上游，导引最易，夏商以前水利不可考……虞、夏、商、周井田盛行关中，实专其利也。且《图书编》论浚渠：'古之畿甸必有沟渠，沟渠多则西北之水不助河为虐，然后数千里中原之地物产日殖，万世永赖。此谓务本。'……窃谓关中水利，有前人修而未尽者，有修而又堙者，有全未议及者，且有物土之宜未布其利者。"他认为修而未尽的有四处：一是灞河、浐河两岸种麦种菜引水不多，宜开稻田以尽水利；二是咸阳马跑泉有疏浚的潜力；三是渭河两岸旷地甚多，引水可以灌溉；四是南山七十二峪处处可以因山为渠。"修而又堙"的情况很多：《诗经》中提到的丰镐之间的彪池，已成陆地。汉代的昆明池与池下石闼堰渠，在唐太和时干涸。龙首渠在明末堙塞。漕渠在唐大历以后舟渐不通，今全种禾黍。咸阳的漆渠、成国渠、升原渠、兴成堰、清渠皆失灌溉之利。临潼的中白渠、中南渠、析波渠、昌连渠、高望渠、禑南渠在下游几乎无水可给。高陵的樊惠渠在汉代曾改良土壤，现在成了泽卤之地。富平的判官渠、怀德渠、薛家渠、朝阳渠、常平堰，眉县的通润渠、宁曲水、井田渠、通济渠、潭谷河堰，俱失其利。朝邑的通灵陂、象底泉、蔡庄泉、西庄泉，韩城的龙门渠，华州的太平渠、骆驼渠、白龙渠，华阴的叚明渠、南河水，乾州的沙沟泉、莫谷河，武功的六门堰、五泉堰，邠州的拜家河渠、两塚沟渠、穆家堰、大广村泉、街子村泉等均已涸废。至于"前人所未议者"，亦复不少，共提出10处，建议兴修水利，广开稻田。他说："水利所兴，有土，有石，有河滩，有山凹。其引之者，有直，有曲，有长数十里，有短不及半里，有过溪涧者，有凿山腹者，有土筑者，有石甃者，有支木枧者，有砌石槽者，有用水闸者，有下铁椿者，有烈火煅者，有酿醋激者。其制引水之器，低田用虹吸、鹤饮、高则恒升、玉衡等具，载在《泰西水法》，关中人未必不知。而耿橘挞水线以浚渠法，尤不受奸民之欺，此尤赖劳民劝相者。"②

从雍正《陕西通志》卷三十九至四十《水利》及民国《续修陕西通志稿》卷五十七至六十一《水利》的记载来看，明清时期关中地区水利建设的一个显著特点是小型灌溉的发展。特别是在渭河以南地区，小渠道的数量大大超过了前代。据统计，清代曾在关中地区修

---

① 《皇朝道咸同光奏议》卷六三《请疏浚陕省水利疏》。
② 〔清〕张鹏飞：《关中水利议》，刊《来鹿堂文集》卷一，光绪八年（1882）刻本。

建过200多个渠道。[1] 如关中西部的凤翔府在秦岭北麓几个谷口开渠引水溉田500余顷。至于引泉灌溉的情况也很普遍，明代地理学家王士性说他来到这里，颇有"依稀江南"[2]之感。关中东部地区水利较西部更为发达。如华州境内的西溪、东溪、北溪、教坊及清湫诸水，皆有灌溉之利。同州属县的居民，也多引水溉田。西安府所在的关中中部是关中水利最发达的地方。除广惠渠外，渭北的诸河沿岸，也修有一些引水渠。如冶谷水上有灌渠七条，引水灌溉云阳北面的高仰之地。三原县则多引清、浊二谷之水灌田[3]。

此外，凿井灌溉的情况也较为普遍。关于清代关中地区凿井灌田的情况，《续陕西通志稿》有比较详细的记载。据该书的作者讲：康熙二十八九年陕西大旱，户县王心敬睹救荒无术，而汲井灌田少获升斗之粟，遂著井利说，以为西安渭水以南诸县十五六皆可井，富平、蒲城二县井利颇盛，凤翔八属水利可资处又多于西安，而弃置未讲者亦多于西安，大力发展井灌。乾隆二年（1737），崔纪巡按陕西，于五月十日饬各县相地凿井。十一月二十八日奏报陕西共凿井68980口，约可溉田20万亩。由于当时督催过严，奉行的人有所粉饰，实际上并没有那么多井，也没有那么大的灌溉效益。乾隆三年（1738）三月，崔纪因"办理不善"而受到乾隆皇帝的批评。其后陈宏谋巡抚陕西，又令各州县查报直泉，故"井利有增无减"[4]。

不过，清代中期以后，关中水利又趋于衰微。《续陕西通志稿》载："关中水利，今古艳称，而自清代乾嘉以迄咸同，兵事频兴，奇荒屡值，官民两困，帑藏空虚，河渠多废而不修，民间复规便种艺，以故光绪年间绘呈会典馆舆图，其为图说者颇致慨于水渠之堙塞，民户之冒耕。"[5]《咨会典馆舆图说》图云："西安府水利，惟南山一带地势卑湿，山水时发时涸，虽常食水利，而旧日著名诸渠转多湮废。郑白泾渠亦十废小半，漆沮浐灞亦如之。盖土人多争尺寸之利，渠或稍涸，即树艺其间，故隄堰多旷废耳。凤翔府水利最著者宝鸡则曰沈公、利民、惠民等渠，眉县则曰成国、张子、通济、梅公等渠，惟通济东北达扶、武，食利甚溥。汧阳则曰南河诸渠，旧分一十三支。陇州则曰菜园、温泉诸渠，旧分三十二支。今汧陇虽不复旧制，而灌田尚广。惟宝眉各大渠尽行堙废耳。同州府水利惟韩城之濩水为最，澄城之洽水、大谷、长宁诸水次之，二华之诸谷水又次之。盖二华水渠虽广，而山水陡发，被水患者亦往往有之，故不若濩水、洽水也。汉中

---

[1] 耿占军：《清代陕西农业地理研究》，西安：西北大学出版社，1996年，第66页。
[2] 〔明〕王士性撰；吕景琳点校：《广志绎》卷三《江北四省》，北京：中华书局，1981年，第49—50页。
[3] 〔明〕赵廷瑞修；马理、吕柟编纂：嘉靖《陕西通志》卷三八《政事二·水利》，嘉靖二十一年（1542）刻本。
[4] 《续陕西通志稿》卷六一《水利五》。
[5] 《续陕西通志稿》卷六一《水利五》。

府水利，则汉水行舟，沿江散民依船为业，余俱引渠开堰，资灌溉以利民，而惟褒水之大斜、山河、壻水之杨坝、五门，廉水之石梯、流珠等堰分见于南郑、褒城、城固诸县者最著焉。兴安府水利以汉阴、平利为最，安康次之。汉阴、月河诸水开渠灌田二万余亩。平利之大贵坪等处共十八坝，引水开渠灌田至四五万亩。至安康之恒河、傅家河所引千工、永丰等堰灌田六七千亩。其石泉之池河、珍珠、大坝等水，及紫阳洵阳、白河诸渠田则零星无几。商州沿江居民依船为业，山中田少平畴。近日湖北、安徽客民杂处，用南方渠堰之法，稻田渐多。山阳之罩川、磨沟诸渠及金井、色河，商南之富水、清油、县河，镇安之县河、社川、金井、乾祐诸河开渠最多，而灌田亦渐广矣。乾州水利则武功之南北两路、雪固、永安游凤镇等处亦有水田，然皆辘辘、遏竿所浇，全恃人力，无沟渠自然之利，余多沿沟傍溪开设水磨、油房，以资民用，无舟楫之运，无鱼虾之生。邠州水利则本州之鸣玉、太谷镇等渠，景村东川村等泉，三水之赵家、连家、崔家、杨家、李家等渠，为利无几，灌田或仅数十亩耳。"①

2. 黄土高原地区的水利建设

地形复杂的黄土高原，大体上可分为陕北、陇东和陇中三个部分。在历史时期，黄土高原一直是水利建设最薄弱的区域②。但明清时期，这里的水利建设有了一定的起色。

在陕北黄土高原地区，明代修筑的水利工程在鄜州、绥德、榆林等地均有分布。其中米脂县的流金河和榆林镇的红石峡水利工程是较为有名的。流金河是明正德年间由延安知府罗谕在米脂县南主持修建的③。宪宗成化年间，余子俊在榆林镇西北开凿红石峡渠，引水灌镇城西部田园。大体与此同时，吕雯主持修建南渠，引城东刘指挥河水，灌溉城南稻田。经过嘉靖、万历年间的不断修建，灌溉面积有了明显扩大④。

在陇东黄土高原地区，明代设有平凉、庆阳二府。这一地区在明代以前几乎没有水利可言，故明人娄谦在《平凉利民渠记》中说："陕之平凉郡治，东抵泾州，有平衍壤地，广袤数百里，而泾河之水实经流其间。引以津灌，则土田膏液，年谷可拟丰登，尚何旱之足恤乎！特图志所载，故无渠埭，而居人习以成俗，举目前溃阂之水则信其奔流，置为弃物；凡有播种，岁率仰给于天。天雨及时，则坐享有年；一遇魃虐流行，则计无所施。不但距河入深之地不沾其利，虽夹河两岸之间，亦不蒙余波之润。局蹙告炎之外，

---

① 《续陕西通志稿》卷六一《水利五》。
② 吕卓民：《明代西北黄土高原地区的水利建设》，《中国农史》1998 年第 2 期。
③ 〔明〕李思孝修；冯从吾纂：《陕西通志》卷一一《水利》，万历三十九年（1611）刻本。
④ 〔明〕郑汝璧等纂修：万历《延绥镇志》卷二《钱粮·水利》，上海：上海古籍出版社，2011 年，第 137 页。

惟束手待毙而已。历千百载间，竟无兴念于此而倡之者。"①明成化二十年（1484），平凉府发生了大旱，金宪李经主持修建了规模较大的利民渠。此渠凡62道，长约200里，灌溉面积达3000余顷，"其功甚大"，被誉为"利民盛事"。②

陇中黄土高原地区，是明代临洮、巩昌二府的所在地。临洮府境内所属诸州县曾兴建过不少水利工程，其中著名的溥惠渠，是明代前期在黄河支流阿干河上修建的规模较大的水利工程。渠成，"为利颇广，环郡城之东西南北为圃者什九，为田者十一，几百顷之灌溉，附郭之居民，饔飧饮食，咸仰给焉"③。"凡官民蔬圃暨艺业者无不沾其利，然阿干之利固若此，而黄河之利尤大焉。"④当时曾拟在黄河上流兴建引黄工程，但因工程巨大，而未能完工。巩昌府境内的临渭诸县，水利最为发达。陇西县曾开凿引渭三渠和引科羊水的永济渠。伏羌县有通济渠、陆田渠、广济渠、惠民渠。而地处渭河谷地的宁远县（今甘肃武山县），则疏浚旧渠20条，新开渠道7条，灌田100余里，基本形成了渠道灌溉网⑤。至清代前期，这一地区的水利事业相对较为发达，大抵于黄河干流谷地，大夏河、洮河及渭河上游谷地，水利皆有所开发。据统计，清代本区修建的大小水利工程有100余种，溉田达3600余顷。当时，陇中临近黄河的地方，曾用翻车引水灌溉。不过，翻车的使用往往会受到多种因素的制约。乾隆《皋兰县志》载："郡人段续创为翻车，倒挽河流，以溉田亩，致有巧思。然有力自办，无力官贷，修补之工，无岁无之。遇旱则水落而车空悬，遇涝则水溢而车漂没，必水势得平，车机乃能无滞。所灌半园半田，通计东西夹河滩及南北两岸之上，仅二百余顷。而水之及时与否，不可预定，是所济不普，而利非自然也。"⑥

上述情况表明：明清时期在历史上一向缺水的西北黄土高原地区兴修了诸多水利工程，从水利事业发展的角度而言，均具有开创之功；从农业生产的角度而言，则是改变了区域农业以往靠天吃饭的旧面貌，促进了区域农业的发展。特别是在有条件的地方还进行了水田稻作的开发与经营，更是改变了以往区域农业生产的旧式格局。水田种稻产量高，收获多，更易显示其经济价值。故水利的兴修，对改变黄土高原地区农业生产的

---

① 〔清〕康熙《陕西通志》卷三二《艺文》。
② 〔清〕娄谦：《平凉利民渠记》，见康熙《陕西通志》卷三二《艺文》，康熙七年（1668）刻本。
③ 〔清〕彭泽：《溥惠渠记》，见〔清〕陈士桢修：《兰州府志》卷二《山川·水利》，台北：成文出版社，1976年，第143—144页。
④ 〔明〕陈祥：《兰州卫重疏水利记》，见〔明〕赵廷瑞：《陕西通志》卷三二《艺文志》，西安：三秦出版社，2006年，第1807页。
⑤ 〔明〕唐之儒修；荆朝玺纂：《宁远县志》卷二《水利》，万历二十四年（1596）刻本。
⑥ 吴鼎新、黄建中纂修：《乾隆皋兰县志》卷五《水利》，兰州：甘肃文化出版社，1999年，第388页。

落后面貌起了很大的作用①。

3. 宁夏平原暨河套地区的水利建设

宁夏平原的水利建设,以引黄灌溉为主。据文献记载,宁夏水利兴于秦,历汉唐至于宋元,代有兴作。元代科学家郭守敬在宁夏平原"因旧谋新,更立闸堰",使水利工程技术达到了一定的水平。②

到了明代,宁夏的水利建设得到较大的发展。明初,宁正领导宁夏军民"修筑汉、唐旧渠,引河水溉田"③,取得了很大的成绩。据嘉靖《宁夏新志》记载:"汉延渠、唐来渠,拓跋氏据西夏已有此二渠,资以富强。迄元世祖至元元年(1264),藁城人董文用为西夏中兴等路行省郎中,始复开汉延、唐来、秦家等渠,垦水田授民。寻以浑都海兵乱,渠复淤塞。张文谦荐邢台人郭守敬为河渠提举,因旧谋新,更立闸堰,渠复通,夏人利之。迄今两坝桥梁,尚遗其制,工作甚精。"④明代疏浚的主要是汉延、唐来两大主干渠。汉延渠自峡口之东凿引河流,绕城东而北,延袤250里,有大小支流及陡口369处。唐来渠自汉延渠口之西凿引河流,绕城西而北,延袤400里,有大小支流及陡口800余处。二者合计,溉田面积达到万顷。明代后期,又对汉延、唐来二渠进行了大规模的整治,从而提高了它的灌溉能力。正如有些学者所说:"宁夏平原的水利建设……使宁夏平原成为我国北方少有的稻作区之一。因其农业生产具有我国南方种植业的特点,又赢得了'塞北江南'的称誉。在明代,随着宁夏平原农业生产的发展,水田开发与稻作种植更加扩大,从而又使'塞北江南'这一称誉进一步传扬四方,为人们所津津乐道。"⑤

清代西北黄河沿岸水利开发的重点仍在宁夏府所属诸地。具体表现为在原有水利工程的基础上,又出现了大清、惠农、昌润等三个大型的水利工程。大清渠是在康熙四十七年(1708)由宁夏水利同知王全臣主持修建的,总长75里,宽3—4丈,大小陡口167道,灌田1223顷。惠农、昌润两渠始创于雍正四年(1726)。惠农渠长300里,口宽13丈,尾宽四五丈,深五六尺至一二丈不等,"枝渠四达,长七八里以至三四十里者百余道,均作陡口飞槽,而户口人民又沿渠各制小陡口、小灌洞千余道以相引灌。自此沟塍

---

① 吕卓民:《明代西北农牧地理》,台北:洪叶文化事业有限公司,2000年,第115页。
② 〔明〕胡汝砺:《〔嘉靖〕宁夏新志》卷一《宁夏总镇·水利》,银川:宁夏人民出版社,1982年,第20页。
③ 《明史》卷一三四《宁正传》,第3905页。
④ 嘉靖《宁夏新志》,银川:宁夏人民出版社,1982年,第20页。
⑤ 《明代西北农牧地理》,第126页。

绣错，二万余顷良田无不沾足"①。惠农、昌润、大清三渠的创修，是扩大宁夏地区耕地面积的关键性措施。惠农渠溉田 4500 余顷，昌润渠溉田 3100 余顷，大清渠溉田 1200 余顷。

据《宁夏府志》和《甘肃新通志》记载，乾隆中期以后，宁夏黄河水利开发已经达到有史以来的最高水平，在黄河开口的干渠总长达到 2025 里，灌溉中卫、宁夏、宁朔、灵州、平罗等地田 2 万顷。到清代后期，宁夏黄河水利上仍维持在较高的水平，总灌溉面积达 21000 余顷。具体情况如下表所示：

渠道名称	渠道位置	渠道长度（里）	清代前期溉田面积(顷)	清代后期溉田面积(顷)	清代平均溉田面积(顷)
唐来渠	宁朔县大坝堡	320	3457.8	4800	4128.9
汉延渠	宁朔县陈俊堡	195	3414	3890	3652
大清渠	宁朔县大坝堡	72	1096	1120	1108
惠农渠	宁夏县叶升堡	262	4529	4500	4514.5
昌润渠	宁夏县通吉堡	138	1697	1697.5	1697.25
滂渠	平罗北温家桥	60	444	444	444
秦渠	灵州青铜峡	120	1107	1300	1203.5
汉伯渠	青铜峡	100	1258	1000	1129
美利渠	中卫县西沙坡	200	465	415	440
七星渠	中卫县宁安堡	140	721	390	555.5
贴渠	中卫县西南	60	231	200	215.5
北渠	中卫县镇靖堡	30	118.4	84.4	101.4
新北渠	中卫县南	40	109.5	105.6	107.55
新渠	镇罗堡南	25	60.2	72.6	66.4
胜水渠	中卫县东南	70	200	169	184.5
顺水渠	石空寺西南	15	37.79	36	36.9
新顺水渠	石空寺东南	70	109	120	114.5

---

① 〔清〕通智：《惠农渠碑记》，见〔清〕贺长龄辑：《皇朝经世文编》卷一一四《工政·各省水利》，上海广百宋斋校印。

续表

渠道名称	渠道位置	渠道长度（里）	清代前期溉田面积（顷）	清代后期溉田面积（顷）	清代平均溉田面积（顷）
长永渠	枣园于家庄	25	45	25	35
石灰渠	铁桶碾盘滩	60	123	127	125
羚羊角渠	中卫县常乐堡	28	24	11	17.5
羚羊殿渠	求乐堡西南	40	104	78.8	91.4
羚羊峡渠	永乐堡东北	40	181.60	153	167.3
柳青渠	中卫县安宁堡	40	298	292	295
通济渠	中卫县张恩堡	40	25.5	28	26.75
硝磺滩渠	中卫县张恩堡	20	10		10
马滩渠	中卫县张恩堡西北	15	80		80
合计	渠26条	2225	19945.79	21058.9	20547.35

自汉唐以来的不断发展，到清代中期，宁夏黄河水利工程技术及管理日臻完善。各渠口均建有分水坝伸入黄河，逼水入渠；河水入口后，其旁则有滚水坝，用碎石桩柴镶砌。清代兰州黄河水利广泛开发的特点是高架水车即"翻水车"的广泛制造与使用。据道光《皋兰县志》记载，晚清时期兰州有翻水车156辆。翻水车的分布如下表所示：

水车位置	水车数量（轮）	溉田面积（亩）	说明
黄河南岸	83	8373	旧有水车90轮
黄河北岸	41	7150	
黄河上游诸滩	4	400	
黄河下游诸滩	28	3799	旧有水车31轮
合计	156	19722	旧有水车166轮

由于水车的广泛使用，兰州沿黄河南北两岸及上下诸滩，均受灌溉之利。园艺业也有了长足的进步。"一水护田，两山全青"，果木成林，生态环境有了明显改善。

河套北依阴山[①]，南濒黄河，东西长五六百里，南北宽100余里，地势平坦，土质肥

---

① 〔清〕何丙勋：《河套图考·序》载："黄河自灵州西界横城折而北，谓之出套。北折而东，东复折而南，至府谷之黄浦川入内地。迂回二千余里，环抱河以南之地，故名河套。"见〔清〕杨江撰，〔民国〕宋联奎辑：《河套图考》，陕西通志馆印，1934年。

沃，属农牧交错地带，具有从事灌溉农业的有利条件。汉唐时期曾在这里进行垦殖，其后渐趋荒废，至清代中叶，始再度开垦。当时蒙古王公的招民私垦和滥砍滥伐，破坏了阴山山麓的大片森林和草原，致使河套西北流沙内移。流沙内移，使黄河河床不断堆积，从而决口四溢，在河套平原上冲出许多天然水道。道光年间，河套北边乌拉河至乌加河间的黄河主流被流沙淤断，从此黄河南徙，形成现在的格局。于是河套平原的相对位置发生变化，由河南改居新旧河道之间，当地人称之为后套。黄河河道的这种变化，在客观上为水利的兴修提供了方便。

据《绥远通志稿》《五原厅志稿》和《临河县志》记载，清末在河套平原上最先开凿的渠道是缠金渠。道光到光绪年间，河套出现了诸渠竞开的局面，最终形成了8大干渠，即永济(缠金)渠、刚济(刚目)渠、丰济(中和)渠、沙河(永和)渠、义和(王同春)渠、通济(短辫子河)渠、长济(长胜)渠、塔布河渠。此外，清末河套还出现了数十道小干渠。① 于是，"一个新的引黄灌区在短期内初具规模，并以后来居上的姿态迅疾地赶超古老的宁夏引黄灌区"②。在清末河套水利开发中，王同春"以精通从黄河上开渠引水灌溉而著名，成为当时的'水利大家''工程专家'和'开渠大王'，从而做出许多突出贡献"③。据统计，在同治六年(1867)到光绪二十九年(1903)的30多年间，王同春除与他人合作开渠引水以外，以自己的力量单独开挖的渠道就有义和渠、沙河渠、丰济渠等。这些渠道长者100余里，短者数十里，宽三丈五丈不等，支渠达270余条④，可灌溉上万顷的农田，所开"渠口广狭合度，渠身深浅得宜，高不病旱，卑不病涝，耕者咸获其利"⑤。

4. 河西与河湟地区的水利建设

位于黄土高原西缘的这一地区，也是典型的灌溉农业区。黄河支流大通河及湟水流经本区，又有祁连山的固体水库，因而水资源比较丰富。明代在这一区域设置了较大的屯垦区。"卫所行伍之众，率多华夏之民，赖雪消之水，为灌溉之利，虽雨泽少降而旱魃可免。"⑥据万历《陕西通志》卷十一《水利》记载，河西河湟地区的水利建设情况如下表所示：

---

① 陈耳东：《河套灌区水利简史》，北京：水利电力出版社，1988年，第50页。
② 袁明全：《清代河套农田水利发展述略》，《中国农史》1986年第4期。
③ 陈耳东：《河套灌区水利简史》，第63页。
④ 李西樵：《河套水利事业的开拓者——王同春》，《中国农史》1985年第1期。
⑤ 〔清〕王建勋：《重修河套四大股庙碑记》，刊《五原厅志》，台北：成文出版社，1969年。
⑥ 〔明〕李应魁纂修：万历《肃镇志》卷一一《水利》，顺治十六年(1657)抄本。

河西河湟水利建设统计表

屯区名称	水利工程数量(个)	溉田数量(亩)	屯区名称	水利工程数量(个)	溉田数量(亩)
甘州五卫垦区	74	756616	镇番卫垦区	4	79154
永昌卫垦区	12	77329	镇夷所垦区	20	79748
庄浪卫垦区	37	90484	高台所垦区	11	67665
凉州卫垦区	5	432953	古浪所垦区	5	53177
西宁卫垦区	20	262779	肃州卫垦区	18	
山丹卫垦区	10	92394	合计	216	1992299

从上表来看，明代河湟地区有水利工程216处，溉田面积当在200万亩左右。统观明代西北黄河干流、泾水流域、渭水流域及河西内陆各水流域的水利开发，可以说水利工程规模最大、成效最大的仍为宁夏地区，其次为泾水、渭水流域，河西仍处于对自然水源的一般利用阶段，这主要是由屯田规模及自然环境双方面条件决定的。[1]

清代前期，河湟地区的地方官曾采取过一些发展水利的措施。如乾隆七年(1742)十二月乙卯，甘肃巡抚黄廷桂奏："甘、凉、西、肃等处渠工，应照宁夏之例，无论绅衿士庶，按田亩之数，一例备料襄办。其绅衿不便力作者，许雇募代役。倘敢违抗，即行详革。掌渠乡甲，有徇庇受贿等弊，按律惩治，并枷号渠所示众，仍勒石以垂久远。"[2]得到乾隆皇帝的批准。乾隆二十四年(1759)甘肃巡抚疏称："兰州府属之狄道、河州、皋兰、金县、靖远五州县，虽旱地居多，然引洮、黄二水灌溉者亦复不少。乾隆十八年间，曾以河州州判兼御水利，移驻定羌驿，督理渠道，但究属微员，不足以治理。今请以该府河州同知兼水利御经管狄、河二州水利……统为督率，每遇冬冷水涸之初，责令在于境内逐一查勘，如有淤浅阴塞汕刷残缺之处，务于次岁春融时拨夫修浚，一律宽深坚实，具结核奏吏部复准。"[3]乾隆十二年(1747)前，河湟地区的西宁县、碾伯县、大通卫和贵德所共有水渠392条，总长3463里，溉田486570亩。

在河西地区，清代凉州的水利较发达，以引用雪水为主，"水至为良田，水涸为弃壤"。而甘州水利则以张掖为重点。据统计，清代张掖城四周有水渠47条，灌田4420顷之多。当时张掖只有70199人，人均水田达6.3亩。因而该地区显得相当富庶，故有"金

---

[1] 王致中、魏丽英：《明清西北社会经济史研究》，西安：三秦出版社，1996年，第141页。
[2] 《清高宗实录》卷一八一"乾隆七年十二月乙卯"条。
[3] 〔清〕龚景瀚编：乾隆《循化志》卷七《水利》，甘肃省图书馆藏清嘉庆刻本，西宁：青海人民出版社，1981年。

张掖，银武威"之说。据有人统计，"有清一代，总计河西走廊的渠道大约有二百一十七条（支渠和分渠未计），长者百余里，短者十多里，宽一二丈，深一丈左右不等。灌溉面积达三万五千七百五十余顷"①。

5. 西域地区的水利建设

明清时期的西域，主要是指现在的新疆。明代在西域无所建树。清代在平定回疆之后，采取了一系列开发边疆的措施。乾隆年间，新疆各地屯田面积达到288063亩。道光年间，林则徐在新疆主持屯田，与全庆在库车、阿克苏、和田等地开垦屯地达68万余亩。同治年间，左宗棠收复新疆后，再次掀起屯垦热潮，到1882年新疆建省时，已有水浇地1100万亩。清主要屯田区"按地理走向分布，主要有三条：哈密至乌鲁木齐（天山北麓一线）；哈密至南疆和田（天山南麓至南疆西部一线）；乌鲁木齐至伊犁"。"屯田以水利为保障，屯田区多具有比较优越的水资源条件。水利建设是屯田区开辟和发展的首要条件。"②于是边疆地区的水利事业也随之发展。

清代新疆的水利开发是与屯田同步进行的，兴于乾隆、嘉庆之际，盛于光绪年间，而建省之后成绩最为显著。乾嘉时，新疆水利的发展，主要得益于清政府对西域水利的重视。光绪年间，新疆水利的兴盛，则与左宗棠等人的努力有关。左宗棠、刘锦棠等人在治理新疆时，把兴水利作为"最为切要之务"③，不仅修复了因同治战乱而淤毁的引水干渠，而且逐步兴建起新的渠道网。光绪六年（1880），左宗棠曾向清廷汇报新疆兴修水利的情况。他说："以修濬言之，哈密修石城子渠，镇西厅修大泉东渠，迪化州修永丰、太平二渠，安顺一渠，绥来县修长渠，奇台县修各渠，吐鲁番所属渠工之外，更开凿坎井一百八十五处，库尔勒修复旧渠四十里，库车濬筑阿柯寺两大渠。"④可见当时南疆北疆在水利建设方面已有相当成绩。此后魏光焘出任新疆布政使，饬令各道府州县全面整修水利设施，进一步推动了新疆水利的发展。现据《新疆图志·沟渠志》所载资料，将晚清时期新疆地区所修水利工程列表如下：

---

① 田尚：《古代河西走廊的农田水利》，《中国农史》1986年第2期。
② 周魁一、谭徐明：《新疆屯垦水利的历史经验》，《中国农史》1999年第3期。
③ 〔清〕刘锦棠：《刘襄勤公奏稿》卷三，光绪二十四年（1898）长沙刊本，北京：书目文献出版社，1986，第50页。
④ 〔清〕左宗棠：《左文襄公全集》卷五六，上海：上海书店，1986年，第8801—8802页。

道名	干渠数量(条)	支渠数量(条)	溉田面积(亩)
镇迪道	331	589	1165035
伊塔道	50	54	722724
阿克苏道	196	464	3295414
喀什道	363	1226	6016366
合计	940	2333	11199539

由此表可知，光绪年间新疆水利得到很大发展。到光绪二十年(1894)前后，新疆地区的主要绿洲已经形成了由干渠和支渠连接起来的基本完整的水利灌溉系统[1]。

6. 四川盆地的水利建设

四川地区有重视水利的传统。明代前期四川各地有大小水利工程2万多个[2]，主要分布在成都府、重庆、潼川三府及嘉定等数州之地。由此可见明代四川水利之普遍。在这些工程中，规模较大、用工最多的是对都江堰的维修和扩建。元顺帝时，佥四川廉访司事吉当普曾对都江堰进行过大规模的改造。明初都江堰灌区包括郫、灌、温江、崇宁、双流、崇庆、新津、新都、眉州、彭山等10多个州县，经济效益仍很显著。故地方当局对都江堰相当重视。洪武九年(1376)，彭州知州胡子祺对都江堰进行改造。《明实录》载：都江堰"历代皆用铁石，劳费不赀，春夏水溢，旋复冲决。元季兵兴不治，民失水利。子祺建议修筑，只用竹木堰成，费省而利博，民甚便之"[3]。此后在宣德年间，都江堰坏，又进行了修筑。《明实录》载，宣德三年(1428)四月，四川灌县阴阳学训术严亨奏："本县都江等四十四堰，洪武间筑，以障水灌溉民田。比因江涨冲决，乞仍发民修筑为便。"宣宗即"行在户部移文有司，令农隙用工"[4]。在明代所修诸堰中，通济堰具有一定的代表性。通济堰位于崇庆州新津县，经洪武、永乐年间的修建，分16渠引水，灌田达25000亩。宣德七年(1432)洪水暴发，通济堰坏。宣宗根据地方当局的请求，令"有司如洪武、永乐故事，以时发民修筑"[5]。正统年间，通济堰又坏，英宗亦"命州县正官率军民修之"[6]。此外，英宗天顺年间在四川彭县修复的万工堰，也是规模较大的水利工

---

[1] 华立：《清代新疆农业开发史》，哈尔滨：黑龙江教育出版社，1998年，第253页。
[2] 《四川历史农业地理》，第90页。
[3] 《明太祖实录》卷一〇六"洪武九年五月戊子"条，第1770页。
[4] 《明宣宗实录》卷四一"宣德三年四月乙丑"条，第1008页。
[5] 《明宣宗实录》卷九〇"宣德七年五月癸未"条，第2065页。
[6] 《明英宗实录》卷九八"正统七年十一月丙子"条，第1976页。

程，可"灌田千余顷"[1]。

清政府在四川的统治稳定以后，对水利建设甚为重视，制定水利政策，加强了对水利的组织和管理，鼓励官民兴修水利[2]。鉴于明末以来战乱频仍，都江堰渠道淤塞毁决的情况，四川巡抚佟凤彩在顺治十八年(1661)对都江堰进行了修整，并确定了照粮派夫、每岁淘凿的制度。乾隆二十九年(1764)，四川总督阿尔泰采取上游蓄水、深淘堰底、另开支河等办法修治都江堰。此后在道光年间，成都水利同知强望泰又根据"深淘滩、低作堰"的原则对都江堰进行了全面整修，收到了良好的效果。清代四川水利有一个显著的特点，那就是比较注重水利事业的普及。除都江堰外，川东、川西的许多地方水利事业都有所发展。如川东地区的仁寿县在清代曾修过古佛堰。乾隆三十五年(1770)，彭山县令张凤骞在考察锦江水情时，发现古佛洞一带水势较高，可以筑堰引水灌溉华阳、仁寿、彭山之田，遂与仁寿县令南日亭等商议水利工程。乾隆三十八年(1773)十月，三县联合动工，建成后溉田1万余亩。

7. 云贵地区的水利建设

云贵高原丘陵起伏，山多地少，水利工程一般修建在被称作"坝子"的山间平原上。明代云南最大的水利工程是对滇池的治理。滇池又名"昆阳海"，"为云南巨浸，每夏秋水至，弥漫无际，池旁之田，岁饫其害。弘治十四年(1501)，巡抚役军民夫卒数万，浚其泄处，遇石则焚而凿之，于是池水顿落数丈，得池旁腴田数千顷"[3]。万历四十二年(1614)，明代又大规模地修复桦花坝水库，以灌溉昆明东郊的农田。除此之外，明代还在宜良县的屯田区修建过长36里的汤池渠，在石屏县修建异龙湖引水工程，在保山县修易罗渠等。[4] 清朝前期，云南府同知专管水利之事，每年维修滇池等地的水利设施，并敦促各州县兴修水利。张允随曾根据云南的地貌特点和水资源情况，提出因地制宜修水利的主张。他说："滇省水利与别省不同，非有长川巨浸可分疏引注，其水各由山出，势若建瓴。水高田低，自上而下，宜疏浚沟渠，使盘旋曲折，加以木枧、石槽引令飞流；间有田高水低之处，则宜车戽；遇雨水涨，迅流直下，不能停潴，则宜浚塘筑坝，蓄泄得宜，两岸均沾灌溉。至低洼之处，下流多系小港，水发未能畅流，恐致淹漫，则当疏

---

[1]《明英宗实录》卷二九八"天顺二年十二月癸未"条，第6344页。
[2] 陈世松主编：《四川通史》第5册，成都：四川大学出版社，1993年，第215页。
[3] 〔明〕周季凤纂修：正德《云南志》卷二，明正德刻本(天一阁藏本)。
[4] 〔明〕邹应龙修；李元阳纂：万历《云南通志》卷二，民国二十二年(1933)刊本。

水口以资宣泄;如遇山多砂碛,又当筑垄以护田亩。"①这些主张对云南的水利建设无疑具有一定的指导意义。

贵州设省较晚,许多地方在明代以前几乎无水利可言。改土归流后,农业生产受到重视,农田水利也较前增多。但明代贵州水利工程规模一般不大,多是开塘作坝进行灌溉。在田高水下的地方,则用水车引水。清代贵州水利有所发展,但发展程度不如云南。清人吴振棫在《黔语》中对贵州的水利情况有所描述,他说:"黔山田多,平田少。山田依山高下,层级开垦如梯,故曰'梯田'。畏旱,冬必蓄水,曰'冬水'。水光成罨,山巅俯视,如万镜开奁也。地势稍宽阔处宜用塘堰,可以救旱。"显然,梯田冬季蓄水是贵州水利的一大特点。

8. 广西地区的水利建设

广西的水资源本身比较丰富。明代广西为发展农业修建了不少水利工程。据明人黄佐《广西通志·沟洫志》记载:明代广西各地修建的陂、塘、堰、坝数以千计。大者可溉田万顷,小者可溉田十余顷。具体来说,灌溉能力最强的是灵渠,可溉田万顷。灌溉面积达到百顷以上的水利工程仅玉林州即有三山陂、都毫陂、银水陂、河埠陂、林陂、锦陂等数处。溉田十顷以上的工程各府县均有,如苍梧县的大陂、沙村陂、石塔陂、林滩陂、漏塘陂,岑溪县的水波陂、大塘陂、河断陂,等等。此外,用水车提水灌溉的情况也很普遍。②

灵渠位于广西兴安,是秦代开凿的著名的水利工程。川、陕水利工程只重灌溉,而灵渠更兼行舟运输,由长江,经洞庭,溯湘江,过了灵渠,船可顺漓江而下,由两江入海。这条水路的咽喉就在灵渠。从发展农业的角度来说,灵渠的灌溉效用,对桂东北的农业至关重要。所以,明代曾六次整修灵渠。凿灵渠旧建有36陡,以石为闸,以防水泄。汉代马援曾增修,所以后世传说马援建渠。秦汉时的灵渠至明代洪武四年(1371),由于"岁久,堤岸圮坏,至是始修治之,水可溉田万顷"③。第二次是洪武二十九年(1396)再修广西兴安县灵渠36渠。其渠可溉田万顷,亦可通小舟。管军务的兵部尚书唐铎提出,为了通大些的官船以运军粮,应把灵渠开广加深。所以朱元璋令监察御史严震让附近各县出民工修灵渠,"浚渠五千余丈,筑渼潭及龙母祠土堤百五十余丈;又增高中

---

① 〔清〕张允随:《张允随奏稿》,乾隆二年(1737)闰九月十九日。见方国瑜主编;徐文德、木芹、郑志惠纂录校订:《云南史料丛刊》第8卷,昆明:云南大学出版社,2001年,第527页。
② 〔明〕林希元纂修:嘉靖《钦州志》卷一,嘉靖十八年(1539)刻本;〔清〕谢启昆修,胡虔纂:嘉庆《广西通志》卷二五七、二五九等,同治四年(1865)补刊嘉庆六年(1801)本。
③ 《明太祖实录》卷六〇"洪武四年正月甲辰"条,第1180页。

江石堤，改作滑石陡。凡陡涧之石，碍舟行者，悉以火煅凿去之。于是可通漕运矣"①。第三次是永乐二年(1404)"改筑广西兴安县分水塘"。原来增高了石埭，"遇水泛，势无所泄，冲塘决岸，奔趋北渠；而南渠涩行，舟不通，田失灌溉。连年修筑，百姓苦之。至是，县言乞改作如旧为便。从之"②。这就是说皇帝答应了地方上的意见，这样恢复明初的水利格局以利灌溉。以后永乐二十一年(1423)、成化二十一年(1485)、万历十五年(1587)，明代又进行了第四、五、六次对灵渠的整修，使得这一水利工程在农田灌溉和交通运输方面都发挥了较大的作用。雍正七年(1729)，清代修浚临桂县的陡河，增建石陡20个，同时修治兴安县的灵渠工程。

清代广西土地抛荒情况较为严重，水利工程主要集中在桂北传统农业区和桂南的南宁等地。清代广西最著名的水利工程也是对灵渠的修治。雍正七年(1729)浚临桂县陡河。《粤西志》载，陡河自临桂辨塘山流出，至相思江口汇入漓江。过去只在陡河上建鲢鱼一陡，洪水激湍，常常冲垮陡上的石头。此次增建20陡，使河水有所积蓄，长流不竭，农业获得灌溉，商旅也得到舟楫之利。

以上是明清时期西部地区水利建设的基本情况。显然，经过宋元时期的萧条之后，明清时期西部各省的水利事业都在不同程度上有了发展。尽管这种发展不是直线上升，而是呈现出螺旋式的状态，但从总体上来说水利建设是有进步的。这一时期水利建设的特点主要有二：一是小型水利工程大量出现，在一些灌溉条件较好的地方形成大小不等的灌溉网；一是水利工程分布的范围明显扩大，一些过去没有水利设施的地方也有了水利。可以说，明清时期的水利建设是有成就的，对我国现代的水利建设有直接的影响。

(二) 农具的改进和农田灌溉的小型化

明清时期，封建制度仍不断得到加强。农业在小农经济制约下，其经营规模日趋狭小，生产设施受到限制。因此，农业工具也适应这种形势有所改进，农田灌溉渐向小型多样化发展。宋元时期，西北传统农具基本定型，后世所用旧式农具均已出现。王祯《农书》在农具图谱中记载各类农具达103种，其中绝大部分在西北几乎都有运用，有些农具实为西北农区的发明。明清时期，农具发展更趋于完整配套，更讲求轻便高效，形成了"一器多用，简而不陋"的特点。在小农具全面发展的基础上，此时还出现包含复杂机械

---

① 《明太祖实录》卷二四七"洪武二十九年九月丙辰"条，第3583页。
② 《明太宗实录》卷二八"永乐二年二月己丑"条，第509页。

原理的耕具发明。

  人力耕具的出现在世界农具史上占有一定地位，早在唐代陕北黄土高原地区已有发明人力耕具的记载，可惜文献记述过于简略，后人仅知唐王方翼曾作"人耕之法"，构造原理则不得其详。明成化二年(1466)李衍任陕西总督，适逢连年荒歉，耕畜严重缺乏，为了救荒兴耕，李衍"取牛耕之耒耜，反观索玩，量为增损，易其机发"①，制成了人力耕具。耕地方法可分坐犁、推犁、抬犁、抗活、肩犁等形式，分别适于山区、平原、水田耕作，一般使用二到三人，每日耕地三四亩，耕地效率高而效果好。当时农民称赞："此具其工省，其机巧，用力且均，易于举止。"②为方便流传推广，李衍绘图刊书，称之为《木牛图》。可惜原图不久失传，《延庆州志》仅存其序。但是根据后人研究，李衍所创的"木牛"即后来人所谓的"代耕架"。著名文学家屈大钧曾在陕西游历察访，亦执是说，且认为木牛代耕是"耕具最善者"。天启进士王征退职归里后，在陕西泾阳乡间继续探索复制这一重要的耕具。经过反复研究试制，王征终于制成了代耕架，同时制图撰文，使古代人耕之法大白于天下。如今人们正是根据王征《代耕架图说》得知人力代耕机具的构造和原理。耕架即在田地两头分别设立一"人"字形木架，木架上各装一辘轳；两辘轳间绕一长长的绳索，中点结一小铁环，可与耕犁自如钩脱。耕作时，两人分别扳转辘轳上十字形橛木，索动而犁进，由一人扶犁往返耕地，故有"一人一手之力，足抵两牛"的说法。直到清朝道光年间，有人仍在西北采用这种机具代耕。考察历史上代耕架的发明使用多在西北黄土高原，实因黄土结构疏松，代耕架方显示较高耕效。然而代耕架遇到坚实土地，便极难耕翻，反而显得浪费人力，这正是代耕架一直局限于北方，1000多年来屡兴屡亡的原因。然而代耕架在世界农业史上仍有显著地位，它毕竟是利用杠杆机械原理，以轮轴的转动替代了畜力耕作，对传统牛耕来说是一次革新。代耕架同欧洲近代出现的电犁耕作机制完全相同，却免去畜力践踏给底层土壤带来有害的压力，而这种压力在拖拉耕具为主的现代农业中更显得为害之重，所以代耕架对未来耕具改革仍有一定的启示和借鉴意义。

  明清之际，为适应深耕的需要，晋陕黄土高原地区出现了深耕犁，即陕西杨屾《知本提纲》所称的"坚重大犁"。曳拉"有用一犁二牛者，有用三牛者、四牛者"。翻地"有深耕尺余者，有甚深至二尺者"，通常以"下达地阴"为标准，耕深远远超过传统旧式犁通行的"老三寸"。深耕大犁在战国秦汉较为普遍，各地出土的大型铜铧、铁铧就是明证。在

---

① 《延庆州志》卷九《艺文》。清康熙增刻本。
② 〔清〕屠秉懿修；张惇德等纂：《延庆州志》卷十《艺文志》，李衍《木牛图》序，光绪七年(1881)刊本。

那时大犁主要用于畎亩制的开沟起垄，当犁壁出现后大犁即不多见。清代大犁尽管耕翻极深，犁铧却远不及秦汉犁铧那样巨大厚重。其特点仅仅只是犁辕等木件部分选用材质坚硬的枣、梨、杏木，犁底入土的角度稍微陡斜，犁铧、犁壁及其他木质部件也仅略大于普通犁，形制轻巧又具有较高耕效。

漏锄正是明清时西北地区传统农具追求轻捷巧便的产物。漏锄，又作"露锄"。清人杨秀元《农言著实》有所记载，关中至今仍在使用。这是一种锄头中间开有方形空隙的中耕锄草工具，锄刃宽三寸，略小于一般"笨锄"，举锄省力，事半功倍。然而其巧便之处还在于锄地后虚土从空隙处漏在锄后，既不会壅土起堆，保持土地平整；又能及时除草保墒，中耕的效果优于普通锄。王祯《农书》卷二十二还记载一种畜拉中耕除草器，据《种莳直说》云："此器出自海壖，号曰耧锄。耧车制颇同，独无耧斗，但用耰锄。铁柄中穿耧之横栿，下仰锄刃，形如杏叶。撮苗后，用一驴，带笼觜挽之。初用一人牵，惯熟不用人，止一人轻扶。"近世这种耧车在关中地区又有所改进，下部杏叶形的锄刃改进成一个大型漏锄，效率较一般耧锄更高，运用更加巧便，往往只用一头北方小毛驴，即可轻捷地穿梭于禾苗行间。关中人称之为"耘锄"，至今仍用于农田中耕除草。关中耘锄比东壖耧锄畜拉高效，同本地漏锄轻便保墒的优点统于一器，很能体现明清时期西北农具改新的趋势和特点。

西北水利灌溉在宋代以后很少有大型工程建设，而是以发展小型多样的灌溉为特点。虽然各朝都不同程度地兴修水利，也增修了不少灌渠，但与汉唐倡修大渠风格迥然不同。故文献中很少见到大型水利设施的出现，相反小型水利却俯拾即是。在西北地方志中所记的小堰毛渠，各地都有大量建设，蔚然成风。小型水利出现的社会原因，主要是朝廷将大型水利多建于南方，西北水利则委于地方经办，地方官府力量有限，只能兴办小型水利。当筹资集力困难时，官府便委托地方豪绅开渠，因而西北地区在清代出现了很多私办灌渠。从水利技术看，自汉唐以来水利科学技术不断发展普及，筑坝、引渠、管水等技术知识在平原、山区广泛传播，趋逐水利的思想和手段已为广大农民所接受，所以出现了兴修小型水利的高潮。小型水利不辞细流，无拒山泉，能充分利用有限水源，适应西北水源短缺的自然条件。其修渠作堰可长可短，可大可小，灵活机动，溉田多至数千亩，少至数百亩甚至数十亩，适应小农经营的特点。因而西北小型水利从宋元发展起来，历明清直至近代仍兴盛不衰。

井灌，是西北小型水利的一个重要组成部分，首先流行在陕西关中地区。明代后期，倡兴西北水利在社会上蔚然成风，朝野人士无不言水利，于是井灌初见于河北、河南、山西等地，清初传至渭北澄城、富平一带。康熙时，陕西学者王丰川著论《井利说》，极言凿井的抗旱防灾之利，力主在陕西大肆开井灌溉。康熙二十八年（1689），秦中连续两年大旱，富平和澄城等地乡民依靠井灌抗旱保收，免于流亡。后来任陕西巡抚的崔纪，用这一典型的事例宣扬井灌。在省府大力倡导下，陕西井灌遍地开花。据乾隆二年（1737）的奏报，陕西开灌井总计8万多口，可灌田数十万亩，一般饮用井尚不计算在内。起初井灌主要在渭北旱塬，这里水位低，凿五丈以上方能见水。后来井灌在秦川发展最盛，这里地势低，一二丈即可成井。清代提水有畜力水车，每架灌田可达20亩，桔槔可灌六七亩，辘轳可灌二三亩。乾隆皇帝曾表彰过陕西井灌成绩，并拨仓粮以扶植陕西井灌。崔纪不久因罪去官，后任陈宏谋继续锐意开凿，陕西井灌由此持续发展起来。

利用大型水车提黄河水灌溉，促进了西北农田水利的丰富和发展。黄河流经黄土高原区，除宁夏河套平原可以自流引灌外，其余流域均因岸高河深，不能引黄。明清时期，甘肃黄河及其支流地区的农民利用大型水车抽提河水灌溉滨河农田。水车自汉代便已发明，先后用于关中和中原，唐以后在江南有所发展。但甘肃黄土高原区利用较晚，据说是明代一位久仕江南的官僚告老还乡以后，在今兰州监造水车，并用于提黄灌田。据《兰州古今注》特记："嘉靖时，州人段续创为翻车，倒挽河流灌田，沿河农民皆仿效为之。水车一轮，灌田多者二百亩，最少亦数十亩。车有大小，水势有缓急，故灌田亦有多寡。由是，河南北岸上下百余里无不有水车。"大约因河岸高仰，甘肃水车构造异常庞大，架设黄河之上十分壮观，称为"天车"。旅西北者以"黄河天车"为甘肃一大景观。

（三）抗旱耕作技术的新发展

西北农业技术是在干旱环境下形成和发展起来的，宋代以来我国气候处于寒冷干旱时期，年平均气温降低，以干旱为主的自然灾害增加，而西北水利建设在这时期又不甚发达。在这样的条件下，西北旱作受到进一步的刺激和提高，抗旱耕作的技术措施精益求精，传统旱作技术体系更趋完备。

首先是旱地耕作制度的发展，显示出抗旱耕作的新水平。我国的耕作制，自宋元以来向多熟制发展，在陕甘地区普遍地推行了"二年三熟制"为主的耕作制度。轮作复种本是实行多熟制的基本前提，但同时尚需其他农艺措施紧密配合。西北虽早在汉代以后就出现多熟制的各种轮作复种，但推行并不很普遍，直到唐代关中"二年三熟制"才初步确立，宋清间进一步向黄土高原南中部推进。其方式有两种基本类型：一种是冬小麦、油菜或豌豆、扁豆收获后，秋季再种冬小麦。这中间的七、八、九月，有时土地"夏闲"，有时加入一茬生长期较短的黍、谷、荞等作物，从而组成"二年三熟"或"三年四熟"的制度。另一种是冬小麦加入苜蓿的长周期轮作，一般是种五六年苜蓿后，再连续种三四年小麦，以利用苜蓿茬的高肥力。如关中农谚所说："一亩苜蓿三亩田，连种三年劲不散。"总之陕甘黄土高原区多熟制非常灵活，完全以当年雨水和土壤肥力状况而加以安排，以便充分利用水肥和农时季节。根据杨屾《修齐直指》所记，关中有些地区实行粮食与蔬菜的辅作复种、间作套种，创造了"一岁数收法"和"二年十三料"的多熟制，可谓"种无虚日，收无虚月"。

耕作制度向多熟发展，给耕作及整个生产技术提出更高的要求。明清时期西北土壤耕作愈加精细，充分满足了旱作要求。耕地遍数明显增多，一年三季都要耕翻，称春耕、夏耕、秋耕，耕地次数常多达四五次。每耕的深浅也不相同，从而形成"浅—深—浅"的基本程式，用《知本提纲》说法就是："初耕宜浅，破皮掩草；次耕渐深，见泥除根；转耕勿动生土，频耖毋留纤草。"郑世铎进而做出更明白的解释："或耕地三次，初耕浅，次耕深，三耕返而同于初耕；或地耕五次，初耕浅，次耕渐深，三耕更深，四耕返而同于二耕，五耕返而同于初耕，故曰转耕。"初耕为了浅耕灭茬，不宜太深，故只要"头遍打破皮"；再耕就要深挖，所谓"二遍揭出泥"，是为大量接纳降水，防止雨水流失；三耕是为了平整土地，蓄水保墒，因而也不宜深。"浅—深—浅"是西北人民在数千年抗旱耕作中逐渐总结出的行之有效的保墒增产经验，关中农谚所谓的"麦收隔年墒"和"伏里深耕田，赛过水浇田"，说的就是这个道理。

这一时期西北耕作讲究过细，耕地无论深浅，均要求细耕。《知本提纲》指出耕如象行，细如选瓦，以保证犁沟正直，起垡均匀；耕后整片土地就平坦细致，利于保墒。为避免耕后摺沟使土地高低不平，在西北通常要把一整块耕地分成几段，内外套翻，称为"缴耕"。至今机耕仍效此法。缴耕方法在宋元时已相当成熟，王祯《农书》中有记载："所耕地内，先并耕两犁，垡皆内向，合为一垅，谓之浮塂。自浮塂为始，向外缴耕，终此一段，谓之一缴。一缴之外，又间作一缴。耕毕，于三缴之间，歇下一缴，却自外缴耕至中心，作一䉾。盖三缴中成一䉾也。其余欲耕平原，率皆仿此。"①这种耕法内外交错，颇为曲折，然结合关中今日所行缴耕亦不难了解。先并两犁，揭起土垄；围绕土垄向外翻耕，土垡尽向中间；耕完一缴后，接着间隔一缴之地，再用上述缴耕之法耕一缴；最后再自外向内缴耕，耕完中间的一缴。这样三缴地仅留一条中沟，必要时可用两边的

---

① 〔元〕王祯：《农书》卷六《农事》，北京：中华书局，1956年，第164页。

土垄积土填平，从而保证田块平整。次年交错进行，避免漏耕现象。缴耕有利于操犁回转，减少地头空走，是一种十分周密科学的耕作方案。

欲提高旱作技术，在贫瘠的土地上取得较高产量，必须年年不断地向土地施肥。因为通过施入粪肥，便可改良土壤结构，增强土地的保水能力，同时直接补充作物营养物质，增加作物本身的抗旱能力。施肥与旱作的关系，人们逐步有所认识。郑世铎在《知本提纲》注释中明确指出施肥能使"田得膏润而生息，变臭为奇，化恶为美，绿谷倍收，蔬果倍茂"。西北地区一直流传着"积粪肥如积金"的谚语。所以广泛使用农家肥，这时已成西北旱作又一个重要特点。在这一时期，粪肥的积制和使用较前代大为发展，农家肥种类明显增加。根据郑世铎的总结，关中"酿造粪壤，大法有十"："曰人粪，曰牲畜粪，曰草粪，曰火粪，曰泥粪，曰骨蛤灰粪，曰苗粪，曰渣粪，曰黑豆粪，曰皮毛粪。"[1]从现代观点看，这些肥料包含着氮、磷、钾等作物生长所需的元素，营养成分齐全。其中既有有机肥料，也有无机肥料；有些是植物性的，有些则是动物性的；肥料效果的迟速亦有差异。农家肥料的积制，多半因地制宜，创造了不少地区性的经验。例如火粪的积制，就是用烧火熏土的办法制肥。火粪最早出现在南方，据说是因"江南水多地冷，故用火粪"，后来这种积肥法逐渐传至西北地区。根据清人孙宅揆《教稼书》记载，西北地区制火粪，是用大土块在田间垒成窑式土堆，就地拾柴草置于土堆中，熏烧数日便成火粪。然后就地打碎撒布田中，是一种简便易行的积肥法。西北高寒，乡间多用火炕火墙，每年连烧数月，积累氮素更多，效果尤胜于熏土。所以西北人很注意更新火炕，以旧炕土作为高效肥料，至今如此。

在施肥具体方法上，明清人的认识进一步深化，杨屾在《知本提纲》中提出施肥"三宜"的原则，全面总结历代农书经验，又结合西北实际，更便于理解掌握。"三宜"的主要内容是："时宜"，即根据春夏秋冬四时，使用不同肥料。春季天气干燥，气温低，宜用腐熟速效的人畜粪尿；夏季高温多雨，肥分易矿化或淋失，宜用堆肥绿肥；秋天为除灭杂草种子和病虫孢卵，多用火粪；冬天寒冷，宜用骨羽皮毛粪，以便分解。"土宜"，即根据土壤的性状优劣，随土用粪，犹如因病下药。"物宜"，即根据作物种类特性以便用不同肥料，所谓施肥"当随其情"。如粟用黑豆饼肥和绿肥，韭菜宜用人粪和油渣，等等，均不失为切实的经验。施肥方法此时也有改进，且更适合本地区特点。西北苦旱少雨，虽得雨亦难适时，农民常采用各种施肥方法，特别强调重施底肥。杨屾《知本提纲》

---

[1]〔清〕杨屾著；郑世铎注：《知本提纲》，崇本斋藏本，民国十二年（1923）重刊。

称之为"胎肥",以为"胎肥始培祖气,浮沃徒长空叶"。正因这一历史时期肥料种类和用量增加,不仅农作物抗旱性能加强,作物的品质和产量也得到普遍提高。同时由于粪肥增加土壤肥力,改善土壤结构,从而使贫瘠的黄土保持"常新壮"之状态,故西北黄土高原区农业经数千年而不衰竭。

旱地栽培技术也有所发展,播获的整个生产过程变得更为精细。杨秀元《农言著实》记载的"干子寄种"最能体现西北抗旱播种的技术水平。在麦后种谷时节,西北地区往往缺雨,在久旱不雨情况下,可将谷子播种在干燥的土壤中,得雨之后即可萌发出土。这样可避免雨后再整地播种而耽误时间。而夏播作物尤贵农时,生长成熟推迟,往往遭受霜害,轻则影响产量,重则颗粒不收。干种的关键在于耕层土壤必须绝对干燥,如果稍有点"墒气",种子就可能萌发,然而也有可能因墒情不足不能出苗而干死在土壤之中。所以农书记录这条经验时特别强调,干种候雨法"总要干地为妥"。

抗旱耕作技术是劳动人民在与干旱的长期斗争中发展起来的,陇中砂田就是一个典型范例。砂田,又名石子田,即把粗砂和卵石铺盖地面,然后播种、耕耘、收获。据说砂田起始于清康熙年间,时甘肃天荒,赤地千里,四野无青,但在田鼠洞口砂石覆盖处,仍见绿色禾苗生长结实。百姓由此得到启示,仿试着铺砂种地,并不断总结改进,遂发展成举世称奇的砂田。砂田建造的过程,首先是掘砂,要从河谷、川沟或河流故道冲积层挖大量小块卵石和粗砂。其次是铺砂,铺前须深耕土地,施足底肥,再铺上三四寸砂石,每亩约15万斤砂石,可耕用40年。在砂田上耕作栽培,先要小心拨开砂石,播种后重新覆盖,有特制畜力耖楼和砂耖播种耕耘更为省便。作物种子在砂石下有足够的水分可以发芽,然后在砂石间立苗生长。砂田有着有效的覆盖保墒作用,同时兼有储水、保土、压碱、保温、改土、免耕等综合效果。所以砂田的作物产量总比一般旱田高,尤其是大旱之年,砂田增产效果更为显著。陇中地区年降水量为300毫米左右,蒸发量高达1500—1800毫米,无霜期仅150天,水源不足,地下水含碱成分很高,砂田正是当地人民为适应这种特殊自然条件创造的覆盖栽培为主的独特的抗旱耕作法。

(四)佳种美利的引入和推广

优良品种的引入,农作物种类的大量增加,是明清时期西北农业生产的显著成就。历史上我国农业吸收世界其他民族农艺的先进成果的方式,主要还是以引进优良品种为途径。两汉和隋唐曾经大量地引入,可称为引种的两次高潮。当时的对外交通主要是西北丝绸之路,所引佳种首先在本区试种推广。宋元以来,特别是明清中后期,佳种美利的引进又出现了第三次高潮。其背景是自哥伦布发现新大陆,原产美洲的玉米、番薯、马铃薯、花生、烟草5种重要作物很快被引到欧洲等地,后来又通过不同的途径传入我国。明清时交通以东南海路为主,外来良种传入本区较晚,然至明代后期,最晚到清中叶,上述几种重要的新作物已先后进入西北地区。

甘薯,因引自域外故又名"番薯"。大约在明朝的万历年间,甘薯即由吕宋(今菲律宾)传入我国福建漳州、泉州等地,同时从越南传入广东地区。福建巡抚曾在本省大力推广,以此度荒。明末徐光启三次从福建求种试植,获得成功,甘薯逐渐从闽粤扩展到了江浙地区。18世纪初叶甘薯进而被推广到长江中游的湘赣等省,并很快发展到河南,蔓延到黄河流域。据《培远堂文集·劝民领种甘薯谕》记,乾隆九年(1744)陕西周至县曾从河南觅种雇人,栽种甘薯。宁羌、略阳等县也有种植,陕西其他各县同时亦在大力提倡推广,从此甘薯进入西北农区。甘薯是一种富含淀粉的作物,其引种方便,栽培技术简单,产量高而品质好。甘薯用途广泛,既可熟吃,又可生啖,能佐餐代粮,是最理想的度荒作物;引入后在历代救荒中发挥了重要的作用,西北人向来把甘薯列为"正粮"。甘薯种植极简,储存却不大容易,在阴湿的江南地区,甘薯存种便成为困难问题,常常影响甘薯生产。因西北高燥,黄土区的窑洞、随地可掘的土穴,均可作为天然理想的薯窖,所以甘薯在西北黄土区最容易安家落户。再加上黄土疏松,昼夜温差大,利于块根生长和糖分积累,结实大而甘甜,品质优于南方种植的甘薯。

玉米,原产墨西哥。明中叶玉米辗转传入我国,并很快出现在西北黄土高原,嘉靖《平凉府志》称之"番麦",详记其性状:"一曰西天麦,苗叶如蜀秫而肥短,末有穗,如稻而非实。实如塔,如桐子大,生节间。花垂红绒在塔末,长五六寸。三月种,八月收。"[1]这种番麦自何处传入平凉尚不明确,当时也未在甘肃推广,西北广种玉米实由东南沿海及江淮流域逐渐倒灌而来。明万历元年(1573),杭州人田艺蘅在他所著《留青日札》首载当地人种植玉米之事:"御麦出于西番,旧名番麦,以其曾经进御,故名御麦。干叶类稷,花类稻穗,其苞如拳而长,其须如红绒,其粒如芡实,大而莹白。花开于顶,实结于节,真异谷也。"[2]玉米最先引入东南近海地区,明末即传遍南北十多个省。乾隆年间纂修的陕西《洵阳县志》物产部详记玉米入陕的经过:"江楚居民从土人租荒山,烧山播种包谷。"说明玉米是先由江西、湖北传入陕西南部。嘉庆时,陕南山地普种玉米,据当时所修的《汉中府志》说:"数十年前,山内秋收以粟谷为大宗,粟利不及包谷,近

---

[1] 〔清〕杨巩编:《农学合编》卷一《农类》,北京:中华书局,1956年,第45页。
[2] 〔明〕田艺蘅:《留青日札》卷二十六《御麦》,杭州:浙江古籍出版社,2012年,第395页。

日遍山漫谷皆包谷矣。""山民言，大米不及包谷耐饥，蒸饭、做馍、酿酒、饲猪均取于此，与大麦之用相当。故夏收视麦，秋收视包谷，以其厚薄定丰歉。"①大约就在这时期，玉米北越秦岭，进入关中西部地区，在嘉庆《扶风县志》土产中即有所反映："瘠地皆种包谷，一名玉米，省志谓之玉蜀黍，盖南山客民所植，浸及于平地矣。"②可知玉米在清中叶已经进入西北地区。

马铃薯，也叫洋芋，15世纪中叶由荷兰人带入台湾岛，时称"荷兰薯"。17世纪末登陆，最先种于福建地区。康熙《松溪县志》对其形态已有记述："马铃薯，菜依树生，掘取之，形有大小，略如铃子，色黑而圆，味苦甘。"后逐渐传播到云、贵、蜀、陕、晋等地。据吴其濬《植物名实图考》记载，19世纪在秦岭山麓种植面积颇大，"终南山种植尤繁，富者岁收数百石"。陕西《宁陕厅志》也说，"山多种之，山民藉以济饥者甚众。"此后，洋芋即向黄土高原地区发展，由于土壤、气候等关系，这种作物更适于在西北生长，现在陕北、陇东等地种植面积很大，成为马铃薯的重要产区。

高粱在我国古代种植问题至今争论不清，但是可以肯定高粱在宋元时已遍及黄河流域，明代陕西地区已大量种植。因高粱抗碱，故关中东部盐碱区早期种植较广，徐光启的《农政全书》还特别做了记录："秦中碱地，则种蜀秫。"③入清之后高粱种植逐渐扩大，陕甘各地方志都有反映。高粱产量高于传统作物穈谷，是一种用途广泛而且形态颇具特征的作物。元代《农书》之中对此有明白记载："春月种，宜用下土。茎高丈余，穗大如帚。其粒黑如漆，如蛤眼。熟时，收刈成束，攒而立之。其子作米可食，余牛马，又可济荒。其茎可作洗帚，秸秆可织箔编席，夹篱供爨，无有弃者，亦济世之一良谷，农家不可缺也。"④近世关中地区多在棉地田埂上套种，正是为了适应小农家庭的需要，利用高粱的这些优良特点和多种用途。

棉花，是一种重要经济作物，它的引种对我国农业经济结构的影响极大。棉花原产恒河流域，公元前26世纪印度已有栽培，后渐向世界各地传播。我国棉花种植以西北最早。北朝时期，西域高昌地区已经种植棉花，后来南疆农区各处均有零星的种植，棉织品一直是西域民族特产。但是长期以来，这种富有经济价值的作物一直未能引入内地，有人分析可能是因西域棉纤维较短，或因古代缺乏脱籽和棉纺技术所致。宋元时印度棉

---

① 〔清〕严如熤主修：嘉庆《汉中府志校勘》卷二十一《风俗》，西安：三秦出版社，2012年，第739页。
② 陕西省地方志编纂委员会编：《陕西省志》卷三《地理志》，西安：陕西人民出版社，2000年，第63页。
③ 《农政全书校注》卷二十五谷部上，第780页。
④ 《农政全书》，第780页。

直接由云南进入闽广地区，随后遍及整个长江下游各省。元初松江黄道婆从海南岛带回先进的籽棉加工工具和棉纺技术，棉花在江南各省进一步深入发展。元政府因此在至元二十六年（1289）于浙江、江西、湖南、广东、广西等省设"木棉提举司"，专门征集棉布和棉花。黄河流域种棉以陕右地区为早，元初司农司编纂的《农桑辑要》记载最为详确："苎麻，本南方之物，木棉亦西域所产。近岁以来，苎麻艺于河南，木棉种于陕右，滋茂繁盛，与本土无异，西方之民，深荷其利。"[①]陕右泛指河南陕县以西及关中地区。但今陕西在元代种棉情况仍不甚明白，且陕右棉植引自西域，还是由南路传入，均不得共详。陕西关中种棉大约在明中后期才比较习见。嘉靖《陕西通志》说西安府境多有栽培，同期《高陵县志》记泾河岸宜种木棉。渭北原区《耀州志》也记"富平产木棉，织布转生息"，又说"富平地沃丰收，又兼木棉布丝之利，人十九商贾，故富室独多"。天启《渭南县志》记渭河两岸棉花分布，"河之南不甚宜，河北东乡尤宜，故其种尤多"[②]。另外正德《朝邑志》、隆庆《华州志》于棉均有简单反映。但综观明代陕西植棉多在西安以东及渭北地区，总产亦不高。据《大明会典》统计万历六年（1578）陕西布政司棉产征运数额，皮棉仅17000多斤，棉布128000多匹。清初陕西植棉规模并无大改变，至乾嘉以后，关中西部始有少量种植，从杨屾《豳风广义》附记的棉籽播种前的沸水烫种处理看，当地植棉技术也很讲究。陕南、陕北部分州县种棉更为稀少，棉花是喜温作物，在西北黄土高原的北部不能广泛种植。因而甘肃、宁夏植棉业一直不甚发达，位于本区东南部的陕西关中平原却成为一个重要的产棉区。

花生和烟草均是16世纪传入的重要经济作物。花生种仁富含脂肪和蛋白质，含油率高达50%，可以榨油，也可佐餐或作为副食，油香而酥脆。最先种植于近海的闽广、江洲一带，后渐至江西、安徽、四川等地，18世纪即大量进入黄河流域。花生引入西北较晚，直到光绪时《大荔县续志》才记有"近年沙苑多种落花生，颇见收获；其种法则由豫省滨河之地传来"。花生适于沙地，黄、渭、洛交汇的关中东部成了西北花生的重要产地，在黄土高原地区也有少量种植。烟草早在明万历年间已经引入闽广，并逐渐向内地传播。另一路是17世纪自朝鲜进入东北，传至蒙古。西北烟草种植较晚，种植较多的是关陇地区，渭河两岸川村多有出产，据说是从山西曲沃和汉中城固辗转传入，其时已晚在20世纪了。

[①]〔元〕司农司编：《农桑辑要》卷二《播种》，北京：中华书局，2014年，第55页。
[②]〔清〕舒其绅等修；〔清〕严长明等撰：《西安府志》卷使其《食货志》下，西安：三秦出版社，2011年，第309页。

蔬菜种类在明清时期也有新的增加，这是城镇工商业发展以后广大城市居民饮食需要日益丰富和增长的必然结果。清末《农学合编》记蔬菜 57 种，比《齐民要术》多出 20 多种，包括有叶菜、根菜、果菜等种类。新增蔬菜除少数南方菜种外，绝大部分陕甘均有栽培，遍载于陕甘各州县的方志物产中。其中韭黄、豆芽、甘蓝、胡萝卜和各种食用菌，都有很高的营养价值，且能反映这时高超的蔬菜栽培技术水平。值得注意的是我国传统蔬菜组成结构这时发生了重大变化。中古以前，葵为百菜之主，其次便是蔓菁。二者构成传统蔬菜的主体，在宋元以前的农书中仍居主菜地位。但在明清农业文献和方志物产中，白菜和萝卜已占主要的蔬菜地位；葵与蔓菁的栽培反而减少，有的农书甚或不再提及。从南美洲新大陆逐步传入的蔬菜如辣椒、菜豆、南瓜、番茄等，在 16—17 世纪相继由外国传教士带入我国，在西北地区逐步得到栽培。明万历间赵崡著《植品》一书，记陕西咸阳已有番茄，是西北栽培番茄的最早记录。

最后附带略述这一时期西北蚕桑的兴衰。北宋以后我国经济重心南移，黄河流域接连不断发生战祸，损失最为惨重的是北方的蚕桑业。关中本是汉唐重要的蚕桑经济区，然明清之际渭河两岸绝少栽桑，养蚕丝织技术也近于失传。清前期杨屾立志发扬"豳风"桑蚕传统，重新恢复陕西蚕织业。为此他编写了蚕桑专著《豳风广义》，并亲自在乡间实验和推广种桑养蚕技术。试行成功后，杨屾特上《蚕桑实效书》，并以自家亲织的绸缎进献陕西布政司，悬请复兴全省企业。陕西当局颇为其精神所感动，通令陕西各府、州县颁发《豳风广义》一书，责成各级官吏功导百姓种桑养蚕。陕西蚕桑业一度有所复兴。省府在西安、三原、凤翔等地特设立蚕局和蚕馆，负责技术指导和推广工作。后来又置陕西织局督导本省丝织业，成效较为显著，陕产的"秦缎""秦绫""秦土绸""秦绵绸""秦缣纱"等地方丝织品可谓闻名遐迩，上贡朝廷或出货行销国内外。柞蚕放养，也经杨屾试成而再兴于关中。柞蚕原产于山东东部山区，3000 年前即为人们利用，大约至汉化已经开始人工饲养。唐时传播到秦岭南麓，宋代京兆府（今西安附近）还有放养，只是规模较小，未能行成风气，后柞蚕放养在陕似乎中断。清初康熙年间，陕西宁羌州（今汉中境内）姓刘的知州组织百姓养柞蚕，织成的茧绸匀细，流传颇广，世称"刘公绸"。但是放养之利并未兴于关中，直到雍正三年（1725）杨屾从柞蚕故乡山东买了蚕种，并请一位有经验的老农辅导柞蚕放养之法，养成后即在秦岭北麓劝导乡民们利用槲橡树叶遍山放养，致使渭河南岸百姓大得其利。

（五）经验农业科学技术的总结和传播

古代传统农业科学是一种经验性科学，多包含在一些技术措施和生产之中，凝结成一种经验形态的理论知识,或口教手授,故老相传,或撰刻成书,大范围内长久地流播。宋元是我国科学技术高度发展的时代,四大发明的最后完成和对外传播都在此一时期,这对农业科学技术知识的推广无疑形成有利的社会条件。北宋初年,政府一方面加强农政,同时组织刊刻农书。根据王应麟《玉海》载:"天禧四年(1020)八月二十六日,利州转运使李防请撰《四时纂要》与《齐民要术》二书,诏使馆阁核勘镂本纂赐。"此即著名的北宋崇文院本《齐民要术》问世的经过。后来各本均以此为祖本来刻抄。《齐民要术》是北方古代农业科学技术集大成之作,以前只有手抄本流传,付之雕版就能更加广泛深入地传播。宋代北方农书不多,西北地方性农书亦极其罕见,农业科学技术知识的传播,主要依靠刻本《齐民要术》等书。到了元代,随着农业科学技术的进步发展,官修的《农桑辑要》、王祯的《农书》和鲁明善的《农桑衣食撮要》三部大型综合性农书出现了,它们总结了自《齐民要术》以后的农业科学技术成就,且以北方旱作为主,记述最为详细。

西北农业技术也有充分反映,完全能够满足当时西北农业生产的需要。到了明清时期,我国农书方向有了重大变化,出现了大量地区性农书,显然是农业生产日益深入、农业科学与生产紧密结合的结果。这种趋势对西北地区农业科学技术的发展有很大的促进和影响,从而出现了《知本提纲》《豳风广义》《农言著实》等有重要价值的地区性农书。这几部农书尽出关中,除农业技术水平这个基本条件外,同时还有其深远的地区文化背景,特别是与关中在明清时期学术风尚关系甚密。自从失去中央政治文化中心位置后,关中学术退居到地区性的地位。北宋张载的哲学思想,被命名为"关学",大约就是关中学术有别于"中央"而独立发展的开始。张载哲学强调"气"在物质运动中的变化,具有阴阳对立的辩证思想,对关中宋明理学影响深远。明末清初,关中硕儒李颙欲振兴关学,提倡经世致用,主张把"格物致知",扩充到"礼乐兵刑和赋役农屯"等实用学问方面。在这种学术风气之下,农业科学作为最有实用价值的学问被重视起来。李颙弟子中有专门研究农业科学的人,其中以杨屾和王心敬成就最高。

杨屾,字双山,陕西兴平桑镇人。早年师事李颙,被李颙许为"命世才"。杨屾学务实际,对农桑和农业科学有浓厚的兴趣和理想,甘居乡间著述进学,一生不应科举。杨屾生平最得力之作《知本提纲》,是一部博大精深的理学论著,集中反映了杨屾的哲学思想。全书十卷,其中有专门的卷章论证农业生产,内容涉及"耕、桑、树、备",对选种、耕地、播种、中耕、施肥、除草、收获等重要农业技术都有精辟论述。然而本书最大的特点是以理学的思想对农业技术的原理原则进行分析,从而把古农学提高到一个崭新的水平,也使这一个篇幅不大的农业知识提纲成为"出色的农学著作"。此前2000多年，我国农书均以记述农业生产实践和技术知识为主，很少深入探讨农业技术的原理和规律，对于农业生产缺乏一种理性的认识，所以人们称其为经验农业科学。杨屾运用并发展古老的阴阳五行学说，规定"天、地、水、火、气"作为生物构成和变化的五种基本物质，"天火"为阳，"地水"为阴，阴阳各半，轻重相当。气则贯穿在天、地、水、火之间，达于整体的"和谐"状态。作物生长及农业生产活动都必须遵循这种"阴阳交济、五行和合"的原理。例如耕作，"土为少阴而气啬，水为太阴而气寒，必得阳火蒸发，始能生物。故犁破耖拨，翻其结块，上承日阳之烈，消烁啬寒之气，自然变阴为阳，而变其本体，物生有资矣"①。这种见解非常符合土壤养分储存、释放的关系和条件，包含着深刻的道理，只是阴阳五行这种古老的哲学概念还不能准确地反映出土壤包含的水肥气热等物质因素，对土壤能量转化过程解释过于笼统，这正是经验农业科学的局限。它既无生物科学基础，又无现代科学的实验手段，虽欲认识土壤耕作的内在规律，但还是不符合现代科学的解释。《知本提纲》对各种农业问题的认识几乎都有这种局限和缺陷，但它毕竟将经验农业科学发展到相应的水平上，给传统农学注入了理论的灵魂。杨屾在其独创的阴阳五行理论体系中，很注重发挥人为作用，认识到天、地、水、火、气五种生物之材，"损其有余，益其不足，更需人道以裁成"。所以当《知本提纲》完成后，杨屾又恐未能详尽"修齐治平"的主旨，复作《修齐直指》，以明其政治主张。参照两书可全面认识他的农学和农政思想。

《豳风广义》和《蚕政摘要》同为杨屾的两部蚕桑专著。前书本是杨屾早年为了发展陕西蚕业，更好解决当地人民衣着问题而写的蚕桑技术推广书，曾在陕西刊刻流传。作为一部蚕桑普及读物，《豳风广义》全面总结了历代蚕桑技术经验，记述非常详细，从种桑、养蚕到缫丝、纺织全过程都有明白记述，柞蚕放养技术和缫柞蚕茧的方法也辅为介绍。用语行文非常浅白通俗，且附加图画，图旁注以说明，有些说明还编成歌谣，便于在百姓中普及，甚至妇女儿童也能指点图形说出养蚕的方法。除桑蚕技术外，《豳风广义》还辑录了家畜饲养医疗的技术和验方，附记了一些蔬菜栽培和保藏方法。他后来在《豳风广义》基础上又删繁就简，用更通俗的语言写成了《蚕政摘要》，以指导蚕桑推广。

杨屾不仅对传统农业技术做出了高度的理论性总结，同时还招收生徒，传播他的学术思想和农业科学知识，《知本提纲》就是聚徒授课的讲义。他认为"重大无过于农道，在学校不可一日不讲"，要求学生"案头须置农书"，"凡我学人，莫读华而不实之书"。

---

① 〔清〕杨屾：《知本提纲·农则》，崇本斋藏本，民国十二年(1923)重刊。

他教学注意理论联系实际,告诫学生研究古农书时,"不徒玩味其理,又必身亲其事,如果有验,方可笔之手书"。到了晚年,杨屾在镇西开辟一园圃,起名"养素园",凡蚕桑、畜牧、粪田、灌溉等农事无一不精心研究,躬身实验,是一个身体力行的农业教育家。他晚年是在养素园中耕读授徒度过的,也许是书香理性的陶冶,或是田园农事的涵养,他活了98岁。

陕西户县(今鄠邑区)人王心敬,稍长于杨屾,也是李颙受业弟子,关学之后劲。王心敬文集有不少关于水利和耕作的论作,其中价值最高者要算《井利说》,对清初蓬勃兴起的农田井灌事业起到推动的作用。王心敬推重古代区种法,曾著文宣传,受到了官府和百姓的重视。陕西布政使帅念祖主政时曾大力倡导,使这一古老的农艺在清初再次得到推广。当时杨屾在兴平也积极推广区田,曾亲自用区田法种了1亩麦子,实验区田的耕作栽培方法及功效,结果大获成功,夏收得到1000斤的收成。清代关中学者重视农业科学一时蔚成风气。

清朝中期,陕西又出现了一位脚踏实地的农学家,即三原杨秀元。他以更加务实的精神,深刻总结自己从事农业生产和经营管理的经验,写成了一部很有特色的农学著作《农言著实》。按照作者本意,是为传示他的儿子及后辈子孙们学习的,故封面提款为"半半山庄主人示儿辈",后来由其子杨士果正式刊刻,方行于世。《农言著实》最大的特色是朴实通俗,富有实用价值,从书名到内容都充满着浓厚的乡土气息。"著实"系当地方言,读若"绰实",义为"确实""实在";"农言著实"即"农家的大实话"。全书不过7700余字,言简意赅,"读之事事精详,语语切实"[①]。因语言用关中方言,本地人读起来朗朗上口,农民听来如诉家常。但该书俗而不随,要言不烦,它既总结了小农经营管理的完整经验,又包含了旱农耕作的整套技术措施,从中可以看出西北黄土高原地区数千年形成的传统耕作制度和各种行之有效的抗旱耕作栽培技术。关中古农书不少,流传于今者更为有限。《农言著实》真切地保存了古代西北旱作技术,有很高的农史价值。由于本书具有浓厚的地方性和实用意义,刊行后在当地流传广泛,数十年间,先后有三个版本传世,每次都在天灾人祸之后,足见其实用有效。在清代关中农业生产的恢复和发展中,《农言著实》在农业技术和经营管理方面起到了极为重要的指导作用。

宋元是我国古代科学技术西渐之际,明清则是西方近代科学始入我国之时,西方科技在西北地区的传播也正在明清时期。明代陕西泾阳人王徵(1571—1644),少年时深受

[①] 〔清〕杨一臣:《农言著实》附跋,西安:陕西人民出版社,1957年,第15页。

关中求真务实学风影响，入仕之后，政绩卓著，同时对西方科学技术产生了浓厚兴趣。他先后同西洋人金尼阁、龙华民、汤若望、邓玉函交游，对西方机械力学尤其用心，曾根据邓玉函口授译著《远西奇器图说》。该书论说力学原理及应用，同时讲述各种器具制法，并附图加以说明。对于农业机具和水利技术，译著记述更为详备，盖因这部分"关切民生日用"，实用意义最大。王征还总结了我国古代机械发明的成果，重新组织实验进行制作，自著《新制诸器图说》，其著作多在西北刊行。在介绍和传播西方科技方面，王征先知先觉，可称"戒旦之鸣鸡"。

二、传统畜牧兽医科学技术发展

明清时期西北传统畜牧技术已有丰富的积累，经验性的畜牧科学和中兽医学都达到历史最高水平。首先是畜禽优良品种的大量涌现。传统畜禽育种是畜牧科技综合运用，西北培育出大量优质精良的畜禽品种，说明西北畜牧科学技术取得了全面的发展。畜禽饲养走向精细化是这时期畜牧技术发展的又一显著的特点。精饲畜养风气已经深入到广大农区，与种植业中的精耕细作相辅而行，极大地丰富了我国大农业的优良传统。牧区畜牧技术也取得了显著的成就，从草原建设到畜群的牧养和繁育，以及畜产品的加工利用技术都获得全面发展。此时古老的兽医科学逐步趋于完善，兽医知识在农牧民中广泛传播，各种防治畜禽疾病的土方、验方广为群众掌握，对西北畜牧业的发展起到促进和保障作用。

（一）家畜优良品种大量涌现

西北作为我国主要畜牧区，历来是畜类优良品种的渊源之地，这固然包含自然环境方面的重要因素，但也是西北人民精心选育的结果。广大农牧民在长期畜牧生产活动中，逐渐掌握畜类的习性，并通过精到的饲养管理手段，创造性地进行驯育，使其性状发生变化，经过长期选优汰劣，从而形成各种优良的家畜品种。到明清时期随着社会经济文化的发展，特别是科学技术的进步，给优良畜禽品种的培育和推广创造了有利的社会条件。首先是农业中种植业的发展，为畜牧业提供了必要的青饲料和精饲料，对增强牲畜体质、培养优良性状有着决定意义。其次，随着小农经济的不断完善，农家养畜饲禽的风气越来越兴盛，迫切地需要品质优良的畜禽来改善家庭经济状况。与此同时，在社会文化和科学技术不断进步的历史条件下，宋清时代常有大量的农书在民间传播，"半耕半读""耕读传家"这种独特的农村教育，对提高农民文化水平、传播畜牧兽医经验、推广家畜家禽的优良品种,都有着重要的促进作用。这便是宋清时畜类优良品种在西北大量涌现的原因。

西北优良畜种以马最为驰名,按其来源主要有蒙古高原、天山北部和甘青河曲三个系统。蒙古马是一个古老的马种,长期在蒙古高原特定的环境下繁息培育,逐渐产生对高原酷暑严冬、风雪高寒等恶劣环境的适应性。早在汉唐之间,古蒙古马就表现出强韧健跑、适应征战等特性。到了明清时期,古蒙古马便正式得名,并逐渐形成了现代蒙古马的特性,即喜食野草,惯饮清流,觅食性很强,习耐粗饲,能耐饥寒;群牧群居,合群性强,耐粗放管理。蒙古马最大的优点是富有持久力,体质强健,抗御疫病能力强。青海东部地区的优良马种其祖宗也是蒙古马,只是在高寒气候和青海特殊环境影响下性状又有所变异;同时在历史上又不断地杂入自西而来的许多外马的血统,至宋清间便形成优秀的河曲马。其马体较蒙古马更加高大雄壮,肌肉发达,遂成为乘挽兼用的马种。河曲马主要分布在青海东部和甘肃洮河、夏河一带,引入陕西后更向挽用型发展,经驯养后常用于农耕。但多数主要用于拉车,挽力极大,单套车可拉千斤以上。天山一系的名马,自汉时已以"天马""汗血马"等名称世,经过1000多年的培育,至唐代以后品质又有很大改良,受到历代中央王朝的重视。北宋"元祐中,西域贡马,龙颅而凤膺,虎脊而豹章,振鬣长鸣,万马皆喑"①。到了明代,西域马体态更高大雄健,"西域费马高九尺余,颈与身等,昂举若凤","景泰末,西域贡白马,高如之,劲亦类焉。后足胫节阀有二距,毛中隐若鳞甲"②。至清代,京师不少人家还保留着明朝时西域贡马的画本,据此便可知宋明人所称赞的西域贡马,就是近世新疆哈萨克马的前身。哈萨克良马清时已经形成,并被大批调入内地,陕西绿营兵战马多系哈萨克优良马种,时称"疆马"。疆马的特点是头清秀而干小,四肢关节坚实而大,蹄质坚实而韧,步样轻盈而快,身体高大而重,比蒙古马高出5寸。疆马持久耐劳,速步骑乘或重载拉挽,均能胜任。

驴和骡,原是西北少数民族奇畜,汉代以后传入内地,成为中原农区的生产劳动力,骑乘、驾车、套磨、驮物均能适用。但是宋元前,驴、骡优良品种却鲜有出现,大概是这两种牲畜在我国使用还不普遍。例如驴子,东晋明帝亦不曾见过,猜想驴子形状"以为似猪",即到唐代,柳宗元文中仍记"黔无驴"。至于骡子,据顾炎武《日知录》的考证:"宋已不数见,盖仍不娴驴马相配之法,良骡产少。迨元、清两朝,满蒙与中国混一,于

---

① 〔宋〕苏轼:《苏东坡全集》卷六八《三马图赞》,北京:燕山出版社,2006年,第1778页。
② 〔清〕陈元龙撰:《格致镜原》卷八五《兽类·马门》,雍正十三年(1735)刻本,扬州:江苏广陵古籍刻社影印,1989年。

是骡子多于马矣。"明清之际，西北地区便出现优良的驴骡品种，著名的陕甘大骡，关中的大型驴，新疆和河西走廊一带的凉州小型驴，大约都出于这一时期。陕甘大骡产于关中和甘肃南部，据考"元朝时，蒙古马匹、南番马匹通过河西走廊进入陕甘地区，北方的大型公驴与母马交配就产生大型骡"，"由于北方农家需要身体强、有抵抗力、耐劳苦、能担任重活的役畜，骡子适当其选。'马太娇，驴太轻，牛太慢'，骡子最合乎理想"①。陕甘大骡以兴平、武功、礼泉各县所产最佳，其体格较大，通高四尺五寸至五尺，为产骡区之冠，"可与世界上任何好骡子抗衡"。大骡所以多出关中西部，这和清初兴平农学家杨屾提倡养畜有直接关系。据近人回忆，"民国初元每年春秋，恒见关中大道，有驹骡成群驱赴山西、河南、山东等省。闻父老云，是均购自兴平礼泉者，盖亦先生讲求畜牧之遗风"②。驴按躯体可分为大、中、小三个类型，关中驴属于大型驴种，体高130—160厘米，常比一般的蒙古马还要高大，在世界驴种中也比较罕见。关中驴性情温顺，力壮持久，耕磨挽驮无不适宜，用以配马便可产生骡子。陕甘大骡的父本便是这种大型驴，由此关系不难推知关中驴培育历史不比陕甘大骡晚，关中至今仍有"拉大驴"赶集配种的习俗。凉州驴是一种小型驴种，俗称"小毛驴"，其源自新疆，陕北地区也多饲养。毛驴头短小灵活，颈长适中，背平直，四肢强健，蹄质坚固，善步走，是西北戈壁和黄土高原沟壑区灵活机动的运输工具。在明清之际，毛驴已遍用于西北各地了。

牛作为农业主要动力，此时更为人所重视，特别是清代限制民间养马后，牛实际上处于"六畜"之首的地位。秦川牛属于北方黄牛种类，它与古老的榛牛有血缘关系，主要产于关中地区，而以陕西长武县所产的最为有名。秦川牛高约四尺，重达千斤，鬐甲高突，形态魁伟，毛紫红纯美，身体匀称紧凑。当地农谚所称："鼻如罐子，眼如蛋子，尻如筛子，胸如斗子。"③正因秦川牛身长体高，全身骨骼粗壮，体躯发达，肌肉丰厚，所以耕作能力强，负挽力和肉用性都很优良，是西北最优秀的牛种。青海高原和西北寒区犏牛也得到推广。犏牛是黄牛和牦牛的杂交种，因为牦牛虽耐高寒，但性暴躁，极畏热，喜乱跳乱走，工作效率很差。然与黄牛杂交所得犏牛，性情温顺、吃苦耐劳，挽车耕作有似于骡子的杂交优势。犏牛育成很早，广泛的推广使用却在明清时期。因为犏牛不像牦牛那样畏热，可以适应西北寒暖差异极大的气候条件，青海高原、甘肃、内蒙古西部

---

① 许振英：《中国的畜牧》，永祥印书馆，1952年，第12页。
② 〔民国〕王儒卿、刘依仁、程石军撰稿；吴廷锡、景华农、冯光裕校订：《陕西乡贤事略·明王征事略附杨屾事略》，民国二十四年（1935）铅印本。
③ 秦川牛调查队编纂：《秦川牛的调查研究报告》，西安：陕西人民出版社，1958年，第50页。

及新疆地区都有犏牛用于农耕。

骆驼是戈壁沙漠区的主要交通工具,有趣的是这时骆驼竟被用于农耕,五代时回鹘就"以骆驼耕而种"①。关于骆驼的品种,唐宋时有所谓的"明驼",其传闻颇神异。据南宋曾慥《类说》记:"世传明驼千里脚,谓驼卧其足,腹不看地而漏明,最能行远。"又说:"明驼者,眼下有毛,夜明,日行五百里。"②相传唐时杨贵妃赠送安禄山三枚交趾龙脑香,就是用明驼来传送。分析这些记载,可知优良驼种因其腿长,伏卧时必屈足于身下,以致腹不贴地,故得"明驼"之称。

明清时期,西北家畜育种成就最著者还算羊种。宋时西域有"大尾羊",其形态十分有趣。北宋王延德在《使高昌记》中写"有羊尾大而不能走者",然其肉品质极好,盛赞其"肉如熊白而甘荚"。宋人洪皓《松漠纪闻》也说:"生达靼者,大如驴,尾巨而厚,类扇。白脊至尾或重五斤,皆脋脂,以为假熊白,食饼饵。诸国人以它物易之。"③明代李时珍《本草纲目》兽部羊条也记录了大尾羊:"哈密及大食诸番有大尾羊,细毛薄皮,尾上旁广,重一二十斤,行则以车载之。"大尾羊在清代更为驰名,并传入陕甘地区。大尾羊尾含脂肪,冬天饲料不足时可凭借尾部脂肪维持体耗。有的少数民族岁取其脂,不久复满,大尾如故,实在是一个奇特的食肉方法。其实大尾羊本是种古老的羊种,按现代畜牧学分类它属于蒙古大尾羊类,唐代以前就在西域地区出现,《唐书》称它为"灵羊",只是到宋清时更为流行。

早在隋唐时育成的同羊,宋明间仍为西北主要的优良羊种,深为时人所称道。宋代《松漠纪闻》说:"关西羊出同州沙苑,大角虬上盘至耳。最佳者为卧沙细肋。"④《清异录》亦载:"冯翊产羊,名曰'白沙龙',膏嫩第一,盲饮食者,必推冯翊白沙龙为首。"明代李时珍也引证说:"同华之间有小羊,供馔在诸羊之上。"⑤明清时陕西还有一种羖䍽羊,据《豳风广义》附记:"俗名驹䍽羊,项下有须,毛粗长,作沙毡,避湿气。性捷,善缘屋壁,其味亦美。"⑥羖䍽羊行必居前,遇水先涉,适宜作羊群中的领头羊,羖䍽羊以狠健著称,自宋至清即为世推崇。同书还记陕西另一种优质绵羊:"头小身大,尾长多

---

① 〔宋〕欧阳修撰:《新五代史》卷七四《四夷附录·回鹘传》,北京:中华书局,1974年,第916页。
② 〔宋〕曾慥:《类说》卷一《明駞使》,明天启六年(1626)刻本。
③ 〔宋〕洪皓:《松漠纪闻》,郑州:大象出版社,2019年,第46页。
④ 《松漠纪闻》,第46页。
⑤ 〔明〕李时珍:《本草纲目》"羊"条集解,武汉:崇文书局,2015年,第210页。
⑥ 〔清〕杨屾:《豳风广义》论羊,复旦大学图书馆藏清乾隆五年(1740)宁一堂刻本。北京:农业出版社,1962年,第167页。

脂，最美，其毛柔软，一岁三剪，以为毡物，临渭两岸，其毛更细，可作缎、氆氇衣衫等物，绝佳。"①陕西北连宁夏、蒙古，西接甘、青、西域，引进西北游牧族的羊种后，加上农区的精养细选，故能出现许多优良羊种。甘肃地区优良羊种以洮羊最为著名，大者重百余斤。此外还有"封羊"，据记："其背有肉封如驼，出凉州郡县，亦呼为驼羊。"②后来封羊很快传至陕西，故康熙《陕西通志》记其"出眉县南山，背有肉峰，类驼"。至于本区内蒙古西部一带，本是我国肥尾羊的原产地，绵羊分布最广、数量更多。上述西北优秀的羊种多与蒙古原种有血缘关系。在历史上久负盛名的宁夏滩羊，就是蒙古羊移入宁夏，在黄河两岸经过长期选育形成的。滩羊形体特征大致与蒙古羊相似，唯体格略长，毛细致，长度均一，是用作皮裘的绵羊品种。滩羊皮可制萝卜丝皮统，尤其是羔羊，皮毛束紧，有美丽的光辉，柔软且有波浪状花纹，制作皮裘最为佳良。《本草纲目》还记有"羘羊出西北地，其皮蹄可以割漆"，大约这种羊皮和蹄脚均有某些特殊用途。

其他畜禽品种培育不及羊种，唯清代有两种鸡种值得一提。据《豳风广义》记："我秦中一种边鸡，一名斗鸡，脚高而形大，重有十余斤者，不杷屋，不暴园，生卵甚稀，欲供馔者多养之。又有一种柴鸡，形小而身轻，重一二斤，能飞，善暴园，生卵甚多，欲生卵者多养之。"这两种肉蛋型鸡作为关中的主要鸡种传至近代。

（二）农区畜牧技术继续发展

西北农区地接广大牧区，便于吸收游牧民族培育的家畜优良品种，借鉴牧区丰富的畜牧技术经验。同时农区经济力量雄厚，文化发达，更便于畜牧技术的提高和传播。宋清时期，西北农区畜牧业仍处于继续发展的阶段，畜牧同种植业的关系更加协调，成为整个大农业经济的重要组成部分。农区传统的畜牧技术体系更加完备，各项饲养管理措施日趋精细周密，正如清初杨屾《知本提纲》所论："饲饮收放，必先察乎物性，老嫩肥瘠，更当达夫物性。"就是说要掌握家畜的生理和生活习性，根据各种家畜的特性采用不同的饲养方法，才能不失其宜地养好家畜。可见清人对畜牧技术原理已有明白的认识。

马的饲养，一般说以各朝马监的设施和技术水平最高。北宋对辽夏用兵，在西北陕甘地区开辟牧场和饲料基地，同时修复了前代马政，对牧监官职、养马数额、牧场面积、收购分配都有相应的规章制度。监马繁育特别强调"多择善种"，又按马的皮毛颜色分为92种类级，以便饲养管理。马匹春季开始放收，入冬后分别出病马和弱马，实行分槽饲

---

① 《豳风广义》，第167页。
② 《本草纲目》羊条附录，第210页。

养。畜牧很讲细致,所以宋初一度"生驹蕃息,足资军用"①。元朝一统天下,军马"亦一代之盛",只可惜关于畜牧技术的文献资料太少,无法知其致盛的措施。明朝马政比较健全,国营军马生产有明文章程,甚至对马的饲养和繁育等技术问题,政府都直接干预。例如,明朝洪武年间颁布钦定榜文,对马的配种、定驹、保驹等一系列具体繁育措施,都逐条做出规定。榜文还要求管马官吏建立"群盖簿",填明配种日期、交配次数、定驹日期作为档案,以提高繁育率,且便于考查牧政。朝廷还要求"府州县置立印信",以此形成比较完善的马匹繁育制度,即"群盖制"。在洪武《马政榜文》中,饲养管理的规定也很明细,军民养马均要做到:"马料豆煮熟,务要凉冷,多用料,水与草拌匀,方可喂马,不许热料喂养。饮水毕,缓缓牵行,回转约有五、七里,然后拴空间沙土地上,随意睡卧,不许在槽拴系……春草生发时月,或马十匹、或二十匹、或三五十匹,随趁水草便利去处,昼夜放牧。如遇炎暑、蚊虫、水发时月,务要马趁高阜无蚊虫水淹去处收养。每日午间,赶树荫下歇凉;无树荫,凑搭凉棚歇凉。夏天炎热,辰时饮水一次,午时饮水一次,至晚饮水一次。春、秋、冬月,巳时饮水一次,未时饮水一次,每月二十日或半月一次将盐水喂啖。马匹亦不许与牛拴系一处喂养。如是马头家内牲畜不旺,许令人户议和,于牲口旺相贴户家内看养。各要置立马房马槽,地下不许用砖石垫砌,常用扫除洁净,不许纵放鸡鹅等畜在马槽马草内作践,亦不许梳篦头发,马误食了生病。"由这些条例,可以得知明代马匹饲养管理的全过程和技术要领,同时可见这一时期养马技术是何等细致。清代农区民间养马极少,但是朝廷在西北养马规模颇大,又集前代养马经验,国马繁养技术颇高。新疆设场特将繁殖马与备用马分场饲养,既利于种马的繁殖,也利于备用马的成长。

西北农区一向重牛,"农家以牛为本"的思想根深蒂固。宋清各朝为发展农业也大力提倡饲养耕牛,养牛技术进一步提高。尤其是入清以后,禁止民间养马,牛便成农区最主要的家畜,广大农民把畜牧的热情全部倾注在耕牛的喂养上,因而更讲究爱养。对此杨屾在他的农学著作中论道:"畜者养也,牧者守也,养而守之,如郡县之亲民。""畜养如父母之育子,牧守同郡县之爱民,慈爱无已。尝以身测寒热,珍惜有加,还以腹量饥饱;按时投食,而用力更有其节;应期育字,而护胎倍多其方。"这就是所谓的爱养之道。郑振铎则进一步总结为十六字诀,即"身测寒热,腹量饥饱,时食节力,期孕护胎"。杨秀元的《农言著实》也讲到许多饲牛的经验。他把喂牛列为九月份农事的重点,因为这时

---

① 《宋史》卷一百九十八《兵制》,第4929页。

饲草充裕,又当是农闲季节,正是牲口养精蓄锐的机会,若精心喂养,可以增膘长力。他认为喂牲口,不一定多喂料,关键全在于上草料的方法。牲口开始上槽,饥不择食,要多添草,少拌料。稍后草料逐渐减少,待牲口快饱时,再给剩草中多加精料,牲口贪料,剩草也可吃尽。最后再饮水,牲口就能吃饱喝足。俗话说:"牲口要得好,夜草要吃饱。"夜晚临睡之前,还要再给槽中加满草料,照顾牲口吃夜草的习惯。这些经验,今天仍然可用。牛喜吃苜蓿,关中在明清时曾广泛种植,据说秦川牛的育成就与广种苜蓿有关。关中人给牲口喂苜蓿也很有讲究,铡截苜蓿时要根据老嫩取长短。《农言著实》说到,春天苜蓿枝叶幼嫩,不要铡得太短太细,使液汁营养流失过多。夏秋季节,苜蓿茎叶变老,就必须铡短,否则牲口就不喜吃,也不容易消化。书中还特别强调,多积干土勤垫圈,认为夏天圈中土多牲口凉,冬天土多则牲口暖。垫土的确可以调节圈内温度和湿度,控制微生物活动,防止病菌的寄生蔓延,减少疾病,使人畜两旺,看来"勤垫圈"很有科学道理。

清代西北优良羊种最多,然良种繁育基础仍在于饲养。《豳风广义》附录的畜牧技术方法,多为作者"亲经实效",从中可以窥知西北农区精心细致的养羊措施。因羊喜干燥洁净,且性情软弱不能抗御侵害,所以作圈必"与人居相连",周围竖起柴栅,"作栅宜高"。常撒干土,不积污水脏物,就不得疥癣、腹胀等病。书中强调了许多行之有效的传统牧羊之法,如"羊必须老人及心性婉顺者放之,方得起居以时,调其适宜","缓驱行,勿停息。春夏宜早放,秋冬宜晚出。每于羊群之中,择其肥而大者立之主,一出一入,使之倡先,则鱼贯而行,免践害路旁禾稼"[①]。牧放不伤害农作物,在农区实为重要。农区养羊以舍饲为主,尤其是冬季草枯雪降不能放牧时,更要依靠饲草,不然羊只饿馁,不利于生长繁育,严重时会断种绝群。因此农区人很重视储备草料,据《豳风广义》附录"收食料"一节所说,关中农家每年要根据羊只多少有所算计,早在三四月间就预种大豆、黑豆和其他杂谷,八九月间不待其成熟就带草一起青收,晒干备冬。或者多种苜蓿,并渠道田间杂草一起收晒,均可储作冬草。舍饲饲养一般常用《齐民要术》介绍的圆栅法,不使羊践踏饲草,省草而羊喜吃。春季给羊加食盐末,既可以防病,且羊易肥壮。饲法是将盐末薄撒在砖石上,令羊出入时自食,或拌在青草中饲喂。农区养羊多为食肉,且有肉羊的饲肥法:初饲时将干草切细,少用泔水拌过,饲五六日后,渐次加磨碎黑豆或其他豆类,并杂拌一些酒糟之类的发酵残渣。每羊少饲,不可多与,与多则不食,浪

[①]《豳风广义》,第168页。

费草料，羊也不得肥。可以多次少量，但不可使羊受饥。羊是不喜饮水的家畜，故有"水马旱羊"之说，一般情况隔日饮水一次即可，肥育期间更不必多饮水。

西北农区养猪业更加普遍深入，关中地区很重视猪的选种："母猪惟取身长、皮松、耳大、嘴短、无柔毛者良。嘴长则牙多，间之难肥，猪以三牙为上，有柔毛者治难净……母猪怀子时，不可喂以细食，恐猪肥油大，则生子难活。"①这样选育，无疑有利于提高种猪质量。我国猪的品种记录很少，明清时关中猪种颇为优良，时有"秦中之猪甲天下"之说。猪的饲养技术，《豳风广义》附录也提出有"七宜八忌"，即"一宜冬暖夏凉，一宜窝棚小厂，以避风雨，一宜饮食臭浊，一宜细筛拣柴，一宜除虱、去贼牙，一宜药饵避瘟，一忌牝牡同圈，一忌圈内泥泞，一忌猛惊挠乱，一忌急骤驱奔，一忌饲喂失时，一忌重击鞭打，一忌狼犬入圈，一忌误饲酒毒"②。小猪的饲喂要特别照顾，冬天生下猪仔必火烘圈房，保持圈内温暖。小猪草料要过细煮熟，不能与母猪同食。可置木栅栏，或圈墙开小窦，让小猪出外另食。养猪最讲肥育，关中称为"追猪"。追肥猪的方法是："欲喂肥猪，先择佳种。至三五十斤者，猪多则总设一大圈，内又分小圈，每一小圈止容一猪，使不得闹转，则易长肥。饲法：用贯众三两，苍术四两，黄豆炒一斗，芝麻炒一升，共为末，拌入细食内饲之。食后每猪再喂生大麦一升，不过半月即肥。又方：用麻子二升捣烂，盐一升和糠三升，煮熟杂入细食内，饲之即肥。"③书中还讲到有计划地种植、加工、贮藏猪饲料的方法，养猪也有专料。

西北农家养禽，多以鸡为主，其次是鸭。明清时，鸡鸭喂养技术颇为进步。《豳风广义》附录有"火抱"鸡鸭方法，可见人工孵化在西北已非罕见事物。据张仲葛研究，人工孵化法在纪元前我国和埃及就已经应用，唯文献记载不详，对其起始、发展过程均难考究。《豳风广义》有翔实记载，实为宝贵难得，今照抄如下："抱时用密室一间，内分左右盘二大炕，炕上周围泥小墙，里面镶稻草或麦秸编子一匝，炕上铺捣烂软软麦秸一层，厚三五寸。将炕用粪煨至温，不可热。将雌雄配过所生之卵，或鸡蛋或鸭蛋，须得一千或五六百方可，少则易冷难成。先将稻糠皮或粗谷糠，锅内烘热，先铺于右边坑上一层，厚二三寸，次将卵密密排一层，又铺热糠三四寸，又铺卵一层，如此相间，或八千一万皆可。铺毕，上再用热糠厚盖一层，糠上再厚覆稻草或麦秸一层。时常以手探试，不可令内热，亦不可令内寒，常要里面温温有和气方好；或二三日觉上面及中间有凉意，如

---

① 《豳风广义》，第163页。
② 《豳风广义》，第164页。
③ 《豳风广义》，第166页。

前法复倒于左边炕上，将上面要倒在下面；二三日之间，如觉又凉，复倒于右边坑上，如此六七遍，是雏成形之时。大约鸡在二十一日，鸭在二十八日，将卵或放罗底上，或放温水内试之，见卵自动摇不定者，是雏将出之时也，分于两炕之上，温养如上法。俟雏有一二出者，将卵用热糠单排温室中，不过一半日之间，皆可出矣。"[1]这种孵化法是我国人民数千年实践经验的总结，古时实在令人感到神奇。清朝时，日本大久保内务卿得知中国有此巧妙方法，特来学习。1876年，日本以重礼聘请精通于火抱法的中国专家，到日本植物御苑的勤农察新宿出张所，帮助成立孵化传习所；并出版人工孵化图解等书，学习中国的先进经验。《豳风广义》还录有几条独特的饲养鸡鸭方法。其中"园放法"是：用面粉谷物煮糊，泼散园内以招引各种虫类。然后即驱鸡就食，既节约饲料，又能增加鸡食的营养。择取雄鸡，单群饲养母鸡，能多产鸡蛋。欲使鸡不抱窝，可将母鸡放在水中猛淹即不再抱；或者产卵时给母鸡加食麻子，所生卵孵出的鸡，长大即不善抱窝。鸭头越小，口上鼃有五个以上小珠者生蛋多。鸭生卵期常游走乱产，最易遗失，解决的办法是："每至生卵时，按每日所生之候，驱至园内，多用软草就地作窠。先将木刻成鸭卵形，每窠中各置一枚以诳之，鸭遂上窠无疑也。"凡此种种，均不失为巧妙易行的饲养经验。

（三）牧区畜牧技术的进一步发展

自宋至清，西北游牧民族仍驻牧黄土高原北部和西部的草原地区，畜牧技术也有进一步发展。首先是牧场的基本建设上有所进步。西北游牧民族自古逐水草畜牧，时常进行远距离的迁徙，很少考虑牧场建设。这一时期，各部族驻牧地相对比较稳定。特别是元清两朝，作为统一国家，对西北游牧民族实行了严格控制，各部族均有自己的牧地，从而促进了草场的保护和建设。清朝在牧区建旗，牧地范围固定，更有利于使用牧场。牧区大规模凿井起始于元代，窝阔台为了开辟新的牧场，曾派人到缺水的草原上打井。忽必烈也采取了一系列开拓保护牧场的命令，组织牧奴到漠北一带凿井开泉，扩建新的牧场。到了清代牧区建井增加，游牧条件较前更有改善。人工开凿水井不仅能解决人畜用水，使牧民可以有比较固定的住地，减少迁居次数，更重要的是大规模开井汲水可以更好地利用牧场。牧区常常有一些很好的草场，只是因为地面缺水，不能放牧，或者因为水源不足，遇旱干涸，只好中途撤离畜群。广泛凿井，便解决了历史上无法对付的难

---

[1] 《豳风广义》，第174页。

题，促进了西北游牧业的新发展。筑圈搭棚也有同样的促进作用，这项措施古时虽有而不多，自元代以后不断增加，清代已比较普遍。西北冬季多暴风雪，每年都有大量牲畜被冻死。有了棚圈，畜群的冬营地大多固定下来，有效地保护牲畜越冬，同时减少了远距离迁徙。打井、搭棚、筑圈在半农半牧区更受重视，此类牧区还专门为牲畜越冬准备干草，每年春夏即选择牧草茂盛的草甸，特意留在秋天收割。收获以村落为单位，将牧草地划为小块"草甸子"，就地晒干盘垛以备冬天饲用。再加上农田谷草、粮秕等农副饲料，牲畜越冬草料有了解决的途径。

这一时期，游牧方式较前代讲究，畜群无论大小，一般都有牧人跟随。《黑鞑事略》记"马多是四五百为群队"①，又据《蒙鞑备录》所载："有一马者，必有六七羊，谓如有百马者，必有六七百羊群也。"②这种大小畜种组合编群的好处很多，马、牛等大型畜喜食草类与羊有一定差别，又因体高，不便食用地面小草；而羊身小灵活，往往马、牛不食或不能吃的草均能利用。另外《松漠纪闻》还说明马事编组的另一作用："羊顺风而行，每大风起，至举群万计皆失亡，牧者驰马寻逐，有至数百里外方得者。"③采用这种编组还能有效防止畜群受野兽的侵害，若有狼豹害畜，牧人可以翻身上马，以驱兽护羊。一般畜群常配有数条獒犬护畜，亦可列入游牧的编制。同书还记牧民很注意发挥领头羊作用，"善牧者，每群必置羖䍽羊数头，仗其勇狠，行必居前，遇水则先涉，群羊皆随其后"④。经过长期的训练，头羊成为羊群中的先锋和标识，"群羊看头羊"，无论遇到什么复杂情况也不致散群。蒙古人非常喜欢"黑头羊"，这是因为高原冬寒雪大，羊易迷向走散，若领群羊头是黑色的，这样在白色雪地中即现出明显目标，散群便可重新集聚。

游牧民与畜群朝夕相处，很珍惜群畜。明代人萧大亨在《夷俗记》中曾这样称赞："其爱惜之勤，视南人之爱惜田禾尤甚；其爱惜良马，视爱惜它畜尤甚。见一良马，即不吝三四马易之。得之，则旦视而暮抚，剪拂珍重，更无以加。"⑤而从"爱养之道"出发，牧民们很会把握出牧时间，一般原则是"春夏早放，秋冬晚出"。因为春夏季节天气炎热，畜群集中在圈栏，里面更加闷热，趁早赶畜群到高山坡上，通风凉爽，虻蝇少，牲

---

① 〔宋〕彭大雅撰；徐霆疏证：《黑鞑事略》，嘉靖二十一年（1542）抄宋刻本。
② 〔宋〕赵珙撰：《蒙鞑备录》，见上海师范大学古籍整理研究所编：《全宋笔记》第七编（二），郑州：大象出版社，2015年，第99页。
③ 《松漠纪闻》，第46页。
④ 《松漠纪闻》，第46页。
⑤ 〔明〕萧大亨纂：《夷俗记》，见北京图书馆古籍出版编辑组编：《北京图书馆古籍珍本丛刊（11）·史部·杂史类·夷俗记》，北京：书目文献出版社，1989年，第621—657页。

畜也能呼吸新鲜空气，晒到温柔晨光。若在冬天，天气寒冷，有时多有霜，出牧太早，牲畜容易冻伤或致病，必须等到太阳出来，天气稍暖时，再赶畜群到山洼或背风山坡放牧。对群畜的繁育，牧民也格外经心，在配种、保驹、接产等方面都总结出了许多宝贵的经验。《夷俗记》记载有牧区控制配种和母畜保胎措施："大抵马之驹、牛之犊、羊之羔，每一年一产，产于春月者为佳。羊有一年再产者，然秋羔多有倒损之患，故牧羊者每于春夏时以毡片裹牝羊之腹，防其与牡羊交接也。"这一事例，很能体现游牧民族放养、繁育、管理大量群畜的技术特点，既实用简便，又适于牧区大规模的畜牧业。

牧区养马，主要供射猎骑战所需，无论牧民自用，还是与汉族贸易，马匹必先经过驯服调教，这是游牧业中一项高难技术，只有长期周旋马群中的牧民才能胜任。《夷俗记》载有"控马之方"，就是一种重要的役使前驯马技术。俗人因不知此道，多半讲究"乘坚车，策肥马"，实则"凡马至高秋则甚肥，此而急驰骤之，不三舍而马毙矣"。西北游牧民族深知"马不在肥，在肥而实"。牧区控马就是为使马肥实，具体办法是："每日步马二三十里，俟其微汗，则絷其前足，不令之跳蹋踯躅也，促其御辔，不令之饮水龁草也。每日午后控之至晚，或晚控之黎明，始散之牧场中。至次日，又复如是。控之至三五日或八九日，则马之脂膏皆凝聚于脊，其腹小而坚，其臀大而实，向之青草虚膘，至此皆坚实凝聚。即尽力奔走而气不喘，即经阵七八日不足水草而不竭。"西北农区为不使马过肥，一般采用"溜马"的办法，坚持经常性缓慢地驰马，像牧区这样通过设行控制，使马不徒长虚膘的措施，实不多见。对于西北各种控马之方，今日仍值得珍视并加以科学研究。

牧区畜产食品加工，在这一时期亦有新的发展。乳酪制品是少数民族的日用食物，通常有乳、酪、酥、醍醐、乳饼、乳团等，其营养丰富，便于携带，在唐以前文献中已多有记载。牧区酪酥食品及制法，早已传入汉族中，以至于江南人也喜欢品尝。这时期牧区乳酪品种增多，制法更加娴熟。制酪与牛羊乳汁很有关系，由于本地区水草丰美，牛羊肥壮，制成乳酪尤其精美。一般制酪置盘上曝晒，但河西祁连山一带则不用木盘，只要泻在皮革上，甚至将酪泻在割下的牧草上，也不致解散。一斛酪可得酥数斗余。虽然河西酪在古代早已驰名，但宋代文献仍不断称道赞扬。马牛羊乳均可发酵作醋制酒，以往牧区酿制乳酒只知发酵而不加分馏，但是宋清时，西北牧区已有蒸馏制酒烧锅，当然就有了"烧酒"。其法根据《夷俗记》记载："马乳初取者太甘，不可食；越二三日则太酸，不可食，惟取之以造酒。其酒与我烧酒无异，始以乳烧之，次以酒浇之，如此至三四次，则酒味最厚，非奉上敬宾，不轻饮也。"畜乳烧酒，确是牧区人民的创造。

牲畜全身都是宝，但直至清前期在西北牧区所能利用者，除肉乳外，主要还是皮毛。皮革用于制皮靴，游牧民族长年生活在寒冷的西北大漠草原上，自古习惯穿暖和耐用的长筒皮靴。聪明灵巧的西域人所造皮靴最为精制，常以靴作为贡品，特别是回纥所制各种皮靴就很受宋人欢迎。据说回纥人用野马皮制的皮靴，"骑而越水，水不透里，故可贵也"①。还有一种红皮靴，纯以獐皮为皮料，揉进硇砂，经软熟后制成。西夏的鞣皮业也相当发达，经炮制过的皮革除做靴外，还做马鞭、马缰、笼头等用具；带毛裘皮则用来做衣裳，西夏已经有专门剪裁和缝制衣服的裁缝。利用羊毛纺线织布是牧区一项古老的手工业。宋元时期，西北牧区毛织品的花色品种异常丰富，各种毛织贡品使人眼花缭乱。一般粗毛用于赶毡或做地毯，细毛则用于纺织。西夏产驼，常以驼毛织布。元初马可波罗途经额里合牙（今宁夏银川市）的阿剌筛城，见到精细的驼毛布，后在游记中情不自禁地赞叹："这城里用驼毛制造驼毛布，为世界最佳美。"②明清时期牧区畜产品商品趋势加重，其生产也出现专业化的因素，此时已有从事毛皮品加工制作的专业作坊或半专业户，畜产加工工艺水平进一步提高，产品更为精美。

（四）中兽医学继续发展和广泛传播

中兽医学在汉唐间已粗具规模，自宋代后更有充分发展的社会条件。首先是畜牧业发展对兽医科学提出更多需求，同时中医学和本草学的新成就也为中兽医学打下基础，活字印刷术的发明更为中兽医学的传播创造了条件。再加封建政权为推行马政，对中兽医学也予以提倡和支持，使得传统中兽医学在宋清数百年间的临床实践经验更为丰富，其理论水平也有了新的提高。西北畜牧素称发达，宋代以来农业虽然不及东南，但畜牧仍不失其优势地位。在传统中兽医科学继续提高和广泛传播过程中，西北地区仍发挥着一定的主导作用。

宋代朝廷设有牧养上下监(兽医院)、药蜜库(兽药房)，并有皮剥所之类的兽尸解剖场所。宋代朝廷集中了大批高级兽医师，总结兽医良方，培养训练兽医人员，并且时常把各种防治畜病的验方颁布天下，向农牧民推广兽医知识。宋代的兽医专著很多，现存王愈的《蕃牧纂验方》收载兽医方剂57个，包括春、夏、秋、冬四时调适方剂，心、肝、肺、脾、肾五部治疗方剂，以及杂部方剂，至今仍有实用价值。王愈曾主管京西路的牧马业，京西路即今鄂、豫、陕边区。王书取材必有西北兽医部分经验，书成后在西北农

---

① 〔宋〕程大昌撰：《演繁露》卷一《徐吕皮》，北京：中华书局，2018年，第9页。
② 钟侃等撰：《西夏简史》，银川：宁夏人民出版社，1979年，第115页。

牧区得以流传也是毋庸置疑的。辽金兽医技术也不乏高明之处，北宋人张舜民在绍圣元年（1094）出使辽国，即见士人用酒灌醉马后，做切除肺部肿块的外科手术，这是我国关于病畜麻醉的最早记录。《黄帝八十一问》是金代人的作品，被后世称为"圣贤书"。在辽金统治西北地区时，这些兽医学著作及其验方医术也通行于农牧民中。

元朝以畜牧立国，自不会轻视兽医。兵部员外郎张穆仲曾亲自校注整理古代兽医文献。王祯《农书》虽不涉及兽医，但也明确指出："牛之为病不一，其用药与人相似，但大为剂以饮之，无不愈者。"①并且特意强调"相病用药"，以免招致误差。对于容易传染的畜疫，《农书》也指出，先把病畜隔离，然后用药调治，以防扩散。王祯提出的人与兽同药的思想早为广大群众所接受，西北地区缺医少药，紧急时人医和兽医互用，农牧民往往以自身来体察畜病，用中草药医治家畜。元代最主要的医学著作《司牧马经痊骥通玄论》，是著名兽医卞宝所撰，书中"二十九论""四十六说"对马的病理做了深刻的论证。同时还提出了脾胃发病说，主要论点是"胃气不和，则百病生"，对马的起卧症，包括掏结术，也做了全面的总结性论述。卞宝这本书不仅当时行世，后来还被集入其他兽医著作中，广泛流行于西北各地。

明朝为保证家畜健壮、畜牧兴旺，政府选拔优秀子弟学习兽医，成绩优异者由国家发给俸薪，并且规定医者之子孙永远为医。兽医社会地位一度提高，这样不仅扩大了兽医队伍，而且也利于中兽医各流派的继承和发展。明初为振兴马政，曾大量翻刻前代兽医著作，其中有私家翻印，也有官方编刻。如成化间《纂图类方马经》即系官修，《永乐大典》中还集有《司牧安骥集》三卷。正如前章所述，《司牧安骥集》原刊四卷，成于晚唐李石之手，因后世不断修改增饰而成八卷。《司牧安骥集》与西北地区关系密切，对西北畜病及治法论说较详。如明代医学家多认为，西北寒冷干燥，风沙最多，马最易患疮黄和结症，故《司牧安骥集》论疮黄疗毒和结症最为详细。正因为这部书适应西北畜病医治，历代一直在农牧区畅行。明弘治十七年（1504）陕西苑马寺重刊《司牧安骥集》八卷，同时供监苑教授生徒。明万历二十一年（1593）其又再一次被重刻，可知此书在西北流传之盛。古今中外兽医学，均以马病为主体，马体解剖、生理病理研究及预防治疗方，代表着整个兽医学术和医疗水平。明代我国经验兽医科学达到高峰，突出的成就表现在将色脉诊断、望形察色的系统理论应用于临床，并同辨证论治结合，成为诊断疾病的重要手段，对病理的发展和病源的认识也进一步提高。这些成就集中表现在一部具有经典意

---

① 《农政全书》卷四十一《牧养》，第1507页。

义的中兽医学著作之中，即喻本元、喻本亨兄弟合著的《元亨疗马集》一书。书分春夏秋冬四卷。"春卷"直讲兽医基本知识，重点在诊断和针灸；"夏卷"论七十二症；"秋卷"评讲八证论和碎金四十七论；"冬卷"为用药须知和经验效方。全书理论体系和临床经验紧密结合，注重临床实践，成为明清以来我国马病学的经典著作。同时喻氏二兄弟还总结编纂《疗牛经》，并著《驼经》，后来人常常把三书合编为一部，称为《元亨疗马牛驼经》，从明清以至近代，一直是我国各地流播的主要中兽医学著作。

清朝统治者禁止内地汉人养马，不仅影响了农区畜牧业的全面发展，而且使发达的马病学停滞不前。但清时农区养牛大倡，牛病学应运而兴，《养耕集》《平医金鉴》《抱犊集》《大武经》相继问世。同时随着猪羊等小家畜和鸡鸭等家禽饲养的大发展，出现《养猪大全》《活命慈舟》等书，对猪、羊、犬、猫等常见病均提出了一些恰当的治疗措施。地方性农书根据当地主要畜禽和草药等条件，选编一些简单易行的治疗方法，人人能懂，家家可用。群众称之为"单方""验方""偏方"，在农村不胫而走，是中兽医学在提高基础上形成的普及形式，也是我国传统普医兽学充分发展的标志。西北农区广泛流传的《豳风广义》一书中就附录了猪、羊、鸡、鸭病的防治和医疗方法，其中最主要的是传染病的防治。因为民间常发的猪瘟、羊瘟、鸡瘟等疫病，危害性最大，常常引起倒圈败群，书中特别记载此类病的简易防治措施，如鸡"若有瘟疫者，预用吴茱萸为末，以少许拌干饭上喂之"，猪"若瘟疫，用萝卜及梓树叶与食之即愈"。对于羊瘟，"又用雄黄、藜芦、苍术、乳香、火硝、细辛、甘松、川芎、降真香等分为末，不论有病无病，凡羊两鼻中，用竹筒各吹一遍"①。对猪、羊、鸡、鸭其他常见病和多发病也有相应的简易验方，均可用于防治。

第四节
封建生产关系缓慢发展和资本主义萌芽

明清时期西北农牧业发展所以如此缓慢，固然受地区社会生产力水平的限制，同时，由巅峰状态渐趋衰弱的封建制度，也以极大束缚力阻碍着西北农牧业的发展进程。尽管历朝封建统治阶级对生产关系时加调整，甚或出现像北宋"王安石变法"那样重大的政治

---

① 《豳风广义》，第177页，第166页，第171页。

改革，但终归不可能再使封建社会重现上升时期的活力。这一历史时期，西北土地和牧场私有制高度发展，封建租佃赋役剥削不断强化，广大农牧民承受不住残酷的经济剥削和政治压迫，濒临于穷困破产境地，阶级矛盾和阶级斗争猛烈袭击着封建制的"大厦"。与此同时，封建社会内也因增入新的因素而发生微妙变化。宋元以来商品经济的发展，明清之际资本主义的萌芽，无不深刻地影响着西北封建制的农牧生产关系。

一、封建土地所有制的高度发展

地主土地所有制是封建生产关系的基础。西北封建土地所有制在这一历史阶段得以充分发展，各种土地占有形式互相斗争，结果导致了土地私有制的进一步加强，且地主土地所有制最为强大。

清代屯田远不及明代规模宏伟，但清疆域广大，在西北边疆的军屯则有增无减。屯政仍仿明代规制，以屯田军丁为计征对象。如新疆西路赤金卫、柳沟所屯田规定，每丁岁缴米、麦、青稞三石；伊犁屯丁每年纳粮十三石；乌鲁木齐则纳十石，"缴不如数，逾期十日，牒请弛限"[①]。比较而言，清代在新疆地区屯田成绩显著，而在西北其他地区军屯成效很小。明代是封建土地国有制盛极而衰的急剧变化时期。明前期国有土地扩大到前所未有的规模，除大宗屯田外，还有其他名目繁多的"官田"。许有入官田（继承宋元朝的官田）、没官田、断入官田、学田、百官职田、边臣的养产田等，占地面积很大。明中叶后随着国家土地所有制全面向封建土地私有制转化，各类官田便出现巧取豪夺，进而化为私有的局面。入清以后，政府为了保证赋役剥削，只得顺应形势，撤销兴屯道厅的建置，将内地民屯地改为民田，"课额租赋，照民田例起科"[②]。绝没的废藩庄田政府出卖给个人，后又下令尽归现种佃户私有，称为"更名田"。陕甘地区散布的藩王旧田全部更名为农户，封建土地国有制由此衰落不兴。

封建土地私有制随着官田私化而急剧发展，其中地主土地扩张更为显著。宋初，太祖为削释功臣宿将的军政权力，竟纵容其"择便好田宅市之，为子孙立永远不可动之业"[③]。真宗明诏上下臣僚但买民田，不在禁例。这种"不立田制，不抑兼并"的政策使地主占田成为不可遏制之势，北宋初立仅60年，据计全国土地将近一半已为各地豪强所占有。西北农区的情势也非常严峻，据寇准所见，陕甘农区地主以各种手段吞并自耕农和

[①]《清史稿》卷四百八十五《严长明传》，第13393页。
[②]〔清〕伊桑阿等编著：《大清会典》卷二十，南京：凤凰出版社，2016年，第222页。
[③]〔宋〕李焘撰：《续资治通鉴长编》卷二《建隆二年》，北京：中华书局，2004年，第50页。

半自耕农土地的现象十分普遍，而通过高利贷掠夺平民田产尤其严重："所部豪民，多贷钱贫民，重取其息。岁偿不逮，即平入田产。"①此时关中大姓豪族已构成一种强大的势力，田产数量惊人。当时长安豪门地主计有10家，相互勾结，恣意兼并。首富为号称"隐士"的种放，其人仅在终南山周围霸占的樵采地竟达200多里，门人、亲族侵渔百姓的土地更不可胜计。仁宗时，朝野纷出限田之议，政府屡立禁令，终不过虚言空文。至英宗朝，占全国户数10%的地主，据有土地却达70%；神宗时实行王安石新法，也无能使"兼并之家"稍折其锋。金元统治者实行民族压迫，通过掠夺式的赐封，把大量的官田和民田转移到皇室贵族和官僚地主手里，王公贵族侵夺民田更是肆无忌惮。元时安西（今陕西关中地区）掌养马刍牧的官吏恃势冒夺牧地附近民田十余万顷，各类地主还通过购买方式取得大量田产，宋元并为土地的买卖建立了契约制度。在此以前，一般契约均属民间自由结订私约，宋代始有官府印制"官板契约"和"鸳鸯契尾"等标准官契。同时明文规定："凡人诉论田业，只凭契照为之定夺。"②陕西黄陵万佛洞佛坛内北壁有一块元大定三年（1163）的石刻地契，结约款项文字相当周密，反映出土地买卖完全法律化和制度化。

在清代，随着中央集权制高度发展和商品货币增长，兼并之风更为剧烈，贫富严重分化，土地高度集中于地主阶级手中，个别地区有"有田者十一，为人佃作者十九"③的现象。西北农区大部分良田沃土基本上落入地主豪绅之家，明室封地于陕甘的藩王，清代领赐旗地的王公贵戚，都是西北最大的土地主，所占有田地除钦赐官田外，还凭政治地位强力掠并。当然一般地主占有土地的方式仍以购买为主，不过随着地主阶级内部土地再分配过程的加剧，土地买卖空前发展，土地关系更为复杂。有些地权分裂为田底和田面，反映在契约制度上则有活契、找贴契和绝卖契，其实质正是土地所有权与使用权的分离。地权关系层次增加，表明土地私有制在明清时期有了新的发展，其中也不无一些新的经济因素。

私有土地制度下的自耕农土地占有制，在明清时期亦有消长。大抵改朝换代之初，为缓和阶级矛盾，统治者往往安集流散，开种荒地荒田以恢复发展生产。这种政策之下，山林土地或部分官田重得垦耕，而且新田多半归垦者所有。如宋初"州县旷土，许民请佃为永业"④；元朝政府也承认佃户的永佃权和买卖转让权，同对还实行严格的典籍管理。

---

① 《续资治通鉴长编》卷八十六"真宗大中祥符九年"条，第1983页。
② 〔明〕张四维辑：《名公书判清明集》卷九《户婚门》，北京：中华书局，1987年，第318页。
③ 〔清〕顾炎武撰；〔清〕黄汝成集释：《日知录》卷十《苏松二府天赋之重》，北京：中华书局，2020年，第445页。
④ 《宋史》卷一百七十三《食货志》，第4159页。

明清两代法定垦荒土地为民永业，并按民田起科，无疑起到扶植自耕农土地所有制的作用。然而在生产复兴，封建王朝政权巩固之后，统治阶级的赋税徭役随之加重，豪强地主的高利贷盘剥和强力掠夺，又使自耕农复处于破产无地之境。但总的说来，自耕农小土地所有制在明清有一个较大程度的发展。特别是西北黄土高原的深山沟壑区，山高皇帝远，自耕农经济的形成和发展更有充分的条件。

二、封建租佃赋役剥削的加强

明清时期，随着封建土地所有制的发展，体现封建剥削关系的租佃和赋役制度，在西北地区也在不断变化，并增入很多新的内容，值得分析研究。

租佃制进一步发展，不仅表现在地主土地所有制之中，即在国有土地关系中也占据了重要地位。西北屯田和其他各类官田，在古代多为奴役性的劳役剥削；虽然租佃剥削在汉唐国有土地上也不乏其例，但终不像宋元以来普遍实行。宋朝对租佃的官田创制簿籍，"其田籍令尚书省用印给付"[①]，由政府派官向佃户收纳地租。《元典章》对佃种官田亦有详明规定。明清官田租额苛重，贫民无力完成租税，只好将田地转割给富豪，"小民税存而产去，大户有田而无粮"[②]。官田种类不同，租率和经营方式也不完全相同。一般官田的租率都在50%以上；兵屯多实行军事强制劳动，剥削量大；民营官田则比较自由，租率也比较低。

租佃制在地主土地关系中的发展显得更为充分，就西北地区租佃关系看，其形式也不外当时通行的"合种"和"出租"。合种多行于西北生产不甚发达的农区，佃户赤贫只能出劳力，生产资料，包括田地、犁牛、稼器乃至住房，全由地主提供。收获后，留种完税之余，双方按佃约所定的比例分成，通常比例是主佃各半，租率一般为50%。在这种合种分成租制下，佃户依赖地主甚重，而产量的高低又直接关系地主租谷收入，地主对生产必然也特别关心，在生产过程中对佃户干预监督，甚而施行超经济剥削。主佃间役属关系非常严格，佃户被束缚在地主土地上，生产上没有任何自主权，行动也不自由，如不堪剥削而逃走，官府还会以"逃移"问罪追拿。同时这种合种常常与劳役制残余交织在一起，佃户要负责许多额外的劳动，大至替地主修治农田和灌渠，小到守夜干家务，附加剥削也很繁重。"出租"或称为定额租制，多行于生产比较发达的关中等地。佃户们

[①]〔清〕徐松辑，〔民国〕缪荃孙重订《宋会要辑稿·食货》六一之三七，民国二十五年（1936）国立北平图书馆影印本。
[②]〔清〕顾炎武撰：《天下郡国利病书》卷二十一，清光绪五年（1879）桐华书屋刻本，第1474页。

有除土地以外的部分生产资料，一般能独立地完成生产过程。租佃时按照土地的多少、肥瘠等条件，主佃双方订立契约，明确规定具体租额，无论年岁丰凶、收成多寡，佃户一如既往定额交租。在定额租制下，地主的收入固定，与农业经营不存在直接关系，无须干预监督生产。佃户则不仅具有更多的人格自由，而且还能自由支配生产，租额外的收成全归佃农，其生产积极性得到发挥。为了增产，佃农自己也投入人力物力，修整培肥土地，甚至凿井自灌。定额租制有利生产，似乎也有利于主佃双方；但是相伴而来的却是土地租额的提高，受剥削的仍是佃户。

地租形态这一时期也有所变化，宋元间货币地租已在西北农区渐渐出现，明清时更为普遍。不仅学田、职田、祀田等国有土地有用货币纳租，即使官僚地主乃至小土地主也收取货币租，这自然是商品货币经济对地租形态的影响。有了货币地租，地主就可以对佃户收取预租或押租，来对付抗租欠租。但是细察这时西北货币地租的形态，并非建立在佃农生产商品化的基础之上，多数情况还是将实物折纳成钱交租，属于一种货币代役租的形式，还不足以形成农村资本主义的生产关系。另外，明清时土地所有权分离为田底、田面之后，佃农取得永佃权，多少对地主土地垄断权有一定的动摇。但是在佃权交易中，依靠占有大量田面和寄生在地主和佃农之间剥削佃农的"二地主"产生了，反映在地租形态上则有二重剥削的"皮骨租"。骨租交于地主，皮租交于二地主，受双重剥削的佃农仍被绑缚在封建土地所有制的盘剥之下。

赋税和劳役是封建国家对劳动人民进行剥削的基本手段。北宋赋税沿用唐中期杨炎创行的"两税法"，分夏秋两季征收。夏季税钱或折纳绸、绢、绵、布、麦等。秋季税粮则按地亩定额输入谷物，故称"夏税秋苗"。从税额看西北农区似不算过高，秋税每亩亦仅收一斗；但在实际征收时，官吏们又通过"支移""折变"等规定增税盘剥。"支移"就是借口边郡军需，强迫农民输谷到数百里以外沿边城镇，否则便要加收支移脚费。宋时陕西秋税一般均由农民送到边塞军镇。"折变"一般是将夏税任意折物折钱，从中增加税收。例如徽宗政和二年（1112），陕西两税与杂钱、盐钱折纳谷物，且以丰年谷物市价计征，"遂致常税之外，增五、七倍"。更有甚者，辗转折变，"绢一匹折纳钱若干，钱又折麦若干。以绢较钱，钱倍于绢；以钱较麦，麦又倍于钱"①。这样的折变不尽为政府法定，多系官吏侵渔。细审宋代两税之制，与唐代租庸调合而为一的两税法已经大不相同。宋代二税之外，另有各种杂税和徭役。杂税名目繁多，如蚕盐钱、牛皮钱、农具钱、曲

---

① 〔清〕徐松：《宋会要辑稿·食货七〇》之二八《赋税杂录》，北京：中华书局，1957年，第6384页。

钱、鞋钱，以及强制收购民间粮米布帛的"和籴"与"和买"。北宋徭役主要有差役和杂役，前者属于职役，实质是政府依靠地主绅士统治压榨人民的职权。杂役主要由贫下户的自耕农、半自耕农以及列入编户的佃农承担，包括修浚河道渠堰、筑路架桥、营造官舍寺院、运输粮草盐茶等苦力之事。应役时间长达数月，农事荒废，甚或死于役途役所。宋太宗时向西北灵州运送粮草，途中死亡的役夫多至十余万。

金元两朝统治之初，税役制度不甚健全，后来多沿袭宋朝旧制，经济剥削之中更带有民族性压迫，因而更加残暴苛刻。金朝分正税（即两税）和杂税，徭役除夫役（与宋杂役同）外还有兵役。金朝统治者崇尚军事掠夺，故罢废北宋募兵制，除女真人当兵参战，汉族百姓亦被征发至北边轮番戍守。元代税制分南北两部，南方沿宋两税制，北方则实行地、丁、户三税并行制。"丁税三石，亩税三升"，丁税十倍于地税，赋税负担落在地少人多的农民身上。同地丁税并行的户税之征，实质亦如此而已。此外还有征草拘马之制，西北人民负担尤重。元都附近饲养大批马驼，草料不足时，就食于河北，再不足则征刍于陕西等省。驹括，就是因国马不足征战之用，无偿在民间征马，仅忽必烈一朝大规模征马就有五次，有一次曾多达 10 万匹。元政府屡责西北农民养马，用意正在这里。元代还征工商税，项目也很繁多，主要有盐课、茶课、商税及各种矿产、特产的岁课。元朝役制基本同于两宋，分职役和杂役两大类。所不同的是，大部分徭役作为专业，由部分家户世代负担，如猎户、盐户、窑户、矿冶户、站户等。

明清王朝为保证赋役之用，十分重视户籍田籍的调查登记，以此为征调赋役的根据。明代的"黄册""鱼鳞册"就是户口、田产的总清册。清代修订的《赋役全书》，是历代封建赋役制度和征收成法的集大成之作。明初田赋仍为两税制，以征收米麦为主，称为"本色"；布帛银钱为辅，称为"折色"。此时随着商品和货币的发展，以银纳赋现象普遍出现。太祖朱元璋首先在陕西试行以钱折粮之法，规定："每钞二贯五百文，折米一石；黄金一两，折二十石；白金一两折四石。"①陕民极称方便，后推行至江浙及南方各省。明中叶后赋制剧起变化，最重大的变革要算万历时张居正的"一条鞭法"，它是我国赋役史上继两税法后又一次重大改革。"一条鞭法"内容概括起来说，就是"总括一县之赋役，量地计丁，一概征银，官为分解，雇役应付"②。这样就把赋和役合并一起征收，既统一了国家财政收入，使繁杂的赋役简化，地方官胥不易舞弊中饱。赋役征银由官收官解，也不失为便民性的改革。新法又将部分差役摊入地亩，也减轻了人民负担。但在地主阶

---

① 《日知录》卷十一《银》，第 581 页。
② 《明神宗实录》卷二二〇"万历十八年二月戊子"，第 4124 页。

级严重腐化、土地兼并明显加剧的历史条件之下，"一条鞭法"并不能完全实行，更不可能实现赋役的均平。

清代赋役沿袭明制，清初为安定人民生活来发展生产，实行画免赋税，"有一年蠲及数省者，一省连蠲数年者"①。据统计，仅康乾两朝，诏免陕西一省的税银即有六次。清代赋役制度在明代"一条鞭法"基础上又出现新的改革。清圣祖规定，以康熙五十年（1711）人丁数作为征收丁银的依据，此后"滋生人丁，永不加赋"。雍正元年（1723）诏令全国"摊丁入亩"，即把各省原额丁税分摊在各州县土地上，丁随地起，从而实现"地丁合一"。这一改革不仅统一了封建税制，同时废除了几千年以来的"人头税"，广大农民进一步摆脱了封建的人身依附。但是任何封建赋税制度的改革，都不可能改变地主和农民间的阶级剥削关系，就在颁行"地丁合一"的同时，巧立名目的各种附加税同时增征。翻开西北各地方志，即可见清代的"火耗""鼠耗""养廉钱"等名目繁多的附加税，人民额外负担仍很沉重。

三、商品经济发展及其对农牧业的影响

西北商品经济在汉唐时曾两度高涨，宋代以后虽政治经济重心偏离，经济发展远不能同东南发达地区相比，但在潮水一样猛涨的东南商品经济的倒灌冲击之下，西北商业亦呈现出时起时伏的景象。西北农牧产品在宋清间仍有一定的优势，在全国商品经济大发展历史时期仍有自己的特点、地位和作用。同时商品经济发展，对西北区农牧业的影响也愈益深刻显著。

明清商业都市、集镇纷纷兴起，商人辐辏，货物聚散，形成全国性的商业网络。宋时西北除长安和陕西诸州城外，少数民族割据政权的治地也筑城立市，既为政治文化中心，同时也是商业都市。如西州高昌城、交河城，西夏的兴州城均盛于此时。元朝统一后在蒙古草原区建立的和林城，明清时崛起的甘肃金城，青海西宁，新疆迪化、伊犁，蒙古河套、归化等，都是西北繁华的商业城市。唐时西北各地军镇林立，宋朝则集中兵权废除藩镇，地处交通要道的边镇则改制为华夷通商互市的榷场。如凤翔府（今陕西凤翔）、秦州（今甘肃天水市）、巩州（今甘肃陇西县）、洮州（今甘肃临潭县）等榷场，在宋夏战争间经济交往也未完全中断。明代边防线上较大的军事镇堡，都兼有与少数民族互市的作用。各类商业性市镇在西北各地各族不断出现，是西北商品经济进一步发展的必

---

① 《清史稿》卷一百二十一《食货志》，第3551页。

然结果。

宋清商品经济发展的另一标志是币制的改革进化。"随着商品交换日益突破地方的限制，从而商品价值日益发展成为一般人类劳动的化身，货币形式也就日益转到那些天然适于执行一般等价物这种社会职能的商品身上，即转到贵金属身上。"① 自宋代以来，绢帛退出流通领域，在铜、铁钱作为通用货币的同时，白银地位不断上升，日益成为重要的法币，宋政府对西夏赔款和大宗交易便用白银。金朝统治西北时，白银便成了主要的通货，元朝承袭金制，大铸银锭。我国货币由此便从硬币的钱本位转变成银本位，至明清时期白银主币已渗透到社会经济的各个领域。同银币相辅而行的是纸币的发行，因纸钞印制简易，省金属，携带轻便，易流通，是商品经济高度发展所必需的货币形式。北宋前期出现有价证券"交子"，是世界上最早的纸币。"交子"最初在川陕商人中流行，宋仁宗时即推行到秦州，同时由国家直接管理这项金融大权。宋神宗曾在陕西设置交子务，向全国发行"交子"，可见纸钞的发明推行与西北关系密切。元代以后，纸币便完全取得通用货币的资格，"凡州郡国土及君主所辖之地莫不通行"②。纸币在商品经济的发展中，起到畅通渠道的作用。

高度的社会分工是商品经济发展的前提，在西北农牧区界分划并各自独立发展的形势下，在中央政权与少数民族的割据政权长期并存的历史条件下，西北地区内部以及与全国各地的商品交换，便成为必不可缺且随时谋求扩大的经济趋势。若考察西北地区进出物资趋势和大项，主要是西北畜牧产品及其他土产与内地粮食及其他农副产品间的交换，其中以著名的"茶马互市"规模最大，延续时间最长。

茶叶自唐代传入西北各地，很快为各族人民接受，而牧区民族尤其嗜茶。据明清人说："番人食乳酪，不得茶则困以病"，"以其腥肉之食，非茶不消，青稞之热，非茶不解"③。然而历代王朝出于政治和军事利益，特别对这种生活必需品实行着专买控制，以便用茶叶交换少数民族马匹，加强国防军备。这项王朝专营的贸易自唐代始就有一套严格的经营规则，禁令森严同于法律。宋代茶马易法更加完善，先后在陕甘境内熙河、秦州和凤州等地设立茶马司，总理运茶博马业务。故史称："唐宋以来，行以茶易马法。"④ 唐宋在西北茶马互市曾得吐蕃、吐谷浑、回鹘、西夏大批马匹充实军用。明代茶马交易

---

① [德]马克思：《资本论》第1卷，北京：人民出版社，1978年，第107页。
② [意]马可·波罗著；冯承钧译：《马可波罗行纪》，北京：中华书局，1999年，第238页。
③ 〔明〕王廷相：《王廷相集》卷二十六《杂文》，北京：中华书局，1989年，第466页。
④ 《明史》卷八十《食货志》，第1947页。

更是规模空前,持续不断,西宁、庄浪、甘州、洮州等地增设了茶马司,集贮陕南和四川茶叶;而博马多得之于青海、河西诸部族,尤其是"西宁诸部落,无不以马易茶"。这对于加强内地与青海高原区的经济交流,调整各民族友好关系颇有积极作用。正如《明史·食货志》所称:"以茶易马,固番人之心,且以强大明。"清朝一统天下,打破民族和区域界线,直接自牧民中税取"贡马",从茶乡征收税款,在西北延续近千年之久的官办茶马互市制度至清代终止。但西北农牧两区交界市镇和民间的小型茶马贸易,却始终未能禁绝。

食盐是关系民生的重要物资,历代多由国家专营,盐的产销常与国家税收结合在一起。北宋和西夏长期的盐粮交易更受制于两者的军政和民族关系。西夏境内靠毛乌素沙漠南沿多盐池,能自然凝结成盐霜,"刮地得之""出产无穷",世称青盐。西夏"数州之地,财用所出,并仰给于青盐"①。一方面,青盐价廉味纯,河东的山西解盐不能与之相比,陕西乡民特别是沿边熟户之民惯食青盐,当宋夏互市期间每年进青盐达10万石。另一方面,西夏需要宋朝的物资更多,从粮食到百货均依赖内地,其情"如婴儿之望乳"。然当宋夏交恶或战争之际,宋政府常以禁市对西夏实行经济封锁,"绝青盐使不入汉界,禁粒食使不及羌夷"②。但这种禁止对宋夏双方都很不利,西夏得不到粮物,关陕汉人吃不上青盐,均易酿成内乱,加重外患。事实上沿边的私盐交易从未中断,禁后盐价倍涨,嗜利赴死者愈禁愈多。宋明盐法有所谓"折中法""开中法",是具有多种经济效益的食盐运销制度,西北边地获利最多。折中法初始于宋神宗,因常年用兵西北,运输粮草为一大难题,遂创商人运粮至边塞以取得茶盐运销权利的办法。粮草运输边塞,官方发给"交引"作为凭证,商人持券至京领款,并由政府出证,可到江淮等地领茶盐行销。这种利用商业经营输送军需以充实边塞的政策,在明代发展成更加完善的"开中法"。《明史》说:"有明盐法,莫善于开中。"③"开中"较"折中"更利于国家对食盐的购、运、销,以实行统一的计划经营。商人运粮换得"盐引",必须于规定之地领盐,到指定的区域行销。购销全凭"盐引","盐与引离,即以私盐论","犯私盐者罪至死,伪造引者如之"。④ 明政府如此坚决地推行"开中盐法",主要为充实军饷储备,增强边境经济和军事实力,故"纳粟中盐"成为明开中法的基本特点。开中商人为纳粟近便,招民雇工在边塞垦种,西

---

① 张田编:《包拯集·包孝肃奏议集》卷九《论杨守素》,北京:中华书局,1963年,第118页。
② 《宋史》卷二六六《李至传》,第9177页。
③ 《明史》卷八十《食货志》,第1935年。
④ 《明史》卷八十《食货志》,第1936页。

北商屯由此而盛。根据明人霍韬《哈密疏》记载："富商大贾悉于三边，自出财力，自招游民，自垦边地，自艺菽粟，自筑墩台，自立保伍。岁时屡丰，菽粟屡盈。至天顺、成化年间，甘肃、宁夏粟一石，易银二钱。"①明代长期实行"盐法边计，相辅而行"②的政策，确实起到活跃边区经济，开发巩固边疆的作用。

除以上粮茶与盐马等大宗官营商业主宰西北市场外，尚有散布在广大城乡的行商坐贾，同时活跃着本区商品经济。宋元时川陕商控制本区东南部贸易，明清关陕商亦为全国称著的大商帮，他们在全国各地设立货栈、会馆、公所，买卖遍行西北的口内口外，生意面向全国四面八方。少数民族商业力量更不可低估，西域商自古便流布在丝绸之路上，担负欧洲、西亚与中原、东亚间的中转贸易。北宋与西夏对立时，甘州、沙州回鹘商人占据东西商路的孔道，国际陆路物资以此为枢纽，西迁回鹘对辽金每三年便有一次大规模的远距离通商。到了元代，西域商也出现商业合作性组织，名之为"斡脱"。元朝很注意利用西域商人的经商才能，特令其为政府经营垄断商业，放高利贷，故元时官商统称为"斡脱"。维吾尔族商业兴隆，其经商方式常与"朝贡"相结合。明廷推行羁縻政策，有意招徕维吾尔族商人，并允许使者私带货物贸易，故西域来使多商贾。商途驿站特供食宿粮草，至京师可得数倍赏值，"以此胡人慕利，往来道路，贡无虚月"③。甘肃、宁夏一带回民亦精于商道，西北畜牧产品与内地农副产品的民间交易，多经回商中转。明清时期，回民大量迁入陕西等省，散居全国各地，大多数从事商业经营。

西北商品经济发展对本区农牧业生产带来深刻的影响，使农牧业的结构及各部门关系都出现一些重要的变化，滋长着新的因素。宋以前，西北农牧业交错发展和农牧区频繁迭移，固然是游牧民族入居等基本原因所致，然与当时商品经济尚不够发达、缺少畅通的全国市场不无关系。时至宋清，长江流域经济全面开发，文化发展后来居上，四通八达的水陆商路，无孔不入地与西北地区进行着物资交流。历朝政权虽时时加以禁绝封锁，但只能是抽刀断水，最终统治者也投入并组织起西北的贸易。既然西北与全国可以进行长途贸易，农区与牧区能互通有无，这样就为农牧业各自因地制宜、独立发展创造了条件，使农牧区界线再度北移，界限更加分明。宋明王朝虽需大量军马，但未在农牧线之内的中原农业区滥辟牧场，而是通过茶粮贸易作为军马和牲畜的重要来源。农牧线之外的游牧民族，亦不多事种植，终年放牧于草原地区，其所需粮食、布帛等日用物品

---

① 〔明〕陈建：《皇明通纪》卷二十六"弘治五年"条，北京：中华书局，2008年，第974页。
② 《明史》卷八十《食货志》，第1935页。
③ 〔明〕余继登撰：《皇明典故纪闻》卷八《仁宗》。北京：中华书局，1981年，第144页。

均由各族各路商贾提供。所以，在此数百年间，西北农牧业的结构和布局无较大的交错迭移，逐渐趋于各自独立发展的稳定局面。

随着商品经济的渗透，西北农牧业内部因素也不断变化，农牧产品种类相对增多，商品化趋势渐强，生产过程的分工更加细致。同时在农牧经营中也逐渐出现资本主义萌芽，这一点与西北数千年封建农牧经济大相径庭，在西北农牧史上有着特殊的意义，故接下专辟一题加以记述。

四、农牧业中资本主义因素的萌芽

马克思在《资本论》中说："资本主义社会的经济结构，是由封建社会的经济结构发生出来的。后者的解体，已经把前者的要素游离出来。"[1]中国封建社会历经2000多年，至明清之际渐处于解体阶段，一种新的社会因素，即资本主义萌芽，未露刚露地出现在没落的封建关系之中。在如此庞大复杂的封建帝国，资本主义因素在不同地区和经济部门的萌芽是不平衡的，呈现出犬牙交错状态。一般说来，它在东南沿海地区和手工业部门出现较早，萌发得快一些，在偏远的西北地区则迟缓一些。但是由于宋元以来商品经济的发展，在商品生产规律支配下，西北地区也明显地出现了资本主义的萌芽。

明清西北农牧业中的资本主义萌芽，首先表现在农牧产品商品化趋势不断加强。西北牧区自古便是我国畜类产地，马牛羊等畜牧产品除供给畜牧民族自食自用外，多余部分便成为行销内地或出口外域的商品，以换取生活必需物品。这种商品交换在历史上早已出现，但不是游牧生产的主要目的，占牧区经济比重不大。宋代以来由于畜牧业生产力的发展，牧区经济和文化活动以及牧民对粮、丝、茶、烟等食用品和生活日用品需求不断提高。为了换取所需商品，他们大量牧养牲畜并扩大畜产品加工业，为交换而生产的意识日益增强。在货币经济和商品贸易空前发展的历史条件下，必然有更多的畜产品进入交换，促进了西北畜牧业的商品化过程。农产品的商品化突出表现在经济作物种植和加工上。棉花、烟草、蚕丝以及各种繁多的林木、果树、蔬菜等，是明清时西北经济作物的主要项目，生产的目的、规模渐渐超出自给自足的自然经济范畴，成为商品性生产。

棉花种植于关中东部和中部，生产的棉绒或加工成的布匹多半为上市交易，或售之商贩而转卖他乡。清朝时关中西部蚕桑复兴，但乡民亲自缫丝织绸者不多，而是出卖茧

---

[1]［德］马克思：《资本论》第1卷，第783页。

子，运往各地织厂缫织。陕西省府就专门设立织局，秦缎、秦绫、秦缣纱等即织局所产。烟酒在清时用量极大。有人估计西北制酒每岁耗米达数千万石，而种烟所减之粟米约等于制酒所用粟米的十分之六七。① 陕甘各地都有烟厂，烟田占地严重，排挤粮食作物。清政府一度下令禁种烟草，无奈"唯利是图，积染成习"，经济作物的发展自然呈现出不可遏制的趋势。酒的消耗，据西北五省40县调查统计，每县有烧场百余，每岁耗谷千数百万石。粮食生产本身也孕育着商品化因素，在关中平原的泾渭灌区，农民采用区田和各种轮作复种间套种措施集约经营，提高单位面积产量。有些已不纯为口粮和租赋而生产，相当部分要作为商品出卖。关中商品粮除西运牧区，还东销豫省，进而转贩江浙、两广和四川省，换入的主要是河南及长江流域的丝帛棉布之类。清初关中的棉布长期不能自给，常有"足食缺衣"农道不全之忧。每年要以粟易布，因衣之费，而食减其半；再加日用之器，婚丧诸事之费，无不出自粮食，农家每年都有一定的粜粮。果蔬的商品性生产，过去多不出都市之郊，明清则普及广大农村，无论富贵之家或寒素之士好以置园圃、艺果蔬，为生财养心之道。当时关中园圃规模："负郭之间，得田十余亩，若去城市稍远者，更益其数。"② 栽培各种蔬菜，杂以桑树百果、四时花木、常用药材，这样的十亩之园，"可以代百亩之耕"，"比之常田岁利十倍"。园圃经济效益令人羡叹，著名农学家杨屾美曰为"素封"。

明清资本主义的萌芽，从本质上看主要表现还在社会生产的经营管理之中，要分析西北农牧经营中的资本主义因素，须得从本区手工业考察说起。因为一般说，"资本主义生产方式开始于手工业，只是到后来才使农业从属于自己"③。西北农牧资本主义因素，正是由手工业部门缓慢渗透进入的。本区东南界为秦岭山区，人称南山老林，蕴藏丰富林木和矿产资源。明清时代南山老林渐得开发，冶铁厂、伐木厂、木器厂、纸厂、炭厂，以及各种山货的采集、养殖、加工业相继出现。生产规模颇大，且有明确分工。以林木经营为例，从砍伐木材、锯成圆木、解作方板、打制木器、废木劈柴，以至运输贩卖，全部产销过程分化为由几个生产部门实行流水作业，形成规模较大的联合生产。经营者多富商大贾，常住省城西安运筹，亦有本乡的豪强地富坐地经营者，但所用工匠苦力多为雇佣工，厂主主要为剥削雇工的剩余劳动而经营，基本上是资本主义生产关系。南山手工业作为新型的经济因素充满着新的活力，因此很快就越出老林，渗透到关中县镇。

---

① 〔清〕方苞：《方望溪全集》集外文卷一《奏劄》，北京：中国书店，1991年，第270—274页。
② 《豳风广义》卷下《园制》，第183页。
③ 《马克思恩格斯全集》第26卷，第443页。

华阴、西安、周至、宝鸡、略阳也出现类似的纸厂、木厂、铁厂等，渭北的耀县（今铜川市耀州区）、铜川等瓷窑、煤矿历史上已奠基础，资本主义经营也萌发在这些古老的窑矿里。当然，带有资本主义萌芽的手工业发展并不限于陕西，西北黄土高原乃至内蒙古高原地区也不乏其例。清朝初年，大批汉商入居蒙区，设立商号、店铺、作坊等，结果获利颇厚。部分蒙古人也转营商业，不仅发展了原有城市，也形成了许多新的城镇，吸引大批汉族手工业者。产业有铁、木、皮、毛品加工，烧制砖、瓦、石灰，另有酿酒、制醋、作酱、挂粉、磨豆腐等农产品加工。绝大部分属于小手工业者个体生产，有些作坊规模较大或出现分工，经营者依靠剥削雇工扩大资本。新疆地区情况与蒙古大体相同，维吾尔族素善工商机巧。清朝统一新疆之后，新旧商城并兴，大小店铺坊场列市成街，其经营中亦不乏资本主义因素。

西北手工业经营从原料到销售都离不开农牧业，经营者和生产者均与农牧民有着千丝万缕的联系，萌芽状态的手工业资本主义经营方式很容易影响到农牧业。清代西北农区租佃制地主经济，仍居于统治地位。但是随着生产力和商品经济的发展，地主和富裕农民从事经济作物和商品粮生产，追求商业货币资本，不限于只获得地租的目的。为了适应这种商业性农业生产的需要，他们很注意提高劳动生产率，开始重视改进生产技术条件，讲究严密的经营管理。如杨秀元《农言著实》所采用的整套严密的经管措施，配合以精良的农业生产技术，充分发挥生产效能，从而发财致富。像这些从封建性自给农业脱化出来的经营地主和富农，在清代陕甘各地农村中已比较常见。在新疆地区和内蒙古河套内外，当清廷弛禁放垦后，大批商人遂投资承包大块荒地，雇佣各地流民垦种。其经营方式既有再佃给贫民收取地租者，也有直接经营或兼营的工商地主。承垦商人担负土地资本，还要投资搞农田水利设施，清代河套地区水利重新开发，即依靠屯商屯民之力。新疆乌鲁木齐河及玛纳斯河一带农田水利兴办也有类似情形，根据《乾隆实录》记载，奇台商民30余人联名要求欲在木垒地方开渠引水，垦种荒地。清政府批准了商民的要求，并把无资领荒的贫民分配给商户，"派拨户民，一体安插"，保证开发所需劳动力。渠成之后的种植，亦由商户"自购籽种、牛只、农具"[①]，显然是靠雇工经营形式组织生产。

再看农业资本主义萌芽状态下农民阶级分化的情形。明清土地兼并激烈，商品经济使土地高度集中。破产农民失去土地，有些进而失去一切生产和生活资料，唯能出卖自

---

① 南开大学历史系编：《清实录经济资料辑要》第二辑《农业》，北京：中华书局，1959年，第93页。

己的劳动力而沦为佣工。大批一无所有的农民为谋生而背井离乡，为富人作佣。这种现象在明中叶已较常见，清初期西北各省便大量出现，陕西的佣工似乎更为普遍。近者不出本省，如耀县人到三原当佣工，黄陵人到洛川当佣工，合阳县人到洛南等县；远者来自外省，如四川、安徽、贵州等地，遍布陕西各州县。① 陕西甘肃流民西走内蒙古、宁夏、新疆者，更是成群结伙。西北佣工略可分两类：一种长年雇佣，年终结算工值，用之"长工"，关中称之为"伙计"；另一种只是农忙时临时受雇，多以日计值，是为"短工"，关中称"日子活"。然而无论长工短工，均不同于租佃制下完全依附地主的农民，雇工在人格上具有自己的独立性。特别是乾隆间修订《雇工法》后，雇工更取得法权上的自由，成为"自由劳动者"。这是封建制下不曾有过的生产者，构成资本主义剥削重要的前提条件。经营地主对自由劳动者剥削不再是通过封建政治关系，而是用经济手段强制劳动以榨取利润，最大限度剥削他们的剩余劳动价值。显然这种经营方式包含着资本主义生产关系，所以人们把自由劳动者的出现视为资本主义萌芽的一个重要标志。资本主义因素在西北牧业经济中的萌芽状态，目前资料还比较缺乏，有待深入搜集。但是根据明清时西北牧区的生产水平和社会条件，牧业中资本主义因素的孕育萌发也并非是绝对不存在的。

资本主义萌芽是一个复杂的问题，一般说来，明清社会资本主义因素是很不充分、极其微弱的；而西北农牧业中的资本主义萌芽更是迟缓，在封建社会的重重束缚阻挠下，也只能是缓慢曲折地前进。所以在认识西北农牧业资本主义萌芽问题时，既不能估计过高，也不能忽视这一新的社会因素。

---

① 李文治等：《明清时代的农业资本主义萌芽问题》，北京：中国社会科学出版社，2007年。

第八章

近代的西部开发

自 1840 年鸦片战争起,由于帝国主义势力相继侵入,中国陷入半殖民地半封建社会。这种反动腐朽的社会制度在我国维系了 110 多年,自必有其形成、发展、崩溃的过程。西北近代农牧业历史受这一社会背景影响,相应而成三个发展阶段。1840—1894 年,即鸦片战争以后半个多世纪,是中国半殖民地半封建社会的形成时期。在帝国主义势力步步掠夺和封建主义重重压榨之下,传统农牧业遭到干扰破坏,渐渐偏离固有的轨道。1895—1926 年即甲午中日战争后 30 年,是中国半殖民地半封建社会的发展时期,帝国主义、封建军阀和官僚资产阶级势力进一步深入西北农村牧区,农牧业中半殖民地的经济特征愈加鲜明。自 1927 年"四一二政变"后不久,资本主义世界经济危机暴发,中国共产党领导的新民主主义革命斗争有力地打击着国内外反动势力,半殖民地半封建制度开始走向崩溃。国民党在西北统治区的农牧业破败不堪,共产党领导下的陕甘宁边区生产却蒸蒸日上,革命战争蓬勃发展。中华人民共和国成立后,西部开发呈现出新的面貌。

第一节
近代西部社会状况

近代中国曾经历了百年屈辱,在帝国主义、封建主义和官僚资本主义的多重压迫下,西部开发受到很大的负面影响。

一、鸦片战争后的西部社会

19 世纪,英国为首的帝国主义列强以大规模的鸦片输入妄图打开对华贸易之门,迫不及待地为本国资本主义掠夺原料开辟市场,把中国变成各自的殖民地。在 1840—1860

年的两次鸦片战争中,腐败的清政府压制人民抗击侵略者的斗争,屈辱地签订各种丧权和约,把一个独立的中国,一步步变成半殖民地半封建国家。即使是偏僻遥远的西北地区,也未能摆脱不幸的历史命运。

以西北地区为例,初期鸦片输入,一路是内商自东南沿海贩入,一路则由英俄商人自新疆边境直接输入。西北各地吸食鸦片者逐年增多。在鸦片战争的禁烟高潮中,道光皇帝有感"鸦片流毒日甚,远至新疆等处亦多传染",即谕新疆军政各级官吏,各自在原属地方随时进行巡查,有犯必惩,很少有疏懒松懈的情况发生。新疆地方当局议定严禁鸦片的章程,查获英俄走私的大量鸦片:仅叶尔羌地区一次即获10万两,打击了国内外鸦片贩子的气焰。鸦片战争在清廷妥协下失败后,帝国主义利用各种"合法权利",通过多种途径直接进入西北地区。第二次鸦片战争签订的《天津条约》规定,"入内地传教之人,地方官务必厚待保护"。陕甘地区教会迅速增多,以传教经商、考察、探险之名旅居西北者日渐增加,各地教堂林立,洋人随处可见。不少教堂成为藏污纳垢的中心,其中许多帝国主义分子肆无忌惮地进行政治、经济、文化的侵略和掠夺。然而,在鸦片战争后列强势力初入西北时,其势力最大、侵略最为猖狂者,是沙俄帝国。

沙皇俄国在18世纪就开始蚕食我国西北地区,并逐步深入到巴尔喀什湖东南地区,掠夺走无法计的渔业畜牧资源,非法占领大片我国领土。鸦片战争后沙俄妄图独霸在西北的经济利益,实现觊觎西北主权的野心,极力通过条约形式,使其多年的经济掠夺和领土扩张合法化。于是沙俄迫使清政府先后签订1851年的《中俄伊塔通商章程》、1860年的《中俄北京条约》和1864年的《中俄勘分西北界约记》,割占西北领土44万多平方千米。但这些并未填满侵略者的欲壑,1871年间沙俄乘陕甘地区战乱,清政府无力顾及边境之际,武装占领伊犁谷地,复将其魔爪深向北疆各地,欲图鲸吞整个新疆地区。西北各地人民对帝国主义的经济军事侵略义愤填膺,进行过各种形式的斗争。新疆各族人民不能忍受伊塔通商后俄商的横行豪夺,在塔城矿工的带领下,烧毁了沙俄贸易据点。沙俄入侵时,西北军民曾给侵略者以沉重打击,俄占区人民反占领反压迫的斗争从来没有停止过。陕甘和全国各地人民也给新疆人民斗争以极大支持,当时新疆军费由甘肃解饷,然而甘肃军费又由陕西和全国各省协饷。远道戍疆的多是内地士卒,他们在极端困难的条件下,与兄弟民族誓死保卫祖国领土。而清朝政府却怯于抗战,一再屈辱退让,从而加重了西北局势的危机。

在西北一步步沦为半殖民地半封建社会、民族矛盾日益尖锐的过程中,西北人民反抗清政府封建统治的斗争也随之高涨。陕甘回民起义声势最为浩大,影响波及整个西北地区，成为西北政局中阶级矛盾和其他矛盾的焦点。清朝政府为挽回西北统治的危局，特将左宗棠调任到陕甘。1866年左宗棠正式督兵入陕。他依靠充足的军饷和洋枪洋炮装备的军队，采用步步为营、剿抚并施等手段，自东向西，历时八年，先后平定了陕甘回民起义。接着，左宗棠全力解决日益复杂的新疆问题。轰轰烈烈的新疆各族人民反封建起义历时不久，斗争的成果先后被民族内部封建领主和宗教头目篡夺，形成若干地方割据势力，相互倾轧争斗，遂给中亚浩罕汗国军阀阿古柏以大举入侵的机会。阿古柏在英帝国主义的支持下，从1865—1870年便占领了新疆的绝大部分，沙俄强占伊犁也正在这个时期。所以左宗棠出兵新疆的目的不再是平乱，而是驱逐侵略者，收复新疆，保卫祖国的边防领土。由于全国人民支持，进疆军队与新疆人民同心战斗，再加上左宗棠用兵周密，经过长期反击战斗，终于在1878年初全部铲除阿古柏及新疆的各种反动政权。这一胜利同时给侵占伊犁的沙俄造成强大的军事压力，迫使其在1881年中俄谈判中做出退让，交还我国伊犁，失控十多年的新疆得以光复。后来清廷几经筹划，终于于1884年在新疆设省，以道、府、州、县行政，西北地区才得统为一体。

西北回民起义的平定和新疆收复建省，表明清朝政府在鸦片战争后相当长的时期还有一定的统治能力。此后十多年，西北各地先后出现一段相对稳定时期，政府和地方官吏，采取了一些便民兴农措施，农牧业方稍有回升。兹将这一阶段50年西北农牧的生产消长状况做以概述。

鸦片战争发生不久，陕西地区在1846年遭遇严重干旱，当时林则徐抚陕，曾拟各种赈荒恤贫措施，禁止饥民宰杀耕牛，但仍不能弥补严重的天荒，灾后农业元气大伤。咸丰统治的十年（1851—1861），西北地区更是不得天时，水灾、旱灾、冻灾、蝗灾、瘟疫、地震等时有发生，据陕西省统计，除1855年勉称风调雨顺外，其余每年均有灾害，实堪称"十年九灾"。甘肃（时包辖宁、青两省）、内蒙古灾情也大同小异。新疆农牧虽未遭灾害频扰，但此时清朝所立农政渐弛，吏治腐败，叛逃和隐藏的民族分裂分子乘机暴乱，农牧民亦无宁日。仅陕西人口乱后减少300多万，回民死亡达五六十万。关中本是回民集中地区，约占关中人口的三分之一，回庄、汉村交错分布，经此变后整个关中农村不复再见回庄。仇杀和镇压多在陕甘经济繁荣和粮作高产地区，然动乱之后"庐舍尽焚，田园荒废""萧条千里，断无人烟"①。此一时期的新疆，与朝廷已失联系，阿古柏和沙俄铁蹄下的新疆农牧业虽无详细记载，但其破敝程度亦不难想象。

---

① 太平天国历史博物馆编：《太平天国史料汇编》陕西地区第四部分《函牍上陕甘总督论抚田事》，南京：凤凰出版社，2018年，第11916页。

清军镇压回民起义之后，西北农牧生产遂自陕而甘而新疆，次第恢复，措施主要是安集流亡垦降荒田。1865年陕西巡抚参照凤邠盐法道黄辅辰营田之策，将荒芜弃置的回民"叛产"及无主绝产丈量清查，以章程实行官佃。然后逐渐转为私有，乱后流民重得兴业。黄辅辰特意著《营田辑要》一书，对恢复陕西农业生产颇有推动。后来左宗棠在甘肃的剿抚告成，"欲图数十百年之安"①，对陕甘回民的安置极为用心。选地也多是可资灌溉的绝户之地，并均给房产，拨给种子耕牛，以保甲编组，善后颇细致。察其用心，尽在劝勉农业开发，无论在陕在甘，左宗棠均有组织军民垦荒的事迹。光绪元年（1875），左宗棠拨银1万两，兴办宁夏垦务。河套地区平定后，清军兵士就地垦种者为数不少，成为后来河套大开发的先锋军。与此同时，陕北长城全线开发，东西势成一体，不断向北部套区推进。陇中的砂田，旱涝保收，甘肃省城供给均赖砂田，故左宗棠不惜挪动西北军饷库银，借款给农民广铺砂田，陇中砂田面积在同治间有所扩大。新疆生产恢复，起于清军西征中的屯田。出关之师，一路进兵，一路屯田，每下一城，开渠屯田随即兴办。左宗棠倡导的屯田，多是兵民相辅而行，杂居而耕。凡宜农民耕种地，军队开成后多半转为民田，故百姓纷沓而至，内地贫民迁居新疆又兴起一小小高潮。入疆清军多湖南籍，大半就地转业，出现"湘湖子弟遍天山"的现象，乌鲁木齐河流域广种水稻，正是西征湘人的业绩。光绪十二年（1886），陕、甘、晋、直、鲁、豫等省解押犯人前来从事屯田，为稳定罪犯安屯之心，清政府后来特令各地遣犯务必与家室随同起解以共事屯田。除犯屯外，大批商人也趋利进行商屯。总之，1884年建省后的新疆，打破了口内人民入疆的壁垒，正如《新疆图志》所载："关内汉回携眷来新就食，承垦、佣工、经商者，络绎不绝。"②各地人民共同开发，新疆屯务大兴。

西北水利亦随屯复兴。同治四年（1866），左宗棠帮办刘典复修泾水龙洞渠，并复明代利民渠，然而灌田仅3万亩。因此，左宗棠曾设想突破自古以来郑白引泾体系，改从陇东泾水上源作坝蓄水，再节节引流，灌田可计百万顷，并从德国引来开渠机械及技师。这项宏大无比的工程，后因种种原因未付诸施行，或谓事属异想天开，但仍是引泾史上的一件大事。光绪初，陕甘复遭连续三年（1876—1878）的大旱奇荒，赤地千里，道尸相望。灾后陕西复兴凿井运动，这次虽不及康乾之世关中井灌的声势之大，但对陕西井利很有推进作用，以人畜机械汲灌的"水车井"较前世大为增加。在镇压宁夏回民时，水利设施破坏惨重，乱后各渠相继得到复修，唐、汉、清三渠修整颇费财力。河湟地区水利

---

① 梁小进：《左宗棠研究著作述要》，长沙：湖南大学出版社，2012年，第151页。
② 〔清〕朱寿朋：《光绪朝东华录》"光绪二十八年壬寅八月"条，北京：中华书局，1960年，第4922页。

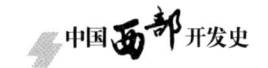

复兴成绩亦很可观,而王德榜凿引抹邦河工程最为称著,劈开高达35丈的山头开成70里长渠,仅火药消耗达2600石。汉赵充国屯田故地的西宁地区,当时也有复兴水利之举。新疆兴屯必先行水利,修渠治田实为一事。林则徐广东禁烟失败谪戍伊犁间,在吐鲁番等地推行坎儿井,防止干旱区渠水蒸发,新疆农业至今受益于坎井。同治间张曜在哈密复修石城子渠时,用毛毡铺底以防渗漏失水;左宗棠全力支持,从河州、宁夏、西宁搜购10万张毡条用于造渠。嗣后吐鲁番、巴里坤、乌鲁木齐、玛纳斯、库车、库尔勒、库尔楚及喀什一带的南路西四城都在浚河修渠,恢复绿洲农业。

种棉植桑同时兴复。陕西种棉历时久而发展慢,至乾隆间,"虽有数县木棉之出,然不过一县中百分之一,不足本地之用"①。陕西棉花实兴于同光时,左宗棠"刊《种棉十要》并《棉书》,分行陕甘各属,设局教习纺织"②。棉业遂后大进,或称"自左文襄公刊书劝种,关内渐遍,近为出货大宗"③。甘肃自古鲜种棉,经倡导之后,肃州、山丹、东乐、宁州、正宁等地,也易俗种棉纺织;皋兰县署设立纺织局,到民间传习纺织技术。蚕桑兴复成效西北各地不尽相同,光绪初,陕西巡抚谭钟麟向全省号召,发桑种蚕籽劝勉,不幸大旱殃及全省,无大结果。左宗棠在甘肃效陈宏谋当年在陕的故事,劝民以槲、橡、柞、椿、青杠等五种树木饲养野蚕,收效也不甚大。西北蚕桑大兴实在新疆地区,新疆桑蚕历史久远,近代渐衰而不振,"相传每逢葚子熟时,缠回相率仰卧桑下,静待葚子落入口内,以求一饱"④。意在说明当地民族不重蚕桑之利。新疆收复后,左宗棠查知全境桑树万株,遂大力提倡养蚕。自湖州雇请60多名熟谙蚕桑的工人,带蚕具蚕种进疆传习种桑、养蚕、纺织整套技术,在哈密至阿克苏一路设局教授。左宗棠两次从湖州调运优良桑秧,以提高新疆蚕丝的质量。经过两年多的努力,新疆丝色洁质韧,不亚于四川丝产,织成绸缎,也近似于江浙湖湘织品。

然咸光间西北棉桑复兴不能尽归左宗棠等地方官吏倡导,实质仍是鸦片战争之后资本主义商品经济侵入西北市场,对地区农牧业利诱刺激的结果。此时农作物商品化趋势加强,经济作物身价百倍,以谷物易棉花,实为农家经济所不支,农民便只好自种棉花,重操蚕业,在客观上促进了西北经济恢复发展。但是半殖民地半封建的农业经济总是不能健康发展,毒品作物罂粟也同时泛滥于这时期。鸦片战争清政府以武力未能抵抗鸦片

---

① 《豳风广义》,第1页。
② 《左文襄公年谱》卷7。
③ 《续修陕西省通志稿》卷192。
④ 秦翰才:《左文襄公在西北》,长沙:岳麓书社,1984年,第245页。

输入，再靠政令自然不能禁止种烟和吸毒。

鸦片战争后西北畜牧业无大进展，新疆失 40 余万平方千米疆土，尽为水草富饶之地。河套内外农业开发加深，所垦土地原系蒙古游牧草场。虽对复兴河套农业颇为有功，但同时带来草原的减缩，不仅蒙古族多有抗词，连汉族人也认为极不明智。光绪时靖边令杨锡奎呈文阻垦滥开山西至甘肃一线的蒙边之地，其理由之一就是"有碍于蒙人游牧，即广为开辟，势必所得不偿所失"①，大约各草原地区都有滥垦扰牧的情形。半农半牧区和农区畜牧动乱后多少采取过一些恢复措施。例如左宗棠拨银 6800 多两，借贷皋兰贫民买羊孳牧三年后归本，在河西和新疆也多方倡导畜牧。然而，这一时期西北天灾人祸并行，地方政府只能穷于弥缝，根本无力顾及畜牧发展，故这一时期畜牧似无大事可记。

二、辛亥革命前后西部社会的巨变

19 世纪末，世界各列强相继从自由资本主义过渡到帝国主义阶段，掠夺殖民地的角逐达到白热状态。甲午中日战争后，帝国主义勾结清政府掀起瓜分中国的狂潮，民族矛盾和阶级矛盾同时激化，爆发了震惊中外的义和团农民运动。随着民族资产阶级也前赴后继地起而斗争，辛亥革命终于推翻了清王朝统治，结束了统治中国 2000 多年的封建帝制。但是辛亥革命的果实很快被大地主和买办资产阶级的大军阀篡夺，中国又进入 15 年的北洋政府的统治期。此间爆发了具有划时代意义的五四运动，继而诞生了伟大的中国共产党，中国革命进入无产阶级领导的新民主主义革命时期。中国共产党与国民党建立革命统一战线，取得北伐战争的胜利，打败了北洋军阀反动势力，粉碎了帝国主义妄图瓜分中国的阴谋。辛亥革命前后 30 年是半殖民地半封建统治在中国充分发展的时期，也是中国人民革命斗争极其激烈复杂的时代，西北地区的社会历史也同样充满着沉重的压迫和激烈的斗争。

甲午中日战争后，帝国主义在中国争相划割各自势力范围，俄、英趁机私分了我国的帕米尔地区。俄国以其毗邻西北的地理优势，首先取得开采新疆全省金矿特权，而矿山和铁路是各国划分势力范围最重要的目标。面对中国被瓜分的危机，在北京参加会试的各省举人发起"公车上书"，拉开"戊戌变法"的序幕。其中有不少西北的举人，仅陕西省签名者就有 55 名，维新变法的新风很快传入西北各地。后来为配合华北义和团斗争，西北各省同时掀起反教会运动。直隶、山东一带的义和团成员串连到陕甘，甚至在新疆

---

① 冯熊、高叶青校注：《靖边县旧志校注》《靖边县志稿》，西安：三秦出版社，2015 年，第 226 页。

伊犁也设立神坛传授拳术，宣传"反教灭洋"思想，西北人民反帝运动掀起新的高潮。陕北三边和内蒙古河套反洋教斗争，对帝国主义分子打击最为猛烈。1900年八国联军攻陷北京后，慈禧太后挟光绪皇帝逃至西安，在这里遥控操纵，向帝国主义妥协投降，后签订《辛丑条约》，以致中国完全沦为半殖民地半封建社会。据此条约，英、法、日、美等帝国主义通过商业贸易，以及办洋行、建工厂、开矿山、修铁路、兴教会等特权，进入西北地区。于是比利时获得优先议办河南通往西安的铁路权，德国急欲取得延长油矿的开采权，美、日、俄也急想插手分肥。陕西各界纷纷起而斗争，以争取"商办"为议，夺回两项路矿自主权。但是帝国主义仍然通过政治、经济、文化各种途径，直接深入西北广大农村牧区，贪婪掠夺原料，开辟自己的商品市场，残酷压迫剥削西北人民。俄国在新疆利用乌鲁木齐、伊犁两大商埠，大量倾销其工业品，大宗地收购皮毛、棉花、生丝等农牧产品。英、美、德等国也在新疆主要城市设立领事馆、洋行，控制了全疆的政治经济。内蒙古西部归绥、包头富饶的畜牧资源，早使列强垂涎三尺，他们以雄厚资本开矿修路，架设电线，建立银行洋行，源源不断地掠走畜产品。在《辛丑条约》中，中国赔款4.5亿两白银，分39年还清，本息共计10万两，史称"庚子赔款"。西北每年要承担数百万两，陕西每年除筹凑70万两的"大赔款"外，还要负担陕北、陕南及内蒙古等处教案的所谓"小赔款"。教会势力因而更加猖狂，陕甘地区教堂由此显著增多，几乎各县都有教堂或教会组织。蒙古高原西部仅河套地区就有法、比、荷三国教士，前后建立教堂百余所。每一所教堂所在地便成一村落，传教士干涉地方行政，横行霸道。邮路、厂矿、工程和学校等事业机构也广用外国人。鉴于外国人来西北者日多，各省特设了"洋务局"或其他筹办外事的机构。另有来西北的"游历者"，常常借机会偷勘资源、盗窃情报、文物。帝国主义既控制了西北政治经济命脉，并把侵略魔爪伸入到西北的最基层。

这时清政府已到日薄西山之境，只能充当帝国主义推行殖民政策的工具。为了适应帝国主义的需要，缓和国内矛盾，清政府也做出刷新政治的姿态。西太后在西安时发布了所谓的"新政上谕"，返京后复经众臣增删调整，通令全国推行，史称"回銮新政"。新政原为掩人耳目，对气息奄奄的封建机体仅做了些皮毛整理，但毕竟是以政府的名义达于各省，且多少有些应时顺势的措施。所以部分新政曾在西北各省实行，如开办学堂，派遣留学生；奖励实业，广开利源；改练新军，以洋枪洋炮练兵；等等。筹办这么多新政的经费，也给地方和人民造成极大的负担，如伊犁地区仅编练新军一项，年协银57万两，甚至办一所小学堂也硬收筹银万两以上。实际上各级贪吏唯借新政之名，暗行侵渔之实，结果不仅新政未能挽救清朝垂死命运，反而加深了社会危机，各族人民全面掀起反抗清朝统治的斗争。

在这一时期的反封建浪潮中,民族资产阶级力量明显壮大,政治上更加成熟。1905年以孙中山为代表的资产阶级革命派在日本成立同盟会,我国资产阶级民主革命开始进入新的历史时期。陕西留日学生积极参加同盟会组织及活动,成立了同盟会陕西分会。陕西在京学生,也创刊《秦陇》杂志宣传革命。同盟会会员井勿幕奉孙中山指示回陕活动,资产阶级革命火种很快撒遍陕西及西北各地。革命分子散布在学校、商行、军队和乡村,宣传"驱除鞑虏,恢复中华,建立民国,平均地权"的革命主张;并建立团体,发展组织,开展各种形式的斗争。1911年10月10日武昌起义胜利,西北随即响应。10月22日以同盟会和哥老会为核心的革命力量在陕西西安起义成功,同时宣布成立"秦陇复汉军政府"。仅一月之内,关中、安康、商洛、榆林各地很快光复。新疆资产阶级民主革命力量在同年12月发动的迪化起义遭到失败后,接着在第二年元月举行伊犁起义,成立伊犁临时政府,与清军顽强对战,终于迫使清军议和。甘肃省辖区内的宁夏哥老会起义并成立军政府,灵州、平罗等地相继举事。省府反动势力企图顽抗,但是苟延残喘至1912年3月,见清帝退位及甘肃的新军起义,遂只好作罢。西北全境光复,结束了清政府的封建统治。

民国肇建,略承清制,但废除诸府,将不管县的州、厅下降为县。1914年在省县之间设置"道"。当时全国有22省,其中包括陕西、甘肃、新疆、四川、广西、云南、贵州等7省在内,其后北洋政府又在22省之外设了京兆、热河、察哈尔、绥远、川边等特别区域及3个地方。省以下的政区在民国时期亦有变化,如陕西在清末有7府、5州、86县。

孙中山对西部开发也很重视。他在1919年6月发表的《实业计划》中系统地阐述了开发西部的战略意义及实施方案。关于西部开发的实施范围,孙中山视野中的"西部",与当下国家实施的西部大开发中"西部"的概念较为相近,具体包括西南五省区市,即四川、云南、贵州、西藏、重庆,以及西北五省区,即陕西、甘肃、青海、新疆、宁夏等,还有内蒙古、广西等。

民国初期,国内政局动荡、军阀混战,孙中山十分关注大西南的发展,并在其演说和著述中多次谈到大西南的开发问题。孙中山从开发大西南自然资源、改善大西南人民生活和巩固大西南国防地位的战略出发,系统地提出了开发大西南交通、水利、农业、矿产等事业的宏伟设想。

第一是开发西南地区的资源。大西南地域辽阔,自然资源十分丰富。据民国初年调

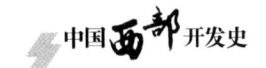

查，大西南拥有铁、铜、锡、磷、锑、钨、煤炭、石油、天然气等数十种矿产资源，种类齐全，储量较大；西南地区河流众多，山高谷狭，拥有得天独厚的水利资源，其中水能蕴藏量约占全国的2/5[1]。西南地区多山地丘陵地貌，森林资源分布也十分广泛，林业相对发达，颇具开发潜力。但需要指明的是，当地自然资源虽然丰富，但对其资源的开发利用却相当薄弱，尤其是在清末民初时期。据统计资料显示，在1891—1911年四川创办的108家企业中，官办企业6家，官商合办企业3家，商办企业99家。[2] 从中可以看出，这些企业类型大都是轻工业，或农副产品加工企业，基本以手工操作为主，资源利用较为初级，未能进行充分利用，而使用近代机器进行加工、生产的企业很少。云南、贵州、广西及湖南、广东的西部地区工矿企业创办情形与四川大致相同。大西南地区仅有的工矿企业大多数是规模狭小、设备简陋、技术落后，不仅对丰富的自然资源开采不够，而且也难以推动当地社会经济的快速发展。如此一来，造成了大量的资源浪费。西南地区的资源亟待开发的同时又需充分有效利用，以此推动经济的持续发展。

在此背景下，如何迅速改变大西南资源开发的落后状况，成为当务之急。民国时期，孙中山认为，必须加强西南地区的交通建设，优先修筑通往各资源产地的道路，并投入先进的机器和技术，因地制宜建设各类厂矿，使西南地区诸类矿产资源可以开发，并借助机器工业进行有效利用。孙中山开发西南自然资源的目的，即是想通过对当地自然资源的充分利用，逐渐把大西南建设成为全国重要的矿产基地和能源基地，在开发西南资源、发展西南经济的同时，推动我国整体经济的发展、进步。

第二，改善大西南人民生活的需要。民国初年，大西南"面积有六十万英方里，人口过一万万"[3]，其境内有藏、彝、羌、苗、壮、回、土家、瑶、布依、侗等诸多少数民族，由于西南地区地形以山地为主，众多民族聚居之地往往人地矛盾突出。据数据统计，1912年四川达5284万人，云南有1233万人，贵州1121.6万人，广西1225.8万人[4]，再加上湖南、广东西部的人口，大西南地区人口总数已超过1亿。而我国西南多山地丘陵，平地少，人均耕地相应少，更加剧了人多地少的矛盾。除此外，西南地区基本以农业为主，经济来源有限，民众生活水平较为低下。据载，1914年全国人均收入为41.22元[5]，相比之下，西南地区的百姓比当时全国人均收入水平要低，生活十分贫困。孙中山对大

---

[1] 黄智太：《孙中山关于开发大西南的宏伟设想》，《四川师范大学学报(社会科学版)》1999年第3期。
[2] 隗瀛涛主编：《四川近代史稿》，成都：四川人民出版社，1990年，第245页。
[3] 《孙中山选集》，北京：人民出版社，1981年，第285页。
[4] 章有义：《近代中国人口和耕地的再估计》，《中国经济史研究》1991年第1期。
[5] 刘佛丁、王玉茹：《中国近代的市场发育与经济的增长》，北京：高等教育出版社，1996年，第49页。

西南的民生问题极为重视,他认为,中国经济社会发展不平衡,"致生聚之地,人口有过剩之虞;凋零之区,物产无丰阜之望"①。西部的土地面积占全国总面积的三分之二,西部资源的开发对未来国家的发展具有重大意义。

故 1919 年在致四川代省长黄复生的信函中,孙中山指出四川形势的重要,并勉以促进省内"民治主义"②的发展。在给云南地方实力派人物唐继尧等人的信中,他又指出:"国民生计既绌,举凡地方自治暨教育实业诸大端,自无从而谋发展。今日国事之趋愈下,其根源实由此。"③此后,在复函川边宣抚使安健时,他又指示在稳定民族团结的基础上,要"从事规划,兴办实业,开发交通,则将来发展,讵有限量"④。因此,他主张有步骤地推进西部开发,首先在西部架设西北、西南、高原三大铁路交通网及汽车运输网络,然后移民垦边,开发农牧业及各种矿产,发挥政府的宏观调控职能的指导作用。他也主张"民生就是社会一切活动中的原动力"⑤,希望大西南各省领导人以改善民生状况为重点,开发交通、发展教育、兴办实业,切实为老百姓服务。他认为只有当地人民安居乐业,才能有民族的团结、经济的发展和社会的稳定,只有真正解决了当地老百姓的生计问题,才能从根本上结束大西南的贫困落后状态。然而遗憾的是,他的西部开发方略未能付诸实施。

第三,巩固大西南的国防战略地位。西南地区位于我国腹地,加之地形以山地为主,易守难攻,军事战略地位险要,这为外国侵略者所觊觎。1876 年英国通过《中英烟台条约》,取得了前往西藏、云南、青海、四川、甘肃等省的"游历"特权;1885 年法国通过《中法新约》,获得了在广西、云南边境上的龙州、蒙自、蛮耗(后改河口)、思茅通商,以及在中国修筑铁路等特权。到了 20 世纪初,英法等国的侵略活动进一步扩张,由中国西南边疆渗透到内陆各地,大肆倾销商品,攫取了内河航运权、矿产开采权和铁路修筑权等。与此同时,大西南还长期处于军阀割据、战乱不断的局面。仅民国初年,北洋军阀与西南军阀之间的战争、西南军阀内部各派间的战争就有数十次之多。在外敌入侵和军阀混战的两座大山的压迫下,西南地区的国防地位遭到了严重削弱。为解决这一问题,孙中山提出了开发大西南的发展战略,增强自身的经济实力,打破省区间的隔阂,掌握

---

① 中国社会科学院近代研究所编:《孙中山全集》第 2 卷,北京:中华书局,1985 年,第 294 页。
② 广东省哲学社会科学研究所历史研究室编:《孙中山年谱》,北京:中华书局,1980 年,第 237 页。
③《孙中山年谱》,第 240 页。
④《孙中山年谱》,第 242 页。
⑤《孙中山全集》第 2 卷,第 835 页。

发展的主动权。孙中山提出："惟发展之权,操之在我则存,操之在人则亡。"①他希望通过采取有力措施,与外国争夺大西南铁路的修筑权,以为中国的军事防御和国防后备打下坚实的基础。1913年初,孙中山在致蔡锷信中,就滇、桂、粤三省修路问题进行了详细说明,指出广州、南宁等城市,不仅具有商业中心地位,在军事上也有重要的战略地位。其后,孙中山在《实业计划》中又进一步指出大西南应修筑通往各边境的铁路,一方面加强对外经贸,另一方面通过自行修筑铁路,与英、法等国相竞争,以保护大西南路权、矿权等自主权,巩固大西南国防地位。

清朝帝制虽然推翻,辛亥革命成果却很快落入清政府长期豢养的封建军阀袁世凯手中,我国又进入北洋军阀反动统治时期。西北革命力量同袁世凯妄图复辟帝制的盗国行为进行坚决斗争,但西北军政大权仍为北洋嫡系所掌握。袁世凯死后,北洋军阀分为三系长期混战,陕西督军陈树藩委身皖系段祺瑞卵翼之下,残暴镇压陕西革命力量。高举"护法"旗帜的陕西靖国军坚决对抗陈树藩势力。陕西两派对峙,在全国政局中地位增高。甘、晋、豫北洋军和川、滇、黔护法军同时入陕,各助陕西两方会战,一时聚兵20余万,关中成了满目皆兵的大军营。甘肃战事不像陕西那样频繁,但统治阶级矛盾重重,省府大员旋立旋免,如走马灯一样变幻不定。新疆地区自1913年进入杨增新统治时期,全境比较统一。杨增新对内实行独裁,对外大搞独立王国,在他统治的15年中新疆地区比较封闭,虽打着服从北洋政府的旗帜,但并未直接参与内地军阀战争。

1917年苏联"十月革命"成功,马列主义传入中国,1919年爆发了五四运动。西北各城市学生随即响应,纷纷走上街头,游行示威,宣传抵制日货,反对北洋卖国政府,提倡新文化运动。甘肃学生同时还掀起反对封建教育的学潮。陕西学生代表屈武赴京请愿,面见总统徐世昌时"头血飞溅总统府",激发了全国人民的爱国热情。1921年中国共产党成立,旅学京、津、沪、汉的西北籍学生中的党员、团员,受党组织指示回西北发展党团力量,宣传马列主义,开展革命斗争。在第一次国内革命战争时期,西北党组织已成为一支重要的政治力量。党团员深入到农村、学校、军队大力发动群众,成立了工会、农会、学联等革命群众组织,开展反对帝国主义侵略的"非基"运动和反对地主豪绅的"交农"运动,而反对封建军阀统治,始终是这一时期斗争的中心。后来在共产党的努力下,终于促成西北国民联军出关参加北伐,取得国民军"会师中原"的胜利。正当革命形势大发展时,1927年蒋介石发动"四一二"反革命政变,彻底背叛国民革命。冯玉祥追随

---

① 《孙中山选集》,第212页。

蒋介石，走向反共反革命道路，"清洗"共产党，镇压革命，西北地区轰轰烈烈的大革命遭到失败。

在辛亥革命之前的十五六年，帝国主义以索取"赔款"及其他经济手段进行掠夺，而清政府则通过繁重的苛捐杂税来盘剥，剥削远超过农牧民的负担能力，严重地摧残着西北农牧生产力的发展。然各种社会矛盾虽然激烈斗争，但仍未爆发大规模内战，农牧民在沉重压迫下还可勉强维持低水平的生产。当时的社会条件，也仍有些利于西北农牧生产的积极因素。维新运动以来，西北志士仁人极力提倡兴教育，办实业。在清政府统治集团銮舆"西幸"长安、被迫颁行"新政"等情况下，西北地方官更自然要采取一些利于农业的措施虚应朝廷。1896年陕西巡抚魏光焘动议整修关中二华水利工程，排泄华阴、华州诸河积水，并施行灌溉。方案是先开新渠，再疏浚旧渠，浅的部分据前继续挖深，狭窄的地方进行拓宽。次年2月动工，仅半年排灌工程全部竣工，浚修小河渠44条，新开小渠27条，修桥坝共计20座，整修水淹农田15万亩；当年即种秋禾，实属一项见效极快的水利工程。关学殿军刘古愚在陕西倡导维新最力，以读书致用、转移风气为己任，在味经书院设"时务斋"培养实业人才。刘古愚还亲自筹建机器纺织局，在泾阳县兴办轧花厂，把轧棉机推广到渭北农村。籽棉加工技术提高后，推动棉花种植，陕西棉花出口逐年增加。到20世纪初，棉花成为陕省主要的出境货物。四川、甘肃、青海用棉主要仰赖陕西，上海、汉口等大城市也成了陕棉的行销地。泾阳县棉花产量高，品质好，一亩有收及百斤者，于是买客争购。据1906年统计，这个县外运棉花达到150余万斤。其他各县棉花也由"外来客自行运贩"，陕西长期"少棉缺衣"的困境从此改变。甘、新等地也欲推行新政，但是远水不解近渴，振兴边地经济唯靠垦荒。甘肃时将垦殖目标转向青海地区，于1909年设青海大臣，拨库银2000余万两试办垦务，仅是草创时期，无显著成绩。清末，新疆地区略能保持左宗棠经营时期的传统，注意劝课农桑。光绪三十三年（1907），布政使王树楠派成员赵贵华去南疆八城，传授桑蚕技术。赵贵华是浙江人，精于种桑养蚕和丝织，每到集市之日，带着器具实物宣传。后来省署又采纳了赵贵华推广蚕桑的方略，新疆蚕业骎骎日上。然而这时农业开发声势最大最有成就的还是内蒙古河套地区。

河套地区农田水利条件优越，历史上多次得到开发利用，也曾出现几度繁荣。明中叶弃套守边墙沦为蒙古族游牧区，入清沿为蒙古八旗牧地。康熙时弛禁，允许汉人开种套南长城以北部分禁留地带，越界开种遂成不可阻挡之势，农田不断向北扩展。与此同时，北方贫民纷来垦种前套土默川地，与蒙古族杂居于归化一带。后套地区河道纵横，

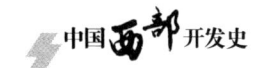

黄河在此析为南北两支,又与数条小河相交织。据说明清之际已有边民来此耕种,不修水利,不建村屋,春来秋回,谓之"雁行"或"跑青"。康熙时北河道渐淤,始有人兴利修渠,出现一些居户。康熙西征噶尔丹时,随军农民有留居河套者,多在永济渠附近落户。乾隆时常有汉人来此捕鱼,或在近河处用桔槔取水滥田,大获其利。道光间北河淤断,田利水利同现。同光年间华北各省农民先后在此修渠垦种,有人一举而暴发为豪富地主。后套最初八大干渠均为私渠,其中王同春一人竟然经修了三条。后来王同春通过兼并,势力不断扩大,占有良田100万亩,有佃农数万人,分居于70座村庄,几乎占领后套大半土地。清朝末年朝廷直接组织的河套大开发,正是在这种私垦基础上发展起来的。光绪二十六年(1900),甘肃省布政使岑春煊赴大同迎护西太后銮驾,路经河套见水富农饶,第二年他接任山西巡抚,套区正在山西辖地,遂与著名洋务人士张之洞极力奏请朝廷主办河套垦务。清政府命贻谷为督办垦务大臣,河套全面开发由此而兴。当时垦务由官商合办的垦务公司经营,遂使汉人租垦套地得到官方承认和保护,垦民蜂拥而至,开发有一日千里之势。此后十余年放垦近800万亩,逐渐将蒙古族贵族的土地收归国有,王同春等地主、地商独专膏腴的局面有所改变,后套沃土良田得以重新分配,原有私渠先后归为国有。贻谷奏请西太后发内帑银100万两,命垦务局以没收的私渠为基础,修复扩建八大干渠,重新布设支子渠等配套工程,河套水利勃兴。光绪三十四年(1908)贻谷因命案被撤职查办,各垦务公司随之停办,河套垦务竟成中落。

辛亥革命后的十五六年,西北地区处于北洋政府统治之下。政府颁布兴农法令,提倡农产改良,推广良种和先进农业技术,其目的是完全服务于帝国主义的需要。官府提倡棉、丝、茶、豆等经济作物的生产和技术改良,尽为帝国主义提供原料。当时棉、丝市值暴涨,陕西棉花栽培面积继续扩大。关中东部各县棉花生产固然兴旺不衰,西部的户县、礼泉、眉县、岐山、凤翔也广种棉花,关中遂成为我国主要的产棉区之一。桑蚕业亦有所复起,据1922年统计,陕西省有桑树8000万株,年产生丝1200担。畜牧业生产关系到对外贸易,帝国主义和民族资产阶级工业生产对畜产品质量提出新的要求。所以政府在民国元年(1912)颁布"农林政要"时,对于牧政再三致意,计划输入大批纯种牛、猪、羊等在北边荒地放牧,一面繁殖佳种,一面改良土种,以滋生多数之良种农用、军用马匹,振兴肉乳、织造等事业。袁世凯也曾设想在河套建立大型马场,专供军用。民国三年(1914)公布的《牧羊奖励条例》规定,"羊种宜采美利奴羊","凡牧场改良种羊者，每百头奖银三十元"①。西北地境内先后设立20多所农牧试验场所。然北洋政府内外交困，朝不虑夕，所有农牧政令徒成空文。而西北各省地方军阀长期混战，只知抢夺农民粮草，摊派各种税役，根本不过问农牧业。

陕甘农区在第一次国内革命战争中是交兵地区，农田水利设施严重破坏，数十万大军粮草全靠泾渭流域农民供给，军火兵饷也概出自地方，陕甘农民被剥夺殆尽。1926年陕西赋粮已经预征到1931年，军阀还强迫民众种植鸦片以榨取高额烟税养活战争。因为农田多种了鸦片，所以谷子出产反较稀少，面粉的价值较之数年前大幅上涨。农民忍饥挨饿，生产力受到极大摧残。蒙古高原西部至新疆地区这时期较少内战祸害，民国四年（1915）起，河套垦务又重整旗鼓。民国十五年（1926），河南、山东、湖南等省民来垦者日多。冯玉祥督办时期又派兵修浚八大渠，水到成田，开发日渐拓广。据统计，北洋政府时期，河套已垦地共达22万顷。新疆自民国元年进入杨增新统治时期，军政民政统于一身，实行独裁统治。关内鼎革混战，对新疆则鞭长莫及，既无法利用，也无力资助。杨增新为维护统治，不得不注意发展地区经济，其主要措施仍不外开渠垦荒。民国五年（1916），新疆省署就规定各县每年至少招垦60户以定知事考成，能招者准其留任，否则随时撤换。于是上督下行，取得十分显著的成效。南北疆的闲散流动劳力逐渐归农，内地贫民也大量流入新疆，增垦荒地100多万亩，年增粮赋有10余万石。当时新疆共有耕地1300余万亩，再加上畜牧及其他各种资源，新疆虽无内地协饷，但财用仍得以充足。不依赖中央任何经济资助得以发展，这在新疆近代史上实是颇不多见。

三、国民政府统治时期的西部社会

1928年，国民政府废"道"，另设行政督察区，作为省的派出机构，又改直隶为河北省、奉天为辽宁省，将京兆特别区并入河北，将热河、察哈尔、绥远、川边、宁夏、青海升格为省（川边特别区改建为西康省）。这样，在西部地区就形成了10个省。此外，西南政务委员会还曾一度设立琼崖特别区。抗日战争胜利后，东部政区变化较大，西部基本保持了原来的状态。20世纪30年代初，国民党政府在省之下、县之上设置行政督察专员公署（简称专署）。

20世纪20—30年代，国民政府曾掀起过一场"开发西北"的运动。1927年，西北科学考察团在西北地区的见闻在海内外引起轰动。1929年，陕西遭年馑，灾民遍地，死亡

---

① 中国第二历史档案馆编：《中华民国史档案资料汇编》第三辑《农商一》，南京：江苏古籍出版社，1991年，第515页，第514页。

无数，引起人们的广泛关注。国民政府出于政治军事方面的考虑，提出开发西北的口号，决定把西南地区建成抗战的根据地，把西北建成建国的根据地。1932年，国民政府决定以西安为陪都。蒋介石、戴季陶、宋子文等人亲自到西北考察，并决定在"垦牧""石油""毛呢""纺织""煤铁"五大领域开发实业。① 1932年12月19日，国民党第四届中央执行委员会第三次全体会议通过了由邵力子提出的《开发西北案》，此后开发工作就紧锣密鼓地展开。西部的一些地方军阀也加入了开发的行列。此次开发在较短的时间内，给西北工业、农业和畜牧业带来了新的气象。

卢沟桥事变后，全面抗战爆发。为了防止日寇毁坏东南沿海的工业设备，国民政府决定将其迁往西部地区的后方基地，在以四川为中心的西南地区和西北的陕西、甘肃、宁夏、新疆等地重新开工。东部地区的许多企业纷纷迁入西部，于是西部成了中国民族工业的中心。从1938至1942年，内迁厂矿639家，器材12万余吨，技术工人1.2万余人。与此同时，西部地区也在不断开办新的企业。因此，西部工矿业得到了前所未有的发展。但这只是昙花一现，并没有能够长期维持下去。抗战胜利后，迁入西部的企业大部分又迁回原地，留下的企业也得不到政府的支持，在资金短缺、市场萎缩的情况下很快衰落。

以蒋介石为首的国民党统治西北，始于1930年国民党蒋、冯、阎、桂四系决战后。此前数年西北始终处于新老军阀割据混战之中，军阀冯玉祥势力最大，基本控制着陕甘要区。冯玉祥自1927年追随蒋介石背叛革命，西北地区共产党的武装力量由此独立发展起来，在农村县镇开展斗争，打击国民党及各种反动势力。在反共立场上，冯和蒋有一致之处，但国民党内部各派矛盾重重不可调和，不久国民党新军阀间又相互攻战逐鹿中原。西北为冯军大本营和军需供给地，粮草捐税，百姓应接不暇。冯军东进时，仅从甘肃征用骆驼即达五万余头，至河南后多半热死；侵夺糟蹋百姓的牲畜、财物更不可胜计。冯玉祥为排除异己，对西北其他军阀开战，后多被冯蕲灭。陕甘战祸不绝。此间，西北政区有较大变化，1928年先后析置出青海省和宁夏省，内蒙古河套地区新置绥远省，遂成陕、甘、宁、青、新、绥六省。蒋介石制服各系军阀后在形式上建立统一政权，西北六省尽归于国民党统治之下。

这一时期，西北农牧业虽有消长，但始终处于不景气状态。国民党中央政府政令刚能行施西北时，正值1929—1933年的资本主义世界经济危机。帝国主义通过倾销过剩产

---

① 朱琪、杨璐：《长江通讯社西北考察团史料两件》，《民国档案》2000年第3期。

品和禁止农牧产品等经济手段转嫁危机,处于半殖民地的大西北,自然难以躲避这种灾难。农牧产品价值低贱,苛捐杂税却有增无减,农牧民被压榨得疲惫不堪,国际经济背景极不利于西北农牧业。然而祸不单行,一场历史上罕见的大旱奇荒又迫临西北。民国十八年(1929),西北数省无雨成灾,次年旱情更加严重,赤地千里,饿殍遍野,直延及民国二十一年(1932),大旱持续四五年之久。有些省县兼遭水、蝗、雪、霜、雹害,陕、甘、宁、青、绥各地几乎无一省不遭灾。大灾之后必有瘟疫,陕北时行鼠疫,关陇以霍乱为主,民间称"虎利拉"。西北本为鸦片流毒地区,人民体质原本衰弱,经此特大灾害,死于饥寒疫病者,实难详记。仅就部分省县资料粗略统计,便使人触目惊心。武功灾前有13万人,死亡7万人。甘肃定西人口6万,或死或逃,灾后仅余3000人。陕甘两省死亡人数总计在600万以上。有些地区"树皮草根剥剜殆尽,人相食"①。对数千万苟延残喘的灾民,国民党仅用平粜、散粮、施粥等办法"赈济",自然无济于事。陕西赈会放款110万元,灾民人均1角7分;行政院拨甘肃赈款80万元,经官绅中饱贪污,人民所得无几,灾民硬是在死亡中挣扎。灾后不仅人口大减,牲畜死亡率更高。农民既断炊烟,家畜更无草料,饥寒交迫,畜疫传染,牲畜难度灾年。况人饥不择食,饥民饿死之前,必先宰食牲口,故除少数地主外,农村很少见到牲畜。天荒难抗,人祸更急,军阀乘机拉夫,地方官吏逼粮催款,地主商人大放高利贷。农民只好将仅有的田产、农具廉价出卖,关中膏腴之地一亩作价只不过数元,大量土地被军阀、官绅和地富兼并。总之这数年大荒,严重毁坏了劳力畜力,使农民失去土地,对西北农牧业是一次严重破坏。

　　国民党迫于舆论压力,西北地方官吏为维持自己的统治,大灾之后不得不采取一定的抗灾措施,恢复地方经济,重整农牧业生产。新疆地区虽未遭口内那么多灾祸,但是继金树仁独裁统治之后,即遇连续三年的盛马之战,农牧业生产亦破败不堪。以哈密为例,军系战乱之中土地由1000万亩减少到了400多万亩,牲口损减100余万头。统治新疆之后,盛世才首先提出了"建设新疆"的口号,也确实采取了些恢复农牧的生产措施,如拨出专款给农民贷种子、耕牛、农具等,以便恢复生产。盛世才从1935年后陆续从苏联购入大量新式农具,贷给农民,在有些地方还设立了农牧场。新疆农牧业科学技术的教育推广,在盛世才统治的十多年中均有很大发展。陕甘宁青绥也进入了一个经济恢复时期,国民党中央和各省政府分别采取了一些措施,其中以兴修陇海路和关中四惠渠水利工程意义较为重大,对西北全局亦有影响。陇海路在1931年底通车潼关,国民党政府

---

① 据《新民主主义时期陕西大事记述》和《甘肃解放前五十年大事记》记载统计。

决定用俄庚款发行债券作建路基金，继续向西修筑，为西北建造交通大动脉。经三年筹划建设，铁路在1934年底通车西安，又经三年，通达于宝鸡，并继续在甘肃境内修筑。铁路是重要的现代交通工具，铁路通则一通百通，地区经济随之活跃。自从陇海路通入陕甘，再加1922年已通入绥远的平绥铁路，东南地区资本主义工业逐渐引入西北。西安、兰州、包头等铁路沿线城市相继建立起原动力、机器制造、农产加工、民用轻工等企业和工厂。尽管当初工业基础十分薄弱，工厂规模狭小，设备简陋，但终是西北现代工业的奠基。从此，现代工业作为一种新的生产力，逐步进入西北地区各经济部门和人民生活的各领域。陕甘等省首批建立的纺织、轧棉、面粉、榨油、制革等农牧产品加工，直接服务并刺激着农牧业生产。这类工业在此时期由苏联引入到新疆的乌鲁木齐、伊犁、塔城、喀什等城市，并且多由商办变为省营。

关中农田水利称著于史，近代以来人祸天灾，使渠道多半淤废，即有零星灌溉也不成系统，关中旱涝无凶年之说竟成故事。1929年大旱，人们痛切感到修复关中水利势在必行，中外人士无不认为这是救灾兴陕的根本之计。当时杨虎城任陕西省主席，他请著名水利专家李仪祉主修关中灌溉工程，从1931至1936年先后开修泾惠、洛惠、渭惠、梅惠四渠。泾惠渠沿袭于古代白渠，勘测施工手段自非古时可比，拦河大坝、引水渠、总干渠、河水节制及配套设施均运用了现代工业材料和水利工程技术。开工时灾情尚未缓解，省府采用"以工代赈"的两全之法，振济了饥民，又动员了劳力。款源半由陕西省政府负担，半由华洋义振会来捐助，再加爱国华侨募捐大量钱物，总值100万元。灌区人民深知开渠与农业丰凶直接相关，全力以赴，仅用一年半，工程基本完竣，可灌礼泉、泾阳、三原、高陵、临潼等县田地近65万亩。新中国成立后泾惠渠屡经修缮扩建，现有效面积达130万亩，为陕西最大水利工程。泾惠渠修建速度快，成效显著，国人热心相助，关中各渠相继兴建。洛惠渠在1934年6月施工，工程艰巨过于泾惠，其所经的铁镰山五号洞3000多米，时为世界上最长黄土隧洞，直至新中国成立后才全部完工。然1937年洛惠初成通水，已可灌蒲城、大荔、朝邑、平民四县地50万亩，到1938年渭惠、梅惠二渠也先后告竣，可灌岐山、眉县、扶风、武功、兴平、咸阳等地80万亩。李仪祉原计划修"关中八惠"，同时拟建陕南陕北诸惠，惜功成仅半，便积劳成疾而逝世。而关中黑、涝、沣、泔"四惠"，陕南汉、褒、湑"三惠"和陕北定惠都是后来十年间次第施工完成的。20世纪30年代修成的关中四大惠渠，使陕西农业很快摆脱了灾亡之境，为后来西北其他各省水利建设和农牧业生产开了风气。所以在抗战前，西北农牧业普遍取得较好年成，农区连年丰收，牧区也出现畜群兴旺之象。仅据新建的青海省统计，1937年牲畜总数竟达 2200 多万头，在新中国成立前的青海地区确是罕见。

抗日战争期间，西北僻处战略后方，大批沦陷区同胞流亡西北，沿海区民族工业和事业单位不少也西迁避乱，给灾荒后复苏的西北经济添加了新的活力。著名学者、专家纷纷建言全面开发西北，建设抗战大后方。有为之士更不畏艰险，深入西北高原广漠，考察自然资源和社会状况，研究其历史和现状，提出许多建设西北的战略设想及具体方案。旅居西北的专家中致力农牧业生产调查研究的人士颇多，其议论最是热烈。国民党政府为时局安危计，并为应付高唱入云的开发西北的舆论，也不得不采取一些发展西北农牧业的措施。抗战时期国民党政府投资西北的经费明显增多，直接或间接地加强了西北经济建设，各省现代工业基础都有所加强。青海省近代开发较晚，生产力最为落后，然也相继建立起所谓的"八大工厂"，其中皮革厂、洗毛厂、纺织厂、牛奶厂均以当地丰富的畜产为原料，从而促进畜牧业经济。西北建设经费有小部分还来自政府贷款，用于扶持农牧业生产，例如开垦散地、兴修水利、建设砂田、繁殖畜种、推广先进农牧技术等，常常可以得到贷款和多方面的资助。西北农业教育和科研事业，在抗战时期有了突飞猛进的发展。大批流亡的农业科学家云集于西北，加强了当地农业科技力量，西北各省中等农业学校数目增加，师资和设备得以加强。国立西北农林专科学校于 1934 年在武功张家岗正式成立，西北始有第一所高等农业院校。1938 年其与国立西北联大农学院、河南大学农学院畜牧系合并，改名为西北农学院。西北各级各类农业院校为农业生产培养大批科学技术人才，至 20 世纪 40 年代后西北各省先后建立中央和地区的农业试验研究机构。如农林部在武功设立的农业推广繁殖站，中央大学农学院在泾阳县建立的农事试验场，陕西的农业改进所，甘肃的西北羊毛改进处等。另外还有许多社会贤达自办的农业试验场、园艺场、畜牧场，各县农会也积极配合宣传农业技术知识。大约这时农业技术推广可以传达到多数地县，但当时的西北农牧生产水平还无法推广这些以现代科学为基础的农业技术知识，除棉花、小麦等作物的良种和技术推广较有成绩外，其他农业技术推广成效甚微。

国民党发展西北农牧业，除办学和办场外，还兴修水利，时称"三件大事"。自从 20 世纪 30 年代关中水利复兴后，抗战时期争言西北水利风气又起一热潮。陕西地区中、小水利灌溉进一步发展；宁夏、绥远公私水利建设相辅相成，各垦殖公司自办水利也很活跃；青海新疆高原干旱区，灌渠往往随着农垦的扩大而延伸；甘肃除河西外，水源缺乏。当时也投资集力开办了不少小型水利工程。甘肃省水利林牧公司拟订三年农田水利工程计划，预定在三年内完成水利勘查，同时进行 12 项灌溉工程的施工和整修，且按计划在

1944年完成了洮惠、溥济、永乐、内丰等5项，每渠灌田万亩至数万亩不等。这些最能代表黄土高原小型水利建设特点，即工程投资不多，主要用于基本设施，渠工由灌区农民承担不计报酬。据统计，当时甘肃各县尚有灌田数千百亩的渠道，共计170多条，全省总灌溉面积达200多万亩。同时沿黄河各县安装天车汲水，大轮灌田七八百亩，小轮500亩。据永靖、靖地、洮沙、皋兰四县统计，共有天车250架，灌田5万余亩。1943年底国民党国防最高委员会提出西北"十年万井"宏伟计划，指示陕、甘、新三省做出预算规划。第二年即组织勘察，在兰州西北技专办凿井训练班，培训三省凿井专业人员。但抗日战争后，国民党把人力财力均用于打内战，"十年万井"遂不了了之。

解放战争三年，国民党西北战场兵败如山倒，早把"开发西北"抛之于九霄云外，非但不问西北建设，西北军政长官马步芳还提出"破产保产，拼命保命"[1]的口号垂死挣扎，西北农牧业遭到极大破坏。内战开始，国民党政府发布新兵役法，大肆征兵扩军，规定18至45岁男子都要服役，农村精壮劳力多征去当兵。以绥远省计，全省适龄壮丁20万人，1946年6月被征去35000人，同年10月又征11万人，强征的民夫更无法统计。1948年胡宗南集团在西北战场惨败，便疯狂在陕甘强行抓兵补充军队，这一年仅在陕西地方被征抓者即达53000余名。每保一次摊派壮丁多至十余名，青壮年到处躲藏，幸不被抓，也不敢出工劳动。当时陕甘军队极多，每来一军，老百姓都得供给粮草和兵饷。军队开拔必大肆抢劫，牲口车辆随之夺去装运所掠物资，还要百姓赶车输送。三年之间，农事仅靠老弱应付，同时还要负担苛重的地租、田赋，西北贫苦农民当时租赋负担已达收获量的六成到九成。随着内战发展，国统区经济严重危机，政府靠印发纸币弥补巨大的财政赤字，结果引起严重的通货膨胀。1948年，国民党政府发布《财政经济处分令》，宣布改革币制，以金圆券代替法币，公开对人民实行残酷掠夺，转嫁经济危机。但是继而引起物价狂涨，原买一头牛的钱，数月后仅能换回一盒火柴，关中农民清明节直接烧金圆券以代替粗纸"鬼币"。西北地区兴起不久的民族工商业更遭受毁灭性打击，纷纷破产倒闭。国民党逃亡之前，西北农牧业以及整个城乡经济均陷入瘫痪萧条的崩溃中。

抗战期间，西南地区成为国民政府的作战大后方。为了满足战争需要，国民政府曾致力于发展大西南地区的农业，如调整农业机构、注重农业科技示范、开发农林资源、倡导农业互助合作、整修水利灌溉工程等，采取了一系列发展措施，将发展农业摆在重要的战略位置。这既促进了西南经济的发展，又为抗战胜利做出了一定的贡献。

---

[1] 中共中央党史研究室编：《中共党史资料》第32辑，北京：中共党史资料出版社，1990年，第192页。

国民政府调整了农业机构。1937年11月，国民政府在军事委员会之下设立了应急性的农产调整委员会，主要负责全国农产事业的调整，并提供资金补救亏损。1938年1月，国民政府改实业部为经济部，由经济部设置农林司，主管农蚕林垦渔牧农村经济及农村合作等事项。此举是将中央直属各农业机关统一归并到由经济部管辖下的中央农业实验所，从而形成了农业方面的一元化领导。中农所下设有稻作、棉作、麦作、杂粮、森林、蚕桑、畜牧兽医、土壤肥料、植物病虫害、农业经济等系。为了便于开展工作，中农所还在川、黔、湘、桂、滇等省分别设立了工作站，就近指导各省农业技术的推广与运用。各省主管农业生产机构，有农业、园艺、林业三所，合并为一，称"省农业改进所"，所有与农业有关的省属机构均统辖其下，各县设有农业推广所，与中央对口统一。随着抗战时间的延长，农业生产显得日益重要。为了增加粮食产量，国民政府于1939年设立农产促进委员会，1940年又成立农林部，独立于经济部直属行政院，管理全国农林事业，分设农林渔牧农村经济司。除中农所原有系统外，农林部又另专门增设一个粮食增产委员会，负责内容包括农作物推广、病虫害防治、水利垦殖经营、肥料、蚕桑、畜牧兽医以及农林副业推广等，并增加经费，主持粮食增产的推广工作。此外，国民政府还增设了垦务总局、中央农业实验所、中央畜牧试验所等机构，以实现农林牧产业的全面发展。国民政府多次调整农业领导机构，使战时对农业的领导有所加强，并形成了从上至下较为完整的独立系统，以利于西南后方农业的开发。

　　此外，国民政府积极推广良种，增加西南农业生产量。国民政府对推广改良工作主要包括实验、示范、推广三个方面。国民政府在西南设置有中央农业实验所，中央林业实验所，中央畜牧实验所，第一、二国营耕牛繁殖场，以及经济林场和林管处等机构，从事粮棉丝茶畜种的改良及血清骨粉制造，以及育苗造林等的实验研究。此外，又进行示范实验工作。农林部在川、桂、黔等省举办了16处农业推广实验县，并组织西北及西南农业推广巡辅团进行督导工作。实验研究工作主要在中央直属机构进行，省农业改进所主要是在中央机关指导下进行示范推广。国民政府又利用企业社团以协作方式进行推广改良工作。四川的改良蚕种就是由四川丝业公司独家制造的；云南的改良蚕种除了由省建设厅的指导所进行外，云南丝业股份有限公司蚕丝新村公司等也进行推广。

　　西南地区农林资源丰富，为满足战区人口的衣食之需，国民政府提倡大力开发农林资源，其主要措施即是开垦荒地、提高土地资源利用率。据抗战前的调查统计，云南有可垦荒地1500万亩，四川有1000多万亩，西康有40余万亩，贵州有2000万亩，广西有

1900 余万亩。① 抗战爆发后，国民政府积极提倡开垦荒地，由中央制定了非常时期的移民垦殖大纲，指导各省设置垦务委员会办理垦殖事务，农林部成立后，又专设垦务总局统筹管理。抗战时期农林部在西南所办理的直辖垦区有：四川东西山屯垦实验区管理局，垦民人数 2244 人，垦地面积 17358 市亩；西康西昌垦牧实验场，垦民人数 665 人，垦地面积 2813 市亩；四川金佛山屯垦实验区管理处，垦民人数 1425 人，垦地面积 8976 市亩；四川雷马屏峨垦殖实验区管理处，垦民人数 383 人，垦地面积 2605 市亩；贵州六龙山垦区办事处，垦民人数 383 人，垦地面积 2605 市亩；西康泰宁垦区办事处，垦民人数 1759 市亩。② 此外，各机关、学校、团体和私人领垦者尚多。抗战时期西南各省垦殖事业大致情况为：1942 年，四川垦殖面积为 23000 亩，云南为 1600000 亩，广西为 43060 亩；1943 年，四川为 145642 亩，云南为 147030 亩，贵州为 414713 亩，广西为 213627 亩；1944 年，四川为 297074 亩，云南约为 63657 亩，贵州为 219890 亩，广西为 14718307 亩。③

除此之外，国民政府还十分重视林业、畜牧业的发展。如充分利用原有森林，栽种经济林木，大规模推广造林运动等；至于畜牧业，则主要是抓畜种改良各种皮毛与猪鬃猪肠加工、防除兽疫和耕牛保险等工作。④

开展农业互助合作运动。西南大后方的合作社数量在战前较少，因农本局在战时的努力推广而逐步增加，由于后方各省条件不一，合作社运动发展亦不平衡。据不完全统计，到 1940 年初，西南、西北共设有合作金库 150 余所，农业仓库 92 所。合作社的设立与合作金库和农业仓库的设立有着紧密联系，凡此二者设立较多的省份，合作社的数量就要多些。四川是后方农业合作运动开展最好的省份，其合作金库与农业仓库设立最多，两项共计 100 多所，因而其合作社也建立得最多。⑤ 据《新华日报》统计，截至 1940 年 4 月底，四川共有 119 个县区推广了农业合作运动，共设立各种合作社达 18293 所，其中信用合作社占 80%，10% 以上为储押合作社。到 1942 年 6 月，西南地区共建立合作社 63110 所，大都是信用合作社与储押合作社。

西南后方合作运动的广泛推广，为战时农村获得农贷资金提供了条件。据四联总处发表的统计，1939—1940 年 2 月，全国农贷总额达 1.51 亿元以上。这些资金直接以合作

---

① 施珍：《垦殖概论》，重庆：中央训练委员会内政部编印 1942 年版，第 55—58 页。
② 中华年鉴社编：《中华年鉴》下册，民国三十七年（1948），第 1326 页。
③ 根据《国民政府年鉴》民国二十三年（1934）三月版，《国民政府年鉴》民国三十年（1941）下册综合统计。
④ 戴斌武、肖良武：《抗战时期国民政府开发西南农业的主要措施》，《贵阳金筑大学学报》2004 年第 4 期。
⑤ 《抗战时期国民政府开发西南农业的主要措施》。

社为对象贷出的达 0.715 亿元，占农贷总额的 47.23%；贷给合作金库的为 0.41 亿元，占 27.12%；贷给农业仓库的为 0.08 亿元，占 5.43%。三项累计近 80%。[①] 从 1941 年开始，四行资金增加，该年达 4.65 亿元以上，占贷出总额的 51%；1942 年达 6.83 亿元，占 59%；1943 后达 15.27 亿元，占 59%；1944 年达 27.14 亿元，占 52%。[②] 根据合作运动进行的情形，所有农贷资金，除直接贷给合作社的外，合作金库与农业仓库所得的农贷，实际上也变相地转贷给了合作社。

整修水利灌溉工程。西南农田水利失修情况十分严重。以四川一带为例，除成都平原的水利建设略具规模外，其余地区都有待增修建设，且旧有的渠堰工程也多有损坏，亟待重新修整。西南地区虽然降水充沛，但变率较大，加之水利失修，储水、泄洪工作不到位，干旱、洪涝灾害时有发生。像四川每年的水、旱灾区，最少有 35% 县份，1935 年水旱灾县共计 73 个县，达全省县数的 49%[③]。因此，西南地区亟待整修水利灌溉工程，改善农业灌溉及生产条件。

四、陕甘宁边区社会经济的发展

1935 年到达陕北后，中共中央成立了中华苏维埃临时中央政府西北办事处，并将苏区划分为陕北省、陕甘省及三边、关中和神府三个特区。1937 年 9 月，苏区改为陕甘宁特区(后改为边区)。经国共两党协调，特区政府所辖 26 县被划为八路军募补区。这 26 个县是陕西的延安、安塞、志丹、安定(子长)、延长、延川、旬邑、淳化、定边、靖边、甘泉、富县、绥德、米脂、佳县、吴堡、清涧、神府，甘肃的庆阳、合水、环县、宁县、正宁、镇原，宁夏的盐池、豫旺。1946 年，陕甘宁边区政府设 5 个分区、1 个市，辖 30 个县、1 个中心区。其中延安分区辖延安、甘泉、富县、安塞、志丹、子长、延长、延川、固临；绥德分区辖绥德、子洲、米脂、佳县、吴堡、清涧；陇东分区辖庆阳、合水、环县、镇朱、曲子、华池；关中分区辖淳耀、赤水、新宁、新正和中心区；三边分区辖定边、靖边、安边、盐池、吴旗。延安则为直属市。1949 年 5 月西安解放后，陕甘宁边区政府迁至西安，另在延安设立陕北行政公署，在南郑设立陕南行政公署，以管理县级政区。

在陕甘宁边区，共产党领导军民进行了大规模的开发和建设。1935 年，中央红军长

---

① 《全国农贷总额逾一万万元，四联总处发表统计》，《时事新报》1940 年 8 月 16 日。
② 丁日初、沈祖炜：《论抗日战争时期的国家资本》，《民国档案》1986 年第 4 期。
③ 邵从桑：《四川省水利初步计划》，1936 年。

征到达陕北，陕甘红军会合，革命力量进一步增加，陕西成为中国革命的中心。1936年，西安事变的发生，成了时局转变的枢纽，抗日民族统一阵线正式形成。1937年中共中央进驻延安，指挥八路军、新四军深入敌后，建立革命根据地，配合国民党的正面战场，同日本侵略者浴血奋战。为了抗战的需要，陕甘宁边区开展了"大生产"运动。1942年，党中央提出"发展经济，保障供给"的口号，自己动手，丰衣足食。经过几年的努力，边区的工农业生产和商业贸易都有了很大的进步。①

抗日战争结束后，以毛泽东为首的中共中央又在陕北指挥了解放战争。因而，陕西的延安成了中国革命的圣地。1947年3月，国民党胡宗南部大举进犯陕甘宁解放区，并一度侵占延安。人民解放军通过青化砭、羊马河、蟠龙镇、沙家店等战役，粉碎了敌人的进攻，最终收复了延安。在以后的几年中，西部各地陆续获得解放。

陕甘宁边区时为中共中央所在地，也是抗日战争的中心根据地，是政治上最先进的地区。同时，边区的农牧业生产以及整个经济建设也卓有成效，是西北及至全国农牧业生产的特殊范例。

陕甘宁边区初创于十年内战时期，最初包括陕甘边和陕北两个革命根据地。1935年中央红军到达陕北，为了加强对西北土地革命的领导，遂将原根据地扩大，成立中华工农民主共和国中央政府西北办事处，置三省二特区。1936年红军经东征和西征，西北办事处苏维埃政权得到巩固，土地革命深入发展，经济建设也开始有了全面部署。1937年蒋介石接受了抗日民族统一战线的主张，国共两党合作抗战。中国共产党为了团结救国，取消两种政权的对立局面，改苏维埃为民主共和制，西北办事处为陕甘宁边区政府，属于国民政府领导下的地方政权。至此，陕甘宁边区统辖范围和行政规模大体固定下来。边区北部与鄂尔多斯高原相连，南面延伸到渭北高原的边缘，西面紧接甘宁高原及六盘山麓，东面则以黄河与山西分界，包括陕北、陇东和宁夏东南的26县，故名陕甘宁边区。

在中共中央的直接指导下，陕甘宁边区政府积极贯彻抗日民族统一战线政策，为了把边区建设成抗日战争的总后方，边区政府在加强政权建设的同时，全力进行经济建设。由于工业基础薄弱，又缺少发展商业的经营条件，陕甘宁边区经济建设重点始终放在农牧业生产上。从抗日战争到解放战争期间，边区农牧业生产发展大体经历了四个主要阶段。

在抗日战争最初的两年间，陕甘宁边区积极调整生产关系以适应抗日民族统一战线总政策。早在土地革命时，边区开展反封建剥削，没收地主阶级土地归农民所有，同时

---

① 星光、张杨主编：《抗日战争时期陕甘宁边区财政经济史稿》，西安：西北大学出版社，1988年，第176—190、337、418页。

废除一切苛捐杂税。但这一时期土地革命发展并不平衡，土地分配状况参差不齐。抗日战争开始，中国共产党宣布停止没收地主土地，争取团结一切抗日力量。根据这一政策，陕甘宁边区未没收地主土地的地区，保证地主土地的所有权，但同时强调实行"减租减息"的政策，减轻农民负担。已经分配土地的地区，保证农民已得土地所有权，防止地主反攻倒算，并对现有土地关系做了调整，以保护地主和农民双方的利益。同时发放低利农牧业贷款，帮助群众解决耕牛、农具、种子、畜养等方面的困难。这一时期国共合作抗战不久，国民党政府不得不给边区拨出应付的财政经费，国内外抗日力量也给边区财力物力相应的支援。边区政府为持久抗战考虑，采取休养民力政策，积极争取外授，减轻边区人民负担，恢复因长期内战而破败不堪的边区经济。党和人民政府发动农民兴修水利、开垦荒地，同时开展劳动互助，调剂劳动力，为大规模发展农牧业准备条件。两年间，边区耕地面积增加了23%，达到1000万亩，其中水田8000亩，增加10倍，牛、羊、驴增加了160万头。正如毛泽东曾经总结的："1937—1939年的第一阶段中，我们取之于民是很少的，在这一阶段内，大大休养了民力。"①

1940—1942年间为第二阶段，边区农牧业在极端困难情况下图强发展。早在1939年春，毛主席鉴于国内政治形势逆转和国民党反共行为日益表面化，提出"自力更生"的号召，动员部队、机关、学校从事农业和手工生产。自1940年起国民党反动派掀起一次次反共高潮，国民政府协款远不敷给，外部捐赠钱物也被国民党扣留。在日本帝国主义和国民党反动派严密的封锁下，边区人民的衣食成为严重问题。针对这种局面，党中央提出实行经济"半自给"及"由半自给过渡到全自给"的方针。边区政府进一步号召军民开展大生产运动，打破敌人的经济封锁，坚持抗战。广大战士、干部、学生积极投入生产运动，自己开荒种粮，植棉纺织，并生产各种生活日用品。这样既减轻了农民的负担，又加强了劳动生产力，给边区军民以极大鼓舞。当时边区政府还进行了抗日民主政权建设，在参议会和政府机关吸收各派政治力量参加，并通过"精兵简政"使大批干部投入生产。边区广大党员积极参加了整风运动，提高了马列主义理论水平，增强了战斗力，有力地推动了生产运动。各级民主政府和广大党员在农村中，切实进行减租减息，组织互助合作，贯彻各项生产措施。农民生产热情高涨，积极完成政府各种税务，踊跃交售救国公粮。由于军民共同努力，大生产运动在1942年达到高潮。据统计，当时边区耕地面积扩大到1250万亩，粮食产量达到168万石，年产土布10万大匹，边区军民的衣食用品已

---

① 毛泽东：《抗日战争时期的经济问题和财政问题》，载《毛泽东选集》第三卷，北京人民出版社，1991年，第894页。

能全部自给或大部自给。

从 1943 年起，边区经济逐渐渡过难关，开始走上稳定发展的道路。毛泽东在总结前阶段工作的基础上，提出了"发展经济，保障供给"的经济方针，要求把群众组织起来，动员大规模劳动力，从而给边区农牧业生产指明了方向。陕甘宁边区政府注意全面地安排经济工作，始终坚持把农业放在边区经济首要地位全力经营。以往正确的农业政策和措施都得到进一步贯彻，再次地发动了广大群众。为了搞好减租减息纠正右的倾向，边区普遍颁行了《土地租佃条例》，彻底减租保佃，提高了群众的劳动积极性，保证生产计划的完成。边区政治民主，社会安定，人口随之增加。抗战以来外地难民大量移入，成为边区建设的一支重要力量。1943 年边区政府规定对新移民不征公粮，帮助解决生产生活资料使其安居乐业。在农村中，政府继续搞好农贷工作，前后发放 3000 万元来解决生产困难。对种植棉花特别加以奖励，棉田三年不纳公粮，日后还可以棉花代粮。边区政府奖励劳动模范，办生产展览大会；开展改造"二流子"运动，形成一种劳动光荣，努力生产有功的社会风气。农牧技术推广也出现高潮，推行深耕多锄的精细经营措施，牲畜品种改良也很有成绩。仅此一年，在陕甘宁边区，牛增加了 2 万多头，羊增加了 23 万只。耕地面积扩大 160 多万亩，粮食增产 16 万石，其中改良农作法增产占十分之一，棉花种植面积达到 15 万亩，比三年前扩大了 10 倍。农牧业巨大成就也给工业、手工业、商业、运输发展创造了条件，军民食用这时已完全实现自给。正如毛主席在年底召开的劳动模范大会上所宣称的："我们用自己动手的方法，达到了丰衣足食。"[1] 1944 年和 1945 年两年间，党中央根据抗日战争大反攻形势的需要，给边区提出更高的奋斗目标，要求两年内实现"耕三余一"。边区政府采取各种有力措施，农牧业生产稳步持续上升，农牧产品普遍自给有余，个别地区粮食生产还达到"耕二余一"的水平。边区工业和整个经济同时发展到历史最好状况，为彻底打败侵略者，把日本帝国主义最后赶出中国做出了贡献。

1946—1949 年，是陕甘宁边区农牧生产发展的第四个阶段。抗日战争结束后，国内阶级关系又发生新的变化，斗争的中心仍是土地问题。1946 年 5 月，中共中央发出《关于土地问题的指示》，支持农民群众迫切得到土地的要求，提出正确解决土地问题的政策。1947 年 9 月召集全国土地会议，制定了《中国土地法大纲》。陕甘宁边区根据本区实际情况，在继续深入开展减租斗争的基础上，重新调整土地关系。边区政府先后发布了

---

[1] 毛泽东：《组织起来》，载《毛泽东选集》第三卷，北京：人民出版社，1991 年，第 929 页。

"减租查田""征购地主土地""抽补调剂"等具体的土地改策，纠正了工作中各种错误和偏向，调动了广大农民的生产积极性。1946年春季，边区政府再倡导大生产运动，提出转变作风，克服老一套思想，要使生产"超过以往任何一年"，为全国树立榜样。这一年生产成就果然不错，显著的特点是较往年更加注重农业技术改革。中共中央西北局专门举行农业技术座谈会，特邀对农业有一定研究的同志做技术指导。"与会者一致认为改进农业技术是边区生产运动中最重要的工作。建议在组织起来的基础上逐渐推行深耕细作，改良土壤，灭除虫害，改良品种，改良农具，植树造林等农业技术。"[1]经边区政府大力推广，这些技术措施在各区得到不同程度的推行，各地劳动英雄大多是推广先进技术的模范。劳模们还根据本地生产实际，不断总结广大农民经验，创造了许多高产耕作法，丰富了先进农业技术推广内容，边区农业生产效率较前又有所提高。1946年6月，国民党挑起全面内战，当遭到人民解放军痛击后，转而对陕甘宁边区实行"重点进攻"。从1946年11月起，蒋介石再次调集34个旅，计23万兵马，从南、北、西三面包围陕甘宁边区。1947年3月，胡宗南率17万军队，从南线突破，大举进攻延安，妄图摧毁共产党和解放军中枢。党中央从"诱敌深入""歼敌有生力量"的战略方针出发，主动放弃延安，转战陕北。胡宗南军队占领以延安为中心的部分边区城乡后，烧杀抢劫，破坏农田、农具，拉民夫，抢牲畜，宰杀羊只，砍伐树木，老百姓称为"胡祸"。直到胡宗南军队被迫撤出陕北战场，战祸延续一年多，陕甘宁边区农牧业深受破坏。正是在这一时期，陕甘宁边区先后发生了旱、涝、雹、霜等自然灾害，损害青苗50万亩，荒芜耕地660多万亩。真是"胡祸天灾"并行。在党中央和边区政府领导下，边区军民一面粉碎胡宗南的军事进攻，一方面开展生产救灾，提出"胡祸必灭，人定胜天""绝不饿死一个人"等坚定口号。毛泽东、周恩来在佳县、米脂等地视察灾情，部署救灾工作。边区军民更加紧密地团结在一起，互救互济，加紧生产。晋绥解放区也调粮援救，吕梁区组织10万民工，在"天下农民是一家"的标语下，成群结队，向陕甘宁边区运粮，组成长达千里的运输线，不顾敌机轰炸，源源不断地救济边区弟兄。1949年陕甘宁边区在战胜了"胡祸天灾"后，农牧业生产很快得到恢复，并以更快的速度向前发展。

---

[1] 张俊南、张宪臣等编：《陕甘宁边区大事记》，西安：三秦出版社，1986年，第197页。

第二节
近代西部农业科技的发展

近代百余年间，西部农业科学技术发生了以往 2000 多年不曾有过的变化。最值得注意的是以经验科学为特征的传统农书衰而至竭，不复有书行世，代之而起的是由欧洲东渐的、以近代科学为基础、以实验科学为特征的现代农业科学。出书刊、兴学校，成为这一时期农业科学新潮流。从农业生产技术方面看，传统农艺无甚发展，牛耕、铁具、手工作业及故老相传的一整套生产技术，仍是西部农业生产的基本手段，即使在经济文化发达的关中地区，这种局面也无根本改变。但是在半殖民地半封建社会历史条件下，西方国家先进农业机械、优良品种、栽培技术、化肥农药等也逐步传入，为西部农业技术发展注入了活力，有些现代技术还不同程度地得到应用和推广。同时，方兴未艾的现代农业科学，步步向生产中渗透，欲从根本上改革传统农艺，从而决定着西部农业技术发展的方向。因此说，西部这一历史时期，正处在由传统农业科学技术向现代科学技术过渡的阶段。

一、传统农业技术的传承与创新

前章尝言，在明清时期，西部传统农业技术已达到最高水平。时入近代，在半封建半殖民地制度下，我国既不可能对传统农艺加以改革，又无条件全面改行西方现代农业科学技术，所以只能沿用传统农业技术务庄稼。在清末，西部地方官吏也曾仿习古法，用颁布农书的方式劝令农业，战乱天灾之后，常以种区田、凿灌井等前代成法率民救荒。但是在农民身受"三座大山"压迫，地区农业经济濒临破产的历史条件之下，那种封建专制时代的劝农方式，单纯以农艺挽救西部农业的思想，已不合时宜了。无论是以兵威政声震于西北的左宗棠，还是颇得民心精于农道的县令乡儒，均未能改变西部农业技术日趋落后的状况，民国时期更无人刊刻旧式农书或倡导发展传统农业技术。经维新运动，现代农业科学技术虽传至西部地区，但仍一直处于孕育萌芽状态，未能应用于农业生产。即使某些简易技术的推广，也因为社会条件的限制收效甚微。

西部农业技术的发展处此新旧不接的困难时期，颇有不进则退之势。接连不断的战争灾荒，造成牲畜缺乏，以致在陕西地区，"许多灾后孑遗，家中变卖一空，无力购置耕牛，耕田时只得以人代牛。其法以两人扛一长椽，将绳系椽之中，下拖一犁，前者挽，后者推，行颇迟，数步一歇，汗如雨下。间后有小孩帮耕挽犁，其苦痛可知"①。贫苦农民无力购置铁器，于是使用起木制工具。黄土高原地区的不少农民用木犁耕地，其耕作粗放可想而知。新疆还出现所谓的骑马量地、骑马犁地、骑马撒种、骑马割草、骑马打场的情况，不事锄草施肥，一味广种薄收，产量高者仅数倍于种子，劣者连成本也难收回。综合各地资料，近代西部旱地亩产一般不过数十斤。水田以产量最高的泾惠渠灌区，亩产仅有260斤左右。凡来西部地区者，无不为这里农业生产的落后而惊叹。近代农史资料留下了许多关于西部农业技术失传的记录。当然这种情况多就西部农业技术的穷极之处而言，是旧中国特殊社会条件下出现的农艺倒退现象。然而具有2000多年历史的传统农业技术仍然保持着一定的生命力，支撑着破败的西部农业生产，某些技术仍然有新的创造，兹归纳为农业基本建设和耕作栽培两大方面加以记述。

农业基本建设的成就，以农田灌溉工程技术较为突出，新疆的坎儿井即推广于这一时期。关于坎儿井的创始，中外学者言人人殊。有人说是西来于波斯，有人说是起自内地竖井渠道工程；或言早在古代即传入新疆，或说是近代林则徐谪戍西北时创造。坎儿井始时来历虽然未明，但古代新疆未广泛推行此项水利，却是无可争议的事实。从文献和考古资料看，新疆推广坎儿井之利为时不甚遥远。《清史稿·河渠》记载，道光二十五年(1845)，喀喇沙尔办事大臣全庆疏言："吐鲁番地亩多系掘井取泉，名曰卡井，连环导引，其利甚溥。惟高埠难引水逆流而上，应听户民自行挖井，冬春水微时，可补不足。"②究其时，正是鸦片战争后林则徐大兴新疆水利期间，这位颇知民生经济的人物必然会参与其事，并且全力推广这种集中世代西北人民智慧的坎井工程。故近人记坎儿井，多归功于林则徐，实非无根之谈。唯将坎儿井发明尽归其一人，则不尽合理，坎儿井本是干旱灌溉农业区劳动人民的伟大创造，主要分布在新疆吐鲁番地区。这里雨量绝少，气候特别干燥，地面河流甚稀，即有河沟也常年干涸，偶得水源开渠引灌，而下渗上蒸，损水量极大，于是渐创这种巧引地下水的灌溉工程。开凿坎儿井必先观察山形水脉，在地下水丰富的山麓地带选定井渠的走向，每相隔数十米凿一竖井，深可见水。然后再把各井顺次隧通，成一地下渠道。渐近平原处，竖井愈浅，以至于渠出地面，自流灌溉。坎井工程艰巨，竖井深者可至四五十丈，井渠全长有达四五十里者，外人感叹为中国的

---

① 石简：《陕西灾后的土地问题和农村新恐慌的展开》，载陕西农牧志编纂委员会办公室《陕西近代农业史料辑录》，1987年，第230页。
② 《清史稿》卷一百二十九《河渠志》，第3845页。

"地下长城"。而当地人民为得井灌田,不惧艰辛,富家常凿二三道,小康之家也不遗余力地开凿坎儿井。

继林则徐推广坎儿井后,左宗棠西征间新疆水利又有了发展。左部张曜为解决沙碛之地柴水渗漏问题,发明了架槽和铺毡两法。槽用木制,毡铺渠底,二者配合使用,可使渠道跨越洼地山涧,横渡沙漠戈壁。然毛毡、木材昂贵,造渠成本太高,虽然左宗棠从西宁、兰州等地购买大量毡条支持张曜成全了毡渠工程,但是纯用木槽毛毡修渠终难普遍实行。唯作为水利工程措施,架槽铺毡实属一种成功创造,在特殊的地形、地质条件下,修造短距离的渠段,仍不失为一个因地制宜的水利工程措施。

清末西北水利灌溉工程仍沿用传统的方法和技术,在数千年的经验积累下,民间水工技术不断提高。其勘察、设计、施工全凭实践经验进行,各地都有精于沟洫之道的土专家。王同春就是一个身怀绝技的传统型水利专家:"同春有天才,能识水脉,登高而望,即知畎浍所宜。又或驰马巡行,凡山原高下,工程多寡,斗角钩心,了然不差累黍,虽精于测算者不如也。"[1]他对河套地区地理水文情况极熟悉,据说夜间偶然迷路失道,只抓把土向灯一瞧,就知到了哪里,到后套旷野,他打眼一望,说哪里有水,挖不数尺,就冒出水来;他通过黄河中水泡判断河水涨落,常在高仰处开口,水竟能汹涌上涨灌溉田地;有些工程,别人咋舌束手,或半途而废,但他却从容布置,或高或下,或向或背,适当计划,无不成功。老百姓把王同春简直神化,称为"活龙王"。其实他主要依靠平时的观察积累和深思熟虑,每兴一大工,"俯而察,仰而思,面壁终夜,临流痴立,虑其结而不解也"[2]。他经常在黑夜之中,点灯数盏,疏落散放,测定土地高下。正因他能精审于事先,故能神定于临时。王同春本系贫民出身,大字不识,但以独特的水工才能,成渠数道,占地达数百万亩,称霸于后套。清政府督办垦务大臣贻谷,曾经请他做总工程师。民国四年(1915),北洋政府农商总长张謇和中国地学会会长张相文欲大开河套水利,特邀王同春做顾问,住京三月共商开发计划,并联合成立西通垦牧公司。当时张謇兼任导淮督办,又请王同春参与商讨治淮方略,并陪同南行考察。王同春主张疏导入海,与张謇所见略同,只因种种社会障碍未能实行,全面开发河套水利的宏伟计划也因各种掣肘而告败,使他未能尽展其水利才能。[3]

近代河套灌区形成后,灌溉技术日益精密,以时放水,立为成规。据《河套新编》记

---

[1] 张相文:《王同春小传》,《禹贡半月刊》1925年第2卷第12期。
[2] 王文墀:《五原王绅同春行状》,《禹贡半月刊》1925年第2卷第12期。
[3] 顾颉刚:《王同春开发河套记》,《禹贡半月刊》1925年第2卷第12期。

载:"水分五季,清明前河冰初开,水必暴涨一次,调之春水,此时渠道若能通流,则水夹冰块,随流而下,洗刷泥沙,渠身深受其利,如义和缠金二渠,不易淤塞,皆冰块刷沙之力。夏至前上游山林冰雪融化,河水亦必盛涨一次,谓之热水。大暑前为伏水,立秋后为秋水,立冬前为冬水,皆上游雨季源源而来。据农民报告,五季之水及期而至,不过大小略有分别,故又谓之信水。各地年前以浇过伏秋大水为最佳,冬水次之,及春耕种,是为夏田。用本年春水及热水浸灌土地,是为秋田。不得水者,则不能耕种,必待伏秋浸灌,以为来年之计。至于禾稼生长,伏水秋水期内,润湿三四次,每次约需水厚一尺上下。又后套湖荡甚多,自河势南迁后,涸成田地。惟土性多碱,芦荻丛生,但伏秋大水,一经浸灌,即成良沃,来年虽一岁无水,亦操丰收之获。且需水量深必四五尺,是时正下游患水之秋,河套灌溉容潴,实有相因为益之势。"河西、新疆等干旱灌溉农区,不依赖降雨,灌溉亦成固定时节,然次数在不同时期各有所差别。

此时土地利用和土壤改良等传统技术也有所发展。上言后套王同春以水利兴农垦,在前套还有一个善于治碱造田的郑万福,他专门经营碱湖垦殖,前套二三十处湖泊不毛之地,盐碱得以改良,成田千顷以上,岁入极富,与王同春并雄于河套地区。因为西北盐碱地面积大,危害广泛,所以新疆农民也积累了很多碱地利用和改良的经验。在开荒前,对包括盐碱地在内的各类土地性状便有所认识,《新疆图志》详细记载了这方面的经验:"垦荒之法,先相土,宜生白蒿者为上地,生龙须草为中地,生芦苇者多碱为下地,然宜稻。既度地利乃芟而焚之,区划成方罫形,夏日则犁其土,使草根森露,暴之欲使其干也。秋日则疏渠引水,浸之欲其腐也。次岁则草化而地亦腴,初种宜麦,麦能吸地力,化土性,使坚者软,实者松。再种宜豆,豆能稍减碱质。若不依法次第种之,则地角坼裂,秀而不实。如是两三年之后,五谷皆宜,每种一石,可获二十石。"[1]这是根据地面植被判断土性地力,进而因地制宜垦殖轮作、改良土壤,以争取高产的完整的历史经验。新疆还有以轮荒改良盐碱的经验。长期灌溉种植之地,水位易上升,盐碱加重。弃而荒之,芦苇等耐碱先锋植物却能抗逆而生,土壤碱性随之减弱。当聚生植物逐渐增多,数年后形成群落,土壤腐殖质增加,也有抑碱作用。同时停止灌溉后地下水位不断下降,碱质更逐年减少,再恢复种植,必然丰收。新中国成立前新疆无排水洗碱设施,轮荒也不失为大面积除碱的好办法。

如果不考虑萌芽状态的现代技术,西北传统耕作栽培及碾打收藏方法并无根本性改

---

[1] 〔民国〕袁大化修,王树枬、王学曾纂:《〔宣统〕新疆图志》卷二十八《实业一》,民国十二年(1923年)排印本。

变,仅仅是在技术运用上愈趋熟练,生产环节更加完善。此时耕作制度已形成多种合理的轮作方案。据20世纪30年代调查,陕、甘、宁、青各地传统的倒茬方式多种多样,都有一定的休养地力、防虫灭病、提高产量的作用,也符合现代农业科学原理。值得注意的是陕甘宁边区提倡综合运用传统农业技术基本方法,能广泛发动农民,形成群众运动。黄土高原区开展以精耕细作为中心的农艺革新,对扭转本区粗放耕作有着重要的意义。边区称为"技术改良运动",其实仍以推广传统精耕细作为内容。正如毛泽东所解释的,"我们说的提高技术,是说从边区现有的农业技术与农民生产知识出发,依可能办到的事情从事研究,以便帮助农民对于粮棉各项主要生产事业有所改良,达到增产的目的。某些改良是完全可能的,我们已有了相当的经验,对这方面缺乏信心,缺乏热情是不对的。但夸大改良的可能性,以为边区可以实行现代化的大规模的农业技术,则是没有根据的"[1]。

农作改良的中心内容还是传统旱作的深耕、勤锄、多施肥,再配合以其他管理措施。关于深耕,由于传统动力耕具的限制,深度一般也不过7寸至1尺,有些劳动模范创造用馒镢"掏地"多半在1尺以上。无论是犁耕或镢掏,这时人们对深耕所具有的松土、蓄水、压青、灭虫、抗寒等综合增产效能有了深刻认识。黄土高原区群众以往担心深翻出生土不宜种植,在深耕实践中方知打破犁底层部分生土,与上部熟土掺合在一起,并不影响庄稼生长,而且因增加耕层土壤厚度更利于增产。群众比喻说,"生土好比年轻娃,又能吸雨又劲大"。关于勤锄,边区也流传着一句谚语:"七次谷子八次瓜,九次麻子拾圪爪。"这里说勤锄七八次,也是农谚常用的虚拟手法。边区通常情况,谷子、高粱锄三遍以上,糜子、豆子锄两遍以上。锄第二遍时,就要给禾根培土。锄草中耕在黄土区的抗旱增产效果最为显著,而且工具技术均简单易行,群众锄草热情很高,有些地方真是"锄不厌数"。据说绥德张家圪崂的秋田一般都要锄上四遍,有的还锄过六次。西北农林专科学校在甘、宁、青地区调查到,麦子、糜谷中耕锄草不下两三次,棉花多达四次,使用锄头还有大小之别,幼苗期要用极小的手锄或漏锄,禾苗稍高才用大锄。至于施肥,在关中农业区本不足为奇,而在西北黄土丘陵沟壑区却是革除陋习、改良农作的一项重要任务。这里田高地远,运肥不易,历来即以"广种薄收"来种庄稼。经边区政府的号召,梁峁瘠地破天荒地施上了粪肥,传统肥源在边区普遍得到开发。当时为了收集流动人畜抛弃的粪便,开展人人拾粪运动,涌现出以拾粪闻名的劳动英雄。仅从这一点,我

---

[1] 毛泽东:《毛泽东选集》,解放社1944年1月订正再版,第45页。

们即可看出当年陕甘宁边区推行传统精耕细作农业技术的热情和生动局面。

　　陕甘宁农作改良以棉花栽培成效较大，可以代表西北传统作物栽培技术发展的新水平。虽说国民党统治的关中棉区成立了棉作改良所，同时还推行一些现代技术措施，但却不及陕甘宁翻身群众贯彻棉花栽培技术那样细致认真。这里植棉条件和棉花产量远不如关中优越，以往极少种棉，只有认真推广种植方法，才能使这种新引经济作物在边区成长起来，所以边区政府对植棉大力宣传，精心组织技术辅导。棉花栽培技术复杂，从徐光启《农政全书》记载来看，明末植棉技术在东南地区已十分讲究，但西北种植面积既少，自无精细作务的风气。同治年间，左宗棠在甘陇提倡种植，编《棉书》作为辅导，内容包括选种、布种、分苗、灌耘、采实、拣晒、收籽、轧核、弹花、擦花、纺线、挽经、布浆、上机、打油15个项目，实将明清以来棉花播获加工技术发展成就尽行传于西北棉区。至陕甘宁边区引种棉花时，植棉技术及推广又达到新的水平，除引用优良棉种外，棉花栽培每个环节的技术措施得到进一步完善。棉田整地，按边区群众经验要翻三次，上年先秋翻，当年惊蛰、谷雨各翻一次。底肥要施足，边区系半农半牧地带，兽骨多，粪肥中还加入骨灰，看来群众实践中已掌握了棉花喜欢磷肥的特点。浸种拌种也为群众接受，并且按照播前具体情况，分别采用冷水、温水、煎水三种不同方法浸泡，同时还用草木灰拌种。棉花播种，群众常根据下面两条农谚决定种棉适期："谷雨前后好种棉"，"过了四月八，看花没圪垯"。但也要注意按当年气温雨水情况做灵活安排。下种深度，更能考虑棉花品种和土壤肥力、墒情等因素，一般情况下深至1寸半即可。播法有撒、溜、点三种，通常采用溜播和点播，出苗成行，便于田间管理。棉花作务，关键在田间管理，边区多为旱田，水田棉花极少，故特别重视中耕，一般棉花要锄五遍。棉苗显行即锄第一遍，目的在锄草、间苗。棉苗长出一对尖叶后第二次锄草，同时定苗。第三次在夏至时锄地并培土，此后每隔20天左右再做第四、五次中耕。其他管理措施还有"抹腿"，即在棉苗长到八九寸时，把下面两片胎叶芽子抹掉；"剥油条"，即在棉株结花苞时，把不直接结桃的条子打去；"打头"，当棉株下部已经开花时，即将顶芽摘去，使棉花早结桃；"打拐枝"，摘掉顶芽之后，棉茎上还会长出拐枝，也要摘去；"打群尖"，部分棉桃已育成时，便将结桃的枝条上顶芽也摘去，使水分营养都集中在棉桃上；最后是收花，"花见花，四十八"，是说从柳株开花到棉桃开花，约一个半月时间，即白露前后可摘收。与此同时，在棉苗生长期始终要注意防治病虫害。棉花是一种较难栽培的经济作物，从20世纪三四十年代陕甘宁边区种棉技术，便可看出西北地区精耕细作的水平。而陇中精务烟草亦不亚于陕北植棉，种前先制苗床，精心培育烟苗，然后移栽烟

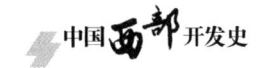

田。烟地要提前施肥，耕耱作畦，栽时行距、株距极为严格，苗期管理十分复杂。十日浇水一次，浇后趁墒中耕，同时除草、耘田、壅苗；另外，收获时宜的把握，晒贮及粗加工的方法，均有独到的技术，故兰州水烟名噪全国，每年可制烟丝250万斤，是甘肃重要出货。

二、现代农业技术的萌芽

现代农业技术是指19世纪40年代以来，首先在西方资本主义国家出现的以实验农业科学为基础，用先进工业材料和技术装备起来的农业生产方式和手段，是承替传统农业技术而新出的农业技术类型。现代农业技术从产生到确立，正和中国近代历史相始终，遗憾的是半封建半殖民地的中国农业技术并未能与其同步发展。当中国经鸦片战争沦为半殖民地半封建社会时，欧洲已经开发了化肥工业，并把蒸汽机引为耕作的动力。当中国人民经过百年斗争，真正实现民族独立时，欧洲资本主义国家已确立了以内燃拖拉机为动力、配套农业机械为工具、使用合成氮肥和农药的现代农业技术体系。在这期间，中国人也想摆脱传统农业技术的落后状态，从20世纪起，即开始认真学习起西方农业科学，也有人热心引进现代农业技术。然而这样重大的科技革命，毕竟不是旧中国所能完成的，故在新中国成立前现代农业技术始终未能成长起来，即使文化和工业稍有基础的东南沿海地区也仅仅有些不成系统的引用；而在落后的西北，则只能见到现代农业技术的一些萌芽。

现代农业又称工业式农业，农业生产在很大程度上依靠工业装备，西北在20世纪30年代几无现代机器工业，虽然同治间洋务派官僚左宗棠在陕甘设立机器制造局，后且有所扩展，但只是生产枪炮弹药而已。唯光绪五年（1879）左宗棠批准引进的、蒸汽动力的全套小型织呢设备，可算得上是畜产纺织机器。21世纪初，西北逐步引进一些以人畜为动力的小机器，可惜一直没有原动力工业，所谓机器，多是人力手工作业，很少有蒸汽动力的半机器性生产。直到1932年陇海路通车后，西北开始有了电力、机械、面粉、化学等小型工厂，可以算作是西北现代机器工业的基础。但这基础薄弱无力，自身难保，根本无法向西北农业提供现代动力机械或肥料农药；虽引进一些国外现代农业技术设备，但仅如样品一样供人观赏。然而这些正是中国现代农业技术的萌芽状态，传统农业历史性的改造即由此开始，自然应当详记其原委。

拖拉机在旧中国被视为现代农业的标志，西北引进拖拉机以新疆最早。自盛世才开始，新疆地区与苏联关系较为融洽，先后多次引进拖拉机和苏式播种机、收割机、新式步犁等现代化农业机械，但数量毕竟有限，也不可能较为广泛地用于农业生产。至于陕甘内省始引拖拉机，则远远晚于新疆，直到20世纪30年代中期，陕西才引进第一台拖拉机；后来转于西北农学院，远近群众争相赶来观看"铁牛"。西北地区自制的简单现代农业机械当时极为罕见，直到30年代初陕西军械制造局改为机械局，才转产极少量3匹马力抽水机和中耕机。农业机械不发达的原因自然是科学技术和工业基础薄弱，农业生产尚未达到使用大型机器的水平，正如近代《农学报》载文分析的，"中国人工甚贱，视西国工值迥不相侔，火机暂不可用"；"欧洲人力贵，易牛耕而用机轮，耘锄收割之具，多用汽机；肥田之物，或用硫强水。此则成本太钜，获不偿费，不可行于中国者也"①。1949年前，西北只有棉花的包装加工实现了机器生产，因为这种经济作物是国外资本主义掠夺的重要原料，因而能优先实现机械化。机器轧花机早在1897年便首次引入陕西棉区，是陕西维新派人士刘古愚、陈涛等筹资从湖北购置的日本小型轧花机。他们在泾阳办起轧花厂，专代四乡棉农轧花。机器轧花风气日开，很快遍及西北棉区。1933年陕西机械局开始制造轧花机，棉乡轧花均能就地解决。西北棉花打包兴于20世纪30年代中期，中国机器打包公司、潼关机器打包公司和渭南机器打包厂创办较早，资本均在数十万，工人有的多达两三千人，机器为英国制造，在当时即为规模可观的大工厂。后来机器打包厂不断增加，各县所产皮棉大部分可就近打包运输。弹花机器普及较快，1934年华阴兵工厂改为工农机械局，专门生产弹花机，每月可造600多部，销于西北及其他棉区。棉籽轧油仍以民间油坊土法为主，但自抗日战争后，机器轧油工业在棉区城市发展起来，城乡居民多食棉籽油，油渣用作肥料，其余下脚料可喂牲口。棉花纺织工业当时为西北现代工业主体，西安、宝鸡、兰州和新疆地区均已有纺织厂，机器有进口也有国产，陕西机械局即可生产小型织布机器。近代西北植棉的快速发展，同加工过程全部机械化有着直接关系。粮食机器加工在西北各大城市也算比较大的现代工业，有些县镇有面粉机，但也只能部分解决城市商品粮，全区的粮食加工仍然依靠传统的人、畜、水力磨粉，其规模远不能与棉花加工相比较。

  水利工程使用现代科学技术和机械在西北较有成绩，早在光绪初期，左宗棠筹开泾河上源水利，即多方派人探询购置外国开河机械(推土机、掘土机之类)。上海采办转运委员胡光墉从德国代买到一套，同时雇定几位德国技师操作，工程进度很快。后来因渠底坚石太多，他准备再买一种开石机，不料光绪七年(1881)泾水暴涨，工程尽毁，开河

---

① 武昌辛亥革命研究中心组编：《辛亥革命史事长编》第1册，武汉：武汉出版社，2011年，第187页。

机器也弃遗报废，这便是西北地区最早引用水利机械的始末。在此之先，左宗棠接受部将王德榜建议，准其率部在河州凿引抹邦河灌田。渠长70里，沿途多山石。工程异常艰巨。王德榜用火药轰山炸石，劈除山阜或凿隧道，时称"地雷"，计用火硝黄2600石。工程进度较快，从同治十二年（1874）6月开工，不到一年便竣工通水。像这样大量使用火药开渠，实开现代炸石筑渠工程的先河，后来王德榜成为一位有名的开渠专家。然而具有现代意义的水利建设，实始于20世纪30年代李仪祉主持修建的陕西诸渠工程。李仪祉早年留学德国，专攻水利工程，精通现代水利科学技术。陕西泾惠渠等灌溉渠系，从勘测、设计、施工组织均使用现代科学手段，有些设备材料，如大坝闸门、钢筋、水泥等，均用进口或国产工业品料。灌水的管理都有专门的机构，修浚维护也是在现代科学知识的指导下进行。

农业化学及其引导出来的化肥农药，曾经是西方现代农业的前导，为传统农业的有机循环系统中加入了工业性物质。土地的营养平衡和病虫害的防治，始用化学物质来维持。我国的现代化学工业基础薄弱，20世纪起沿海城市方出现现代化学工业，30年代西北始建小型三酸厂，但远未达到生产化肥农药的水平。只有南京永利化学公司已开始生产硫酸铵，有些地方还制造过磷酸钙一类的磷肥，俗称"肥田粉"，产量极少不能满足需要。抗日战争前30多年，英、美等国曾输进硫铵、硝铵、肥田粉等化学肥料，主要售于华南、华中、华北地区。大约在抗日战争后，西北各地农场才用到化学肥料。1946年经陕西农业技术专家李国桢提议，陕西调进200吨硝酸铵先在泾惠渠灌区试用，从此化肥才开始用于西北大田。1946年李国桢在《中国棉讯》上载文专门记述了这次化肥推广工作的过程和效果。国外农药是随改良棉作传入西北的，多为有机氯类的农药，也仅在试验农场和少数重点产棉区有少量应用。大田虫害防治仍因陋就简，采用乡土办法。例如，用烟叶水、桃叶水、杏仁水、肥皂水、草木灰、干黄土防治棉花和蔬菜油汗等虫害；棉花红铃虫只能依靠日晒和热炕杀死；地老虎用冬翻地和间作大麻等传统耕作技术驱除；从国统区到延安的农业科技工作者康迪提倡用掏谷茬的办法控制谷子跎谷虫病的蔓延；等等。

农业科学是现代农业技术的基础，20世纪30年代起，西北现代农业科学教育事业进步很快，对农业生产带来了深刻的影响。当时兴起的农业技术改良运动的重点，主要还在于采用优良品种和进步农艺方法，即"良种"和"良法"两个方面。良种的引进和选育成果比较显著，确实可称一场运动，但是因缺乏必要的物质条件，未使现代技术方法得到普遍应用。然而在改良运动中，各种农业科技刊物对现代技术的传播，各地农作改良和技术推广机构在农村所作的技术传授，在农民中也产生了一定的影响。农村虽无条件使用现代技术，但农民懂得了些农业知识，仍能增强其重视传统农业技术的自觉性。这时期，田间管理进一步加强，农民普遍重视施肥。施肥方法较过去更讲究，特别注意使用各种追肥。例如，农家因不能广泛使用化肥，农民就用老墙土和炕土追施玉米等中耕作物，并根据雨水、灌溉等条件，把握施肥时机，充分发挥肥效。中耕锄草和田间灌水在现代农业知识指导下，基本做到合理适时。病虫害防治相较于传统农业有更大进步，古代农业只有作物虫害的防治，对病害则几乎无所过问，对作物病理更无法认识。虫害防治过去仅以蝗虫为主，防治措施只有人工捕捉。现代农业科学以生物学知识为指导，对病虫特性状态、生命规律、危害原理都有明确认识，可以用药物进行大面积的有效防治。因为当时无力使用农药，农技人员经过试验，用浸泡某些草木液汁代替，即用中草药防治病虫害，收到一定的效果。

现代科学技术扩大了人的认识范围，水土保持成为一个与农业环境密切联系的课题。人们清楚地看到，地处黄河中上游的西北黄土高原区是水土流失最严重的地区，它以邻为壑，给黄河下游造成泛滥之灾，同时又自食其果，给本区农牧业生产和生态平衡带来危机。人们也认识到像历史上那样一味开垦、放牧、采伐是行不通的，用传统的办法局部地平治水土也是不能根治流失的。1940年夏，陕北诸河发生特大洪水，损失大面积的田禾和肥美土地。灾后陕甘宁边区政府组织有关专家成立考察团，调查森林状况和大水成因。调查分析认为，除气候、地质等自然因子和历史上对森林植被的破坏外，当时过度的开垦、放牧也是导致水患的直接原因。报告书尖锐指出："一方是努力在山上开荒，同时，一方扩大了冲毁的肥川美地，以今年冲毁的面积来说，比新开垦的地不知要超过多少倍的价值。""其次放牧牲畜也有相当的关系，普遍放牧，避免发源山坡，况边区非发源山谷很多，何必任其践踏发源山坡，帮助冲刷呢？"[1]边区政府非常重视考察团意见，随即制定《森林保护条例修正案》，严禁滥垦林木，破坏生态。条例还特别强调保护"预防风、沙、雹、霜、急雨等危害之森林"，同时保护"防止雨水冲刷，农地崩陷，山洪冲淤，河岸塌塞等之森林"[2]。1941年陕甘宁边区又颁行了《植树造林条例》，并明确声明"本条例为发展植树造林，调节气候，保持水土，并改善各项生产因素而制定之"[3]。显

---

[1]《陕甘宁边区森林考察团报告书》，载陕西省地方志编纂委员会编：《陕西省志》第12卷《林业志》，北京：中国林业出版社，1996年，第667页。
[2] 陕西省档案馆、陕西省社会科学院编：《陕甘宁边区政府文件选编》第3辑，西安：陕西人民教育出版社，2013年，第113页。
[3]《陕甘宁边区政府文件选编》第3辑，第114页。

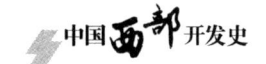

然，陕甘宁边区已经认识到水土流失对农业生产的严重影响，首先通过保护森林和治理水土流失来改变农业环境，这大约可以代表现代水土保持工作开初的水平。国统区的情况与此大体相同，1940年，旧黄委会增设了一个林垦设计委员会，推动以森林防止冲刷、保护农田、涵蓄水源、改进水利等工作。同年8月，林垦设计委员会改名为"水土保持委员会"，从此"水土保持"才作为专用术语被使用。次年，先后在天水、西安建立水土保持实验区，在平凉、清水等地设立林草种苗繁殖场。后来西北的农林科研单位也设立水土保持机构，并在黄土高原地区应用现代科学方法，对水土流失规律及保持措施进行实验研究；有的还从国外引来林草种苗试验，取得了一些成果。但是这些成果在国民党统治区始终未能得到全面推广，而陕甘宁边区则结合植树、造林和农田建设，开展水土保持，形成群众运动。边区农民除采取传统的耕作措施和生物措施外，广泛推行水漫地、修埝地等工程性措施，取得了良好效益。虽然这些措施早先已经有人使用，但只有在"组织起来"，实行"互助合作"的陕甘宁边区才能够普遍实行，且有所发展创新。水漫地被视为三边人民的创造，毛泽东特别宣传了这种兼有水土保持功用的造田方法，就是沿天沟一面畔上打起很坚固的坝，装上沙柳与柠条子，使常年从山上流下来的山水，无法从天沟流去，而是全漫在地上。地上泥质既厚，肥料又多，又富水分，极宜庄稼生长；同时，水流把山沟都漫成平滩，生产面积也扩大了。三边农民还创造了在不同地形条件下的水漫地办法若干种，所以把这种水土保持措施归功于陕甘宁边区人民创造是符合实际的。修埝地是边区渭北数县人民所习用的工程措施，据《边区的水利事业》记载："修埝地是关中分区首先倡导的一种改良土质，增产粮食的水土保持事业，它是凭借着人为的力量，改造与改变自然地形，使已耕地中的泥土与肥料不被山洪冲跑，把山洪泥土用人力打成的坝稜阻止，而容积与沉淀在原来耕地的较低处。这样就可把这个地方变成很肥沃的一块小型平地。"[①]宋代南方兴起的梯田，这时期广泛推行到陕甘宁地区，但在当时还不及漫地和埝地普遍。陕甘宁边区的水土保持工作，为新中国成立后黄土高原大规模水土保持和综合治理积累了极其宝贵的历史经验。

家虫放养主要有养蚕和养蜂两项，我国近代学习西方先进农业科学技术以蚕桑业行动最早，首建第一所农业学校便是杭州蚕学馆（1896年建）。维新运动后，东南地区即出现新式饲蚕试验场，采用现代技术养蚕、育种、防病。进入20世纪，蚕桑改良运动在江南各省普遍兴起。西北蚕业在近代几度提倡，终不能恢复西周汉唐之盛，只有关中一带

---

① 陕甘宁边区财政经济史编写组编：《抗日战争时期陕甘宁边区财政经济史料摘编》第二编农业，西安：陕西人民出版社，1981年，第716页。

农民有少量饲养,其规模远不能与南省相比,生产手段多半还用传统种桑养蚕技术。然新疆蚕业却颇有成绩,经清末整顿新疆蚕业有了一定基础,杨增新注重以蚕丝对苏贸易,1915年南疆有桑树1000万株,桑田57万亩,生丝产量6500担,蚕茧达到新疆历史最高产量。盛世才主新时,在苏联专家帮助下,培养技术人员,宣传科学养蚕。1942年著名蚕桑专家赵鸿基到新疆任蚕桑顾问,接着又有大批的蚕桑专家进疆,新疆蚕桑技术改良运动全面兴起。短短四五年间,新疆全面推广了扦插、嫁接等技术,大量繁育桑苗;同时改良蚕品种,建立科学繁育体系。原蚕种场在和田成立,后被扩建为蚕丝试验场,设有较先进的蚕室、桑库、催青室、上簇室和可容纳40万张蚕种的冷库。各县几乎都成立了蚕种场,改变了过去依赖苏联蚕种的状况。蚕桑技术训练班先后办了14期,培养了近千名民族技术人员。另外还更新改造了缫丝和纺织机器,蚕丝加工机械化程度有了很大提高,故民国以来新疆蚕桑在西北独得发展。

三、农作物优良品种的引种与选育

近代以来随着中西方经济文化的充分交流,农作物品种通过各种渠道和方式互通有无。一方面,帝国主义依靠特权,大肆掠取我国传统作物的优良品种和野生的种质资源;另一方面,为了加紧原料掠夺,外国资本主义势力极力把国外优良品种投入半殖民地的中国,牟取更大的经济利益。良种传入我国的途径,最初多是由教士、外商带入,繁育传播较慢。清末民初,某些重要作物品种主要通过国家或社会团体大批惠送或倾销。20世纪20年代,现代农业科学技术在我国已有初步发展,引种逐渐按照现代科学方式进行,引种思想、方法的科学性是汉、唐、明、清时不能相比的。现代引种技术已不是传统的引来种植了事,还要有科学的推广和选育,以保证原引品种的纯度,并进一步选育适应性强的新品种。良种的引进推广,多半是由农事试验机关和农业院校的科技工作者主持。引入作物种类极广,凡属适于我国种植的作物品种,基本上都有引进,特别是麦、棉、玉米等主要作物育种材料引进的至少有数千种。仅西北农林专科学校成立之初,我国就引种潘西维尔世界小麦1000多种、中国小麦2000多种作为育种材料。这时期引种来源亦不限于一区一国,引进之后的推广一般是分散传播,遍地开花;不像古代那样的循序渐进,形成连续性的传播路线。现代引种推广的特点在西北地区表现异常明显,故这一历史时期引入西北各地的农、林、果、蔬等良种之多,已无从细记。然而真正得以推广,并取得显著效益的主要是棉花、小麦这两种农作物的优良品种。同时,运用现代选种育种技术比较有成效的也是棉麦这两大作物。

西北棉花品种在20世纪前主要有两种。一种为古老的非洲棉，又称小棉，多种于新疆地区；一种为宋元以后由东南转入本区的印度棉，通称"中棉"，西北民间又叫"小洋花"，多种于陕西地区。甘、宁、青种棉不多，品种大约两者兼而有之。小棉产量极低，中棉品质欠佳，而这两类棉花的产量品质，都不及近代渐入中国的美洲棉。美洲棉纤维较长，可以精纺为细布。每百斤美洲籽棉比中棉起码多得10斤皮棉，小棉更无法与其相比。鸦片战争以后，美洲棉渐入中国。特别是洋务派在上海、湖北创办的纺织厂，先后几次从美国引种，在长江流域种植，为机器纺织提供原料，美洲棉始得广泛流传。大约在19世纪末，美洲棉由民间传入陕西，群众称为"洋花"，并争相种植，"到宣统间，洋棉遂普及，而乡棉日少"①。但从现代农业技术角度看，清末引种和推广尚不够科学。种子不经驯化，也不考虑适应性就发给农民，令其自由传播；更不注意选种保纯，数年之后，棉种即发生退化，产量品质往往还不及中棉。北洋政府时期，农商部部长张謇提倡"棉铁主义"，这两大产业中，"棉尤宜先"，这是由政府在近代提倡植棉的开端。到20世纪20年代前后，国人注意运用科学方法引种推广美洲棉。上海华纱厂联合会倡导最力，从美国农业部引进八个美洲棉标准品种进行实验，确定脱字棉、隆字棉、爱字棉适宜黄河中下游种植。1918年北洋政府已从美国输入这几种优良棉花品种配售给河南、湖北等六省棉农种植，陕西毗邻鄂豫，仅获就近推广之利。1920年华纱厂复从美国采购脱字和隆字二棉种10吨，专门拨运陕西、河南两省推广。此后十多年，陕西棉种多以这两个品种为主。民国十八年陕甘大旱灾后，著名美洲棉改良专家穆藕初等助赈200吨大洋花籽，李国桢由郑州中央大学引进的美洲棉籽，均属这两个品种。1934年陕西成立棉产改进所，正式开始棉种推广研究工作。抗战初期，美种斯字棉4号和德字棉531号试种成功，并分别在黄河和长江两大流域得以推广。后来因为宜种斯字棉的黄河下游沦陷，导致陕甘地区成为推广中心，国民党政府更加重视陕西棉业。1936年从美国购买棉种，拨给陕西斯字棉籽1万磅及德字棉种8000磅做试种推广。

1940年由著名棉作专家冯泽芳带领的中央"棉花增产督导团"，确定在关中推广斯字棉，在陕南推广德字棉。后来金陵大学西北农场和陕西泾阳农场分别从斯字棉中选育出"斯字517号"和"泾斯棉"，一直推广到新中国成立前夕。陕甘宁边区推广植棉也是以斯字棉为主，据边区编印的《植棉问题》记载："斯字棉嫩苗的干子是红色，叶子大，缺口浅，分枝多，苞叶底下是分开的。开白花，无红心，桃子大，向天开，棉籽上的短毛是

---

① 〔民国〕《重修户县志》卷1《物产》，民国二十二年铅印本，第21页。

灰白色(就是白籽),籽花二斤十二两到三斤能捻净花一斤。绒头长,纤维细,容易拉断,最适宜于纺细纱。"①斯字棉虽然产量高,但成熟期晚,在气候较为寒冷、无霜期短的陕甘宁边区仍不能普遍推广,故边区的农家仍种"汉花"或成熟期稍早点的"小洋花"。国民党所统的甘、宁、青、绥产棉不广,据西北农林专科学校1930年调查,唯甘肃高台、徽县、武都较多,其余临泽、兰州、天水及青海的贵德、共和、乐都、都兰等县仅有少量种植,品种多土种,只有兰州附近试种脱字号美洲棉。西农自选的棉花品种有"32-433",也宜西北种植。新疆可种棉花地区颇多,亦有传统,但品种改良工作落后,新中国成立前未能推广美棉,一直种植耐旱的中棉和小棉。

  小麦良种方面的成就不同于棉花,棉花以引进推广国外良种获得成功,小麦成就在于优良品种选育。这是因为小麦等粮作在我国栽培历史悠久,古代已积累了丰富选种经验。2000多年前的《氾胜之书》已记载了存优去劣的穗选法,南北朝《齐民要术》有片选留种地,清代发展到采用"一穗传"。这些传统选种方法,已经包含着混合选种和系统选种等现代常规育种的部分原理和方法,我国小麦也不乏许多优良的地方品种,所以现代小麦品种改良起步反而晚于棉花。直到民国以后,随着现代农业科学的发展,小麦育种才在我国活跃起来。现代育种是在生物遗传理论指导下进行的,育种实验手段比较先进。特别是20世纪30年代以来,国内外学者传入了现代生物统计和田间试验等理论及方法,改善了实验和分析的手段,奠定了我国现代育种的基础。西北小麦良种选育,正式起于这一时期。首先是陕西最早的试验机构西安西关农场王伯材等人用混合法纯系选种育成了"兰花麦",后又从兰花麦中选育出"陕农7号"在关中推广。1933年立址于泾阳县的金陵大学西北农事分场,也开始小麦育种实验,几年后霍席卿等也从兰花麦中选出新的品种,即20世纪30年代影响较大的"兰芒麦"。西北分场后又选育了金大"60号""129号""302号"等。国立西北农学院在陕、甘、宁、青等省采集小麦3万单穗,经纯系选育得"武功27号",因穗形酷似蚂蚱,又称"蚂蚱麦",均属西北较好的小麦良种,20世纪40年代已在各地得以推广。这时分布在陕甘各地农事试验场的小麦育种也有了一些重要成果,如国民政府农林部在武功设立的推广繁殖站选育的"西北站2号"、陕西农业改进所所属的泾阳农场育成的"泾惠30号"、大荔农场的"大荔52号"等。这些小麦优良品种选育,都是采用系统育种,40年代起小麦杂交育种也开始在西北试行。杂交是运用遗传学原理,把两种或数种品种性状集中培育成一个优良新品种的选育种方法,从此西北现代

---

① 《抗日战争时期陕甘宁边区财政经济史料摘编》第二编农业,第603—604页。

小麦育种进入新阶段,其中西北农学院育成的"碧蚂一号"和"6028"两个品种影响最大。"碧蚂一号"是西北农学院赵洪璋等在1942年用碧玉麦和蚂蚱麦杂交选育,至1947年育成的良种,具有粒大、皮薄、抗锈病等优良性状,比当时一般麦每亩增产约70斤。新中国成立前两年已在陕西农村选点示范种植,新中国成立后推广于西北地区和山西、河南、山东、安徽、江苏等省,总种植面积曾达到9000万亩,年增产小麦约45亿斤,是新中国成立后我国推广面积最大、增产量最多的小麦品种。西农"6028"是与"碧蚂一号"同时期杂交育成的另一个品种,粗茎矮秆,不易倒伏落粒,耐水肥,抗病虫,特别适宜在吸浆虫严重的渭河流域种植,其推广也在50年代初,使西北因吸浆虫泛滥不能种麦地区恢复了小麦生产。新中国成立前西农选育的还有四个裸大麦品种,先后在西北各地得到较大面积的推广。

其他农作物品种没有像棉花小麦那样进行系统的改良,但是采用良种的增产效果对人们已形成极大的吸引力,从国外和外省引入西北的各种作物优良品种,文献中多不胜计,现仅就有确切记载的引种之事择要记述。西北推广玉米良种晚,在抗日战争时期,品种有经过当地选育的"武功白玉米"和"野鸡红"。陕甘宁边区光华农场利用刘少奇引进的玉米良种,进一步选育出"金黄后",据称"亩产一石五斗,比本地玉米高一倍以上"[①]。到1946年,联合国善后救济总署引进美国杂交马齿玉米,在西北相沿种植。后来陕西从中选出了"红心黄马牙"和"白心黄马牙"等马齿新品种,以及"西农混选白玉米"等优良品种,在群众中自发地推广,新中国成立初期已在西北广泛种植。谷子为黄土高原中部地区的主要作物,传统品种极为丰富,陕甘宁边区农技工作者曾选出优良品种"狼尾谷","产量每亩六斗七升,比边区较好的干捞饭高出10%,干坚硬,抗粟螟强,小穗毛长,雀不吃,草大,每亩443斤,比干捞饭高24%"[②]。大荔农场育成的"小黄谷"以及西农的"8—696号"等在关中得到推广。另外安汉等人在甘肃酒泉还调查到一种秆高五至六尺的高株品种,群众特称"气死驴",以其身高牲畜莫能吃其穗头。大豆品种在国统区以推广"529"以及西农的"502""503""506""509"四个优良品种为主。在陕甘宁则有光华农场选育的"老黑豆",粒大耐旱,比陕北另一半产种"连枷"高出9.1%。黍子较谷子更耐旱,在黄土高原的西北部种植最多,西北农学院安汉等人在甘青九县就收集了23种,只是未见以现代技术改良新种的成就。其余杂粮高粱、荞麦、小豆情况亦同黍子。水稻西北多处均能种植,唯地方政府不甚提倡,故不重品种改良。据近人调查可知,即使在稻米种

---

① 《抗日战争时期陕甘宁边区财政经济史料摘编》第二编农业,第745页。
② 《抗日战争时期陕甘宁边区财政经济史料摘编》第二编农业,第745页。

植较多的宁夏地区，米质亦不甚佳，南方稻区的良种，也未能大量引种。马铃薯在黄土高原区种植面积有所扩大，有不少品种属于近代从国外引入，甘肃群众称为"洋洋芋"。陕甘宁边区机关曾经广种"美国白皮"，为农村制种，产量每亩达1370斤，而"彭县黄皮"在边区推广更为普遍；"西农七百号"在国统区种植较多。高粱品种，则以西农混选"大锣锤"最负盛名。还有烟草的优良品种，如美国"黄金烟"、"古巴雪茄"烟等均逐步传入本区。兰州以盛产水烟称著，早在清末即大量引种美国花旗烟，叶厚而韧，品质极佳。后水烟渐被纸烟代替，其他品种多被淘汰，花旗烟仍适于造纸烟，独能广种。花生有西班牙红皮花生，20世纪40年代传入本区。

近代以来园艺作物种类增多，清末民初的《农学合编》仅蔬菜汇集了50种，其中既有传统菜种，又有近代以来国外新引蔬菜。除少数热带菜种外，近代西北各地均有栽培，品种并在不断更新。这些优良菜种大约多是20世纪40年代间，从南方各省区辗转传来。后来西北农学院园艺系规模渐大，从国外引入优良菜种经过选育后直接在西北各地种植，其主要有武魁番茄、紫白甜萝卜、武功包心白菜、农院大蒜等。陕甘宁边区试种菜28种，共167个品种，经实验确定洋芹菜、法国的菜豆、粉色番茄等17个良种适宜在边区推广。边区蔬菜科研人员还从中选育出5个优良品种，有露八分萝卜、白扁豆、三边茴子白、红萝卜及灯笼红小瓜。西北各地蔬菜此时也多是通过农事试验农场先进行引种改良再推及农村，特别值得提及的是白兰瓜种。1944年间美国副总统华莱士来兰州，赠送美甜瓜种以为纪念，此瓜特别适宜兰州附近土壤气候条件，不久即成为地方特产白兰瓜。1948年前后甘肃设立示范甜菜制糖厂，并购买英国甜菜种子一批，在本省推广种植。

果树引种以苹果为主，成效最著。西北固有的沙果类水果，古代称"柰"或"林檎"，类型品种繁多。清末西洋苹果传入，西北气候极宜其生长。成立后的西北农林专科学校，直接或间接引入国外苹果良种。这一时期陕西斗口农场、康桥农场也积极引种西洋苹果，斗口农场仅1935年就引进30多个品种。至新中国成立之前，西北种植较多主要有国光、红玉、青香蕉、倭巾四大品种，在陕西栽培总面积达5000多亩，为新中国成立后苹果发展代替沙果奠定了初步基础。其余果树和花卉品种也有引入，发展均不及苹果快速。这时期外来树种引入西北者不多，农村倡种的仍是椿、榆、杨、槐四大传统树种。近代农场及一些农户开辟苗圃，采用有性和无性繁殖秧育树苗，向一般农民出售。

西南地区既有山地、高原，又有盆地、低山丘陵和大量的河谷平坝，地形地貌复杂，气候、土壤类型复杂多样，适宜多种果树、茶叶等经济作物的种植。正如清人所说："古所称蜀地肥饶，及沃野千里，号为陆海之说，大抵指成都近地言之。而巴、阆、邛、夔间，穷谷嵁岩，去水泽绝远，类多硗瘠之区，自不能如江东、浙西之湖田、好田，衍至数倍也。"①西南地区多种植甘蔗、橘子等水果，它们作为经济作物深受当地人的喜爱。除此外，在低山丘陵一带还可以种植茶树，西南地区尤其是巴蜀地区是茶树的天然生长基地，也是西南地区种植最为广泛的经济作物。

最后附记罂粟的种植。罂粟是一种可分泌鸦片的植物，人们恶之为"毒卉"，在近代中国成了帝国主义侵略和奴役我国人民的重要武器。此物原产印度，唐时作为花卉已传入中国，后来国外滥用其麻醉性能，遂成毒性嗜好品。清初鸦片即贩入中国，仍多作药用，至清中期国内吸食鸦片风气始炽。道光时，罂粟种植由印度传至云南，鸦片战争之后，种植之风经四川传入甘肃和陕西，进而遍及西北各地。大约久种之后渐渐形成有地方特色的品种，西北鸦片也入名烟之列，特称为"西土"，与南方"广土"同样著名。近代反动政府和地方官吏也有诚心提倡禁烟的，然而屡禁不止，罂粟种植和吸毒风气至新中国成立前从未消减。官方禁烟实为明禁暗纵，有些军阀和官吏还强迫农民种烟，解决军需和地方财政困难。故有所谓"寓禁于税"政策，农民不愿种烟也还得交烟亩税。西北一般县种烟都在数万亩，陕甘两省种植最多时，烟田以数百万亩计。种烟者难免自食其果，西北人吸食鸦片者多占十之四五，严重损害了人民健康。

四、农业科学教育的初步发展

现代农业科学发生在19世纪40年代的欧美等资本主义国家，传入我国经历了一个曲折过程。鸦片战争之后，清王朝闭关自守的大门洞开，西方科技文化为中国人所知，首先令国人羡叹的还是外国的"坚船利炮"，于是有洋务派军械和造船等工业的兴起。甲午之战中国大败于日本，有识之士方悟挽救中国不单纯在炮舰，而在于革新国体政治，提倡科学教育，于是有"戊戌维新"和清末的"新政"。现代农业科学也正是在维新潮流推动下方在中国倡兴。著名的"公车上书"，其中一节专奏学习外国农业科学，运用西方农业技术改进中国农业。这一时期，梁启超、罗振玉等主办的《农学报》翻译大量国外农书和文章，介绍西方农业科学技术知识，起到了"开广风气，维新耳目"的作用。然而促使农业科学在我国立根成长的仍是农业科学教育和研究事业的兴办及发展。

兴办现代农业教育是维新人士提倡的废除旧学科举、开展新学实业教育的重要内容。戊戌运动发难之年(1898)，光绪皇帝接受康有为奏议，谕"各省州县皆立农务学堂"，这

---

① 〔清〕常明、杨芳灿等纂修：《四川通志》卷六十二《田赋上》，成都：巴蜀书社，1984年，第2205页。

是数千年封建王朝第一次号召兴办农业教育。变法失败后，清政府做出刷新政治的姿态，农业教育成为施行"新政"的内容。在1902—1903年，清廷仿照日本学制，颁布有关新学堂的两个章程，从而确定有别于传统教育的新型教育制度，历史上称"壬寅癸卯学制"。新学制分为普通教育和实业教育两大系统，其中农业教育占有相当重要的地位。普通教育主要划分为小、中、高、大四级学堂，大学堂设立专科，其中就有农科。农科分设有农学、农艺化学、林学、兽医学四门，相当于后来综合性大学农学院及其各系。实业教育中的农业学制，分初、中、高三等农业学堂，培养不同层次农业专门人才。从初小到高中学校毕业的学生依制都要学习农业科学知识。清末学制也有很多不尽合理和脱离实际之处，但重视农业教育却是其重要的特色。民国初，北洋政府颁行"壬子癸丑学制"，对前制有所修改，然体制系统大体承袭清之旧而略变其名：将"学堂"改为"学校"，把"初等""中等"改为"乙种""甲种"，"高等农业学堂"改为"农业专门学校"。民国十一年（1922）颁布的"壬戌学制"，模仿美国教育制度，较前制更为有条理，农业院校则改名为"初级农业职业学校""高级农业职业学校"和"农业专科学校"。各省原设农业专门学校陆续并入该省的综合性大学，成为大学中的农学院或改组为农业专科学校，直到国民政府统治的几十年中农业教育体制都无大变化。

　　西北地区仁人志士对现代教育的觉悟不算很晚，只是地方落后，人才缺乏，故教育事业发展缓慢，农业教育更落后一步。早在戊戌运动中，陕西维新人士即根据"中学为体，西学为用"的思想倡办新学，如刘古愚创崇实书院，教授经学，兼格致、算学、制造、英文等西学。后来在维新大势下，陕西当局于1898年也开办新学，巡抚魏光焘向清廷备案筹办"游艺学塾"。除经史及算学定为必修，另开电、化、声、光、重、气、兵、农、工、商、地、英语等课供选修。同年开设的陕西中学堂和陕西武备学堂，均于全省各县招生，颇有改良学堂的规模，但是终不出"中体西用"的窠臼。当清廷新政和学制颁行后，陕甘两省随即于1902年各于省城设立大学堂，西北各省还分别成立师范、武备、法政、工业、矿业之类的实业学堂。直隶州设立中学堂，一般县则设立小学堂。西北农业学校在这种风气之下也开始创办，1906年间甘肃省首立农矿学堂，1907年兰州道彭英创办甘肃农林学堂，1908年西安知府尹昌龄创办陕西省会农业学堂，均属于中等农业学校，也是清末期西北成立最早的几所农校。民国后，西北农业教育继续发展，据1922年统计，按壬子学制西北甲种农校已超过6所，乙种农校约在25所左右，多分布在陕甘两省。新疆20世纪20年代初于省会迪化设立实业学堂，将农牧亦列入教学内容。国民党统治时期，西北社会教育有了较大发展，农业教育也很有进步，不仅中等农业学校增多，

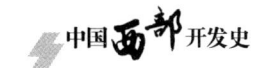

而且有了高等农业学校。新疆学院在 30 年代中期增设农牧系，对新疆农牧教育促进很大；省农矿厅及后来的建设厅均设农牧讲习所，连续 12 年培训农业、畜牧、兽医、蚕桑、水利等专业技术干部。直到解放战争前夕共训练 630 多名地方农技人员，加强了边疆农业技术力量。1933 年甘肃学院增设农业专修科，1939 年国民党教育部设西北技艺专科学校，后名西北农业专科学校。抗战期间陕甘宁边区在延安建农业学校 1 所，著名的光华农场是其教学实习基地。西北初中等农业学校虽各地遍设，但多半有名无实，有成绩的公私农校在陕西有咸阳、岐山、延安、榆林、华县、大荔、赤水、武功等农业职业学校，甘肃有临洮、兰州等农业学校。然而在西北农业教育中，影响最大且具有深远意义者，还是国立西北农林专科学校的成立及其教育成就。

西北农林专科学校筹建于 1932 年，正值民国十八年陕甘大旱之后，日本侵华之始。无论从荒政赈济还是救国战略考虑，建设西北均不容迟疑，兴农兴学亦势在必行。后经国民党中央政治会议议定，首先筹办西北教育事业。筹建委员会根据在旧文化发源地上建立新文化的指导思想，择址于陕西武功，建立西北农林专科学校，以效后稷教民稼穑的故事遗迹。建校之初，上海劳动大学农学院、陕西省水利专科班随之并入。抗战时期，北平大学农学院、河南大学农学院亦西迁合并。西北农专于 1938 年改建成国立西北农学院，因沦陷区著名农业专家教授前来执教，其师资队伍和教学设备得以扩大。西北农学院的设置基本可以看出西北高等农业教育的情况，大体可反映出新中国成立前我国农业教育水平。专业设置，初期设水利、农艺、园艺 3 个学组，后来逐步发展到 10 系学部，即农艺、森林、园艺、水利、农化、植病、农经、农机、农产制造、畜牧兽医 10 系和农田水利学部，包括农林牧副渔整个大农业。课程设置，共同课 8 门：数学、物理、化学、国文、外文、体育、军训、党义。农艺系、森林系、园艺系还加有共同课：地质学、土壤学、气象学、植物形态学、植物分类学、植生及植病学。其余专业基础课和专业课，则因系而设，农艺系开设 25 门课，农经系和农田水利系各开设 35 门以上。专业课程设置完全仿照国外现代农业教育体系，同时重视学生研究能力和实际工作能力的培养。校内有 3 座实验室，仪器设备 160 多件台，玻璃仪器及其他小型仪器千余件，动植矿物标本约万余份，供教学实验使用。校园附近设有教学试验农场，分别置农、林、园、畜四分场，占地 3800 亩。另咸阳、眉县设有校外林场，面积近万亩，是师生科研和教学实验场所。1935 年始建的图书馆，新中国成立前累计藏书 4 万余册，报刊 200 余种。西农教学始终结合地区实际，为西北农林牧业生产培养人才。新中国成立前 15 年间毕业学生有 1500 多人，大部分就业西北，成为本区农业科技的骨干力量。

西北农业科研事业是在兴办农业教育的基础上发展起来的，推广优良品种和改良农业技术是西北农业科研事业发展的直接动力。戊戌前后，西北各省官吏令各府、厅、州、县劝民用新技术发展农牧，然多系虚应新政并无切实措施，甘肃省于1906年开办兰州农业试验场培育良种，并无多大成绩；陕西省西安农事实验场直至1926年间方正式成立。西北农业科研事业实兴于20世纪30年代以后，陕甘两省先后成立正式农业科研机构。陕西省农业改进所成立于1937年，其前身是省棉产改进所（立于1934）。其棉种改良推广教育有一定基础，下设3个农场、5个林场和1个骨粉厂作为研究基地。陕西棉区有若干棉花推广所和棉花检验所指导植棉技术。1939年成立的甘肃农业改进所，由西北畜牧场、省农事试验场及沿黄造林办事处合并改组而成，农、林、牧各业并重，机构较合理，各专区亦设农业指导所，进行技术推广。西北各省公私农场、农垦公司、农牧公司也比较重视试验研究，引进培育优良品种，改进生产技术，故一般农场均称农事试验场。其中于右任先生创办斗口农事试验场，果树园艺引种试验有很大成绩；社会贤达朱子桥的聚粮寺农场，畜种繁育在关中很有影响；陕甘宁光华农场以选育推广优良粮作、蔬菜、苗木品种为主旨，艰苦条件下农事研究搞得轰轰烈烈，成果累累。国民党政府设立的西北农事研究机构有：中央农业实验所棉作系工作站、农林部粮作繁殖场、农业推广处棉产改进分处等，对西北农业科技发挥了指导促进作用。而国立西北农学院各场、金陵大学农学院西北农场结合教学进行农业科学研究，是新中国成立以前西北农业科研力量最强且成果最多的单位。根据国民党三大（1929年召开）决议的规定，农业教育机构须参加农业技术推广，"凡农业生产方法之改进，农民技能之增高，农村组织和农民生活之改善，农业科学知识之普及，以及农民生产消费合作之促进，须以全力推行，并应与产业界取得切实联络，俾有实用"①。两校在农事试验上同时积极推广优良品种和先进农业技术，而地处本区的西北农学院的农业推广更为切实。早在西北农专时即设立农村事务处农业推广股，扩大为学院后，即成立农业推广处。新中国成立前，西农积极与有关单位合作，提供技术支援，学校经常组织师生进行调查研究，提出发展西北农业的意见和方案。1936年安汉等人全面考察甘、宁、青三省，写成数十万字报告，对各省农牧发展做了科学的调查研究，提出了合理的建议和远景规划。师生还下乡开展农村教育，指导农民学习采用先进农业生产技术。20世纪40年代西北农学院还举行3次大规模的农产品评比展览会，展出农林园牧等产品644种，邀请附近6县农民参观学习。陕甘宁边区也举

---

① 〔民国〕国民政府教育部编：《教育法令汇编》第一辑《二 通则》，北京：商务印书馆，1936年，第20页。

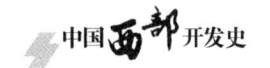

行同样的展览会，宣传农业科学技术，边区青年还把推广的良种良法编成秧歌，载歌载舞到群众中宣传，甘肃等地结合庆祝农民节，也举行大型展览会宣传推广优良品种和农业技术。尽管如此，在旧中国的历史条件之下，西北地区由于农牧业生产力水平低下，对现代农业科学技术的研究和推广，仍然非常有限。

第三节
近代畜牧兽医科学技术的发展

近代百年间，西北畜牧兽医科技经历着重要复杂的变化。从表面看，传统畜牧兽医技术在生产中仍占据统治地位，不仅少数民族游牧区保持着古老的游牧方式，畜牧技术粗放落后；而且农区畜牧也仍沿用着传统饲养繁育方法，畜牧业兴衰无常。畜病医治还是依靠民间中兽医进行，对于家畜传染病更无根本性的预防措施，每遇瘟疫牲畜必大批死亡，对农区和牧区畜牧业都构成严重威胁。但是另一方面，随着西方现代科学技术逐渐传入西北，国外现代畜牧兽医教育和科学研究在西北农业院校、农牧技术研究单位及畜牧场站逐渐传播。有些农村和牧区先受示范和影响，改用新选育的优良畜禽品种，也零星采用了一些力所能及的先进畜牧兽医措施，在群众中辗转传习推广。这时西北畜牧兽医教育科研处于初创时期，在生产中的运用还是一种萌芽状态；而西方现代畜牧兽医科学则建立在现代科学的基础之上，有着完整理论和技术体系，代表着世界现代畜牧兽医的发展趋势。人们开始认识到，传统畜牧技术必须经过现代畜牧科学技术改造才能求得新发展，古老的中兽医只有与现代西兽医科学相结合，才能有效地治疗预防家畜病害，保障畜牧业发展。现代畜牧兽医科学技术传入西北后，地方当政自然顺乎其势加以倡导，更有大批有识之士和青年学生以此为业，学习研究或实验推广。所以从本质上看，新中国成立前西北地区初现的萌芽状态的现代畜牧和兽医科学技术，开始主导着西北牧业发展方向，为新中国成立后西北畜牧业在现代化道路上的发展奠定了基础。

一、传统畜牧技术的传承

西北传统畜牧技术经过数千年发展，逐渐形成比较稳定的畜牧方式。牧区游牧技术虽然简单粗放，但很注意适应自然环境，合理利用草场水源；农区养畜附属农业，规模有限，饲养技术却精细考究，与农业相得益彰。时入近代，西方先进畜牧科学技术破门而入，传统畜牧方式相形见绌，显得陈旧落后而不合于时宜。然西北偏远广大，现代畜牧科技短时难以传播于农村牧区。而近代中国的社会制度、西北生产力水平及科学教育状况，更无广泛推行现代畜牧技术的条件。因此传统畜牧技术在生产中运用并无根本削减，无论农区还是牧区，传统畜牧方式均无大的改变，西北近代畜牧业仍赖此而维系。

关于传统的游牧方式，古代人的记载尚不够细致。近代学者注意深入牧区实际考察，凡西北牧场分布、牧草种类、放牧方法、畜群管理、牲畜繁育、家畜品种、畜病防治、牧业经营以至于牧民生活习俗等，均有采集报告。今从这些近代文献看，西北传统游牧方式基本与古代游牧无大区别；只是到了近代，传统游牧技术愈益系统规范，各游牧民族对所在牧区草场资源利用更加充分合理，使得"逐水草而迁徙"的游牧技术达到历史上的最高水平。这时期，西北各牧区季节性的游牧，在积累数千年历史经验的基础上，形成了比较完善的制度。本区的内蒙古高原西部牧区，一般实行冷暖两种营地制，即根据气候和水源条件，把草场划分为夏秋和冬春两季牧场，以季节轮流放牧。这种游牧方式在古代虽一直在沿用，近代则更为严格有制，注意因地制宜。夏秋营地选择水源丰富、有地表河流的地段。冬春季节，牲畜啃雪可以代替饮水，选择能够防寒保暖的背风向阳山坡或低洼盆地。夏秋草场对牧草要求比较灵活，冬春草场则要求有充分的高草，保证牲口在积雪之中也有草可食。两季营地游牧充分发展之下，必然会引导出半定居的轮牧制，特别是河套南部的鄂尔多斯，近代以来牧民已逐步进入半定居生活。兼营农业的牧民进一步把草场分为放牧场、打草场及兼用草场，再加上农业补给粮食和饲料，这样便出现少数定居的牧民。在青海高原、河西走廊和新疆地区，地形复杂，牧区有广大平原又有山地，长期以来形成三季营地和四季营地的牧场；且以不同的植被带在空间上垂直分布，自然构成适合不同季节轮番使用的放牧营地。三季营地在西北最普遍，多数分夏、冬、春秋三种草场。夏草场分布在高山地带，草甸植被茂旺，多系苔草、蒿草、羊茅、羽茅等；随处都有高山冰雪、融水可供饮用；高山气候凉爽，少蚊蝇骚扰和疫病危害。经过夏牧牲畜大都膘肥体壮，羊羔可长到五六十斤，大羊平均增10多斤，群众称为"抓膘"。春秋场结合在同一地段，分布在中、低山带草地上，因海拔较低春季冰雪消融早，草木先发，可救青黄不接之急。秋冬场雪迟，当秋季高山夏场即将降雪时，畜群移至春秋场，故牧区有"冬季畜赶雪，春秋雪赶畜"的说法。这里的牧草经夏后更加肥饶，可继续追肥畜群，抓好"秋膘"。春秋场是过渡性营地，但在这里进行的作业很多，剪毛、抓绒、配种、接羔、育幼都在此进行。冬场选在海拔更低、背风向阳的谷地或洼地，俗称冬窝子。牲畜在此度过漫长寒冷的冬季，要全力防风雪冻害，加强牧养管理和保幼保胎，

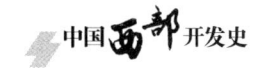

不使牲畜因冻饿、疾病、兽害而大量死亡，是游牧中艰难的时期。青海、新疆还有春夏秋冬四季分明的牧场，大都是西北牧民在长期游牧中，综合考虑地形、气温、季风、水源、植被、积雪、病虫害、小气候等自然因素，总结出的比较合理的牧场利用制度。迄今西北牧区仍然遵行着这几种形式的季节放牧制。

传统游牧的放牧制度和放牧方法，到近代也有相当丰富的积累。虽然粗放的滥牧在西北牧区仍占很大比重，但是比较精细的轮牧制在牧民中也有所使用，尤其是新式牧场更重视通过轮牧制有计划地利用和培育草场。轮牧主要方式是将牧场划分为若干小区，轮流放牧和休牧，以便牧草再生和繁殖，达到用养结合。新式牧场还注意按照牲畜种类、性别、年龄、体质合理分群，再据草场状况，把畜群分别安排在不同的牧场或小区中放牧。马群布置于森林草原或草甸高草区，绵羊布于山地草原，牛群布于二者之间，山羊以其善于攀缘而布置于灌木覆盖且地形崎岖的草场。放牧的方法多采用有控制的驱赶放牧，不加控制或瞭望式的放牧在逐渐减少。"人犬随群，前挡后赶"成为牧人共同信守的原则，对羊群或马群尤其要加强拦挡，减慢速度，防止抢食现象。特别是春天草发，羊群贪婪而"跑青"，要加控制以免掉膘或孕畜流产，故西北有些地方把放牧称"拦羊"。畜群队形行进有合理布局安排，不使牲畜吃重茬草，以防传染寄生虫病，更避免羊走路多而吃草机会少。山地驱赶放牧艰难复杂，牧民却有很多好的经验。如夏季中午放高地，早晨下午放低地。同时畜群要背向着太阳，即上午朝西放，下午朝东放，以图通风凉爽，不致牲畜中暑。冬季则先放高地，后放低地；先放阳坡，后放阴坡；先放远草场，后放近草场，以防阴冷和风雪突袭。畜群在各季牧场间的转移也是游牧中一项艰巨复杂的工作，西北牧民总结出很多重要经验，最主要的是要适时转移。由冬场转入春场如不及时，冰雪融化河面消冻，牲畜踏破冰层便会被冻死；夏场转入秋场过迟，冰雪封蔽山道会冻坏牲畜，甚至有毁群的危险。转场路程近者数十里，远者数百里以上，途中有时还要经过无草的戈壁沙漠，所以一般都要事先勘查好路线，做好各种准备，以避免意外损失。

近代西北农区畜牧，反动政府倡导既不得力，地方军阀战争和自然灾害复加摧残，畜牧业衰败不振。但是农业生产最需要畜力，土地需要畜肥，农民在艰难岁月中仍然尽力养畜。例如在国民党封锁下，陕甘宁边区畜产品无法外销，养畜无利可图，群众为了保障农业生产，"赔本也要养羊喂牛"。关陇农区每当战争和灾荒过后，农家首先设法饲养畜禽重整家业。套区、河西、南疆农民以农为主，畜牧数量仍然不少，养羊多者达数十头，自成一小群，采取农忙舍饲，农闲放牧。在西北农区畜牧与农业生产仍不可分离，传统舍饲方式相延依旧，喂养和管理却十分周到精心，畜牧技术仍有一定发展。

农区畜牧饲料有大麦、青稞、豆类精料，同时还有农作物茎秆枝叶，如麦楷、豆茎、薯蔓、玉米秆等粗料。豆麦类精料生产多结合轮作倒茬，粗料纯属农副产品利用。除此外，西北农区在近代继续广种牧草苜蓿，陕甘农家一般都留苜蓿地。陕甘宁边区时常从关中运进苜蓿种鼓励农民种植。当时边区运盐道上缺草，严重阻碍着盐运业的发展，边区政府组织群众在盐道两旁大量种植苜蓿及其他牧草，既保证盐运业又促进了畜牧业。农区养畜的最大困难在饲料，每年冬春草料缺乏，有大量牲畜因饥饿而亡，老百姓叫"乏死"。毛泽东在《经济问题与财政问题》中尖锐指出牧草是牲畜的生死问题，号召边区大力推广牧草的种植；除种植苜蓿外，还劝令群众种柠条、沙柳等，兼作牧草和薪柴；割芦苇、白草、兵草、沙蓬等野草，贮备为越冬饲料。西北多旱灾，大旱年赤地千里，寸草不生，百姓常靠挖苜蓿根救济牲口，也不失为一种应急保畜措施。苜蓿根系发达，营养丰富，后来发展成一种肥育方法。农民专用老苜蓿根"追肥"牲畜，挖过苜蓿的田地又是下料作物增产的理想前茬，因此苜蓿在西北农区粮草轮作中占有极重要的地位。

畜舍在近代西北农区更加进步，大家畜槽厩多在农家之内，小禽畜舍多在后院或家户近旁，定期垫土出粪。但是有些地区户外畜舍多围栏式的露天圈场，在农牧交错的黄土高原区还有"牛放野场羊住明圈"的习惯。陕甘宁边区教育群众移风易俗，修建有房舍的圈栅，使牲畜不受烈日曝晒和雨雪风寒；在有条件的地区，猪羊场圈三年更换一次，以防疾病。近代西北多狼害，户外畜圈围墙，常用白灰涂圈，或家中养犬防止兽害。西北俗语说："肥羊出在大圈里。"群众注重羊圈宽畅，以通气明亮，有利羊子活动。陕甘宁畜牧英雄贺保元的经验是：可容四百只羊的大圈，只畜二百多只；圈址选在干燥向阳处，分为明暗两部，羊可随天气晴雨就圈；圈栅墙壁垫二尺厚沙蒿柴，天下大雪，羊也不会受冻。农区对大家畜的喂养十分细致，牛马饲料多用铡碎禾秸，配合以青草精料。关中农谚云："寸节草，截三刀，不加料，也长膘。"冬无青草时，马驴骡多加精料，牛料加棉籽皮和粉碎的油渣，每天定时喂草饮水。农忙时喂三次，即清晨鸡叫前、中午和日落之后各一次；农闲只早晚两次。饲喂方法：先饮水，次喂干草，然后将精料加水拌匀。拌料要少给勤添，先少后多，搅拌均匀。正如西北农民所说："头盒草，二盒料，勤拌草，要拌少，槽的四周要拌到。"同时还要考虑使役情况，"重役者多喂，轻役者少喂"。耕畜按时役使，按时休息，一日使役一般不超过两晌（约十小时之内）为宜。刚卸套牲口不能马上进槽饲喂，更不能饮水，以防暴饮暴食。畜圈畜槽要保持清洁，使牲畜起居舒适，减少疾病。农家春节厩圈多贴"槽头兴旺"等吉语，很能表达农民精心饲养家畜时内心所寄的殷切期望。

农区家畜繁育在近代西北因地因畜有精粗之分。一般猪羊等小家畜自由交配，家禽类更是野交乱配了。养羊较多的甘肃、宁夏、青海等农牧交错区，则实行分群交配，平时公母羊不相同群，配种时把公羊按比例放进母羊群中交配。大牲畜较多的农区多半实行牵引交配，有的农民自养优良公畜一至数头，就地为本乡母畜配种，只收取草料。养大公畜多而品种较好者还以此为专业，准桩后收取报酬。关陇地区近代出现很多马、牛、驴民桩，有些配种专业户良种公畜多达五六头（匹）。对公畜加以特殊饲养，多饲精料外，配种前喂以鸡蛋、馒头等。除坐桩配种外牲口发情季节还走街串巷，民间称为"拉大骟"。牵畜配种虽古亦有之，但在封建思想统治下，桩户人家长期受鄙视，严重影响着畜牧业发展。近代以来关中一带群众观念开始变化，逐渐不再贱视种畜和桩户，有的还给种畜披红挂彩，逢会遇集拉着招摇过市，谓之"竞桩"。交配所产的优良仔畜也披红戴花，跟随在种畜之后，成群结队，为桩主招引生意。陕甘宁边区教育群众改变歧视配种业的陋习，让"拉大驴"人在群众大会上讲话，桩户人家社会地位有所提高。新中国成立后，陕西省原省长赵寿山拉牛配种，躬亲桩事，正是当年边区重视家畜繁殖之风的发扬。

值得注意的是，近代以来西南地区畜牧产业的发展也比较迅速。西南地区主要包括重庆、四川、贵州、云南、西藏五省市区。该地区遍布丘陵和山地的地形，形成了"草山草坡"，加之当地大部分农区为亚热带湿润季风气候，雨热同期，降水、热量都较为丰富，为牧草的生长提供了天然条件。西南地区草食畜种多以牛、羊、兔等为主，这里优质牧草种类多，分布广，适应性强，具有较大的开发潜力。一方面，西南山地地区人民具有家畜养殖的传统习惯；另一方面，山区生态良好，污染小，为家畜生产提供了洁净的饲养环境，具有生产绿色和有机畜产品的良好环境条件。在当时国家政策的大力支持下，西南地区的基础设施条件得到大大改善。尤其是交通线路的开通，为草食畜牧业的发展带来了方便的交通运输条件，极大地促进了西南地区草食畜牧业的发展。

西南地区自然条件优越，拥有丰富的牧草资源，这为草食畜牧业的发展打下了坚实的物质基础。一是天然草地面积广。因为该地区草山草坡多，天然牧草自然也就多，且还有许多未被利用，天然牧草开发利用潜力巨大。二是草地增产潜力大。以贵州为例，贵州水热资源与新西兰相当，适宜种草。实践证明，改良草地载畜量为天然草地的15倍左右，即同样面积的草地存栏量利益提高10倍，畜产品可提高1倍。三是农作物秸秆资源多，有大量的作物秸秆、糟渣、饼粕等农副产品，是解决饲草料不足和冬春补饲的重要资源。四是冬闲田面积广，引草入田可以促进三元种植结构的发展，实现种养一体化，增加农民收入，提高地力，促进作物生长。不仅如此，西南地区的畜种品种资源也十分优越。西南地区特定的自然生态条件，使畜种的繁衍一直处于封闭或半封闭状态，保留了一批优良的地方畜种品种，为丰富种质资源和生物多样性提供了物质保障。

二、家畜品种改良和育种

近代以来，西北家畜种类虽无所变化，但各类家畜品种却十分丰富，历史形成的传统优良品种性状更加稳定成熟，各省都有许多具有地方特色的优良家畜品种驰名遐迩。可惜这些传统品种大都因地而名，没有明确的形态性能标准，名实所指多有混乱。如近代所称的新疆马，实有南疆马与北疆马的截然区别，即北疆有阿尔泰马与伊犁马种差异，南疆的巴里坤马与焉耆马血统亦有差别。又如所称陕北毛驴，既有中型的佳米驴，又有榆林一带的小型滚沙驴，两者体态用途大相径庭。近代文献中出现的名称繁杂的地方品种，形态特性记录多半失之笼统，无法分清各品种间的关系，对良种的优劣得失也难加以比较。不过享誉最著、为人熟知的仍是历史渊源较长、明清时期已经定型的传统良种，其中马种主要是新疆马、蒙古马、青海马三大系统。新疆马指北疆地区的伊犁土种马（即哈萨克马）、阿尔泰马等。蒙古马除蒙古地区以外，新疆南部也有分布，焉耆马就是其优良品种，一般南疆马多混有蒙古马的血统。此外青海马与蒙古马血缘更为密切，近代便自名一地，著名品种有河曲马和大通马。黄牛种主要有蒙古牛及新疆的哈萨克牛种，然均不及陕西秦川牛。秦川牛在清明之际基本育成，至近代更臻完美，但直到20世纪三四十年代才得以正式称名。驴子在西北地区分布广泛，大、中、小类型齐全，优良品种亦无法细计，唯以甘肃凉州和陕西关中所出为名产。凉州驴名来已久；关中驴育成也早，唯其名则晚在1936年西北农学院沙风苞教授的调查报告中首次出现。小型驴中的新疆毛驴和陕北毛驴也很有特色，近代考察西北者无不称道。骡子还是以陕甘大骡独占鳌头。其余小家畜中蒙古羊、滩羊、同羊及青海藏系羊种，颇受国内外注意。如滩羊近代被日本人购运回国，经数年科学饲养，体格转壮，毛色鲜明，裘皮反远胜于宁夏所产。除保留上述传统优良品种外，促进西北近代家畜品种丰富发展的主要途径，还应是对外来优良品种的引育和对土种的改良。

西北近代引进国外畜种以新疆最早，规模最大。自从民国以来，就有大批苏联畜种通过移民和商贩运入新疆。其中优良的马品种有顿河马、奥尔洛夫、布琼尼马等，优良牛品种有西门塔尔牛、卡尔美茨牛、瑞士褐牛；此外还有苏联白猪等。20世纪30年代以后又重视引入苏联细毛羊，优良品种有高加索和伯列考斯等。这些品种比较适应新疆地区的自然环境，适用于对当地品种的改良。新疆繁育的良种也传入西北其他地区，新中

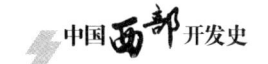

国成立前甘肃、陕西常从新疆购进种羊种马，多属此类优良品种。陕甘等省也有传教士带入的或经东南及华北辗转引进的国外畜种，如美利奴羊、萨能奶山羊、土根堡山羊；盘克猪、约克夏猪；荷兰黑白花奶牛、娟姗奶牛、更赛奶牛等。时间大约都在30年代以后，牛羊多为乳用品种。新种初入多在公私农牧场或城郊民户饲养，如西安在1935年已有20多家，养奶牛100多头；新中国成立时增至28家，共有220多头。奶山羊的培育也很有成绩，瑞士萨能奶山羊自美国传入后始养于河北定县，抗战初中华平民教育促进会输入四母一公到陕西，后转入西北农林专科学校繁殖。新中国成立后继续选育，得体形近于纯种，个体年产奶量高达2000千克以上的西农萨能奶山羊良种。陕甘宁边区光华农场在1930年引美利奴羊（累进种）200只，改良边区绵羊，经九年实验，证明不宜边区牧养后被淘汰。抗战时期甘肃畜牧技术力量较强，各牧场做了大量引种和品种改良工作，也取得一定成效。

杂交育种后代具有突出的优良特性，西北古代家畜繁育就注意"杂以外种"。西域名马即有外种血缘，故内地重视从西域引进种畜，各地区品种也注意互配杂交。但是，古代杂交带有很大的盲目性，缺乏科学的选育手段。近代以来，在西方畜牧科学传入后，现代家畜杂交育种逐渐在西北进行。现代杂交是在遗传育种理论指导下的科学育种方法，通过杂交选育和横交固定，再到自群繁育一系列选育的过程，改良旧种，繁殖新种。近代西北采用杂交育种最成功者是伊犁马和新疆细毛羊。大约在1901年至1933年间，苏联侨民先后有5万多户迁居到新疆伊犁地区，带来奥尔洛夫、布琼尼、顿河马等优良马种，分散在伊犁各县，与当地传统的哈萨克母马杂交，大范围改良伊犁地区马种。后来一些大牧主继续从苏联购入种马改良自己的马群，这些工作都为伊犁马的培育奠定了良好的基础。在盛世才统治新疆时期，伊犁建设局组织从苏联引进大批马种；各县成立家畜配种站，用苏联马配种，形成一场普及性的马种改良运动。1942年成立的著名的昭苏马场，用现代科学方法进行改良和繁育示范，对伊犁马选育起到了指导提高作用。经过40多年坚持不懈的培育，以哈萨克马为母本，并与多种外血马进行复杂杂交改良，终于在新中国成立之前基本育成了伊犁马，伊犁马至今仍是我国最优秀的现代马种。新疆细毛羊育种始于1935年，新疆土产公司从苏联输入60头高加索细毛公羊和少量伯列考斯公羊，在乌鲁木齐南山牧场等地与哈萨克母羊、蒙古母羊杂交，苏畜牧专家曾加以帮助指导。1939年新疆巩乃斯种羊场成立，南山牧场随之全部迁入，组成有2600只母羊基础的羊群，继续用高加索、伯列考斯两支父系杂交，开展大规模有计划的细毛羊育种实验。到1942年，从高加索四代杂种中选出最优秀的"九号公羊"和250多只母羊配种，接着开始横交自繁，两三年后即有性状比较优良的过渡品种"兰哈羊"出现。随后继续选育，细毛羊品质更加纯正。新中国成立后经农业部组织专家全面考查，正式鉴定为新良种，命名为"新疆毛肉兼用细毛羊"，简称"新疆细毛羊"。伊犁黄牛的选育也大致如此，外来公本为瑞士褐牛，以当地哈萨克牛为母本，经过长期的杂交选育，终育成乳肉兼用良种。另外，近代引入外来良种与西北畜种杂交，在民间也很普遍，虽交配繁育过程不够科学，但也起到一定的品种改良作用，无意中也育成了一些好的杂交品种。如伊犁白猪、关中奶山羊等，就是这样育成出名的。新疆在古代养猪不多，清朝时甘肃移民带去内地黑色八眉猪，在伊犁居住的锡伯、蒙古和汉族长期喂养。民国初，俄国侨民迁居伊犁带入大批优良白猪，后来俄国商人也不断贩入，中苏黑白猪长期杂交，终于形成了伊犁白猪；新中国成立后又进一步改良固定，1958年正式定名。关中奶山羊外种为萨能奶山羊和吐根堡羊，系外国传教士自用带入的乳用羊，在教会盛行的西安和三原、富平等县逐渐与本地奶羊杂交，20世纪40年代以来又与西农萨能奶山羊杂交选育，最后终于成为新的优良品种。

家虫品种的引种不外蚕、蜂两类，引种外国蚕种之事多见之于新疆。新疆养蚕历来不善于留种，因地近俄国，购进外种反比求诸内地方便。近代以来对俄蚕丝贸易扩大，引蚕种数量不断增加。20世纪40年代初，苏联蚕种在新疆占80%以上，其中也有些优良蚕种，例如"巴格达德""奥罗""阿斯科里""吉伯雷德"等。后来南疆各地广泛自建蚕种厂，改变依赖苏种的状况，但仍然保持引进外来优良蚕种的传统。西北养蜂历史悠久，据说周初武王伐纣，百姓献蜜犒武王，有蜜蜂群聚战旗上，以为吉兆，称武王师旅旗帜为"蜂纛"；唐永泰公主墓壁画有少女手持蜡烛图。但古代养蜂多是民间土法放养，蜂具简陋，技术落后。直到近代引入优良意大利蜂，科学养蜂才有所开展。先行其事者是西安附近各县的一些农民，如1929年西安人呼若农在北京购意大利蜜蜂20群，创办西北蜂场。同时在西安市首设蜂业门市部，经营巢础等蜂具，编印发行新法养蜂书刊，还得到省主席杨虎城的奖励，赏其钢洋3000元。从此养意蜂者增多，大荔、耀县、富平也多有放养。1935年李海峰等集资在西安成立蜂业促进社，下置泾阳蜂场，繁殖蜂种，培养技术人员。该社还设厂制造蜂具，名列全国三大蜂具厂之列；同时还创办《陕西蜂业》杂志，介绍蜂的知识、养蜂方法、蜂具使用、蜂病防治、蜂产品加工等项技术。至1941年，陕西养蜂达到高潮，波及西北各地。西安蜂具厂产品遍销陕、甘、宁、青各省，西北各地蜂业普遍开展。陕西解放之前意蜂已发展到7万余箱，惜西北其他省养蜂资料较少，暂不能尽得其详。

三、畜牧兽医科学技术的初步发展

畜牧和兽医自古相辅而行,如今与现代畜牧兽医科学更是密不可分。畜牧业愈发展,畜群越是集中,感染疾病机会越多,危害愈大。故畜牧靠兽医维护而兴旺,兽医因畜牧而完备精良。以生物科学为基础、具有严密理论体系的现代畜牧兽医科学技术,形成于欧美国家,在清末倡导西学热潮中传入我国。光绪三十年(1904)清政府在保定成立北洋马医学堂,在此前后成立的各级农业院校也积极设置畜牧科。民国之后,华北、东南畜牧兽医教育风气稍开,西北则迟至国民党政府成立后方兴,盖因军阀战争延误近20年。然西北是我国的最大牧区,皮毛出口直关堵塞外贸漏卮,以挽回利权的国计问题,同时关系开发西北,建设大后方的战略大计。故20世纪三四十年代,畜牧兽医科研教育事业应时而兴。1936年国立西北农林专科学校增设畜牧兽医系,培养高级专业人才。10年后,兰州成立的西北兽医学院,为首座国立兽医专业高等院校。40年代成立的新疆学院,也设有农牧科。这一时期西北中等农业学校一般都设畜牧专业,如西北农业专科学校、西农附属高级农职、迪化高级农校、湟源农校、临洮农校、榆林农校、归绥农校等十数所,先后都开设畜牧兽医专业。陕西农改所曾开办有畜牧兽医训练班,新疆建设厅设农牧讲习所,也培训过中等畜牧兽医技术人员。畜牧兽医教育是本专业科研和生产发展的前提条件,这批专业人才新中国成立前大都成为西北各畜牧场站的技术骨干,为新中国畜牧业大发展奠定了一定基础。

西部初建的一批畜牧场,包括繁殖场和配种站等,是现代畜牧兽医科学实验研究场所,也是技术改良和试行新式畜牧生产的基地。此类场站多属国营,少数系官僚地主和工商资本家兼营。只有这类场站才能给现代畜牧兽医科学研究和推广提供基础种畜、畜群、设备和经费等必要条件。家畜良种和新的畜牧技术又通过这些场站的经营向农牧民出售传播,其性质显然与历代封建王朝的牧苑有所区别。古代国营牧场专营军马生产,现代畜牧场则着重进行畜种试验推广。清末朝廷原设西北的军马场所剩无几,而且多半破败不堪。民国鼎革后,伊犁、巴里坤等马场勉强恢复,西北各地军阀也相继设场畜养军马,目的仍在军事用马,不思革新畜牧科技。这种状况在国民党军队主办的西北马场也无多大改变,但20世纪以来新式畜牧场在西北也逐步出现。早在1906年陕西同盟会会员井勿幕首次在耀县创办起畜牧场,后因革命倥偬,未能认真经营,终于无甚成果。此后虽有识之士极力提倡办场,终因技术力量缺乏,至20世纪20年代毫无进展。30年代中期西北各地畜牧场站纷纷成立,既有中央部门兴建,也有省县地方经办,各农业院校也附设畜牧教学试验场。甘肃有国民党政府全国经济委员会特拨巨款设建的西北种畜场，成立于1934年，场址在甘肃夏河甘坪寺，先后隶属国民政府实业部、经济部，经费充足，设备建置较有规模。抗战爆发后，畜牧兽医科技力量云集西北，甘肃畜牧兽医研究所、甘肃羊毛改进所随之成立，专事科学研究和技术改良。1943—1949年，西北兽医学院以及中央西北兽医防治处相继也在兰州成立。比较而言，20世纪前期甘肃地区兽医力量在西北各省中最强；但若论畜牧技术力量和成就，自然以新疆为上。在20世纪前期新疆的国营大型牧场计有7所，一般私营小牧场及配种站各地皆有，如伊犁地区自1940年各县都建有配种站。1939年建立的巩乃斯种羊场，占有草场400平方千米，是我国最大的良种羊场，著名的新疆细毛羊就是在建场后开始培育的。1942年建立的昭苏马场是在苏联专家的帮助下勘定筹建的，种马大都系苏联引进的优良品种，畜牧采用整套先进的现代饲养和繁育技术，驰名中外的伊犁马便是昭苏马场培育的现代良马。陕西境内则以国立西北农学院为中心形成力量充实的畜牧兽医科技队伍。20世纪30年代在陕西建立的有西农畜牧站及省属农场中的畜牧场数处。40年代初，中央农业实验所在杨陵建立骡马配种站，后改为役畜繁殖场，于武功和眉县附设两个配种站；后在宝鸡建耕牛繁殖场，重点培育秦川牛。省农改所在洛川设种羊场，后迁铜川，专门培育同羊。陕甘宁边区光华农场有畜牧场，后迁定边，名"三边牧场"，专门繁殖滩羊。新中国成立前夕，西安市兽医院成立，是陕西第一所专门的兽医院。陕西的各畜牧场一般都配备西兽医，也就近为农家医治家畜疾病，专门性兽医诊所出现较晚，西北各省情况也大致如此。

新中国成立前所建牧场，既不同于军马场，也不全同于新中国成立后以生产为主的企业性牧场，办场的宗旨多在于畜牧兽医的科学研究和技术示范推广。各牧场科研的主攻方向还在于家畜品种的改良，并构成此时声势颇大的农业技术改良运动的重要组成部分。家畜品种改良是综合运用现代畜牧兽医科学、改造传统家畜品种、发展本区畜牧业的有效途径，西北各牧场为此坚持不懈，经过数十年的改良培育，终于用现代科学方法培育出一批家畜优良品种。另外在牧草、饲养、繁殖、病虫防治等方面的专项实验研究，也取得一定成果。新品种和新技术推广在临近农场地区比较活跃，凡经选育繁殖的外来良种和杂交改良的新品种，在群众中也有畜养和推广。20世纪40年代人工授精技术在我国各地开始推行，西北各省很重视采用这一先进的繁殖措施。1943年，西北农学院和陕西农改所共同派人去四川学习人工授精方法，关中地区部分配种站逐步采用人工配种。新疆各大畜牧场、配种站在新中国成立前也用人工授精作为辅助配种手段，甘肃畜牧科技力量较为雄厚，这项推广工作更有成绩。

西兽医初入的数十年间发展缓慢,其主要障碍在于我国还不能全面生产生物药品,致使有限的西兽医人员无法发挥作用。毛泽东鉴于陕甘宁边区存在的类似问题,强调继续发挥中兽医作用,主张中西兽医联合来防治家畜传染病。曾经号召"县区政府召集本地兽医老农,研究防止兽瘟与医治兽瘟的简单办法,向牲畜较多的农家劝导实行,这是普遍易行的。其次建厅应令农场增加兽医设备,研究边区兽瘟,制造大量的血清与疫苗,倡导并实行有效的防瘟与治疗办法"①。毛主席这里提到的血清和疫苗,就是我国当时仅可自制的几种生物制剂,在新中国成立前的兽疫防治中曾发挥过作用,是西兽医传播最快最有成效的医事活动。自从20世纪30年代我国开始建立兽疫防治机构,就有数家血清厂生产兽医血清、疫苗和诊断液,40年代西北各省开始生产并逐步有所应用。陕西农改所与西北农学院于1941年利用西农畜牧兽医系房舍设备,建立陕西兽医血清厂,制成兽医生物药品。生产的有抗牛瘟血清、牛瘟脏器疫苗、牛出败菌苗、炭疽弱毒芽孢苗、猪结晶紫疫苗、猪出败混合菌苗等,对防治关中陕南地区疫病很有成效,其中一批牛瘟脏器疫苗由投奔延安的革命者带到陕甘宁边区使用。边区政府根据毛泽东和贺龙等同志的指示,也在光华农场用土洋结合的办法制剂,终于试制成功了抗牛瘟血清,多次扑灭了边区农村牛瘟。甘肃、新疆等省也有多处血清厂,其中兰州兽医生物药品厂经过不断扩充,规模最大;西北兽疫防治处于1948年前后制订的西北五省消灭牛瘟计划,拟以该厂为主要的血清、疫苗供给地。

近代西北畜产加工技术也有很大改进,毛纺、毛织、制革、制裘、乳品、副食、骨粉、肠衣加工等生产,有些工厂已实行了机械和半机械化生产,传统畜产加工处于被现代机器生产逐步代替的过程之中。

第四节
近代西部地区的农牧关系

在中国近代农牧业的发展过程中,农牧关系也曾发生过一系列变化。认识这种变化,可使我们更好地了解当时的农牧经济。近代西北农牧经济形态比较复杂,由于帝国主义经济入侵,西北变为外国资本主义原料掠夺和商品推销地,地区经济带有殖民地经济的

---

① 毛泽东:《经济问题与财政问题》,载《毛泽东选集》,沈阳:东北书店,1948年,第780页。

性质。其显著的特点是，农牧业生产为适应帝国主义的需要而不断商品化，传统的自给自足的小农经济遭到破坏而开始瓦解，给封建制度以巨大的打击。但是封建经济已有数千年的统治基础，不仅清朝统治阶级要顽固地维护，民国后的北洋军阀和国民党政府也依赖封建生产关系而维持统治，就连帝国主义同样希望"使中国的封建地主阶级变为它们统治中国的支柱"①。所以尽管近代西北农牧业中资本主义因素有所增长，但终究不能成为地区经济的主要形式，更没有动摇封建土地所有制基础和封建剥削关系基本方式。由于封建阶级与官僚资产阶级、帝国主义相勾结，各种封建剥削同买办资本、高利贷资本剥削结合一起，残酷地压榨农牧民，导致西北农牧业破产和整个地区经济的贫困，各民族所遭受的苦难是世所罕见的。只有在中国共产党领导下的陕甘宁边区，经过长期反帝反封建革命斗争，进行了土地革命，才彻底改变了封建剥削关系，建立了人民当家作主的民主政权，组织农民互助合作，开展大生产运动，促进了农业生产的发展和整个边区新民主主义经济的繁荣。

一、封建专制生产关系对农牧民的迫害

鸦片战争以来列强的多次侵华战争，屡次遭到中国人民的顽强抵抗，帝国主义渐知独占中国，使其完全为殖民地是不可能的，只有扶持反动封建势力作为自己代理人，才能达到奴役中国人民的目的。因此，帝国主义明向清政府宣战，暗中却威胁利诱，与清朝统治者相勾结，使没落状态的清末封建制得以苟延残喘。当清朝腐败不堪以致灭亡之后，各帝国主义又寻找封建官僚军阀和买办资产阶级作为新的傀儡统治中国，民国以后的北洋政府和国民党政府即为帝国主义所豢养。这些新的统治阶级对外屈从帝国主义的需要，对内维护地主阶级的利益，保护封建剥削，从而使封建制生产关系先后承袭，成为中国半封建半殖民地的主要经济基础。西北地区封建制度根深蒂固，地方官吏、新老军阀以及分散各地的农牧主作为封建统治的社会基础，顽固地维持着封建剥削关系，残酷地压榨广大农牧民。尽管近代西北政治势力错综复杂，反动统治者彼此争斗不息，其维护封建制的根本立场却始终一致。西北区域辽阔荒僻，农牧民除受反动政府的盘剥外，还遭受各级地方封建势力变本加厉的压榨掠夺，封建生产关系的反动残酷和腐朽没落，在西北表现得最为充分。

封建土地制是整个封建剥削制度的基石，地主土地所有制在近代西北土地关系中始

---

① 毛泽东：《中国革命和中国共产党》，载《毛泽东选集》第二卷，北京：人民出版社，1991年，第629页。

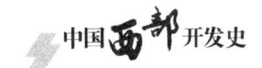

终占有统治地位。鸦片战争后,西北基本还保持着清朝固有土地的占有格局,既有皇室宗族、各族王公、旗兵屯卒所占有的各种官田,又有各类地主大量占有和自耕农少量占有的所谓民田。但是在土地自由买卖和剧烈兼并的历史条件下,官田私化转为民田,民田又高度集中于官僚军阀和各类农牧主,则成为近代西北土地关系的基本趋势和重要特征。清末虽曾将大量陕甘土地以"叛产"没收入官田,清军在新疆大力扩充屯田,战乱灾荒后各省也组织流民兴办营田,使得西北官田一度有所增加,但随后又被各种封建势力巧取豪夺化为私有土地。民国鼎革之后,军阀官僚地主暴起,以军事政治势力强占土地。商人高利贷者每乘灾荒之年,操纵土地买卖兼占大量肥沃田产。在这批新兴地主的兼并下,小自耕农固然要丧田破产,清朝旧地主亦日趋衰落,占田地百亩者也常不免被吞并。延至国民党统治时期,西北土地集中,达到了令人震惊的地步。据国内外考察者所称:"关中灾后移转的田产,十分之七集中在武人手里,十分之三集中在文人和商人手里。"[1]陕西每一惠渠刚兴工,军、官、商各类地主便以重价争买土地,"最显著的在陕西泾惠渠的开成以后,都大量地在渠旁收买土地,一次千数百亩,已是经常见惯"[2]。根据范长江在《中国的西北角》一书中所描述:抗战前夕"随着土地价格的上涨,长安市内和陇海路西兰线的两侧,所有土地,几尽为土地投机商所把持"[3]。至于陕北地区"因地广人稀,大地主所拥有之土地,其面积之大,实可惊人。往往以川或山计算大地主所有权所及地区之单位,如云某川为某某人所有,或某山至某山为某人所有"。甘肃情况也大致如此,"庆阳城中有极大财户,拥有数条川道土地,究不知其面积有多少"[4]。河套为中心的内蒙古西部农区,清末放垦后,地权即被官僚承办的垦务机构垄断,丈放土地多转于地商、豪绅之手,故大地主占田盈阡累陌,后套王同春田产曾多达100万亩。新疆农民土地集中程度,据后来九专区调查统计,地主人均土地41亩多,而雇农人均竟不足1亩。在乾德县协标二村占总户数3.9%的地主,占全村土地的73.2%;鄯善县东湖村占总户数1.05%的地主,竟占全村97%的土地。西北牧区草场所有权较农区地权更为集中,封建占有性更强。长期以来牧区草场有三种占有形式:一是部落公有,实为王公、千百户私有,是草原主要占有形式;二是寺院所有,实为宗教上层分子占有;三是牧主占有。一般牧民多为部落居民,很少有个人的畜群和草场,只能在劣等草场上放自己少量的牛羊。

---

[1] 陈翰笙:《崩溃中的关中小农经济》,《申报月刊》1932年12月第1卷第6号。
[2] 何挺杰:《陕西农村之破产及趋势》(《中国经济》1卷)。
[3] 范长江:《中国的西北角》,北京:新华出版社,1980年,第59页。
[4] 《中国的西北角》第二篇《陕甘形势片段》,第70页。

在近代河套开发中，原属蒙古族王公和牧主的草场不得不"报垦"成为农田；但蒙古族贵族从中取得押荒地金，并向农民征收一定地租，仍然享有封建土地占有者的部分特权。而广大未垦的蒙古高原草场，从来属蒙古族王公、寺院、牧主占有。国民党军阀马步芳统治青海时，以军事强权将草原占为军牧场，实属马氏家族的私产。据统计，青海各地为马步芳控制的牧场有20多处，几乎垄断了全省军马生产和畜产的销售。① 这位显赫一时的"西北军政长官"，正是西北最大的牧场主。各地反动牧主也采取同样的手法，大肆掠夺牧民牲畜，兼并肥美草场。仍以青海为例，在新中国成立前夕占牧区总户数仅7.2%的王公、牧主、富牧，占有牲口总头数的92.4%；而占牧区总户数92.8%的牧民，占有牲口总头数仅为7.6%。又据青海同德等九县统计，寺院草场多拥有寺周围二三百里的范围；仅仅占当地人口4%的宗教上层分子，即占取当地草场的42%以上。西北其他牧区情况与此大同小异。

封建剥削作为近代西北封建关系的支柱，牢固地建在地主土地所有制的基础之上。封建政权和地主阶级剥削农民的基本手段仍然是以地租和赋税为主，但这时西北租税剥削的苛刻繁重却是超前的。地租形态仍表现为实物地租为主，且与货币和劳役地租并存。地租量因时期和地区差异极大，轻者主四佃六，重者主六佃四甚或主八佃二，大约陕、甘、宁、青、绥一般以对半分成较多。货币地租多在关中以及各地城郊，以钱租与地价的金额计其租率，一般在10%左右。但西安、归绥等地有20%以上者。劳役地租比重不大，然而在偏远闭塞地区一直是主要的地租形式，新疆等地新中国成立前普遍采用"伙种分成"，即带有劳役剥削的性质。单就租率还不足以体现西北近代租佃剥削的苛重，近代还出现了与地租相联系的押租、预租和各种名目的附加租，以及向地主提供各种无偿劳役。牧区畜租同样高得惊人，牧民租放牧主的牲畜，租率一般在80%以上。内蒙古牧民"要向本主交毡子、黄油、奶制品、炒米等，剥削量很大"②。青海牧民租放一头牦牛，每年交畜租酥油20斤，一头犏牛交25斤酥油，几乎是每头牛的全部酥油量，牧民所得不过一点曲拉残余而已。在蒙古西部农牧交错区，牧主和地主还把耕牛租给农民，每头牛收租粮二大石，合1000斤。西北牧区的租佃剥削实不低于农区。

西北田赋自清末即在不断增加之中，至民国时期税额已增加到原来的数倍乃至数十

---

① 中共青海省委宣传部、青海畜牧厅合编：《青海畜牧业经济发展史》，西宁：青海省畜牧厅，1980年，第75页。
② 内蒙古自治区蒙古语文历史研究所《蒙古族简史》编写组编：《蒙古族简史》，呼和浩特：内蒙古人民出版社，1977年，第68页。

倍。据统计，陕、甘、宁、青四省1934年的田赋占地价的3%～5%，远远高于全国各省水平。1935年青海田赋地价比接近7%，位居全国之首。"陕西农民收粮一石，市价不过三四元，而由此一石之粮，须纳捐税达八九元，捐款超过生产价额一倍。"[①]税捐名目繁多，除正税之外还有各种田赋附加税，根据西北农林专科学校在20世纪30年代中期对甘宁青三省附加税的调查，甘肃有33种，宁夏有41种，青海有51种。若要再加上临时摊派的各种苛捐杂税，真是税如牛毛，难怪民间常有"今古奇捐""刮民党万税"一类幽默抗辞。杂税中以烟税起征最为荒谬，害民最烈。西北各路军阀和地方官吏为了解决军饷经费，借口"寓禁于税"，百姓即使不种罂粟，也得要缴纳极重的烟税。农民每岁收获，常不足供公家"烟亩税"，被迫无奈只有大量种鸦片。近代西北军阀无一不用这种手段剥夺农民，故鸦片种植遍及西北，且愈禁种植愈广。近代税法名目既多，花样也在不断翻新，政府以此对人民强力搜刮。抗战时期，国统区实行征实、征购、征借的"三征政策"。规定田赋正附税额一律折征粮食，把粮价上涨危机转嫁人民。贱价征购紧随田赋征实之后，规定随粮带购，标准与征实相同。所谓征借，也是一种巧立名目的掠夺，在纳赋粮票上注明征借数额，不付利息，五年以后分期"偿还"。民国以来普遍实行田赋预征，军阀刘振华在陕西从民国十三年（1924）征至民国十六年（1927）。西北的军阀官员们，无不趁征收赋税贪污中饱，例如烟税每亩征收10元，但经层层官军敲索追加，人民所出实达20元以上。地主豪绅以势逃税，将田赋转移到贫苦农民田亩上。河套灌区五月间麦田灌溉之后，即可定年成，故创以告丰青苗计赋的税法，百姓同声称便；然法久弊生，在估算"青苗税"时，吏胥与地主勾结，舞弊营私，最终使百姓受累。西北牧区赋税起于前清的丁银（人头税），民国以来计征方法有两种，一种是以畜计税，另一种是以人计税，蒙古语分称为"当司"和"塔里青"税法。但有时征银圆，有时征牲畜或畜产，三者任其折算，向无固定章则和统一税率，以此大肆克扣牧民。如玉树地区牛皮时价银圆3角2分，羊毛百斤银价3两，预交税款时则折价一半。税官自立规格标准，羔皮以优等黑羔为准，交白羔两张折一张；羊毛以纯白长纤维为准，马规定体高5尺以上，稍差丝毫一律拒收。牧业税中仍有正附之分，附加性的杂税亦多达数十种，牧民税捐繁重与农民无异。牧民同样还要负担各种劳役，承役之重，实比农民有过之而无不及。

近代西北高利贷和商业资本剥削之猖獗，实非其他历史时期可比。清末西北流行的高利贷多由地主阶级兼设的商店、钱庄、当铺经营。民国以后，军阀势力和官僚资本深

[①] 董成勋：《中国农村复兴问题》，载《陕西西安日报》1935年10月16日。转引自陈翰生等编《解放前的中国农村》第二辑，北京：中国展望出版社，1987年，第161页。

入农牧区，对农民施行竭泽而渔的剥夺，造成地区金融枯竭及物资短缺，高利贷剥削趁机而兴。国民党统治时高利贷变本加厉地发展起来，借贷利率最低月利3分，高者5分以上，借粮普遍是借三还四。借贷人要以土地田产作为抵押，不能按期还债，即按利上加利的复利之法计利，西北称"驴打滚"或"跟斗利"。如以本洋1元日利铜圆20枚逐月加放，一年即可得本利洋4096元。西北农林专科学校所作《西北农业考察》曾记这样一件高利贷案例，"永登一老农说，他在二三月青黄不接之时，借洋八元，至九月收获后归还，不知利息如何计算，先给麦子五石、鸦片五十两、现洋三十元，并给牛两头，结果仍欠本利八十元"①，可见西北农村中经济之困苦。困苦中的农牧民，急不择路，一旦负债，高利盘剥之下，必将鬻田荡产，沦为赤贫。债主则由此而暴富，米脂县杨家沟马姓大财主，祖上不过一个店铺伙计，借主人钱开一小店专放债收利，后来成为陕北最大的地主，占有土地不计其数。随着商品经济和官僚资本主义发展，商业资本剥削也渗入西北各地。官商把持工业产品，又垄断农产品收购，通过提高工商品和压低农牧品销购价格，采取不等价交换的方式剥削农牧民。例如，1944年陕西棉花收购价格仅值植棉成本的40%。内地商人进入内蒙古、青海、新疆牧区，用一盒火柴、一根针、数块糖就换牧民一张羊皮，一斤酒便能换一车羊毛，而一头牛马也不过值数块砖茶。

西北广大农民除受上述经济剥削外，还要负担各种徭役。百年来连绵不断的战争，数十万计的农家子弟被征入伍，广大农民还得提供兵饷和军事徭役。战前被强征修筑公路工事，战争中常被强拉兵差，自备牛车军粮随军驱驰。载粮食尽后，挽牛被大兵宰杀，大车劈作薪柴，当差车夫不免被扣留作士兵。据20世纪30年代中期调查："北方连年多事，军队调动，均向农村勒征驴、骡、马作军事运输……更有不肖军人，借调动机会，将尽量勒征驴、骡、马售价归于私囊。这种现象于陕、甘、宁夏、青海等省为最甚。"②地方公差同样繁杂，四季不断，老百姓精疲力竭，仍然应接不暇。

在残酷地封建剥削之下，西北农牧民日趋破产，农牧经济凋敝，虽然一些爱国知识分子也曾热情倡导农村合作社和乡村改良运动，来恢复西北地区经济，并从政、教、富、卫"四大教育"入手，通过社会、家庭、学校"三种方式"，解决农民愚、穷、弱、私"四大病根"。但是在中国不触动封建政治制度而奢谈文化改良，对改善西北农牧经济的贫穷

---

① 中国人民政治协商会议甘肃省委员会文史资料研究委员会编：《甘肃文史资料选辑》第1辑，兰州：甘肃人民出版社，1986年。
② 张淑琼：《中国农村破产之原因及救济方法》，《农业周报》1935年4卷3期。转引自章有义编：《中国近代农业史资料》第三辑，北京：生活·读书·新知三联书店，1957，第858—859页。

状况是无济于事的。合作社组织在西北也曾活跃一时,但是其领导权始终为国民党四大家族和西北官僚军阀所掌握,成为剥削农牧民的新式经济手段,西北农村经济的贫穷落后反而愈演愈烈。

二、帝国主义对西北农牧经济的控制和掠夺

鸦片战争后,帝国主义势力从西北和东南两个方向同时侵入本区。首先是沙俄帝国武装侵犯西北边疆,强迫清政府通过《中俄北京条约》割取贝加尔湖一带44万平方千米中国领土。嗣后俄军又几度占领新疆伊犁地区,大肆抢掠畜群财物,直接统治奴役伊犁各族人民。随之移入的俄国农夫牧民,营屋垦种,扎帐辟场,自设村组,自理殖民事务,统辖于俄国总领事馆。这种以军事方式直接侵占领土田场,虽只限于新疆边地,且发生在一定历史时期,但俄国经济势力却由此而伸入,并长期统治新疆地区。由东南方向最先进入西北的是外国教会势力,第二次鸦片战争以后,根据《天津条约》保护外国教士在内地自由传教广置产业的规定,各国传教士接踵而来。他们以宗教迷信麻痹人民,通过赈饥、借贷、办学、治病及各种"慈善"事业拉拢贫民入教,势力发展很快。至19世纪末,教会组织已遍及各省城乡,不仅关中教堂林立,即在河套内外,自同治四年(1865)亦设绥远、宁夏两大教区,连毛乌素沙漠南沿的长城风沙线也成了洋教盛行的地区。近人旅行塞上,凡遇树木村落之处,总见教堂十字架高耸绿荫之中,仅在临河县境就有法、比、荷教堂百余所。教会在西北不只进行政治文化渗透,同时还进行经济侵略。外国传教士凭借政治特权强占土地,建立教堂,广置田产。又以"购买"之名及种种欺骗手段侵吞公田民地,圈占牧场,不断扩充所谓"教产"。尤其是河套内外,待垦土地较多,被教会乘虚占据的肥沃渠地数以千顷计。甲午战争后,教会更加肆无忌惮地侵占民田,农牧民起而反抗,于是便构成了层出不穷的所谓"教案",地方官府仿效朝廷屈膝求和的惯技,每断一案,必向教堂赔款割地。例如绥远呼图滩长宽约300里,因1900年当地人民愤杀教士托乃门,经谈判议定由蒙古赔款15万两;后因拖欠部分款额无力偿还,遂将呼图滩割让教堂。法教士开渠改土,每年收入可获得大量粮物。达拉特旗亦因教案赔款37万两,该旗牧民变卖牲畜、房产赔偿外,尚欠14万两,教士催索不容迟缓,无奈将河套地2090余顷,作1400顷净地交教堂作为质押。又据陈赓雅的《西北视察记》载:"自磴口以东,乌拉河以西,贺兰以南,黄河以北,除沙漠渠道外,面积约有千余方里,合五十余万亩。向归阿拉善旗直辖。自庚子变动,教堂赔款未清,竟归外人整理。开渠放垦,

已得良田十余万亩。每年仅向阿旗王府纳包租银一万余元,而收入乃达四十万元左右。"①陕西三边与内蒙古相接,明沙碱滩遍野,唯小桥畔至城川口一带土地肥沃,汉民据此而耕种,边外蒙古族民众赖以放牧。随着教会势力侵入,反洋教活动日益激烈。内外反动势力相互勾结,反教斗争屡遭镇压,而三边肥美的农田草场遂被教会占据大半,人民生计日蹙。外国教会土地剥削与当地农牧主完全相同,土地多租佃给农民耕种,教堂直接收取地租。所得巨大数额的租入,显然不限教会用度,实为教士榨取西北人民血汗的农业经营。佃户多系被剥夺土地的农户和从华北诱招的破产农民,散居于教会土地上组成村落。一切司法教育均归教堂处理,地方政权不得干涉。有些教会组织收罗不法之徒,暗蓄军火,自成武装,擅设法庭,制定法规,无异于独立王国,故有"国中之国"之称。佃农所受剥削极其沉重,不仅要完租纳税,同时要向教堂交所谓保护费、膏火费等额外杂费,为教堂服各种劳役,人格上时常受教会的歧视。教堂一般都兼放高利贷,常乘农牧民困难时以赈赊名义借粮贷款,事后收取高利,贫民因此而家破人亡者不计其数。除教会占地剥削外,外国人还直接置地设场在西北经营农牧业生产。皮货畜产外商都有自己的牧场,临时存栏并孳生幼畜。第一次世界大战间贸易委顿,许多洋商转行经营畜牧业而成为大牧主,但仍不如教会占地现象普遍。

帝国主义直接经营土地剥削,规模远小于他们在经商中的剥削,商品贸易始终是帝国主义对西北农牧业进行侵略的最主要形式。早在1840年以前,俄英商人就在新疆西境输入鸦片,英法商又经沿海城市将大量的外国鸦片辗转运入本区。第二次鸦片战争后,帝国主义取得内地通商权,外国商人纷纷进入西北各地,通过洋行买办来控制地区农牧生产,把西北变为帝国主义的原料掠夺地和商品推销地。这种商业性侵略从沙俄对新疆贸易看得最为清楚。俄国通过与我国签订不平等条约,特别是直关新疆贸易的《伊犁塔尔巴哈台通商章程》《陆路通商章程》和《伊犁条约》等签约,取得了免税贸易等特权,于是便在伊犁、塔城、喀什、乌鲁木齐等城设置领事馆和贸易圈。贸易圈实为俄商据点,为各大商行盘踞,在圈内进行各种非法活动,中国官府也不得干涉,形同租界。贸易圈外商行在新疆各地设总店和分店,商行在基层又与当地商人勾结,其货物形成贸易网络,控制了新疆经济命脉。其抢购货物以牲畜、羊毛、肠衣、鬃毛、兽皮等畜产品为主,同时收购大量棉花、茧丝等农产。强销的货物则以布匹、棉线、铁器、石油、纸烟、火柴、化妆品等生活用品为主。购销经营的方式是,以预付贷款办法把倾销货和少量现金给农

---

① 陈庚雅著;甄暾点校:《西北视察记》,兰州:甘肃人民出版社,2002年,第77—78页。

牧民，签订如期交出农牧土产的合同，到期不能交者则加成加倍处罚。收购来的土产外运前要进行加工，如皮毛分类洗杂、羊肠刮油腌制、皮棉清洗包装等，均由商行作坊完成，因此其商业利润还包含对当地雇工的剥削。清末，每年仅从乌鲁木齐一市运往俄国的出口货物达15万驼驮，计24000吨。内蒙古与新疆相邻，亦属俄商势力范围，后日本等国商人在内蒙古亦很活跃。从19世纪末叶起，当地商人多转为洋行代理商，后来连归绥、包头等较大的商号也逐渐变为外国人采办畜牧土产的买办商家。帝国主义还通过资本输出，包占了很多盐碱、药材、山货的产地和优良牧场，垄断利源，禁止当地人采运放牧，迫使盐工牧民破产受其雇佣剥削。青海外贸主要为英美商人控制，英商于光绪十八年（1892）最先于西宁设立泰兴洋行，美、日、德等国商人相继而来，以各种名义设行。青海各地共有外国商行数十家，为外商收购畜产的当地商人称为"歇家"，仅湟源一地就有48歇家。洋行完全垄断了青海羊毛贸易，每年收购羊毛700多万斤，分数路源源不断地出境外运。美英商人通常多从西宁经兰州、西安、重庆至滇缅公路出口；英国商行还与印度商人勾结，从玉树、昌都经西藏运入印度；而日、法等国商人则经由甘肃以达包头，再从京包线运至沿海港口出境。陕、甘两省交通更为方便，消费水平较高，20世纪以来成为外国商品在西北的主要市场，各城镇商店货栈尽为洋货充斥，凡人民衣食住行，日常用物中几乎都加上"洋"字，连偏僻农村也开始消费洋布、洋线、洋火、洋油等外国商品。抗日战争后，美国商人逐渐控制西北大部分地区贸易，不仅大肆倾销过剩的工业用品，还把廉价的美米、美面、美棉、奶粉等农产品大量投入西北市场。抗战后期，西安市货栈内外的美国面粉堆积得如同街巷作战工事一样。地方农牧产品价格暴跌，严重滞销，根本无法与美货竞争，农牧民只好按照帝国主义的经济利益及需要安排生产。就这样，美帝国主义通过抢购和倾销手段，从流通领域控制了西北农牧生产，恣意进行经济掠夺。

帝国主义还通过改良品种，推广农业科学技术，诱使西北农牧业按照自己的需要发展。关中是较早引进美棉良种的地区，因为原种土棉绒短、质劣，不适合机器纺织。美洲棉引种成功后，帝国主义对关中棉区特别关注，直接或间接地大批输入各种优良棉种，并极力宣传推广。棉农见美洲棉品质好、产量高，争相购籽种植，美洲棉种植规模迅速扩大。1936年美洲棉面积一度达400多万亩，产棉近百万担。抗战期间，关中已成为美棉良种主要的示范推广地。绵羊品种直关出口羊毛的质量，帝国主义不惜投入大量资金和技术力量，从世界各地引种改良。陕甘地区引种黄金叶等烟草良种，刺激农民废田种烟，正是为了满足外国烟草生产的需求。俄国长期给新疆提供蚕种，目的在保证茧丝进口不受影响。抗日战争结束，美国为全面控制中国农业，与国民党政府联合成立"中美农业技术合作团，借以设计中国农业改进缜密之计划"①。合作团组织两国专家曾赴陕、甘、宁、青、绥各省，深入到农业院校、试验农场、合作社、农会、市场及农村基层，就西北农业教育、科学研究、品种改良、技术推广、农牧生产、乡村生活等问题进行全面考察。经过三年的调查研究，签订了《中美农业协定》，组成中国农村复兴委员会，拟订了各种农业科技和生产计划。但是这些计划无一不是把中国农业限定在为美国工业服务的原料生产上，在西北实行的结果，使大量农牧产品廉价运往美国，大批美国货抛入西北市场。根据这个协定精神，美国还将其过剩的资本，通过农业贷款和各种名义的"援助"投入贫穷的西北，进一步操纵地区农牧经济的发展。当然，引进良种和先进农业技术，促进了农业教育和科学技术的进步，对本区农牧业生产发展具有不可估量的意义；参与技术援助的外国专家们，也做了重要的贡献。但是，作为帝国主义侵华政策重要组成部分的农业技术援助，毕竟是各帝国主义经济掠夺的手段，在半封建半殖民地制度下，这些农业科学技术合作交流，不可能是平等互利的，其结果反而加深了西北农牧经济的贫困和衰败。

三、农牧产品商品化趋势的加强

近代以来，西北农牧业商品化有新的发展，农产中经济作物种植急剧扩大，畜产贸易种类数额均在增加，几乎各种农作畜产商品率都在不断上升。然而在半殖民地社会的经济制度下，西北不可避免地沦为资本主义列强商品倾销地和原料掠夺地。农牧生产直接或间接受到外商及资本家的干预，同各资本主义国家经济联系在一起，相当部分农牧产品作为外贸商品行销各国，流通地域扩大到世界范围，这便意味着近代农牧商品生产是以国际市场为背景的，这一点是古代历朝对外贸易无法相比的。同时，随着国际资本主义和现代工业的迅速发展，对农牧原料提出巨量的需求，从而刺激着西北农牧业的生产，加快了这一地区农牧商品化的进程。但是另一方面，农牧经济并不能完全摆脱封建制的束缚，其商品经济发展受到封建统治阶级的压迫和传统自然经济的顽强抵制。因此，近代西北农牧商品生产发育的过程又是很不完善的，不仅无法与资本主义国家商品经济相提并论，甚至与我国东南各地也有显著差距。就西北地区而言，各省区及各类农牧产品间商品化程度也极不平衡，大约位于本区东南部的陕甘地区农产商品化发展较快。这

---

① 中美农业技术合作团：《改进中国农业之途径——中美农业技术合作团报告书》，北京：商务印书馆，1947年，第1页。

里古代农业以粮食生产为主，经济作物所占比重不大，出售农产品极为有限，在整个农业经济中从来不曾占据引人注意的地位。时入近代，情况则起变化，最明显的是经济作物面积迅速推广，且种植者的目的主要是销售，然后资此再购买自己所需物品。鸦片战争后，关中地区棉花面积迅速扩展，至20世纪初，已是我国最优良的棉区之一，以"西花"之名称著国内外。除运销甘肃、四川内省以外，绝大部分"多由水路（渭河黄河）或陆路出潼关，经河南转道陇海、平汉、津浦等路而运销于上海、汉口、天津、郑州等各大市场"①。其中相当部分转而进入国际市场。国外商人还直接来陕采购棉花，日本厂家清末民初年间"在陕定盘之花甚多"②，西花之价遂之大涨，"人民争趋其利，广种棉花，几有每年连麦全不种的"③。在20世纪20年代与30年代之交，陕西植棉内受大旱灾的危害，外受资本主义世界经济危机的影响，棉田面积一度骤减。至30年代后半期，陕西棉业又得振兴，棉田猛增至400万亩以上。抗战初期个别年份曾接近500万亩，年产量达100万担以上，创旧中国陕棉的最高纪录。特别是渭河两岸，种植最盛，据当时人统计，少者占农作物20%，多者竟占60%以上。后至40年代前半期，因受美棉洋布的排挤，陕西棉田又再度收缩，但棉花仍居陕西经济作物的首位，是西北外销农产中的大宗项目。其次，种植较多的经济作物还有罂粟和烟草，尤其是罂粟流播极快。道光初始，罂粟由印度进入西南云、贵、川等省，一二十年间即遍及西北，陕、甘两省后成为最主要的鸦片产地。反动政府和地方官吏皆视为利源来济财政之不足，封建军阀更以此为养兵扩军的托命之法，无不或明或暗加以鼓励，甚或通过强征烟税、强行勒令等手段诱迫农民种植。甘省烟叶也是驰名中外烟行的特产，以兰州为中心的陇中地区种植最广，可谓烟草特区。由此沿渭河而下，至关中西部皆属西北烟草的主要产地。陕西烟草面积至20世纪30年代已发展到近40万亩，本省无烟厂加工，所产多出口国外；当时享誉国际市场的河南郑州烟叶，实际上也包括陕西产品。此外，大豆、花生、芝麻、油菜等油料作物面积产量都在逐年增加。其中大豆本是富含蛋白质的粮食作物，自从日本人在1908年以豆油、豆粕作为胰皂原料和家畜饲料在欧州试销成功，大豆经济价值随之提高，我国大豆出口量直线上升。至1928年已居于外贸总值的第一位。东北大豆地已占到耕地的三分之一，西北大豆地也不断扩大，至1949年陕西省大豆面积发展到400多万亩，年产近300

---

① 华商纱厂联合会、中华棉厂改进会编：《中国棉产改进统计会议专刊》，1931年，第41页。
② 寄遥：《西北急宜设棉业厂论》，《农商工报》1917年6月35期。转引自《中国近代农业史资料》第二辑，第292页。
③ 杨钟健：《北四省灾区视察记》，《东方杂志》1920年10月17卷19期。转引自《中国近代农业史资料》第二辑，第212页。

万石，通过各种渠道销于世界大豆市场。

　　新疆、青海和内蒙古西部牧区，自古就是我国城乡牲畜和毛皮的供给地，游牧业中商品生产意味向来浓重。时至近代，西北畜产贸易也走向世界市场，成为外国资本主义逐利竞争的目标。清末俄、英、日、法等国商行即在牧区立足，据《新疆图志》不完全统计，仅新疆的俄商就有2500多户，1万多人。全疆40余县，无一县无俄国商户。民国以来，外商进一步加强掠夺，加深了西北畜牧业的商品化；同时根据资本主义经济需要，畜牧业的商品生产得到新的开发。最为突出的是羊毛使用价值和外贸地位提高，这时期羊毛不仅只是牧民自织毡毯类粗糙毛织物的材料，而且成为国外机器毛纺业的原料，一跃而占据了出口畜产的首要地位。据统计，仅在青海牧区各国洋行直接掠购的羊毛，清末一直稳定在700万斤以上，其他途径出口羊毛尚不计算在内。1933年青海羊毛销售量高达2000万斤。[①] 新疆羊皮仅出口俄国的数量就保持在1000吨至六七千吨之间。当然各种畜皮出口量也颇为可观，肠衣、鬃毛等作为现代轻工原料，以高昂价格进入世界市场。

　　以上可见近代西北农牧商品化较古代确有新的发展，但是在帝国主义控制中国经济命脉的历史条件下，这种商品化只能标志着帝国主义经济侵略的加深，最终导致了农牧民经济的破产。因为广大农牧民从事这类商品生产仍利用简陋的手工器具，没有加工设备和贮存能力，只能以原始产品的形态投入国内外市场。然农牧民又无法了解庞大的现代国际市场，只能被动地适应外商需要而进行生产，自然难免任外人宰割。再加上官僚资产阶级的盘剥，封建统治者的租税剥削，农牧民既无钱使，又无粮食，商品化给他们带来的仍是贫穷苦难。

　　农牧产品进一步商品化，对西北经济影响极大，直接引起了地区传统经济结构的分解和农牧业中资本主义因素的发展。传统农牧经济，即千百年来的自给自足的自然经济，在农区表现为典型的耕织结合的形式，牧区则是衣、食、住、行皆出于畜牧。农牧民也出售少量产品，交换一些生活用品，但在其家庭经济中并不占重要地位，不足以改变其主要生产生活资料自给自足的经济形态，更不能改变一业为主多种经营的经济结构。到了近代，在资本主义商品经济猛烈冲击下，传统的农牧经济开始一步步地分解。由于国外洋纱洋布的大量输入和民族资产阶级机器纺织业的兴办，农业中耕织结合便难以发展下去。机器纺纱工效高出人工80倍，洋布价远比土布便宜，必然出现洋纱代替土纱，洋布代替土布，致使手纺业与手织业分离，手织业与农业分离。当然小农经济也不甘退出

---

① 《青海畜牧业经济发展史》，第86页。

历史舞台，与商品经济曾进行顽强对抗。例如从 19 世纪 70 年代起，南方各省城乡普遍采用进口洋纱，90 年代后"通商大埠及内地市镇城乡，衣大布者十之二三，衣洋布者十之八九"①。然西北地区至 20 世纪初自纺自织格局尚无根本改变，除城镇作坊有采用洋纱手织外，农家始终很少购买洋纱织布，所以纺与织分离的过程在西北表现并不明显。但是洋布倾销是不可遏止的趋势，至 20 年代、30 年代终于进入西北城乡，据近代刊物载文所称："统计陕、甘两省，全年约可销各种布匹十万件，最近不难达到二十万件。而各种布匹之市况，则'日货''双龙珠''细布'，为日人在青岛所制，价廉倾销，畅行于市，大有垄断市场，挤倒他牌之势云云。"②穿洋布者已不限于城市人，农民以洋布做衣者越来越普遍。至 40 年代，手工纺织在西北农民经济中便彻底动摇了。仅以陕西主要棉区泾阳、三原为例，当时除纺制自家使用针线外，农村很少再听到机杼之声。妇女中十有八九不会织布，青年女子甚至连纺线也成困难。数辈用过的织布机因常年弃置，多半废作薪柴；新中国成立之初，即使是土著乡民，通村也难常见到一两架织机。西北牧区自然经济分解同样非常显著，随着近代物质文明和先进文化的渗透，牧区古老的风俗习惯也开始变化。牧民对商品依赖程度越来越高，凡衣被靴帽、日用器物以及装饰工艺品，大都依赖于城市供给和国外进货。商品粮的需要量远远超过了以前各朝，尤其是王公贵族及牧民中富裕阶层更加崇尚口内和国外工业品，常常不惜以高价进购。少数民族旧有手工业倍受排斥，几无立足之地。游牧经济已经不能完全使牧区各民族自给自足了，只有充分发挥本族的专业特长，加强畜牧生产，并不断扩大畜产品的贸易，才能适应近代社会的经济关系。传统农牧经济正是在这种矛盾之中逐渐开始分化解体，其结果导致广大农牧民的破产。据 30 年代的调查材料，在关中最富饶的泾阳、三原、高陵、临潼、咸阳等县，破产农户出卖的耕地占各县总面积的 20%。凤翔失去耕地农户达 2200 多户，农村失去土地的人数增加了 62%。③ 牧民失去牧地和牲畜，化为赤贫者与此类似。

随着商品经济发展和自然经济的分化，西北农牧业中的资本主义经营在近代有了新的发展，其主要形式就是富农经济和经营地主。二者都是在近代土地买卖盛行和自由雇工大量出现的过程中形成的，既带有浓厚的封建性，又具有某些资本主义经营的因素。富农全力经营农业并亲自参加劳动，依靠配套齐全的牲畜农具，采取较为进步的农作技

---

① 〔清〕郑观应：《盛世危言》卷八《工政》，呼和浩特：内蒙古人民出版社，2006 年，第 195 页。
② 万钟庆：《发展交通与民族工业》，《民间半月刊》1935 年 5 月 2 卷 1 期，转引自《中国近代农业史资料》第三辑，第 423 页。
③ 陈翰笙：《崩溃中的关中小农经济》，《申报月刊》1932 年 12 月 1 卷 6 号，转引自《中国近代农业史资料》第三辑，第 727 页。

术和精细的经营管理，故单位面积产量和生产效率较高。西北富农长年性雇工一般两三个不等，农忙时增添短工，经营土地多在百亩以内，在土地比较宽阔的山川地区，则超过百亩以至数百亩。土地出租很少，有些新式富农则根本不出租土地，完全从经营管理中取得剩余价值，比地租高利贷取利手段更为高明。这些新式富农是农村中比较先进的资本主义经济成分，在西北虽非凤毛麟角，却还是比较少见。毛泽东于1939年曾估计全国富农约占农村人口的5%，大体也符合西北富农的比例。经营地主实力远比富农雄厚，生产资料和资金充足，因而占地广大，一般都出租部分土地，兼有租佃收入。经营地主也是不参加劳动的，其封建性较富农经济还要浓重。经营地主雇工多，经营规模大，更能集中利用土地，合理布局生产，有计划地组织活动；雇工间也有一定的分工，便于提高专业技能，故生产效率远比租佃制高。有的地主还养乳牛、奶羊、蜜蜂。西安、兰州等城郊凡私人经营此类畜牧者，多数都系地主或富农。雇工与经营地主、富农纯系经济雇佣关系，可以自由选择雇主，雇解手续均比较简单。西北雇工多数都是年底结算工钱，来年是否受雇再重新约定，较佃农常年捆绑在租地上有更多的人身自由，更能发挥生产者的积极性。新中国成立前，西北各省还出现少数资本主义方式经营的农场，有的是以国家名义经营，有的是官僚军阀假名经营，还有富商名绅购地或租地经营的。例如，浙江大学农学院毕业的邵惠群于20世纪30年代在宁夏屯垦区，本着"土地公有"的理想，采取"省营农场"形式，设计的营垦计划；以及西农李斌君、安汉等专家所做的有关西北各地农牧试验场的规划，都不同程度地反映出当时农场的经营方式。同时期傅明臣在眉县购地11顷，创办华西农场，雇工10余名，职员7人，植果树1顷，水田七八顷，森林1顷半，又植蔬菜花果等，仿照资本主义农场经营和核算办法。绥远、宁夏等地还有少数租地经营的场主，收入除付田主租银和雇工工资外，场主专门攫取经营利润，反映出较强的资本主义生产关系。其他省区租地农场比较少见。自20世纪以来，西北还出现一些农牧垦殖公司，如清末贻谷大臣主办的蒙古西部垦务公司，民国以来更有张謇的西通垦牧公司、金晓峰集成实业公司以及中华垦殖公司，等等。从名义看，这些垦殖公司应属资本主义农牧企业，实际上除少数公司外，大多数仍然是封建经济，绝大部分公司还采用租佃制，很少雇工垦种。因为其资本有限，只知广占地产，又无先进生产技术设备和科学管理，自己经营反不如收取地租可靠。有的公司则依靠政治势力，领垦大量土地，垄断地权，进行土地投机买卖。所以，我们对近代西北农牧的资本主义经营，不能估计太高，它作为一种新的经济关系尚处于脆弱的初发状态。

四、陕甘宁边区的新民主主义农业经济

在半封建半殖民地性质的西北农牧经济由兴盛走向崩溃的过程中，中国共产党领导的革命根据地逐步建立起一种新型的农业生产关系，即新民主主义农业经济。抗日战争和解放战争初期，这种新民主主义农业经济在陕甘宁边区得到了充分的发展。新民主主义农业经济的基本特征集中体现在党的土地政策中。早在大革命失败后，中共中央"八七会议"就明确指出"中国革命的根本内容是土地革命"。党在开创革命根据地同时，开始着手解决农民的土地问题，自觉地将中国革命引向土地革命阶段。经苏区多年的实践，不断反对各种右的或"左"的错误，逐渐摸索出一条正确的土地革命路线。农民分得土地，恢复和发展了苏区农业生产，革命根据地不断扩大。陕甘和陕北革命根据地，就是在党的土地政策不断完善、土地革命运动轰轰烈烈的形势下新开辟的。从1932年开始，这里的土地革命运动就稳步地发展起来，党组织和红军首先发动群众建立农会，组织农民打土豪、分粮食、宣传土地革命。后来在革命势力较强的地区建立工农民主政权，坚决没收了地主土地，按党的土地政策重新分配给贫苦农民。

抗日战争时期，党中央直接指导着陕甘宁边区的农业经济，同时根据抗日民族统一战线思想，不断调整着土地政策。早在1935年中央红军到达陕北后不久，即提出停止没收赞成抗日的地主土地，对富农不准任意惩罚。在1936年陕甘宁边区政府成立后，党中央在《国共合作宣言》和《十大救国纲领》中宣布，停止以暴力没收地主土地，把第二次国内革命战争时期的土地革命政策，改为减租减息政策。从此陕甘宁边区和各敌后抗日根据地开展了广泛的减租减息斗争。1942年中共中央政治局通过的《关于抗日根据地的土地政策》及附件，在全面总结群众减租减息运动的基础上，进一步阐述了这时期土地政策的基本思想，即扶持抗日生产的基本力量农民阶级，实行减租减息，改善农民生活；承认多数地主有抗日要求，部分开明绅士是赞成民主改革的，故在减租减息的同时又实行交租交息，以联合地主阶级共同抗日；承认资本主义生产方式在中国是比较进步的生产方式，资产阶级（包括富农）是比较进步的社会政治力量，党的政策是在适当改善工人生活条件之下，奖励资本主义生产。减租的基本内容，主要是实行"二五减租"，就是在未实行减租的地区，不论公田、私地或租佃地，不论定租、活租或钱租，其租额要比抗战前原租额减少25%。游击区及敌人占领的点线附近，可少于"二五"减率，只减二成至一成。地租一律在收获后缴纳，不得预收或额外勒索。因天灾人祸，地租可停付或减付，多年欠租，应予免交。土地税由地主负担，鼓励订较长期的租佃契约。设评租委员会，

由农民、地主、政府三方代表参加。减息的标准规定为"一分半计息",即息率不得超过15%。抗战前的债务如付息超过原本一倍者,停利还本,超过两倍则本利停付;抗战后新定借贷契约,由双方协商约定利率。这时的土地政策还规定,凡属罪大恶极之汉奸的土地应予没收,被迫当汉奸者土地不没收,争取悔过自新,逃亡地主和宗教土地不动。陕甘宁边区积极贯彻党中央的土地政策,认真实行"减租减息",极大削弱了封建剥削,减轻了农民的负担,促进了边区农业生产。从政治上和经济上为抗日战争的胜利奠定了稳固的基础。

抗战胜利初期,陕甘宁边区继续深入开展减租运动,但是国民党发动内战的步伐越来越紧,革命的形势由民族斗争转向阶级斗争,广大农民迫切要求彻底解决土地问题,有的根据地出现农民夺取地主土地的斗争。党中央为了满足人民的革命愿望,于1946年发出《关于清算减租及土地问题的指示》,决定把"减租减息"改为没收地主土地分配给农民的政策,从而肯定了农民对土地的正当要求,在解放区掀起轰轰烈烈的土地运动。由于陕甘宁边区有一半以上的地区在第二次国内战争时期已经分配了土地,农民土地问题已基本解决,所以在贯彻中央《五四指示》时又结合边区实际,进行了减租查租保佃的活动,对已分土地出现的产权纠纷及重租剥削等现象,彻底加以解决。边区还制定了土地征购分配政策,把地主过多的土地统一征购后分给无地或少地农民,使每人占有土地的数量质量大体平均。1947年9月中国共产党召开全国土地会议,制定了《中国土地法大纲》,中共西北局为贯彻大纲精神,同年11月在绥德义合召开边区干部会议,做出彻底完成边区土地改革的决议,确定了"抽补调剂"的土地方针,对地主富农占有的较多较好土地,实行"抽多补少""抽肥补瘦"。清查漏网地主土地、以多报少的黑地和公地庙产,合理加以分配,纠正分地的不公现象,终于取得了土改运动的胜利。新中国成立以后,中华人民共和国政府所公布的《中华人民共和国土地改革法》,就是在总结陕甘宁边区和各根据地多年土地革命经验基础上制定的,中国人民从此实现了数千年来梦寐以求的"耕者有其田"的理想。

陕甘宁边区的赋税制度同样体现出新民主主义的经济特征。一方面,边区最多时有160万人口,常驻军队不下数十万;所建立的是人民民主政权,因此经济建设指导思想必须有益于抗日各阶级,保证广大民众生活的改善。另一方面,边区政府的财政又必须依靠人民提供,否则这个政权无法生存,抗日战争和解放事业也不可能胜利。因此边区政府根据"取之于民,用之于民"的基本财政方针,有步骤有计划地征收农业税,从而逐渐地完善了新民主主义的赋税制度。边区政府成立前,穷苦农民无纳税能力,根据地完

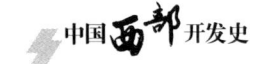

全靠"没收""缴获"等特种收入维持经费和军需。抗战初，为了休养民力，恢复内战中破败的边区经济，财政开支尽量依靠外援，军费多半来自国民政府的协款，故边区政府也没有征收捐税的条例。后来开始征少量的救国公粮，纳粮初无明确的税率规定，也不按土地人口的多少摊派，而是农民自报收获量，按一定比例计粮自动缴纳。征时不收折色（钱），只收本色（粮），征后以区为单位贮于民间，军队打到哪里，吃到哪里，不劳百姓"千里舟车飞刍挽粟"。但是救国公粮毕竟还是一种极不完备的临时性农业税，也只有在外敌当前的战争环境下，陕甘宁边区和敌后抗日根据地才有条件实行。从1943年起，边区政府颁布《统一累进税试行条例》，改变过去单纯以粮计征的不尽合理的税法，把土地财产和所得产品共同列为税本，畜牧业中的羊子税和盐运业中缴纳的公盐也包括其中，不另行征收。同时还根据地区条件的差异规定起征点、累进率和最高率，有区别地计算税额。实行农业统一累进税保证了广大农民阶级的利益，也照顾到抗日各阶层以不同的经济力量各尽自己的税务。做到富者多出，次者减之，穷人少出，赤贫不出。计税前土地财产和产量的登记工作，注意发动群众，争取做到细致、公正、民主，是一种比较适合边区政权性质的税法。正如南汉宸在《边区财政工作》中所做的评价："农业统一累进税，克服了救国公粮的缺点，把它提高了一步，经过去年三个县的试验证明它的基本方针是对的。中国几千年来的田赋制度弊端很多，今天给改变了，是中国农业税的一个革命。"[①]

新民主主义经济仍然是以"私有制"为基础的经济，农牧经济还不能完全摆脱自然经济的结构。边区政府清醒地提出了"以农业为主发展私人经济的方针"，鼓励农民搞好粮食生产的同时，继续发展家庭纺织业、铁木手工业、畜牧运输等农副业。但是新民主主义政权对"私有制"和小农经济的保护，同封建社会和资本主义社会有本质区别。通过土地改革和减租减息，边区已经基本上消灭了封建剥削关系，资本主义性质的富农经济也受到限制，所以政府所维护的只是政治上翻身做主的广大小自耕农的经济利益。对待小农经济，在鼓励其发展的同时又特别指出："这种分散的个体生产，就是封建统治的经济基础，而使农民自己陷于永远的穷苦。"[②]为了克服小农经济的落后性、发展农牧生产力，边区政府通过开展广泛深入的互助合作运动，组织个体经济基础上的集体劳动，使小农经济的生产力得到最大限度的发挥，创造了独具特色的新民主主义农业劳动组织形式。

陕甘宁边区劳动互助组织在土地革命时期已经出现，贫苦农民分得土地后，迫切需

[①] 南汉宸：《边区财政工作》，1944年8月。转引自陕甘宁边区财政经济史编写组、陕西省档案馆编：《抗日战争时期陕甘宁边区财政经济史料摘编》，西安：陕西人民出版社，1981年，第151页。
[②] 毛泽东：《组织起来》，载《毛泽东选集》第三卷，北京：人民出版社，1991年，第931页。

要发展自己的小农经济。苏维埃政府根据中央苏区经验，组织了"耕田队""犁牛合作社""妇女生产小组"等劳动互助组织。但在残酷的内战时期，这些劳动互助社未能发挥大的作用。抗战以来，边区环境相对和平稳定，农民在得到休养生息后，又自发开展互助劳动，并得到了边区人民政府的支持，在大生产运动中发挥出极大威力。1942年西北局高干会确定发展农业生产是边区第一位工作，而组织劳动力是发展农业生产的中心关键。毛泽东在会议报告中还特别指出，各县应大力组织劳动互助，积极地组织农民集体劳动，并把它作为农业政策之一。从此以后，全边区的劳动互助走上了新的自觉发展阶段。据统计，1943年边区25%劳动力参加互助组织，比过去增长了四五倍。同年11月毛泽东发出"组织起来"的号召，边区互助合作运动掀起了一个又一个高潮。至抗战胜利，参加互助的农民，在一般地区多者占全劳动力的45%，少者占全劳动力的28%，中耕锄草时有些县份竟占全劳动力的80%。边区劳动互助组织主要是由两种基本形式发展起来，一种叫"变工"或"搭工"，由几家农户把人力和畜力相互调剂交换，相互帮助，协作生产，是边区最流行的互助形式；另一种叫"扎工"或"唐将班子"，系许多出雇的短工共同组织在一起的集体雇工组织，但扎工不纯是出雇短工，其中包括部分自种土地的农民为劳动互助参加扎工，因此它基本上仍属劳动互助组织。在互助合作运动中，群众又不断创造了许多新的互助合作形式，出现很多模范变工队。无论是何种形式的互助合作，均实行群众自愿结合，故能调动生产积极性。据说"十个人的集体劳动，但同样长的劳动时间内能作出十三四人的活来，就是说提高百分之三四十的劳动效率"[①]，表现出互助合作的优越性。陕甘宁边区农业互助合作还同时向其他生产领域发展，如交通运输业的合作社和运盐合作社；经济领域里也组织了消费合作社、信用合作社、综合性合作社等。不仅农村有各种性质合作社，就连机关、学校、部队在生产自给运动中，也建立了合作组织。

在党中央"发展经济，保证供给"的总方针指导下，陕甘宁政府始终把农业放在地区经济基础地位，制定了一系列发展农业生产的方针政策，从而提高了人民群众的积极性，使农牧生产和人民生活水平不断上升，大大鼓舞了军民积极性，为新民主主义革命的胜利做出了贡献。陕甘宁边区新民主主义的农业经济思想和方针政策，为后来的新中国农业经济关系奠定了基础，对新中国成立后的农业政策有着极大的影响。

[①] 中共中央西北局调查研究室：《陕甘宁边区的劳动互助》，1944年。转引自陕甘宁边区财政经济史编写组、陕西省档案馆编：《抗日战争时期陕甘宁边区财政经济史料摘编》第2编《农业》，武汉：长江文艺出版社，2016年，第371页。

第五节
中国近代西部地区的工商业

19世纪60年代至90年代,清政府开展洋务运动波及了相对落后的西部地区。

一、西北地区的工商业

近代西北地区工商业逐渐崛起,工商业相对集中的地方当首推西安。19世纪60年以后,洋务运动逐渐对陕西产生了影响。1869年,左宗棠以钦差大臣的身份督办陕甘军务,在西安创办了西安机器局,生产枪弹和火药,这是西安近代军事工业的起点。1872年,左宗棠率兵进入兰州,为了收复被阿古柏侵占的土地,将随营修军械的西安机器局设在兰州畅家巷,改名为兰州制造局。左宗棠还派赖长在畅家巷前路后营基础上创建兰州织呢局,令胡雪岩在上海向德商购买机器设备1200多件,聘请德国匠师李德等11人。到1880年,织呢局开工,每天生产20匹兰呢。这是中国第一家机器制呢厂,后来演变为西北毛织厂。

清朝灭亡后,西部社会发生了很大变化,但工商业发展仍然缓慢。1937年卢沟桥事变爆发后,东南沿海地区的一些企业纷纷内迁,其中有44家企业迁至陕西。虽然数量不多,但由于内迁工厂规模较大,设备和技术力量相对较强,因而对陕西工业化起到了直接的推动作用。此前陕西的机械工业几乎是一片空白,这些企业迁入陕西后,陕西工业的面貌就发生了很大变化,纺织机、柴油机、造纸机都可以制造了。当时,陕西西安、宝鸡等地的纺织工业发展迅猛,面粉加工等轻工业也有了较大的起色。这一时期兰州等地的工商业发展的速度也很快。但到了20世纪40年代后期,"由于政治腐败、战乱、天灾频仍、农村经济的彻底破产、超经济剥夺的极端发展等诸多因素,西北地区的工商业出现极度萎缩的趋势"[①]。

二、西南地区的工商业

洋务运动期间,洋务派创办军用企业和民用企业的活动,也逐渐发展到了西南地区。

---

① 向达之:《论近代后期西北地区工商业经济的严重萎缩》,《甘肃社会科学》1993年第6期。

当时西南地区最重要的工业企业当数四川机器局，云南的矿产业也显得比较重要。

1877年，丁宝桢调任四川总督。当时四川秘密结社盛行，农民起义时有发生；英、法两国入侵西藏、云南，威胁四川，内忧外患比较严重。针对这种情况，丁宝桢决定在成都"设局制枪，储为御侮之需"[1]。丁宝桢认为："枪炮为武备要需，近年外洋制造轻巧便捷，实为御侮利器。川省各营近多习用此枪，然皆购自上海各处洋行，价值甚贵，而又不知修理之法，一经损坏，即成废物，殊为可惜。"[2]于是，他在成都创办了四川机器局，自行制造武器装备。当年5月，丁宝桢招募数百名工人，着手组建四川机器局。11月，四川机器局厂房建成，"共分建大小厂房一百八十八间，崇垣大柱，覆屋重檐，安设铁炉、烟筒、风箱、气管，四通八达，取材既富，用工极坚，于内地营造之法不同"[3]。到1879年，该局"自行造成水轮机器及各种机器共二十五部，未合成机器及工用器具等项共一万二千零六十九件，已合成前门后膛等枪共一百四十八杆，未合成洋枪一百六十一杆"[4]。应当说，效果比较明显。但制造武器所消耗的成本也很大，仅一年多时间，就用去白银77000余两，因而遭到顽固守旧势力的极力反对。清廷下旨查办，结果导致自行置办武器的计划被扼杀在摇篮之中。1880年，四川机器局得以重新操办，在丁宝桢经营四川机器局时期，产品数量和种类都有不断增加的趋势，机器局处于不断发展的状态。但1886年丁宝桢去世，刘秉璋接任四川总督，他认为，四川机器局用更高的价去制造无用的枪弹很不划算，为避免浪费、缩减开支，所以主张向外国洋行购买枪支弹药。他于1887年12月下令四川机器局停造各类枪支，只生产铜帽、后门枪子弹、开花炮弹、火药等产品，并大量裁减职工。因此四川机器局曾一度衰微，生产逐渐萎缩。[5] 1895年以后，民族危机日益深重，接任四川总督的鹿传霖对机器局十分重视，他认真查验了丁宝桢经营机器局时生产的后膛洋枪，认为除个别存在问题需要加工修理外，其他还能继续使用，所以他主张重新启用四川机器局，恢复生产各式枪炮。四川机器局也由此开始复苏，并逐步崛起。

云南矿藏丰富，很早就有开采、冶炼和制造等活动。"百余年来，云、贵、两湖、两粤、四川、陕西、江西、直隶报开铜铅矿以百数十计，而云南铜矿尤甲各行省。盖鼓铸

---

[1] 陈真：《中国近代工业史资料》第三辑，北京：生活·读书·新知三联书店，1961年，第220页。
[2] 中国史学会：《洋务运动》第四册，上海：上海人民出版社，1961年，第339页。
[3] 丁宝桢：《机器局遵旨停止报销用款折》（光绪五年九月二十三日），《丁文诚公奏稿》卷17，光绪十九年刊本，第35页。
[4] 《洋务运动》第四册，第342页。
[5] 伍红香：《西南地区的洋务工矿业（1861—1895）》，西南大学硕士学位论文，2011年，第12页。

铅铜并重，而铜尤重。秦、鄂、蜀、桂、黔、赣皆产铜，而滇最饶。"①晚清时期云南成为当时中国最重要的铜产区之一，铜厂多达30余处，其中尤以东川及其周围地区最为集中。但1856年爆发了以杜文秀为首的回民大起义，矿区全部陷于停顿败坏状态。同治、光绪年间，清廷财政陷入了困境，急需用钱。另一方面，当时英法等国对云南的侵略日益猖狂，云南矿业已经成为列强角逐的重要阵地。在此背景下，清政府加紧了开发云南铜矿业的步伐。云贵总督刘长佑于光绪三年(1877)上奏："居今日而为滇计，惟有因地之利，开财之源，力兴矿厂，兼筹鼓铸，为救时之急务也。"②他设想："今拟参用西洋采矿机器以助人力之不足，并延雇熟习矿路之洋匠以补中法之未备。"③但他的主张并没有得到及时的采纳。后来云南总督岑毓英与唐炯借鉴开平矿物招商局成例，制定了鼓励私人开矿、引进先进的机器体系、推行官督商办矿业的政策。

煤铁业也是云南的重要产业。1885年，潘霨出任贵州巡抚。他认为将贵州丰富的矿藏开采出来，可以开辟财源，解决清政府的财政困难，也可改变贵州财政困难的窘境，同时也可以为洋务派的军事和民用工业提供原料和燃料，进而投靠洋务派，以提高自己的地位。1886年，清政府下达"即著该署抚详细体察，认真开办，毋得徒托空言"④的谕令，奏准了潘霨的请求，在贵州开办近代工矿业。潘霨招揽办矿人才，举荐其弟潘露到青溪铁厂。潘露来到青溪，为青溪铁厂总办，采用"商办官销"的方针开采各矿。1890年，铁厂"共用银二十七万六千余两，其中股款不敷，陆续挪用公项银十九万二千两，此垫款应归之数也"⑤。可见，青溪铁厂在筹办过程中，商款难筹，厂务的维持一直靠挪用公款。这样，公款变成官股，青溪铁厂成了官商合办。

此外，西南地区还出现过一些其他种类的近代企业。如火柴工业、针织工业、榨油工业、肥皂工业、玻璃工业、印刷工业、电灯工业、矿业，等等。1937年"七七事变"爆发后，华北地区和武汉以下的大半个中国沦陷，南京国民政府迁都重庆后所能控制并且经济上比较稳定的省份只有川、滇、黔、桂、湘、陕、甘、康八省⑥。国民政府为了保存国家经济实力，支援抗战的军需物资，补充后方的民用供给，决定将工厂大规模地内

---

① 《清史稿》卷一百二十四《食货五·钱法 茶法 矿政》，第3666页。
② 《洋务运动》第七册，第9页。
③ 《洋务运动》第七册，第10页。
④ 《洋务运动》第七册，第169页。
⑤ 《洋务运动》第七册，第182页。
⑥ 凌耀伦：《抗日战争时期的大后方经济》，《中国经济史论文集》，北京：中国人民大学出版社，1987年，第362页。

迁，并制订了在四川、云南、贵州等地建设新工业区的规划。具体布局为：四川以重庆为中心，开发沱江和岷江流域的盐、糖、木材及水利资源；贵州中部与东部开采水银、煤、石膏等矿；云南以昆明为中心，建立电厂、机器厂、钢铁厂及采矿等；广西以桂林、柳州和全县为中心，建立电厂、纱厂及机械厂①。1938—1941 年，以西南地区为重心，内地的工业有了迅速发展。

抗战时期，西部地区的工业主要集中在四川，特别是陪都重庆，其他地区相对较少。据国民政府经济部的统计，1942 年四川一省有各类工厂 1654 家，占国统区工厂总数的 44%，占内地七省工厂总数的 51%；资本 11.3 亿元，占国统区工业总资本的 58%，占七省工业资本的 66%。到 1944 年内地工业已趋衰退时，四川一省仍有 5382 家工厂，占国统区工厂总数的 45%，占七省工厂总数的 51%；资本额分别占 53% 和 56%。从具体工业部门考察，1942 年四川一省占内地化学工业资本的 46.6%，机器工业资本的 64.8%，冶炼工业资本的 83%，纱锭总数的 57%。而四川工业又主要集中在重庆，重庆棉纺织工业占全省纱锭数的 89%，布机数的 95%，产量的 96%，其他如机器、冶炼都在 80% 以上。至于内地其他省份，工业发展水平仍然很低，除云南、广西的工业资本在内地各省工业资本总额中的比重分别占 10% 和 8% 以外，陕西占 6%，湖南占 4%，甘肃占 3%，贵州占 2.4%，其他各省多在 1% 以下。②

近代西南少数民族地区兴起的商业资本，主要是为了适应外国资本主义倾销商品和掠夺原料的需要。如云南下关地当滇缅交通要冲，扼康滇藏来往咽喉，四川和云南各地的官僚、地主、商人纷纷到此经商，商号、堆店迅速增加到七八十家，并逐步形成地区性的商帮组织。至清朝末年，下关地区共有四川、腾冲、鹤庆、喜洲四个商帮，每个商帮拥有二三十个大小不等的商号。这些商帮除了经营传统的药材、茶叶、土特产品、山货出口或运销内地外，还经营棉花、棉纱、棉布等洋货的进口和黄丝、石磺等产品的出口业务。各大商号先后都在缅甸瓦城（曼德勒）、仰光、八莫等地以及印度的一些城市设号。仅腾冲每年帮助从缅甸贩回的洋纱、洋布、棉花即不下万余驮，出口到缅甸的黄丝约百余万斤。③ 抗日战争爆发后，随着政府机关和沿海工厂的内迁，下关的商店由战前的六七百家发展到 1000 多家。以永昌祥、锡庆祥为代表的喜洲帮的"四大家""八大家""十二小家"商号，逐步发展成为下关白族地区最大的商帮。滇东北彝族地区，1927 年至

---

① 《中国大百科全书·中国历史》，北京：中国大百科全书出版社，1992 年，第 524 页。
② 凌耀伦：《抗日战争时期的大后方经济》，载《中国经济史论文集》，第 378—379 页。
③ 云南省编辑委员会编：《白族社会历史调查》，昆明：云南人民出版社，1983 年，第 127 页。

抗日战争前，地方势力以个人或集股的名义，在这里开办了昭通民众实业股份有限公司、福鹤公、永达等十几家企业，贩卖鸦片、黄金、白银、油脂、棉纱、药材及其他土特产品。羌族聚居的四川茂州（今茂汶羌族自治县）、威州（今汉川）、杂谷脑（今理县）等城镇，清末也出现了几家陕西、河南以及本省的富商大贾开办的大商号。西藏地区的上层农奴主，近代很多都兼营商业。设在拉萨的批发商号，有数十家。西康藏族地区，也出现了一批名叫"锅庄"的商业集团，共有 48 座。①

---

① 况浩林：《试论近代我国西南少数民族地区的商业资本》，《经济研究》1984 年第 12 期。

第九章

现代的西部开发

1949年10月1日,中华人民共和国成立,西部各省区迎来了新的发展机遇,经济社会迅猛发展,取得了一系列成就。但遗憾的是,这种发展势头未能持续下去,在"文化大革命"时期,西部的发展受到了很大影响。改革开放以来,西部的面貌发生了翻天覆地的变化,经济和社会发展取得了巨大的成就。而这些成就的取得,也是与西部开发分不开的。

第一节
社会主义革命和建设时期的西部开发

新中国成立后,我国进入社会主义革命和建设时期。党和政府为了加强对西部地区的治理与开发,曾对西部地区的政区进行过一些调整。1950年,撤销四川省,设川东、川西、川南、川北四行署。1952年,又恢复四川省的建制。1954年,撤销绥远省,并入内蒙古自治区。撤销宁夏省,并入甘肃省。将重庆直辖市降为省辖市,并入四川省。1955年,改新疆省为新疆维吾尔自治区。1956年,撤销西康省,将昌都以西划入西藏,以东划归四川。1958年,改广西省为广西壮族自治区。同年,从甘肃省划出银川、吴忠等地建立宁夏回族自治区。1965年,改西藏为西藏自治区。随着主要行政区的调整,西部各省(自治区)所辖行政区也发生过一系列变化。在对政区进行调整的同时,党中央和国务院根据当时的国内国际形势,以"防战"和"备战"为中心,采取"平衡发展"的策略,为处理好沿海工业和内地工业的关系,决定把内地工业建设的重点放在西部,在西部进行"三线建设",发展少数民族地区经济。①

一、西部地区建设的重点项目

新中国成立之初,西部工业总产值仅占全国的9%左右。特别是西北地区,工业基础很差,不少地方处于封闭、半封闭的状态。以毛泽东为首的领导者对此有着清醒的认识。他们从国家安全的大局和为人民谋利益的宗旨出发,决定调整全国的工业结构,在中国西部建设一些重点项目。

1953年,国家制订第一个五年计划,确定集中力量建设苏联帮我国设计的156个重点项目②和我国自主设计的694个项目。在这些项目中,分布在西部地区的项目占22%③,西南地区也占有一定的比重。项目主要有新建的兰新铁路、宝成铁路,续建康藏公路、青藏公路;在西北和西南修建或改建29个电站,24个煤矿;在甘肃、新疆、四川、青海等地开展地质调查或钻探,提高玉门油矿的生产能力,扩大新疆油田的原油产量;在甘肃兰州兴建氮肥厂及合成橡胶厂;在陕西西安兴建西安高压电瓷厂;在甘肃兰州兴建兰州炼油化工机械厂等工业设施。这些举措在很大程度上改变了西部地区的落后状态,为我国工业化的发展奠定了基础。

1958年第二个五年计划开始实施,西部地区工业化基础得到进一步加强。在"二五"期间,国家对西部的投资从"一五"期间的18%增加到22%。④ 西部地区在钢铁、机械、电力和纺织诸方面都有了明显的发展。甘肃、宁夏、青海、内蒙古、贵州等地出现了一些钢铁企业。西北地区和西南地区的煤矿数量、电厂数量、纺织厂数量、机械厂数量和投资规模较前有所增加。但受"大跃进"的影响,应有的效果未能收到。

二、西部进行的"三线建设"

"三五"时期,由于战备的需要,党中央将沿海地区划分为一线,将中部地区划分为二线,将后方地区划分为三线,制定了三线建设的策略。三线有"大三线"和"小三线"之分,建设的区域包括四川、贵州、云南、陕西、甘肃、青海、宁夏等七省区的全部及河南、湖北、湖南、山西四省的西部地区,共约318万平方千米,占国土面积的三分之一,

---

① 陈答才、李丽君、任晓伟:《中国共产党开发西部的理论与实践研究》,北京:人民出版社,2008年,第48—79页。
② 中共中央文献研究室编:《建国以来重要文献选编》第6册,北京:中央文献出版社,1993年,第410页。
③ 曾培炎编:《新中国经济50年》,北京:中国计划出版社,1999年,第390—391页。
④《新中国经济50年》,第397页。

其重点仍是在西部地区。

1964年4月,党中央提出"三五"计划,其基本任务是大力发展农业,基本解决人民吃穿用的问题;适当加强国防建设,突破尖端技术;加强基础工业,使国民经济建设实现独立自主。不久,根据毛主席的指示,党中央对"三五"计划进行了调整。有关部门成立西北、西南三线建设指挥部,迅速展开三线部署:一是由国家计委负责组织,在三线建设新的工厂,扩建部分旧厂;二是由国家建委负责,把一线的一批具有唯一性的重要企业和配合后方建设所必需的工厂搬迁到三线;三是由国家经委负责,组织好全国的工业生产,为三线建设提供设备和材料。此后,国家集中力量建设西南和西北地区的三线工程。

初期三线建设的项目,主要有攀枝花钢铁工业基地、酒泉钢铁厂、成昆铁路,以及陕西航空工业和兵器工业基地、甘肃航空工业基地、重庆造航工业基地、成都航空工业基地等。其中攀枝花钢铁工业基地的建设是重中之重,规划第一期工程年产铁矿石1350万吨、生铁160万至170万吨、钢150万吨、钢材110万吨。此外,成昆铁路也是建设的重点工程。攀钢的建设,不仅为新中国的工业化基础建设提供了资源宝库,而且"影响了当地及辐射区2000万人的命运"[1]。全长1100千米的成昆铁路,成为运输钢铁资源的大动脉。

在"三五"至"四五"期间,党中央累计向三线地区投资1173.41亿元。无论是西北地区还是西南地区,都曾从中受益。如四川过去是农业大省,工业基础相当薄弱。从1965年到1967年,国家即向该省投资66.7亿元,占同期全国基本建设国家预算内投资总和的14%。[2] 后来,国家又给四川投资130多个亿,使四川成为全国三大电站成套设备生产基地之一、四大电子工业基地之一、五大钢铁工业基地之一,国防工业和民用工业也得到前所未有的发展。尽管三线建设曾存在种种弊端,但却为西部经济社会的发展打下了根基,提供了重要的经济条件,因而对西部地区的开发起了很大的作用。[3]

第二节
改革开放和社会主义现代化建设时期的西部开发

"文化大革命"结束后我国进入改革开放和社会主义现代化建设时期。"以邓小平为

---

[1] 宋宜昌:《三线建设的回顾与反思》,《战略与管理》1996年第3期。
[2] 宁志一:《论三线建设与四川经济跨越式发展》,《中共党史研究》2000年第4期。
[3] 董志凯、吴江:《我国三次西部开发的回顾与思考》,《当代中国史研究》2000年第4期。

代表的党的第二代领导集体在全面深刻总结党的第一代领导集体关于西部建设的经验教训的基础上,实现了西部开发重大思路的转换,从均衡发展观指导下的生产建设转向了非均衡发展观指导下的西部开发。"①

一、非均衡发展的理论与实践

非均衡发展观是邓小平根据国际国内形势变化提出来的。自中美建交后,邓小平认识到和平与发展开始上升为时代的主旋律,指出"现在世界上真正大的问题,带全球性的战略问题,一个是和平问题,一个是经济问题或者说发展问题。和平问题是东西问题,发展问题是南北问题。概括起来,就是东西南北四个字"②。基于这种认识提出了"两个大局"的战略,指出:"沿海地区要加快对外开放,使这个拥有两亿人口的广大地带较快地先发展起来,从而带动内地更好地发展。这是一个大局的问题。内地要顾全这个大局。反过来,发展到一定的时候,又要求沿海拿出更多力量来帮助内地发展,这也是个大局。那时沿海也要服从这个大局。"③

在"两个大局"战略构想的指导下,党的第二代领导集体采取了一系列开发西部的措施:一是优先发展东部沿海地区的经济,让有条件的沿海地区先发展起来,为西部大开发在财力上奠定基础。为此我国在东南沿海地区先后开辟了5个经济特区、14个开放性港口城市和3个较大的经济开发区。这些举措,为西部大开发积累科技力量和工业化经验。二是以沿海地区带动西部地区的发展。运用税收等经济手段和财政转移支付机制支持西部地区经济社会的发展。三是进行东西部地区的经济协作,实现东部参与和支持西部开发,实现东西部经济技术梯度推移的形式,促进西部大开发。西部地区借助国家政策的引导,吸引东部资金、技术、人才等先进的生产要素,推动西部经济社会的发展。

上述措施的推行,使我国东南沿海很快崛起,综合国力迅速提高。1998年,沿海地区的国内生产总值达到48万亿元,而西部10省、区的国内生产总值也达到了11万亿元。这说明,非均衡发展的理论与实践收到了明显的效果。

二、"西部大开发"决策的实施

20世纪90年代,党的第三代领导集体认识到我国区域经济协调发展的重要性,强调

---

① 《中国共产党开发西部的理论与实践研究》,第106页。
② 中共中央文献编辑委员会编:《邓小平文选》第3卷,北京:人民出版社,1993年,第105页。
③ 《邓小平文选》第3卷,第277—278页。

"东部地区要充分利用有利条件,在推进改革开放中实现更高水平的发展,有条件的地方要率先基本实现现代化……中西部地区要加快改革开放和开发,发挥资源优势,发挥优势产业"①。随着我国经济的持续发展,东西差距的明显扩大,尤其是经济领域,东西发展不平衡。"国家要更加重视支持中西地区经济发展,逐步加大解决地区差距继续扩大趋势的力度。"②20世纪与21世纪之交,西部开发面临着新的机遇和挑战。在此背景下,党的第三代领导集体做出了"西部大开发"的决策。这既是关系全国发展大局的战略部署,也是全面建设小康社会、构建和谐社会的重要任务之一。

党的十六大报告明确提出,"积极推进西部大开发,促进区域经济协调发展","要打好基础,扎实推进,重点抓好基础设施和生态环境建设,争取十年内取得突破性进展"③。自从1999年6月党中央发出西部大开发战略之后,党中央和国务院便就西部大开发进行了全面部署,2001年1月6日成立了国务院西部地区开发领导小组。1月19日至22日,开放领导小组在北京召开西部开发会议,至2001年10月,最终形成了《"十五"西部开发总体规划》。《规划》制定了西部大开发的指导方针、战略目标、主要任务和重点区域,成为党中央和国务院推进西部大开发的行动纲领。

要想实现这一目标,首先要明确西部地区基础设施建设的目标与原则。江泽民、朱镕基等领导人反复强调开始西部大开发,基础设施建设要先行。如江泽民在1999年11月15日的讲话中明确指出:"西部开发要重点抓好交通、通信、能源等基础设施建设。"④朱镕基在2000年3月5日九届人大三次会议的《政府工作报告》中指出,当前和今后一段时期要抓好四个方面的工作,其中第一方面就是加快基础设施建设,并对其进行详细阐释。国家一系列讲话与指示,为"西部大开发"战略的有序开展、取得有效进展制定了总体思路、提供了正确政策指引。具体而言,西部地区基础建设要以市场需求为依据,坚持"适度超前"原则搞建设,把长期规划与短期建设计划有机结合起来,为西部大开发建设布局合理、功能显著、运行良好的基础设施体系;坚持政府主导、中央倾斜与基础建设的市场化融资方向,加快基础设施投资与建设体制的改革;以交通运输通讯及城市基础设施为突破口,重点解决基础设施的"瓶颈问题"及"网络完善"问题;坚持因地制宜、分类指导方针,积极探索适合不同地区、不同类别基础设施项目的融资、建设与

---

① 中共中央文献编辑委员会编:《江泽民文选》第2卷,北京:人民出版社,2006年,第25页。
② 《江泽民文选》第1卷,第466页。
③ 《江泽民文选》第3卷,第547页。
④ 《十五大以来重要文献选编(中)》,第1704页。

发展机制；坚持经济效益、社会效益、扶贫开发、环境保护相结合及可持续发展的原则，积极应用先进基础，以技术进步与技术创新为依托，提高基础设施项目的质量与利用效率，推动西部地区基础设施的建设，为西部地区的长远、持续发展奠定基础。[1]

其次，坚持政府引导与市场化运作相结合的投资建设体制。新中国成立之初，在计划经济时期，出于政治、军事等多方面考量，我国曾将中西部地区作为国家投资、建设的重点，从工业建设到三线建设，投资力度巨大，分别占据全国的57.22%和64.97%。这为中西部地区的建设开发提供了雄厚的物质基础，但与此同时也加剧了中西部地区发展的依赖性，没有形成自身的良性循环机制，可持续发展的动力不足。在此情况下，急需发挥市场的调节作用，即建立政府引导与市场化运作相结合的投资建设机制。这一举措早在美国开发西部时就已运用，此举充分依靠政府推动与政策倾斜，利用市场机制筹集建设资金，当时效果十分明显。我们从中总结出美国联邦政府在西部开发时对基础设施建设发挥了先导性作用，即政府积极充当交通建设的先驱，积极开辟投资渠道，放弃政府的眼前利益，积极参与后期管理，通过市场化运作，促进了基础设施建设的先行发展，为"西进运动"[2]奠定了基础。这种投资建设机制为我国改革开放时期的市场化改革提供了借鉴。西部地区由于地处内陆，交通闭塞，经济落后，人才外流，丰富的资源得不到有效开发利用，经济发展缓慢。到20世纪末，我国确立了社会主义市场经济体制的基本框架，针对西部地区基础设施的投资建设，制定了有别于建国初期计划经济的发展模式，即"一方面要加大中央支持力度，另一方面要改革投、融资体制，扩大外部资金投入，形成基础设施建设良性发展机制"[3]。与此同时，相对落后地区的开发、建设，离不开中央政府的政策指导与扶持，还要加强人才建设培养，吸引人才流入，为西部地区的发展积累后备力量。

再者，明确政府在基础设施建设中的责任与局限，适当放松政府对基础设施建设的管制，充分发挥市场的调节作用。也就是说，要改善西部地区的基础设施建设，需要庞大的人力、物力、财力，单靠政府不可能包办一切，政府所发挥的作用具有一定的局限性，应当充分发挥市场的基础性作用，调整政府角色，放松政府对一些盈利性、竞争性基础设施建设投资项目的垄断性管制，逐步从基础设施的直接提供者转为促进者，积极动员私人、投资机构参与到基础设施建设项目中来，吸引民间资本、社会资本与外资进

---

[1]《中国共产党开发西部的理论与实践研究》，第185页。
[2]《中国共产党开发西部的理论与实践研究》，第186页。
[3]《中国共产党开发西部的理论与实践研究》，第186页。

入，提升经济发展的活力。实现这一举措的关键在于加快以市场导向促进基础设施建设体制改革，打通民间资本直接进入基础设施领域的投资渠道。江泽民主席2002年4月1日曾在西安主持召开西部大开发工作座谈会并发表讲话，他指出西部大开发要坚持改革创新，要实现发展的目标，不仅需要制定正确的方针政策，集中必要的人力、物力、财力，而且需要按照发展社会主义市场经济的要求形成能够有力推动发展的充满活力的体制和机制，以便于更广泛地调动全社会的积极性和国内外各方面的资源。①

自国家提出"西部大开发"发展战略，西部地区基础设施建设投资巨大，实施建设的项目更不在少数。如2000年国家在西部地区新开工10大项目，总投资1000多亿元；2001年新开工12大项目，总投资2000多亿元；2002年的项目总投资更是直达3000多亿元。② 基础设施建设作为实施"西部大开发"战略的先导与重要内容，对西部地区及整个中西部地区的长远发展在一定程度上具有决定性作用。我国对西部地区发展的战略支援，有助于提高基础设施建设项目的开展效率，加快促进东西发展平衡，实现共同富裕。

第三节 中国特色社会主义新时代的西部开发

实践证明，党中央关于西部开发的决策是正确的。当然，我们在西部开发的过程中也遇到了很多困难，甚至是瓶颈。我们现在所从事的西部开发的伟大事业，是历史上西部开发的继续。因此，我们要吸取历史上开发西部的经验教训，结合当前西部开发的实际，不断进行创新。党中央提出建设"丝绸之路经济带"的伟大构想，从历史的角度来看，这对于进一步推动西部大开发具有深远的意义。

一、"一带一路"倡议的提出与实施

"一带一路"是"丝绸之路经济带"和"21世纪海上丝绸之路"的简称。2013年9月和10月，习近平总书记分别提出了建设"新丝绸之路经济带"和"21世纪海上丝绸之路"的合作倡议。这一倡议是基于古代丝绸之路在中外经济文化交流中的作用而提出的。

古代丝绸之路包括陆上丝绸之路和海上丝绸之路。陆上丝绸之路的开通始于西汉张

---

① 江泽民：《论有中国特色社会主义（专题摘编）》，北京：中央文献出版社，2002年，第183页。
② 曾培炎：《国民经济和社会发展的历史性变化》，《宏观经济管理》2002年第10期。

骞出使西域，这条路被认为是连接亚欧大陆的古代东西方文明之路。海上丝绸之路则是指古代中国与世界其他地区进行经济文化交流交往的海上通道，其历史也可追溯到汉代。这条道路以海航为主，故名海上丝绸之路。丝绸之路开通后，其最初作用是运输古代中国出产的丝绸、瓷器等商品，后来逐渐发展为连接亚洲、非洲和欧洲的古代陆上商业贸易路线，成为东方与西方之间在经济、政治、文化等诸多方面进行交流的主要道路。

当今世界局势复杂，瞬息万变，国际金融危机深层次影响继续显现，世界经济缓慢复苏、发展分化，国际投资贸易格局和多边投资贸易规则酝酿深刻调整，各国面临的发展问题依然严峻。在此时代大背景下，习近平总书记提出的共建"一带一路"是顺应世界多极化、经济全球化、文化多样化、社会信息化的潮流，秉持开放的区域合作精神，致力于维护全球自由贸易体系和开放型世界经济。共建"一带一路"旨在促进经济要素有序自由流动、资源高效配置和市场深度融合，推动沿线各国实现经济政策协调，开展更大范围、更高水平、更深层次的区域合作，共同打造开放、包容、均衡、普惠的区域经济合作架构。共建"一带一路"符合国际社会的根本利益，彰显人类社会共同理想和美好追求，是国际合作以及全球治理新模式的积极探索，将为世界和平发展增添新的正能量。

改革开放40多年来，中国经济、外交发展取得了巨大成就。2015年3月28日，国家发展改革委、外交部、商务部联合发布了《推动共建丝绸之路经济带和21世纪海上丝绸之路的愿景与行动》。开放后的"一带一路"经济区，承包工程项目突破量达3000个。2015年，中国企业对"一带一路"相关的49个国家进行了直接投资，投资额同比增长18.2%，中国承接"一带一路"相关国家服务外包合同金额178.3亿美元，执行金额121.5亿美元，同比分别增长42.6%和23.45%。到2016年6月底，中欧班列累计开行1881列，其中回程502列，实现进出口贸易总额170亿美元。"一带一路"政策的实施颇具成效，成果突出。

丝绸之路经济带核心区域大体包括上海合作组织6个成员国、5个观察员国和亚欧经济共同体国家，总人口近30亿人，市场规模和发展潜力巨大。[①] 总体而言，当前中国经济和世界经济高度关联，共建"一带一路"政策的实施正处于平稳运行状态。截至2021年11月20日，中国与141个国家和32个国际组织，签署了206份共建"一带一路"合作文件。中国将一以贯之地坚持对外开放的基本国策，构建全方位开放新格局，深度融入世界经济体系。这一政策的实施旨在借用古代丝绸之路的历史符号，高举和平发展的旗帜，

---

① 任保平、马莉莉、师博主编：《丝绸之路经济带与新阶段西部大开发》，北京：中国经济出版社，2015年，第198页。

以开放促改革的基本经验，积极发展与沿线国家的经济合作伙伴关系，通过主动融入世界市场为公司治理、政府治理引入外部监督，从而提高治理效率；在满足中国扩大和深化对外开放需要的同时，加强和亚欧非及世界各国互利合作，共同打造政治互信、经济融合、文化包容的利益共同体、命运共同体和责任共同体，为人类和平发展做出更大的贡献。

二、"一带一路"背景下的西部开发

我国经济发展整体向好，但存在着区域发展不平衡、东西发展差距扩大等问题。尤其在西部大开发开展十余年来，西部地区虽取得长足的发展，但总体落后及区域发展不平衡的现象仍未得到有效缓解，亟须加大力度开发西部、发展西部，以缩小东西差距。

（一）西部各省区积极响应"一带一路"发展倡议

西部地区具有重要战略价值，是国家整体发展的重要组成部分。自2013年9月7日，习近平总书记在哈萨克斯坦纳扎尔巴耶夫大学发表演讲，倡议亚欧国家共同建设"丝绸之路经济带"，我国众多地区，尤其是西部各省区积极响应，抢抓"丝绸之路"战略的发展新机遇，加快自身发展。根据习近平总书记的讲话和中共中央十八届三中全会《中共中央关于全面深化改革若干重大问题的决定》之精神，"丝绸之路经济带"建设旨在进一步扩大我国同周边国家的经济贸易联系，加快内陆沿边开放步伐，形成全方位开放新格局。国家"一带一路"发展倡议的提出，恰为西部大开发提供了契机。随着"丝绸之路经济带"的提出，向西开放、发展西部逐渐成为新一轮西部大开发战略的主旨。在一定程度上，"一带一路"倡议可以说是西部大开发战略的升级版。西部大开发战略和"一带一路"倡议的协同发展，对于我国西部地区调整经济结构、转变经济发展方式、重新定位发展目标及方向、顺利接棒成为新一轮开放前沿阵地以及缓解我国区域发展不平衡等有重要意义。[①]与此同时，这一战略构想是高瞻远瞩、审时度势之举，对密切我国同中亚、西亚等国家之间的关系，深化区域间相互交流与合作，统筹国内、国际发展，有效利用国内、国际两大市场，拓展西部大开发空间，推动西部可持续发展具有深远的意义。

丝绸之路经济带有广义与狭义之分。其中狭义经济带的范围恰与古丝绸之路相契合。国内区域的狭义范围是以古丝绸之路为基础的西北地区和河南省，其中陕西、甘肃和新

---

① 孙黎、李翔宇：《"一带一路"与西部大开发协同发展背景下中国西部地区经济发展的SWOT分析》，《经济视角》2017年第5期。

疆曾作为古丝绸之路的重要节点,有着深刻的历史渊源和地域贡献。"一带一路"倡议源于古"丝绸之路",是在此基础上扩展形成的一个新的经济发展区域。"丝绸之路"历史悠久,早在公元前 2 世纪的西汉时期,其都城长安就已是举世闻名的"丝绸之路"的起点。当今陆上丝绸之路也是以西部城市西安为起点,承担着"一带一路"倡议实施的重要责任。

早在 2015 年 10 月 19 日,陕西西安曾召开"一带一路"国家统计发展会议。国家统计局前局长王保安在会上倡议,"一带一路"沿线国家要进一步加强政府统计交流与合作,努力为各国可持续发展提供准确、可靠的统计数据。信息互联互通是经济互联共赢的基础,"一带一路"倡议的实行,将推动政府间统计合作和信息交流,为务实合作、互利共赢提供决策依据和支撑。2018 年 11 月 8 日,全球硬科技创新暨"一带一路"创新合作大会在西安曲江国际会议中心盛大开幕。此次会议以"硬科技发展西安,硬科技改变世界,硬科技决胜未来"为主题,邀请全球知名企业家精英出席,聚焦硬科技产业,推进创新发展,将继续助推西安市全力打造"硬科技之都",为"一带一路"行稳致远提供科技支撑。

21 世纪以来,我国政府推动并实施了以均衡发展为主导,以统筹区域协调发展为目标的西部大开发战略,十多年来虽然取得了巨大成就,但受地处内陆因素的影响,西部地区仍与东部发达地区在发展水平、发展质量上存在较大差距。当今,受传统经济发展模式的影响,制约西部地区进一步开发开放的瓶颈仍在于其开放程度较低,进口贸易发展滞后,外向型经济仍处于初级发展阶段。此外,产业结构升级困难是制约我国西部地区经济发展的又一深层次障碍。长期以来,西部地区第一产业比重偏大,第二、三产业发展不足;工业化进程发展缓慢、产业层次较低,工业企业实力不强;重工业偏重、轻工业偏轻、创新驱动力不足,国民经济过度依赖资源型产业等问题的困扰。如新疆,2012 年石油开发及加工创造的产值占全区工业总产值的比重达到 40% 以上。西部第三产业发展滞后,2012 年,第三产业总产值占 GDP 的比重仅为 35.58%,比东部地区低 9.8 个百分点,且多以传统服务业为主,工业、服务业等新兴产业发展薄弱。[①] 发展到当今,东西部之间差距仍有扩大的趋势,东西部发展不平衡现象尚未得到有效解决。

在这一背景下,提出并推进丝绸之路经济带建设,不仅可以为西部大开发注入新的活力,而且可以有效推动我国东中西部区域经济社会的加速发展,为有效解决我国区域发展不平衡问题提供新的路径。随着丝绸之路经济带建设进程的加速,我国将在基础建设、金融经济、文化旅游、商贸物流、现代农业以及能源等行业领域进一步释放对西部

[①] 任保平、马莉莉、师傅主编:《丝绸之路经济带与新阶段西部大开发》,北京:中国经济出版社,2015 年,第 200—201 页。

的政策红利，促进西部地区经济社会可持续发展。丝绸之路经济带的建设对于西部地区经济社会发展具有很大意义。

（二）西部大开发战略的具体实施与开展

"一带一路"背景下的西部大开发如何进行有效开展呢？这要从中央和西部两个层面展开讨论，且双方采取的政策选择及侧重面各有不同。首先，中央层面采取的举措主要有以下几个方面：

第一，主动转变资源配置方式，发挥市场在资源配置中的决定性作用以及政府的宏观调控和引导作用。这不仅是结构优化、效率提升的根本保证，也是创新的根本动力。明确政府与市场的边界，区分两者之间的具体职责范围。离开市场、离开企业，让创新成为生产力只能是"空中楼阁"，因此要充分发挥企业的主体作用，按照"谁投资、谁决策；谁受益、谁承担风险"的基本要求，一律由企业决策，严格约束政府投资直接介入市场微观领域，限制政府对市场的直接干预，确立企业投资的主体性地位。政府的职责主要是审核"安评""环评"等外部性问题，对关系国家安全，涉及公共重大利益的项目进行有效把握。其次，还要消除产业进入和退出的障碍，通过放开市场准入，提升工业化和城镇化的质量，创造市场主体公平竞争和公平使用要素的制度环境，以此推动产业的发展与升级。此外，将政府的关注点从审批环节转移到监督环节。我们应该让所有的市场主体、社会主体都有参与经济社会活动和创新的机会，公平、合理、有序竞争，改善和加强监管，维护市场秩序，促进经济发展的平稳运行。

第二，加快要素价格体系改革。要素价格是决定市场主体利润的关键因素，对投资、企业、创新具有重大影响。资源性产品价格管制导致价格不完全，致使价格机制失灵。价格改革的重点应集中在水、天然气、石油、电力、交通、电信等基础领域。而节能减排、战略型新兴产业的成败，定价机制又起到关键作用。通过税制改革和产权收益制度改革，实现资源性产品价格市场化，一方面可将外部成本内部化，另一方面也体现了所有者的权益，集中体现了资源的可耗竭性。作为生产要素的劳动者，应接受劳动市场的基本规则。同时政府应加强对劳动市场的监管，完善企业工资集体协议制，防止资本过度地使用其话语权，损害劳动者权益。尤其在我国城镇化快速发展的背景下，公共服务要逐步覆盖所有常住人口，以改善劳动力市场的运行条件。

第三，改革创新导向的科教体制。当前，西部地区应制定优惠政策，吸引大量教育人才，并充分调动科教人员的积极性、主动性、创造性，为西部教育的可持续发展奠定基础。再者,积极推动科研、教育等机构的去行政化,这是当前实施科教改革的重中之重。要建立面向国际、面向市场、面向现代化的科技教育主体,理顺政府与科研机构、教育机构之间的关系,赋予其更多的科研与教学自主权。相关政府部门的职责应是方向导向、标准制定、实施监管。借鉴国际经验,除基础性、公益性科研机构外,其他领域应更多面向市场;创新驱动中的机制安排,也应更多地发挥市场机制的作用,强化产业创新发展的战略规划。为企业基础创新打造公共平台,政府投资的大型科研设施应向全社会开放,尽可能降低企业技术创新中的成本与风险。此外,教育资源配置应以教育公平为导向,充分发挥社会力量办学作用,激活民办教育,为国家创新驱动发展战略打好基础。教育事业既关乎人的能力发展,也是企业能力、国家综合竞争力提升的前提条件,故要切实落实教育改革,将其重点落在提高人的综合素质和能力上来,充分发挥教育在知识创新、技术创新中的作用。

第四,加大对西部地区的经济支持,扩大融资比例。2020年5月17日,我国颁发新一轮西部大开发文件,即中共中央、国务院发布《中共中央、国务院关于新时代推进西部大开发形成新格局的指导意见》(简称《意见》),对加快形成西部大开发新格局,推动西部地区高质量发展共提出了36条具体措施。该《意见》重点提出,要尽可能提高西部地区直接融资比例,支持符合条件的企业在境内外发行上市融资、再融资,通过发行公司信用类债券、资产证券化产品进行融资。西部贫困地区企业首次公开发行上市、新三板挂牌、发行债券、并购重组等适用绿色通道政策等,推进西部地区企业的可持续发展。

其次,西部地区应采取的具体措施主要有以下几个方面:

第一,各省联动、互补合作,制定西部大区域产业发展规划。西部地区各省区恰处于"丝绸之路经济带"的核心区域,但各省参与经济带建设的优势、职能、定位有很大差异,尤其是在产业基础及优势方面的开发上。比如陕西的高新技术和先进制造业,甘肃的新材料产业,四川的电力设备产业,新疆的石油、棉花加工业等相关产业,诸省区发展各有自身的侧重点。为避免经济带产业发展中出现省级区域间重复建设的现象,有重点地突出产业差别化,西部各省应互补合作,建立省级区域的联动协调机制,合理分工、优势互补。在此背景下,西部地区应成立共同的战略研究机构或小组,通力合作,共同谋划未来,如研究制定西部大区域产业发展规划,制定相关的发展政策,将其作为西部地区参与经济建设产业发展的行动纲领,指导西部地区经济平稳运行和发展。

第二,进一步加大基础设施建设投入,确保道路连通、贸易通道畅通。道路连通和贸易畅通是习近平总书记提出的加强"五通"建设的重要内容,也是现阶段西部地区需要重点加强的两个方面。"要想富，先修路"，相较之下，道路交通的互联互通是首要的基本条件，也是短期内加大投入力度就能实现的目标。目前，虽然西部地区的道路交通条件比20世纪末有了明显改善，但相较于东部地区，道路交通至今仍是制约西部地区经济发展和扩大对外开放的瓶颈因素。国家《西部大开发"十二五"规划》亦强调基础设施是西部大开发的重要保障，要继续把基础设施建设放在优先位置，交通即是其中的一个关键环节。除了道路交通建设外，西部地区还应着重在网线、光缆、口岸等基础设施建设等方面加大投入力度。

第三，大力扶持现代物流业的发展，发挥物流行业对经济的拉动作用。受地理、区位等条件的制约，西部地区物流业发展十分滞后，交通运输、货物仓储等作为物流行业的重要组成部分，在西部经济结构中已成为当前面临的主要发展瓶颈，极大地增加了西部企业的运营成本。另外，物流园区是货物贸易重要的中转集散地，是将城镇、交通干线连接成面的枢纽集散地，也是将城镇、交通干线连接成面的枢纽，所以建设物流园区是促进西部地区经济发展的又一重要举措。目前西部许多大中城市至今没有形成规模较大的物流园区，因此在"丝绸之路经济带"的建设过程中，西部各省应着力加强物流产业发展规模的研究与制定工作，大力扶持现代物流业的发展，允许并引导民间资本进入物流行业，在一些重要的交通干线上建设一批大型的物流园区，发挥其交通枢纽的连通作用。

第四，加强外向型出口加工基地建设，扶持大型企业集团发展。西部地区特色农产品及各类矿产资源丰富，资源优势明显，但长期以来工业基础薄弱，资源的加工转化能力不足，限制了资源优势向市场优势、经济优势的转化。为此，西部地区应以"丝绸之路经济带"建设为契机，大力发展外向型经济，以产业园和开发区为平台，加快建设面向中亚的进口资源加工基地和出口产品生产基地，着力引进附加值较高和产业链较长的加工型项目落户园区，提升西部地区资源加工转化能力。此外，应大力扶持和鼓励大企业、大集团的发展，提高西部企业资源整合能力，以大型企业和大集团为龙头，积极开拓国内外两个市场。

第十章

西部开发的启示

我国当前所进行的西部大开发,是历史时期西部开发的继续和发展。历史上的西部开发表明:政府在西部开发中处于重要地位;民族团结和社会安定是西部开发的必要条件;适当进行基础建设有利于西部经济社会发展;农牧并重、多种经营适合西部情况;水利建设在西部地区具有重要意义;战争和动乱会制约西部开发的进程;不按经济规律办事便不可能使西部开发达到预期的目标;不注意保护生态环境就会造成严重的后果。这些经验和教训都是宝贵的财富,值得我们去认真对待。

第一节
历史上开发西部的几种模式

中国西部地域辽阔,民族众多,自然条件和社会条件千差万别。历史上各地虽然都在开发,但开发的程度却不相同。由于各地发展不平衡,因而历史时期西部地区的开发呈现出明显的区域特征。这种情况在关中平原、黄土高原等地有充分的表现。

一、关中平原等地的精细化开发

关中地区具有得天独厚的自然条件,无论是气候、地貌、土壤、水文、动植物,还是自然区划都是值得称道的。[1] 战国时期,苏秦说关中"沃野千里,蓄积饶多"[2]。秦汉之际,张良也说关中金城千里,是天府之国。由此可见,关中地区的生态环境本来是很好的。但现在却没有人把关中与天府之国联系起来,甚至已经淡忘了关中曾是"天府"的

---

[1] 陈桥驿主编:《中国七大古都》,北京:中国青年出版社,1991年,第73—78页。
[2] 〔西汉〕刘向:《战国策》卷三《秦一·苏秦始将连横》,上海:上海古籍出版社,1985年,第78页。

事实。这种情况是值得深思的。

中国历史上曾有九个地区被称为"天府":关中地区、华北北部(河北、北京一带)、四川盆地(成都平原)、江淮以南地区、太原附近、闽中、盛京(今沈阳一带)、河西一带和台中地区。在这些"天府"中,前三者在文献中记载较多。其中关中地区作为"天府之国"多次被载入二十五史,显示出关中地区在历史上曾处于相当重要的地位。

关中地区曾经是历史上最早的"天府之国"。所谓"天府",本意是天然府库,指地势形便,土地肥沃,物产丰富的地方,后来也指京师或天子的府库。司马迁在《史记·苏秦列传》中讲,公元前338年,苏秦游说秦惠王时说:"秦四塞之国,被山带渭,东有关河,西有汉中,南有巴蜀,北有代马,此天府也。"①这是文献中关于"天府"之地的最早记载。据《资治通鉴》卷十一载,公元前202年,娄敬在谈到关中形势时也说:"秦地被山带河,四塞以为固。……资甚美膏腴之地,此所谓天府者也。"②这些记载充分说明,关中在历史上的确曾是很富庶的地方。

关中不仅是历史上最早被称为"天府"的地方,而且是最早被称为"天府之国"的地方。关中被正式称为"天府之国",始于秦汉之际的张良。《汉书》卷四〇记载,张良建议刘邦定都关中时说:"夫关中左崤函,右陇蜀,沃野千里……此所谓金城千里,天府之国。"③在唐代以前,关中地区是全国的政治中心,也是最重要的经济区之一,生态环境良好,稳居各"天府"之首。成都平原被称为"天府"约在公元208年,诸葛亮所作《隆中对》时说蜀地是"天府之土",比关中称"天府"晚了500多年。而把四川称作"天府之国"最早见于唐代陈子昂所写的文章,此时已比关中称为"天府之国"晚了800多年。华北北部的燕京一带虽在战国后期亦被称为"天府",但秦汉以来并没有人这样讲,直到明清时期建都北京,才获得了"天府之国"的美誉。

关中被称作"天府之国"的时间很长,从先秦到元明时期,关中地区都曾被称作"天府"或"天府之国"。战国秦汉之际,苏秦、娄敬、张良的说法最具代表性,前面讲到,此处不必赘述。秦汉以后,称关中为"天府之国"者大有人在。如西晋时,南阳王司马模的谋士淳于定说:"关中天府之国,霸王之地。今以不能绥抚而还,既于声望有亏,又公兄弟唱起大事,而并在朝廷,若自强则有专权之罪,弱则受制于人,非公之利也。"④十

---

① 〔西汉〕司马迁:《史记》卷六九《苏秦列传》,北京:中华书局,1973年,第2242页。
② 《资治通鉴》卷一一《高帝五年》,第361—362页。
③ 《汉书》卷四〇《张良传》,第2032—2033页。
④ 《晋书》卷三七《南阳王传》,第1097—1098页。

六国时，"尹纬、姚晃谓古成诜说：'苻登穷寇，历年未灭，奸雄鸱峙，所在纠扇，夷夏皆贰，将若之何'？（古成）诜曰：'主上权略无方，信赏必罚，贤能之士，咸怀乐推，岂虑大业不成，氐贼不灭乎！'（尹）纬曰：'（苻）登穷寇未灭，奸雄所在扇合，吾等宁无惧乎？'（古成）诜曰：'三秦天府之国，主上十分已有其八。今所在可虑者，苻登、杨定、雷恶地耳，自余琐琐，焉足论哉！'"①隋朝末年，李密也曾对杨玄感说："关中四塞，天府之国。有卫文升，不足为意。今宜率众，经城勿攻，轻赍鼓行，务早西入。天子虽还，失其襟带，据险临之，故当必克，万全之势。"②像这样的例子，还可以举出很多，说明魏晋南北朝隋唐时期，关中地区仍然是人们心目中的天府之国。③

这种情况甚至到宋明时期继续存在。如北宋时，西夏逼近关中，有人即上书建议力保关中，说关中"据山河百二之险，自古号天府之国。保关中所以卫京师，脱若关中有警，则所以为朝廷忧者又不可胜言矣"④。南宋建立之初，高宗赵构"谋巡近甸金陵、南阳、长安为驻跸计，（郑）骧言：'南阳、金陵偏方，非兴王地；长安四塞，天府之国，可以驻跸。'"⑤明初朱元璋诏问群臣建都之地，还有人说"关中天府之国"，建议定都关中。后来朱元璋"以平定之初，民未休息，供给力役，悉资江南，建业长江天堑，足以立国，临濠前江后淮，以险可恃，以水可漕，诏以为中都"⑥。

关中地区之所以能够长期成为中国历史上的政治中心，并保有"天府之国"的美名，不仅是因为它具有得天独厚的自然条件，还与历代王朝在关中地区采取的精细化开发模式有密切的关系。

二、黄土高原等地的粗放式开发

黄土高原，东起太行山，西到日月山，南界秦岭，北抵鄂尔多斯高原，包括山西省全部，陕西省中北部，甘肃省东南部，宁夏东南部，青海东北部，河南西北部，内蒙古南部三旗及河北省西北四县，凡八省264县之地，总面积为51.7万平方千米，是我国北方一个相对独立的地理单元，也是水资源比较短缺的地区。目前，这个地区陆地水的基

---

① 《晋书》卷一一六《姚苌传》，第2969页。
② 〔唐〕魏徵等：《隋书》卷七〇《李密传》，北京：中华书局，1973年，第1625页。
③ 王双怀：《中国历史上的"天府之国"》，《陕西师范大学学报（哲学社会科学版）》2008年第4期。
④ 〔宋〕徐梦莘：《三朝北盟会编》卷七七，上海：上海古籍出版社，1987年，第581页。
⑤ 〔元〕脱脱等：《宋史》卷四四八《郑骧传》，北京：中华书局，1977年，第13203页。
⑥ 〔清〕谷应泰等撰；河北师范学院历史系点校：《明史纪事本末》卷十四《开国规模》，北京：中华书局，2015年，第204页。

本特征是：河沟多，径流小，水源缺。但在历史时期，其情况并非完全如此。也就是说，历史时期黄土高原地区陆地水经历了一个演变的过程，现在黄土高原地区的水文情况是在历史时期中逐渐形成的。

黄土高原上的沟道很多，但比较大的河流只有十几条。这些河流分属于黄河水系和海河水系。属于黄河水系的有洮河、湟水、祖厉河、清水河、大黑河、窟野河、无定河、延河、洛河、泾河、渭河、汾河及沁河等，流域面积达45.8万平方千米，占黄土高原总面积的88.6%；属于海河水系的有桑干河、滹沱河、漳河等，流域面积达5.91万平千米，占黄土高原总面积的11.4%。这些河流在历史时期曾发生过一些显著的变化。其变化的趋势是不断侧蚀与下切，水量变小，泥沙增大。除河流以外，黄土高原地区还有许多沼泽与湖泊，如太液池、百子池、唐中池、影娥池、飞外池、沧池、鱼池、酒池、琳池、鹤池、盘池、冰池、镐池、初池、糜池、蒯池、郎池、牛首池、积草池、东陂池、西陂池、当路池、洪池陂、曲江池、昆明池、苇埔、美陂、焦获薮等。这些沼泽和湖泊在历史上也曾经发生过一系列变化，变化的趋势是由大变小，由多变少。此外，黄土高原地区的地下还有孔隙水、黄土水、裂隙孔隙水和岩溶水。孔隙水主要分布于关中盆地、银川盆地、河套盆地、汾河盆地、库布齐沙地和毛乌素沙地。黄土水主要分布于吕梁山以西，日月山以东，秦岭以北，长城以南的黄土地地带。裂隙孔隙水分布于鄂尔多斯高原及太行、吕梁、六盘诸山的分水岭地带。至于岩溶水则主要分布于黄土高原东部太行山和吕梁山区。这些地下水在历史上经历了由多变少的过程。

造成这种情况的原因是多方面的，既有自然因素，也有社会因素。其中气候振荡与自然灾害的影响、森林植被缩减的影响和荒漠化的影响是相对较大的。

（一）自然因素对陆地水的影响

黄土高原各地的自然条件不尽相同，水环境也存在着一定的差异。而自然环境的变化，特别是气候振荡和自然灾害必然会对陆地水产生相应的影响。一般说来，陆地水的演变受地质、地貌、气候三大条件的制约，而来水、来沙及边界条件则会直接参与河流的演变活动。

黄土高原结构特殊，地形复杂，黄土堆积的厚度各不相同。在更新世之前，黄土高原至少已经历了三次堆积、侵蚀交替的轮回期；在全新世期间，黄土高原虽然继续存在着堆积现象，但地貌过程以侵蚀为主。也就是说，黄土本身所具有的物理特性以及黄土高原的综合自然地理条件在黄土高原的侵蚀过程中起着重要的作用。由于黄土高原侵蚀严重，地形破碎，因而河沟很多，呈现出一种独特的地理景观。黄土高原的这种地质地貌对气候变化和地质灾害十分敏感，每当气候振荡或发生地质灾害之时，黄土高原上的陆地水都会在不同程度上受到影响。

说到气候变化，不能不涉及降水问题。因为降水对黄土高原的陆地水有直接的影响。历史文献中的许多资料显示了这方面的情况。目前黄土高原降水年际和年内分配不均，变率较大。夏季降水集中，6—8月的降水占全年降水总量的50%~60%，9—11月占20%~30%，12月至翌年2月占1%~3.5%，3—5月占13%~20%。降水分布的总趋势由东南向西北逐渐减少，山区降水大于平原。东南部多年平均降水量为750毫米，西北部仅为150毫米。降水的高值区在秦岭北坡，多年平均降水达900毫米以上；低值区在内蒙古临河及杭锦旗一带，仅为138.4毫米。400毫米年降水量等值线从河口镇经榆林、靖边、环县以北、定西、兰州以南绕祁连山，至贵德把黄土高原分为干旱、湿润两大部分。

按照多年平均降水量的多少，可将全区分为四个气候区域：(1)湿润区。年降水量大于800毫米，气候湿润，大致相当于落叶阔叶和常绿阔叶混合林带。主要分布于秦岭石山林带和六盘山、太子山、五台山等山区。(2)半湿润区。年降水量400—800毫米，气候半湿润、半干旱区相当于落叶阔叶和森林草原带。兰州会宁、靖边、河口镇以南均属此区范围。其中豫西北、晋东南、运城盆地、关中盆地、渭北塬区、陕北南部、陇东渭河谷地降水量在600—800毫米，具有旱作农业的条件，是黄土高原的主要粮、棉产区。(3)半干旱区。年降水量200—400毫米，气候干燥，相当于草原和半荒漠地带，主要分布于兰州至河口镇区间，是黄土高原上的主要牧区。(4)干旱区。年降水量小于200毫米，主要分布在祁连山和贺兰山之间，贺兰山与狼山之间，甘肃宁夏的景泰、卫宁，内蒙古的乌海、巴彦高勒等地即属此类，除河套灌区外，牧草生长稀疏。[①]

自然灾害对陆地水的影响也相当明显。渭河在关中平原的摆动，在某种程度上就是因为受到了地震的影响。据文献记载，宋明之际，关中地区地震频繁，大小地震百余次，其中宋太宗至道二年(996)、神宗熙宁五年(1072)、明孝宗弘治十四年(1501)和世宗嘉靖三十四年(1556)的地震都很严重，曾导致黄河、渭河的泛滥。每次较大的地震都会在不同程度上造成渭河的北移。至嘉靖三十四年(1555)后，关中地区最终形成了现在的格局。这种情况可以从渭河故道的积沙情况看出。西渭桥到东渭桥东西几十千米、南北3千米左右的范围内积有5—8米厚的渭河淤沙。这些泥沙大部分是受地震的影响而形成

---

① 中国科学院黄土高原综合考察队：《黄土高原地区水资源问题及其对策》，北京：中国科学技术出版社，1991年，第6页。

的。嘉靖大地震之后，文献中就有"河渭大泛""河雍数日"的记载。据渭河华县站的统计，渭河的含沙量是每立方米52.5千克。渭河全年的径流量是55.54亿立方米，每年会携带2915.75亿千克的泥沙。这些泥沙多为悬移质类型，大部分被输入黄河。只有发生突发事件，导致渭河下游流动不畅，才可能沉积下这么多的泥沙，否则是不可能的。

（二）滥垦滥伐和过度开发对陆地水的影响

商周以来，由于人类在黄土高原地区活动的加强，黄土高原的平原河谷地带逐渐被开垦成农田，因此，平原河谷地带的森林随之缩减。秦汉时期由于农业区的扩大，平原地区规模较大的森林逐渐消失。唐宋时期黄土高原地区的森林和草原继续缩小。当时关中等平原地带已经开垦殆尽，几乎没有什么森林可言，只是在关中西部还残存着一定规模的竹木。[①] 不过，由于长安、洛阳等城市建设和薪炭的需要，远程采伐有增无减，许多山区的森林已被采空。如盛唐时在长安城南开凿漕渠，又在宝鸡、眉县、周至、户县等地设立监司，大量伐运秦岭北坡的木材。[②] 胜州、岚州的森林也被砍伐。到了宋代以后，采伐的范围较隋唐更大，黄土高原地区的森林和草场进一步缩小。

（三）土地荒漠化对陆地水的影响

黄土高原的北部、西北部和东北部有大片沙漠存在。其中对黄土高原地区影响较大的是鄂尔多斯沙地。这片沙地分布在河套以南，长城以北，由毛乌素沙地、库布齐沙地和宁夏河东沙地组成。在这些沙漠的周边地区，土地沙漠化的情况普遍存在。据统计，陕北黄土高原地区的沙漠化总面积为21686平方公里，其中严重沙漠化的土地为8184平方公里，强烈沙漠化的土地为5384平方公里，正在沙漠化的土地为8088平方公里。其面积之大，仅次于毛乌素沙地主体所在的鄂尔多斯，远远超过后套、狼山以北及宁夏中东部地区。沙漠化是土地荒漠化的极端形式，由此可以看出黄土高原土地荒漠化情况之一斑。

黄土高原地区的土地荒漠化并非一朝一夕之故，而是经历了一个发展变化的过程。从地质资料、考古资料和文献资料来看，陕北黄土高原地区的沙漠是在第四纪以来逐渐

[①] 当时在周至、户县有司竹园，内设司竹监。详见《新唐书》卷三七《地理志·地理一》，第967页；卷八三《平阳昭公主传》，第3642页。
[②] 《旧唐书》卷四四《职官志·职官三》，第1896—1897页：将作监所辖百工、就谷、库谷、斜谷等监，掌采伐材木。《新唐书》卷三七《地理志·地理一》，第962页：天宝二年，京兆尹韩朝宗引渭水入金光门，置潭于西市，以贮材木。

形成的。夏商周时期,这里沙漠的面积并没有现在这么大。大约从秦汉时期开始,随着人类活动的加强,北方地区的土地荒漠化逐渐加剧,从而形成不断扩大的趋势。秦汉时期的文献典籍中所提到的沙漠主要是所谓"流沙"。不过,那时的"流沙"只有三处:一是指敦煌以西的沙漠,即今新疆境内白龙堆沙漠一带的流沙。二是居延海的流沙,即今内蒙古额济纳旗北部的沙漠。三是阴山以北的沙漠,史书上称之为"大漠"或"大幕"。对于陕北黄土高原上的沙漠并没有明确记载,说明那时这片沙漠很小,尚未引起人们的关注。

秦汉以后,伴随着疆域的开拓和人类活动的增加,文献中对沙漠的记载也较前增多。这一时期文献中讲到的沙漠,仍然主要是前面提到的流沙。但对鄂尔多斯南缘的沙漠,已经有所涉及,说明这里的沙漠较前扩大。到了宋元时期,由于战争和动乱,北方地区人口逃亡情况严重,不少地方农田荒芜,水利失修,沦为荒漠。明清之际,由于人口大量增加,北方地区再次掀起开垦土地的热潮,许多地方的天然植被遭到严重破坏,荒漠化不断扩大。在西域地区,绿洲面积急剧缩减,许多汉唐时期的遗迹都被淹没在黄沙之下。在鄂尔多斯高原南部,毛乌素沙地不断向东南地区推进。在黄土高原,水土流失的情况与日俱增。史载毛乌素沙地南缘在明代出现大规模屯垦。清初长城沿线放垦,结果出现了"古沙翻新"或"就地起沙"的情况,形成了"地拥黄沙草不生"的荒凉景观。民国时期,鄂尔多斯与黄土高原之间的天然植被继续遭到破坏,荒漠化随之不断扩大,最终形成了目前的状况。

土地荒漠化的直接后果是水环境的恶化。而水环境的恶化,又与水源短缺和水旱灾害密切相关,会导致生态环境的恶性循环,对陆地水的影响是全面而又深远的。其危害之大,绝不可等闲视之。

第二节
历史上开发西部的经验教训

21 世纪初,党和政府确立了实施西部大开发的伟大战略。这个决策是十分正确的,对于全面推进我国的现代化建设具有极为深远的意义。我国对西部的开发,经历了数千年的历程,积累了丰富的经验,也留下了深刻的教训。当前所进行的西部大开发是历史时期西部开发的继续和发展,因此,在实施西部大开发战略的时候,有必要吸取历史上开发西部的经验和教训。这样可以使我们在西部大开发的过程中因地制宜,扬长避短,少犯错误，少走弯路。

一、历史时期开发西部的主要经验

历史时期的西部开发，曾出现过几次高潮，不乏成功的范例。在长期开发西部的过程中，人们积累了宝贵的经验。纵观西部开发的历程，至少可以得到下列启示：

（一）中央政府在西部开发中起着十分重要的作用

历史上的西部开发基本上都是在中央政府的组织下进行的。西部地区幅员辽阔，各地经济社会发展存在着较大的差异。这就在客观上要求中央政府从总体上制定西部开发的政策，协调各地之间的关系，在西部开发中充当重要角色。纵观西部开发的过程，我们可以清楚地看到：当中央政府重视西部开发，并能在西部开发中发挥作用时，西部开发就会有较大的进展；当中央政府不重视西部开发，不能在西部开发中发挥主导作用时，西部开发就会陷入无序的状态。如秦汉时期、隋唐时期及清朝前朝，国家注重西部建设，采取一系列比较切合实际的措施，西部开发的步子就迈得较大，就获得了较大的成功；魏晋南北朝及五代辽宋夏金时期，国家分裂，社会动荡，西部开发的事业就受到影响，甚至出现倒退的情况。当然，这并不是说地方政府在西部开发中无足轻重。西部地方政府位于西部开发的主战场，是西部开发政策的实施者，在西部开发中的作用也是不可低估的。

（二）民族团结和社会安定是西部开发的必要条件

中国西部是少数民族聚居的地方。现在，生活在西部地区的少数民族达55个之多；西部少数民族人口在全国少数民族人口中所占的比重达到86%；全国8个民族省区全部分布在西部地区。也就是说，大部分的少数民族人口都生活在西部地区；而且每个少数民族在西部地区都有分布。这种情况是在历史时期形成的。历史上西部地区曾经出现过许多民族，如秦汉时期的匈奴、羌族、西南夷和西域各族；隋唐时期的突厥、回纥、薛延陀、吐谷浑、吐蕃、南诏等族；宋元之际的沙陀、党项、蒙古等族。由于历史、地理原因和文化传统的影响，西部地区各民族的发展程度不同，生产、生活状况存在着显著的差异。但无论哪个民族，在西部大开发中都扮演着重要的角色。从西部开发的历程来看，当各民族和睦相处、安居乐业的时候，西部开发就会兴起，就会成功。如汉唐时期实行的开明的民族政策，为西部开发营造了良好的社会环境。尤其是唐王朝抛弃了"贵中华，贱夷狄"的思想，增强了西部各民族的向心力和凝聚力，使各民族在较长的时间中，能够和睦相处，共同致力于西部开发。这是当时西部大开发获得成功的重要保障。显然，在西部大开发的过程中，妥善地处理西部地区的民族关系，调动各民族人民开发西部的积极性，促进边疆地区的发展，是十分重要的问题。国家的统一，社会的安定，边疆的巩固，是西部开发不可缺少的条件。而西部开发又会反过来进一步稳定社会秩序，巩固国家的统一和强大。

（三）适当进行基础建设有利于西部开发

所谓基础建设主要是指城市、交通等方面的建设。城市往往是一个地方的政治、经济、文化中心，而交通则是连接城乡，促进交流，发展经济的纽带。历史上汉唐时期西部的辉煌在很大程度上与城市的政治地位以及城市的发展水平有着密切的关系。汉都长安是全国最大的城市，围绕长安还有许多以陵园为中心的城邑。这些城市等级高、规模大，对经济发展有很大的带动作用。到了唐代，情况比汉代又有所发展。唐都长安规模相当于汉长安的数倍，是著名的国际性大都市。在长安城的带动下，中国西部的许多城市，特别是丝绸之路沿线的城市如武威、张掖、敦煌等都有所发展。西汉和隋唐时期，西部特别是关中平原的富足和繁荣，充分说明城市的发展对区域经济和文化的发展起着积极的促进作用。而一些重要的交通道路，也可加强各地间的联系，促进经济文化交流。在这方面，丝绸之路就是最好的证明。五代以后西部地区政治、经济、文化的衰落有自然环境恶化的因素，而城市的衰落也是重要的原因之一。宋元明清时期，中国政治中心东移，西部地区从全国政治中心所在地降为政治地位相对次要的地区，也与西部城市的衰落有很大的关系。显然，城市的发展与区域经济的发展有着相辅相成的关系，这是一条规律。[①] 利用这一规律建设西部地区的城市，突出其经济特色和文化特色，将会大大促进西部地区经济社会的发展。

（四）农牧并重，多种经营符合西部地区的情况

西部地区地大物博，资源丰富，有以种植业为主而兼营林、牧、副、渔的农业区，又有以畜牧业为主体经济的游牧区。这种情况与东部地区很不相同，在客观上要求实行农牧并重的政策。汉唐时期和清代前期在西部开发方面之所以能够取得较大的成绩，与

---

① 张积玉、杨发民主编：《中国西北经济社会发展研究》，西安：陕西人民出版社，1998年，第347—354页。

实行农牧并重的政策是分不开的。① 汉唐两代在西部的朔方、河西、西域、河湟、陇右等地实行大规模屯田，努力发展粮食生产。② 同时也在蒙古高原等地大量养马养羊，发展畜牧业生产。③ 明清时期，西部地区继续实行有利于农业发展的政策，使农业在西北社会经济结构中的主导地位得以最后完成。④ 除农牧业外，开发工商业资源也有利于西部经济社会的发展。历史上对西部煤炭、石油、食盐和其他矿产的开发对西部经济的发展都有明显的促进作用。西部开发说到底是经济开发，因此应当按经济规律办事，宜农则农，宜牧则牧，这样才能收到良好的效果。

（五）兴修水利对西部开发具有重要的意义

西部地处东亚大陆深处，气候相对比较干旱。这对农牧开发是不利的。在这种情况下，兴修水利工程，修渠筑坝，引水灌溉或从事航运便具有特殊的意义。关中和四川之所以能够成为"天府之国"，都与兴修水利有很大的关系。史载秦昭王时，李冰父子在四川盆地修建都江堰，"旱则引水浸润，雨则杜塞水门"，从此，成都平原"水旱从人，不知饥馑，时无荒年"⑤。秦王政，在关中平原上修建了郑国渠，"溉泽卤之地四万余顷，收皆亩一钟。于是关中为沃野，无凶年，秦以富疆"⑥。汉武帝又在关中修建白渠、漕渠和六辅渠等。这些水利工程，奠定了西部地区水利事业的基础。到了唐代，西部的一些重要的农业区，如关中平原、成都平原、河西走廊及敦煌吐鲁番地区，已经形成了比较发达的水利灌溉网。⑦ 明清时期，西部地区也曾修建过一些水利工程。如清代在宁夏创修大清渠、惠民渠和昌润渠，溉田近8000顷。到光绪末年，新疆修建的各种水渠即达2000余条，长7万里，可溉田1000万亩以上。水利事业的发展，改善了农业环境，提高了粮食产量，直接促进了西部地区经济社会的发展。

（六）发展绿色低碳经济有利于环境保护

西部地区自然条件恶劣且脆弱，自然环境一旦受损，在很长一段时间内无法自行恢

---

① 张波：《西北农牧史》，西安：陕西科学技术出版社，1989年，第194—204页。
② 赵俪生主编：《古代西北屯田开发史》，兰州：甘肃文化出版社，1997年，第20—75、169—191页。
③ 张泽咸：《汉唐间蒙古高原地区农牧生产述略》，《中国经济史研究》1998第4期。
④ 王致中、魏丽英：《明清西北社会经济史研究》，西安：三秦出版社，1989年，第46页。
⑤ 〔晋〕常璩撰；刘琳校注：《华阳国志》卷三《蜀志》，成都：巴蜀书社，1984年，第202页。
⑥ 《史记》卷二九《河渠书》，第1408页。
⑦ 王双怀：《论盛唐时期的水利建设》，《陕西师范大学学报》（哲学社会科学版）1995年第3期。

复，甚至破坏生态平衡。新中国成立以后的很长一段时间，西部地区都以高耗能、高污染产业作为经济发展的主要手段，造成了环境的严重破坏。不仅如此，虽然西部地区资源相对丰富，但由于近年来的无限制开发，有不少资源出现短缺，甚至已呈现枯竭状态。因此，发展西部经济应是在保护生态环境的前提下进行的。在此背景下，发展绿色低碳循环经济模式是当务之急。从高耗能、高污染的传统经济模式到绿色低碳循环经济模式的转变，是西部经济得以持续发展的首要因素。西部各省市区，其地域辽阔，是国家环境和生态战略的重要屏障，应在加快经济发展的同时，按照人与自然和谐相处的生态文明理念，促进节能减排和发展循环经济，特别是一些重点区域要下决心将其建成生态文明区，为国家生态安全构筑新的有效屏障。因此对于西部大开发，西部地区决不能走西方发达国家"先发展、后治理"的老路，而应"边发展、边治理"。甚至应将保护环境及治理环境的方案做到经济发展的前头，将保护环境放在首位，以免造成大范围的环境破坏，从而最大限度地减少日后治理环境的开支。[①]

二、历史上开发西部的几点教训

值得注意的是，历史上的西部开发，也曾多次出现过挫折和失败。这些挫折和失败，又给我们留下了一些沉痛的教训。

（一）战争和动乱会严重制约西部开发的进程

从总体上讲，历史时期中原王朝与西部民族的关系是好的，与中亚邻国的关系是好的，西部各族之间的关系也是好的。但毋庸讳言，有时也存在着矛盾和斗争。历史上西部地区曾发生过数以百计的战争和动乱。有些战乱时间长，规模大，影响深远。无论其性质如何，都曾对西部经济社会的发展产生过一定的影响。战争总是有巨大的破坏性，历史上西部社会经济的每一次衰落，几乎都与战争和动乱有关。

（二）不按经济规律办事便不可能使西部开发达到预期的目标

西部地区自然资源丰富，除耕地资源以外，其他主要自然资源的绝对数量一般都超过了东部地区，其中能源、矿产、草地、森林在全国都占有比较重要的地位。但由于气候、地貌等方面的条件不同，西部地区自然资源的空间分布极不平衡，难以开发利用和

---

① 彭生顺、黄学锦、曾德高编著：《西部开发新阶段促进优势产业发展政策研究》，北京：中国社会科学出版社，2015年，第68页。

质量不高的自然资源所占的比例较大。历史时期，有些王朝在进行西部开发时，不考虑西部各地经济社会的差异，对于自然条件较好的地方或具有重大战略意义的地方，进行过度开发，甚至竭泽而渔，对其他地方则视而不见或很少过问。如元代前期，西部的不少农区就曾被变为牧区，致使当地土壤退化，农业生产大幅下降。清代中期，山东、山西、直隶、陕西等地的许多汉民前往蒙古高原垦荒，到嘉庆年间，内扎萨克地区已是"开垦地亩较多，牧场较少"①。从表面上看，农田的大量开垦对农业是有好处的。但从长远看，不顾农业生产的自然条件，盲目地进行过度的垦殖，结果往往适得其反，导致水土流失，土壤贫瘠，灾害频率增大，农作物单位面积产量下降②。

（三）不注意保护生态环境就会造成十分严重的后果

西部地区是我国生态环境的脆弱地带。历史时期在开发西部的过程中，由于不少王朝缺乏生态保护意识，致使西部地区的生态环境趋于恶化。西部地区生态环境的恶化主要表现在四个方面：

一是植被锐减。西部地区的不少地方原来有大片的森林和草场。但 5000 多年来由于自然和人为的破坏，森林逐渐消失，不少林木茂盛的地方变成濯濯童山，不少水草丰美的地方无复水草可言，有些地方甚至成为不毛之地。如黄土高原东南部在先秦时代曾经分布着大片的森林，秦汉以后，经过历代的乱砍滥伐，不断破坏，至今已经所剩无几。③陕北横山的统万城一带在魏晋之际水草丰美，曾经被赫连勃勃看作是建都的理想之地，后来也变成一片荒漠。现在，西部地区森林的平均覆盖率为 6.9%，远低于全国的平均水平。其中青海的森林覆盖率仅为 0.35%，新疆为 0.99%，宁夏为 1.54%。草场衰退也是普遍现象。宁夏草场退化率达到 97.37%，新疆和内蒙古的情况更为严重。④

二是水资源短缺。西部地区普遍干旱，水资源主要是分属于黄河中上游水系、长江上游水系、西南江河水系和西北内陆河水系的地表水。先秦时期，西部地区的地表水比较丰富，西南地区自不待言，就连干旱的西北地区也无缺水之说。秦汉以后，由于森林等植被不断减少，水环境逐渐恶化，有的河水断流，有些湖泊消失，使不少地方农田缺水灌溉，生活用水也成了问题。如关中在周秦汉唐时期是水资源丰富的地方，有"八水绕

---

① 《清仁宗实录》卷二二九，嘉庆十五年五月壬午。北京：中华书局，1986 年影印，第 31 册，第 86 页。
② 蓝勇：《乾嘉垦殖对四川农业生态和社会发展影响初探》，《中国农史》1993 年第 1 期。
③ 史念海：《黄土高原历史地理研究》，郑州：黄河水利出版社，2001 年，第 433—511 页。
④ 姚建华主编：《西部资源潜力与可持续发展》，武汉：湖北科学技术出版社，2000 年，第 150—158 页。

长安"之说，泾、渭诸河水量较大。宋代以后，该地区的地表水日益减少，最终变成缺水之地。目前西部地区的水资源总量约为15493亿立方米，总量虽然不少，但分布很不均匀：西南有水难用，西北干旱缺水。有人估计，西北五省区2020年缺水204.1亿立方米，2030年将缺水231—256亿立方米。

三是土壤退化。先秦时期西部地区草原多而耕地少，其后历代开垦、抛荒，耕地增减不定，而草原大体上呈现出减少的趋势。由于植被破坏，不能有效地涵养水分，造成严重的水土流失。现在西部地区耕地总数虽然不少，但已经成为世界上水土流失最严重的地区，仅西北地区水土流失的面积就达到41.7万平方千米。宁夏的水土流失率为69.94%，陕西为66.87%，四川为43.65%，贵州为43.55%。情况之严重，由此可见一斑。尽管已有将近三分之一的面积得到了初步治理，但形势依然是十分严峻的。由于水土流失，地力不断下降，不少地方出现沙漠化的倾向。现在沙漠化的土地面积已达到13.39万平方千米，受到荒漠化影响的地区就更为广阔。随着沙漠的扩大，绿洲不断减少。如塔里木盆地南部汉唐时代的绿洲和城堡，大部分都被塔克拉玛干沙漠掩埋。[1] 河西走廊汉唐时期的古绿洲也受到沙漠的威胁，沙化面积较大的有10片，总面积达到4700多平方千米。[2]

四是污染增加。污染问题古已有之，但尚不突出。洋务运动以后，特别是20世纪以来，随着工业"三废"的增加，污染情况日益严重。西部地区城市污染和工业污染的情况也令人担忧。据统计资料显示，西部各省区工业"三废"的排放量大部分都高于全国平均水平，大城市的污染指数也普遍偏高。[3]

生态环境的恶化不仅对西部的历史产生不良的影响，而且直接影响到当前西部经济社会的发展，给西部大开发带来很大的困难。

上面简单地总结了我国历史上开发西部的经验和教训。这些经验和教训都是宝贵的财富，值得我们在西部大开发的过程中认真借鉴。当前进行的西部大开发，其规模和意义都超过了以往的任何时代。我们应当对西部大开发充满信心，努力吸取历史上开发西部的经验教训，扬长避短，因地制宜，妥善处理好民族关系，加强民族团结，维护社会安定，加强基础设施建设，把兴边富民和经济效益放在重要的地位。与此同时，我们还要特别注意生态环境的保护和建设，把退耕还林、保持水土、整治沙漠、优化环境作为

---

[1] 王永兴、阚耀平：《塔里木盆地南部2000年来的环境变迁》，《干旱区地理》1992年第3期。
[2] 李并成：《河西走廊汉唐古绿洲沙漠化的调查研究》，《地理学报》1998年第2期。
[3] 邹东涛主编：《中国西部大开发全书》（第二卷），北京：人民出版社，2000年，第211页。

西部开发的重要内容。从而使我们现在的开发工作沿着健康的道路发展，在新的世纪，新的时代，取得更大的成绩。

第三节
破解西部开发瓶颈的对策

西部地区是我国生态环境的脆弱地带。当前，西部在生态环境方面存在的问题很多。择其要者，盖有二端。一是水资源短缺。西部地区的水资源总量约为15493亿立方米，但水源分布不均，西南有水难用，西北干旱缺水。在广大的西北地区，有的河水断流，有的湖泊消失。二是土壤退化。西部地区耕地总数不少，但水土流失，地力下降，荒漠蔓延。宁夏的水土流失率达69.94%，陕西达66.87%，四川达43.65%，贵州达43.55%。情况之严重，此可见一斑。由于水土流失，地力不断下降，不少地方出现沙漠化的倾向。水资源短缺，土壤退化，导致植被不断减少。现在西部地区的森林覆盖率很低。据统计，森林的平均覆盖率为6.9%，远低于全国的平均水平。其中青海的森林覆盖率仅为0.35%，新疆为0.99%，宁夏为1.54%。此外，草场衰退也是普遍现象。宁夏草场退化率达到97.37%，新疆和内蒙古的情况更为严重。这些问题都已成为制约西部大开发的瓶颈。在此仅就解决水资源短缺和土地退化问题的对策谈点个人的看法。

一、关于水资源短缺问题

近些年来，我国西部水资源时空分布不均的情况越来越严重。西北内陆地区及额尔齐斯河流域面积占全国的63.5%，但拥有的水资源量仅占4.6%。水资源最多的省份是西藏、四川、云南、广西，最少的是宁夏。这是造成西部地区的许多地方出现资源性缺水的根本原因。另一方面，水资源与人口、耕地、矿产资源的分布不匹配。具体情况如下表所示[①]：

[①] 刘昌明、何希吾等编：《中国21世纪水问题方略》，北京：科学出版社，2001年，第5页。

西部水资源与人口、耕地、矿产资源分布表

地域名	省区名称	水资源总量（亿m³）	人口 数量（万人）	人口 人均水量（m³/人）	耕地 面积（万km²）	耕地 公顷水量（m³/km²）	45种矿产潜在价值 价值（亿元）	45种矿产潜在价值 百亿元拥水量（m³）	工农业产值（亿元）
西北地区	陕西	441.9	3316	1332.6	353.3	12508.5	1443.5	31	804.9
	甘肃	274.3	2255	1216.4	347.6	7890.0	1048.1	26	489.8
	宁夏	9.9	470	210.6	79.6	1243.5	802.3	0.1	117.7
	新疆	882.8	1529	5773.7	308.7	28600.5	1012.3	87	489.6
	青海	626.2	448	13977.7	57.8	108414	748.18	84	95.5
小计		2235.1	8018	2787.6	1147	19486.5	5054.4	44	1997.5
占总比%		8.14	7		12		8.8		4.3
西南地区	四川	3133.8	10840	2900.6	629.9	49752.0	13239.4	24	2594.6
	云南	2221.0	3731	5952.8	284.5	78055.5	2648.7	84	727.4
	贵州	1035.0	3268	3167.1	185.4	55819.5	1736.9	60	479.0
	广西	1880.0	4261	4414.5	259.6	72421.5	488.4	385	915.9
	西藏	4482.0	222	201892	22.2	2016496.5	43.57	10287	26.4
小计		12751.8	22286	5721.9	1381.7	92292.0	18156.88	70	4743.3
占总比%		46.44	19.55		14.44		31.69		10.28

从上表来看，西部地区水资源的总量应当算是比较丰富的。但西北地区仅有2235.1亿立方米的水，形成干旱缺水的格局；西南地区虽有12751.8亿立方米的水，但山高谷深，利用率很低。因此，缺水是西部地区的普遍现象，而西北地区尤为严重。在西部的许多地方，工农业生产缺水，生态环境建设缺水，人们的日常生活也缺水。水的问题已经成为制约西部大开发的重要因素。因此，在西部大开发的过程中，我们必须想方设法解决水的问题。而涵养水源、兴修水利则是解决西部水问题的不二法门。

西部地区虽然有不少地方处于干旱、半干旱区，水资源比较短缺，但仍有开发的余地。西南地区自不必说，即以西北地区而论也是如此。西北地区有许多冰川，其中天山山脉有冰川6896条，面积达9548.45平方千米，祁连山有冰川3306条，面积达2062.72平方千米。此外，阿尔泰山脉、昆仑山脉也有大量的冰川存在。[①] 这些冰川都是储水丰

[①] 任炳辉：《我国冰川资源》，《自然资源》1978年第1期。

富的固体水库，有很大的开发潜力。西北地区地下水的利用率比较低，也有开发的潜力。① 此外，黄河水利也有开发的余地。② 在开源的同时，节流也可以提高水资源的利用率。大水漫灌不仅严重浪费水资源，而且容易引起灌区土区次生盐渍化。若改为喷灌或滴灌，灌溉面积至少可以扩大二分之一。若再采取开渠造林并重的方法，解决好水库和渠道的渗漏和蒸发等问题，节约下来的水就更可观了。③ 总之，西部经济社会的发展需要对水资源进行进一步的开发。而目前西部地区的水资源尚有较大的开发余地。一旦水的问题得到解决，西部开发中的许多问题都会随之解决。西部社会经济建设和生态环境建设都会有起色。

然而，要解决水资源短缺问题谈何容易！历史经验告诉我们，影响西部水利建设的因素很多，有自然的因素，也有社会的因素，有时二者往往交织在一起，严重制约水利事业的发展。

第一，自然条件对水利建设的影响。

一方面，农田水利是否发达，在一定程度上取决于当地的自然条件。因为水利建设必然会受到水源、地形、地貌等自然要素的影响。大体说来，河川众多、水源丰富、地势平坦的地方有利于水利建设，否则，水利建设便会受到这样那样的制约。比如，有些地方虽然水源丰富，但山高水深，很难开发；有些地方虽然坦荡如砥，但没有水源，也不具备兴修水利的条件。纵观西部水利史，我们可以清楚地看到：历史时期西部地区所形成的主要农业区和灌溉区，无一例外都分布在水源丰富且地势平坦的地方。关中平原、四川盆地如此，河西走廊、宁夏平原、河套地区也是如此。这种情况的出现，原因固然很多，但其中一个重要的原因，就是受到自然条件的影响。

另一方面，自然条件又是变化的。当自然条件发生变化后，水利建设就不得不做出相应的调整。当年秦国修建郑国渠时，动用了大量的人力物力，历时达十年之久，其艰难是可想而知的。此后历代修整，也常遇到一些来自自然方面的问题，如河床下切、泥沙淤积等。河床下切是自然现象，在落差较大水流湍急的地方，下切的速度更快。正如宋人何亮所说："其制置之始，泾河平浅，直入渠口。暨年代浸远，泾河陡深，水势渐下，与渠口相悬，水不能至。"④ 元人李好文在《长安志图》的《泾渠总论》中说："（郑）渠

---

① 陈志恺、沈振荣：《我国干旱地区的水资源》，《西部资源》1985年第2期。
② 张一帆、马正明：《黄河上游的水利资源与开发》，《兰州学刊》1985年第5期。
③ 唐少卿：《试论荒漠生态系统的整体性规律》，《兰州学刊》1985年第2期。
④ 《宋史》卷九四《河渠四》，第2346页。

初凿之时，渠与河平，势无龃龉。岁月漱涤，河低渠高，遂不可用。"① 宋秉亮在修整泾渠时也说："尝考古今渠利之严，盖因河身渐低，渠口渐高，水不能入，是白公不容不继于郑渠，丰利不得不开于白公之治也。……今量得郑公渠口至水面计高五十余尺，白公渠口至水面计高一丈三尺，相悬如此，虽欲不改，不可得也。今丰利渠面至水亦高七尺有余。"② 宋秉亮大约是在至元三年（1337）说这番话的，离郑国渠的修建有1560多年，离白渠的修建有1430多年，离丰利渠的修建有23年。由此不难看出泾河河床下切的速度。由于河床不断下切，造成渠高河低、不能引水的情况，人们不得不一而再再而三地动工，在旧渠口的上面兴建新的引水口。这正是历史上引泾工程的重点一直在渠口的原因。

除河道下切造成渠道引水困难之外，渠道的淤塞也是很大的问题。泾河在历史上是以混浊见称，西汉时曾有"泾水一担，其泥数斗"的说法，可见其泥沙含量之大。大量的泥沙堆积在河道中，不仅会造成渠口壅塞的现象，也会使渠道变浅，引水量逐渐减少。关于这方面的问题，文献中也有记载。元人宋秉亮说："一相视得洪口以下石土渠十余里，自古穿淘，两岸积土如山。旧时将所积高岸开为通道，名曰'鹿巷'。又穿淘泥沙，由鹿巷运于岸外。近年以来，淘出泥土填满鹿巷口，于岸上堆积，或遇霖雨，其土崩塌，复入于渠。"③ 李好文也说："今泾渠两岸，累年淘出泥沙，堆积增益，高至三十五尺，下窥渠面，如视井底，每年差五县人夫入渠，负龙挠曳而上，依旧堆积。"④ 可见泥沙堆积的情况相当严重。由此之故，引水量会减少，灌溉面积自然也会缩小。汉代郑白二渠灌溉45000多顷，唐代以后，一般只有几千顷了。

第二，水利建设会受到自然灾害的影响。

自然条件有时会发生异常变化。比如气候振荡、地壳震动等。这些变化常常会带来自然灾害。自然灾害的种类很多，其中洪涝、干旱、地震等灾害对水利建设都有直接的影响。洪涝灾害对水利建设的影响主要是毁坏水利设施。这种事情在西部水利史上经常发生，屡见不鲜。关于西部地区的洪涝灾害，文献中有许多记载。如汉文帝后元三年（前141），"秋，大雨，昼夜不绝三十五日。蓝田山水出，流九百余家"⑤。元帝建昭四年（前

---

① 〔元〕李好文撰；辛德勇、郎洁点校：《长安志图》卷下《泾渠总论》，西安：三秦出版社，2013年，第105页。
② 《长安志图》卷下，《建言利病条》，第98页。
③ 《长安志图》卷下《建言利病》，第100—101页。
④ 《长安志图》卷下《泾渠总论》，第105页。
⑤ 《汉书》卷二七上《五行志》，第1346页。

35)六月,"蓝田地沙石雍霸水,安陵岸崩,雍泾水,水逆流"①。成帝永始二年(前15)夏,大水,三辅霖雨三十余日,郡国十九雨,山谷水出,凡杀四千余人,坏官寺民舍八万三千余所。唐高宗永徽元年(655)六月,新丰、渭南大雨,零口山水暴出,漂庐舍。唐玄宗开元十五年(727)七月,洛水溢,入廓城,平地丈余,死者无算。同州城市及冯翊县漂居民二千余家。② 宋太宗太平兴国六年(981),鄜州河水涨溢,入州城。哲宗元符二年(1099)六月,陕西河溢,流漂人民庐舍。③ 元泰定帝泰定元年(1324)六月,陕西大雨,渭水及黑水河溢,损民庐舍。七月,奉元朝邑县河溢。九月,延安洛水溢,奉元长安县沣水溢。明世宗嘉靖十一年(1532),渭河大水。嘉靖十三年(1534)五月,邠宁泾阳等州县大水,漶没泾渭两岸居民畜产无数。嘉靖四十一年(1562)七月,泾水暴溢,高数丈,漂没居民商贾无算。④ 大水常常毁坏水利设施,反观历史时期西部地区的"复修工程",许多都是被大水冲毁的。

旱灾对水利建设的影响主要是造成水源短缺,水利设施被迫废弃。历史时期西部地区特别是西北地区多次出现过大旱。据正史《五行志》记载,晋惠帝元康元年(291)七月雍州大旱。元康三年(293)又发生大旱。唐德宗贞元元年(785),春旱无麦苗,至于八月,旱甚,灞浐将竭,井皆无水。宋高宗绍兴十二年(1142)十二月,陕西不雨,五谷焦枯,泾渭灞浐皆竭。明宪宗成化二十一年(1485),关中连岁天旱,百姓流亡殆尽,人相食,十亡八九。崇祯十三年(1640)八月,华阴县渭水赤;十二月陕西大旱,人相食,草木俱尽。干旱缺水对生态环境的影响十分巨大。干旱、半干旱地区因缺水使生态系统变得相当脆弱。草原退化,沙漠化面积不断扩大,河流、湖泊、水库的水体面积日益缩小,都与此有密切关系。在极度干旱的情况下,水利显得十分重要,但由于严重缺水,大部分水利工程根本不能发挥作用。

地震也会毁坏水利设施,从而对水利建设造成不良的影响。如元至正二十六年(1366)十一月辛丑,华州蒲城县洛岸崩,雍水绝流三日。明惠帝建文时,陕西山崩,压数千家,山移有声号三日黄河东流没千余家。明成化二十三年(1487)七月二十二日,关中地震,声如雷,山多崩圮,屋舍坏,男女死者千九百余人。嘉靖三十四年(1555)十二月陕西地震,或地裂泉涌,或城房陷入地中,或平地突成山阜,或一日连震数次,或累

---

① 《汉书》卷九《元帝纪》,第296页。
② 《新唐书》卷三六《五行三》,第928、931页。
③ 《宋史》卷六一《五行一上》,第1322、1328页。
④ 雍正《陕西通志》卷四六《祥异一》。

日震不止，河渭泛，华岳、终南山鸣，或移数里，压死奏报有名官吏军民数万。像这样的地震，对水利工程自然也会造成一定的破坏。

第三，生产方式对水利建设的影响。

从人文方面来讲，生产方式对水利建设有明显的影响。我国西部地域辽阔，有些地方宜农，有些地方则宜牧。在历史上，我国农牧业的分界线大抵在龙门（今陕西韩城）至碣石（今河北昌黎）之间。① 此线以北为牧区，以南则为农区。农区和牧区之间，还存在着一个农牧交错地带。位于交错地带上的北地、朔方、上郡、五原、云中、西河、河西属于半农半牧区。由于水利建设与种植业关系最为密切，故农业区对水利建设有较高的要求，而畜牧区则不然，一般不需要兴修水利。

自先秦时代以来，西部地区的少数民族多是经营畜牧业，过着逐水草而居的游牧生活。比如秦汉时期的匈奴、隋唐时期的突厥、宋元时期的蒙古等。这些民族都是马背上的民族，经济生活以畜牧为主，其次是狩猎，很少从事农耕。因此，并不关心水利建设。而生活在西部地区的汉族则以农业为主，在开垦土地，种植粮食作物和经济作物的过程中，为了给农业作物补充水分或防止水灾，不得不考虑水利的问题。所以，水利工程一般都是修建在农业区域。在数千年漫长的历史岁月中，农耕民族和游牧民族的活动区域并不是一成不变的。中原王朝在强大的时候，往往在边疆地区实行屯田，把草场变成农田，并在那里兴修水利。这样的事例很多，如汉唐在西域、河西屯田，明清在河套屯田，他们都曾修建过许多水利工程。相反，少数民族在强大的时候常常南下，甚至入主中原，这时，他们往往会把农田变为牧场，使原先修建的水利设施失去应有的作用。如魏晋南北朝时期和元朝时期，黄土高原许多地方的耕地都成了牧场，秦汉以来修建的水利工程全部废弃。

在农业生产中，不同的耕作方法也会对水利产生影响。粗放经营，广种薄收，自然不必兴修水利。但若要精耕细作，做到旱涝保收，就不得不讲求水利。在历史上，我国西部的许多地方，尤其是地广人稀、自然条件较差的地方，长期实行"刀耕火种"等落后的耕作方法，广种而薄收，靠天吃饭。但在自然条件较好的传统农业区，为了提高粮食产量，人们一般都注意采用精耕细作的方式，大力发展水利事业。因此，中国历史上的基本农业区与水利事业的发展是相辅相成的。如果在灌溉条件较好的农耕区采用了粗放的耕作方法，那么灌区的水利肯定会衰落。如果在条件不太好的地方采用先进的农业技

---

① 史念海：《论两周时期农牧业地区的分界线》，《中国历史地理论丛》1985年第4期。

术，精耕细作，那么水利肯定会有起色。

水资源在生态系统中处于十分重要的地位。它的变化对生态环境既能产生正面的影响，也能产生负面的影响。就灌溉本身而言，方法是否科学对水利建设也有影响。我国古代一般是实行大水漫灌，这种灌溉方式虽然简便易行，但并不科学，往往会造成浇水不足或浇水过量的情况。如果某地长期浇水过量，加之排水不畅，那么该地区土地则会出现次生盐碱化，轻者会使粮食减产，重者会造成土地荒芜，寸草不生。

第四，开发策略对水利建设也有影响。

历代开发西部的策略不尽相同，对水利建设的影响也有所差异。人们为了利用水资源，采取了许多工程措施，拦河筑坝、打井灌田，以便改善人们的生产和生活条件。但由于大规模的开发，原来的水量平衡受到破坏，又给生态环境带来了新的问题。盲目开发或开发不当，常常会造成严重的后果。古往今来，因盲目开发或水资源利用不当而引起的河流萎缩、绿洲退化、地力下降等现象屡见不鲜。新疆塔里木河流域的情况就是如此。此外，由于滥垦、滥伐、滥牧，森林、植被资源遭到严重破坏。表土剥蚀，水土流失就会加重。这种情况在黄土高原地区表现得最为突出。如1987年神府煤田开发以来，窟野河流域的下垫面受到较大的破坏，从而加大了该流域的洪峰和输沙量。据1989年温家川水文站的实测，当年7月流域内的一次暴雨所产生的洪峰流量与输沙量比20世纪80年代相同降水量所产生的洪峰流量增加了11.6%，输沙量增加了91.4%。诸如此类，触目惊心，也充分说明植被破坏会带来严重的后果。

那么，我们究竟该如何破解水资源短缺的瓶颈呢？对此，大家自然可以仁者见仁，智者见智。我们认为应采取以下对策：

其一，总结经验，吸取教训，充分认识优化西部水资源的重要意义。

从西部水利建设发展的历程来看，历史时期西部地区水资源开发的经验主要有二：(1)加强水政管理，有利于充分认识水利在经济社会发展过程中的地位和作用。如汉唐制定协调利用水资源的水利法规，力图使有限的水资源取得较好的社会经济效益。宋代针对围湖垦田生态失衡等问题，提出对水土资源进行统一规划和管理，以兴利除害的主张。明清更有人提出了水土之间应保持一定比例的观点。这些思想，对西部水利建设的发展是有推动作用的。(2)调集各方力量，因地制宜地修建不同类型的水利工程，有利于各地水利事业的发展。大型工程由国家统一组织，中型工程由相关州县合办，小型工程则由受益地方出资兴建。在有引水条件且耕地面积较大的平原、盆地或河谷地带，我们修建大中型的水利工程，筑坝开渠，设置斗门，进行自流灌溉，建立农田灌溉网络。在耕地面积较小又不能自流灌溉的丘陵、山区,我们开塘作堰,用提水工具灌溉。在没有河川径流的地方,我们则疏泉凿井灌溉。对于毁坏的水利设施,我们及时予以修复。除灌溉工程外,我们还要修筑防涝工程和航运工程,充分发挥水利建设的各种功能。

历史时期西部水利建设的教训也可归纳为两点:(1)水资源开发失当,会引起不良后果。比如河流中上游引水过度,引起下游农田萎缩;长期大水漫灌,造成土壤退化;等等。在这方面,新疆塔里木盆地绿洲的演变是最好的说明:"新疆绿洲农业的生态环境是脆弱的,只要水资源开发利用不当,很容易造成严重的后果。从新疆屯垦水利发展史可见,新疆绿洲变为荒漠,天然水资源的减少是荒漠化扩大的基础和前提,而人类活动的失误将显著地强化这一过程和趋势。以往人们对荒漠化的治理,只注意从生物措施和工程措施入手,很少调整人类自身的行为以减少对自然环境的破坏,维护良好的生态系统。这样的后果是治理荒漠的成效被抵消,未能扭转荒漠化发展的基本原因,这是历史留给后人的教训。"[1] (2)不注重水源的保护,会造成水资源减少,灌溉能力下降。史载河西走廊主要靠祁连山雪水灌溉,甘州南山林木较多,其中境南八宝山松林被视为"甘人养命之源"[2]。遗憾的是,河西林木并未受到良好的保护。祁连山原有森林2000万亩,20世纪40年代末仅余200余万亩,70年代减少至167万亩,最近10年又减少15万亩。由于森林破坏,不能很好地涵养水分,故"河西在可垦之田,因渠水未到,废弃不耕者不少"[3]。这些经验教训都是应当认真吸取的。只有因地制宜,扬长避短,克服过去水利建设中存在的问题,我们才能在今后的水利建设中不犯错误,少走弯路。

其二,统一规划,开源节流,大力发展西部地区的水利事业。

西部水资源的开发是一个巨大的系统工程,因此要全面规划,采取开源节流的措施。开源,即指开发水源。节流,则是要想方设法减少引用水的蒸发和损耗,实行节水灌溉。

西部地区虽然水资源比较短缺,但仍有开发的空间。西南地区自不必说,即以西北地区而论也是如此。西北地区有许多冰川,其中天山山脉有冰川6896条,面积达9548.45平方千米,祁连山有冰川3306条,面积达2062.72平方千米,此外,阿尔泰山脉、昆仑山脉也有大量的冰川存在。这些冰川都是储水丰富的固体水库,有很大的开发潜力。西北地区地下水的利用率比较低,也有开发的潜力。对这些水资源,我们应当统筹规划,合理开发。

---

[1] 梁瑞驹主编:《中国水利学会2000学术年会论文集》,北京:中国三峡出版社,2001年,第425页。
[2] 〔清〕钟赓起:《甘州府志》卷四《山川附·八宝山来脉说》,兰州:甘肃文化出版社,2009年,第124页。
[3] 〔清〕昇升、长庚:《甘肃新通志》卷一〇《饬修渠道以广水利檄》。宣统元年刻本。

在开源的同时，我们要特别注意节流。水资源的消耗包括水面蒸发、作物蒸腾、生态蒸腾和荒地蒸发。如塔里木河干流河道耗水（蒸发、渗漏、漫溢）占70%。河道中引出的水，被水库和渠道蒸发渗漏损失约占84%。在年总耗水中，生态耗水约占70%，农业直接耗水约5%，水面和荒地蒸发约占25%。故提高水的有效利用率，减少无效消耗是当务之急。应当大力发展节水蓄水型农业：加强渠道管理，进行防渗处理，减少明渠，采用管道输水，以减少输水过程中所造成的损失；推广喷灌技术和滴灌技术，改长渠为短渠，改宽渠为窄渠，改大畦为小畦，保墒蓄水。实行节水灌溉，建立节水型工农业生产体系，从而缓解水资源的供需矛盾。

其三，植树造林，涵养水源，促进西部经济社会持续发展。

从长远来讲，要使西部经济社会走可持续发展的道路，还必须涵养水源，优化环境。由于西部地区是长江源与黄河源的所在地，加之西部存在着比较严重的缺水情况，因此涵养水源对于西部水利建设具有重要意义。涵养水源的关键是保护植被，植树造林。山区水源地对水资源来说是至关重要的，因此要千方百计地保护山地植被，种树种草，退耕还林，加强绿化，减少水土流失，使之能够持久地发挥产流和涵养水源的作用。同时，避免盲目垦荒、过度放牧、乱砍滥伐的情况发生。土地荒漠化对水资源影响很大，要加紧治理荒漠，生物措施与工程措施并举，集体治理与个人治理结合，努力把流动、半流动沙丘变为固定沙丘，防止流动沙丘向外扩展蔓延。如果西部地区的生态环境得到优化，西部地区缺水的情况将会有所缓解，西部地区的水利事业将会持续发展下去，并不断给西部地区经济社会的发展注入新的活力。

二、关于土壤退化问题

土地退化的现象在西部地区十分普遍，其极端形式是荒漠化。中国北方地区有大片沙漠存在。据测量，中国沙漠总面积为70多万平方千米[1]，主要分布在中国北方的陕西、内蒙古、宁夏、青海、新疆等区。除沙漠外，这些省区还有将近60万平方千米的戈壁。在这些沙漠、戈壁的周围地区，土地荒漠化的情况普遍存在。其中科尔沁沙漠、毛乌素沙地和塔克拉玛干沙漠边缘地带的荒漠化问题尤为严重。

目前，有关我国荒漠化面积统计数据不一。一种观点认为，我国各种成因的荒漠化土地面积达83.7万平方千米，占国土面积的8.7%[2]。其中，水蚀作用形成的荒漠化土

---

[1] 朱震达等：《中国沙漠概论》（修订版），北京：科学出版社，1980年，第3页。
[2] 国家环保局1997年组织完成的"中国土地退化（荒漠化）防治国家行动方案预研究"报告。

地为 37.7 万平方千米，占荒漠化土地的 45%；风力作用形成的沙漠化土地为 37.1 万平方千米，占 44.3%；物理及化学作用（包括盐渍作用和水渍荒漠化土地）为 6.9 万平方千米，荒漠化土地占 8.2%；工矿开发引起的为 2 万平方千米。我国还有易受荒漠化影响的土地 141 万平方千米，其中，易受水蚀荒漠化影响的土地为 87.5 万平方千米，易受风蚀的沙漠化土地为 53.7 万平方千米。已经荒漠化和易受荒漠化影响的土地总计为 224.7 万平方千米。我国的干旱、半干旱区和半湿润干旱区主要分布在西北五省区、内蒙古自治区，而西藏和青海则涵盖了青藏高原高寒干旱区。

另一种观点认为，目前中国荒漠化土地共计 33.4 万平方千米（3340 万公顷），其中已经沙化的土地为 17.6 万平方千米，潜在沙化的土地为 15.8 万平方千米。涉及辽宁、吉林、黑龙江、内蒙古、河北、山西、陕西、宁夏、甘肃、新疆、青海等省区的 212 个县、旗。沙化的土地约占现有耕地总面积的 25.68%。荒漠化土地在干草原和荒漠草原地带，以密集的斑点状分布在农田、牧场、居民点或水井附近；在干旱荒漠地带，则主要分布在绿洲附近或河流下游。造成这种情况的原因主要是统计标准不同。尽管这两种数据存在着较大的差异，但有一点是共同的，二者都涵盖了中国荒漠化较为严重的地区。为节省篇幅，兹将中国荒漠化的重灾区列表如下：

中国北方沙漠化土地分布表（单位：平方千米）

地区	沙漠化总面积	正在沙漠化	强烈沙漠化	严重沙漠化
呼伦贝尔	3799	3481	275	43
兴安岭东侧（兴安盟）	2335	2275	60	
科尔沁（哲里木盟）	21657	16587	3085	1175
西拉木伦河上游（昭乌达盟）	7475	3975	1875	1625
锡林郭勒及察哈尔草原	16862	8587	7200	1075
后山地区（乌盟）	3867	3837	30	
前山地区（乌盟）	784	256	320	208
陕北地区	21686	8912	4590	8184
鄂尔多斯（伊克昭盟）	22320	8088	5384	8848
后套及乌兰布和北部	2432	512	912	1008
狼山以北	2174	414	1424	336
宁夏中部及东部	7687	3262	3289	1136

续表

地区	沙漠化总面积	正在沙漠化	强烈沙漠化	严重沙漠化
贺兰山西麓山前平原	1888	632	1256	
腾格里沙漠南缘	640		640	
弱水下游	3480	344	2848	288
阿拉善中部	2600	392	2208	
河西走廊绿洲边缘	4656	560	2272	1824
柴达木盆地山前平原	4400	1136	1824	1440
古尔班通古特沙漠边缘	6248	952	5296	
塔克拉玛干沙漠边缘	24223	2408	14200	7615
合计	161175	66662	59708	34805
占全国沙漠化土地比重(%)	91	82	98	100

由此表可以看到，中国荒漠化的地方主要是在北方，具体些说，主要是在新疆、内蒙古、青海、甘肃、宁夏、陕西等省区的沙漠边缘地带。

中国西部土地荒漠化的原因是什么，为什么西部土地荒漠化会呈现出加速的态势，自然因素和人为因素在土地荒漠化过程中起了怎样的作用？这些问题都很重要，值得我们反复思考。土地荒漠化既是自然现象，又是社会现象，可以说是人类活动作用于自然环境的结果。因此，我们在研究西部土地荒漠化原因的时候，必须从自然和社会两方面入手。

从自然方面来看，中国西部存在着容易导致土地荒漠化的条件。中国西部是我国四大高原和四大盆地的所在地，是高原与高原和高原与盆地的接合部，其地形地貌十分复杂，生态环境非常脆弱。全新世以来，我国气候曾发生过周期性的变化。据竺可桢研究，历史时期中国气候大致可分为四个温暖期和四个寒冷期[1]。温暖期气候温热，水草增加；寒冷期气候干凉，风力强劲。在由暖到寒或由寒到暖的过渡阶段，气候振荡，灾害频繁，往往对西部脆弱的生态环境造成负面的影响。尽管西北地区和西南地区存在着较大的差异，但无论是干旱的西北地区，还是多水的西南地区，都曾因风力侵蚀和水力侵蚀而发生过土壤退化的事。

西北地区深处内陆，属于干旱、半干旱地区，气候干燥，沙漠较多。陕西、甘肃、

---

[1] 竺可桢：《竺可桢文集》，北京：科学出版社，1979年，第475—498页。

宁夏、内蒙古大部及新疆北部的一些地方年降水量在100毫米至700毫米之间，而内蒙古西部和新疆大部分地区年降水量均在100毫米以下，有些地方年降水量甚至不足20毫米。由于降水主要集中在7、8、9三个月，加之气候干旱，蒸发量大，所以一年中湿度差别较大，容易出现水灾、旱灾和风灾。历史时期在西北地区此类灾害屡见不鲜。如汉文帝后元三年（前141）秋季大雨，昼夜不绝，连续35日，蓝田山水暴涨，漂没民居900余家。又如明宪宗成化二十一年（1485），关中连年大旱，百姓流亡殆尽，出现"人相食"的悲剧。再如1983年4月27日，沙暴吹袭陕北，顿时天地昏黑，伸手不见五指。野外耕牧的农民来不及躲避，或迷路失足，或为狂风卷起，或被沙尘窒息，死伤者多达数十人。水灾的直接后果是造成水土流失，而水土流失就意味着地力下降，开始向土地荒漠化的方向发展。旱灾的后果是造成土壤水和地下水大量蒸发。而土壤水、地下水与植物生长有着十分紧密的关系。在降水量极少的西北干旱地区，土壤的含水量主要是靠地下水毛管供给。当地下水位下降，毛管上升水不能达到地表或植物根系层时，植被开始衰退，覆盖度降低，受到沙化的潜在威胁。如果地下水位进一步下降，土壤发育成干旱土时，植物便会干枯死亡。而当土壤上层长期处于干燥状态，植被衰败以后，就容易受到风蚀破坏，从而出现沙漠化。地下水位越深，荒漠化的可能性越大；植被越少，荒漠化等级越高。风灾对土地荒漠化的影响更为明显。风是沙漠扩展的原动力，地表一旦失去植被保护就会受到风蚀。在风蚀的作用下，地表的枯枝落叶层、粗腐殖质层、腐殖质层、泥炭层、盐聚层逐渐被风吹掉，形成光板地。当风沙流作用于裸露的地表时，地表会产生线状风蚀擦痕，擦痕加深，形成略微凸起的土墩与风蚀线状凹地。随着风蚀作用的不断发展，光板地演变成风蚀劣地，被吹蚀的物质形成风沙流。当风沙流速度降低或遇到障碍时，其所挟的沙尘下落堆积，受不同风向的影响而形成各种类型的沙丘，从而使该地变成沙漠景观。

西南地区的大部分地方属于亚热带季风气候，气温较高，降雨较多，水资源相当丰富。这一地区虽然没有什么沙漠，但存在着大量的喀斯特地貌。此类地貌石多土薄，植被很少，极易受到水力侵蚀。在水力侵蚀的情况下，水土大量流失，形成石漠化景观。古代西南地区水土流失和石漠化问题似乎并不严重，但近代以来由于人口骤增，情况发生很大变化。20世纪50年代，贵州省的水土流失面积占该省国土总面积的14.2%，60年代增至18.9%，80年代增至28.4%，90年代增至43.5%。[①] 四川等省水土流失和石漠

[①] 奚国金、张家桢主编：《西部生态》，北京：中共中央党校出版社，2001年，第284页。

化现象也较严重。正因为如此,长江之水日见浑浊,被人称为"第二条黄河"。

从社会方面来看,人类不合理的经济活动大大加速了西部土地荒漠化的进程。滥垦滥牧、毁坏森林和粗放的耕作方式则直接影响着西部土地荒漠化的进程,对西部土地荒漠化起着决定性的作用。历史时期在西部的许多地区都曾发生过滥垦滥牧的事。滥垦主要发生在西部传统的农业区域和农牧交错地带,其结果往往与土地荒漠化相联系。如在塔里木河上游的阿拉尔地区,1959 年至 1996 年,耕地面积从 22870.6 公顷发展到 37691.7 公顷,增加 14821.1 公顷。同期下游阿拉干地区沙漠化土地则由 137120 公顷发展到 149420 公顷,增加 12300 公顷。而塔里木河下游的铁干里克农耕区 1970 年后因缺水灌溉被迫弃耕的 16600 公顷土地已经沙化。[①] 滥牧主要发生于草原区,其结果也与草场退化联系在一起。如内蒙古的锡盟草原在 20 世纪 80 年代放牧超载 15.4%。由于过牧严重,导致大量草场严重退化,迫使 175 户牧民迁往他乡。[②] 这样的事例在史籍中俯拾即是,不胜枚举。

由于滥垦滥牧,毁坏森林草原的事件也时有发生,其后果是森林和草原不断缩减,有些地方甚至成为濯濯童山。这种情况在黄土高原地区表现得尤为明显。黄土高原地区曾经存在过大片的森林和草原。在原始社会末期,黄土高原东南部、秦岭山脉、中条山、吕梁山、豫西诸山及渭河、涑汾河、伊洛河诸平原都属于森林地带,黄土高原西北部地区则属于草原地带或森林草原地带。[③] 春秋战国时期,由于人类活动的加强,黄土高原的平原河谷地带逐渐被开垦成农田,平原河谷地带的森林随之缩减。秦汉、魏晋南北朝时期,由于农业区的扩大,平原地区规模较大的森林逐渐消失,除关中地区的上林苑中尚有较多林木外,其他平原已经很少有森林的记载。平原地区的森林消失以后,陇山以西、秦岭、晋西北诸山及阴山山脉的森林开始受到人们的重视。森林和草场的毁灭,使土壤失去了应有的屏障,不仅难以涵养水分,而且在风力、水力侵蚀的作用下日益退化,甚至就地起沙。这两个原因互为表里,恶性循环,使土地荒漠化情况愈演愈烈,不少地方因此变成沙漠。

因为土地荒漠化对中国经济社会发展造成很大危害,所以中国政府一直比较重视防治荒漠化的工作。早在 1958 年国务院召开的全国治沙会议上,周恩来总理就发出了"向沙漠进军"的号召。此后陕西、甘肃等省区都成立了治沙研究所,地处沙区的地方政府组

[①] 王让会、樊自立:《利用遥感和 GIS 研究塔里木河下游阿拉干地区土地沙漠化》,《遥感学报》1998 第 2 期。
[②] 石玉林主编:《西北地区土地荒漠化与水土资源利用研究》,北京:科学出版社,2004 年,第 93 页。
[③] 史念海:《黄土高原历史地理研究》,郑州:黄河水利出版社,2001 年,第 434 页。

织群众植树造林，防沙治沙，并取得了一定的成效。从20世纪90年代开始，中国防治荒漠化的工作进入了有计划、有步骤、求规模、求效益，全面推进的新阶段。据国家林业局防治荒漠化管理中心公布的材料，在1991年以后的七年间，全国共完成荒漠治理开发面积629万公顷，其中人工造林207万公顷，封沙育林、育草203万公顷，飞播造林44万公顷，人工种草及改良草场83万公顷，治沙造田及改造中低产田63万公顷，在沙区种植各种经济作物29万公顷。这个过程涌现出内蒙古赤峰、陕西榆林、新疆和田、宁夏沙坡头等治沙典型区域。

虽然国家十分重视荒漠化的治理，并采取了一系列生物措施和工程措施，但总体上北方土地荒漠化的势头还没有得到遏制。"一边治理，一边破坏"的情况时有发生，破坏的规模甚至超过了治理的规模。因此，中国土地荒漠化仍以每年扩展3000平方千米的速度发展着。土地荒漠化严重地制约着西部经济社会的发展。治理荒漠化的土地已成为西部大开发的当务之急。如何治理西部荒漠化的土地？海内外曾有不少学者献计献策。在这里，我想从历史地理的角度谈点个人粗浅的看法。

要治理好西部荒漠化的土地，首先要在思想上充分认识西部土地荒漠化的危害，认识治理西部荒漠化土地的必要性和紧迫性。从土地荒漠化的历程来看，西部土地荒漠化呈现出不断加快的趋势：时间离现在越近，土地荒漠化的频率就越快，强度也就越大。如陕北榆林所属的定边、靖边、横山诸县在先秦至魏晋南北朝时期生态环境较好，隋唐以后受到毛乌素沙地的威胁，逐渐出现荒漠化的倾向。宋元明清时期，其荒漠化情况加剧。到20世纪前期，流沙向南推移50千米以上，吞没农田牧场210万亩，390万亩草地沙化，6个乡镇的421个村落受到风沙的侵袭或压埋，就连著名的榆林城也受到风沙的严重威胁，以致有"榆林三迁"的说法。新中国成立后各地建设步伐加快，土地荒漠化的情况有增无减。毛乌素沙地近40年面积增加了47%，林地面积减少了76.4%，草地减少了17%。浑善达克沙地的扩展更为惊人，九年间流沙增加了98.3%，草地面积减少了28.6%。[1] 近年荒漠的扩展速度还在加快：内蒙古阿拉善地区、新疆塔里木河下游、青海柴达木盆地东南部等地区，土地沙漠化扩展速率年均达4%以上。目前中国西部荒漠化土地数量之大、分布之广、危害之大已经超过了以往任何时期，每天的经济损失超过1亿元人民币。严峻的事实触目惊心，不得不引起我们的重视。西部地区土地荒漠化的情况确实是令人担忧的。如不痛下决心治理荒漠化的土地，西部经济社会将难以持续发展，

---

[1] 吴薇、王熙章、姚发芬：《毛乌素沙地沙漠化的遥感监测》，《中国沙漠》1997第4期。

其后果是不堪设想的。

其次，要正确认识自然因素和人为因素在土地荒漠化过程中所起的作用。从中国西部土地荒漠化的成因来看，自然因素和人为因素在土地荒漠化的过程中都曾发生过作用，但这并不是说二者的作用是相同的。在史前岁月中，西部地区的土地荒漠化只是一种自然的过程；但在人类活动的历史时期，西部地区的土地荒漠化就加入了人为的因素；随着时间的推移和人类活动的加强，人为因素对土地荒漠化的影响越来越大，成为加速土地荒漠化的主要因素。这一点无须引经据典，只要看看近年西部土地荒漠化的发展情况就会一目了然。据统计，在我国近几十年来土地沙漠化的面积中，因滥采滥伐引起的占28%，过度放牧占20%，滥垦占24%，垦殖后水系改变导致沙漠化的占16%，工矿交通破坏植被导致沙化的占9%，只有一小部分是沙丘前移侵占邻近土地造成的沙化。由此可见，人类不恰当的活动已经成为土地荒漠化的主要原因。自然因素可以导致西部地区的土地荒漠化，但它本身有一定的调适功能，当环境有所改善时，也可能有利于荒漠地带恢复它的生态系统。与自然相比，人类具有强烈的主观能动性。如果人类能够改变自己的生产生活方式，树立牢固的生态意识，减少对自然的破坏活动，使人与自然处于和谐发展的状态，就完全可以防止或减少荒漠化的发生。只有充分利用大自然的生态恢复机能，发挥民众保护环境的主观能动性，兴利除弊，未雨绸缪，才能在治理西部荒漠化土地的过程中有较大的建树。

再者，要吸取以往防风治沙的经验教训。我国政府对治理荒漠化的工作是相当重视的。早在1958年的国务院召开的全国治沙会议上，周恩来总理就发出了"向沙漠进军"的号召。此后陕西、甘肃等省区都成立了治沙研究所，地处沙区的地方政府组织群众植树造林，防沙治沙，并取得了一定的成效。20世纪90年代，我国涌现出内蒙古赤峰、陕西榆林、新疆和田、宁夏沙坡头等治沙的先进区域。这些区域防风治沙的措施主要是种树种草。种树种草的方法分为人工和飞播两种。人工措施主要是在流动沙丘上设置沙障，条、灌、草结合，合理布局，层层推进。栽的树种有杨树、油松、樟子松、侧柏、花棒、踏郎、紫穗槐、刺槐、沙棘、沙柳、旱柳、柠条等。种的草种主要有沙蒿、沙打旺等。飞播措施主要是在离村落较远的大沙中用飞机播撒花棒、踏郎、沙蒿、沙打旺等。近年来国家又实行退耕还林的政策，鼓励农民种树种草。虽然国家十分重视荒漠化的治理，并采取了一系列生物措施和工程措施，但在总体上西部土地荒漠化的势头还没有得到遏制。原因是一些西部地区的开发者缺乏生态保护意识，急功近利，不计后果；"一边治理，一边破坏"的情况时有发生，破坏的规模甚至超过了治理的速度。这种情况是令人痛心的。只有吸取古今中外治理荒漠化的经验教训，在西部开发的过程中扬长避短，才有可能将治理荒漠化的工作落到实处，收到较好的效果。

最后，针对西部地区土地荒漠化的实际和治理荒漠化过程中存在的问题制定科学的方案。在新的历史时期，我们应当从西部地区的实际出发，系统地解决这些问题，因地制宜，全面规划，构建西部防治土地荒漠化的生产——生态安全体系[①]，把治理荒漠化的工作长期不懈地坚持下去，争取使荒漠化土地的逐步逆转，为西部大开发和西部经济社会的发展做出应有的贡献。

---

① 石玉林主编：《西北地区水资源配置生态环境建设和可持续发展战略研究(土地荒漠化卷)》，北京：科学出版社，2004年，第18页。

附录

中国历代西部大开发战略论析

(张波教授2004年在英国剑桥大学法学院学术报告)[①]

先简要说说命题中几个关键词。

西部：大家按图索骥，一目了然：陕、甘、宁、青、新、内蒙古、云、贵、川、藏、桂、渝，共12省市区，是中国实施"七五"计划以来，按地区经济水平划分西部区域。有意义的是这个区划，符合西部生态地理和农业历史的统一性，因为我们是搞农史的人。

开发战略：开发本义，是土地开垦和自然资源的利用。现今已引申、泛化为政府主导下的区域发展，凡言开发必然包含着政府作为和国家主体的全局战略意义。而我感兴趣的是抓住国家战略这个要领，就有可能在短时间内，说清西部开发史这么大的话题。

历代：不是所有朝代都开发过西部地区，有些就没有组织过开发；也不是所有的开发都具有战略意义，有些就不具备上面确定的国家开发的意义。讲历代开发，也不必从猿到人，原始时代和先秦开发还不具备西部整体版图和统一战略的意义，夏商周的统治还没有进入广大的西部高原。这里说的历代分三个段落，同时也是三种开发形态：古代开发、近现代开发、当今新世纪西部大开发。其中古代开发也不全涉及历朝各代，只是讲曾经真正经营过西部开发的秦汉、唐、元、清这几个朝代；再加近现代的民国抗战和共和国前期的开发；最后讲到21世纪新一轮的开发战略，这就是"历代"二字的含义，总共七个历史段落而已。

[①] 作者2004年春赴英剑桥大学访研，旅次李约瑟研究所撰写此文，时间所限在法学院唯讲秦汉至宋元西部开发部分。

一、秦汉创通古代西部传统大开发战略

古代西部开发战略可概括为一句话，以开拓疆域和安定边疆为战略目标的西部经济社会综合开发。早期多为开疆，是进取性的战略；后来多为安边，是保全性的战略。西部传统开发战略，兴于秦，成功于汉，后来为几个盛世强势王朝继承，即唐、元、清间接传承。其特点：一是封建王朝策划，以传统农业为主的农业经营；二是军事行动开拓，继后依靠中原先进地区民族的技术、文化为动力，对落后的西部地区的开发。王朝主导，先进区支持，农业经营为主，故称传统开发。

1. 秦开发的战略和基础意义

秦统一战略重点，主要在东方六国，史称秦始皇统一大业，"以诸侯为事，兵不西行"。除东南地区外，西部少数民族"无战火之虞"。但是"兵不西行"战略，并不意味秦对西部开发毫无事功，而是颇有作为，而且有为在先。早在秦统一之前，秦国已经全面控制了西部经济发达地区，包括关中、陇中、蜀中、新秦中等四个西部最富庶的战略中心要地。秦的势力已经覆盖了整个黄土高原，以及关中地区和四川盆地。中国西北和西南政治经济的两大头脑中枢之地——关蜀两大平原农业已经培育得相当发达，秦统一后又不遗余力地移民、充实、开发这些心腹之地。秦初移12万户六国富豪于咸阳，关中遂成为豪门望族和富商大贾云集之区，史称之为"实关中"。充实到什么程度，司马迁《史记》云，"量其富，十居其六"，天下财富60%集中到了关中。如果说关中是秦朝财富的聚宝盆，成都平原那就是米粮仓。早在统一之前，秦就修建都江堰水利工程，使四川成为真正的天府之国。所以"兵不西行"实际是为不分散兵力物力，事先重点强固关中心腹之地，同时稳定广大的西部民族地区；然后集中精力用事东南，是一个全局性军事战略思想。

秦的创造性的战略开发，还表现在新秦中的建设，就是称为"特区开发建设"也丝毫不为过分。秦的西北军事战略要地在河套地区，始皇命大将军蒙恬领30万兵马北逐匈奴后，修建秦长城的重点段正在黄河大弯处，又新设置44县分布套内地区。随后大规模迁置内地移民实边，开垦河套农牧业发展新区经济。秦还特别修筑宽大直道，解决河套守备物资和兵民用度。"堑山埋谷千八百里"，宽达数十米，七日内从咸阳可达河套九原，是秦车同轨道路建设中最宽坦的直道。秦采取各种优惠政策，促进这一地区经济社会的跨越式发展，最终开发成号称与关中媲美的新兴战略要塞，历史上称为"新秦中"。

秦的开发战略，充分地反映在统一后的疆域形势，以及基本版图和边防战略的格局

之中。今日看来非常清楚：第一，秦灭六国后越过南岭，开发东南沿海，数十万越岭大军留驻开发。随即设置郡县行政，在东南地区设闽越和会稽郡，华南设立南海、桂林和象郡，构成一道从今浙江沿海到福建和两广的天然的海防线。第二，秦统一后，势力同时深入到西南云贵高原，秦置36郡中有黔中郡；在今川滇间略开五尺道，显然已注意到西部有一个不可攀越的青藏雪原，可以作为护卫西南云贵川的山防线。秦人颇知海、山防卫天然大势，2000多年的历史证明东南、西南无大事。历史也证明，中国海防和山防可谓固若金汤，使后来王朝经营西北时，从无后顾之忧。第三，秦在北中国精心构筑了著名的长城线，把战国时代的秦国、赵国、燕国长城连接加固，建成西起甘肃临洮，东达辽东的秦长城，可以叫"城防线"。秦为此用了九年的时间，甚至付出了失政亡国的代价，但城防线却成为后来王朝防不胜防的烽火线。

总之，秦短期内不仅统一东方六国，稳固了中国东南和西南的山海防线，从而为汉王朝开疆大西北，以及后代王朝全面开发整个西部地区，提供了历史机遇和地理空间。总结秦西部开发的战略要点：奠定了以关中为核心的西北战略地位，确立了西南云贵高原版图的格局，为后代西部开发奠定内外部基础；西部两大富庶区关中和成都平原的充实性开发，成为历代西部开放的战略策源地，建设战略重地新秦中特区更富有创意；车同轨、开直道、修驰道，道路建设交通天下；书同文，文字文化统一意义重大，西部广大地区跨越式进入古代文明。

2. 汉代开发的战略思想

汉王朝西部开发战略的选择，也经历了艰难的探索过程。直到汉武帝经过对匈奴近半个世纪的战争，才完全领悟了中国大西北的战略形势，从而把握住河西走廊这个战略要地。汉朝对匈奴的战争是汉匈两大农牧民族积聚二三百年的民族矛盾的总爆发，也是新兴的封建制王朝与新兴的奴隶制集团展开的生死决战。双方为此战都发过不共戴天的毒誓宣言，汉朝人说："匈奴未灭，何以家为！"认为不消灭匈奴，就没有一个安定的家园。匈奴人说："失我祁连山，使我六畜不蕃息；失我焉支山，使我妇女无颜色。"汉匈战争经过近半个世纪的数次大战，汉朝才取得决定性胜利，汉人也才明确了中国战略要害地的所在。原来中国战略要地在西部，而西部战略要地在西北，西北战要略地在河西走廊。

3. 河西战略要地分析

河西走廊北边是干旱的内蒙古高原，南边是高寒的青藏高原，南北两大高原广袤无垠，正是西羌和匈奴两大系统游牧部族的世袭领地。再看走廊东西两端地带，一端是内地黄土高原，一端连接着遥远的西域戈壁高原。四大高原和四大方位的民族，天然交关的要地原来在这里，河西走廊不就是明摆着的战略要道！说破机关惊煞人，雄才大略的汉武帝，首先看到了这一点，可见汉武比秦皇高出一筹。秦始皇认为西北战略要地在河套，所以占领河套，修长城线，建设新秦中特区，可以称河套战略。汉武帝的战略眼光首先放在了河西走廊，可以概括为河西战略。汉武帝北逐匈奴后，立即占领河西，沿河西走廊设立武威、张掖、酒泉、敦煌四郡，屯兵戍边，移民行政，全面实施开发战略。这道抢占战略要地全力经营河西走廊形成的防线，后世有人称为陆防线，这才是中国地理形势的生命线。秦皇在中国的版图上画了海防、山防、城防三条线，汉武又补了一条陆防线。

现在根据历史资料，分析设置河西四郡的战略意义：第一，《史记》《汉书》所论，其意义在于交通西域，"以断匈奴右臂"。就是以河西四郡为根据地，交好西域地区的民族，以断绝匈奴的粮饷税赋掠夺地，可称断匈奴右臂战略。且确实从此斩断了匈奴的右臂，使胡人不得南下牧马。第二，《后汉书》认为，设置四郡隔绝了蒙古高原的匈奴和青藏高原上羌族的联系，彻底解除了两大高原游牧强族合兵进攻中原的潜在危机。所谓"阻断匈羌，使其不得南北交关"，可称阻断匈羌战略。

断匈奴右臂，匈羌不得南北交关。史书说破这两大战略机关，后世帝王无不心怀余悸，又心领神会，深知经营河西四郡和开发西北的战略意义重大无比。凡是大一统的王朝，都会不遗余力坚守和经营河西四郡，绝不放弃河西走廊一线。从历史的反面看，两千多年某些沉痛教训也是失河西，必失陇中，而失陕北，而失山西、河北一线，最终导致关中及中原政权危机。历史事实正是：魏晋南北朝400年、五代宋辽金时期又400年间，就是按照这种倒霉的逻辑，导演了一幕幕从边乱，到内困，最后帝国大乱的悲剧。

4. 汉代战略开发成就和开发模式

汉代建立河西四郡之后，开始认真地经营大西北地区。汉朝首次在西域设立了军政统治机构，称之为西域都护府，天山南北广袤地区正式纳入中国的版图，"汉之号令班西域也"。同时汉代还在匈奴故地设立使匈奴中郎将，在羌族区设立护羌校尉，在东北设立护乌桓校尉。这些都是执掌兵权以监管少数民族事务官府，统管归顺汉朝的少数民族部落，称其为属国或藩国。藩属国首领们都佩汉朝的印绶，作为汉朝册封的民族官员来代理本族事务，这种制度当时称"以夷制夷"，是汉代西部开发中的重大战略发明。后来历朝治理少数民族的行政，大体都继承了汉代开创的这种策略制度。

汉代抓住了传统西部开发的要领和成法：以军事安边拓疆为基础，以农业开发为主导，以农田水利开发为关键，大开发涉及政治、经济、文化、社会各个领域。汉代人还把这个要领演绎完善成开发模式，与中国封建制度相适应，又符合西部地区历史形态和传统开发程式。即从军事开疆或武力平叛安边开始—继之以屯兵戍边—移民实边—设郡行政区域—垦辟开发农地—兴修农田水利—发展经营农牧—筑路交通—立市通商—兴学教化，最终实现经济社会繁荣。这个开发模式形成于汉代，后世王朝开发西部，无不都在遵循、重复、完善、传承着这一基本程式。所以称为古代传统开发模式。大约为十个基本环节，或称开发十事，在每个环节均取得许多重大历史成就和经验。这里仅举汉代西北水利开发，就可见其非凡的开发气派，惊叹汉代的宏图大略和水利业绩。

汉代水利开发的背景，一是黄河下游水患治理，特别是瓠子堵水成功，给汉人以极大的鼓舞。西北通渠规划奏议迭出，朝野争言水利成为一时风气；二是京师漕粮安全和关中渠网建设，急需大力发展水利，大略既定后水利开发便全面兴起。西北传统的五大灌溉区，正是建成于汉代，而且主要在汉武帝统治时期。搞大型水利工程思想，清代学者章愚如可谓不幸言中：不计费役之多寡，不计地利之广狭，不一劳者不永逸，不暂废者不永宁，此汉人独享水利也。所谓独享者，汉人开建成的关中灌区、河套灌区、河西灌区、河湟灌区、西域灌区等。即今西北陕甘宁青新五省基础灌区及渠系全面开发，几乎未留余地，后来历代多是修缮汉渠而已。汉朝曾举全国之力，试开长江至汉江至渭河的南粮北调漕运，虽开成却难以行运，但其战略魄力也让后人叹服不已。齐人延年曾奏论"河出胡中"，阻挡匈奴南下牧马，又除下游山东河患，虽荒诞而见汉人争言水利思想之阔大。如此，清儒论汉人独占西北水利，似乎不为之过分。

最后简单说说汉代开创的西南经营基本形式。早在秦统一过程中，就在西南设三郡、修五尺道，西南夷多在掌控之中。汉武帝派郭昌在滇设置益州郡，辖24县；又命唐蒙拓宽秦五尺道称为西南夷道，商贾往来可以直达西南和东南亚，史称"汉武开滇"。汉代先后在西南设置八郡，以郡县制行政西南，唯在少数民族地区称道而不称县加以区别。又对降附少数民族设置属国，地位与郡同等。例如西南有蜀郡，又有蜀郡属国，国君由酋长担任，在西北地区统治少数民族也与此同制。通过郡县各级官吏劝课农桑，推广牛耕，儒学教化，教民读书等法令，经济社会不断开化。西南土著以农为主，亦有畜牧，或农牧兼营者。但总的说来西南夷披发文身，喜食稻米，善木棉纺织；因高原山谷阻隔，种族繁多，性俗温和，不易结群坐大；虽叛服不定，无碍中原乱治大局。盖中国西部开发要害不在西南，历来都是以西北为重点。

二、唐代盛世大开发战略要点

汉代以后经历三国两晋南北朝，以及唐以后的五代宋辽金；两个战乱割据的历史阶段计800年，西部没有实施过传统的大开发战略。换言之，这两个历史阶段只有本土经营，没有中央政府的规模开发。真正继承汉代传统大开发战略者，唯有大一统的唐、元、清三代。这三大强势王朝，全面地坚守和发展汉代的战略、模式和成法，同时也有其因时制宜开发政策和新的历史成就。下面分三大段落，列举这三个朝代开发的要点，就可知2000年来西部传统开发的概貌状况了，此节先论唐代开发战略。

1. 唐代继承发展西部传统开发战略和模式

唐代遵循了汉代开创的十大开发环节，重现十项大业的辉煌成就，同时将古代传统开发推进到全新的境地。所谓新境界就是唐代充分运用盛世综合势力，依靠封建政治制度力量，主要采用行政手段开发西部，因而能够举重若轻大见成效。汉代在西域实行都护行政，即军事性行政制度。唐代州府郡县行政，是全能性的政治经济文化社会行政体制，从而开辟了博大广袤的大唐帝国版图。唐朝的西界到达中亚的咸海；西北到巴尔喀什湖；北界到贝加尔湖；势入咸海之阿姆河、锡尔河、楚河的中亚三大河流域，以及中亚诸国和阿富汗大部。在西南地区，唐朝扶持建立了南诏国，受唐朝的册封任命，为唐的封国近似唐的诸侯王国。南诏范围包括云南全部和贵州、四川部分地区，唐朝以此牢固地控制、统治着整个西南地区。

2. 唐朝威德并施的开发战略

唐朝强大的军备实力，保证了大开发政令的推行。唐朝常能不战而屈人之兵，敢于向少数民族"借兵"，甚至让异族将领为之统兵征战，足见综合国力的强盛和自信。唐在西北有十节度使，即大军区长，又设六大都护府，重兵布于西部各地。但从不轻易用兵，而是采取有交有攻的策略；笼络一些亲近民族，打击一些敌对的民族。唐团结西突厥，打败东突厥；又拉笼回纥、吐蕃等民族，打败西突厥。唐朝横跨蒙古高原和中亚的西北版图，就是这样开辟成功。唐朝时青藏高原吐蕃的势力颇为强大，有数字说本族500多万人，控制区有超过千万人口。唐朝唯一没有征服的西部民族就是吐蕃，无奈采用和亲的方式，维系着所谓的"甥舅"关系。吐蕃在安史之乱时曾攻破长安，占据了十余日，掳掠了些财物妇女就撤走。唐朝并未视为灭顶之灾，甚至不称其为什么历史事件，这就是唐朝的军事实力和强大者的威势。

3. 唐朝博大的民族政策

宽柔的羁縻策略，就是笼络给好处，使民族关系交好，西部处于最和谐的历史时期。

唐时有大量民族部落归附，唐太宗朝制定合乎情理的安置政策，沿河套建三受降城，全其部落，不伤其俗。有些就直接安置到内地，居住长安的突厥人就有1万家。世称"长安米贵，居大不易"，但这些少数民族却能在唐都安居乐业。唐朝和亲怀柔方略也不同于汉时，先后将33位帝女和宗室女嫁与藩酋通婚，而非汉时唯以宫女和亲。唐朝对偏远少数民族怀之以文德，向西南和西藏传教诗书经典，武后政令传播内地流行的宗教，直至西域中亚一带。吐蕃、南昭等贵族子弟，可以来长安留学国子监，或在地方郡学就读诗书。总之，唐朝建立于南北朝民族大融合之后，唐人的心态、观念、政策非常开化圣明，华夷之见淡漠，非后世可比。唐朝在少数民族地区坦然设置普通州，如伊、西、庭等州，划一府州县，与内地一样行政。均田制、租庸调制等，也在边地推行。唐还设置许多羁縻州，即少数民族自治的府州县制度。羁縻府州都督和刺史两长，由朝廷册命少数民族酋长担任，部落内可称王，为世袭制。同时实行"监领制"，监视、督导羁縻州酋长，并据政绩增减扩缩府州规模。法度严肃，以唐律吏制行政。羁縻行政区制度"行虚惠，受实富"，使之"臣而不内"，即称臣而不入侵。可见唐朝既有宽大政策思想，也有高明的战略思想。

4. 唐代农牧并举的经济开发

唐王朝改变汉代过分单一的过度的农业开发，注重地区经济的全面发展。唐代复修关中、河套、河西、河湟、西域、川府六大水利区，农田开发又兴高潮。军屯数以千计，民垦所在皆有，号称"四海之内，耒耜既满"。许多归顺的畜牧民族，开始改营农业，史称稽胡农业，遍布黄土高原及西北半干旱区。官方还颁发农书，传习农艺，农业生产大力发展，两税法显示自唐始夏粮生产和征收超过了秋粮。西部农业发达地区，特别是关中地区，开始涌现富贵阶层。据后来苏东坡说法："秦人之富强可知也，耕于野者，不愿为公侯；藏于民家者，多于府库也。"

再看唐代牧业开发，特别是少数民族的畜牧业。史称"突厥兴亡，唯以羊马为准"，曾发兵40万骑，临渭水边。据通鉴载吐蕃恃马力为强，一度成为唐朝最大的劲敌。吐谷浑游牧青海，引入波斯马种，西部马"既杂胡种，马乃亦壮"；中国马的种质资源在唐得以开发，形成传统四大马系。《唐会要》记：中国丧乱，民乏牛耕，资以戎狄，杂畜遍野。汉族农业区的畜牧经营也大有可观。唐时良种、良草、良法、良医四要素齐备，代表着唐最高超的畜牧业发展水平。《新唐书》记王侯、将相、外戚等，官僚贵族私有的畜群规模，牛驼羊马之牧布诸道，百倍于县官。唐朝廷官营畜牧业，史称"汉唐之所张者，皆唯畜牧之盛"，马政制度也首见于《唐书》，国有马场监牧之制形成，开始以唐律严格

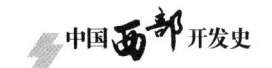

治牧。官牧管理出现马籍、牛籍和印记制度。农牧交错区为8坊48监之地，马多时70万匹，杂畜60万，兽医事业全面发展。现存最完整兽医书《司牧安骥集》，体现了中兽医已经学科化，太仆寺有专门管理畜牧和兽医的机构，常规设置有600中兽医、高级的博士员120、博士学官4。该书为培养中兽医教材，教师以是而教，学子以是而学，大约是世界上最早的高等兽医学院教育。

5. 唐朝开通西部交通促进商业贸易

唐代商道交通，远远超过了汉代规模。西部有丝路三道九段，综汇于碎叶道，即今楚河；集于托克马克，即吉尔吉斯首府伏龙芝；进而入西亚、南亚、欧洲等地。北部参天可汗道，经68驿站通漠北，达西伯利亚；青藏高原有唐蕃古道，从临夏、兰州南北两道到鄯州（今西宁附近），达吐蕃拉萨4200里，与今高原铁路线非常接近；还有汉代交通甘南、川西到云南的古羌道，唐代已开始深入到青藏高原经营茶马贸易，后来称茶马古道。去西南过秦岭六通道达汉中，再越过巴山的荔枝、米仓、金牛三道到巴蜀；西南天府地以今成都为中心，分东西两路南下，即马湖江路和清溪道两条，分达宜宾和西昌，再抵昆明和大理。又从拓东（昆明）达贵州，再达广西，称黔中道。唐代外贸边贸规模很大，远达波斯（伊朗）、大食（阿拉伯）、大秦（罗马）、天竺（印度），进口多畜产毛织品，出者丝绢茶叶等，回纥称马绢互市。边贸称呼有茶马、绢马、铁马互市等名，可谓互市林立、胡商如云。长安为国际商业大都市，有宫城、皇城、外郭三城之制，外郭108坊，及东西两市各1000平方米，井道15米宽，设数百行，四方珍奇积集。成都集西南大批珍奇物产，分东西南北四市及蚕药酒等专市，史称"锦江夜市连三鼓"，这也是关于夜市的最确切的文字记载。丝绸之路带来的商业繁荣和国际经济文化视野，使唐代西部开发的大背景更为辽阔壮观。

三、蒙古汗国及元朝的西部开发战略

蒙古汗国至元朝统治时期（以下简称蒙元时期），总计150多年。成吉思汗建立的蒙古汗国和忽必烈建立的元朝的西部开发，与汉唐时代的传统开发并不完全相同，而是在极端的军事扩张主义主导下的开发战略。其特点是经济开发意识淡漠，文化建设能力缺乏；领土扩张野心特大，只识弯弓射大雕。那么西部开发史为什么还要列入这个阶段，因为元朝确实开发出一个前所未有的西部大版图，时至今日后人仍然继承经营着元代开发出的土地；《元史》作为正史赫然列入我国的二十四史，我们也没有必要回避这段历史，否则西部开发史就讲不下去了。对待这150年不要自鸣得意，也不要自惭形秽；不自负也不自责，客观平静地研究元代西部大开发。考察元代的西部开发，显然不像汉唐那样苦心孤诣地经营，元没有完全按照汉代的模式开发，也没有构成完整的开发环节。但是元代西部开发，确有许多独特的创造性的开发手段，下面我们列举几例，大约就可以把握元代的开发要领了。

1. 蒙元时期开拓出前所未有的版图和地跨欧亚的附属国

蒙元时期开发性质，无疑属于军事侵略性的拓疆，依靠的是蒙古高原游牧民族特有的骑射军事威力。火器未出现的冷兵器时代，骑乘的高速，骑剑的搏杀，骑射的远距离射击，反映了蒙古族马上军事的最高历史水平。蒙古高原游牧族军事兵法，在匈奴时代渐成雏形，后来又不断学习汉族的兵书战法，蒙古族骑射战略战术已发展到不可一世的水平。蒙古族风暴狂飙式的崛起，像沙尘暴袭击中原；像洪水猛兽横扫欧洲大陆，西方人至今心有余悸。当然，成吉思汗和他的子孙们多次西征的成功，也有特殊的国际历史背景：一是亚洲宋辽金夏的分裂状态，二是欧洲中世纪的黑暗时代。正是在一个东西方历史最薄弱的节点上和国际背景之下，助长蒙古军南下略定中原，西征欧亚的狂飙事业。

蒙古军西征开拓出空前绝后的西部版图，元朝的西北边界达中亚，范围与唐代略同；西南边界扩展到西藏而超过了汉唐；北达西伯利亚和远东，直到北极圈之日不落山；东临日本海，在高丽设征东行省。南界为南海之西沙及南沙诸岛，这些岛屿三国史籍见载，北宋水军已有巡视，元代正式隶属湖广行省，忽必烈还派人赴西沙做天文测量。

蒙古军队可控的势力范围远不至此，在辽阔的欧亚大陆建立了四大汗国，即成吉思汗铁木真及子孙建立的分封国殖民地，为大元帝国的藩属屏障。成吉思汗及子孙拔都、旭烈兀三次西征，先后达西辽、中亚、俄南、波匈及东欧，地接中欧奥地利，曾与波德军交战其边境，史称进入孛烈尔(波兰)、马扎尔(匈牙利)、大马士革、叙利亚等地。后来他们在这些地方又正式建立四大汗国：钦察汗国，即俄西北，由拔都建立；伊尔汗国，包括阿拉伯、科威特海湾，乃旭烈兀所建；察合台汗国，即中亚之乌土吉哈，由察合台统治；窝阔台汗国，在北疆蒙西一带，由窝阔台统治。后来统为四大番国关系。

蒙古军不光西征，还曾经向东南亚和东北亚发兵征伐，即南征和东征。忽必烈时期，2万人南征印尼爪哇岛，又两次东征日本。1281年14万人乘坐4400只战舰到达日本，据说由于气候风浪等自然原因，未能占领日本。这是历史上中国在日本国土上唯一的大战，此后日本人就得出一个中国不敌日本的错误逻辑，明清后倭寇开始不断侵犯我国沿海。近代日本轻视中国，发动侵华战争，就包含着从元代历史中得出的谬论。

蒙古军征战成功与它的宏观战略很有关系，出征的先后顺序是这样的：从北到南，

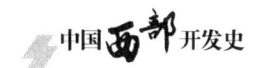

由西至东；先统大漠，再占河北，再灭西辽；然后西征中亚西亚欧洲，再回头攻克西夏；向西南先掠定四川、灭大理、掠吐蕃，无西部之忧，最后东进灭南宋。

2. 元朝开发重点地区在漠北

元朝在漠北地区大兴屯垦，办水利，发展手工业，规模前所未有；另外还在正蓝旗境建立元上都，为忽必烈即位地。后来有四位元帝，也在这里举行登基大典。这两地区都是元朝重点建设区，调集内地的汉族工匠精心打造，西征中凡有技术工匠一律免杀，用为工程建设。元立朝后，内地很多工程技术人员，包括郭守敬这些一流的天文学家和水利专家，也曾调来上都地区规划和修建水利工程。上都遗址旧迹尚存，所见浩大水利设施，可能是一城市防洪工程，或为灌溉和生活水利。元定大都即今北京，其政治眼光宏观，突破宋定都中原无险可守的局限。后来的明清王朝、北洋和民国政府，直到共和国，也相继在此建都而无所变更。

3. 元朝创行省制，在西部设五省政区

自秦汉行郡县制，至隋唐行府州县制，后又在上加道，至宋为路、府、州、县制。但一直未建立起较大的地方行政机构，按现在规模看，就是最高设置到地市一级。元统治范围广大，传统的郡县、府州县或再加上道和路，都不能有效行政，于是创新出行省制。古代中央行政结构有中书省，相当于后世的国务院，设总理及六部委，隋以来成为传统。元代的创新在于把中书省同时设在地方，全国划分10多个大的区域；每区都设中书省，作为中央中书省的派出机构；有独立行政的权力，名为"行中书省"，简称行省，后直称省，沿用至今。元开始设有10个行省，西部有陕西、甘肃、四川、云南、岭北五省。另外在西部边疆和民族地区，设立宣抚使司、宣慰使司、安抚使司，或宣慰使司都元帅府，下设万户府、千户府，专门负责西部少数民族地区行政事务。配套行省制度还有发达的驿站制度："星罗棋布，脉络相通，朝令夕至，声闻毕达。"游牧民族骑马致远优势，也用于驿站及地方行政管理。行省制是元代发明的地方行政体制，后来至今仍然遵行。

4. 农业经营的创新成就及经济开发中的弊端

农业开发，元朝亦有特殊的功绩。忽必烈主张以汉法治国，称"帝中国，当行中国事"。世祖所谓行中国事，主要是重视农业，是针对前几代统治者不重视农业提出来的新指导思想。蒙古贵族长期以来，有一种观念和主张，说汉人无补于国，悉空其地以为牧场。忽必烈反其道而行之，设立司农司专管农桑水利。同时设劝农司任劝农使。农村推行村社制，年高晓农事者为社长，督导耕垦诸事。元朝廷刊颁三大农书——《农桑辑要》

《王祯农书》《农桑衣食撮要》，其中王祯书农学价值极高，对研究唐朝之后的农业历史非常重要。元代棉花推广，更要大书特书。朝廷成立棉花提举司，推广种棉不遗余力，解决了广大民众的穿衣问题。元代推种棉花改进棉花脱子加工技术，棉纺业得以全面推广。此前丝麻毛织品时代，纤维的产量和质量远不能满足大众衣被需要，元代民众衣被状况得到根本改善，史称"衣被天下"，忽必烈朝重农政策功不可没。

元朝西部开发做了些大事业，但就地区经济发展和政治文化建设看来，总体而论还是非常粗糙落后的。元朝是典型的马上得天下和马上治天下，其开发也是马背上的开发，其经营是蒙古包式的经营。元朝蔑视先进汉文化而想治理汉族，只能是缘木求鱼，其兴也勃焉也，其亡也忽焉也。元朝开发西部的弊端罗列如次：民族政策违背历史规律，搞奴隶制等级制；马上治天下，排斥汉文化，以落后文化治理先进文化；不重经济，不善理财，甚至会计算账；统治集团内部野蛮争斗，90年间不断谋杀夺位，其中有一阶段30年内更换了9个皇帝。唯一可以称道的是，元朝统治者有国际性的视野，有敢于跨国跨洲的经营战略，有多元化的宗教信仰和政教关系的灵活策略，其中包含着丰富的历史经验需要总结借鉴。

四、清代的西部大开发战略

清代西部大开发，是在明朝开发的基础之上重起的传统开发。明朝的国家治理完全是守成性的，疆域版图和边防相对稳定，统治的时间最为长久。但是明朝在西部经营范围不大，对西北广大的疆土疏于经营，西部开发的规模不大且无创意，故非属盛世开发，置诸不讲不论之列。这里只讲几句话：明代的战略是守备为主，量力而行；战略方针是退守边墙，屯兵死守。但守备非常认真，用七分兵力屯田，三分兵力戍守。成功的退守战略，保证这个朝廷享国近300年，超过了西汉和盛唐。明朝最后的失守在东北，而不在西北，这一点很值得搞历史研究重视。其余则乏善可陈，所以直接说清代开发。

清代继汉唐元之后对西部进行了恢复性的开发，也是按古代传统方式进行的殿后性的经略。清代西部开发直追汉唐，重建汉唐传统开发的战略、规模和模式，给2000多年古代西部开发画上一个比较圆满的句号。清代的西部开发可分为前清和晚清两个开发阶段，前清是恢复性的开发，晚清是在外敌侵略的危机中保全性的经营，在西部开发上留下浓墨重彩的笔迹。

1. 前清西部版图的恢复

在清朝前期的康乾盛世百余年中，康熙、雍正、乾隆前仆后继地平叛，不遗余力地经营,把西部版图恢复到盛唐时期的规模。前清完整地重现了汉代经济社会全面开发的战略模式,即军事安边—屯兵戍边—移民实边—设县行政—开发水利—农田垦辟—经营农牧—筑路交通—立市通商—兴学教化—再度实现西部经济社会繁荣。成功的殿后开发,取得了地区经济社会发展的历史成果。最为明显者:古老的西域在清代深度开发中,农牧经济空前发达;西南社会制度发生了跨越式的形态性变革。

2. 清朝因地制宜因族制宜的西部民族政策

清朝设理藩院,主管边疆各民族事务,采取多种形式的差异性管理制度和民族政策。首先重视的是西藏地区,由于长期在政教合一制度下行政,西藏教方势力渐形成尾大不掉之势。清代开始强化中央的行政管理,对政教合一制度进行大幅度的调整。设置驻藏大臣,地位与达赖和班禅平等,有完全的政治职权。西藏一切行政、财政、军事、外交官员,包括寺庙管事喇嘛等,统归驻藏大臣会同达赖处理。乾隆时,在达赖体制下增设行政官员,进一步强化地方行政权力,达赖、班禅财政收支接受住藏大臣稽查监督。乾隆又做出一个历史性决定:法定达赖和班禅两大活佛转世灵童,实行金瓶掣签公开制度,以加强对藏传佛教首领人选的监管和制约。

新疆地区平叛后,形势仍然紧张,朝廷始终在加强着军事性的统治。境内设置伊犁将军,为全区最高军事统帅,各大绿洲城邦设置参赞、办事、领队等大臣,统归伊犁将军节制。在南疆废除少数民族伯克世袭,地方官员完全以品级委任,实际已经等同于内地的官制。清朝在西南地区,继续推行明代提出的改土归流,到雍正时期制度改革真正取得实施和实效,西南广大民族地区社会形态实现跨越发展。云、贵、川桂广袤数千里,全部撤销数千年的土司制度,建立府、厅、州、县行政,编制户口,丈地征税,一如内地。

蒙古地区实行管制和盟旗制,体现清朝宽柔待蒙的政策。其在部分地区实行总管制,设置游牧八旗,其总管相当内地的地方官员。任者从蒙古上层人物中选派,受中央委派的将军和参赞大臣节制,统治内蒙古各旗。外藩实行盟旗制,即分封领地建立盟旗,共18盟172旗。旗长叫执政王公,由有功皇室的蒙古封建主担任,其领主身份地位如亲王、郡王、贝勒、贝子等均为世袭。旗是他们共同的领地,牧民是他们共同的牧奴,但领地和牧奴最高所有权属皇帝。旗又是中央管辖的行政军事单位,旗长由皇帝任命,按朝廷法规行政、军事、司法、征税事务。若干旗划为一盟,盟长由理藩院选盟中王公并报皇帝任命,盟长为皇帝监督旗长之设,而不干预旗务。

总之,西藏地区的政教合一、蒙古地区的军政民一体化、新疆地区的边防军事统治、西南地区的改土归流，正是清朝采取的非常有效的多元民族政策。

3. 以农牧工商为主的全面经济开发

清前期平定西部地区后，首先考虑的是恢复生产，解决粮食和民生问题。实行屯垦开发的指导思想非常明确，提出"以边养边"战略，大办各种屯田，有兵屯、民屯、旗屯、回屯、犯屯、商屯等。口外为蒙古族、满族的领地，清初禁止内地民众出口垦殖。然因内地人口与土地矛盾尖锐，禁者自禁，垦者自垦。后来朝廷不得不采取放垦政令，由原来的禁垦到逐步弛禁，最后完全放垦，民间兴起大开发的风气。走西口，闯关东，移民如潮成流，鄂尔多斯高原和西北农牧交错区，再度进入大规模开发过程，农业开垦的纵深程度远超汉唐时期。

清代新疆的农业开发，取得前所未有的历史成就。天山北部产业结构由历史上的纯牧，向农牧结合的方向转变和发展。林则徐考察新疆的自然和经济现状后，曾建议应向新疆大量移民组织屯垦。左宗棠平定西北，接着收复新疆，在北疆大兴军屯，湖湘子弟遍天山。左军开发水利，修复西北五大灌区，又进一步发掘和推广先进灌溉技术。新疆南部一直保持绿洲灌溉农业传统，清代进一步发展水利，农业和蚕桑业发展取得前所未有的成就。左宗棠在西北倡导广种树木，选择适合当地生长的榆、杨、柳树种，时人广种易活的柳树，称名"左公柳"，遍布新疆和西北地区。有诗歌曰："新栽杨柳三千里，引得春风度玉关。"

清代云贵高原农田开发，继明代又有新的发展，兵屯开发规模进一步扩大，带动地方的农业开发。明清是我国人口由东南向西部大迁徙的时代，特别是经明末农民战争，西南人口减少，土地荒芜，清初出现"湖广填四川"的移民潮倒灌大西南。江西两湖为主的中南省区，农民西进四川天府之地；同时途中又分出南北两支，分别进入云贵高原和秦巴山区。东南移民引进玉米、红薯、马铃薯等海路传入的高产作物，改变了当地农业种植结构，农业开发由河川、坝子、坡地一直向深山老林深入。林木山货的采集采收也改变了地方产业种类，商品经济在西南向近现代化发展。西南少数民族手工业空前发达，产品驰名中外，许多工艺都是直接由清代传承至今。清朝在西藏地区强调社会安定，朝廷和内地民众没有大举进入开发。乾隆帝明确指示：西藏乃极边之地，非内地可比，其生计风俗，自当听其相沿旧习，毋庸代为经理。朝廷不直接经营西藏经济的指导思想非常坚定。

4. 晚清西部开发

晚清洋务运动对西部地区产生影响，近代工业开始在西部萌芽。第二次鸦片战争到甲午之战的 30 年，是中国近代史上所谓的洋务运动时期，其风气也逐渐影响到西部。这个启动过程与同治、光绪年间的历史背景密切联系。同光中兴间，曾、左、胡、李四大臣倡导洋务运动。其中左宗棠在法德势力支持下，平息西北回乱后全面经营西北，同时首开西北洋务，在西安、甘肃、新疆建立军火制造局，在兰州开办织呢局，各地矿业相继开发。兴办教育，完善书院和贡院制度。洋务风气之下，20 世纪初陕西试办延长油矿，新疆成立独山子石油公司、塔城金矿等。同时开启现代民用轻工业，西安、伊犁建制革厂，兰州光明火柴公司和西安森林火柴厂等，陕、甘、宁、青、新畜产、山货外贸企业也随之出现。陕西地方洋务人士刘古愚，创办机器纺织业，属秦人自办洋务；开设轧花厂引用西方机器设备，为西部近代民办产业开风气之先。德国人建黄河铁桥，成为大西北工业化萌动的标志。

五、近现代西部开发战略

1. 孙中山倡导新的开发理念

从 1840 年直到 20 世纪末的一个半世纪，在西方近现代文明的影响下，我国的西部开发开始由传统模式，逐渐转型到以工业建设为主导的近现代开发。反映在国家战略层面的转变，当然是以孙中山引入的现代开发理念为开端。孙中山是民主革命的先行者，他的先知先觉也表现在西部开发的思想观念和经营战略。

孙中山主张以工业化建设为方略，改变西部贫穷落后面貌的指导思想，集中地反映在《建国方略》之《实业计划》，以及有关的言论中。这个方略和计划涉及西部建设，拟定出初步的区域开发战略规划。所提出的开发战略措施有：铁路交通、农牧矿产、移民殖边、建立兴农殖边开发银行等等。孙中山似乎受美国西部开发战略的影响颇大，当时美国交通开发已从汽船进入铁路建设的高潮时期，曾热诚地宣扬"交通为事业之母，铁路为交通之母"，还亲自规划了与今日略同的中国西部高原交通网。关于西部产业建设，孙中山方略已经把重点转移到矿产开发，社会事业建设明确为电报、电话、邮政三大通信业等，工业化意识很强。孙中山建设方略虽然没有付诸实施，但是给西部开发带来了不同于古代传统开发的全新的工业化理念，并首次绘制出西部近现代开发的蓝图。

2. 抗日战争时期的西部开发战略

近现代西部开发战略实质性的启动，是自 20 世纪 30 年代抗日战争大背景下开始的，当时国民政府把西部作为抗战大后方，进行全面的战略开发。1931 年国民党政府就派人员考察，提出了在西安建立抗战陪都的问题。蒋介石于 1934 年在西安书写"开发西北"的题词，同时发出开发西北，建设抗战大后方的动员令。号召军民以炎黄祖宗的智力和气魄，成就开发大业，此时间各学科专家和政要都到西北考察，大开发的口号高唱入云。

抗战初期按照《西南西北工业建设计划》，东部民族工业大批西迁。迁入四川和重庆的有 103 家大工厂，抗战时工矿机械制造业主要分布在重庆。陕西入迁的企业 70 多家，成为当时轻工业基地，甘肃成为石油化工和毛纺基地，连青海也有了所谓的八大工厂。大批现代科学技术人才迁入大后方，为西部工业化启动奠定了初步的人才基础。东北、华北、华东高校和科研院所知识分子，几乎全部流亡大后方。云南、四川、陕西是全国流亡高校最密集的地区，对西部科技文化事业产生了巨大促进作用。西北农林科技大学前身为农林专科学校，就成立于西北大开发的总动员之年，宗旨就是建设民族复兴之太仓，为解决抗战粮食物资，为国家培养救国人才提供科技支撑。

抗战时期西部公路和铁路交通，从无到有，空前开发。铁路建设西南胜于西北，川滇、滇缅、湘黔、叙昆（宜宾至昆明辗转越南通海），在盟国帮助下相继修通；西北陇海线 1931 修至潼关，1934 年达西安，1937 年抵宝鸡，1945 年终于到达兰州，全线通车。西部各省间的道路，沿袭几千年的车马驰道，抗战期间全部拓宽修成可通载重汽车的公路。新疆至甘肃、陕西的公路，成为从苏联运输军事物资的西北大动脉。抗战时西部开发是在民族危亡背景下，仓促发起的以战争军需为目的的开发，因而民生和地区经济发展功效甚微。战争期间西部地区尚未沦为直接战场，是相对安全可以保全流亡人口的地方，各方人才的流入促进了西部经济社会和文化的发展。仅以人口为例，抗战时期西北人口大增，例如宝鸡战前是仅有 8000 人的小镇，抗战胜利时增为 11 万人的城市；西安由 15 万人增加到 28 万人；陕西省人口由 1931 年的 900 万人，增长到 1939 年的 1010 万人。虽然经济落后，人民生活极端贫穷，但是抗战时期西部开发保全了民众性命和民族精神，成为抗战大后方。特别是陕甘宁地区为中共中央所在地，号召大生产运动以发展边区经济，战争年代人民生活仍充满生机和希望。

3. 中华人民共和国成立初期的西部大建设

近现代真正有规模有区域发展战略意义的大开发，还是中华人民共和国发起的西部大建设。它是以全面的工业化为战略目标，来解决东西部经济发展不平衡问题。建设开发的广度、深度、强度都与民国时期不可同日而语，可谓后来居上。共和国西部建设持续 30 多年，大致可分为"一、二五"建设时期和三线建设时期两个阶段。

"一、二五"建设时期，指国家第一个和第二个五年计划期间，国家工业基本建设项目采取向中西部地区倾斜的政策，以改变沿海经济与内地发展严重的不平衡关系。毛泽东主席称之为"均衡战略",其实质就是工业建设项目大力向中西部倾斜,改变西部经济和社会落后的现状,从而缩小地区间巨大的差距,逐步实现均衡发展的战略思想。国家推行均衡战略可谓不遗余力,提出"支援大西北"的口号,动员全国科技力量建设西北为主的西部地区。"一五"计划项目推进速度极快,达成了初步奠定西部工业基础的目标。"一五"计划共156个建设项目,中西部占124项,绝大部分项目安排在西部地区。"一五"期间西部经济以20%的速度增长,东西部差距缩短了12.6个百分点。"二五"期间继续推进建设项目,带动了地区经济社会的发展进步。新中国成立初以基础工业为主导的西部开发,完全是以现代区域经济发展理论为指导的战略思想,使西部开发纳入工业化建设的轨道。

三线建设时期,从20世纪60年代一直延续了三个五年计划到70年代末,西部地区又迎来一次更大的建设机遇。三线建设是特殊时期紧迫的国防建设,是国际关系冷战时代的产物。此前我国国防工业绝大部分分布在东北和华北地区,随着国际形势的恶化,国防建设不得不向内地的所谓"三线地区"大迁移。当年三线区域划分如下:一线指沿边和沿海战略地区;二线指京广线与一线之间的中部地区;三线为长城南,韶关北,京广线直至四川西边的广大西部地区。同时把西北的陕甘宁青和西南的云贵川渝列为重点建设区,俗称"大三线"。在战备的号召之下,更有利于动员全国人财物力用于三线。据统计,三线建设的16年间,国家在西部13省区投入占全国基建总投资的40%,巨资2000多亿;有400万工人、干部、科技人员、解放军官兵,以及上千万人次的民工,投身"备战备荒为人民"的建设大军。三线建设是以军事工业和设施为重点,强化了西部工业化的基础和现代科技研究实力。西部工业体系及特色优势产业基本形成,构成军工、电子、航空航天,以及煤、油、水电、金属等,总计30多个大型工业基地,建起了1100多个大中型工矿企业、科研单位和大专院校。三线建设对于西部地区开发的实效和意义,远远超过了当年的军事战备作用。

回顾共和国初期近30年的西部现代开发,虽然存在着开发效率不高、没有发挥东部工业的基础优势、影响全国建设发展的速度等问题;但是却奠定了西部工业化的基础,缩小了原来较大的东西部差别。20世纪70年代末西部人均GDP已经接近东南沿海省区,甚至当时青海省人均生产总值还要高出广东省。可以说基本上实现了既定的均衡发展战略目标,为21世纪的新一轮西部大开发做好了必要的准备。

六、世纪之交的西部大开发战略

新世纪西部大开发是在改革开放中酝酿,两个世纪之交发起,进入新世纪全面实施;

当今仍然处在方兴未艾的开发过程之中，所以称新世纪大开发。战略要领从三个方面来分析。

1. **两个大局的战略思想**

新世纪开发战略，源于20世纪80年代。在改革开放不久，邓小平就明确提出"两个大局"的战略思想：西部要支持沿海加快对外开放，东部首先发展起来是一个大局；当发展到一定时期，即20世纪末达到小康水平时，东部和全国要全力地支持西部发展，这也是一个大局。经过20年的改革开放，到20世纪末的1999年，经济社会全面大发展，全国进入了初步的小康社会。中央抓住世纪之交的历史机遇，根据邓小平"两个大局"既定的战略思想，1999年6月中央领导在西安发出了西部大开发的号令，2000年全面启动。

新世纪西部大开发是一项规模宏大的系统工程，也是一项长期艰巨的历史任务。既要有紧迫感，又要有长期奋斗的思想。接着在制定第十个五年规划时，西部开发被纳入国家建设的大战略，并成为长期的奋斗目标；后来的每个五年规划，都把西部大开发作为重要内容全力推进。邓小平的两个大局均衡战略，符合现代区域经济理论学说，更符合中国改革开放的实际。新世纪西部大开发思路，包含着当代最先进的区域开发理念。特别是把生态建设和环境保护放在首要位置，表明是建设性的开发、保护性的开发，是资源和环境可持续的开发。大开发把以人为本、建立和谐社会作为科学开发的核心，开发战略筹谋和指导思想境界很高。总而言之，新世纪开发战略：继承了古代开发的优良传统；坚持近现代以工业建设为主导的开发道路；同时把生态环境建设和资源可持续利用作为指导思想，进行经济政治文化社会的全面的科学开发。这是一个继往开来、与时俱新的西部大开发战略。

2. **西部开发的目标和战略举措**

到21世纪中叶，全国基本实现现代化时，要从根本上改变西部落后面貌，显著缩小地区发展差距，建成一个经济繁荣、社会进步、生活安定、民族团结、山川秀美、人民富裕的新西部地区。新世纪西部大开发之初，中央就明确提出四大战略举措：一是基础设施建设，包括交通、能源、水利、通信四大基础设施，再加上城市基设和农村基设；二是生态建设和环境保护，生态建设为退耕还林和天然林保护工程，首先启动的就是退耕还林，包括退耕还林草、封山绿化、以粮代赈、承包经营，作为西部开发正式启动的标志；环境建设包括工业污染治理和城市污染治理，还有以发展生态农业为中心的农业环境保护；三是优势特色产业开发，包括西部传统产业改造，优势特色产业利用，高新技术产业开发，旅游服务业发展等；四是民生改善和科技教育发展，目的在于提供人才支撑、智力支持和科学保证。西部开发战略重点区域——四条区带：西陇海兰新带，即西陇海包括陕甘宁青新；川渝水利带，即黄金水道；云贵广西带，建设西南民族乐土；内蒙古和西藏牧区带，涉及两大高原两大游牧民族。重点地区发展战略是以带串点，以点带面。

新世纪西部大开发战略启动之初，中央有关部门还提出50年总体规划，及三个发展阶段的设想。第一为奠定基础阶段，从2001年到2010年，重点是调整结构，建立完整的市场经济体制；培育特色产业增长点，经济运行步入良性状态，增长速度达到全国平均水平。第二加速发展阶段，到2030年加速大开发进程，巩固基础开发成果。实施产业化、市场化、生态化，专业区域布局全面升级，实现经济全面增长。第三全面推进现代化阶段，到2050年一部分率先发展地区，要融入国际现代化体系自我发展；同时着力尽快发展边远山区和落后牧区，提高西部经济发展和人民生活水平，全面缩小地区差距。

七、附谈国外部分国家开发落后地区的战略参照

中国西部大开发，无疑属于当代先进的区域战略开发。从世界范围看，西方发达国家在二三十年前，先后都实施过开发建设落后地区的战略，与中国西部开发有许多共性之处。关于区域经济发展，也将是今后任何国家都会遇到的不断要解决的问题；中外区域开发战略，也需要国际范围内的视野相互参照，所以在讲论中国西部大开发时，有必要简单了解这部分内容。

1. 美国西部近现代开发

这里说的美国近代开发，指早期大西部的原始垦殖和工业建设。美国现代开发，指20世纪高度工业化后，对过度开发导致生态失调和经济不发达地区的保护性建设。美国西部开发，又称西进运动，可从自开国版图形成时起，即越过阿巴拉契亚山西进，对西部地区进行工业化开发和建设。

近代美国西部开发，18世纪70年代起，次第开发密西西比平原，大草原，直至远西地区。最先开垦旧西部地区，即阿巴拉契亚与密西西比河之间的土地，主要是密河流域开发；再开发远西部，即落基山以西地区；最后开发新西部，密西西比与落基山以东，又称大平原或大草原。开发建设的模式：拓荒—兴农—城镇—农带工—工业化。成功经验为：最主要一条是政策，特别是土地政策，即公共土地为核心的法令体系。1862年颁布《宅地法》后，不断松弛开发政策，以利于拓荒经营，并扩展到山林草原矿产开发。道路交通开发中的授地免税贷款政策，均来自《宅地法》。

现代美国西部开发，指 20 世纪 30—80 年代田纳西河流域的开发，以及六七十年代到 20 世纪末阿巴拉契亚山区的开发。前者因西进开发过度，后者因西进开发不足。田纳河领域因滥肆砍伐，导致水土流失，地瘠田荒，缺电难航，资源利用过度，生产水平低下，人均收入仅为全国水平之半。罗斯福就任后，制定了 TVA 开发法案，其战略举措主要是防洪防涝，兴办电力，发展高能工业，农林牧渔、旅游教育等因地制宜政策。

阿巴拉契亚是美国东部大山区，主要进行林矿水游资源的整治开发。政策适于 1961 "地区再开发法"的原则，把经济落后和失业率作为开发战略，系美国区域援助发展政策实验区。主要举措是实行"增长中心战略"，国家投入阿区建立 125 个建设项目中心，开发取得成功，人均接近全国水平。

2. 俄罗斯西伯利亚大开发

西伯利亚经历了原始开发、传统开发和现代开发不同阶段。大约 15、16 世纪西伯利亚汗国时期，西伯利亚有 23.6 万人，地广人稀，平均每 50 平方千米 1 人。人口状况却很复杂，有 30 多个民族，处于原始社会后期状态。1648 年沙俄占领这一地域，移民开发，修建了西伯利亚大铁道。十月革命前人口达 800 万人，农场 200 万，耕地 2100 英亩，基本上是农业社会。

苏联在 20 世纪 80 年代对西伯利亚开发做出部署，由南而北，由西而东推进。主要为工业化的资源性开发，包括能源燃料、冶金化工、森林木材、城市交通等基础设施，以及科技教育事业等。苏式开发战略意义和措施主要是组成区域性生产综合体，即根据资源建立综合配套的专业化企业，形成带动区域经济的产业基地。综合体遍布各地，最大的综合体模式，是西伯利亚秋明油田综合体。其形成过程是在 60 年代，国家发现惊人的大油田，于是以石油资源和石油专业为中心，包括油、气、铁路、公路、建筑基地等建立了 8 个综合体。另外还有库兹巴斯综合体，跨 12 个行政区的动力冶金化工基地。这一战略持之以恒，奠定了西伯利亚工业基础。当时非常重视科学技术，每年有 2 万大学毕业生分配到西伯利亚，设立科学院和军工研究所等。生产综合体存在问题在于计划经济模式过重，工农业轻重失调；工业结构原料化，生产重型化和军事化倾向严重。近年俄罗斯西伯利亚开发战略和思路有所调整，即按市场经济的原则，自我发展的模式，投资主体多元化。

3. 英、法、德三个欧洲代表性国家的区域开发

欧洲拥有 30 多个国家，面积达 1000 万平方千米，经济发达，社会进步。欧洲同样存在区域开发历史任务，面临着现代开发一系列新课题。二战以后，几乎各国都在实施或计划着区域开发战略。

英国南北差异很大,有两个国家之喻。英国地区贫富及差异指标,是以失业率衡量,推行区域政策即平衡发展政策。开发特点是强有力的财政支持与行政手段并举,形成鼓励和限制相结合的机制。通过投资补贴和就业补贴等财政刺激,引导企业向高失业区和经济萧条区迁移;同时采用准入、许可证等区位控制政策,限制企业在南部的布局和发展。

法国东西差异非常明显,东部称富裕工业法国,西部称贫穷农业法国。法国长期实施国土整治为中心的区域发展战略,平衡不同时期的区域经济关系,坚持开发西部农区和山区经济。主要政策是农村基础设施道路通讯网建设,由上而下地制订现代化开发计划。政府有投资补贴和赠与政策,银行发放现代化特别贷款。山区实行保护自然,发展旅游业。实施山区农村手工业发展计划,实行山区特别补贴制度,给予巨额补贴和低息贷款。

德国区域关系更复杂,二战前北部是工业化策源地,成为富区;20世纪70年代南部新兴工业崛起,南北逆转,南部成为富区;90年代德国统一,原东德地区成为严重落后区。德国历来奉行平等公平的社会市场经济理论,推行开发东德地区的政策,采取联邦财政平衡机制、税收倾斜、社会保障和优惠性投资等措施。注入巨资,刺激东部经济恢复。存在问题是急于求成的休克疗法,无新的增长点,产值和增长率降低;东部企业成本增加,建筑业和房产猛跌,失业率上升。政府计征7.5%的团结统一税,导致西德地区民众怨声载道。德国政府开发重建的政策坚定不移,近年已见开发成效。

欧美各国区域经济开发可借鉴者三:区域开发是一个包括发达国家在内的世界性的普遍性的问题和现象,除英、法德外,意大利南部开发,西班牙西南部开发,日本北海道开发,韩国西部开发计划等,不一而足;西欧提供发达国家开发的主导思想和理论,主要有区域发展或区域均衡发展理论、人本理念、规划立法、软硬政策等。中国不能完全照搬欧美国家的理论模式,但必须有现代最新的开发理念,要结合国情学习国外经验,不断创新中国西部大开发之路。

参考资料（以姓氏笔画为序）

一、文献典籍

1. 马理纂：《陕西通志》，嘉靖二十一年刻本。

2. 马端临著：《文献通考》，中华书局1986年版。

3. 王士性著：《广志绎》，中华书局1981年版。

4. 王仁裕著：《开元天宝遗事》，上海古籍出版社2000年版。

5. 王学曾等纂：《新疆图志》，宣统三年(1911)活字本。

6. 王昶编：《金石萃编》，陕西人民美术出版社1990年版。

7. 王钦若等：《册府元龟》，中华书局1960年版。

8. 王崧、李诚纂：《云南通志稿》，道光十五年(1835)刻本。

9. 王溥著：《唐会要》，中华书局1955年版。

10. 王毓瑚编：《中国畜牧史资料》，科学出版社1958年版。

11. 令狐德棻等著：《周书》，中华书局1971年版。

12. 龙文彬著：《明会要》，中华书局1998年版。

13. 司马光著：《资治通鉴》，中华书局1956年版。

14. 司马迁著：《史记》，中华书局1963年版。

15. 申时行著：《明会典》，中华书局1989年版。

16. 乐史著：《太平寰宇记》，中华书局2007年版。

17. 刘向著：《战国策》，上海古籍出版社1985年版。

18. 刘昫等著：《旧唐书》，中华书局1975年版。

19. 孙冯翼著：《关中水道记》，丛书集成初编本。

20. 安维峻等纂：《甘肃通志》，宣统元年(1909)刻本。

21. 许光世、蔡晋成纂：《西藏新志》，宣统三年(1911)铅印本。
22. 许承宣著：《西北水利议》，丛书集成初编本。
23. 许崇灏纂：《青海志略》，民国三十四年(1945)上海商务铅印本。
24. 齐召南著：《云南诸水编》，小方壶斋舆地丛抄本。
25. 齐召南著：《西北诸水编》，小方壶斋地理丛抄本。
26. 严如煜著：《苗疆水道考》，小方壶斋舆地丛抄本。
27. 宋伯鲁等纂：《续修陕西通志稿》，民国二十三年(1934)铅印本。
28. 宋伯鲁纂：《新疆建置志》，民国二年(1913)海棠仙馆铅印本。
29. 宋敏求著：《长安志》，上海古籍出版社1993年版。
30. 宋敏求编：《唐大诏令集》，学林出版社1992年版。
31. 宋廉等著：《元史》，中华书局1976年版。
32. 张廷玉等著：《明史》，中华书局1974年版。
33. 张说等著：《大唐六典》，[日]广池学园事业部1973年版。
34. 张晋生等纂：《四川通志》，乾隆元年(1736)刻本。
35. 张道等纂：《贵州通志》，嘉靖三十四年(1555)刻本。
36. 张鹏飞著：《关中水利议》，关中丛书(第六集)本。
37. 张穆纂：《蒙古游牧记》，小方壶斋地理丛抄本。
38. 李延寿著：《北史》，中华书局1974年版。
39. 李延寿著：《南史》，中华书局1975年版。
40. 李吉甫著：《元和郡县志》。中华书局1983年版。
41. 李百药著：《北齐书》，中华书局1972年版。
42. 李好文著：《长安志图》，上海古籍出版社1993年版。
43. 李昉等著：《太平御览》，中华书局1960年版。
44. 李贤等著：《大明一统志》，三秦出版社1990年出版。
45. 李迪等纂：《甘肃通志》，《四库全书》本。
46. 李泰编：《括地志》，中华书局1980年辑校本。
47. 杜佑著：《通典》，中华书局1988年校点本。
48. 杜应芳纂：(万历)《四川总志》，万历四十七年(1619)刻本。
49. 杨芳灿、谭光祜等纂：《四川通志》，嘉庆二十一年(1816)刻本。
50. 杨思、张维等纂：《甘肃通志稿》，1964年油印本。

51. 杨浣雨等纂：《宁夏府志》，乾隆四十五年(1780)刻本。

52. 沈青崖纂：《陕西通志》，雍正十三年(1735)刻本。

53. 苏尔德纂：《回疆志》，边疆丛书续编本1950年版。

54. 谷应泰著：《明史纪事本末》，商务印书馆万有文库本。

55. 陈寿著：《三国志》，中华书局1959年版。

56. 陈灿纂：《云南通志》，光绪二十年(1894)刻本。

57. 陈邦瞻著：《宋史纪事本末》，中华书局1977年版。

58. 河南省文物研究所等编：《千唐志斋藏志》，文物出版社1984年版。

59. 和宁纂：《回疆通志》，民国十四年(1925)铅印本。

60. 和琳纂：《卫藏通志》，光绪二十一年(1895)刻本。

61. 房玄龄等著：《晋书》，中华书局1975年版。

62. 欧阳修、宋祁著：《新唐书》，中华书局1975年版。

63. 欧阳修著：《新五代史》，中华书局1974年版。

64. 范晔著：《后汉书》，中华书局1965年版。

65. 郑炳林：《敦煌地理文书汇辑校注》，甘肃人民出版社1989年版。

66. 姚明辉纂：《蒙古志》，光绪三十三年(1907)铅印本。

67. 赵尔巽等著：《清史稿》，中华书局1977年版。

68. 郦道元著：《水经注》，岳麓书社1995年出版。

69. 徐光启著：《农政全书》，商务印书馆1930年版。

70. 徐松著：《西域水道记》，皇朝藩属舆地丛书(第四集)本。

71. 徐松著：《西域水道记校补》，晨风阁丛书本。

72. 徐梦莘著：《三朝北盟会编》，上海古籍出版社1987年版。

73. 晏斯盛著：《黔中水道记》，小方壶斋舆地丛抄(第四帙)本。

74. 班固著：《汉书》，中华书局1962年版。

75. 贾思勰著：《齐民要术》，上海书店1989年版。

76. 郦道元著：《水经注》，时代文艺出版社2001年版。

77. 顾祖禹：《读史方舆纪要》，中华书局2005年版。

78. 乾隆敕：《授时通考》，道光二十六年(1846)刻本。

79. 脱脱等著：《辽史》，中华书局1974年版。

80. 脱脱等著：《宋史》，中华书局1974年版。

81. 脱脱等著：《金史》，中华书局1975年版。

82. 黄沛翘：《西藏图考》，光绪十二年（1886）刻本。

83. 黄奋生纂：《蒙古新志》，民国二十七年（1938）铅印本。

84. 常璩著：《华阳国志》，巴蜀书社1984年版。

85. 龚煦春纂：《四川郡县志》，民国二十四年（1935）刻本。

86. 褚廷璋等纂：《钦定皇舆西域图志》，《四库全书》本。

87. 董诰编：《全唐文》，上海古籍出版社1990年版。

88. 靖道谟、杜诠纂：《贵州通志》，乾隆六年（1741）刻本。

89. 管律等纂：《宁夏新志》，天一阁藏明代方志选刊本。

90. 穆彰阿等：《嘉庆重修一统志》，中华书局1986年影印本。

91. 薛居正等著：《旧五代史》，中华书局1967年版。

92. 薛载德等纂：《贵州通志》，康熙三十六年（1697）刻本。

93. 魏收著：《魏书》，中华书局1972年版。

94. 魏徵等著：《隋书》，中华书局1975年版。

二、今人著作

1. 马大正主编：《中国边疆经略史》，中州古籍出版社2000年版。

2. 马长寿著：《氐与羌》，广西师范大学出版社2006年版。

3. 马长寿著：《北狄与匈奴》，广西师范大学出版社2006年版。

4. 马汝珩、马大正主编：《清代边疆开发研究》，中国社会科学出版社1990年版。

5. 马敏、王玉德主编：《中国西部开发的历史审视》，湖北人民出版社2001年版。

6. 中国科学院考古研究所编：《新中国的考古发现与研究》，文物出版社1984年版。

7. 中国科学院黄土高原综合科学考察队编：《黄土高原地区水资源问题及其对策》，中国科学技术出版社1990年版。

8. 中国科学院新疆资源开发综合考察队编：《新疆水资源合理利用与供需平衡》，科学出版社1989年版。

9. 中科院内蒙古宁夏综合考察队等编：《内蒙古畜牧业》，科学出版社1977年版。

10. 中科院新疆综合考察队编：《新疆农业》，科学出版社1964年版。

11. 方国瑜著：《中国西南历史地理考释》（上、下），中华书局1987年版。

12. 文物编辑委员会编：《文物考古工作三十年》，文物出版社1980年版。

13. 王开主编：《陕西古代道路交通史》，人民交通出版社1989年版。

14. 王北辰著：《西北历史地理论文集》，学苑出版社2000年版。

15. 王元林著：《泾洛流域自然环境变迁研究》，中华书局2005年版。

16. 王双怀著：《历史地理论稿》，吉林文史出版社2008年版。

17. 王仲殊著：《汉代考古学概说》，中华书局1984年版。

18. 王希隆著：《清代西北屯田研究》，兰州大学出版社1990年版。

19. 王国维著：《观堂集林》，河北教育出版社2001年版。

20. 王致中、魏丽英：《明清西北社会经济史研究》，三秦出版社1989年版。

21. 木宫泰颜著：《日中文化交流史》，商务印书馆1980年版。

22. 石生泰主编：《西部开发简史》，甘肃人民出版社2001年版。

23. 瓦格纳·斯密尔著，潘佐红等译：《中国生态环境的恶化》，中国展望出版社1988年版。

24. 内蒙古自治区博物馆文物工作队编：《和林格尔汉墓壁画》，文物出版社1978年版。

25. 牛志平著：《唐代婚丧》，西北大学出版社1996年版。

26. 卢华语等主编：《古代长江上游的经济开发》，西南师范大学出版社1989年版。

27. 介永强著：《西北佛教历史文化地理研究》，人民出版社2008年版。

28. 史念海著：《河山集》（初集），三联书店1963年版。

29. 史念海著：《河山集》第五辑，山西人民出版社1991年版。

30. 史念海等著：《黄土高原森林与草原的变迁》，陕西人民出版社1985年版。

31. 史念海著：《中国历史地理纲要》，山西人民出版社1992年版。

32. 史念海著：《唐代历史地理研究》，中国社会科学出版社1998年版。

33. 史念海著：《黄河流域诸河流的演变与治理》，陕西人民出版社1999年版。

34. 史念海著：《黄土高原历史地理研究》，黄河水利出版社2001年版。

35. 玄奘、辨机著，季羡林校：《大唐西域记校注》，中华书局1985年版。

36. 吕卓民：《明代西北农牧地理》，洪叶文化事业有限公司2000年版。

37. 任美锷、包浩生主编：《中国自然区域及开发整治》，科学出版社1992年版。

38. 刘争上游、冯青编：《西部大开发》，中国石化出版社2000年版。

39. 刘光华著：《汉代西北屯垦研究》，兰州大学出版社1988年版。

40. 刘兴全等著：《中国西部开发史话》，民族出版社2001年版。

41. 孙达人著：《中国农民变迁论》，中央编译出版社1996年版。

42. 安作璋著：《两汉与西域关系史》，山东人民出版社1959年版。

43. 向达著：《唐代长安与西域文明》，重庆出版社2009年版。

44. 延军平等编著：《中国西部大开发的战略与对策》，科学出版社2001年版。

45. 朱自诚等著：《陕西农业自然环境变迁史》，陕西科学技术出版社1986年版。

46. 齐陈骏著：《河西史研究》，甘肃教育出版社1989年版。

47. 华立著：《清代新疆农业开发史》，黑龙江教育出版社1998年版。

48. 何炳棣著：《中国古今田地数字的考释和评价》，中国社会科学出版社1988年版。

49. 何清谷著：《三辅黄图校释》，中华书局2005年版。

50. 邱树森著：《元代中国少数民族新格局研究》，南方出版社2002年版。

51. 余太山主编：《西域文化史》，中国友谊出版公司1996年版。

52. 吴传钧主编：《中国经济地理》，科学出版社1998年版。

53. 吴镇锋著：《陕西地理沿革》，陕西人民出版社1981年版。

54. 张永禄著：《唐都长安》，西北大学出版社1987年版。

55. 张波著：《西北农牧史》，陕西科学技术出版社1989年版。

56. 张晓虹著：《文化区域的分异与整合：陕西历史地理文化研究》，上海书店出版社2004年版。

57. 张积玉等主编：《中国西北经济社会发展研究》，陕西人民出版社1998年版。

58. 张维慎著：《宁夏农牧业发展与环境变迁研究》，文物出版社2012年版。

59. 李鸿宾著：《唐朝的北方边地与民族》，宁夏人民出版社2011年版。

60. 李汝燊编：《自然地理统计资料》，商务印书馆1984年版。

61. 杨向奎、王毓铨等著：《中国屯垦史》，农业出版社1991年版。

62. 杨建新等著：《西北民族关系史》，民族出版社1990年版。

63. 苏北海著：《西域历史地理》，新疆大学出版社1988年版。

64. 邹东涛主编：《中国西部大开发全书》，人民出版社2000年版。

65. 闵宗殿等著：《中国农业技术发展简史》，农业出版社1988年版。

66. 宋郁东、樊自立等著：《中国塔里木河水资源与生态问题研究》，新疆人民出版社2000年版。

67. 陈世松主编：《四川通史》，四川大学出版社1993年版。

68. 陈耳东著：《河套灌区水利简史》，水利电力出版社1988年版。

69. 陈全方、李登弟主编：《陕西古代简史》，陕西人民教育出版社1996年版。

70. 陈桥驿主编：《中国七大古都》，中国青年出版社1991年版。

71. 陈寅恪著：《隋唐制度渊源略论稿》，中华书局1963年版。

72. 陈航主编：《中国交通地理》，科学出版社2000年版。

73. 林剑鸣著：《秦汉史》，上海人民出版社1989年版。

74. 陕西师范大学地理系编：《西安市地理志》，陕西人民出版社1988年版。

75. 周立三主编：《中国农业地理》，科学出版社2000年版。

76. 周伟洲著：《边疆民族历史与文物考论》，黑龙江教育出版社2000年版。

77. 周伟洲著：《中国中世西北民族关系研究》，广西师范大学出版社2007年版。

78. 周伟洲主编：《西北少数民族多元文化与西部大开发》，人民出版社2009年版。

79. 郑长德著：《世界不发达地区开发史鉴》，民族出版社2001年版。

80. 郑肇经著：《中国水利史》，上海书店1984年版。

81. 姚建华主编：《西部资源潜力与可持续发展》，湖北科学技术出版社2000年版。

82. 赵冈著：《中国历史上生态环境之变迁》，中国环境科学出版社1996年版。

83. 赵俪生主编：《古代西北屯田开发史》，甘肃文化出版社1997年版。

84. 费省著：《唐代人口地理》，西北大学出版社1996年版。

85. 唐启宇著：《中国农史稿》，农业出版社1985年版。

86. 唐耕耦、陆宏基编：《敦煌社会经济文献真迹释录》第1辑，书目文献出版社1986年版。

87. 奚国金、张家桢主编：《西部生态》，中共中央党校出版社2001年版。

88. 翁独健主编：《中国民族关系史纲要》，中国社会科学出版社1990年版。

89. 耿占军著：《清代陕西农业地理研究》，西北大学出版社1997年版。

90. 袁森坡著：《康雍乾经营与开发北疆》，中国社会科学出版社1991年版。

91. 徐日辉著：《秦早期发展史》，中国科学文化出版社2003年版。

92. 郭文韬著：《中国古代的农作制和耕作法》，农业出版社1981年版。

93. 郭声波著：《四川历史农业地理》，四川人民出版社1993年版。

94. 郭厚安、陈守忠著：《甘肃古代史》，兰州大学出版社1989年版。

95. 郭琦等主编：《陕西通史》(1—14)，陕西师范大学出版社1998年版。

96. 顾颉刚、史念海著：《中国疆域沿革史》，商务印书馆1999年版。

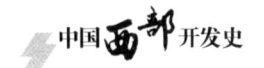

97. 崔永红著：《青海经济史》（古代卷），青海人民出版社 1998 年版。

98. 曹贯一著：《中国农业经济史》，中国社会科学出版社 1990 年版。

99. 黄嫣梨著：《妆台与妆台以外——中国妇女史研究论集》，牛津大学出版社 1999 年版。

100. 梁方仲著：《中国历代户口·田地·田赋统计》，上海人民出版社 1980 年版。

101. 梁家勉等著：《中国农业科技史》，农业出版社 1989 年版。

102. 萧正洪著：《环境与技术选择：清代中国西部地区农业技术地理研究》，中国社会科学出版社 1998 年版。

103. 景爱著：《沙漠考古通论》，紫禁城出版社 1999 年版。

104. 曾问吾著：《中国经营西域史》，商务印书馆 1936 年版。

105. 曾培炎主编：《西部高层论谈》，中共中央党校出版社 2001 年版。

106. 曾培炎等编著：《西部指南——12 省部长纵论开发战略》，中国大百科全书出版社 2000 年版。

107. 景爱著：《沙漠考古》，百花文艺出版社 2000 年版。

108. 紫春鹏等编著：《历史的机遇》，社会科学文献出版社 2000 年版。

109. 鲁志强主编：《西部大开发指南·统计信息专辑》，中国社会出版社 2000 年版。

110. 葛剑雄著：《西汉人口地理》，人民出版社 1986 年版。

111. 新疆历史研究所编：《新疆地方历史资料选辑》，人民出版社 1987 年版。

112. 新疆民族研究所编：《新疆简史》（1—2），新疆人民出版社 1980 年版。

113. 翟松天著：《青海经济史》（近代卷），青海人民出版社 1998 年版。

114. 德·希·珀金斯著、宋海文等译：《中国农业的发展》（1368—1968），上海译文出版社 1984 年版。

115. 樊志民著：《秦农业历史研究》，三秦出版社 1997 年版。

116. 冀朝鼎著：《中国历史上的基本经济区与水利事业的发展》，中国社会科学出版社 1981 年版。

117. 戴应新著：《关中水利史话》，陕西人民出版社 1977 年版。

118. 魏永理主编：《中国西北近代开发史》，甘肃人民出版社 1993 年版。

三、重要论文

1. 卫斯：《试论清代与民国时期我国对内蒙西部地区甘草资源的开发》，《中国农史》

1995 年第 1 期。

2. 马正林：《人类活动与中国沙漠地区的扩大》，《陕西师范大学学报》1984 年第 3 期。

3. 马雍：《从新疆历史文物看汉代在西域的政治措施和经济建设》，《文物》1975 年第 7 期。

4. 文焕然：《历史时期新疆森林的分布及其特点》，《历史地理》第六辑。

5. 方国瑜、缪鸾和：《清代云南各族劳动人民对山区的开发》，《思想战线》1976 年第 11 期。

6. 毛公宁：《关于实施西部开发战略的几点认识》，《中央民族大学学报》2000 年第 3 期。

7. 牛宏瑞：《历史上开发河湟地区的垦殖政策及措施》，《中国农史》1983 年第 4 期。

8. 牛建锋：《意大利的南部开发政策及对发展我国西部经济的启示》，《经济问题探索》1994 年第 3 期。

9. 王乃昂：《历史时期甘肃黄土高原的环境变迁》，《历史地理》第八辑。

10. 王元林：《清代黄河小北干流河道变迁》，《中国历史地理论丛》1997 年第 2 期。

11. 王凤俊：《我国中西部地区自然资源开发及政策》，《经济研究参考》1998 年第 29 期。

12. 王双怀：《论盛唐时期的水利建设》，《陕西师范大学学报》(哲学社会科学版)1995 年第 3 期。

13. 王双怀：《明代从海外引入华南的粮食作物》，《中国历史地理论丛》1998 年第 1 辑。

14. 王双怀：《明代华南少数民族的地理分布》，《中央民族大学学报》1999 年第 1 期。

15. 王双怀：《中国历史上开发西部的经验教训》，《陕西师范大学学报》2002 年第 3 期。

16. 王双怀：《五千年来中国西部水环境的变迁》，《陕西师范大学学报》2004 年第 5 期。

17. 王双怀：《中国西部土地荒漠化问题探索》，《西北大学学报》(社会科学版)2005 年第 4 期。

18. 王双怀：《中国古代的水利设施及其特征》，《陕西师范大学学报》(哲学社会科

679

学版)2010 年第 2 期。

19. 王永兴、阚耀平：《塔里木盆地南部 2000 年来的环境变迁》，《干旱区地理》1992 年第 3 期。

20. 王守春：《汉唐长安城的水文环境》，《中国历史地理论丛》1999 年第 3 辑。

21. 王旭：《美国西部的开发与城市化》，《历史研究》1992 年第 4 期。

22. 王希隆：《清代实边新疆述略》，《西北史地》1985 年第 4 期。

23. 王希隆：《清代新疆的回屯》，《西北民族学院学报》1985 年第 1 期。

24. 王建力、魏虹：《对西部大开发中西南地区生态环境重建的几点认识》，《经济地理》2001 年第 1 期。

25. 王爱民等：《青藏高原东北边缘及其毗邻地区历史时期的人地关系及其演进》，《人文地理》2000 年第 2 期。

26. 王致中：《清代西北民族贸易政策简论》，《甘肃民族研究》1986 年第 4 期。

27. 孔祥星：《唐代"丝绸之路"上的纺织品贸易中心西州——吐鲁番文书研究》，《文物》1982 年第 4 期。

28. 田尚：《古代河西走廊的农田水利》，《中国农史》1986 年第 2 期。

29. 史念海：《历史时期黄河在中游的下切》，《陕西师范大学学报》1977 年第 3 期。

30. 史念海：《历史时期森林变迁的研究》，《中国历史地理论丛》1988 年第 1 辑。

31. 史念海：《汉代对于西北边郡的经营》，《文史杂志》1942 年 2 月。

32. 史念海：《西周至元代陕西地区的蚕桑事业》，《陕西师范大学学报》(哲学社会科学版)1977 年第 4 期。

33. 史念海：《论历史时期我国植被的分布及其变迁》，《中国历史地理论丛》1991 年第 3 期。

34. 史念海：《论泾渭清浊的变迁》，《陕西师范大学学报》1977 年第 1 期

35. 史念海：《春秋以前的交通道路》，《中国历史地理论丛》1990 年第 3 期。

36. 史念海：《论唐代前期陇右道的东部地区》，《唐史论丛》第四辑三秦出版社 1988 年版。

37. 史念海：《历史时期黄土高原沟壑的演变》，《中国历史地理论丛》1987 年第 2 辑。

38. 史念海：《河西与敦煌》(上、下)，《中国历史地理论丛》1988 年 4 期，1989 年第 1 辑。

39. 任力：《中国历史上的西部开发》，《知识经济》2000 年第 5 期。

40. 伊育新、吕国营：《美国西部开发的历程及启示》，《理论月刊》2000 年第 5 期。

41. 刘庆柱：《陕西永寿出土的汉代铁农具》，《农业考古》1982 年第 1 期。

42. 刘胤汉、雒爱萍：《我国西部地区资源开发与经济发展问题》，《经济地理》1991 年第 4 期。

43. 刘源：《中西部开发应重新审视的几个问题》，《中国国情国力》1999 年第 12 期。

44. 吕卓民：《明代西北地区主要粮食作物的种植与地域分布》，《中国农史》2000 年第 1 期。

45. 吕卓民：《明代西北地区的畜牧业生产》，《中国农史》1995 年第 3 期。

46. 吕卓民：《明代西北黄土高原地区的水利建设》，《中国农史》1998 年第 2 期。

47. 孙达人：《郑国渠的布线及其变迁考》，《周秦汉唐文化研究》第 1 辑，三秦出版社 2002 年版。

48. 孙炳彦：《西部开发中的环境策略及若干政策思考》，《环境科学动态》2000 年第 1 期。

49. 曲格平：《西部大开发与可持续发展》（上、下），《国土经济》2000 年第 3 期、第 4 期。

50. 朱宏斌：《古代西北地区农牧边缘地带的社会经济与文化》，《中国农史》1999 年第 4 期。

51. 朱蕴熙：《论西部少数民族地区的开发建设》，《兰州学刊》1996 年第 6 期。

52. 许嘉璐：《西部大开发中的"软件"建设》，《西部大开发》2001 年第 2 期。

53. 辛德勇：《汉唐期间长安附近的水路交通——汉唐交通地理研究之三》，《中国历史地理论丛》1989 年第 1 期。

54. 况浩林：《评说清代内蒙古地区垦殖的得失》，《民族研究》1985 年第 1 期。

55. 张义丰等：《西部开发的生态背景与农村脱贫的关系》，《地理科学进展》2000 年第 4 期。

56. 张传国：《关于实施西部大开发的几点思考》，《经济地理》2001 年第 1 期。

57. 张羽新：《清代前期西藏地方经济长期停滞落后的原因》，《西藏研究》1983 年第 2 期。

58. 张羽新：《清朝统一新疆后恢复和发展经济的主要措施》，《新疆社会科学》1983 年第 1 期。

59. 张坤、赵峰：《西部大开发必须加强生态环境保护》，《环境科学动态》2000 年第 2 期。

60. 张波、张纶：《中国绿洲——东西亚古代农事交流的纽带》，《中国农史》1993 年第 4 期。

61. 张泽咸：《汉唐间蒙古高原地区农牧生产述略》，《中国经济史研究》1998 年第 4 期。

62. 张思锋：《中央政府在西部开发中的决定作用》，《人文杂志》1997 年第 4 期。

63. 张植华：《清代河套地区农业及农田水利概况初探》，《内蒙古大学学报》1987 年第 4 期。

64. 张毓芳：《美国西部开发的启示》，《新疆社会经济》1995 年第 5 期。

65. 李之勤：《元代川陕间的驿道和驿馆》，《中国历史地理论丛》1988 年第 1 辑。

66. 李并成：《沙漠历史地理学的几个理论问题——以我国河西走廊历史上的沙漠化研究为例》，《地理科学》1999 年第 3 期。

67. 李并成：《河西走廊汉唐古绿洲沙漠化的调查研究》，《地理学报》1998 年第 2 期。

68. 李家瑞：《清代川西北藏族地区的土屯制与屯田制》，《西南民族学院学报》(哲学社会科学版)1984 年第 4 期。

69. 李健超：《成国渠及沿线历史地理初探》，《西北大学学报》(哲学社会科学版)1977 年第 1 期。

70. 汪一鸣：《宁夏平原自然生态系统的改造——历史上人类活动对宁夏平原生态环境的影响初探》，《中国农史》1983 年第 4 期。

71. 沈明：《论西部地区自然资源与社会总体资源的协调开发》，《学术论坛》1997 年第 2 期。

72. 苏星：《西部开发的历史经验》，《中共党史研究》2000 年第 4 期。

73. 陆德明等：《中西部开放、开发策略研究》，《复旦学报》(社会科学版)1997 年第 1 期。

74. 林立平：《唐代主粮生产的轮作复种制》，《暨南学报》(哲学社会科学版)1984 年第 1 期。

75. 竺可桢：《中国近五千年来气候变迁的初步研究》，《中国科学》1973 年第 2 期。

76. 周民良：《西部开发历史进程的回顾与政策思考》，《世界科技研究与发展》2000

年第 4 期。

77. 周伟洲：《我国西部最早的开发》，《西部大开发》2001 年第 3 期。

78. 周佳荣：《唐代"和亲"考略》，《陕西师范大学学报》（哲学社会科学版）2000 年第 1 期。

79. 周魁一：《水部式与唐代的农田水利管理》，《历史地理》第 4 辑，上海人民出版社 1986 年版。

80. 庞跃辉：《从英美开发落后地区看中国西部开发》，《国家行政学院学报》2000 年第 4 期。

81. 赵云田：《清朝统治蒙古经济政策管探》，《中央民族学院学报》1984 年第 4 期。

82. 赵冈：《人口、垦殖与生态环境》，《中国农史》1996 年第 1 期。

83. 赵冈：《生态变迁的统计分析》，《中国农史》1994 年第 4 期。

84. 赵永复：《历史上毛乌素沙地的变迁问题》，《历史地理》1981 年第 1 期。

85. 赵永复：《历史时期河西走廊的农牧业变迁》，《历史地理》第四辑。

86. 赵永复：《再论历史上毛乌素沙地的变迁问题》，《历史地理》第七辑。

87. 侯仁之：《从红柳河上的古城废墟看毛乌素沙漠的变迁》，《文物》1973 年第 1 期。

88. 钟祥财：《试论中国历史上开发边疆的经济思想》，《青海社会科学》1985 年第 6 期。

89. 钟巍、熊黑钢等：《南疆地区历史时期气候与环境演化》，《地理学报》2001 年第 3 期。

90. 钮仲勋：《历史时期人类活动对黄河下游河道变迁的影响》，《地理研究》1986 年第 1 期。

91. 奚国金：《罗布泊迁移过程中一个关键湖群的发现及其相关问题》，《历史地理》第五辑。

92. 唐光沛：《都江堰的修建及其伟大成就》，刊四川省哲学社会科学研究所《资料》1975 年第 4 期。

93. 梁小民：《影响西部开发的四大问题》，《改革与理论》2000 年第 7 期。

94. 景庆五：《古代的垦荒和现代的沙化》，《蒙古族经济发展史研究》第 1 集（1978）。

95. 董志凯等：《我国三次西部开发的回顾与思考》，《当代中国史研究》2000 年第 4 期。

96. 董藩、程耀平：《西部开发面临的五种挑战》，《经济问题探索》1990 年第 1 期。

97. 谢丽：《绿洲农业开发与楼兰古国生态环境的变迁》，《中国农史》2001 年第 1 期。

98. 蓝勇：《乾嘉垦殖对四川农业生态和社会发展影响初探》，《中国农史》1993 年第 1 期。

99. 谭其骧：《何以黄河在东汉以后会出现一个长期安流的局面——从历史上论证黄河中游的土地》，《学术月刊》1962 年第 2 期。

100. 谭作刚：《清代陕南地区的移民、农业垦殖与自然环境的恶化》，《中国农史》1986 年第 4 期。

101. 鲜肖威：《历史上兰州东平原的黄河河道变迁》，《兰州学刊》1982 年第 1 期。

102. 颜烨：《三代中央领导集体关于中西部开发的思想与实践》，《学海》2000 年第 4 期。

103. 戴逸：《清代的西部开发》，《民族》2000 年第 5 期。

104. 魏明孔：《历史上西部开发的高潮及经验教训》，《中国经济史研究》2000 年第 3 期。